土木工程施工工艺

铺架与“四电”工程

（第2版）

中铁二局股份有限公司　卿三惠 等　编著

中国铁道出版社

2013·北京

内 容 提 要

《土木工程施工工艺》是中铁二局股份有限公司依据国家及行业最新技术标准、规范、规程等，在广泛收集国内外资料的基础上，结合工程实践总结提炼而编制的，内容涵盖铁路、公路、市政、城市轨道交通、房屋建筑等土木工程领域共计有374项施工工艺，每项工艺均包括工艺特点、适用范围、工艺原理、工艺流程、操作要点、主要机具设备、劳动力组织、质量控制要点、安全及环保措施九个方面，大部分项附有工程应用案例，基本反映了当前国内外土木工程施工的新技术、新材料、新工艺、新方法，重点突出了施工工艺的先进性、适应性和可操作性。内容丰富，适用范围广泛，是一套土木工程施工的实用工具书，可满足企业制定投标方案、编制施工组织设计、现场技术交底、检查验收、施工一技术培训等工作的需要。

本工艺共分为五册：包括《路基路面工程》、《桥梁工程》、《隧道及地铁工程》、《铺架与"四电"工程》、《房屋建筑工程》。本册为《铺架与"四电"工程》，收有82项施工工艺，可供铺架与"四电"工程施工技术人员及管理人员学习和参考使用。

图书在版编目(CIP)数据

铺架与"四电"工程/卿三惠等编著．—2版．—北京：中国铁道出版社，2013.10

(土木工程施工工艺)

ISBN 978-7-113-17508-5

Ⅰ.①铺… Ⅱ.①卿… Ⅲ.①铁路工程-铺轨-工程施工 ②电气化铁道-工程施工 Ⅳ.①U215.5②U227

中国版本图书馆CIP数据核字（2013）第246792号

书　　名：土木工程施工工艺　铺架与"四电"工程(第2版)

作　　者：中铁二局股份有限公司　卿三惠 等　编著

责任编辑：许士杰　陈小刚　　**电话：**(010)51873193

封面设计：马　利

责任校对：龚长江

责任印制：郭向伟

出版发行：中国铁道出版社(100054，北京市西城区右安门西街8号)

印　　刷：中煤涿州制图印刷厂北京分厂

版　　次：2009年3月第1版　2013年10月第2版　2013年10月第1次印刷

开　　本：787 mm×1 092 mm　1/16　**印张：**66　**字数：**1695千

书　　号：ISBN 978-7-113-17508-5

定　　价：248.00元

铺架与“四电”工程编审人员名单

主　　编：卿三惠

副 主 编：韩兴旭　陈　杰　代伯寿

编写人员：

新运公司：陈　杰　王心利　陈建男　陈孟强　陈太权　高文虎　赵本渊　高世兵　来　琼　倪艳芳　张华琼　张　强　孙韵全　龚成光　陈晓军　刘晓飞　龚成光　韩　伟　王　强　钟卫祥　潘传伟　申　超　周文武　李华月　李永峰　蒲永峰　杨国正

电务公司：宁德俭　邓必元　谌明星　贺　斌　肖万云　江兆力　肖文华　李永健　杨　刚　周　均　刘绍彬　孙思松　张香红　刘　武　曾令辉　袁浩波　樊志伟　黄仁高　周聚杰　王　勇　李玉海　唐　健　易　军　唐小川　汤国林　王正国　姜　涛　胡　波　曾凡海　李科杰　张鹏全　范平武　戴世贵　朱友发　王　磊　雷　兵　刘　涛　刘　峰　何志平　魏镇安　彭明勇　吴宗志　邓　文　梁宗波　林安普　易海雄　张　凯　舒　坦　蒲玉吉

审查人员：卿三惠　韩兴旭　张志坚　赖　云　陈　杰　代伯寿　王心利　申　超　鲁　健　唐小川　丁清江　肖万云　汤国林　冯学权　周聚杰　张香红　袁浩波　刘建强　谢宝志　孙思松　邓跃学　林安普　舒　坦　张　凯　吴　沛　彭明勇　张华琼

前　言

改革开放以来，我国土木工程建设迅猛发展，给施工企业带来了良好的发展机遇。为规范土木工程施工工艺，预防工程项目实施过程中的安全质量隐患，中铁二局股份有限公司组织编制了《土木工程施工工艺》，对成熟的施工技术及工艺进行系统集成，构建一个具有指导性和可操作性的土木工程施工工艺体系。

为做好编制工作，公司成立了《土木工程施工工艺》编辑委员会，并下发了中铁二局股份有限公司《关于公布土木工程施工工艺编制规划的通知》，结合公司涉及的经营业务范围，确立了"统一规划、同步实施、整体推进"的总体部署，按照专业划分为路基路面工程、桥梁工程、隧道及地铁工程、辅轨架梁与"四电"(通信、信号、电力、电气化)工程、房屋建筑工程五个部分进行编制。编制过程中，在编委会确定编写大纲的指导下，各参编单位精心组织了262名专业技术人员和53名资深专家参加编制与审查工作。经过一年多的努力，终于完成了涵盖铁路、公路、市政、城市轨道交通、房屋建筑等土木工程领域的数百项施工工艺，每项工艺均包括工艺特点、适用范围、工艺原理、工艺流程、操作要点、主要机具设备、劳动力组织、质量控制要点、安全及环保措施九个方面，大部分项附有工程应用案例。

本工艺主要依据国家及行业最新技术标准、规范、规程等，在广泛收集国内外资料的基础上，结合工程实践总结提炼而编制了共374项施工工艺。本次分五册出版：包括《路基路面工程》79项，《桥梁工程》70项，《隧道及地铁工程》87项，《铺架与"四电"工程》82项，《房屋建筑工程》56项。全书贯彻了"以我为主、博采众长"的指导思想，力求反映当前国内外土木工程施工采用的新技术、新材料、新工艺、新方法，重点突出了施工工艺的先进性、适应性和可操作性。内容十分丰富，适用范围广泛，是一套土木工程施工的实用工具书，可满足企业制定的投标方案、编制施工组织设计、现场技术交底、检查验收、施工技术培训等工作的需要。

《土木工程施工工艺》编制是一项庞大的综合性系统工程，工作量巨大，全书篇幅达678万字，并附有表格1 640个、工程案例305个、图片1 994张。参加编写的作者大多为施工生产一线工作的技术人员，对各类土木工程施工具有较丰富的实践经验和体会。但由于时间仓促，加之土木工程施工工艺的不断发展和技术标准的更新，本书难免存在疏漏和不足之处，希望读者提出宝贵意见，以便进一步修订完善。

《土木工程施工工艺》编委会

目　录

铁路桥梁预制及架设

铁路 900 t 级先张法预应力箱梁预制施工工艺

1 前 言

1.1 概 况

先张法预应力混凝土简支梁具有耐久性好、制造周期短、节省材料、工序简洁、维修养护工作量少等优点，但由于施工工艺等因素的限制，一直没有在大跨度和大吨位的箱梁中应用。随着现代铁路的建设，先张梁的优势更加明显，已在合宁铁路时速 250 km 客运专线铁路简支箱梁的施工中首次成功预制了 900 t 先张法预应力混凝土试验箱梁，并通过试验验证了本施工技术的可靠性。

1.2 工艺原理

在先张法制梁台座上，采用特制的张拉设备及单束锚，对分布在箱梁内的预应力筋按照"单根初调、整体终拉"的工艺进行张拉，当预应力筋张拉到设计应力值后及时浇筑梁体混凝土。当混凝土强度及弹性模量达到设计要求时，采用"两端整体放张"的工艺放松预应力筋，给梁体混凝土施加预应力。

2 适用范围

本工艺适用于现场预制铁路客运专线 900 t 级/32 m、24 m 先张法预应力混凝土双线简支箱梁。

3 主要技术标准

(1)《有砟轨道先张法预应力混凝土简支箱梁(双线)通用参考图》("通桥(2005)2223—Ⅱ")。

(2)《客运专线预应力混凝土预制梁暂行技术条件》(铁科技(2004)120 号)。

(3)《客运专线高性能混凝土暂行技术条件》(科技基(2005)101 号)。

(4)《客运专线铁路桥涵工程施工质量验收暂行标准》(铁建设(2005)160 号)。

(5)《铁路混凝土工程施工质量验收补充标准》(铁建设(2005)160 号)。

(6)《铁路桥涵施工规范》(TB 10203—2002)。

(7)《铁路混凝土与砌体工程施工规范》(TB 10210—2001)。

(8)《铁路混凝土与砌体工程施工质量验收标准》(TB 10424—2003)。

(9)《铁路混凝土强度检验评定标准》(TB 10425—94)。

(10)《混凝土泵送施工技术规程》(JGJ 10—95)。

(11)《钢筋焊接及验收规程》(JGJ 18—2003)。

(12)《普通混凝土拌和物性能试验方法标准》(GB/T 50080—2002)。

(13)《普通混凝土力学性能试验方法标准》(GB/T 50081—2002)。

(14)《预应力筋用锚具、夹具和连接联结器》(GB/T 14370—2000)。

(15)《预应力混凝土用钢绞线》(GB/T 5224—2003)。

(16)《预应力混凝土铁路桥简支梁静载弯曲试验方法及评定标准》(TB 2092—2003)。

4　施工方法

本工艺采用整体侧模，内模采用预拼后整孔吊装就位，并用液压脱模小车分段拆除；钢筋采用主筋和面筋分别预扎后整体吊装就位；箱梁混凝土采用泵送混凝土，侧振、底振和插入式相结合振捣，并采用合理的浇筑程序，保证梁体一次成型的浇筑质量；采用大吨位液压千斤顶、螺旋保护支撑、超高压液压系统泵站、超高压电磁阀等张拉设备，保证预施应力操作安全可靠；采用具有自锁功能的千斤顶和电磁换向阀、液控单向阀并联油路，保证张拉和放张过程中张拉横梁两侧受力均匀以及横梁的同步性；采用整体张拉、整体放张技术，张拉时间短，预应力损失小，质量可靠；采用两台 450 t 龙门吊整体提梁工艺，保证结构移运过程中的安全性。

5　工艺流程及操作要点

5.1　工艺流程图

如图 1 所示。

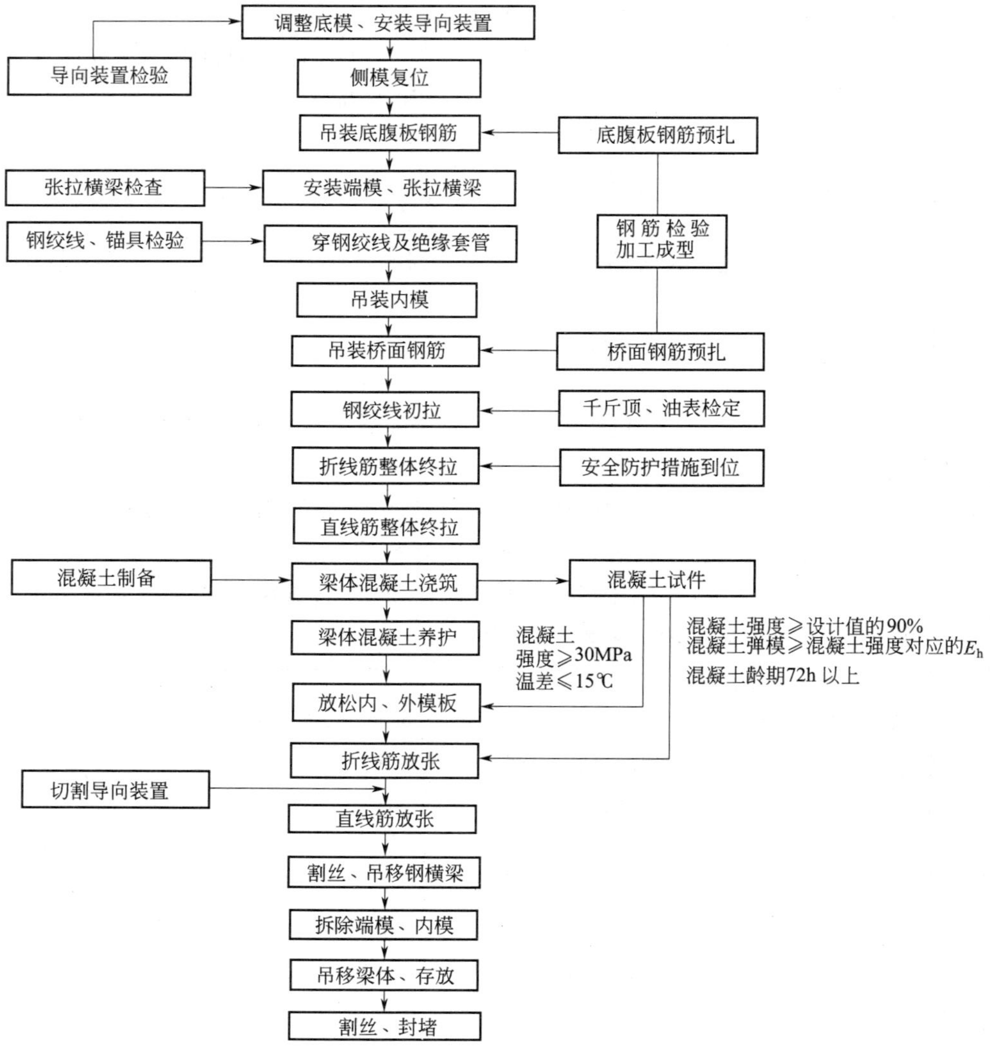

图 1　先张法预应力铁路简支箱梁工艺流程图

5.2 制梁台座

制梁台座由台座基础、传力柱、导向装置以及模板系统构成。如图 2 所示。

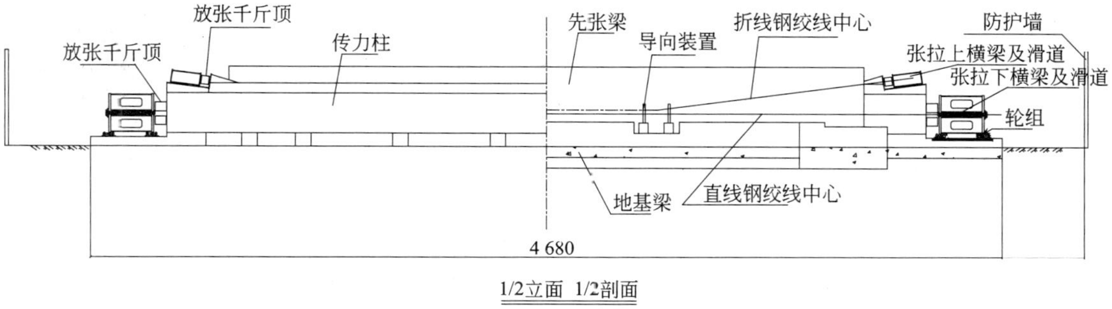

图 2 台座总布置图

5.2.1 台座基础

先张箱梁预应力的张拉、混凝土的浇筑及放张作业均在制梁台座上完成。制梁台座采用 C30 钢筋混凝土结构,由混凝土作业区基础和张拉作业区基础两部分组成。制梁台座在设计上需要实现以下功能:

(1)承受混凝土梁在预制过程中的自重荷载。

(2)为模板系统提供工作面,固定预应力束转向装置。

(3)承受传力柱、张拉横梁的自重荷载,并允许传力柱和张拉横梁沿纵向做短距离滑动。

5.2.2 制梁模板

模板应有足够的强度、刚度及稳定性,以保证结构尺寸,同时应根据梁体压缩量的理论计算值及统计数据设置预留压缩量。模板制作时应注意倒角的构造特别是梁端倒角的构造。底模、侧模应注意反拱及预留压缩量的设置。放张时,为避免放张速度的不均匀性,要求底模可活动。

5.2.3 导向装置

导向装置主要由埋入梁体内的一次性使用部分和梁体外重复使用部分组成。

埋入梁体内的一次性使用部分包括导向辊、支承侧板、连接螺栓等;梁体外重复使用部分包括连接环、连接销、底座机架、固定轴、滑套、轴夹板、地脚螺栓等。

5.2.4 传力柱

传力柱采用 C50 钢筋混凝土结构,端部扩宽以便安装千斤顶和螺旋支撑,传力柱结构如图 3 所示。端部千斤顶作用位置采用 30 mm 厚钢板、弹簧筋和 4 层钢筋网片加强,牛腿上设置上横梁滑道。传力柱安装在台座张拉作业区中部基础上,采用钢板隔开,传力柱受力时可以滑动,为防止传力柱受压时产生旁弯,在传力柱中部和端部设有限位装置。

5.3 张拉体系

张拉体系由张拉横梁、张拉设备、锚具、钢绞线及安全防护设施构成。

5.3.1 张拉横梁

箱梁两端分别设置上、下两个横梁,采用阶梯式设计,形成 2 个张拉体系,分别用于折线筋及直线筋张拉。张拉横梁分为下横梁、上横梁和锚下垫板组成。

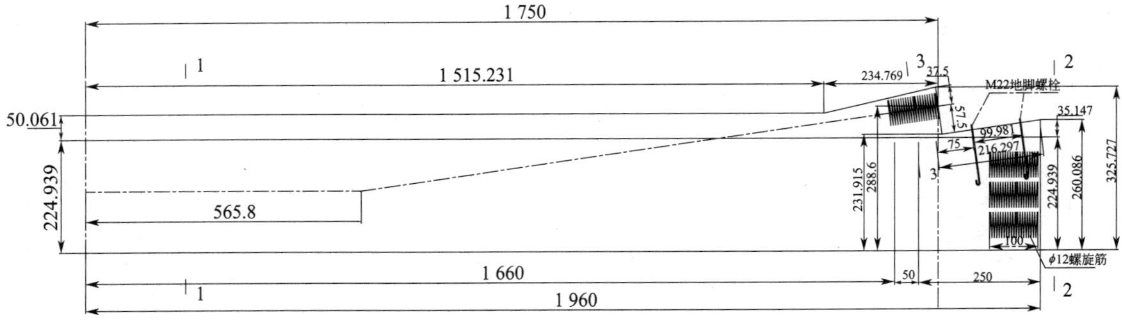

图 3　传力柱构造图

(1)下横梁用于支撑直线束的锚具及锚下垫板，采用双箱形结构结合而成，两箱形结构采用 250 mm 厚拼接板和 M30 高强螺栓联接，下横梁结构见如图 4 所示。

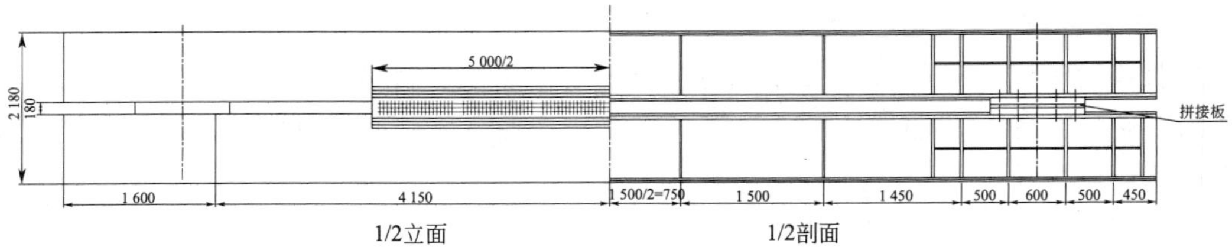

图 4　下横梁结构图

(2)两钢箱结构之间穿有三排钢管，便于穿束，钢管分别固定在钢箱梁前后的锚垫板和端垫板上，垫板由 4 层 50 mm 钢板叠合而成，锚下压力按 45°方向考虑传递至横梁的腹板上。

(3)下横梁为钢结构，为便于拼装和吊运，在下横梁上设有吊板；为保证下横梁在张拉时平稳移动，在下横梁设有走行轮，可沿台座上的轮轨移动；在下横梁上设置滑道上摆，保证张拉横梁做活塞运动而不翻转。

(4)上横梁采用箱形截面，张拉孔道位置用 50 mm 钢板补强，腹板厚 20 mm，上横梁结构如图 5 所示。设计翼缘板焊缝为 15 mm 坡口焊。

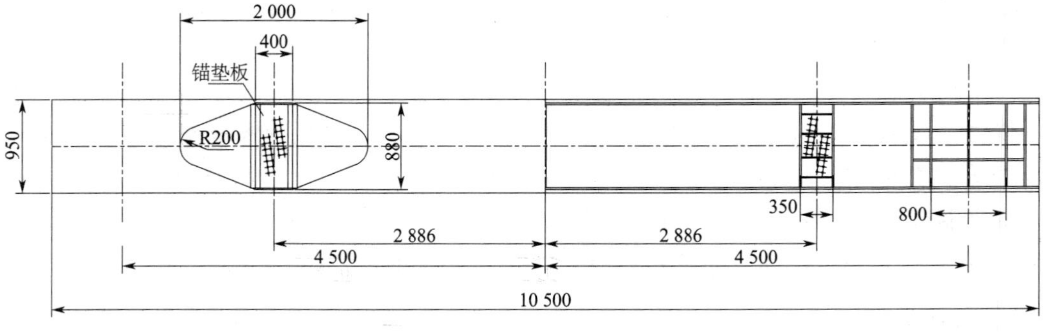

图 5　上横梁结构图

(5)上横梁底部安装有滑道上摆，张拉时可沿传力柱上的预埋滑道移动，保证上横梁两端位移同步。上横梁端部锚板由 3 层 50 mm 钢板叠合而成，锚下压力可按 45°方向传递至横梁的腹板上。

5.3.2 张拉设备及保护支撑

在箱梁两端传力柱和张拉横梁之间各安装 12 台 600 t 千斤顶和 16 个螺旋支撑，实现张拉和放张作业。32 m 先张箱梁的张拉控制力达到 5 200 t。

(1)张拉千斤顶

张拉千斤顶是先张梁预制施工中的重要施工设备，分为整体张拉使用的顶推式液压千斤顶和初调使用的前卡式千斤顶两种类型。顶推式千斤顶应选用公称顶推力较大的液压千斤顶，以减少千斤顶的数量，千斤顶张拉吨位应为张拉力的 1.5 倍，且不得小于 1.2 倍，千斤顶的最大张拉行程应为实际张拉力行程的 1.2 倍。张拉千斤顶在张拉前必须经过校正，校正系数不得大于 1.05，并建立油表压力与千斤顶张拉力标定曲线。校正有效期为一个月且不超过 200 次张拉作业，拆修更换配件的张拉千斤顶必须重新校正。预应力设备应定期检查并建立台账及卡片备查。

(2)张拉油泵

张拉油泵应采用超高压液压系统泵站，泵站设置数量可按两端上、下钢横梁分别进行并联、锁定设计。每个泵站可将两台油泵并联供油，以确保供油安全和供油效率。油泵的油箱容量应为张拉千斤顶总输油量的 1.5 倍，额定油压数为使用油压数的 1.4 倍。油泵、压力表必须处于良好工作状态，并与张拉千斤顶配套校正使用。

(3)张拉油表

采用防震型压力油表，其精度等级不低于 1.0 级，最小分度值应不大于 0.5 MPa，油压表表盘量程应在工作最大油压的 1.25～2.0 倍之间；油压表检定有效期不得超过 7 d，当采用 0.4 级精度的精密油压表并由计量管理部门按 0.4 级精度进行检定时，其有效期不应超过一个月。压力表发生故障后必须重新校正。

(4)超高压电磁阀及液压单向阀

使用液控单向阀组成的连锁回路，方便实现任意位置上的锁紧，确保张拉安全。采用超高压电磁阀，保证在高油压下油不外泄，控制反应更灵敏，使用更安全。

(5)支撑螺杆保护

为保证千斤顶作业安全及张拉质量，必须在上、下横梁与反力墙间设置支撑螺杆保护。当千斤顶整体张拉至 σ_k 时，锁定千斤顶，及时安装支撑螺杆，辅助千斤顶以支撑钢横梁和反力墙，避免千斤顶失效或因长时间支撑而产生泄压等意外发生。支撑螺杆应采用 T 型螺纹设计构造，其设计承载能力为张拉力的 1.5 倍。支撑螺杆布置如图 6 和图 7 所示。

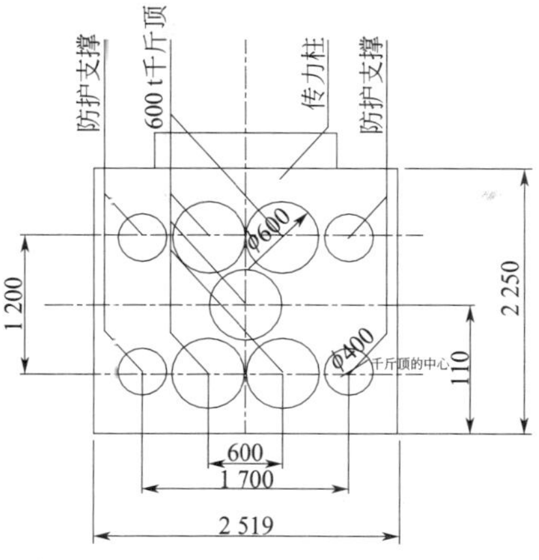

图 6 下横梁千斤顶及保护支撑布置

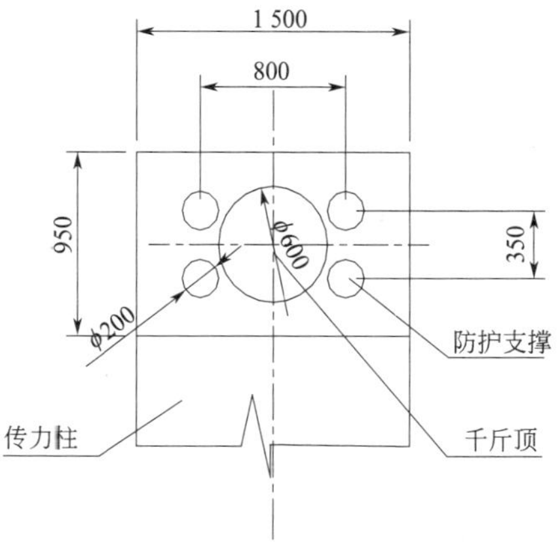

图 7 上横梁千斤顶及保护支撑布置

(6)工具锚

采用单孔夹片工具锚，其技术要求应符合《预应力筋用锚具、夹具和连接器》(GB/T 14370—2000)规定，工具锚在使用前应经过逐个进行外观和探伤检验，工具夹片的使用次数不得超过50次。

5.4　施工方法

5.4.1　钢筋工程

(1)钢筋加工

a. 使用前应根据使用通知单核对材质报告单和核对是否与实物相符；

b. 钢筋在加工弯制前应调直；

c. 钢筋表面的油渍、漆污和用锤敲击能剥落的浮皮、铁锈等均应清除干净，带有颗粒状或片状老锈的钢筋不得使用；

d. 钢筋加工的形状、尺寸必须符合设计要求；

e. 加工后的钢筋在表面上不应有削弱钢筋截面的伤痕；

f. 钢筋应平直、无局部折曲，任意 1 m 范围矢高不超过 4 mm；

g. 用冷拉法矫直钢筋时，其冷拉伸长率为：Ⅰ级钢筋不得超过 2%；Ⅱ级钢筋不得超过 1%。

(2)钢筋的调直

①采用钢筋调直截断机作业，其工艺流程为：备料→调直机调直→截断→码放；

②钢筋调直后应符合下列质量要求：

a. 钢筋应平直，无局部折曲；

b. 钢筋表面的油污、油漆、水泥浆和用锤敲击能剥落的浮皮、铁锈等均要清除干净；

c. 加工后的钢筋表面不应有削弱钢筋截面的伤痕。

(3)钢筋切断

①采用钢筋截断机作业，其工艺流程为：备料→划线(固定挡板)→试断→成批切断→钢筋堆放；

②在下长料时，注意钢筋同一截面内焊接接头的截面面积不得超过总截面面积的 25%，同一截面(50 cm 范围内视为同一截面)内同一根钢筋上不得超过一个接头；

③钢筋切断质量要求：

a. 钢筋的断口不得有马蹄形或起弯等现象；

b. 为确保钢筋长度的准确，钢筋切断要在调直后进行，定尺挡板的位置固定后应复核，其允许偏差±5 mm；

c. 在钢筋切断配料过程中，如发现钢筋有劈裂、缩头或严重的弯头等外观不合格的对焊接头等必须切除。

(4)钢筋弯曲成型

①工艺流程：准备→划线→试弯→成批弯曲→堆放；

②钢筋弯折处的弯曲直径及末端的弯钩应符合设计的规定，如设计无要求时，应符合下列规定：

a. 所有受拉热轧光圆钢筋的末端应作成 180°的半圆形弯钩，弯钩直径不得小于 2.5 d，钩端应留有不小于 3 d 的直线段；

b. 受拉热轧带肋钢筋的末端，应采用直角形弯钩，钩端的直线长度不应小于 3 d，直钩的弯曲直径不得小于 5 d；

c. 弯起钢筋应弯成平滑曲线，其曲率半径 r 不宜小于钢筋直径的 10 倍（光圆钢筋）或 12 倍（带肋钢筋）；

d. 用光圆钢筋制成的箍筋，其末端应有弯钩，弯钩的弯曲内直径应大于受力钢筋直径，且不应小于箍筋直径的 2.5 倍；弯钩平直部分的长度，一般结构不宜小于箍筋直径的 5 倍，有抗震要求的结构不应小于箍筋直径的 10 倍；

e. 钢筋接头应避开钢筋弯曲处，距弯曲点不应小于 10 d；

f. 手工弯曲时，钢筋必须放手，扳子应托平，用力应均匀，不得上下摆动，以免钢筋发生翘曲。

③钢筋弯曲成型质量要求

a. 钢筋形状正确，平面上没有翘曲不平现象；

b. 钢筋末端弯钩的净空直径不小于钢筋直径的 2.5 倍；

c. 钢筋弯曲点处不得有裂纹，对Ⅱ级及Ⅱ级以上的钢筋弯曲超过 900 时，弯曲直径不得小于 5 d；

d. 钢筋弯制成型允许偏差见表 1。

表 1 钢筋弯制成型允许偏差

序号	检验项目及方法	允许偏差
1	钢筋顺长方向尺寸偏差	±10 mm
2	标准弯钩内径	≥2.5 d
3	标准弯钩平直段长度	≥3 d
4	蹬筋中心距离尺寸偏差	±3 mm
5	外形复杂的钢筋用样板抽查偏离大样尺寸	±4 mm
6	钢筋不在同一平面	≤10 mm
7	钢筋的垂直肢与垂线的偏离值	≤d
8	弯起钢筋起点位移	15 mm
9	箍筋内边距离尺寸	±3 mm
10	弯起钢筋的弯起高度	±4 mm

（5）钢筋对焊

①焊接工艺选择。钢筋直径较小，钢筋牌号较低，可采用连续闪光焊；钢筋直径较大，端面比较平整，宜采用预热闪光焊；端面不平整，宜采用闪光一预热一闪光焊。并应符合《钢筋焊接及验收规程》（JGJ 18—2003）规定；

②钢筋焊接质量要求

a. 每批钢筋焊接前，应先选定焊接参数，按实际条件进行试焊，并检验接头外观质量及规定的力学性能，仅在试焊质量合格和焊接工艺参数确定后，方可成批焊接。

b. 每个焊工均应在每班工作开始时，先按实际条件试焊二个对焊接头试件，并按规定作冷弯试验，待其结果合格后，方可正式进行焊接。

c. 每个闪光对焊接头，在外观上应符合下列要求：

接头四周缘应有适当的墩粗部分，并呈均匀的毛刺外形；

钢筋表面应没有明显的烧伤或裂纹；

接头弯折的角度不得大于 4°；

接头轴线的偏移不得大于 0.1 倍钢筋直径，并不得大于 2 mm；

当有一个接头不符合要求时，应对全部接头进行检查，剔出不合格品。不合格接头经切除重焊后，可提交二次验收。

d. 在同条件下（指钢筋的生产厂、批号、级别、直径、焊工、焊接工艺、焊机等均相同）完成并经外观检查合格的焊接接头，以 200 个作为一批（一周内连续焊接时，可以累计计算，一周内累计不足 200 个接头时，亦可按一批计算），从中切取 6 个试件，3 个作拉伸试验，3 个作冷弯试验，进行质量检查。

e. 钢筋焊接接头如出现力学试验不合格，则应立即停止作业，待查明原因并经重新试验合格后方可继续作业。

钢筋加工图片如图 8 和图 9 所示。

图 8　钢筋弯制作业图

图 9　钢筋对焊作业图

（6）钢筋绑扎

每片箱梁钢筋分为底腹板钢筋骨架和桥面钢筋骨架两大部分。钢筋绑扎宜采用底腹板钢筋与桥面钢筋分别在钢筋预扎胎模架上进行预扎的绑扎工艺。

①保护层垫块

a. 保护层垫块的尺寸应保证钢筋混凝土保护层厚度的准确性，其形状（宜为工字形或锥形）应有利于钢筋的定位，应采用与梁体同等寿命同强度的混凝土垫块，不得使用砂浆垫块并按规范规定批量抽查试验和测量检验。

b. 垫块散布均匀，侧面和底面的垫块不少于 4 个/m^2，并成梅花形均匀布置，绑扎垫块和钢筋的铁线头不得伸入保护层内。

②支座板安装

a. 支座板使用专用胎具焊接制作，其尺寸精度应满足设计要求。安装前进行如下检查：满焊且焊缝高度符合设计要求，外观无夹杂、砂眼等缺陷；套筒应垂直于梁底钢板，套筒对角线距离应符合设计要求；支座板及螺栓加工后表面须按设计进行防锈处理；支座板保持平整，任意方向的不平整度不得超过 2 mm。

b. 支座板安装后，四个支座板相对高差不得超过 2 mm，两端支座螺栓中心距误差应控制在±2 mm。

c. 支座板应安装牢固，位置正确，板底面与底模应密贴。

③钢筋绑扎工艺。钢筋的绑扎应符合下列规定：

a. 钢筋两端及转角处的交叉点均应绑扎；

b. 箍筋与边缘底板筋交点采用梅花型绑扎；

c. 箍筋弯折处与架立筋交点逐点绑扎；

d. 箍筋接头叠合处逐点绑扎；

e. 螺纹分布筋与蹬筋交点逐点绑扎；

f. 绑扣形式应按逐点改变绕丝方向（8 字形）交错绑扎，或按双对角线（十字形）方式绑扎。以不易松脱为准，绑点如有松脱，应紧扣或重绑；

g. 在受拉区，钢筋闪光对焊接头截面面积在“同一截面”内（50 cm 范围内）不得超过受力钢筋总截面面积的 50%，且应避开钢筋弯曲处，距弯曲点不应小于 10 d，也不宜位于最大弯矩处。

④钢筋绑扎质量要求。钢筋绑扎质量要求应符合表 2 的规定。

表 2　钢筋绑扎允许误差

序号	项　　目	允许误差
1	桥面主筋间距及位置偏差（拼装后检查）	≤15 mm
2	底板钢筋间距及位置偏差	≤8 mm
3	箍筋间距及位置偏差	≤15 mm
4	腹板箍筋的不垂直度（偏离垂直位置）	≤15 mm
5	混凝土保护层厚度与设计值偏差	$^{+5}_{0}$ mm
6	其他钢筋偏移量	≤20 mm

钢筋绑扎作业如图 10 和图 11 所示。

图 10　底腹板钢筋预扎

图 11　桥面钢筋预扎

（7）安装主筋

①底腹板钢筋在预扎架上预扎，底模修整及导向装置安装完成后即可吊装底腹板钢筋。为方便安装折线筋，两端端部部分钢筋待折线预应力筋安装完毕后绑扎；

②安装主筋采用的吊架应有足够的刚度，吊点设置合理并均衡，以防钢筋变形；

③主筋安装到位后，即可安装端模和张拉横梁，以便安装钢绞线。

主筋安装如图 12 所示。

图 12　主筋安装

5.4.2　箱梁模型施工

（1）模型构造

①先张箱梁模板的支架系统根据空间要求特殊设计。

由于传力柱占用了侧模板的理想支撑区，因此侧模支撑系统需绕过传力柱，将先张梁侧模板进行顶板和竖向加劲肋设计，采用螺杆支撑的方式分别在传力柱顶面和制梁台作基础上设置支撑，并在模型上设置合理的梁体预留压缩量。

②模板采用钢模，应具有足够的强度、刚度和稳定性；模板由底模、侧模、内模、端模、撑杆、联结件及防漏胶条组成，侧模、底模及端模上应分别安装附着式振动器。

③侧模与制梁台座宜采用固定式结构。

④内模采用液压台车式结构，分节组装。

⑤端模宜采用整体模板，其预留眼孔应较预应力筋直径偏大 5 mm 为宜。

(2)模板制作

①模板的各部位尺寸要求准确；模面要平直，转角要光滑，焊缝要平顺；每扇连结螺栓孔的配合要准确；端模要平正，预应筋预留孔眼的位置要准确，误差不超过 1 mm；各类配件完好、数量齐全。

②模板制成后，应分节编号，进行单扇和组装检验。

③新制模板在交付使用前应以每套钢模作为一个验收批，建立该模板的管理档案。主管部门对钢模检查验收并出具验收合格证后，方能投入使用。

④先张梁模型如图 13 和图 14 所示。

图 13　先张梁侧模型

图 14　先张梁端模型

(3)模型安装

①模型安装前的检查准备工作

a. 模型安装前，应检查模型板面是否平整、光洁、有无凹凸变形，并清除模板上的灰砟和端模眼孔孔内的杂物；检查震动器支架及模板焊缝处是否有开裂破损，否则应及时补焊、整修合格。

b. 模板与混凝土接触面上应涂脱模剂，脱模剂应采用厂制专用脱模剂，严禁使用废机油、废柴油混和物作脱模剂。涂刷脱模剂时应注意油量少而均匀，做到不漏涂而板面又不积聚。

c. 检查吊装模型所需用的吊具、穿销、钢丝绳是否安全、齐备；检查模型安装时所需的各类联接件、紧固件是否齐全。

②安装底模

a. 底模安装时应合理设置预留压缩量和反拱，预留反拱值按二次抛物线设置；

b. 检查底模两边的燕尾橡胶密封条，对损坏的应更换或修补；

c. 检查底模的反拱及平整度等；支座板应保持平整，安装后的四个支座板相对高差不得超过 2 mm。

③安装导向装置

a. 折线筋导向装置主要由埋入梁体内的一次性使用部分和梁体外重复使用部分组成。埋入梁体内的一次性使用部分包括导向辊、支承侧板、连接螺栓等，梁体外重复使用部分包括连接环、连接销、底座机架、固定轴、滑套、轴夹板、地脚螺栓等；

b. 每孔梁设置 8 个导向装置，导向装置下部通过预埋螺栓锚固于底模下的制梁台座基础上；在底模上开口，安装导向装置上半部分，为防止漏浆和脱模后便于修补，采用穴模封堵缝隙；

c. 导向装置安装应定位准确，其安装误差应符合设计规定，如图 15 所示。

图 15　导向装置安装图

④底模安装质量。底模安装质量要求应符合表 3 规定。

表 3　底模安装质量要求

序号	项　目	允许偏差(mm)	检查方法
1	底板顶面与设计标高差	≤2	用水平仪测量
2	底模不平整度	≤2 mm/m	用 1 m 直尺测量
3	两端的活动底板边缘高差	≤1	用 600 mm 水平尺测量
4	底模板中心线与设计位置偏差	≤2	挂中心线，测每节底板两端
5	底板全长	±5	用钢卷尺测量底板两侧
6	底板宽度	0～5	用钢卷尺测量底板两侧
7	两节台座钢底板接口处高低差	≤2	用钢直尺及塞尺查接口两侧

⑤安装侧模。侧模安装工艺流程：侧模清砟→涂脱模剂→撑杆调整侧模角度→拧紧螺杆使侧模与底模靠紧→调节支腿支撑使侧模板固定→打紧子母楔→检查侧模安装尺寸。

⑥安装内模。液压内模安装工艺流程：内模整体拼装→清除内模表面灰渣→膏灰粘贴缝隙→检查校正内模的外形尺寸→涂刷脱模剂→内模整体吊入底腹板钢筋骨架内→内模稳定安装于底模上→检查验收。

⑦安装端模。端模安装工艺流程：模板清理整备→涂刷脱模剂→内模就位后吊装端模→端模与侧模、底模、内模进行连接→检查验收。

⑧模板安装质量要求。模板安装质量要求应符合表 4 规定。

表 4　模板安装尺寸允许误差

序号	项　　目	技术要求
1	模板总长	±10 mm
2	桥面板中心线与设计位置偏差	≤10 mm
3	腹板中心线与设计位置偏差	≤10 mm
4	模板倾斜度偏差	≤3‰
5	桥面板宽	±10 mm
6	腹板厚度	$^{+10}_{0}$ mm
7	底板厚度	$^{+10}_{0}$ mm
8	顶板厚度	$^{+10}_{0}$ mm
9	端模板预留眼孔偏离设计位置	≤2 mm

⑨看模堵漏

a. 桥梁混凝土浇筑过程中须安排专人看模堵漏、检查模型状况，发现模型有漏浆情况及时进行封堵；

b. 子母铁楔、撑杆、联结螺栓等紧固件如有松动，应立即打牢、拧紧；

c. 发现有模型上浮、严重跑模或其他重大问题，应立即停止浇筑混凝土，并通知相关人员进行处理。

⑩模型拆除

a. 拆除模型条件。梁体混凝土强度：拆模时梁体混凝土强度，须达到设计强度的 60%以上(≥30 MPa)，且能保证构件棱角完整时方可拆模，用与梁体混凝土同等养护条件的试件强度确定。

拆模温度：梁体混凝土芯部与表层、箱内与箱外、表层与环境温差均不大于 15 ℃；气温急剧变化时不宜脱模。

b. 拆模工艺流程。松开紧固件→拆除端模→松动外侧模板→收缩内模→逐节退出内模→模板整修。

内模拆除作业如图 16 所示。

图 16　先张梁内模拆除作业图

⑪模型整修

a. 梁体吊离底模后，应立即将钢底模上的混凝上残渣清除，清除胶条与底模间的混凝土残渣，更换破损、脱落的胶条。

b. 清渣完毕后，用干净拖布将隔离剂均匀涂刷在模板上，不得出现积液、漏刷现象。

c. 技术人员须逐片对底模全长、平整度及反拱值进行检查，如有超标及时整改；

d. 对检查中发现的问题，应及时处理并做好相关记录，存入模型管理档案；

e. 大修模型的检查验收按新制模型办理，须经验收合格后方可使用；

f. 凡已鉴定报废和不合格的模型严禁使用。

⑫模型施工注意事项

a. 模型安装和拆除施工时，须由专人负责指挥，施工人员应密切配合，相互提醒，确保安全；

b. 吊装内模采用的吊架应有足够的刚度，吊点设置合理并均衡，以防内模变形；

c. 内模就位时要缓慢，两端及两边应平衡，严禁碰撞梁体钢筋；

d. 拆模时，严禁止生拉硬撬，以免造成模型局部变形或损坏梁体混凝土；

e. 模型拆除后，应及时清点紧固件，并在清理干净后涂抹机油，以备再用。

5.4.3 钢绞线安装

(1)钢绞线布筋穿孔前，应在钢绞线、钢横梁上相应孔位应按设计顺序进行编号标识，避免出现眼孔错位、钢绞线交叉等现象，影响张拉。

(2)钢绞线安装应自下而上，分列、分层进行，先穿直线预应力筋，再穿折线预应力筋；折线预应力筋应通过导向装置相应的槽口。

(3)预应力筋伸出端横梁的长度以满足初调前卡式千斤顶工作长度为宜，穿好的钢绞线应采用张拉应力 10%左右的拉力进行拉直锚固，防止钢绞线相互缠绕、交叉。

(4)预应力筋连同隔离套管应在钢筋骨架完成后一并穿入就位，钢绞线应根据图纸要求套上相应长度的隔离套管，即按要求设置预应力筋的失效长度。隔离套管内端应堵塞严密，隔离套管应紧贴端模防止进浆，其长度及位置允许偏差为±20 mm。

(5)预应力筋穿入就位后，可通过桥面观察折线筋是否有相互缠绕交叉，否则应及时进行纠正；同时通过侧模上预留的观察窗口对导向装置处钢绞线的安装情况进行检查。

(6)预应力筋穿入就位后，严禁使用电弧焊在梁体钢筋骨架及模板的任何部位进行焊接或切割。

(7)钢绞线安装质量要求(图 17)。

图 17 钢绞线穿丝作业图

①直线筋顺直，无交叉、缠绕；折线筋通过导向装置的相应槽口；

②隔离套管位置、长度正确，两端堵塞严密；

③预应力筋保护层厚度满足设计要求。

5.4.4 张拉千斤顶安装

下横梁每端 10 台 YD600-180 型自锁式液压千斤油顶采用并联回路供油，增设液压锁，该回路使用两个液控单向阀组成的连锁回路，方便实现任意位置上的锁紧。只有在H型电控换向阀通电切换时，压力油向液压千斤顶供油，液控单向阀在压力油的作用下单向打开，千斤顶才能运动。上横梁两端各2台YD600-180型自锁式液压千斤油顶也是采用并联回路供油及相同的两个液控单向阀组成的连锁回路，方便实现任意位置上的锁紧。千斤顶连接原理如图18和图19所示。

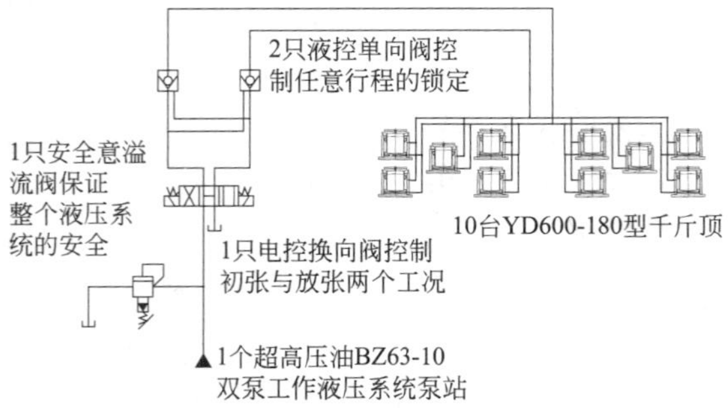

图18　下横梁千斤顶油路联接

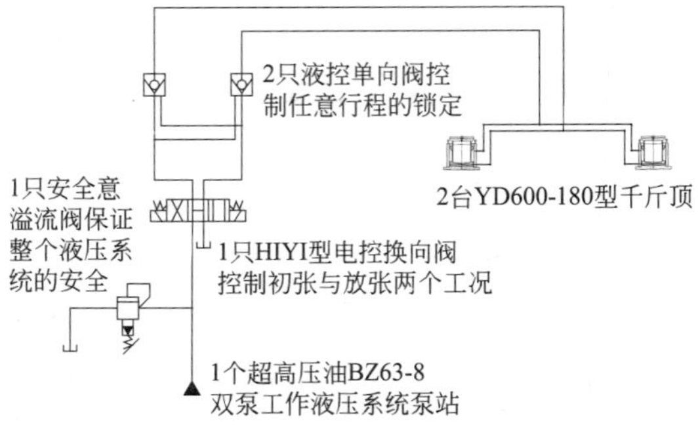

图19　上横梁千斤顶油路联接

5.4.5　张拉工艺

(1)钢绞线摩阻测试

①预制梁试生产期间，应至少对两件梁体进行各种预应力瞬时损失测试，确定预应力的实际损失，必要时应由设计方对张拉控制应力进行调整。正常生产后每100件进行一次损失测试。摩阻试验详如图20所示。

图20　钢绞线摩阻测试

②试验采用的张拉设备应与实际施工时的相同，采用两台穿心式压力传感器(精度为0.5%)测力。由于直线筋长度较长，主动端可采用两台千斤顶串联使用，以满足钢绞线的伸长量能够达到设计值。

③测试中采用一端张拉，荷载分级张拉至设计吨位，每根钢绞线张拉两次。测读内容包括：张拉端与被动端测力传感器读数、张拉端油缸伸长量、张拉端与被动端夹片回缩量。

(2)千斤顶校正

①千斤顶标定有效期不得超过一个月，在张拉作业前必须经过校正，确定其校正系数。除此之外，千斤顶在下列情况下还必须重新进行校正：

a. 已张拉作业达200次；

b. 千斤顶使用过程中出现异常现象时；

c. 千斤顶经过拆修之后。

②千斤顶的校正方法

a. 千斤顶与已校正过的油压表配套编号。千斤顶、油压表、油泵安装好后，试压三次，每次加压至最大使用压力的110%，加压后维持5 min，其压力下降不超过3%，即可进行正式校正工作。

b. 由于顶推式液压千斤顶吨位较大且体积较重，校顶时可采用压力环校正法或顶压机校正法，测读千斤顶或油泵上油表读数（精度 0.40 级标准油表）及相应压力环或压力机的标示读数，重复三次，取其平均值。校正千斤顶用的压力环或压力机必须在检定有效期限内。

c. 千斤顶校正系数 K 小于 1.05 时，则按实际数采用；如校正系数大于 1.05，则该千斤顶不得使用，应重新检修并校正。

(3)张拉前的准备工作

①本工序为特殊工序，操作人员应持征上岗；

②锚具按规定检验合格，预应力钢绞线经复验确认合格；

③千斤顶和油压表均已校正并在有效期内，张拉技术资料已到位；

④确认钢绞线根数与设计相符，每根顺直不绞缠，两端外露长度相等；

⑤安全防护措施已到位。

张拉千斤顶及保护支撑安装详如图 21 所示。

图 21　张拉千斤顶及保护支撑安装图

(4)张拉程序

直线预应力筋及折线预应力筋均采用两端同步分级张拉方式，按照“单根初调、整体终拉”的张拉工艺施工。张拉顺序：先初调直线预应力筋，再初调和张拉折线预应力筋，最后张拉直线预应力筋，其程序如下：

初始状态观测→初调直线筋（0.2σ）→初调折线筋（0.2σ）→折线筋（0.6σ）→折线筋（1.0σ）→直线筋（0.3σ）→直线筋（0.8σ）→直线筋（1.0σ）→补足折线筋（1.0σ）→结束（σ 为张拉控制应力）

(5)单根初调

每根钢绞线均采用 $0.2\sigma_k$ 进行初调，以保证其受力均匀，单根初调的顺序为：

①折线筋采用两端对称初调，顺序由内侧向外侧、从上至下、两侧对称依次进行初调；直线筋采用单端初调，顺序从中间向两边，按照左、右对称的方式进行初调；

②初调前须在折线筋及直线筋的中部和两侧的钢绞线上安装测力传感器，以观侧其应力损失情况；

③钢绞线初调完成后，由于钢横梁产生变形，可能会导致部分钢绞线预应力损失，如果应力损失超过 2%时，应及时补拉；

④实测钢绞线伸长值初始点。

钢绞线初调如图 22 所示。

(6)整体终张拉

单根钢绞线应力初调完成后，进行钢绞线整体终张拉。整体终张拉采用两端同步分级整体张拉工艺。

①整体张拉顺序为：先张拉折线筋、后张拉直线筋。

②在梁体两端分别采用顶推式液压千斤顶同步分级张拉至 σ_k，持荷 3 min，测钢绞线伸长值，检查钢横梁、锚具受力情况，最后锚固，锁定千斤顶，安装支撑螺杆。

图 22　钢绞线初调

③在张拉的过程中，螺栓支撑须不断跟进。

④控制张拉应力以油表读数为主，以预应力筋的伸长值作为校核。如实测伸长值与理论计算伸长值相差大于±6%时，应查明原因并处理后再重新张拉。

⑤钢绞线理论计算伸长值应按预应力筋实测弹性模量计算，实测伸长值应以 30%张拉力值作为测量的初始点。

⑥张拉的过程中，如每端上、下张拉横梁两侧的钢绞线伸长值之差>10 mm 时，应立即进行调整，从而达到同步张拉。

钢绞线整体终拉如图 23 所示。

(7)张拉观测

钢绞线初调及整体终拉观测内容：钢绞线实测应力值、钢绞线伸长值、夹片回缩量、钢横梁变形观测、传力柱压缩量观测。

(8)张拉质量要求

①测量钢绞线伸长值，每侧钢绞线的实际伸长值与理论计算伸长值相差不大于±6%。

②每片梁在张拉过程中如出现断丝、滑丝现象，应及时进行放松换束处理。

图 23　钢绞线整体终拉

③锚固后夹片外露量应不小于 3 mm，且平齐，夹片不得错牙。并应在夹片与锚圈、夹片与钢绞线啮合处划线标记，在混凝土浇筑前检查有无夹片跟进或钢绞线内缩。

(9)张拉注意事项

①由于各台千斤顶之间的内摩阻系数不完全一致，在张拉过程中，同一端两侧的预应力筋可能出现不同步的情况，因此必须采用分级张拉的工艺。

②张拉时应两端同步加载，保持千斤顶升、降压速度相近，两端操作人员相互报数，使两端同时达到同一荷载值。

③张拉至控制应力后，持荷 3 min，在持荷状态下，如发现油压下降，应立即补至张拉控制应力。

④张拉过程中，如发现钢绞线实测应力值与张拉油表值出入较大时应查明原因并经处理后方可继续张拉。

⑤在整个张拉过程中，要认真检查有无滑丝、断丝现象。滑丝、断丝现象如果发生在混凝

土浇筑前,应立即停止张拉,处理后再重拉。

⑥张拉完毕后,应及时浇筑混凝土,从张拉完毕至开始浇筑混凝土时间不宜超过 2 h。混凝土浇筑前,应对预应力筋应力进行抽查,当应力损失超过 2%时,应及时补拉。

⑦混凝土浇筑前,须将两端模上预留眼孔与钢绞线间的缝隙进行封堵。

5.4.6 混凝土施工

(1)混凝土浇筑设备

①在充分保证混凝土搅拌均匀的前提下,混凝土搅拌和输送能力应同时满足 60 m^3/h 的实际生产量,且搅拌站和混凝土输送设备均不得少于 2 套,以保证箱梁混凝土浇筑时间尽量缩短;

②混凝土搅拌设备须采用强制式搅拌机和电子计量系统。

(2)施工准备

①梁体混凝土施工准备包括技术准备、机具设备及计量器具的准备、材料准备、劳动力准备,还包括组织混凝土施工从拌和、运输、浇筑和振捣的协调一致,以及突发事件状态下保证浇筑顺利进行的应急措施等。

②每孔梁浇筑开盘前,应有专人负责组织好下列准备工作。

a. 取得施工配合比通知单,确认本次浇筑混凝土的骨料、水泥、掺和料、外加剂等已到达拌和站,不得采用边运输材料边开盘搅拌的方法进行梁体混凝土浇筑作业;

b. 核对并检查骨料、水泥、掺和料、外加剂品种和质量;

c. 混凝土搅拌站和输送设备处于正常状态,计量器具已检查校正;

d. 机具应进行试运转,并确认状态良好;

e. 附着式振动器(包括备用振动器),插入式捣固棒已准备,测试完毕;

f. 水电供应系统保证,意外停水、停电的备用措施已落实;

g. 容易损坏的机具和零部件有备用品,机械故障停盘有应急方案(如备用拌和站就位);

h. 浇筑安全防范设施确认安全可靠;

i. 上道工序的检查签证及手续均已办妥;

j. 气象预报落实,适应各种气候的施工措施完备。

(3)混凝土配料和计量

①原材料应有供应商提供的出厂检验合格证书,并应按有关检验项目、批次规定,严格实施进场检验,合格后方可使用。

②骨料料场须分仓设置,不得混料,并设有棚盖防护。粗骨料应采用二级或多级级配。

③混凝土配料必须严格执行试验室下达的《混凝土施工配料通知单》,并应有试验人员现场进行施控。

④混凝土原材料配料须采用自动计量装置,计量设备需保证在检定有效期内。原材料配料计量秤料误差(均以质量计)应满足:

a. 水、外加剂、水泥、掺和料≤±1%;

b. 砂、石≤±2%。

(4)用水量控制

①每次开盘前应进行骨料含水率测定,每班抽测 2 次,遇有雨雪天气增加测定次数,并按测定的结果及时调整混凝土施工配合比;

②混凝土拌和物出机后严禁加水。

(5)外加剂控制

①外加剂应经铁道部质量监督检验中心检验合格后方可使用。复合外加剂的品质、指标应符合《客运专线高性能混凝土暂行技术条件》的要求;

②开盘前应检查外加剂溶液的浓度是否符合要求;

③外加剂宜当天配制,如使用已配制好的溶液,则应重新搅拌均匀后使用。

(6)混凝土搅拌

①混凝土采用强制式搅拌机拌和,所有原料投完后的搅拌时间不宜少于 2 min,也不宜超过 3 min,且混凝土应搅拌均匀,颜色一致。冬季施工时,应适当延长搅拌时间;

②混凝土拌制速度和浇筑速度要密切配合,拌制服从浇筑,以免停浇时造成机内存料;

③如混凝土浇筑因故中断,滞留在搅拌机内的混凝土时限,常温下一般不宜超过 90 min 或混凝土初凝时间,夏季高温季节不宜超过 45 min。

(7)混凝土运输

①应选用能确保浇筑工作连续进行、运输能力与混凝土搅拌机的搅拌能力相匹配的运输设备运输混凝土。不得采用机动翻斗车、手推车等工具长距离运输混凝土;

②应尽量减少混凝土的转载次数和运输时间。从搅拌机卸出混凝土到混凝土浇筑完毕的延续时间以不影响混凝土的各项性能为限;

③若采用搅拌罐车运输混凝土,当罐车到达浇筑现场时,应使罐车高速旋转 20～30s,再将混凝土拌和物喂入泵车受料斗或混凝土料斗。

(8)混凝土浇筑

①混凝土入模条件

a. 混凝土模板温度宜在 5 ℃～35 ℃;

b. 入模温度应宜在 5 ℃～30 ℃;

c. 混凝土入模含气量应控制在 2%～4%。

②混凝土泵送工艺

a. 箱梁宜采用泵送混凝土浇筑工艺,泵送设备的选型及布置应合理。

b. 泵送时,输送管路不宜过长,尽量减少弯管,除出口处采用软管外,输送管路其他部分不得采用软管或锥形管。

c. 输送管路应固定牢固,且不得与模板或钢筋直接接触。泵送过程中,混凝土拌和物应连续输送。高温或低温环境下输送管路分别采用湿帘或保温材料覆盖。

d. 每盘混凝土从加水搅拌起,60 min 内应泵送完毕。如遇混凝土不能连续浇筑时,输送泵内应保证一定数量的存料,停泵时间超过 15 min 时,应每间隔 5 min 左右开启一次,以免泵管堵塞。如停泵时间超过 45 min 时,应将管中混凝土清除。

e. 混凝土泵送施工应符合《混凝土泵送施工技术规程》(JGJ/T 10—95)的规定。

③混凝土浇筑工艺

a. 梁体混凝土浇筑顺序。箱梁混凝土浇筑宜采用斜向分段、水平分层的方式连续浇筑,布料先从箱梁两侧腹板同步对称均匀进行,先浇筑腹板与底板结合处及底板混凝土,再浇筑腹板。当两侧腹板混凝土浇筑到与顶板面结合部位时,改用从内模顶面预留的混凝土浇筑孔下料补浇底板混凝土,并及时摊平、补足、振捣,控制好标高,达到设计要求,最后浇筑顶板。如图 24 所示。

b. 预制梁混凝土应具有良好的密实性。浇筑时,严禁振动棒接触预应力筋和模板,尽量多采用侧振和底振,避免预应力筋因外力作用而产生应力损失。

c. 混凝土每层浇筑厚度不宜大于 60 cm，泵管出口距混凝土承接面的高度不得大于 2 m。

d. 使用插入式振动棒时振捣棒应垂直点振，不得平拉，振动棒移动距离应不超过 40 cm，每点振动时间约 20～30 s，振动时振动棒上下略为抽动，插入深度以进入前次浇筑的混凝土面层下 50 mm 为宜，以混凝土不再沉落，不出现气泡，表面呈现泛浆为度，并应防止过振、漏振。

图 24 混凝土浇筑

e. 浇筑桥面混凝土和桥面收浆作业时，应配备专门的桥面坡度振平设备和支架设备，不得人工随意找平和踩在混凝土中作业，并按规定进行二次桥面收浆作业，使桥面达到平整，排水通畅，如图 25 所示。

f. 混凝土工作性能每批不大于 50 m^3 检测一次。

g. 梁体混凝土浇筑时间不宜超过 6 h，最长不得超过混凝土的初凝时间。

(9)施工注意事项

①浇筑过程中，设专人检查模板、附着式振动器和钢绞线应力变化，发现模型配件松动应及时紧固。发现漏浆应及时堵严，钢筋和预埋件如有移位，及时调整保证位置正确。对钢绞线应力变化应做好记录。

图 25 桥面混凝土整平

②混凝土入模前，应采用专用设备测定混凝土的温度、坍落度、含气量、水胶比及泌水率等工作性能；只有拌和物性能符合设计或配合比要求时方可入模浇筑。

③在炎热季节浇筑混凝土时，应避免模板和新浇混凝土直接受阳光照射，保证混凝土入模前模板和钢筋的温度以及附近的局部气温均不超过 40 ℃。应尽可能安排在傍晚浇筑混凝土。

④混凝土振捣完成后，应尽量减少暴露时间，对混凝土暴露面进行紧密覆盖，防止表面水分蒸发。

⑤当昼夜平均气温低于 5 ℃或最低气温低于－3 ℃时，须采取保温措施，按冬季施工办理。

⑥认真填写混凝土浇筑施工日志。

(10)混凝土施工质量要求

①试生产前，应进行混凝土配合比选定试验，制做抗冻性、抗渗性、抗氯离子渗透性、抗碱-骨料反应性等混凝土耐久性试件各一组，进行耐久性试验。

②批量生产中，预制梁每 20 000 m^3 混凝土抽取抗冻融循环、抗渗性、抗氯离子渗透性、碱-骨料反应的耐久性试件各一组，进行耐久性试验。

③预制梁在浇筑混凝土过程中，应随机取样制作标准养护和施工用混凝土强度、弹性模量试件，并应从箱梁底板、腹板及顶板处分别取样。施工试件应随梁体或在同样条件下振动成型、养护，28 d 标准试件按标准养护办理。

④混凝土耐久性。

混凝土耐久性指标应满足表 5 规定。

表 5 混凝土耐久性指标技术要求

顺号	指标名称	质量指标	检测方法	检测设备及量器具
1	预防碱—骨料反应	碱—硅酸反应快速砂浆棒膨胀率不大于 0.2%；水泥碱含量不大于 0.6%；混凝土拌和物砂浆棒膨胀率≤0.10%	TB/T 3054—2002 TB/T 2922.1—1998 TB/T 2922.5—2002 GB 176—1999	比长仪 温度养护箱 火焰光度计 天平
2	抗冻融循环	≥200 次	GBJ 82—1985 快速法 $P \geq 60\%, W \geq 95\%$	冻融试验机 动弹仪、案称
3	抗渗性	≥P20	GBJ 82—1985	抗渗仪
4	抗氯离子渗透	≤1 200C(氯盐环境≤1 000C)	ASTMC 1202—1997	氯离子渗透仪
5	护筋性	不锈蚀	GB 8076—1997	恒电位仪
6	抗裂性	不开裂	《客运专线高性能混凝土暂行技术条件 》附录 D	标准试模 应变仪

⑤混凝土强度及弹模

a. 混凝土强度及弹性模量技术要求应满足表 6 规定。

表 6 混凝土混凝土强度及弹性模量技术要求

序号	试件名称		试件数量（组/批）	取样位置	养护方式	试验龄期（d）	试验方法	评定/判定标准
1	拆内模混凝土强度		1	随机	随梁	试验确定	GB/T 50081—2002	≥30 MPa
2	梁体放张	强度	1	随机	随梁	≥72 h		≥混凝土强度等级的 90%
3		弹模	1 组(6 块)	随机且同一盘		≥72 h		≥混凝土强度等级所对应的 E_h
4	梁体混凝土 28 d	强度	4	均布	标养	28 d		TB10425 标准差已知法
5		强度	2	均布	随梁	28 d		TB10425 标准差已知法
6		弹模	1 组(6 块)	同一盘	标养			≥强度等级对应的 E_h

b. 预制梁在浇筑混凝土过程中，应按规定随机从箱梁底板、腹板及顶板处分别取样，制作混凝土强度试件、弹性模量试件。施工试件随梁体或在同样条件下振动成型、养护；28 d 标准试件按标准养护办理；采取蒸汽养护工艺的 28 d 标准试件，应先随梁养护、后标准养护。

(11)蒸汽养护

①蒸养设施。蒸养锅炉、蒸养篷罩、蒸养管道及测温设施的性能应满足施工需要；蒸养管道及测温设施布置应合理，需保证篷罩内供气充足、均匀；测温计量设备应定期校正，允许误差≤1 ℃，最小分度值应不大于 0.5 ℃。

②蒸养工艺

a. 采用蒸汽养护时，应实施跟踪养护，使篷温与梁体内水化热相适应。蒸汽养护全过程分为静停、升温、恒温、降温四个阶段。

静停期：静停期间应保持篷温不低于 5 ℃，浇筑完 4 h 后方可升温。静停期可向篷内供给小量的蒸汽，将篷内温度控制在 10 ℃～200 ℃为宜。

升温期：升温速度不得大于 100 ℃/h。

恒温期：恒温养护期间棚内蒸汽温度不宜超过 45 ℃；梁体芯部混凝土温度不宜超过 60 ℃；恒温期一段保持 9 h 左右，具体时间可根据梁体拆模强度要求、混凝土配合比及环境等通过试验确定。

降温期：当随梁养护的混凝土试件经试验达到梁体拆模强度要求，停止供汽降温，降温速度不大于 100 C/h。

梁体蒸汽养护如图 26 所示。

图 26　梁体蒸汽养护

b. 降温至 25 ℃以下，且梁体芯部温度与表面温度、表面温度与环境温度之差不超过 15 ℃时，方可撤除保温设施和测试仪表。

c. 篷内温度应尽量一致，各部位的温差应不宜大于 10 ℃。

d. 升温、恒温、降温时每 0.5 h 测温 1 次。停汽后每 2 h 观测 1 次，直至拆除保温设施为止。

e. 在养护过程中，应指定专人定时测温，并作好记录，及时绘制温度曲线图。

③蒸汽养护筑意事项

a. 司炉人员必须持证上岗；

b. 锅炉用水应符合《低压锅炉水质标准》(GB 1576)的规定；

c. 水位表、压力表、安全阀除按周期检验外，每班必须自检一次；

d. 严禁有裸露未经保温和保温设施损坏的管道，以及管道漏汽的现象出现，以确保无高温和蒸汽伤人的事故发生；

e. 凡遇蒸养设施出现故障不得带病工作，应立即修复后再投入使用。

(12)混凝土自然养生

①箱梁蒸汽养护结束后即进入混凝土自然养生阶段。自然养护时，梁体表面须用保湿物品覆盖，并在其上覆盖塑料薄膜。当环境温度 5 ℃以上时，可对桥面采用浇水养护。浇水时间在第二次抹面完成后 0.5～2 h(根据气温确定)，但应以手压表面不留痕为准，水不得直接冲击桥面混凝土；

②养护用水与拌制梁体混凝土用水相同，水温与表面混凝土之间的温差不得大于 15 ℃。梁体洒水次数以保持混凝土表面充分潮湿为度；

③当环境相对湿度小于 60%时，自然养护不少于 14 d；相对湿度在 60%以上时，自然养护不少于 7 d，并作好养护记录。同时，应对随梁养护的混凝土试件进行洒水养护，使试件强度与梁体混凝土强度同步增长；

④当环境气温低于 5 ℃时，梁体表面喷涂养护剂，采取保温保湿措施，禁止对混凝土洒水。

(13)混凝土冬季施工。

①进入冬季施工前应作好如下准备工作：

a. 掌握施工地区的冬季气象资料，并与气象部门联系，及时了解气象变化情况；

b. 砂、石骨料存放时尽量保持干燥状态；

c. 其他冬季施工所需的工程材料、防寒材料、燃料及必要的机具设备等，应根据施工特点准备充足；

d. 混凝土冬季施工宜选用混凝土水灰比和坍落度较小的冬期施工配合比。

②冬季混凝土浇筑

a. 砂石骨料的温度应保持在 0 ℃以上，拌和水的温度不应低于 5 ℃。必要时可将拌和水或骨料加热，砂石骨料加热用蒸汽直接加热时，应密切组注意含水量变化。水泥不得直接加热，仅能采取保温措施。

b. 水及砂石骨料加热温度应通过热工计算和试拌结果确定，水加热温度不宜高于 80 ℃，骨料加热温度不宜高于 60 ℃。

c. 当混凝土坍落度因加热影响而减小，或水泥有速凝现象时，材料加热温度应适当降低。

d. 拌制混凝土前，应用热水洗刷搅拌机鼓筒，并将残留的水或凝结的冰块清除干净。

e. 冬季施工，模板内不得有积雪、冰块，浇筑混凝土前，一定要将冰雪融化，并将融化水排出。如遇气温变化，应及时用篷布或养护罩遮盖已立好的模板。

f. 向搅拌机投料时，砂、石、热水应先拌和，后加水泥进行拌和，以避免水泥直接与热水接触。混凝土的拌和时间应较常温施工适当延长，一般较常温施工延长 1 min。

g. 混凝土的运输时间应缩短，用保温材料覆盖混凝土输送管路。

h. 混凝土入模温度不得低于 5 ℃，环境为负温时不宜低于 12 ℃。混凝土浇筑时宜采用边浇筑边罩养护罩，防止混凝土受冻，确保梁体上层混凝土浇筑时，下层混凝土温度不低于 5 ℃，浇筑完毕后保持在 10 ℃～20 ℃下静停养护。

i. 冬季施工，模板内不得有积雪、冰块，浇筑混凝土前，一定要将冰雪融化，并将融化水排出。如遇气温变化，应及时用篷布或养护罩遮盖已立好的模板。

5.4.7　放张工艺

(1)放张条件

①梁体混凝土强度应达到设计值的 90%以上；

②弹性模量达到相应值，即≥34.5 GPa；

③混凝土龄期不少于 72 h。

(2)技术准备工作

放张前应认真检查核对下列准备工作是否已完成：

①箱梁内模液压已收起，内模离开梁体，端模和侧模固定牢固；两端预埋支座板、防落梁板的安装螺栓已拆除。

②解除所有导向装置支撑侧板，使其梁体预埋部分和基础固定部位分开。

③放张前底模两端变截面活动底模已拆除。

④放松应力前，如梁体预应力部分的混凝土有缺陷，必须及时进行修补，并养护达到设计强度后方可放松预应力。

⑤放张施工人员已到位，所有设备已检查、处于完好状态，备用电源已到位。

⑥放张前应在梁体上布置上拱度及弹性压缩的观测点，观测人员及测量设备、标尺已安装完毕，测量初始读数已记录。

⑦放张安全措施已检查，符合安全规定。

(3)放张程序

采用两端整体同步分级缓慢放张工艺，放张时应先放张折线筋，后放张直线筋。

折线筋(1.0σ－1.0 MPa)→试松螺栓支撑→折线筋(1.0σ＋0.5 MPa)千斤顶顶松支撑螺杆→从 1.0σ 降到 0.6σ→折线筋(0.3σ)→折线筋(0σ)→切割导向装置→直线筋(1.0σ－1.0 MPa)→试松螺栓支撑→直线筋(1.0σ＋0.5 MPa)千斤顶顶松支撑螺杆→直线筋从 1.0σ

降到 0.8σ→直线筋(0.6σ)→直线筋(0.3σ)→直线筋(0σ)→结束。

梁体放张油泵操作如图 27 所示。

图 27 梁体放张油泵操作

(4)放张注意事项

①放张时,需进行适当超张拉,使螺栓支撑和钢横梁产生微量间隙,旋松螺旋支撑,若 1.0σ+0.5 MPa 不能松开螺旋支撑,继续按每级 0.5 MPa 加力直至螺旋顶能松开,但应力值不得超过钢绞线抗拉极限强度的 75%。

②梁体两端油路卸载速度必须保持同步,两端油路系统压力差值不得大于 0.5 MPa,以免梁体窜位。

③折线筋放张完成后,及时切割导向装置。先切割中部的四个导向装置、再切端部的四个导向装置。

④在放张过程中,采用分级放张,并采用测力传感器随时对预应力筋放张控制应力进行监控,对张拉横梁位移的同步性、梁体的压缩量等进行数据观测统计,如果出现偏差,应及时调整。

⑤放松应力后应实测梁体弹性上拱度和梁体压缩量,实测弹性上拱值不应大于 1.05 倍设计计算值。

5.4.8 割丝封锚

(1)先张箱梁放张完毕后,先将两端端模外的钢绞线用砂轮片切除,退出工具锚和钢绞线呆料,以利端模、内模及张拉横梁的拆除。

(2)张拉横梁采用门吊整体吊移,然后拆除端模、退出内模。

(3)封堵

预制梁吊移至存梁台座后即可对梁端预应力筋和梁底导向装置凹穴部位进行封堵。封堵前,应对预应力筋及导向装置凹穴部位的混凝土进行凿毛并清洁湿润,封堵采用微膨胀混凝土,混凝土强度等级与梁体相同。封堵后,在新旧混凝土结合部位采用聚氨酯防水涂料进行防水处理。如图 28 所示。

图 28 封堵后的箱梁

5.4.9 箱梁吊装及存放

(1)箱梁吊装工艺

①根据移梁通知单,核对梁号。

②吊点位置应符合设计要求,吊点承压面积不小于 460 mm×380 mm。

③在接到提梁命令后,两台提梁机开始同时加载(整个过程采用低速),两台吊机同时起升箱梁约 100～150 mm 后停止,静停 5 min,观察梁体是否有下溜现象,一切正常后,两台提梁机单动调整保证整体箱梁水平后,进入联动状态,并起降三次检测设备负载下的制动性能良好后,方可继续提升和吊梁行走,直至完成箱梁吊运作业,如图 29 所示。

图 29 梁体吊装

(2)箱梁存放

①存梁台座

a. 存梁台座宜采用钢筋混凝土结构，其承载能力及截面尺寸通过检算确定；

b. 存梁支点设置在梁腹板下，距梁端距离≤1.5 m；

c. 存梁台座的支撑垫石表面应平整，应保证各支点受力均匀，四个支点处于同一平面内，误差不大于 2 mm；

d. 存梁台座周围应有良好的排水设施。

②箱梁存放要求

a. 支撑垫石与梁体接触面间应采用厚度不小于 100 mm 的硬质橡胶垫支垫；

b. 每次吊梁存放时，应先对存梁台座四个支撑垫石顶面进行水平测量，如高差超过 2 mm，可采取加垫适宜厚度钢板的方式进行找平；

c. 将梁体存放在支撑垫石上，龙门吊将千斤绳放松后暂不取钩，采用水准仪进行 30 min 连续观测，确认无沉降后方可取钩，避免出现“三只腿”现象，以免梁体受损；

d. 存梁台座使用期间，应有专人负责台座沉降观测，并做好测量记录。

6　劳动力组织

按照月产 30 孔 32 m 先张箱梁制梁进度进行施工人员组织，见表 7。

表 7　施工人员组织表

序号	班组	工序内容	人数	备注
1	钢筋班	钢筋制作、加工(含对焊料运输)	52	
		底、腹板钢筋绑扎	42	
		底、腹板钢筋就位	8	
		协助张拉班调校、补绑不能一次完工得底、腹板钢筋	12	
		面筋预扎	36	
		面筋就位	28	
小计			178	
2	机电班	电焊工	4	
		机修工	5	
		电工	6	
小计			15	
3	模型班	底模整修	4	
		内模安装、拆除、涂油	35	
		侧模安装	8	
		小件安、拆	10	
		混凝土浇筑堵漏	6	
小计			63	

续上表

序号	班组	工序内容	人数	备注
4	混凝土班	拌和站	16	
		内箱、底板捣固	18	
		腹板及桥面捣固	24	
		振动器控制箱及安拆振动器	2	
		桥面布料、收浆摸面	18	
		锅炉司机及养护	8	
		看护管道、凿毛修补及完善	12	
小计			98	
5	张拉班	油泵操作	2	
		加力操作	2	
		看表人员	2	
		螺旋支撑跟进	8	
		钢绞线卸车、下料、运输、穿束、编号、封堵	15	
		钢横梁、千斤顶及油路安装和拆卸	15	
小计			44	
6	装吊班	龙门吊司机	8	
		桥梁吊装	10	
		龙门吊走行线整道养护	8	
小计			26	
合计			424	

7 机具设备

根据预制先张梁施工工艺特点，配置主要设备见表8。

表8 试验梁采用的主要设备、工装及检测器具表

类号	设备类别	序号	设备名称	单位	数量	备注
一	张拉设备	1	YD600-180型液压千斤顶	台	24	
		2	超高压油站(32MPa 20 L/min 80 MPa 8 L/min)	台	3	
		3	超高压油站(32MPa 10 L/min 80 MPa 4 L/min)	台	3	
		4	超高压电磁阀及液压单向阀	件	2	
		5	先张梁钢横梁轮轴	套	8	
		6	先张梁保护(支撑下横梁)	套	16	
		7	先张梁保护(支撑上横梁)	套	16	
		8	YDC 380型千斤顶	台	8	
		9	CZLYB-4B/4 000 kN压力传感器	只	2	
		10	AMPV-WA显示仪表	台	2	
		11	32MPa 4 L/min油站	台	6	
		12	超高压油管、阀件及各种接头	套	1	
		13	张拉钢横梁	套	4	其中上、下横梁个2套

续上表

类号	设备类别	序号	设备名称	单位	数量	备注
二	混凝土浇筑设备	1	HZT60 混凝土搅拌站(60 m^3/h)	套	3	
		2	EBP7018E/70 m^3/h 混凝土输送泵	台	3	
		3	HG18 混凝土布料杆	台	3	
		4	WNS4-1.254 t/h 蒸汽锅炉	台	1	
		5	20 回路混凝土振动器操作台	台	2	
		6	ZL50,3 m^3 轮式装载机	台	2	
		7	YTJ-13 桥面整平提浆机	台	1	
三	动力设备	1	S9-M-800/10 kVA 电力变压器	台	1	
		2	200 kW 柴油发电机组	台	4	备用
四	吊装设备	1	450 t/34 m 提梁龙门吊	台	2	箱梁吊装
		2	40 t/34 m 龙门起重机	台	2	吊装钢筋、模板
五	钢筋加工设备	1	UN1-100 对焊机	台	3	
		2	GJT4/14 钢筋调直机	台	2	
		3	GQ40 钢筋切断机	台	4	
		4	GW6/40B 钢筋弯曲机	台	4	
六	工艺装备	1	钢筋混凝土制梁台座	座	1	含传力主和安全挡护装置
		2	制梁模板(底、侧板、端模、内模)	套	1	
		3	梁体绑扎胎具	套	2	腹板、桥面筋各一套
		4	导向装置	套	1	每孔梁 8 个
		5	存梁台座	座	1	
七	检测设备仪表器具	1	静载试验台及其配套设施	套	1	最大荷载 27 500 kN
		2	300 t 静载试验油顶	台	12	其中 2 台备用
		3	ZB10/320 张拉油泵	台	5	
		4	位移计/百分表	套	8	
		5	8 000 kN 传感器	套	1	校千斤顶
		6	600 t 油顶校验架	套	1	
		7	300 kN 传感器	套	6	
		8	红外线测温仪	台	1	钢绞线及混凝土表面温度

8　质量控制要点

8.1　质量标准

先张梁质量标准执行铁科技(2004)120 号《客运专线预应力混凝土预制梁暂行技术条件》;科技基(2005)101 号《客运专线高性能混凝土暂行技术条件》;铁建设(2005)160 号《客运专线铁路桥涵工程施工质量验收暂行标准》;铁建设(2005)160 号《铁路混凝土工程施工质量验收补充标准》。

8.2 混凝土配合比和原材料检验

8.2.1 混凝土配合比

箱梁C50高性能混凝土配合比应满足下列技术要求：

(1)环境类别及腐蚀作用等级为T级，梁体的混凝土强度设计等级为C50，28天弹性模量≥3.45×10^4 MPa。6～7天混凝土强度达到设计等级的90%，弹模达到90%，14天混凝土强度达到设计等级的100%，弹性模量达到100%。

(2)单方胶凝材料总用量470 kg/m^3。

(3)水胶比为0.30。

(4)混凝土抗氯离子渗透性试件的氯离子渗透电量56天≤1 000 C(混凝土电通量快速测定方法)。

(5)混凝土中氯离子含量小于胶凝材料重量的0.06%。

(6)混凝土抗渗等级不应小于P20。

(7)混凝土抗冻融循环200次后，重量损失不应超过5%，动弹模量大于60%。

(8)混凝土护筋性试件中不应出现锈蚀。

(9)坍落度(160～200)mm，坍落扩展度应控制在400±20 mm，可泵性能好。

(10)混凝土早期抗裂性能合格。

8.2.2 原材料检验

箱梁生产所采用的各类原材料，均具有制造厂家的质量合格证明书或经国家认可的第三方检测机构出具的质量合格检验报告单；原材料进场后必须经复验合格后方可使用。

(1)水泥。水泥性能应符合《硅酸盐水泥、普通硅酸盐水泥》(GB 175—99)及《客运专线高性能混凝土暂行技术条件》规定。

(2)混凝土矿物活性掺和料。Ⅰ级粉煤灰、磨细矿粉应符合《用于水泥和混凝土中的粉煤灰》(GB 1596)、《用于水泥和混凝土中的料化高炉矿砟》(GB/T 18046)及《客运专线高性能混凝土暂行技术条件》的规定。

(3)外加剂采用经省、部级鉴定并符合《混凝土外加剂》(GB 8076—1997)及《客运专线高性能混凝土暂行技术条件》规定的产品。

(4)细骨料采用硬质洁净的天然中粗砂，其颗粒级配应符合《建筑用砂》(GB/T 14684—2001)的规定，其余技术要求应符合《客运专线高性能混凝土暂行技术条件》的规定。

(5)粗骨料采用采用5～10 mm、10～25 mm两级级配，其余技术要求应符合《客运专线高性能混凝土暂行技术条件》的规定。

(6)预应力钢绞线。预应力钢绞线为1×7－15.2－1860和1×7－17.8－1860两种，其质量应符合《预应力混凝土用钢绞线》(GB/T 5224—2003)的规定。

(7)锚具。技术性能应符合《预应力筋用锚具、夹具和连接器》(GB/T 14370)的规定。

(8)钢筋。Ⅰ级钢筋(Q235)应符合《钢筋混凝土用热轧光圆钢筋》(GB 13013)规定，Ⅱ级钢筋(HRB 335)应符合《钢筋混凝土用热轧带肋钢筋》(GB 1499)规定。

(9)防水层、保护层等桥面附属设施按照《客运专线铁路常用跨度梁桥面附属设施》通桥(2006)8388执行。

8.3 预制梁出场检验

预制梁出场前应进行严格的质量检验，检验标准为《客运专线预应力混凝土预制梁暂行技术条件》，其产品具体质量指标见表 9。

表 9　质量标准及控制

类号	类别	项号	项 点	质量标准	质 量 控 制	检测方式及部位
1	静载试验	Δ1	静载试验		抗裂安全系数 K_f≥1.20 静活载挠跨比 $\psi \cdot f$ 实测/L≤1.05 · f 设计/L	抽 1 件成品梁进行静载抗裂试验，试验龄期一般放张后 30 天为宜
2	混凝土耐久性	Δ2	预防碱—骨料反应		碱-硅酸反应快速砂浆棒膨胀率不大于 0.2%；水泥碱含量不大于 0.6%；混凝土拌和物砂浆棒膨胀率≤0.10%	查验相关资质检验单位出具的检验报告
		Δ3	抗冻融循环		≥200 次	查验相关资质检验单位出具的检验报告
		Δ4	抗渗性		≥P20	查验相关资质检验单位出具的检验报告
		Δ5	抗氯离子渗透		≤1 200 C(氯盐环境≤1 000 C)	查验相关资质检验单位出具的检验报告
		Δ6	护筋性		不锈蚀	查验相关资质检验单位出具的检验报告
3	混凝土强度及弹性模量	Δ7	梁体混凝土强度		验收强度不低于设计强度等级	抽取一批达到 28 天龄期立方体试块进行抗压强度试验并进行评定
		Δ8	放张强度		不低于设计强度等级	抽取一组立方体试块进行抗压强度试验
		9	桥面保护层混凝土强度		不低于设计要求	抽取一组 28 天龄期试件进行试验
		10	封端混凝土强度		不低于设计要求	抽取一组 28 天龄期试件进行试验
		Δ11	放张弹模		满足设计要求	抽取一组终张试件，现场试验
		Δ12	梁体混凝土弹模		满足设计要求	抽取一组达到 28 天龄期试件进行试验；
4	钢筋保护层	Δ13	构造筋保护层厚度		不小于设计值 95%保证率 (≥35；≥30 mm)	在梁体梁端、L/4、L/2、3 L/4截面处的梁底板和腹板随机抽取 10 处测量

续上表

类号	类别	项号	项 点	质量标准	质 量 控 制	检测方式及部位
5	梁体外观	14	空洞		深度≤30 mm 长度≤50 mm	在梁体表面其中任一单项超差即为缺陷
		15	平整		凸起或凹下(包括错位)≤3 mm/m	全梁体观测
		16	蜂窝麻面		深度≤5 mm 长度≤10 mm	每4 m段作为一个单元,5个/m^2及以上构成一个缺陷
		17	硬伤掉角		深度≤30 mm 长度≤50 mm	在梁体表面其中任一单项超差即为缺陷
		18	石子堆垒		长度≤100 mm	跑浆,石子堆垒沾皮
		19	露筋		不允许露筋	任何部位明显或隐蔽露筋
		20	桥面平整度		≤3 mm/m	重点检查保护层
		21	污染		不允许污染	梁体表面不允许涂料或油脂等污染及泄水管周边漏水流痕
		22	色差		面积≤1 m^2	梁体表面色差
6	表面裂纹	23	非预应力部分		宽度≤0.2 mm	桥面保护层、挡砟墙、端隔墙、遮板和封端等五部位
		24	预应力部分		不允许出现裂纹 (梁体表面收缩裂纹除外)	除上一项所述五个部位以外的任何部位
		25	龟裂		宽度≤0.05 mm	除上述五个部位外的梁体所有部位
7	梁体外形尺寸	△26	桥梁全长	桥面:32 600 mm; 桥下:32 600 mm;	±20 mm	测量桥面和底板两侧四个部位的长度
		△27	桥梁跨度	31 500 mm;	±20 mm	测量底板两侧两端支座板螺栓中心间的距离
		28	底板宽度	中部 5 740 mm 端部 5 680 mm	±5 mm	测量梁体两端、1/4L、跨中、3/4L的宽度
		29	腹板厚度	中部 480 mm 端部 1 056.2 mm	$^{+10}_{-5}$ mm	测量梁体两端、1/4L、跨中、3/4L截面箱内腹板高度1/2处的腹板厚度
		30	顶、底板厚度	顶板厚度:中部 340 mm;端部 640 mm;底板厚度:中部 300 mm;端部 700 mm	$^{+10}_{0}$ mm	测量梁体两端、1/4L、跨中、3/4L截面处的顶、底板厚度
		31	桥面左右侧偏离设计位置	桥面宽度:6 500 mm;	≤10 mm(4.6线间距)	测量梁体两端、1/4L、跨中、3/4L截面处外侧至梁中心的距离
		32	桥面及挡砟墙内侧宽度	挡砟墙内侧宽度:9 000 mm	±10 mm(4.6线间距)	检查两端、1/4L、跨中、3/4L处桥面宽与挡砟墙内侧宽
		33	梁 高	跨中:2 800 mm; 支座点部位:3 000 mm; 端头中部:3 090 mm;	$^{+10}_{-5}$ mm	测量成品梁两端中线处顶面至梁底面之间的距离
		34	梁上拱	±10.5 mm;	±L/3 000(放张30天)	以支座中心为基准测量跨中处梁底缘的上拱值
		35	挡砟墙厚度	200 mm	±5 mm	测量最大误差处5点
		36	表面垂直度	≤3 mm/m	≤3 mm/m	测量梁体两端、1/4L、跨中、3/4L腹板及梁端处表面不垂直度
		37	底板顶面不平整度	≤10 mm/m	≤10 mm/m	测量梁体两端、1/4L、跨中、3/4L底板顶面不平整度

续上表

类号	类别	项号	项点		质量标准	质量控制	检测方式及部位
8	预埋件	预留筋	38	挡砟墙预留钢筋		设置齐全、位置正确	测量定位尺寸
			39	电缆槽竖墙、伸缩装置预留钢筋		设置齐全、位置正确	测量定位尺寸
			40	接触网支架座钢筋		设置齐全、位置正确	测量定位尺寸
		支座板	41	每块边缘高差	±1 mm	≤1 mm	检查每块板边缘高差
			42	螺栓孔垂直度	≤1 mm	不垂直度≤1 mm	检查螺栓孔垂直度
			43	外露底面		平整、无损，无飞边，防锈处理，无空腹声	观测两端支座板面
			Δ44	螺栓中心位置偏差	支座板长宽为：920×740；孔径 $\phi36$：横向 400 mm；纵向 770 mm；对角线 867.7 mm	≤2.0 mm	测量螺栓中心距
			45	支座中心线偏离设计位置	横向支座中心间距：4700 mm	≤3 mm	测两端支座中线与梁体中线的横向偏差
		其他	46	泄水管、管盖		完整、牢固，流水畅通，泄水管顶面不高于桥面，管径、外露长度符合要求	在桥面目测
			47	金属桥牌		标志正确，安装牢固，有许可证标记编号	目测桥牌的安装与标识
			48	存梁悬出长度		满足设计要求	测量梁端距支撑点距离

注：表中“Δ”为质量控制关键项点。

8.4　静载弯曲试验

（1）预制梁静载弯曲试验执行《预应力混凝土铁路桥简支梁静载弯曲试验方法及评定标准》（TB 2092—2003）。

（2）加载试验荷载组合

静载弯曲试验采用 10 等值点加载，加载点作用于桥面腹板中心处，加载图式如图 30 所示。

9　安全措施

9.1　场地防护

为确保张箱梁在张拉过程中的安全，以防锚具及预应力筋断裂飞出伤人，在张拉台座两端钢横梁外端 3 m 处分别设置两块安全防护墙。防护墙采用混凝土基础、钢框木板结构，防护墙高度 5 m，木板厚度为 10 cm，并在张拉台座周边设置围栏，做好安全标志，严禁闲杂人员靠近。

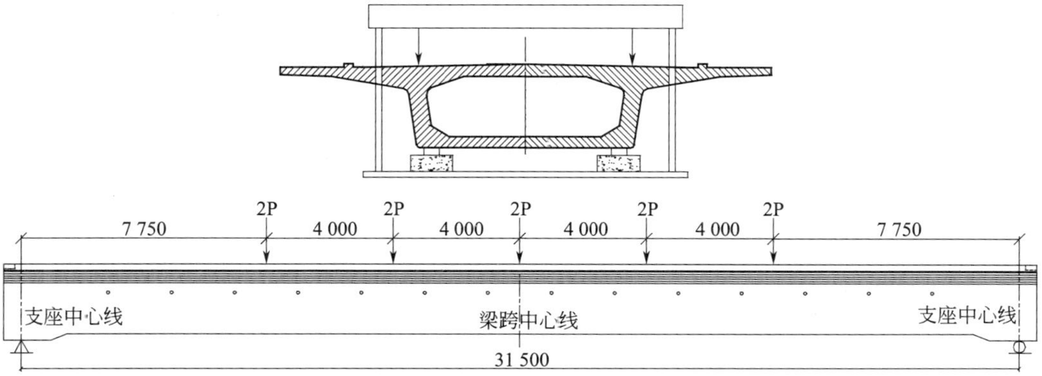

图 30　32 m 箱梁静载试验加载图式

9.2　张拉系统防护

对施工所需的各种原材料、钢配件，如钢绞线、锚具、导向装置等按照《客运专线预应力混凝土预制梁暂行技术条件》规定，进行复检，合格后方可使用。

重复使用的工具锚，在每次使用前要认真检查，严禁将有裂纹及其他异常现象的夹片装入锚板；对千斤顶、油泵、油管及钢横梁进行认真检查，确认其处于良好工作状态。

预应力张拉属特种作业，施工前应对操作人员进行技术培训，做到持证上岗。同时，应编制工艺文件或施工作业指导书，进行技术交底。

9.3　预应力张拉及放张防护

箱梁在预应力张拉及放张过程中，梁上、梁端千斤顶后面严禁站人或通过行人、操作人员应站在千斤顶侧面进行操作。

千斤顶、油泵与油管的接头必须安装牢固，人员不得踩踢高压油管，不得敲击及碰撞张拉设备，油表要妥善保护，避免受震。

预应力筋整体张拉后至放张的全过程中，应设专人对张拉期间的千斤顶、油泵、支撑螺杆及横梁进行监护，不得有外力敲击张拉设备和锚具。

9.4　混凝土浇筑防护

张拉完毕后，应及时浇筑混凝土；混凝土浇筑过程中，严禁振动棒接触钢绞线和模板，尽量多采用侧振和底振，避免预应力筋因外力作用而产生应力损失。

9.5　拆模防护

(1)当梁体混凝土强度达到设计强度的 60%且温差满足拆模要求时，即可进行脱模作业。由于梁体预应力尚未放张，梁体内、外模板只能松开，使模板与梁体混凝土表面分开，以利放张时不损坏梁体。

(2)脱模作业过程中，严禁使用大锤等器具敲击模型或梁体，不得碰撞钢绞线，应避免任何形式的震动对梁体产生不利的影响。

(3)作业人员进入内箱作业时，应从端头桥面中部下到内箱，严禁翻越梁端钢绞线或正对钢绞线位置作业。

10　环保措施

10.1　环境保护组织机构

项目部成立以项目经理为第一责任人的环保机构，参加人员有副经理、总工程师、安质部长、专职环保工程师及各部门负责人，专业环保工程师负责施工现场的有关环保技术、监理方面的工作。

10.2　施工环保措施

(1)思想教育和制度保证措施

①做好生态环境保护的宣传教育工作，提高认识，强化职工的环保意识。

②严格执行有关环境保护的国家法律、法规和施工技术细则规定的强制性条款；严格执行当地政府对环境影响和水土保持方案的有关要求；认真贯彻业主制定的环境保护措施。

③临近自然保护区、风景名胜的工点、路段要严格遵守国家及当地政府有关规定，严格规定作业程序和施工人员，尽量缩短工期，不因施工作业使其自然风貌 、景观受到损害。

④制定详细的环境保护措施，建立严格的检查制度，定期检查，发现问题及时处理，对违反有关环境保护法律、法规的及时移交相关部门处理，并无条件的接受环境监理单位的指导和监督。

(2)水土保持措施

为保证地表径流的排泄，工程施工不要切割、阻挡地表径流的畅通，不得强行改变径流的方向或改沟、改河。临时用地范围的裸露地表植草或种植树木绿化。

(3)防止噪音污染措施

针对施工过程中产生的噪音，对动植物和人体损害均较大，为了保护环境，应尽量减少噪音污染，避免夜间作业。对机械设备产生的超分贝噪音利用消音设备减噪。

(4)防止水污染措施

施工营地生活废水就近排入不外流的地表水体，严禁将生活污水直接排放至江河中，对于含沙量大且浑浊的施工生产废水，采用沉砂池处理后再排放，含油废水经隔油池处理后排放，防止油污染地表和水体。

(5)维护生态平衡系统，避免人为恶化环境措施

加强生态环境保护的宣传工作，使全体参建员工充分认识对环境保护的重要性和必要性，加强环保意识。制定详细的环境保护措施，建立严格的检查制度，避免人为恶化环境。

(6)地表植被的保护

合理规划施工便道、施工场地，固定行车路线、便道宽度，限制施工人员的活动范围，尽量少扰动地表、少破坏地表植被。

(7)生产生活垃圾处理及油料管理

①严禁将生活污水直接排放至江河中，含油废水经隔油池处理后排放，防止油污染地表和水体。生活污水经化粪池处理后排放。

②施工营地设置集中垃圾收集地，设专人管理，对营地生活垃圾(包括施工废弃物)集中装运至指定垃圾处理场处理。对不能处理的垃圾拉到设有处理设施的厂处理。

③油和废油的管理，施工机械维修、油料存放地面应硬化，减少油品的跑、冒、滴、漏，所有油罐要有明显的标志，在不使用时要密封；严禁随意倾倒含油废水，应集中处理。

11 工程实例

中铁二局股份有限公司在新建铁路西安南京线合肥至南京段工程的全椒制梁场，在全路率先现场预制了 3 孔时速 250 km 客运专线铁路 32 m 先张法预应力混凝土双线简支箱梁。

由于制梁场推行全面质量管理，实施标准化作业，严格按照客运专线技术要求和规范进行原材料质量和试验检测工作，以工序质量来保证产品质量，实行“三检”制度，产品质量深受铁道部有关领导和专家好评，并分别通过了铁道部和四川省专家评审，填补了我国大吨位先张法预应力混凝土箱梁施工技术空白。

铁路 900 t 级后张法预应力箱梁预制施工工艺

1　前　　言

1.1　概　　况

目前客运专线预制箱梁体积、自重均较大，采用满足铁路客运专线工程耐久性要求的高性能混凝土和带模预张拉等新工艺，具有技术新、结构新以及工艺复杂等特点。铁路客运专线 32 m 双线箱梁在合宁线首次成功使用后，目前已在国内时速 350 km 及以下铁路的建设中广泛采用。

1.2　工艺原理

在桥位附近修建箱梁预制场，预制场应包括料场、制存梁台座、拌和站及箱梁搬运等设备。在固定台座上安装钢筋骨架、模板，在放置预应力筋的部位留设孔道，模板内浇筑混凝土，待混凝土达到设计规定的强度和弹性模量后，将预应力筋穿入预留孔道内，用张拉机具将预应力筋张拉到设计规定的强度，借助锚具把预应力筋锚固在构件端部，最后进行孔道灌浆、封锚，完成箱梁预制。

2　适用范围

本工艺适用于现场预制铁路客运专线有砟轨道及无砟轨道的 32 m、24 m 后张法预应力混凝土双线简支箱梁。

3　主要技术标准

(1)《客运专线预应力混凝土预制梁暂行技术条件》(铁科技(2004)120 号)。
(2)《客运专线高性能混凝土暂行技术条件》(科技基(2005)101 号)。
(3)《客运专线铁路桥涵工程施工质量验收暂行标准》(铁建设(2005)160 号)。
(4)《铁路混凝土工程施工质量验收补充标准》(铁建设(2005)160 号)。
(5)《铁路桥涵施工规范》(TB 10203—2002)。
(6)《铁路混凝土与砌体工程施工规范》(TB 10210—2001)。
(7)《铁路混凝土与砌体工程施工质量验收标准》(TB 10424—2003)。
(8)《铁路混凝土强度检验评定标准》(TB 10425—94)。
(9)《混凝土泵送施工技术规程》(JGJ 10—95)。
(10)《钢筋焊接及验收规程》(JGJ 18—2003)。
(11)《普通混凝土拌和物性能试验方法标准》(GB/T 50080—2002)。
(12)《普通混凝土力学性能试验方法标准》(GB/T 50081—2002)。
(13)《预应力筋用锚具、夹具和连接联结器》(GB/T 14370—2000)。
(14)《预应力混凝土用钢绞线》(GB/T 5224—2003)。
(15)《预应力混凝土铁路桥简支梁静载弯曲试验方法及评定标准》(TB 2092—2003)。

4 施工方法

(1)采用整体侧模以消除梁体混凝土表面接缝,箱梁模板结构设计合理,方便实用,具有良好的刚度、强度和稳定性;反拱及预留压缩量设置合理;液压内模采用预拼后吊装就位,液压脱模小车分段拆除,安装、拆模工艺便捷。

(2)钢筋采用底腹板钢筋和面筋分别集中预扎后整体吊装就位;采用抽拔橡胶棒成孔,通过定位网定位的成孔工艺,管道摩阻控制良好。

(3)通过优选原材料,掺加粉煤灰和矿渣粉,适量引气等技术措施,选定的高性能混凝土工作性良好,匀质性高,水化温升小,外观有明显改善。力学性能和收缩徐变变形等符合规范要求,混凝土的耐久性指标有较大提高。采用泵送混凝土,配合侧振和插入式振捣,并采用合理的浇筑程序,保证梁体一次成型的浇筑质量,浇筑时间可行。

(4)根据梁体脱模时的强度确定张拉阶段,在内膜松开后,带模进行预应力施工,可以有效的控制早期裂纹的产生,加快台座和模型周转。

(5)采用高性能管道灌浆料和真空压浆工艺,提高了管道密实性,有利于保证预应力筋的耐久性。

(6)采用整体提梁工艺,避免箱梁扭转变形,保证结构移运过程中的安全。

(7)箱梁静载试验装置采用地基梁和加力架组合结构,能够满足 32 m 箱梁抗裂、重裂和破坏试验。

5 工艺流程及操作要点

5.1 施工工艺流程

如图 1 所示。

5.2 操作要点

5.2.1 钢筋工程

(1)梁体钢筋绑扎

钢筋成型主要在钢筋车间内完成,钢筋绑扎在胎模具上进行。考虑内模安装,将箱梁钢筋绑扎分阶段进行:腹板与底板一同绑扎;桥面钢筋另行绑扎。待内模拼装后,再将桥面钢筋与腹板底板钢筋拼装绑扎。

(2)箱梁底、腹板钢筋绑扎胎模

纵向和横向钢筋的间距按照图纸设计要求,在角钢竖直面的肢上割 50 mm×30 mm 的槽,将钢筋卡在槽里,以保证钢筋的绑扎质量。

为保证纵向和横向钢筋的位置正确及两侧腹板钢筋的保护层厚度满足规定的允许误差,在胎模具的两外侧底边分别焊一根 75 mm×6 mm 角钢,用其竖直肢作支挡,在绑扎时,将横向筋的弯钩及腹板箍筋贴紧此肢背,即可保证钢筋的正确位置及外侧钢筋的整齐。

箱梁底、腹板钢筋绑扎胎模如图 2 所示。

(3)箱梁桥面钢筋绑扎胎模

①胎模的主体是用 50 mm×30 mm 方钢焊接而成。根据桥面钢筋的截面形状,在绑扎胎模的底部加焊长短不等的支腿,使作业平面符合设计要求。箱梁桥面钢筋绑扎胎模如图 3 所示;

②桥面顶层钢筋的高度控制。在胎模的两外侧面,按翼板钢筋的高度,间隔一定距离焊等

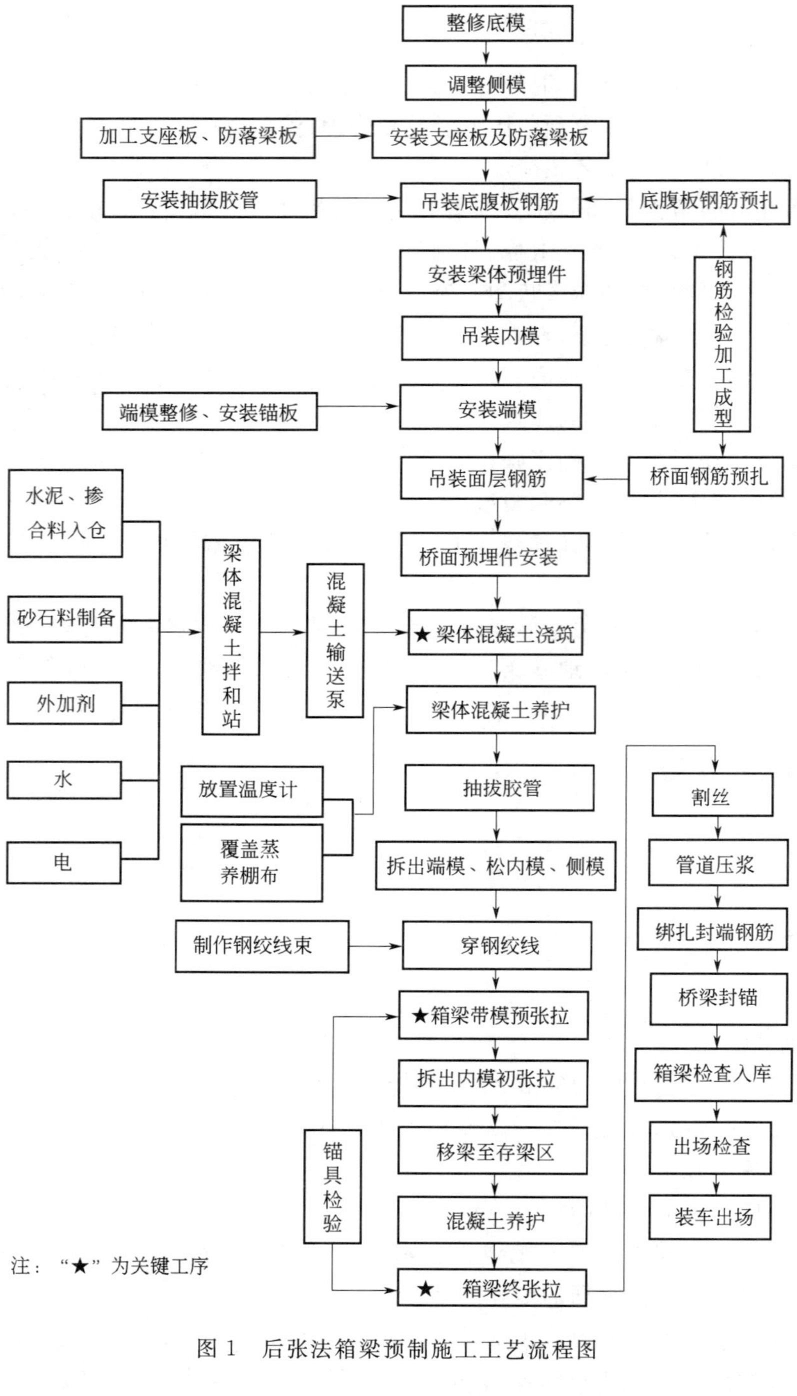

图 1　后张法箱梁预制施工工艺流程图

高的短方钢，短方钢的顶面即是钢筋高度；在胎模两端按翼板钢筋设计坡度焊高度不等的短方钢，在短方钢的顶部焊一通长钢筋，即是桥面顶层钢筋的高度；

③桥面钢筋间距的控制。桥面钢筋间距控制采用在胎模上用 $\phi5$ mm 高强钢丝作成“U”形卡，然后按图纸设计间距要求焊在胎模的相应位置，在绑扎时将钢筋正好卡在“U”形卡内。

(4)箱梁钢筋吊具

箱梁钢筋面积大、重量大，要求吊具具有较大的刚度，起吊时吊具及钢筋不得发生过大变

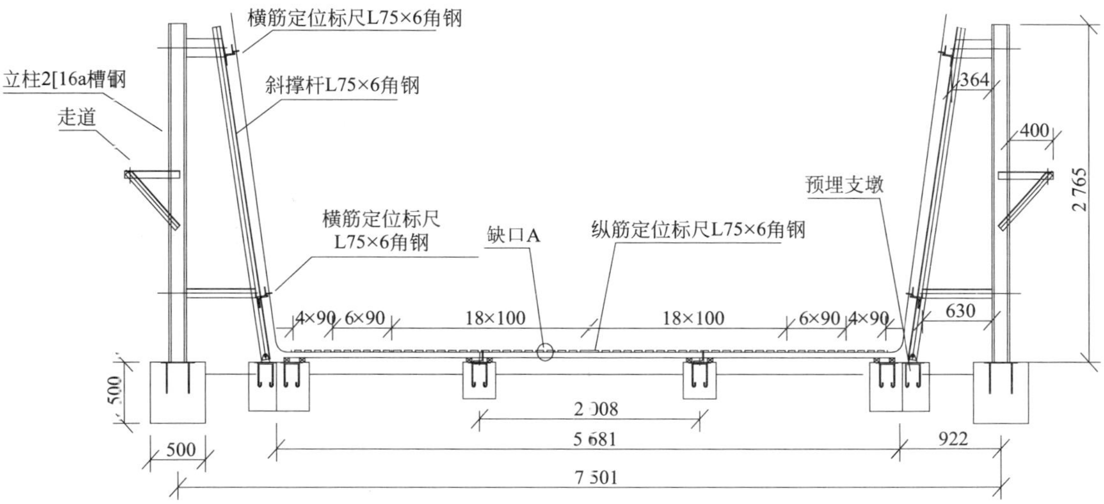

图 2 箱梁底、腹板钢筋绑扎胎模结构示意图

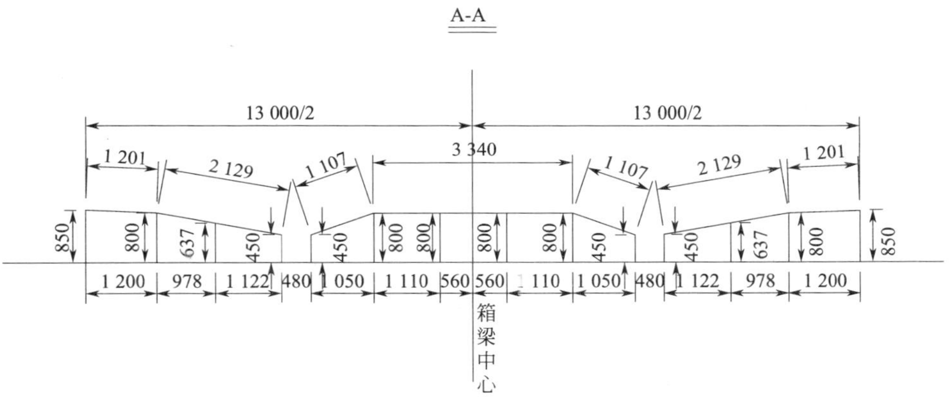

图 3 箱梁桥面钢筋绑扎胎模结构示意图

形，吊具须具有通用性既能起吊梁体底腹板钢筋又能起吊桥面筋。

吊具的结构形式采用工字钢桁架结构，根据吊架的受力情况采用不同型号工字钢。吊架上每隔 2 m 悬挂一吊钩，起吊时钢筋笼表面穿入钢管以分散集中力。箱梁钢筋吊具如图 4 所示。

(5)预应力管道制孔

①胶拔管及接头处理。制孔使用高压胶拔管，胶拔管内穿 7ϕ5 的钢绞线作芯棒。跨中采用内径比胶拔管外径大 5 mm、厚度为 0.5 mm、长度为 300 mm 的短铁皮管套接，套接处必须用封口胶缠紧，并用扎丝扎紧。

②管道定位。采用钢筋定位网法控制张拉管道位置不超出设计位置，为此将定位网焊接在箱梁的钢筋上，间距为 0.5 m。当主筋预扎完毕后，将胶拔管穿入设计位置，待主筋吊入制梁台位后，再全面检查并细调制孔管，使其完全满足设计要求。

③拔管。拔管时间与混凝土强度等级、水泥品种及气温有关。拔管过早则混凝土容易塌陷或造成孔道变形，拔管过晚则可能拔断胶管，因此拔管应在混凝土初凝之后、终凝之前进行。拔管时应用手触压检查桥面混凝土强度，若不留凹坑即可开始抽拔胶管。抽拔胶管应先试拔，

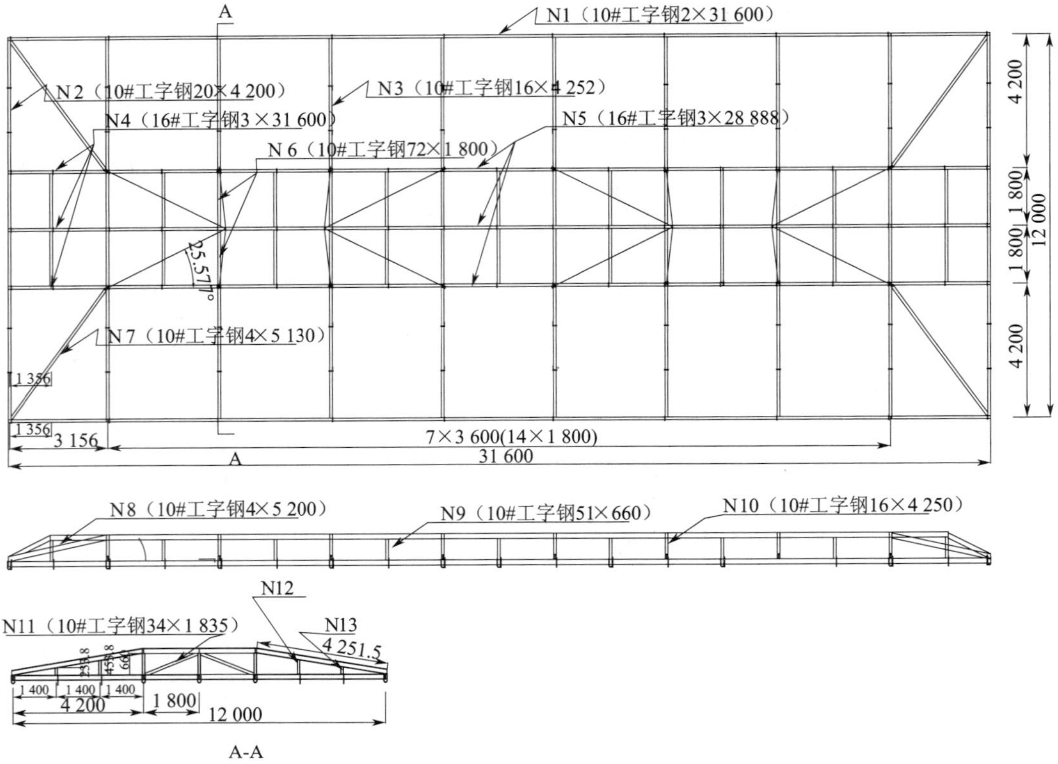

图 4　箱梁钢筋吊具结构示意图

即胶管拔出后孔道壁光滑，孔道内无落沙或残渣，孔道不发生变形及塌孔。胶管上不附着湿水泥浆即可。拔管顺序应先拔芯棒，后拔胶管；先拔下层胶管，后拔上层胶管；先拔浇筑梁体的起始端，后拔浇筑梁体结束端。拔管采用卷扬机抽拔。胶管端部系钢丝绳的部位应包裹麻袋片或胶皮，防止钢丝绳损伤胶管，同时应避免在管道口系钢丝绳。每次拔管数量最多不超过 2 根。

5.2.2　模型工程

(1)液压内模

①液压内模系统组成。该系统包括标准段(梁体中间段)、变截面段(即梁体腹板变厚段)和孔口段，各段液压系统及支撑方式有所不同，模板外表面与箱梁内箱轮廓尺寸一致，标准段和变截面段均由模板系统、车架系统(含支撑)和液压系统组成，孔口段由模板系统、车架系统(含支撑)组成。其中，模板系统为大块钢模组拼结构，分下模、边模和顶模三个部分。变截段和孔口段为大块组合钢模，由 14＃工钢、14＃槽钢、6～12 mm 钢板组焊而成；车架系统包括车架桁架、走行支架、走行轮，由型钢[20、[14、∠14×10 和 10、16 mm 钢板组焊而成。内模系统组成方案如图 5 所示。

②液压内模安装及拆除工艺。内模安装首先是内模预先在拼装平台上分节拼装，然后逐节联结成一个整体，用两台龙门吊整体吊装就位。将内模整体吊入台座上底腹板钢筋骨架内，将台车上的螺杆撑杆支撑于预留孔中(箱梁底板泄水孔)，使内模稳定安装于底模上。

液压内模采用分段拆除，其主要步骤如下(见图 6)：

a. 取下所有撑杆，启动下模油缸，收起两侧下模；

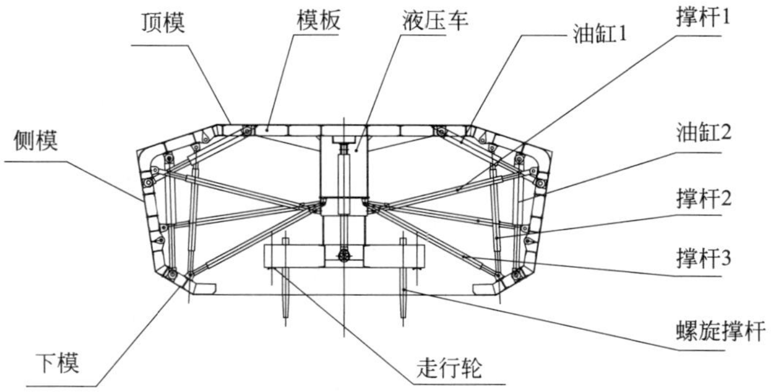

图 5　液压内模系统组成示意图

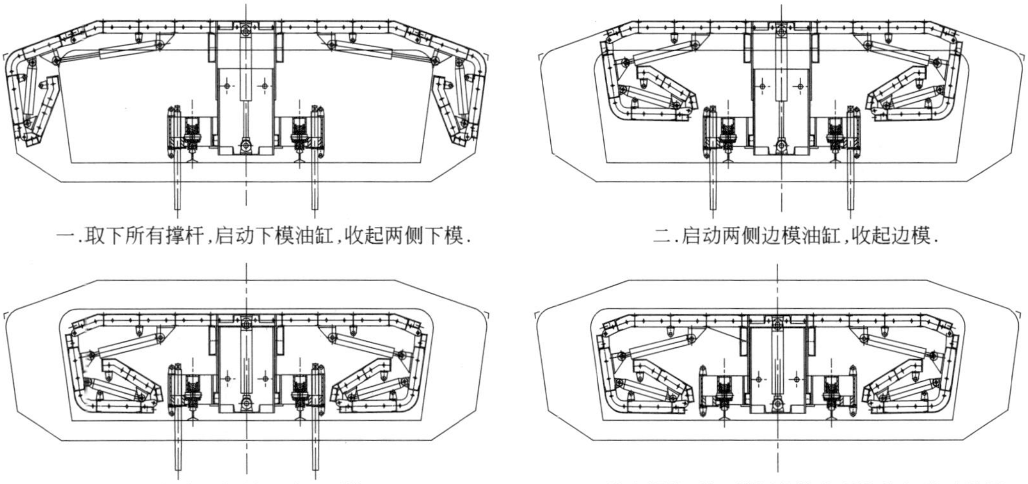

一.取下所有撑杆,启动下模油缸,收起两侧下模.　二.启动两侧边模油缸,收起边模.

三.启动垂直油缸,降下顶模.　四.旋出螺旋顶杆,模板整体降到轨道上,拉出箱梁

图 6　液压内模拆除步骤示意图

b. 启动两侧边模油缸,收起边模;

c. 启动垂直油缸,降下顶模;

d. 旋出螺旋顶杆,模板整体降到轨道上,拉出箱梁。

(2)侧模

侧模采用双槽钢骨架、8 mm 钢板组合而成,分 4 m 一节加工,然后在配套底模上安装就位并分侧焊成一个整体,并将焊缝磨平,侧模细调时采用螺旋千斤顶交替顶升就位,侧模下缘与底模必须密贴,且用铁楔子锁紧。侧模顶外侧设走行道和栏杆,保证施工安全。

(3)底模

底模采用双槽钢组合梁、槽钢肋,20 mm(端节)及 10 mm 钢板分节加工而成。制梁台座施工完毕后即可安装底模。从中部向两端安装,根据预留反拱值设置反拱。底模两端支座板及防落梁挡板固定孔要设置精确,保证支座板和防落挡板的位置。

(4)端模

端模采用 14#工字钢、10 mm 钢板组合而成。端模安装的要领是保证端模中线和底模中线重合以及保证梁体高度和设计垂直度。端模与底模、侧模采用螺栓连接。

5.2.3 混凝土工程

(1)原材料选择

水泥、粉煤灰、矿渣粉、砂、石、和外加剂均按《客运专线高性能混凝土暂行技术条件》规定的试验方法进行了测试及按规定的试验方法进行检验,其性能和品质试验结果符合《客运专线高性能混凝土暂行技术条件》的相应规定,可以用于 C50 预应力混凝土的配制。

(2)箱梁 C50 高性能混凝土配合比设计

根据《客运专线预应力混凝土预制梁暂行技术条件》和《客运专线高性能混凝土暂行技术条件》,考虑到研究时间较短,参考国内外的类似工程配合比设计经验,结合原材料的筛选试验情况,在进行混凝土拌和物性能试验前,首先进行混凝土配合比设计参数的初选和混凝土总碱含量和氯离子含量的计算;在混凝土有害物含量达到控制要求的基础上开展混凝土的试拌工作。试验应选择多个配合比,进行了拌和物性能试验、混凝土抗裂性对比试验、混凝土力学性能试验以及混凝土耐久性能试验(包括电通量、抗冻性、抗渗性、抗碱-骨料反应)。

经过混凝土配合比试验确定多种配合比供试验选用,在正式施工前通过与箱梁混凝土浇筑相同条件的工艺性能试验,对所选定的配合比工作性能进行了验证,确定试验梁采用的配合比进行梁体浇筑试验。

(3)混凝土浇筑

采用三台搅拌站,三台输送泵,三台布料杆从两端向中间以水平分层左右对称方式一次浇筑成型。混凝土浇筑采用斜向分段、水平分层的方式连续浇筑,布料先从箱梁两侧腹板同步对称均匀进行,先浇筑腹板与底板结合处混凝土,再浇筑腹板混凝土,当两侧腹板混凝土浇筑到与顶板面结合部位时,改用从内模顶面预留的下料孔补浇底板混凝土,最后浇筑桥面板混凝土。在浇筑腹板混凝土,为防止混凝土在箱梁内侧底部泛浆,可采用木板堵截混凝土或采用较小的坍落度(160 mm 左右)以降低混凝土的流动性。浇筑顺序如图 7 所示。

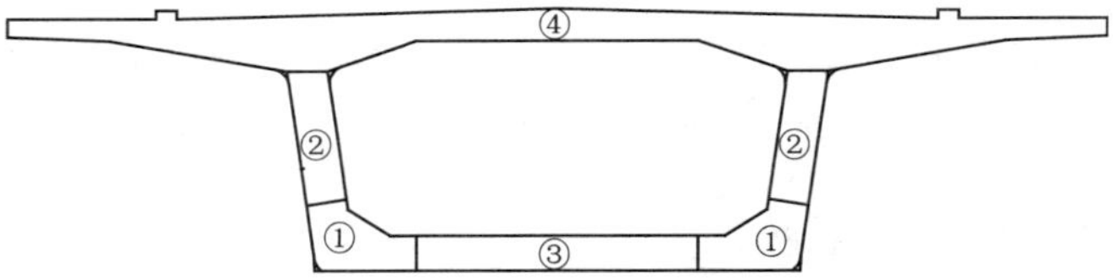

图 7 梁体混凝土浇筑

(4)混凝土捣固

双线箱梁浇筑时采用侧振、底振、插入振相结合的工艺。在侧模和底模两端安装工频振动器,在箱梁两端内模上安装高频振动器。梁端体积大、钢筋密积,为保证该部位混凝土的浇筑质量,采用底振、侧振、内模高频振动器和插入式振动器一同加强对梁端部混凝土的振动。梁体混凝土浇筑时一般情况下工频和高频振动器每次振动时间开启约为 80 s 左右,以混凝土密实为准。对桥面和内箱表面应进行第一次整平抹面和第二次收浆抹平,使之平整,排水通畅。

(5)混凝土养生

梁体混凝土养护分蒸汽养护和自然养护两个阶段。

①蒸汽养护。蒸汽养护采用养护罩封闭梁体,然后通蒸汽养护,为防止梁体裂纹及损失强度,应静养 4 h 以上,升温速度不得大于 10 ℃/h;恒温养护期间蒸汽温度不宜超过 45 ℃,混凝土芯部温度不宜超过 60 ℃;降温速度不得大于 10 ℃/h;拆模时,梁体混凝土芯部与表层、表层

与环境温差均不宜大于 15 ℃。在蒸养过程中，通汽以后应定时测温度，并作好记录。压力式温度计的分布宜在内箱跨中和靠梁端 4 m 处，侧模上布置 4 个温度计，一共布置 10 个温度计。恒温时每 2 h 测一次温度，升、降温时每 1 h 测一次。根据实测温度调整蒸汽放入量；

②自然养护。梁体拆模后进行自然养护时，箱梁表面应予以覆盖，洒水次数以混凝土表面湿润为度。洒水养护 7 d 以上。当气温低于 5 ℃时，按冬季施工办理。

5.2.4　张拉工艺

(1)张拉前的准备工作

①本工序为特殊工序，操作人员应持证上岗；

②锚具按规定检验合格，预应力钢绞线应符合标准要求；

③千斤顶和油压表均已校正并在有效期内；

④确认孔道已通过检孔器检查，钢绞线束数与孔道设计相符，各束顺直不绞缠，两端外露长度相等；

⑤确认梁体内孔道积水和污物已被清除。

(2)预应力张拉条件

①预张拉。为防止梁体混凝土开裂，当梁体混凝土强度达到设计强度等级标准值的 50%时，松开内模，对梁体进行预张拉。张拉数量、位置及张拉值应符合设计要求；

②初张拉。当梁体混凝土强度达到设计强度等级标准值的 80%并拆除模板后，方可进行初张拉。初张拉后梁体方可吊离台座。张拉数量、位置及张拉值应符合设计要求；

③终张拉。张拉前实施混凝土强度、弹性模量、混凝土龄期“三控”：即张拉前梁体混凝土强度及弹性模量均应达到设计要求，且龄期不少于 10 d；

④梁体混凝土预施应力部分有较大缺陷者，应征得监理工程师同意后在预施应力前修补并达到规定强度后才可预施应力；

⑤锚具安装前应将锚垫板上的灰浆清除干净，检查管道是否偏心，若偏心则必须扩孔，并检查孔道轴线与锚垫板平面是否垂直。穿上钢束后应再次核对钢束根数；

⑥预制梁试生产期间，应至少对两孔梁体进行各种预应力瞬时损失测试，确定预应力的实际损失，必要时请设计方对张拉控制应力进行调整。正常生产后每 100 孔进行一次损失测试。需测试的各项瞬时损失有：管道摩阻、锚口摩阻、锚垫板喇叭口摩阻、锚具回缩损失等；

⑦张拉前应布置梁的上拱度及弹性压缩的测点。

(3)预施应力程序及工艺

张拉时实施张拉应力、应变、时间“三控”：即张拉时以油压表读数为主、以钢绞线的伸长值作校核，在 σ_K 作用下持荷 5 min。

①梁体纵向钢绞线束张拉程序；

预张拉：0→初应力 0.2σ_k(作伸长值标记)→张拉至预张拉设计要求的控制应力(测伸长值)→回油、锚固(测量总回缩量)；

初张拉：0→初应力 0.2σ_k(作伸长值标记)→张拉至初张拉设计要求的控制应力(测伸长值)→回油、锚固(测量总回缩量)。

终张拉：0→初应力 0.2σ_k(作伸长值标记)→1.0σ_k(测伸长值、持荷 5 min)→回油、锚固(测量总回缩量、测夹片外露量)。

②张拉操作工艺

a. 梁体钢绞线束张拉应按照设计规定的张拉顺序，采取两端同步张拉，并左右对称进行，最大不平衡束不得超过 1 束。

b. 安放锚板，把夹片装入锚板，再将短钢管套在钢绞线上，沿着钢绞线把夹片敲击整齐，然后装入限位板。

c. 安装千斤顶，使之与孔道中心对位。安装工具锚，夹紧钢绞线，务必使钢绞线顺直无扭结。

d. 千斤顶缓慢进油至初始油压，在此过程中要拨正千斤顶，使千斤顶与锚具对中，管道、锚具、千斤顶三者同心。

e. 两端同时对千斤顶主缸充油，加载至钢束的初始应力 $0.2\sigma_K$，测量千斤顶主缸伸长量，作为测量钢绞线伸长值的起点。

f. 采用梁体两端张拉千斤顶同时分级加载办法进行。应两端同步张拉，保持千斤顶升、降压速度相近，使两端同时达到同一荷载值。每次加载应报与另一端操作人员，以保证其同步张拉。

g. 张拉至钢束设计控制应力，持荷 5 min，在持荷状态下，如发现油压下降，应立即补至张拉控制应力。

h. 测量钢束伸长值，检查两端钢束伸长值之总和及其偏差是否在规定范围的±6%以内，若超出规定允许范围，应查明原因后重新张拉。

i. 千斤顶回油，测钢束总回缩量和测夹片外露量有无超标。否则，应查明原因后重新张拉。

在整个张拉过程中，要认真检查有无滑丝、断丝现象。滑丝、断丝现象如果发生在锚固前，应立即停止张拉，处理后再重拉。如果发生在割丝后，可用气割设备缓慢加热切割一端锚板，然后换束重拉。

j. 终张拉完成后，在锚圈口处的钢束做上记号，24 h 后检查确认无滑丝、断丝现象方可割束，切断处距夹片尾 3～4 cm。钢束切割应采用砂轮角磨机作业，严禁使用氧焰切割。

张拉完毕，应填写张拉记录，有关人员签字，原始记录不得任意涂改，并及时将记录交技术部门。

(4)管道压浆

管道压浆采用真空辅助压浆工艺，在终张拉完毕 48 h 内进行。灌浆料应使用高性能无收缩防腐灌浆剂，采用 YYJ3 型压浆机和 FZB4-2 真空压浆负压装置配合施工。

①工艺流程。清除管道内杂物及积水→用水泥砂浆密封锚具→清理锚垫板上的灌浆孔→确定抽真空端及灌浆端，安装引出管、真空罩和接头→搅拌水泥浆→抽真空→灌浆泵压浆→出浆稠度与灌入的浆体相同时，关闭抽真空端阀门→灌浆泵保压→关闭灌浆泵→拆卸灌浆泵、外接管路→拆卸并清洗真空罩及堵阀；

②压浆工艺

a. 确定抽吸真空端及压浆端，在两端锚座上安装真空罩、压浆管和接头。检查并确认所有阀门能安全开启及关闭。

b. 将接驳在真空泵上的三向阀的上端出口用透明喉管连接到抽真空端的接头上。用真空泵吸真空，开启出浆端接在接驳管上的阀门，关闭入浆端的阀门。抽吸真空度达到－0.06～－0.1 MPa 并保持稳定，停泵 1 min，若压力表能保持不变即可认为孔道能达到并维持真空。

c. 启动电机使搅拌机运转，然后加水，再缓慢均匀地加入灌浆剂(不得整袋一下倒入，更不能将灌浆剂袋掉入搅拌筒内)。拌和时间不少于 2 min，然后将调好的灌浆剂放入下层压浆罐，下层压浆罐灌浆剂进口处应设过滤网，滤去杂物以防止堵塞管道，过滤网孔格不大于 2.5 mm×2.5 mm。

d. 启动灌浆泵，开始灌浆。灌浆时按先下后上的顺序压浆（真空泵仍保持连续作业），即由一端压入灌浆剂，待抽真空端的透明网纹管中有浆体经过时，关闭空气滤清器前端的阀门，稍候打开排气阀直至水泥浆顺畅流出。当另一端溢出的稀浆变浓（与灌入的浆体相同时）之后，封闭出浆口，继续压浆使压力达到 0.5～0.6 MPa，持压 2 min 且无漏浆情况时，关闭进浆阀门卸下输浆胶管。

e. 浆体初凝后（具体时间根据气温由试验确定），拆卸并清理安装在压浆端及出浆端的球阀，彻底冲洗压浆设备及工具。

（5）封锚

箱梁终张拉后，应在 3 d 内进行封锚。封锚采用强度等级不低于 C50 的无收缩混凝土进行填塞。

①工艺流程。锚具穴槽表面凿毛处理→锚具防水处理→安装封锚钢筋→填塞基层混凝土→表层混凝土封堵→养护→对新旧混凝土结合部防水处理；

②封锚工艺。封锚前，应对锚具穴槽表面进行凿毛（宜在梁端钢模拆卸后立即进行）处理，并将灰、杂物以及支承板上浮浆清除干净。然后在预应力筋、锚具及与锚垫板接触处四周采用聚氨酯防水涂料进行防水处理。安装封锚钢筋后，采用低流动度的 C50 无收缩混凝土对锚孔进行填塞。混凝土填塞分两次施工，首先进行基层填筑，混凝土应分层筑实，特别是锚孔周边不得存有缝隙，避免将来出现空响现象。待混凝土终凝后进行表层混凝土封堵，保证新旧混凝土结合良好、混凝土表面平整。混凝土凝固后，采用保湿养护，在封堵混凝土四周不得有收缩裂纹。最后，对新旧混凝土结合部采用聚氨酯防水涂料进行防水处理。

5.2.5 箱梁吊装及存放

梁场箱梁吊装采用两台 MQ450 t 提梁机进行作业，梁体在进行初张拉后即可吊离制梁台座。箱梁可采用双层存梁方案，梁上存梁，以节约场地。采用双层存梁时，应对存梁台座基础进行设计，保证箱梁四个支座板相对高差不超过 2 mm。箱梁吊装及存放详如图 8 所示。

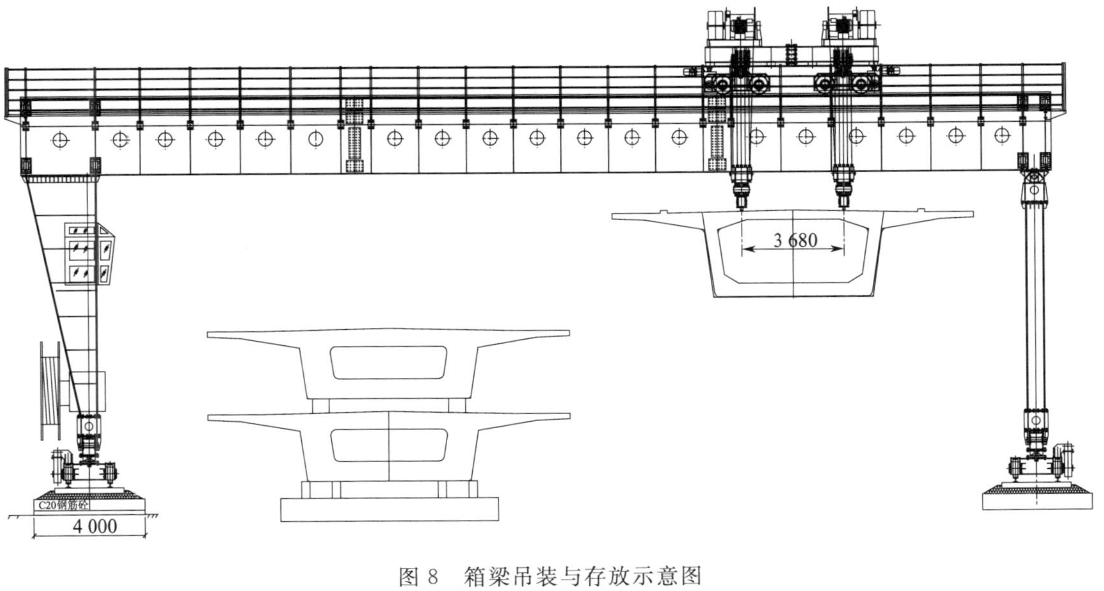

图 8 箱梁吊装与存放示意图

5.2.6　箱梁静载试验

(1)静载试验台座

①结构特点。地基梁采用钢筋混凝土框架结构,两地基梁间设端横梁和中横梁加配重;锚固杆、拉杆及扁担梁均为钢结构,采用穿销联结。如图 9 和图 10 所示。

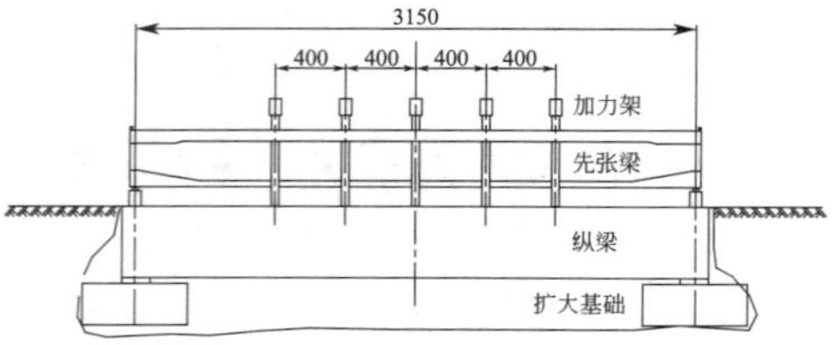

图 9　静载试验台座纵截面布置图

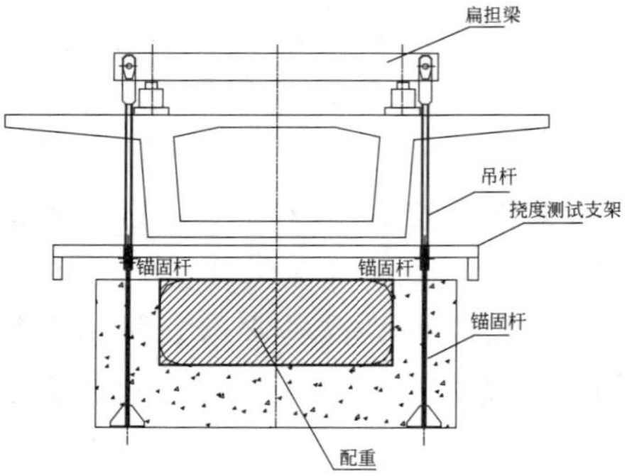

图 10　静载试验台座横截面布置图

②工作原理。将配重吊至静载试验台座两地基梁间的横梁上,再将静载试验梁体吊移至静载试验台座上并安装好支座,将拉杆穿过梁体预埋静载孔并和地基梁上的预埋锚固杆栓结,联结扁担梁和拉杆,调整拉杆和扁担梁至设计位置,安装千斤顶、油表、油路、油泵,油泵供油,千斤顶顶压梁体对梁体加力进行静载试验。

③加载图式。静载试验采用 10 等值点加载,加载点作用于桥面腹板中心处,加载图式如图 11 所示。

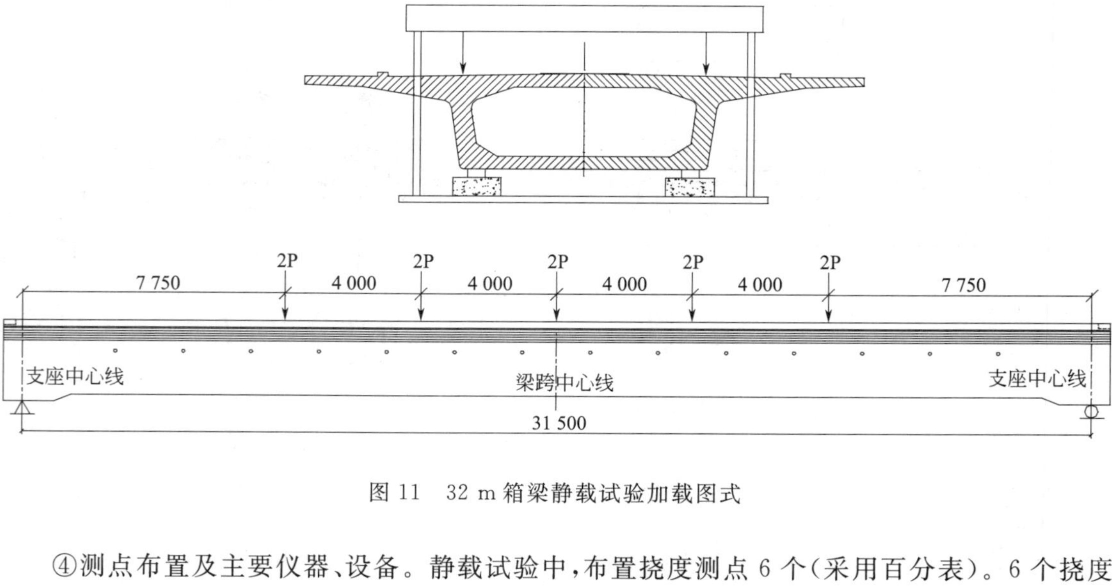

图 11　32 m 箱梁静载试验加载图式

④测点布置及主要仪器、设备。静载试验中,布置挠度测点 6 个(采用百分表)。6 个挠度测点分别布置在 4 个支座中心的侧面及跨中两侧底面。

静载试验中,一个加力架下的两台千斤顶并联,每台顶旁另配有阀门可单独控制,加载速度较快且能保证各顶力基本一致。静载试验主要仪器、设备见表 1。

表 1 静载试验主要仪器、设备汇总

序号	名　称	型　号	性能指标	数量
1	静载试验架			1 套
2	电动油泵	ZB4-500		5 台
3	千 斤 顶	YCWC300C		10 台
4	百 分 表		测试范围：0～50 mm 测试精度：±0.01 mm	6 个
5	放 大 镜			3 个

⑤箱梁静载弯曲试验

箱梁静载弯曲试验应满足铁道部《预应力混凝土铁路简支梁静载弯曲试验方法及评定标准》的有关规定。静载弯曲试验共进行两个循环，第一循环荷载加载至 1.0 倍设计荷载，共分为 5 级；第二循环加载至 1.2 倍设计荷载，共分为 15 级。每级加载间隔（包括测读时间）为 3～5 min，在第一和第二循环的 1.0 及 1.2 倍设计荷载时持荷 20 min，观察梁体是否出现裂缝。

6 劳动力组织

见表 2。

表 2 劳动力组织情况表 （1.5 榀/天）

序号	班组名称	人员配置及分工	人员数量（人）
1	钢筋班	钢筋加工、预扎、安装等	188
2	模型班	模板拆除、整修、组装、吊装、守漏等	80
3	混凝土班	混凝土浇筑、封锚、养护、修补及后道工序等	103
4	张拉班	预应力筋制作、张拉、拔管、抬丝、压浆等	61
5	装吊班	场内桥梁吊装及线路维修等	17
6	机电班	机械设备电气维修、故障排除、设备修理、照明等	15
7	桥配件班	桥配件放样、加工及组装等	14
8	拌和站	拌和站的操作，日常保养和维修	13
合　计			491

7 主要机具设备

本工艺采用的主要机械设备见表 3。

表 3 主要机具设备表

序号	名　称	规格型号	单 位	数 量	用　途
1	龙门起重机	QLG34 m/40 t	台	2	钢筋骨架及内模吊装
2	龙门起重机	17 m/10 t	台	2	卸钢材小件预制
3	龙门起重机	MQ450	台	2	箱梁搬运
4	混凝土搅拌站及输送泵输送管	HZT60，60 m^3/h	套	3	混凝土施工
5	张拉千斤顶	YCW300	台	12	张拉作业
6	张拉油泵	ZB10/320	台	14	张拉作业
7	蒸汽锅炉	DZL4-1.25-A	台	1	蒸汽养护
8	轮式装载机	LW520F	台	2	铲砂石料

续上表

序号	名　称	规格型号	单位	数量	用　途
9	钢筋弯曲机	GW-40	台	4	钢筋加工
10	钢筋切断机	GJ40B/40 mm	台	4	钢筋加工
11	钢筋调直机	T4/14　ϕ4/14 mm	台	2	钢筋加工
12	对焊机	UN1-100	台	3	钢筋加工
13	压浆机	YYJ3/4 kW	台	2	压浆
14	真空灌浆负压装置	FZB4-2	台	2	压浆
15	摇臂钻床	Z30-40*8/1	台	1	桥梁配件加工

8　质量控制

8.1　工程质量控制标准

8.1.1　箱梁施工质量执行《客运专线预应力混凝土预制梁技术条件》要求

预制梁产品外观、尺寸偏差及其他质量要求按表4执行。

表4　预制梁产品外观、尺寸偏差及其他质量要求

<table>
<tr><th>项次</th><th colspan="3">项　目</th><th>要　求</th><th>备　注</th></tr>
<tr><td>1</td><td colspan="3">梁体及封端混凝土外观</td><td>平整密实，整洁，不露筋，无空洞，无石子堆垒，桥面流水畅通</td><td>对空洞、蜂窝、漏浆、硬伤掉角等缺陷，需修整并养护到规定强度。蜂窝深度不大于5 mm，长度不大于10 mm，不多于5个/m²</td></tr>
<tr><td>2</td><td colspan="3">梁体表面裂纹</td><td colspan="2">桥面保护层、挡砟墙、端隔墙、遮板、力筋封端和转折器处凹穴封堵等，不允许有宽度大于0.2 mm的表面裂纹，其他部位梁体表面不允许有裂纹</td></tr>
<tr><td rowspan="19">3</td><td rowspan="19">产品外形尺寸</td><td colspan="2">桥梁全长</td><td>±20 mm</td><td rowspan="2">检查桥面及底板两侧</td></tr>
<tr><td colspan="2">桥梁跨度</td><td>±20 mm</td></tr>
<tr><td colspan="2">桥面及挡砟墙内侧宽度</td><td>±10 mm</td><td>检查1/4L、跨中、3/4L和梁两端</td></tr>
<tr><td colspan="2">腹板厚度</td><td>$^{+10}_{-5}$ mm</td><td>检查1/4L、跨中、3/4L</td></tr>
<tr><td colspan="2">底板宽度</td><td>±5 mm</td><td>检查1/4L、跨中、3/4L和梁两端</td></tr>
<tr><td colspan="2">桥面外侧偏离设计位置</td><td>≤10 mm</td><td>从支座螺栓中心放线，引向桥面</td></tr>
<tr><td colspan="2">梁高</td><td>$^{+10}_{-5}$ mm</td><td>检查两端</td></tr>
<tr><td colspan="2">梁体上拱度</td><td>±L/3 000</td><td>终张拉/放张后30 d时</td></tr>
<tr><td colspan="2">顶、底板厚</td><td>$^{+10}_{0}$ mm</td><td rowspan="2">检查最大误差处</td></tr>
<tr><td colspan="2">挡砟墙厚度</td><td>±5 mm</td></tr>
<tr><td colspan="2">表面倾斜偏差</td><td>≤3 mm/m</td><td>检查两端，抽查腹板</td></tr>
<tr><td colspan="2">梁面平整度偏差</td><td>≤3 mm/m</td><td>检查1/4L、跨中、3/4L和梁两端</td></tr>
<tr><td colspan="2">保护层厚度</td><td>在90%保证率下不小于35 mm（抽样总数不小于600点，并按不同部位分别统计）</td><td>梁跨中、梁两端的顶板顶底面、底板顶底面、两腹板内外侧面、梁两端面、挡砟墙侧面和顶面各20点</td></tr>
<tr><td colspan="2">底板顶面不平整度</td><td>≤10 mm/m</td><td>检查1/4L、跨中、3/4L和梁两端</td></tr>
<tr><td rowspan="5">支座板</td><td>每块边缘高差</td><td>≤1 mm</td><td rowspan="3">用水平尺靠量</td></tr>
<tr><td>支座中心线偏离设计位置</td><td>≤3 mm</td></tr>
<tr><td>螺栓孔</td><td>垂直梁底板</td></tr>
<tr><td>螺栓中心偏差</td><td>≤2 mm</td><td>指每块板上四个螺栓中心距</td></tr>
<tr><td>外露底面</td><td>平整无损、无飞边，防锈处理</td><td></td></tr>
</table>

续上表

项次	项　目	要　求	备　注
4	电缆槽竖墙、伸缩装置预留钢筋	齐全设置、位置正确	
	接触网支架座钢筋	齐全设置、位置正确	
	泄水管、管盖	齐全完整，安装牢固，位置正确	
	桥牌	标志正确，安装牢固	
5	防水层	按本标准中有关规定	
6	施工原始记录、制造技术证明书	完整正确，签章齐全	

8.2 质量保证措施

8.2.1 混凝土耐久性质量控制

(1)耐久性混凝土应该满足电通量、抗冻性、抗渗性、抗碱—骨料反应以及钢筋保护层厚度要求。

(2)加强混凝土耐久性的过程控制，合理选用性能优良、质量稳定的原材料。

(3)认真选定混凝土土配合比，配合比选定时的试验检验项目更加具体，包括坍落度、泌水率、含气量、抗压强度、弹性模量、电通量、抗冻性、抗裂性、抗渗性、抗碱—骨料反应等。

(4)加强与混凝土耐久性有关的工艺措施控制：控制入模含气量，每拌制 50 m^3 混凝土或每工班测试含气量至少 1 次，以保证混凝土抗冻性；控制混凝土入模温度为 5 ℃～30 ℃，防止混凝土开裂；控制养护期间混凝土的内部温度、蒸汽养护的升降温速度、各部温差以及拆模时和各部温差，防止混凝土出现裂缝。

8.2.2 张拉工程质量控制

(1)为避免混凝土在预应力张拉前出现早期收缩或温差裂纹，预应力施工宜按预张拉、初张拉、终张拉三阶段进行。

(2)为准确控制张拉力，对管道、锚口和喇叭口摩阻进行测试，100 件进行一次测试。严格控制预应力管道位置，距跨中 4 m 范围不大于 4 mm，其余部位不大于 6 mm。增加定位网的刚度，并将定位网焊接在梁体钢筋上，减少定位网设置误差和移动量，在制孔胶拨管中穿入一根 7ϕ5 钢绞线作芯棒，解决梁体混凝土浇筑时管道局部上浮以保证管道坐标。

8.2.3 管道压浆质量控制

(1)终张拉完毕，应在 48 h 内进行管道压浆。压浆前应清除孔道内杂物，并提前一天用水泥砂浆封锚，待水泥砂浆有一定强度后方可压浆。

(2)灌浆剂的水胶比不宜超过 0.34。现场压浆作业必须严格计量，灌浆剂、水泥、外加剂、水的秤量误差均≤±1%。

(3)为防止冬季受冻，压浆时采取保温措施，保证压浆温度 5 ℃～30 ℃，管道环境温度不低于 5 ℃。

9 安全措施

(1)认真执行《建设工程安全生产管理条例》，结合工法具体情况，制定安全生产基本保障措施。

(2)把安全作业环境及安全施工措施需要费用列入工程概算，用于施工安全防护用具及设施的采购和更新、安全施工措施的落实、安全生产条件的改善。

(3)设置安环部,配备专职安全生产管理人员,负责对安全生产进行现场监督检查。

(4)编制安全技术措施及专项施工方案,制订现场制梁施工技术安全规则、安全生产奖惩办法、安全标准工地建设办法等。

(5)对安全施工技术要求进行交底,坚持每周一晚安全学习和班前安全讲话制度。

(6)对危险部位设置安全警示标志,对制梁场入口处、施工起重机械、临时用电设施等设置明显的安全警示标志。

(7)保障消防安全,建立消防安全责任制度,确定消防安全责任人,制定用火、用电、使用易燃易爆材料等各项消防安全管理制度和操作规程,配备消防设施和灭火器材并设置明显标志。

(8)对安全防护用具、机械设备等进行安全管理,施工现场的安全防护用具、机械设备、施工机具及配件须由专人管理,定期进行维修和保养,并建立相应的资料档案。

10　环保措施

(1)水土保持措施。为保证地表径流的排泄,施工过程中不要切割、阻挡地表径流的畅通,不得强行改变径流的方向或改沟、改河。临时用地范围的裸露地表采用植草或种植树木进行绿化。

(2)防止噪音污染措施。针对施工过程中产生的噪音采取相应措施,避免夜间作业,应尽量减少噪音污染。对机械设备产生的超分贝噪音利用消音设备减噪。

(3)防止水污染措施。严禁将生活污水直接排放至江河中,对于含沙量大且浑浊的施工生产废水,采用沉淀池处理后再排放,含油废水经隔油池处理后排放,防止油污染地表和水体。

(4)加强环保意识,维护生态平衡系统。避免人为恶化环境措施,加强生态环境保护的宣传工作,制定详细的环境保护措施,保护好铁路沿线的植被、水环境、大气环境、自然生态环境、土壤结构、自然保护区、野生动植物,维护生态平衡系统。

(5)地表植被的保护。合理规划施工便道、施工场地,固定行车路线、便道宽度,限制施工人员的活动范围,尽量少扰动地表、少破坏地表植被。

(6)施工营地设置集中垃圾收集地,设专人管理,对营地生活垃圾(包括施工废弃物)集中装运至指定垃圾处理场处理。

(7)油和废油的管理。施工机械维修、油料存放地面应硬化,减少油品的跑、冒、滴、漏,所有油罐要有明显的标志,在不使用时要密封;严禁随意倾倒含油废水,应集中处理。

11　应用实例

11.1　工程简介

新建铁路西安南京线合肥至南京段,位于沪汉蓉快速通道的东段,是国家规划的“四纵四横”快速客运网的重要组成部分,线路全长 166 km,是我国第一批开工建设的客运专线之一。该线时速 250 公里 32 m/900 t 级后张法预应力混凝土箱梁预制和运架设备关键技术研究,在我国铁路史上尚属首次。中铁二局合宁项目部承担着该段 442 孔(其中 32 m 梁 118 孔,24 m 梁 324 孔)预制预应力混凝土简支箱梁的制造任务,并承担了 9 孔箱梁的试验研究任务,合同金额约 2.5 亿元,合同工期为 2005 年 7 月 20 日至 2007 年 4 月 30 日。项目部设在合宁线全椒货场,位于赵店河、襄滁河两座特大桥之间。

中铁二局合宁项目部于 2005 年 8 月开始在安徽省全椒县建设制梁场,2005 年 10 月完成了试验梁 C50 混凝土的试验研究,确定了试验梁高性能混凝土配合比并通过铁道部审查。经过混凝土配合比试验确定了 6 种配合比供试验选用,见表 5。

表 5 试验箱梁混凝土配合比，kg/m³

编号	水泥	矿渣粉	粉煤灰	砂	石	LEX—9H	TH—2A	水
X-01	360	—	110	742	1 068	3.9	—	141
X-02	306	82	82	742	1 068	3.9	—	141
X-04	262	140	68	742	1 068	3.9	—	141
X-07	360	—	110	736	1 060	—	9.4	147
X-08	306	82	82	736	1 060	—	9.4	147
X-10	262	140	68	736	1 060	—	9.4	147

在正式施工前通过与箱梁混凝土浇筑相同条件的工艺性能试验，即制梁台座的施工，对所选定的配合比工作性能进行了验证，确定试验梁采用“X-02、X-04、X-10”三种配比进行梁体浇筑试验。在批量生产时选择了“X-04”配合比。管道压浆采用真空辅助压浆工艺，在终张拉完毕 48 h 内进行。灌浆料为山东潍坊市大元实业有有限公司生产的 DBG-3 高性能无收缩防腐灌浆剂和北京建工华创工程技术有限公司生产的 CG-W-20 高性能无收缩防腐灌浆剂，采用 YYJ3 型压浆机和 FZB4-2 真空压浆负压装置配合施工。

2005 年 11 月 26 日，完成时速 250 公里客运专线铁路第一孔 32 m 试验梁的混凝土浇筑。至 2006 年 2 月 18 日先后浇筑完成 6 孔后张试验箱梁，并于 2006 年 8 月 8 日通过了部科技司、建设司组织的专家评审。2007 年 3 月 14 日完成了本项目 442 孔梁的预制任务。

该项目于 2005 年 8 月开工，2007 年 4 月竣工。

11.2 建设效果及施工图片

如图 12～图 23 所示。

图 12 箱梁底腹板钢筋吊装

图 13 箱梁面筋吊装

图 14 液压内模整体吊装

图 15 底模侧模 1∶1 配置

图 16　采用液压内模技术施工的箱梁内箱外观

图 17　高性能耐久混凝土浇筑

图 18　梁体混凝土保温保湿蒸汽养护

图 19　梁体带模预张拉

图 20　真空压浆

图 21　封锚

图 22　双层存梁及箱梁吊装

图 23　箱梁静载试验

铁路后张法简支T型梁(普通梁)预制施工工艺

1 前　　言

预制后张法预应力混凝土铁路简支梁『图号:专桥(01)2051』为铁路用混凝土桥梁,该系列梁客车设计速度为140 km/h,货车设计速度为80 km/h。其预制的工艺特点如下。

(1)梁体采用钢模板成型,分为可移动式侧模和固定式底模。梁体棱角处设置直径为20 cm的倒角以减少集中应力等不利影响,减少棱角处裂纹产生,保证梁体外形尺寸及观感。

(2)梁体钢筋采用钢筋棚集中加工,现场绑扎的施工工艺,预应力孔道设置定位网,采用橡胶抽拔管成型。

(3)梁体混凝土灌注作业采用拌和站集中拌料,运浆小车通过运浆线运输,塔吊及料斗配合进行混凝土的灌注。

(4)底模设置2处活动节,每端1处,方面梁体的吊装转运。

(5)横向连接采用现浇方式。

2 适用范围

本工艺适用于现场预制时速80～140 km/h铁路简支T梁,产量60孔/月。

3 主要技术标准

(1)《铁路混凝土工程施工质量验收补充标准》(铁建设(2005)160号)。

(2)《铁路桥涵施工规范》(TB 10203—2002)。

(3)《铁路混凝土与砌体工程施工规范》(TB 10210—2001)。

(4)《铁路混凝土与砌体工程施工质量验收标准》(TB 10424—2003)。

(5)《铁路混凝土强度检验评定标准》(TB 10425—94)。

(6)《钢筋焊接及验收规程》(JGJ 18—2003)。

(7)《普通混凝土拌和物性能试验方法标准》(GB/T 50080—2002)。

(8)《普通混凝土力学性能试验方法标准》(GB/T 50081—2002)。

(9)《预应力筋用锚具、夹具和连接联结器》(GB/T 14370—2000)。

(10)《预应力混凝土用钢绞线》(GB/T 5224—2003)。

(11)《预应力混凝土铁路桥简支梁静载弯曲试验方法及评定标准》(TB 2092—2003)。

4 施工方法

T梁在预制场内集中预制。预制场内设置桥梁生活区、办公区、桥梁预制区、二次张拉区、桥梁存放区及施工配套区。施工配套区包括混凝土拌制区、桥配加工区、钢筋加工区及生产库房区。桥梁在制梁台座上完成钢筋绑扎、混凝土的灌注及初张拉后,在二次张拉区进行梁体终张拉及桥面防水层保护层的施工。

5　施工工艺流程及操作要点

5.1　施工工艺流程

如图 1 所示。

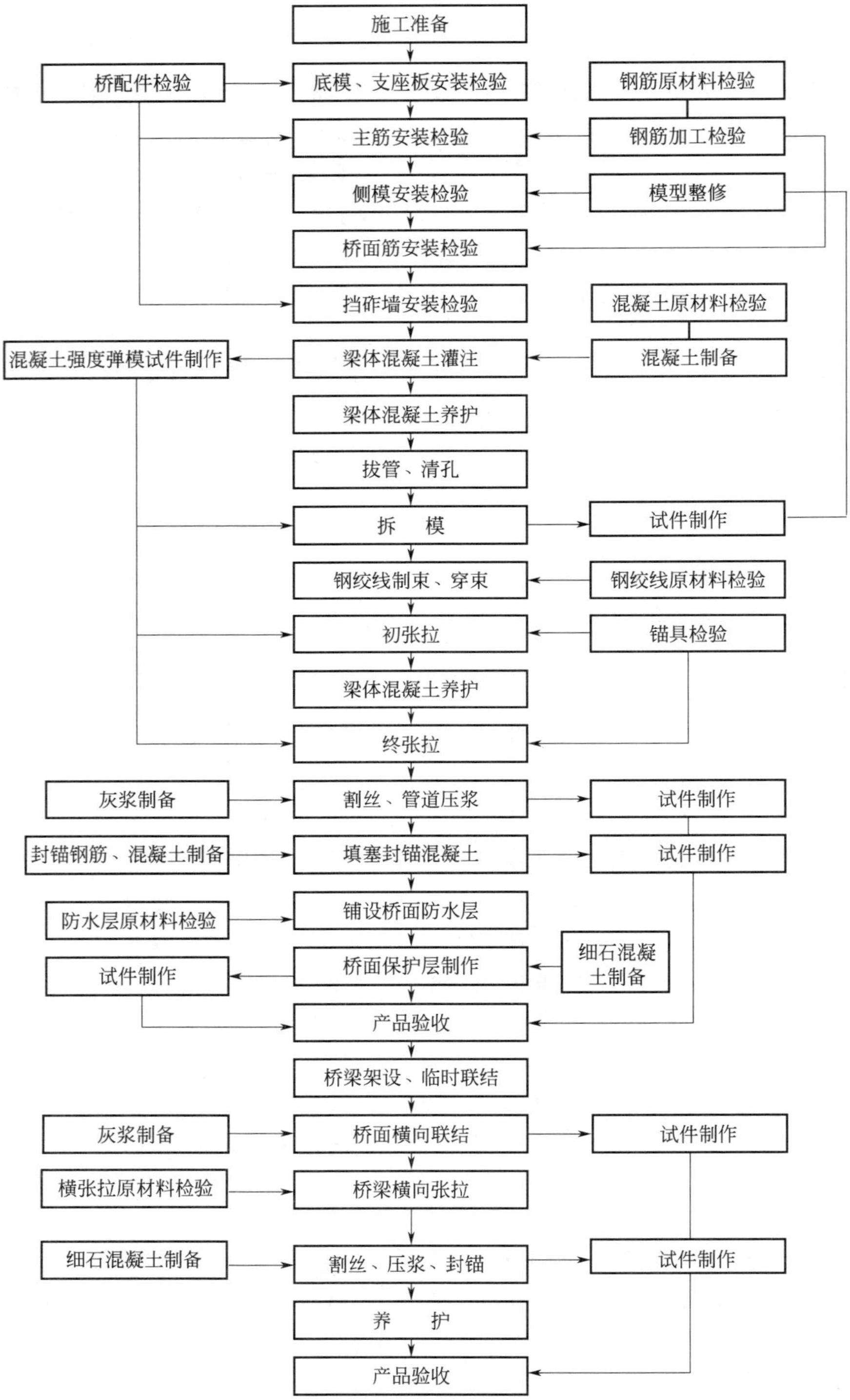

图 1　时速 200 km 客货共线铁路预制后张法简支 T 梁预制工艺流程图

5.2 操作要点

5.2.1 钢筋工程

钢筋进厂后按照规定经复检合格后方可使用。钢筋弯制加工前采用钢筋调直机调直、除锈。钢筋按照规定的尺寸弯曲加工成型，经检验合格后，在底模上绑扎主梁钢筋，侧模安装完成后在模板上绑扎桥面钢筋。

钢筋绑扎严格按图纸要求控制钢筋位置，保证骨架不变形，不松动，钢筋骨架就位时，应在钢筋与模板之间按设计的保护层厚度支垫不同规格的细石混凝土垫块。

梁体预应力孔道成形采用两根外径符合设计要求的橡胶管对接而成，接头处采用 d=0.5 mm，L=300 mm 的铁皮管套接并用胶布缠紧。在橡胶管内孔内穿入钢绞线，以保证胶管的顺直并增加其刚度。橡胶管的定位采用定位网，橡胶管应确保管道座标正确、顺直，用扎丝将橡胶交管绑扎在定位网钢筋上。

5.2.2 预留孔道与拔管

(1)制孔橡胶管

①规格。纵向预应力孔道成型采用内径为 ϕ30 mm、外径分别为 ϕ80 mm、ϕ90 mm 两种的高压橡胶抽拔管成孔，横向采用外径为 ϕ60 mm 金属波纹管成孔；

②外观质量

橡胶管应无表面裂口、表面热胶粒、胶层海绵；

胶层气泡、表面杂质痕迹长度不应大于 3 mm、深度不应大于 1.5 mm，且每米不多于一处；

内外径偏差 0～+5 mm；不圆率应小于 20%。

③技术性能

硬度(邵氏 A 型)为 65±5；

单根破断拉力不得小于 7.5 kN；

拉伸强度不小于 12 MPa，扯断伸长率不小于 350%，300%定伸强度不小于 6 MPa。

(2)管道形成

纵向制孔橡胶管的定位采用定位网工艺施工。

①管道定位网片应按设计图采用胎膜制作，安装间距满足设计要求。应确保证管道平顺、定位准确、绑扎牢固，并保证浇筑混凝土时管道不上浮及旁移，端模板处管道不得下垂。

②制孔橡胶管在跨中采用内径为较橡胶管直径大 1 mm、厚度为 0.5 mm、长度为 300 mm 的短铁皮管套接，套接外须用塑料布缠紧，并用扎丝绑牢，以防止水泥浆进入管道内部。两根橡胶管在跨中必须对接，其间隙不得大于 3 mm。

③在形成管道时应在制孔橡胶管全段范围内穿入钢绞线作为芯棒。芯棒及伸出梁端的制孔橡胶管应加以支撑，以确保预留管道轴线与梁端锚垫板面垂直。

(3)拔管

①拔管时间。拔管时间与混凝土强度及气温有关。拔管过早则混凝土容易塌陷或造成孔道变形，拔管过晚则可能拨断胶管，因此抽拔管应在混凝土初凝之后、终凝之前进行。一般以混凝土抗压强度达 5～8 MPa 时抽拔为宜，拔管时应用手触压检查桥面混凝土强度，若不留凹坑即可开始抽拔胶管。抽拔胶管应先试拔，即胶管拔出后孔道壁光滑，孔道内无落砂或残渣，孔道不发生变形及塌陷现象，胶管上不附着水泥浆则可，否则应延长拔管时间。

②拔管顺序。先拔芯棒，后拔胶管；先拔下层胶管，后拔上层胶管；先拔灌梁的起始端，后

拔灌梁结束端。

③拔管方法。采用卷扬机抽拔。胶管端部系钢丝绳的部位应包裹麻袋片，防止钢丝绳损伤胶管。同时应避免在管道端部的胶管部位系钢丝绳，每次拔管数量不得超过 2 根。

若采用蒸汽养护时，拔管后应及时将蒸养篷布遮盖严实。

④孔道检查及问题处。胶管拔出后，应立即用直径比胶管外径小 5 mm 的橄榄形检孔器进行孔道通过检查，并趁混凝土强度尚不太高时进行扩孔处理。若胶管被拔断，可用烧红的铁钩插入残留胶管内并立即灌水冷却，然后拉拔。若胶管被拔断，也可找准部位，凿开混凝土进行处理。

⑤制孔橡胶管的检查与清理

a. 由于制孔橡胶管拔断后处理非常困难，因而胶管安装前和拔出后均应进行检查，若有直径小于预留孔道 2 mm、脱胶或有表面横向深于 1 mm 的裂纹不得使用。

b. 确定不能使用的橡胶管应清理出场，避免混用；可以使用的胶管应堆码整齐。

c. 系钢丝绳的一端用红油漆打上明显标记以免出错。

5.2.3　模型工程

(1)模板设计与制作

桥梁的模型包括底模、侧模、端模，均采用钢制模型，其结构形式、几何尺寸均按梁的设计图制作，并具有足够的强度、刚度和稳定性。必须保证梁体各部位形状，结构尺寸及预埋件的准确。模型制作时严格按质量标准进行控制，保证模板安装精度和拼缝密贴、模面平整、转角光滑，连接孔准确，模板经验收合格后方可使用。

(2)模板的安装与拆除

模板的安装和拆除均采用龙门吊进行。模型安装前应清除模板上的灰渣，并在膜板与混凝土接触面涂脱模剂，模型接缝应密贴，预埋件要带螺帽牢固，联接角及支座板必须与模板密贴，桥梁侧模拆模时，梁体混凝土强度不得低于 20 MPa，混凝土表面与环境温度之差不得大于 2 ℃，拆模时采用螺旋顶及顶架将模型顶离梁面，然后用龙门吊吊走。

(3)模型整修

桥梁厂内专门设有模型整修区，模型拆除后，立即对模型进行变形检查、整修和校正超差部位，并清砟、涂油、更换损坏零配件和防水胶条。凡经检查鉴定为报废和不合格的模型严禁使用。

5.2.4　混凝土工程

当桥面挡砟墙模型安装完毕后，经专检人员对其检验合格，同时对拌和站开盘前的各项准备工作检查后，确认没有问题方可开盘。

梁体混凝土浇注采用自动拌和站抖合，轨道式小平车运输料斗至制梁台位，龙门吊吊料斗进行灌溉。梁体混凝土采用斜向分段水平分层连续灌注的方法，由梁的一端灌注至另一端。混凝土应搅拌均匀，颜色一致，自全部混凝土材料进入搅拌机开始到出料时止，连续搅拌时间不少于 1.5 min，工地试验人员对混凝土质量进行现场控制。

梁体混凝土要连续灌注，一气呵成，如有间断，应控制在 45 min 以内。灌注时要控制下料速度，保证下料均匀，不得集中下料，一般灌注厚度不超过 300 mm。梁体混凝土振捣采用附着式振动器，混凝土的振动时间应保证混凝土密实，以混凝土不再下沉，不出现气泡，表面开始泛浆为止，一般振动时间不少于 2 min。桥面混凝土采用插入式振动器振实，一般插点距离 30 cm，每点振动时间约 30 s。梁体混凝土灌注要防止欠振和过振，严禁漏振。

梁体养生采用自然养生。桥面灌完后 1～2 小时采用草袋覆盖桥面，以保温保湿。梁体脱模后，立即对梁体进行洒水养护，洒水次数以保持混凝土湿润为度，连续洒水养护时间 7～14

天；当环境温度低于 5 ℃时，不得对混凝土洒水。

5.2.5　张拉工艺

梁体张拉是后张法预应力梁施工的关键工序之一，按要求采用二次张拉工艺。钢绞线和锚具进场后应按规定对其进行检验，合格后方可使用。张拉机具采用 YCW-250 型千斤顶，高压油泵采用 ZB4-500 型，操作人员应为持有上岗证的熟练工人。当梁体混凝土强度达到 30 MPa、弹性模量达到相应值时对梁体进行第一次张拉；当梁体混凝土强度达到设计强度、弹性模量达到设计值进后，对梁体进行第二次张拉。张拉采用两端同时张拉的办法，张拉应力值及张拉顺序按照桥梁设计图纸施工。

预应力张拉施工采用双控指标，即张拉应力控制为主，钢束延伸量进行校核，钢绞线两端伸长值之和应为计算伸长值的±6%以内，总回缩量不得超过 6 mm，每片梁断丝及滑丝数量不得超过预应力钢绞线总丝数的 0.5%，并不得位于梁体的同一侧，且一束内断丝不得超过一丝，否则，应放松换束或更换锚具。因处理滑丝断丝而引起钢束重复张拉时，同一束钢绞线束次数不得超过 3 次，若钢绞线与锚具因滑丝而留有明显刻痕时，应予更换。锚固后夹片外露量应不小于 3 mm，且平齐，夹片不得错牙。并应在夹片与锚圈、夹片与钢绞线啮合处划线标记，24 h 后检查有无夹片跟进或钢绞线内缩。千斤顶及油表应按规定进行检校，千斤顶每张拉了 50 片梁及校正期限已达到一个月要重新校正，校正系数不大于 1.05；油表采用 1.0 级，油表检校期为 7 天。

张拉操作过程见张拉工艺流程（见图 2）。

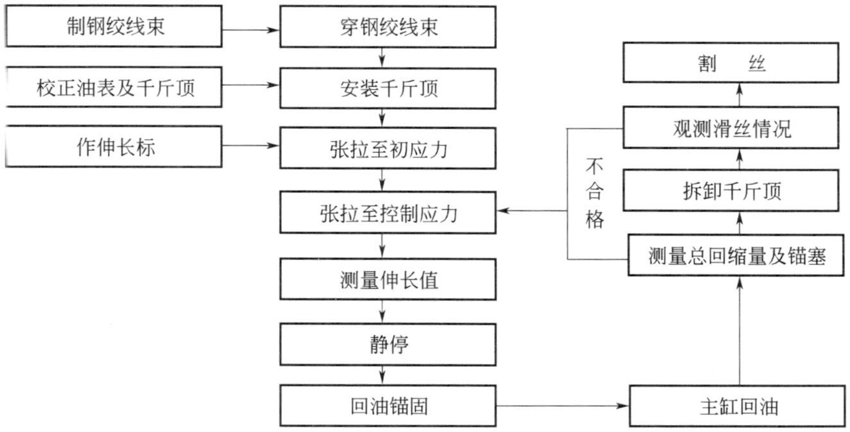

图 2　张拉工艺流程图

5.2.6　压浆封锚工艺

孔道压浆采用 YYJ3 型压浆机施工，在桥梁终张拉完毕后应及时进行。

管道压浆。压浆采用梁体同品种、同标号的水泥，水灰比不大于 0.45，水泥浆强度等级不低于 M35，每个管道的压浆必须一气呵成，若因故中途停止时间超过 20 min，应将管道内的水泥浆全部用水冲去，然后重压。

压浆时按先下后上的顺序，由一端以 0.4～0.6 MPa 的压力压入水泥浆，当另一端溢出浓浆后，封闭出浆口，再继续压浆达至 0.6～0.7 MPa 时，且无漏浆情况下，关闭进浆阀门并保持 1～2 h 后，如无水泥浆反溢现象即完成作业。

5.2.7　桥面防水层与保护层工艺

采用由氯化聚乙烯防水卷材和聚氨脂防水涂料共同构成的 TQF-1 防水层，其技术条件应符合《铁路混凝土桥梁桥面 TQF—1 型防水层技术条件》（TB/T 2965—1999）的要求。

(1)施工程序

桥面基层处理→防水涂料的配制→涂刷第一幅聚氨脂防水涂料→铺设第一幅防水卷材→涂刷第二幅防水涂料→铺设第二幅防水卷材→防水卷材封边→浇筑混凝土保护层。

(2)防水层施工

①防水层施工前,桥面、挡砟墙、内边墙、端边墙内侧基层应符合下列要求:

a. 基层应平整,无凹凸不平、蜂窝及麻面。

b. 平整度的要求,用 1 m 靠尺检查,空隙不大于 5 mm,空隙只允许平缓变化,每米不应超出一处。桥面基层及涂刷防水涂料进行封边的部位应清洁、无浮砟、浮土、油污等;挡砟墙内侧根部至上拐角的斜面、内边墙根部至上口的立面应清洁、无蜂窝、麻面。蜂窝应用水泥砂装填补平整。麻面应用水泥净浆填补平整。对蜂窝、麻面的填补,均应在水泥砂浆、水泥净浆中添加适量 107 肢的水溶性肢剂以增强水泥砂装、水泥净浆与基底的连接。

c. 涂刷防水层时基层应干燥。基层干燥鉴别的方法,一般可凭经验、肉眼观查。也可用 1 m 见方的塑料布覆盖其上,利用阳光照射 1～3 h 后,观查是否出现水汽,若无水汽出现可视为干燥。

②防水涂料的配制

a. 防水涂料必须按产品使用说明书进行称量配置,称量允许偏差为±2%。使用防水涂料时,每次配制 30 kg,其中 A 组份(黑桶)10 kg;B 组份及添加剂(绿桶)20 kg。

b. 防水涂料必须搅拌均匀,搅拌时间为 3～5 min,又搅拌至 A、B 两组份的混合液体发出黑亮时方可使用。

c. 当气温低于 0 ℃时,为保证施工质量,在搅拌防水涂料的同时,加入防水涂料重量的 3～8%(每配制 30 kg 防水涂料加入 2 kg)二甲苯,无二甲苯时,可用蒸汽间接预热涂料的 A、B 二组份,预热时 A、B 两组份不得受水,严禁明火加热。

d. 每次搅拌的防水涂料应在 20 min 内用完。

③涂刷防水涂料

a. 将搅拌均匀的防水涂料从挡砟墙一侧的一端开始,倒出防水涂料,按涂刷宽度为 90～100 cm 用刮板往另一端涂刷。

b. 防水涂料应涂刷均匀,涂刷厚度为 1.5 mm,可分 1～2 次进行,不得漏涂,涂料不得因流溅或沿泄水孔流出污染梁体。

c. 一边涂刷一边铺贴防水卷材,防水卷材的铺设应在防水涂料涂刷完毕后 20 min 内完成。

④铺设防水卷材

a. 每片梁用防水卷材两幅。铺防水卷材时应铺贴到端边墙、挡砟墙、内边墙的内侧根部,并先铺贴挡砟墙一侧的一幅,后铺贴另一幅的顺序进行。

b. 防水卷材沿桥面纵向中心线进行横向搭接时,先铺的一幅在下,后铺的在上。

c. 防水卷材纵向只允许搭接一次。应在纵向搭接完后再沿桥面中心线进行横向搭接。纵、横向搭接的粘贴宽度均不小于 80 mm。

d. 挡砟墙一侧的一幅铺贴完毕后,方可铺贴内隔墙铡一幅。涂刷防水材料时应与前次涂层衔接好,铺贴时应用刮板将防水卷材推压平整,并使防水卷材的边缘和搭接处无翘起,其他部分无空鼓。桥面横向联系处混凝土表面不得有防水涂料。

e. 内隔墙侧一幅防水卷材铺设完毕后,用美工刀将桥面横向联结处偏向桥面中心线 50 mm 范围内的防水卷材切割开槽。

f. 用粉笔在两幅防水卷材应搭接的部分划线标记后，将上面一幅防水卷材沿桥面纵向揭起约 100 mm 宽，在下一幅防水卷材应搭接的部分涂刷防水涂料进行搭接粘贴。

⑤封边处理

a. 两幅防水卷材铺贴完毕并符合上述各项要求后，方可用防水涂料进行封边。挡砟墙内侧根部至上拐角的斜面、内边墙和端边墙内侧根部至上口的立面、内边墙顶面、桥面横向联结处偏桥面中心线侧端边墙内侧、泄水孔四周，以及防水卷材的周边往里 80 mm 防水涂料的部位均应进行封边，其涂刷厚度均不得低于 1.5 mm。

b. 在进行封边工作的同时，应对泄水管的进水口涂刷防水涂料，并与封边涂层衔接好。防水涂料应涂刷到进水口向内不低于 30 mm，涂刷厚度为 1.5 mm，涂刷应均匀。

c. 防水层铺设完毕 24 h 后，方可进行保护层施工。

(3)桥面保护层

桥面保护层采用 C40 聚丙烯纤维网细石混凝土。

①准备工作

a. 桥面保护层施工应在防水层铺设完成 24 h 后进行；

b. 制作保护层前，将直径为 ϕ125 mm，长为 200 mm 的钢管模具装入泄水孔内，用泡漠或水泥袋纸塞紧缝隙，以免混凝土堵塞泄水孔；

c. 制作保护层时，施工用具、材料必须轻吊轻放，严禁损坏已铺设好的防水层。

②聚丙烯纤维网细石混凝土的拌制

a. 采用强制式搅拌机拌和。将聚丙烯纤维网与石子(粒径为 5～10 mm)、砂、水泥、减水剂按配比要求倒入搅拌机中预先搅拌，然后加水拌和。搅拌时间为 2～4 min，控制坍落度为 60～80 mm。

b. 将混合均匀的纤维网混凝土均匀铺在梁体防水层上，然后用平板震动器捣实，在拉动平板震动器时速度应尽量缓慢，混凝土的震捣时间不小于 20 s，直至无可见的空洞为止，有利于纤维网的三维分布。

③在桥面纵向每隔 4 m 作一宽约 10 mm，深约保护层厚的横向断缝。

④保护层浇筑结束后 1～2 h，将泄水管内钢管模具及伸缩缝钢板取出。

⑤纤维网混凝土面层作好后，应采取保水养护措施，避免失水太快。

⑥冬期施工时，应在混凝土中加入适量的防冻剂。

⑦当保护层混凝土强度达到设计强度的 50% 以上时，用聚氨脂防水涂料将断缝填实、填满。同时用防水涂料对泄水孔壁混凝土表面进行防水封边处理，对端边墙和内边墙与防水层结合部采用防水涂料进行封边处理，并不得污染保护层及梁体。

⑧尽量避开夏季中午高温时间施工保护层，并不得冒雨进行保护层施工。

5.2.8 桥梁横向联接施工工艺

每孔梁横向联结板的桥位现场联结，采用细石混凝土湿接缝，其混凝土强度等级同梁体。

(1)施工程序

穿横向预应力筋→绑扎中间隔板、桥面钢筋→安装模板→浇筑中间隔板混凝土→浇筑桥面混凝土→张拉横向预应力筋→压浆→使用 881—1 型聚氨酯防水涂料封缝→封锚。

(2)施工工艺

①中间隔板湿接缝施工

a. 两片梁架设后，对已就位的两片桥梁先焊接梁端及跨中的三个横隔板。其余隔板先穿上精轧螺纹钢筋，拧上预应力螺母进行临时联结。全部联结板焊牢后，穿上波纹管，绑扎横隔板钢筋，再安装接缝模板。

b. 模型采用木模，表面敷一层 0.75 mm 厚的铁皮。按照先下后上的施工顺序，采用捆绑式立模方式：将三面的模型用 12 号铁线双股捆绑；侧模靠在隔墙侧面，并将底模夹在中间；下联结模板与桥梁上联结搭接钢筋采用拉钩加强；上联结模板用撑子支撑于下联结板（下联结已灌筑）上。

c. 混凝土浇注：混凝土采用人工用桶将混凝土倒入隔墙模型内，并用 Φ30 mm 振动棒振捣密实，灌注完成后将混凝土表面抹平。混凝土二次收面后采用麻袋覆盖，洒水养护直至达到设计强度。

d. 常温下，当混凝土强度达到设计强度时，方可拆模；当施工环境温度低于 5 ℃时，应对混凝土掺加防冻剂，并采取保温措施，使湿接缝混凝土入模温度在 5 ℃以上。

②桥面连接板施工

中间隔板湿接缝施工完成后，接着施工桥梁桥面连接板。其施工工艺同中间隔板湿接缝，当混凝土强度达到设计要求后张拉横向预应力钢束，然后采用 881-1 型聚氨脂防水涂料将联结板处缝穴封好刷防水涂料，每侧宽度≥8 cm。

③中间隔板湿接缝及桥面连接板施工时，混凝土采用现场机械拌制，浇注横隔板湿接缝混凝土采用插入式震动器震捣；浇注桥面连接板混凝土采用平板式震动器震捣。

④横向预应力施工

当中间隔板湿接缝、桥梁桥面连接板混凝土强度达到设计要求后，方可张拉横向预应力筋。预应力筋采用 L32 高强精轧螺纹粗钢筋，锚具为 YGM 高强精轧螺纹粗钢筋锚具。横向预应力采用一端张拉，张拉力达到设计要求。

⑤安全注意事项

a. 模板安拆及张拉作业人员必须佩带安全带，作业吊蓝（平台）应安全、牢固，且应配有专人照看；

b. 桥面、桥下与张拉作业重叠施工时，应加强防护，避免高处坠落、物体打击、意外伤害等事故的发生；

c. 桥面施工机具及材料的运输车辆应与轨道管理单位协调妥当，并设有专人防护。

6 劳动力组织

见表 1。

表 1 生产人员配置表

序号	班组	人数	工 作 内 容
1	混凝土班	58 人	负责桥梁灌注、桥梁养护、梁体封端、梁体入库等工作
2	钢 筋 班	72 人	负责桥梁钢筋的下料加工、梁体钢筋绑扎、制孔管安装等工作
3	模 型 班	54 人	负责模型的安装、拆除、模型维修、桥梁灌注时守漏、模型加固等工作
4	张 拉 班	53 人	负责钢绞线的制束、穿丝、梁体初张拉、终张拉和割丝、封锚、压浆、横向预应力张拉等工作
5	桥面系班	60 人	负责桥面混凝土防水层、保护层、砂浆垫块、桥梁纵向混凝土盖板、L 型挡砟块制作、湿接缝等工作
6	装 运 班	35 人	负责桥梁转移台位、存梁、桥梁装车、组装梁车转向架及轨道线路的养护维修和各类起重机械、运输机械的驾驶操作等工作

续上表

序号	班组	人数	工作内容
7	桥配件班	18人	负责所有桥配件的加工制作
8	机电班	12人	负责制梁场所有机械设备、用水管道、钢模型维修和供电及线路维修、生产用电值班、维修振动器等工作
9	架梁班	25人	负责桥梁提升站作业、桥梁架设、支座安装、桥梁横向连接、横向连接角浇注混凝土
合计		387人	

7 设备与及机具

见表2。

表2 主要设备及机具配置表

序号	设备名称	型号	技术性能	单位	数量	备注
一、混凝土灌注及模型						
1	自动搅拌站	JS1000		套	1	
2	强制式搅拌站	JDY500		台	1	
3	龙门吊	5 t	跨度29.5 m	台	2	
4	装载机	ZL50		台	1	
5	电动卷扬机		3 t双筒卷扬机	台	1	
6	附着式捣固器	B-22	W=2.2 kW	台	100	
7	平车	载重3 t	轨距600 mm	台	2	
8	混凝土料斗		容积1 m^3	个	2	
9	砂、石生料斗		容积6 m^3	个	4	
10	插入式捣鼓固器	ZN-35.5	配长4 m	台	10	
11	低压配电箱			组	2	
12	桥梁模型					
	侧模	32 m		套	5	
	侧模	24 m		套	1	
	侧模	16 m		套	1	
	底模	32 m		片	8	
	底模	24 m		片	1	
	底模	16 m		片	3	
13	可控硅电焊机	ZX5-400		台	1	
二、钢筋生产						
1	调直切断机	GTJ4-14	ϕ4-40 mm	台	1	
2	切断机	GC-40	ϕ6-40 mm	台	1	

续上表

序号	设备名称	型号	技术性能	单位	数量	备注
3	弯曲机	CW40	ϕ6—40 mm	台	2	
4	可控硅电焊机	ZX5-400		台	1	
5	电动卷扬机	TTM-1.5		台	1	
三、张拉压浆						
1	穿心式千斤顶	YCW-250		台	4	
2	高压油泵	ZB4-500	预定油压 50 MPa	台	4	
3	压浆机	YYJ3		台	1	
4	手拉链条葫芦		3～1.5 t	台	4	
四、钢丝束制作、穿拔						
1	电动卷扬机	Q=3 t 双筒	11 kW	台	1	
2	电动卷扬机	JG-3 t	11 kW	台	1	
五、起重、装存运桥梁						
1	龙门吊	3 t	跨度 29.6 m	组	1	
2	65 吨龙门吊		跨度 31 m	台	2	
3	内燃机车			辆	1	
4	平车	N17	60 t	台	18	
5	汽车吊	QY-16 t		台	1	
六、机加工系统						
1	摇臂钻床	Z3040		台	1	
2	可控硅电焊机	ZX5-400		台	4	
3	等离子切割机			台	1	
4	车床	C6140		台	1	
5	钢筋弯曲机	CW40		台	1	
七、静载试验						
1	千斤顶	Q100B-01		台	6	
2	加压系统			套	1	
3	摇轴支座		32 m,24 m	套	各 1	
4	静载试验架			套	1	
八、供电系统						
1	电力变压器		500 kVA	组	1	
2	发电机		250 kW	台	1	
九、木工机械						
1	圆盘锯	MJ106		台	1	

8 质量控制要点

8.1 工程质量控制标准

见表 3。

表 3 产品质量要求及检验方法

<table>
<tr><th>序号</th><th colspan="2">项　目</th><th>要　求</th><th colspan="2">备注/检测方法及评定标准</th></tr>
<tr><td rowspan="2">1</td><td rowspan="2">静载试验</td><td>抗裂性</td><td>K_f=1.20 不裂</td><td colspan="2" rowspan="2">按 TB/T2092—2003 试验合格</td></tr>
<tr><td>静活载挠度</td><td>φ_f 实测≤1.05f 设计</td></tr>
<tr><td rowspan="4">2</td><td rowspan="4">梁体混凝土及力筋的耐久性能</td><td>预防碱骨料反应</td><td rowspan="4">按要求及设计规定</td><td colspan="2">TB/T 3054—2002 TB/T 2922.3—1998 或 TB/T 2922.5—2002</td></tr>
<tr><td>抗冻性能</td><td colspan="2">GBJ 82—1985(快冻法)</td></tr>
<tr><td>抗渗性
(水、氯离子)</td><td colspan="2">GBJ 82—1985
ASTM C 1202—1997</td></tr>
<tr><td>耐腐蚀性
(力筋、混凝土)</td><td colspan="2">GB 8076—1997 的附录 B、C
GB/T 2420—1981 (K≥1.0)</td></tr>
<tr><td rowspan="3">3</td><td rowspan="3">混凝土强度</td><td>初张拉强度</td><td>符合设计要求</td><td rowspan="2">GB/T 50081—2002
符合本标准表 4 规定</td><td rowspan="3">提前交验时应保证 28 d 标准试件的强度达到规定值、孔道水泥浆龄期不少于 7 d</td></tr>
<tr><td>终张拉强度</td><td>符合设计要求</td></tr>
<tr><td>梁体、封端、保护层、现场联接板混凝土强度</td><td>不低于设计强度等级</td><td>GB/T 50081—2002
TB 10425—1994</td></tr>
<tr><td rowspan="2">4</td><td rowspan="2">梁体混凝土弹性模量</td><td>终张拉弹性模量</td><td rowspan="2">不低于设计强度等级所对应的弹性模量</td><td rowspan="2">GB/T 50081—2002
TB10002.3—1999</td><td rowspan="3"></td></tr>
<tr><td>28 d 弹性模量</td></tr>
<tr><td>5</td><td>压浆强度</td><td>纵、横向管道压浆 28 d 强度</td><td>管道内水泥浆密实。水泥浆强度不应低于设计强度且 7 d 不低于 70%</td><td></td></tr>
<tr><td>6</td><td colspan="2">梁体、封锚、梁面及隔板混凝土外观质量</td><td>①表面平整,无错台、凹凸;
②混凝土密实,无空洞、石子堆垒、蜂窝麻面;
③形体完整,无硬伤掉角、露筋;
④整洁美观,无污染、色差;
⑤ 预埋件完好,无锈蚀</td><td colspan="2">对空洞、蜂窝、漏浆、硬伤掉角、漏筋等缺陷,应修整并养护到规定强度等级。对于跨中区段较大空洞等影响承载能力的严重缺陷,应在张拉前按有关规定修补并养护到规定强度等级,并应做静载试验</td></tr>
<tr><td>7</td><td colspan="2">梁体表面裂纹</td><td colspan="3">在桥面保护层、联接板、横隔墙、挡砟墙、内边墙、端边墙、梁端封锚、梁外侧封锚共 8 处,不允许有宽度大于 0.2 mm 的混凝土表面收缩裂纹。
梁体表面的其他部位,不允许有裂纹</td></tr>
<tr><td rowspan="2">8</td><td rowspan="2">混凝土保护层</td><td>钢筋保护层厚度</td><td>按设计要求,偏差 $^{+5}_{0}$ mm</td><td colspan="2">混凝土保护层厚度测试仪检测
h_0—混凝土保护层厚度设计值;
Δ—混凝土保护层厚度允许偏差</td></tr>
<tr><td>预应力筋保护层厚度</td><td>按设计要求</td><td colspan="2">混凝土保护层厚度测试仪(工序检验可在立模前用钢板尺检测)</td></tr>
</table>

续上表

<table>
<tr><th>序号</th><th colspan="2">项　目</th><th>要　求</th><th colspan="2">备注/检测方法及评定标准</th></tr>
<tr><td rowspan="12">9</td><td rowspan="12">产品外形尺寸</td><td>梁全长</td><td>±20 mm(跨度>16 m)
±10 mm(跨度≤16 m)</td><td colspan="2">检查桥面及底板内外侧。用悬空、平铺检定合格的钢卷尺及卡持钳</td></tr>
<tr><td>梁跨度</td><td>±20 mm(跨度>16 m)
±10 mm(跨度≤16 m)</td><td colspan="2">检查梁底板内外侧。用悬空检定合格的钢卷尺及卡持钳</td></tr>
<tr><td>下翼缘宽度</td><td>$^{+20}_{0}$ mm</td><td>用钢板尺测量</td><td rowspan="4">检查 1/4 截面、跨中及 3/4 截面</td></tr>
<tr><td>梁面及挡砟墙宽度</td><td>$^{+10}_{-5}$ mm</td><td>用钢卷尺测量</td></tr>
<tr><td>腹板厚度</td><td>$^{+15}_{0}$ mm</td><td>用 U 形尺、钢板尺测量</td></tr>
<tr><td>梁面内、外侧偏离设计位置</td><td>$^{+20}_{0}$ mm</td><td>从支座螺栓中心放线，引向桥面，用水平样杆测量</td></tr>
<tr><td>梁高</td><td>$^{+10}_{-5}$ mm</td><td>用钢卷尺、水平仪测量</td><td>检查梁两端</td></tr>
<tr><td>梁上拱(30 d 上拱)</td><td>≤20 mm(跨度不大于 16 m 低高度梁)≤L/1 000 mm(其他各种梁)</td><td colspan="2">终张拉后 30 d 时测量。不足 30 d 按混凝土徐变计算结果折算。若在存梁场梁端悬空状态下测量超标，则予以计算修正</td></tr>
<tr><td>隔板厚度</td><td>$^{+20}_{0}$ mm</td><td colspan="2" rowspan="2">检查最大误差处</td></tr>
<tr><td>挡砟墙厚度</td><td>$^{+15}_{0}$ mm</td></tr>
<tr><td>梁体表面垂直度</td><td>≤3 mm/m</td><td colspan="2">检查两端，抽查腹板；
用 L 形尺、钢板尺测量</td></tr>
<tr><td>梁体表面平整度(含保护层表面)</td><td>≤5 mm/m</td><td colspan="2">用水平尺、钢板尺靠量</td></tr>
<tr><td rowspan="5">10</td><td rowspan="5">支座板</td><td>每块边缘高差</td><td>≤1 mm</td><td colspan="2">用水平尺、塞尺靠量</td></tr>
<tr><td>支座中心线偏离设计位置(横向)</td><td>±3 mm</td><td colspan="2">用钢板尺检测</td></tr>
<tr><td>螺栓</td><td>垂直梁底板，外露长度不少于设计值</td><td colspan="2">用直角尺、游标卡尺检测</td></tr>
<tr><td>螺栓中心位置偏差</td><td>≤1 mm</td><td colspan="2">指每块板上 4 个/8 个螺栓中心距(长、宽、对角线)用大量程游标卡尺检测</td></tr>
<tr><td>外露底面</td><td>平整、无损、无飞边、无空腹声，防锈符合设计要求</td><td colspan="2">目测　锤击</td></tr>
<tr><td rowspan="3">11</td><td colspan="2">U 形螺栓位置偏离设计位置及外露长度偏离</td><td>≤10 mm</td><td colspan="2">尺量检查</td></tr>
<tr><td colspan="2">横隔板、联接板偏离设计位置</td><td>≤10 mm</td><td colspan="2">尺量检查</td></tr>
<tr><td colspan="2">横向预应力管道各方向与设计偏差及平直度</td><td>≤5 mm</td><td colspan="2">尺量检查</td></tr>
</table>

续上表

序号	项　　目	要　　求	备注/检测方法及评定标准
12	泄水管、管盖	齐全完整，安装牢固，泄水管垂直，耐老化、耐腐蚀，流水面不应高于桥面	目测
	金属桥牌	项目齐全，生产许可证编号、标志正确，清晰耐久，安装牢固，符合设计要求	目测
	外露螺栓（U 形螺栓及支座板螺栓）	渗锌处理，正直无伤，丝扣完整，清渣涂油	目测、验证
13	梁面防水层	符合本标准 3.3.14 要求	目测
14	梁面保护层	符合本标准 3.3.14 要求	目测

8.2　质量保证措施

梁场建立由经理挂帅和总工程师、副经理、质检负责人员参与组成的质量管理领导小组，领导和组织实施生产质量管理、兑现生产质量目标；制梁场安质部是整个项目实施过程中质量管理的执行机构，在进行质量专检的同时，对质量管理制度、标准和规定的执行情况进行监督、检查，实行质量管理“一票否决权”，并领导和组织工班质量小组、质量自检小组和各质量 QC 小组开展保证工程质量的各项攻关和管理活动。根据 ISO9002 质量管理体系标准和我公司质量管理体系文件规定，结合制梁场以往桥梁生产经验，从组织机构、思想教育、技术管理、施工管理以及规章制度等五个方面建立符合本项目的质量保证体系。

9　安全措施

(1)对生产人员进行上岗前安全技术培训，做到持证上岗。进入现场施工人员必须佩戴安全帽，梁上和高空作业人员应穿防滑鞋，做好劳动保护工作。

(2)在对梁体施加预应力作业时，必须两端同时张拉，口令一致，千斤顶后严禁站人。

(3)加强机械设备的安全管理及场内施工用电管理工作。制梁场内配置的机械设备较多，特别是起重机械，如塔吊、龙门吊等。平时要加强机械设备的检查、维修和日常保养工作，经常对起重机械的走行轨道线路状况、起吊索具(如钢丝绳、吊钩、吊架、钩卡具等)进行检查，机械设备每次使用前必须进行试运转。同时，场内用电设备多，生产用电线路必须有总体规划布置，做到合理、安全。各类接线、配电设施应符合标准，并配有遮盖保护设施，定期进行检查。

(4)梁场预制桥梁的吊装、运输及存放工作频繁，危险性大。在施工作业过程中，必须严格执行起吊、运输有关《规程》，桥梁存梁台座必须有足够的承载力和稳定性，确保桥梁存放过程中不出现下沉、偏斜及倾覆。运输桥梁使用的平车应符合规定，每次运输前必须对运梁转向架，桥梁装车情况，桥梁支撑及梁车缓冲器的安装情况进行认真检查，确保桥梁在吊装、运输和存放中的绝对安全。

(5)制梁场内调车作业、车站取送车作业、进入铺架基地的桥梁转运作业，必须严格执行有关行车管理办法的规定，并与重庆铁路分局签订安全协议，确保既有线行车安全。

10　环保措施

针对施工过程中产生的噪音，对动植物和人体损害均较大，为了保护环境，应尽量减少噪音污染，避免夜间作业。对机械设备产生的超分贝噪音利用消音设备减噪。

施工营地生活废水就近排入不外流的地表水体，严禁将生活污水直接排放至江河中，对于含沙量大且浑浊的施工生产废水，采用沉砂池处理后再排放，含油废水经隔油池处理后排放，防止油污染地表和水体。

加强生态环境保护的宣传工作，使全体参建员工充分认识对环境保护的重要性和必要性，加强环保意识。制定详细的环境保护措施，建立严格的检查制度，避免人为恶化环境。保护好铁路沿线的植被、水环境、大气环境、自然生态环境、土壤结构、自然保护区、野生动植物，维护生态平衡系统。

合理规划施工便道、施工场地，固定行车路线、便道宽度，限制施工人员的活动范围，尽量少扰动地表、少破坏地表植被。

严禁将生活污水直接排放至江河中，含油废水经隔油池处理后排放，防止油污染地表和水体。生活污水经化粪池处理后排放。

施工营地设置集中垃圾收集地，设专人管理，经无害化处理后排放，定期填埋，严禁就地焚烧。对营地生活垃圾(包括施工废弃物)集中装运至指定垃圾处理场处理。对不能处理的垃圾拉到设有处理设施的厂处理。

油和废油的管理：施工机械维修、油料存放地面应硬化，减少油品的跑、冒、滴、漏，所有油罐要有明显的标志，在不使用时要密封；严禁随意倾倒含油废水，应集中处理。

11　应用实例

预制后张法预应力混凝土铁路简支梁『图号：专桥(01)2051』。

11.1　工程概况

渝(重庆)怀(化)铁路设计全长为 570 km，我公司通过公开投标中标 Y1.1 和 Y1.2 两个包，中标桥梁数量为 966 孔，其中：32 m 曲线梁 413 孔、32 m 直线梁 306 孔、24 m 曲线梁 105 孔、24 m 直线梁 93 孔、32 m 道岔梁 84 片、24 m 道岔梁 6 片、20 m 低高度直线梁 2 孔、16 m 普通梁 1 孔、16 m 低高度直线梁 1 孔。现场预制桥梁工期为：2002 年 3 月至 2004 年 6 月。

11.2　施工情况

重庆桥梁工厂占地 85 亩，制梁台位设计了纵向布列，设 32 m 制梁台座(含底模)16 个，24 m 制梁台座(含底模)4 个，20 m 低高、16 m 低高和 16 m 普通梁各 1 个。二次张拉及存梁台座 9 排，可存梁 120 孔，静载试验台座一个，钢筋加工房、水泥库房、机加工房各一个；配有 32 m 钢外模 6 套，24 m 钢外模 2 套；其他制梁生产所需施工、计量、试验设备、器具齐全完备、性能良好、符合要求。从 2002 年 8 月 25 日破土动工，仅用 86 天时间就完成了全部建厂工作，于 2002 年 11 月 18 日成功生产出第一孔桥梁；2003 年 1 月 14 日通过国家质量监督局“全许办”考核检验，获得“全国工业产品生产许可证”，当月开始批量生产。规模生产后 2003 年 2～12 月共计生产优质桥梁 820.5 孔，月平均产量达到了 74 孔以上，并连续 9 个月产量超过 70 孔的好成绩，于 2004 年 2 月 26 日提前 4 个月完成了全部桥梁的预制任务。

铁路后张法简支 T 型梁(提速梁)预制施工工艺

1 前 言

时速 200 km 预制后张法简支 T 梁(角钢支架方案)『图号:通桥(2005)2201』系列梁是我国新研制的高性能混凝土桥梁,采用 C55 高性能耐久混凝土,设计使用寿命 100 年。可满足时速 200 km 客货列车运行需求。桥梁主体采用预制场集中预制,保护层防水层在预制场内施工,其他后道工序如支架等在桥梁架设后进行。此系列梁梁体类型多,结构较为复杂,每种跨度梁分为边梁及中梁两种类别。其中 32 m 直、曲线边梁重量 164.31 t,梁宽 2 480 mm,梁高 2 742 mm;32 m 直、曲线中梁重量 146.37 t,梁宽 1 900 mm,梁高 2 742 mm。中梁为对称结构设计,重心位于梁体中心竖向方向,距梁底 1 529 mm,横向位于腹板中心;边梁采用非对称结构,重心位于梁体竖向方向,距梁底 1 557 mm,横向偏向腹板中心外侧 22 mm。当线路线间距小于 5.0 m 时双线为 4 片简支梁连接成跨,其中 2 片中梁,2 片边梁;线路线间距大于 5.0 m 时,双线采用 4 片边梁连接成跨;单线为 2 片简支梁连接成跨,其中 1 片中梁,1 片边梁。

通桥(2005)2201 32 m 边梁、中梁截面尺寸如图 1 所示。

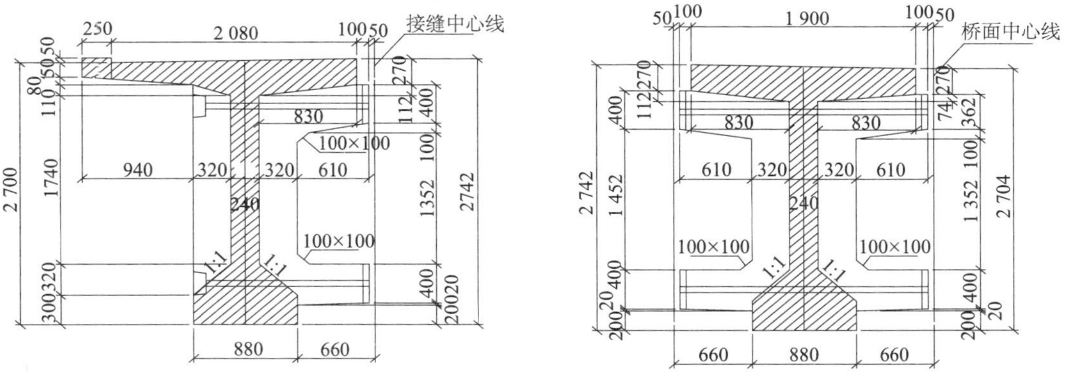

图 1 32 m 边梁、中梁截面尺寸图

2 工艺特点

(1)梁体采用钢模板成型,分为可移动式侧模和固定式底模。梁体棱角处设置直径为 20 cm 的倒角以减少集中应力等不利影响,减少棱角处裂纹产生,保证梁体外形尺寸及观感。

(2)梁体钢筋采用钢筋棚集中加工,现场绑扎的施工工艺,预应力孔道设置定位网,采用橡胶抽拔管成型。

(3)梁体混凝土采用 C55 高性能耐久混凝土,设计使用寿命 100 年。通过优选原材料,掺加粉煤灰和矿渣粉,适量引气等技术措施,选定的高性能混凝土工作性良好,匀质性高,水化温升小,外观有明显改善,混凝土力学性能和收缩徐变变形等符合规范要求。混凝土的拌制采用拌和站集中拌制，输送泵运输，布料杆布料，侧震为主，插入捣固为辅的振捣方式，采用合理的灌筑程序，保证梁体混凝土灌注一次成型，梁体灌注时间控制在3小时内。

(4)底模设置四处活动节，每端两处，一处为顶梁千斤顶用，一处为运梁台车通道用。

(5)采用高性能管道灌浆料和真空压浆工艺，提高了管道的密实性，有利于保证预应力筋的耐久性。

(6)梁体出场存放采用横移梁小车方式，龙门吊范围内梁体的转运由龙门吊完成，龙门吊范围外的梁体转运工作由纵移梁小车完成。

3　适用范围

(1)本工艺适用于现场预制时速200 km预制后张法简支T梁(角钢支架方案)通桥2005(2201)系列梁。

(2)本工艺T梁混凝土泵送工艺，适用于日产6片及以上简支T梁预制场的施工作业。

(3)本工艺T梁搬运工艺采用移梁小车，其工艺适用于梁体的横移及纵移作业。

4　工艺原理

T梁在预制场内集中预制，伸缩缝、桥面挡砟墙、支架现场安装或现浇。预制场设置桥梁生活区、办公区、桥梁预制区、二次张拉区、桥梁存放区及施工配套区。施工配套区包括混凝土拌制区、桥配加工区、钢筋加工区及生产库房区。桥梁在制梁台座上完成钢筋绑扎、混凝土的灌注及初张拉后，横移至二次张拉区进行梁体终张拉及桥面防水层保护层的施工。

5　施工工艺流程及操作要点

5.1　施工工艺流程

如图2所示。

5.2　操作要点

5.2.1　钢筋工程

梁体钢筋在钢筋加工棚按设计图纸统一加工制作完毕后，在制梁台座上现场绑扎。灌注混凝土前，钢筋班须对所加工绑扎的钢筋按要求进行自检，自检合格后报质量管理部门专职钢筋检查人员检查合格后方能进行下道工序作业。

主要步骤为：钢筋加工、底模维修→运输、绑扎梁体主筋→安装侧模、端模→绑扎面筋。钢筋的加工绑扎及操作要点和其他图号预制T梁相似，钢筋加工设备及操作要点在此略去。

5.2.2　预留孔道与拔管

"通桥(2005)2201"后张法预应力简支T型梁预应力管道采用橡胶抽拔管成孔。

(1)制孔橡胶抽拔管

①规格：纵向预应力孔道成型采用内径为ϕ30 mm、外径分别为ϕ80 mm、ϕ90 mm两种的高压橡胶抽拔管成孔，横向采用外径为ϕ60 mm金属波纹管成孔。

②外观质量

橡胶管应无表面裂口、表面热胶粒、胶层海绵；

胶层气泡、表面杂质痕迹长度不应大于3 mm、深度不应大于1.5 mm，且每米不多于一处；

内外径偏差0～+5 mm；不圆率应小于20%。

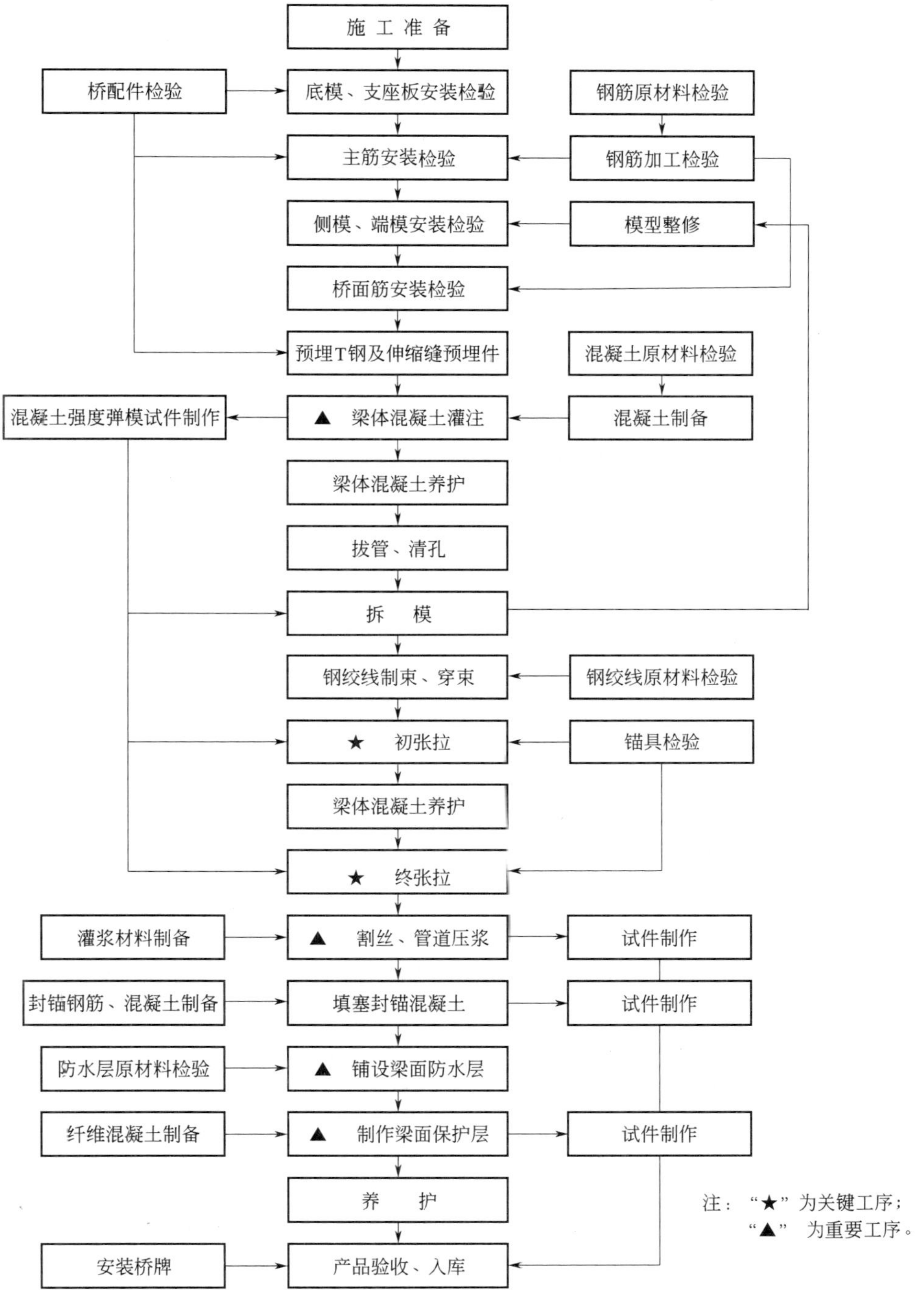

图2 时速200 km客货共线铁路预制后张法简支T梁预制工艺流程

③技术性能

硬度(邵氏A型)为65±5；

单根破断拉力不得小于7.5 kN；

拉伸强度不小于12 MPa，扯断伸长率不小于350%，300%定伸强度不小于6 MPa。

(2)管道形成

纵向制孔橡胶管的定位采用定位网工艺施工。

①管道定位网片应按设计图采用胎膜制作，安装间距满足设计要求。应确保证管道平顺、定位准确、绑扎牢固，并保证浇筑混凝土时管道不上浮及旁移，端模板处管道不得下垂。

②制孔橡胶管在跨中采用内径为较橡胶管直径大 1 mm、厚度为 0.5 mm、长度为 300 mm 的短铁皮管套接，套接外须用塑料布缠紧，并用扎丝绑牢，以防止水泥浆进入管道内部。两根橡胶管在跨中必须对接，其间隙不得大于 3 mm。

③在形成管道时应在制孔橡胶管全段范围内穿入钢绞线作为芯棒。芯棒及伸出梁端的制孔橡胶管应加以支撑，以确保预留管道轴线与梁端锚垫板面垂直。

(3)拔管

①拔管时间。拔管时间与混凝土强度及气温有关。拔管过早则混凝土容易塌陷或造成孔道变形，拔管过晚则可能拨断胶管，因此抽拔管应在混凝土初凝之后、终凝之前进行。一般以混凝土抗压强度达 5～8 MPa 时抽拔为宜，拔管时应用手触压检查桥面混凝土强度，若不留凹坑即可开始抽拔胶管。抽拔胶管应先试拔，即胶管拔出后孔道壁光滑，孔道内无落砂或残渣，孔道不发生变形及塌陷现象，胶管上不附着水泥浆则可，否则应延长拔管时间。

②拔管顺序。先拔芯棒，后拔胶管；先拔下层胶管，后拔上层胶管；先拔灌梁的起始端，后拔灌梁结束端。

③拔管方法。采用卷扬机抽拔。胶管端部系钢丝绳的部位应包裹麻袋片，防止钢丝绳损伤胶管。同时应避免在管道端部的胶管部位系钢丝绳，每次拔管数量不得超过 2 根。

若采用蒸汽养护时，拔管后应及时将蒸养篷布遮盖严实。

④孔道检查及问题处理。胶管拔出后，应立即用直径比胶管外径小 5 mm 的橄榄形检孔器进行孔道通过检查，并趁混凝土强度尚不太高时进行扩孔处理。若胶管被拔断，可用烧红的铁钩插入残留胶管内并立即灌水冷却，然后拉拔。若胶管被拔断，也可找准部位，凿开混凝土进行处理。

⑤制孔橡胶管的检查与清理。

a. 由于制孔橡胶管拔断后处理非常困难，因而胶管安装前和拔出后均应进行检查，若有直径小于预留孔道 2 mm、脱胶或有表面横向深于 1 mm 的裂纹不得使用。

b. 确定不能使用的橡胶管应清理出场，避免混用；可以使用的胶管应堆码整齐。

c. 系钢丝绳的一端用红油漆打上明显标记以免出错。

5.2.3 钢配件工装

(1)桥梁钢配件制作前先针对不同配件的特点，制作相应精度要求的胎膜卡具及工装。

(2)胎膜卡具技术图纸，必须符合技术要求，满足精度，经总工程师审批签字后，方能制造加工。

(3)胎膜卡具必须由质量管理部建帐、建卡、统一管理，凡使用的胎膜卡具必须经校准合格后，才能使用。

(4)加强胎膜卡具的使用管理，保持其应有的精度，可靠性，使用时应轻拿轻放，严禁碰撞和乱放。使用完毕应擦干净，定时润滑，妥善放置，严禁受潮锈蚀。

(5)对暂时不使用的胎膜卡具应封存，每年清洗擦油一次。

(6)使用中的胎膜卡具经校核确认精度下降、变形、无法修复的应作报废处理。凡报废的胎膜卡具由质量管理部下发通知，物资部收回，不得乱丢或自行处理。

(7)各类桥配件必须先进行试生产，样品合格后方批量生产。除保证设计尺寸外，还需防止焊接变形，重点控制支座板加工精度。

5.2.4　桥配件渗锌

桥配件渗锌工艺应满足设计要求和《钢铁制件粉末渗锌》(JB/T 5067—1999)技术要求。

(1)待渗件材料的力学性能在经历渗锌加热过程后仍能达到原设计指标的要求。

(2)待渗件表面应无残留焊渣、型砂、积碳和严重油污等。

(3)经目测渗锌层表面应平整、均匀,允许有轻微的擦伤,待渗件自身存在的砂眼、夹渣等引起的渗锌层表面不均匀不应视为外观缺陷。

(4)渗锌层呈灰色或银灰色。

(5)渗锌层与基体应结合良好,不得起皮、脱落,并能承受制件规范条件下的操作。

(6)渗锌层应均匀,同一个制件的渗锌层厚度偏差不应大于该件渗锌层平均厚度的10%。

(7)渗锌后可选用抛光、钝化、磷化、有机涂层等后处理,以改善渗锌制件的外观或进一步提高渗锌层的耐腐蚀性能。

5.2.5　模型工程

(1)模型构造

制梁模板采用钢模,钢模板由侧模、底模、端模、拉杆及联结件组成,侧模上安装附着式振动器。

侧模:侧模采用非固定形式,由5 t龙门吊安装就位,模型采用双槽钢骨架、8 mm面板组合而成,每4 m一节,面板采用底面焊接,顶面打磨的加工方法,以保证模型表面的平整;由于通桥2005(2201)系列梁预埋件多,除传统梁梳子铁预埋件,泄水孔预埋件外,该系列梁增加了翼缘板断缝(边梁),梁端伸缩缝预埋件,T钢预埋件。预埋件均采用梁体预埋方式,待混凝土初凝后拔出,预埋断缝模型图式如图3所示。

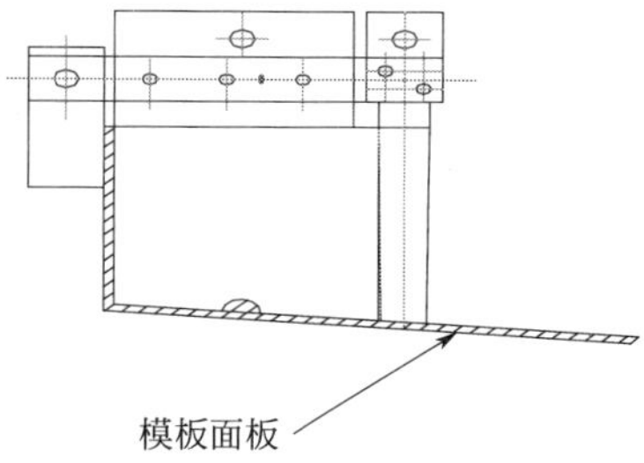

图3　预埋断缝模型图

底模:底模采用双槽钢组合梁、槽钢肋,20 mm(端节)及10 mm面板分节加工而成。由于采用移梁小车移梁方法,每套底模梁端设置2处活动节以满足梁体的横移,活动节及支撑图示如下。制梁台座施工完毕后即可安装底模。从中部向两端安装,根据预留反拱值设置反拱。底模两端支座板要设置精确,以保证支座板的准确位置。

端模:端模采用14#工字钢、10 mm面板组合而成。端模安装的要领是保证端模中线和底模中线重合以及保证梁体高度和设计垂直度。端模与底模、侧模采用螺栓连接。

(2)主要施工方法

①模型安装前的检查准备工作。模型安装前,应检查模型板面是否平整、光洁、有无凹凸变形,并清除模板上的灰砟和端模管道孔内的杂物;检查震动器支架及模板焊缝处是否有开裂破损,如有,均应及时补焊、整修合格;检查端模上预埋锚垫板是否安装齐全、牢固、准确,桥牌预埋螺帽是否安装合格,预埋角钢及伸缩缝位置、数量是否正确,检查桥梁支座板位置是否正确,有无位移、偏斜现象;模板与混凝土接触面上应涂脱模剂,脱模剂采用专用脱模剂,严禁使用废机油、废柴油混和物作脱模剂。涂刷脱模剂时应注意油量少而均匀,做到不漏涂而板面又不积聚;检查吊装模型所需用的吊具、穿销、钢丝绳是否安全、齐备;检查模型安装时所需的各类联接件、紧固件是否齐全。

②底模安装。新制底模在制梁台座强度达到要求后即可进行安装,按照预留反拱抄平,先点焊使之与台座预埋的工字钢临时固定,安装检查全部符合规定要求后再进行全面焊接。底模预留反拱值按二次抛物线设置,底模顶面形成的二次抛物线应光滑、不得呈波浪形。

③端、侧模型安装

立模程序：立端模(梁体骨架钢筋绑扎完毕和预留芯管已安装，检验合格后)→侧模→端模校正→侧模校正→桥面挡砟墙、端边墙、预埋角钢、伸缩缝模板等→穿抽拔管芯棒。

吊装端模程序：清模→涂脱模剂→安装锚垫板→吊端模支承在台座端头混凝土底板→穿入抽拔管→端模就位→端模校正。

a. 安装锚垫板：压浆孔方向朝上，并在压浆孔中塞入泡沫以防止水泥浆进入压浆孔。锚固螺栓须安装齐全、牢固。

b. 端模就位：用 5 t 龙门吊将端模稍起离底板约 20 cm，向跨中方向走动，并借助撬棍将端模下边脚贴靠底模端面，校直锚垫板处的抽拔管后下落，使端模支承于底模上，打入铁楔，使之处于底模端头画线处，且保证端模中心线与底模中心线重合。

④吊装侧模程序

a. 施工准备：安装侧模前应完成侧模的清砟、涂脱模剂，清理各种配件、联接件、紧固件，架立元宝垫。

b. 侧模吊装顺序采用侧立法，边梁模型：外侧端扇→外侧中扇→按序逐扇吊装→外侧另端端扇；内侧端扇→内侧中扇→按序逐扇吊装→内侧另端端扇；中梁模型：高侧端扇→高侧中扇→按序逐扇吊装→高侧另端端扇；低侧端扇→低侧中扇→按序逐扇吊装→低侧另端端扇。

横向张拉锚垫板及成孔管安装：横向张拉锚垫板安装固定于边梁外侧模板，并将灌浆孔向上。横向成孔管采用抽拔管。先用泡沫将锚垫板上压浆孔塞紧，抽拔管与锚垫板紧贴后，用透明胶将抽拔管与锚垫板缠在一起，以防止水泥浆进入锚垫板。抽拔管就位后，穿入芯棒，芯棒的长度须每端伸出抽拔管 150 mm，以防止混凝土在灌注过程中引起管道变形弯曲。

横向张拉孔定位板安装：定位板定位标记与模型上定位标记重合。紧固螺拴，检查定位板与钢模是否密贴，如缝隙过大，应用泡沫塞紧，以防止漏浆。

将隔墙处横向联结钢筋穿过定位板，露出定位板的钢筋数量必须准确，外露长度正确，保证钢筋间距均匀、顺直，用泡沫塞紧定位板与横向联结钢筋孔间隙，防止水泥浆沿横向联结钢筋流出。

(3)模型校正

端模校正：

①端模横向校正：从端模顶部中心线点吊线锤，采用撬棍或千斤顶进行调节，使端模中心线与底模中心线吻合；

②端模纵向倾斜：倾斜度可采用水平尺测量，用撬棍或千斤顶进行调节，调节好后应检查内外侧两端模间的距离。

(4)侧模校正

两头端模校正完毕后，将两块端扇模板的第一根水平拉杆上紧；从两端模顶部梁体中心线点拉线，拉紧，从一端向另一端逐扇测量首尾立柱处中心线至内、外边墙的距离；用样杆一端靠紧模板，与模板垂直，一端与中线靠齐，检查中线是否与样杆上的刻度重合。如有超限处，则根据超限大小和方向，采用模板两侧斜拉杆进行调整，同时检查相邻侧模间有无错台现象。已校正的模板应将所有紧固件再次检查、紧固(包括斜撑、铁楔子、联结螺栓等)。校正完毕后，进行桥面钢筋的绑扎、安装配件等。完毕后对桥面宽度、中线偏离设计位置等进行复尺检查。

(5)桥面模型安装

内、外侧模型复尺校正后，即可安装端边墙摸板、泄水孔成孔模具、伸缩缝预埋件、挡砟墙断缝模具、T 型钢等模具。

5.2.6 混凝土工程

(1)原材料选择

水泥、粉煤灰、矿渣粉、砂、石、和外加剂均按《客运专线高性能混凝土暂行技术条件》、铁建设(2005)157 号《铁路混凝土结构耐久性设计暂行规定》、《预制后张法预应力混凝土铁路桥简支 T 梁技术条件》(TB/T 3043—2005)、规定的试验方法进行了测试,试验结果评价:所选用的水泥、粉煤灰、矿渣粉、砂、石及外加剂按规定的试验方法进行检验,其性能和品质试验结果符合相应规定。

(2)混凝土配置原则

胶凝材料用量:胶凝材料总量不应超过 500 kg/m^3。

矿物掺合料掺量:采用单掺粉煤灰技术或采用矿渣粉与粉煤灰复掺技术时,单掺粉煤灰的掺量均不宜大于 25%。

水胶比:不大于 0.35。

坍落度及其经时损失:由于采用在预制场内输送泵和料斗入模浇灌的生产工艺,一般按入模坍落度不小于 120 mm 进行控制。混凝土出机至入模间的时间间隔一般会导致混凝土坍落度有一定程度的损失,因此混凝土的出机坍落度一般宜按(160±20) mm(斗送混凝土)或(180±20) mm(泵送混凝土)进行控制,30 min 静置坍落度损失控制一般不超过 60 mm,最大不超过 80 mm。

含气量:混凝土应具有 F200 的抗冻性,因此混凝土应适量引入微气泡,新拌混凝土的含气量宜控制为 3%~4%,具体的控制值应根据硬化混凝土的抗冻性试验结果进行确定。

泌水率:混凝土入模后不得泌水。在配合比试配过程中可按 30 min 的工序间隔进行控制,即将混凝土静置 30 min 后复测试其泌水率。

预防碱—骨料反应:不应使用碱—碳酸反应的活性骨料,碱—硅酸反应快速砂浆棒膨胀率≤0.10%,水泥碱含量≤0.6%。

抗氯离子渗透(电通量):混凝土的 56 d 龄期电通量应不大于 1 000 库仑。

抗冻性:$P\geqslant 60\%$,$W\geqslant 95\%$。

抗渗性:混凝土的抗渗等级 $P\geqslant 20$。

耐腐蚀性:符合(GB/T 2420—1981)($K\geqslant 1.0$)设计要求。

(3)混凝土搅拌。混凝土搅拌采用 60 拌和站搅拌混凝土,电子计量系统计量原材料,总搅拌时间为 90~180 s,保证混凝土必须搅拌均匀,颜色一致。在混凝土拌制速度和灌注过程中,需密切配合拌制和灌注速度,避免灌注工作因故障停顿而使机内储存混凝土。如因故障灌梁中断,常温下混凝土滞留在搅拌机内的时限(初凝时间)一般不宜超过 60 min(夏季高温季节不得超过 45 min)。

(4)混凝土灌注与捣固

每次四个制梁台座一次灌注,灌注采用二台搅拌站,二台输送泵,二台布料杆从两端向中间以水平分层左右对称方式一次灌注成型。混凝土浇筑采用斜向分段、水平分层的方式连续浇筑。灌注梁体下翼缘和腹板混凝土采用斜向分段水平分层法从一端向另一端连续灌注。其工艺斜度以 30°~45°为宜,水平分层灌注厚度不得大于 300 mm,先后两层混凝土灌注间隔时间,在常温下不宜超过 60 min 或根据试验混凝土初凝的时间确定。

泵送时输送管路尽量减少弯管,起始水平段长度要求 15 m 以上,。输送管路用支架、吊具牢固固定,且不得与模板或钢筋直接接触。泵送过程中,混凝土拌和物始终连续输送。高温或低温环境下输送管路分别采用湿帘或保温材料覆盖。

梁体腹板混凝土采用震动器与插入式捣固棒相配合的振捣方式，其中侧振为主，在混凝土灌注点前后 4 m 必须上、下、前、后同时开启震动器以保证混凝土密实且不离析。一般混凝土振动时间为 1～2 min。以混凝土不再下沉，不出现气泡，表面泛浆为度。

插入式捣固棒只是配合侧振进行振捣，只能用于没有橡胶管的梁体部位，如腹板上部、隔板，严禁将捣固棒插入胶管部位震动，也不得将捣固棒靠在钢筋上震动，以免钢筋，胶管、预埋件位移或变形。捣固棒上应设有用于梁体各部振捣时插入深度的警界标示。

梁体腹板灌注到一段长度后（视气温和灌注速度而定），即可从原开始端向另一端灌注桥面。灌注桥面混凝土，从开始端桥面倾倒的混凝土开启震动器，同时人工先给端墙装入适量的混凝土，依次是挡砟墙、端边墙。再用插入式捣固捧插震各个部位，操作插入式捣固棒要做到快插慢拔，一般插点距离约 50 cm，每点振动时间约 30～60 s，确保振动密实。

5.2.7 张拉工艺

(1)准备工作

预应力钢绞线进场后应对每批号取样，在弹性模量和力学性能试验合格后方可使用。实测弹性模量要在施工记录上标明。预应力锚具、夹具和联结器进场后，应按批次和数量抽样检验外形外观和锚具组装件静力检验，并符合 GB/T 14370—2000 的规定。由于本工序为特殊工序，所有操作人员应持征上岗。在张拉前确认以下事宜：

①锚具按规定检验合格；

②预应力钢绞线有技术合格证并经复验确认合格；

③千斤顶和油压表均已校正并在有效期内；

④确认孔道已通过检孔器检查，钢绞线束数与孔道设计相符，各束顺直不绞缠，两端外露长度一致；

⑤检查孔道有无窜孔漏浆，确认梁体内孔道积水和污物已被清除；

⑥张拉前梁体混凝土强度、弹性模量控制；

⑦预加应力前须将桥面及挡砟墙断缝内填充物剔除。

(2)预应力张拉条件。

①初张拉：梁体混凝土强度达到 33.5 MPa 时，方可进行初张拉；

②终张拉；

a. 同一孔中两片梁终张拉时，混凝土龄期差不宜超过 5 d，预施应力时间差不宜超过 5 d；

b. 张拉前实施混凝土强度、弹性模量、混凝土龄期“三控”：即张拉前梁体混凝土强度及弹性模量均应达到设计要求，且龄期不少于 14 d；

c. 张拉中实施张拉应力、应变、时间“三控”：即张拉时以油压表读数为主、以钢绞线的伸长值作校核，在 σ_k 作用下持荷 2 min；

d.“通桥(2005)2201”32 m、24 m 梁终张拉的混凝土强度应达到规范要求后方可进行；

e. 梁体混凝土有较大缺陷者，应在预施应力前修补并达到规定强度后才可预施应力；

f. 梁体混凝土表面有轻微缺陷或非预施应力部分的缺陷(如横隔板、挡砟墙等)，允许在预施应力后进行修补处理；

g. 梁两支座处和台座间空隙用硬木楔垫实，以保证梁体张拉后台座和底梁受力均匀以及梁体的稳定；

h. 锚具安装前应将锚垫板上的灰浆清除干净，检查管道是否偏心，若偏心则必须扩孔，并检查孔道轴线与锚垫板平面是否垂直。穿上钢束后应再次核对钢束根数；

i. 预制梁试生产期间，应至少对两孔梁体进行各种预应力瞬时损失测试，确定预应力的实际损失，必要时请设计方对张拉控制应力进行调整。正常生产后每100孔进行一次损失测试。需测试的各项瞬时损失有：管道摩阻、锚口摩阻、锚垫板喇叭口摩阻、锚具回缩损失等。

(3)预施应力工艺

①初张拉：0→初应力0.2 σ_k(作伸长值标记)→张拉至设计要求的控制应力(测伸长值)→回油(测量总回缩量)；

②终张拉：0→初应力0.2 σ_k(作伸长值标记)→1.0 σ_k(测伸长值、持荷2 min)→回油、夹片自行锚固(测量总回缩量、测夹片外露量)；

③经初张拉过的钢绞线张拉：0→初张拉控制应力(作伸长值标记)→1.0 σ_k(测伸长值、持荷2 min)→回油、夹片自行锚固(测量总回缩量、测夹片外露量)。

(4)操作工艺要求

①安放锚板，把夹片装入锚板，再将短钢管套在钢绞线上；

②沿着钢绞线把夹片敲击整齐，然后装入限位板；

③用手拉链条葫芦吊装千斤顶，使之与孔道中心对位。安装工具锚，夹紧钢绞线，务必使钢绞线顺直无扭结；

④千斤顶缓慢进油至初始油压，在此过程中要调整千斤顶位置，使千斤顶与锚具对中，管道、锚具、千斤顶三者同心；

⑤两端同时对千斤顶主缸充油，加载至钢束的初始应力0.2 σ_k，测量千斤顶主缸伸长量，作为测量钢绞线伸长值的起点；

⑥采用梁体两端张拉千斤顶同时分级加载办法进行。应两端同步张拉，保持千斤顶升、降压速度相近，使两端同时达到同一荷载值。每次加载应报与另一端操作人员，以保证其同步张拉；

⑦张拉至钢束设计控制应力，持荷2 min，在持荷状态下，如发现油压下降，应立即补至张拉控制应力；

⑧测量钢束伸长值，检查两端钢束伸长值之总和及其偏差是否在规定范围的±6%以内，若超出规定允许范围，应查明原因后重新张拉；

⑨千斤顶回油，测钢束总回缩量和测夹片外露量有无超标。若超出规定允许范围，应查明原因后重新张拉；

⑩在整个张拉过程中，要认真检查有无滑丝、断丝现象。滑丝、断丝现象如果发生在锚固前，应立即停止张拉，处理后再重拉。如果发生在割丝后，可用气割设备缓慢加热切割一端锚垫板，然后换束重拉；

⑪终张拉完成后，在锚圈口处的钢束做上记号，24 h后检查确认无滑丝、断丝现象方可割束，切断处距夹片尾3～4 cm。钢束切割应采用角磨机作业，严禁使用氧焰切割；

⑫终张拉完成后，应及时测量梁体上拱值和弹性压缩值；

⑬张拉完毕，应填写张拉记录，有关人员签字，原始记录不得任意涂改，并及时将记录交工程部。

5.2.8 压浆封锚工艺

(1)管道压浆

梁体终拉完成后，应在48 h内进行管道压浆。管道压浆采用真空辅助压浆工艺，灌浆材料为高性能无收缩防腐灌浆剂。

①工艺流程。清除管道内杂物及积水→用水泥砂浆密封锚具→清理锚垫板上的灌浆孔→确定抽真空端及灌浆端，安装引出管、真空罩和接头→搅拌水泥浆→抽真空→灌浆泵压浆→出浆稠度与灌入的浆体相同时，关闭抽真空端阀门→灌浆泵保压→关闭灌浆泵→拆卸灌浆泵、外接管路→拆卸并清洗真空罩及堵阀；

②压浆工艺

a. 确定抽吸真空端及压浆端，在两端锚座上安装真空罩、压浆管和接头。检查并确认所有阀门能安全开启及关闭；

b. 将接驳在真空泵上的三向阀的上端出口用透明喉管连接到抽真空端的接头上。用真空泵吸真空，开启出浆端接在接驳管上的阀门，关闭入浆端的阀门。抽吸真空度达到－0.06～－0.1 MPa 并保持稳定，停泵 1 min，若压力表能保持不变即可认为孔道能达到并维持真空；

c. 启动电机使搅拌机运转，然后加水，再缓慢均匀地加入灌浆剂（不得整袋一下倒入，更不能将灌浆剂袋掉入搅拌筒内）。拌和时间不少于 2 min，然后将调好的灌浆剂放入下层压浆罐，下层压浆罐灌浆剂进口处应设过滤网，滤去杂物以防止堵塞管道，过滤网孔格不大于 2.5 mm×2.5 mm；

d. 启动灌浆泵，开始灌浆。灌浆时按先下后上的顺序压浆（真空泵仍保持连续作业），即由一端压入灌浆剂，待抽真空端的透明网纹管中有浆体经过时，关闭空气滤清器前端的阀门，稍候打开排气阀直至水泥浆顺畅流出。当另一端溢出的稀浆变浓（与灌入的浆体相同时）之后，封闭出浆口，继续压浆使压力达到 0.5～0.6 MPa，持压 2 min 且无漏浆情况时，关闭进浆阀门卸下输浆胶管；

e. 浆体初凝后（具体时间根据气温由试验确定），拆卸并清理安装在压浆端及出浆端的球阀，彻底冲洗压浆设备及工具。

③压浆要求及注意事项

a. 灌浆剂搅拌好后应尽快压入孔道，置于贮浆罐的浆体应连续搅拌，自搅拌至压入孔道的间隔时间不应超过 40 min。同一孔管道压浆应连续进行，一次完成。若因故障中途停顿时间超过 20 min，必须将已压入管道内的水泥浆全部用清水冲去，然后重压。孔道压灌浆顺序应先下后上，依次进行；

b. 夏季施工时浆体温度不宜高于 30 ℃，夏季施工应采取降温措施（降水温），同时尽量安排在早晚压浆；

c. 冬季压浆时应掺加防冻剂，掺量由试验确定。采取加热措施并使浆体温度为 10 ℃～20 ℃，压浆过程中及压浆后 48 h 内，梁体混凝土温度不应低于 5 ℃，否则应采取保温措施；

d. 输浆管不宜过长，长度大于 20 m 时，压力应提高 0.1 MPa；

e. 管道压浆应饱满密实，对密实度有怀疑时应凿孔检查，如有不实应改进工艺；

f. 试开阀门，如无灌浆剂反溢现象，则拆卸压浆扣碗和联接管，联接阀。拆卸压浆阀时间应视季节和气温而定，不宜过早。

(2)封锚

封锚采用强度等级不低于梁体等级的无收缩混凝土进行填塞。

①工艺流程。锚具穴槽表面凿毛处理→锚具防水处理→安装封锚钢筋→填塞混凝土→养护→对新旧混凝土结合部进行防水处理。

②封锚前，应对锚具穴槽表面进行凿毛（宜在梁端钢模拆卸后立即进行）处理，并将灰、杂

物以及支承板上浮浆清除干净。然后在纵、横向预应力筋锚具及与锚垫板接触处四周采用非黑色的881-1型聚氨酯防水涂料进行防水处理。安装封锚钢筋后，采用低流动度的C55无收缩混凝土对锚具进行填塞。填塞混凝土应分层筑实，表面平整。混凝土凝固后，采用保湿养护，在封堵混凝土四周、长方边处不得有收缩裂纹。最后，对新旧混凝土结合部采用聚氨酯防水涂料进行防水处理。

③为使封锚钢筋网的位置准确、牢固，可将部分钢筋攻丝与锚垫板上的眼孔连接，连接时只能采用绑扎加固的方式，严禁将钢筋网点焊在锚垫板上。

④封锴后，须校核梁体全长，其长度偏差应符合规定。

⑤施工完毕，应填写封锚记录(包括养护记录)。

⑥为保证新老混凝土有效结合，减少裂缝的产生，封锚作业前应用清水清洗润湿锚穴混凝土表面，确保锚穴混凝土的湿润及清洁，封锚作业完毕后，应用塑料薄膜覆盖养护。

5.2.9 *桥面防水层与保护层工艺*

桥面防水层、保护层采用架梁前部分制作的方式施工(湿接缝处防水层、保护层在梁体架设后施工)。

(1)混凝土基层面的验收

①防水层施工前应先对基层面进行验收，基层应作到平整、无尖锐异物，不起砂、不起皮及无凹凸不平现象，平整度的要求：用1 m长靠尺测量，空隙不大于3 mm，空隙只允许平缓变化，每米不应超过一处；

②桥面基层无浮渣、浮灰、油污等，同时挡砟墙根部应无蜂窝、麻面；

③采用水泥基粘结剂，应对基层进行湿润检查，如太干燥应对基层进行表面湿润，如遇雨季施工，只要雨停表面无积水即可施工。

(2)防水卷材的铺贴

①备好防水卷材、粘结剂、圆形拌和桶、220 V电源、手提式搅拌机、量具、剪刀及刮板等。

②粘结剂的配制。

a. 水泥基胶粘剂的配制。水泥基胶粘剂的配比：水泥100 kg、水30 kg、专用胶粉120 g，增强剂800 g。

配制方法：先将胶粉倒入清水内搅拌约5～8 min，再加入增强剂搅拌约2 min，再加入水泥搅拌约10 min即可使用。对配制好的水泥基胶应在4 h内使用完，超过4 h禁止使用。

b. 聚氨酯防水涂料的配制。防水涂料由甲、乙两种组分组成，使用时必须按产品使用说明进行配比，每种组分的称量误差不得大于±2%，配制时按照先主剂、后固化剂的顺序将液体倒入容器，并充分搅拌使其混合均匀，搅拌时间3～5 min。

③防水卷材铺贴应按水流方向，从低到高，从下到上，挡砟墙根部及泄水管处应先做防水附加层，附加层卷材厚度不小于0.5 mm(不含无纺布)。

④铺贴防水卷材时，粘结剂应做到涂刮均匀，厚度应控制在1.2～1.5 mm。搭接处两层防水卷材之间的粘结剂厚度不得小于1 mm。

⑤防水卷材铺贴时，应边涂粘结剂边铺贴卷材，同时用橡皮刮板在卷材上部来回刮实。严禁有起鼓，起泡等现象，卷材铺贴应做到平直，卷材的搭接应用聚氨脂防水涂料或水泥基胶粘剂进行密封。

⑥防水层完工后，在胶粘材料固化前不得在其上行走或进行后道工序作业。

⑦预制梁顶横向应采用整幅卷材，当梁的跨度大于16 m时，允许防水卷材纵向搭接一

次，搭接宽度不得小于 120 mm；单线桥台采用两幅卷材，双线桥台采用四幅卷材，横向搭接宽度不得小于 100 mm。

⑧质量检查。对铺贴的防水卷材应及时进行质量跟踪检查，可用肉眼观察其是否有空鼓、起泡、翘边等现象，如出现空鼓、起泡等现象应及时进行补救处理。每 300～500 m^2，应做一次防水层与混凝土基层的剥离强度试验，保证防水层与梁体的粘结牢固。

⑨铺贴防水卷材气温不得高于 35 ℃，不得低于 5 ℃，超出其温度范围应采用相应措施。

(3)桥面保护层

桥面保护层采用 C40 聚丙烯纤维混凝土。

①准备工作。桥面保护层施工应在防水层铺设完成 24 h 后进行；制作保护层前，将泻水管模具装入泄水孔内，用泡沫或水泥袋纸塞紧缝隙，以免混凝土堵塞泄水孔；制作保护层时，施工用具、材料必须轻吊轻放，严禁损坏已铺设好的防水层。

②聚丙烯纤维网细石混凝土的拌制。将聚丙烯纤维网与石子(粒径为 5～10 mm)、砂、水泥、减水剂按配比要求倒入搅拌机中预先搅拌，然后加水拌和。搅拌时间为 2～4 min，控制坍落度为 140～180 mm；将混合均匀的纤维网混凝土均匀铺在梁体防水层上，然后用平板震动器捣实，在拉动平板震动器时速度应尽量缓慢，混凝土的震捣时间不小于 20 s，直至无可见的空洞为止，有利于纤维网的三维分布。

③在桥面纵向每隔 4 m 作一宽约 10 mm，深约 20 mm 的横向断缝。纤维网混凝土的厚度应控制在 30～37 mm。

④保护层浇筑结束后 1～2 h，将泄水管内钢管模具取出。

⑤纤维网混凝土面层作好后，应采取保水养护措施，避免失水太快。

⑥冬期施工时，应在混凝土中加入适量的防冻剂。

⑦当保护层混凝土强度达到设计强度的 50%以上时，用聚氨酯防水涂料将断缝填实、填满。同时用防水涂料对泄水孔壁混凝土表面进行防水封边处理，对端边墙和内边墙与防水层结合部采用防水涂料进行封边处理，并不得污染保护层及梁体。

⑧尽量避开夏季中午高温时间施工保护层，并不得冒雨进行保护层施工。

⑨混凝土面浇筑完成后，应采用必要的保水养护措施，避免失水太快。自然养护时，桥面应采用草袋或麻袋覆盖，并在其上覆盖塑料薄膜，桥面混凝土洒水次数应能保持表面充分潮湿。

5.2.10 桥梁的储存、搬运工艺

(1)顶梁和落梁

①桥梁在顶梁、存梁和运输施工中应符合表 1 规定。

表 1 顶梁、存梁和运输规定

序号	图　　号	梁型	支点距梁端最大距离(m)			备注
			存梁	运梁	架梁	
1	通桥(2005)2201－Ⅰ	32 m 梁	3.0	3.5	3.7	
2	通桥(2005)2201－Ⅱ	24 m 梁	2.4	3.5	3.7	
3	通桥(2005)2201－Ⅲ	20 m 梁	2.3	2.9	3.0	
4	通桥(2005)2201－Ⅳ	16 m 梁	2.0	2.4	2.6	

②顶落梁采用液压千斤顶为 QYL8001 立式油压千斤顶(80 t，行程 170 mm)，每端两台共 4 台，另 2 台作为备用千斤顶，其标记载重量选在实际受载量 1.5 倍以上。

③在顶梁作业过程中应防止发生以下事故：

a. 起落顶过程中桥梁偏斜或翻倒；

b. 桥梁在千斤顶顶面突然滑动；

c. 梁被顶裂；

d. 千斤顶底部的支托结构受压损坏。

④顶落梁施顶位置必须符合以下规定：

a. 梁梗纵向：施顶中心至梁端的距离不应小于支座中心至梁端的距离并不得大于设计允许的悬臂长度；

b. 梁梗横向：两个同类型的千斤顶应在桥梁重心线两边等距支放，千斤顶头部外缘距梁梗混凝土外缘应保持 100 mm 以上的距离；

c. 应注意距梁端的最小顶距不得小于 300 mm；

d. 横隔板处不得施顶。

⑤顶落梁时千斤顶头部应垫有扩大传力面积的支垫(长×宽：300 mm×300 mm，δ16 钢板)，混凝土与钢板、钢板与钢板之间应放置木片或麻袋片等防止互相滑动。

⑥顶梁程序

a. 在顶梁作业前应做好相应的准备工作。首先在梁体两侧打好撑梁木和钢撑杆，在顶梁施工中作为梁体平衡的辅助工具，以防梁体在起落顶过程中偏斜或翻倒。顶梁时千斤顶头部应垫有扩大传力面积的支垫(如钢板等)，混凝土与钢板、钢板与钢板之间放置 5 cm 厚的橡胶支垫等防止互相滑动。千斤顶底座通过钢板、垫木放在混凝土基础上。将备用千斤顶置于作业场地附近，以防作业千斤顶受压损坏而用来顶替。在梁底两侧备放置备用保险用木板。在梁体的端头上挂垂线，用来观测梁体在顶梁时的偏向。

b. 千斤顶安装好后，开始顶梁。顶梁过程中，两端应相互照应，必须两端交替进行，严禁同时起落。撑梁木在施顶时随时跟进，顶起梁体后，立即用杂木板将梁体与制梁底模或存梁台座的空隙垫实。同时将撑梁木撑紧。

c. 梁体两端高差不宜过大，每次交替顶梁高度不应超过 2 cm，未施顶一端的全部重量应落在稳固的支垫结构上，缓缓顶升，当梁体两端都达到运梁台车作业高度时，停止顶梁，撑梁木立即跟进打好，并将用木板或铁板垫实梁体与制梁台座底模(存梁台座与梁体底面)间隙。

d. 观察梁体中线与偏移情况，确保梁体稳定后，将运梁台车滑到梁体下面，使台车中心线与梁体中心线在一条线上，预先在运梁台车上安放 5 cm 厚的杂木板，防止台车与梁体形成挤压，而破坏梁体。运梁台车安放好以后，立即在台车车轮前后用铁楔卡死。

⑦落梁程序

a. 当梁体横移至存梁位置时，观察梁体是否与走行线路垂直，存梁台座顶面是否水平，结实。立即用铁楔将运梁台车的车轮卡死，以防在落梁中，台车滑动而造成严重后果。同时在梁体两侧的下翼缘用撑梁木将梁体支撑稳固，确保梁体未倾斜，存梁台座顶面水平后，开始落梁。

b. 在梁体下落过程中，必须使两端交替下落，严禁同时落下，每次下落高度也不应超过 2 cm，加强梁体支护作业，尤其是撑梁木的支护，防止梁体落在存梁台上竖向不垂直，梁体倾斜，而造成反倒。

c. 落梁时用木板、木楔等调整间隙，使梁底与安全枕木垛间保持不超过 5～10 mm 的距离。作业人员同时观察梁体在下落时，铅垂的方向，发生偏移，要立即停止作业，并将梁体下的安全垫块及撑梁木撑好，进行调整梁体竖向方位，保证梁体垂直。

d. 在统一指挥下，使梁体缓慢落在存梁台座上。确定梁体在存梁台上安放稳妥，及时在梁体两端打入直径为 150 mm 柱形撑梁木，在撑梁木顶端与梁体上翼缘根部及撑梁木与地面安装防滑木板或木楔，保证梁体稳固，撑梁木倾斜角度不能大于 60°，保持梁体平衡，将空隙立即用木楔打紧，防止突然事故发生。

e. 存梁台座在初次存梁时，工程部须动态观测存梁台座的沉降情况，同时，在梁体底面必须搭设安全枕木跺，防止地基沉降的不稳定造成梁体的倾斜。（见图 4）。

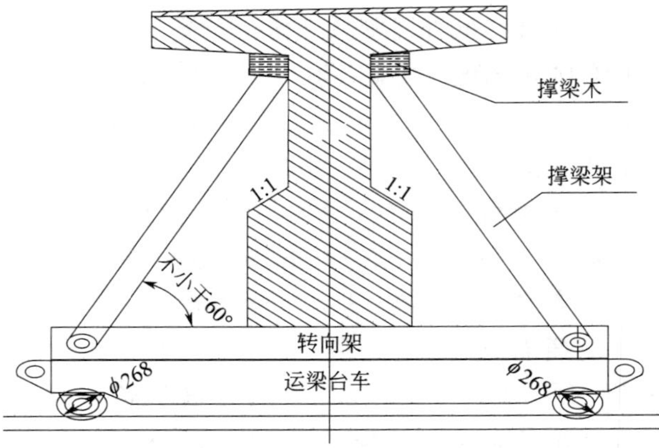

图 4　移梁台车上撑梁架示意图

⑧顶落梁作业时应遵守以下事项：

a. 两端交替进行，严禁同时起落。两端高差不宜过大，未施顶一端的全部重量应落在稳固的支垫结构上，同端千斤顶作业时保持同步；

b. 顶落梁时应设置保险枕木垛，紧随桥梁起落加高或降低。落梁时用木板、木楔等调整间隙，使梁底与垛间保持不超过 10～20 mm 的距离，顶梁时不允许留间隙。中途停止工作时，应将空隙立即用木楔打紧，防止突然事故发生；

c. 顶落梁时，应在梁两端的两侧用木撑支护并随梁的起落调整斜撑位置，确保梁体处于稳定状态，防止千斤顶偏斜，或受到意外撞击时突然翻倒；

d. 施顶人员应选择具有一定工作经验的人担任，操作要平稳，起落顶要缓慢，且随时都要注意千斤顶有无异常现象，防止因为千斤顶的问题而引起事故的发生；

e. 顶落梁时，梁体两端人员必须用对讲机沟通（专用频道），在施顶过程中，确保梁体两端的起落一致，防止梁体的偏移。

（2）横移梁

①在横移梁作业中，应防止以下情况的发生：

a. 桥梁在落放或移动过程中翻倒；

b. 移梁设备破损、滑道下沉、引起桥梁倾斜或溜动；

c. 梁体混凝土边缘受压破裂；

d. 移梁时方向掌握不好，就位困难等。

②横移采用滚移，由两套 80 t 移梁台车完成。

③移梁台车用的钢质须有充分的强度和刚度，且能可靠保证移梁稳定要求。

④移梁滑道须设在距梁端允许悬臂长度范围以内，滑道应与梁纵轴线垂直，滑道应水平，滑道轨宜用两根不小于 43 kg/m 的钢轨组成，为减少阻力，滑移梁时可在轨面涂刷黄油或废机油等。滑轨接头处，前端轨头在压重后不能低于后端未受压重的轨头。

⑤梁下落接近移梁托盘顶面时，应检查托盘是否与滑道上下相对，辊轴或滑块方向、位置等是否正确，发现问题应立即纠正。

⑥桥梁落实后应立即安好支护设施，然后移梁。

⑦在移梁过程中，须及时观测梁体的稳定、梁体两端走行速度，确保两端运梁台车走行速度应均匀一致，并注意调整桥梁的纵横向位置。

⑧移梁托盘前后均应备有止动木楔，桥梁停移时应立即塞紧。

⑨移梁操作时应避免突然制动和梁片之间碰撞，移动速度不宜太快且尽量减少急停急动。

⑩在移梁过程中，须及时观察移梁用牵引设备如电动葫芦、卷扬机或机械手的稳定情况，如在作业过程中，发现牵引设备松动或打滑，应及时停止作业，在运梁台车走行轨上安装好铁鞋，防止台车移动，查明牵引设备原因，改正后方能继续移梁。

⑪在横移梁过程，运梁车的牵引设备须同时启动或停止，同时，左右牵引设备操作人员应在指挥人员的统一协调下，及时调整台车的行使速度，避免走行的不均匀造成梁体的倾斜。

(3)捆梁

①在捆梁作业过程中应防止以下事故：

a. 捆梁位置和方式不符合要求，起吊时使桥梁断裂或产生裂纹；

b. 桥梁受挤压发生局部破损或变形；千斤绳突然滑动，部分钢丝被轧断；

c. 抛落千斤绳或工具材料滑落时，打伤梁下工作人员。

②捆梁千斤绳应采用 6×37+1 或 6×61+1 型交互捻制的钢丝绳，破断安全系数不得小于 10。

③吊梁应优先采用与梁型配套的专用工具(如吊梁框架)。

④进行捆梁作业时，须注意以下事项：

a. 千斤绳不得误用，各股千斤绳应受力均匀，没有绞花、两股互压现象；

b. 千斤绳每次均向同一方向弯折，避免受反复应力；

c. 千斤绳与桥梁底面转角接触处，必须安放护梁铁瓦以免混凝土被挤碎、千斤绳被害伤。千斤绳与混凝土面接触处如压力较大应垫木板以防挤伤混凝土，护梁铁瓦及其他支垫物应在开始受力时进行调整，使其支垫牢实，不致中途脱落；

d. 千斤绳应保持垂直，不得斜挂，并不应纵向或横向强力推动铁扁担就位挂千斤绳，以免吊起时发生剧烈摆动，或导致钢丝绳突然滑动割断钢丝，挤伤混凝土桥梁；

e. 当发现千斤绳有扭结、变形、断丝、锈蚀等异常现象时，应及时报废。对已报废的钢丝绳应作出明显标记，防止误用；

f. 超载使用过的钢丝绳，须通过破断拉力试验鉴定后方准降级使用，否则不得再度使用。超载与否，一般可检查外观是否有严重变形，结构破坏，纤维芯挤出和有明显的卷缩、聚堆等现象来判断；

g. 捆梁作业还应注意千斤绳的取挂方便和重叠作业中的人身安全等。

(4)吊梁

①在吊梁过程中应防止发生以下事故：

a. 龙门吊卷扬系统制动器失灵，桥梁向一端或一侧不停下落；

b. 滑轮无防止跳槽装置，钢丝绳发生跳槽后仍继续下落或提升；或者滑车组上升超过最大限度，导致部件轧伤或钢丝绳被绞断；

c. 起落梁时左右侧或前后端高差过大，以致梁体混凝土应力过大出现裂缝，或使吊具或铁扁担扭坏，并使各提升设备受力不均；

d. 钢丝绳在卷筒上混缠或钢丝绳固定端突然松脱；

e. 第二片梁下落时撞伤或碰动第一片梁；

f. 两端交替起吊，梁的一端起落过猛引起另一端支垫失稳；

g. 吊梁移动高度不够，撞碰台座上的梁或钢模，或前进方向的障碍物。

②卷扬起重钢丝绳应采用 6×37+1 或 6×61+1 型交互捻制钢丝绳，其安全系数不得小

于6；

③采用吊梁架吊梁时，吊梁架和下横梁上应垫以木板(或厚胶垫)以防滑动；

④起吊桥梁时应注意保持左右两侧龙门吊卷扬机升降速度一致、受力均匀。同时应注意钢丝绳有无跳槽和护梁铁瓦有无窜动脱落情况；

⑤吊梁脱空前，两端不得同时起吊。桥梁吊离支撑面20～30 mm时，应暂停起吊，对各重要受力部位和关键处所进行观察，确认没有问题时才能继续起吊。落位时也不得两端同时落位；

⑥桥梁起落过程中应保持水平，横向倾斜最大不应超过2%；

⑦桥梁的重心线必须与吊梁架的重心线相重合；

⑧吊梁架与桥梁大小面之间应衬以木垫块，支垫高度是当桥梁起吊刚刚脱空时，两侧刚好卡紧为宜；

⑨吊梁钢丝绳在起升过程中若梁被障碍物卡住或受其他猛烈冲击时，必须立即停车检查钢丝绳有无异常。若发现受力最大的一段有损坏或其长度增长0.5%以上时，应予更换。

(5)装车

①验收交库后的梁，才能装车发运。配装的同一孔梁的两片，其灌注混凝土及预施应力的日期应基本接近:制成日期(指预应力终张拉时间)之差不得大于5天。装车时注意方向性，并核对梁的种类和梁号是否与通知单相符。

②转向架应放在车底板的横中心线上。

③装车前应清除车底板上的残渣；标画纵横中心线，按规定装车钩缓冲停止器。

④转向架下梁体与车底板支柱槽间，应用8股8号铁丝捆成八字形，并用撬棍将铁丝绞紧，旁枕支承梁用扒钉与车底板钉牢。

⑤后张法预应力混凝土桥梁在顶梁、存梁、装车、运输时的悬出长度应符合设计规定。

⑥梁与转向架托架接触面必须垫厚25 mm的防滑垫木，在死心盘一端尚需在防滑垫木上加铺一层胶垫。

⑦当梁体落好并与木板压实后，梁的两则用钢支撑支护，钢支撑上端与梁的颈部接触处应用木楔紧。

⑧桥梁重心的垂直投影必须在负重车底板的纵向中心线上。装车后，如发现梁的纵向偏离计划位置在100 mm以内，横向偏离纵向中心线5 mm以内，且两侧弹簧压缩量大致相等，旁承游间也符合规定，则可挂运；超过上述要求时，则应纠正后挂运。

⑨装车后，尚应根据实际情况在桥梁两侧书写“超级超限”、“超长货物”、“禁止溜放”等字样。

⑩在运输途中，梁如有窜动，但纵向窜动在50 mm以内、横向移动在10 mm以内，且车辆旁承无变化时，则可继续挂运。

⑪如果梁纵向窜动在50～100 mm内、横向移动在10 mm以内，车辆旁承无变化，则应重新加固左右两侧的支护设备后再继续挂运。

⑫押车人员在停车时，应认真检查桥梁及支撑、转向架等有无窜动、位移现象。一经发现，立即纠正。

⑬办妥交接手续，收回必要的物资。

(6)桥梁存放及防护

①单层存梁

a. 桥梁存放应按规格类型分区配对存放；

b. 桥梁就位后，最外侧的桥梁两端应采用ϕ15 mm的圆木成45°角支撑于承梁台座与桥梁上翼缘根部，并用抓钉将撑梁木与防滑木板钉牢；

c. 第二片梁与第一片梁间隔 0.1～0.15 m，采用楔形木将两片梁间隙卡牢，楔形木每隔 5 m 设置，以防桥梁倾斜，以次类推，最后一片桥梁外侧存放方式同“b”。

②双层存梁

a. 第一层桥梁存放完毕后，用厚度为 8 mm 的钢板将台位两侧最靠外的一孔桥梁连接角进行焊接加固，32 m 桥梁焊接 1#、5#、9# 三处连接角，24 m 梁焊接 1#、4#、7# 三处连接角，16 m 普通梁焊接两端头连接角；

b. 第二层桥梁存放前，应在第一层桥梁两端的桥面对应于存梁台座支撑面位置铺设 2 根枕木，并使其处于水平状态(桥面横向排水坡采月杂木板垫平)，以保证第二层桥梁与下层桥梁的中心线重合且梁端悬出长度相同；

c. 第一层桥梁两侧最外边的桥梁不能进行重叠存梁，以满足上层外侧桥梁支撑条件，确保存放安全；

d. 必须待下层桥梁桥面砂浆层强度达到设计强度 100%后方可实施双层重梁；

e. 第二层桥梁的支撑加固方法同“单层存梁”；

f. 桥梁存放完毕后，应在上层最外侧的两片桥梁端头悬挂铅垂线，设专人看护，观察其变化情况。

5.3 劳动力组织

见表 2。

表 2 劳动力组织情况表(月产量 100 孔)

序号	班组名称	人员配置及分工	人员数量(人)
1	钢筋班	钢筋加工、绑扎等	123
2	模型班	模板拆除、整修、组装、吊装、守漏等	82
3	混凝土班	混凝土灌筑、封锚、养护、修补及后道工序等	67
4	张拉班	预应力筋制作、张拉、拔管、抬丝、压浆等	56
5	移梁班	场内梁体的横移及转运、线路维修等	123
6	机电班	机械设备电气维修、故障排除、设备修理、照明等	19
7	桥配件班	桥配件放样、加工及组装等	23
8	拌和站	拌和站的操作，E 常保养和维修	13
9	桥面系	桥面防水层、保护层的施工	49
合　计			555

6 材料与设备

见表 3。

表 3 材料与设备表(月产量 100 孔)

序号	名　称	规格型号	单　位	数　量
1	汽车起重机	QY16 或 QY25	台	1
2	龙门起重机	10 t/17 m	台	1

续上表

序号	名　　称	规格型号	单　位	数　量
3	龙门起重机	3 t/29.5 m	台	1
4	龙门起重机	5 t/29.5 m	台	4
5	龙门起重机	80 t/32.5 m	台	2
6	混凝土搅拌站	HZT 60 m^3/h	套	2
7	轮式装载机	ZL50,3 m^3	台	2
8	移动电站	250 kW	台	1
9	三相电力变压器	S9-500/10	台	1
10	箱式变配电装置	1 000 A	套	1
11	运梁台车(横移梁)	80 t	台	4
12	蒸汽锅炉		台	1
13	普通车床	C6208/1.5 m	台	1
14	立式钻床	Z3125 A	台	1
15	振动器控制柜	200 A	台	1
16	张拉千斤顶	YCW250B	台	9
17	张拉油泵	ZB4/500	台	10
18	静载试验架	加工制作	台	1
19	真空压浆机	3 m^3/min	台	3
20	钢筋调直切断机	GJT4/14	台	2
21	钢筋切断机	GQ40	台	3
22	钢筋弯曲机	GW40	台	6
23	钢筋对焊机	UN1-100,100kVA	台	2
24	地　　磅	50 t	台	1
25	直流电焊机	UN-100	台	4
26	交流电焊机	BX1-400	台	7

7　质量控制

7.1　工程质量控制标准

产品质量验收方法执行《时速 200 km 客货共线铁路用 T 型简支梁产品质量检查细则》。产品质量应符合表 4 规定。

表 4　产 品 质 量 标 准

类别	项　　目		标准及要求	检测方法及评定标准	
1	▲静载试验	抗裂性/预应力度	$K_f \geq 1.20$/$K_f \geq 1.00$ 不裂	全预应力后张梁/允许出现有限拉应力的后张梁	TB/T 2092—2003 试验合格
		预应力度及裂纹宽度	$K=1.00$，$\delta_f \leq 0.07$ mm，$K_{重裂} \geq 0.90K$ 消压，且 $K_{重裂} \geq 0.70$	允许出现裂缝但限制裂缝宽度的后张梁	
		静活载挠度	f 实测 $\leq 1.05(f$ 设计$/\psi)$	后张梁	

续上表

类别	项目		标准及要求	检测方法及评定标准	
2	梁体混凝土及力筋的耐久性	▲预防碱-骨料反应	快速砂浆棒膨胀率≤0.10%，水泥碱含量≤0.6%	TB/T 3054—2002、TB/T 2922.3—1998 或 TB/T 2922.5—2002	
		▲抗冻性能	相对弹性模量 200 次，$F\geqslant60\%$	GBJ 82—1985(快冻法)	
			重量 200 次，$W\geqslant95\%$		
		▲抗渗性(水、氯离子)	水渗透，抗渗等级≥P20	GBJ 82－1985	
			氯离子渗透≤1 000 C		
		▲耐腐蚀性(力筋、混凝土)	符合设计要求	GB 8076 的附录 B 和附录 C、GB/T 2420—1981($K\geqslant1.0$)	
3	混凝土强度	▲梁体混凝土强度 28 d	符合设计要求	GB/T 50081—2002 TB 10425—1994	提前交验时应保证 28 d 标准试件的强度等级达到规定值、孔道内水泥浆龄期不小于 7 d
		初张拉强度	不低于设计强度等级加 3.5 MPa	GB/T 50081—2002 GB/T 50081—2002	
		▲终张拉强度	不低于设计强度等级加 3.5 MPa		
		保护层强度	不低于设计强度等级		
		封端强度	不低于设计强度等级		
4	梁体混凝土弹性模量	▲终张拉弹性模量	不低于设计强度等级所对应的弹性模量	GB/T 50081—2002 TB 10002.3—1999	
		▲28 d 弹性模量			
5	压浆强度	28 d 强度	管道内水泥浆密实。强度等级不低于 40 MPa 或设计强度，7 d强度不低于 70%		
6	梁体外观	空洞	深度≤30 mm，且长度≤50 mm	梁体表面、下翼缘、底板、挡砟墙、内边墙、端边墙处用钢板尺、深度尺观测	
		不平整	凸起或凹下(包括错台)≤5 mm/m(深度≤5 mm)	测量梁体侧表面，端面、模缝及封锚处。	
		蜂窝麻面	深度≤5 mm，长度≤10 mm	观察梁体表面	
		硬伤掉角	深度≤30 mm，长度≤50 mm	观察梁体表面(重点为移梁吊点处)	
		石子堆垒	长度≤100 mm	观察梁体表面(重点下翼缘底部边角、联结板、支座板处)	
		露筋	不允许露筋	任何部位明显或隐蔽露筋	
		桥面淤水	≤5 mm/m	检查保护层表面	
		污染	不允许污染	梁体表面不允许涂料或油脂等污染及泄水管周边漏水流痕	
		色差	面积≤1 m^2	梁体表面因水泥、减水剂、脱模剂相互不适应以及混凝土先后浇筑的时间差所造成的混凝土色差	
		锈蚀	预埋件表面不允许锈蚀	目测支座板及联结板表面	

续上表

类别	项　　目		标准及要求	检测方法及评定标准
7	表面裂纹	非预应力部分	梁面保护层、联接板、横隔墙、挡砟墙、内边墙、端边墙、梁端封锚等7处不允许有宽度大于0.2 mm的混凝土表面收缩裂纹；	用眼观察裂纹，用10～20倍刻度放大镜量裂纹宽度，不计长度。
		预应力部分	不允许有裂纹（梁体表面收缩裂纹除外）。	
8	产品外形尺寸	▲桥梁全长	±18 mm(16 m梁为±10 mm)	测量桥面及下翼缘内外侧四部位全长
		▲桥梁跨度	±18 mm(16 m梁为±10 mm)	测量内、外侧两端支座板螺栓中心间距离。
		下翼缘宽	$^{+15}_{0}$ mm	检查1/4L、跨中、3/4L截面处。
		腹板厚度	$^{+15}_{0}$ mm	
		桥面及预留挡砟墙宽度	$^{+10}_{-5}$ mm	
		桥面内外侧偏离设计位置	$^{+10}_{-5}$ mm	从支座螺栓中心放线，引向桥面，检查1/4L、跨中、3/4L截面处桥面内外侧至梁中心的距离
		梁　　高	$^{+10}_{-5}$ mm	检查桥梁两端中线处端边墙顶面至梁低面之间的距离
		梁上拱(30 d)	≤L/1 000(L为跨度)(16 m梁≤20 mm)	以支座中心为基准测量跨中处梁底的上拱度。
		预留挡砟墙厚度	$^{+15}_{0}$ mm	检查最大误差3点以上
		表面垂度直度	≤3 mm/m	检查梁内、外测、两端、1/4L、跨中、3/4L处。
		隔板厚度	$^{+20}_{0}$ mm	
		梁体表面平整度	≤5 mm/m	1 m直尺检测任意点
9	横隔板	厚度	$^{+20}_{0}$ mm	1 m直尺检测
		偏离设计位置	±10 mm	纵向用50 m钢卷尺测量角钢长度中心位置与设计位置偏差
10	支座板	每块边缘高差	≤1 mm	检查每快板边缘高差，用水平尺靠量
		中心横向偏离设计位置	≤3 mm	测量支座板中心与梁底中心线偏差
		▲螺栓预留孔中心位置偏差	≤2 mm	指每块板上4个螺栓中心距（长、宽、对角线）用大量程游标卡尺检测
		外露底面	平整、无损、无飞边、清渣、涂油、无空腹声	目测　锤击
11	横向预应力管道	数量、尺寸	符合设计要求	目测
		偏离设计位置、平直度	5 mm	卷尺量测
		孔道孔径	$^{+10}_{-5}$ mm	
12	连接角钢	偏离设计位置	±10 mm	测量角钢长度中心位置与设计位置偏差
		不垂直度	≤20 mm	测量同一连接角钢的不垂直度
		表面	无灰浆	目测

续上表

类别	项目		标准及要求	检测方法及评定标准
13	混凝土保护层	构造筋保护层	$^{+5}_{0}$ mm	钢筋保护层测试仪
		预应力筋保护层	满足设计要求且梁底≤50 mm	
14	泄水管、管盖		齐全完整、安装牢固、泄水管垂直、耐老化、耐腐蚀、流水面不得高于桥面，流水畅通	目测
15	金属桥牌		项目齐全，标志正确，清晰耐久，安装牢固，符合设计要求	目测
16	梁体预留钢筋		按图纸要求预留	位置正确，设置齐全
17	▲防水层		符合标准及图纸的有关规定，粘贴牢固，平整密贴	
18	梁面保护层		符合标准及图纸要求，表面平整，坡度准确，排水畅通	细石纤维网混凝土，平整压光，无裂纹及新老混凝土收缩缝 目测
19	施工原始记录，制造技术证明书		完整正确，签章齐全	原材料、工序、产品检验、试验记录齐全

注：有▲号者，表示为关键项点。

7.2 质量保证措施

7.2.1 混凝土耐久性质量控制

(1)耐久性混凝土应该满足电通量、抗冻性、抗渗性、抗碱—骨料反应以及钢筋保护层厚度要求。

(2)加强混凝土耐久性的过程控制，合理选用性能优良、质量稳定的原材料。

(3)认真选定混凝土土配合比，配合比选定时的试验检验项目更加具体，包括坍落度、泌水率、含气量、抗压强度、弹性模量、电通量、抗冻性、抗裂性、抗渗性、抗碱—骨料反应等。

(4)加强与混凝土耐久性有关的工艺措施控制：控制入模含气量，每拌制 50 m^3 混凝土或每工班测试含气量不应少于 1 次，以保证混凝土抗冻性；控制混凝土入模温度为 5 ℃～30 ℃，防止混凝土开裂；控制养护期间混凝土的内部温度、蒸汽养护的升降温速度、各部温差以及拆模时和各部温差，防止混凝土出现裂缝。

7.2.2 张拉工程质量控制

(1)为避免混凝土在预应力张拉前出现早期收缩或温差裂纹，预应力施工宜按预张拉、初张拉、终张拉三阶段进行。

(2)为准确控制张拉力，对管道、锚口和喇叭口摩阻进行测试，100 件进行一次测试。严格控制预应力管道位置，距跨中 4 m 范围不大于 4 mm，其余部位不大于 6 mm。增加定位网的刚度，并将定位网焊接在梁体钢筋上，减少定位网设置误差和移动量，在制孔橡胶管中穿入一根 7ϕ5 钢绞线作芯棒，解决梁体混凝土灌筑时管道局部上浮以保证管道坐标。

7.2.3 管道压浆质量控制：

(1)终张拉完毕，应在 48 h 内进行管道压浆。压浆前应清除孔道内杂物，并提前一天用水泥砂浆封锚，待水泥砂浆有一定强度后方可压浆。

(2)灌浆剂的水胶比不宜超过0.34。现场压浆作业必须严格计量，灌浆剂、水泥、外加剂、水的秤量误差均≤±1%。

(3)为防止冬季浆体受冻，压浆时采取保温措施，保证压浆温度5 ℃～30 ℃，管道环境温度不低于5 ℃。

8　安全措施

认真执行《建设工程安全生产管理条例》，结合本工法的具体情况，制定了安全生产基本保障措施。

(1)把安全作业环境及安全施工措施需要费用列入工程概算，用于施工安全防护用具及设施的采购和更新、安全施工措施的落实、安全生产条件的改善。

(2)设置安环部，配备专职安全生产管理人员，负责对安全生产进行现场监督检查。

(3)编制安全技术措施及专项施工方案，制订了现场制梁施工技术安全规则、安全生产奖惩办法、安全标准工地建设办法等。

(4)对安全施工技术要求进行交底，坚持每周一晚安全学习和班前安全讲话制度。

(5)对危险部位设置安全警示标志，对制梁场入口处、施工起重机械、临时用电设施等设置明显的安全警示标志。

(6)保障消防安全，建立消防安全责任制度，确定消防安全责任人，制定用火、用电、使用易燃易爆材料等各项消防安全管理制度和操作规程，设置消防水源，配备消防设施和灭火器材并设置明显标志。

(7)对安全防护用具及制梁梁内机械设备、施工机械进行安全管理，施工现场的安全防护用具、机械设备、施工机具及配件必须由专人管理，定期进行维修和保养，建立相应的资料档案。

9　环保措施

(1)水土保持措施。为保证地表径流的排泄，工程施工不要切割、阻挡地表径流的畅通，不得强行改变径流的方向或改沟、改河。临时用地范围的裸露地表植草或种植树木绿化。

(2)防止噪声污染措施。针对施工过程中产生的噪声，对动植物和人体损害均较大，为了保护环境，应尽量减少噪声污染，避免夜间作业。对机械设备产生的超分贝噪声利用消音设备减噪。

(3)防止水污染措施。施工营地生活废水就近排入不外流的地表水体，严禁将生活污水直接排放至江河中，对于含沙量大且浑浊的施工生产废水，采用沉砂池处理后再排放，含油废水经隔油池处理后排放，防止油污染地表和水体。

(4)维护生态平衡系统，避免人为恶化环境措施。加强生态环境保护的宣传工作，使全体参建员工充分认识对环境保护的重要性和必要性，加强环保意识。制定详细的环境保护措施，建立严格的检查制度，避免人为恶化环境。保护好铁路沿线的植被、水环境、大气环境、自然生态环境、土壤结构、自然保护区、野生动植物，维护生态平衡系统。

(5)地表植被的保护。合理规划施工便道、施工场地，固定行车路线、便道宽度，限制施工人员的活动范围，尽量少扰动地表、少破坏地表植被。

(6)生产生活垃圾处理及油料管理。严禁将生活污水直接排放至江河中，含油废水经隔油池处理后排放,防止油污染地表和水体。生活污水经化粪池处理后排放。

(7)施工营地设置集中垃圾收集地,设专人管理,对营地生活垃圾(包括施工废弃物)集中装运至指定垃圾处理场处理。对不能处理的垃圾拉到设有处理设施的厂处理。

(8)油和废油的管理:施工机械维修、油料存放地面应硬化,减少油品的跑、冒、滴、漏,所有油罐要有明显的标志,在不使用时要密封;严禁随意倾倒含油废水,应集中处理。

10 效益分析

中铁二局股份有限公司淄博制梁场预制通桥(2005)2201简支T梁首次采用了高性能耐久性混凝土并泵送混凝土的施工工艺,通过科技攻关,解决了高性能混凝土在通桥(2005)2201简支T梁预制中的运用等系列关键技术,为提速梁施工提供了经验。填补了二局在通桥(2005)2201简支T梁预制施工技术研究方面的空白,提升了公司科技实力及T梁预制施工技术水平,具有一定的社会效益。

11 应用实例

时速200公里预制后张法简支T梁(角钢支架方案)『图号:通桥(2005)2201』系列简支T梁。

11.1 工程概况

胶济客运专线工程是迎接2008年奥运会,提升济南、青岛等胶东半岛城市地位而修建的一项重点工程。该工程由青岛至济南东全长363.9 km,其中新建客线180.1 km;货线由青岛西至济南东全长381.8 km,其中新建货线66.5 km。全线新建双线特大桥17座(其中济南枢纽范围4座),改建双线特大桥1座,大中桥70座,小桥(框架)145座,涵洞636座。共计孔梁的预制任务,工程造价1.4亿,合同工期为2006年11月~2008年1月。

11.2 施工情况

中铁二局淄博制梁场于2006年11月中旬进场施工,2007年1月26日预制第一片T梁,2007年4月底通过部级认证。淄博制梁场共占地182亩,与运输线路平行呈狭长状,按照梁场的场地实际状况,制梁台位设计了纵向布列,T梁初张后人工采用千斤顶及运梁台车将梁横向移出台位进入二次张拉区,从二次张拉区进入存梁区后采用两台80 t龙门吊进行吊装双层存梁。制梁场以每月生产100孔T梁的计划进行了制梁台座设计,共设计了6个桥梁预制区,其中32 m制梁台座20个;24 m制梁台座4个。以建设指挥部要求的架梁进度进行了存梁能力设计,设计存梁能力为:32 m存梁台位370个,24 m存梁台位43个,最大存梁能力为469孔。

11.3 工程结果评价

中铁二局股份有限公司淄博制梁场技术人员通过对通桥(2005)2201简支T梁高性能混凝土等新技术的钻研,并凭借新运公司长年的预制箱梁、T梁的总结经验等,在胶济客专线淄博制梁场预制的T梁尺寸准确,外观色泽均匀,线条美观;在规定的预制T梁抽查静载试验中,均能满足设计及规范要求。受到了建指及监理单位的一致好评。

11.4　建设效果及施工图片

如图 5～图 14 所示。

图 5　成型的梁体主筋

图 6　桥面钢筋绑扎

图 7　模型安装

图 8　布料杆布料

图 9　梁体横移作业

图 10　梁体纵移作业

图 11　双层存梁

图 12　单层存梁

图 13　防水层工艺试验

图 14　静载试验

客运专线 900 t 级混凝土箱梁运输及架设施工工艺

1　前　　言

客运专线 900 t 级混凝土箱梁运输和架设总体方式采用龙门起重机吊装箱梁，轮胎式运梁车运梁、喂梁；架桥机起重吊梁拖拉取梁，跨孔架梁；架桥机轮胎式步履纵移，架设双线等跨箱梁及变跨梁。

(1)采用 2 台 450 t 龙门起重机起吊箱梁上运梁车，并用于运梁车和架桥机的组装、解体。

(2)900 吨运梁车桥面运梁并要求对路基、墩台和已架设的箱梁无影响。运梁车应机动灵活，对坡道及弯道适应性强，作业半径小，同时满足驮运架桥机通过路基段、桥梁进行桥间转移。

(3)900 吨架桥机整机结构相对较简单，架梁及过孔程序简便，通过调节前支腿的高度，可以比较容易的架设最后一孔；整机自重轻，作用于箱梁及墩台上的支反力满足现有桥梁设计要求。

(4)运架设备安全可靠、作业效率高，配套性能好，操作简便，人工劳动强度低。

(5)设备操作系统采用智能电子遥控装置 ，载荷自动均衡，提梁、运梁运行平稳。

(6)配备智能遥感安全装置，智能报警，自动停机。

2　适用范围

本标准适用于曲线半径大于 2 500 m，纵坡小于 2%的桥梁上架设最大 32 m 跨度，重量小于 900 吨，梁体最大宽度小于 13.6 m 的预应力混凝土箱梁，路基能承受运梁车运梁行驶 0.7 N/mm^2 压力要求，满足六级以下风力正常工作。

3　主要技术标准

(1)《铁路架桥机架梁暂行规程》(铁建设(2006)181 号)。

(2)《客运专线预应力混凝土预制梁暂行技术条件》(铁科技(2004)120 号)。

(3)《客运专线铁路桥涵工程施工质量验收暂行标准》(铁建设(2005)160 号)。

(4)《铁路混凝土工程施工质量验收补充标准》(铁建设(2005)160 号)。

(5)《铁路桥涵施工规范》(TB 10203—2002)。

(6)《客运专线铁路预应力混凝土箱型简支梁桥梁制造、运输、架梁施工技术规程》(试行)(Q/ZTG 21310—2006)。

4　施工方法

梁场两台 MQ450 门式起重机完成箱梁的装运作业，YL900 型运梁车负责箱梁的运输、架桥机的驮运作业，JQ900A 架桥机负责箱梁的架设。

2 台 MQ450 型门式起重机装梁作业：当运梁车到场内装梁位时，两台龙门吊置于联动挡位，由一台控制两台门式起重机动作，确保吊梁的同步性。箱梁装运时应先将单吊点的一台门式起重机落到运梁车的台车上，后落双吊点的到承梁支座上，确保三点受力，防止梁体受扭。

YL900 型运梁车运梁作业：YL900 型运梁车装梁后，确认运梁车轮压载荷的分布范围、数值严格控制在设计许可范围内，各支承位置正确，运梁车就可运梁。运梁车在运梁过程中应在路基、桥梁纵轴线对称行驶，确保驮运箱梁、架桥机和机体时载荷匀均传到梁腹板上。运梁车轮组液压均衡油缸可自动调整各支点载荷使之相等。利用计算机软件控制轮组上的角度，在设计曲线半径许可范围内确保各轮组满足直线、曲线行驶要求。

JQ900A 架桥机架梁作业：YL900 型运梁车运梁至架桥机取梁位，1 号起重小车吊梁，与运梁台车同步拖拉，2 号起重小车取梁，两小车吊梁同步走行，空中微调箱梁位置就位，架桥机整机走行采用液压驱动轮胎步履纵移过孔作业方式。

主要设备技术参数见表 1、表 2、表 3。

表 1　主要技术参数

序号	参数名称	技术参数	序号	参数名称	技术参数
1	额定起重量	450 t	6	最大输出电流方式	200 A
2	跨　　度	34 m	7	梁起吊方式	“三吊点”起吊
3	适应的坡度	10‰	8	整机配电功率	156 kW
4	最大起升高度	9.5 m	9	重　　量	280 t
5	最大轮压	32 t	10	外形尺寸	14×38.65×17.3 m
6	桁车起升速度	0～1（空载）m/min、0～0.5（重载）m/min			
7	桁车运行速度	0～4（空载）m/min、0～2（重载）m/min			
8	大车走行速度	0～10（空载）m/min、0～5（重载）m/min			
9	桁车运行速度	0～4（空载）m/min、0～2（重载）m/min			

表 2　主要技术参数

序号	参数名称	技术参数	序号	参数名称	技术参数
1	运载能力	900 t	8	充气压力	8 bar
2	空载运行速度	0～8 km/h	9	接地比压	0.6 MPa
3	重载运行速度	0～4 km/h	10	轴间距	1 900 m
4	适应最大坡道	4%	11	轮　　胎	64 个
5	最小转弯半径	R60	12	整机功率	2×447 kW
6	空载高度	3 662 mm	13	整机自重	253 t
7	重载高度	3 552 mm			

表 3　主要技术参数

序号	参数名称	技术参数	序号	参数名称	技术参数
1	额定起重量	900 t	7	驱动方式	液压驱动
2	适应线路纵坡	20‰	8	梁起吊方式	“三吊点”起吊
3	最小工作曲线半径	5 500 m	9	单件最大重量	16.5 t
4	吊具底面至桥面净空	7.5 m	10	架桥机纵移	0.1～3.0 m/min
5	吊点数	4 个	11	重　　量	498 t
6	整机配电功率	280 kW			
7	桁车起升速度	0.1～0.96（空载）m/min、0.1～0.48（重载）m/min			
8	桁车运行速度	0.1～4.78（空载）m/min、0.1～2.21（重载）m/min			

5 施工工艺原理、流程及操作要点

5.1 施工工艺流程

如图 1 所示。

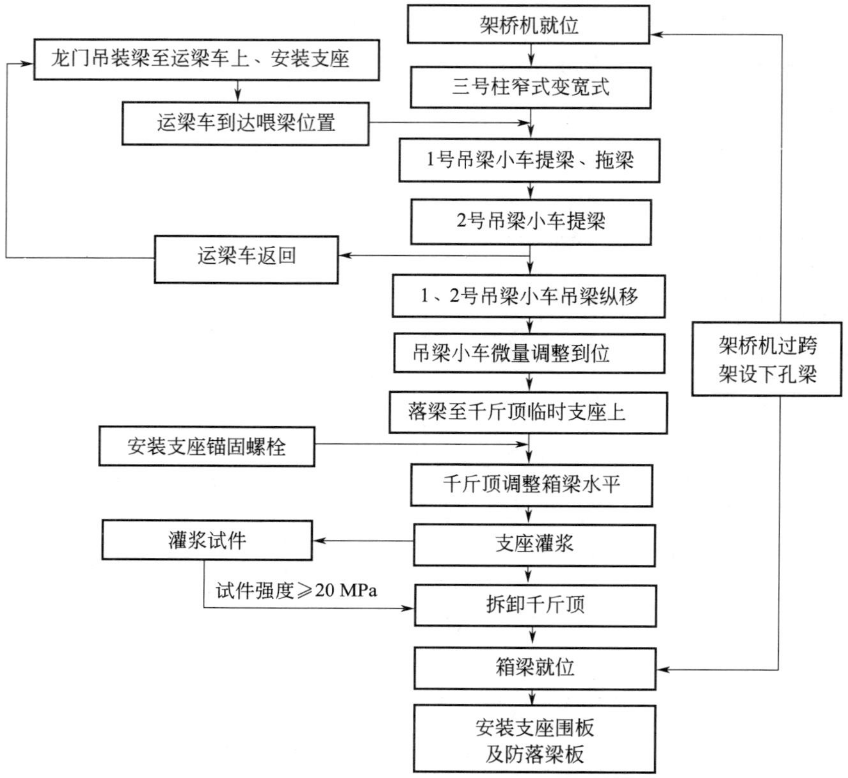

图 1 施工工艺流程图

5.2 施工作业程序

5.2.1 桥梁运输

(1)箱梁吊装

2 台 MQ450 t/34 m 门式起重机,以 5.0 m/min 的速度大车走行调整纵向位,以 0.5 m/min 的速度起升箱梁至运梁车放置高度 3.7 m 位置处,停止起升;再以 2.0 m/min 的速度横移至运梁车上方,落梁至运梁车上。

(2)箱梁运输

运梁机走行时两侧设专人监护,避免由于走行方位误差过大造成就位困难及倾覆危险。

5.2.2 架桥机纵移过孔

(1)架桥机由宽式变窄式:一、二号小车走行到落梁位,联结三号柱下横联,操作三号柱的液压系统,拔出三号柱柱体定位销,提升三号柱,操作折叠机构由宽式变窄式,走行轮组内摆至走行位置,穿好柱体定位销成窄式支撑(见图 2 中(1))。

(2)架桥机纵移:二号小车退到机臂尾部,用刚性横联将 1 号柱与已架设箱梁吊梁孔张紧并用手动葫芦拉紧一号柱保险缆风，拆除二号柱支撑垫木，取去一号柱定位销，驱动三号柱走行机构纵移架桥机(见图 2 中(2))。

(3)支撑二号柱：架桥机纵移到位后，垫好二号柱支撑垫木，一号小车退到机臂尾部准备纵移一号柱(见图 2 中(3))。

(4)一号柱纵移：操作一号柱液压系统，拔出一号柱下升降油缸定位销，将一号柱下柱身上提，纵移一号柱，走到一号柱机臂上定位销座穿定位销，在桥墩上支撑一号柱并穿定位销，拧好一号柱附助螺旋支腿(见图 2 中(4))。

(5)架桥机窄式变宽式：一、二号小车走行到机臂前端，操作三号柱的液压系统，拔出三号柱升降的定位销，提升三号柱，操作折叠机构使走行轮组外摆至宽式支撑并穿好定位销，打开三号柱下横联(见图 2 中(5))。

(6)准备吊梁：一、二号小车走行到后机臂取梁位置，让一号小车距二号柱中心 2.8 m 处等待吊梁(见图 2 中(6))。

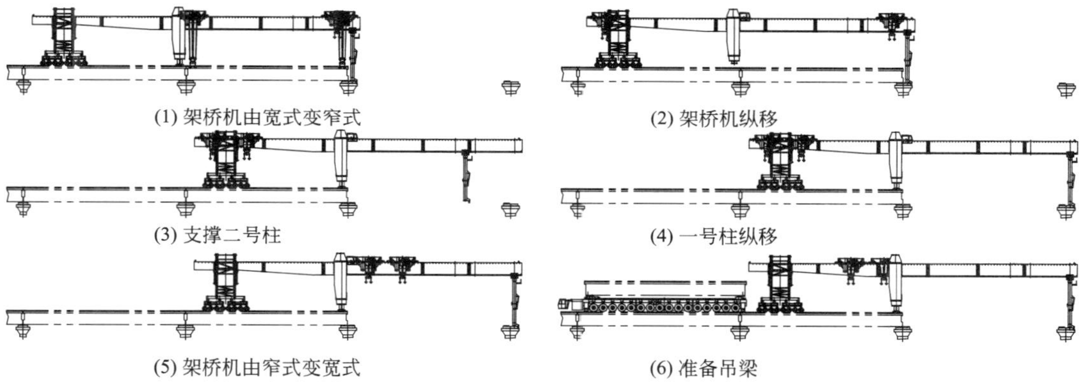

图 2　架桥机纵移过孔布置图

5.2.3　喂　　梁

(1)三号柱窄式变宽式，调整均衡油缸并支撑到桥面上，拆除三号柱的下横联，转动 90°，让出喂梁通道。

(2)运梁车继续前行至 1 号桁车吊梁位，运梁车停车，支起运梁车前机组液压辅助支腿受力(见图 3 中(1))。

5.2.4　吊梁纵移

(1)一号小车取梁：将一号小车运行到待架梁的前吊梁孔，安装吊架起吊箱梁(见图 3 中(2))。

(2)拖梁：一号小车吊起箱梁，使箱梁底面离开运梁车支承面 50 mm，一号吊梁小车与运梁台车同步运行，将梁拖到二号小车取梁位(见图 3 中(3))。

(3)二号小车取梁，运梁车退出：将二号小车运行到待架梁的后吊梁孔，安装吊架起吊箱梁，运梁车从三号柱下部退出，到梁场装运下一孔箱梁(见图 3 中(4))。

(4)落梁：一、二号小车走行到位后降低梁体的高度，箱梁底面距支座上平面 1.5 m 停止，安装支座板预埋螺栓(见图 3 中(5))。

(5)调整梁位，落梁就位：利用吊梁小车走行和横移功能调整落梁位置，落梁到临时支撑千斤顶上，通过千斤顶调整梁体位置及标高(见图 3 中(6))。

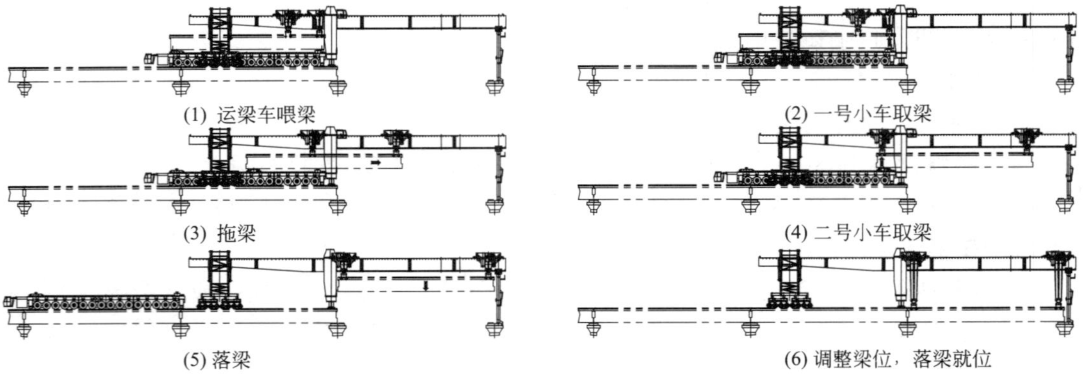

图 3　吊梁纵移布置图

5.2.5　支座安装

(1)支座

以合宁客专线 900 t 级梁箱梁运架为例，设计为七度防震烈度地区，支座采用客运专线铁路桥梁盆式橡胶支座，图号为“通桥(2005)8356”《客运专线铁路桥梁盆式橡胶支座》，支座型号 KTPZ-Ⅰ-6000 型(32 m 梁)和 KTPZ-Ⅰ-5000 型(24 m 梁)，每孔双线箱梁采用固定支座(GD)、纵向支座(ZX)、横向支座(HX)、多向支座(DX)各一个的支座方式布置(见图 4)。

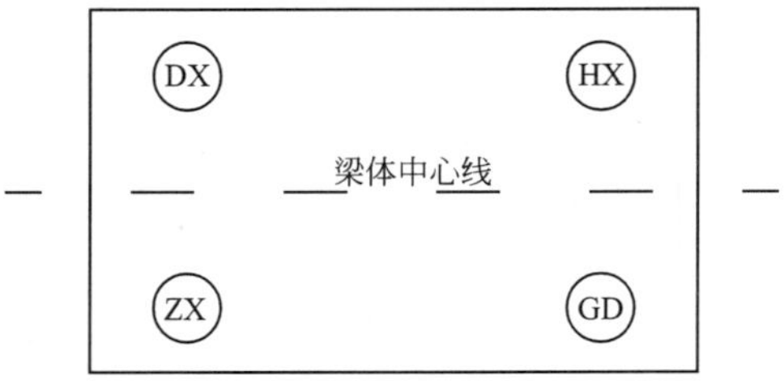

图 4　支座图

(2)支座灌浆材料

支座注浆材料采用 CM-W-Ⅱ早强、高强支座灌浆砂浆，主要技术指标为：28 d 抗压强度不应小于 50 MPa，弹性模量不应小于 30 GPa，24 h 抗折强度不应小于 10 MPa；浆体水灰比不宜大于 0.34，且不得泌水，流动度不应小于 320 mm，30 min 后流动度不应小于 240 mm；标准养护条件下浆体 28 d 自由膨胀率为 0.02%～0.1%。

(3)支座安装工艺

①架梁前应复核垫垫石的标高、位置、尺寸锚栓孔位置、深度、十字线、跨度等是否满足设计要求，垫石顶面四角高度差不得大于 2 mm。检查墩台支承部位尺寸、墩台顶预留螺栓孔位置、跨长偏差、支座的安装标高等。

②凿毛支座就位部位的支承垫石表面、清楚预留锚栓孔中的杂物，安装灌浆用模板，并用水将支承垫石表面浸湿，灌浆用模板可采用预制钢模，底面边角处设一层 4 mm 厚橡胶防漏条，通过钢模螺栓联结固定在支承垫石顶面。

③支座安装时，采用测力千斤顶，保证每个支点的反力与四个支点反力的平均值相差不超过正负 5%。

(4)支座锚栓灌浆

①采用重力灌浆方式。为增大灌浆的压力及方便施工，灌浆剂在桥面采用强制式搅拌机现场拌和，利用 ϕ100 mm PVC 直管作漏斗，从桥面引至桥墩并利用特制梭槽从支座一侧的中部向四周灌浆，直至四个锚栓孔内及支座沿灌浆模板四周全部灌满浆体为止(见图 5)。

②灌浆前，应初步计算所需的浆体体积，灌注实际浆体数量不应与计算值产生过大误差，

应防止中间缺浆，配料时要准确计量，严格控制水料比，搅拌时间不得少于 3 min。每个支座灌浆时间不宜超过 15 min，浆体出现初凝现象时不得使用。

③浆体强度达到 20 MPa 后，拆除钢模板，检查支座周围是否有漏浆现象，必要时对漏浆部位进行补浆。拧紧下支座板螺栓，并拆除上、下支座板的连接角钢及螺栓，拆除临时支承千斤顶，安装支座钢围板及防落梁板。

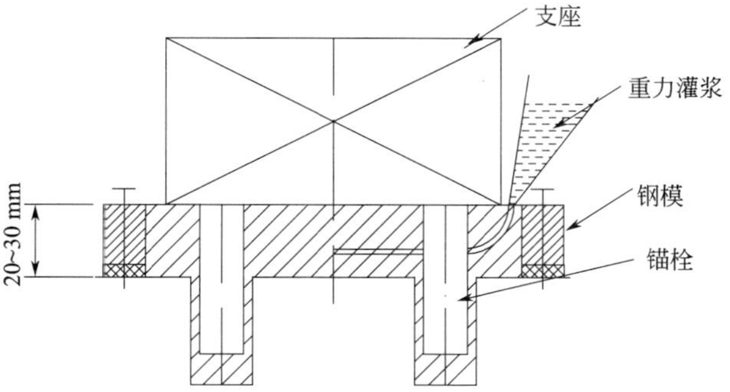

图 5 重力灌浆图

5.2.6 运架箱梁时间

如图 6 所示。

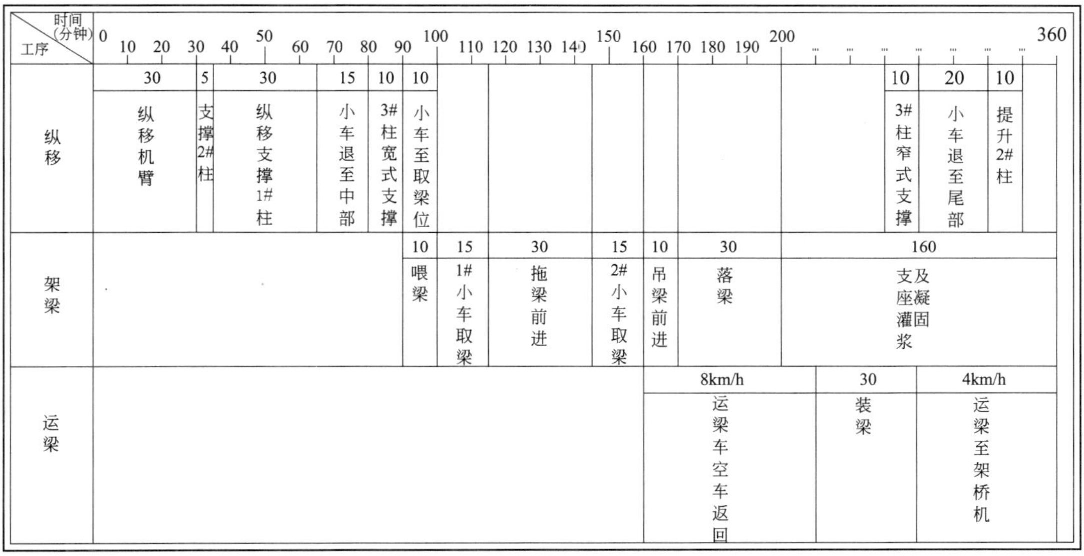

图 6 架梁时间周期

5.2.7 架设最后一跨箱梁

架设最后一孔梁时，架桥机纵移到位后，先拆除一号柱折叠柱间的连接螺栓，收缩折叠油缸，收起折叠柱，然后一号柱走行过孔到前方桥台。伸出一号柱基本柱上的伸缩柱，支撑到桥台上；然后将三号柱由窄式支撑变换为宽式支撑，起重小车运行至取梁位置，架桥机即完成纵移作业，处于待架梁状态（见图 7 中(1)、(2)）。

(1) (2)

图 7

5.2.8 架设等跨箱梁及变跨箱梁

JQ900A 型箱梁架桥机架设 32 m、24 m、20 m 等跨箱梁及变跨箱梁工况下架桥机架梁、纵移作业程序相同，不同之处在一号柱支撑位距前端距离：架设 32 m 箱梁时，一号柱中心距机臂前端面 1.7 m；架设 24 m 箱梁时，一号柱后移 8 m；架设 20 m 箱梁时，一号柱再后移 4 m。

5.3　其他作业程序

5.3.1　YL900 运梁车组装、解体

YL900 运梁车组装流程图(见图 8)，其解体步骤与组装相反。

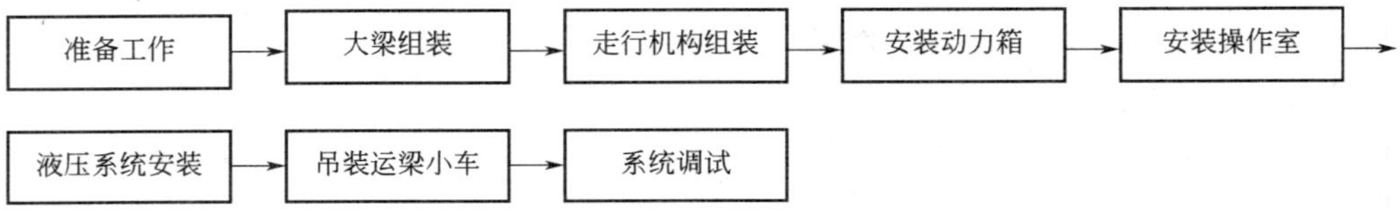

图 8　运梁车组装流程

5.3.2　JQ900A 架桥机组装、解体

(1)JQ900A 架桥机组装流程(见图 9)。

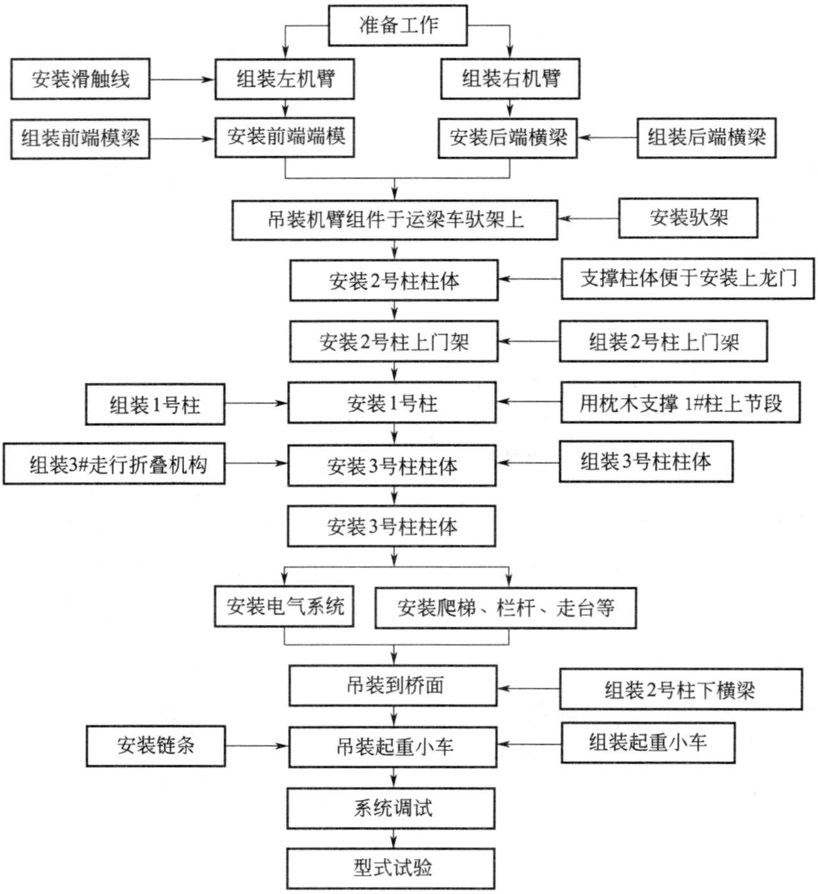

图 9　JQ900A 架桥机组装流程

(2)JQ900A 架桥机组装步骤(见图 10)。

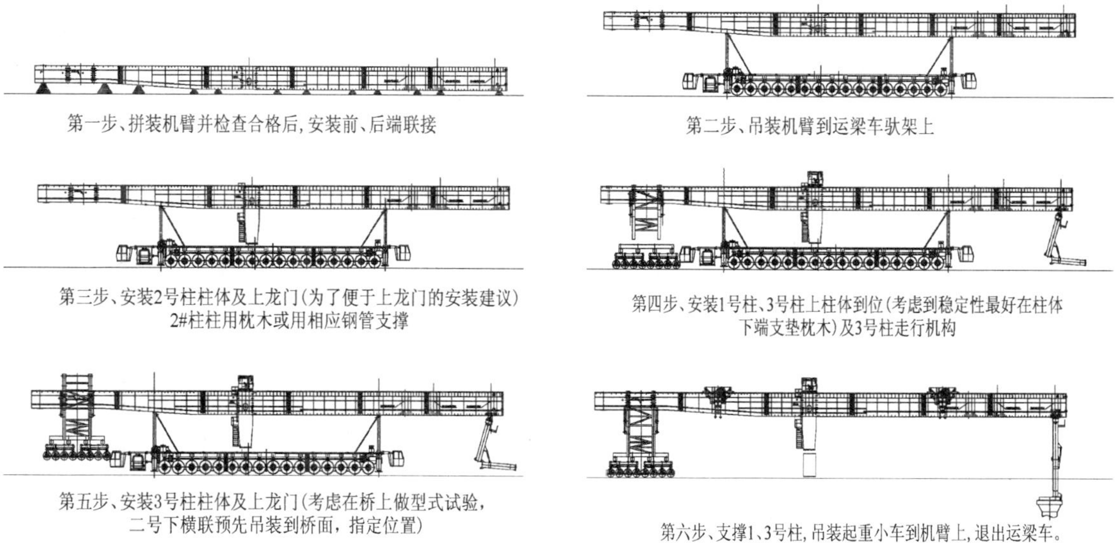

图 10　JQ900A 架桥机组装步骤

(3)架桥机的解体

JQ900A 型架桥机长途运输采取大解体，通过公路或铁路运输车辆运输，解体 JQ900A 型架桥机解体作业与其组装程序相反。

5.3.3　架桥机驮运

架桥机在梁场组装完毕，由运梁车驮运至架梁工地前必须进行试运转，第一次架梁前必须根据国家相关规定，由国家指定机构对架桥机进行型式试验。试验合格后方可进行架梁作业。

架桥机试验完毕由运梁车驮运至架梁工地。JQ900A 架桥机短距离转移通过运梁车驮运进行(见图 11)。

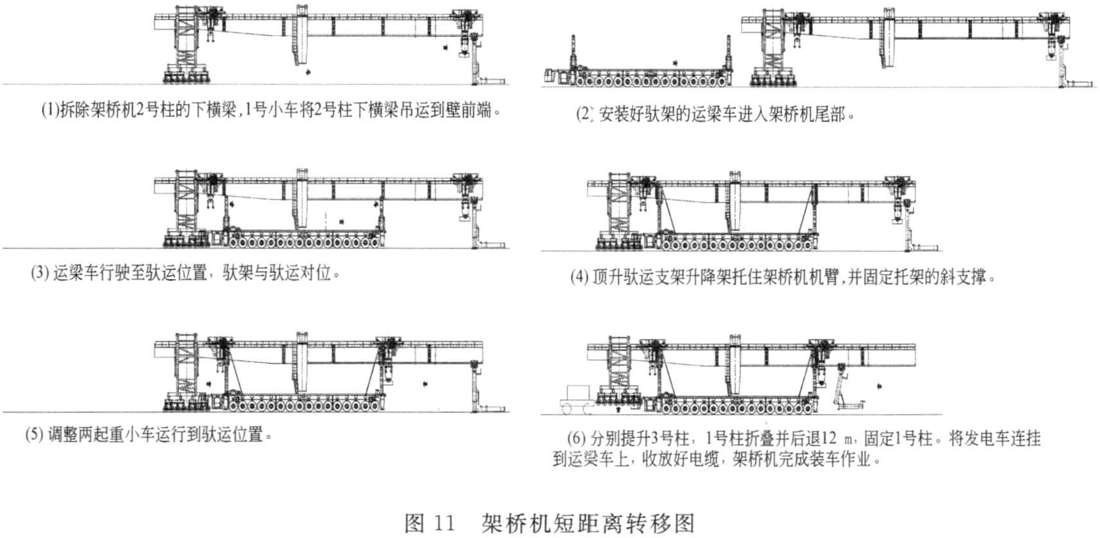

图 11　架桥机短距离转移图

运梁车驮运架桥机的安装辅具为驮运支架，驮运支架与运梁车前后端梁采用螺栓固定连接。架桥机机臂落放在驮运支架上，并设有固定挡块(见图 12)。

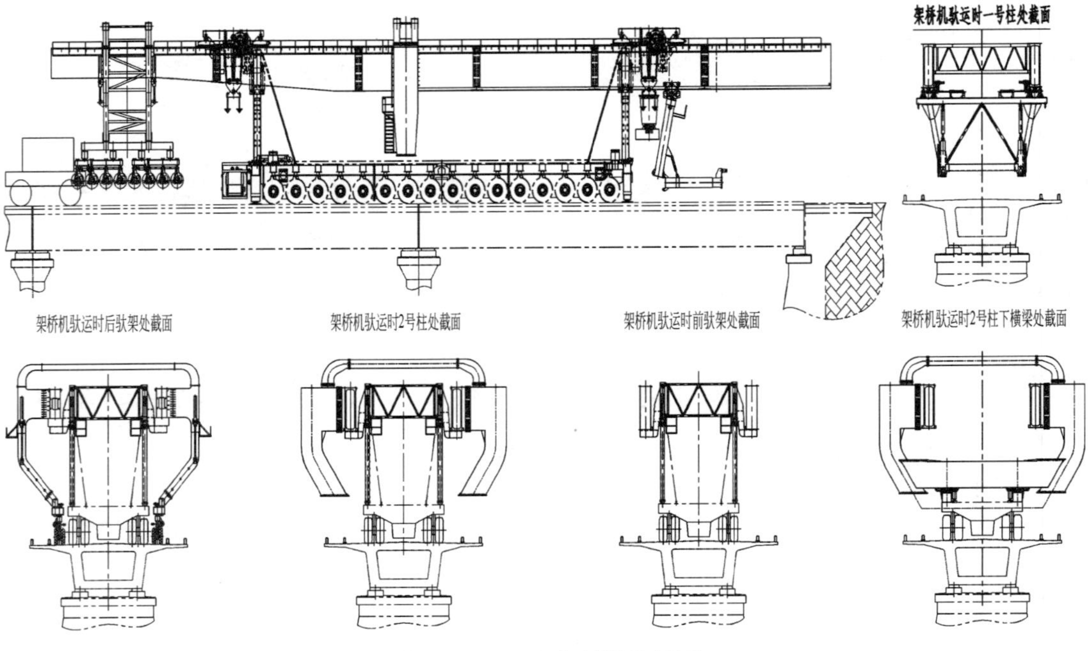

图 12　JQ900A 架桥机驮运图

6　劳动力组织

见表 4。

表 4　劳动力组织分配表

岗位名称	人员配置及分工	人员数量
龙门起重机	负责桥梁的吊装、装配桥梁配件	12
桥面运梁	桥面运输、运梁车走行监护	8
箱梁架设	临时支座、正式支座安装、箱梁架设	24
维修、保养	负责提梁机、运梁车、架桥机检测、维修保养	10

7　质量控制要点

(1)建立各级技术人员的岗位责任制，逐级签订技术包保责任状，做到分工明确，责任到人，严格遵守基建施工程序，坚决执行施工规范。

(2)在施工前，组织有关人员认真学习新技术、新工艺、新材料、新设备、新测试方法的技术要点，并认真进行技术交底，确保在施工中正确应用，提高工程质量。

(3)设专职质检工程师，在施工过程中自下而上，按照"跟踪检测"、"复检"、"抽检"三个等级分别实施质量检测职能。

(4)架桥机经过检查、验收、试吊签证，箱梁在运架过程中不允许出现裂缝。

(5)架梁前必须复核检查桥墩里程、支座垫石高程、支座中心线及预埋件等竣工资料，待架箱梁梁型与设计梁型一致。

(6)施工中各项技术标准应满足箱梁设计图号为:"通桥(2005)2221"《时速250公里客运专线铁路有砟轨道后张法预应力混凝土简支箱梁(双线)》的要求。

8 安全措施

8.1 施工前安全技术措施

(1)根据当班任务安排,指挥、操作及监护人员必须分工明确、到位齐全。

(2)当班指挥检查机组人员身体和精神状态是否良好,个人防护用品及通讯工具是否装备到位。

(3)检查气象条件及作业场地,严禁在八级及以上大风、暴雨、大雾等情况下作业。

(4)当班司机必须在作业前半小时对设备进行班前检查,并逐项填写检查记录。发现问题应及时向现场指挥或主管工程师报告,未经班前检查禁止作业。

8.2 施工过程中的安全技术措施

(1)工作时应集中精力、听从指挥。严禁在无指挥或信号不明的情况下操作设备;设备处于启动状态时,操作司机禁止离开遥控器。

(2)启动声柴油发电机并预热3～5 min,观察电压、频率均符合要求后方可送电。冬季使用前应适当延长预热时间,确保发动机水温、油温达到正常工作温度方可投入作业。

(3)执行各项操作前,必须按电铃3～5 s,提醒作业区域人员注意安全。

①遥控作业时应平稳加减挡位,不得进行跳挡作业,挡位切换间隔应保持3 s。

②架梁作业时,禁止无关人员进入作业区域,禁止在起吊的箱梁下穿行、停留。禁止跨越桥梁中缝及倚靠在安全防护装置上。

③遵守"十不吊"原则,保证所吊物品平稳、安全的起升和下降。操作司机有权拒绝危及人员及设备安全等违章指挥命令。

④严禁在设备运行过程中,对各转动部分加注润滑油脂,或进行修理和调整作业。

⑤设备起吊及运行过程中,遇到:支撑变形或窜动;梁体产生明显裂纹或原有裂纹明显扩大;异响或振动等危及人员、设备安全时,应立即按下紧急停机按钮。必须在查明停机原因并完全排除后,方能重新启动设备继续作业。

⑥气温低于摄氏零度时,各支撑面不得出现结冰现象,必要时进行防滑处理。

⑦各步动作到位前,如过跨时支腿接近桥墩、前后支撑/支腿互相靠近;架梁时纵移、横移和落梁就位,操作挡位应低于3挡。

⑧机臂纵移过跨时,两边必须采用1根10 t、1根5 t以上链条葫芦将1号柱上端与已架设箱梁前端进行连接并张紧链条并同时两边用刚性拉杆与吊梁孔连接。

⑨其他安全措施:桥墩及高空作业人员必须穿救生衣并挂好安全绳;一跨箱梁架设完毕,应立即在桥梁中缝处安装防护网,在两边及端头设置防护栏。

8.3 施工结束后的安全技术措施

(1)检查柴油、机油、液压油消耗情况,必要时予以补充。

(2)收好遥控器及操作板,关闭控制箱门,切断总电源。

(3)按规定对设备进行日常维护保养,特别是运转部位润滑油脂的加注。

(4)填写运转记录,应详细记录当班作业内容、运转时数、故障及排除情况、维护保养情况等。

8.4　架桥机驮运作业安全技术措施

(1)运梁车进入驮运位置后应支撑好前后支腿。

(2)一号柱后退 12 m 至架设 20 m 梁位置后，与机臂间应用销轴锁定。此外，应对一号柱进行适当的捆帮固定，防止驮运时晃动影响行驶。

(3)三号柱提升后应用销轴固定。

(4)驮运托架与机臂间应用挡块限位，机臂内侧与驮运托架间应加木楔限位，防止行驶时架桥机滑动。

(5)吊在一号起重小车上的二号柱下横梁应与机机臂捆帮固定，防止行驶时撞运梁车操作室。

(6)驮运过程中应派人监视驮运支架的的斜支撑，防子销子松脱、支座焊缝开裂等情况。

8.5　组装、解体作业安全技术措施

(1)设备组装前对机组和配合工班进行设备组装技术交底，使所有参与设备组装人员了解整个组装思路和过程。

(2)吊装大件、细长杆件、不规则构件均应挂浪风绳，吊装辅助人员必须时刻拉紧浪风绳，控制重物的方向。

(3)检查提梁机走行线地基应牢固，并经常检查走行线钢轨的完好情况。

8.6　其他安全技术措施

(1)保养及维修作业必须满足如下条件：①设备停机断电、拔除启动钥匙并锁好司机室；②运转部件冷却到环境温度；③在主控制箱上悬挂"维修保养作业，禁止合闸!!"。

(2)大风、台风来临前架桥机应处于过跨完成或待架位置，即必须保证前支撑与墩顶可靠锚固，并做好电气、液压等系统的防护工作。

(3)在台风或强降雨过后要对设备进行全面检查(尤其是电气控制系统和重要结构件的焊接、连接部位)，确认无误后方能开机工作。

9　环保措施

(1)选择低排、低噪、低耗的环保型涡轮增压柴油发动机。

(2)发动机与安装基座之间安装减震垫块、排气管安装合格的消声器，以有效降低发动机的噪声和震动。

(3)严格按照使用要求检修和保养发动机，使用合格的燃料油和润滑油，以提高发动机的燃烧和工作质量，减少发动机废气对环境的污染。

(4)经常检查各种油液管路和接头，发现泄漏、渗漏及时更换或维修。

(5)对擦洗机械后的油液和更换下来的废润滑油、废液压油分类回收，视情况用于涂刷模型或筒装密封后送交当地环保部门处理，以防止废油液对桥梁及水、土的污染。

(6)对报废的轮胎、机件等物品，送当地具备合格资质的环保部门回收处理。

10　应用实例

10.1　工程概况

新建铁路西安南京线合肥至南京段，位于沪汉蓉快速通道的东段，是国家规划的"四纵四

横”快速客运网的重要组成部分，线路全长 166 km，是我国第一批开工建设的客运专线之一。该线时速 250 公里 32 m/900 吨级后张法预应力混凝土箱梁预制和运架设备关键技术研究，在我国铁路史上尚属首次。中铁二局合宁项目部承担着该段 442 孔预制预应力混凝土简支箱梁制造、运输、架设的任务，合同金额约 2.5 亿元，合同工期为 2005 年 7 月 20 日至 2007 年 4 月 30 日。项目部建于合宁线全椒货场，赵店河、襄滁河两座特大桥之间。

10.2 施工情况

中铁二局合宁项目部于 2005 年 8 月开始在安徽省全椒县建设制梁场，2005 年 11 月 26 日，完成时速 250 公里客运专线铁路第一孔 32 m/900 t 试验梁的混凝土灌筑；2006 年 3 月 19 日，合宁线架设首片 32 m/900 t 混凝土箱梁；2007 年 3 月 14 日完成了本项目 442 孔梁（其中 32 m 预制箱梁 117 孔、24 m 预制箱梁 324 孔）的运架任务，整套运架设备运行良好桥梁架设工程合格率 100%，优良率 100%，实践证明采用本工艺架设 900 吨预制箱梁安全、快速，值得借鉴并推广。2007 年 4 月 3 日 JQ900A 型架桥机、YL900 型运梁车通过铁道部科技司组织的科技成果鉴定。

10.3 施工图片

10.3.1 关键工序图片

如图 13～图 18 所示。

图 13　YL900 运梁车运梁

图 14　运梁车驮运架桥机

图 15　架桥机整机纵移图

图 16　运梁车向架桥机喂梁

图 17　架桥机 1、2 号桁车吊梁走行

图 18　落梁

10.3.2　架设变跨梁 1 号柱支撑位置

如图 19～图 20 所示。

图 19　架设 24 m 梁 1 号柱支撑位

图 20　架设 32 m 梁 1 号柱支撑位

10.3.3　架设末跨架梁工况

如图 21 所示。

10.3.4　工程完成效果图

如图 22 所示。

图 21　架设末跨梁

图 22　架设完成的滁河大桥

铁路混凝土T型梁运输及架设施工工艺

铁路是我国国民经济的大动脉。桥梁是铁路的重要组成部分,桥梁上部结构的制作安装等在铁路建设施工中一直占有相当重要的位置。随着桥梁施工技术的发展,预制桥梁的安装架设工艺也相应得到发展。

架梁工作人员应熟悉架桥机的结构、性能、操作规程和机电设备状况,结合设计文件和桥梁结构特性,确定合理的方案和周密的组织,按照规定进行作业。

1 适用范围

适用于标准轨距铁路上JQ130架桥机及长征160双梁式架桥机架设普通T梁和JQ170单梁式架桥机架设提速梁的施工作业。

2 主要技术标准

(1)《铁路架桥机架梁规程》(TB 10213—2006)。

(2)《DL1型大吨位预制梁运输专用车组运用管理办法》(铁道部铁运〔2007〕166号)。

(3)《聚氨酯防水涂料》(GT/T 19250—2003)。

3 施工方法

3.1 普通T梁的装车和运输方法

成品梁应按照架梁计划,分批并成孔地组织装车发运。梁车挂运时应有专人押运。梁运到现场后架梁单位应及时卸车或架设。

装运梁除应符合铁道部现行的《铁路货物装载加固规则》和《铁路超限货物运输规则》的有关规定外,尚应遵守铁道部和有关铁道局对某些区段装运梁的特别规定。

在未交付运营的线路上装运梁,当派人随车监护时,可适当放宽规定,但必须经负责架梁的工程局或铁路局批准。

T梁的加固方法:

货物转向架下架下架体与车底板支柱槽间,应用8号铁线8股捆成八字形,并用绞棍将铁丝绞紧。

货物转向架上架体与梁底部之间,须加防滑垫木。死心盘一端货物转向架上部的防滑垫木上应加铺一层橡胶垫。

梁底部与货物转向架上架体的挡铁之间需用木楔楔紧。

要货物转向架上梁的两侧,应使用型钢焊制的梯子形斜支撑进行加固。斜支撑的顶部与成品梁之间必须密贴顶牢。

跨装车组在装车前必须安装车钩缓冲停止器。

装车后应按规定在梁两侧书写“超级超限”“超长货物”和“禁止溜放”等字样。装运带方向性的成品梁或一孔梁的两片分两次发运时,应在梁上标明前后端方向。当所经线路需转头时,应派专人押送。跨装梁的车辆在调车作业时,严禁溜放或将溜放车辆与梁车相挂。途中运行速度应符合规定，不应超速。

T 梁如在运输过程中产生窜动，长度为 32.6 m 的不超过 250 mm，长度为 24.6 m 的不超过 150 mm，且两者横向位移不超过 20 mm，可继续运行。斜支撑产生纵向倾斜时，必须进行整理，方可继续运行。

3.2　2201 提速梁的装车和运输方法

3.2.1　装梁工艺流程

如图 1 所示。

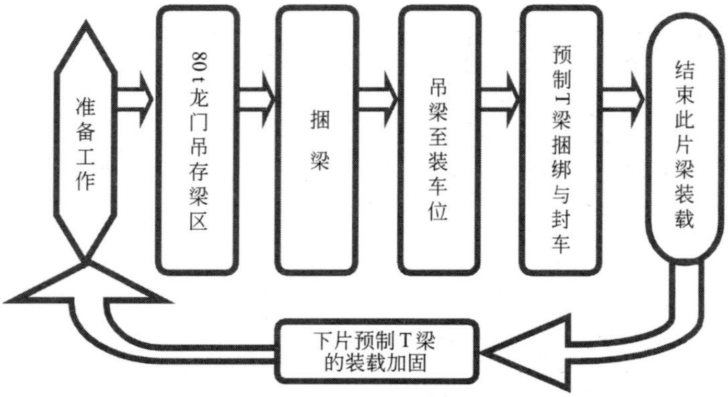

图 1　装梁工艺流程图

3.2.2　操作要点

(1)捆梁

①桥梁在顶梁、存梁和运输施工中应符合表 1 规定。

表 1　顶、存、运梁规定

序号	图　　号	梁型	支点距梁端最大距离(m)			备注
			存梁	运梁	架梁	
1	通桥(2005)2201—Ⅰ	32 m 梁	3.0	3.5	3.7	
2	通桥(2005)2201—Ⅱ	24 m 梁	2.4	3.5	3.7	
3	通桥(2005)2201—Ⅲ	20 m 梁	2.3	2.9	3.0	
4	通桥(2005)2201—Ⅳ	16 m 梁	2.0	2.4	2.6	

②在捆梁作业过程中应防止以下事故：

a. 捆梁位置和方式不符合要求，起吊时使桥梁断裂或产生裂纹；

b. 桥梁受挤压发生局部破损或变形；千斤绳突然滑动，部分钢丝被轧断；

c. 抛落千斤绳或工具材料滑落时，打伤梁下工作人员；

③捆梁千斤绳应采用 6×37+1 或 6×61+1 型交互捻制的钢丝绳，破断安全系数不得小于 10。

④吊梁应优先采用与梁型配套的专用工具(如吊梁框架)。

⑤进行捆梁作业时，须注意以下事项：

a. 千斤绳不得误用，各股千斤绳应受力均匀，没有绞花、两股互压现象；

b. 千斤绳每次均向同一方向弯折，避免受反复应力；

c. 千斤绳与桥梁底面转角接触处，必须安放护梁铁瓦以免混凝土被挤碎、千斤绳被害伤。千斤绳与混凝土面接触处如压力较大应垫木板以防挤伤混凝土，护梁铁瓦及其他支垫物应在开始受力时进行调整，使其支垫牢实，不致中途脱落；

d. 千斤绳应保持垂直，不得斜挂，并不应纵向或横向强力推动铁扁担就位挂千斤绳，以免吊起时发生剧烈摆动，或导致钢丝绳突然滑动割断钢丝，挤伤混凝土桥梁；

e. 当发现千斤绳有扭结、变形、断丝、锈蚀等异常现象时，应及时报废。对已报废的钢丝绳应作出明显标记，防止误用；

f. 使用过的钢丝绳，须通过破断拉力试验鉴定后方准降级使用，否则不得再度使用。超载与否，一般可检查外观是否有严重变形，结构破坏，纤维芯挤出和有明显的卷缩、聚堆等现象来判断；

g. 捆梁作业还应注意千斤绳的取挂方便和重叠作业中的人身安全等。

(2)吊梁

①在吊梁过程中应防止发生以下事故：

a. 龙门吊卷扬系统制动器失灵，桥梁向一端或一侧不停下落；

b. 滑轮无防止跳槽装置，钢丝绳发生跳槽后仍继续下落或提升；或者滑车组上升超过最大限度，导致部件轧伤或钢丝绳被绞断；

c. 起落梁时左右侧或前后端高差过大，以致梁体混凝土应力过大出现裂缝，或使吊具或铁扁担扭坏，并使各提升设备受力不均；

d. 钢丝绳在卷筒上混缠或钢丝绳固定端突然松脱；

e. 第二片梁下落时撞伤或碰动第一片梁；

f. 两端交替起吊，梁的一端起落过猛引起另一端支垫失稳；

g. 吊梁移动高度不够，撞碰台座上的梁或钢模，或前进方向的障碍物。

②卷扬起重钢丝绳应采用 6×37+1 或 6×61+1 型交互捻制钢丝绳，其安全系数不得小于 6。

③采用吊梁架吊梁时，吊梁架和下横梁上应垫以木板(或厚胶垫)以防滑动。

④起吊桥梁时应注意保持左右两侧龙门吊卷扬机升降速度一致、受力均匀。同时应注意钢丝绳有无跳槽和护梁铁瓦有无窜动脱落情况。

⑤吊梁脱空前，两端不得同时起吊。桥梁吊离支撑面 20～30 mm 时，应暂停起吊，对各重要受力部位和关键处所进行观察，确认没有问题时才能继续起吊。落位时也不得两端同时落位。

⑥桥梁起落过程中应保持水平，横向倾斜最大不应超过 2%。

⑦桥梁的重心线必须与吊梁架的重心线相重合。

⑧吊梁架与桥梁大小面之间应衬木垫块，高度是当桥梁起吊刚刚脱空时，两侧刚好卡紧为宜。

⑨吊梁钢丝绳在起升过程中若梁被障碍物卡住或受其他猛烈冲击时，必须立即停车检查钢丝绳有无异常。若发现受力最大的一段有损坏或其长度增长 0.5%以上时，应予更换。

(3)装车

①货物规格(见表 2)

表 2 货物规格表

类型	跨度(m)	预制梁全长×高(mm)	预制梁底宽×最大半宽(mm)	预制梁偏心量(mm)	预制梁重心高度(mm)	预制梁件重(t)	允许跨装支距(m)
通桥(2005)2201—Ⅰ边梁	32.0	32 600×2 982	880×1 458	22	1 557	146.31	27～28
通桥(2005)2201—Ⅰ中梁	32.0	32 600×2 742	880×1 070	0	1 529	146.37	27～28

②准用货车

负重车。DL1 型大吨位预制梁运输专用车(附设转向盘和专用车钩缓冲停止器)；

游　车。DNX17K(DNX17K 有关技术参数同 NX17K)。

③加固装置:车钩缓冲停止器；

④加固材料。8 号镀锌铁线,圆钢钉,木楔,800 mm×800 mm×(5～10)mm 的夹布橡胶垫；

⑤装载方法

a. 两个 DL1 型车负重,中间加挂一辆游车,跨装支距 27～28 m。梁体重心位于车辆纵中心线上(见图 2)；

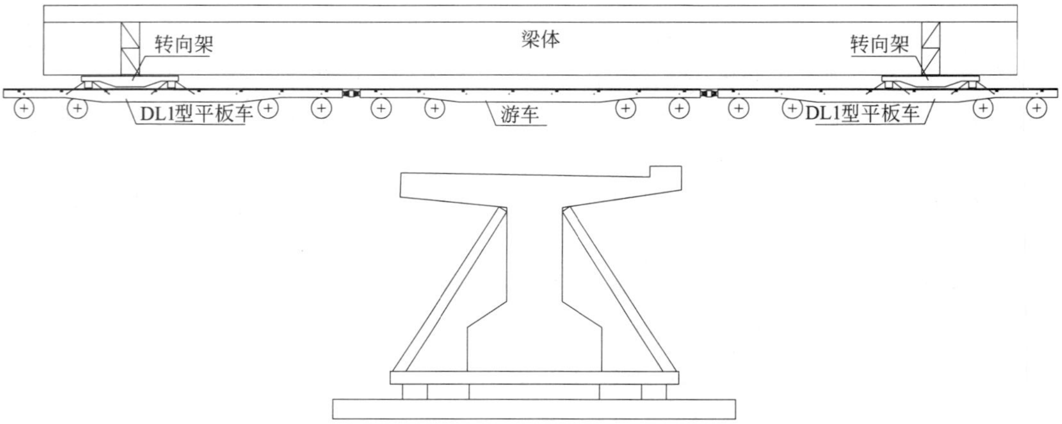

图 2　装车示意图

b. 移动转向盘(活心盘)车上的转向盘中心销处于底部长圆孔的中间位置；

c. 装载桥梁时,A 车与 B 车(游车)和 B 与 C 车之间应使用专用车钩缓冲停止器,即将专用车钩缓冲停止器置于工作位,同时相应的车钩提杆应用 8 号镀锌铁线捆绑牢固,而且 A 车与 C 车最外端的专用车钩缓冲停止器位于非工作位;DNX17K 游车两端应另使用车钩缓冲停止器；

d. 在桥梁支撑装置支上桥梁后,转向盘磨耗板与转向盘底座上旁承磨耗板的间隙,两侧间隙之和不得大于 10 mm,且两侧间隙不得同时为零。

⑥加固方法

a. 在转向盘木垫上和桥梁下衬垫夹布橡胶垫,橡胶垫用圆钢钉钉固。

b. 在桥梁梁体底部两侧与转向盘桥梁桥挡之间,使用长 800 mm 的木楔卡紧。

c. 在桥梁两侧用桥梁支撑装置加固,撑垫与桥梁端部的距离为 2 260 mm 。调整撑杆长度,使撑杆密贴梁体,用 6 股 8 号镀锌铁线将撑杆与桥梁挡加强板成交叉形捆绑,并将两撑杆在转孔处用 4 股 8 号镀锌铁线连接牢固。

⑦其他要求

a. 在运输途中,桥梁相对转向盘纵向窜动量不超过 160 mm、横向位移量不超过 15 mm 时,可继续进行；

b. 重车禁止通过驼峰；

c. 发运单位应严格控制预制梁上部突出的竖钢筋的高度；

d. 装车后核定重车重心高度和货物超限等级,重心高度超过 2 000 mm 和属于超限货物的，按有关规定办理；

e. 在预制梁(有钢筋处)与撑杆支座间采用2股16号镀锌铁线连接，并留有300 mm的松余量。

(4)预制梁押运

根据铁道部文件铁运《DL1型大吨位预制梁运输专用车组运用管理办法》(〔2007〕166号)第二章第十条规定预制梁运输专用车组重车状态运输时，托运人应全程押运。

3.3 架梁准备

3.3.1 架桥机组装与编组运行

(1)架梁机械通过铁路运输时，应符合铁道部现行《铁路超限货物运输规则》的有关规定。

(2)具有自行能力的架桥机通过运营铁路运输应符合下列规定：

①拆除主机和机动平车的万向联轴节，并安上直流电机齿轮端盖防止滑落，离合器拨到空挡，同时将离合器手柄固定；

②牵引减速箱及时补油，并检查牵引走行系统各处走行螺栓确保紧固，牵引电机及减速箱应加装防止脱落装置；

③架桥机编入列车后，须将制动机大、小闸放在运转位，关闭重联塞门，开启无火回送装置；

④主机上的拖梁钢丝绳适当放松；

⑤在挂运前及途中应仔细检查走行系统及制动装置的紧固状况，确保紧固；

⑥各型架桥机解体运输应按该机说明书的要求执行。

(3)架桥机的施工线路挂运时，通行的轨道应平整顺直，无死弯、反超高和三角坑等，钢轨连接扣件和轨枕扣件应按要求上全拧紧；轨道中心两侧侵入架桥机设计限界的障碍物必须排除。

(4)架桥机通过道路运输应符合下列规定：

①架桥机短途运输采用自行或运梁车驮运时，运行道路的纵坡、曲线半径、路面宽度及横向坡度等参数必须符合各型架桥机或运梁车的技术性能要求；

②架桥机因受运行道路净空限制等原因需要进行小解体后运输时，拆解部位和方法必须符合各型架桥机说明书要求；

③架桥机长途运输需要大解体时，拆解方法除应符合各型架桥机说明书要求外，拆解前应做好清洁、润滑、防腐等转移保养工作；再组装后应做好专项检查试验和模似实际作业测试工作，符合各型架桥机相关技术标准后方能投入使用；

④架桥机运输应根据实际运行工况制订有针对性的运输安全细则；

⑤运输架桥机的铁路路基应达到设计标准，桥台与台后路基高差应作好顺坡，顺坡宽度及纵向坡度等应满足各型架桥机或运梁车走行技术性能要求。

3.3.2 施工调查与准备

(1)架梁工程的施工调查应包括下列项目：

①存梁场的位置、地形及交通运输情况，并提出可行性方案；

②对架桥机组装后运行地段的高压线、通讯线、广播线、立交桥、隧道、渡槽等及一切影响架桥机走行净空的障碍物进行调查测量，并提出解决意见；

③设置架梁岔线的地形条件；

④特殊困难架梁地段的地形条件；

⑤各桥电源供应情况及道路运输情况；

⑥架梁桥头的填土质量；

⑦架桥机编组运输的运送路径。

(2)根据施工调查情况制订架梁实施方案时，应落实下列问题：

①选定架桥机类型，提出申请计划；

②统计成品梁数量，组织定货，制定成品梁运输供应计划；

③确定存梁场的位置和规模，并进行勘测设计；

④确定架梁岔线的出岔方式、出岔位置和长度。在营业线上架梁需设置岔线时，应提出方案报有关单位审批；

⑤整治净空不足的高压线、通讯线和其他障碍物；

⑥计算机车、车辆等运输设备的需要量，并组织调配；

⑦计算劳动力需用量和提出技术工人的配备意见；

⑧计算道砟需用量，组织道砟的来源和运输方案；

⑨计算材料、轨料、机具、运梁转向架、通讯电力设备等需要量，组织供应和调配；

⑩进行架梁辅助工程、拨道量、特殊条件下架梁等的设计或检算，提出安全质量要求；

⑪立交桥的架设，提出临时封锁公、铁路的计划；

⑫梁车的排空和转向架的回送安排。

(3)在架梁前应落实下列工作：

①架梁施工步骤和架梁时的劳力组织，桥头线路、桥面、架梁岔线等的铺轨上砟方法；铺轨与架梁的衔接办法。

②确定组装架桥机地点和换装龙门吊安放位置。

③复查架桥机组装和吊梁通过地段的限界是否符合要求。

④检查桥墩中线、支座十字线等是否已画在墩台垫石顶面上、垫石顶面是否平整；锚栓孔位置、深度、孔眼大小等是否符合要求；桥台挡砟前墙与墩台顶帽有无外露钢筋；吊篮及步行板是否安装牢固。

⑤检查桥头填土及线路质量，确定压道加固方法和有关事项。架桥机组装后的走行地段线路必须压道检查，线路状况不合格时，应由原施工单位进行处理直至达到标准。

⑥确定架梁列车编组挂运办法和梁的供应办法。

⑦特殊条件下架梁的方法和步骤。

⑧确定桥头备砟、堆料、存放机具、卸存梁、组装轨排等的具体位置。

⑨架梁时的电源、照明、通讯等实施方案。

(4)架梁前线下工程施工单位应测量桥梁墩台前后、左右距设计中心线的尺寸和支承垫石高程，复核锚栓孔尺寸，将支座十字线画在墩台垫石顶面上，作为梁就位的依据。同时应向铺架单位提供下列资料：

①变更设计情况；

②施工缺陷和有关架梁的注意事项；

③桥头填土施工记录及密实度检测记录。

(5)修建架梁辅助工程前，应提出设计文件，经上级批准后，方可施工。与线下工程有关的架梁辅助工程应与正式工程一起完成。架梁辅助工程主要应包括：

①存梁场；

②岔线土石方；

③修建临时承托结构，加高隧道顶部或降低隧道底部，加宽墩台顶帽，墩台上预设千斤顶座，预埋螺栓、钢构件等；

④拆迁妨碍架梁的高压线、通信线和其他障碍物。

3.3.3 JQ170 提速梁架桥机的组装

(1)组装完毕后必须进行一次全面检查和试运转，充分了解各部分的工作状态和可靠程度，项目包括：

①大臂伸缩和摆头试验；

②拖梁小车、吊梁小车、吊轨小车等的走行和起吊试验；

③架桥机走行试验及大小闸制动检验；

④机械、电器设备和仪表等工作情况检验；

⑤液压系统试验及载重起吊试验。

3.3.4 机具材料的配备

架梁、铺轨、铺砟用机车、车辆应统一调用、减少总的占用量。

架梁用的机具材料应配备齐全，并应在架梁前送到桥头。所有材料、工具、机械等应经检查、试用后方可发运，到达桥头后应再度检查。

电焊机应配备三台。电焊用脚手板的厚度必须在 6 cm 以上，并应有 80 cm 以上的搭接长度。

桥头应备有应急的材料机具。

成品梁桥面上的预铺道砟应铺于两个吊点之间，厚度不宜小于 10 cm。

3.4 桥头作业

3.4.1 压　　道

(1)架梁使用的压道车应符合下列的规定：

①单机压道时，其轴重不小于 190 kN 的机车。超重车压道时，其轴重架梁时计算最大轴重的 1.1 倍；

②采用 JQ130、长征 160、JQ170 架桥机架梁时，可用单机压道，当路基质量严重不良，宜用超重车进行压道；

③严禁使用已组装的架桥机压道；

④超重车宜选用 E 轴普通平车作为承载车辆。

(2)压道前应详细了解路基的施工资料、填筑情况和填筑后的沉落情况。

压道范围、速度和次数等符合下列的规定：

①压道范围：前方压上桥台 1 m，后方压到大轴重最远停留处以远 50 m。采用拨道架梁时，所有大轴重通过或停留地段均应压到。

②压道速度为 1～3 km/h，对架桥机大轴重经常停留地段，桥台尾与线路衔接处，个别有疑问的薄弱处，放慢速度或较长时间地停在该处任其沉落。

③压道次数：压到无显著下沉，最后三个往返的左右偏差不大于 2 mm，总下沉量不大于 5 mm，压道不少于 3 个往返。

④压道时应有养路人员配合整道，认真捣固。比较松软的路基，在变形地段应起道捣实后再压。压道后或架梁过程中，当遇大雨或长期阴雨浸泡路基，或压道后很长时间未架梁及架梁间隔时间很长，或经过线路大抬道，均应重新压道。

(3)压道作业时应符合下列规定：

①应用道尺和水平仪等进行观测线路下沉情况，作为采取措施的依据；

②应检查线路四周有无裂缝、下陷，边坡外坍或凸出，基底滑动和出水冒浆等现象。初始压道表现较好的路基，还应检查表面是否有硬壳或受到冰冻的影响；

③对填筑在水塘上或有滑动可能的斜面上的路基，以及有橡皮土或翻浆冒泥的路基，应避免使用悬臂式架桥机，否则必须检算路基稳定性并采取相应的加固措施；

④有关的线下施工单位应派施工负责人和技术人员与铺架单位一道进行压道观察，对压道时路基出现的异常现象共同分析原因，采取措施。

3.4.2　桥头线路加固

(1)架桥机的大轴重作用地段和桥头线路的轨道条件应符合的规定：

①道床厚度不小于 25 cm(枕下必须保证 15 cm 厚的道砟)；

②道床顶面宽不小于 350 cm，并应在拨道范围内适当放宽；

③曲线地段不设超高；

④轨距、水平方向等应符合线路养护作业标准；

⑤必须采取加固措施。

(2)线路加固方式应符合下列规定：

①轨道加固：临时增加铁垫板，轨撑，轨距拉杆，道钉和护轨等；

②单穿加固：每个枕木盒加穿枕木 1 根；

③对穿加固：每个枕木盒加穿枕木 2 根加固；

④特别加固：可根据具体情况采取下列一种方式，但所的人字枕木或扣轨等均应与桥台尾搭接。

a. 路基面密排人字枕木一层；

b. 密排人字枕木后再加扣轨束 3～5 组；

c. 在路基面或枕木垛支托扣轨梁；

d. 专门设计的承托结构。

(3)加固枕木应在线路轨枕捣实后方可加穿，所有加固枕木应保持水平，与钢轨间隙应用小手锤轻敲木垫片填实。

①选择线路加固方式应符合下列规定：

a. 轨道类型为轻型或旧杂轨铺设的次要线路时，当架桥机轴重在 400 kN 以上，应在全部走行地段采取单穿加固；未铺设垫板或道钉数量较少的线路应采取轨道加固；曲线半径在 300 m 以下的线路尚应加钉下股护轨防止脱轨；

b. 大轴重停留地段应采取对穿加固；

c. 大轴重非停留地段的重型或次重型线路，经过压道已稳定时，道床厚度在 30 cm 以上可免予加固，否则应采取单穿加固；

d. 经压道后尚不能达到完全稳定的路基，当使用单梁式或双梁式架桥机时，可采取单穿加固，当使用悬臂式架桥机时应采取特别加固；

e. 跨过有水流浸润或其他有可能塌陷的地段以及在桥台尾与路基衔接地段，当施工时未分层夯实，又未砌筑锥体护坡时，应采取特别加固；

f. 为减少单梁式或双梁式架桥机运行和起动时的线路阻力，避免自行式架桥机的走行机械受到损伤，可在个别地段采取单穿或对穿加固；

g. 半填半挖路基软硬不匀，使用悬臂式架桥机时应采取特别加固。

(4)线路加固作业时符合下列规定：

①加固枕木应在线路轨枕捣实后方可加穿；

②所有加固枕木应保持水平，与钢轨间的间隙应用小手锤轻敲木垫片填实。拨道时，应将木垫片暂时退出后再行拨动。

3.5 T梁的架设

3.5.1 顶　　梁

(1)成品梁的施顶位置应符合下列规定：

①梁梗纵向。施顶中心至梁端的距离不应小于支座中心至梁端的距离，并不得大于设计允许的悬臂长度；

②梁梗横向。两个同类型的千斤顶应在桥梁重心线两边等距支放，千斤顶头部外缘距梁梗混凝土外缘应保持100 mm以上的距离；

③低高度梁如顶道砟槽板，应严格按设计顶梁位置支顶，距梁端的最小距离不得小于300 mm；

④除设计允许者外，横隔板处不应施顶。

(2)选用顶梁千斤顶应符合下列规定：

①宜选用液压千斤顶。当起落量较大时，也可用螺旋千斤顶；

②标记载重量选在实际受载量1.5倍以上；

③梁每端应选用两台同类型的千斤顶同步起顶；

④千斤顶应经过检查；

⑤液压千斤顶使用的油类应符合有关规定，并应保持清洁；

⑥落梁砂箱应有足够的强度和稳定性，所用砂子应筛去石子并烘干，砂子不应装得过多过满，铁芯应放正、校正，不可偏斜，并严禁压在砂箱边缘上。

(3)千斤顶安放应符合下列规定：

①头部应垫有扩大传力面积的支垫(如硬木块、钢板等)，混凝土与钢板、钢板与钢板之间应放置木片或麻袋片等；

②千斤顶底座必须放在可靠的基础上。当为土质地面时应整平夯实，上面密排枕木，并加垫厚度不小于16 mm的钢板；

③千斤顶安放在平车上时，应放在平车纵向中心线附近，用短轨或枕木垫底，上加钢板分布荷载，并应将侧梁下部垫实；

④安放在有斜坡的混凝土表面时，应用硬质木板或钢板将斜坡垫平垫实，再安放千斤顶；

⑤当梁底与墩台顶帽间的净空较小，不便安放千斤顶，可在墩台上预留放顶凹槽或托架，架梁后再恢复设计。

(4)千斤顶或砂箱顶落梁作业时应遵守下列规定：

①顶落梁必须两端交替进行，严禁同时起落。两端高差不宜过大，未施顶一端的全部重量应落在稳固的支垫结构上。顶落梁应两端同时均匀下落，梁不应出现倾斜。同端两千斤顶下落时应同步，严禁用交替下落的方法调整横向位置。

②顶落梁时应设置保险枕木垛，紧随桥梁起落加高或降低，并用木板、木楔等调整间隙，梁底与垛顶间应保持不超过50 mm的距离，顶梁时不允许留间隙。中途停止工作时，应将空隙立即用木楔打紧。使用千斤顶顶梁安放支座时，顶起后应立即支座。严禁长期用千斤顶支承梁体。

③顶落梁时，应在不施顶的一端用木撑支护或有其他防护措施。

④如发现起顶困难，应查找原因，不应接长手把或增加人力强压。

⑤安全栓外露的千斤顶的前面，不应站人或抛掷工具。

3.5.2　捆　　梁

吊梁应采用与梁型配套的专用吊具，捆梁千斤绳应采用6×(37)型、6×37型或6×61型交互捻制的钢丝绳。安全系数不得小于10。吊梁钢丝绳的接头必须采取插接，插接长度不得小于钢丝绳的直径的20倍，总长不得小于300 mm。为适应各种类型的梁，应备有几种不同的千斤绳供选用。捆梁时应保持千斤绳每次均向同一方法弯折，避免受反复应力。

千斤绳与梁底面转角接触处必须安放护梁铁瓦。千斤绳与混凝土面接触处应垫木板防护。

捆梁作业应符合下列规定：

①捆梁的位置应符合设计允许悬出长度的规定；

②千斤绳不得误用，各股千斤绳应受力均匀，不应有绞花、两股互压现象；

③护梁铁瓦及其他支垫物应在开始受力时进行调整，使其支垫牢实，不致中途脱落；

④千斤绳必须可靠地悬挂在吊钩或铁扁担上，有保险销时应插好；

⑤当发现千斤绳有扭结、变形、断丝、锈蚀等异常现象时，应及时折减使用或报废。对已报废的钢丝绳应作出明显标记，防止误用；

⑥超载使用过的钢丝绳，须通过破断拉力试验鉴定后方准降级使用，否则不得再度使用。

3.5.3　吊　　梁

(1)在吊梁过程中不应发生以下事故：

①卷扬系统制动器失灵，桥梁向一端或一侧不停下落或向下坡方向不停溜动；

②滑轮无防止跳槽装置，钢丝绳发生跳槽后仍继续下落或提升；或者滑车组上升超过最大限度，导致部件轧伤或钢丝绳被绞断；

③起落梁时左右侧或前后端高差过大，以致梁体混凝土应力过大出现裂缝；梁上配件或道砟下落；吊具或铁扁担扭坏，并使各提升设备受力不均；

④钢丝绳在卷筒上混缠或钢丝绳固定端突然松脱；

⑤第二片梁下落时撞伤或碰动第一片梁；

⑥两端交替起吊，梁的一端起落过猛引起另一端支垫失稳。

吊梁卷扬起重钢丝绳应采用6×(37)型、6×37型或6×61型交互捻制的钢丝绳，其安全系数不得小于6。

卷筒与引导钢丝绳进入卷筒的转向滑车之间的距离不宜过短。因距离过短不能自行排绳时，应设置排绳器，否则应有专人协助排绳。卷扬系统中所有易发生跳槽处，均应设置防止跳槽的装置。卷扬机钢丝绳放出到最大限度时，卷筒上必须留有3圈钢丝绳。

(2)吊梁用卷扬设备必须在完全正常状态下使用。

吊梁应符合下列规定：

①起吊桥梁时应注意保持左右两侧龙门吊卷扬机升降速度一致、受力均匀。同时应注意钢丝绳有无跳槽和护梁铁瓦有无窜动脱落情况；

②吊梁脱空前，两端不得同时起吊。梁体吊离支撑面50 mm左右时，应暂停起吊，然后再下落30 mm左右停止，对各重要受力部位和关键处所进行检查，确认一切正常后方可继续起吊；

③桥梁起落过程中应保持水平，横向倾斜最大不应超过2%；纵向倾斜不得大于300 mm；

④出梁时，梁的前后端下落不得大于500 mm，严禁梁的尾端碰擦机臂；

⑤偏吊时，应调节几点卷扬机的升降量，严禁出现只有部分卷扬机受力的现象；

⑥吊梁钢丝绳在起升过程中若梁被障碍物卡住或受其他猛烈冲击时，必须立即停车检查钢丝绳有无异常。当有损坏，必须更换；

⑦落梁就位时严禁无约束地横向顶、拉。

3.5.4 拨道对位

(1)拨道对位时不应发生下列问题：

①由于线路拨道使梁或桥台托盘受到过大偏载而产生裂纹或受到内伤。

②前后轮组的拨道量不适当，梁落不到需要的位置；架桥机前端或后端在吊梁走行时受到阻挡(如信号机、隧道洞门等)；侵入邻线限界。

③拨道后线路不圆顺，曲线半径过小，缺少线路加强设备等，以致发生掉道、挤钉等现象。

拨道对位可采取单面拨道法或交叉拨道法。在梁上拨道地，拨道量必须控制在设计允许范围内。当设计允许的拨道量不能满足对位落梁的需要时，可适当选择拨道曲线形状，调整前后轮组的拨道量，并按设计有关规定进行检算。当检算不能达到所需的拨道量时，应采取其他的架梁措施，不应强行拨移。

(2)计算拨道量时，可采用叠加法。架桥机前端点(指悬臂式架桥机的主钩、单梁式或双梁式架桥机的零号柱)的偏移量应按下列公式计算：

①直线上(见图 3)；

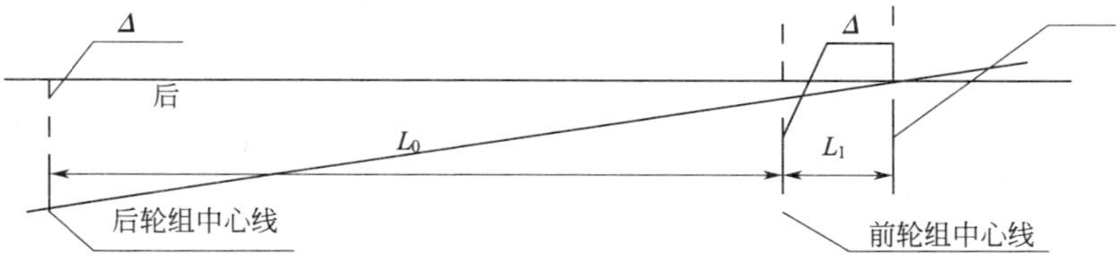

图 3 直线拨道计算图

$$\Delta_{直}=(L_1+L_1/L_0)\times\Delta_{前}-(L_1/L_0)\times\Delta_{后}$$

式中 $\Delta_{直}$——前端点偏移量；

$\Delta_{前}$——前轮轴中心拨道量，与 $\Delta_{直}$ 方向相同者为＋，反之为－；

$\Delta_{后}$——后轮轴中心拨道量，与 $\Delta_{直}$ 方向相同者为＋，反之为－；

L_0——前后轮组中心距；

L_1——前后轮组中心至前端点的水平距离。

②曲线上(见图 4)；

$$\Delta_{曲}=\Delta_{直}\pm(\beta_0\pm f/2)$$

式中 $\Delta_{曲}$——拟定拨道后或拨道并摆臂后前端点距桥梁中线的偏移量；

$\Delta_{直}$——拨道后前端点距未拨道前割线前端点的偏移量(包括机臂的摆臂量 $\Delta_{臂}$)；

β_0——前端点对曲线线路中心的偏距；

＋——括号外＋号适用于向外侧拨道；括号内＋号适用于悬臂式架桥机；

－——括号外－号适用于向内侧拨道；括号内－号适用于悬臂单梁式或双梁式架桥机；

$f/2$——线路中心对桥梁中心的偏距，其值为：切线布置时 $f/2=0$，平分中矢布置时 $f/2=L_2/16R$，或视设计而定，其中 L_2 为梁的全长加一个梁端伸缩缝，R 为曲线半径。

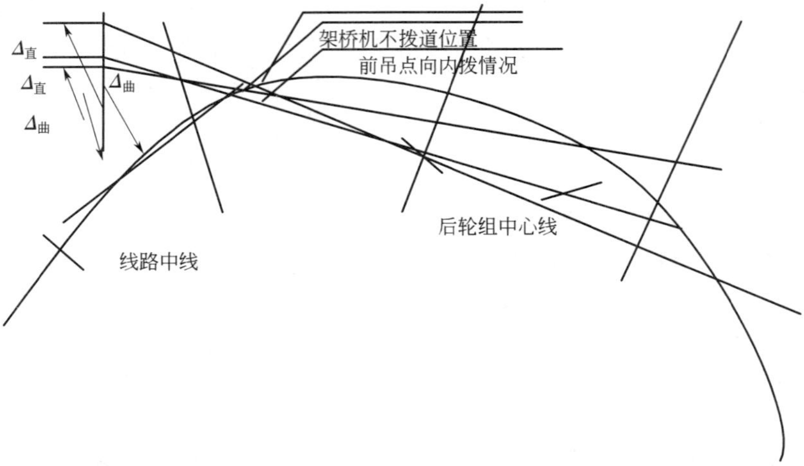

图4 曲线拨道计算图

③精确计算拨道时，应按下列各种因素，对拨道量作适当的修正。

机臂转向架在曲线上的内偏量；

机臂中线偏离架桥机中线的偏头量；

成品梁重心与梁梗中线间的偏差量；

曲线线路中线与桥梁中线间的偏差量；

在某些情况下，障碍物对拨道量的影响。

线路拨道后应有良好的平面条件，必须时应提出平面设计。拨道曲线长度宜取 60～70 m。实际拨道量与计算拨道量的最大误差不得大于 10 mm。拨道后曲线半径不宜小于 250 m，条件困难时不得小于 200 m。

线路拨道后应按规定捣固密实。半径很小应采用弦线法校正。曲线轨距一般按正线原状铺设，不另加宽；当曲线半径很小机车通过时仍应按规定加宽。半径 200 m 的曲线应在外轨加轨撑。

拨道前应算出曲线起讫点和中点位置，并在线路上作出相应标记。

曲线上拨道可采用简易方法在现场直接测定。

3.5.5 移 梁

(1)机上移梁应注意下列事项：

①移梁前应重新检查零号柱和架桥机主机前支腿支垫情况，移梁时观察墩顶支垫处变化情况；

②机上移梁不到位，需要少量斜拉时，宜选择低位进行，斜拉距离不得超过 400 mm。斜拉所用手拉葫芦起质量不得小于 5 t；

③机上移梁不到位前，应检查捆梁千斤绳抽取难易程度。

(2)墩顶移梁不应发生下列情况：

①梁在落放或移动过程中翻倒；

②移梁设备破损，滑道下沉，引起梁倾斜或溜动；

③梁保护层及墩台帽边缘受压破裂；

④移梁时方向掌握不好，造成就位困难等。

墩顶移梁可采取滚移，并应配有滑道、托盘、辊轴和手拉葫芦等移梁设备。移梁设备应轻便坚实。

(3)滑道设置应符合下列规定：

①滑道可用两根 50 mm×50 mm 方钢并列组成，间距宜为 250 mm。方钢每节长可为 1～2 m，每节两端宜制成斜坡。拉长时，搭接长度不得小于 200 mm。方钢的最外端应设置止动木楔。

②滑道可安放在支承垫石上。当放在垫石外的泄水坡上时，应用硬质楔形木板垫平垫实，其木纹走向就与滑道相垂直。

③方钢滑道的外侧距墩台边缘就保持 100 mm 的安全距离。托盘式或特殊设计的墩台，滑道安放位置应根据设计要求或通过检算决定。

④两股滑道应互相平行，其间距允许偏差为±10 mm，并应与梁移到正位时的方向相垂直。

⑤两股滑道顶面应在同一水平面内。

⑥滑道端部应向墩台外缘作成不大于 2%的上坡道。严禁设置下坡滑道。

(4)移梁用的托盘应有足够的强度和刚度，并应便于安装砂箱或护梁支撑木。托盘顶面宜比砂箱底面宽出约 100 mm，底面两端宜做成斜面以利于吞吐辊轴。托盘至少应比梁梗底面两边各宽出 50 mm。

不能与托盘一起移动的支护设备或保险设施，应在梁移动时能随时调整其位置或长度。

移梁宜根据梁重选用直径 30～70 mm 的实心钢辊轴，辊轴直径应大小一致，表面光滑，并应有足够的把持长度。

每个托盘下辊轴的根数 n 可按下式计算：

$$n=0.6Q/l[\sigma]$$

式中 Q——梁总荷载(kN)；

l——每个辊轴与下滑道实际接触线长度(cm)。

$[\sigma]$辊轴与滑道自由接触径向受压容许应力(kN/cm)根据经验其值可取：

$$[\sigma]=2d$$

式中 d——辊轴直径(cm)。

辊轴中心距一般为 100～120 mm，每个托盘不得少于 6 根。

移梁时应用梢径 100 mm 圆木或 100 mm×100 mm 方木支护梁，上端支在梁颈部，下端支在托盘端的挡肩上。支撑木应在梁实后安装。

支护设备应有足够的强度。常备的支护设备应在梁顶面受到 60 kN 左右的水平分力时不致受到破坏。

墩顶移梁可用手拉葫芦、起道机、千斤顶或液压推顶器等作为推动力，其推动力应比计算阻力至少大 50%。千斤绳必须固定在可靠的锚固物上，不应脱落。

用千斤顶、起道机和液压推顶器等顶梁移动时，其支点可设在滑道内，随梁挪动。

墩顶移梁作业应符合下列规定：

①梁下落接近砂箱或托盘顶面时，应检查托盘与滑道是否上下相对，辊轴方向、位置等是否正确，发现问题应立即纠正；

②梁落实后应立即安好支护设备，然后移梁；

③梁两端的走行速度应基本一致。在滚移时应随时调整梁的纵、横向位置。吞吐辊轴时应防止压伤手指和辊轴自滑道上坠落；

④托盘前后均应有止动木楔，梁停止移动时应立即塞紧。支托在移梁设备上等待回移的梁片，必须可靠地制动；

⑤当墩台顶帽较窄时，应有可靠的防溜、防倾设施，梁梗外缘距墩帽边缘应留有 100 mm 的保险距离；

⑥当支座为盆式橡胶支座时，应采用托盘移梁，并应在支座两侧增设防倾设施，严禁在支座下直接移梁。

3.5.6　*落梁和支座安装*

(1)普通梁

①落梁就位安放支座应符合下列规定：

a. 支座底面中心线应与墩台支承垫石画出的十字线重合；

b. 梁缝应符合规定尺寸；

c. 在保持梁梗竖直的前题下，梁片间隙应符合规定；道砟桥面的道砟槽顶宽不宜小于 3.9 m；

d. 固定支座端及活动端位置符合规定；

e. 支座底面与墩台支承垫石应密贴，上座板(顶板)与梁底之间无空隙，整孔梁不应有三条腿现象。

②当 T 梁或墩台的有误差时，应在梁梗竖直、支座中心线与墩台十字线保持重合的先决条件下，按下列原则调整：

a. 当梁跨与桥跨有差值时，其纵向误差以桥梁中线为准向两端平均分配，但梁的活动端必须保持在按 100 ℃温差计算的最小伸缩空间，其近似值为梁全长的 1/1 000；

b. 横向偏差应保持梁片间隙能放置防水盖板、取出吊具的条件下，以桥梁中线为准，向两片梁对称分配。

c. 调整后的支座中心线与墩台十字线间的错动量，和同端两片梁支座中心线间横向距离的误差应符合表 3 的规定。

表 3　支座中心线允许偏差表

序号	项目		允许偏差(mm)	检验方法
1	支座下座板中心与墩台纵向错动量	墩台高度<30 m	20	尺量
		墩台高度≥30 m	15	
2	支座下座板中心与墩台横向错动量	墩台高度<30 m	15	
		墩台高度≥30 m	10	
3	同端支座中心横向距离	偏差与桥梁设计中心对称时	+30 −10	
		偏差与桥梁设计中心不对称时	+15 −10	

活动支座应按梁的温度变化及混凝土梁未完成的收缩徐变产生的错动量，调整顶板与底板(或上下座板)的相对位置。错动量按下列公式计算：

$$\delta=(T-T_0)\times l+\delta_s$$

式中 α——线膨胀系数,成品梁为 1.0×10^{-5} / ℃,钢梁为 1.18×10^{-5} / ℃;

l——梁跨度,对柔性墩桥,l 应取温度联长 $\sum l$(cm);

T——架梁时温度(℃);

T_0——收缩徐变完成后顶板与底板(上下座板)中线重合时的计算温度(简称计算温度,℃)其值可取为

$$T_0 = T_{平} + \delta_{活}/2\alpha l$$

式中 $T_{平}$——年度中最高和最低温度的算术平均值;

$\delta_{活}$——梁端部因活载产生的纵向位移(cm);

$\delta_{活}/2\alpha l$——换算温度(℃),也可取为成品梁为 100 ℃;16 Mnq 钢制简支板梁为 200 ℃;简支桁梁为 160 ℃;

δ_s——成品梁未完成的收缩徐变值(cm),对于柔性墩桥,应为温度联长内各孔的总和。

16 m 以下(不包括 16 m)T 梁的弧形支座,当活动支座上下座板中线重合,销钉正在椭圆孔正中位置时,架设时可不考虑错动量。但当销钉不在正中位置,椭圆孔一侧的活动间隙很小时,仍应根据上式检算错动量。伸缩间隙不足时应立刻进行调整。

固定支座顶板与底板(或上下座板)其中线的纵、横错动量,以及活动支座中线的横向错动量均不得大于 3 mm;活动支座中线的横向错动量与计算值的允许误差为±3 mm。固定支座及活动支座底板(下座板)中心十字线的扭转允许偏差为 1 mm。

③支座安装应符合下列规定:

a. 支承垫石表面和锚栓孔的杂物、冰雪等必须清除干净;

b. 支座弧形承压面在安装前涂黄油;

c. 支座安装应符合支座设计要求;

d. 支座各组成部分之间、支座顶面与梁底之间以及支座底面与墩台支承垫石间应保持密贴,不得有缝隙;

e. 梁在支座上落实后应立即打好桥梁支撑;

f. 在安装支座的同时,应将锚栓安放齐全。

上下锚螺栓的埋置深度应符合设计要求。严禁将弯钩截去后插入锚栓孔。螺帽拧紧后螺栓头应露出三个丝扣。

板式橡胶支座安装应做到平、密、紧。当支座下有缝隙时,应以水泥砂浆等适当材料填实。

坡道上采用板式橡胶支座时,当坡度在,可采用砂浆垫层调整;当在 6‰及以上时,必须在支座与梁底支承钢板间加焊一块和坡度相同的楔形钢板。

板式橡胶支座安装后应符合下列规定:

支座与梁底或支承垫石之间无滑移或脱空现象。

无初始剪切变形。

垂直压缩量不大于设计值,侧看无不均匀鼓凸。

表面无裂纹。

④盆式橡胶支座安装应符合下列的规定。

a. 支座与梁底及支承垫石顶面应平整密贴;

b. 平面两方向应水平,四角高差不得大于 2 mm;

c. 固定支座安装时,上下座板应想到对正;

d. 支座安装前各相对滑动面应用丙酮或酒精仔细擦净,不得夹有灰尘或和杂质;

e. 活动支座安装时，上下导向块必须保持平行，交叉角不得大于 50，同时，应计及因安装温度与设计温度不同，支座上、下各部件错开的距离；

f. 支座中心线与主梁中心线应重合或在允许偏差内平行。

(2)2201 提速梁

①落梁就位应符合下列规定：

a. 落梁前先在支承垫石顶面铺一层厚 20～30 mm 的 M50 干硬性水泥砂浆坐浆垫实，或采用不低于支承垫石混凝土设计强度的注浆材料压浆垫实；

b. 梁缝应符合设计要求。不能满足设计要求时，应按暂行规程规定进行调整；

c. 在保持两梗竖直的前提下，道路槽外缘宽度应满足设计要求；

d. T 梁梁体就位后，梁体端部应平齐，桥梁平整，梁顶面高程符合设计要求。梁体无损伤，并应保持横向预应力预留孔道对齐；

e. T 梁架设后的相邻梁跨梁端桥面之间、梁端桥面与相邻桥台胸墙顶面之间的相对高差不得大于 10 mm，T 梁桥面不得高于设计高程，也不得低于设计高程 20 mm。

②支座的安装。桥梁支座进入工地后，除应检查支座包装标志与产品合格证等是否相符外，应对支座外形尺寸、外观质量和组装质量进行检验，支座品种、类型、性能、规格、结构和涂装质量均符合设计要求和相关标准规定方可安装；

各类支座工地检验项目应包括：

a. 盆式橡胶支座：支座型号、适用温度、支座组装后的整体高度、上下座板螺栓孔中心距、活动支座聚四氟乙烯板外露高度、橡胶承压及密封圈外露面表面缺陷、涂装质量等；

b. 板式橡胶支座：支座型号、规格尺寸、使用性能、适用温度、上下座板螺栓孔中心距、橡胶板的外观质量；

c. 铸钢支座：支座型号、性能、组装后全高、上下座板(上下摆)螺栓孔中心距、各部尺寸、支座铸件不加工面及机加工面的外观质量、支座防锈涂装及承压面润滑涂油情况；

d. 桥梁支座安装前，应检查墩台跨距及距离、支承垫石顶面尺寸、高程及平整度和预留锚栓孔位置及尺寸，发现不符合设计要求和相关标准规定时应提前进行处理。支承垫石顶面应划线标明支座下座板的纵、横向中心线；

e. 桥梁支座安装前，应将支承垫石和锚栓孔清理干净，做到无泥土、无浮沙、无积水、无冰雪及油污，并对支承垫石进行凿毛处理；

f. 桥梁支座安装时，固定支座和活动支座的位置和方向必须符合设计要求。支座上、下座板与梁底板及支承垫石之间和支座各层部件之间密贴无缝隙，整孔桥梁的支座应均匀受力无"三条腿"现象，支座配件应齐全无损伤，螺栓螺母应拧紧无松动；

g. 桥梁支座应根据线路设计纵向坡度和设计要求选择支座类型，坡道上的桥梁支座安装应符合设计要求。固定支座上、下座板应相互对正；纵向活动支座上、下座板横向应对正，纵向应根据支座实际安装温度与设计安装温度之差和梁体混凝土未完成收缩，徐变量及弹性压缩量计算预留量错动量，计算方法应符合中华人民共和国行业标准 2006 年 9 月 26 日发布的《铁路架桥机架梁暂行规程》附录 A 的要求。

③桥梁支座安装发生梁端及梁间缝偏小时，应在保持梁体竖直和桥梁顶面中心线与墩台纵向中心线相一致条件下，按下列原则调整支座位置：

a. 纵向偏差应在保证梁体活动端自由伸缩条件下，将偏差向梁体两端分配；

b. 横向偏差应在保证桥梁顶面宽度符合设计要求和梁片间缝宽度满足挡砟盖板安装条

件下，向墩台中心两侧分配。

④桥梁支座安装发现支座下座板与支承垫石间有空隙时，应先将支承垫石顶面清洗干净，然后按设计要求的材料坐浆夯实或压力注浆垫实。当设计无材料要求时，应采用铺设适当厚度的 M50 干硬性水泥砂浆坐浆垫实，或采用不低于支承垫石混凝土设计强度的注浆材料压浆垫实。支座下座板与支承垫石间用作调整支座高度的铁楔，应在垫层材料或砂浆达到设计要求强度后取出，并将孔洞用与垫层相同材料的干硬性砂浆填堵密实。支座与梁体间有空隙时，应采用注浆方法将空隙填满；

⑤桥梁支座锚栓的规格、质量、埋置深度和外露长度，必须符合设计要求和相关标准的规定。锚栓固结应在支座及锚栓位置调整准确后及时进行施工，墩台锚栓孔填料种类及质量应符合设计要求。当设计无要求时，应采用 C30 细石混凝土或 M30 水泥砂浆压力填实或分层填筑密实，并应做到锚栓孔口平整、无裂缝及积水；

支座锚栓应在支座安装时安放入墩台锚栓预留孔中，并应与支座下座板保持垂直。严禁采用将锚栓下端标准弯钩截去后插入锚栓孔方法施工。

⑥盆式橡胶支座在储存和搬运时，应避免日晒、雨雪浸淋和撞击，严禁与酸、碱、油类及有机溶剂等接触，并应保持清洁和距热源 1 m 以上；

⑦如盆式橡胶支座必须在工地上组装时，必须用丙酮或酒精擦净支座相对滑动面的不锈钢板和聚四氟乙烯板面的灰尘和杂质，支座的其他钢件表面应清除铁锈、灰尘和油污，钢盆中的橡胶板应用木槌轻轻敲入，并应使橡胶板与钢盆盆底密贴无空气间层；

⑧盆式橡胶支座安装除应符合第 2.1 节的规定外，尚应符合下列规定：

a. 固定支座和纵向、横向及多向活动支座的安装位置和方向必须符合设计要求；

b. 对于双线简支 T 梁，支座类型分为固定(GD)、横向(HX)、纵向(ZX)、多向(DX)四类，支座布置方式(见图 5)；

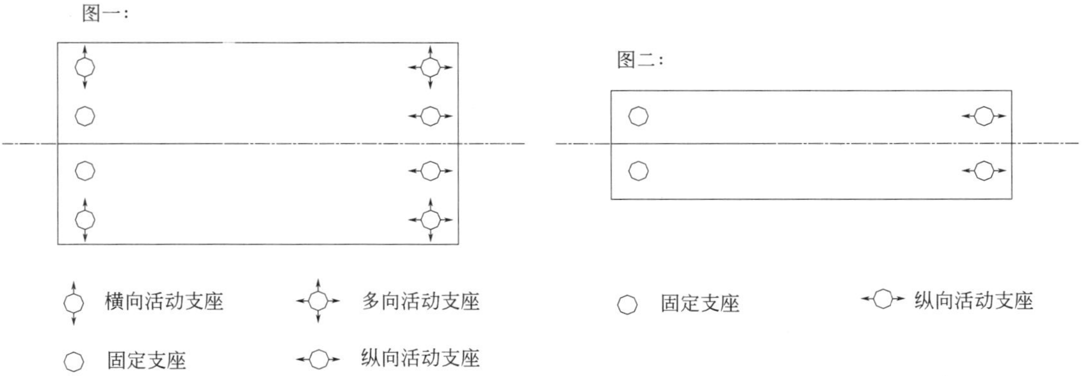

图 5　支座布置方式图

c. 对于单线简支 T 梁，支座类型分为固定(GD)、纵向(ZX)两类，支座布置方式如图二；

d. 支座安装时先将支座用螺栓与梁底连接牢固；

e. 落梁时采用测力千斤顶作为临时支点，应保证每个支点力与所有支点反力的平均值相差不超过±5%；

f. 采用本支座时，支承垫石的混凝土等级不低于 C40，垫石顶面四角高差不大于 2 mm，为安装和必要时更换支座方便，梁底与墩顶净高不宜小于 500 mm；

g. 支座安装完成后(砂将垫层达到要求强度时)，应及时拆除上、下支座连接钢板及螺栓，并安装好支座围板；

h. 本系列支座采用预埋套筒和锚固螺栓连接方式，在墩台顶面支承垫石部位须预留地脚螺栓孔，螺栓孔预留尺寸：直径为套筒直径加(60＋20) mm，深度为套筒长度加(60＋20) mm，预埋螺栓孔中心及对角线位置偏差不得超过 10 mm；

i. 支座防尘罩应及时安装，并应做到严密、牢固、栓钉齐全，防尘罩开启不应防落梁装置或梁端限位装置相抵触。

⑨支座安装允许偏差满足表 4 要求。

表 4　支座安装允许偏差表

序号	项　　目		允许偏差(mm)
1	墩台纵向错动量	一般高度墩台	20
		高度 30 m 以上墩台	15
2	墩台横向错动量	一般高度墩台	15
		高度 30 m 以上墩台	10
3	同端支座中心横向距离	偏差与桥梁设计中心对称时	＋30 －10
		偏差与桥梁设计中心不对称时	＋15 －10
4	支座板四角高差		1
5	上下座板中心十子线扭转		1
6	同一梁端两支座高差		1
7	固定支座上下座板及中心线的纵、横错动量		1
8	活动支座中心线的纵横错动量(按设计气温定位后)		3

3.5.7　铺 桥 面

(1)普通梁。

①铺桥面不应发生下列问题：

a. 道砟厚度不足，枕木直接放在防水盖板上；

b. 泄水罩和防水盖板等破损或数量不足，临时用其他材料替代；

c. 相邻两片或两孔梁间顶面高差过大，安放防水盖板困难或不能完全落实；

d. 未经认真整道即继续架梁或行车。

当相邻两孔梁顶面高差大于 30 mm，应用水泥砂浆将放低一端垫高后，方可铺设防水盖板。

桥面轨道可预先在基地或桥头组成轨排，用架桥机铺设，并宜一次性铺成正式线路。

②用龙门吊换装或用架桥机吊铺轨排时，应正确选定吊点位置。吊轨排必须采用双吊点，并宜使轨排中腰和两端的下挠度大致相等；两吊点间的距离可选为 14 m ；两端悬出长度宜 5.5 m。不能满足以上要求时，可按下列原则布置：

a. 钢轨重 43 kg/m 及以上的混凝土枕轨排，其吊点间距离不得大于 16 m，吊点至悬出端的长度不得大于 6 m；

b. 钢轨重 43 kg/m 及以上的木枕轨排，其吊点间距离不得大于 18 m，吊点至悬出端的长度不得大于 7 m；

c. 当使用 43 kg/m 以下的钢轨，应另按钢轨应力检算其吊点间距离和悬出长度；

d. 不能满足以上要求时，可采用三吊点或四吊点方式进行。

吊 12.5 m 轨排的悬出长度，同样应符合以上规定。吊木枕轨排可用单吊点，吊混凝土轨排仍应用双吊点。

采用拨道对位的线路，宜先恢复到设计中线后再铺新轨排。

铺设轨排后应立即进行整道作业，消除硬弯、反超高和三角坑等缺陷，并应将轨道枕木头下面用道砟串满，不应悬空。

各型架桥机均应配备几种长度的短轨和异型鱼尾板，以便能在各种情况下满足架桥机作业要求。任何情况下，接长后的线路轨端距架桥机对位后第一位轴不得小于 1 m。

(2)2201 提速梁

铺桥面符合下列规定：

a. 相邻两片或两孔梁间顶面高差应符合要求。当高差大于 20 mm 时，应用水泥砂浆补平，保证横向盖板或纵盖板安放平稳；

b. 泄水罩等不应有破损和数量不足；

c. 桥面铺砟带时，顶面宽度不得小于 800 mm，厚度不得小于 150 mm；

d. 桥面轨道可预先在基地或桥头组成轨排，用架桥机铺设，并宜一次铺设正式轨排；

e. 采用拨道对位的线路，应首先恢复到设计中线后再铺新轨排；

f. 铺设轨排后应立即进行整道作业，清除硬弯、反超高和三角坑等缺陷，并应将轨枕承轨槽下面用道砟串实，不应悬空；

g. 临时接长的线路轨端距离架桥机对位后第一位轴不得小于 1.0 m。

3.5.8 联结板焊接

联结板必须焊接的最少挡数应至少焊完三挡，位置可取在两端及跨中处。

当两片梁的联结角钢相互错动很大，使用原配联结板不能保证联结质量时，应在现场另行配制钢钣。配板厚不得小于原设计厚度，配板长度不应大于联结角钢之长度，并应使两相对联结板之间至少能保持 30 mm 净距的宽度。板上挖孔直径不宜大于 50 mm。当上下错动量较大时，应随高差大小裁成平行四边形。

电焊可用交流或直流焊机。焊条应符合现行国家标准。电焊前应将联结角钢或联结板上的混凝土渣、油污和铁锈等除净。电焊焊条和联结角钢应保持干燥状态，低温作业时尚应采取预热措施。

焊缝：厚度不得小于 8 mm，并不应有裂缝和气孔等缺陷；联结板的下端不应低于联结角钢的下端，否则应将超出部分割去。

3.5.9 普通梁架设收尾作业

T 梁架完后，应随即作好下列收尾作业：

灌注锚栓孔砂浆。

灌注横隔板混凝土。

小跨度梁支座下座板与垫板间的焊接。

整修因架梁造成缺陷，如填补千斤槽、顶梁凹槽和因碰撞挤轧产生的破块裂痕等。

安装支座围板。

桥梁湿接缝的施工。

拆除岔线或其他架梁辅助设施等。

灌注锚栓孔砂浆前必须清除孔内杂物,用清水冲洗干净后再灌注 M20 水泥砂浆,并用钢钎捣实。灌后顶面应抹平,用草袋覆盖并进行浇水养生。

灌注横隔板混凝土前,应将联结角钢上的浮杂物质除净,敲去电焊熔砟后再立模板。混凝土强度等级按设计规定配制,无设计时可按 C20 配制。

因施工预留的槽和孔,以及在架梁过程中碰伤和挤破的处所,宜随同灌注横隔板混凝土时一并修整完好。修补前应将破碎混凝土彻底清除,并用清水冲净。当破损深度超过 50 mm 或露出主筋时,应作成记录交养护单位备查。

湿接缝施工:先安装预先绑扎好的钢筋,再立模灌注混凝土,混凝土现场机械拌制(发电机、搅拌机和原材料均位于平板车上,随平板车沿线移动,用于浇注横隔板湿接缝和桥面连接板湿接缝),插入式震动器震捣。混凝土二次收面后采用麻袋覆盖,洒水养护。

横向预应力预留孔道按设计图纸预留,为保证同一孔梁位置准确,模板成对加工(即要求同一位置误差偏向一致),制梁时同一孔梁紧邻制作,模板不调向。

两片梁架设后,先进行临时联结,待全桥架设完毕后,再进行横向预应力施工。

两片梁间孔道采用内径为 50 mm 的波纹管连接,波纹管用定位网固定保证顺直和位置正确,然后安装木模型。湿接缝混凝土采用 350 L 自落式搅拌机拌制,用直径为 20 mm 的振捣棒振捣密实。浇注完的湿接缝混凝土经覆盖洒水养护达到设计强度后,再进行横向预应力张拉。

横向预应力筋采用直径为 32 mm 的高强精轧螺纹粗钢筋,材质为 40SiMnMoV,抗拉强度标准值为 835 MPa,未经时效的弹性模量为 1.8×105 MPa,经时效后弹性模量采用 2.0×105 MPa。横向预应力筋在使用前必须经过冷拉,冷拉控制应力不小于 735 MPa,且冷拉率不大于 3%。冷拉后时效在 15~20 d 内进行,以弹模和抗拉强度作为控制标准,由实验室测定控制。预应力高强精轧螺纹粗钢筋到货后及时进行验收,除核查合格证外,还对外观、外型尺寸和机械性能抽验。

钢筋下料前必须把钢厂因剪切钢筋形成旁弯和螺纹被压扁的钢筋端头部分切去,以保证精轧螺纹钢筋与连接器和螺母能顺利联接。钢筋必须采用砂轮切割机切断,切割后去处毛刺,锉平端头表面。当采用一端张拉时,钢筋下料长度按下式计算:

L=管道长+螺母厚+垫板厚+钢筋露出螺母长+张拉端千斤顶拉杆组建连接头拧入长度(200 mm)

锚具采用 YGM 高强精轧螺纹粗钢筋锚具,YGM 型锚具尺寸(见表 5)YGM 型锚具图如图 6 所示。

表 5 YGM 型锚具尺寸表

张拉端(mm)						固定端(mm)					
锚具			垫板			锚具			垫板		
D	S	H	A	H2	ϕ	D	S	H	A	H2	ϕ
67	58	72	130	32	38	67	58	72	130	32	38

桥梁预制时注意锚垫板排气槽朝外并与端面垂直，张拉前先清除锚垫板表面的杂物，孔内杂物积水。

钢筋运卸时注意不弯曲和损坏螺纹，已损坏的坚决不用。钢筋在安装后和预施应力过程中应始终位于管道中心。

安装张拉设备(设计专用吊具)，注意保持撑脚轴线与千斤顶在同一直线上，张拉过程中也要保持这一状态和两脚受力均匀，发现撑脚变形则及时更换。采用一端张拉，只在一端安装千斤顶。钢筋在非张拉端露出锚具的长度等于或大于钢筋直径；在张拉端露出锚具的长度要等于或大于钢筋 6 倍直径，张拉端安装示意图(见图 7)。

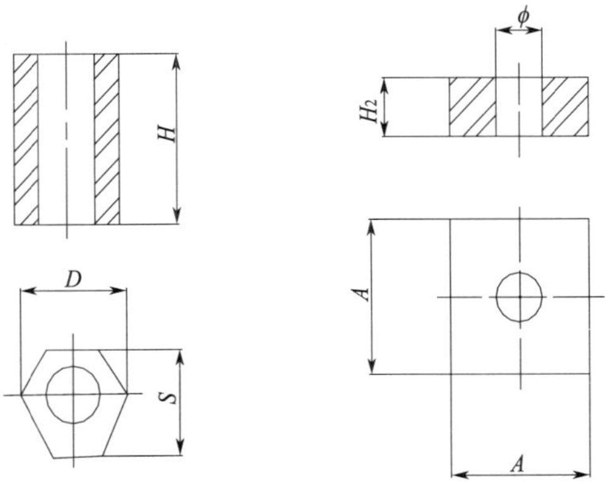

图 6　锚具外形图

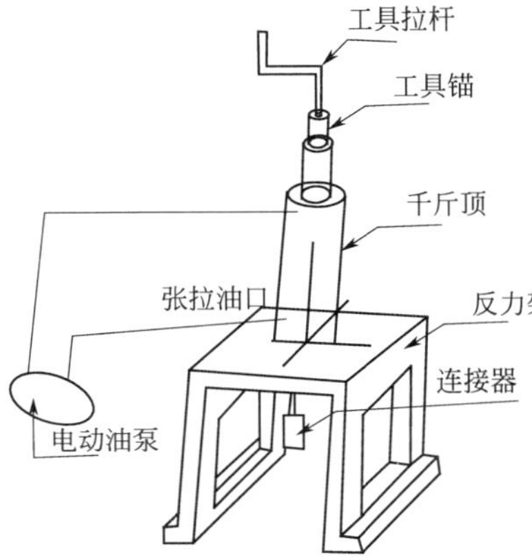

图 7　张拉端安装示意图

准备工作就绪后，张拉到初应力，一般为 40 kN，然后调整钢筋、撑脚、千斤顶对中，作伸长值标记。

随张拉不断转动拧紧装置，直至张拉到控制应力，持荷 2 min，测伸长值。伸长值不超过理论值的±5%。

补油至控制应力，拧紧螺母，测回缩(回缩值小于等于 2 mm)。

横向预应力施工完毕后，在上隔板表面涂以 881-1 型聚氨酯防水涂料，并符合《聚氨酯防水涂料》(JC 500—92)的要求。

张拉结束后氧割所留的露出锚具的长度等于或大于钢筋直径。有关横向预应力施工完毕后的管道压浆和锚头封堵要求及方法同纵向预应力的有关要求和方法一致。

拆除电焊脚手板时，必须用绳缚牢，缓缓吊下，严禁从高空向下抛掷。

3.5.10　2201 提速梁桥面系施工

桥梁架设过程中，两片梁先进行焊接临时联结，待全桥架设完毕后，再进行湿接缝和横隔板混凝土灌注、预应力张拉、压浆、封锚等施工。所用模板均采用木模，木模宽度随湿接缝宽度调整，并用封口胶封堵周边缝隙，防止漏浆。两片梁间孔道采用内径为 60 mm 的波纹管连接，波纹管用定位网固定保证顺直和位置正确，然后安装木模型。湿接缝混凝土采用 350 L 自落式搅拌机拌制，用直径为 30 mm 的振捣棒振捣密实。浇注完的湿接缝混凝土经覆盖洒水养护达到设计强度后，再进行横向预应力张拉。横向预应力施工完毕后，在上隔板表面涂以 881-1 型聚氨酯防水涂料，并符合《聚氨酯防水涂料》(GT/T 19250—2003)的要求。

总体施工工艺流程(见图 8)。

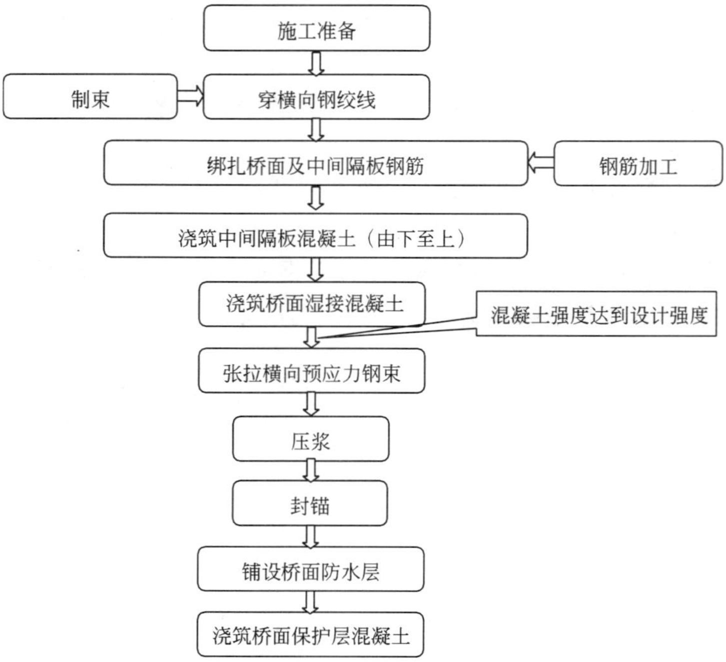

图 8　总体施工工艺流程图

4　工艺流程及操作要点

4.1　单梁式架桥机(作业流程)

4.1.1　单梁式架桥机作业流程

单梁式架桥机架梁应按下列过程进行：

组装架桥机——编组架梁列车——主机运行至桥头对位，伸机臂，立零号柱——机动平车运行至桥头工地——机车推送梁车、桥面轨排车和换装龙门吊车至桥头工地——组立换装龙门吊并换装梁至机动平车——机动平车运送梁与主机对位——喂梁，捆梁，吊梁，出梁——机上横移梁或墩顶横移梁——安装支座，落梁就位——重复第二片梁——铺桥面，联结板焊接——重复架设其余各孔梁——架梁收尾作业。

4.1.2　单梁式架桥机组装与编组运行

单梁式架桥机的组装应符合下列规定：

JQ130 单梁式架桥机主机长途运输时，采用小解体方式，挂运到施工工地后，按说明书的规定程序组装。

组装架桥机宜选择在车站股道或桥头岔线的直线地段进行，直线有效长度不宜小于 80 m。当用吊车组装时，可在半径较大的曲线地段上进行，但吊车不应侵入行车限界。

组装区段线路应经过整道，轮对所处地段应进行加固。

组装前，应检查各部件有无松动、脱落、丢失和损坏，发现问题及时处理。

组装时，1 号柱、2 号柱的连接螺栓和销轴，1 号柱油缸、2 号柱油缸和摆臂油缸的固定螺栓和销轴，以及其他部位的连接螺栓和销轴，必须拧紧和安装到位，不应缺少。

组装后，当主机需要在三角线上转头时，三角线的半径不得小于 250 m；条件不具备时不得小于 180 m，但此时应采取安全措施。

组装状态的主机要三角线上转头时,应根据线路两侧限界,采取安全措施。

主机组装后必须对下列项目进行试运转检查:

柴油发电机组发电试验。

液压系统保压试验。

机臂伸缩、拉臂、摆臂和零号柱摘挂试验。

拖梁小车、吊梁小车和铺轨小车的走行和起吊试验。

主机自行走行试验及大小闸制动试验。

主机试运转检查完毕后,应将机臂、吊梁小车和铺轨小车退回至说明书的规定的位置,并予以固定。主机运行时,机臂升降机构和摆臂机构应按规定锁定。

组装换装龙门吊时应符合下列规定:

换装龙门吊宜组立在坡度不大于10‰的直线线路或曲线半径不小于1 200 m的线路上。在曲线半径较小的线路上组立时,宜将线路拨直50 m左右。

换装龙门吊组立的位置至桥台之间的距离应能满足换装作业的需要,可选择在200～500 m之间。

换装龙门吊左右支柱与线路中心线间的距离应保持相等,允许偏差为±10 mm,两支柱的支承基面应保持在同一高程,允许偏差为±4 mm。

换装龙门吊支柱的支承基础必须整平夯实。基底应垫放不少于两层枕木,基础承受的压强不小于0.2 MPa。换装龙门吊组立后,钩底至轨面的距离不大于4 800 mm。

两台换装龙门吊之间距离应根据T梁的跨度、吊梁时允许的悬出长度和规定允许的起吊点确定。

机械式换装龙门吊支柱的联接螺栓必须拧紧,销轴应安装到位,不应缺少。

液压式换装龙门吊油缸支座安装螺栓和横梁安装螺栓应拧紧,各处销轴应安装到位,并应装配开口销,不应缺少。

换装龙门吊配备的发电机组、电缆和按钮箱以及液压龙门吊的液压泵组,宜采取安全保护措施。

换装龙门吊组立完成后,应进行空载试运转检查。

架梁列车应由主机在前,依次按机动平车、梁车、桥面轨排车、换装龙门吊车和机车推送发运的顺序编组;也可由主机和机动平车挂运行。

架桥机经过的线路必须按规定进行压道和加固。单梁式架桥机主机架梁和机动平车运梁走行地段的曲线外轨超高值不得大于70 mm。

架桥机挂运时应符合有关规定。

主机自力走行的速度宜保持在10 km/h以内,侧向通过道岔和曲线时宜为5 km/h以内,接近桥位时应减速至0.5 km/h左右。运行时应有专人护送。通过线路不良地段时,应降低速度并应随时监视车轮与轨面接触情况,防止掉道。

主机及机动平车自力走行外,严禁机臂处于高位状态走行。较长距离走行时,应拆除零号柱各活动节,机臂前端只挂零号柱基本节。

4.1.3 单梁式架桥机架梁作业

(1)主机对位、伸机臂、立零号柱应符合下列规定:

①主机应准确在停留在架梁位置上,主机第一位轮对的中心到胸墙或已架梁的前端的距离应予以计算,轨面上应画停车标记。对位时,应设专人安放止轮器和操纵紧急制动阀;

②主机对位后，应立即采取制动措施，制动风压应保持在 0.6 MPa 以上，拧紧手制动后尚应采用铁鞋或木楔在车轮下止动。在坡道上架梁时，应安装带螺栓紧固装置的制动铁鞋与轨道扣紧；

③主机全悬臂状态时严禁走行对位；

④伸机臂前，必须使用车体前端和两侧的千斤顶支撑到位；松开限制机臂的装置；安装 1 号柱和 2 号柱销轴；主动吊梁小车、被动吊梁小车和铺轨小车运行到规定位置；

伸机臂时，机臂宜处于水平状态，其中心线宜与车体中心线在同一垂直平面内。伸到位后应立即安装定位销轴，方可拉动机臂和摆动机臂。拉动机臂到位后应立即安装 2 号柱销轴。严禁靠 2 号柱油缸受力维持拉臂状态。

⑤在桥墩或胸墙上立零号柱时，应用硬质木板作为支垫。支垫必须垫平垫实，其面积应大于零号柱底面面积。为保持机臂水平状态，其高度可作适当调整。零号柱就位后，支垫不应有松动；

⑥在桥台托盘上立零号柱时，应搭设悬臂式枕木垛，将零号柱反力直接传到实心部分。此时与托盘斜边保持一定距离；

⑦零号柱就位后，必须保持垂直状态，机臂宜保持水平，法兰盘螺栓应拧紧，不应缺少；

⑧立好零号柱后，应将 2 号柱销轴全部抽出，2 号柱油缸适当上顶，压实零号柱底面支承木板。完全放松摆头油缸钢丝绳，使机臂处于前端支于零号柱上，后端支于 1 号柱上的完全简支状态，并应再一次拧紧零号柱法兰盘连接螺栓。

(2)换装龙门吊换装梁片或轨排应符合下列规定：

①换装龙门吊换装梁片或轨排前，应再次检查各支柱支撑情况，支柱底面的枕木不应松动；

②梁进入龙门吊时，梁顶面存放的防水盖板、工具和道砟等，不应超过挡砟墙高度；

③在换装梁或轨排时，应有专人指挥；

④换装作业应设专人对机械式换装龙门吊的卷扬机和滑轮组的运转情况，以及液压式换装龙门吊的液压执行元件的运转情况进行观察，出现异常现象应立即停车；

⑤换装桥梁时，宜平起平落，梁不应倾斜；

⑥换装轨排应符合有关规定；

⑦换装不同跨度的梁，必须按梁允许悬出长度或规定的吊点调整换装龙门吊的位置。严禁用一台换装龙门吊起吊 16 m 以下的梁。

(3)机动平车运送桥梁应符合下列规定：

①梁落在机动平车上时，前端应用升降横梁支承，后端应用拖梁小车支承，升降横梁应用硬质木板或专用垫板垫实，保持水平状态，梁前端悬出横梁的长度应符合相应规定；

②梁重心宜在车体纵向中心线上，允许偏差为 20 mm；

③梁在机动平车上落实后，前后端应加设横向支撑。拖梁小车应加设木楔前后止动；

④机动平车运行前，应进行制动试验，确认制动良好后方可运行；

⑤机动平车载梁运行的速度可根据线路条件确定，可采用 0.5～12 km/h，接近主机时，应降速到 0.5 km/h；

⑥机动平车与主机对位联接时应有专人指挥，并操纵紧急制动阀，严禁冲撞。车钩连接到位后必须保持摘钩状态；

主机进行捆梁、吊梁、出梁和落梁时，严禁机动平车与主机对位联接。

⑦机动平车对位停车后，应加设制动铁鞋和木楔。制动风压保持在 0.6 MPa 以上并处于良好的制动状态；

⑧在小半径曲线上架梁时，可使梁中心线与机动平车纵向中心线略成斜交，但梁前后两端各向机动平车纵向中心线左右偏离不宜超过 150 mm；

⑨拖梁小车卸载后应推到机动平车的后端，并应用木楔前后止动。

(4)喂梁、捆梁、吊梁、出梁应符合下列规定：

①喂梁前应旋下主机后端的螺旋千斤顶，顶头距轨机应保持 20～30 mm 距离；

②在机动平车上用升降横梁起落梁时，两油缸应均衡起落不应使梁倾斜；

③除捆梁应符合相关规定外，设有横移梁机构的架桥机尚应将吊梁机构横移到吊梁位置，并校正左右横移梁的起步位置误差；

④吊梁小车吊梁和出梁时，梁不应一次到位，吊梁开始必须检查起吊机构运转情况，出梁开始必须检查出梁机构运转情况，确认各部运转正常后，方可继续进行吊梁或出梁作业，吊梁时应保持前后左右均衡起吊，不应使梁倾斜；

⑤出梁对位时，零号柱处应设专人指挥和监护，有紧急情况时，应拉动紧急限位器，严禁梁端碰撞零号柱。

(5)落梁和机上移梁应符合下列规定：

①有机上横移梁机构的单梁式架桥机，每孔梁的第一片梁前进到位后，宜在落至低位后进行横移梁。横移到位后方可安装支座，落梁到位。第二片梁应要在下落高度距第一片梁约 50～100 mm 时，开始横移梁，当移开第一片梁后应及时落梁，再横移到位，安装支座，落梁到位；

②JQ130 型架桥机在横移梁之前应旋紧 1 号柱上部锁紧机臂的螺旋千斤顶(架完梁后应松开)。调整吊梁小车钢结构架垫块，使其与机臂下盖板之间的间隙为 3～5 mm；

③两台吊梁小车横移时应保持一致，允许偏差为±80 mm。

被动吊梁小车或铺轨小车卸载后，应及时固定。

卷扬机空载升降时，应设专人整理钢丝绳。

无机上横移梁机构的架桥机在架梁对位时，可采取每片梁摆一次臂，配合向中线两侧交叉拨道的措施，缩短横移梁的距离或只横移一片梁。在已架的梁上拨道时，必须经过检算，不应超过允许的拨道量。

当架桥机压在桥头短轨地段时，应将机臂缩回到半悬臂状态，退出短轨地段，拆除短轨后，主可半悬臂铺设正式轨排。

缩回机臂前，应将吊梁小车和吊车小车退到机臂的后端限位位置，将主动吊梁与 1 号柱固定，机臂抬头折起零号柱活动节，并将机臂调平、调正，插上 2 号柱销轴后，方可缩机臂。缩机臂时，主机前钩与零号柱之间和零号柱前后严禁站人。

4.2 双梁式架桥机作业

4.2.1 双梁式架桥机作业流程

双梁式架桥机架梁应按下列过程进行：

宽式架桥机宜在桥头组装，用机车推送对位；窄式架桥机组装后低位简支自行或机车推送到桥头，大臂升高后悬梁对位—支机身两侧机腿—立零号柱、中柱和后龙门柱—机车推梁车或机动平车运梁至主机对位—捆梁，吊梁—出梁对位，低位横移，安装支座，落梁就位—重复架第二片梁—铺桥面，联结板焊接—重复架其余各孔梁—架梁收尾作业。

使用双梁式架桥机应符合下列规定：

主机悬臂走行时必须锁紧摆头机构，严禁将大臂相对中大臂有任何偏摆。

前大臂采用托臂台车支护行走时，必须解开摆头机构，后大臂必须由后托臂台车支护。

臂梁不得产生侧向屈曲。

横移梁时，机身两侧支腿、零号柱和中支柱不应产生位移和下沉。

4.2.2　双梁式架桥机组装与编组运行

架桥机在组装前应确认前后端的位置与架桥方向相符。

组装架桥机的线路条件应符合下列规定：

应在直线段进行，有效长度不得短于 120 m。有困难时，可在半径不小于 600 m 的曲线地段组装，但线路不应有超高。

宽式架桥机在桥头组装时，机身中央距桥头的距离应大于半个机身长；当沿线限界不受限制时，可在后方车站或岔线上组装。

窄式架桥机在有岔线的区间线路上组装时，岔线有效长不短于 50 m；在岔线内组装时有效长不短于 110 m。

组装地段的线路应符合有关的规定。

组装宽式架桥机应符合下列规定：

顶起大臂安装滚移设备时，左右两臂间必须有临时联结。起顶速度应保持均匀一致。起顶高度应符合使用说明书的规定。

起顶前后大臂，脱开滚移设备时，必须同时均匀起落。全部就位安装后，应检查前后立柱是否均已全部脱离平车。

拖动大臂应平稳前进，并应防止滚筒脱离轨道；安装活动铰时，严禁用大锤敲击中心销。

中心销插入后，应立即上好机臂摆动定位销。

张开主梁前，活动横梁、行车横梁和前后龙门等处应指定专人负责，并应做好各项准备工作。张开时应统一指挥。发现异常应立即停止。左右两侧应同时开合，并不应超过预定位置。严禁单侧开合。

升高行车时，左右上升速度应一致，并不应碰挂其他构件。

主梁与活动横梁之间必须安设联结支撑（即主肱杆）。在曲线上架梁，应先使机身进入曲线内，安设好辅助支撑（即辅助肱杆）后，方可摆臂。

组装窄式架桥机应符合下列规定：

升降设备在使用前应检查注油。升降前，应松开枕梁侧的止动螺栓。

大臂翘起时，应防止尚未安装摆臂杆铰销的大臂摆动。

大臂张开后应将其落放在转向架托板上，不应直接支托在横梁上。

安装后龙门及零号柱时，所有销子必须上好挡板；联结螺栓应全部上齐、拧紧。上螺栓时不应用大锤敲击。

栏杆必须全部上齐，定位挡板应安装正确。

零号柱及后龙门柱未支撑稳固前严禁行车上大臂。

架桥机组装完毕进行架梁作业前，必须对下列项目进行试运转检查：

各种螺栓、销子等无松动和漏缺。

卷扬系统、走行系统、横移系统和行程开关等运转正常。

自力走行系统正常。

液压系统正常。

栏杆、梯子等防护设施安装牢固。

架桥机由组装地点运行到桥头，宽式的可采用机车推顶，窄式的可自行或用机车推顶。

双梁双向窄式架桥机若在较长的线路上运行时应符合下列规定：

机身和大臂应低位简支走行，并应顶紧枕梁两侧的止动螺栓。

用机车牵引时，必须脱开自力走行减速器的离合器。

4.2.3 双梁式架桥机架梁作业

走行线路应符合下列要求：

架桥机通过的线路，必须经机车压道一个往返；

线路两轨面水平高差应根据机型确定，但不得超过 40 mm；

线路轨面纵向前后高低差在任何 60 m 范围内应小于前大臂零号柱处挠度的 1/3。

走行时应缓慢平稳，时速应控制在 5 km/h 以内，两旁应设专人监护。

架桥机对位时，前、中、后大臂必须成一条直线，速度不得超过 3 km/h，接近到位时速度不得超过 0.5 km/h，严禁冲击。

架桥机第一位轮对停留处，应做出标记并安装止轮器。架桥机制动系统应状态良好，风压不得小于 0.6 MPa。主机前方应设专人控制风阀。对位完毕后应立即在各车轮前后加塞铁鞋止动，同时应将机身两侧的支腿支顶适度。

机身两侧的支腿或中立柱支托在已架梁的道砟槽板上时，应保持支腿与承托物刚好接触的状态，压力不应过大。承托物可为纵向枕木、箱型梁等，其承压面的大小应通过检算确定，梁受力不应超出设计允许值。

机身两侧的支腿未支垫好前，不应摆动前、后臂摆动之前，应加装辅助拉撑(肱杆)，架完曲线梁大臂摆直后应立即拆除辅助拉撑。在安装辅助拉撑的状态下，架桥机不应由曲线进入直线，或由直线进入曲线以及在缓和曲线上行驶。

在墩台顶面安放零号柱时，应用硬木板垫平垫实。左右支腿允许高差为 20 mm。柱脚外边与墩台顶帽边缘间应有 100 mm 以上的安全距离。零号柱两腿间宜设有刚性强的垫梁。同时桥台翼缘部位应加可靠支撑。

后龙门柱的两腿底面应保持在同一水平面上，不应妨碍运梁车通过。

左右臂梁允许高差为 20 mm 在架梁方向不应有下坡。

支立零号柱和后龙门柱均应通过支腿的伸缩机构调整高度，后龙门柱支立时柱脚应有一定的初压力。中立柱支立高度应调整适当。不应支顶过硬或过松。其下的传力设备应符合本规程第 8.2.8 条的规定。

液压缸到位后应启动安全抱箍油顶将零号柱油缸活塞杆抱紧或用插销固定。

双梁式架桥机喂梁时，应将运梁平车直接推送到大臂内，由前后两台行车捆梁同时起吊。运梁车进入前应检查有关限界，确认合格证后方可徐徐送入，速度不得大于 0.5 km/h，严禁撞击架桥机的任何部位。窄式架桥机吊架 32 m 梁时，应将后大臂的辅助支腿支承在运梁平车上的辅助横梁上，同时应在运梁平车该支承下面用枕木头支承于路基上。

捆梁位置应符合有关的规定，否则应用 N15 专用平车装梁或采用其他措施。

吊梁走行前应对架桥机内部净空进行检查，前进时两行车必须同步。严禁梁端碰撞零号柱。

落梁时前后速度应一致。当梁落至低位横向移梁时，前后应同步。

架完一孔梁后，应先将前后大臂与中大臂摆成一条直线，撤除车体两侧支腿后，架桥机方可走行。

组装位置和线路条件应符合有关的规定。

组装应符合下列要求：

按使用说明书的顺序进行组装。

前大臂摆头机构在悬臂状态前必须安装好，由托臂台车承托时，摆头机构必须解除，否则严禁大车走行。

调试电子监测监控系统。

组装完成后应重点试验摆头机构、摆尾机构、升降机构和行车遥控系统，并应按规定进行试运转检查。

双梁单向式架桥机在自行走行或机车顶推走行时，其线路均应符合有关的规定。

双梁单向式架桥机架梁应按规定进行。

双梁单向式架桥机架梁应由配套的倒装龙门吊将普通运梁车上的梁倒装到机动平车或临时过度车上，机动平车将梁运至架桥机尾部后，方可吊梁。

出梁对位时，前行车起吊梁的前吊点高于运梁车顶面高度后，前行车方可行进。后行车能吊着梁的后吊点时，前行车应停住，后行车起吊点的高度应与前吊点相同，然后前后性车再同时起一定高度后，方可同步前行对位。

5　劳动力组织

5.1　普通梁架梁作业劳动力组织

见表 6。

表 6　普通梁架梁作业劳动力组织表

序　　号	工作项目	人　　数	工作内容
1	机　长	1	架桥机机组人员
2	内燃司机	1	架桥机机组人员
3	走行司机	1	架桥机机组人员
4	装吊工	3	架桥机机组人员
5	电　工	1	架桥机机组人员
6	行走司机	3	架桥机机组人员
7	机械钳工	1	架桥机机组人员
8	车辆钳工	1	架桥机机组人员
9	桥梁换装	10	
10	电焊工	4	
11	辅助人员	25	
合　计		51	

5.2　提速梁架梁的劳动力组织

见表 7。

表 7 提速梁架梁的劳动力组织表

序号	工作项目	人　数	工作内容
1	机　长	1 人	架桥机机组人员
2	副机长	1	架桥机机组人员
3	1# 车走行	1	架桥机机组人员
4	1# 车内燃	1	架桥机机组人员
5	桁车起吊	1	架桥机机组人员
6	杵车监护	2	架桥机机组人员
7	0# 柱	1	架桥机机组人员
8	电　工	1	架桥机机组人员
9	2# 车走行	1	架桥机机组人员
10	2# 车内燃	1	架桥机机组人员
11	2# 车液压	1	架桥机机组人员
12	引车人员	2	架桥机机组人员
13	倒装龙门架	2	
14	列　检	1	
15	液压维修工	1	
16	机钳维修工	1	
17	电焊工	4	
18	人工移梁	8	
19	配合人员	40	

5.3 提速梁运梁的劳动力组织

按照每天平均搬运 12 片 T 梁作业，工作约 8～10 h 考虑，配置两班作业人员，劳动力组织分配情况见下表。按照特种设备作业的要求，指挥和操作人员必须具有国家认可的装吊资格、操作资格证书。全班组人员均须经过岗位培训、技术培训。经考试合格才能上岗作业。

劳动力组织分配表(一班作业)(见表 8)。

表 8 提速梁运梁的劳动力组织

岗位名称	人员配置及分工	人员数量
指挥人员	负责具体安排、指挥 T 梁吊运、装梁作业及技术交底	2
操作司机	负责操作两台 80 t 龙门吊，及设备故障处理和检查维护	2
监护人员	负责监护走行道路及轮组运行情况及安装吊具	2
辅助人员	负责吊具拆装、封钩、押运等辅助作业	10
合计	/	16

6 主要机具设备

架梁、铺轨、铺砟用机车、车辆应统一调用、减少总的占用量。

架梁用的机具材料应配备齐全，并应在架梁前送到桥头。所有材料、工具、机械等应经检查、试用后方可发运，到达桥头后应再度检查。

电焊机应配备三台。电焊用脚手板的厚度必须在 6 cm 以上，并应有 80 cm 以上的搭接长度。

桥头应备有应急的材料机具。

6.1　架桥机械

6.1.1　单梁式架桥机(JQ130、JQ170 型架桥机)

单梁式架桥机轴重小,可不设架梁岔线。单梁式架桥机只能单方向架梁,如需双方向架梁必须在三角线或转盘上调头。在隧道口架梁宜选用单梁式架桥机。

6.1.2　双梁式架桥机(长征 160 架桥机)

双梁式架桥机轴重大,可不设架梁岔线。双梁式架桥机能双方向架梁。在隧道口架梁宜选双单梁式架桥机。架设整孔梁宜选用双梁式架桥机,在不允许拨道或只准少量拨道的梁上、在多风多雨地区和在高墩上架梁时,宜选用有横移梁功能的双梁式架桥机。

6.2　各型架桥机性能参数表

见表 9 和表 10。

表 9　JQ130 型单梁式架桥机技术性能表

名　称		单　位	性　能
主机	额定起质量	t	130
	主机总质量	t	248
	工作时最大轮廓尺寸(长×宽×高)	m	64.310×3.680×7.100
	整机功率	kW	150
	架设梁片的最小曲线半径	m	400
	主机单车通过最小曲线半径	m	180
	自行速度	km/h	0.5～6
	自行最大爬坡度	‰	12
	机臂前端零号柱处最大摆头量(左右)	mm	悬 36.5 m 时:2346
	摆头速度	mm/min	9.85
	空中移梁最大横移量	mm	左右各 950
	吊梁走行速度	m/min	6
	吊梁升降速度	m/min	0.51
	吊梁横移速度	m/min	0.25
	吊轨走行速度	m/min	19.3
	吊轨升降速度	m/min	7
	拖梁(拖轨排垛)拖拉速度	m/min	5.08
	最大牵引力	kN	40.5
	全悬臂时机臂前端下挠度	mm	511.3
	简支架梁时(32 m)机臂跨中下挠度	mm	132.7
	轴重:全悬状态	kN	260
	半悬状态	kN	330
	悬臂状态	kN	230
	工作状态时整机重心高度	m	2.76
	液压系统最大工作压力	MPa	20

续上表

名称			单位	性能
机动平车	额定载质量		t	130
	最大牵引力		kN	40
	整机总质量		t	85
	最大轮廓尺寸(长×宽×高)		m	30.000×3.200×1.400
	允许通过最小曲线半径		m	180
	最大的向速度	空载	km/h	12
		重载	km/h	6
	通过最小道岔		号	9
倒装龙门吊	每台起质量		t	65
	每台总质量		t	11
	换装时最大轮廓尺寸(宽×高)		m	4.180×5.809
	换装时内部净空(宽×高)		m	3.880×5.028
	吊梁(吊轨排垛)起升速度		m/min	1.2
解体运输	最大轮廓尺寸(宽×高)		m	3.602×4.860
	行走速度		km/h	50
	长途运输通过最小曲线半径		m	300
	整机重心高度		m	1.932
	轴重(小解体运输)		kN	230
	超限状态			Ⅱ级超限

表 10　长征 160 架桥机技术性能表

项目		单位	窄式
			《长征》ⅢC—160(二、三)
设计起质量		t	160
组装后总质量		t	325
架梁时外廓尺寸(长×宽×高)	隧道外	m	81.5×4.0×6.47
	隧道口	m	81.5×4.0×6.47
有效内部净空(长×宽×高)	隧道外	m	33.2×3.1×3.556
	隧道口	m	33.2×3.1×3.556
最小架梁曲线半径 R	梁跨 $L\leqslant16$ m	m	$R\geqslant400$
	梁跨 $L\leqslant24$ m	m	$R\geqslant400$
	梁跨 $L\leqslant32$ m	m	$R\geqslant400$
	梁跨 $L\leqslant40$ m	m	—
允许通过最小曲线半径		m	180
自行速度		m/min	90
机臂前端最大摆头量		m	3.1
机身最大提升高度及提升质量		m×t	0.77×188
机身活动横梁伸缩量及伸缩速度		m×min	0.5×1

续上表

项　目		单　位	窄　式
			《长征》ⅢC—160(二、三)
吊梁升降速度(吊轨排升降速度)		m/min	1.1(2.5)
行车走行速度		m/min	6
小车横移速度		m/min	1
轴重	空载简之走行时	kN	250
	空载悬臂走行时	kN	270
解体运输状态	外廓尺寸(宽×高)	m	3.7×3.67
	速度限制	km/h	70
解体运输状态	超限等级		不超限
	质心高度(距轨面)	m	1.56
	轴重	kN	150
可架设桥梁情况			可架 32 m 分片成品梁,24 m 整孔梁
是否换装桥梁			需要
是否喂梁岔线			不需要
组装架桥机时间		工作小时	24

7　质量控制要点

架桥过程中,易出现的质量通病、预防及解决措施如下:

(1)同一孔梁两端不齐,既影响架梁质量外观,又影响桥梁湿接缝的施工。

预防措施:将桥梁模板配对使用,在桥梁生产后,对桥梁按龄期及外观进行配对。

(2)梁端与桥台不平齐,相错,既影响桥梁外观质量,安装桥面系困难。

预防措施:提前用锤球测量桥台中心线与线路中心线的偏移量,在落梁时利用支座允许偏差进行调整。

(3)梁底与支座、支座与墩台不密贴。

预防措施:在安装支座前,对梁底进行清理,除去表面混凝土,安装高压石棉板;在墩台表面进行预铺干硬性砂浆并进行找平,在落梁时,控制好桥梁垂直度。

(4)混凝土麻面现象

混凝土表面局部缺浆粗糙,或有许多小凹坑,但无钢筋和石子外露。

预防措施:模板面清理干净,不得粘有干硬水泥砂浆等杂物。木模板灌注混凝土前,应用清水充分湿润,清洗干净,不留积水,使模板缝隙拼接严密,如有缝隙,应填严,防止漏浆。

钢模板涂脱模剂要涂刷均匀,不得漏刷。

混凝土必须按操作规程分层均匀振捣密实,严防漏捣,每层混凝土均匀振捣至气泡排除为止。

处理方法:麻面主要影响混凝土外观,对于面积较大的部位应修补。即将麻面部位用清水刷洗,充分湿润后用水泥砂浆或 1∶2 水泥。

(5)混凝土蜂窝现象

混凝土局部酥松,砂浆少石子多,石子之间出现空隙,形成蜂窝状的孔洞。

预防措施：混凝土配料时严格控制配合比，经常检查，保证材料计量准确。采用电子自动计量。

混凝土应拌和均匀，颜色一致，其延续拌和最短时间应符合规定。

混凝土自由倾落高度一般不得超过 2 m。如超过，要采取串筒、溜槽等措施下料。

混凝土的振捣应分层捣固。灌注层的厚度不得超过振动器作用部分长度的 1.25 倍。

捣实混凝土拌和物时，插入式振捣器移动间距不应大于其作用半径的 1.5 倍；对轻骨料混凝土拌和物，则不应大于其作用半径的 1 倍。振捣器至模板的距离不应大于振捣器有效作用半径的 1/2。为保证上下层混凝土结合良好，振捣棒应插入下层混凝土 5 cm。

混凝土振捣时，必须掌握好每点的振捣时间。振捣至混凝土不再显著下沉、不再出现气泡为止。

灌注混凝土时，应经常观察模板、支架、堵缝等情况。发现有模板走动，应立即停止灌注，并应在混凝土初凝前修整完好。

处理方法：混凝土有小蜂窝，可先用水冲洗干净，然后用 1∶2 或 1∶2.5 水泥砂浆修补，如果是大蜂窝，则先将松动的石子和突出颗粒剔除，尽量形成喇叭口，外口大些，然后用清水冲洗干净湿透，再用高一级的细石混凝土捣实，加强养护。

(6)混凝土孔洞现象

混凝土结构内有空隙，局部没有混凝土。

预防措施：在钢筋密集处，可采用细石混凝土灌注，使混凝土充满模板，并认真振捣密实。机械振捣有困难时，可采用人工捣固配合。

预留孔洞处应在两侧同时下料。下部往往灌注不满，振捣不实，应采取在侧面开口灌注的措施，振捣密实后再封好模板，然后往上灌注，防止出现孔洞。

采用正确的振捣方法，严防漏振：

插入式振捣器应采用垂直振捣方法，即：振捣棒与混凝土表面垂直或斜向振捣，斜向振捣时振捣棒与混凝土表面成一定角度，约 40°～45°。

振捣器插点应均匀排列，可采用行列式或交错式顺序移动，不应混用，以免漏振。每次移动距离不应大于振捣棒作用半径的 1.5 倍。振捣器操作时应快插慢拔。

控制好下料。要保证混凝土灌注时不产生离析，混凝土自由倾落高度应不超过 2 m，大于 2 m 时要用溜槽、串筒等下料。

防止砂、石中混有黏土块或冰块等杂物；发现混凝土中有杂物，及时清除干净。

加强施工技术管理和质量检查工作。

(7)露筋现象

钢筋混凝土结构内的主筋、副筋或箍筋等露在混凝土表面。

预防措施：灌注混凝土前，检查钢筋位置和保护层厚度是否准确。固定好垫块，保证混凝土保护层的厚度。一般每隔 1 m 左右在钢筋上绑一个水泥砂浆垫块。钢筋密集时，选配适当的石子。石子的颗粒尺寸不超过结构截面最小尺寸的 1/4，同时不得大于钢筋净距的 3/4。结构尺寸较小，钢筋较密时，用细石混凝土灌注。禁止振捣棒撞击钢筋，以避免钢筋移位。混凝土顺落高度超过 2 m 时，用串筒或溜槽进行下料。拆模时间根据试块试验结果确定，防止过早拆模。

处理办法：将外露钢筋的混凝土残渣和铁锈清理干净，用水冲洗湿润，再用 1∶2 或 1∶2.5 水泥砂浆抹平。

混凝土缺棱掉角现象：混凝土局部掉落，不规则，棱角有缺陷。

预防措施：模板在灌注混凝土前充分湿润，混凝土灌注后认真养护。拆除钢筋混凝土承重模型时，混凝土具有足够的强度，避免混凝土表面及棱角受到损坏。拆模时，不能用力过猛，注意保护棱角，吊运时，避免撞击棱角。加强成品保护。冬季混凝土灌注后，做好覆盖保温工作。

处理办法：缺棱掉角较小时，清水冲洗，钢丝刷刷净，水泥砂浆补平。

8　安全措施

8.1　架梁检算

当双梁式架桥机两侧的稳定设备或中立支放在道砟槽板上进行横移梁时，应检算梁或台的抗裂安全度。

当零号柱支在托盘式、板凳式墩台帽外缘，或千斤顶移梁砂箱等安放在顶帽外缘支顶梁时，均应作墩台帽检算。

当顶梁或移梁不能按正常办法支护，或采用过短的移动设备时，均应作稳定性检算。

当架桥机需吊梁通过临时性梁或在临时性梁上架梁时应对临时性梁作检算。

当在预应力连续梁端跨开始架设相邻简支梁时，应符合设计要求，设计无要求时，应对箱体强度和抗裂度进行检算。

以上检算均应符合国家现行的《铁路线路设计规范》和铁道部现行的《铁路路基设计规范》《铁路桥涵设计规范》的有关规定。

8.2　安全防护

(1)安全管理应符合下列要求：

①架梁施工单位应建立施工现场安全管理体系、完善的监督检查制度和安全生产责任制，实现施工全过程对安全生产进行有序监控；

②架梁施工前应编制安全操作细则、作业指导书等安全技术文件，并根据有关规定编制相应的应急预案；

③各项安全管理活动应有计划、有部署、有落实、有监督检查、有整改措施和再制定安全管理活动计划；

④建立健全以岗位责任制为核心内容的机械管理制度，以凭证上岗和实行定人、定机、定责为中心内容的机械使用制度，以清洁、润滑、紧固、调整、防腐为工作内容的机械保养制度，保证架桥机经常保持完好状态。

(2)架梁作业安全应符合下列规定：

①架桥机施工机械使用前应按本暂行规程的有关规定进行机况检查和试运转。对影响架梁作业安全的特殊线路条件、施工临时设施、运梁道路等应在架梁前进行预先检查，并应结合具体工况制定保障作业安全细则。

②轮轨架桥机架梁时，应指定专人负责架桥机运行线路的检查、加固和整修。

③架桥机架梁时的线路条件，应符合架桥机设计使用的有关要求。

④架桥机 0 号柱支立于墩台时，应垫平垫实并垂直与墩台顶面。当支立于 T 形桥台时，0 号柱底部应安装钢制枕梁。

⑤架桥机在大坡道上停车对位、架梁时，应设专人安放止轮器和操作紧急制动阀。起重小

车的制动装置应安全可靠,并设制动失灵的保险设施,应有专人防止起重小车向下坡方向滑动,并备有止滑设施。

(3)架桥机安全防护工作应符合下列规定:

①架桥机停留的地点应有人监护,严禁非工作人员走近及走上架桥机,严禁非操作人员进入操作室。架桥机停留时应采取防滑措施;

②架桥机作业时,施工现场应设防护人员劝阻围观架梁人员,避到安全距离以外,严禁非作业人员上桥进入作业地点;

(4)带电作业安全防护工作应符合下列规定:

①架桥机组装后运行通过地段,高压线与架桥机最高点的垂直距离及最外侧的水平距离应符合国家和铁道部现行安全技术规程的规定;

②架桥机的组装后运行通过高压线时,运行速度不应超过 5 km/h;

③夜间作业时应有足够的照明设备,在桥墩台上作业的人员应使用 36 V 安全电压的工具灯箱;

④电源开关应加箱上锁,应设有防雨、防潮措施,并应指定专人开合电源开关。

(5)架梁作业人员安全防护应符合下列条规定:

①起重工、电工、电焊工等特种作业人员上岗条件应符合暂行规程第 3 章的有关规定。

②架梁作业人员上班前及工作中严禁喝酒,并应有足够的睡眠,不应连续疲劳作业。

③墩台作业人员应戴安全帽、穿防滑鞋、栓安全带,必要时应在墩台栓挂安全网。

④架桥作业人员进行双层作业时,上层作业人员应将工具、材料堆放在可靠的地方并采取防止凋落措施。桥面道砟应在爱梁的两端各留出 500 mm 以上的安全距离。

⑤桥梁起吊后,严禁有人在梁下停留。正在移动或起落的梁上不应进行其他作业。

⑥架桥机和桥梁墩台及梁上作业人员上下地点应设置上下扶梯,梁体横向张拉及湿接缝施工时应设置吊蓝或工作平台。严禁作业人员利用吊钩上下。

⑦脚手板及捆扎材料等应经过检查,确认质量合格后方可。

⑧在深水的河道上架梁时,应被有救生圈、救生衣、必要时要被有救生的船只。

9 环保措施

9.1 环境保护工作内容

(1)建立环境管理组织机构,明确各级、各部门在施工期环境保护工作中的职责分工。

(2)建立、健全本标段施工范围内管理体系和各项环境管理规章制度。

(3)核实、确定本标段施工范围内的环境敏感点、施工过程的重大环境因素。

(4)明确施工范围内各施工阶段应遵循的环保法律、法规和标准要求。

(5)制定年度培训计划,建立培训、考核程序,定期对直接参与施工期环境管理的人员进行环保专业知识培训,对各层次工作人员进行必要的环保知识培训,对关键岗位人员进行岗位操作规程、能力和环境知识的专门培训,新工进场和人员转岗都要进行相关的环保培训和教育。

(6)编制《实施性施工组织设计》和各阶段的《施工方案》时都有相应的环境保护工作内容,主要包括:根据施工特点,围绕敏感点,制定的噪声、振动控制方案;根据各工地的具体情况和环保要求,制定的预防扬尘和大气污染工作方案和工地排水和废水处理方案;固体废弃物处理、处置方案;保护野外植被的具体工作内容;管线迁移和防护方案;施工范围内已有的列入保护范围的文物名称和具体的保护措施等。工作方案通过核实后实施。

(7)架桥机的内燃机采相应措施,减少尾气排放和降低噪音。

9.2　环境保护管理程序

(1)在项目经理领导下建立责任到岗、到人的施工现场环境保护责任保证体系。

(2)按照经审核批准的环保工作方案开展工作。

(3)施工现场设有环保负责人,负责日常的环境管理工作。环保负责人组织每周对施工现场的环保工作进行一次检查并填写环保周报,对检查中发现的问题及时通知有关部门整改,重大问题报告项目经理。

(4)建立施工环保档案。将自查记录和各主管部门的检查、审核记录一并归档,工程完工后作为竣工环境审核资料。

(5)工程完工后在合同规定的时间内清场转移,恢复延线设施和绿化。

10　工程实例

10.1　工程简介

10.1.1　普通梁架设

东乌铁路铺架 A 标段位于内蒙古鄂尔多斯境内,线路从包神铁路的活蚕沟站引出,在 DK22+273.68 跨包神线和呼牙兔沟,在 DK3+450 处设桥西线路所以联络线的形式与包神线沙沙圪台站相接。线路从桥西线路所跨过东乌兰木伦河经高家村、白泥畔跨东苏高速公路,在红海子北查干庙设伊金霍洛旗站,经桃林在刘家梁西设纳林希里站,线路下穿胜科公路后在浩勒报吉设浩勒报吉站,经木肯淖、格蛇图到本标段终点 DK127+000。沿线新建车站 6 个,线路所 1 个,桥梁 25 座,架梁 228 孔。

2006 年 6 月 24 日开始架设第一孔桥梁,经历了架设铁路立交桥一座,公路立交桥 7 座,至 2007 年 8 月 11 日安全优质地架设 T 梁 228 孔,为东乌铁路的开通打下了良好地基础。

10.1.2　2201 提速梁架设

中铁二局新运公司胶济客专线架梁工程中,首次采用 JQ170 架梁机架设提速梁,共计架设通桥(2005)2201 梁 132 孔。通过两个多月的架梁,尤其在 20‰坡度上的架梁,做到了安全无事故,架梁进度和质量一直处于可控状态,为提速梁架设积累了一定的实践经验。保证了标段的总工期,受到了局指和业主的表扬,产生了较好的社会效益。

10.1.3　2201 提速梁运送

中铁二局股份有限公司淄博制梁场首次采用 DLl 型大吨位预制梁运输专用车即两辆专用车及一辆游车(三车一组)的运输方式,通过实践证明,解决了传统方式下 T 梁装运质量不高、功效低等问题,为以后 T 梁装运提供了充分的经验,受到了建指及监理单位的一致好评,有力的保证了胶济客运专线在 2008 年奥运会前顺利开通, 提高了企业的竞争力,具有一定的社会效益。

10.2　建设效果及施工图片

10.2.1　T 梁运输

如图 9～图 12 所示。

图 9　吊梁

图 10　落梁

图 11　桥梁对中

图 12　运梁支撑

10.2.2　JQ170 架桥机架设提速梁

如图 13～图 17 所示。

图 13　架桥机对位

图 14　喂梁

图 15　运梁

图 16　落梁(一)

图 17　落梁(二)

铁路大型箱梁运输及架设设备配置工艺

1 概　述

1.1 铁路预制箱梁简介

铁路箱梁按照其吨位分类，一般分为450 t、600 t和900 t级，跨度一般在20～32 m之间，其横断面为箱形结构，大多数路线采用双线单箱整体梁，少数线路采用单线单箱梁形式。为确保工期和质量，制梁均采用梁场(厂)集中预制进行。为方便搬运和架设，预制时在箱梁两端设置吊点。

1.2 铁路预制箱梁架设方法

通常采用梁场搬运或跨线提升装梁、运梁车运输、架桥机架设的方法完成架梁施工。一般情况下需要两次换装，即提梁站和运梁车之间的换装，运梁车和架桥机之间的换装。

1.3 箱梁架设设备发展历程

随着铁路建设的不断发展，为满足各种施工环境、施工模式并符合箱梁特点要求，施工单位和工程机械生产厂家也相应的生产或改造了多种运架设备，设备能力从450 t到900 t，设备型式有步履式、导梁式、运架一体式等，使用功能上有的能架双线单箱梁、有的能架单线单箱梁，极少数既能架设双线单箱和单线单箱梁。中铁二局现有的三台900 t步履式架桥机和轮胎式运梁车在众多的箱梁架设施工设备中被公认为性能最优、效率最高的箱梁架设设备。

2 箱梁架设设备设备选用原则

2.1 梁、桥墩受力要求

运架设备在作业中，都需要在箱梁表面某些位置通过或者支撑，桥面和桥墩对运架设备存在支承作用，两者之间存在支反力。桥面和桥墩的承载力是有限的，超过其承载极限就会对梁或桥墩产生破坏，所以，工程设计单位对梁片和桥墩的承载作出了要求。在选用运架设备时，必须充分考虑箱梁和桥墩的受力要求并需得到设计单位检算认可，量化的标准为，运架设备的最大施工载荷不能超过梁、桥墩设计的最大受力。

2.2 箱梁外形尺寸和重量

箱梁的外形尺寸决定选型架桥机的跨度、最大横移量、内净空；量化标准为：架桥机跨度及内净空需满足最大长度箱梁的通过和落梁要求；横移量需满足箱梁横向落梁到位要求。箱梁的重量直接决定运架设备的额定载重量和额定起重量以及各种工况下的挠度。量化的标准为箱梁重量小于架桥机额定载重量。

2.3 环境条件限制

在运架设备工作过程中，某些特殊的施工地点(如隧道口)可能对运架设备的外形尺寸和内部净空有特定的限制，在选用运架设备时需要充分考虑这一因数。

2.4　线路要求

线路的坡度与运架设备的最大牵引力有直接关系，量化的标准为：运架设备的重力沿坡度方向的分力加上摩擦力的和小于运架设备的最大牵引力；线路的曲线半径直接影响到运架设备的最大横移量、机臂最大摆头量和主机单车通过最小曲线半径。

2.5　性　　能

架桥机的性能在运架设备的选用中是非常重要的，设备的工作方式，拼装难易程度、故障率高低、维护保养的难易程度、操作方式等因数对工程建设的工期和质量都有很大影响。需要对设备的各个系统进行详细的检查和分析结合已有的经验选择声誉良好的厂家生产的设备并要求厂家提供详细的资料供审查。

2.6　安全要求

影响运架设备安全的因素主要有架桥机工况下的重心高度，工况下的纵向稳定系数和横向稳定系数。报警和紧急制动系统是否可靠，设备的同类产品是否发生过因设备故障或材质等设备本身原因导致的安全事故。

2.7　经济效益

在选择运架设备的过程中，首先考虑尽量使用本单位已有的设备，既可以避免本单位的设备闲置，又可以节省大量资金，在本单位有多套运架设备可以满足使用要求的情况下，选择设备掉转费用和维护保养费用最低的设备。在本单位没有可以满足使用条件的设备时，购置性能优异，在较长时间内不会被淘汰，有多次使用价值的设备。

3　常见的箱梁架设设备技术性能描述

3.1　箱梁搬运、提升设备

3.1.1　轮胎式搬运机

轮胎式搬运机通常采用单台吊梁作业模式，它可以纵横向或者斜线运行，特点是机动灵活，因此受环境的影响较小，是箱梁转运、换装的主要设备。其中的典型设备为 ML900 型，其技术参数和性能特点如下：

最大提升动载量和所有静载量：900 t

吊梁小车最大间距：31.7 m

可移动梁长：24.6 m，29.9 m，32.6 m

跨度：41 000 mm±2%

提升高度（从地面到箱梁顶部）：11 000 mm

吊钩行程：11 000 mm

轮组内侧净空：37.100 m

吊梁小车满载运行速度：0～1.0 m/min

吊梁小车空载（或者最大负载为额定载重的 25%）时提升速度：0～1.0 m/min

吊梁小车满载时提升速度：0～0.5 m/min

整机小车满载行走速度：0～12.0 m/min

整机小车空载行走速度:0～24.0 m/min

沿主轴线行走时的运行转向:±5°

90°转向后的运行转向:±5°

轮胎充气压力:9.5 bar

轮胎数:48

轮胎型号:18.00×25E3G

柴油机发动机功率(±15%):265 kW

柴油机额定转速:1 900 rpm

3.1.2 轮轨式提梁机

轮轨式提梁机通常由两台共同吊运一片箱梁进行作业,其典型的设备是 MQ450 轮轨式提梁机。每台轮轨式提梁机由主梁和 2 个支腿形成门形的框架结构组成,一侧支腿与主梁固定,另一侧支腿则铰接到顶部主梁上,主梁采用钢箱梁结构。在支腿的下面,大车走行机构提供支撑和运行驱动力,允许没台起重机单独运行和两台联动。每台起重机有 8 个大车走行机构。

横向移动由主梁顶面的 2 个天车来完成。天车支撑吊钩的滑轮组。在双机联合作业时可以形成整机的四点起升、3 点平衡功能。

MQ450 门式起重机采用西门子 PLC 电气系统,实现全部逻辑关系和连锁控制,其输入用于检测各机构状态和外部保护信号,起升、大小车操作手柄等操作系统的档位信号。实现整机的数据化控制。主要参数见表 1。

表 1 MQ450 门式起重机主要参数表

总体尺寸	m	17.1×41.0×36.5	适应纵坡	‰	10
宽　　度	m	36.0	大车最大轮压	Pa	250
起升高度	m	28.0	小车最大轮压	Pa	800
额定起重量	t	450	额定功率	kW	175
总重量	t	380	最低工作温度	℃	−20
起升速度	m/min	0～0.5	最高工作温度	℃	50
走行速度	m/min	0～1.0			

3.2 箱梁运输设备

3.2.1 单线单箱、双线单箱并置梁 450 t 级运梁车

DCY450 型运梁车采用拼装式高强度主梁结构,整车以车架为住干,两端设有驾驶室,能双向行使,并且具备互锁功能。采用液压悬挂装置和低压轮胎,保证了箱梁在运输中的平稳,减小了接地压力和对路基承载能力的要求。其技术参数见表 2。

表 2 DCY450 型运梁车主要技术参数表

空载高度	m	2.05	总 功 率	kW	330
总体尺寸	m	29.6×6.5×2.05	轮胎数量	个	112
额定载荷	t	450	轴　　距	m	1.5
空载运行速度	km/h	0～10	最小转弯半径	m	60
重载运行速度	km/h	0～3	适应运载梁型跨度	m	24/20
适应最大坡度	%	3	最小离地间隙	m	0.3
自　　重	t	130			

3.2.2 双线单箱整孔 600 t 级运梁车

TE600 运梁车是由意大利 NICOLA 公司生产,用于跨度为 24 m、重量 600 t 以下的铁路双线整孔箱梁的专用运输设备,该设备主要由纵向两段式主梁、前后承载横梁、轮组系统、动力系统、液压系统和电气系统组成。该运梁车采用定/变量液压马达驱动走行轮组,具有驱动力大、无级调速的优点。轮组还安装有液压油缸减震和平衡系统,确保在不平整的路面上行使的平稳性,并可以自动调节各轮组对地形成的压力,避免某一区域超载,确保梁片始终水平。同时还采用大截面低压轮胎,确保较小的接地压力。技术参数见表 3。

表 3 TE600 运梁车主要技术参数表

满载高度	m	4.45(含梁)	自 重	t	120
空载高度	m	2.55	总 功 率	kW	450
宽 度	m	6.21	轮胎数量	个	40
轮胎接地面积	mm	500×720	轴 距	m	1.8
额定载荷	t	600	最小离地间隙	m	0.3
空载运行速度	km/h	0～5	最小转弯半径	m	60
重载运行速度	km/h	0～3.5	适应运载梁型跨度	m	24/20
适应最大坡度	%	3			

3.2.3 双箱整孔 900 t 级运梁车

YL900 型运梁车在结构上和 YL600 运梁车基本相同,区别在于其 32 个走行轮组通过主梁连接为一个整体,液压悬挂均衡系统保证每个走行轮组均匀受载,使运梁车能在不平整的路面上行走,同时采用链轮驱动机构驱动托梁台车在运梁车车体上向前移动,配合吊梁小车进行拖梁作业,其技术参数见表 4。

表 4 YL900 型运梁车主要技术参数表

满载高度	m	3.5	自 重	t	253
空载高度	m	3.6	总 功 率	kW	2×447
总体尺寸	m	36.3×6.8×3.6	轮胎数量	个	64
额定载荷	t	900	轴 距	m	1.9
空载运行速度	km/h	0～8	最小离地间隙	m	0.3
重载运行速度	km/h	0～4	最小转弯半径	m	60
适应最大坡度	%	4	适应运载梁型跨度	m	24/20/32

3.3 箱梁架设设备

3.3.1 450 t 级架桥机

(1)JQ450 架桥机

JQ450 架桥机(见图 1)能够架设除单线单箱、双线单箱梁以外的其他多型箱梁(比如广珠项目的双线双箱、双线三箱、双线四箱、三线五箱、四线七箱梁等)。

图 1 JQ450 架桥机

JQ450 架桥机由武汉工程机械研究院研制,具有整机高度低,操作灵活,安全稳定性好等优点,在我国箱梁施工中得到过广泛的应用,该机采用箱形主梁和三支腿结构，对于调整和改善已架梁梁体受力效果明显，该机型式新颖，结构合理，支腿受力明确，整机横向稳定性优于同类其他机型。采用三点吊梁系统，天车走行平稳，满足箱梁三点受力的要求。其技术参数见表5。

表5 JQ450架桥机主要技术参数表

总体尺寸	m	68.6×8.9×9.7	最高工作温度	℃	50
额定起重量	t	450	纵移过孔速度	m/min	0～3.0
总 重 量	t	328	工作级别		A3
起升速度	m/min	0～0.6	液压系统工作压力	MPa	22
适应纵坡	‰	12	最大作业风力	级	6
最小曲线半径	m	2 800	架设箱梁跨度	m	20/24/32
额定功率	kW	225	梁体就位方式		直接就位
最低工作温度	℃	－20			

(2)LG450架桥机

LG450架桥机能够架设除双线单箱梁以外的其他多型箱梁(比如广珠项目的单线单箱、双线双箱、双线三箱、双线四箱、三线五箱、四线七箱梁等)，该机增加了架设单线单箱梁的功能，其他技术性能与JQ450架桥机基本一致，在此不予赘述。

3.3.2 600 t级架桥机

JQ600型架桥机由中铁机械研究院研制，该机由箱形机臂、三支腿、液压系统、电气系统、起升和控制等系统组成，重载跨两孔架梁。可以架设跨度在24 m、20 m的双线单箱梁，其技术参数见表6。

表6 JQ600型架桥机主要技术参数表

总体尺寸	m	57.8×12.3×14.8	额定功率	kW	200
额定起重量	t	600	最低工作温度	℃	－20
总 重 量	t	499	最高工作温度	℃	50
起升速度	m/min	0～0.24	纵移过孔速度	m/min	1～5.4
适应纵坡	‰	15	工作级别		A3
最小曲线半径	m	2 500	液压系统工作压力	MPa	18

3.3.3 900 t级架桥机

JQ900A架桥机(见图2)由中铁工程机械研究院研制，用于客运专线铁路双线整孔箱梁的架设，为步履式，尾部喂梁，起重小车吊梁拖梁取梁，跨一孔简支架梁，可以架设32 m、24 m和20 m双线整孔箱梁。JQ900架桥机为龙门式双主梁三支腿结构，主要由机臂、一号柱、二号柱、三号柱、起重小车、液压系统、电气系统和柴油发电机等系统构成。

图2 JQ900架桥机

采用液压驱动轮胎走行，步履纵移过孔的作业方式。JQ900架桥机操作界面采用了屏幕化菜单操作方式，触摸屏界上的工况选择完成以后，实际上的启停操作是由遥控器完成，但操作室的操作人员可根据显示界面提供的信息随时插入，在不停机的情况下接过控制权，改由操作室控制。其主要技术参数见表 7。

表 7　JQ900A 架桥机主要技术参数表

总体尺寸	m	67.1×17.4×12.7	最低工作温度	℃	−20
额定起重量	t	900	最高工作温度	℃	50
总重量	t	502	纵移过孔速度	m/min	0.3～3
起升速度	m/min	0～0.97	工作级别		A3
适应纵坡	‰	20	液压系统工作压力	MPa	25
最小曲线半径	m	5 500	梁体就位方式		吊梁小车拖拉取梁
额定功率	kW	280			

4　工程实例

4.1　秦沈客运专线项目

4.1.1　箱梁架设情况概述

秦沈客运专线是中国第一条高速客运专线，是跨世纪铁路建设的标志性工程，为我国高速铁路建设提供了技术储备，在中国铁路史上有里程碑的意义。该项目需架设的梁型主要是跨度为 20 m 和 24 m 的两种单线箱梁和双线箱梁，中铁二局新运公司主要承担其中部分双线箱梁的架设任务。

4.1.2　箱梁架设设备配置表

见表 8。

表 8　秦沈客运专线箱梁架设设备配置表

设备名称	设备型号	用　途
架桥机	JQ600	架设箱梁
运梁车	TE600	箱梁运输
门式起重机	MQ300	箱梁换装

4.1.3　箱梁架设主要设备性能参数

JQ600 架桥机和 TE600 运梁车的技术参数见本文前述。MQ300 门式起重机是郑州江河公司制造，与 MQ450 门式起重机的结构和性能特点基本一致，不予赘述。

4.2　合宁客运专线项目

4.2.1　箱梁架设情况概述

合宁客运专线是全国首条采用 900 t 级双线整孔箱梁的铁路，中铁二局新运公司主要承担襄滁河特大桥和赵店河特大桥的施工任务。其中跨襄滁河特大桥越襄河、滁河及其圩区，桥孔布置为：117－32 整孔箱梁＋188－24 整孔箱梁＋(32＋40＋32)结合梁 90－24 整孔箱梁，全桥长 10 815.5 m，中心里程为 DK1 171＋882.74。赵店河特大桥采用 39－24 m 整孔箱梁，中心里程为 DK1 162＋119.88，全桥长 975.62 m，该特大桥上跨赵店河和 206 省道，上跨赵店河交叉里程为 DK1 161＋724.68，斜交角度为 29°，采用 3～24 m 梁跨越，上跨 206 省道交叉里程为 DK1 162＋566.1，斜交角度为 57°，要求净高 5.5 m，净宽 12 m，采用 1～24 m 梁跨越。

4.2.2 箱梁架设设备配置表

见表 9。

表 9 合宁客运专线箱梁架设设备配置表

设备名称	设备型号	用　　途
架桥机	JQ900	架设箱梁
运梁车	YL900	箱梁运输
门式起重机	MQ450	箱梁换装

4.2.3 箱梁架设主要设备性能参数

采用的主要设备性能参数见本文前述。

铁路T型梁运输及架设设备配置工艺

1　概　　述

1.1　铁路T梁型式与特征

铁路T梁分为普通梁和提速梁，更它们的共同特征是梁的横截面均为“T”型型式，通常由左右两片T梁组成一跨。其中提速梁是近年我国铁路由于提速的需要在普通梁的基础上发展而来的，它与普通梁的主要区别是跨度相同的梁片其外形尺寸和重量更大，架设后同一跨的几片梁需横向张拉在一起。T梁由于跨度不同有多种规格，采取梁场集中预制、运架设备架设的T梁的跨度范围在8～32 m之间，较常用的跨度是32 m、24 m、20 m三种规格，其中32 m跨度的T梁尤为常用。T梁顶面宽度在1.9～2.3 m之间，每片T梁最大重量(32 m跨度)一般不超过160 t。

1.2　铁路T梁架设方式

铁路T梁架设是专指对梁场集中预制的T型梁片的架设而言，其施工方式是：采用专门的运梁平车通过铁路将梁片从预制厂(场)运输到施工现场进行换装，然后由专用运梁车为架桥机运(送)梁，最后由架桥机进行架设。因此，根据架梁方式决定了每套T梁运架设备通常由架桥机、运梁车、换装龙门架组成。

1.3　铁路T梁架设设备发展历程

从上世纪50年代至今，铁路T梁架设设备经历了50多年的发展，架设方法由最初的悬臂式进步到今天的简支式，即现有的架桥机均是简支架梁方式。设备的起吊重量由50多吨增加到160多吨，大大提高了设备的施工效率和安全可靠性。

T梁架设设备主要有单臂和双臂两种型式，其中双臂架桥机根据是否需要掉头作业又分为双臂双向式和双臂单向式。T梁架设设备通常由架桥主机、运梁车、换装架等三大设备组成，其中架桥主机和运梁车能在铁路上自轮运转，整机长途转移则解体为运输状态通过铁路运输来实现。目前广泛使用的铁路T梁架设设备主要是胜利型及其改进型、红旗型和长征型等类型。

近两年来，国内新研制出了少量的公铁两用架桥机，该设备既可架设公路梁又可架设铁路T梁，长距离转移则采取解体后经公路汽车运输。

2　设备选用原则

2.1　梁、墩台受力要求

架梁作业中，运架设备需要在T梁上部通过或者在T梁的某些部位和墩台上支撑，桥面和墩台对运架设备存在支承作用，两者之间存在较大的支反力。由于桥面和墩台的承载力都是有限的，超过其承载极限就会对T梁或墩台产生破坏，所以，工程设计单位对梁片和墩台的承载作出了要求。在选用运架设备时，必须充分考虑T梁和墩台的受力要求，运架设备对梁片或桥墩的支反力、最大轴重等绝对不能超过规定的允许载荷，特殊情况下必须由梁片、墩台设计单位进行施工载荷检算。

2.2 T梁外形尺寸和重量

T梁的外形尺寸决定选型架桥机的跨度、最大横移量、内净空等。架桥机的跨度应大于T梁最大长度，横移量大于或等于T梁宽度的1/2。T梁的重量直接决定运架设备的额定载重量或额定起重量以及各种工况下对设备各部的强度、刚度要求，架桥机额定起重量应大于T梁重量(有砟道床应包括桥面砟重量)。

2.3 环境条件

在选用运架设备时必须考虑设备工作的环境条件，充分考虑到极限温度、海拔高度、最大风力以及雨雪冰霜、雷电等环境因素对设备的影响，同时还应满足使用地对噪音、污染等环保限制要求。

2.4 线路条件

使用线路的最大坡度、最小曲线半径、线间距、特殊的施工地点(如隧道口架梁)等线路条件对运架设备的牵引驱动能力、外形尺寸和内部净空、工作性能等有直接关系，特别在隧道口架梁及既有线邻线施工时需注意架梁设备外形尺寸要保证不能侵出线路建筑限界或影响既有线行车安全。因此在选用时必须充分考虑这些因素。

2.5 技术性能与安全要求

架桥机的技术性能在运架设备的选用中是非常重要的，设备的工作方式、技术性能是否符合或满足设计和使用要求、拼装及维护保养的难易程度、故障率高低、工作效率等因数对工程建设的工期和质量都有很大影响。对旧设备需要对设备的各个系统进行详细的检查、分析和测试，对新制设备则要选择声誉良好的厂家生产并要求厂家提供详细的资料供审查。

影响运架设备安全使用主要有设备自身的隐患、线路问题和操作使用等因素，选用设备时主要从设备自身的安全因素考虑，重点是各工况及各部结构设计是否合理、整机纵横向稳定系数及重要部件的安全稳定系数是否足够、安全装置和报警系统是否设置并可靠、机电液部件质量是否优良、设备的同类产品是否发生过因设备本身原因导致的安全事故等。

2.6 经济效益

在选择运架设备的过程中，首先考虑尽量使用本单位已有的设备，既可以避免本单位的设备闲置，又可以节省大量资金，在本单位有多套运架设备可以满足使用要求的情况下，选择设备调转费用和维护保养费用最低即使用成本低的设备。在本单位没有可以满足使用条件的设备时，购置性能优异、操作简单、转运方便且在较长时间内不会被淘汰，有多次使用价值的设备。

3 常见铁路T梁架设设备技术性能描述

3.1 运输设备

3.1.1 长距离运输设备

T梁的长距离运输是指从制(存)梁厂(场)将梁片运至施工现场的换装龙门架处，所需用的设备包含制(存)梁厂(场)中的装梁起重设备、桥梁运输专用平板车及专用装载加固转向架、机车等,这些设备中除装梁起重设备外其余均是铁道部所属的标准运输设备。

3.1.2　短距离运输设备

T梁的短距离运输是指将梁片从施工现场的换装龙门架处运送至架桥机位置,运输设备通常是一辆自轮运转的机动平板车,简称为运梁车。通常,运梁车应满足以下要求:能独立驾驶并自力驱动行走、在最恶劣的环境和线路条件下其载重能力满足运载最大梁片需要、符合国家铁路运输条件、结构型式及技术性能能与相应的架桥机和换装架配套。中铁二局现有三种机动平车,分别配属 JQ170、JQ130B 和长征Ⅲ-160 架桥机。

3.1.3　典型机动平车主要技术参数

JQ130B架桥机配属的二号机动平车主要技术参数,见表1。

表1　JQ130B架桥机配属的二号机动平车主要技术参数

1	额定载重量	t	130
2	最大牵引力	kN	40.5
3	整机总质量	t	85
4	最大轮廓尺寸(长×宽×高)	mm	30 000×3 200×1 400
5	允许通过最小曲线半径	m	180
6	最大自行速度(空、重载)	km/h	6
7	通过最小道岔	号	9

3.2　架设设备

根据T梁架设时架桥机的机臂最前端是否支撑而将架桥机分为悬臂式和简支式两大类型。

3.2.1　悬臂式架桥机

悬臂式架桥机工作方式:设置专门的喂梁岔线,整机悬臂取梁,重载悬臂式吊梁行走对位架设。由于架桥机需悬臂吊梁并重载走行,其纵横向的稳定性较差,对线路的整道要求极高,因此安全隐患较多;需设置桥头岔线及左右梁片架设时需拨道才能就位架设,施工繁琐效率很低;悬臂式架桥机仅适用于小跨度桥梁(最大跨度 24 m、最大起重量 80 t),不符合铁路两片向大跨度、大吨位发展的需要。正因为悬臂式架桥机的缺点较多,截至上世纪 90 年代已全部淘汰。

3.2.2　简支式架桥机

简支式架桥机根据其主机臂是单根或双根分为单梁式和双梁式两种类型,无论单双梁的简支架桥机基本上均由架桥机、机动平车、换装龙门架组成,其工作方式是:架桥机空载到桥头对位,将机臂前端即零号柱支撑在桥墩(台)上,待机动平车将梁片喂至架桥机尾部后,通过架桥机内部空间拖拉梁片至吊梁位,然后由架桥机吊梁架设。这种架设方法的优点是:空载对位,相对轴重脚轻,整道要求相对较低,架桥机纵横向稳定性较好即安全可靠性较高,且可不设置桥头岔线及勿需拨道架梁,施工简便、效率较高;重载架梁时机臂处于简支状态,可架设大跨度、大吨位梁片,符合铁路桥梁发展需要。现在国内的T梁架桥机均属简支式,中铁二局现有JQ170、JQ130B、长征Ⅲ-160 等三台这种类型的架桥机(曾经使用过的 66 改—130 架桥机也属这种类型,现已报废淘汰)。

(1)简支单梁式架桥机

简支单梁式架桥机主结构包括车体、立柱(零号、一号、二号、三号柱)和机臂(单梁),其机臂为一箱型梁，可在立柱上前后伸缩，吊梁小车和吊轨排小车悬挂在机臂下翼缘板上。该机可在空载状态下自行驶入桥头对位，整机纵向到位后将车体前端支撑在已架梁前端的道床上，然后将机臂伸出使其前端具有折叠功能的立柱（零号柱）支在前方桥墩（台）上。架桥时，须先将梁片利用特制龙门吊机从铁路平板车上转移到特制运梁车上，再将此运梁车和架桥机后端对位，用行驶在架桥机吊臂上的两台吊梁小车将梁片吊起，沿吊臂前行，到达桥位落梁。为适应曲线架桥，该机的吊臂能在水平面内作少量摆动。每跨度的梁片架设后可由架桥机铺设桥面轨。该机的优点是：取消平衡重，不再需要机车顶推，喂梁不需桥头岔线，机械化程度提高，安全性能有所改善。早期的单梁式架桥机吊梁小车没有横移功能，因此需要人工移梁或拨道架梁，胜利型架桥机即属此类。从上世纪 90 年代开始，对简支单梁式架桥机进行了改进，增设了横移功能，能够达到机上移梁到位，中铁二局现有的 JQ130B 架桥机即属此类。

JQ170 架桥机则是为了适应外形尺寸更大、重量更重的提速梁架设要求在 JQ130 架桥机基础研发的，该机在架设双线及以上的一跨多片（通常是四片）T 梁时，为提高综合施工效率常采取一线架设配合人工移梁达到多片就位的方式进行。

（2）简支双梁式架桥机

简支双梁式架桥机主结构包括车体、立柱（零号、一号、二号柱）和机臂（双梁），其机臂由左右两根箱梁组成，每根箱梁由前大臂（活动机臂）、中大臂（固定机臂）和尾臂组成（部分架桥机无尾臂，部分架桥机的尾臂与前大臂相同即双梁双向式架桥机），吊梁（吊轨）小车在两机臂上部轨道上行走。对位时，架桥机的前大臂全悬、空载自行驶入桥头对位，当整机纵向到位后将车体前端支撑在已架梁前端的道床上，然后将前大臂前端具有折叠功能的立柱（零号柱）支在前方桥墩（台）上。横跨在两条箱梁上的两台吊梁小车，既能沿机臂纵向行驶，又具有横向吊梁移动功能，且前大臂在对位时还可左右摆动满足曲线线路架梁要求，因此梁片可由设备直接架设到位而勿需人工移梁。当然，如果架设每跨多线的梁片时为避免架桥机转线从而提高工效可结合人工移梁方式进行。每跨度的梁片架设后可由架桥机上的吊梁小车铺设桥面轨。双梁式架桥机除了仍具有勿需桥头岔线和拨道施工外，与单梁式相比，其优点是：机上移梁一次到位，且机臂受力较好（不受扭曲）；整机高度略低，适于在诸如隧道口等特殊条件下的架梁作业；双梁双向式架桥机能双向作业即勿需掉头施工，对于需换向作业的施工可大大提高工效。其缺点是：对位时前大臂需全悬，轴重略大，对桥头线路的整道要求略高。

目前国内使用较多的红旗型、长征型及已被淘汰的 66 改型均属简支双梁式架桥机，中铁二局现有的长征Ⅲ-160 架桥机属此类型中的双梁短尾式，该机换向作业时需整机掉头或将前大臂与尾臂互换掉向。

（3）中铁二局 T 梁架桥机主要技术参数

1）JQ130B 架桥机（见图 1，主要技术参数见表 2）

表 2　JQ130B 架桥机主要技术参数表

1	额定起重量	t	130
2	重量	t	251
3	工作时最大工作尺寸	m	
4	整机功率	kW	150
5	架设梁片时的最小曲线半径	m	400
6	自行速度	km/h	0.5～6

续上表

7	自行最大爬坡度	‰	16
8	机臂 0# 柱处最大摆头量	m	±2.861
9	空中移梁最大横移量	mm	±950
10	吊梁升降速度	m/min	0.51
11	吊梁走行速度	m/min	6
12	吊梁横移速度	m/min	0.25
13	最大牵引力	kN	40.5
14	全悬臂时机臂前端下挠度	mm	650
15	简支架梁时(32)机臂跨中挠度	mm	180
16	最大轴重(悬臂)	t	28
17	工作状态整机重心高度	m	2.75
18	液压系统工作压力	MPa	20

图 1　JQ130B 架桥机

图 2　(长征Ⅲ-160 架桥机)

2)长征Ⅲ-160 架桥机(见图 2,主要技术参数见表 3)

表 3　长征Ⅲ-160 架桥机主要技术参数表

1	额定起重量	t	160
2	重量	t	315
3	工作时最大工作尺寸	m	81.6×4×6.48
4	整机功率	kW	240
5	架梁最小曲线半径	m	400
6	自行速度	km/h	0～4.5
7	自行最大爬坡度	‰	20
8	机臂 0# 柱处最大摆头量	m	±3.1
9	空中移梁最大横移量	mm	±1 100
10	吊梁升降速度	m/min	1.2
11	吊梁走行速度	m/min	4—8

续上表

12	吊梁横移速度	m/min	1
13	最大牵引力	kN	93.7
14	全悬臂时机臂前端下挠度	mm	705
15	简支架梁时(32)机臂跨中挠度	mm	35
16	最大轴重(全悬)	t	32
17	工作状态整机重心高度	m	2.7
18	液压系统工作压力	MPa	21

3.3 换装设备

T梁在架设过程中需要进行两次换装，第一次换装在制(存)梁场进行，是将梁片装到桥梁运输列车上，此时换装设备可采用采用普通门式起重机或换装龙门吊；第二次换装在前方施工现场进行，是将运输列车上的梁片换装到机动平车上，受线路限界影响，此时换装设备一般采用换装龙门吊，本文在此只描述换装龙门吊(见图3)。

图3 (DHD2×80固定式换装龙门吊)

3.3.1 常见换装龙门吊的型式与特点

换装龙门吊结构简单，使用方便，尤其是具备组装容易的特性，所以在T梁架设施工中得到广泛的运用，使用中每套换装龙门吊必须由两台组成才能装吊梁片。换装龙门吊根据其是否能够整机自力走行分为固定式和走行式两类，其中走行式习惯称为多用途龙门吊，可用于梁场或前方工地换装，固定式通常只用于前方工地换装。按照设备起吊和驱动的动力方式，换装龙门吊又可分为液压式和机电式，这两种方式各有特点，无法直观判断其优缺点，只有根据施工单位自身的爱好来选择。

3.3.2 几种典型换装龙门吊技术参数

(1)DHD2×80走行式换装龙门吊(单台)(表4)。

表4 DHD2×80走行式换装龙门吊技术参数表

1	额定起重量	t	80
2	重量	t	65
3	整机功率	kW	40
4	自行速度	m/min	0～4.5
5	自行最大爬坡度	‰	6
6	起升高度	m	4.2
7	跨度	m	2.8

(2)DHD160固定式换装龙门吊(一组)(见表5)。

表 5　DHD160 固定式换装龙门吊技术参数表

1	额定起重量	t	160
2	重量	t	124
3	整机功率	kW	80
4	起升高度	m	4.6
5	跨度	m	3.0

3.4　运架设备的运输

T 梁运架设备中的架桥机、机动平车属铁路自轮运转设备，作业时在铁路轨道上自力行走，而换装龙门吊在作业中的移位则靠其专属的托架平车转移。长途转移运输时，架桥机、机动平车、龙门吊须解体装车，在符合设计的挂运状态后通过铁路实施运输。由于运架设备机身庞大，较多部件无法分拆或解体，因此，国内运架设备挂运时基本上都属于铁路超限运输。

4　工程实例(大理—丽江铁路 T 梁架设)

4.1　项目概述

该标段轨道施工南起于广大铁路大理东站站中心，里程为 K196+969.07(=DK0+000)，北止于丽江车站，里程为 DIK165+925，正线长度 165.032 km。大理地区引入工程包含大理站至大理北站的联络线、还建广大线、大理东站及大理站改扩建工程。该项目是一个集桥梁架设、道砟施工、轨道铺设的综合性项目，是铁路建设中的典型施工工程。

本标段含桥梁 77 座 867 孔，共计 23 328.02 延长米，占线路总长的 13.7%；隧道 46 座 78.31 km，占线路总长的 46%；正线路基 68.634 km，占线路总长的 40.3%。正线铺轨 170.276 km，站线铺轨 37.796 km，新铺道岔 136 组，拆铺道岔 15 组，拆除道岔 38 组，铺道砟 524 177 m^3。

4.2　主要架梁设备配置表

主要架梁设备配置(表 6)。

表 6　主要架梁设备配置表

序号	设备名称	数量	生产厂家	设备型号
1	运架设备	1 套	株洲工程机械厂	JQ130B
2	内燃机车	3 台	大连机车车辆厂	东风 4 型货机
3	轨道车	2 台	襄樊金鹰轨道车辆公司	GC210、210 kW
4	轨道平板车	15 辆	兴平车辆厂	N17
5	路用平板车	10 辆	兴平车辆厂	N17
6	全站仪	1 套	北京光学仪器厂	BTS~3082C
7	经纬仪	1 台	北京光学仪器厂	TDJ2
8	水准仪	2 台	北京光学仪器厂	AL25A

4.3　主要设备性能参数

4.3.1　运架设备

JQ130B 架桥机及其机动平车和 DHD160 换装龙门吊性能参数前面已叙，在此不予赘述。

4.3.2 DF-4 内燃机车

DF-4 内燃机车(图 4)技术参数见表 7。

表 7 DF-4 内燃机车技术参数表

1	机车功率	2 430×2 kW
2	最高速度	100 km/h
3	持续速度	21.6 km/h
4	起动牵引力	435×2 kN
5	持续索引力	324×2 kN
6	轮径	1 050 mm
7	总重/轴重	138×2/23 t
8	轴式	$C_0—C_0$×2
9	轨距	1 435 mm
10	通过最小曲线半径	145 m
11	车钩中心线间距	21 100×2 mm
12	最大高度	4 725 mm
13	最大宽度	3 309 mm
14	柴油机型号	16V240ZJB
15	传动装置型号	TQFR-3000BZD109A
16	传动方式	电传动

图 4 （DF_4 内燃机车）

铁路轨道铺设

客运专线无砟轨道CRTSⅡ型板运铺综合施工工艺

1 前　　言

CRTSⅡ型板(图1所示为CRTSⅡ型板式无砟轨道结构)式无砟轨道,采用了预应力轨道板结构、数控磨床打磨承轨槽、快速测量系统、高性能沥青水泥砂浆垫层等技术。CRTSⅡ型板式无砟轨道系统层次构成自下而上依次为:30 cm底座混凝土支承层、3 cm厚CA砂浆垫层、20 cm厚轨道板、扣件系统和无缝长钢轨,轨道板标准长度650 cm、宽255 cm。为满足中国制式轨道电路传输的要求,底座和轨道板混凝土中增加了钢筋绝缘保护措施。

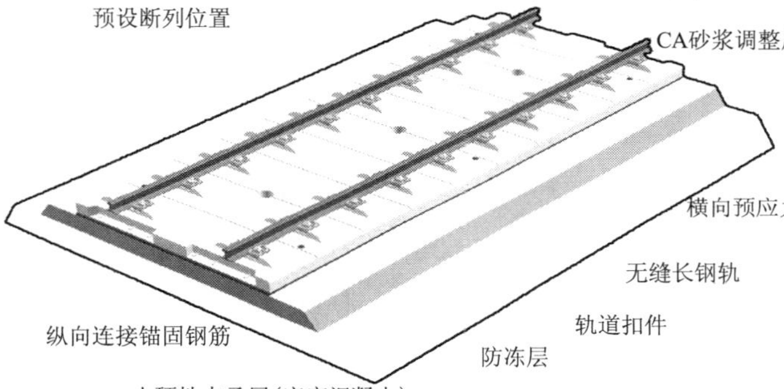

图1　CRTSⅡ型板式无砟轨道结构

2 适用范围

本工艺适用于现场运铺CRTSⅡ型无砟轨道板。

3 主要技术标准

(1)《客运专线无砟轨道铁路工程施工质量验收暂行标准》(铁建设〔2007〕85号)。

(2)《客运专线无砟轨道铁路工程测量暂行规定》(铁建设〔2006〕189号)。

(3)《CRTSⅡ型板式无砟轨道暂行质量验收细则》(京津城际轨道交通公司)。

4 施工方法

CRTSⅡ型轨道板铺设,在底座混凝土完成后按双线同向平行施工,依次布置GRP点测量、轨道板运铺、精调、侧向封边、灌浆、宽窄接缝施工及张拉等施工工序,按“桥下运输为主,桥上运输为辅”的物流方案规划施工流程和设备配置(见图2)。即,用50 t汽吊和专用吊具在桥面按一定距离设轨道板提升站自桥下吊装轨道板上桥,轨道板经YLC30轨道板双向运输车二次倒运到位,16 t MEBL轮胎式铺板龙门吊完成铺设,之后依次完成轨道板的精调、边缝密封、CA砂浆搅拌和灌注、轨道板张拉和横向接缝填充等后续施工。

CA砂浆的灌注,在桥下用CA砂浆移动搅拌车设置移动拌和站,通过CA砂浆中转仓、汽车吊、跨线平车等将CA砂浆运输到轨道板灌注位置后,可完成CA砂浆垫层的灌注。

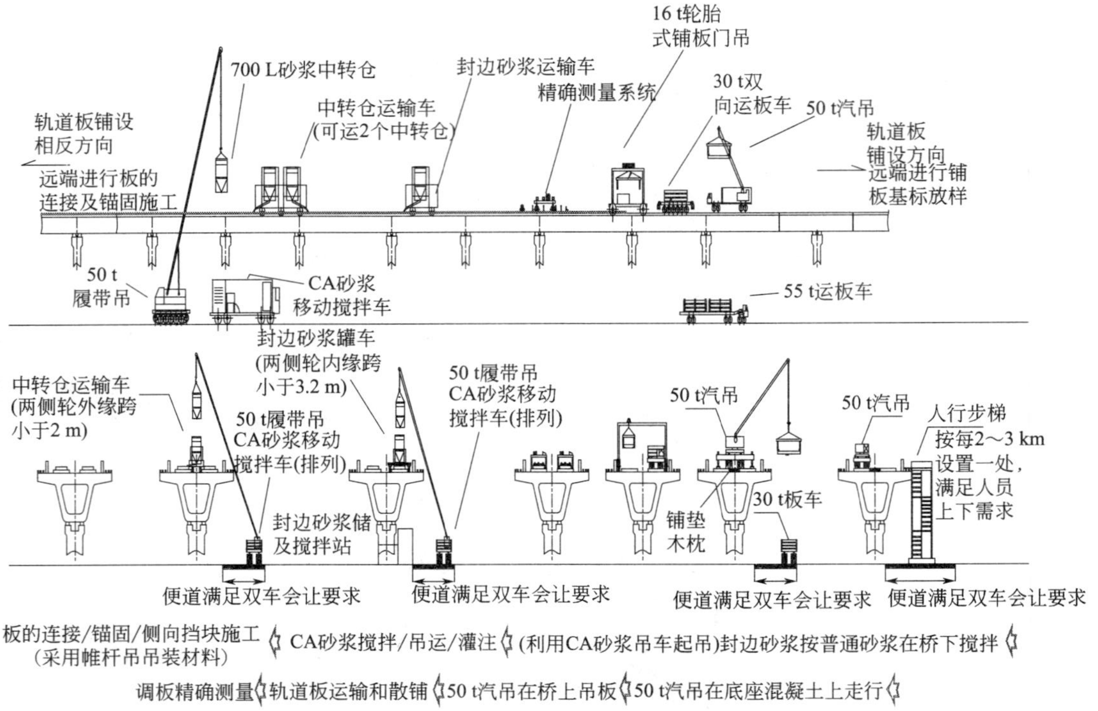

图 2　CRTSⅡ型板运铺作业流程

5　工艺流程及操作要点

5.1　施工流程

CRTSⅡ型轨道板运铺工艺流如图 3 所示。

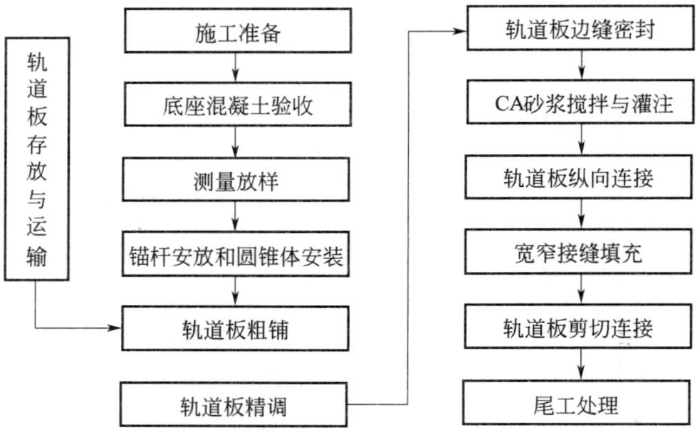

图 3　CRTSⅡ型轨道板运铺施工工艺流

5.2　主要工序施工工艺

(1)施工准备

底座混凝土和桥面系等主要结构施工完成后，获取墩台沉降(或路基沉降)和桥梁徐变评估的合格报告，用 TCA1800 全站仪和 DIN12 电子水准仪复测 CPⅢ基标网平面坐标和高程值，复测成果提交设计院评估通过。

沿线路贯通修建沿长桥方向的施工便道，安装上桥的人行步梯，规划施工基地和存放 CA 砂浆材料、轨道板等。

(2)底座混凝土验收

在底座混凝土常规区，后浇带施工完成后，清除梁面垃圾和底座混凝土表面的污垢或油渍，依据 CPⅢ基标网对标检查底座混凝土表面高程和平整度，修复质量缺陷，确保 CA 砂浆垫层灌注厚度在 20～40 mm 之间。

(3)测量放样

测量放样采用 TCA1800 全站仪、设标网测量专用棱镜、GRP 点测量专用棱镜等，依据已经复测的 CPⅢ基标网和布板数据给出的平面坐标放样 GRP 点(即轨道板间半圆弧中心的精确定位点)。GRP 点采用测钉对中标定。GRP 点放样的同时,定出轨道板定位圆锥及扣压板安装所用锚杆的钻孔位置。

GRP 点的测钉在底座混凝土表面钻孔后加植筋胶的方式固定在底座混凝土上,之后通过 CPⅢ基标网对其高程和平面坐标进行三次以上的复测,测量数据经博格专用软件平差处须满足高程±0.1 mm、平面坐标±0.2 mm 的限差要求。

(4)锚杆安放和圆锥体安装

扣压板安装所用的锚杆,一般用长 40 cm、ϕ14 顺向螺纹钢筋。依据测量放样在混凝土表面垂直钻取 ϕ16 mm 深 120 mm 的孔,气筒清孔后,注入植筋胶,垂直插入锚杆钢筋,待植筋胶固化后即可满足要求。

铺板之前,在锚杆钢筋上套入单个定位圆锥体。定位圆锥体外采用橡胶材料制成,外径 14 cm,略小于板端圆弧,轨道板粗铺时通过定位圆锥体的导向可达到 5 mm 的精度。

(5)轨道板存放与运输

在工地附近修建存板场临时存放轨道板。存板场内应排水畅通,地基硬化处理,轨道板存放最多不超过 8 层。用足够吨位的汽车吊和专用吊具吊装轨道板,30 t 平板汽车运输轨道板,平板汽车上加装防撞和缓冲装置。

存放或运输过程中,层与层轨道板间按三点支承平衡原理在两端支垫长、宽、高各 20 cm 的硬方木,以防不均匀变形。

(6)轨道板粗铺

铺板前,利用大吨位汽吊将 50 t 汽吊、YLC30 轨道板双向运输车、16 t MEBL 轮胎式铺板龙门吊等桥面运铺设备由桥下吊装至桥面。

轨道板由平板汽车经施工便道运输到轨道板提升站后吊装到桥面落在双向运板车上(见图 4),双向运板车沿底座混凝土纵向运输到铺板地点,再由铺板龙门吊(见图 5)经过吊板、横移、下落、对位、就位等步骤后完成粗铺。

轨道板下落就位前,在轨道板底面粘贴发泡泡沫块,高压水枪清洗底座混凝土面,在轨道板铺放位置两侧按前、中、后三个位置两侧摆放 30 cm 长、2.8 cm 高的用于起支承作用的方木条,撤离轨道板吊具并安放调节支架。

图 4　双向运板车

图 5　可变跨铺板龙门吊

轨道板在桥面的吊装、运输、铺设,设专人监护施工过程,铺设时,有专人检查轨道板板号和就位情况,填写铺板记录。

(7)轨道板精调

轨道板精调包括测量和调整两部分内容，是 CRTSⅡ型板式无砟轨道铺设的核心技术之一。该系统包括 TCA2003 全站仪、工控计算机及显示屏、反光棱镜和 4 个带反光棱镜的测量框架(见图 6)，并配置专用软件计算和处理测量数据，其中测量框架需要安装在轨道板承轨槽上，此时反光棱镜的位置相当于铺轨后钢轨顶面以上 20 mm 与钢轨中心线的交点位置，即，轨道板精调采用测量精调框架的方式，本质上就是对轨道板上钢轨线性位置的测量。

图 6　轨道板快速精调系统

轨道板调整，在轨道板两侧发泡泡沫块的位置安放时 E/M 型精确调节器，E 型安放在轨道板两端可竖向和横向调节，M 型安装在轨道板中部，可竖向调节。

轨道板测量和精调过程，首先以带强制对中杆的全站仪和后视棱镜在铺板基标 GRP 点上建立空间坐标网，再通过全站仪一一读取轨道板前、中、后三个位置上的测量框架左、右位置的空间坐标，之后以全站仪以无线方式的测量数据输入工控计算机，工控计算机及时处理各测量点坐标的测量值与设计值的差值并一一输入布置在轨道板四周的显示器上，施工人员根据显示值调整 E/M 调节器使用测量框架上测量点的测量值与设计值，通过反复几次的测量和调整，即可完成单块轨道板的精调和定位。

单块轨道板精调前，复测已调好的相邻轨道板的相邻端，以保证轨道线性平顺。精确调节器使用到 CA 砂浆灌注且固化后撤除，在此过程轨道板和精确调节器保证不被扰动。

(8)轨道板边缝密封

用 M10 耐候性水泥砂浆密封轨道板侧向边缝。预先洒水湿润底座和轨道板表面混凝土，以白铁皮(长 50 cm，宽 15 cm)紧贴轨道板挡住侧向边缝，人工在白铁皮外侧用抹刀将拌好的砂浆沿侧向边缝堆成高、宽各 8 cm 的三角形状(发泡泡沫块处除外)并压光抹平，抽出白铁皮，再用抹刀对砂浆表面略施压力即可。砂浆硬化前，用直径 2 cm 的木棍在轨道板两侧按前、中、后六个位置设置各 1 个小孔(共 6 个)，作为砂浆灌注时的观测孔和排气孔。

轨道板间横缝的密封砂浆作为无砟道床结构的组成部分，采用 CA 砂浆干粉料搅拌的砂浆密封至轨道板底部 2 cm 以上。

轨道板边缝密封完成后，在锚固螺杆上安装扣压板并加螺母扭紧，以免轨道板在灌浆时上浮。曲线地段，在轨道板中部靠曲线外侧增加 L 型扣压板，施工方法相同。

(9)CA 砂浆搅拌与灌注

CA 砂浆的搅拌与灌注是一项系统工程，包括 CA 砂浆材料的运输和装车、CA 砂浆搅拌、装入中转仓、吊装和运输中转仓、灌浆等多个环节。

①CA 砂浆材料的运输和装车。CA 砂浆材料运输和储存的边界条件要求：CA 砂浆干粉存放和运输温度 2 ℃～30 ℃，始终保持干燥且不得曝晒，储存周期不超过 6 周；乳化沥青和减水剂、搅拌用水等液体配料存放和运输温度 5 ℃～30 ℃，且不得曝晒；

按上述条件，对 CA 砂浆的材料区分存放。其中，CA 砂浆干粉采用纸袋包装，设专用仓库堆放，使用时拆袋将干粉放入专用干粉料斗，在现场用汽车吊吊装干粉料斗到 CA 砂浆车车顶，连接干粉料斗的下料口和CA砂浆车的干料仓加料口后将干粉卸入CA砂浆车干料仓内。

乳化沥青采用专用罐车储存和运输、对CA砂浆搅拌车加料，工地上将储存罐埋入地面以下以保证储存乳化沥青温度。乳化沥青、搅拌用水等水剂材料用输送泵直接输入CA砂浆搅拌车内。

根据经验，1辆CA砂浆搅拌车1次可装7～8块轨道板的用料。施工期间，需要专门的干料、乳化沥青、水的运输车辆和设备。

②CA砂浆的制备。CA砂浆移动搅拌车（见图7）是一座数控的移动搅拌站，可储存CA砂浆原材料。CA砂浆搅拌时，通过操作触摸式显示屏，输入配合比、搅拌时间及搅拌机转速、加料顺序、搅拌量等参数后，开启搅拌程序后CA砂浆搅拌车即可完成CA砂浆料的制备；

图7　CA砂浆移动搅拌车

③CA砂浆的吊装和运输。设容量为800 L的CA砂浆中转仓，其内壁由不锈钢合金材料做成，设有搅拌器，可保证运输过程中CA砂浆的流动度等工作性能；

CA砂浆搅拌好后，将足够灌注1个轨道板的CA砂浆倒入1个中转仓内，由桥下的50吨汽车吊将CA砂浆中转仓吊装上桥，再利用桥上跨单线轨道板的轮胎式运输平车将中转仓运输到灌浆地点。

④CA砂浆灌注。轨道板灌注前，复测轨道板线性和扣压板的稳定性，在轨道板上安装测试上浮量的百分表，用带平面旋转喷头的高压喷雾水枪从轨道板的三个灌浆孔中对底座和轨道板表面混凝土浇湿湿润，但不得有积水；

灌注前，在轨道板的三个灌浆孔上安装与灌浆孔孔径一致的高45 cm的PVC管，以提高灌浆时砂浆的落差和增加砂浆流动性。装满CA砂浆浆体的中转仓的出料口连接灌浆导管到轨道板中间灌浆孔，灌浆导管是1根带有阀门的可弯曲的塑料导管。开启阀门后CA砂浆灌注轨道板中间灌浆孔，观测轨道板两端灌浆孔上的PVC套管和两侧的排气观测孔，待排气孔排出正常的CA砂浆后，立即采用棉纱或软木塞进行封堵，当所有的排气孔处都排出CA砂浆，全部PVC套筒内的CA砂浆表面都高于轨道板面且不回落时，即可关闭阀门，完成1块轨道板的灌注。

CA砂浆灌注完成后，拆除灌浆软管，将CA砂浆中转仓按原路返回到桥下，进行下一块轨道板的灌注。当已灌注的CA砂浆呈半干状态（流动性很小）时，舀出PVC套管内多余的CA砂浆，拆除PVC套管，在灌浆孔CA砂浆内插入1根S形的连接钢筋。

⑤其他。CA砂浆抗压强度达到1 MPa以上后，可拆除轨道板压紧装置和调节支架；抗压强度达到3 MPa以上后，可允许在轨道板上行车。

（10）轨道板的纵向连接等

CA砂浆灌注后，进行轨道板的纵向连接、宽（窄）接缝填充、剪切钢筋锚固、侧挡挡块等施工，施工工作量较小，施工组织容易实现。

6　动力组织

(1)管理人员(见表1)

表1　管理人员组织表

序　　号	名　　称	人数(人)	备　　注
1	作业队长	1	
2	生产副队长	2	
3	工程技术	5	含质量员1、试验员2
4	安全环保	2	
5	施工测量	12	内业2、基标4、2套精调6
6	机械物资	3	机1、物2
7	机械修理	3	含电工1人
8	后　　勤	12	含食堂、司机、保卫
合　　计		40	

(2)劳动力(以单个作业面配置,见表2)。

表2　劳动力组织表

序　　号	名　　称	人数(人)	备　注
1	线 路 工	20	
2	装 吊 工	15	
3	混凝土工	15	
4	钢 筋 工	10	
5	普　　工	120	
合　　计		180	不计设备操作10

7　主要机具及设备

主要机具设备配备见表3。

表3　主要机具设备配备表

序　　号	设备名称	规　　格	单　　位	数　　量	备　　注
一	检测设备				混凝土设备略
1	全站仪	TCA1800	台	1	
2	电子水准仪	DIN12	台	1	
3	快速精调系统	——	台	2	含全站仪,测量框架等
4	测力扭矩扳手		把	3	带支架
5	钢筋绝缘检测		套	1	
二	施工机具				
6	轨道板专用吊具	24 m	台	2	存板场和现场各1
7	平板汽车	30 t	台	4	

续上表

序号	设备名称	规格	单位	数量	备注
8	50 t 汽吊		台	3	
9	轮胎式双向运板车	YLC30	台	1	
10	轮胎式可变跨龙门吊	MEBL16	台	1	含专用吊具
11	E/M 型精确调节器		套	200	每套 E 型 4、M 型 2
12	定位圆锥		个	50	
13	扣压装置		套	150	每套板端和板侧各 1
14	高压清洗机		台	2	带水箱
15	水箱	1 m^3	个	3	
16	气锤钻		台	2	带钻头
17	60L 砂浆搅拌机		台	1	
18	120L 强制式混凝土搅拌机		台	1	
19	CA 砂浆移动搅拌车		台	1	含 2 个 CA 砂浆中转仓
20	宽窄接缝混凝土模板		套	10	
21	CA 砂浆干料站		处	1	含干料仓 2 个
22	乳化沥青储存罐		个	1	
23	运输汽车	5 t	台	3	运送材料、机具
24	移动发电机	30 kW	台	2	

8 质量控制要点

8.1 质量标准

(1)施工测量采用 CPⅢ 基准网,基准网精度为 1/100 000 精度,两相邻基标点间相对精度为平面位置±1.0 mm、高程±0.5 mm,轨道板加密基标的相邻平面位置±0.2 mm、高程±0.1 mm。

(2)底座混凝土表面精度,高程±5 mm,中线 10 mm,表面平整度 7 mm/4 m。

(3)轨道板铺设静态精度的主要指标:高程±0.5 mm,中线 0.5 mm,相邻轨道板接缝处承轨台相对高差及中线±0.3 mm。

(4)CA 砂浆垫层灌注厚度 20～40 mm,CA 砂浆材质性能指标满足。

8.2 质量控制措施

(1)在博格技术转让的框架内,联合局内外单位成立科技攻关组,通过技术再创新,对 CRTSⅡ型轨道板运输设备配套、精确测量系统开发、CA 砂浆配制和 CA 砂浆移动搅拌车开发等进行科技攻关。

(2)通过工艺演练,验证和改进新工艺、新设备、新材料、新技术,不成熟或未经实践验证的工艺、材料、设备,不得投入实际施工。

(3)建立健全质量管理体系,配置质量控制要素,严格施工过程控制,针对不同工序、不同施工内容制定并实施作业指导书、质量实施细则和质量检测大纲,以工序质量、细节质量保证最终的施工质量。

(4)控制无砟轨道施工边界条件,铺板前,桥梁沉降和徐变评估、路基沉降评估等必须达标,桥面系及底座混凝土施工二期恒载基本完工,CPⅢ网复测精度达标,灌板后,CA 砂浆达到 1 MPa 以上方可拆除精确调节器,3 MPa 以上方可车辆及行人通行。

(5)在基标测量和轨道板精调测量中,配置高精度的 Leica 全站仪和配套水准仪,特殊工种持证上岗。

(6)控制施工条件,CA 砂浆材料储存、运输和 CA 砂浆灌注的施工温度,严格控制在 5 ℃～30 ℃。

(7)做好施工设备的日常保养和维修,快速测量系统和 CA 砂浆搅拌车要作经常性的校正和检查,计量器具定期送检标定。

9　安全措施

(1)建立健全安全质量管理体系,强推安全生产责任制,加强施工人员安全培训和生产过程的安全检查、改进。

(2)针对道路运输、轨道板吊装、CA 砂浆及混凝土施工、施工用电、夜间作业、高空作业等制定专项安全措施和应急预案,认真做好安全技术交底。

(3)针对发电机、汽车吊、铺板龙门吊、CA 砂浆移动搅拌车等制定专门的操作规程和安全手册。

10　环保措施

(1)CA 砂浆取样试验后,应将其试样回收进行统一处理。

(2)轨道板边缝密封用的砂浆在拆除时,应将砂浆块统一回收处理。

11　工程实例

京津城际轨道交通工程全长 113.2 km,采用 CRTSⅡ型板式无砟轨道结构,引进德国博格板式无砟轨道系统,是我国第一条设计时速 350 km 的无砟轨道铁路客运专线。中铁二局承担了约 5 000 块/16.8 双线公里 CRTSⅡ型轨道板铺设的施工任务,其中 80%位于长桥地段,施工工期 2007 年 5 月至 10 月 28 日。

(1)轨道板运铺设备的研制

YLC30 双向轮胎式轨道板运输车、16 吨 MEBL 系列轮胎式可变跨龙门吊,是中铁二局与中铁机械研究院联合开发的专用设备,解决了轨道板在桥面上运输和铺设的难题。

(2)轨道板快速精调系统的开发

轨道板快速精调系统,由中铁二局与南方测绘公司联合开发。该系统保持了博格测量系统的原有功能和特点,实现了在 WINDOWS 系统下的操作界面中文化,自主开发的软件系统与博格板布板软件和结果分析软件可数据对接,施工精度能够达到 0.2 mm 的精度要求。2006 年 12 月 13 日,该系统正式通过博格公司书面确认。

(3)CA 砂浆移动搅拌车的研制

中铁二局与三一重工联合开发的 CA 砂浆移动搅拌车,包括 BZM500 型沥青水泥砂浆车和 SY9300TSJ500 型沥青水泥砂浆车两种型号,在保持了博格原有搅拌设备特点的同时进行了大量的创新性技术改进:一是将搅拌机改为立轴式;二是一次搅拌量可增加到 700 L;三是采用了电气姿态自动平衡系统;四是实现了加料、搅拌同步作业;五是增加了电源引出和高压喷枪。该系列 CA 砂浆移动搅拌车,于 2006 年 12 月 5 日至 16 日正式通过博格公司的现场测试和验收,确认可以用于京津城际轨道交通工程施工。

城市轨道板式道床施工工艺

1 前　　言

1.1 发展情况

板式轨道具有施工期短、使用寿命长、整洁美观、维修方便等特点，在轨道交通中得到大量应用。广州市轨道交通四号线第一次将板式道床技术引进了城市轨道施工，现四号线已经投入运营使用，轨道结构状态良好。

1.2 类型与结构形式

1.2.1 结构类型

广州市轨道交通四号线采用的道床板主要分为A、B、C、D四种类型。几何尺寸为200 mm×2 100×L mm，其中L为板长。道床板示意如图1所示。

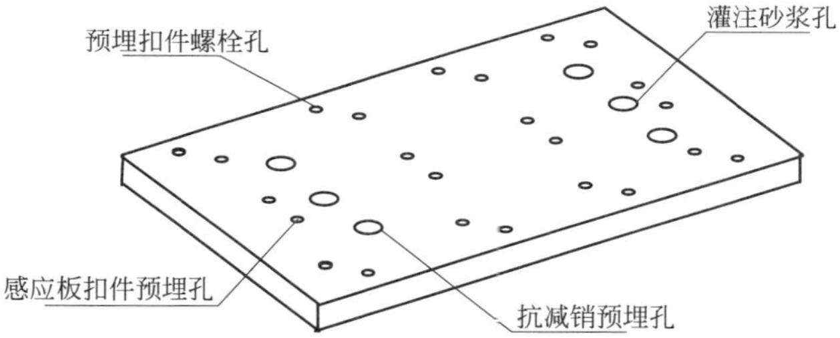

图1　道床板示意图

1.2.2 结构形式

板式道床结构主要为桥面基础、ZH砂浆填充层、道床板、扣件、钢轨。道床板结构如图2所示。

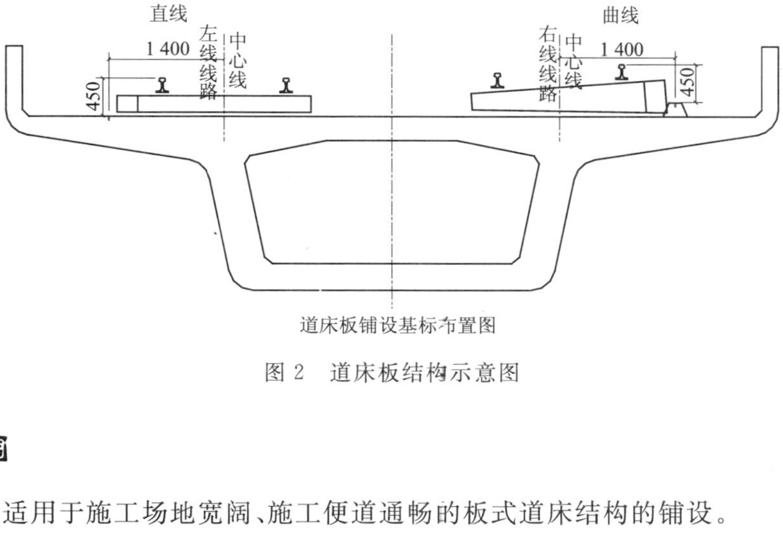

图2　道床板结构示意图

2 适用范围

此项技术适用于施工场地宽阔、施工便道通畅的板式道床结构的铺设。

3 技术标准

3.1 设计技术标准

3.1.1 钢 轨

正线及辅助线：采用高碳微钒(PD_3)60 kg/m 钢轨，直线地段标准轨长 25 m，曲线地段内轨采用厂制缩短轨。

3.1.2 扣 件

在高架桥上根据无缝线路设计要求采用小阻力弹性扣件，扣件节点间距采用 1 600 根/km 布置；在曲线半径 $R\leqslant400$ m 或坡道 $i\geqslant20‰$时，采用国铁弹条Ⅲ型分开式扣件。

3.1.3 高架线整体道床结构

采用预制混凝土道床板，直接在混凝土梁上固定(无底座)；板上扣件采用分开式小阻力弹性扣件，扣件的纵向爬行阻力 7～10 kN/m/轨，扣件节点间距 1 600 根/km，道床板下采用特制砂浆充填。

预制混凝土道床板采用普通钢筋混凝土结构，道床板混凝土标号为 C50，钢筋主筋采用 12 mm 的Ⅱ级钢筋，其他构造筋采用 10 mm 的Ⅱ级钢筋，螺旋筋采用 3 mm 的低碳冷拔钢丝。道床板宽 2.1 m，考虑三轨安放位置时，板侧伸出凸台，凸台处道床板宽 2.35 m；直线段道床板横断面为矩形板厚 0.2 m，A 型板长 3.525 m、B 型板长 2.275，曲线段道床板横断面为梯形板厚根据线路超高变化，C 型板长 1.65 m、C 型板长 2.275 m。

道床板应置于设计位置，道床板中心线与线路中心的允许偏差为 2 mm，板顶高程偏差应能满足无砟轨道铺设完成后的精确要求。允许偏差为 1 mm，前后位置允许偏差为±5 mm。

3.2 施工要求

轨道质量应不低于下列规定：

(1)轨距允许偏差为±2 mm，变化率不得大于 1‰；

(2)高程：以一股钢轨为准(曲线以内股为准)，按设计高程误差不大于±1 mm；

(3)水平：同一横截面处的两轨面高程相对差不得大于 1 mm；

(4)轨向：直线远视直顺，用 10 m 弦量，最大矢度≤1 mm；曲线方向圆顺，以 20 m 弦量，正矢偏差不得大于表 1 的规定。

表 1 曲线正矢允许偏差

曲线半径(mm)	缓和曲线正矢与计算正矢差(mm)	圆曲线正矢连续差(mm)	圆曲线正矢最大最小值差(mm)
≤650	3	6	9
>650	3	4	6

(5)高低：轨面目视平顺，用 10 m 弦量，最大矢度≤1 mm；

(6)轨底坡应为 1∶40；

(7)扭曲：在延长 6.25 m 范围内的扭曲≤4 mm；

(8)线路中心线偏移量≤2 mm。

4 施工方法

采用人工配合机械施工，应左右线交替进行。

(1)采用高精度的电子水准仪和全站仪进行测量施工,人工包桩,桩上设铜柱做点;

(2)材料包括道床板、钢轨、扣件、砂浆等采用汽车吊上桥;

(3)轨道采用人工拼装;

(4)ZH 砂浆灌注采用特制砂浆拌浆机施工;

(5)轨道调整采用螺旋千斤顶和钢制斜支撑人工调整;

(6)道床板的调整采用人工配合小机具进行;

(7)轨道拼装采用人工进行,采用电动扳手紧固螺栓;

(8)采用 K900、K922 移动接触焊进行无缝线路的钢轨焊接。

5 工艺流程及操作要点

5.1 施工工艺流程

如图 3 所示。

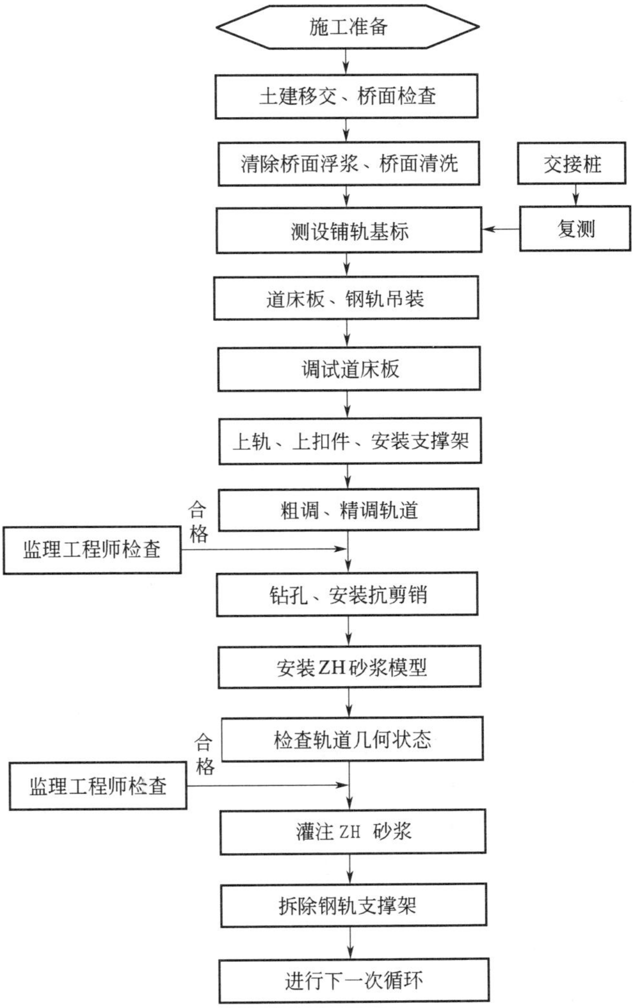

图 3 板式道床施工工艺流程图

5.2 施工工艺及操作要点

5.2.1 基标的设置

(1)接收导线点、水准点

由业主测量队组织线下单位进行导线点和水准点交接,进行复测,报监理审核,最后定为轨道结构测量的基点。

(2)测量仪器配置

配置 4 套索佳电子水准仪、2 套莱卡全站仪、8 把水准尺。

(3)控制基标的测设

1)测设标准。用铜标在直线地段每 120 m,曲线地段每 60 m 设置一个控制基标,安装在列车前进方向右侧或曲线外侧,基标距线路中心外 1.4 m 处。基桩包封前用螺纹调节高度,与该处的设计线路中线标高相同,用混凝土制作埋设牢固。为便于直角道尺精确确定一股钢轨的位置和标高,在基桩顶钻 ϕ10 mm 的定位小孔,孔内安装铜标。

2)测设范围。曲线起讫点、曲线中点、缓圆点、圆缓点、变坡点、竖曲线起讫点及道岔中点和起讫点等各控制点均设置。

(4)加密基标的测设

测设标准。直线上按 6 m、曲线上按 5 m 设置加密基标,设置位置在线路中心或距线路中心外 1.4 m 处。道岔与交叉渡线地段,为了便于轨道的铺设与控制,在加密基标的基础上,结合施工需要适当增设基标。

(5)测量成果评定。

①控制基标

a. 方向允许误差为 6″;

b. 高程允许误差为±2 mm;

c. 距离允许误差为:直线 1/5 000,曲线 1/10 000。

②加密基桩

a. 直线上偏离控制基桩方向允许误差为±1 mm;

b. 曲线上用偏角法测设,在偏角方向线上不允许偏出±1 mm;

c. 每两个相邻基标间距偏差不超过±1 mm;

d. 高程允许偏差为±2 mm;

e. 两相邻基标高程允许误差为±1 mm;

f. 距离允许误差:在直线上每 6 m 为±5 mm,在曲线上每 5 m 为±3 mm。

③其他要求

根据道床板布置图在桥面上采用墨线进行道床板的定位并标注板的类型。

5.2.2　轨道板的搬运和安置

(1)施工条件设置

①施工场地的要求:面积根据进度要求设定,至少需要 6 000 m^2,可以存放约 4 000 块道床板;场地需要平整,采用 C20 混凝土进行地面硬化;场地内设有喷淋设备,便于道床板的养护;

②施工便道的要求:沿桥的施工便道必须通畅,便道路面状况良好,距离墩身的距离小于 6 m 为宜,墩身 5 m 范围内需要平整。

(2)轨道板的搬运和安置

①在道床板存放场内,可以采用叉车进行,通过平板拖车运到现场后,采用汽车吊吊放到桥面。必要时桥面上应配置一台汽车吊和一辆载重汽车,在桥面上进行道床板的运输和摆放;

②道床板存放最多可以重叠 5 层,中间采用硬垫木支垫。预埋孔采用橡胶塞或布条封堵,防止砂石颗粒和杂物堵塞孔洞。不同种类的道床板按类型集中存放。

5.2.3　轨道板的调整

(1)作业程序

①根据桥面标注和道床板布置图,将道床板摆放在桥面上;

②吊装时可以通过道床板吊装孔进行,也可以采用吊带进行;

③通过基标和 L 型道尺进行道床板横向定位,纵向采用直尺定位,板纵向间距以前后两块道床板的感应板预埋螺栓孔作为控制标准,间距为 625 mm;

④道床板的调整以每一空桥梁为一个单位,从小里程向大里程方向调整,桥梁的长度制造误差在最后两块板之间消除;

⑤道床板的高度和轨道结构一起调节,以轨道结构高程进行控制。

(2)轨道板调整的精度要求。

①道床板中心线误差为±2 mm;

②道床板纵向误差为±2 mm;

③高度误差为±1 mm。

5.2.4　轨道的拼装和调整

(1)轨道结构构成及组装

①轨道组成：自下而上分别为 ZH 砂浆填充垫层、道床板、铁垫板下大橡胶垫、铁垫板、轨下橡胶垫、PD_3 钢轨；

②轨道采用的扣件为小阻力扣件。通过螺栓和弹条将钢轨和道床板连接在一起；

③通过拉线法将左股铁垫板控制在同一条直线上，上螺栓扣紧；

④安装左股钢轨，通过扣件固定；

⑤通过设计轨距控制右股的位置；

⑥采用电动扳手进行螺栓紧固，扭矩达到设计值；

⑦根据气候的变化，预留轨缝，轨排之间进行临时连接。

(2)轨道结构的调整

①通过控制基标和加密基标进行轨道结构的控制；

②通过万能轨道尺和 L 型道尺进行精度控制；

③高度调整采用螺旋油顶进行，横向调整采用钢质斜支撑进行。

(3)轨道结构的精度要求

①线路调整误差要求见表 2。

表 2　线路调整误差表

序　号	名　称	单　位	数　值	备　注
1	轨道中心线	mm	±2	距基标中心线
2	轨道方向(直线段)	mm	1	10 m 弦量正矢
3	轨顶高程	mm	±1	
4	水平	mm	1	延长 18 m 范围内
5	高低	mm	≤1 mm	10 m 弦量
6	轨距	mm	+2～−1	变化率≤1‰
7	轨底坡		1∶40	
8	轨缝	mm	+1～0	

②曲线正矢表见表 3。

表 3　曲线正矢表

曲线半径(m)	缓和曲线正矢与计算正矢差	圆曲线正矢连续差	圆曲线正矢最大最小值差	备注
251～350	3	5	7	
351～450	2	4	5	
451～650	2	3	4	
>650	1	2	3	

5.2.5　抗减销的安置

(1)抗减销的加工

①抗剪销采用 $\phi30$ 钢筋制成，长度 260 mm；

②采用钢筋切割机进行，严禁采用氧气乙炔切割；

(2)抗减销钻孔及安置

①采用空心钻进行钻孔；

②钻孔深度为桥面以下 30 mm，直径为 50 mm；

③以道床板预留抗剪销孔作为定位孔；

④钻孔完毕，及时清理桥面；

⑤采用自制定位装置进行抗剪销定位，保证其在孔的中心位置。

5.2.6　关　　模

(1)关模材料的拌制

①采用 M30 干硬性砂浆进行关模；

②通过实验确定砂浆配合比，报监理审核；

③采用现场人工拌制，砂石料取样报检。

(2)施工方法

①关模宽度控制在 3～5 cm，内侧采用角钢遮挡，以此保证砂浆的宽度和密实度；

②在四周靠近道床板底面和靠近桥面的适当位置开 10 mm 的小孔，作为排气孔和观察孔；

③若当天不能施工，采用胶带将灌浆孔和抗剪销孔封闭，防止雨天雨水进入板内；

④若板内有水，在灌浆前应采取措施将水排出。

5.2.7　ZH 砂浆的配合和搅拌

(1)ZH 砂浆的性能指标(见表 4)

表 4　ZH 砂浆的性能指标表

项　次	性　能		单　位	指标要求
1	抗压强度(1 天)		MPa	25～40
	抗压强度(3 天)		MPa	45～65
	抗压强度(7 天)		MPa	50～65
	抗压强度(28 天)		MPa	≥65
2	弹性模量		GPa	30～33
3	流 动 度		s	20～30
4	可工作时间		min	30 左右
5	泌 水 率		%	0
6	分 离 度		%	0
7	竖向膨胀率	早　期	%	0.0,…,4.0
8		凝固后	%	0.0,…,0.3

(2)ZH 砂浆的配合比和搅拌

①现场拌制 ZH 型砂浆前，应视具体工点的温度、湿度等条件做配方试验，并及时修正标准配合比，标准加水量为干料的 20%，满足设计要求后，方可拌制灌筑；

②道床板与混凝土基面的间隙应为 15～75 mm；

③ZH 型砂浆强度可承受自重后，应及时撤除支撑螺栓和模板，以保证道床板与 ZH 型砂浆间紧密接触；

④ZH 型砂浆配制、施工时的适宜温度范围为 10 ℃～25 ℃，限界温度范围为 5 ℃～30 ℃。

超过限界温度时应采取相应措施。

5.2.8 ZH砂浆的注入

(1)ZH砂浆的运输、存放。

①ZH砂浆采用载重汽车直接运送到施工现场,汽车吊吊上桥面;

②将砂浆存放在桥梁中间,底下采用垫木支撑,高度超过200 mm,采用帆布遮盖,防止暴晒和雨水淋湿;

(2)ZH砂浆的注入。

①检查供水供电设施;

②检查拌浆机运转状况;

③采用人工加料,严禁将包装袋放入机内;

④加水量控制在17%～23%之间,标准加水量为20%;

⑤测设流动度,根据温度变化控制在20～40 s之间;

⑥一块板一次性灌完;

⑦通过观察孔观测砂浆的灌满程度;

⑧灌完后及时将污染垃圾清理干净。

(3)ZH砂浆的试验。

①每天施工开始、结束和气温最高时测试砂浆流动度,至少3次,其间做抽查;

②每20 t为单位取标准试件3组送检。

5.2.9 无缝线路的铺设

(1)钢轨的焊接

采用K900、K922移动接触焊焊机进行钢轨的焊接。

(2)焊接工艺要点及接头技术要求

①焊接钢轨的处理:将焊轨提起,在距待焊接头3 m、10 m处钢轨下垫滚筒,形成与地面有一定的夹角;用电动砂轮机在距离轨头600 mm范围内进行打磨;对齐钢轨接头,不得有高低错牙,水平以工作边对齐;

②启动焊机进行焊接,焊接后对焊接接头正火,正火温度控制在850 ℃～880 ℃;接头正火后自然冷却,对接头进行粗打磨和精细打磨。接头外观检查应满足轨面:0～0.3 mm;工作边:±0.3 mm;轨底角:0～2 mm;

③焊接接头超声波探伤:焊接接头冷却至250 ℃以下,用2 MHz超声波对轨头、轨腰及轨底进行探伤,探伤结果不得有未焊透、过烧、裂纹、气孔、夹渣等缺陷;

④焊接接头必须进行方尺,接头相错量直线上不能大于40 mm,焊缝距轨枕边距离≥40 mm;

⑤焊轨机进场前须通过型式试验,施工过程中每200个焊头后需进行周检试验。

(3)长钢轨的锁定

①根据设计轨温进行锁定。设计锁定轨温为(26±5) ℃;

②当轨温在设计锁定温度内,此时对钢轨进行锁定,锁定时,注意线路的水平、方向、正矢;

③当锁定温度低于设计温度时,根据温差计算钢轨伸长量,然后利用拉伸器将钢轨拉伸到设计长度后,再进行锁定;

④锁定温度高于设计锁定温度时,一是待轨温降低至设计锁定轨温时再锁定;一是先锁定,待轨温降到设计锁定温度时松开扣件,放散钢轨应力后,再重新锁定;

⑤重新锁定时，先进行应力放散，松开扣件，每隔 5 m 在钢轨底下垫滚筒，用撞轨器或铁锤敲打钢轨，促使应力放散完全。

(4)观测桩的设置

①钢轨锁定前，应埋设好位移观测桩；锁定后，立即在钢轨上做好初始位移测定标记；

②轨道两侧观测桩的联线与轨道中线正交，桩的横向中距 3 m，桩顶比轨顶高 50～100 mm；

③观测桩的位置应根据设计位置进行埋设；

④线路锁定后，累计位移量不超过 5 mm。

6　劳动力组织

劳动力组织见表 5。

表 5　劳动力组织表

序　号	工序名称	人员配置	备　注
1	铺轨基地	30	包括装卸料、钢筋加工、龙门吊司机、看守等
2	桥面清洗	4	包括垃圾装袋、集中堆码
3	材料运输	4	含轨道车司机、调车员等
4	铺设道床板	10	含吊车司机
5	散扣件	10	
6	上钢轨	4	
7	轨节拼装	10	
8	轨道调整	8	
9	抗减销钻孔	4	含清洗
10	关模	10	含运料、拌料人员
11	砂浆灌注	16	含运料、清洗、操作人员等
12	辅助人员	10	
合　计		120	

7　主要施工机械

主要施工机械设备见表 6。

表 6　主要施工机械设备表

序　号	机具名称	单　位	数　量	规　格
1	基地龙门吊	台	2	17 m 跨度
2	25 t 汽车吊	台	2	DT10 t 跨双线
3	轨道车	台	1	
4	轨道平板	辆	4	
5	万能材料试验机	台	1	WE-100 A
6	压力试验机	台	1	NYL-2 000 D
7	混凝土振动台	个	1	0.6 m^2
8	砂石筛	套	2	ϕ300 mm

续上表

序　号	机具名称	单　位	数　量	规　格
9	混凝土试模	个	36	15 cm×15 cm×15 cm
10	案秤	台	1	1 kg
11	磅秤	台	1	100 kg
12	架盘天平	台	1	5 kg
13	螺旋千斤顶	台	150	10 t
14	钢制斜支撑	个	150	
15	空心钻	台	4	
16	砂浆搅拌机	台	2	
17	全站仪	台	2	莱卡
18	水准仪	台	2	索佳
19	水准尺	把	4	
20	万能道尺	把	4	
21	L 型道尺	把	4	
22	发电机	台	1	30 kW
23	钢筋切断机	台	1	GQ40
24	钢筋弯曲机	台	1	GW40-1/2
25	钢筋切断机	台	1	GQ40
26	平头撬棍	根	30	
27	锯轨机	台	4	TRAK 美国
28	交流电焊机	台	6	BX1-315-21 kVA

8 质量控制要点

8.1 质量通病

(1)轨道结构反复调整工作量大;

(2)焊轨接头出现低接头。

8.2 控制措施

(1)认真执行设计验收规范;

(2)加强现场每道工序的检查;

(3)焊轨接头正火时,接头上拱量控制在 0.5～0.8 mm。

9 安全措施

安全控制要点主要在高空作业、轨行区运行、轨道铺设作业、机电设备、施工机械等方面,针对以上要点编制专项方案,落实专人负责。

9.1 高空作业安全技术措施

(1)从事高处作业人员定期进行体检,发现有不宜登高的病症,不安排从事高处作业。

(2)所有进入施工现场的人员必须戴好安全帽,并按规定配戴劳动保护用具。

(3)作业人员严禁酒后上班,不得过度劳疲劳上班、不得穿拖鞋、高跟鞋、硬底鞋、易滑鞋和裙子上班或进入施工现场。

(4)从事起重施工、架子施工的人员要取得特种作业操作证方能上岗。

(5)施工作业搭设的扶梯、工作台、脚手架、护身栏、安全网等必须牢固可靠,并经验收合格后方可使用。架子工应符合《建筑施工高处作业安全技术规范》和《建筑安装工人安全技术操作规程》规定要求。

(6)作业用的料具应放置稳妥,小型工具应随时放入工具袋内,按上、下的顺序进行,禁止将杆件、扣件、模板等向下抛掷。

(7)遇下雨、大雾、六级风以上恶劣天气时,停止高处作业。

(8)高处作业不宜夜间施工,必要时,应采取施工安全措施。

9.2　轨行区运行安全措施

机车司机、轨道车司机,培训考试合格并取得合格证后持证上岗。

当施工运输与行车安全发生矛盾时,严格坚持“安全第一”的原则,服从行车安全的需要。对于运输要制定行车组织、通信信号管理、线路养护等规章制度。交接口要严格把关,做好车辆技术检查等工作,严格交接制度,确保行车安全。

乘务人员在运行中加强了望,严控速度,坚持呼唤应答制度,确保行车安全。

开行前应加强车辆技术作业检查和商务检查。严禁使用未检查车辆,防止所装货物超载和偏载。

调车作业要挂钩接风,严禁溜放调车,机乘人员严格控制行车速度。行车人员严格执行行车制度,及时正确地显示信号。

9.3　轨道铺设作业安全措施

(1)铺轨作业基地的布置应首先考虑便于行车组织,使轨料装卸车、储存、轨节钉联、调车等作业间不相互干扰。基地内必须排水通畅;夜间作业要配备良好的照明设施;配制灭火器等消防设备。

(2)料具卸车,打开车门时应站在车门一侧,卸车时车下禁止站人。轨料堆码要整齐牢固,不侵入线路限界;起重设备必须经常检查,加强保养,门式起重机停机时要锁定走行部位,场内停留车辆要采取防溜措施;吊装时作业人员要有明确分工,统一指挥,指挥信号配有音响信号,起重物下严禁人员活动或站人。

(3)轨节钉联线两侧的线路两旁的料具应堆放整齐,不得影响取送作业和司机对位的瞭望视线。

(4)紧扣件作业人员站在轨枕上用小撬棍拨入扣件时,脚跟要站牢,上扣件人员要两边分开,使用撬棍要注意防止碰伤邻近作业人员。

(5)钢筋加工、混凝土灌注应做到:

①钢筋搬运注意附近有无障碍物、架空电线,防止碰撞和触电事故;

②雷雨时暂停露天操作,防止雷击钢筋伤人;

③钢筋焊接时焊机必须接地;

④支模、拆模时不使用腐烂、裂、暗伤的木质或铁木脚手板;

⑤使用振动器应先检查电源线是否良好，机械运转是否正常，移动振动器时，不能硬拉电线，更不能在其他锐利物上拖拉，防止割破、拉断电线造成触电伤人。

9.4 机电设备安全技术措施

(1)所有施工设备和机具在投入使用前应定期对设备的技术状态进行检定，配发检定证书；起重设备须经市安质检测部门检验合格，获得安全使用许可证后方可使用。

(2)大型和专用机械的操作人员必须经过培训并经考核取得合格证后持证上岗，严格按规程操作，杜绝违章作业。

(3)制定用门吊、起重、大坡道运输等专项施工组织；门吊设备要加强防强风措施，经常与气象部门保持联系，在强风条件下暂停作业等。平时停机时采取加缆加锁或加固等防溜、防倾覆措施。

(4)严格坚持定期保养制度，做好操作前、操作中和操作后设备的清洁润滑、紧固、调整和防腐工作。严禁机械设备超负荷使用、带病运转和在作业运转中进行维修。

(5)施工用主要电力线路架空安设，从主线路至用电设备间使用电力电缆，严禁电力线随地拖拉或置于脚手架等临时装置上。

(6)施工照明一般采用 220 V 电压，但在其他危险、潮湿和需要使用手持照明灯具的场所，均采用 36 V 安全电压。

(7)所有电器开关都必须完好无损、接线正确、绝缘良好、标识明显，确保用电安全。

9.5 施工机械安全技术措施

(1)各种机械操作人员和车辆驾驶员，必须取得操作合格证，不准操作与不相符合的机械，不准将机械设备交无本机操作证的人员操作，对机械操作人员要建立档案，专人管理。

(2)操作人员必须按照本机说明书规定，严格执行工作前的检查制度和工作中注意观察及工作后的检查保养制度。

(3)驾驶室或操作室应保持整洁、严禁存放易燃、易爆物品，严禁酒后操作机械，严禁机械带病运转或超负荷运转。

(4)机械设备在施工现场停放时，应选择安全的停放地点，夜间应有专人看管。

(5)用手柄起动的机械应注意手柄倒转伤人。向机械加油时在严禁烟火。

(6)严禁对运转中的机械设备进行维修、保养等作业。

(7)指挥施工机械的作业人员，必须站在让人了望的安全地点并应明确规定指挥联络信号。

(8)使用钢丝绳的机械，在运行中严格用手套或其他物件接触钢丝绳。用钢丝绳拖拉机械或重物时，人员远离钢丝绳。

(9)起重作业严格按照《建筑机械使用安全技术规程》(JB 3—876)和《建筑安装工人安全技术操作规程》规定的要求执行。

(10)运输车辆必须遵守交通规则，利用人群密集的既有道运输时，必须轻载慢速运行。

(11)加强对运输车辆的维修保养，尤其是刹车、照明车灯等部件的检查，以确保随时具有良好的工作状态。

(12)定期组织机电设备、车辆安全大检查，对检查中查出的安全问题，按照“三不放过”的原则进行调查处理，制定防范措施，防止机械事故的发生。

10 环境保护措施

10.1 环境保护工作内容

(1)建立环境管理组织机构,明确各级、各部门在施工期环境保护工作中的职责分工。

(2)建立、健全本标段施工范围内管理体系和各项环境管理规章制度。

(3)核实、确定本标段施工范围内的环境敏感点、施工过程的重大环境因素。

(4)明确本标段施工范围内各施工阶段应遵循的环保法律、法规和标准要求。

(5)制定年度培训计划,建立培训、考核程序,定期对直接参与施工期环境管理的人员进行环保专业知识培训,对各层次工作人员进行必要的环保知识培训,对关键岗位人员进行岗位操作规程、能力和环境知识的专门培训,新工进场和人员转岗都要进行相关的环保培训和教育。

(6)编制《实施性施工组织设计》和分阶段《施工方案》时都有相应的环境保护工作内容,主要包括:根据施工特点,围绕敏感点,制定的噪声、振动控制方案;根据各工地的具体情况和环保要求,制定的预防扬尘和大气污染工作方案和工地排水和废水处理方案;固体废弃物处理、处置方案;保护城市绿化的具体工作内容;管线迁移和防护方案;施工范围内已有的列入保护范围的文物名称和具体的保护措施等。工作方案通过核实后实施。

(7)移动式焊轨车的内燃机采用纳米燃油添加剂,减少尾气排放和降低噪音。

10.2 环境保护管理程序

(1)在项目经理领导下建立责任到岗、到人的施工现场环境保护责任保证体系。

(2)按照经审核批准的环保工作方案开展工作。

(3)施工现场设有环保负责人,负责日常的环境管理工作。环保负责人组织每周对施工现场的环保工作进行一次检查并填写环保周报,对检查中发现的问题及时通知有关部门整改,重大问题报告项目经理。

(4)建立施工环保档案。将自查记录和各主管部门的检查、审核记录一并归档,工程完工后作为竣工环境审核资料。

(5)工程完工后在合同规定的时间内清场转移,恢复市政设施和绿化。

10.3 水处理措施

主要是施工基地的排水设施以及桥面废砂浆和冲洗桥面的污水处理。

水环境污染源主要有施工泥浆、车辆冲洗水、生活污水等,表现为污染附近水体、破坏水质、破坏线路附近及流域内的水环境。施工营地生活废水均排入城镇排水网,严禁将生活污水直接排放至江河中;对于含沙量大且浑浊的施工生产废水,采用沉砂池处理后再排放;含油废水经隔油池处理后排放,经处理后达到国家二级排放标准,防止油污染地表和水体。

各施工现场防治污水污染的设施均与临时建筑同时建立,同时投入使用。

饮用水经地方防疫站检验合格后方能饮用,严禁饮用生水,要保证宿舍和工地的饮水烧开后再饮用,送水、储水设备均符合卫生要求并定期消毒。

11 工程实例

11.1 工程简介

广州市轨道交通四号线轨道工程 II 标及南延线采用板式道床技术,全长 60.37 km,合同总价约 26 700 万元。工程自 2005 年 5 月 26 日开工,2007 年 6 月 28 日全线开通。

11.2 建设效果及施工图片

如图 4～图 13 所示。

图 4 吊装道床板

图 5 轨道结构调整

图 6 抗减销钻孔

图 7 关模

图 8 轨道结构调整

图 9 ZH 砂浆灌注

图 10 高架桥测量

图 11 焊轨机焊轨

图 12 成型线路

图 13 成品道岔

城市轨道弹性短轨枕减震轨道施工工艺

1 前　言

1.1 发展情况

轨道交通通过学校、医院、文物、艺术等建筑物时，根据减振要求的不同，设计时采取不同的减振方式。目前，国内城市轨道交通减振方式主要有道床减振、扣件减振和轨枕减振三种形式。各种减振方式各有其优缺点。浮置板道床轨道震动频率较低减振效果明显，但造价高，适用于特殊减振要求地段；扣件减振在国内地铁使用过，其造价较浮置板减振轨道经济很多，但扣件减振轨道震动频率较高，相对于浮置板减振和轨枕减振效果要差一些；弹性短轨枕减震轨道是在轨枕上实现减震的一项技术，国外地铁有使用，国内也曾进行过研究，正式批量运用在广州地铁二号线，也是国内地铁轨道中第一次正式大量使用，其震动频率较扣件减振轨道低，减振效果好于扣件减振轨道，投入也小于扣件减振轨道。继广州地铁二号线大量设计采用弹性短轨枕之后，北京地铁、上海地铁、深圳地铁、武汉轻轨和南京地铁都相继开始设计采用弹性短轨枕减振轨道来达到减振目的。由发展趋势来看，在国内的城市轨道交通和国铁交通干线中会大量采用弹性短轨枕减振轨道技术。

1.2 工艺特点

弹性短轨枕减震轨道是在混凝土轨枕外加装橡胶包套，列车通过时对轨道的冲击力通过混凝土轨枕传递给橡胶包套，橡胶包套缓冲混凝土轨枕上的冲击力后再将剩余的部分冲击力传递给混凝土道床，达到减震降噪目的。要求混凝土短轨枕与橡胶包套之间应密贴，橡胶包套口应密封并不能进水，否则达不到设计效果。

1.3 工艺原理

橡胶包套与混凝土短轨枕的装配在现场临时基地或在混凝土短轨枕预制厂内进行，轨排在铺轨基地组装，无条件时在现场组装，采用特制的调轨支架架轨、调轨，实现墩架法或架轨法进行弹性短轨枕整体道床轨道施工。

2 适用范围

适用于城市轨道交通和国铁需要进行减震降噪地段。

3 技术标准

3.1 设计技术标准及施工要求

(1)混凝土短轨枕设计预制验收标准见表1。

(2)橡胶包套与混凝土短轨枕之间在施工期间不得进水。

(3)橡胶包套与混凝土短轨枕之间在施工期间不得发生位移变化，防止空气进入影响减振效果。

(4)包套套口周长小于混凝土短轨枕周长2 mm，安装到位后包套弹性收缩防止进水。

表 1　短轨枕预制验收标准

序　号	检验项目	检验标准
1	短轨枕承轨台表面	光滑平整、不平度不得大于 1.5 mm
2	承轨台外表面	光滑平整、不平度不得大于 1.5 mm
3	混凝土短轨枕长度	$^{+1}_{0}$ mm
4	混凝土短轨枕上宽	$^{+1}_{0}$ mm
5	混凝土短轨枕下宽	$^{+1}_{0}$ mm
6	预埋套管与承轨台表面垂直度	90°±1°
7	混凝土短轨枕轨下截面高度	$^{+2}_{-1}$ mm
8	混凝土短轨枕帽下高度	$^{+2}_{0}$ mm
9	承轨台坡度	1∶40

3.2　施工要求

(1)短轨枕选定具备相应资质的混凝土制品厂进行预制,保证其预制质量,以满足橡胶包套与混凝土短轨枕之间的装配要求。

(2)加强混凝土短轨枕与橡胶包套之间的装配技术方案的研究,使橡胶包套与混凝土短轨枕的装配达到设计标准要求。

4　施工方法

使用加强型调轨支架采用轨法施工(见图 1)。

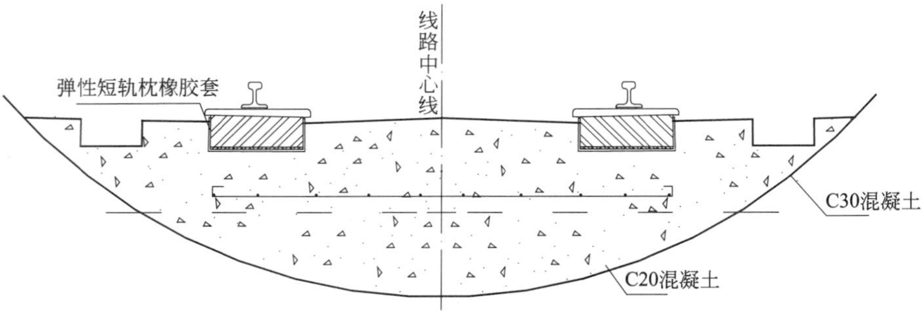

图 1　弹性短轨枕轨道道床横断面图

4.1　混凝土短轨枕预制

(1)选定预制厂商

在选择混凝土制品厂时对其资质、生产能力、信誉等进行了充分的考察和比选。

(2)混凝土短轨枕模具设计制作

混凝土短轨枕模具是控制预制混凝土短轨枕精度的关键,要求加工精度满足设计标准要求,模具使用过程中不变形。在经工艺性试验证明模具能满足设计精度后,方可投入批量生产混凝土短轨枕,以保证混凝土短轨枕的尺寸精度。

(3)混凝土短轨枕预制

施工期间派质检工程师名驻厂进行质量检查控制,主要对混凝土短轨枕模具进行定期的全面检查。

(4)混凝土短轨枕和橡胶包套检尺

混凝土短轨枕经质量检查合格后进场备用,橡胶包套进行检尺,合格品进行标识。

4.2 橡胶包套与混凝土短轨枕装配

(1)橡胶包套内防进水方案

防止施工过程中橡胶包套内进水。设计考虑在安装包套时使用粘接剂涂抹在橡胶包套套口处的混凝土短轨枕四周,使橡胶包套套口处3～5 cm高度范围与混凝土短轨枕粘接封闭以达到防水目的。

①粘接剂的选择。实施前对环氧树脂粘接剂、玻璃胶粘接剂、氯丁胶粘接剂三种进行了比选:环氧树脂粘接剂需要现场进行配制,成本高、浪费大、粘接时间长,环氧树脂粘接剂粘接强度高,可作为永久性粘接剂,不利于施工完成后橡胶包套与混凝土短轨枕分离(运营后在更换新短轨枕或新橡胶包套时,原有的橡胶包套和短轨枕能相互分离);玻璃胶粘接剂与氯丁胶粘接剂不需要进行现场配制,直接可以使用,成本较环氧树脂粘接剂低,粘接强度低,适合于在弹性短轨枕的施工中使用;玻璃胶粘接剂粘接时间较氯丁胶粘接剂粘接时间长,玻璃胶粘接剂成本也较氯丁胶粘接剂为高,比选确定使用氯丁胶粘接剂;

②防水措施。橡胶包套与混凝土短轨枕使用氯丁胶粘接剂进行粘接后,达到了防水目的,但在进行轨排拼装及现场铺轨、施工整体道床混凝土过程中,因各种因素的影响橡胶包套与混凝土短轨枕有可能分离而失去防水作用。所以确定在橡胶包套套口处使用50 mm宽度的不干胶进行密封,进一步巩固了施工过程中的防水措施。

(2)橡胶包套与混凝土短轨枕安装

轨道传递来的冲击力通过橡胶包套底部的微孔橡胶垫板缓冲减振而达到轨道减振目的。设计要求在安装橡胶包套时包套内不能有多余的空气,使短轨枕与轨底橡胶垫板和橡胶包套密贴。要求在安装包套的过程中要排尽包套内的空气,并保证在轨排拼装、铺轨和其他施工环节中空气不会进入,使施工完成的弹性短轨枕轨道达到设计要求的减振效果。

①橡胶包套现场与混凝土短轨枕安装。现场进行橡胶包套与混凝土短轨枕的组装时,为便于橡胶包套的安装,安装前将混凝土短轨枕倒放,在橡胶包套套上混凝土短轨枕后打开橡胶包套底部的排气孔橡胶塞,使用木锤轻敲橡胶包套底部,将橡胶包套内的空气排尽,完成橡胶包套与混凝土短轨枕之间的粘接,并在绑扎后再将排气孔橡胶塞堵上;

②橡胶包套与混凝土短轨枕绑扎方法。橡胶包套与混凝土短轨枕的绑扎,采用铁线进行绑扎,也可使用打包带进行绑扎,使用铁线时将短轨枕两端各绑扎四道,使用打包带进行绑扎时将短轨枕两端各绑扎两道,完成整体道床混凝土灌注后再将铁线或打包带剪除。

4.3 轨道支撑架设计

经过计算弹性混凝土短轨枕轨排的重量为12.9 t/个,普通混凝土短轨枕重量8.9 t/个,一般轨道用的支撑架的钢枕(横梁)使用5.3×48×100的槽钢,其强度不能满足弹性混凝土短轨枕的施工要求,为此,要研究一种新的轨道支撑架,以满足弹性混凝土短轨枕架轨、调轨的需要。进行弹性轨枕支撑架强度检算时考虑最不利的情况下前后各两个支撑架不受力,即单个支撑架承受5倍均布荷载力。

(1)普通短轨枕轨道支撑架(图2)。

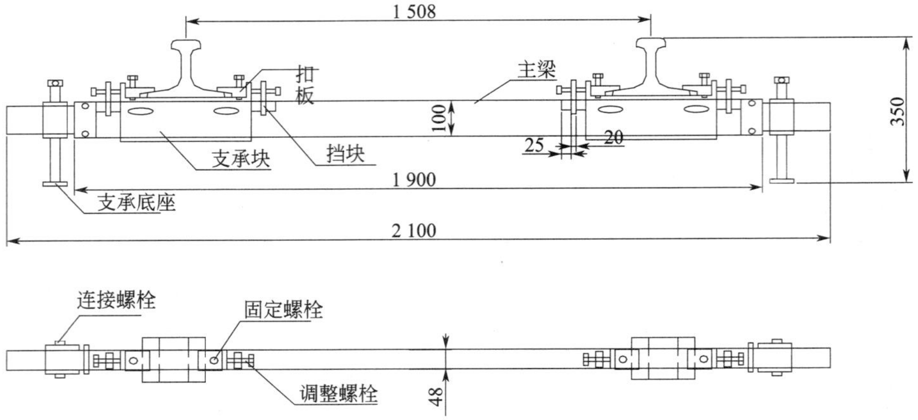

图 2　普通短轨枕轨道支撑架图

(2)弹性短轨枕轨道支撑架设计加工

弹性短轨枕轨道支撑架的钢枕(横梁)拟采用两根 10 号槽钢焊接加工成正方形断面,支撑架的其他组件比照普通短轨枕的支撑架设计加工(图 3)。

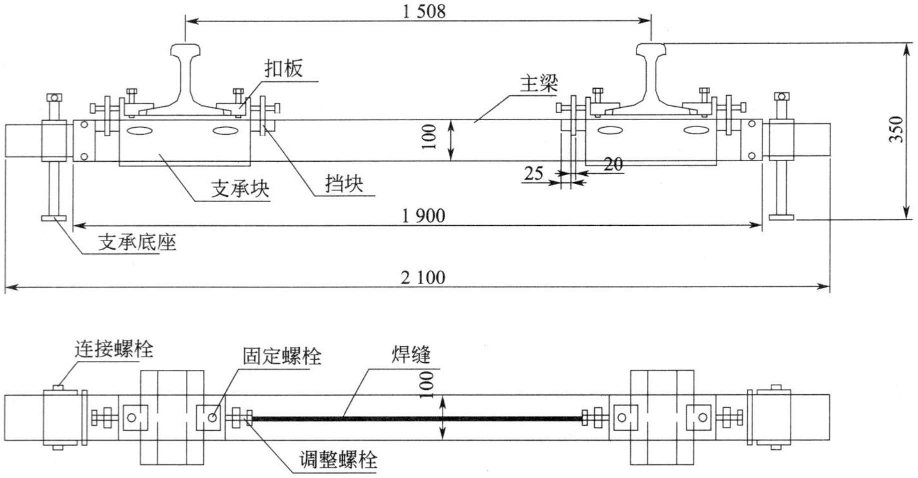

图 3　弹性短轨枕轨道支撑架图

(3)弹性短轨枕轨道的支撑架钢枕强度检算

①单个轨排支撑架荷载分布(图 4)

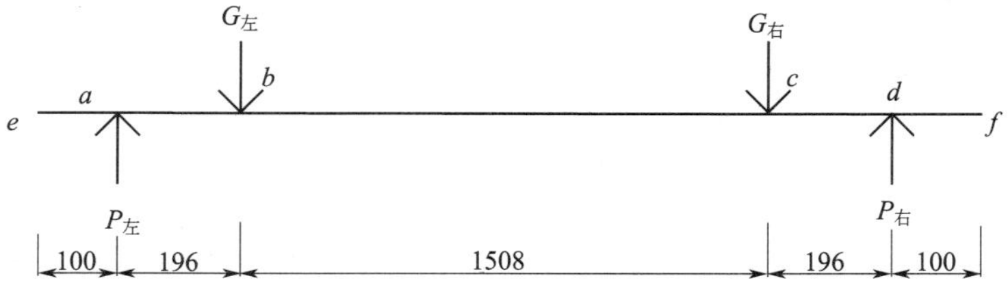

图 4　支撑架荷载分布图

每个轨排安装 11 个支撑架，$N_1 \sim N_{11}$ 为支撑架对轨排的支撑力，支撑架每间隔 4 根轨枕安装一根，各个支撑架上承受的荷载一样。

所以：$N_1 = N_2 = N_3 = \ldots = N_{11} = N = G/11 = 12.9 \times 9.8/11 = 11\ 495(\mathrm{N})$

②支撑架受力分析；

$$P_{左} = P_{右} = G_{左} = G_{右} = N/2 = 11\ 495/2 = 5\ 748(\mathrm{N})$$

③弹性短轨枕支撑架上钢枕轴力、弯矩（图 5）。

由图 4 可知 b、c 剪力和弯矩最大，因钢枕横截面为正方形，钢枕拉应力和压应力相等。

$$即：\sigma_{拉} = \sigma_{压} = \frac{M_{\max}}{W_x} = \frac{M_{\max} \cdot y}{I_x}$$

$$= \frac{1\ 127}{39.7} = 28.4\ \mathrm{MPa}$$

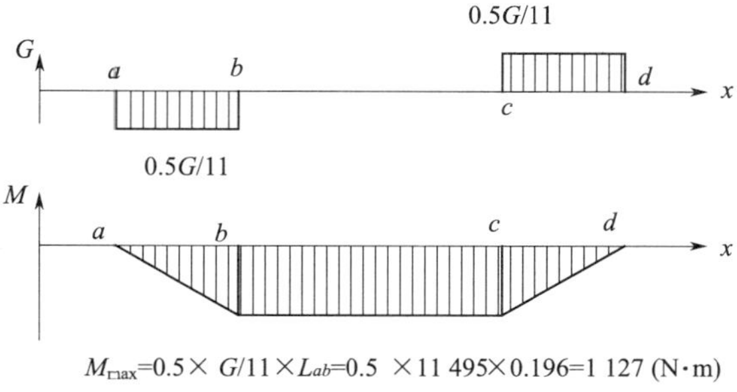

图 5　弹性短轨枕支撑架上钢枕轴力、弯矩

因为：$W_x = 39.7\ \mathrm{cm}^3$，$M_{\max} = 1\ 127(\mathrm{N \cdot m})$

查力学资料知：$\sigma_{拉} = 170\ \mathrm{MPa}$

根据计算：$\sigma_{拉} = 170\ \mathrm{MPa} > 3\sigma_{拉} = 85.2\ \mathrm{MPa}$

所以在最不利的情况下采用 2 根 10 号槽钢制作弹性短轨枕的钢枕抗拉、抗压强度满足要求。

（4）钢枕剪力与剪应力检算。

钢枕剪力与剪应力如图 6 所示。

$$\tau_{\max 2} = \frac{Q \cdot S_{x\max}}{d \cdot I_y} \qquad \tau_{\max 1} = \frac{Q \cdot S_{y\max}}{d \cdot I_y}$$

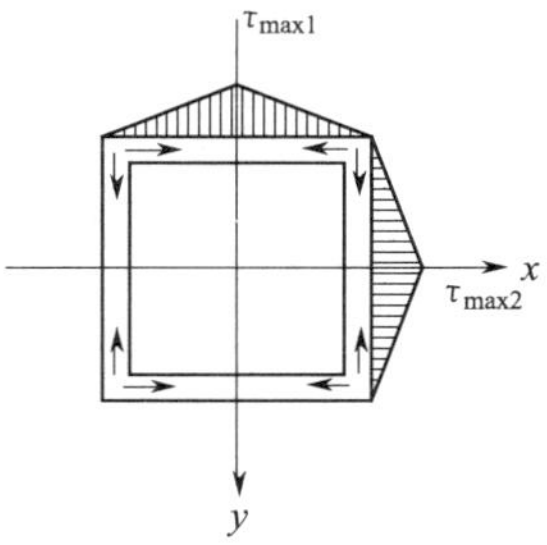

图 6　钢枕剪力与剪应力示意

根据设计计算资料，将普通短轨枕轨道支撑架钢枕断面增加一倍，其强度能满足弹性短轨枕轨道架轨、调轨的需要，同时完成弹性短意轨枕轨道的施工后，将支撑架钢枕的两根槽钢焊缝割开可以再加工成两根普通短轨枕支撑架，有利于节约成本，同时又满足施工需要。

5　工艺流程及操作要点

5.1　施工工艺流程

施工工艺流程（见图 7）。

5.2　施工工艺及质量控制要点

5.2.1　线路测量、设置基标

施工测量是工程施工进度和质量控制的关键，针对整体道床轨道工程施工测量精度要求高、工作量大、测设难度大的特点，项目经理部成立专职测量小组，隶属于项目经理部工程部，负责轨道施工全过程的工程测量；安排 1 名长期担任测量工作的测量工程师任测量组组长，组长对施工测量的质量和安全负责，配备助理工程师 2 人，测工 8 人，负责本标段的施工测量工作。采用全站仪和精密水准仪（S_1 级）完成全路段施工测量任务，仪器配备见表 2。

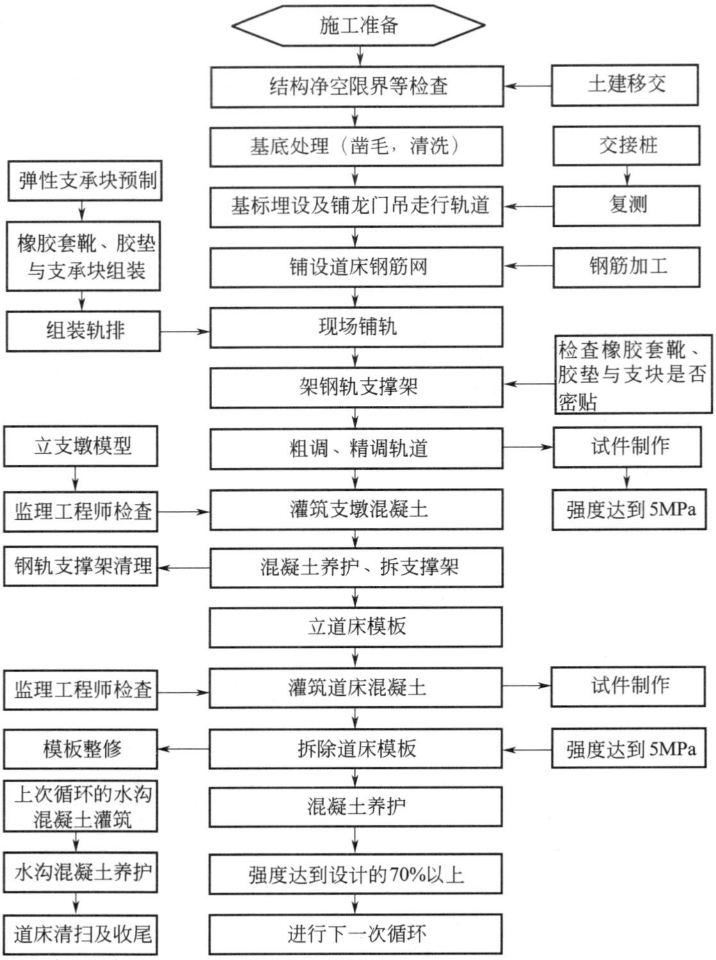

图7　施工工艺流程

表2　仪器配备

序　号	名　称	规格型号	单　位	数　量
1	全站仪	索　佳	台	2
2	水准仪	索　佳	台	2
3	水准尺	2 m 铟钢尺	把	4

(1)工艺流程

工艺流程(见图8)

(2)施工程序

①测量交接桩。洞内基标测量依据为业主测量队提供的导线点，因此交接桩需要明确点位，且必须由监理主持三方签字才有效；

②复测导线点、水准点由业主测量队提供的导线点及水准点必须经过复测，导线满足四等导线测量要求，全面测回需四个测回且全长闭合差不得大于4 n；水准测量必须达到一、二等水准测量要求；

③盾构过站回填混凝土测量当测量经过盾构过站时必须先回填混凝土,因此必须以邻近的导线点为基准,按设计图测量出回填混凝土的标高,并用油漆在侧墙上划线标示;

④控制基标测设

a. 控制基标地面投点,由于混凝土桩远大于铜标点位,因此为了有效利用时间,在复测导线点时将控制基标地面点位放出。

b. 控制基标包桩。利用全站仪对中杆测出水准点和待测点相对标高,通过三角测量可计算出包混凝土桩的高度。

c. 控制基标混凝土桩上投点。为了减少基标的调整量利用平差后的导线坐标测设控制基标并利用三角测量测出待测点与水准点的相对标高,计算出铜标的安设高度。

d. 控制基标精调标高。按一、二等水准测量要求将铜标调至设计标高并立即用加入适量速凝剂的混凝土敷在铜标上并让铜标外露少许。

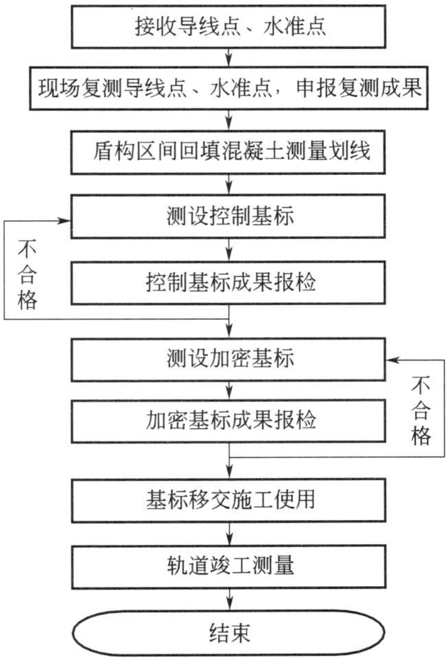

图 8 施工测量工艺流程

e. 控制基标铜标上放点。在铜标调至设计标高后可利用平差后的导线坐标在铜标上放样,如点位不在铜标上则需要重新安设铜标,且将整个区间联测重新调至设计标高后方可重新在铜标上放样。

f. 控制基标复测。控制基标是利用导线点放样,由于导线点的误差使得利用导线点放样时在转点处形成误差累计,为了保证精度,因此用导线点放样后的点位需要复测。为了避免相同的错误,要利用不同的方法复测。采用先计算出置镜在各个控制基标点处分别后视相邻两个控制基标的夹角,最后闭合至下一区间的两基准点。通过现场全圆测回测四个测回各个夹角与理论值的误差不超过规范允许值则可。控制基标复测合格后就可精确定点并报资料请求业主测量队复测。如有误差超限则必须经过调误差超限的点位至误差范围内,调点位时可采用近似直角三角形计算出横向偏移量对夹角的影响量,需特别注意的是动一个点位将会影响相邻两个点位的夹角。

⑤控制基标测量成果报检。当控制基标测设完毕且经过自检通过后,将测量成果报监理,经过业主测量队复测合格后方可进行加密基标的测设作业。

⑥加密基标测设

a. 加密基标地面投点。由于混凝土桩远大于铜标点位,因此为了有效利用时间,根据复测通过控制基标在地面上将加密基标的点位放出。

b. 加密基标混凝土桩上投点。在控制基标标高调整及控制基标铜标上放样和复测时可进行加密基标地面放样和包混凝土桩,在控制基标复测合格后就可进行加密基标混凝土桩上放样。

c. 加密基标安放铜标。在加密基标放样时就可用冲击电钻在混凝土桩上钻眼安放铜标,为避免施工干扰损坏基标,安好铜标后需将铜头取出,在调标高时再安上。

⑦加密基标成果报检。加密基标测设完毕必须将测设成果报检监理工程师,通过后方可进行轨道铺设及轨道状态调整。

⑧基标移交施工使用。基标通过后，将其移交给工班进行轨道状态调整使用。

⑨轨道竣工测量。当整体道床施工完毕，必须进行轨道竣工测量。

(3)质量控制的要点

①导线复测。以两端车站内导线边为控制边分区间逐段进行现场符合导线复测，如上、下行线之间有折返线、渡线连接时，其上、下行线的导线要进行联测。其误差如超过规范允许值时，及时联系处理。

②水准复测。以两端车站内水准基点为基准，分区间逐段进行符合水准复测，如高程闭合差超过规范允许值时，及时联系处理。

③整理复测成果并报监理工程师审核，合格后再进行铺轨基标测设。

④控制基标。

直线地段每 120 m，曲线地段每 60 m 设置一个控制基标。曲线起讫点、曲中点、缓圆点、圆缓点、变坡点、竖曲线起讫点及道岔中点和起讫点等各控制点均设置控制基标。单开道岔铺设地段，在岔前、岔心及岔后均应测设控制基标。交叉渡线除在四组单开道岔的岔前、岔心及岔后设置外，还应在菱形渡线交点上设置控制基标。

方向允许误差为 6″；

高程允许误差为±2 mm；

距离允许误差为：直线 1/5 000，曲线 1/10 000。

⑤加密基标。直线 6 m，曲线 5 m 设置一个加密基标，设置方法与控制基标相同；单开道岔铺设地段，在直股外侧 1.5 m 位置按 6 m 间距设置加密基标，交叉渡线铺设地段，还应在菱形渡线上的两个锐角及钝角上设置加密基标。

直线上偏离控制基桩方向允许误差为±1 mm；

曲线上用偏角法测设，在偏角方向线上不允许偏出±1 mm；

每两个相邻基标间距偏差不超过±1 mm；

高程允许偏差为±2 mm；

两相邻基标高程允许误差为±1 mm；

距离允许误差为：在直线上每 6 m 为±5 mm；在曲线上每 5 m 为±3 mm。

(6)整体复测成果并报监理工程师审核，合格后再进行铺轨。

5.2.2　基底凿毛、铺设道床钢筋网

(1)工艺流程

基底处理、施工排水工艺流程如图 9 所示。

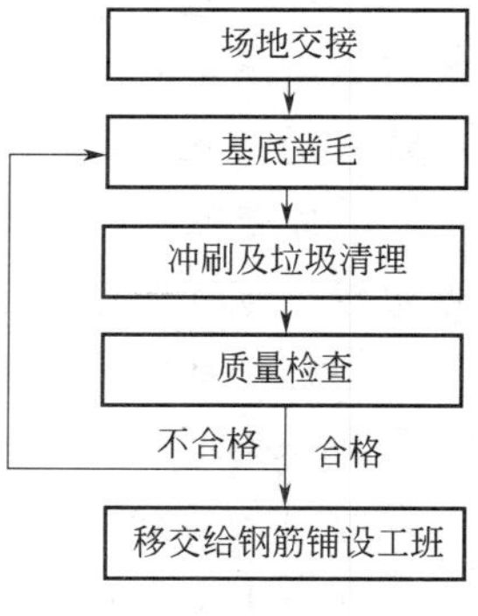

图 9　基底处理、施工排水工艺流程

(2)施工程序

①场地交接。从下部单位接过轨道施工场地时要求：隧道无渗漏、无积水。若隧道地板有渗漏情况，必须要求下部结构先把渗漏水处理好才能交接。

②冲刷及垃圾清理。铺设道床钢筋网前对土建结构底板按设计标准进行凿毛处理，凿毛后用水冲洗结构底板，垃圾及时装袋运出。

③质量检查。基底凿毛施工完毕由质检人员检查合格后方能移交给下道工序施工。

(3)质量控制的要点

为防止将来道床与基底脱层病害的产生，保证混凝土整体道床

与基底充分连接，为此，基底凿毛处理必须按照以下要求进行，以达到设计要求

彻底清除基底面上的浮浆，污物和脏水。

将基底凿成宽度和深度都不大于 10 mm，纵横距离不大于 100 mm 的凹凸面。

凿毛后基底面无渗水现象。

凿出的垃圾清扫装袋并清理出施工现场，冲洗结构底板并疏干积水。浇注混凝土前使用拖把将结构底板的积水吸干。

(4)铺设道床钢筋网

①施工要点。道床内钢筋网采取基地下料、加工，现场铺设、焊接的方法施工，铺设前先完成下层钢筋网铺设，铺轨到位后根据轨枕与钢筋网的纵向相对位置调整下层钢筋网的位置，连接上下钢筋并按设计标准进行焊接。

②质量控制的要点

a. 加强对防迷流钢筋网的焊接质量检查，对不符合要求的必须及时整改。

b. 浇注混凝土之前，必须对排流端子及预埋件进行检查。对遭到破坏的排流端子，必须及时修复。严格检查预埋件安装的位置是否正确。

5.2.3 铺设弹性短枕轨排

(1)工艺流程

工艺流程如图 10 所示。

(2)施工程序

①橡胶包套与混凝土短枕进场验收。橡胶包套与混凝土短枕制品直接影响其装配质量，对其进场的检查验收控制是保证减振效果的关键环节，进场检查验收标准见表 3。

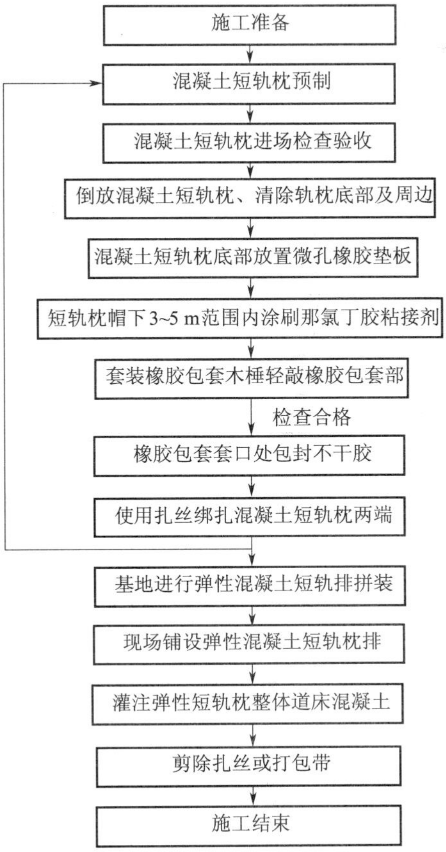

图 10 铺轨工艺流程图

表 3 进场检查验收标准

序号	检 查 项 目	检 验 标 准
1	短轨枕承轨台表面	光滑平整、不平度不得大于 1.5 mm
2	承轨台以外的混凝土外表面	光滑平整、不得由干灰堆积
3	混凝土短轨枕掉块现象	长、宽≤10 mm，深度≤5 mm
4	橡胶包套外观质量	无破损
5	橡胶包套套口周长	±1 mm

②安装橡胶包套。弹性混凝土短轨枕整体道床依靠橡胶套和橡胶垫板通过混凝土短轨枕向轨面传递弹性，如果橡胶垫板与混凝土短轨枕底部及橡胶套底部内侧之间结合不密贴，就会造成轨面标高不稳定，施工时注意使三者之间紧密结合。安装橡胶套要按照下列程序操作；

a. 用电动砂轮机将混凝土短轨枕侧面及底面的毛边打磨掉，对底部超标掉块部位修补后使用；

b. 对橡胶套进行检查，对套内的杂物和毛边进行清理；

c. 将验收合格并已清理后的混凝土短轨枕倒放在铺有弹性垫的地面上，在混凝土短轨枕底部放置微孔橡胶垫板；

d. 在混凝土短轨枕帽檐下 3～5 cm 范围涂刷氯丁胶粘接剂，套装橡胶垫板后用木锤敲打橡胶套，将橡胶套内多余的空气排尽，使包套底部与橡胶垫板紧密结合；

e. 用橡胶塞堵塞橡胶套底部两侧的两个排气孔，再用不干粘胶封排气孔及胶塞；

f. 将已套好橡胶套的混凝土短轨枕翻正，然后用不干胶封闭混凝土短轨枕帽缘下与橡胶套顶部之间的空隙，防止水进入橡胶套内。然后用扎丝绑扎在承轨台两外侧，以确保整体道床施工时三者之间相互密贴。

③轨排组装及运输。组装轨排前做好配轨计算，按照设计文件和施工技术文件编制轨节表，按轨节表生产轨排。在拼装前应对钢轨进行长度和轨头断面的检尺，使相邻两根钢轨配对时公差最小。用白油漆将轨枕间距线标注在钢轨规腰的内侧，组装时，轨枕与钢轨中线垂直，内外股短轨枕按法线对齐；间隔 2.5 m 安装控制轨距的钢枕将左右股钢轨连接。轨排组装完成后用龙门吊机吊运到指定地点堆放或装车，并按铺设顺序注明轨节编号。轨排装车时，一层装一个轨排，最多装三层，先铺的装在上面，后铺的装在下面；

④轨排吊铺。轨排运输到作业面吊铺下落，轨道调整支架的螺旋支腿定位，使轨道高度控制在 500 mm 以内，使用钢轨夹弓将钢轨逐根连接。

5.2.4　安装轨道支撑架

(1)支撑架位置安放要求

轨道支撑作为弹性短轨枕轨道铺设施工的工具，在基地进行轨排拼装时支撑架的钢枕将左右股钢轨进行连接，按设计要求每个 25 cm 轨排安装 11 根钢枕，即每间隔 4 根混凝土短轨枕要安装 1 根钢枕，拼装轨排时严格按此要求执行。

(2)支撑架上螺旋支腿安装

现场使用铺轨龙门吊进行轨排铺设时，在轨排下落到一定高度后要将支撑架上的螺旋支腿安装到钢枕上，便于架轨和调轨。安装螺旋支腿前将其作用高度调整到基本一致后才能安装到钢枕上，以免钢枕长期处于最不利的使用条件而变形影响使用。

(3)橡胶包套的保护

橡胶包套与混凝土短轨枕安装后，在进行搬运、轨排拼装、轨排运输、轨排铺设及灌注整体道床混凝土的过程中要加强对橡胶包套的保护。

(4)完成整体道床混凝土灌注后及时将扎丝剪掉清除。

5.2.5　道几何尺寸的调整

对照铺轨基标利用螺旋支腿粗调轨道几何位置。确认轨道标高、轨距、水平、方向不超过 ±5 mm 后，结合使用刚支顶在进行轨道几何位置精调。精调前首先按不大于 0.5 mm 精度误差调整道尺，借助于直角道尺调整轨道基本股，再用万能道尺调整另一股轨道标高和设置曲线超高；用 10 m 弦线圆顺轨道方向和正矢；轨道调整完后，经监理工程师确认轨道中线、标高、轨距、超高、正矢等符合设计要求后，灌注轨道混凝土支墩。过轨管线及其他预埋件位置与相关专业联系处理。

5.2.6　凝土灌注前的检查

轨道混凝土支墩是轨道几何状态控制的重要环节，普通短轨枕轨道间隔 4 根轨枕处设支墩一处，灌注混凝土支墩前在钢轨扣件上覆盖防污薄膜。轨道位置调整自检合格后，报检查资料给监理工程师审查，检查资料及现场通过监理工程师检查合格后进行轨道混凝土支墩灌注。

混凝土强度达到 5 MPa 后拆除回收钢轨支撑架，进行下一道工序的施工。

5.2.7 注混凝土及养生

道床混凝土关模使用组合刚模板，在灌注道床混凝土前，在钢轨扣件上覆盖防污薄膜，轨道几何尺寸经监理工程师检查合格后方可进入轨道混凝土灌注工序。分层进行灌注，灌注混凝土时随时检查轨道的几何状态，分层进行灌注。短轨枕四周加强捣固，但捣固棒不得接触短轨枕，以免影响轨道几何尺寸。混凝土灌注后根据设计和试验确定的初凝时间，对道床表面进行二压平抹光，确保道床表面平整、横坡符合设计要求。混凝土灌注完毕后用麻袋、草帘覆盖及时浇水养护，并不少于 7 天，在混凝土强度达到 5 MPa 时拆除模板。同时松开钢轨扣件，防止钢轨因温差产生热胀冷缩而使轨枕周围的混凝土产生裂纹。模板经过清理、整修后转入下一个施工循环使用。混凝土强度达到设计强度 70% 后才能承载行车。

道床混凝土伸缩缝及结构变形缝按设计要求采用 2 cm 厚度的沥青木版设置。

6 劳动力组织

劳动力配置根据工期要求和作业面数量进行具体安排，以下为正常情况下单作业面综合施工进度 40 m/天劳动力组织(见表 4)。

表 4 劳动力计划表

序号	工作项目	人数	工作内容
铺轨		80	
1	基底处理	16	基底清理 6 人、凿毛处理 10 人
2	道床钢筋加工、铺设	12	3 人运输，3 人铺设，3 人绑扎、焊接，2 人加工
3	安装橡胶包套	10	配合铺轨龙门吊吊装、卸支撑块短枕，安装橡胶包套
4	轨排组装	12	6 人摆枕、2 人摆扣件、4 人安装扣件
5	铺设龙门吊轨道	8	4 人配合龙门吊拆除轨道、4 人安装轨道
6	铺轨	10	2 跟龙门吊，2 人接续轨道，4 人安装支撑架
7	调轨	12	6 人调轨，6 人固定轨道
浇筑混凝土		33	
8	混凝土浇筑	16	2 人跟料斗、2 人放料、6 人捣固、6 人抹面
9	拆除、回收支撑架	8	4 人拆除、4 人回收
10	养护	3	每班 1 人三班制不间断养护
11	清理垃圾	6	
其他人员		10	
12	龙门吊司机	2	2 台龙门吊，每台 1 人
13	安质检	1	负责安全、质量检查和记录
14	测量	5	
15	技术	1	
16	现场指挥	1	负责施工安排和进度控制
合计		133	

7 主要施工机械

主要施工机械及设备按满足施工工艺要求和确保质量的要求进行选型和配置(见表 5)。

表5　机械设备、工装材料计划表

序　号	设备名称	规格型号	数　量	备　注
一	运输设备			
1	5 T 载重汽车	EQ1092F1	2	
2	混凝土罐车	QC-210	2	
二	装吊设备			
1	轮式汽车吊	8 t	1	
2	铺轨龙门吊	DT-10	2	
三	混凝土设备			
1	插入式振动棒		200	
2	混凝土料斗	自制	3	
四	试验、检测设备			
1	万能材料试验机	WE-100 A	1	
2	压力试验机	NYL—2 000 D	1	
3	混凝土振动台	0.6 m^2	1	
4	砂石筛	ϕ300 mm	1	
5	混凝土试模	15×15×15	36	
6	案秤	1 kg	1	
7	磅秤	100 kg	1	
8	架盘天平	5 kg	1	
9	混凝土灌入阻力仪		1	
10	轨温测量仪		4	
五	测量设备			
1	全站仪	徕卡 TCA1800,1′,2+ppm	1	
2	电子水准仪	柴司 S=0.3	1	
3	水准尺	2 m 铟瓦尺	2	
六	其他设备			
1	变压器	100 kVA	2	
2	锯轨机	TRAK 美国	2	
3	交流电焊机	BX1-315-21 kVA	4	
4	空压机	4 m^3/min	2	
5	发电机	150 kW	1	
6	高压水泵	国产	4	
7	钢筋切断机	GQ40	1	
8	钢筋弯曲机	GW40-1/2	1	
9	冲击电钻		20	
10	调轨支架	自制	130	

续上表

序号	设备名称	规格型号	数量	备注
11	龙门吊走行轨	22 kg/m	400 双米	
12	工具轨	60 kg/m 12.5 m	300 双米	
13	接头夹板	60 kg/m	44	
14	接头接续夹弓		44	

8 质量控制要点

(1)弹性短轨枕预制质量检查控制

对弹性短轨枕模具在新加坡进行加工制作,模具进场后课题组对 24 套模具进行了全面检查,模具全面合格。进行正式的预制生产过程中,委派质检工程师一名住厂跟踪进行质量检查控制,在完成 1 900 根弹性短轨枕预制期间对模具的变形情况进行了三次检查。

(2)轨道支撑架强度试验

使用轨道支撑架进行现场架轨时,支撑架上的螺旋支腿不可能同时都能分担轨排的荷载,最不利的情况是连续三个螺旋支腿只有中间一个螺旋支腿在对轨排起支撑作用,按设计 25 m 轨排上安装 11 根支撑架,即每间隔 4 根轨枕要安装 1 根支撑架,每个支撑架上平均分担轨排传递的荷载为 1.149 t,在最不利的情况下一个支撑架上要承受 3 t 的荷载,我们将最不利的情况在现场进行了试验,检查支撑架在加载到 3.45 t 时的抗剪和抗弯强度,试验结果满足要求,与设计的支撑架强度符合,满足使用条件。

(3)橡胶包套与混凝土短轨枕装配试验

橡胶包套与混凝土短轨枕安装后,在进行轨排组装、铺设及运输等施工环节中,要求橡胶包套的套口与混凝土短轨枕不得有缝隙,达到防水目的;另外,在施工过程中要求橡胶包套与混凝土短轨枕之间不得产生位移变化,以免空气进入影响减振效果。

①防水检查。安装橡胶包套后的弹性短轨枕防水措施是将橡胶包套套口处 3～5 cm 范围与混凝土短轨枕之间使用氯丁胶进行粘接,同时使月不干胶进行包封,使弹性短轨枕在施工过程中能完全达到防水要求。我们采用的检验方法是:现场进行弹性短轨枕轨道混凝土灌注前检查橡胶包套与混凝土短轨枕的粘接情况和不干胶包封情况,如粘接和包封都无变化,在进行混凝土灌注时采取的措施可以达到防水目的。施工期间我们对广州地铁二号线 14 处弹性短轨枕轨道进行了全面的防水措施检查,检查结果 100%合格,证明采取的防水措施满足施工要求;

②橡胶包套与混凝土短轨枕位移检查。橡胶包套与混凝土短轨枕装配后。防止在施工过程中橡胶包套与混凝土短轨枕产生位移变化而使空气进入影响减振效果,课题组研究使用的方案是采用扎丝进行绑扎,采用方案的效果如何,我们采取的检验方法是:进行道床混凝土灌注前检查有无断落情况。施工期间我们对每根轨枕的扎丝进行了检查,无正常情况下扎丝断落现象,说明采取的防空气进入橡胶包套与混凝土短轨枕之间的措施满足施工要求。

(4)重点注意事项

①橡胶包套与混凝土短轨枕之间的制造误差对短轨枕与橡胶包套密贴的影响。由于混凝土短轨枕和橡胶包套在制造时会产生制造误差,在短轨枕与橡胶包套装配时会产生短轨枕装不进橡胶包套内或橡胶包套偏大的现象;

②橡胶包套与混凝土短轨枕之间的装配工艺。混凝土短轨枕和橡胶包套在装配时必须保

证短轨枕与枕底大胶垫之间的密贴和短轨枕与橡胶包套之间的密贴，橡胶包套口必须密封防止空气、水和混凝土进入包套内，否则将影响弹性短轨枕轨道的减震效果和使用寿命；

③轨道支撑架的研制。由于弹性短轨枕轨道的短轨枕比普通轨道的轨枕质量大 30%，而弹性短轨枕轨道在施工时，其轨距、轨底坡、曲线方向等都在轨道支撑架上进行调整，故对轨道支撑架的强度和刚度都有特殊的要求。

9　安全措施

弹性短轨枕轨道施工安全重点在各个运输环节的安全和铺轨龙门吊使用安全上，需要重点进行控制。采取措施：橡胶包套与混凝土短轨枕装配后进行出厂运输是严格载重量控制，并进行必要的加固和封车，每层之间采用厚度不少于 20 mm 的木条进行隔离。龙门吊走行轨道与基础连接牢固，并排人进行接头监控。

10　工程实例

10.1　工程简介

广州地铁二号线轨道减振设计中弹性短轨枕轨道有 14 处，共计 5.508 km。2001 年 8 月完成了该项施工新技术的研究、开发，特别研制的弹性短轨枕轨道架轨支撑架强度及适用性满足现场施工，混凝土短轨枕与橡胶包套的装配工艺，满足设计装配标准要求，起到了有效的防水作用。工程质量、工期、环保达到了有效控制。满足了施工的质量、进度等要求。

该项施工采用架轨法架轨、调轨的整体道床地下线钢轨温度变化小的施工环境，地面及高架线整体道床温度变化大，钢轨温差造成橡胶包套与混凝土道床位移变化和混凝土整体道床开裂，运营期间道床间隙处进水，会造成橡胶包套损坏，给线路带来病害。

10.2　建设效果及施工图片

轨枕采用工厂化生产，轨枕制作标准达到设计标准要求；弹性短轨枕轨道架轨支撑架试制试验及施工实践过程中，其强度、实用性达到了预期的效果；橡胶包套与短轨枕装配工艺中主要的防水措施实施效果好，其他工艺方法也基本满足工艺标准要求，采用开发的施工技术方案完成了施工任务，工程质量达到了有效控制。

橡胶包套与混凝土短轨枕装配后进行帮扎的措施需要在今后的同样工程施工中采取加强措施，杜绝在施工环节中部分包套脱落或与混凝土轨枕不密贴的现象。

如图 11～图 15 所示。

图 11　轨道支撑架实物图片

图 12　组装轨排

图 13　普通短轨枕轨道支撑架实物

图 14　DT-10 铺轨龙门吊

图 15　浇筑混凝土前的弹性短轨枕轨道

城市轨道钢弹簧浮置板减振轨道施工工艺

1　前　　言

1.1　发展情况

钢弹簧浮置板整体道床的减振效果一般可达到25～40 dB,是从国外引进的先进技术,在国内目前所采用的各种减振方式中是减振效果最好的一种轨道减振系统。国内先后在北京地铁、上海地铁及广州地铁的特殊减振地段陆续采用了钢弹簧浮置板整体道床,取得了很好的减振效果,并逐渐延伸到南京地铁、杭州地铁及成都地铁,成为我国城市轨道交通运输中在特殊减振地段首选的的轨道结构。

1.2　工艺特点

钢弹簧浮置板道床工程内容多、工序复杂、施工周期长,现场施工通常采用预铺的方式进行。施工时先浇筑基础垫层,再进行浮置板道床施工。通常采用工具轨及与浮置板断面形式相适应的钢轨支撑架调整线路几何尺寸,扣配件类型及标准与普通整体道床线路相同,轨道调整就位后道床混凝土采用现场浇筑方式进行。浮置板与基础垫层之间铺设塑料隔膜,将基础垫层与浮置板隔开,以便于钢弹簧浮置板的顶升,顶升工作在混凝土浇筑完成28天后进行。为保证浮置板的整体性,每块板须一次性浇筑完毕,板缝即为施工缝。

1.3　工艺原理

钢弹簧浮置板道床是将具有一定质量和刚度的混凝土道床板浮置于钢弹簧隔振器上,距离基础垫层顶面30 mm或40 mm,构成道床—弹簧—隔振系统,隔振器内放有螺旋钢弹簧和粘滞阻尼。钢弹簧隔振器内的粘滞阻尼使钢弹簧具有三维弹性,增加了系统的各向稳定性和安全性,且能抑制和吸收固体声。作用在钢轨上的力传递给浮置于钢弹簧隔振器上的道床板,道床板受力后,在惯性作用下将受到的力经过重新分配后传递给固定在基础垫层上的隔振器,通过隔振器的三维弹性作用而达到减振的效果。

2　适用范围

适用于城市轨道交通中需要进行特殊减振处理的地段。

3　技术标准

3.1　设计技术标准

(1)在基底隔振器铺安装范围内进行平整度打磨,并用硅胶或玻璃胶对基底垫层与隔振器的接触面进行密封,打磨范围应超出套筒轮廓线不小于50 mm,其平整度要求:±2 mm/m^2,且整个底座平面的平整度也满足该要求。

(2)基底铺设隔离层时,隔离层铺设范围应向浮置板轮廓线外延150 mm。在铺设过程中应保证上下薄膜相互错开100 mm以上,接头用塑料胶带粘结严实。

(3)浮置板道床基础回填面高程公差为:$^{0}_{-5}$ mm,严禁出现正公差。

(4)隔振器外套筒施工偏差：±3 mm。

(5)剪力铰位置公差：±5 mm。

(6)每块浮置板长度公差：±12 mm。

(7)浮置板的高度偏差：±5 mm。

(8)浮置板的宽度尺寸偏差：±5 mm。

(9)其他轨道施工标准同一般线路施工要求。

3.2 施工要求

(1)由于钢弹簧浮置板基础垫层及浮置板顶面标高、隔振器外套筒定位等控制很严格，施工前须进行精细的测量工作。

(2)严格控制钢弹簧浮置板基底垫层混凝土表面的标高，垂直方向公差为$_{-5}^{0}$ mm；安装隔振器位置的表面一定要平整，平整度要求±2 mm/m²。不满足要求的部位要进行打磨或垫高处理。

(3)基础垫层混凝土表面要清理干净，然后在浮置板基础和隧道边墙相应位置铺上厚度不小于1 mm的透明塑料薄膜(如聚乙烯等)，以防止浇注浮置板时因薄膜损坏导致浮置板混凝土和下部基底粘结在一起，便于顶升工作的顺利进行。

(4)钢弹簧浮置板钢筋施工是钢弹簧浮置板施工控制要点之一，其类型多，结构复杂，质量要求严格。钢筋要严格按照设计图纸进行加工，绑扎时按照施工图纸从下到上分步进行，绑扎的同时注意保护好塑料隔膜不被破坏，严格控制好隔振器外套筒的位置不发生移动。

(5)浮置板混凝土为现浇施工，施工前必须作好准备工作，并根据每块板的长度计算好混凝土用量。施工过程中严格控制好混凝土浇筑的质量，保证浮置板的整体性，单块板须一次浇筑成型，板缝即为施工缝。

4 施工方法

4.1 扣配件组装

钢弹簧浮置板整体道床采用无枕式，扣件用螺纹套管直接埋设在道床混凝土中，为保证铁垫板下橡胶垫板底面与混凝土表面密贴及平整度，宜采用与橡胶垫板相同厚度的木板代替铁垫板下橡胶垫板。根据北京地铁十号线实际情况，由于工程量相对较小，为了节约成本、减少工序、缩短工期，经过试验，决定采用塑料胶带将橡胶垫板和铁垫板粘贴成整体的方式，混凝土浇注后进行局部修整，同样能达到预期目的。

(1)钢弹簧浮置板道床采用DTVI2型扣件，设1∶40的轨底坡。

(2)无枕式钢弹簧浮置板扣配件直接和道床混凝土连接，架轨前，用塑料胶带把铁垫板和橡胶垫板粘贴牢固，安装好螺纹套管和螺纹道钉，保证橡胶垫板不变形和底面的平整要求。

(3)利用单趾弹条将扣配件安装在钢轨上，其间距符合设计要求，当扣配件螺纹套管和板纵向钢筋冲突时，调整钢筋间距，保证螺纹套管竖直。

4.2 接触轨外套管固定

北京地铁十号线采用接触轨供电，钢弹簧浮置板整体道床地段由于由于采用无枕式，无短轨枕及混凝土底座，接触轨安装时须提前将接触轨绝缘支座螺纹套管预埋在道床混凝土中。施工时根据接触轨安装位置自制吊架悬空固定螺纹套管，严格按照设计尺寸定位：

接触轨至走行轨的垂直高度差为 140 mm±5 mm;接触轨中心至走行轨内侧的水平距离为 700 mm±5 mm。

4.3　轨道支撑架设计

因钢弹簧浮置板道床中间设有凸台,普通整体道床地段用轨道支撑架已不再适用,根据浮置板道床断面的特点,设计了专用轨道支撑架,如图 1 所示。

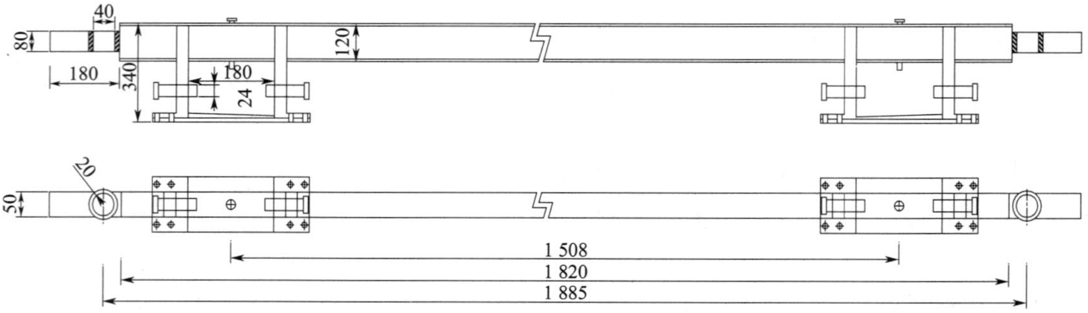

图 1　轨道支撑架

钢弹簧浮置板轨道设计为无枕式,轨排重量较轻,同时也为了施工便捷,轨道支撑架平均每隔 3.0 米设置一个。轨道支撑架的钢枕(横梁)采用两根 12 号工字钢焊接加工成矩形断面,支撑架的其他组件比照普通支撑架设计加工。

5　工艺流程及操作要点

5.1　施工工艺流程

施工工艺流程如图 2 所示。

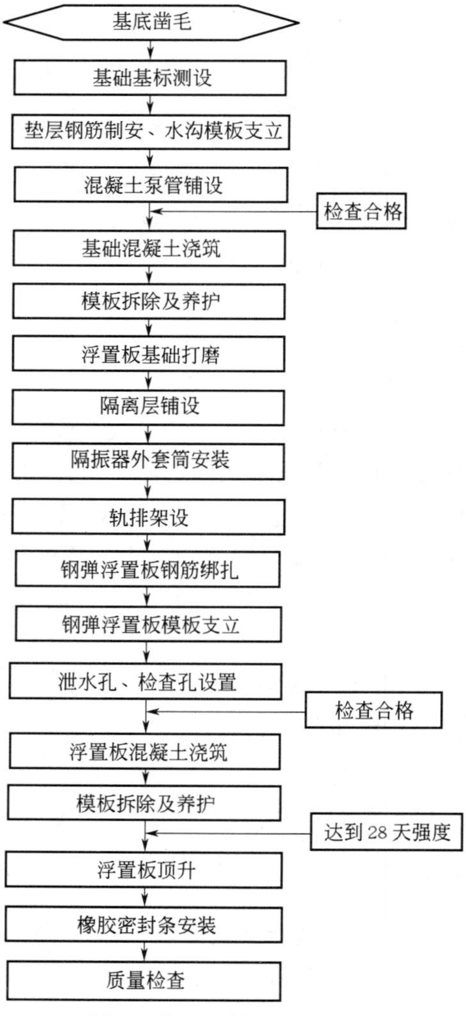

图 2　施工工艺流程图

5.2　施工工艺及质量控制要点

5.2.1　线路测量、基底基标设置

钢弹浮置板施工由于施工精度高,前后须进行两次测量工作:基础垫层施工之前进行基标测设,以确定基础垫层高程、水沟中线位置、浮置板顶面高程及线路中线等;基础垫层混凝土浇注完成后,进入浮置板施工工序之前须进行隔振器位置定位测量。

(1)工艺流程。

工艺流程如图 3 所示。

(2)施工程序

①测量交接桩。洞内基标测量依据为业主测量队提供的控制基标,因此交接桩需要明确点位,且必须由监理主持三方签字才有效;

②由业主测量队提供的控制基标点必须经过复测,控制基标直线每 6 m、曲线每 5 m 设置一对;

③控制基标测量成果报检；

④根据控制基标测量出基底混凝土标高控制线，控制线比设计混凝土面高出 200 mm；

⑤浮置板标高控制划线。

根据控制基标测设轨面线，将轨面线作为浮置板混凝土浇注高程控制线。

(3)质量控制要点

①控制基标复测：由业主指定的测量队提供的控制基标对其他控制基标复核，如左、右侧基标、距离、方向要进行联测。其误差如超过规范允许值时，需及时联系处理；

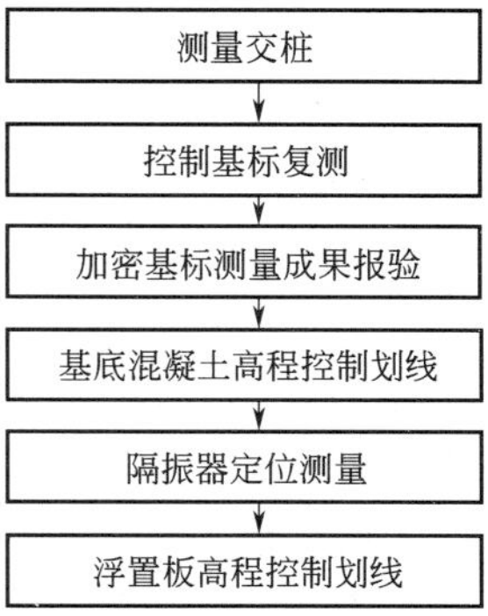

图 3　工艺流程图

②控制基标：直线地段每 6 m、曲线地段每 5 m 在线路中心线左右各设置一个控制基标。曲线起讫点、曲中点、缓圆点、圆缓点、变坡点、竖曲线起讫点等各控制点均设置控制基标。方向允许误差为 6″；高程允许误差为±2 mm；距离允许误差为：直线 1/5 000，曲线 1/10 000；

③基标标桩应埋设牢固，铜标必须及时固定，同时在侧墙上标示出桩号和里程；

④整理复测成果并报监理工程师审核，合格后再进行浮置板加密基标测设。

5.2.2　基底凿毛、铺设基底钢筋网

(1)工艺流程

基底处理工艺流程如图 4 所示。

(2)施工程序

①场地交接。从土建单位接收作业面时应要求隧道内无渗漏、积水等。若隧道地板有渗漏情况，须要求土建结构单位处理完毕后方能交接。

②基底凿毛、冲刷及垃圾清理。铺设浮置板基底钢筋前对结构底板按设计标准进行凿毛处理，凿毛后用水冲洗结构底板，垃圾及时装袋运出。

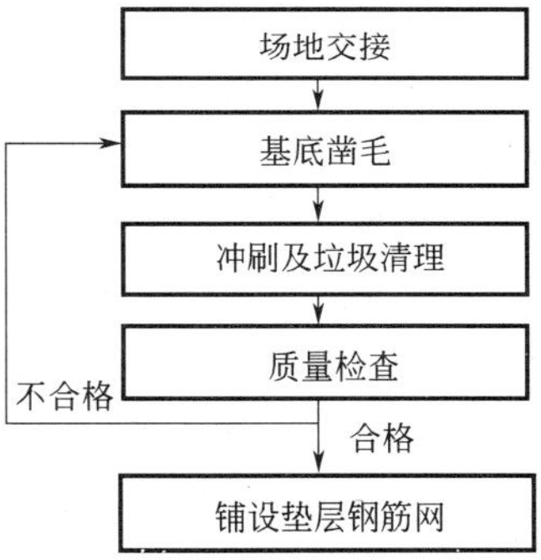

图 4　基底处理工艺流程图

③质量检查。基底凿毛施工完毕由质检人员检查合格后方能进入下道工序施工。

④基底钢筋绑扎。基底钢筋采取基地下料、加工，现场铺设、绑扎的方法施工，基底钢筋共分三层，按照由下至上的顺序进行绑扎。

(3)质量控制的要点

为保证基底垫层混凝土与隧道结构底板的连接及施工质量，基底处理及钢筋绑扎应满足以下要求：

①彻底清除隧道底面上的浮浆、污物和脏水；

②将隧道底面凿成宽度和深度不大于 10 mm，纵横距离不大于 100 mm 的凹凸面；

③凿毛后隧道底面无渗水现象；

④凿出的垃圾清扫装袋并清理出施工现场，冲洗隧道底板并疏干积水；

⑤加强钢筋绑扎和钢筋间距的质量检查，对不符合要求的要及时整改。浇注混凝土之前，须检查伸缩缝、横向水沟的设置位置是否正确。

5.2.3　基底混凝土灌注

(1)工艺流程

混凝土施工工艺流程见图 5。

(2)施工程序

①按设计图安装水沟模板，施工时须注意水沟流水面坡度与线路纵坡相同(与普通整体道床线路相接处的渐变段除外)。

②在安设水沟模板之前，将结构底板清理干净，不得有垃圾、杂物等。水沟纵向排水坡度一般同线路纵坡，特殊地段需要变更坡度的，按设计要求设置。水沟模板采用木模板，内侧用方木撑紧，两侧用铁丝固定在基础钢筋上。模板衔接要密贴、平顺，中线要和线路中线重合。

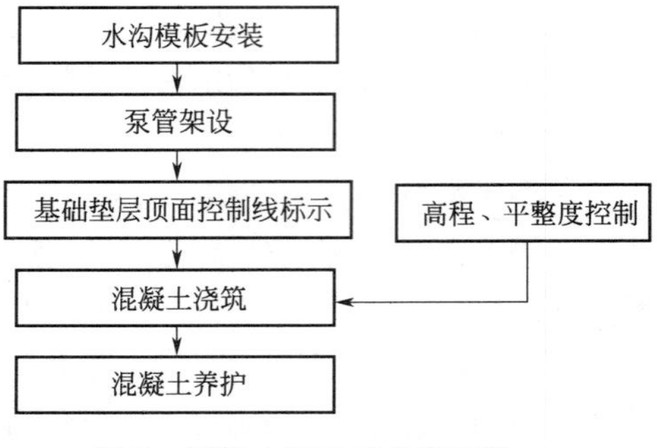

图 5　混凝土施工工艺流程图

③由于基底混凝施工要求高，混凝土必须捣固密实，捣固棒要快插慢拔，当混凝土面没有气泡冒出为密实。

④在边墙上标示隔振器的位置，根据边墙上高程控制线采用拉弦线的方法控制混凝土标高，使得隔振器位置高程施工偏差为±5 mm，整个基底面平整度误差满足±2 mm/m^2。

⑤混凝土初凝前按照设计要求设置横向排水沟。混凝土浇筑完毕后进行洒水养护。

(3)质量控制要点

由于基础混凝土的方量比较小，整体性要求高，因此基础混凝土每结构段须一次性浇注完毕，混凝土捣固密实，捣固棒应快插慢拔，至混凝土面没有气泡冒出为准。基底混凝土面高程较为严格，其误差为：$_{-5}^{\ 0}$ mm，严禁出现正公差。伸缩缝设置距离以 1～2 块板板长为宜，且与板缝保持一致。在隧道形式发生变化的地方，为便于施工也可以设置伸缩缝。伸缩缝采用 20 mm 厚的沥青麻丝填充。基础面要求平顺光滑，排水坡度设置正确，中间不得出现积水现象。在捣固时要注意保护好水沟模板，防止跑模。在水沟模板的下面必须捣固密实，拆模后不得有蜂窝麻面，并且平整度满足设计要求。

基础表面根据设计要求设置宽 200 mm，深 20 mm 的横向排水沟，其间距约 6.25 m。可在基础混凝土初凝前进行找平时，用抹子挖出横沟，并抹平。

5.2.4　隔振器位置及浮置板基标测设

(1)隔振器位置

当基础混凝土浇筑完成、初凝后 24 小时，即可放出隔振器位置和并进行二次基标测设。隔振器外套筒位置必须准确，其位置偏差为±3 mm；高程偏差为±5 mm。对于隔振器位置、高程不符合规范要求的必须处理，处理要求如下：

①对于隔振器位置基底面高程大于设计标高 5 mm 的范围必须进行打磨，直至满足设计要求；

②对于隔振器位置基底面高程小于设计标高 5 mm 的范围必须进行填补，填补前需将基底面凿至低于设计标高 20 mm，然后再用“高强无收缩灌浆料”填补至设计标高。高强砂浆灌注前要求将灌注范围浮渣清理干净，并将灌注部位充分湿润，灌注过程要求不漏浆。灌注完成后洒水养护 3～7 天；

③高强无收缩灌浆料处理后表面平整度满足±2 mm。填补表面与原基础表面采用斜面顺接。

(2)浮置板隔振器定位测量

浮置板隔振器定位测量的目的是为了严格控制钢弹浮置板隔振器的位置，其隔振器的位置正确与否对浮置板相当重要，每个隔振器的位置必须准确无误，定位测量误差为：方向±1 mm，高程±2 mm，直线段距离±5 mm，曲线段距离±3 mm。

5.2.5 隔离层铺设

隔离膜的铺设质量直接影响后期的浮置板顶升，所以隔离膜的密封、防止漏浆是关键。首先将基础垫层混凝土表面清理干净，然后在基底混凝土表面及两侧侧墙铺设厚度>1 mm 的透明聚乙烯薄膜，以防止浇注浮置板混凝土时和下部基底混凝土粘结在一起。宜采用表面粗糙的材料，以便和板的混凝土粘结在一起。铺设时横、纵向搭接长度不得少于 50 mm，并用透明胶布密封，确保不漏浆。隔离膜铺设前采用钢盖板将水沟覆盖，水沟盖板和隔离膜宜密封严密，防止浇注过程中漏浆而封堵水沟。检查孔模板用封口胶封密实，防止漏浆，检查孔与水沟贯通。

5.2.6 隔振器外套筒安装

根据钢弹簧浮置板设计要求，在基底混凝土上准确定位出外套筒中心位置，外套筒用定制的定位盘将外套筒平面固定在基底混凝土上，防止浇注浮置板混凝土时外套筒移位。外套筒放好后，用硅胶等物将外套筒与隔离层的结合面密封好，保证外套筒位置正确并防止水泥浆渗入外套筒内。

5.2.7 轨道架设及粗调

由于钢弹簧浮置板整体道床施工一般为预铺施工，其钢轨采用与线路同型号的工具轨，工具轨长度宜为 12.5 m 或 6.25 m，用钢轨夹板连接。钢轨架设用专门设计的支撑架支撑(见图1)。钢轨架设好后及时调整轨道几何尺寸和轨底坡至设计值附近，误差不得大于 20 mm，并加强水平方向的整体约束以保证施工期间轨道状态的保持。

钢弹簧浮置板整体道床采用无枕式。架轨前，用塑料胶带将铁垫板和橡胶垫板粘贴牢固，安装好螺纹套管和螺纹道钉，再通过弹条将其按设计要求固定在钢轨上，保证橡胶垫板不变形和混凝土顶面的平整密实。

5.2.8 铺设浮置板钢筋

(1)当隔振器外套筒固定密封及轨排架设完毕后，开始根据设计图纸绑扎钢筋。在隔振器周围绑扎钢筋时，要注意避免移动外套筒。为防止浇筑混凝土时外套筒移动和浮起可以把外套筒的吊耳和上部的结构钢筋连接在一起。

(2)浮置板采用 HRB400 钢筋，钢筋堆放必须与地面隔离，以防雨水浸蚀生锈。加工好的成品钢筋和进场的原材料要分开堆放，并做好标识，以防混拿混用。

(3)在绑扎钢筋前要注意检查隔离膜，对破损处要进行修补。

(4)绑扎结构钢筋和杂散电流钢筋的要求与整体道床钢筋绑扎要求相同。

(5)钢筋绑扎完成后，焊接杂散电流钢筋时要注意焊花不要损坏隔离膜，同时对隔离膜全面检查，发现损坏处立即修补。

5.2.9 剪力铰及模板安装

(1)绑扎钢筋时按设计图纸绑扎板端钢筋和安装剪力铰，剪力铰位置要准确。

(2)钢弹簧浮置板模板采用标准组合式钢板，钢模板高度为 200 mm，长度为 1 500 mm；模板组合要求平整顺直，垂直度误差要求在 2 mm 内，位置偏差±5 mm，浮置板的长度偏差±12 mm。

模板安设如图 6 所示。

浮置板模板的安装方法：根据浮置板凸台尺寸来制作角钢横梁用于吊装并固定模板，横梁固定在钢轨上。组合钢模之间采用卡环进行连接，并如图所示固定在角钢上，在模板的下方用一个支撑来控制模板底部的位置，支撑固定在钢轨底板上并可以横向调节长度。在模板安装

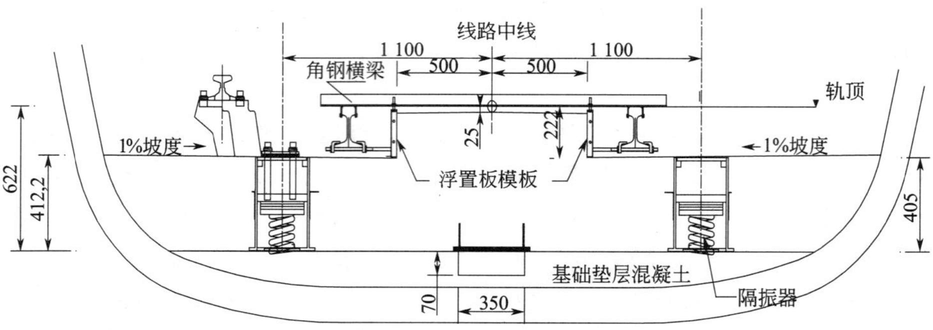

图 6　模板安设示意图

的时候要严格按照浮置板的设计尺寸安设。模板安装完毕后安装泄水管,同时支立轨道周边的模板时要注意其牢固性。

5.2.10　轨道几何尺寸精调

在轨排架设后及铺设浮置板钢筋前,拼装好钢轨扣配件。为了保证轨道几何尺寸正确,须在按照设计要求铺设钢筋后,对轨道进行精确调整。须要注意的是钢轨的轨面高程施工时要预留 30 mm 作为浮置板道床的顶升高度。轨道调整要求如下:

(1)轨道中心线:距基标中心线允许偏差为±2 mm。

(2)轨道方向:直线段用 10 m 弦量,允许偏差为 1 mm;曲线段用 20 m 弦量正矢,允许偏差应符合表 1 规定。

表 1　轨道曲线正矢调整允许偏差值(mm)

曲线半径(m)	缓和曲线正矢与计算正矢差	圆曲线正矢连续差	圆曲线正矢最大最小值差
251～350	3	5	7
351～450	2	4	5
451～650	2	3	4
＞650	1	2	3

(3)轨顶水平及高程:高程允许偏差为±1 mm,左右股钢轨顶面水平允许偏差为 1 mm,在延长 18 m 的距离范围内应无大于 1 mm 三角坑。

(4)轨顶高低差:用 10 m 弦量不应大于 1 mm。

(5)轨距:允许偏差为$^{+2}_{-2}$ mm,变化率不大于 1‰。

(6)轨底坡:按 1∶40 设置。

(7)轨缝:允许偏差为$^{+1}_{0}$ mm。

(8)钢轨接头:轨面、轨头内侧应平(直)顺,允许偏差为 0.5 mm。

钢弹簧浮置板铺设如图 7 所示。

5.2.11　浮置板混凝土浇筑

(1)浇筑前的检查

在浮置板混凝土浇筑前对前面所有工序进行全面的检查,首先从隔振器检查开始,隔振器的型号、位置,周围的硅胶密封情况,然后是隔离膜是否全部完好无损,钢筋及排流扁钢的焊接是否符合设计要求,模板和剪力铰安装位置及尺寸是否正确无误,最后是轨道几何尺寸是否准

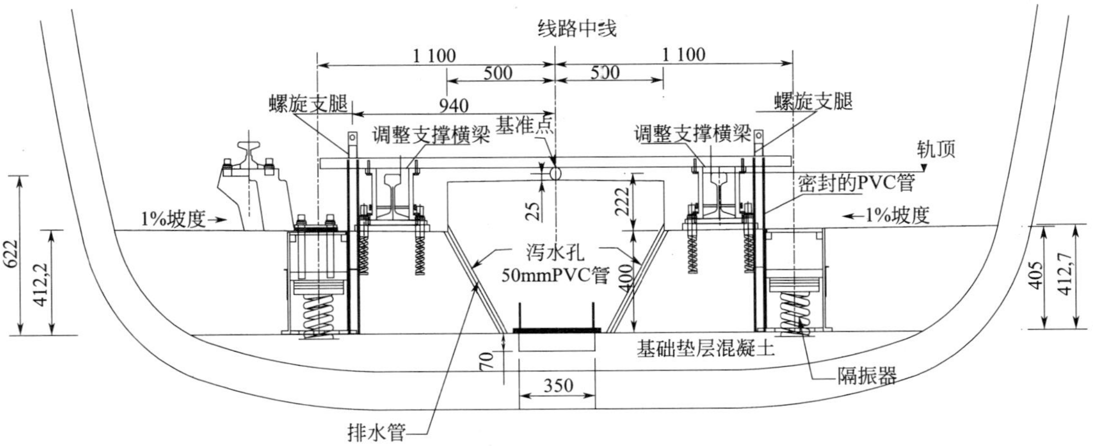

图 7 钢弹簧浮置板铺设示意图

确。以上各项目检查全部符合要求后方可进行混凝土浇筑。

(2)混凝土浇筑及养生

浮置板混凝土应浇筑到设计厚度,并根据设计要求抹出横向坡度。注意混凝土顶面高程比设计高程低 30 mm。单块浮置板道床浇筑不得中断,以免削弱板的强度。用插入式振动棒振动密实,确保混凝土质量,特别加强隔振器周围混凝土的振捣。浇筑时注意清理隔振器盖板上的混凝土。

顶升前浮置板混凝土上表面比设计表面低 30 mm,混凝土浇筑后进行洒水养护,使混凝土表面经常处于湿润状态,养护时间不低于 2 周。

5.2.12 浮置板顶升

(1)顶升前的准备工作

当浮置板混凝土浇筑完成,按要求养生 28 天后,且达到设计强度,即可开始顶升。

①施工现场有足够的照明,在浮置板道床位置周围 30 m 范围内,为顶升专用工具准备 220 V 的电源接口;

②为了测量浮置板的变形,在每块浮置板上均匀布置 8 个水平观测点。对测点进行一对一编号,在顶升施工开始前准确测量每个测点的相对高程;

(2)钢弹簧浮置板顶升

顶升施工的全过程作业,都将在 GERB 公司现场技术人员的指导下进行。具体施工过程如下:

①将外套筒上盖打开,切除外套筒内的隔离层,清理筒内积水、杂物;

②根据设计要求,在需要安装固定销的外筒混凝土基础中心钻孔,安装定位销;

③根据设计要求的规格型号,散布弹簧隔振器、调平铁片等顶升作业需要的材料;

④使用顶升工具,每次压入 16 mm 厚度的铁片,顶升三轮以后,对该范围内的浮置板面上观测点高程进行再次准确测量;

⑤将观测点前后两次的高程测量结果的差值与 30 mm 的设计顶升高度进行比较,确定需要调整的高度值。有针对性的进行一轮高度调整后,再次测量观测点高程,比较原始高程数据后,进行再次调整,直至达到设计顶升高度及误差要求;

⑥最后根据设计要求在隔振器内安装锁紧安全板,有效恢复隔振器外筒上盖板。

(3)顶升过程安全注意事项及预防措施

①GERB公司为该钢弹簧浮置板顶升提供的专用设备在厂内经过检修维护。为了预防顶升过程中,顶升设备出现突发机械故障,GERB公司提供备用顶升工具一套;

②为了确保顶升过程中的浮置板始终处于水平状态,顶升工序开始后,单工作日内,每段浮置板范围的隔振器顶升的高度一致;

③顶升过程中,随时注意观察现场情况。假设出现异常情况(如顶升过程中压入同厚度铁板后,同一块板不同位置的起升高度出现较大差异),立即停止顶升作业,查明原因,排除故障后重新开始。

钢弹簧浮置板道床顶升后见图8。

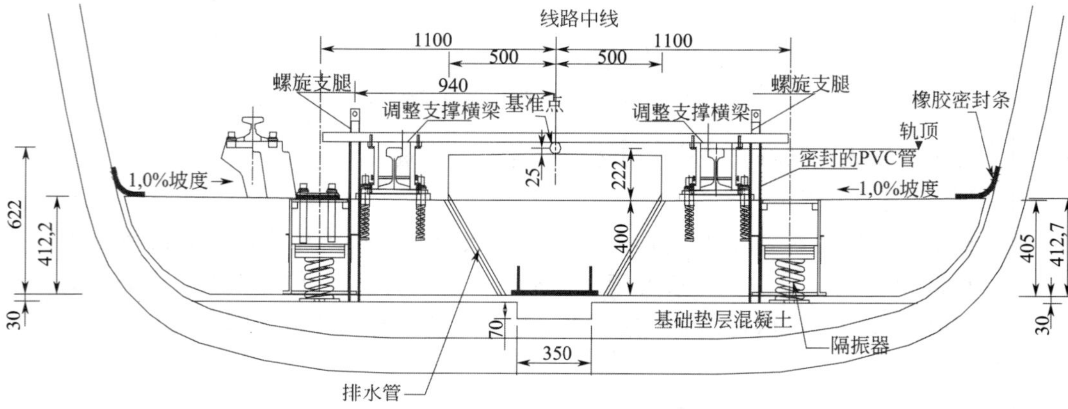

图8 钢弹簧浮置板道床顶升后示意图

5.2.13 橡胶密封条安装

在浮置板顶升前,将浮置板板缝间和侧面的泡沫及层板清理干净。顶升作业完成后开始安装橡胶密封条,其作用是防止浮置板顶升进入工作状态后杂物进入板底,板周围的侧缝及端缝须全部用橡胶密封条进行密封。

6 劳动力组织

钢弹簧浮置板减振道床的施工工艺比较复杂,施工质量要求高。因此在施工中要特别重视过程控制,做到精心组织、严格控制,以保证质量,其劳动力组织见表2。

表2 各工序劳动力配置表

序 号	工艺名称	劳动力配置	备 注
1	基础垫层钢筋绑扎	10	
2	基础垫层混凝土浇筑	10	
3	隔振器底座定位、放线	4	墨线、油漆
4	隔振器底座打磨及补平	10	打磨机、高强度砂浆
5	安装隔振器外套筒	12	
6	铺设隔离薄膜	6	
7	浮置板钢筋制安	20	
8	轨料运输	10	

续上表

序　　号	工艺名称	劳动力配置	备　　注
9	架轨及挂扣件	25	
10	轨道精调	8	
11	立模	12	
12	浮置板混凝土浇筑	30	
13	混凝土养生	2	28 天
14	拆模及拆除吊轨架	10	
15	浮置板顶升	8	
16	轨道调整和精调	8	

所有工序并非同步进行，上道工序任务完成后，部分人员可调配到下道工序，综合考虑，本工作面应不少于 60 人。

7　主要施工机械

主要施工机械配置见表 3。

表 3　主要施工机械配置表

序　　号	机械名称	单　　位	数　　量	备　　注
1	空压机	台	1	
2	钢筋弯制机	台	1	
3	钢筋切割机	台	1	
4	电钻	把	3	
5	水磨机	台	1	
6	电焊机	台	1	
7	捣固棒	台	4	
8	电锯	台	2	
9	混凝土输送泵	台	1	

8　质量控制要点

(1)作业人员开工前应通过安全、技术培训考核，特殊工种持证上岗。施工所需各种机具在开工前经过全面检修，确保状态良好。施工所需工程材料进场前检验合格。

(2)及时准确地做好施工前的各种试验项目，为施工提供可靠依据。

(3)施工技术人员对设计文件、图纸进行详细会审。严格按照设计文件及图纸安排施工。各工序明确质量负责人，坚持实施工序“三检制”，上道工序不合格严禁进入下道工序施工。

(4)加强现场施工技术指导和质量监督，委派专业技术人员负责本分部工程技术工作。对于隔振器中心基底定位、平整度控制及浮置板顶升等重点工序，必须进行跟班逐点测量放线。

(5)道床钢筋网的绑扎及焊接方式符合施工规范及设计要求，在浮置板两端接缝处预留连接端子，连接端子(扁钢)须与所有上、下层钢筋采用热焊法焊接。焊接时须采取有效的保护措施防止损坏隔离膜。

(6)浮置板道床混凝土灌注前，对钢轨、扣配件等采取防污染措施，用编织袋覆盖钢轨，用塑料袋罩住扣配件。对浇筑后的浮置板混凝土及时进行捣固及洒水养护，养护时间应符合规范要求。

(7)及时对现场混凝土进行检测，并按规定制作试件及送检，以确保混凝土施工质量，并将试验结果报监理工程师审核。

(8)浇筑道床尽量安排在晚上进行，以避免交通不畅对混凝土进场的影响，并加强与混凝土供应商的联系，确保施工中泵送混凝土的连续性。安排机修人员值班，增加富余劳动力，对泵送过程中出现设备故障及时进行抢修处理。

9 安全措施

(1)成立安全组织机构，负责项目安全管理。对所有施工人员进行岗前安全、技术培训，未经培训或培训不合格人员严禁上岗。

(2)在每个工序实施前，由专职安检员、施工技术人员对作业人员进行安全技术操作规程交底，坚持班前施工安全讲话制度。

(3)施工现场照明良好，满足施工要求。

(4)在工作区内设置好安全标识牌、安全工序流程图及消防专用设施等。严禁在施工区域内吸烟，现场的易燃杂物要及时进行清理规整。

(5)进入施工现场的作业人员，必须戴好安全帽，穿防滑鞋，并佩戴好工作牌。

(6)施工现场的临时用电严格按照《施工现场临时用电安全技术规范》(JGJ 46—88)的规定执行。

现场所有电器设备必须按规定装漏电保护器，金属外壳必须设置可靠的接零、接地保护装置。值班电工必须持证上岗，要熟悉洞内的配电系统。对移动机具、手持电动工具等重点部位加强检查。

(7)洞内施工空间狭窄，作业人员在注意自身安全的同时，还应关注周围的作业人员、工具设备是否处于安全状态。施工中各道工序应保持适当间隔，在合理工序衔接的同时保证施工安全。

(8)氧气瓶不得沾染油脂，乙炔发生器必须有防止回火的安全装置，氧气瓶与乙炔发生器要隔离距离应大于 5 m。

10 环保措施

(1)成立施工环保领导小组，负责现场环境保护工作，避免对施工人员及周围环境造成破坏。

(2)结构底板凿毛后对清理的垃圾进行装袋处理，底板冲洗时事先设置好集水槽，及时对污水进行沉淀处理。

(3)在洞内进行浮置板钢筋、扁钢焊接时产生大量有害气体，须采用鼓风机等将有害气体及时排除。

(4)钢弹簧浮置板混凝土浇筑通常采用泵送方式进行，施工时宜对地面输送泵采取降噪措施，防止干扰周围环境，并将施工时散落在地面的混凝土及时清除。

11 工程实例

11.1 工程简介

公司承建的北京地铁十号线一期轨道铺设工程施工 01 合同段内有钢弹簧浮置板轨道结构共两段，分别位于万苏区间海淀妇幼保健院及科知区间中国空间技术研究院两特殊减振地段，长度共计 680 m。万苏区间钢弹簧浮置板道床施工里程为 K1＋130～＋250，左右线共长 240 m，设 8 块板，浮置板起终点分别处于两条缓和曲线上，板幅最长为 37.5 m，最短为 25 m；科知区间钢弹簧浮置板道床施工里程为 K3＋435～＋655，左右线共长 440 m，设 16 块板，均位于直线上，板幅最长为 31.25 m，最短为 18.85 m。钢弹簧浮置板道床轨道结构设计采用 60 kg/m 钢轨、DTⅥ2 型扣件、无枕式及 C40 混凝土整体道床。

11.2 建设效果及施工图片

如图 9～图 20 所示。

图 9 基础垫层施工

图 10 成型后基础垫层

图 11 隔振器定位

图 12 隔振器外套筒安装

图 13 钢轨架设

图 14 浮置板钢筋绑扎

图 15　泵管搭设

图 16　混凝土浇筑

图 17　养护

图 18　顶升

图 19　成型后钢弹簧浮置板道床线路

图 20　隔振器固定

铁路开通时速 80 km 以下道床施工工艺

1 前　言

道床的主要功用是，缓和轨枕传来的力并把这些力均匀的传布到路基顶面上，排除线路积水；保持轨道稳定以及用于校正轨顶的方向和水平。

1.1 工艺特点

线路用砟，原则上新线和改建铁路正线和到发线应采用碎石道砟；中型轨道碎石供应困难时，可用筛选卵石；轻型轨道和其他站线、次要站线可以就地取材，选用各种道砟材料。桥梁上必须用碎石道砟。垫层材料可采用粗砂、中砂、卵石砂或石屑。

1.2 道砟材料的种类

碎石道床材料应符合国家现行标准《铁路碎石道砟》（TB/T 2140）和《铁路碎石到床底砟》（TB/T 2897）的规定。Ⅰ、Ⅱ级铁路轨道的碎石道床应采用一级道砟。站线轨道可采用二级道砟。

1.3 道砟的技术规格

1.3.1　面砟的技术规格

道砟进场时应对其品种、级别、外观等进行验收，道砟的材质应符合现行《铁路碎石道砟》（TB/T 2140）的规定。

1.3.2　底砟的技术规格

底砟进场时应对其品种、外观等进行验收，其质量应符合现行《铁路碎石道床底砟》（TB/T 2897）的规定。

1.3.3　道床的技术规格

（1）单线铁路正线道床顶面宽度应符合下表的规定，双线道床顶面宽度应分别按单线设计。半径小于 600 m 的曲线地段，曲线外则道床顶面宽度应增加 0.10 m。站线道床顶面宽度为 2.9 m，曲线外则不加宽（表 1）。

表 1　单线碎石道床顶面宽度

轨道类型	路段旅客列车设计行车速度（km/h）	道床顶面宽度
重型、次重型	$v \leqslant 120$	3.10
中　　型	$v \leqslant 100$	3.0
清　　型	$v \leqslant 80$	2.9

（2）正线道床边坡应符合表 2 的规定。

表 2　正线进度边坡

轨道类型	道床边坡坡度
特重型、重型、次重型、中型	1∶1.75
轻　型	1∶1.5

站线道床边坡坡度为 1∶1.5。

(3)正线碎石道床厚度(表 3)。

表 3　正线碎石道床厚度

项　目			单　位	特重型	重　型		次 重 型	中　型	轻　型
土质路基	双层	表层道砟	cm	30	30	30	25	20	20
		底层道砟	cm	20	20	20	20	20	15
土质路基	单层	道　砟	cm	35	35	35	30	30	25
硬质岩石路基	单层	道　砟	cm	30	30	—	—	—	—

(4)站线碎石道床厚度(表 4)。

表 4　站线碎石道床厚度

<table>
<tr><th colspan="4">项　目</th><th>单位</th><th>到 发 线</th><th>驼峰溜放部分线路</th><th>其他战线及次要站线</th></tr>
<tr><td rowspan="10">土质路基</td><td rowspan="5">双层道床</td><td rowspan="11">相应正线轨道类型</td><td>特重型</td><td rowspan="11">cm</td><td rowspan="3">表层道砟 20
底层道砟 20</td><td rowspan="5">表层道砟 20
底层道砟 20</td><td rowspan="5">—</td></tr>
<tr><td>重　型</td></tr>
<tr><td>次重型</td></tr>
<tr><td>中　型</td><td rowspan="2">表层道砟 15
底层道砟 15</td></tr>
<tr><td>轻　型</td></tr>
<tr><td rowspan="5">单层道床</td><td>特重型</td><td rowspan="3">35</td><td rowspan="5">35</td><td rowspan="5">其他站线 25
次要站线 20</td></tr>
<tr><td>重　型</td></tr>
<tr><td>次重型</td></tr>
<tr><td>中　型</td><td rowspan="2">25</td></tr>
<tr><td>轻　型</td></tr>
<tr><td>硬质岩石路基、级配碎石或级配沙砾石基床</td><td>单层道砟</td><td>特重型</td><td>25</td><td>30</td><td>20</td></tr>
</table>

2　适用范围

开通速度≤80 km/h 的道床施工。

3　主要技术标准

(1)《铁路轨道工程施工及验收规范》(TB 10302—96)。

(2)《铁路轨道工程施工质量验收标准》(TB 10413—2003,J 284—2004)。

(3)《铁路轨道设计规范》(TB 10082—2005,J 448—2005)。

4　施工方法

因开通速度比较低,铺砟整道主要采用人工配合小型机械进行整道施工。

4.1　新线铁路铺砟方法

底砟采用汽车运输到现场进行铺设;面砟当线路铺后利用 K13 车进行卸砟,人工配合小型机械进行整道。

4.2 既有铁路铺砟方法

既有铁路线改造的新铺道砟铺设方法与新线铁路相同,需要利旧部分道砟,要采取道床清筛。清筛道砟即将脏污道砟从枕底挖出,经过筛分,再将干净道砟回填到道床上,而将污土运到指定地方进行堆放。

4.2.1 机械清筛

采用大中型清筛机清理道床,可以提高清筛速度和质量,并减轻工人的体力劳动强度。道砟清筛机种类很多,这里不作介绍。

4.2.2 人工清筛

人工用道镐、撬棍、石砟叉等挖松道床,用石砟筛清筛道砟,使之符合规范要求。

4.3 上砟整道

4.3.1 施工准备

根据线下施工单位提供的竣工资料,将线路中线和标高进行现场测量,消除误差,并进行线路中线桩和标高定测,线路中桩直线地段 50 m 一个,曲线地段 20 m 一个,缓和曲线 10 m 一个,在变坡点及竖曲线起讫点增设标高桩。

4.3.2 拨荒道

铺轨后立即进行拨道工作。根据测定中线桩进行拨移,做到直线上顺直,曲线上圆顺。补齐轨道配件,调整轨缝,方枕,扭固接头螺栓及轨道扣件。

4.3.3 第一次上砟整道

起道量不超过 100 mm,采用起拨道机起道,小型机械捣固机捣固,人工进砟。要求当天起道拨道完工后,做好线路顺接工作,必须消除返超高和三角坑,确保行车安全。

4.3.4 第二次上砟整道

根据标高进行第二次上砟整道工作。第二次上砟整道采用起道机起道,起道时以水平桩为准,轨面略高于设计高程,捣固机捣固,人工拨道。

4.3.5 第三次上砟整道

经过二次起道成型后的线路,测量轨面标高和轨道平面及道床的几何尺寸。根据测量结果采用人工进行线路细拨、细找,使线路纵、平面满足《线路设计规范》要求,并根据现场情况进行补砟,整理道床,使成型后的道床均匀、饱满、清洁、流畅符合《验标》标准。

4.3.6 压道作业

线路经过三次整道后,纵横断面达到设计文件和施工规范的要求,交验前应对线路进行载压道,然后再对线路进行详细检查,对超高部位进行整治,使线路达到竣工验收标准。

5 工艺流程及操作要点

5.1 施工准备

铺轨后拨慌道,进行重点整道,消灭线路三角坑、曲线反超高和空吊轨枕;方枕、调整轨缝、抽换失效轨枕、更换失效扣配件,螺栓涂油紧固。测设线路标高桩,标注正矢测点。

5.2 施工工艺流程

第一次上砟整道:起道量不超过 100 mm(单层道床厚度不大于 250 mm 时,可一次按设计铺足)，采用起拨道机起道，捣固机捣固，人工配合机械拨道。当天起拨道完工后，加强线路的捣固，做好线路的顺接工作，消除线路反超高和轨枕空掉，确保行车安全。

第二次上砟整道：根据标高情况进行第二次上砟整道工作。第二次上砟整道采用人工配合机械作业，起道时以水平桩为准，轨面略高于设计高程；采用起道机起道，捣固机捣固，人工拨道。

第三次上砟整道：经过二次起道成型后的线路，再次测量轨面标高和轨道平面及道床的几何尺寸。根据测量结果采用人工进行线路细拨细找，使线路纵、平面满足《线规》要求，并根据现场情况进行补砟，整理道床，使成型后的道床均匀、饱满、清洁、流畅符合《验标》标准。线路达标后，交验前组织本部工程技术人员和质量检查人员进行全面自检，根据《验标》的各项要求逐一检查，发现问题及时整治，直到达到竣工交验条件。

压道作业：线路经过三次整道后，纵横断面达到设计文件和施工规范的要求，交验前应对线路进行载压道，然后再对线路进行详细检查，对超高部位进行整治，使线路达到竣工验收标准。

5.3 施工流程

如图 1 所示。

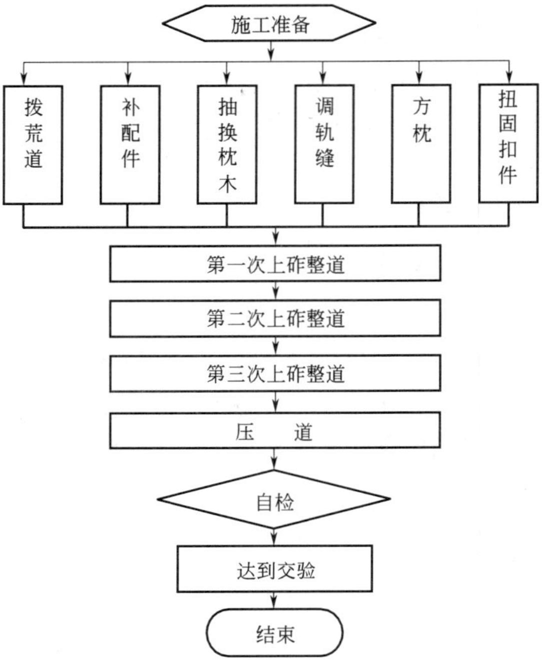

图 1 施工流程图

6 劳动力组织

劳动力配置根据工期要求和作业面数量进行具体安排，以下为正常情况下，使用小型施工机具每天综合施工进度 1 000 m/天劳动力组织(见表 5)。

表 5 劳动力组织表

序号	工作项目	人数	工作内容
起道		20	
1	起标高点	12	
2	人工捣股	6	
3	量标高点	2	1 人拿道尺、1 人用钢卷尺量
液压小机起长平		8	
1	找中线桩	3	1 把铁铲需要 3 个人
2	起长平	3	
3	人工捣固	1	
4	看道	1	
线路进砟		31	
1	进砟按 25 m 轨 1 对铁计	18	每一边需要 3 把铁铲，两边共计 6 把铁铲
2	小型液压捣固机整道	4	2 组捣固机，每组 2 人计
3	方枕、紧螺栓、补配件	8	

续上表

序号	工作项目	人数	工作内容
4	机械维修	1	
	拨道	28	
1	找线路中桩	3	配备1把拉铲
2	压机拨点	9	3台压机，每台需要3人
3	拨方向	9	
4	看道	1	
5	拉压机窝子	6	配2把拉铲
	细起细拨	13	
1	起标准股	3	3台微压其拨道机，每台1人
2	对水平	3	3台液压起拨道机
3	人工捣固	2	
4	机械捣固	4	用液压捣固机捣固
5	看道	1	
	合　计	100	

7　主要机械设备配置

见表6。

表6　上砟整道主要机械设备配置表

设备名称	数　量	型号和功率	备　注
内燃机车	1台	东风4型	卸砟、压道
自卸汽车	8台	8 t	底砟运输，具体根据工期确定
压路机	1台		
推土机	1		
道砟运输车	20辆	K13	具体根据道砟卸砟量及工期确定
装载机	2台	ZL50	装砟
液压起拨道机	4	QB-20	
液压捣固机	6组	XYD-2	
抗拔试验仪	1台	GBJ-50	
灌水法测定仪	1套		
全站仪	1套	BTS-3082C	
水准仪	4台	AL25A	

8　质量控制要点

预铺道砟上铺设的轨道，承轨处枕下道砟串实不捣固。每次卸砟后，要先进行起道、方枕、进砟、串砟、整正线路平面位置，混凝土枕地段在钢轨外侧50 cm和内侧45 cm范围内均匀捣固；木枕地段在钢轨两侧各40 cm范围内捣固道床，钢轨接头和曲线外侧要加强捣固。

起道先校正一股轨面水平（曲线先校正内股），据此调整另一股轨面高程，左右均匀进行，每次起道高度不大于150 mm，两端高差顺接坡度不大于3‰。

不同种类轨枕交接处的轨面高差以道砟来调整。

整道完成后，道砟数量充足，道床厚度误差不得大于±5 cm，线路平、纵面符合《轨道工程施工与验收规范》要求。

按设计速度设置曲线超高，曲线外轨超高在缓和曲线全长范围内顺接；未设缓和曲线地段在两端直线上按不大于2‰的坡度顺接。

经过拨正的线路，轨道中心线与线路中线允许偏差为50 mm，相邻轨道中心线的允许偏差：正线与站线、站线与站线为±20 mm，在隧道内为±20 mm，在区间线间距为4 m时，不能有负误差。

经过整道后，轨面高程与设计要求的允许偏差：在路基上为$^{+50}_{-30}$ mm，在建筑物上为±10 mm，紧靠站台的轨道为+50 mm，不能有负误差。

轨道直线地段目视顺直、曲线自然圆顺、轨面平顺，用20 m弦量其正矢满足《轨道工程施工与验收规范》要求。

轨枕正位，配件齐全；道床饱满，路肩干净；轨道道床坡角、砟肩与钢轨三条线清晰。

根据线路设计标准，桥面道床厚度不小于250 mm，采用两次卸砟（架梁前的桥面砟除外），上砟后的起道量不超过100 mm，以保证整道质量。

按设计速度设置曲线超高，曲线外轨超高在缓和曲线全长范围内顺接。

9　安全措施

卸完砟后，立即有人专门清理，使卸下的道砟不超过轨面，保证行车安全。

整道过程中必须派专人防护，由经过专门培训持证上岗的防护员担任。

上砟整道要求当天起道拨道完工后，做好线路顺接工作，同时消除桥面轨道反超高和三角坑，确保行车安全。

既有线起拨道时不使用齿条式压机，确保行车安全。

桥面上砟整道应在人行过板安装完成后进行，防止卸砟时由于道砟散落伤及他人。

用风动车在桥面上砟时由调车员统一指挥风动砟车卸砟作业，并且有一位作业队级领导现场协调。

10　环境保护措施

10.1　防止水污染措施

施工营地生活废水按当地环保要求进行排放和处理，严禁直接排放至江河中，对于含沙量大且浑浊的施工生产废水，采用沉砂池处理后再排放，含油废水经隔油池处理后排放，防止油污染地表和水体。

10.2　维护生态平衡系统，避免人为恶化环境措施

加强生态环境保护的宣传工作，使全体参建员工充分认识对环境保护的重要性和必要性，加强环保意识。制定详细的环境保护措施，建立严格的检查制度，避免人为恶化环境。保护好铁路沿线的植被、水环境、大气环境、自然生态环境、土壤结构、自然保护区、野生动植物，维护生态平衡系统。

10.3　生产生活垃圾处理及油料管理

严禁将生活污水直接排放至江河中，含油废水经隔油池处理后排放，防止油污染地表和水体。生活污水经化粪池处理后排放。

对营地生活垃圾(包括施工废弃物)集中装运至指定垃圾处理场处理。

10.4 水土保护措施

为保证地表径流的排泄,工程施工不要切断、阻挡地表径流的畅通,不得强行改变径流的方向或改沟、改河。施工营地的选择和建设也要坚持这个原则。

合理规划施工便道、施工场地,固定行车路线、便道宽度,限制施工人员的活动范围,尽量少扰动地表、少破坏地表植被。

11 工程实例

11.1 工程简介

东乌铁路道床施工,我公司管段只承担60%的面砟施工,正线采用一级道砟,道床厚度:非渗水地段面砟25 cm,底砟20 cm;联络线面砟厚度20 cm,底砟厚度20 cm;渗水土地段道床厚度30 cm,道床顶面宽度3.0 m,边坡1∶1.75。

站线采用二级碎石道砟,单层道床,顶面宽度2.9 m,边坡1∶1.5,厚度在非渗水土地段到发线0.35 m,渗水土地段0.25 m,其他站线非渗水土地段0.25 m,渗水土地段0.2 m。在450 m及以下半径时,轨道按规范要求加强。

本标段上面砟主要采用自备K13车运输,不足部分车辆采用租赁K13车或普通平板车。

全线铺面砟230 369 m^3,每天上砟711 m^3(断面方),折合松方924 m^3,需要K13车26个,从8月开始大规模卸砟,按照卸砟、装车、运输循环和平均运输距离及铺架运输等因素影响综合按1.7列考虑,需配备K13车45辆。

上砟整道跟随铺架施工往前推进,采用K13车卸砟,人工配合机械整道。为了不影响前面铺架作业,上砟整道距离铺架2 km左右。

11.2 工程效果图

如图2所示。

图 2

铁路开通时速≥80 km铁路有砟道床施工工艺

1 前　　言

根据铁道部铁建设〔2002〕65文关于印发《新建改建铁路开通速度80 km/h轨道工程施工暂行技术标准》的通知要求，在新建、改建国家Ⅰ级铁路开通速度≥80 km/h的正线轨道工程铺砟整道中应采用大型养路机械联合作业。因此，本文主要介绍机械整道施工。

1.1 预铺道砟作业工艺特点

根据现行的轨道工程施工质量验收标准的要求，在铺轨前应预铺设一层道砟，施工工艺简单，经过摊铺、碾压达到规范要求的密实度就可以了。一般预铺道砟的时间都比较短，因此，在路基交接前道砟的运输、摊铺、碾压设备必须准备到位，加快道砟的预铺组织，尽快达到铺轨条件。

1.2 上砟整道工艺特点

机械化程度高，主要通过起、拨道、捣固和夯实后，使用轨道动力稳定车对线路进行动力稳定，从而使道床获得整体密实。采用人工铺轨的线路整道作业不受干扰，当道砟和线路满足整道要求时，可持续进行整道作业。采用机械铺轨的线路整道作业受施工干扰较大，主要协调好轨料运输和整道作业。

2 适用范围

适用于新建铁路和增建二线铁路Ⅰ级线路以及有砟客运专线。

3 采用的技术标准:包括设计标准、施工规范、验收标准

(1)《铁路碎石道砟》(TB/T 2140)。

(2)《铁路碎石道床底砟》(TB/T 2897)。

(3)《铁路轨道设计规范》(TB 10082—2005,J 448—2005)。

(4)《新建时速200公里客货共线铁路设计暂行规定》(铁建设〔2005〕285号)。

(5)《铁路车站及枢纽设计规范》(GB 50091—2006)。

(6)《铁路轨道施工及验收规范》(TB 10302—96)。

(7)《铁路轨道工程施工质量验收标准》(TB 10413—2003,J 284—2004)。

(8)《铁路站场工程施工质量验收标准》(TB 10423—2003,J 293—2004)。

(9)《新建时速200公里客货共线铁路工程施工质量验收暂行标准》(铁建设〔2004〕8号)。

(10)《新建客货共线铁路工程施工补充规定(暂行)》(铁建设〔2004〕8号)。

(11)《客运专线铁路轨道工程施工质量验收暂行规定》(铁建设〔2005〕160号)。

(12)《铁路工程施工安全技术规程》(上册)(TB 10401.1—2003,J 259—2003)。

(13)《铁路工程施工安全技术规程》(下册)(TB 10401.2—2003,J 260—2003)。

(14)中国铁路工程集团公司企业标准《客运专线铁路无缝线路施工技术规范》(试行)(Q/ZTG 21110—2006)。

4 施工方法

4.1 预铺道砟施工方法

4.1.1 一般机械铺设方法

采用载重汽车将道砟运至施工现场，使用平地机或推土机将道砟按照铺设层要求的厚度和宽度予以摊平，最后用压路机将道砟压实。这种铺设方法具有设备投入少，采用的都是通用机械，可大规模作业，不受场地限制，能提高施工进度，作业人员较少等优点，因此在施工中得到广泛的应用。但高速铁路要求的质量高，道砟的平整度、厚度、密实度都有较高要求，一般机械铺设方法无法满足，同时在施工的过程中，机械的往返运行易对基床表层造成破坏。

4.1.2 摊铺机铺设法

有砟高速铁路道床预铺采用摊铺机铺设，即采用自卸汽车将道砟运卸到路基上的摊铺机贮砟仓内，然后用摊铺机进行摊铺作业。

4.2 上砟整道作业施工方法

4.2.1 既有线改造整道作业施工方法

有大机、砟车进入通道的线路，而且施工线路比较长时，当铺轨完成后一般采用 K13 风动卸砟车卸砟，首先用小型液压起拨道机起拨道，液压捣固机捣固，线路水平和方向基本到位后，然后采用大机进行整道作业，大机整道次数根据合同约定。若没有大机、砟车进入通道的线路，在道砟预铺时尽量多铺，并在铺轨前把未铺道砟转移在线路两旁，当线路铺设完成后，采用人工进砟，用小型液压起拨道机起拨道，液压捣固机捣固，反复整道几次，使线路水平、方向、道床密实度达到基本验收标准，然后要点封锁线路，连通新铺线路，大机进入新铺线路进行整道，开通线路。

4.2.2 新建线路整道作业施工方法

一般采用 K13 风动卸砟车卸砟。若自有大机，直接采用大机进行整道作业；若租用大机，先用小型机械至少进行两次整道，线路水平、方向、标高基本到位后，采用大机整道。

5 工艺流程及操作要点

5.1 道砟预铺

5.1.1 道砟预铺施工工艺

主要介绍摊铺机铺设施工工艺，一般机械铺设施工工艺简单，容易控制。摊铺机一般分三个区段：一是整修挂线区，该区进行整修基床表层和测量挂线工作；二是摊铺作业区，该区进行摊铺作业；三是检测验交区，进行检测和验交工作。各作业区间相互独立，互不干扰。

(1)整修基床表面 办理路基移交：对基床表面进行检测验收，对因施工或其他原因造成的基床表面的损伤要求施工单位进行整修处理，使之符合要求。取得线下施工单位线路测量资料、中桩、线路基桩和水准点，核对路基基床表层标高及中桩，无误后，接收路基。

(2)测量挂线：测量人员根据底层道砟摊铺高程，方向及坡度，在摊铺外边线约 0.3 m 处每隔 10 m 打下一根钢钎，钢钎上装有可调横杆，钢弦挂在横杆上。钢弦线一次拉挂长度为 150～200 m，每隔 50 m 用加紧器将钢弦拉紧。摊铺时，摊铺机随机自动找平装置通过传感器与钢弦线接触来接收信号以控制摊铺底砟的厚度及方向。

(3)清理障碍清理摊铺机行进前路基面上的障碍物。

(4)检查摊铺机、安装控制器检查摊铺机的走行系统、液压系统、润滑系统等的性能作用，并在摊铺机上安装好纵向控制器、横向控制器以及超声波传感器，并调整到正常工作状态。

(5)确定摊铺机的作业参数摊铺机设置参数包括结构参数和运行参数，作业前根据需要进行选择和调整确认。需要调整的参数有：1)熨平板宽度和拱度，按照摊铺底砟的外型尺寸要求调整；2)熨平板的工作仰角，根据摊铺厚度选择仰角，然后再根据实际摊铺厚度检查结果再予调整；3)摊铺机的作业速度和振动频率，确定摊铺作业速度一是要根据底砟摊铺的质量，如密实程度要求，二是要考虑供料设备如何保证摊铺作业连续不间断地进行，充分发挥机械的效能。

(6)道砟检验装车和倒运道砟装车前先检验是否符合设计要求和部颁道砟标准。道砟运输采用汽车运砟，沿线每隔 3～5 km 设一上道口，汽车由上道口驶上路基(注意汽车在路基表层行驶时，就做到缓行缓停，禁止突然加速和急刹车，汽车运载速度应控制在 15 km/h 左右)，在摊铺位置将道砟倒卸进摊铺机贮砟仓，摊铺机前有滚轮与汽车轮胎作相对滚动，因此汽车在卸砟过程中会由滚轮推动随摊铺机蠕蠕向前走动，摊铺机不需停顿。

(7)摊铺作业在各项技术指标符合要求后，将摊铺机处于自动控制状态，摊铺机将自动行走、送料，并在轨枕中间位置拉出凹槽，通过各传感器反馈的信号调整送料速度、摊铺厚度、砟层的坡度及拉槽状态等。驾驶员根据方向标记与钢弦的接触情况，随时操纵摊铺机行进方向，并注意运砟车将石砟倒入摊铺机料斗，操纵料斗的开合，将料斗两边石砟送入刮料板。

(8)检测：对已摊铺好的底砟及时进行几何尺寸、表面平整度、摊铺厚度及中间凹槽等方面的检测，对底砟的密实度采用专用仪器进行抽检。

5.1.2 道砟摊铺施工工艺流程

见图 1 和图 2。

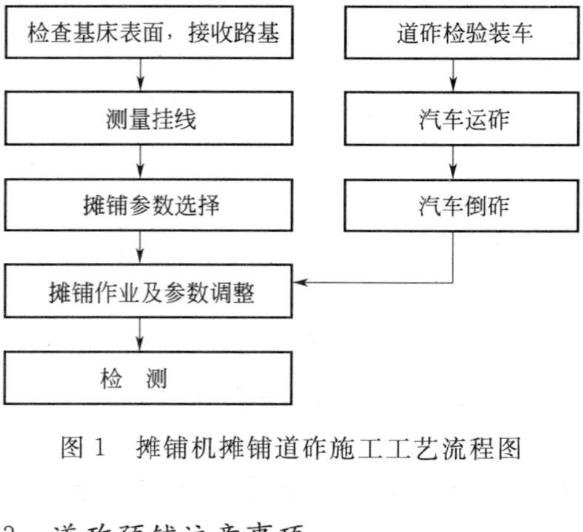

图 1 摊铺机摊铺道砟施工工艺流程图

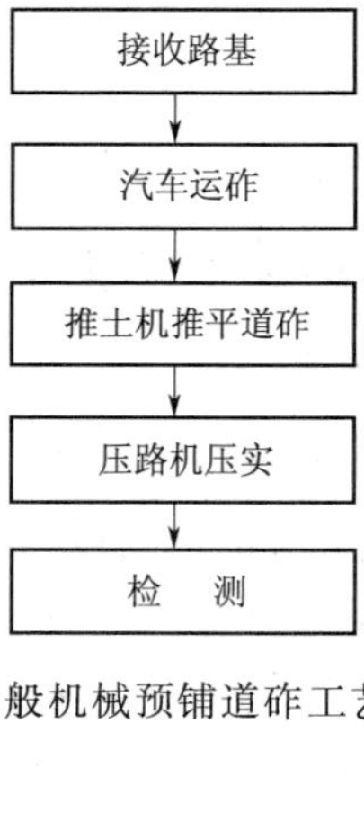

图 2 一般机械预铺道砟工艺流程图

5.1.3 道砟预铺注意事项

(1)测量人员应准确测量路基标高、钉导向桩、挂拉钢弦线。

(2)不得触碰导向桩及已挂好的钢弦线，避免摊铺时出现误差。

(3)应认真组织好运砟车的石砟供给，以便连续作业，从而提高摊铺机的作业效率。

(4)摊铺机两侧应有专人时刻观测传感器的工作状况，发现误差应及进行有效地调整，必要时应鸣笛中止工作，待故障排除后方可继续工作。

(5)在料斗前应及时清理运砟车卸砟时掉落的石砟，避免妨碍摊铺机的正常行进。

(6)运砟车辆应尽量行走施工便道,不宜长距离频繁行驶在基床表层上,避免对已做好的路基表层造成损坏。

5.2 上砟整道作业施工工艺

铺轨后,采用人工配合小型机械把线路方向大致拨到位后,采用机械进行上砟整道工作。国家铁路Ⅰ级线路一般大机整道2～3遍就可以满足要求,具体整道次数按合同约定办理,客运专线的整道按照中国铁路工程集团公司企业标准《客运专线铁路无缝线路施工技术规范》(Q/ZTG 21110—2006)(试行)要求大机整道达到5捣5稳,下面主要介绍客专线整道施工工艺,Ⅰ级线路的整道主要是整道次数要求不一样,其他与客专线整道工序一致。

5.2.1 施工准备

首先汇总技术标准,将设计文件及有关线路平、纵断面图、配轨计算表统一汇总,以便准确无误地进行铺砟整道作业。然后,进行线路复测及设置起、拨道控制桩。一般在距线路2.2 m处的路肩上设置起、拨道控制桩。直线段设于线路左侧,曲线地段则将起道桩设于曲线内侧,拨道桩设于曲线外侧。桩上标明起道高度与距轨头外侧的距离,作为起、拨道的依据。在直线左股、曲线外股的轨腰里面按轨枕设置位置标出轨戏中心点,以便进行方枕工作。同时,在钢轨接头处,标出钢轨每公里的编号。还要严格检查轨道状态。

5.2.2 卸　　砟

有专用线的砟场,同时离铺轨现场比较近,则采用K13风动卸砟车直接从砟场运到现场进行卸砟,砟场较远,则考虑存砟,存砟场选在铺轨基地或新铺车站的次要站线旁或既有车站旁,由装载机装砟,K13风动卸砟车运到现场进行卸砟;若没有专用线的砟场,离现场近,又能满足施工,则采用汽车直接运到现场,若砟场比较远或生产能力不能满足施工,则考虑存砟,用K13风动卸砟车从存砟场装砟运到现场进行卸砟。卸砟注意事项:事先编制卸砟计划,并在卸砟地点设置指示牌,按预计的起道量卸下适量道砟;整个卸砟过程要有专人指挥,并与车长密切联系;既有线旁卸砟,必须设有防护人员,最好向线路两侧卸下,卸车时注意不要使道砟落到边坡下及埋住钢轨;起道和卸砟两项工作应密切配合,防止二次卸砟现象;卸砟过程要记录好每次卸砟量,作为验交数据,防止多卸和少卸。

5.2.3 机械整道

租用大机整道,首先采用小型机械整道,方向、水平、标高基本到位后,采用大机整道。自有大机,直接采用大机整道,小型机械整道施工工艺简单,并在开通小于80 km/h道床施工技术标准中有详细描述,下面主要介绍大机整道施工工艺。

(1)大机作业顺序

在初步达标阶段大机的作业顺序是配砟车(配砟)→捣固车(起、拨道捣固抄平)→稳定车(动力稳定)。精细整阶段作业顺序是捣固车(精细起、拨道捣固抄平)→稳定车(加强性动力稳定)→配砟车(道床整形)。

捣固车作业程序:捣固车到达作业地点后,停机,变速手柄置中间空挡位,挂泵,启动发动机。解开各作业机构安全锁定装置,将发动机提速至2 000 r/min,接通作业控制系统,使各工作装置都置于作业位,根据需要决定是否使用激光准直系统,确定超高股及加载方向,接通抄平、拨道作业系统;准备好GVA操作。移动捣固车,使拨道表指针位于红区,打开自动拨道系统,开始作业。作业时,根据需要给定起、拨道数值;曲线地段需要打开GVA,确认同步点后继续作业;重要地段一般应将拨道控制增益开关及抄平控制增益开关拨在右位。作业完毕后,应按序收起捣固装置、行拍器、起拨道装置、检测小车、激光小车。把各控制旋钮回零位，关断作业气动塞门，液压支承手柄回零位卸荷，关闭发动机，脱泵。联挂返回车站。

动力稳定车作业程序：稳定车按封锁命令进入作业区间，到达作业地段后，与其他作业车解体运行至本车作业地点，停机，变速手柄置中间空档位，挂泵，启动发动机，解开各作业机构安全锁定装置，将发动机提速到 1 800 r/min，接通作业控制系统。让各工作装置按序就位，并预加载，张紧测量弦线，垂直预加载及计划预下沉量电位计回零。选择作业方向，给定垂直预加载值及计划下沉量，松开作业停车按钮，缓解制动，按下作业区动按钮。调整作业走行速度及振动频率，开始稳定作业。根据线路状态，调整垂直预加载值及作业速度开始作业。作业结束时，按规定顺坡，减速停车，关断各预加载开关，提升稳定装置并锁定，提升检测小车并锁定，关断作业控制；各开关复位。关闭发动机。脱开液压走行驱动离合器及双联泵离合器，转换为运行状态；联挂返回车站，开通线路。

配砟整形车作业程序：配砟车按调度封锁命令进人作业区间，到达作业地段后，与其他作业车解体运行至本车作业地点停车，独自进入区间，直接运行到作业地点停车。运行速度挡位由高速挡位转换到低速挡位。接通作业控制气动系统及液压系统，将各工作装置解锁后到作业位置。选定作业方向，调整作业速度；调整中犁板和刮砟板的组合方式；调整侧犁的伸出宽度、下降高度、翻转角度及前、后翼犁的角度；调整清扫刷及输送带开始作业。作业结束时要在机械制动停稳后，提升各作业装置并锁定，关闭作业控制系统及液压系统。根据运行需要转换速度挡位，返回车站，开通线路。

(2)整道作业工序

第一次上砟，大型机械整道，使线路基本平顺和稳定，满足砟车行车安全，起道高度不超过 80 mm。当天作业完后，施工终点顺坡。

第二次上砟，起道高度不超过 80 mm。当天作业完后，施工终点顺坡。

第三次上砟，大型机械整道，使线路基本平顺和稳定，起道高度不超过 50 mm，满足无缝线路单元轨节焊接和应力放散、锁定，当天作业完后，施工终点顺坡。

第四次上砟，起道高度不超过 50 mm，仔细整道，跟着稳定作业，使轨道几何尺寸基本达标。

第五次整道，捣固机精细作业，使稳定的线路达到进一步整治，满足线路开通速度要求。

(3)大机整道前应完成的技术工作

进行线路中线、水平测量、每 5 m 一个测点，第二、三遍直线段时拨道测点可放宽到 100 m。将测得的每个测点的里程和对应的起道量，拨道量复核，检查确认无误后，提前一天交整道作业队，以便整道作业时校对和修改；起、拨道量和曲线要素的标注。应提前一天将所测得的拨道量和调整后的起道量的数据第一次用红油漆、第二次用黄油漆、第三次用绿油漆顺机械化整道机组的方向，标注在每个测点的道心左侧轨枕面上。在曲线的起点轨枕面上标出曲线要素(曲线半径 R、缓和曲线长 L、超高值 C)并将曲线变更点用规定的字母标注，即在变更处标注 ZH(直缓点)、HY(缓圆点)、YH(缓圆点)、HZ(缓直点)等；在整道作业开始之前，必须将线路设计平、纵断面图及道床设计断面图、桥梁震动频率、铺轨的轨温表等相关的资料提供给 MDZ 整道作业队；对无砟道床桥两端的处理。由于无砟道床破坏后很难恢复，捣固车的起、拨道力超过 150 t，因此，无砟道床两端 10 m 范围内 MDZ 机组不能作业，需人工顺接 30 m。

(4)大机整道注意事项

①上砟整道基本作业严格按已选的综合整道作业参数进行。为保证轨条的稳定性，要求一

次起道量不大于 80 mm,起、拨道量超过最大时,应分多次作业,作业应在铺设温度的－20 ℃～＋15 ℃范围内进行,严禁超温作业;

②捣固作业结束前,应在作业终点划上标记,并以此开始按不大于 2.0‰的坡度递减顺坡,达到安全行车的要求,一般情况下不在圆曲线上顺坡,严禁在缓和曲线上顺坡结束作业;

③在碎石道床的桥上,枕下道砟厚度不足 150 mm 时不能进行捣固作业;

④在碎石道床的桥上进行稳定作业时,预留下沉量不得大于 5 mm,压力系数一般给 0.5 为宜,振频一般给 33 Hz,要根据桥的自身的频率加以调整,可调整为 40 Hz,其他地段振频为 28 Hz。

5.3 工艺流程

如图 3 所示。

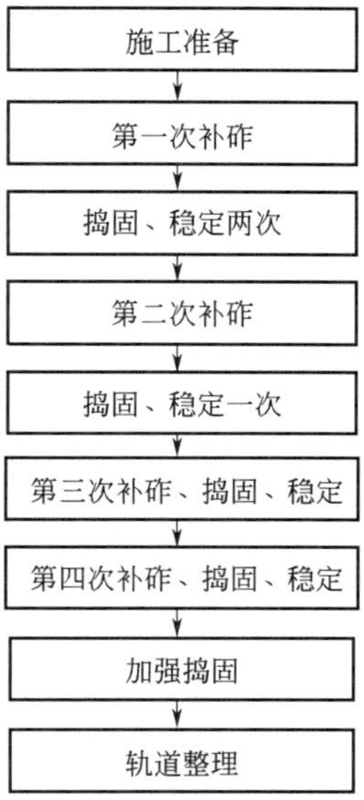

图 3 上砟整道施工工艺流程图

6 劳动力组织

见表 1。

表 1 整道劳动力安排表

序　号	工作项目	人　数	工作内容
1	测工	4	负责整道前后的测量
2	道砟预铺	30	汽车司机 10 人,摊铺作业 20 人
3	人工起拨道	15	负责铺轨后重点整道,线路方向基本到位,若铺轨时已考虑,整道劳动力里就不考虑
4	小型机械起拨道	24	考虑 2 台起拨道机,4 套捣固机,若自有大机,此项不考虑
5	捣固车操纵及运行司机	6	操作手 2 人,走行 2 人,配合 2 人
6	稳定车司机	4	操作手 1 人,走行 1 人,配合 2 人
7	卸砟与进砟	40	大机整道前进行卸砟、进砟
8	配砟整形	4	操作手 1 人,走行 1 人,配合 2 人
9	机车司机	2	内燃司机,卸砟
10	质检	2	
11	技术员	2	
12	住站联络员	1	通过既有线卸砟才考虑
13	指挥与协调	2	
合　计		126	

7 机具设备

见表 2。

表 2　上砟整道主要机械设备配置表

设备名称	数量	型号和功率	备　注
内燃机车	1 台	东风 4 型	卸砟
自卸汽车	10 台	8 t	预铺道砟运输，具体根据工期确定
道床摊铺机	1 台	RP900、140 kW	预铺道砟摊铺
压路机	1 台		
推土机	2		采用摊铺机则不使用
道砟运输车	20 辆	K13	具体根据道砟卸砟量及工期确定
装载机	2 台	ZL50	装砟
液压起拨道机	2	QB-20	自有大机则不使用
液压捣固机	4 组	XYD-2	自有大机则不使用
起拨道捣固车	1 台	08-32	
动力稳定车	1 台	WD320	
配砟整形车	1 台	SPZ-200	
抗拔试验仪	2 台	GBJ-50	
灌水法测定仪	1 套		
全站仪	1 套	BTS-3082C	
水准仪	4 台	AL25A	

8　质量控制要点

8.1　质量控制要点

8.1.1　预铺道砟质量控制要点

道砟质量应符合《铁路碎石道砟》(TB/T 2140)、《铁路碎石道床底砟》(TB/T 2897)规定，砟面平整度：用 3 m 直尺测量，各方向误差不应大于 20 m，轨枕中部的砟面不得凸起。预铺道砟经压实整平后，采用道床密度仪或灌水法检测，其密度不宜低于 1.6 g/cm。

8.1.2　上砟整道质量控制要点

测量资料正确无误，石砟充足均匀。每次补砟，道床肩宽不少于规范规定。

每次捣固作业之后，进行不少于一次的动力稳定；动力车走行速度为 0.6～0.9 km/h；由道床下层至道床上层，稳定车作业速度逐渐降低。稳定车在隧道内的作业速度不应低于 1 km/h。

大型整道机组起、拨、捣、夯拍及动力稳定作业，作业区段内连续作业不间断，无遗漏或跳跃。

为保证捣固质量，一次起道量超过 60～80 mm，宜捣固两次、夹镐时间 0.6 s 左右。同时捣固车捣固频数每分钟不得超过 20 次，插镐深度从枕下算起至镐尖一般不少于起道高度。对桥头、焊缝接头等薄弱处应加强捣固。

线路方向的整正可采用四点式近似法。在长大直线地段，应采用激光准直系统进行拨道。

根据线路设计标准，桥面道床厚度不小于 250 mm，采用两次卸砟(架梁前的桥面砟除外)，上砟后的起道量不超过 100 mm，以保证整道质量。

桥梁两端不同种类轨枕交接处的轨面高差以道砟来调整。

整道完成后，道砟数量充足，道床厚度不能有负误差，并保证道床厚度不低于 250 mm，线路平、纵面符合《轨道工程施工与验收规范》要求。

8.2 上砟整道质量通病防止措施

8.2.1 道砟质量不符合设计要求

(1)现象

在路基具有符合技术要求的强度和刚度条件下，对于有砟轨道，道床的稳定性是保持轨道几何形态的主要因素，是保证列车按规定速度运行的关键因素。道砟上道后，道砟中的含泥量及片状、针状、大粒径石砟含量超过规范规定的标准，将加快道床的粉化板结，影响道床的排水，使道床弹性变差，在列车动力作用下，表现为钢轨的轨距、方向、水平和高低的变化加剧，其偏差将超过规范规定的标准，影响列车的运行速度和旅客乘坐的舒适性，严重时危及行车安全。

(2)原因分析

①道砟采购时，对于施工沿线石场的生产能力、产品质量的控制水平和石砟的装运方式调查、了解不够，尤其是利用沿线小采石场生产的石砟，由于供方对铁路用石砟的质量标准及保证石砟质量的重要性认识不足、质量管理方法落后、生产及装运设备陈旧，造成道砟级配不良，土石混装运入线路；

②在市场经济条件下，对于产品质量控制及检验方式在合同中约定不明确，或者在合同中虽有约定，但对供方的生产、装运缺乏监管，致使不合格的石砟运至线路，造成施工处理的困难。

(3)防治措施。

①在施工准备阶段，应根据石砟的总用量、施工进度安排日石砟用量。对沿线可利用的料源进行调查，对施工沿线既有石砟场的石料品质、生产能力、存放场地、质量管理体系及产品质量、运输条件等相关因素进行详细调查，并对产品质量随机抽样进行试验比较，以确定石砟的供应方式并选择合适的石砟供方；

②加强对石砟生产厂家的生产、装运的全过程监管，从源头上控制不合格的产品不得运入施工现场。并按规定批次对进场道砟的粒径级配、颗粒形状及清洁度进行检验。

8.2.2 道床断面尺寸不足

(1)现象

①轨道工程竣工后，经常会发现部分路段道床厚度、肩宽、边坡不能满足规范或设计文件要求的尺寸；

②道床断面尺寸是保证轨道稳定的重要因素之一。道床厚度不足，影响轨道的弹性，引起路基面应力增大，石砟可能压入路基面，严重时引起路基基床变形，造成路基病害；道床宽度和边坡坡率不足影响道床的稳定，使轨道横向阻力减小，在列车横向水平力的作用下容易出现变形，尤其是无缝线路，在高温季节易出现胀轨跑道，危及行车安全。

(2)原因分析

①道砟进场数量不足，无论是汽车运输还是火车运输，在装车时缺乏监管，在源头上就出现亏方，在道砟进场时，又缺少验方，最终表现为上道石砟数量不足、道床断面尺寸不能满足规范或设计文件的要求；

②路基局部地段预留沉降量过大，造成道床厚度不足，或者是路基沉降造成道砟数量不足，影响道床断面尺寸；

③道砟卸车不均，尤其是在增建第二线施工中利用既有线封锁要点卸车，由于时间紧、指挥不当造成卸车不均，整道时又不注意，也造成个别地段道床断面尺寸不能满足规定要求；

④在既有线改造中，对于既有线道床的几何尺寸及脏污程度调查不准，可利用石砟计算数

量与实际相差太大，造成新补充石砟数量不足，以致改造后的线路道床断面尺寸不足。

(3)防治措施

①加强进场石砟数量的监控。在装车地点应派人监控，保证足量装车，在卸车地点应进行验方，保证进场石砟数量不亏方，使进场石砟实际总量与计算总量相符；

②铺砟前，根据对路基复测的结果检查路基标高的误差，对不合格的地段应进行整修；

③在既有线改造中，对既有线道床的脏污程度和道床的断面尺寸进行认真的调查，使计算的补充石砟数量尽可能接近实际消耗量，并留有足够的余量。利用既有线封锁要点卸车时，应指派有经验的人员根据调查结果指挥卸车，尽量使所卸石砟数量均匀且满足需要。

8.2.3 底砟铺设厚度和平整度达不到规定标准

(1)现象

无缝线路和高速铁路都设计有底砟层，用推土机配合人工摊铺底砟，当底砟碾压到规定的密度后，往往发现底砟高程和平整度达不到设计文件或规范规定的标准，需要进行多次整修方能满足要求，费工费时。底砟的作用在于减少路基面的压应力、防止石砟压入路基，同时底砟又可增加振动质量，减少振动破坏，对阻止道床变形有利，尤其是在高速铁路上更显重要。如果底砟厚度不够或表面不平整度过大，就可能造成石砟压入路基面而形成路基病害，或者是轨道弹性不均匀，影响线路的稳定，在高速铁路上，还会影响旅客乘坐的舒适度，严重时将影响行车安全。

(2)原因分析

造成底砟铺设不匀、达不到规定的质量标准，主要是施工方法和所使用的机具不当。传统的推土机摊铺、人工找平、压路机压实的施工方法，由于受施工精度控制能力的限制以及底砟边坡的无约束，很难一次性达到规定的质量标准。另外，在底砟铺设施工完成后，对成品的保护不当，往往使已铺底砟遭到损坏。

(3)防治措施

①底砟摊铺施工，为了一次性满足质量标准的要求，最好选用带有纵横向坡度自动控制的摊铺机施工，使其密实度、高程、平整度满足规范规定的质量标准；

②对于已经碾压好的路段，应及时封闭，防止车辆行走造成破坏。

9 安全措施

9.1 道砟卸车时作业安全措施

9.1.1 遇下列情况之一时不得卸砟

(1)未确认卸车信号；

(2)道口、明桥面或影响道岔信号和导管连动的地段；

(3)夜间和无照明的隧道；

(4)邻线来车时。

9.1.2 道砟卸车安全

(1)施工负责人应使用音响信号指挥；

(2)分段卸砟时，应防止卸后车辆偏载脱线；

(3)装卸道砟时，人员不得站坐在两车之间；

(4)所卸道砟坡脚与轨面水平等高出局钢轨头部作用边不得小于 810 mm，向线路一侧的边坡不得陡于 1∶1，双线间堆码高度不得超过轨面 300 mm。

9.2 人工配合小型机械整道作业安全措施

(1)操作人员事前经过培训,由专人负责操作;

(2)使用捣固机机架作业,应备有起镐摇把,并有应急下道措施;

(3)捣固机下道,操作人员随机移动;

(4)拨道时要有专人叫号指挥,动作一致,防止滑撬。撬棍插入道床深度不小于 20 cm,变换撬位时,施工人员严禁肩扛撬棍行走。

9.3 大机整道作业安全

(1)操作员必须按《技规》及《大机管规》的要求持证上岗。作业前仔细检查机械设备;作业中严格按操作规程、作业程序及要求操作机器,遵守有关的安全操作规定;作业应对设备进行认真保养,确保设备状态良好。

(2)运行时,应按《大机管规》规定,加强观望,呼唤应答,严禁超速。作业时,各机械间隔不得小于 10 m。

(3)在作业中,现场施工防护人员要加强观望,发现邻线来车,及时通知车组。

(4)启动发动机,下放稳定装置。应先鸣笛警告后,方可向前或向后走行业。

(5)电气化区段无论是否停电,所有作业人员均按有电作业,严禁攀顶。手持工具与接网的距离应在 2 m 以上。

(6)作业中,应密切监视设备运转状况,发现异常及时处理。遇有急情况时,应立即按下紧急停机按钮。

(7)在复线地段作业,监视号位禁止在邻线道心上跟进。

(8)任何状态下停机,应采取空气制动,并将运行手柄置于空挡位。

(9)配砟整形作业过程中,在收放作业装置时,应选择线路比较平直的地段,在复线地段要与防护员联系,确认邻线无列车通过方准收起和放下作业装置。在线间距不足 4.5 m 的复线区段作业时,禁止使用邻线侧的侧犁。

10 环保措施

上砟整道的施工对坏境影响较小,主要是大机整道时注意防止噪音,靠近居民点施工时合理安排施工时间减少对居民的干扰。施工和生活垃圾按规定及时清理装袋,运到指定地方处理,不得污染道床。

11 工程实例

我公司承建的大理至丽江铺架工程为新建线路,王线铺轨 170.276 km,站线铺轨 37.796 km,新铺道岔 136 组,拆铺道岔 15 组,铺一级道砟 36.49 万 m^3,铺二道砟 6.9 万 m^3。

正线有砟轨道道床采用一级碎石道砟,道床厚度非渗水土路基采用双层道床,底层 20 cm,面层 30 cm;岩石、渗水土路基采用单层道床,厚度 35 cm。站线采用二级碎石道砟,道床厚度到发线非渗水土路基采用双层道床,底层 20 cm,面层 20 cm;岩石、渗水土路基采用单层道床,厚度 25 cm。其他站线道床厚度采用 25 cm。

道砟预铺采用汽车运砟道现场,推土机推平道砟,压路机压实。正线补充道砟采用 K13 道砟车补卸道砟,大型机械进行整道作业。车站站线及道岔面砟补充部分采用汽车运输方式提前在股道之间存放,铺轨后采用人工方法进砟,人工配合小型整道机械进行线路起道整修、大机整道。根据合同,正线大机整道次数为"四捣五稳"。

铁路有砟道岔铺设施工工艺

1　前　　言

我国最常用的道岔类型是普通单开道岔，其数量占各类道岔总数的 90%以上，下面主要是介绍单开道岔的施工。另外，根据我国铁路发展，现在木枕道岔施工较少，基本上用在次要站线和一些专用线上，再加上木枕道岔的施工工艺简单，比较容易控制，因此，本技术工艺的编写主要写混凝土单开道岔的施工工艺。

1.1　新建线路普通道岔铺设工艺特点

混凝土道岔的铺设最大特点是重量大，运输困难，吊卸要轻放，避免碰伤或折断。普通道岔铺设工艺比较成熟，容易控制。

1.2　新建线路大号码道岔铺设工艺特点

主要指 18 号及以上的道岔，与常规道岔相比，大号码主要是道岔长、重，运输、吊卸困难；铺岔工艺复杂，精度要求高，施工时间长。

1.3　既有线道岔插入施工工艺特点

主要是安全压力大，轨料通常通过既有线卸车，需要封锁线路，短时间内完成道岔拨接工作，要求施工准备充分，施工组织严密。特别是提速道岔的插入，结构复杂，质量要求高。我国现阶段提速道岔主要有 60 kg/m12 号、18 号可动心轨撤叉道岔，主要用在正线上。

2　适用范围

适用于新建铁路和增建二线铁路Ⅰ、Ⅱ级线路以及有砟客运专线。

3　主要技术标准

(1)《铁路轨道设计规范》(TB 10082—2005，J 448—2005)。
(2)《新建时速 200 公里客货共线铁路设计暂行规定》(铁建设〔2005〕285 号)。
(3)《铁路车站及枢纽设计规范》(GB 50091—2006)。
(4)《新建铁路工程测量规范》(TB 10101—99)。
(5)《铁路轨道施工及验收规范》(TB 10302—96)。
(6)《铁路轨道工程施工质量验收标准》(TB 10413—2003，J 284—2004)。
(7)《铁路站场工程施工质量验收标准》(TB 10423—2003，J 293—2004)。
(8)《新建时速 200 公里客货共线铁路工程施工质量验收暂行标准》(铁建设〔2004〕8 号)。
(9)《新建客货共线铁路工程施工补充规定(暂行)》(铁建设〔2004〕8 号)。
(10)《客运专线铁路轨道工程施工质量验收暂行规定》(铁建设〔2005〕160 号)。
(11)《铁路工程施工安全技术规程》(上册)(TB 10401.1—2003，J 259—2003)。
(12)《铁路工程施工安全技术规程》(下册)(TB 10401.2—2003，J 260—2003)。

4 施工方法

4.1 新建线路普通道岔铺设方法

普通混凝土枕道岔的铺设在新建线路中一般采用吊车配合人工铺设,因混凝土枕道岔比较重,运输比较困难,在作业场拼装,现场机械铺设较少,因此,主要介绍现场人工铺设施工流程。从道岔与铺轨的关系可分为预铺法和预留岔位法。预铺法一般在工期非常紧,汽车可以到达的地方采用,除此之外一般采用预留岔位法。预铺道岔,即在铺轨未到达车站之前,用汽车将道岔料全部运到岔位处,人工铺设道岔。预留岔位,即将道岔位置、长度丈量准确,在基地组装好临时岔位轨排,在铺轨机到达岔位时将临时轨排铺设在岔位处,使铺轨机先铺轨通过,尔后利用铺轨列车运输道岔材料或组装好的道岔至岔位处,在不影响铺轨作业时,再将临时轨排拆除铺设道岔。

4.2 新建线路大号码道岔铺设方法

一般采用散件运输到现场,现场用龙门吊铺设,或现场搭设平台,用道岔铺换机铺设就位,本方法因掌握的资料比较少,因此,主要介绍龙门吊铺设。

4.3 既有线道岔插入施工方法

一般采用滑移道岔就位法,即在拨接前,在道岔旁预拼好道岔,封锁拨接时,拆除岔位线路,滑移道岔就位。

5 工艺流程及操作要点

5.1 新建线路普通道岔工艺流程及操作要点

5.1.1 施工准备

(1)技术准备

在铺架基地按道岔铺设图清理、核对、配齐道岔钢轨和配件;和下部单位办理中线桩交接事宜;需要硫磺锚固的岔枕在铺架基地进行硫磺锚固,按编号顺序成组堆码,以备装车。提出轨料用料计划。

(2)轨料运输到位

用平板车将轨料运输到现场,吊车卸到岔位旁。道岔的材料种类多,装车时应清点配套,不允许混乱。一组道岔的材料,应将钢材和岔枕分别装在两个平板上,最好一次运到工地。应将尖轨与基本轨捆绑在一起,以增加其刚度,防止变形,卸车时严禁抛摔。装岔枕的平板车底面要平,平板与岔枕以及岔枕之间应垫两根以上垫木,长岔枕适当多垫,垫木厚度应高出承轨槽。装车后要用铁丝捆牢,防止岔枕串动和相互摩擦碰伤。

(3)清理场地

在运输材料的同时,现场人员应准备好铺设道岔的各种工具,如撬棍、钢轨钳、锯轨机、道尺、方尺、间隔绳、钢尺、粉笔等。铺岔前尽量将道砟上到标高并整平,因道岔起道比较困难。

5.1.2 施工工序

(1)拆除岔位处临时轨节,整平铺设场地。若采用预铺法,本工序没有。若采用预留岔位法,则有本工序。

(2)摆岔枕。按铺设方向用轨道吊车逐根摆放岔枕,摆排顺序根据施工条件而定。

(3)散钢轨。按铺设图逐根散放,直接放入承轨槽内。

(4)钢轨连接、散配件。按铺设图散放道岔配件;人工纵移直股钢轨使道岔中心基本对应于岔位中心。首先连接直股钢轨,按规定要求预留轨缝,预留轨缝要均匀,岔前接头方正,道岔纵向误差不宜超过 5 mm。但如果与其他道岔相连,将龙口轨连接好后,留有轨缝,为保证后铺道岔及龙口渡线位置。误差也可超 5 mm。

(5)方枕。取齐岔尖,按铺设图在直股钢轨上标注岔枕位置,人工对线方枕。

(6)上配件。上扣件前应垫好钢轨下塑料垫板及橡胶垫板,胶垫圆点朝下,沟槽朝上,特别注意斜坡胶垫不要放错位置。调整轨距,按规定力矩拧紧扣件。

(7)连接曲股钢轨,在直股钢轨上打应支距点位置,配件联结,调整支距。

(8)岔后长枕组装。

(9)检查、整改、整治,道岔铺设完成。

5.1.3　工艺流程图

新建线路普通混凝土枕道岔施工工艺流程见图 1。

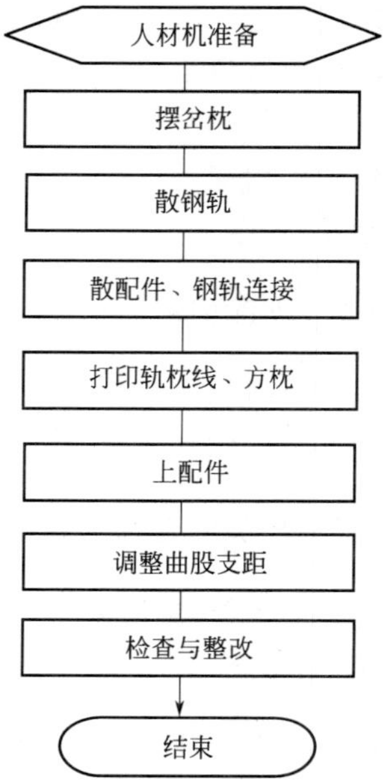

图 1　新建线路普通混凝土枕道岔施工工艺流程图

5.2　新建线路大号码道岔铺设

主要介绍 38 号道岔施工过程。

5.2.1　施工工艺

(1)精确测量定位

道岔位置复测准确,单组岔设 4 个控制点,即岔前、岔心及两个岔尾桩,并在岔内每 20～30 m 测设一中心桩,并与前后至少 100 m 长的线路联测复核,同时侧股与相邻道岔的侧股也进行联测复核。

(2)组装龙门吊

38 号道岔的长度 136.2 m,总重 243 t。基本轨与尖轨、可动心轨与翼轨出厂时为整体组装。为保证道岔大组件吊装不变形、不损伤,根据路基宽度改造 2 台 10 t 龙门吊,进行道岔的装卸和组装。根据岔区长度,铺设龙门吊走行线,立好龙门吊。

(3)摊铺道床

大号码道岔结构复杂,起道比较困难,在铺设前道砟上齐,并分层摊铺压实,密实度达到 1.7～1.8 g/cm^3。

(4)道岔运输与装卸

在作业场分别装好岔枕和道岔,首先运岔枕,然后运道岔钢轨,龙门吊吊卸到位。岔枕装车时应注意编号顺序,将长短岔枕分别装车,以便卸车。道岔钢轨装车时必须注意铺设方向,要装载在配有转向架的平板上并固定好,机车运至铺设地点。吊配尖轨、基本轨组件、可动心轨组件等长钢轨及组建时必须使用吊轨架。

(5)排布岔枕

排布岔枕前要按图纸准确定位。用经纬仪在直股岔枕头外 100 mm 处设置岔头、岔心、岔尾的外移边桩。外移边桩顶面高于道砟面 100 mm,桩钉误差≤2 mm。用弦线或细钢丝由岔头至岔尾的外边移桩上拉挂通线,弦线上准确标注岔枕间距位置,所挂弦线要保持绷紧和准确，根据外边移桩精确确定岔头、岔心、岔尾岔枕。排布岔枕时，横向以岔枕上的螺栓孔对齐，纵向岔枕的间距以固定的间距尺控制，并随时消除累积误差。以直股为基准股，岔枕编号牌端与基准股同侧，用龙门吊配合将岔枕一次准确排布到位，间距允许偏差为±5 mm。

(6)道岔组装

道岔的连接以直股基本股为基准股，先直股后曲股。转撤器部份内连接滑动部分应严格按道岔铺设图安装垫板、销钉、弹片等。连接固定部分应先上基本轨轨距块扣压弹条，然后对正道岔直股轨距，顶紧扣压尖轨弹条、轨距块。对于限位器的安装，应使子块严格居中。可动心撤叉部分应注意其部位的间隙。尤其翼轨和叉跟座的接头联结，应注意与底板之间的间隙。护轨与其他联结部分的组装。按与心轨的查照间隔组装调整护轨。组装调试时，扣件安装后注意岔枕不得悬空。紧固扣件开始与结束时均要记录轨温，取平均轨温为铺设温度。连接钢轨使用无孔夹板，轨缝按设计预留。道岔组装调试完毕后，应全面检查和整修，包括位置、方向、轨距、支距、转换性能、密贴程度等。

(7)道岔铺砟整道

道岔铺设后应采用道岔捣固车对道岔进行起、拨、捣作业。待车站一端岔区道岔铺设完毕，应立即组织岔区卸砟后立即清道。捣固车作业前要拆除临时转撤连杆，清除影响镐头作业的障碍物。

(8)道岔焊接

大号码道岔内部接头焊接时分为两种，一种旿单元焊，占大多数，是将岔内短轨焊接成长轨，焊接时没有特别的温度要求；另一种为合拢锁定焊，是站内道岔内各长钢轨之间与正线焊接并锁定。一组道岔的单元焊接接头和锁定焊接接头由设计图确定，秦沈线 38 号道岔的单元焊接接头是 22 个，锁定焊接接头 2 个。

(9)道岔应力放散和线岔连锁

在设计锁定轨温范围内进行；一组道岔的单元焊作业完成后，正线相连的两组道岔锁定作业同时进行；道岔与相连正线的锁定同时进行，道岔一旦锁定就必须处于固定区内。

(10)工电联调，施工完毕。

5.2.2　工艺流程图

新建线路大号码道岔施工工艺流程见图 2。

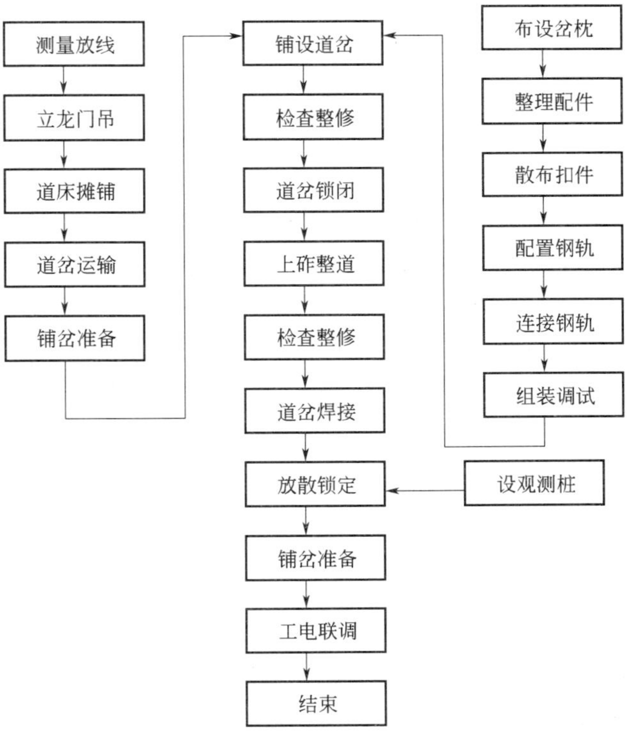

图 2　新建线路大号码道岔施工工艺流程图

5.3　既有线道岔插入施工

主要介绍提速道岔的插入施工，包括了普通道岔的插入施工过程。

5.3.1　施工准备

(1)调查既有设备状况，确定施工组织、材料运输及卸车方式，拟定插入道岔施工方案。

(2)进行施工封锁有关手续办理，即施工方案报批，与相关设备管理单位签订安全、监护、配合协议，提报施工封锁计划等。

(3)轨料及机具准备到位。

(4)进行施工人员技能及安全培训，进行技术交底。

5.3.2　施工工艺

(1)测量定位

按设计图准确测出岔头、岔心、岔尾位置，预铺道岔位置与之相对。

(2)搭设平台

平整预铺道岔场地，应选地基密实之处，若在邻线轨道上搭设，轨道要平顺。用旧轨枕、旧钢轨搭设预铺平台，平台必须平整，并要兼顾导轨的安装和拆卸，平台高度保证预铺的道岔略高于既有线路。

(3)组装焊接调试道岔

主要施工工艺为：岔枕摆放、调整到位→铺设撤叉→安装钢轨→安装配件夹板→道岔内焊接→上扣件→安装连接杆和拉杆→工务质量检查→电务转换设备及外锁闭装置安装，进行转撤试验，使尖轨初步密贴。根据《60 kg/m钢轨提速道岔及转撤设备铺设安装维护及验收技术条件》要求，提速道岔必须整组道外预铺。组装过程中，工、电密切配合，严格分项检查并做好记录。普通混凝土枕道岔的组装没有道岔焊接工艺。

(4)封锁点前准备

①料具到位：封锁施工的主要材料有道砟、钢轨、配件等，机具主要有捣固机、起道器、发电机、撬棍、锯轨钻眼机、拉轨器、扳手等，均提前运至工地；

②配轨准备：拨接所用的钢轨，由技术员认真核对后，作书面交底，安排转移到位，并在拨接前安排领工员进行现场检查核对；

③横移准备：封锁前两天必须做好一切横移道岔的准备工作。抬起道岔穿横滑轨，每根滑轨垂直于线路中心线，并不得侵入行车限界，滑轨尽量是平坡，搭设牢固。以便滑移时前后力量不均，速度不一，造成道岔滑移过程中前后错位比较大；安放横移小车，横滑轨穿完检查无误后，方可在滑轨顶与道岔间安放小车，小车必须严格对位，车轮居中。小车放稳后，落下道岔，使道岔、小车、滑轨三者之间密贴，检查无误后，道岔两侧应支顶加固，以防列车震动或其他作业扰动道岔发生意外；

④拆除线路准备：如果既有线路为无缝线路，则在封锁施工前，先将设计道岔所在位置的无缝线路进行应力放散。将需拆除线路的螺纹道钉涂油，使用扳手松动后再拧紧。

(5)封锁线路

按规定办理封锁施工手续，道岔封锁施工方案批准后，确认作业时间，按照方案规定的时间进行施工，按要求设置防护。封锁前的施工准备工作，不得过头，严禁扩大施工作业面，当下达慢行计划后，既有线路混凝土枕扣件、夹板螺栓可以松动后再拧紧，防止有锈死拧不动的配件及时处理。同时可以清除轨枕盒内的道砟。使用的撬棍做好绝缘设置，确保行车安全。

(6)拆除线路

当施工负责人确定封锁施工命令已经下达后，将需插入道岔及前后需换枕换轨地段线路拆除，清理道床，注意，检底必须检够标高，整平底砟。同时接长滑轨，用夹板连接好。拆除的旧料应集中堆码到指定地点，堆码牢固，不得侵限。

(7)连通轨条、滑移道岔就位

当检底完成以后，抬入岔后长岔枕，并拨上钢轨，上好扣件。拆除道岔支顶设备，人员站位，现场负责人检查滑移施工人员到位和各项准备情况，确认滑移准备好后，统一指挥发令，道岔前、中、后人员缓慢而均匀地推动道岔，使道岔平稳地就位。道岔就位后，及时进行检查，确认准确无误后，同步顶起道岔，拆除滑轨，落道就位，连接前后钢轨。道岔横移过程中，必须有专人监视小车运行情况，出现偏行、卡轮等情况及时纠正。另外，在制作滑轮时，尽量考虑到横、纵移滑轮的通用性。设计时，将横、纵移滑轮合二为一，横移转纵移时，将滑轮调个方向即可。在提速道岔的施工中，最好采用专门的道岔起道机进行起道，因在道岔的横移过程中，难免会造成道岔纵向错位，当发生纵向错位时，道岔起道机可以很快地把道岔抬起，在两相邻岔枕中间倒放纵滑轮（滑轮底朝天），滑轮上摆放新夹板，两头分别承接两根岔枕，然后松开起道机，集中劳力统一纵推道岔，使道岔纵向到位。当滑轮正放时，将浔轮至于新道岔轨底，轮下垫上短枕木即可。

(8)整修、调试、开通

回填道砟，起道，细拨，捣固机捣固密实。电务配合轨道电路连通，并进行转撤试验。按规范要求检查道岔的方向、水平、高低及各部尺寸，经工务、监理、施工单位三方检查验收，达到开通条件后，施工单位现场负责人通知驻站联络员签字消点开通线路。

(9)养护维修及交验

线路开通后事先安排好的养护人员、防护人员和驻站联络员到位，担负线路养护工作，每趟列车通过后，检查线路，对有变化处进行整修。在拨接前与工务段签订线路交接协议，速度达到规定后即可办理交验手续。按照铁道部规定，线路开通后 24 小时自动交验，实际施工中有一定难度，主要与工务段积极沟通，做到及时交验。

5.3.3　工艺流程图

既有线道岔插入施工工艺流程见图 3。

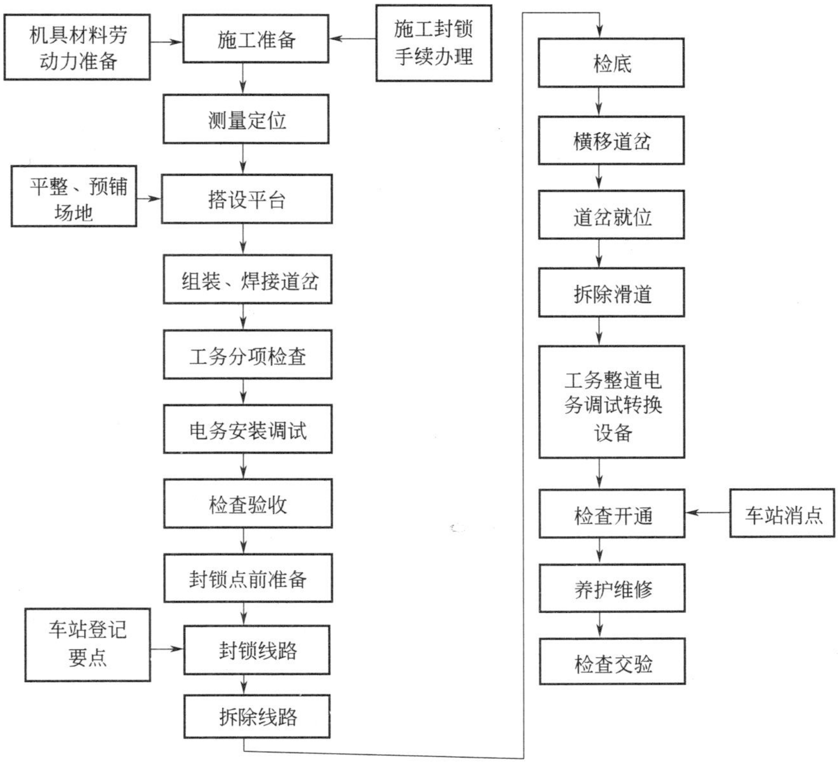

图 3　既有线道岔插入施工工艺流程图

6　劳动力组织

6.1　新建线路普通道岔铺设劳动力组织

主要根据工期是否紧张决定，一般情况按照表1配置。

表1　新建线路普通道岔铺设劳动力组织

序　号	工作项目	人　数	工　作　内　容
1	吊车司机	1	
2	摆放轨枕	6	摆放钢轨和轨枕，完成后配合组装。
3	连接组装	8	
4	检查调整	4	组装完成后，几何尺寸检查和调整。
5	现场指挥	1	负责安全、质量、进度
合　计		20	

6.2　新建线路大号码道岔铺设劳动力组织(38号道岔)

新建线路大号码道岔铺设劳动力组织(38号)道岔一般情况按照表2配置。

表2　新建线路大号码道岔铺设劳动力组织(38#道岔)

序　号	工作项目	人　数	工　作　内　容
1	汽车吊司机	1	
2	龙门吊司机	2	
3	摆放轨枕	10	摆放钢轨和轨枕，完成后配合组装
4	连接组装	14	
5	检查调整	8	组装完成后，几何尺寸检查和调整
6	道岔焊接	6	
7	检查质量	1	负责安全、质量、进度
8	现场负责人	1	
合　计		43	若要进行应力放散和锁定，还要增加30人

6.3　既有线道岔插入施工劳动力组织

插铺一组道岔的劳动力要根据换岔的工作量、封锁时间长短决定，一般封锁时间3 h，横向直接对位预铺的12号道岔，需要劳动力100～120人，18号道岔需要劳动力160～180人。需要纵横移的道岔，要根据纵横移量的大小确定，一般还要增加50人左右。

7　机具设备

常用的主要机具设备见表3。

表 3　主要机具设备表

序号	名　称	型　号	单位	新铺普岔数量	新铺大号码岔数量	插铺道岔数量	备　注
1	龙门吊	10 t	台		2		
2	发电机	75 kW	台		1	晚上施工 1 台	
3		35 kW	台			2	
4	汽车吊	20 t	台		1		
5	汽车吊	16 t	台	1			
6	轨道吊	15 t	台	1			
7	N17 平板		辆	4	8	4	
8	载重汽车	10 t	辆	1	1	5 t1 台	
9	液压方枕器		台		2		
10	液压起拨道机		台	1	4	2	
11	齿条式起道机		台	6	10	16	
12	锯轨钻眼设备		套	1		2	
13	拉轨器		台			2	
14	气压焊设备		套		1	提速道岔预铺时 1 套	根据设计确定焊接方式，再确定焊接设备，现在采用气压焊比较多
15	氧割设备		套		1	1	
16	捣固机	棒式	台	2		4	
17	起道设备	08-475-4S	台		1		
18	施工工具	撬棍、扳手、铁秋等		备齐	备齐	备齐	
19	液压起拨道器					12	

8　质量控制要点

8.1　普通道岔铺设质量控制要点

(1)转辙器必须扳动灵活，尖轨与基本轨密贴。在转辙杆连接处，尖轨与基本轨的间隙不得大于 2 mm。

(2)轨距允许误差。装有控制锁设备的道岔，除尖轨尖端处为±1 mm 外，其余各部均为 $^{+3}_{-2}$ mm，辙叉心作用边至护轨头部外侧的距离不得小于 1 391 mm，翼轨作用边至护轨头部外侧距离不得大于 1 348 mm。

(3)导曲线应圆顺，支距正确，其误差不得大于 2 mm。连接曲线用 10 m 弦量，连续正矢差正线和到发线不得大于 3 mm，其他站线不得大于 4 mm。

(4)接头处轨面高低差和轨距错牙不得大于 1 mm。

(5)基本轨落槽,滑床板平直,滑床板与尖轨间有 2 mm 以上空隙者,正线和到发线每侧不得多于 1 处,其他站线不得多于两处。

8.2　提速道岔及大号码道岔铺设质量控制要点

(1)对于 18 号道岔及以上运输时以 50 m 长的高强度桁架支承组合件,桁架置于两节负重平板车上,两端各使用一节游车。

(2)对上岗人员进行培训,使其熟悉各配件的装配位置及其装配、调节方法。组装时应注意组合标记正确,并及时检查核对。

(3)配备专用检测工具如支距尺、道尺等,并专人保管、专人检测。检测时严格遵照大道岔铺设验评标准。不合格的查找原因,及时处理、调整至合格。

(4)箱装散件、岔枕及 60 kg/m 钢轨用人工滑杆或吊车卸车或龙门吊卸车,控制下滑速度,并在滑下端置缓冲垫物。散件以组为单位分开堆放,避免组装时混拿乱用。卸车及堆放场地应事先平整。

(5)吊卸时应平起平落、轻吊慢放,以防工件变形。辙叉组合件着地时应加强保护可动心轨第一、第二牵引点的转换凸缘,不得将其撞坏。

(6)由于轨温的变化,长钢轨的纵向温度力将直接作用于道岔的辙叉部分和转辙器部分,使无缝道岔的导轨和辙叉产生位移,必须严格控制道岔锁定轨温及予留轨缝值。

(7)摆岔枕时,不得用撬棍插入岔枕的螺旋道钉孔内,以免损坏套管。

(8)可动心轨铺设时,长心轨凸缘距钢轨边缘应不少于 20 m,允许偏差＋4 mm。应根据实际轨温与中和轨温的温度差测算偏差量。

(9)排轨首先从尖轨一基本轨组合件排起。道岔前端方正差应小于 4 mm。基本轨安装锁闭铁孔的中心连线对直基本轨的垂直度不得大于 3 mm。满足要求后将转辙器部分锁定,再根据轨缝要求往后排轨。限位器子母块居中,误差不大于 0.5 mm,道岔全长误差为 20 m,各牵引点处开口值偏差为 2 mm。

(10)轨距、支距调整方法选用的顺序为:利用垫板与螺钉间的缝隙调整→换用轨距块调整。

(11)尖轨尖端密贴为 0.2 mm,心轨前端密贴为 0.5 mm,其他部位密贴为 0.8 mm;尖轨尖端轨距为(1 435±1)mm,连接部分、辙叉及其他轨距控制点的轨距为(1 435±2)mm,支距误差为＋2 mm;横向水平差±2 mm,导曲线部分不得有反超高;方向及高低用 10 m 弦量偏差不大于 2 mm;各焊缝偏差不大于 2 mm,滑床板坐实坐平,牵引点前后各一块垫板与台板的间隙不大于 0.5 mm;焊缝调整须保证焊缝偏差不大于±2 mm,同时满足道岔全长偏差不超过±20 m;焊连原则是先岔内后岔外;岔内先外股后直股,尖轨跟端最后焊连。

(12)无缝道岔与区间长钢轨焊接后,应及时整道。补砟、捣固时每次起道量不大于 40 mm。轨顶高程现场实时测量控制。捣固后应全面整修。

(13)为防止因温度变化导致尖轨和心轨的转辙机扳动不灵活,采用限位器控制尖轨与基本轨的相对位移,在心轨与翼轨间用间隔铁螺栓使其联结固定,必须严格控制尖轨调整质量及电务安装调试的质量。

(14)提速道岔按照《60 kg/m 钢轨提速道岔技术条件》(暂行)、《60 kg/m 钢轨提速道岔及转换设备铺设安装维护及验收技术条件》(暂行)、《60 kg/m 钢轨提速道岔混凝土岔枕制造、验收技术条件》(暂行)执行。

8.3 普通道岔铺设质量通病防治措施

8.3.1 转撤部分病害

(1)现象

尖轨跳动,尖轨与基本轨在竖切部分不密贴,尖轨爬行,尖轨尖端扎伤和非正常磨耗及尖轨拱背、旁弯和方向不正常。

(2)原因分析

①大方向不直顺,即该络道岔与前后线路的大方向不直顺,或是轨距偏大,或渡线两端岔心的坐标位置不正确,或是曲股线路的线间距不标准,特别是交叉渡线的 4 个单位道岔中,由于岔位不正确引起的这类病害比较多;

②框架尺寸偏大,递减距离及递减率不准确;

③尖轨在静止状态时拱腰旁弯,有飞边及毛刺;

④尖轨底靠近基本轨侧的刨槽深度和宽度不足,尖轨爬不上基本轨;

⑤基本轨有硬弯和吊板,作用边有飞边及毛刺;

⑥顶铁过长;

⑦耳铁的主螺栓孔及螺栓磨耗后有间隙,两根尖轨不能形成牢固的框架,扳动尖轨时另一根不能完全跟过来,造成不密贴或轮缘槽小;

⑧根端夹板式的结构限制了尖轨的转动和弹性;

⑨曲下股基本轨的弯折点及弯折量不标准,第二、三弯折点之间的直线段不直顺或有反弯;

⑩尖轨尖端的直角错差允许 20 mm,过大,如果一根尖轨不动,另一根就有 40 mm 的串动量;

⑪更换尖轨时,往往不是成对更换,在长度、耳铁孔位置上都有误差;

⑫尖轨跟距不能满足 144 mm 的要求,一般都小 1～3 mm,(即跟内距 1 295 mm 偏大或外距 1 588 mm 偏小),造成跟距不能达到 1 439 mm、轮缘槽达不到 74 mm 的标准,影响尖轨轮缘槽;

⑬滑床板长期不涂油,个别锈蚀严重,增加了尖轨在滑床台上的阻力;

⑭几道连接杆前后位置不对或长度不符合设计的标准尺寸,另外,连接杆在基本轨下伸长部分与基本轨间间隙太大,既不防跳又不能控制尖轨拱腰;

⑮滑床板在长期使用中,由于捣固不均匀、压力不平均等因素,个别的扭曲或拉出痕迹,增加了尖轨的阻力,阻碍和影响了竖切部分密贴;

⑯由于冻害、捣固、岔枕扭曲、长期碾轧,滑床板或基本轨产生永久性的变形,或是垂直磨耗,或是基本轨不落槽或与滑床台间隙过大;

⑰连接杆所使用的两个耳铁是同一侧的,不成对,所使用的两个孔不是同一位置的(一前一后或一后一前),这样在扳动尖轨时,连接杆在运行中所走的距离不相等,就会有一侧尖轨不易密贴;

⑱绝缘连接杆的衔接螺栓松动,绝缘质损坏,扳动尖轨时其长度可变,也影响密贴;

⑲连接杆上边的扣板与连接板间的间隙大于耳铁的厚度,扣板与连接的孔中心不在一条垂直线上,影响尖轨密贴。

(3)防治措施

①拨正道岔直股的大方向,渡线两组道岔直向中心线应平行,交叉渡线四组道岔岔心的连接线应成矩形,这样可使道岔与前后线路大方向相一致;

②检查跟端夹板的撬起量是否标准、双头螺栓的粗径处是否有磨耗，不标准的需要更换；

③丈量两尖轨的长度是否相等，岔首、尖轨尖端及辙跟的直角错差不宜超过 5 mm；

④全面检查曲股基本轨的弯折点及弯折量；

⑤检查耳铁的孔径长度和连接杆。一个连接杆的两个耳铁的两排孔的排列形式，应成“八”字形(站在辙跟处面向岔首)，如果呈“V”形排列，则应互调位置。每移动一对孔，距离增减 4 mm。如果是后配的耳铁，应注意分开左右侧。移动连接杆时，其总长度是前移增大，后移缩短。刚打完框架撤垫后，首先选用最短的尺度，不合适时再往前移动连接杆，耳铁孔径有磨耗应焊补或更换；

连接杆的长度应符合设计要求。绝缘连接杆中间的衔接螺栓应拧紧；扣铁与连板间的间隙应与耳铁的厚度相一致，不宜太松；扣板与连板的孔应在同一条轴线上，主螺栓穿上后不应有间隙；

⑥检查尖轨的顶铁；

⑦整修尖轨。尖轨本身不能有拱腰和旁弯，有了就要整直(用直轨器或专用工具)，有飞边或毛刺就要打磨；尖轨底的刨槽深度和宽度在爬上基本轨后都不应与基本轨底接触，爬不上基本轨的尖轨应更换；

⑧撤掉耳铁上的垫片，可利用耳铁上的 3 个孔调整两尖轨间的内侧距离，使竖切部分密贴，经过正位、反位多项试验，使两尖轨与基本轨密贴。但撤片的条件是：

a. 框架尺寸不好不能撤；b. 尖轨有病害不整修不能撤；c. 基本轨有病害、曲基本轨弯折量不好不能撤；d. 连接杆、耳铁、顶铁尺寸不符不能撤。

8.3.2　尖轨端第 7、第 8 号岔枕发生位移

(1)原因分析

由于第 7、第 8 号岔枕间穿有转辙器动作杆，轨枕盒内只能有半槽道砟，致使道床阻力减小，而且在捣固作业时，由于第 7、第 8 号岔枕间无处落镐，只能在外侧打单面镐，这就造成岔枕底部外实内松，在列车动力作用下，仅凭扣件阻力无法使岔枕定位，因而造成岔枕移位。

(2)防治措施

在第 7、第 8 号岔枕两端，分别加装联锁杆，将其联成一个整体，以增强纵向阻力。

①截取约 630 mm 长的 40 mm×40 mm 的角铁两根；

②以两岔枕螺栓之间的距离为标准在角铁两端打眼；

③将角铁分别安装在岔枕两端，拧紧螺栓(或螺纹道钉)。

8.3.3　导曲线形成反超高

(1)原因分析

①上导曲股枕下道床密实度不足，列车通过时动态沉落；岔枕埋在道床内，湿度大，暴露面自然干燥弯曲，呈凹性变形，使岔枕中部低洼，形成导曲线反超高。

②侧向导曲线半径小，无超高，列车通过时导曲线上股钢轨承受的荷载大，钢轨顶面低于下股，加之外侧铁垫板切入枕木，道岔沉陷出现空吊板，钢轨塑性变形，这些综合因素形成导曲线反超高。

③上导曲股钢轨的接头正对应下股导曲轨短轨小腰，由于列车通过时对接头产生冲击，出现低接头和下股短轨空吊板，下股短轨空吊板整修不及时，短轨出现拱腰，形成导曲线反超高。

(2)防治措施

①新铺设道岔，为防止岔枕中部早期出现低洼，应加强对导曲线上股和内直股两股钢的捣

固，同时适当减少下导曲股的捣固镐数；

②对已发生弯曲变形的岔枕处导曲线反超高，可用木垫板将反水平处垫高 2～3 mm，以后再逐根撤下垫板，用撬棍撬起岔枕捣固。在连降小雨后，利用岔枕潮湿易变形的特点及时整治，效果比较明显；

③岔枕中部已经出现低洼、不再具备撤板捣固条件的，在岔枕状态良好的情况下，采取抽换翻用岔枕的作法，将岔枕中部低洼置于相反方向，同时加强捣固。

8.4 提速道岔及大号码道岔铺设质量通病防治措施

(1)现象

①尖轨不密贴。尖轨不密贴是指尖轨尖端密贴，在尖轨进行转换时，其他部位出现不密贴；

②尖轨与滑床台不密贴；

③左右尖轨尖端不齐；

④转辙器的牵引杆的位置与钢轨配件及轨枕发生矛盾，不能安装。

(2)原因分析

①尖轨与基本轨或与基本轨间顶铁的缝隙超过设计文件或标准的规定，主要是由牵引杆调整不够，转换装置的动程不够，轨距、高低和水平超限，以及滑床台涂油不足等因素造成；

②尖轨与滑床台不密贴主要是由道床捣固不实所致；

③左右尖轨的牵引杆、密贴调整杆等倾斜，碰撞轨枕侧面，或转换装置的连接不良等原因造成左右尖轨尖端不齐；

④钢轨配件与轨枕的相对位置不对，或者是安装转辙机的两根岔枕间隙不对，或者是岔枕的偏斜过大影响牵引杆的安装。

(3)防治措施

①由于大号码道岔各部组件长大，如基本轨与尖轨、可动心轨与异轨出厂时为整体组装，因此，在组装卸车时必须使用起吊设备，并注意吊点的分布，保证出厂时已经组装好的部件在装卸时不变形、不损伤。

②道床的密实度和平整度是影响道岔铺设质量的关键因素之一。由于大号码道岔构造复杂，置换牵引杆多，铺好后道床很难捣实，所以，在铺岔前要分层预铺道砟，并摊平压实。

③岔枕位置铺设必须准确，并与直股轨道中心线垂直。岔枕的位置正确与否及方向的偏差既影响道岔的组装，又影响道岔组装后的质量。

④道岔组装时，必须注意钢轨配件与轨枕的相对位置，两基本轨安装锁闭孔的中心连线应与基本轨垂直，秦沈客运专线的垂直度误差不大于 2 mm。转辙器部分、内联结滑动部分应严格按道岔铺设图安装垫板、销钉、弹片等。

⑤道岔内焊接接头必须打磨平顺、光洁、否则将影响道岔各部位的密贴和转辙器的扳动。

⑥大号码道岔经焊接锁定、机械整道、安装电务设备后，应对各部尺寸进行统一的精细调整。由于调整作业涉及道岔的工务施工、设计、制造和电务设备安装等多家单位，因此，对涉及面大的调整点，应先进行综合分析，找准原因后再调整。

9 安全措施

9.1 既有线改造道岔施工安全措施

(1)开工前按《铁路营业线施工安全管理规定》(铁办〔2005〕133 号文)要求与有关部门签

订施工安全及施工配合协议。

(2)在施工前有经业主或路局有关部门审查签认的封锁拨接施工组织设计或施工方案，有制定安全技术措施，有与工务、电务及行车部门签订好施工安全协议。封锁施工组织设计或方案，连同施工计划申请提前一个月报路局审批，当封锁施工的月度方案确定后，于具体施工前3天向路局运输处、调度所等有关部门发出申请施工电报。

(3)加强请点拨接的组织管理

请点拨接方案的制订坚持“安全第一、预防为主”的方针，方案中明确施工领导、现场指挥员、主管技术员、驻站联络员、安全防护员的名单，并做到“四到位”，既：人员到位、职务到位、责任到位、业务水平到位。方案中明确工程地点、详细的工作内容、影响行车的范围、时间；慢行及请点的开始、结束时间；新线路开通后的注意事项等。

(4)请点拨接施工要做到“八不准”、“五必须”

“八不准”是：慢行点前不准超出工务养护规范准备；慢行点内不超量准备；监理、建指有关人员未到位不准施工；防护员、现场专职安全员、驻站联络员不到位不准施工；增援的队伍不事先熟悉现场、不自带安全员不准施工；没有备足应急工具不准施工；各工种配合人员不到位不准施工。

“五必须”是：道岔拨接到位后，必须经主管技术人员确认；拆除电务设备，必须经过电务人员许可；拨接点的给点时间必须由车站发令给点后才能下令施工；拨接时各工序的起止时间必须由总指挥发令后才行进行；拨接完了必须经过总指挥、安全员、技术员、监理以及运营单位的有关监督配合人员检查达到放行列车条件后才能向车站登记消点、开通。

(5)为预铺道岔搭设的平台，基础必须牢固。特别是搭在路基边坡上的平台，基础要平稳，以防枕木垛平台倒坍，造成道岔滑移。

(6)在安设横移滑轨时，应控制好坡度及导轨方向。移动时，速度应缓慢均匀，设专人监视滑轮运行，并辅以铁鞋制动，以免滑轮脱轨、道岔趴架。

(7)在繁忙复线上施工时，应注意邻线来车和作业、人身安全。新、旧轨料跨越邻线时，应注意防止联电，并加强邻线来车的防护。

(8)施工时使用的机具和材料不得侵入邻线限界。

(9)道岔转撤部分和可动心轨部位预铺和施工过程中，应做好与电务人员的配合调试工作，做到尖轨密贴，减少道岔转换阻力，防止石砟掉进尖轨滑床台上。

(10)请点施工完毕，加强对线路养护，并24小时派人在现场巡查和养护线路，设专人防护，确保行车安全。并在规定的时间内整道线路达标，尽快同工务等有关部门办理交接手续。线路未交验前，不得拆除防护信号。防护信号设置与拆除的命令由工地负责人决定和发布，任何人不得擅发命令。

9.2　新建线路道岔铺设安全措施

(1)混凝土岔枕重量大，宜用机械装载和散布。散布装卸时应慢吊轻放，以免互相撞击发碰伤或折断。

(2)使用机械装卸和散布钢轨、岔枕时，吊件下面严禁站人，防止绳索拉断或岔枕滑落伤人。

(3)人工抬运岔枕或调整间距时，应防止岔枕滑落挤伤人。使用的抬杠和钢丝绳不可过短。

(4)人工拨轨时施工人员应全部站在钢轨一侧，统一指挥。翻转钢轨时应用撬棍敲击轨头以示信号,待全部人员离开钢轨确认安全时再开始翻转,撬棍前后严禁站人。

(5)安装滑床板、垫板时,严禁直接用手调试就位。

(6)安装尖轨时,严禁将手、脚放在基本轨和尖轨之间。

(7)安装轨撑时,不得用手探摸轨撑与钢轨、滑床板、垫板间的空隙。

(8)新铺道岔的尖轨必须加锁。

(9)起道拨道时因混凝土岔枕重量大,起道机不要顶在岔枕上以免损坏岔枕;每次起道量不要太大,起道机起道后不要突然松开使整个道岔下落,以免折断岔枕。

10 环保措施

道岔的施工对环境影响较小,主要是靠近居民点施工时注意防止噪音,合理安排施工时间减少对居民的干扰。施工和生活垃圾按规定及时清理或处理,不得污染道床。

11 工程实例

11.1 新建线路普通混凝土道岔施工实例

新运公司在东胜至乌海铁路铺架施工中有 61 组混凝土道岔,全部采用吊车配合人工现场铺设。一部分采用预留法施工,一部分采用预铺法施工,一般情况下,需要停放宿营车或两机交换的股道上的道岔采用的是预铺法,以便及时完成需要停车、调车或两机交换的股道,其他股道上的道岔采用预留法施工。因本线的工期不是很紧,一组道岔铺设一般配备 16 人进行施工,并且安全、按期、顺利地完成了道岔的施工任务。

11.2 提速道岔施工实例

新运公司在大秦线蓟县西站扩能改造工程中,有 3 组 P75 kg/m 钢轨 12 号可动心轨单开道岔,设计图号为 SC—381。全长 43.2 m(a-16.592 m b-26.618 m),重量 70.77 t。P75 kg/m 钢轨 12 号可动心轨单开道岔是我国在重载铁路上首次使用 P75 kg/m 钢轨无缝道岔,其施工标准要求高、工艺复杂。本线可动心轨道岔施工主要采用岔外预拼,预拼完后岔内焊接采用铝热焊,在封锁点内完成道岔的横移就位(见图 4～图 7),2005 年 8 月 20 日～22 日三天进行了道岔拨接,组织劳动力 200 人,防护 4 人,现场负责人 1 人,领工员 2 人,技术员 2 名,机械操作人员 4 人(锯轨、钻眼、发电、及其他配合),安全正点开通了线路,赢得了监理及甲方业主的一致好评。2005 年度先后两次获得太原铁路局"施工优胜红旗"、"施工优胜单位"。经运营考验证明安全可靠,性能稳定。

图 4 道岔内接头铝热焊接图

图 5 道岔滑移

图 6 道岔滑移就位后据合龙轨

图 7 成型的 75 kg/m12 号可动心轨道岔

图 8

图 9

另外,19 局在成都北枢纽拨接 18 号可动心轨道岔委托工务段施工中,采用道岔起道机,除可以迅速完成起道外,还可以在道岔横移过程中发生纵移时,可以迅速把道岔提起,安装纵滑轮,进行道岔纵移到位,这样需要的劳动力少,拨接花费的时间又比较短,一组 18 号道岔配备 7 组道岔起道机,在道岔横移前安装在道岔上,和道岔一起横移。目前,新运公司还没有此种设备。见图 8～图 10。

图 10

11.3 大号码道岔施工实例

秦沈线首次采用 38 号大号码道岔,由一局和三局施工,道岔全长 136.2 m,重 243 t,采用的是龙门吊配合人工进行现场铺设。使用 08-475 型道岔捣固机捣固。

客运专线长枕埋入式大号无砟道岔铺设施工工艺

1 前　言

1.1 BWG 道岔结构特点

为满足铁路客运专线铁路高速行车安全性和舒适度的要求，BWG 道岔采用了较大半径的导曲线设计，尖轨处理则采用 FAKOP 方案处理为切线线型，39.113 号码道岔则采用了三次抛物线线型。主要有以下特点(图 1)。

图 1　BWG 道岔活动岔心部分

(1)转辙机器尖轨与基本轨结合部采用 FAKOP 设计技术，其尖轨较普通线路轨距加宽 15 mm，列车通过该道岔时具有与区间相似的运行轨迹，极大地降低了车轮对尖轨的动力冲击。

(2)增加下拉装置设备，下拉装置的功能是在可动心轨牵引到位后利用下拉力将可动心轨扣拉于翼轨相连的滑板上，以确保翼轨与可动心轨受轮载时有同步的弹性变形量，以减少轮载过渡段的冲击力。

(3)39.113 号道岔导曲线采用多段曲线连接形式，曲线中段为 $R=4\ 000$ m 的圆曲线和两侧各为三次抛物线的连接曲线，在保证道岔行车要求的前提下大大缩短道岔长度。

(4)BWG 大号无砟道岔平面线型设计见表 1。

表 1　BWG 大号无砟道岔平面线型设计表

参数/型号		18 号	39.113 号
全　长		69 m	136.945 m
前　长		31.729 m	62.862 m
后　长		37.271 m	78.252 m
圆曲线半径		1 100 m	4 000 m
转辙部分	基本轨长度	24.596 m	54.6 m
	尖轨长度	22.012 m	51.45 m

续上表

参数/型号		18 号	39.113 号
导曲部分	直股外侧轨长度	29.413 m	40.2+16.1 m
	直股内侧轨长度	29.378 m	40.2+16.083 m
	曲股外侧轨长度	21.577 m	40.202+16.095 m
	曲股内侧轨长度	29.403 m	40.2+16.078 m
辙叉部分	直股外侧轨长度	14.979 m	26.029 m
	直股内侧轨长度		26.046 m
	曲股外侧轨长度		26.048 m
	曲股内侧轨长度	22.762 m	26.028 m
辙叉角		3-10-47	1-27-52.41

1.2 长枕埋入式大号道岔轨道结构

长枕埋入式轨道结构的 BWG 大号无砟道岔，其岔枕采用 R2000 型铰接式长、短枕结构，岔枕内埋入了预应力螺栓装置。铰接式长、短枕结构不仅方便工厂预组装时轨排节段的运输，也降低了振幅，延长了混凝土道床寿命。除岔枕采用 R2000 型长、短枕结构外，道岔轨下基础，以路基(桥面)以上依次为，30 cm 厚 C30 钢筋混凝土底座、40 cm 厚 C40 钢筋混凝土道床板，底座宽 3.80 m(轨道中线外 1.90 m)，道床板宽 3.20 m(轨道中线外 1.60 m)，道床板表面设置横向向外 0.5%的排水坡。施工过程中，按轨道结构和设计需要，在上下混凝土间设置 PE 滑动膜和剪力杆，混凝土节段按一定间距设伸缩缝和传力杆，预埋接地端子及其他部件(图 2)。

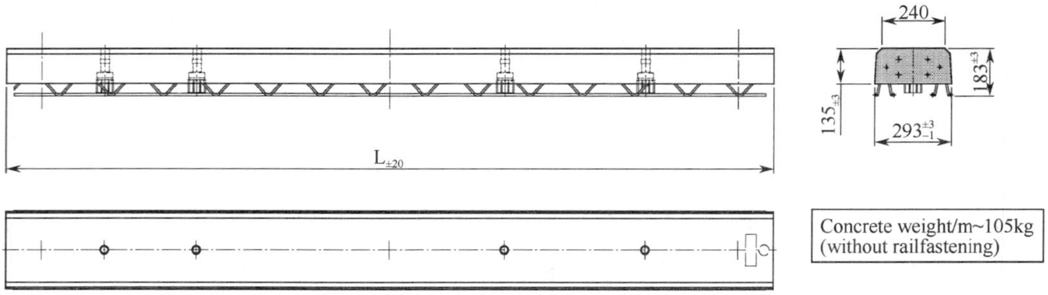

图 2 BWG 大号无砟道岔的岔枕图

根据道岔类型的不同，长枕埋入式无砟道岔结构在道岔前后各设置 6.5 m、26 m(45 m)的长枕埋入式或 R2000 型双块枕式无砟轨道与正线无砟轨道或站线有砟轨道顺接过渡。

为满足制式轨道电路传输的需要，道岔轨下混凝土钢筋间采取设置绝缘卡隔离措施以增加绝缘，以防止产生杂散电流影响轨道电路传输。

1.3 大号无砟道岔施工的特点

除了制造精度高的特点外，为满足高速铁路高速、舒适、安全的运营要求，BWG 大号无砟道岔对钢轨结构、轨枕下混凝土基础、安装精度、钢轨焊接等方面有着特殊的要求，这些要求也构成了 BWG 大号无砟道岔的主要特点。

(1)钢轨部件长,装配精度高,轨排运输困难。

(2)轨枕下混凝土设计为高性能混凝土,其结构须满足中国制式轨道电路传输的要求。

(3)高平顺性的轨道线性,施工测量和控制精度要求高。

(4)钢轨焊接接头质量及平顺度要求高。

2 适用范围

本工艺适用于现场运、铺长枕埋入式 18 号和 39 号大号无砟道岔。

3 主要技术标准

(1)《客运专线无砟轨道铁路工程施工质量验收暂行标准》(铁建设〔2007〕85 号)。

(2)《客运专线无砟轨道铁路工程测量暂行规定》(铁建设〔2006〕189 号)。

(3)德国 BWG 公司提供的有关技术标准资料。

4 施工方法

BWG 大号无砟道岔,采取“工厂预组装、分节段运输、现场精调并灌注混凝土”的施工方法。道岔预组装在工厂内进行;专业运输公司负责将道岔轨排节段通过公路运输进场;工地内运输、安装、精调、混凝土浇筑、道岔钢轨焊接等;信号施工单位负责道岔组装及调试过程的电务配合工作。BWG 大号无砟道岔施工按每个作业面月安装 4 组道岔配置施工队伍,每个作业面设 1 个混凝土作业组和 1 个道岔组装作业组,每个车站设 1 个钢轨焊接作业组负责道岔内外的钢轨铝热焊接。

每组 BWG 大号无砟道岔的施工周期为 47 天,其中底座混凝土 8 天、等待混凝土强度 3 天、道岔安装及道床板混凝土 26 天,等待混凝土强度及岔内钢轨焊接准备 7 天,钢轨焊接与锁定 3 天。各作业面可分工序开展流水作业以加快施工进度。

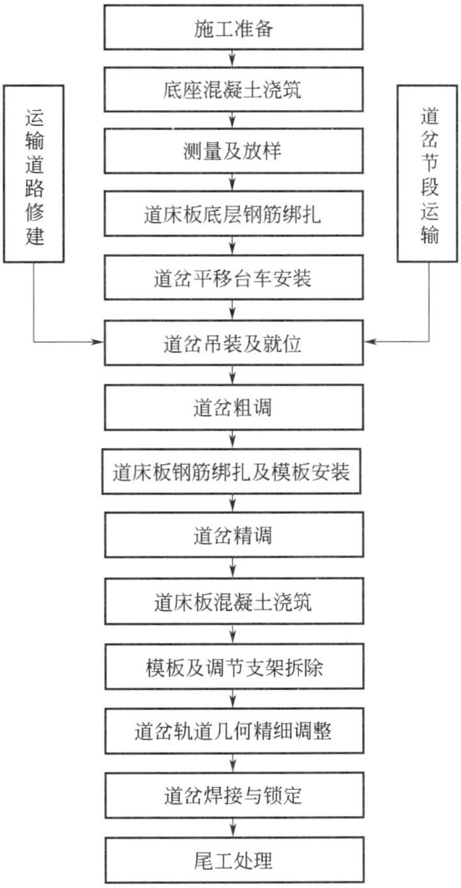

图 3 施工工艺流程

5 工艺流程及施工要点

5.1 施工工艺流程

见图 3。

5.2 施工要点

5.2.1 施工测量及设备配置

(1)CPⅢ点复测

CPⅢ控制网基点采用后方交会法测量,即 CPⅢ控制网与 CPⅡ或 CPⅠ控制网进行联测,每站测设 6 对 CPⅢ控制点,换站后搭接前一测站 3 对点,通过最小二乘法获得最合理的联接。

高程测量用电子水准仪进行往返观测，启闭于 CPⅢ网点间。

单程水准测量闭合差 E 的计算公式：

$$E=a+b\times\sqrt{S}$$

式中　a——控制点允许偏差为 0.5 mm；

b——每公里水准线路允许偏差为 2 mm；

S——为单程水准测量线路长度(km)。

(2)铺岔基标测量

铺岔基标的设置原则以满足施工需要为准，道岔直股按 6 m 间距、曲股按 5 m 间距、设置等边距基标，通过线路两侧的 CPⅢ控制点进行自由设站，按已经计算好的道岔基标理论值进行放样，每测站放样距离控制在 50 m 以内。

(3)道岔线性测量

道岔线性测量针对道岔前后过渡段进行测量，使用预先加工的精密测量标架，以达到精确测量的目的，精密测量标架的空间几何位置与线路轨道一致。通过线路两侧的 CPⅢ控制点进行自由设站，对过渡段每个承轨槽进行测量，测量结果通过 PVP 软件计算，生成实测值与理论线性对照图。以此判断道岔铺设精度，并进行调整。

此项测量工作借助轨检车与全站仪完成，全站仪架设在线路中线上，通过后视线路两侧 8 个 CPⅢ控制点进行自由设站，观测轨检车上的棱镜，测量轨道的高低、方向。轨检车通过自身携带的传感器对轨道的超高、轨距进行测量。通过这些数据反映道岔铺设的内部几何精度，继而进行调整。

(4)主要测量设备

①TCA1800 全站仪

a. TCA1800 测角精度：1″，测距精度：1 mm＋2 ppm；b. 马达驱动、ATR 动照准棱镜测量；c. 测量时间快，精测模式仅需要 3 秒(跟踪模式：0.3 秒)即可得出成果；d. 独有的温控与动态频率校正技术确保测距的高精度和稳定性；e. 静态绝对度盘编码系统，单次测角读取 60 条编码，确保高精度、高稳定性；f. 支持 256 K～4 M 的国际标准 PCMCIA 卡，方便数据存储及传输。见图 4。

②蔡司电子水准仪

a. 每公里往返测中误差 0.3 mm；b. 先进的感光读数系统；c. 感应可见白光即可测量；d. 为了准确确定基准点的高程水准尺应使用可对中的底部配件，该配件在出场时加以检校。见图 5。

图 4　TCA1800 全站仪

图 5　蔡司电子水准仪及附件

③轨检车等

a. 为了能够精确且迅速的在标志点上架设棱镜使用专用的带有可调节螺旋的地面三角支架。b. 置于设标网上的专用棱镜。见图 6。

④安博格 GRP1000 型轨检车见图 7、徕卡 TPS1201 全站仪(测距精度 1+2 ppm,测角精度 1 秒)见图 8。

图 6　专用棱镜

图 7　安博格 GRP1000 型轨检车

5.2.2　道岔区混凝土底座施工

图 8　徕卡 TPS1201 全站仪

(1)道岔区底座为 C30 钢筋混凝土结构,随道岔线形呈梯形布置。混凝土采用厂拌混凝土、连续浇筑施工。道岔区底座混凝土浇捣完成。

后人工平整并压光抹面,插入剪力钢筋,风镐对底座混凝土表面凿毛。

(2)施工测量及放样。采用高精度全站仪、电子水准仪复测道岔前后各 300 m 范围的 CPⅢ基准网,放样道岔岔心、岔尾、岔首、曲股曲线起讫点及过渡段起讫点等铺岔基桩,并按 5 m 间距加密向线路两侧 1.8 m 布置施工基桩,用墨线或油漆标识道岔外轮廓边线、混凝土模板安装位置、纵移台车走行轨道中线、预埋件埋设位置、侧向调节支架固定点等。

(3)绑扎底座钢筋。清洗底座混凝土表面,铺设接缝滑动膜,用预先加工的钢筋绑扎道床板底层钢筋,钢筋间距采用角钢胎模控制。对处于影响纵移台车走行轨道等后续施工的部分,可调整钢筋间距,或暂缓施工。之后,将道床板面层钢筋放在底层钢筋上方(图 9)。

图 9　绑扎底座钢筋

(4)底座混凝土的浇筑

底座板设计采用低弹性模量的C30混凝土。混凝土采用罐车运送至现场,混凝土泵车将混凝土输送浇筑点。底座板混凝土采用插入式捣固器振捣,梁端钢筋搭接密集区应用直径30 mm捣固棒振捣密实,严禁漏捣。混凝土捣固时,必须从钢筋的间隙插入,尽量避免碰触钢筋和绝缘卡。混凝土表面用木抹子抹平,然后采用长柄塑料刷横向拉毛。底座板混凝土养护采用薄膜+土工布覆盖洒水养护的方式。覆盖洒水保湿养护时间至少7天(图10)。

图10　底座混凝土施工

5.2.3　大号道岔的运输及吊装

BWG长枕埋入式大号无砟道岔工厂预组装后,采取分节段运输和吊装的方式。18号道岔分为3段4节,最长节段长29.5 m、重约20 t;39号道岔分为4段7节,最长节段54.5 m、重约42 t。

为保证道岔节段运输和吊装不变形,应选择有足够长度和载重量的拖挂汽车或运输长大物件的专用汽车,并在车体安装有足够刚度的专用托架,用塑胶带将道岔节段固定在车辆上,道岔节段的层与层之间按不小6 m间距用木枕设置横向支垫;吊装时使用带吊索的吊具梁,吊点的布置应保证道岔节段竖向变形不超过1‰,横向变形不超过2‰(图11)。

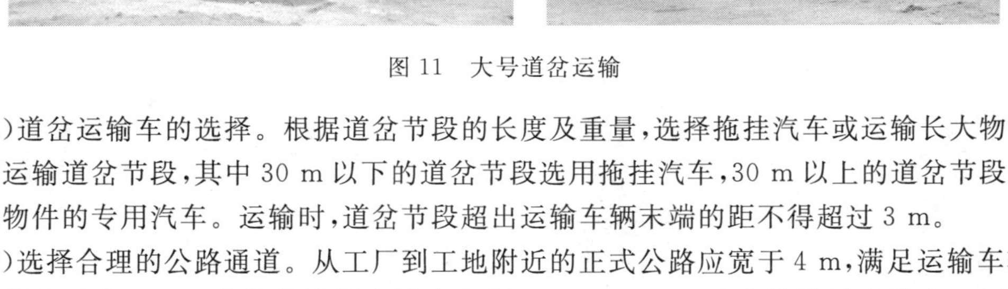

图11　大号道岔运输

(1)道岔运输车的选择。根据道岔节段的长度及重量,选择拖挂汽车或运输长大物件的专用汽车运输道岔节段,其中30 m以下的道岔节段选用拖挂汽车,30 m以上的道岔节段选用运输长大物件的专用汽车。运输时,道岔节段超出运输车辆末端的距不得超过3 m。

(2)选择合理的公路通道。从工厂到工地附近的正式公路应宽于4 m,满足运输车辆最小转弯半径的要求,30 m道岔节段最小转弯半径21 m,54.5 m道岔节段最小转弯半径40 m。按规定办理长大货物运输手续,提前拆除影响通行的建筑物,或临时帮宽既有道路。道岔的运输时间应安排在车辆较少时段或夜间。

(3)对临时便道的要求。若道岔轨排卸车地点不能直通正式公路,需修建临时便道,临时便道的标准应符合山区二级公路技术条件。路面应宽于 4 m;最小转弯半径:30 m 道岔节段最小转弯半径 21 m,54.5 m 道岔节段最小转弯半径 40 m。

(4)选择的道岔节段卸车地点应满足汽车吊作业及运输车辆停靠,尽量使用汽吊能将道岔节段直接吊铺到线路上,或靠近道岔铺设位置。卸车作业前,应对地面进行硬化处理并作必要的测试,以保证地基有足够的承载力。

(5)道岔的吊装。采用 200 t 级及以上的汽吊吊装道岔节段,并配备专用吊具梁。吊具梁上设有多根等距布置的吊索,吊索按对称布置,最大间距 1.80 m,吊索与道岔节段夹角不得小于 65°,道岔节段与吊具梁间最小距离为 1.30 m。

5.2.4 道岔工地组装

(1)安装道岔平移台车

按道岔设计铺设高程、中线计算平移台车走行轨道的位置和高度。平移台车走行轨道采用 24 kg/m 钢轨铺设,轨道以下按 1.0 m 间距铺设厚 10 cm 的方垫木。自下而上依次安装台车纵梁及走行部、横抬梁,之后安装就位设备和横移设备。

(2)道岔轨排节段的运输

用液压模块式轴线车或长拖车运输道岔轨排节段。运输前预先规划车辆进出通道和吊卸方案,对施工便道及吊装场地加宽加固,办理公路运输超限货物相关手续,临时迁改或拆除障碍物,必要时委托公安、路政专车护送(图 12)。

图 12 道岔平移台车及轨道

(3)道岔轨排节段的吊卸

依据工地环境的不同,18 号道岔选用单台 300 t 汽吊,36 号道岔选用 2 台或 3 台 300 t 汽吊,并配备专用吊梁吊装道岔轨排节段。道岔轨排吊装时,须专人指挥(图 13)。

图 13 道岔节段的吊卸及纵移

(4)推送平移台车就位及道岔连接

逐段推送平移台车至道岔铺设位置，用特制方尺方正道岔始端和尖轨尖端，检查道岔钢轨长度和道岔全长，用无孔夹具将道岔轨排连接成整体。对道岔侧股轨排需要将侧股和直股轨排同时落在台车上，安装岔枕连接夹板和轨距拉杆，将侧股和直股轨排连接成整体。

(5)道岔粗调

按照道岔铺设图和铺设标准检查道岔钢轨、岔枕及扣件系统的完整性，调整岔枕位置、轨距等。

依据铺岔基桩，拉钢弦线，用专用检查尺，调整平移台车上横移工装将道岔拨到中线位置。

对道岔内部结构尺寸的48项指标进行逐项检查并调整到位，尖轨密贴度的调整由电务专业配合调试。道岔各部的容许误差见表2。

表2　道岔各部的容许误差

编号	检查点	检测方法	容许误差	测量设备
一、总体线性				
1	纵向高程	m		
2	道岔位置	m		
3	道岔标高	m		
4	轨枕分布	m	±10 mm 布置图	钢卷尺
5	节点线型	m	±1 mm	尺和塞尺
6	道岔长度	m	±10 mm 布置图	卷尺
7	原点夹角区/道岔末端(钢轨末端)	m	±2 mm	方尺
8	紧固扣件	m	0.1～1 mm	塞尺
9	轨底与规矩挡块间间隙	m		视觉检查
二、转辙器区域				
1	道岔铺设水平、高低	VC	水平2 mm，导曲线不得有反超高	测量结果
2	道岔方向：目视为直线	G	2 mm	测量结果
3	尖轨与基本轨之间的顶铁间隙	G	1 mm	塞尺
4	直尖轨第一牵引点与曲基本轨密贴	G	间隙1 mm	塞尺
5	直尖轨其他位置与曲基本轨密贴	G	间隙1 mm	塞尺
6	曲尖轨第一牵引点与直基本轨密贴	G	间隙1 mm	塞尺
7	曲尖轨其他位置与直基本轨密贴	G	间隙1 mm	塞尺
8	转辙器部分最小轮缘槽	M	>65 mm	塞尺
9	角度冲击	VC	angular	塞尺
10	岔枕分布	M	±5 mm 参见道岔布局图	直尺
11	FAKOP 位置	M	100 mm±3 mm	卷尺
三、辙叉区域				
1	道岔铺设水平、高低	VC	水平≤2 mm，导曲线不得有反超高	测量结果
2	心轨尖端至第一个牵引点处密贴	G	≤1 mm	塞尺
3	其余部位心轨与翼轨密贴	G	≤1 mm	塞尺

续上表

编号	检查点	检测方法	容许误差	测量设备
4	心轨轨底与台板间隙	G	≤1 mm,不得连续出现间隙	塞尺
5	叉跟尖端(100 mm)与短心轨密贴	G	≤1 mm	塞尺
6	叉跟轨其余部分与短心轨密贴	G	≤1 mm	塞尺
7	长心轨轨腰与顶铁的间隙	G	≤1 mm	塞尺
8	短心轨轨腰与顶铁的间隙	G	≤1 mm	塞尺

(6)调节支架安装和平移台车拆除

道岔粗调完成,按 2 m 间距在两侧钢轨外侧对称安装侧向调节支架,侧向调节支架采用三角结构设计,用膨胀螺栓将固定基座固定在底座混凝土上。调节前,侧向调节丝杆应居中,对道岔方向的对中调整在左右两侧对称进行,并沿线路方向逐步调整,使道岔方向正确且居于设计中线上。

纵向按 2 m 间距错开侧向调节支架在钢轨侧面对称安装竖向调节器,支撑螺杆加装 PVC 套筒,沿线路方向将道岔轨排调整至设计标高。辙叉位置可适当增加竖向调节器数量。

平移台车在侧向、竖向调节器安装并调试完成后逐段拆除,由上而下依次为拆除平移台车横梁、纵梁及走行轮、走行轨道等,拆除下来的杆件及螺栓应及时清理、养护并分类存放,留待下次使用。

采用 60 kg/m 工具轨(新轨)组装道岔前后长枕埋入式无砟轨道过渡轨节并与道岔轨排连接在一起,安装调节支架、轨距拉杆等。

(7)道床板钢筋绑扎和模板安装

先完善道岔底层钢筋,再绑扎面层钢筋。钢筋交叉处采用塑料绝缘卡和塑料扎带隔离和固定。

安装侧向组合钢模板和转辙机开槽模板。在钢筋网与模板间设塑料垫块或砂浆垫块预留混凝土保护层厚度。

钢筋绑扎完毕,按要求进行绝缘测试。

(8)道岔精调定位

使用 GRP1000 轨道检查车检测道岔方向、高低、水平、轨距等几何形位指标,根据检测数据确定精调数值,通过调节支架予以调整(图 14)。

图 14　道岔在进行精确定位

调整尖轨、心轨密贴和顶铁间隙应同调整轨距、支距相结合，使尖轨尖端缝隙、心轨尖端缝隙、顶铁与尖轨、心轨的轨腰满足设计技术要求。进行工电联调。

5.2.5　混凝土施工

(1)对施工环境的要求

长枕埋入式无砟道岔混凝土浇筑，宜在晴天少风时进行，环境温度 5 ℃～30 ℃，温差变化小，应避开烈日、雨天或大风天气。夏季宜在夜间进行，砂石料和搅拌用水采取降温措施。冬季宜在白天进行，气温达到冬季施工条件时采取预热加温措施，混凝土用热水搅拌、砂石料不得结冰，缩短运输和灌注周期，必要时对混凝土浇筑区搭设暖棚，用煤炉或暖风加热。

(2)混凝土拌和质量

混凝土拌和质量包括原材料选择和配合比试验、厂拌、运输、泵送一直到入模前的质量。混凝土配合比中适当减少水泥用量，增加Ⅰ级粉煤灰和减水剂的掺量，以避免裂纹产生。

混凝土拌和质量按工艺要求取样试验，测试混凝土泌水性、和易性和坍落度。坍落值在满足泵送的前提下应尽量的小，一般控制在 14～17 cm。

(3)混凝土浇筑

与普通混凝土施工不同，长枕埋入式无砟道岔道床板混凝土浇筑时须兼顾对道岔节段的扰动和混凝土与岔枕间粘结。

混凝土浇筑前，清洁混凝土模板，涂脱模剂，对支承螺杆、竖向调节器上的 PVC 管用胶带密封，采用防护罩遮盖道岔钢轨部件、岔枕面，以免造成污染。

道床板混凝土采用厂拌混凝土、罐车运输、汽车泵泵送入模、机械振捣的施工方式。混凝土浇筑应由一端向另一端逐段推进，混凝土通过移动导管直接注入钢轨内侧岔枕盒内，并左右移动导管。当第二个岔枕盒内混凝土高出岔枕底部时，方可移动导管灌注第二个岔枕盒，以此类推。人工配合扒平、均匀轨枕盒内混凝土，插入捣固棒振捣，对轨枕底部加强振捣，捣固时应防止捣固棒碰撞竖向调节螺杆及其他固定装置。

混凝土浇筑过程，派专人负责对道岔轨道线形和位置的检查。当道岔线性发生微小变形后，及时调整恢复，若调节支架遭遇意外撞击而使道岔变形时，混凝土浇筑必须马上停止，待测量检查后再恢复浇筑。

待混凝土初凝后，及时撤除遮盖在钢轨、岔枕上的防护罩，人工对混凝土表面压光抹面，设置表面排水坡。在混凝土表面喷洒养护剂。

(4)模板、调节支架拆除及养护

待混凝土终凝且强度达到 5 MPa 以上后，逐步松开调节支架、轨枕扣件，以免气温变化产生的温度应力造成混凝土表面裂纹。用土工布覆盖混凝土表面，洒水养护 14 天。

混凝土浇筑 24 小时后，拆除模板、调节支架和支承支架。采用无收缩混凝土或砂浆修复混凝土表面缺陷。

在混凝土养生期间，严禁行人、车辆在道岔上通过。

5.2.6　道岔轨道几何精细调整

道岔轨道几何尺寸精细调整是根据 GRP1000 轨检车采集数据，使用 CTC 公司提供的计算软件计算调整量，然后进行反复调整，使道岔轨道线性符合要求，并将调整工作进行全程记录并留给后续养护维修工作的单位。

道岔轨道精细调整采用偏心锥体和调高垫片调整道岔水平、高低、轨距、轨向等几何尺寸。

5.2.7 道岔钢轨焊接及锁定

(1)先焊接的部分

道岔的焊接采用铝热焊。按BWG道岔技术条件,在混凝土灌注结束并完成轨道线性第一次精细调整之后,即可优先焊接道岔内导轨与导轨连接的4个接缝、(如果有,焊接导轨与辙叉连接的4个接缝)和基本轨与导轨连接的2个接缝,而其他6个接缝的焊接,则在道岔锁定时进行。

道岔焊接的顺序如14所示。

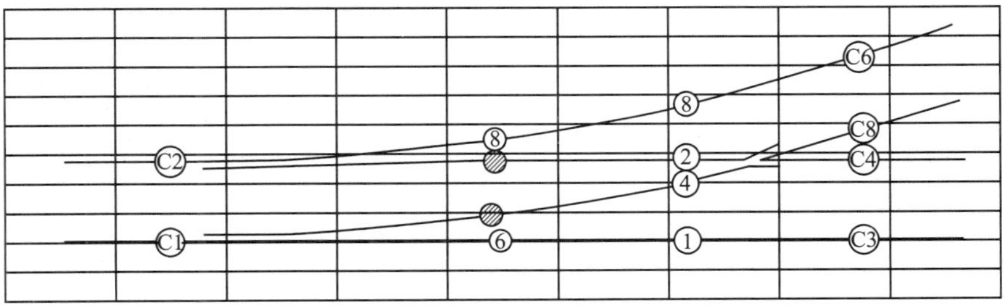

图15 道岔内钢轨焊接顺序

按照BWG道岔系统施工的要求,道岔内钢轨焊接顺序为:辙叉轨排与导轨连接部,先直股,后曲股;导轨与导轨之间,先直股,后曲股;导轨与尖轨跟部,先基本轨,后尖轨。道岔前后钢轨焊接顺序:先岔前,再岔后;先直股,再曲股。

(2)道岔及前后线路锁定

为方便道岔焊接施工的管理,将道岔及前后至少50 m的线路作为一个单元轨节进行锁定。因铺轨时道岔前后相连的一般为100 m以上的长轨,故该钢轨不能按道岔前后50 m进行切割分区。结合区间无缝线路拉伸法锁定,道岔前后50 m范围的钢轨按火焰法加热锁定,道岔区分为前后两段锁定(图16)。

图16 用火焰法加热道岔

①将道岔前或后50 m范围的钢轨松开,按10 m间距支垫滚筒,靠道岔位置用大滚筒支垫,使钢轨底面高于道岔钢轨,使需锁定的钢轨能自由伸长,在50 m范围两端钢轨上设临时钢轨位移观测标记,量测实际轨温,按以下公式计算钢轨的预伸长量ΔL;

$$\Delta L=(0.118\times(T_{设计}-T_{实测})\times \mathrm{L})\mathrm{mm}$$

式中 0.118——钢轨的线膨胀系数;

$T_{设计}$——设计锁定温度℃；

$T_{实测}$——施工时温度。

②采用特制的燃气加热器对钢轨轨腰进行火焰加热，燃气加热器由液化气罐带一火焰喷头，火焰呈黄蓝色，火焰温度 600 ℃～800 ℃。燃气加热器按 3～5 m 布置，对钢轨均匀加热，加热过程中随时检查加热区两端钢轨位移量和实际轨温，并用橡胶锤敲打钢轨；

③当加热区钢轨伸长量与计算值一致时，保持火焰加热，撤离滚筒后，安装并恢复轨道扣件，用内燃螺栓扳手将扣件螺栓扭至规定扭矩，至此，完成加热区钢轨锁定；

④照此方法，将道岔分为前后两段向两端完成道岔基本轨锁定，其中基本轨前后的对中点均保持对正；

⑤用铝热焊完成道岔前后共 6 个接缝的焊接。

(3)道岔内线路锁定及锁定焊接

道岔前后及岔内基本轨锁定并焊接完成后，方可进行岔内尖轨的放散及最后的焊接锁定。

①将道岔尖轨跟端扣件松开，通过串动道岔的方式使尖轨限位器居中，根据经验焊接后尖轨会向岔后方向串动 1～2 mm，这样刚好是冬季条件下尖轨限位器的正确位置；

②松开连接导轨至距与辙叉焊缝位置 10 m 范围的钢轨扣件，支垫滚筒，用橡胶锤敲打钢轨处于自由状态，计算导轨的收缩量并反算辙叉区收缩量，再根据实测轨温计算已松开导轨至设计锁定轨温的预伸长量，并加热辙叉对应的预伸长量，两个预伸长量之和作为导轨加热的伸长量控制值；

③照上述方法，对导轨进行加热，当导轨的伸长量等上述两个伸长量之和时，锁定轨道；

④再次调整尖轨限位器位置，用方尺检查尖轨跟端 4 个对中点在一条直线上且垂直直股轨道，用方尺检查尖轨尖端平齐，之后用楔子锁死尖轨限位器，用铝热焊完成最后 2 个接缝的焊接；

⑤至此，完成了整组道岔的焊接与锁定，之后，及时在道岔尖轨尖端、限位器、辙叉心等 3 个位置设置位移观测标志。

6　劳动力组织

(1)管理人员(按两组道岔同时施工配置)(表 3)。

表 3　管理人员配置表

序　号	名　称	人数(人)	备　注
1	作业队长	1	
2	生产副队长	2	
3	工程技术	5	含质量员 1、试验员 2
4	安全环保	2	
5	施工测量	12	含轨检车操作 1 人
6	机械物资	2	机 1、物 1
7	机械修理	3	含电工 1 人
合　计		27	

(2)劳动力(按两组道岔同时施工配置)(表 4)。

表 4 劳动力配置表

序号	名称	人数(人)	备注
1	线路工	30	
2	装吊工	10	
3	混凝土工	20	
4	钢筋工	20	
5	模板工	10	
合计		90	焊轨工班 20 人另计

7 主要机具及设备

以 2 组道岔同步施工设置施工作业组，配置施工人员和施工机具，道岔铝热焊接单独成立焊轨作业组负责施工。主要机具设备见表 5。

表 5 主要机具及设备表

序号	设备名称	规格	单位	数量	备注
一	检测设备				
1	全站仪	TCA1800	台	1	
2	电子水准仪	DIN12	台	1	
3	轨道检测车	GRP1000	台	1	含全站仪
4	钢弦线		把	2	带支架
5	轨道几何检查尺		套	2	含道尺、塞尺、平直度尺、钢卷尺、支矩尺、直方尺
6	测力扭矩扳手	电动	台	4	
7	钢筋绝缘检测		套	1	
二	施工机具				
8	轨排专用吊具	24 m	台	1	分两段组装
9	道岔移动台车	轨道式	套	2	长 69 m，含走行轨
10	侧向调节支架	0.2 mm 精度	组	90	
11	竖向调节支架	0.2 mm 精度	组	135	
12	P60 kg 工具轨	新轨	延米	130	
13	轨距拉杆		根	20	
14	防护罩		延米	250	
15	无孔夹具	P60 kg 轨用	套	24	
三	混凝土浇筑				
16	混凝土模板	组合钢模	m^2	150	
17	混凝土浇捣		套	1	含罐车、混凝土汽车泵、捣固
四	铝热焊设备	斯密特	套	1	含铝热焊设备、锯轨机、钢轨打磨机、超声波擦伤仪等

8 质量控制要点

8.1 质量标准

(1)施工测量采用 CPⅢ基准网，CPⅢ加密基桩基标测量精度平面位置±0.2 mm、高程

±0.1 mm。

(2)混凝土支承层施工精度,高程±5 mm,中线 10 mm,表面平整度 3 mm/4 m。

(3)道岔铺设静态精度的主要指标:轨距±1 mm,高低、轨向、扭曲(6.25 m 基线)、水平等均为 2 mm。

(4)钢轨接头焊接接头平直度轨顶面 0～+0.2 mm,内侧作用边 0～+0.2 mm,轨底(焊筋)0～+0.5 mm,焊接质量符合《钢轨焊接技术条件》(TB/T 1632.1、3—2005)之要求。

8.2　施工质量检验方法

(1)严格控制施工测量精度,采用高等级的 TCA1800 以上全站仪和 DIN12 电子水准仪对 CPⅢ基准网进行附合测量,测量方法、精度、平差计算符合《客运专线铁路无砟轨道铁路测量暂行规定》(铁建设〔2006〕189 号文件)之要求。

(2)除按高性能混凝土施工的一般项目检查外,道岔混凝土浇筑前,采用电阻表对混凝土钢筋骨架进行绝缘测试,测试的方法和结果应符合设计要求。

(3)道岔铺设、精调和线路整理过程中,对照道岔铺设图和 BWG 技术转让资料,通过万能道尺、塞尺、平直度尺、钢弦线、方尺、钢尺、测力扳手、GRP1000 轨道检测车、全站仪、电子水准仪对道岔几何尺寸、轨道线性和坐标进行检查,填写检查记录。对不合格项在下一道工序开始前整改完成,对相关项目进行重新检查和延伸检查。

(4)钢轨接头铝热焊接应按照标准进行焊接型式检测和周期检测,用平直度尺和塞尺检查焊缝及两侧钢轨轨顶面、内侧作用边、轨底(焊筋),用超声波探伤仪检查焊接质量。

8.3　施工质量控制措施

(1)施工前,对从事道岔施工的人员进行培训,对工艺、工序进行技术交底。

(2)通过工艺演练,使施工人员熟悉新工艺、新设备、新材料、新技术,为确保施工质量奠定基础。

(3)建立健全质量管理体系,配置质量控制要素,严格施工过程控制,针对不同工序、不同施工内容制定并实施作业指导书、质量实施细则和质量检测大纲,以工序质量保证最终的施工质量。

(4)在基标测量和道岔精调、钢轨焊接等采用先进的施工设备,包括高精度的 Leica 全站仪和水准仪、GRP1000 轨道检测车、斯密特铝热焊机等。特殊工种持证上岗。

(5)严格控制施工条件,混凝土浇筑安排在晴天的夜间施工,对混凝土表面喷洒养护剂并覆盖洒水养护,钢轨焊接环境温度大于 5 ℃。

9　安全措施

(1)建立健全安全管理体系,强推安全生产责任制,加强施工人员安全培训和生产过程的安全检查、改进。

(2)针对道路运输、道岔吊装、混凝土施工、道岔焊接、施工用电、夜间作业等制定专项安全措施和应急预案,认真做好安全技术交底。

10　环保措施

(1)对道岔浇筑混凝土时覆盖的防污染膜应回收并进行统一处理。

(2)道岔钢轨焊接后的弃渣应回收并进行统一处理。

11 工程实例

京津城际铁路全长113.2 km,自北京南站至天津站,沿线设亦庄、永乐、武清3个中间站和1个南仓线路所,正线铺设26组大号道岔,采用长枕埋入式无砟轨道结构设计,包括60 kg/m18号单开道岔和60 kg/m 39.173号单开道岔。18号道岔全长69 m,过岔速度直向350 km/h,侧向80 km/h。39.113号道岔全长136.945 m,过岔速度直向350 km/h,侧向160 km/h。26组道岔全部由德国BWG公司原装引进,在我国首次铺设。是我国目前铺设的技术含量最高、施工标准最高、施工水平最高的客运专线无砟道岔。

京津城际BWG大号无砟道岔,按照德国BWG道岔系统的要求,采取"工厂预组装、分节段运输、现场精调并灌注混凝土"的施工方法。其中,BWG/山桥公司负责工厂内道岔预组装;专业运输公司负责将道岔轨排节段通过公路运输进场;新运公司负责工地运输、安装、精调、混凝土浇筑、钢轨焊接等;通号公司(西门子)负责道岔组装及调试过程的电务配合工作。

(1)道岔轨道式平移台车的研制

由新运公司自行设计并生产的道岔轨道式平移台车组,是为解决施工现场大吨位汽车不能直接将道岔轨排吊铺到位的问题而专门设计的,采用标准型钢杆件组合的模块式结构设计,包括走行轨道、轨道走行部、组合纵梁和组合横梁,可满足不同长度和宽度的道岔轨排的工地运输要求。通过该系统的使用,可使道岔轨排的粗铺精度控制在5 mm以内。

(2)道岔精调支架系统研制

由新运公司自行设计生产的道岔精调支架系统,该系统分为竖向调支架和侧向调节支架两种类型,具备支撑道岔和调节方向的功能,重量轻、组装方便、调节精度高、结构稳定,其调节方向的精度可达到0.2 mm的要求。

(3)精确测量技术的开发

为满足大号无砟道岔竣工后轨道线性——轨距±2 mm、水平±2 mm及轨向、高低2 mm/6.25 m基线——的高精度要求,新运公司在大号无砟道岔施工过程中,结合CRTSⅡ型板式无砟轨道的施工,从测量技术研究、测量设备配置和测量人员培训等三个方面对铺岔基标测量、道岔线性测量、岔内几何测量开展技术研究,使测量精度和施工精度分别达到了0.5 mm、1 mm。

(4)大号无砟道岔混凝土施工技术开发

京津城际铁路长枕埋入式无砟道岔施工点多线长,混凝土浇筑多借用就近京津城际铁路施工单位的厂拌混凝土,混凝土原材料、配合比及工厂搅拌、运输符合C20、C30、C40高性能混凝土之要求。长枕埋入式无砟道岔轨下基础分为底座和道床板两部分,厚度30~40 cm,宽度3.2~6 m不等,长度100 m以上,呈板式结构,混凝土浇筑质量除混凝土性能指标外,还应满足表面平顺光洁、裂纹少或无裂纹的要求,并且不得扰动道岔节段线性等。

通过大号无砟道岔混凝土施工技术开发及应用,道岔混凝土质量从施工环境选择、混凝土加工质量、浇筑方法、施工养护等四个方面得到了控制,保证了工程质量。

(5)低温条件下道岔钢轨铝热焊施工技术的开发

道岔钢轨采用铝热焊,按BWG公司技术条件,气温低于15 ℃、轨温不足23±3 ℃时,道岔不能进行锁定施工。京津城际铁路长枕埋入式无砟道岔锁定及锁定焊接施工,受工期限制安排在冬季的12月至次年1月施工。为克服上述困难,新运公司经过大量的论证和试验研究,运用分段加温放散法逐段完成道岔锁定及锁定焊接,保证焊接质量,实现了京津城际铁路2008年2月1日联调联试开始的工期目标和质量目标。

铁路 25 m 标准轨有砟轨道铺设施工工艺

1　前　　言

25 m 标准轨有砟轨道由道床、轨枕、钢轨、连接配件、道岔及防爬设备等组成。按新建和改建铁路(区段)的等级,应根据其在铁路网中的作用、性质、运期客货运量确定。划分为三级,即:Ⅰ级、Ⅱ级、Ⅲ级。

1.1　工艺特点

轨道施工应按标准化施工,轨节组装工厂化、轨节铺设、铺砟整道机械化或半机械化,减少铺轨工地的作业量。

1.2　轨道类型

正线轨道类型划分为特重型、重型、次重型、中型、轻型。具体类型划分详见《铁路轨道设计规范》(TB 10082—2005,J 448—2005)表 1 正线轨道类型。站线轨道类型详见表 2。

表 1　正线轨道类型

项目					单位	特重型	重型			次重型	中型	轻型
运营条件	年通过总质量				Mt	>50	25～50			15～25	8～15	<8
运营条件	路段旅客列车设计行车速度				km/h	160～120	160～120	≤120		≤120	≤100	≤80
轨道结构	钢轨				kg/m	75	60	60		50	50	50
轨道结构	轨枕	混凝土枕		型号	—	Ⅲ	Ⅲ	Ⅲ	Ⅱ	Ⅱ	Ⅱ	Ⅱ
轨道结构	轨枕	混凝土枕		铺枕根数	根/km	1 667	1 667	1 667	1 760	1 667 或 1 760	1 600 或 1 680	1 520 或 1 640
轨道结构	碎石道床厚度	土质路基	双层	表层道砟	cm	30	30	30		25	20	20
轨道结构	碎石道床厚度	土质路基	双层	底层道砟	cm	20	20	20		20	20	15
轨道结构	碎石道床厚度	土质路基	单层	道砟	cm	35	35	35		30	30	25
轨道结构	碎石道床厚度	硬质岩石路基	单层	道砟	cm	30	30	—		—	—	—
轨道结构	无砟道床	板式轨道		混凝土底座厚度	cm	≥15						
轨道结构	无砟道床	轨枕埋入式		混凝土底座厚度	cm	≥15						
轨道结构	无砟道床	弹性支承块式		混凝土底座厚度	cm	≥17						

注:1. 年通过总质量包括净载、机车和车辆质量,单线按往复总质量计算,双线按每一条线的通过总质量计算;

2. 年通过总质量大于 50 Mt 的线路,根据实际的运营条件,经技术经济比选可采用 60 kg/m 的钢轨;

3. 货物列车设计行车速度为 120 km/h 时,应采用特重型或重型轨道,且重型轨道应采用Ⅲ型混凝土枕;

4. 设计行车速度小于 160 km/h 的改建铁路轨道,可采用Ⅱ型混凝土枕;

5. 明桥面铺设木桥枕时,每千米铺设根数按《铁路桥涵设计基本规范》(TB 1002.1)进行设计;

6. 特殊情况下采用木枕时,铺设根数可根据设计确定。

表 2　站线轨道类型

<table>
<tr><td colspan="5">项　　目</td><td>单位</td><td>到发现</td><td>驼峰溜部分放线</td><td>其他站线及次要站线</td></tr>
<tr><td colspan="5">钢　　轨</td><td>kg/m</td><td>60、50 或 43</td><td>50 或 43</td><td>50 或 43</td></tr>
<tr><td rowspan="4">轨枕</td><td rowspan="2" colspan="3">混凝土枕</td><td>型　号</td><td>—</td><td>Ⅰ</td><td>Ⅰ</td><td>Ⅰ</td></tr>
<tr><td>铺轨根数</td><td>根/km</td><td>1 520～1 667</td><td>1 520</td><td>1 440</td></tr>
<tr><td rowspan="2" colspan="3">防腐木枕</td><td>型　号</td><td>—</td><td>Ⅱ</td><td>Ⅱ</td><td>Ⅱ</td></tr>
<tr><td>铺轨根数</td><td>根/km</td><td>1 600</td><td>1 600</td><td>1 440</td></tr>
<tr><td rowspan="15">道砟道床厚度</td><td rowspan="10">土质路基</td><td rowspan="5">双层道砟</td><td rowspan="15">相应正线轨道类型</td><td>特重型</td><td rowspan="15">cm</td><td rowspan="3">表层道砟 20
底层道砟 20</td><td rowspan="5">表层道砟 25
底层道砟 20</td><td rowspan="5">—</td></tr>
<tr><td>重　型</td></tr>
<tr><td>次重型</td></tr>
<tr><td>中　型</td><td rowspan="2">表层道砟 15
底层道砟 15</td></tr>
<tr><td>轻　型</td></tr>
<tr><td rowspan="5">单层道砟</td><td>特重型</td><td rowspan="3">35</td><td rowspan="5">35</td><td rowspan="5">其他站线 25
次要站线 20</td></tr>
<tr><td>重　型</td></tr>
<tr><td>次重型</td></tr>
<tr><td>中　型</td><td rowspan="2">25</td></tr>
<tr><td>轻　型</td></tr>
<tr><td rowspan="5">硬质岩石路基、级配碎石或级配砂砾石基床</td><td rowspan="5">单层道砟</td><td>特重型</td><td rowspan="3">25</td><td rowspan="5">30</td><td rowspan="5">20</td></tr>
<tr><td>重　型</td></tr>
<tr><td>次重型</td></tr>
<tr><td>中　型</td><td rowspan="2">20</td></tr>
<tr><td>轻　型</td></tr>
</table>

注：1. 钢轨系指新轨或再用轨(再用轨技术条件见旧轨使用、整修技术条件)。

2. 到发线(含到达线、出发和编发线，下同)的钢轨，当正线为 50 kg/m 时，到发线采用 43 kg/m；当正线为 60 kg/m 及以上时，到发线应采用 50 kg/m 及以上的钢轨。

3. 驼峰溜放部分线路(系指峰顶致调车线减速器或铁鞋脱落器出口的一段线路)及延伸一节钢轨，宜采用 50 kg/m，作业量较小的小能力驼峰也可采用 43 kg/m 钢轨。

4. 其他站线系指调车线、牵出线、机车走行线及站内联络线、次要站线系指除到发线及其他站线外以外的站线。

5. 采用 18 号单开道岔且铺设混凝土枕的线路上，应采用Ⅱ级及以上混凝土枕。

1.2.1　钢轨及其接头连接扣件

钢轨类型是按每米长度的重量公斤数来划分的，钢轨每米重 60 kg 及其以上的称为重型、50 kg 的为次重型、43 kg 的为微重型、38 kg 的为轻型。钢轨的接头连接件零件由夹板(鱼尾板)、螺栓、螺母、垫圈组成。

1.2.2　轨枕及其扣件

轨枕按材质分木枕和钢筋混凝土枕。按用途分：一般线路上轨枕和岔枕、钢桥上用的桥枕。扣件为：木枕上采用的铁垫板和道钉。钢筋混凝土枕上采用的扣板式扣件或弹条型扣件。

2　适用范围

适用于非无缝线路的 25 m 标准轨有砟轨道施工。

3 技术标准

(1)《铁路轨道工程施工及验收规范》(TB 10302—96)。

(2)《铁路轨道设计规范》(TB 10082—2005,J 448—2005)。

(3)《铁路线路设计规范》(GB 50090—2006)。

(4)《铁路轨道工程施工质量验收标准》(TB 10413—2003,J 284—2004)。

4 施工方法

4.1 铺轨基地的建设和轨节拼装

4.1.1 基地的选择及设计的原则

(1)铺轨基地属于大型临时工程,设计时要实地进行施工调查,有条件的情况下,最好选在新线铺轨起点附近的车站,并从车站上出岔,使新线与既有相连。若铺轨基地设在区段站附近,对列车编组,机车使用,煤水作业等都较为方便。在困难条件下,可考虑先采用人工铺轨方法从既有车站进入新线后,在邻近的新线车站选择铺轨基地。铺轨基地与既有线接轨时,应尽量选择在车站的次要站线上出岔,以减少行车干扰及安全压力。

(2)基地的股道布置,应根据轨节拼装方式、轨节日产进度、铺轨进度、道岔拼装进度、轨料供应情况以及场地宽窄等条件来确定,并应满足以下要求:

①轨料进场及储备;

②混凝土轨枕的储备及锚固作业;

③轨节生产线的喂料及轨节装车;

④道岔及配件和岔枕的存放及拼装;

⑤成品轨节的存放;

⑥空车停放,轨节列车编组作业;

⑦机车走行及整备、轨汽、吊车的停放。

(3)道岔拼装线一般应靠近轨节生产线,以充分利用机电设备及其他拼装设备。

(4)既有线改造的铺轨工程,铺轨基地可选择在适当的既有车站内或新线范围内,以设置简易的轨节生产场为宜。

4.1.2 铺轨基地的平面布置

铺轨机基地的平面布置主要包括轨节组装车间、轨料存放场、轨节储备场三部分,这些场地内的材料,机具、应统一规划、合理安排、达到相互配合、协调一致,使轨节组装工作顺利进行。

(1)轨料存放地的布置

轨料场地的规模与布置,应根据铺轨进度和基地距轨料来源的远近、运输等情况确定。基地存放轨料的数量,一般应保证铺轨计划日进度的十倍左右或至少满足一个区间的轨料。

(2)轨节组装车间的布置

轨节组装车间的布置应按照进料、轨节组装及轨节装车的次序考虑,一般均设应有进料线、组装作业线及装车线。进料线及装车线分设于组装作业线的两侧。进料线连接轨料场,以便于向组装车间迅速供料。装车线连接轨节储备场和车站站线,以便于运出轨节和回运空车。

(3)轨节储备场的布置

轨节储备场是为了保证轨节的连续生产及供应而设的。因此,轨节储备场地要求平坦坚实。以避免底层轨节钢轨变形或轨节倾倒。场地大小视计划铺轨日进度与组装能力而定,一般应储存约为 5～7 天铺设所需的数量。

(4)铺轨基地的其他布置

铺轨基地除上述各种场地布置外，还应由调车走行股道、机车进行整备作业和加水的股道、停放车辆的股道等。所有这些股道均应是调车时走行距离短、通过道岔少、作业迅速方便。

为了满足基地作业需要，还应设置动力、照明、机械维修设备，并修盖必需的生产和生活房屋。

4.1.3 轨节的组装

轨节是在铺轨基地组装并运送到工地后进行铺设的。轨节组装前，必须编制好轨节生产计划与轨节装运计划，并照此计划规定的顺序装运已组装好的轨节。

(1)轨节组装作业方式

轨节组装作业可分为活动工作台和固定工作台两种作业方式。现场根据具体情况确定组装方式。

①单线往复式活动工作台：在进料线与装车线中间，设一条长约 230 m 的轨节组装作业线。在组装作业线上一般可分为：a. 轨枕硫磺锚固；b. 散枕匀枕；c. 配轨散轨。d. 上扣件。e. 紧螺帽。f. 质量检查、g. 轨节装车等七个工序。每个工序约长 26 m 为一个作业台位。从第二个工序至第六个工序，两边对称安装轨枕起落架，每边起落架顶上各铺一根钢轨，用以承托组装的轨节。钢轨的顶面应水平，以保证起落架工作时动作一直，受力均匀；

②固定工作台位作业方式：这种作业台的布置比较简单，只需在组装线上划分一下固定工作的台位即可。固定工作台位的多少及作业线的长度，可根据铺轨任务量的大小和铺设日进度的需要而定。

(2)反锚法轨节组装作业程序

上枕：用龙门吊将轨枕吊到工段台上。

分解、翻枕：将上枕工段台上的轨枕密节散开，然后翻枕使所有轨枕底面向上。

整理：由人工撬拨将轨枕按各种铺设标准间距调好，并且对正中线。

对模、插钉。

灌浆、脱模：硫磺砂浆熔制好后，从枕底孔仔细灌入道钉孔内，一孔需一次灌满。全部灌满后，待冷却凝固后，即可利用起落架脱模。

翻枕、匀枕：脱模后的轨枕在台车前进的同时，利用翻枕器使之顶面朝上。轨枕翻正后，立即在轨枕承轨槽两侧散布配件(散布前，按配件类型整理堆码好)。在散布配件同时，清除承轨槽中的杂物，并在锚固孔顶面和螺杆上涂油润滑，由匀枕小车将轨枕调为标准间距，同时放好轨底胶垫。

吊轨：吊轨利用两台 5 t 龙门吊来完成。根据轨节表计算值用方尺控制钢轨相错量，将钢轨吊到轨枕上相应位置，在钢轨内侧，用白油漆画线作为固定轨枕的位置。

上配件：各种配件位置正确并上齐后，手拧螺栓 3 个螺扣以上，丝口如有损坏用扳牙加以修正。

紧固、成品轨节检查：用电动扳手紧固。组成轨节后由质检员详细检查轨节质量是否符合标准，不合格的必须重新处理，并作好原始记录，月油漆在轨节铺设终端标注轨枕分中线，轨节号。

吊装轨节：用两台龙门吊将成品轨节按铺设顺序吊运装车、编组加固，存放于轨节场或装车。

4.1.4 轨节表制作的依据及技术要求

拼装轨节是按轨节表进行的，每个轨节按轨节表的顺序铺设在线路上后，都必须保证合乎验收标准。因此，轨节的计算和轨节表的制作，都必须有充分的依据和满足下列技术标准的要求：

(1)必须有设计单位提供的有关技术标准及图表。

(2)必须有线下施工单位提供的正式竣工贯通测量资料(如曲线表、坡度表、桥梁表、隧道表、平交道口表、断链表、施工里程及统一里程换算表)等，并经过施工调查及复核。

(3)轨节表内的每个轨节，除有序号和线路里程(即轨节在线路的位置)外，还必须标注钢轨类型、轨枕数量、轨节通过控制点建筑物(如桥梁、隧道、车站岔位等)时的接头位置、轨节在曲线上缩短轨的排列及曲线左右股钢轨接头相错量等内容。因此，要制作好轨节表使之符合铺轨技术标准，则应熟悉和掌握好“设计规范”和“施工规范”对上述内容的技术要求和有关规定。

①轨节表内按该线设计要求，表明轨枕的数量、种类、规格，是否属于加强地段。如该线无特别要求时，则应满足《铁路轨道设计规范》的有关规定；

②铺设木枕地段，应满足《铁路轨道设计规范》的有关规定；

③钢轨接头的设置应满足《铁路轨道设计规范》的有关规定；

④曲线地段轨距的加宽值应满足《铁路轨道施工及验收规范》的有关规定；

⑤钢轨接头采用对接式时，曲线内股应使用厂制缩短轨调整接头位置，对接式两股钢轨接头位置相错量应满足《铁路轨道施工及验收规范》的有关规定；

⑥制作轨节表若遇有绝缘接头时，应按设计要求计算预留；

⑦各级线路应按设计确定的轨道类型铺设相应类型的钢轨。在特殊情况下，需要铺设其他类型钢轨时，须报经业主或原单位批准。铺设与原设计不同类型的钢轨，宜将该类型钢轨集中连续铺设在一个区间或车站内，铺设在区间的同类型钢轨，其连续长度不得小于 1 km；

⑧线路采用旧钢轨时，旧钢轨应符合《铁路轨道施工及验收规范》中的“旧轨使用技术条件”的规定。

4.1.5 轨节计算及轨节表制作

(1)直线

直线配轨按钢轨长度加预留轨缝连续计算，并应计算出钢轨接头到达曲线始终点前或伸入始点的距离。

(2)曲线

①曲线段配轨以外股为依据。尚应加外股比线路中线的增长量，其增长量按下式计算：

$$\Delta=S/2R(K+L_0)$$

式中 Δ——平坡段曲线外股比线路中线的增长量(m)；

S——两股钢轨的中心距离，采用 1.5 m；

K——圆曲线长度(m)；

L_0——缓和曲线长度(m)；

R——圆曲线半径(m)。

②圆曲线内股缩短量按下式计算：

$$X=SL/R$$

式中 X——圆曲线内股缩短量(mm)；

S——两股钢轨的中心距离(采用 1.5 m)；

L——圆曲线长度(m)；

R——圆曲线半径(m)。

③缓和曲线内股缩短量按下式计算：

$$X_0 = S L_0 / 2R$$

式中 X_0——缓和曲线内股缩短量(mm)

S——两股钢轨的中心距离，采用 1.5 m；

L_0——缓和曲线长度(m)；

R——圆曲线半径(m)。

(3)缓和曲线上任一点的内股缩短量按下式计算：

$$X,0 = S(L,0)2/2RL_0$$

式中 $X,0$——缓和曲线上任一点的内股缩短量(mm)；

S——两股钢轨的中心距离(采用 1.5 m)；

$L,0$——缓和曲线上任一点到缓和曲线起点的长度；

L_0——缓和曲线长度(m)。

(4)曲线内股总缩短量按下式计算：

$$\Delta X = X + 2 \times X_0 = S/R(L + L_0)$$

式中 ΔX——曲线内股总缩短量(mm)；

X——圆曲线内股缩短量(mm)；

X_0——缓和曲线内股缩短量(mm)；

S——两股钢轨的中心距离(采用 1.5 m)；

R——圆曲线半径(m)；

L——圆曲线长度(m)；

L_0——缓和曲线长度(m)。

当曲线两端缓和曲线长度不同时，要分别计算缓和曲线内股的缩短量。

(5)需用缩短轨根数按下式计算：

$$N = \Delta X / \varepsilon$$

式中 N——需用缩短轨根数。取整数，小数后四舍五入；

ΔX——曲线内股总缩短量(mm)；

ε——采用缩短轨的缩短量(mm)。

(6)曲线缩短轨的布置。

在计算出曲线所需的缩短轨根数之后，即可进行计算并布置缩短轨的位置，一般情况下，当内股计算的缩短量达到或超过该曲线所选用的缩短轨缩短量的一半时，即应插入一根缩短轨。曲线内股缩短轨应按曲线内股缩短轨计算和布置。采用标准长度钢轨轨道的曲线内股，应按设计或规范要求选用厂制缩短轨。

4.2 新线轨道铺设(主要介绍机械铺设)

4.2.1 正线轨道铺设

(1)施工准备

①铺轨前应有批准的施工设计文件如：曲线表、坡度表、长短链表、平交道表、隧道表、桥梁及明渠表、陡深地段表、制动地段表、沿线车站平面图等；并应取得线下施工单位竣工后的贯通测量资料和有关的铁路工程检查证等；

②铺轨前应组织有关人员对沿线进行一次全面调查：除按《铁路轨道施工及验收规范》TB 10302—96)第 2.0.4 条规定外，还应落实隧道照明、机车临时补水给水设施，核实有关工程完成情况；并检查各种电线路，临时建筑物等是否侵入限界，了解平交道口的车辆通行情况应采用的临时措施。了解沿线城镇社会情况及生活物资供应情况等；

③落实砟源。组织预铺道砟并保证铺轨质量；

④复核施工图；

⑤办理建筑物(曲线、桥梁、隧道)交点桩及护桩，沿线水平基点桩位置及标高等的交接工作；

⑥编制实施性的施工组织设计。

(2)轨节换装

使用铺轨机铺轨时、需要将普通平板上的轨节换装到专用平板车上，2# 车是一个专门传递轨节的机动平板车，由于 2# 车每次只能倒装运送一组轨节，为了不影响前方铺轨的连续进行，换装站应尽量靠近铺轨工地。

①设立换装龙门架一般宜设在铺轨工地后方已铺线路的直线上。如必须设在曲线上时，也应将曲线拨直一段距离(不短于 50 m)。如换装 25 m 轨节时，两龙门架中心距离为 14～15 m；

②龙门架的基础。龙门架的基础应设置在平整、牢固的基础上面，严防龙门吊倾斜和下沉；

③轨节换装作业程序。

a. 机车将轨节列车推送到龙门架下对位第一组轨节；

b. 拆除封车设备，放开龙门捆绑设备，溜绳将所需换装轨节捆吊牢固；

c. 升起轨节待轨节离开平板适当距离时即可停止轨节上升；

d. 机车以 1～3 公里/小时的速度牵引空平板车退出龙门架，2# 车对位龙门架下已吊起的轨节。轨节应缓缓下降，稳妥的落到 2# 车上；

e. 2# 车上轨节封车牢固即可发出至铺轨工地，经拖拉至铺轨机上后，返回换装站，如此往返进行换装运送作业。

(3)铺轨机铺设轨节

铺轨机铺设轨节的作业过程一般为：

①由拖拉设备将整组轨节(6 层)拖拉到铺轨机腹内；

②铺轨机前行，当其前轮到达已铺轨节前端的第三根轨枕时，铺轨机制动并起吊轨节；

③将轨节送出，当轨节的后端与已铺好轨节的前端相错量比较小时，开始下降轨节。轨节降落到离地面约 1 m 时，两侧人员应同时扶住轨节的降落。曲线地段，由于悬臂前端有偏移量，两侧人员应同时注意将轨节向曲线内侧推拉，对正中线。当轨节降落至离砟面 30～40 cm 时，两侧人员应稳住轨节，对正中线，此时应使前端暂停降落，而轨节后端则继续下落与已铺轨节衔接，同时按预留轨缝值的要求，根据铺轨时的轨温情况，插入相应的轨缝片，并用撬棍将轨节中线与地面中线桩对正后，将轨节全面落地。

(4)联接接头，拨正轨道后，铺轨机即可驶入新铺轨节上，继续向前铺设。

4.2.2 站场铺设

(1)施工准备

站场的铺设，除应按正线轨道铺设做好施工准备工作外，还应做好如下工作：

①绘制并复核车站施工平面图；

②复核车站两零点坐标之间的距离及各岔位坐标，在与路基施工单位接交桩位时，应进行复测，并应注意在站内是否有长短链(特别是大站)。

(2)站场的铺设

站线股道铺设与正线铺设方法相同,铺设站线的关键首先是铺好道岔。铺设道岔的方法有两种,一是预铺法;二是插铺法。二种方法都采用人工配合吊车进行铺设。

预铺法,即在铺轨未到达车站之前,用汽车将道岔料全部运到岔位处,人工铺设道岔。

插铺法,即将道岔位置、长度丈量准确,在基地组装好临时岔位轨排,在铺轨机到达岔位时将临时轨排铺设在岔位处,使铺轨机先铺轨通过,尔后利用铺轨列车运输道岔材料或组装好的道岔至岔位处,在不影响铺轨作业时,再将临时轨排拆除铺设道岔。

①人工铺设混凝土枕普通单开道岔

a. 准备工作。施工前,依照定型图将道岔材料详细的进行一次检查和核对,按照转辙器,辙叉及护轨,连接部分及岔枕分别仔细清点材料数量和检查规格质量。对钢轨、岔枕要逐根丈量注明尺寸。特别注意基本轨及辙后垫板的规格是否与道岔的左右开向相符。如所铺的道岔与线路的钢轨类型不同,还要检查引轨、异型鱼尾板及垫板是否配套。清点后的配件分类堆码整齐。组织装车及工地卸车,防止材料丢失;

b. 设置岔前及岔尾桩。根据测设的道岔中心桩及前后线路中心桩,用钢尺从道岔中心量出到基本轨端点的长度 a,设置岔前桩,再以道岔中心桩量出至辙叉跟的长度 b,设置岔尾桩;

如是预铺道岔,除量出岔头及岔尾的距离外,还要将线路拨正,量出道岔前后拢口轨长度。配置合拢口短轨;

c. 平整砟面;

d. 准备轨枕间隔绳。为了正确迅速的铺摆岔枕,用一根麻绳或铁线上划好岔枕间隔位置标记,划间隔绳时,将刚尺与麻绳或铁线并行拉开,采取累计的方法。将定型图上岔枕间隔位置用红油漆划在间隔绳上;

e. 散布岔枕;

ⓐ用机械吊铺岔枕就位(短岔枕也可人工抬运就位);

ⓑ用测绳自岔前后拉直,并标出岔枕间隔距离逐根散布,小范围内的精细调整岔枕可用撬棍进行。

f. 硫磺锚固;

g. 在岔枕上安放岔轨并安装连接夹板;

h. 在岔轨上划出岔枕间距线、并根据岔枕间距线精调整岔枕;

i. 安装扣件;

j. 细拨道岔和上砟整道;

k. 线路维修

(3)机械铺道岔

机械铺道岔的方法是先在铺轨基地的道岔组装台上将道岔组装好,再将道岔拆分成三部分运到工地进行铺设。道岔组装台尽量设在轨节生产作业线附近,以便利用机具设备。工作台的地面要夯实整平,并埋设道岔位置桩和各类岔枕的分界间距桩。台位数量根据道岔生产进度确定。道岔成品按转辙器部分、导曲线部分、辙叉及护轨部份三段组装。每段的搭接部分暂不连接,以利吊铺和运输。铺设时一般用吊车铺设,其作业顺许为:吊车在预留道岔位置处,逐次将道岔轨节吊卸于线路一侧,拆除岔位的轨节,吊卸于线路的另一侧。然后再按转辙部分、导曲线部分和辙叉部分的顺序,依次吊铺就位。每吊铺一节,及时安装联结夹板,钉连搭接部分轨枕。最后检查铺设质量,并进行修整。

4.3 既有线轨道铺设

4.3.1 施工准备

既有线铁路施工同新线铁路一样，铺轨前应组织有关人员对沿线进行一次全面调查，并对既有铁路的站场进行复测，根据设计图纸，了解现场实际的拆铺数量，落实拨接口位置，并要在封锁时间内完成相关工作。

4.3.2 既有线封锁线路轨道的铺设(主要介绍道岔插铺施工)

既有线道岔插铺设(见有砟道岔施工技术标准内的既有线道岔插入施工)。

5 工艺流程及操作要点

5.1 人工铺轨

5.1.1 工艺流程

人工铺轨工艺流程图如图1所示。

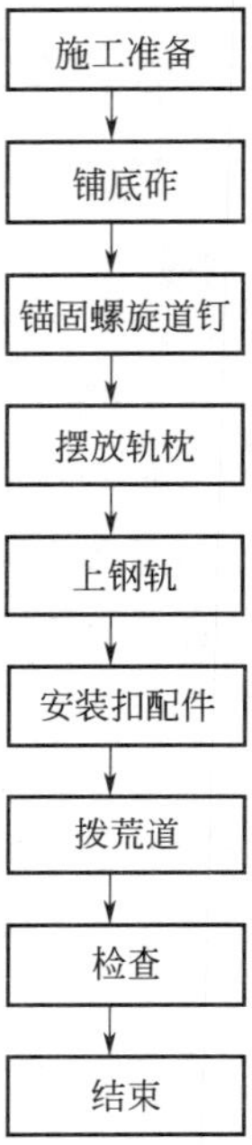

图1 人工铺轨工艺流程图

5.1.2 操作要点

(1)施工准备

按铺轨计划进度落实钢轨、轨枕、钢轨及扣件来源。测设中线桩：直线不大于25 m，曲线为20 m，缓和曲线为10 m；在曲线起讫点、缓圆点、圆中点和圆缓点，道口中心点，道岔中心点及岔头、岔尾，设置中线桩。

(2)卸料

站内钢轨、轨枕通过火车运输到车站，请点卸在路基上，人工转运到位。

(3)铺底砟

路基成型经监理工程师检查合格后铺底砟，底砟采用汽车通过施工便道运至施工地点，推土机摊铺，人工整平成型。

(4)锚固螺旋道钉

采用正锚法。先将枕孔底部塞住，锚固浆熬好后，从枕孔上部仔细灌入道钉孔内，一孔一次灌注。

(5)摆放轨枕

人工按照轨枕设计间距摆放在线路中心。轨枕摆放好后将配件散发到轨枕上，并摆好轨底大胶垫。

(6)上钢轨

人工将摆放在线路两侧的钢轨上到承轨槽内，其要点是撬棍插钢轨两端的螺栓孔眼后将其翻到轨枕承轨槽内，在钢轨上打印轨枕位置线，按位置线方正轨枕。

(7)安装扣配件

按设计要求安装扣配件，连接钢轨，采用电动扳手拧紧螺帽。

(8)拨荒道

铺设完成后根据线路中线资料，利用起道机拨道，使轨道方向良好，长平顺直，达到工程列车通行条件。

(9)质量检查

根据《铁路轨道施工及验收规范》和设计标准对拼装质量进行检查。

5.2 人工铺设混凝土枕道岔

5.2.1 工艺流程

人工铺设混凝土枕道岔工艺流程见图 2。

5.2.2 操作要点

(1)施工准备

岔枕在基地进行硫磺锚固后，按编号顺序成组堆码，以备装车。在基地按道岔铺设图清理、核对、配齐道岔钢轨和配件与同组岔枕一起装车运往施工现场。根据现场施工条件，整平预拼场地。岔料运到现场后，采用吊车对位卸料，岔枕卸在道岔拼装位置，钢轨及配件卸放在拼装位置同侧的前后。

(2)摆岔枕

按铺设方向用吊车逐根摆放岔枕，摆节顺序根据施工条件而定。

(3)散钢轨

按铺设图逐根散放，直接放入承轨槽内。

(4)钢轨连接、散配件

首先连接直股钢轨，按规定要求预留轨缝，按铺设图散放道岔配件；人工移动直股钢轨使道岔中心基本对应于岔位中心。

(5)方枕

取齐岔尖，按铺设图在直股钢轨上标注岔枕位置，人工对线方枕。

(6)上配件

调整轨距，螺栓涂油紧固。

(7)曲股连接

连接曲股钢轨，在直股钢轨上打印支距点位置，配件联结，调整之距。

(8)岔后长枕组装

(9)质量检查

道岔铺设完成后，根据《铁路轨道施工及验收规范》和设计标准对拼装质量进行检查。

5.3 机械铺轨

5.3.1 轨节拼装

(1)工艺流程

轨节拼装工艺流程如图 3 所示。

(2)操作要点

轨节是在铺轨基地组装并运送到工地后进行铺设的。轨节组装前，必须编制好轨节生产计划与轨节装运计划，并照此计划规定的顺序装运已组装好的轨节。

①轨节组装作业方式。轨节组装作业可分为活动工作台和固定工作台两种作业方式，现场根据具体情况确定组装方式；

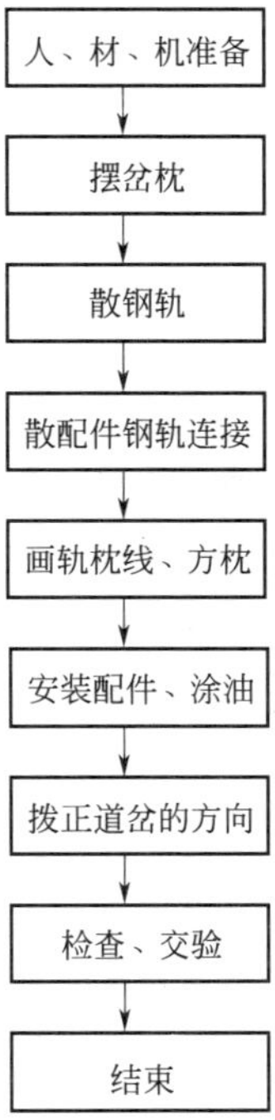

图 2 人工铺轨工艺流程图

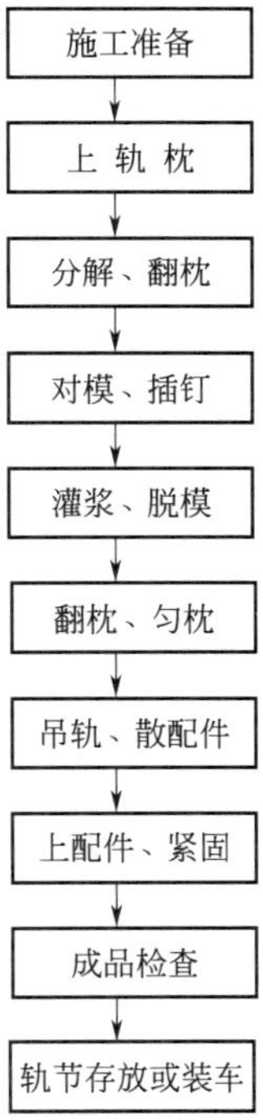

图 3 轨节拼装工艺流程图

a. 单线往复式活动工作台：在进料线与装车线中间，设一条长约 200 m 的轨节组装作业线。在组装作业线上一般可分为：a. 轨枕硫磺锚固、b. 散枕匀枕、c. 配轨散轨、d. 上扣件、e. 紧螺帽、f. 质量检查、g. 轨节装车等七个工序。每个工序约长 26 m 为一个作业台位。从第二个工序至第六个工序，两边对称安装轨枕起落架，每边起落架顶上各铺一根钢轨，用以承托组装的轨节。钢轨的顶面应水平，以保证起落架工作时动作一直，受力均匀。

b. 固定工作台位作业方式：这种作业台的布置比较简单，只需在组装线上划分一下固定工作的台位即可。固定工作台位的多少及作业线的长度，可根据铺轨任务量的大小和铺设日进度的需要而定。

②轨节组装作业程序

上枕：用龙门吊将轨枕吊到工段台上。

分解、翻枕：将上枕工段台上的轨枕密节散开，然后翻枕使所有轨枕底面向上。

整理：由人工撬拨将轨枕按标准间距调好，并且对正中线。

对模、插钉。

灌浆、脱模：硫磺砂浆熔制好后，从枕底孔仔细灌入道钉孔内，一孔需一次灌满。全部灌满后，经冷却凝固，即可利用起落架脱模。

翻枕、匀枕：脱模后的轨枕在台车前进的同时，利用翻枕器使之顶面朝上。轨枕翻正后，立即在轨枕承轨槽两侧散布配件(散布前，按配件类型整理堆码好)。在散布配件同时，清除承轨槽中的杂物，并在锚固孔顶面和螺杆上涂上机油，由匀枕小车将轨枕调为标准间距，同时放好轨底胶垫。

吊轨：吊轨利用两台 5 t 龙门吊来完成。根据轨节表计算值用方尺控制钢轨相错量，将钢轨吊到轨枕上相应位置，在钢轨内侧，用白油漆画线作为固定轨枕的位置。

上配件：当各种配件位置正确并上齐后，手拧螺栓 3 个螺扣以上，丝口如有损坏用扳牙加以修正。

紧固、成品轨节检查：用电动扳手紧固。组成轨节后由质检员详细检查轨节质量是否符合标准，不合格的必须重新处理，并作好原始记录，在每个轨节上配齐鱼尾板及螺栓带帽，并打蜡放在轨节接头上，用油漆在轨节铺设终端标注轨枕分中线，轨节号及生产班组。

吊装轨节：用两台龙门吊将成品轨节按铺设顺序吊运装车、编组加固，存放于轨节场或装车。

5.3.2　机械铺轨

(1)工艺流程

机械铺轨工艺流程见图 4。

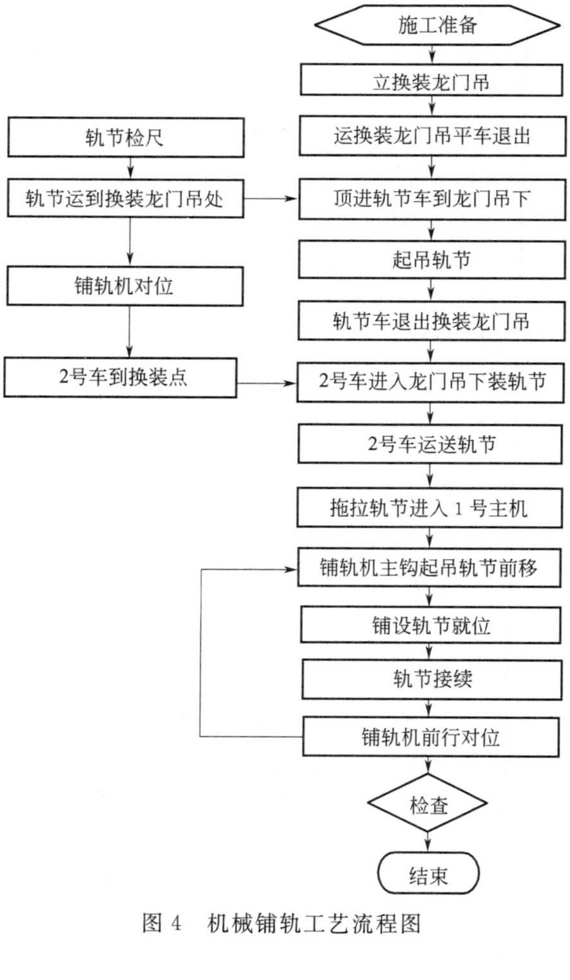

图 4　机械铺轨工艺流程图

(2)操作要点

①运输轨节到施工地点,立换装龙门架。机车推送铺轨机龙门吊及轨节到施工地点。列车编组如下:机车→龙门架→轨节→轨节→轨节→轨节。机车推送轨节在距轨道作业 1～2 km 处适当地点,立换装龙门架。换装龙门架地点选在直线地段或 $R>1\ 000$ m 以上缓和曲线上,如果条件困难,可将已铺曲线轨道在立换装龙门架位置上拨直,两端拨圆顺,两换装龙门架中心距用粉笔标出位置后,搭设龙门架基础的木垛。用机车将换装龙门架对位。龙门架立好,经检查后,机车方能启动挂出龙门架托架车。施工人员对换装龙门架进行适当调整,使换装龙门架中心与轨道中线误差在±10 mm 以内,检查换装龙门架基础是否牢固和调平,使换装龙门架与加固木枕接触密贴。

②轨节换装。换装龙门架立好经现场施工负责人和机械操作人员确认后,方可进行换装。在调车人员指挥下,机车将轨节对位到龙门架处。机车对位速度控制在 5 km/小时。换装龙门架中心距轨节两端距离为 5.95 m。轨节对好位后,启动换装龙门架放下换装龙门架底板钩(底板钩位置在轨节两端第十根和第十一根轨枕之间),施工人员将底板钩挂在最底层轨节钢轨上。换装龙门架司机启动底板钩,提升轨节 50 mm 以后,由专人对换装龙门架进行全面检查,经确认无误后,方可继续起吊,当轨节提升高出轨节平板转向架 300 mm 后,方可由调车人员指挥机车将车辆挂出换装龙门架。

③2 号车装运轨节。装运轨节由铺轨机 2 号车来承担。当 2 号车进入换装龙门架后,启动换装龙门架,缓缓放下轨节;待上好轨节封位钩后,2 号车方可启动运行。

④拖拉轨节。拖拉轨节宜在直线上进行,2 号车运送轨节到铺轨作业头最近一段直线上与铺轨机 1 号车连挂。将轨节底层钢轨用钢丝绳与铺轨机 1 号车卷扬机钢丝绳用卡环连接,方可进行拖拉。拖拉速度宜缓缓进行,当出现拖拉不顺畅,停止拖拉进行全面检查,处理完工后方可重新启动拖挂系统,严禁强行启动拖拉系统。待轨节拖拉进入铺轨机 1 号车后,将铺轨机 2 号车与 1 号车脱钩,铺轨机 2 号车回到换装龙门架下装运轨节,铺轨机 1 号车进入施工地点开始铺轨。

⑤铺轨机铺轨。铺轨机前轮不超越已铺好轨节前端的第三根轨枕,在下坡地段铺轨时,必须有防溜措施。铺轨机对位后,放下吊钩,挂好轨节,经检查无误后,起吊轨节,将轨节向前运送到位后缓缓下落,待轨节下降到距地面 1 m 后,作业人员方可用中式撬棍稳住轨节。先接好后端钢轨接头,预留好轨缝(轨缝预留根据当天气温进行确定,按每两个小时测定一次),然后对好前端中线使轨节就位,轨道中线与线路中线偏差不大于 20 mm。铺轨机向前运行,铺设下一个轨节。

⑥检查和整改。当天铺设轨道完工后对其线路进行全面检查,内容包括轨缝,接头相错量,轨道中线,有无三角坑和反超高,线路平纵面情况,配件是否齐全完好等。及时对线路进行重点整治,确保行车安全。

⑦信息反馈。当天收工时,将最后铺设轨节号连同实际铺设终点里程,报告铺轨基地,以便对轨节计算进行调整。

5.2.3　道岔拨接施工

见有砟道岔施工技术标准内的既有线道岔插入施工。

6　劳动力组织

劳动力配置根据工期要求和作业面数量进行具体安排,正常情况下单作业面铺轨施工进度 1.2 km/天劳动力组织见表 3 和表 4。

表 3　作业场轨节组装人员配备表

序号	工作项目	人数	工作内容
1	摆枕	4 人	2 人 1 组，配合龙门吊吊枕到生产线；卸枕。
2	分解、翻枕	4 人	1 人控制横向，1 人控制纵向，2 人翻枕。
3	整理	2 人	1 人控制横向，1 人控制纵向，并收集垫木。
4	对模插钉	6 人	包括插钉、摆钉、灌浆、清扫模板。
5	散配件	6 人	绝缘胶、放胶垫、弹条、其他各 2 人。
6	灶台人员	6 人	烧火 1 人、筛砂 1 人，出浆、进料、搬运各 2 人。
7	配轨	2 人	检尺、翻枕、吊轨。
8	上配件	8 人	分 3 组，4 人 1 组，每组负责 14 根轨枕。
9	紧螺栓	4 人	分 2 组，每组 2 人。
10	打油	1 人	螺栓上油、做轨排标记。
11	龙门吊司机	4 人	5 台龙门吊，每台 1 人。
12	现场指挥	1 人	负责进度、质量、安全
13	质检	1 人	负责质量检查和记录
14	轨排装车	4 人	地面 2 人、车上 2 人
15	来料卸车	6 人	
合　计		59 人	配备一班人作业

表 4　铺轨机铺轨劳动力组织

序号	工作项目	人数	工作内容
1	轨排换装	6 人	换装龙门吊司机 2 人，换装 4 人。
2	2＃车司机	1 人	
3	轨排挂运	3 人	挂运轨排，拖拉轨排进 1＃车
4	1＃车司机	3 人	
5	铺轨排	10 人	轨排对位 4 人，连接 6 人。
6	紧螺栓	4 人	分 2 组，左右股各 1 组。
7	铺轨后整道	20 人	铺轨后的重点整道。
8	电工及维护	2 人	施工期间的供电和设备维护
9	现场指挥	2 人	负责施工安全、质量、进度
10	施工测量	4 人	路基交铺和复核、架梁基础移交
11	机车司机	6 人	
12	调车人员	6 人	
13	轨道车司机	1 人	
14	吊车司机	1 人	
小　计		69 人	配备一班人作业

7　机具设备

施工中配置的主要施工设备、试验、测量设备见表 5。

表 5　主要机具设备配置表

序号	设备名称	单位	数量	备　注
1	长征Ⅱ铺轨机	台	1	含附属设备
2	内燃机车	台	3	
3	吊车	台	1	
4	N15 平版	辆	30	
5	宿营车	辆	4	
6	棚车	辆	2	前方机修和送人上下班
7	210 轨道车	台	1	
8	水槽车	辆	2	
9	内燃起道机	台	2	
10	换装龙门架	组	1	
11	小型货车	辆	2	
12	电台	台	2	
13	对讲机	个		按要求配置
14	龙门吊	台	4	Ⅱ型枕按 10 t 配置，Ⅲ型枕按 16 t 配置
15	试验设备	套	1	
16	测量设备	套	2	

8　质量控制要点

8.1　混凝土轨枕轨道组装质量控制要点

(1)上枕检查

对轨枕进行检查，如有不合格一律不用，对个别有缺陷的轨枕进行处理。摆枕时轨枕生产厂标在单侧一致，如有不对的必须逐根掉头。

(2)插钉检查

对模插钉前。检查轨枕承轨槽与锚固架是否密贴，插钉时，插钉到位，保证道钉所插深度一致。

(3)硫磺砂浆溶质检查

硫磺砂浆溶制前检查各种配料是否合格，硫磺采用纯度不小于 95％的工业硫磺；水泥采用普通硅酸盐水泥；砂子粒径不大于 2 mm，泥淤含量不超过 5％，配制前烘干，各种材料不得混有杂物。硫砂浆的配合比根据气候条件和材料技术条件由试验确定。

在任何条件下，螺旋道钉的抗拔力不小于 60 kN。选定好配合比，称量配制各种材料的一次溶制量，对硫磺砂浆的溶制作好原始记录备查。

配制硫磺砂浆时，先倒入砂子加热到 100 ℃～120 ℃，将水泥倒入加热至 130 ℃，最后加入硫磺和石蜡，继续搅拌加热至 1 600 ℃，熔浆由稀变成胶状即可使用。溶制硫磺砂浆温度不大于 180 ℃。

(4)钢轨检查

检查钢轨型号、长度是否与设计一致，直线段钢轨配对时两钢轨偏差在 3 mm 以内，曲线地段按轨节表计划选配缩短轨。并将钢轨长度正负误差值写在轨头上。

(5)配件检查

各种零件安装齐全,位置正确。

(6)轨节紧固

紧固前测定扳手的扭矩,扭矩要达到 100～120 N·m,确保紧固力达到设计要求。

8.2　木枕轨节组装质量控制要点

木枕以标准轨一侧取齐,钢轨位置线打印准确符合《规范》要求。

拼装前,木心向下,端头有裂纹的木枕先用铁丝捆扎牢靠(在有必要的情况下,所有木枕的两端均要捆扎)。

废弃的道钉孔用浸有防腐油的木楔填充。

轨距改正,起钉后先用浸有防腐油的木楔填充道钉孔,在重新钉入道钉。

根据轨节表资料,对已组装木枕轨节进行全面检查,内容包括钢轨、木枕类型及根数、道钉个数和接头相错量是否准确,铁垫板和钢轨是否密贴,道钉和轨距等是否合格,对不合格的进行处理。

8.3　铺轨质量控制要点

(1)中线控制

当新铺轨轨节与已铺轨节连接后,新铺轨节应立即对正,轨节偏离线路设计中线不大于 20 mm。

(2)接头相错量控制

直线地段同一轨节选用长度偏差相同的钢轨配对使用,相差量不得大于 3 mm,并前后左右随时调整抵消,累计差不得大于 15 mm。

曲线尾剩余的接头相错量在必要时可以在曲线尾插入一根相应缩短量的缩短轨进行调整。

调整桥上钢轨接头位置时,短轨应铺在离桥台尾 10 m。个别插入的短轨长度,在正线上不得小于 6 m,其余位置不得小于 4.5 m。除两相邻道岔间外,不得连续插入两对以上的短轨。

道口范围内不得有钢轨接头的位置。

(3)轨缝控制

新铺轨道的预留轨缝尺寸在当日检查,并将检查结果的总偏差量记入工程日志,在次日铺轨时加以调整消除。

各接头应全部上齐鱼尾螺栓、并拧紧。

不得出现连续 3 个以上的瞎缝。

不得出现最大构造轨缝。

8.4　铺道岔的质量控制要点

正线上钢轨接头处的岔枕间距与正线轨道同类型的钢轨接头处轨枕间距一致,并使轨缝处于间距的中心。单开道岔的岔枕在直股外侧取齐。

尖轨尖端与基本轨密贴,第一根连杆的最小动程为直尖轨是 142 mm,曲尖轨是 152 mm,弹性可弯尖轨是 180 mm。

轨距允许偏差:有控制锁的尖轨尖端处为±1 mm,其他部位为$^{+3}_{-2}$ mm。

查照间隔(辙叉心作用边支护轨头部外侧的距离)不小于 1 391 mm;护背距离(翼轨作用

边至护轨头部外侧的距离)不小于 1 348 mm。

到曲线圆顺,支距正确;支距允许偏差:国家铁路为±2 mm,地方铁路及专用线为±3 mm。

全部滑床板在同一平面上,轨面平顺;导曲线可根据需要设置不大于 6 mm 的超高,不能有反超高。

接头处轨面高低差和轨距线错牙:正线、到发线上的道岔不大于 1 mm,其他线不大于 2 mm。

基本轨落槽,滑床板平正。滑床板与尖轨尖隙和轨撑离缝大于 2 mm 的,正线和到发线上的道岔每侧不大于 1 处,专用线每侧不大于 2 处。

各种配件齐全,作用良好。

9 安全措施

9.1 施工车辆在既有线上行驶的安全措施

部分路料运输经过既有线时,工程施工车辆在车站取送车时,没有经过有关部门审查批准的既有线行车方案,工程车辆不得在既有车站上行驶。

在车站取送车时,由车站管理人员指挥,确保既有车站行车安全。

机车司机、轨道车司机,培训考试合格并取得合格证后持证上岗。

没有按规定对运输设备进行年检的车辆,机车三大件不全或失效的不得在既有线上行驶。

坚持既有线行车安全第一的思想。加强对行车人员的临岗前培训,重点学习既有线行车安全基本常识。当施工运输与行车安全发生矛盾时,要严格坚持“安全第一”的原则,服从行车安全的需要。

对于铺架运输要制定行车组织、通信信号管理、线路养护等规章制度。交接口要严格把关,做好车辆技术检查等工作,严格交接制度,确保行车安全。

行车管理:与运输有关部门和车站签订行车安全协议,进出铺轨基地的道岔由专人负责管理。

9.2 工程列车在新建线上运行安全措施

加强铺轨后的线路重点整道工作,达不到行车条件的线路绝不开通使用。作好桥涵等铁路建筑物的现场调查,防止因下部施工脚手架及其他物体侵限而影响安全,要重点加强桥台台后和涵洞处路基的变化情况的调查。

在工程线上开行的工程列车按路用列车办理,行车办法按该区段的正式列车行车办法执行。乘务人员在运行中应加强了望,严控速度,坚持呼唤应答制度,确保行车安全。

工程列车开行前应加强车辆技术作业检查和商务检查。严禁使用未检查车辆,防止所装货物超载和偏载。

调车作业要挂钩接风,严禁溜放调车,机乘人员严格控制行车速度。行车人员严格执行行车制度,及时正确地显示信号。

对摘解的车辆应连挂成组,放风制动,作好拧紧手闸和安放止轮器等防溜措施。挂车时应调整好钩位,确认挂妥后才准撤除防溜设施。推进列车时要先试拉,超过 3 车时必须安设放风制动阀。

装运轨节的列车运行按以下规定执行:

运送 25 m 轨节使用高度相同的两辆平车跨装,在两车连结车钩上安装车钩缓冲停止器,并将两车钩提杆用铁丝捆绑固定,在联接处,底层轨节必须捆绑牢固。

装车时不超限、不超载和不偏载,轨节装载高度不超过 6 层,各层轨节上下对齐,不得偏移和突出。

在确认轨节的加固符合规定后，报告行车调度挂运。列车运行中应避免使用紧急制动。轨节列车停站时应检查装载状况，发现异状及时报告基地值班员和行车调度。

9.3　施工现场安全保证技术措施

施工现场的布置符合防火、防爆、防洪、防雷电等安全规定及文明施工的要求，施工现场的生产、生活办公用房、仓库、材料堆放场、停车场、修理场等按批准的总平面布置图进行布置。

现场道路平整、坚实、保持畅通，危险地点悬挂按照《安全色》和《安全标志》规定的标牌，夜间行人经过的坑、洞应设红灯示警，施工现场设置大幅安全宣传标语。

现场的生产、生活区要设足够的消防水源和消防设施网点，消防器材有专人管理不得乱拿乱支。组织义务消防队，所有施工人员要熟悉并掌握消防设备的性能和使用方法。

各类房屋、库棚、料场等消防安全距离符合公安部门的规定，室内不得堆放易燃品；严禁在木工加工场、料库等吸烟；现场的易燃杂物，应随时清理，严禁在有火种的场所或其近旁堆放。

施工现场的临时用电，严格按照《施工现场临时用电安全技术规范》的规定执行。施工现场加强用电管理，严格执行我公司的临时用电安全技术措施。

施工中如发现危及地面建筑物或有危险品、文物时，应立即停止施工，待处理完毕方可施工。

工程所在地为风沙地区，特别是每年的 4 月、5 月，要提前向当地气象部门详细了解近期气象情况，提前做好防风沙准备。

9.4　铺轨作业安全技术措施

(1)轨节拼装作业安全措施

铺架作业基地的布置应首先考虑便于行车组织，使轨料装卸车、储存、轨节钉联、调车和列车编组等作业间不相互干扰。基地内必须排水通畅；夜间作业要配备良好的照明设施；配制灭火器等消防设备；场内的线路、道岔应保证调车、行车安全进行养护作业。

轨料堆码要整齐牢固，不侵入线路限界；起重设备必须经常检查，加强保养，门式起重机停机时要锁定走行部位，场内停留车辆要采取防溜措施；吊装时作业人员要有明确分工，统一指挥，指挥信号配有音响信号，起重物下严禁站人。

轨节钉联线两侧的线路两旁的料具应堆放整齐，不得影响取送作业和司机对位的瞭望视线。

熬硫磺砂浆应使用封闭式搅拌锅，并安装在工位段的下风处，从事硫磺锚固的作业人员应按规定配戴防毒口罩、眼镜、手套等个人劳保用品，站在上风口操作，饭前要洗手。

钉联木枕轨节前，应将木枕的超长部分锯除。木枕轨节每根接头木枕的道钉正钉不得少于两个，防止起吊时木枕掉落。

吊散轨时要随时调整钢轨钳在钢轨上的位置，防止偏重。跳板、吊架、钢轨钳要经常检查，不准用龙门吊车拖拉钢轨车对位。

紧扣件作业人员站在轨枕上用小撬棍拨入扣件时，脚跟要站牢，上扣件人员要两边分开，使用撬棍要注意防止碰伤邻近作业人员。

(2)轨节换装作业安全措施

立龙门架时应有专人指挥，升、降龙门架顶起后不准动车。

立好龙门架后，应再次检查各腿支垫情况，用硬质木楔将空隙塞实，以确保四角受力均匀。

龙门架支腿联接螺栓应上下对齐，插腿销应安装稳妥。

机车推送轨节对位时，要对准吊点位置，并预先将吊钩捆好，以防止轨节碰撞、拖挂。

设专人看卷扬机，注视滑车组转动情况，以防跳槽。

捆千斤绳应先挂双头后挂单头。千斤绳要上下垂直，不得有绞花和两股互压等现象。

机车通过龙门架时，先检查线路上工具和其他障碍物，并注意吊钩和起升钢丝绳等物是否影响机车行驶，防止挂拉龙门架。

(3)轨节吊铺作业安全措施

铺轨作业前核实现场，排除铺轨机通过的障碍，保证限界、净空尺寸；铺轨机在每班使用作业前，必须进行检查和试吊，确认升降、走行、制动等良好后方可正常铺轨。

走行司机思想要集中，经常检查制动部位，铺轨机的走行速度不得大于 5 km/h，对位时不得大于 1 km/h；在下坡道作业时应另加防滑措施。

拖拉轨节应在直线上进行，其速度宜 2 min 通过一辆平板车，并应指定专人引导铁靴顺利进入平板车上的每个滚筒。当曲线半径对作业安全有影响时，应将轨节列车退到直线或曲线半径较大的地段，再拖拉轨节。

铺轨机前轮不得超过已铺轨节前端的第三根轨枕，并应安放止轮器，铺轨机作业前端应有风动制动装置。

铺轨机起吊或走行前，应先发出音响信号。机前施工人员应撤离轨道，站在安全处所。

施工人员拨正待落地就位的轨节时，应站在轨枕头外，严禁站在轨枕盒内，避免压伤手脚。连接轨节的施工人员未撤离轨道前，下一轨节不得伸出铺轨机。

上螺栓时，作业人员要随时注意指挥信号，铺轨机行进前要迅速离开轨道；铺轨机后面补上螺栓作业时，要随时注意轨节车和铺轨机的动向，发现来车要迅速离开道心，禁止站在铺轨机和车辆底下作业。禁止工作人员将工具放在线路上。

利用架桥机铺设桥上轨节时，应选派熟练施工人员上桥操作，并应遵守架桥机的安全操作细则。

10 环境保护措施

10.1 防止水污染措施

施工营地生活废水按当地环保要求进行排放和处理，严禁直接排放至江河中，对于含沙量大且浑浊的施工生产废水，采用沉砂池处理后再排放，含油废水经隔油池处理后排放，防止油污染地表和水体。

10.2 维护生态平衡系统，避免人为恶化环境措施

加强生态环境保护的宣传工作，使全体参建员工充分认识对环境保护的重要性和必要性，加强环保意识。制定详细的环境保护措施，建立严格的检查制度，避免人为恶化环境。保护好铁路沿线的植被、水环境、大气环境、自然生态环境、土壤结构、自然保护区、野生动植物，维护生态平衡系统。

10.3 生产生活垃圾处理及油料管理

严禁将生活污水直接排放至江河中，含油废水经隔油池处理后排放，防止油污染地表和水

体。生活污水经化粪池处理后排放。

对营地生活垃圾(包括施工废弃物)集中装运至指定垃圾处理场处理。

10.4　水土保护措施

为保证地表径流的排泄，工程施工不要切断、阻挡地表径流的畅通，不得强行改变径流的方向或改沟、改河。施工营地的选择和建设也要坚持这个原则。

合理规划施工便道、施工场地，固定行车路线、便道宽度，限制施工人员的活动范围，尽量少扰动地表、少破坏地表植被。

11　工程实例

11.1　工程简介

东乌铁路新运公司施工管段位于内蒙古鄂尔多斯境内，线路从包神铁路旁的活蚕沟站引出，在 DK2＋373.68 跨包神线和呼牙兔沟。在 DK3＋400 处设桥西线路所，以联络线的形式与包神线沙沙圪台站相接，线路长度 1.814 km，其中 LDK120＋800～LDK121＋630.73 由新运公司东乌项目部施工，铺轨长度 0.765 km，铺岔 2 组。线路从桥西线路所跨过东乌兰木伦河经高家村、白泥畔跨东苏高速公路，在红海子北查干庙设伊金霍洛旗站，经桃林在刘家梁西设纳林希里站，线路下穿胜科公路后在浩勒报吉设浩勒报吉站，经木肯淖、格蛇图到本标段终点 DK128＋000。沿线新建车站 6 个，线路所 1 个，正线铺轨 127.386 km(含联络线)，站线铺轨 26.054 km，铺道岔 63 组。

正线：采用 50 kg/m、25 m 标准轨，新Ⅱ型钢筋混凝土轨枕，轨枕每公里铺设 1 760 根，联络线每公里铺设 1 680 根；站线：采用 50 kg/m、25 m 旧轨，新Ⅱ型钢筋混凝土轨枕和Ⅱ类木枕。到发线铺设混凝土轨枕 1 520 根/km，铺设木枕 1 600 根/km；其他站线铺设混凝土轨枕和木枕均为 1 440 根/km。在 450 m 及以下半径时，轨道按规范要求加强。

11.2　工程重点与难点

线路从包神铁路沙沙圪台站接轨，所有轨道材料和设备的进场都要通过既有沙沙圪台车站完成，且有桥梁跨越既有包神铁路和新建东苏高速公路，同时风沙时间多，低温时间长，因此施工期间确保既有车站的运输安全是施工的重点和难点。

11.3　铺轨基地的设置

根据现场条件，轨节作业场设置于东乌线左侧，场内铺设 7 股道，场内轨道道铺设见表 6。按作业内容不同分为轨节组装区和机务整备区、桥面砟装卸区。轨节组装区铺设轨节装卸线 1 条，有效长度 397 m。调车及存车线 2 条，机务整备区主要是机车检修、补油和给水，铺设轨道 2 条，1 条作为机车整修线，有效长度 30 m，修建检修坑 1 个。1 条作为补油、补煤、给水和机待线，有效长度 64 m。桥面砟装卸区铺设道砟装卸线 1 条。铺设 10 t 龙门吊走行线 410 m，安装 10×17 龙门吊 4 台，轨节生产线 1 套，轨节场有效作业长度 400 m。场内按其功能不同分为轨节存放区、轨节组装区、钢轨存放区、轨枕存放区、道岔存放组装区，在场地乌海端修建临时房屋。其生产能力：存放 20 km 轨料，每天拼装轨节 1～1.5 km，长期存放轨节 10 km，能存放 30 组道岔。路基施工便道尽量利用设计线路，从作 1 线位置进车，尽量避免破坏线路两侧生态环境。

表6 股 道 表

序号	股道名称	铺轨长度	有效长度	备 注
1	作1线	466 m	425 m	桥梁装卸线
2	作2线	308 m	265 m	装砟、调车或停车线
3	作3线	333 m	265 m	调车线或停车线
4	作4线	500 m	457 m	调车线或停车线
5	作5线	444.5 m	397 m	轨节、轨料装卸线
6	机1线	99 m	64 m	机车停留、补油、补煤、补水线
7	机2线	52.5 m	30 m	机车整备线
合 计		2 203 m		桥面砟和面砟装卸线

11.4 轨节运输车辆配置

采用N17路用平板车和自备N15专用运梁平扳车运输轨节，每两个N17或3个N15平板车为一组，每组运输150 m轨节(每组平板最多装6层25 m轨节)，根据铺架综合进度安节，按每天铺轨1 500 m，运输轨节时需要N17路用平板车14辆或N15专用运梁平板车21辆。由于本施工管段线路长，桥梁主要集中在基地附件，铺架期间考虑一列平板车在轨节基地装车，一列平板车在前方，一列平板车区间运输及轨节场倒料。

11.5 轨道施工方案

轨节在作业场组装。沙沙圪台至桥西线路所、联络线及东乌线DK3＋250至DK4＋600段轨道、活蚕沟车站及各站道岔采用人工铺设，其余轨道采用长征IIB铺轨机铺设。铺轨从DK4＋600开始往伊金霍洛旗车站铺设，然后铺轨机调头从桥西线路所往活蚕沟车站铺设正线轨道。之后，铺轨机再次调头从伊金霍洛旗车站往接轨点铺设。区间施工铺架两机利用已铺车站、综合基地及临时岔线交会，铺轨到车站时控制正线上道岔位置，道岔位置利用临时轨节过渡(条件具备时提前铺设或铺轨经过后再人工铺设道岔)，铺轨机直接铺设站内正线及区间线路到下一个桥头。铺轨机返回车站后铺设站内轨道150 m，用于铺轨机会让架桥机。

11.6 建设效果及施工图片

如图5～图12所示。

图5 硫磺锚固

图6 作业场散轨

图 7　线路摆枕

图 8　轨排运送

图 9　轨枕换装

图 10　运行砟车

图 11　长征-Ⅲ160 铺轨机铺轨

图 12　接头鱼尾板安装

铁路有砟无缝线路铺设施工工艺

1 前 言

无缝线路是由许多普通标准钢轨连续焊接而成的长钢轨线路，具有行车平稳、旅客舒适、机车车辆和轨道的维修费用较少，使用寿命长的特点。其特点是：一是结构形式上，大量消灭了普通线路长期以来难以解决的先天性缺陷——钢轨接头；二是由于焊接了钢轨接头，从而限制了轨条的温度伸缩，在钢轨内产生巨大的温度应力，为保证线路的稳定性，轨道必须具备足够阻力。

无缝线路的基本原理，是在气温、轨温变化的情况下，通过锁定线路，利用坚强的轨道阻力来阻止钢轨发生伸缩变形，即通过将线路后钢轨产生的应力变化来平衡轨条的应变。

2 适用范围

2.1 适用范围

有砟无缝线路适用于既有线普通轨道线路换铺无缝线路，新建铁路有砟无缝线路。

2.2 铺设条件

(1)曲线半径不小于 600 m。

(2)有砟桥上无缝线路钢轨的接头应在桥两端 10 m 以外。

(3)装有自动闭塞的区段，应结合通过信号机的位置，预留信号设备装设轨道绝缘所需的轨缝。

(4)采用 50 kg/m 钢轨的温度应力或无缝线路时，其钢轨的最大温差不宜大于 90 ℃。

(5)道砟清洁、道床密实，断面符合设计要求。

(6)路基稳定，无冻胀、下沉、翻浆等病害。

(7)轨道方向和水平符合铁道部现行标准的规定。

3 技术标准

(1)《客运专线铁路无缝线路施工技术规范》(试行)(Q/ZTG 21110—2006)。

(2)《新建时速 200 公里客货共线铁路设计暂行规定》(铁建设函〔2003〕439 号)。

(3)《铁路轨道施工及验收规范》(铁道部 TB 10302—96)。

4 施工方法

4.1 施工准备

4.1.1 施工文件

施工前认真研究施工承包合同、设计文件、技术资料和相关专业设计图、施工要求和质量验收标准，以及同相关单位的关联、结合部施工要求，并对相关图纸、资料进行审查、核对。

4.1.2 施工调查

(1)根据设计和施工承包合同要求，调查沿线交通、水电、地材、劳动力资源；收集沿线的水文气象资料及轨温变化规律等有关情况；核查沿线各种电力、通讯线路和临时建筑物等建筑限界。

(2)调查道砟来源，抽取砟样进行检验，核实道砟运输条件，提出道砟运输、储存及铺设方案；落实钢轨、轨枕、道岔、扣配件等主要材料来源。

(3)调查与既有线接轨点及相邻车站情况，了解可作为铺轨基地和停留工程列车的条件，选择卸料、存料场地。

(4)了解线下工程施工进度，分析铺轨进度计划实施的可行性。

4.1.3　编制实施性施工组织设计

无缝线路施工前应编制实施性施工组织设计，对施工过程的质量控制及进度计划提出明确的要求，并编制作业指导书。当施工组织设计在实施过程中发生变化时，应及时分析原因，采取相应的措施。

(1)编制依据

施工合同、设计文件、施工调查资料、企业资源配置及施工水平等。

(2)实施性施工组织设计主要内容

①编制依据及原则；

②工程概况；

③项目机构设置及职责分工；

④施工方案；

⑤大、小临工程规划(铺轨基地、道岔组装场、过渡工程、水、电、路、通讯、临时房屋等)；

⑥劳动力组织及人员配置计划；

⑦机械及检测设备计划；

⑧材料供应计划；

⑨施工进度计划；

⑩工程运输(含长轨运输)组织和机车车辆配置计划；

⑪施工工艺及方法；

⑫工期保证体系及措施；

⑬安全保证体系及措施；

⑭质量保证体系、创优规划及措施；

⑮文明施工和环保体系及措施；

⑯需要业主解决或协调解决的问题；

⑰相关图表。

(3)实施性施工组织设计编制前应和上级技术管理部门(公司工管部和局指挥部)沟通。实施性施工组织设计和调整后的实施性施工组织设计应报建设单位、监理单位审批后实施，并报送上级技术管理部门备案。

4.1.4　铺轨基地

(1)铺轨基地选址要求

①铺轨基地建设应根据工程规模、进度要求、使用年限、现场条件等经过技术经济比选后确定；

②铺轨基地宜选在靠近铺轨起点，与运营线路干扰小，列车进出方便，引入线路短的开阔平坦处，宜利用荒地，合理布置，尽量少占农田。

(2)铺轨基地布置要求

①铺轨基地按照设计和招标文件(业主)的要求进行总体规划和布置。宜永临结合,注意保护环境,充分利用现有水源、电源以及运输道路,场内按要求设置焊轨作业线、质量检测设施等;

②基地联络线的坡度和曲线半径,应根据地形、运量和作业方法确定。最大坡度不宜大于正线的最大坡度,并按有关规定设置安全设施;

③基地布置应根据地形和生产方式,使调车作业顺向,材料堆置合理,取送方便,并应使各种起重吊运机械移动距离最短;

④基地内应设置消防通道(可利用场内运输道路);相邻料堆间,应根据作业需要,留有不小于 0.5 m 的距离;场内堆置物与轨道及走行线间应留有安全距离;

⑤基地内如需组装轨排,轨排组装线应设置为直线;

⑥基地内装卸线宜设在直线上,坡度不宜大于 1.5‰,困难条件下,坡度不得大于 2.5‰,作业时应有防溜措施;

⑦基地内轨道标准、股道布置、线路平纵断面和建筑限界,应满足大型机械和机车车辆的作业、停放、进出及检修要求;

⑧基地内临时工程设置,应避免影响站后工程施工。

4.1.5 物资采购、验收及存放

(1)轨道材料应满足设计文件要求,并符合国家及行业产品标准;材料到达后,根据设计、对照标准按规定进行检查验收。

(2)各种轨道器材,在使用前预加整配,不合格者应予剔除。

(3)材料堆码应基底平实、底层架空、有良好的排水系统,并应便于装卸、取放、清点,且竖立标牌,标识产地 、型号、规格、数量。

(4)钢轨堆放:整理后分类堆码,钢轨起吊应缓起、轻落,保持钢轨基本平直;支垫与各层钢轨垂直放置,间距 5～7.5 m,上下层同位,垛码层数应保证钢轨不伤损变形。

(5)轨枕堆码要求:分类堆码;垛码高度应根据场地承载力、轨枕自身承载力及装卸运输设备所需净空确定;垛码混凝土枕应上下同位,同层承轨槽处应垫以小方木或其他材料,其顶面应高出挡肩或预埋件顶面 20 mm。

(6)道岔、钢轨伸缩调节器及其配件应配套成组或按部件分类放置,其中尖轨与基本轨捆扎在一起;岔枕应按组垛码整齐。

(7)道砟:根据工程进度要求和工程条件需要设置存砟场的,砟场设置和存砟数量应满足施工进度要求;并保证道砟的清洁度,砟堆高度不宜超过 3 m。

(8)铺轨前,应按铺轨进度计划,落实各种轨道部件来源,其供货进度应与施工进度相结合,并有一定的储备。

4.1.6 与线下施工单位交接及基桩测设

(1)轨道工程施工与线下施工单位交接应在轨道工程施工前 1 个月进行。

(2)轨道工程施工前应接收基桩测设单位线路测量资料及控制桩,核实中线贯通测量情况,并复测线路基桩和路面高程。中线桩、线路基桩及水准点应设置齐全;复核时发现与设计不符时要及时与桩橛提供单位联系,共同解决。

(3)轨道工程施工前应接收并复核与轨道工程有关的线下工程施工质量检验报告,其路面高程、中线、平整度及几何尺寸等均应符合设计及规范要求。路基、桥梁、隧道及过渡段应有检验合格资料,并提供有关的沉降变形观测资料及评估报告。

(4)正线应设置线路基桩。线路基桩在贯通测量后设置,测量误差应在限差内调整闭合,设置精度应符合相关技术标准规定。基桩应设置牢固,标识清晰、齐全、便于观看,并绘制布设平面示意图和基桩表描述其位置、外移距离和高程。

(5)铺轨前应按铺轨机组作业要求用醒目颜色设置铺轨机组走行标示线或设置导向边桩及钢弦。

4.1.7 施工人员培训及机械准备

(1)施工人员应进行岗前培训,经考试合格后持证上岗。

(2)施工前根据施工方法配备焊轨、长轨及轨枕运输、铺枕、铺岔、大型养路机械、应力放散及锁定、轨道整理、钢轨预打磨等设备。

(3)施工前根据质量控制需要设置检测机构,并配备相应的检测设备;各检测设备必须在使用前校验并鉴定,不合格者不得使用。

4.2 施工方法

有砟无缝线路施工主要包括:道床施工(分铺轨前铺砟和铺轨后铺砟)、基地钢轨焊接、工地钢轨焊接、无逢线路铺设、应力放散及打磨、轨道整理与打磨等工序,各工序工艺流程、技术要求及注意事项详见第五节“工艺流程及操作要点”。

5 工艺流程及操作要点

5.1 道床施工

5.1.1 准备工作

(1)道砟质量要求

铺砟前对道砟进行检验,道砟材质必须符合设计要求,道砟进场时应检查生产检验报告和产品合格证,并按照相关规定进行检验和抽检。

(2)技术准备

取得线下施工单位线路测量资料、中桩、线路基桩和水准点,并进行铺砟前路基面检查,复测线路中桩、基桩及路基面高程,形成交接记录。

(3)现场技术交底

技术部门组织相关人员对道床摊铺技术要求、安全质量、注意事项进行技术交底,特别是过渡地段铺设(如路基与桥与隧道相连地段以及不同类型轨枕地段)技术要求,应提供相应的技术资料。

5.1.2 铺轨前铺砟

(1)作业程序

铺轨前铺砟主要有人工和机械摊铺。

①人工摊铺。一般采用汽车运输,双线地段摊铺Ⅰ线道砟时,载重汽车允许在Ⅱ线未铺筑基床顶层的路基面上行驶(主要保证不能压坏路基顶层),待Ⅰ线铺砟完成后,对Ⅱ线路基进行整理后铺筑路基表层的顶层。铺设Ⅱ线的枕下道砟时,可通过已施工完毕的Ⅰ线轨道,使用FZ型侧卸式运砟车运送道砟。

②机械铺设。使用摊铺机摊铺。用载重汽车或侧卸式轨道运输车辆将道砟运至铺设工点,直接卸在摊铺机的接料斗内,由摊铺机自身的刮板运输带将道砟输送至前端,通过螺旋布料器将道砟分配于两侧,随后由熨平板上的夯捣器及振动器将砟层夯捣、振动密实。

③压实:道砟摊铺后,按照规范要求进行整平、压实。整平、压实后采用道床密度仪或灌水法进行检测,经检查合格并经监理工程师签认后,进入下道工序。

(2)施工工艺流程

预铺道砟施工基本工艺流程如图 1 所示。

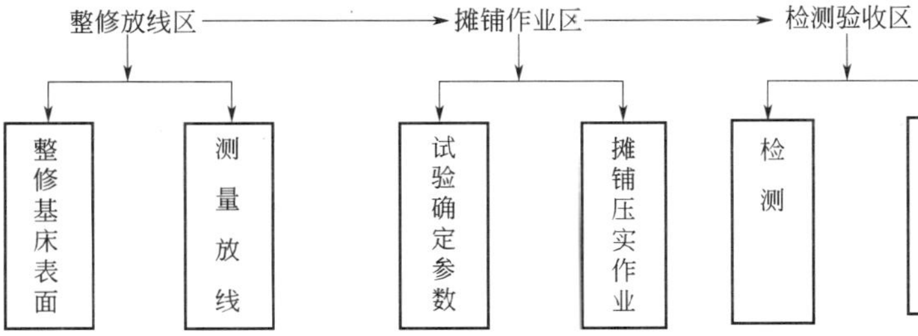

图 1 预铺道砟施工基本工艺流程图

(3)技术要求及注意事项

①铺砟前必须有线下施工单位提供的线路中线、水平等路基竣工技术资料,并经监理工程师检查签字确认合格,方可预铺道砟。

②技术部分接路基后,对现场进行复核,并根据预铺道砟要求进行测量放线、加桩等。

③预铺道砟单线宽度一般为 4.5 m,厚度宜为 0.15 m;砟面平整度用 3.0 m 直尺测量,各方向误差不应大于 20 mm,轨枕中部的砟面不得凸起。

④道砟预铺后经整平、压实后采用道床密度仪或灌水法进行检测,其密度不低于 1.6 kg/cm^3。

⑤施工过程中,运输车辆应尽量行走便道,避免压坏路基面;雨天禁止车辆在基床表面上行驶。

⑥整平压实过程中应避免道砟破碎。

⑦采用摊铺机预铺道砟时,应根据道砟摊铺高程,在路肩挂拉钢弦线,长度一般 150～200 m,每 10 m 设置一个支点,并在两端用加紧器将拉紧。

5.1.3 铺轨后上砟整道

(1)作业程序

新铺轨道后的道床铺设采用分层铺设、分层捣固并施以动力稳定的综合作业施工方法。卸道砟采用 K 型砟车运输。

①底层道床铺设合格后,铺设连续焊接长钢轨轨道(简称 CWR 轨道);

②第一次补砟后,使用 MDZ 车组进行捣固、稳定两次;

③进行第二次补砟,再进行捣固、稳定一次;

④进行第三次补砟,进行捣固、稳定一次;

⑤进行第四次补砟,进行捣固、稳定一次;

⑥进行加强捣固,轨道整理。

(2)施工工艺流程

分层上砟整道施工基本工艺流程见图 2。

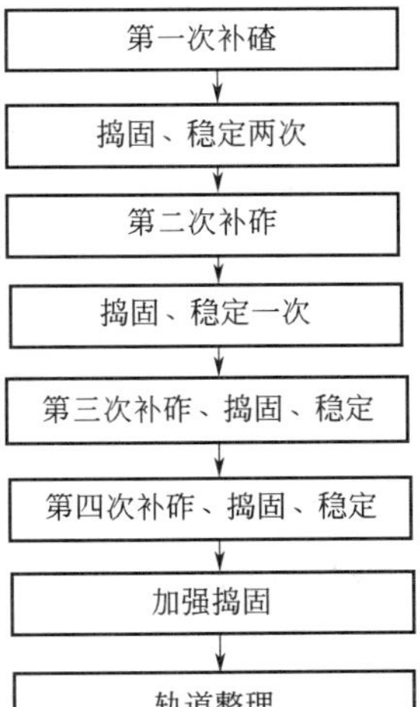

图 2 分层上砟整道施工基本工艺流程图

(3)技术要求及注意事项

①起道、拨道、捣固作业轨温,应在长钢轨铺设轨温$^{+15}_{-20}$ ℃范围内进行。

②起道。第一、二次起道量不宜大于 80 mm,第三、四次起道量

不宜大于 50 mm。每次起道作业后轨枕头外侧应有足够道砟，以保证长钢轨轨道的稳定性。

③拨道。一次拨道量不宜大于 50 mm。

④捣固。起道量 50 mm 以上时，采用双捣作业；起道量 50 mm 以下时，可选择单捣作业。在桥上，枕下道砟厚度不足 0.15 m 时，不能进行捣固作业。

⑤捣固作业结束前，应在终点上记号，并以此开始按不大于 2‰坡度递减顺坡。一般不在圆曲线上顺坡，严禁在缓和曲线上顺坡结束作业。

⑥动力稳定。每层道床起道、捣固作业后，应进行 1～2 次动力稳定作业，稳定车在路基上工作速度为 0.6～0.9 km/h，由下层至上层速度逐层降低。从路基向桥上进行动力稳定时，应在上桥前 30 m 范围内把加载值逐渐降低 50%，并在下桥后 30 m 范围内逐渐恢复。隧道内动力稳定作业方法同桥上一致。

⑦捣固作业时应同时夯拍道床边坡或砟肩。

⑧曲线外轨超高、道床断面按设计要求施工。

⑨无缝线路锁定前，线路应达到初期稳定状态，其轨面高程、道床断面基本符合设计，道床厚度宜比设计厚度小 40 mm，道床数量按设计断面上够，轨道平顺度允许偏差的要求并符合表 1。

表 1 初期稳定阶段轨道平顺度允许偏差(静态)

	轨 距	水 平	轨 向	高 低	扭 曲
幅值(mm)	±2	4	4	4	4
弦长(m)			10		基长 6.25

5.2 基地钢轨焊接

5.2.1 作业程序

(1)选配轨

长钢轨焊接前应根据设计要求编制配轨计划表，焊接长钢轨的长度应符合设计要求，其加焊钢轨长度不得小于 12 m。

配轨前测量钢轨断面尺寸，配轨时应选用断面不对称公差基本以至的钢轨相对焊接，长钢轨首位断面的不对称公差不得大于 0.4 mm。

(2)焊轨前检查

①根据配轨要求及调直情况等对钢轨进行截锯，切锯后钢轨的端面斜度不应大于 0.8 mm。钢轨硬弯经矫直后，用 1 m 直尺测量失度不应大于 0.2 mm；

②清除轨端 0.5 m 范围内的污垢，待焊轨端面及钢轨与电极接触部位应打磨除锈，使金属挂光泽露出达 80%以上；

③打磨面在钢轨待焊时间超过 24 h 以上或打磨后有水、油、污垢污染时，应重新打磨处理；

④钢轨焊接前，应检查除锈作业质量，除锈质量不良时，应退回重新除锈；

⑤钢轨焊接接头应以工作面为基准。轨头工作面错位偏差不应大于 0.2 m，轨底边缘错位偏差不应大于 1 mm。

(3)焊轨、推凸

钢轨焊接接头对正、调好，经检查符合焊接要求后，进行焊接。焊接好后，立即进行推凸。

(4)粗磨

①粗磨前检查。推凸后、未经打磨处理的情况下，使用检测直尺(L_0 = 1 m)和塞尺在焊缝

中心线两侧各 15 mm 的位置测量并计算接头错边量，接头错边量不应超过表 2 接头错边允许值要求。对于接头错边量超过最大允许值的焊头，应在焊缝两侧各 100 mm 的位置切掉钢轨焊头后重新焊接；

表 2　接头错边允许值

线路设计速度(km/h)	接头错边的位置	接头错边量最大允许值(mm)
200	钢轨顶面纵向中心线的垂直方向	0.5
	工作侧面轨顶面下 16 mm 处的水平方向	0.5
	轨脚边缘的水平方向	2.0
>200	钢轨顶面纵向中心线的垂直方向	0.2
	工作侧面轨顶面下 16 mm 处的水平方向	0.2
	轨脚边缘的水平方向	2.0

②焊头标识。对焊头进行标识，标识应位于统一侧轨腰，距焊缝 1～3 m 位置。标识应清晰、端正，至少保持 5 年内可以识别。标识方式应保证每个钢轨焊头能够依照各项生产记录或信息实现追溯；

③选择砂轮。根据钢轨的硬度和打磨方法选用硬度和粒度合适的砂轮进行打磨。砂轮选用原则应保证打磨后的钢轨不产生脆性组织，同时具有一定的打磨效；

④打磨

a. 粗磨部位。在焊接接头范围内，距轨底脚尖端 35 mm 范围内的轨脚上、下表面及轨脚尖端，轨头部位非工作面；

b. 将粗磨部位的残留焊瘤及全部毛边除尽，打磨面须平整、光洁，保证打磨后的表面粗糙度能够满足探伤扫查的需要。轨底脚上角、下角应打磨圆顺；

c. 对粗磨部位的接头错边进行纵向打磨过渡；

d. 打磨时，应沿钢轨纵向打磨，不应横向打磨，打磨过程中砂轮不应冲击钢轨和在钢轨上跳动，打磨表面不应出现打磨灼伤和机械损伤。

(5)焊后处理

①正火。焊接接头温度低于 500 ℃(轨头表面)时采用中频电感应方式加热正火，加热温度应控制在 850 ℃～950 ℃。

②焊缝冷却。轨头采用风冷冷却。

③四向调直。焊头经过热处理后，采用矫直的方法进行纠正焊头平直度偏差。焊接接头热态矫直温度应低于 400 ℃，矫直后 1 m 长度宜有 0.2～0.3 mm 的上拱量；冷态矫直温度应低于 50 ℃。不宜反复多次矫直。

(6)精整

①外形精整作业前对焊头进行检查，其推凸余量、接头错边量、平直度等符合要求，方可进行下道工序。

②钢轨焊接接头及其两侧各 0.5 m 范围内温度处于 50 ℃以下时，使用精磨机对接头的轨顶面和轨头侧面工作边或轨头全方位进行外形打磨、精整。

③外形精整后，测量并记录焊接接头的平直度。

④对焊接接头平直度进行验收。

(7)探伤、验收

①探伤

a. 每个钢轨焊接接头均必须进行超声波探伤检查。探伤时焊接接头的温度不高于 40 ℃；当焊接接头的温度高于 40 ℃时，可浇水冷却，浇水冷却时的轨头表面温度应低于 350 ℃。

b. 焊接接头中的缺陷当量大于探伤灵敏度规定值时，判定焊接接头不合格(判废)，应锯掉重焊。

②外观检查

每个钢轨焊接接头均应进行外观检查，焊头平直度和表面质量应符合下列要求：

a. 在钢轨固定时闪光焊接生产线上，应使用非接触式传感器自动检测尺测量钢轨焊接接头平直度，其他情况下可以使用便携式钢轨平直度检测直尺。钢轨焊接接头平直度允许偏差应符合表 3 规定。

表 3　钢轨焊接接头平直度允许偏差(mm/1m)

序号	部位	旅客列车设计行车速度 v(km/h)	
		200	$200<v\leqslant350$
1	轨顶面	$^{+0.3}_{0}$	$^{+0.2}_{0}$
2	轨头内侧工作面	$^{+0.3}_{0}$	$^{+0.2}_{0}$
3	轨底(焊筋)	$^{+0.5}_{0}$	$^{+0.5}_{0}$

注：轨顶面中，符号“＋”表示高出钢轨母材规定基准面。轨头内侧工作面中，符号“＋”表示凹进；轨底(焊筋)中，符号“＋”表示凸出。

b. 钢轨焊头轨顶面及侧面应纵向打磨平顺，不得有低接头。轨头及轨底上圆角在 1 m 范围内应圆顺；母材打磨深度不得超过 0.5 mm；

c. 钢轨焊头在轨底上表面焊缝两侧各 150 mm 范围内及距两侧轨底边缘各 35 mm 的范围内应打磨平整；

d. 用 200 mm 的直尺在焊缝中心线两侧各 100 mm 范围内测量，焊头工作面表面不平度不应大于 0.2 mm；

e. 焊接接头及其附近钢轨表面不应有裂纹、明显压痕、划伤、碰伤、电击灼伤、打磨灼伤等伤损。

5.2.2　施工工艺流程

如图 3 所示。

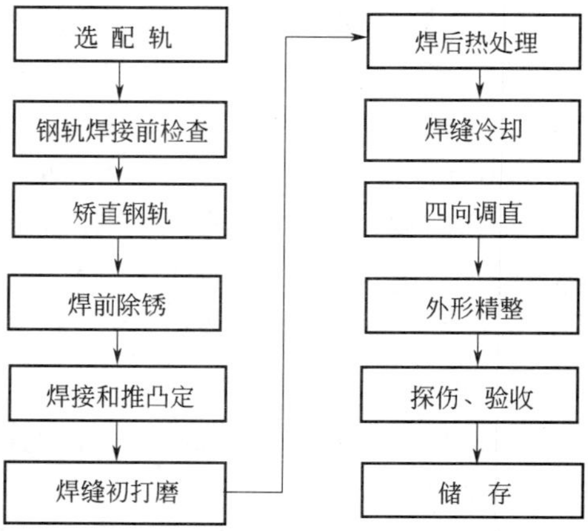

图 3　长钢轨焊接基本工艺流程图

5.2.3　长钢轨存放、装车及运输

(1)长钢轨编号

①长钢轨在焊轨厂按照配轨表的要求进行编号，并具有可追溯性；

②焊轨时在每个焊头附近钢轨外侧轨腰上标明钢轨工作边位置(左股或右股)、长钢轨编号及焊头编号；

③配对装车时应编写单元轨节铺轨流水号，并做好相应记录；

④长钢轨编号应用油漆标记，编号应色泽鲜明，字体端正、清晰、大小统一。

(2)长钢轨存放

①合格的长钢轨应分左右股钢轨整理堆码,并标明其长度;

②长钢轨存放台要平整、稳固,各层钢轨之间应采用钢轨支垫,支垫跨距 7.5 m,上下对齐,与各层钢轨垂直放置;

③长钢轨放置应整齐、平直、稳固。

(3)长钢轨装车

①长钢轨装车前应核实待装长钢轨编号,左右股长度应符合配轨计划;

②吊装长钢轨时各龙门吊应同步作业,缓起,轻落,保持钢轨基本平直;

③长钢轨装车应按配轨表要求分左右股对称吊装,按卸车顺序依次排放;

④长钢轨装车后必须加固锁紧。

(4)长钢轨运输

①长钢轨运输按照超长货物组织运输,并制定安全措施。在运输中要建立运行监护、停车检查制度;

②长钢轨列车出发前,必须确认锁定,各部均不得超出车辆限界,运输途中应随时注意观察长钢轨运输状态,防止长钢轨串动。

5.2.4　技术要求及注意事项

(1)型式检验要求

型式检验的项目和试件数量必须符合《钢轨焊接》(TB/T 1632.2—2005)的相关规定。出现下列情况之一需进行型式检验:

①焊轨组织初次生产;

②正常生产后,改变焊接工艺,可能影响焊接接头质量;

③更换焊轨设备;

④钢轨生产厂、或钢轨型号、或钢轨牌号、或钢轨交货状态改变,首次焊接时;

⑤生产检验结果不合格;

⑥停产 1 年后,恢复生产前。

(2)生产检验要求

生产检验的项目和试件数量必须符合《钢轨焊接》(TB/T 1632.2—2005)的相关规定。出现下列情况之一需进行型式检验:

①连续焊接 500 个接头;

②焊接工况变化,对某个焊接参数进行修正之后;

③焊机出现故障,记录曲线异常,故障排除之后;

④焊机停焊钢轨 1 个月以上,开始焊接生产之前。

(3)施工注意事项

①基地钢轨焊接作业线应配备焊前钢轨矫直、锯轨、轨端除锈、钢轨闪光焊接、焊后钢轨校直、焊头热处理、冷却、焊头外形精整、平直度自动检测尺、探伤等设备。

②焊接设备操作人员必须经过专业培训,熟悉钢轨焊头质量标准,并应持有国家铁路主管部门认可的技术机构颁发的钢轨焊接工操作许可证。操作人员必须严格执行焊接设备的操作规程,并按型式检验确定的作业参数操作。

③焊接前轨端温度不宜低于 10 ℃。

④焊机电极表面必须光洁、平整,发生灼伤后应及时处理;每焊完一个焊头应对电极进行

清理,不得留有尘渣;每焊完一根长轨应彻底清理一次电极及护板。

⑤外形精整应符合下列要求:

a. 外形精整作业前焊头应满足以下条件:

ⓐ推凸余量:焊接接头、轨底、轨底顶面斜坡推凸余量不大于 1 mm,其他位置推凸余量不大于 2 mm,两根钢轨断面尺寸偏岔不同时,推凸余量的测量以大断面尺寸钢轨为基准。推凸不应产生咬边,焊渣不应挤入、划伤钢轨焊头或母材;

ⓑ接头错边量:符合粗磨中接头错边量的要求;

ⓒ接头平直度:符合验收中对平直度的要求;

ⓓ精磨作业前焊接接头应经过冷却,符合精磨机对接头温度的要求;精磨作业前焊接接头的温度的推荐值为焊接接头及其两侧各 0.5 m 范围内温度处于 50 ℃以下。

b. 在钢轨闪光焊接生产线上对焊头进行精磨,应选用精磨机。精磨机的使用应严格遵守“精磨机操作规程”;

c. 焊接接头外型精整的部位是接头的轨顶面和轨头侧面工作边,也可以对轨头全方位进行外形精整;

d. 应尽量减小外形精整的长度,外形精整的长度不应超过焊缝中心线两侧各 450 mm 限度。应使外形精整的部位保持钢轨轮廓形状;

e. 焊接接头的轨头工作面经外形精整后,应检查表面不平整度:将 200 mm 长度的直尺放在经过外形精整的焊接接头上,焊缝位于直尺中心,测量直尺与钢轨接触面间的最大距离,测量结果为表面不平整度。表面不平整度在焊缝中心线两侧各 100 mm 范围内应满足:无宽度大于 3 mm、凹凸大于 0.2 mm 的不平顺。轨顶面及轨头侧面工作边母材打磨深度不应超过 0.5 mm;

f. 外形精整不应使焊接接头或钢轨产生任何机械损伤或热损伤。焊接接头及其附近钢轨表面不应有凹坑、夹渣、裂纹、划伤、电极灼伤、打磨灼伤等表面缺陷。不应使用焊布方法修复表面缺陷。

5.3　工地钢轨焊接

工地钢轨焊接有移动式闪光焊、铝热焊、移动式气压焊等焊接方式,焊接时根据设计要求选择焊接方式。无论何种焊接方式,其型式检验和生产检验都必须严格按照规范的要求进行。

5.3.1　移动式闪光焊

(1)工艺流程

工地闪光焊现场应配有移动式闪光焊接作业车、拉轨、锯轨、打磨、正火、调直、探伤等设备。其施工基本工艺流程如图 4 所示。

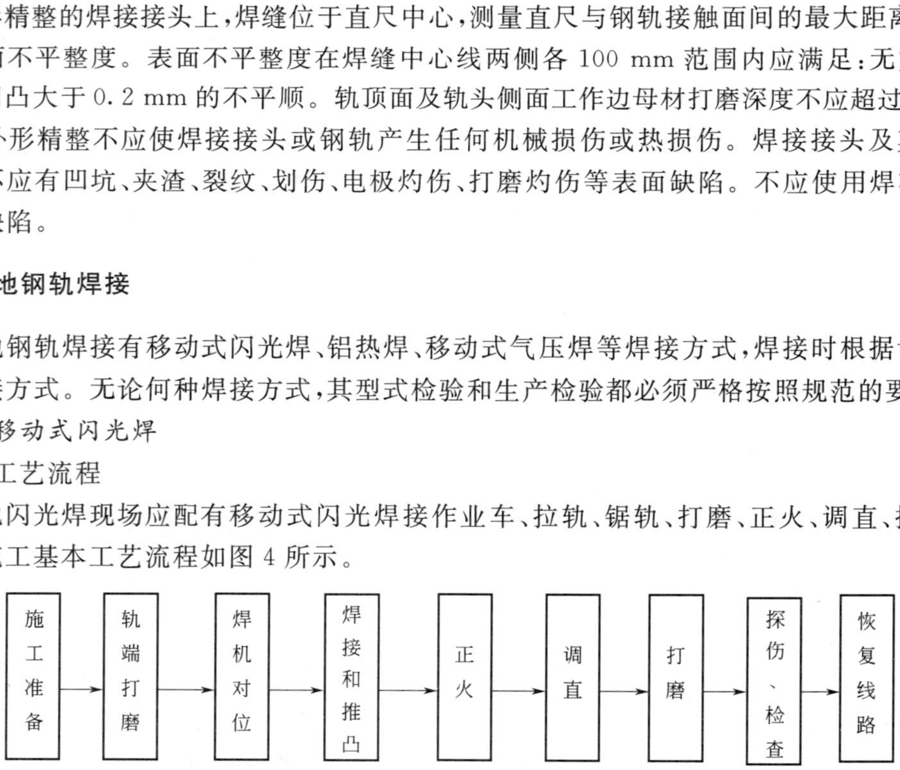

图 4　移动式闪光焊接施工基本工艺流程图

(2)技术要求及注意事项

①拆除待焊轨头前方长钢轨全部及轨头后方 10 m 范围内的扣件,并校直钢轨;

②根据轨枕和扣件类型适当垫高待焊轨头后方的钢轨,以确保焊头轨顶平直度;

③待焊轨头前方长钢轨下每隔 12.5 m 安放一个滚筒，以便钢轨可以纵向移动焊接；

④打磨两待焊轨轨端和焊机电极钳口轨腰接触区，呈现光泽后方可施焊；

⑤根据轨枕和扣件类型，在钢轨下加楔子将两待焊轨端抬起一定高度，便于焊机对位夹轨；

⑥推进移动焊轨车初定位，并由设置在该车底板上的四个液压油缸将整车顶起，使其车轮离开钢轨约 150～200 mm；

⑦由吊机的液压系统吊起焊机精确定位。焊机夹紧钢轨并自动对正，焊机自动焊接钢轨、顶锻并推除焊瘤；

⑧承受拉力的焊缝，在其轨温高于 400 ℃时应保持压力，焊缝区域冷却到 400 ℃以下时，焊轨作业车方可通过钢轨焊头；

⑨作业车焊完后，应用相应机具对钢轨焊缝进行正火、打磨、平直度检查和超声波探伤等；

⑩正火应在焊接接头不受拉力的条件下进行，移动式闪光焊接接头可采用气压焊加热器火焰摆动方式加热，焊头加热温度必须符合规范要求；

⑪焊头打磨应在焊缝温度低于 200 ℃时进行，打磨过程中应保持轨头的外形轮廓，打磨长度不应超过焊缝两侧各 450 mm 的限度。轨底上角、下角应打磨圆顺。焊头非工作边的垂直、水平方向错边应进行纵向打磨过渡；

⑫粗磨应保证焊接接头的表面粗糙度能够满足探伤扫描的需要，焊头非工作边的垂直、水平方向错边应进行纵向打磨过渡；

⑬手砂轮粗打磨时，应纵向打磨，使火花飞出方向与钢轨纵向平行；打磨过程中，不应使砂轮在钢轨上跳动冲击母材，不应出现打磨灼伤；

⑭焊缝及焊缝两侧 1 m 长度范围内轨顶面、轨头内侧面应使用仿型打磨机精细打磨，不应使用直把砂轮机进行人工精磨。精磨时焊头温度不宜大于 50 ℃。

(3)焊头质量要求

移动式闪光焊焊头质量要求同基地闪光焊相同。

5.3.2 铝热焊

(1)工艺流程

工地铝热焊应配备设备：砂摸、坩埚、支架、焊前加热装置、焊后保温装置(低温条件下)、锯轨机钢轨拉伸器、推瘤机、打磨机、对正设备和钢轨探伤仪探伤等。其施工基本工艺流程如图 5 所示。

(2)技术要求及注意事项

①施工前根据设备材料清单检查并落实必备的工具、材料和设备，到达焊轨现场应对现场条件进行综合调查并采取必要的防护措施；

②钢轨铝热焊焊缝距离轨枕边缘不小于 100 mm；

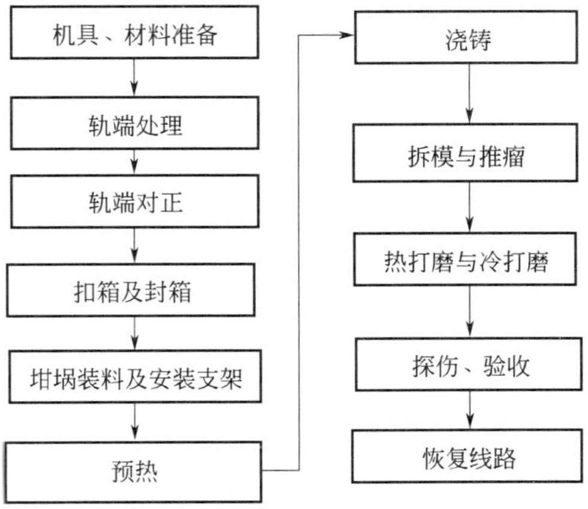

图 5 铝热焊基本工艺流程图

③钢轨端头应做外部处理：拆除焊头两侧各 3 至 4 根轨枕的扣件和电板，除去接头下方有碍作业的道砟，检查钢轨端头，并用钢丝刷清洁钢轨端头 100～150 mm，使其满足铝热焊要求；

④调整轨缝使其满足焊接工艺要求。用对正设备从垂直和水平方向对正轨端；

⑤焊前钢轨对正应符合以下要求：

a. 允许待焊钢轨存在尺寸偏差，但焊接接头要求两端钢轨轨头侧面工作面对齐。用 1 m

直尺紧贴轨头工作面，不应出现轨缝隙。轨头允许预留加高，加高值 a 应为 1～2 mm；

b. 轨底及轨腰应对齐，如两端钢轨尺寸存在偏差，则要求该部位超出部分尺寸在钢轨两侧均分。

⑥装配砂模不得使用受潮的部件，应使钢轨端头间隙位于装有砂模底盘的底托盘的正中央，严格按照操作工艺涂抹防漏泥；

⑦预热前记录钢轨的温度，按焊接工艺及焊剂要求进行预热，并准确计时；

⑧确认坩埚干燥、清洁、无裂纹，确认焊药包包装袋密封、干燥和无破损。将全包焊药慢慢地旋转着倒入坩埚；

⑨浇铸完毕按规定时间拆模，拆除后马上进行推瘤；

⑩轨头推凸要求：轨头的推凸应在钢轨凝固后进行，不允许在液固状态推凸。推凸刀刀口应为圆弧状，圆弧半径不小于 1 mm。推凸刀与钢轨母材间至少留有 1 mm 间隙。

⑪热打磨要求。a. 焊接推瘤后立即对铝热焊接头进行热打磨，保证施工车辆的通行。b. 热打磨只对轨头进行打磨，采用仿形打磨机进行。打磨后应保留高出钢轨 0.5～1 mm 的焊头金属。c. 在焊缝温度降至 350 ℃以下时，不得解除钢轨拉伸器和对正设备；

⑫冷打磨要求。a. 在焊头温度降至 50 ℃以下进行。b. 轨底面打磨要求：焊轨轨底不推瘤，轨底焊筋高度达 5～6 mm，应将轨底焊筋打磨至高出母材 0～1 mm，与母材过渡处打磨圆滑。c. 轨底上表面打磨要求：轨底上表面宽度方向的打磨要满足扣件安装和探伤扫查的要求与母材过渡处打磨圆滑。d. 不得在某一处过度打磨，避免损伤钢轨；

⑬精磨要求。a. 精磨应选用仿形打磨机进行，并应在线路整道作业完成后进行，轨温处于常温状态。b. 对起拱量过高的焊头，不应采取打磨的方法来保证焊后平直度或采取矫直的方法来处理，应锯掉重焊。c. 打磨焊头使其平直度和轨头轮廓达到技术标准要求。

(3)焊头质量要求

①焊接接头超声波探伤检查和焊头质量应符合《钢轨焊接》(TB/T 1632.1—2005)的相关规定。发现不合格的应切除重焊；

②经打磨后的焊接接头轨头部应满足下列规定：a. 不应出现裂纹；b. 可出现 1 个最大尺寸为 1 mm 的气孔；c. 在轨头下颚与焊筋边缘交界处半径为 2 mm 的区域内，可出现 1 个最大尺寸为 1 mm 的气孔、夹渣或夹砂；

③焊头焊筋表面应满足下列要求：a. 最多可出现 3 个最大尺寸不超过 2 mm 的气孔；b. 焊筋表面夹渣或夹砂等缺陷应符合表 4 焊筋表面夹渣或夹砂等缺陷的最大尺寸表规定，且这些缺陷不应侵入钢轨的横断面内。

表 4 焊筋表面夹渣或夹砂等缺陷的最大尺寸表

缺陷面积(mm^2)	缺陷深度(mm)
≤10	≤3
≤15	≤2
≤20	≤1

5.3.3 气压焊

(1)工艺流程

①焊前准备：检查设备正常；人员到位。

②焊前钢轨端面打磨，利用锉刀手工锉平或砂轮机打磨，铣平端面，使钢轨待焊端面与钢

轨纵轴尽量垂直和具有尽量低的粗糙度同时使之露出金属光泽、无油、污水、铁锈。

③对轨和夹轨：把长轨条串动到适合焊轨的位置；将被焊轨垫平、拨正；将压接机安放在被焊钢轨上，找正、夹紧。

④将加热器安装在专用的槽板上，找正并加以固定。

⑤接通电、油、气、水管路。

⑥安放推凸装置：刀垫安放在已固定好的压接机上；前刀体的安装在顶锻完成、加热器灭火的同时进行。

⑦预顶，观察是否打滑。

⑧点火焊接：点火位置要离开焊缝附近，以免污染焊缝；加热器迅速移至焊缝并摆动。加热器加热摆动时间对照见表5。

表5　加热器加热摆动时间对照表

加热时间	0～3′30″	约3′～30″	3′30″～4′40″	4′40″	4′40″～5′30″
油泵压力(MPa)	预顶16～18	降压12～10	保压12～10	提压35～38	去压35～38

⑨加热及顶锻：加热器加热顶锻压力对照见表6。

表6　加热器加热顶锻压力对照表

加热时间	0～4′30″	约4′30″～5′	约5′～5′30″
摆 动 量	8～12 mm	15～20 mm	30 mm
摆动次数	60次/min		80次/min

⑩焊瘤的推除。顶锻完成后快速拆离加热器，迅速放置推刀的前刀体；迅速开动截止阀以最大流量进行焊瘤的推除。

⑪正火。当除瘤后，待焊缝区冷却到400 ℃～500 ℃时立即正火，加热器摆动量65 mm，摆动频率50～55次/min，正火温度850 ℃～920 ℃。

⑫打磨。以焊缝为中心，1 m直尺测量。焊缝允许误差见表7。

表7　焊缝允许误差表

部位	顶面	内侧工作面	底面
平直度	$^{+0.3}_{0}$	±0.3	$^{+0.5}_{0}$

⑬探伤：以轨底两角为重点，对焊缝进行全面超声波探伤。施工工艺流程如图6所示。

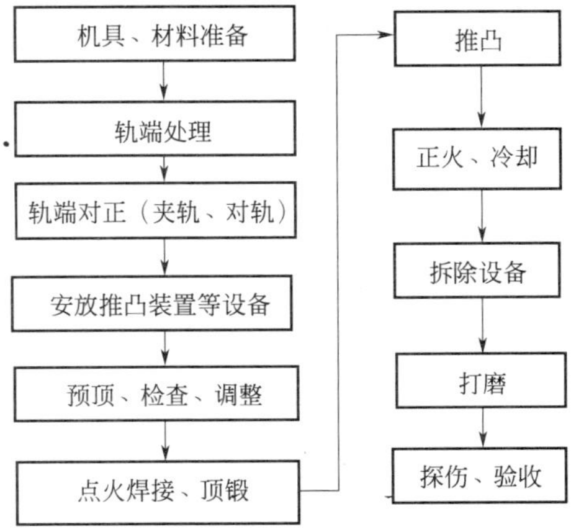

图6　气压焊基本工艺流程图

(2)技术要求及注意事项

①焊轨前检查设备是否正常；

②选择优质燃料气和液压油，以提高加热器功率和保证足够的压力顶锻和推凸；

③焊前，对待焊轨头端面清洁，对轨时方向顺直，轨要垫平、垫实，轨底不平时应及时修整；

④压接机装夹正确，圆柱型导柱弯曲时，要拆机调整，严重时更换；

⑤加热器摆放要正，火焰正常，温度较低或较高

时采取扩孔或缩孔的办法调整温度。通过调节分配阀的方法，使两侧火焰温度均匀；

⑥油缸不同步时，检查其密封圈，发现油缸拉伤要修整或更换；

⑦严格控制加热时间、顶锻时间和顶锻量；

⑧除瘤时要一次割成；

⑨打磨后及时检查外观和进行探伤检查，保证质量，不留缺陷；

⑩待温度冷却后，及时探伤，发现问题，割轨重焊。

5.4　无缝线路铺设

有砟无缝线路铺设主要有一次性铺设无缝线路和工具轨换铺法。

5.4.1　一般规定

(1)有砟轨道铺设应在预铺道砟完成后方可施工。铺轨作业区与单元轨节锁定作业区之间的距离不宜太长。

(2)铺轨应严格按照“配轨表”铺轨编号依次铺设长钢轨。轨枕布设正位，并与轨道中心线垂直；轨道中心线与线路中心线应一致，有砟轨道允许偏差 30 mm。

(3)单元轨节起止点不设置在不同轨道结构过渡段以及不同线下基础过渡段范围内。

(4)铺轨时单元轨节左右股接头相错量不宜大于 100 mm。铺轨后应检查施工质量，作好施工记录，及时向铺轨基地反馈到达里程、接头相错量等信息。

(5)每节长钢轨始端、终端落槽时的轨温平均值为长钢轨铺设轨温，铺轨时应记录铺设轨温。

5.4.2　一次性铺设

(1)施工方法

一次性铺设无缝线路主要有“轨排法”和“单枕法”。“轨排法”施工是先在轨排组装基地组装轨排，再把轨排及道岔运往现场铺设、焊接，在设计锁定轨温范围内进行锁定。“单枕法”是把轨道材料运到现场，在整修良好的基床表面先铺底层道砟，在压实的底砟上再铺设轨枕、钢轨与道岔，补砟、起道、捣固、整修多遍线路后，再在设计锁定轨温范围内进行焊接、锁定。

本处主要介绍“单枕法”铺设。

(2)“单枕法”施工作业程序

“单枕法”施工作业程序可以划分为四个阶段：铺枕铺轨及组装轨排阶段、稳定道床及轨排稳定阶段、长轨焊接及应力放散阶段、钢轨打磨和加强轨道稳定阶段。

①铺枕铺轨及组装轨排阶段；

a. 用摊铺机在整修好的机床表面上铺设 15 cm 的底层道砟；

b. 采用双层运轨运枕车(上层装轨枕，下层装长轨)，利用刚铺好的新线，将钢轨轨枕运至铺轨点；

c. 在底层道砟上铺设滚筒，利用走行在底层道砟上的拖拉机及运轨、运枕车上的推送装置，将第一次焊接后的 2 对长钢轨，沿线路纵向顺序地排放在底层道砟上；

d. 将两对长钢轨按龙门吊轨距摆设。两对长钢轨用钢轨接头临时连接器连接，并与已铺线路两侧的辅助走行轨相接，作为龙门吊的走行轨道；

e. 整修底层道砟顶面，利用龙门吊从运轨运枕车上吊装轨枕，并按要求的间距铺设在已整形的底层道砟上；

f. 铺完第一对长轨范围的轨枕之后，拆除第一对长轨与辅助走行轨之间的连接，使用龙门吊上的钢轨定位机将第一对长轨安放在轨枕的承轨槽上，龙门吊进入第二对长轨上待命；

g. 第一对长轨定位后，安装扣件，并保证适当数量的扣件拧紧，用接头临时连接器将第一对长轨联入已铺线路；

h. 运轨运枕车吊起线路两侧的辅助走行轨，一起进入刚联入已铺线路的第一对长轨；

i. 卸下辅助走行轨，并使之与第二对长轨连接；

j. 利用运枕运轨车上的推送装置及底层道砟上的滚筒和拖拉机。卸下第三对长钢轨，并按龙门吊轨距摆放；

k. 重 e～g 的作业程序。完成第二对长钢轨范围的轨道框架的铺设。重复 h～j 的作业程序，卸下第四对长钢轨，并准备按 e～g 的程序完成第三对长钢轨的铺设。

②稳定道床及轨排定位阶段

a. 轨排平面位置(线路方向和曲线正矢)的拨正，调整轨枕间距和方正轨枕。作业应从轨排两端向中央推进；

b. 第一次找平，自轨排两端向中央进行找平和捣固作业；

c. 第一次动力稳定，稳定车走行速度 0.6～0.9 km/h；

d. 第一次补砟，补砟量按起道 10 cm 并捣固后，枕盒内砟顶面与枕底面平齐，砟肩顶面与轨枕中部顶面平齐计算；

e. 第一次起道 10 cm，捣固作业后，要求枕盒内砟顶面与枕底面平齐，砟肩顶面与轨枕中部顶面平齐，然后进行第二次找平和捣固作业；

f. 第二次动力稳定，稳定车走行速度 0.6～0.9 km/h；

g. 第二次补砟，补砟量的计算条件与第一次相同；

h. 第二次起道 10 cm，按第一次起道后的相同要求在枕盒内和砟肩部位补足道砟，并进行第三次找平和捣固作业；

i. 第三次动力稳定，稳定车走行速度 0.6～0.9 km/h；

j. 第三次补砟，补砟量按再次起道、捣固及动力稳定后轨面达到设计标高、道床达到标准设计断面计算；

k. 第三次起道，起道量按轨面达到设计标高并附加 20%的回落量考虑，在枕盒内适当分配道砟，并进行第四次找平和捣固作业；

l. 第四次动力稳定，稳定车走行速度 0.6～0.9 km/h；

m. 进行局部的起、拨、捣作业，使轨道平、纵断面位置准确定位；

n. 第五次动力稳定，稳定车走行速度 0.6～0.9 km/h；

o. 道床断面整形。

③长轨焊接及应力放散阶段、钢轨打磨和加强轨道稳定阶段。

详见 5.3“工地钢轨焊接”、5.5“应力放散及锁定”和 5.6“轨道整理与打磨”。

(3)基本工艺流程

①主要设备：牵引车、铺轨机组、轨枕运输列车、运枕龙门吊等；

②单枕铺设法铺设无缝线路施工基本工艺流程见图 7。

(4)技术要求及注意事项

①铺轨作业前应按设计要求精确测量线路中心线，并按铺轨机组作业要求用醒目颜色设置铺轨机组走行标示线或设置导向边桩及钢弦；

②按枕轨运输列车技术要求装载长钢轨和轨枕。长钢轨装车完毕后要锁定牢固，轨枕装车时严禁发生碰损、装偏、倾斜、漏垫支垫物等现象；

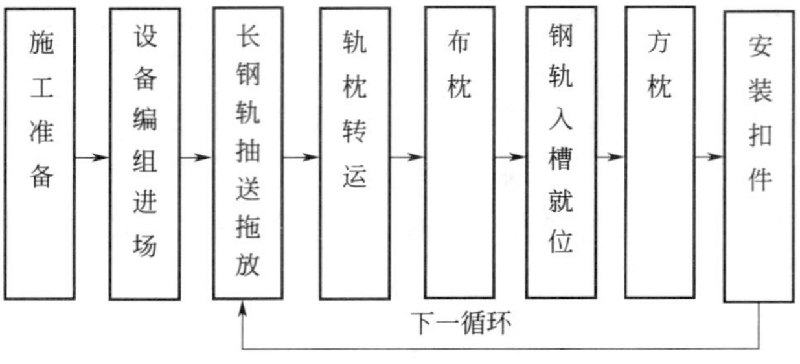

图 7　单枕铺设法铺设无缝线路施工基本工艺流程图

③机车推送铺轨列车进场时，运枕龙门吊应在铺轨机组上可靠锁定，并尽量由正线通过，侧向通过道岔速度宜控制在 5 km/h 左右，并监护运行；

④在底层道砟上按纵向 10 m，横向 3～3.25 m 间距成对布放拖轨滚筒，牵引车或长钢轨拖放车在长钢轨推送装置的配合下，将长钢轨沿滚筒拖放到线路两侧；

⑤轨枕转运宜分层进行，避免各运输平车之间由于载重悬殊产生车面高差；

⑥铺轨机组沿线路中心线匀速前行，轨枕布设装置按规定间距在平整的底层道砟上布设轨枕，应避免在布枕前扰动破坏砟面的平整性；

⑦轨枕布设时将橡胶垫板放至轨枕承轨槽中；

⑧收轨装置在铺轨机组前进时自动将长钢轨收入至轨枕承轨槽中。长钢轨就位应准确并避免碰伤轨枕预埋铁座和长钢轨；

⑨长钢轨就位后，安装部分扣件，保证铺轨机组安前全通过。铺轨机组通过后要及时补充扣件，并对施工现场进行收尾作业。

5.4.3　换铺法

(1)施工方法及工艺流程

①主要设备。轨排钉联机、铺轨机、机车、长钢轨运输车、换轨等。

②作业程序：

a. 先铺设 25 m 钢轨普通线路(临时过渡)，并进行上砟整道；

b. 将 250 m(或 500 m)长的焊接轨运送至已铺轨地段(需要更换为长轨的线路区段)，并摆放在线路两侧；

c. 将摆放于线路两侧的焊接轨，按需要铺设的单元长度进行现场焊接；

d. 由一台收轨机将拆除的旧轨收放于轨枕中间，与其同时由另一台收轨机将摆放在线路两侧的单元轨收放于承轨槽内；

e. 调整轨距并安装钢轨扣件同时予以紧固；

f. 将拆除的的旧钢轨予以回收装运。

③工具轨换铺法施工基本工艺流程如图 8 所示。

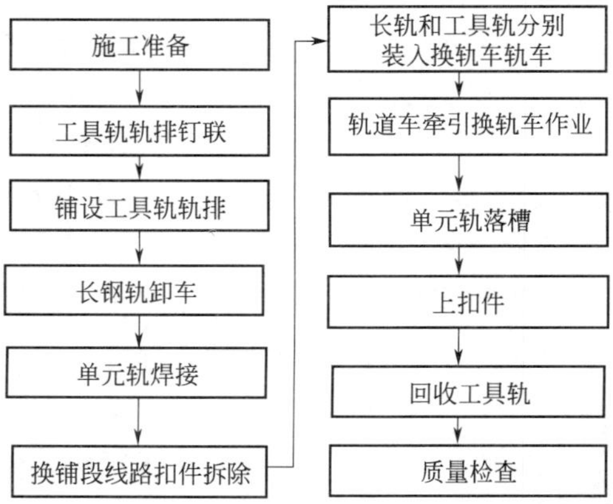

图 8　工具轨换铺法施工基本工艺流程图

(2)技术要求及注意事项

①确认线路封锁，拆除工具轨扣件，每节工具轨至少保留中间一处扣件及接头处扣件不松动，待施工列车通过后，换轨作业车临近前及时松

开拆下，确保施工列车及换轨作业车运行安全。

②工具轨轨排的轨枕类型、间距、接头方正、扣件安装、轨距等应符合设计要求及规范规定。

③新铺工具轨轨排线路应对中拨正，偏离中线不应大于 20 mm。轨道远视直线顺直，无硬弯；曲线圆顺，无反弯或鹅头，无反超高。

④对卸轨地段内防碍卸轨的设备及材料等，应提前清理、平整，预留好卸轨的位置。

⑤长钢轨轨头内侧面距线路钢轨轨头外侧面应≥600 mm，并不得高于待换轨轨面 25 mm，轨端不得相对，应错开放置，迎车方向轨头必须在顺车方向轨头外侧。

⑥卸车后应采取支护措施，防止长钢轨胀缩导致侵限危及行车安全。

5.5 应力放散及锁定

5.5.1 施工方法

应力放散及锁定的主要施工方法有：滚筒法和拉伸器滚筒法。

(1)主要设备

应力放散及锁定主要设备：钢轨拉伸器、撞轨器、锯轨机、滚筒、轨温计、扭力扳手、工地钢轨焊接设备等。

(2)工艺流程

①滚筒法：当施工作业时的轨温在设计锁定轨温范围内时，应采用滚筒法施工。滚筒法施工基本工艺流程滚筒法施工基本工艺流程如图 9 所示。

②拉伸器滚筒法：当施工作业时的轨温低于设计锁定轨温时，应采用拉伸器滚筒法施工。拉伸器滚筒法施工基本工艺流程如图 10 所示。

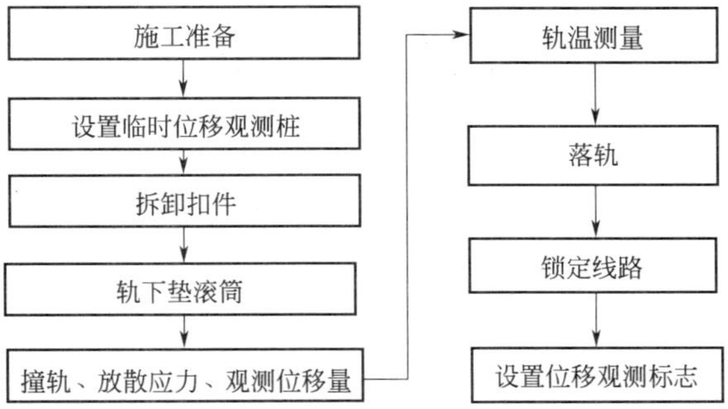

图 9 滚筒法施工基本工艺流程图

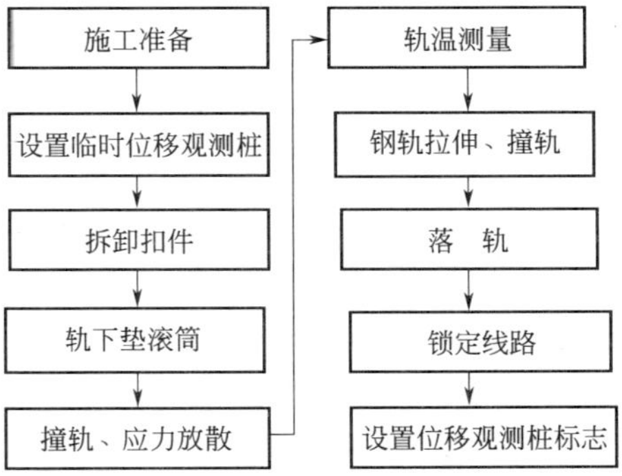

图 10 拉伸器滚筒法基本工艺流程图

5.5.2 技术要求及注意事项

(1)钢轨位移观测桩设置

钢轨位移观测桩设置应符合以下要求：

①位移观测桩应按设计设置。单元轨节起终点的位移观测桩宜与单元轨节焊接接头相对应，纵向相错量不大于 30 m；位移观测桩应与电务设备错开。

②位移观测桩编号应按里程递增方向顺序编号，编号方法为“×(单元归结顺序号)—×(单元轨条内的桩号)”，编号以阿拉伯数字标注，并在桩号右上方标“#”号。编号及观测记录须列入竣工文件。

③位移观测桩应设置齐全、牢固可靠、易于观测和不宜破坏。

④观测桩在区间埋设在路肩上，在站内站台侧可设置在站台墙上，观测桩距道砟坡脚和路肩边缘均应大于 0.3 m，当路肩宽度不足时，可埋于路肩中心，但应满足大型养路机械作业要求。

(2)缓冲区设置作业要求

①缓冲区接头应方正，左右股轨端相错量不应大于 40 mm；

②缓冲区应与相邻单元轨节同时锁定，接头预留轨缝应符合设计规定，接头螺栓涂油，安装齐全，螺母扭矩应达到 900 N·m；

③缓冲区钢轨接头轨面及内侧工作边要求平齐，误差不超过 0.5 mm。

(3)技术要求

①无缝线路锁定条件

a. 有砟道床达到初期稳定，轨道质量符合规范要求；

b. 按设计要求已设置钢轨位移观测桩；

c. 施工轨温应在设计锁定轨温范围以内或以下时施工。

②无缝线路锁定要求

无缝线路锁定应符合：实际锁定轨温控制在设计锁定轨温范围内；锁定时准确确定并记录轨温，相邻单元轨节锁定轨温之差不大于 5 ℃，左右股锁定轨温差不大于 3 ℃，同一区间内的单元轨节最高与最低锁定轨温之差不大于 10 ℃；单元轨节长度满足施工进度和铺设时应力放散最佳效果的要求，以 1 000～2 000 m 为宜，最短不得小于 200 m。

无缝线路有下列情况之一者，应重新放散调整应力后锁定线路，使其符合设计要求，并按实际锁定轨温及时修该有关技术资料和位移观测标记。

a. 实际锁定轨温超出设计锁定轨温范围或未按设计锁定轨温锁定线路；

b. 如不符合设计锁定要求的，应重新放散和锁定线路；

c. 位移观测桩处相对位移换算轨温加上原锁定轨温超出设计锁定轨温允许范围；

d. 施工过程中，注意收集、整理技术资料，为编制竣工文件做准备。主要资料有：ⓐ平面布置图及配轨图表；ⓑ铺轨日期，时间与实际锁定轨温记录；ⓒ无缝线路纵向位移观测记录表；ⓓ工地移动闪光焊机焊接记录表。铝热焊接记录表及工地钢轨焊接接头超声波探伤记录；ⓔ铺轨编号与焊缝编号对照表；ⓕ无缝线路单元轨应力放散拉伸情况记录表；ⓖ无缝线路基本技术状况登记表；ⓗ其他技术资料。

(4)注意事项

①线路锁定前应掌握当地轨温变化规律，根据作业区段的时间间隔，选定锁定线路的最佳施工时间。

②测量轨温时，要对钢轨的不同位置进行多点测量，取其平均值。

③拆除待放散单元轨节的全部扣件，每隔一定距离垫入一个滚筒，每隔一定距离设置一台撞轨器。

④放散应力时，应每隔 100 m 左右设一临时位移观测点观测钢轨的位移量，及时排除影响放散的障碍，达到应力放散均匀、彻底。

⑤在单元轨节的终端每股钢轨设置一台拉伸器拉伸钢轨，必要时撞轨，使拉伸量传递均匀。

⑥钢轨拉伸量由下式计算：

$$\Delta L = a \cdot L \cdot \Delta t$$

式中　ΔL——单元轨节拉伸量(mm)；

a——钢轨线膨胀系数 0.0118；

L——单元轨节长度(m)；

Δt——设计锁定轨温与锁定作业轨温之差(℃)。

⑦钢轨拉伸量达到计算值后，拉伸器保压，撤除滚筒，安装扣件，锁定线路；(此时的锁定作业轨温加上钢轨拉伸换算轨温为实际锁定轨温)。

⑧线路锁定后，应立即在钢轨上设置纵向位移观测的“零点”标记，按规定开始观测并记录钢轨位移情况。

⑨两股钢轨宜同步锁定，线路锁定后才能撤出拉伸器。

⑩拉伸器撤除后，已锁定单元轨节自由端会产生回缩量。下一单元轨节拉伸锁定时，应将该回缩量计如单元轨节拉伸量。

⑪若有过渡段，则须按照设计和规范进行施工。

5.6 轨道整理与打磨

5.6.1 轨道整理

(1)轨道整理作业内容

①根据设计要求，在规定的作业轨温范围内，对线路进行精细调整，继续做好未完成的工作，使之达到验交标准。

②对不符合设计的道床断面进行整修，堆高砟肩，拍拢夯实。

③缓和曲线、竖曲线区段调整圆顺。

④整修打磨不平顺焊缝，提高轨面平顺性。

⑤调整轨距，补齐扣件、配件。

⑥测取钢轨爬行量，复核锁定轨温。

(2)基本工艺流程

有砟轨道整理基本工艺流程如图 11 所示。

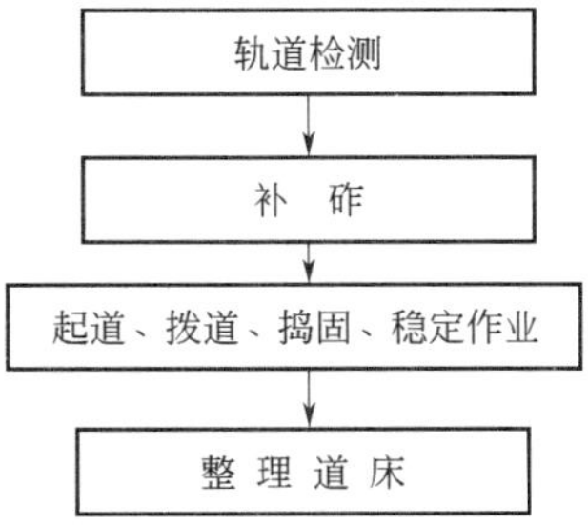

图 11　有砟轨道整理基本工艺流程图

(3)技术要求及注意事项

①线路开通前由轨道检查车进行动态质量检测；

②位移观测要求：无缝线路锁定后开通前，对无缝线路长轨条位移情况每月观测一次，并填写记录。位移观测桩处相对位移换算轨温加上原锁定轨温超出设计锁定轨温允许范围时，应及时查明原因并进行处理；

③高温时不安排影响线路稳定性的整理作业，高温时可安排矫直钢轨、整理扣件、整理道床外观、钢轨打磨作业等；

④进行无缝线路作业，必须掌握轨温，观测钢轨位移，分析锁定轨温变化，按实际锁定轨温，根据作业轨温条件进行作业，严格执行“作业前，作业中，作业后测量轨温”制度，并做好：a. 整理地段按需要备足道砟；b. 起道前先拨正线路方向；c. 起、拨道机不得安放在铝热焊缝处；d. 扒开的道床及时回填。

⑤当轨温在实际锁定轨温减 30 ℃以下时，伸缩区和缓冲区禁止进行整理作业；

⑥应力放散和调整后，应按实际锁定轨温及时修改有关技术资料和位移观测标记；

⑦进行扒道床、起道、拨道作业，应满足轨温条件。

a. 在实际锁定轨温±10 ℃范围时，可进行不影响行车的扒道床、起道、拨道作业；

b. 在实际锁定轨温$^{+15}_{-20}$ ℃范围时，连续扒开道床不得大于 50 m，起道高度不得大于 40 mm，拨道量不得大于 20 mm，禁止连续扒开枕头道床；

c. 在实际锁定轨温＋20 ℃范围时，连续扒开道床不得大于 25 m，起道高度不得大于 30 mm，拨道量不得大于 10 mm，禁止连续扒开枕头道床。

5.6.2　钢轨预打磨

在线路验收前，应对全线钢轨进行预打磨作业。

钢轨预打磨主要设备：打磨列车、人工操作的钢轨波纹研磨机。

(1)预打磨应具备条件

①无缝线路经整理作业后，道床进入稳定阶段；

②轨面高程及道床外观尺寸符合设计要求；

③钢轨扣件齐全紧固；

④钢轨焊头平直度符合规范要求。

(2)工艺流程

打磨列车到达工地后，根据轨面状态，可采用列车运行打磨，成形打磨等方式进行作业。打磨列车的使用和管理按其操作手册及维修保养手册的相关规定执行。

钢轨全线预打磨施工基本工艺流程如图 12 所示。

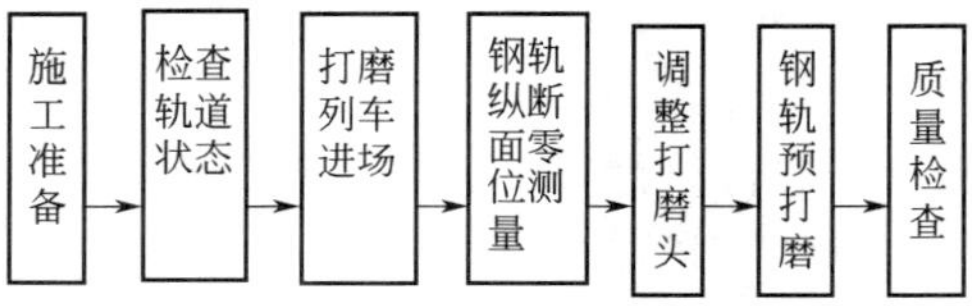

图 12　钢轨全线预打磨施工基本工艺流程

(3)技术要求及注意事项

①打磨工艺要求

a. 打磨前，应调整好打磨机的偏转面和对钢轨的施压力；

b. 打磨前用安装在打磨机上的测量设备对整个打磨段上的钢轨进行纵断面的零位测量；

c. 对具有波纹和短波的钢轨，原则上要磨到波纹底及波谷范围；

d. 道岔尖轨及可动心轨辙叉和钢轨伸缩调节器尖轨，应用手工操作的钢轨波纹研磨机进行打磨，严禁用普通打磨列车打磨；

e. 打磨列车应回收打磨下的铁粉。

②打磨质量要求

a. 消除钢轨微小缺陷及锈蚀等；

b. 消除钢轨在轧制过程中形成的轨面斑点及微小不平顺；

c. 消除轨头表面的脱碳层；

d. 钢轨的表面应光滑、平顺、无斑点，使其适应列车速度。钢轨顶面平直度 1 m 范围内允许偏差＋0.20 mm；

e. 钢轨头部工作面实际横断面与理论横断面相比允许偏差为±0.3 mm；

f. 全线钢轨预打磨作业后，轨顶表面粗糙度大于 10 μm 的个数不应超过 16％；

g. 打磨面最大宽度在轨距角圆弧上为 4 mm，在轨距角圆弧和轨顶圆弧的连接圆弧部分为 7 mm，在轨顶圆弧上为 10 m。从轨头打磨区向非打磨区应平滑过渡；

h. 打磨面宽度的最大变化在沿钢轨长度 100 mm 的范围内不应大于打磨面最大宽度的 25％；

i. 轨头打磨区无连续发兰带。

③质量检验作业要求

a. 在使用打磨列车时，必须用安装在打磨列车上的测量设备做打磨后测量；

b. 打磨后必须对打磨前确定的较大波纹和波形磨耗的范围，进行钢轨纵断面的重点测量；

c. 打磨后的钢轨应达到规范要求。

5.7 轨道质量检验

5.7.1 轨道质量静态检验标准

有砟轨道经整理达到验收标准，应符合下列规定：

(1)轨面高程应符合设计要求，允许偏差：在路基上为±20 mm，在建筑物上为±10 mm，紧靠站台为+200 mm。

(2)轨道中心线与设计中线允许偏差 30 mm，线间距允许偏差为$^{+20}_{0}$ mm。车站线间距与站台误差协调调整。

(3)有砟轨道静态平顺度标准应符合表 8 的规定。

表 8 有砟轨道静态平顺度允许偏差(mm)

序号	项目	旅客列车设计速度 v(km/h)	
		v<200	200<v≤350
1	轨距	±2	±2
2	高低	3	2
3	水平	3	2
4	扭曲(基长 6.25 m)	3	2
5	轨向	3	2

(4)道床达到稳定状态，其状态参数指数应符合表 9 下道床状态参数指标的规定。

表 9 道床状态参数指标(平均值)

项目测试值 设计速度	枕下道床密度 (g/cm^3)	道床支撑刚度 (kN/mm)	道床横向阻力 (kN/枕)	道床横向阻力 (kN/枕)
v=200 km/h	≥1.7	≥100	≥10	≥12
200<v≤250 km/h	≥1.75	≥110	≥10	≥12
00<v≤350 km/h	≥1.75	≥120	≥12	≥14

(5)轨枕间距允许偏差为±+20 mm，连续 6 根轨枕的距离为 3 m±30 mm。轨枕布设应正位，并与轨道中心线垂直。

(6)道床断面应符合设计要求，道床厚度不得小于设计厚度 20 mm，道床一侧肩宽允许偏差±20 mm，砟肩堆高不得有负偏差，边坡整齐美观。

(7)扣件的轨距块顶严靠紧，离缝者不应大于 6%；扣件紧固，扣压力小于规定者不应大于 8%；胶垫无缺损，偏斜量大于 5 mm 者不应大于 8%。

5.7.2　轨道质量动态检

轨道整理作业后，动态质量应检查局部不平顺（峰值管理）和线路区段整体不平顺（均值管理）。轨道动态检查项目及轨道不平顺管理值应按有关工程验收的规定执行。

5.7.3　轨道检验设备及质量记录

（1）轨道质量静态平顺度检验可采用便携式轨道几何尺寸检测仪或轨检小车。

（2）道床状态参数可采用轨枕刚度仪和道床密度仪或灌水法。

（3）轨道质量动态检验应采用轨道检查车。

（4）道岔和钢轨伸缩调节器应和轨道同步检验。

（5）轨道质量检验应做好相应记录。

5.8　工程竣工

5.8.1　竣工验收

轨道工程竣工后，应按照验标和设计进行验收，验收合格后，方可交付，开通使用。

线路备料按设计数量备存，质量应符合相关技术条件规定，交接地点与接收单位洽商。

5.8.2　竣工文件

在施工过程中，应认真做好各类技术资料的收集、整理工作，及时编制竣工文件。竣工文件主要包括以下内容：

（1）工程开工报告；

（2）工程竣工验收报告；

（3）竣工工程数量表；

（4）单位工程质量验收资料；

（5）施工总结；

（6）变更设计资料；

（7）正线轨道铺设材料汇总表；

（8）站线轨道铺设材料汇总表；

（9）轨道部件出厂合格证；

（10）站线平面布置竣工图；

（11）工程日志；

（12）无逢线路总布置图（附线路锁定日期、时间、实际锁定轨温及缓冲区实留轨缝尺寸）；

（13）纵向位移观测桩位置图及观测记录；

（14）钢轨焊接记录和焊缝质量检查记录；

（15）铺轨编号与焊缝编号对照表；

（16）放散应力记录；

（17）线路基桩表；

（18）其他有关技术资料。

6　劳动力组织

6.1　劳动力安排

劳动力安排要根据施工工程工作量、施工方法、工期进度要求、机械设备配备情况、施工人员技术水平、现场作业条件等因素综合考虑。

6.2 劳动力指标

(1)长钢轨换铺及应力放散、锁定劳动力组织见表10。

表10 长钢轨换铺及应力放散、锁定劳动力组织

序 号	工 种	人 数	工作内容
1	总指挥	1	总负责
2	技术员	4	技术检查和资料记录
3	安质员	2	安全和质量检查
4	线路工	120	将长钢轨抬上滚筒、卸上扣件等
5	技术工	4	负责拉伸器、锯轨机
合 计		151	

(2)现场焊接劳动力组织见表11。

表11 现场焊接劳动力组织

序 号	工作项目	人 数	工作内容
一	接触焊	25	
1	现场指挥	1	
2	操作焊机	4	持证上岗
3	轨道车司机	2	
4	焊缝打磨	3	
5	探伤	2	持二级无损检测合格证
6	轨端处理	4	
7	正火	3	
8	其他人员	6	
二	气压焊	16	
三	铝热焊	14	
1	负责人	1	
2	锯轨	1	
3	封箱	4	
4	焊工(丙烷加热)	1	
5	打磨	3	
6	辅助工	4	

7 主要机具设备

有砟轨道无缝线路由于选择施工方法的不同,其选用的机械设备也不一样。表12所列主要机械设备仅供在施工有砟轨道无缝线路使用.施工中,应根据施工方法选择合适的机械设备。

表 12　主要机械设备配置表(按一班配置)

序　号	设备名称	型号、规格	数量(台)	备　　注
1	机车	内燃	2	
2	推土机		1	摊铺道砟
3	K 型砟车	K13	10	
4	压路机		1	
5	机械化整道作业车组	MDZ 车组	1 组	
6	移动式焊轨车组		1	工地焊
7	气压焊(成套)		1	
8	铝热焊设备(成套)		1	
9	钢轨矫直器		1	
10	锯轨机		1	
11	砂轮机		2	
12	打磨机		2	
13	精磨机		2	
14	探伤仪		1	
15	长钢轨运输车		1 列	
16	钢轨拉伸器		2	
17	长钢轨纵向推送设备(成套)		1	
18	撞轨器		2	
19	便携式轨道几何尺寸检测仪或轨检小车		1	

8　质量控制要点

8.1　质量控制措施

(1)按照设计和规范要求,根据 ISO9002 质量管理体系标准和公司质量管理体系文件规定,建立健全质量保证体系并成立项目质量管理领导小组。从组织机构、思想教育、技术管理、施工管理、制度管理、主要工程质量保证措施以及工程质量处罚机制等七个方面建立符合项目质量保证体系。

(2)严格实行“三检”制,开展技术攻关活动,并对质量管理制度、标准和规定的执行情况进行监督、检查,实行质量管理“一票否决权”。

(3)加强宣传和技术培训,提高员工的思想意识和技术水平。

(4)严格按照规定和测量的步骤进行各项检测,轨温的测量是确保长轨锁定的关键。

(5)紧固扣件,要求在同一时间完成,不能相差过长,并要求扣件配合密贴,型号准确,胶垫正位,扣件的扭矩达到标准。接头扣件及连接夹板螺栓更要拧紧。

(6)道床密实饱满,以增强无缝线路的阻力和线路的稳定性;枕端砟肩须按设计堆高,以增加道床横向阻力。

(7)及时设置位移观测标志,以判断无缝线路的位移情况,避免因锁定情况及钢轨内部产生的不均匀内应力,影响行车安全。

(8)合理设置缓冲区钢轨轨缝。

(9)防爬设备安装牢固,在钢筋混凝土枕上加设的楔形木垫的尺寸必须标准,以防因行车振动而松动。

(10)无缝线路铝热焊和接头都是薄弱环节,必须加强焊缝和钢轨接头前后各三根轨枕的捣固,以使其达到加强,消除低接头。

8.2 质量通病及预防措施

对施工中易发生的质量通病,如焊接接头相错、线路死弯、曲线鹅头等,开工前制定防止通病的专项技术措施,并在技术交底时重点布置,在实施过程中严格监控,确保不发生质量通病。常见质量通病及预防措施见表13。

表13 常见质量通病及预防措施治理方法表

通病名称	现　　象	原因分析	预防措施	治理方法
焊接接头	超标	打磨不细、不到位;已焊接头不合格,需割掉重焊,对接头相错未引起重视	1. 制定防范措施,吃透技术标准; 2. 经常检查调试设备,保证设备正常使用率; 3. 提高技术水平,确保焊接接头一次成功	探伤检查及时跟上,发现问题及时处理
曲线鹅头	曲线头尾偏离应有的平面位置,向曲线外侧突出	1. 轨道铺设不到位,缺砟,胀轨; 2. 道床不足,阻力不够; 3. 线路锁定轨温不正确	1. 铺设前加密曲线中线桩,及时拨道对中; 2. 补足道床; 3. 重新进行应力放散和锁定	1. 上砟整道加强; 2. 加强观测,特别是温差较大时随时测量钢轨位移情况及道床阻力情况
三角坑	线路水平、方向不良	缺砟、起道量不均匀,枕下未串实	根据卸砟量的多少确定起道量,采用多次起道,整道不掉空,及时上砟	补砟整道

9 安全措施

9.1 钢轨焊接作业安全

(1)焊接作业人员必须经过专门的技术和安全培训,并通过考核、取证后持证上岗,属特殊岗位的作业人员必须取得相应的特种作业人员上岗证。

(2)焊接所用的工具、仪器、设备应具有产品质量合格证书,且处于完好状态。焊轨作业中必须严格遵守其安全操作规程。

(3)操作人员作业时必须穿戴好劳动保护用品。

(4)在使用以电为动力的设备时必须严格遵守安全用电操作规程。

(5)在焊接作业中,任何人员不得穿越钢轨输送线,非操作人员要撤离规定的作业区域。

(6)起吊和运输钢轨时应严格遵守其中和运输;安全操作规程。

(7)在铁路既有线旁施工时要严格遵守铁路既有线安全施工操作规程。

9.2 应力放散及锁定作业安全

(1)施工人员必须严格遵守有关安全规定、规则及细则。

(2)各种特殊工种操作人员和其他施工人员必须经岗前培训，考核合格后持证上岗，严禁无证上岗。

(3)装吊工必须佩带安全帽及其他安全防护用品，长钢轨起吊装车时，各龙门吊要动作同步、缓起轻落、保持长轨平稳，严禁斜拉、斜吊。

(4)长钢轨运输前须确认锁定机构是否牢固、可靠，运输途中，须随时注意长钢轨锁定状态。

(5)推送装置在用钢丝绳拖拉长钢轨时，必须将卡具卡牢轨头，钢丝绳两侧严禁站人。

(6)长钢轨拨移时，要协同动作，统一指挥，手脚不得放于长钢轨下，撬杠插入深度要适中。需要翻轨时，翻轨器安装正确，以免撬杠伤人。

(7)垫滚筒时为防止钢轨倾斜或滑落，应在钢轨两侧用两台压机同时打起钢轨，落滚筒时严禁压机突然卸载。

(8)拆扣件时应防止弹条砸飞伤人，上扣件时每两人之间要间隔 3 根轨枕距离，且人要站在扳手的一侧，防止相互碰伤。

(9)撞轨时应注意用力均匀，避免撞块飞出伤人。

(10)锯轨人员必须穿戴防护用品，锯轨机正前方严禁站人。

(11)平板车在线路上停放必须打好止轮器，防止溜车。

(12)防护员要坚守岗位，随时注意工程列车动向，及时树立防护牌。

9.3　施工安全及注意事项

(1)在既有线或复线上作业，应加强防护，注意瞭望，材料、设备不得侵限，杜绝各种安全事故的发生。

(2)合拢口轨不得使用氧—乙炔割轨和烧眼孔。

(3)使用各种机械设备，必须由具有操作资格、上岗证的人员担任，必须严格按照机械设备的使用说明和操作程序作业，严禁盲目蛮干、瞎指挥，确保人员设备安全。

(4)所有参与施工人员必须进行岗前培训，必须参与施工安全和技术学习。

(5)技术工作超前，施工组织编制合理、详细，安全措施切实可行，技术交底清晰、细致，准备工作充分。

(6)加强施工过程中的安全管理和控制，做到安全工作有预见、有安排、有检查、有督促落实、有整改措施、有应急预案，从每一项工作抓起，每一道工序做起，将安全工作切实落到实处。

10　环保措施

10.1　一般规定

(1)施工现场宜按国家《环境管理系要求及使用指南》规定对现场进行环境管理。

(2)施工期间所产生的污染物排放和处理应符合国家和地方有关环保的现行法规定和设计要求。

(3)铺轨基地应有良好的排水系统，尽量减少对环境有影响的污染物排放。

(4)施工现场各种材料的存放必须规范、有序。

(5)应使用符合环保要求的机械设备和工艺。

(6)道砟装卸宜采取降尘措施。

(7)合理安排施工时间,减少噪声扰民。

10.2 环境控制

(1)项目部组建时,建立健全环境管理体系,根据产品要求和相关的法律法规制订本项目的环境管理方针。

(2)项目部根据施工活动范围和施工产品特点,采用过程投入产出分析、现场调查、查阅文件资料、过程分析、面谈询问等方法识别环境因素,评价、提出重要环境因素清单。

(3)环境因素识别的范围包括施工过程、办公生活、产品和服务中的环境因素以及使用的产品和服务中能够施加影响的环境因素。

施工过程中环境因素识别至少包括资源和原材料(如水资源、木材、钢材、水泥、砂石料)消耗;能源消耗(电、油料消耗);施工对环境的破坏及施工过程中污染物的产生和排放。

办公生活活动中的环境因素识别包括办公活动,食堂、澡堂、供热供水、医疗、招待所、保洁、绿化及其他生活活动中能源、材料消耗、废弃物的产生和处置、紧急情况的发生等情况下存在的环境因素。

产品、服务中环境因素识别包括工程维护、保养及相关方所提供的服务过程中存在的环境因素。

(4)环境因素识别应考理三中时态(过去、现在、将来)、三种状态(正常、异常、紧急)和八个方面(大气污染、水体污染、声污染、土地污染、植被和自然生态的破坏、能源资源和原辅材料消耗、社区问题、其他环境问题)。

(5)项目部根据重要环境清单、工程项目所在地的环境敏感问题、法律法规及其他要求、可选的技术方案以及财务状况、管理经验和经营要求、相关方的要求等制订本项目的环境管理目标和管理方案。目标应具体,合理可行,满足法规要求,并进可能量化。管理方案包括相关职能部门的职责(包括提供相应资源的要求)、实现目标所采取的措施、财务预算及具体实施计划、时间表等。项目管理者应确保为实现目标所制定的管理方案、措施提供必要的合格资源,包括人员、物资、资金、技术等,以有效实施管理方案。

(6)目标和管理方案的监测。在一定的时间间隔内,通过现场抽查和汇总分析目标与管理方案完成情况信息,对管理方案和目标实施、完成情况进行评价。根据检查和评价结果、工程项目进展情况以及其实现过程、相关活动、服务或运行条件的变化(如设计变更、施工组织设计与施工方案的变更等)确认其能否实现预期的目标或对变化的适宜性,需要时修订。

10.3 环境绩效评价

(1)项目部应定期对环境绩效进行评价。

(2)环境监测内容包括有关污染物排放量和浓度;环境管理方案实施、完成情况和目标实现情况;与重要环境因素有关的运行和活动的控制情况(即"运行控制"情况);环境方面适用的法律法规的符合性(即遵循情况)。

(3)对施工过程控制情况进行监督检查时,应同时对相关的环境管理运行控制情况进行检查。

(4)根据工程项目特点和工程所在地环境法、法规的要求,确定日常监测项目和检测频次,并对环境法规遵循情况进行评价。

(5)对监测分析与评价过程中发现的问题,应及时进行处置。

11 工程实例

11.1 工程概况

成都铁路北枢纽铁路线路为Ⅰ级干线，青白江至大弯镇区间全长 6.8 km，最小曲线半径 405 m，设计为 $R\geqslant500$ m 的曲线地段采用 60 kg/m 普通钢轨，半径 $R<500$ m 的曲线地段采用 60 kg/m 耐磨轨，轨枕除桥梁地段采用混凝土桥枕外，其余采用Ⅲ型混凝土枕及Ⅲ型扣件。厂制 25 m 钢轨在成都铁路局直属焊轨段焊接成 250 m 长轨，租用成都铁路局长轨运输车运至工地。$R\geqslant500$ m 的曲线和直线地段接头采用气压焊接，$R<500$ m 的曲线地段，采用冻接接头，绝缘接头采用胶接绝缘接头。

本段路基工程已于 2000 年修建完成，原设计为铺设普通轨道线路，本次修改设计变更为铺设区间无缝线路。2003 年 9 月 1 日我部进场时，经现场检查，路基半宽为 3.45 m，不能满足无缝线路路基宽度的要求，经设计院、成都铁路局工程管理中心(后改为工管总部)、监理单位、施工单位等会议研究确定采用在路肩上铺砌 0.25～0.3 m 厚干砌条石的方法加宽路基，以满足铺设无缝线路道床的需要。

11.2 施工方法

青白江至大弯镇区间无缝线路施工按照设计要求，采用换铺法进行。即先铺设普通线路，进行上砟整道，并进行大机捣固后，将普通 25 m 工具轨更换为长钢轨，进行长轨的焊接，同时进行胶接绝缘接头的施工。最后进行无缝线路的应力放散和锁定，线路整理，验收开通。

其作业流程为：

路基面整修→铺设底砟→卸枕、卸 25 m 工具轨→抬摆混凝土枕，铺设普通轨道线路→上砟整道→卸长钢轨、更换长轨(用临时接头连接)→大机捣固→长轨焊接→胶接绝缘接头施工→无缝线路应力放散及锁定→线路整理→验收开通线路。

(注：由于业主提供工具轨数量不够，现场施工采用先更换长轨、上砟整道，再进行大机捣固的方法，有些浪费；若条件许可，应先线路达标、大机捣固后，进行卸长钢轨和进行焊接，再进行换轨和无缝线路应力放散及锁定。)

11.2.1 普通轨道施工

(1)道床

①底砟。底砟采用级配天然砂夹卵石，用汽车运送至工地，人工摊铺。用 300 kPa 压路机分层碾压，经密实度试验合格后，方可进入下道工序；

②面砟。面砟为一级道砟，砟肩宽度大于等于 400 mm，砟肩堆高 150 mm，枕下道床密实度$\geqslant$1.7 g/ cm^3，枕下支承刚度$\geqslant$100 kN/mm，纵向阻力$\geqslant$12 kN/枕，横向阻力$\geqslant$10 kN/枕，轨道结构高度 1.07 m。

工具轨线路铺设好后，利用 K 型砟车卸砟，K 型车紧张时，采用敞车运砟，人工卸砟。整道采用人工配合小型机械起道和捣固机捣固，线路基本达标后，进行大机捣固。按设计道床断面做够，从而使道床能提供足够的阻力和具有一定的弹性。

(2)轨枕

一般地段采用Ⅲ型无挡肩轨枕，小半径曲线地段采用Ⅲb 型枕木，桥上采用Ⅲ型桥枕。枕木采用火车运输，利用既有线卸车，人工抬摆。

11.2.2 长轨铺设

采用“工具轨换铺法”，即先人工铺设短轨排，再由长轨运输车将 250 m 长轨条运至施工地段卸下。运输车退回，拆除工具轨，换上长轨条，即完成长轨换铺施工，随后将短轨运至铺轨前方再次铺设，再换铺长轨条。

11.2.3 单元轨节铺设

单元轨节铺设采用“一步连入法”，即将区间中相邻的两单元轨节终点和始点，在同一轨温条件下依次直接焊联的铺设作业方法。该方法与“二步法”比较，具有施工工序少，材料消耗少，节约劳动力。各单元轨节内的温应力均匀，线路稳定，便于养护维修。

11.2.4 接头焊接

接头焊接采用移动式钢轨气压焊，即用气体燃烧产生的热能，将钢轨两紧密贴合的清洁端面加热到塑性状态，使这部分原子具有足够的“活化能”，并穿过界面相互扩散，同时再施加一定的顶锻压力，以达到再结晶，而使焊接面牢固地融结成一体而获得焊接接头的方法。该方法具有设备简单，重量轻，灵活轻便，适合工地流动施焊，且焊接速度快，质量稳定。虽然焊接时对操作人员技术要求高，但我部操作人员具有在其他线施工积累的丰富经验，能确保焊接质量100%合格。

11.3 施工工艺

11.3.1 胶接绝缘接头

(1)胶接绝缘接头施工工艺

绝缘接头采用德国施密特 MT 胶接接头现场胶接，该技术的特点是设备简单，工具少，人员少，操作方便。

①打磨机轻轻打磨一遍绝缘鱼尾板接触面，除去清漆保护层并具有一定粗糙度；

②检查钢轨端面是否垂直，如有喇叭口，则用轨端打磨机修平；

③用手提砂轮机和角磨机将轨腰连接部位(鱼尾板部分)的所有锈迹除去；

④钢轨对正，不能出现扭曲现象；

⑤将绝缘塞片置入轨缝，然后用拉轨器将其顶紧，不留任何间隙，将六个绝缘套管塞入孔中，在和胶泥之前再次检查一下鱼尾板孔与钢轨上的孔位是否对齐；

⑥将树脂和固化剂倒入蓝色罐的石英砂中，用小灰铲搅拌均匀；

⑦用小灰铲将胶泥均匀抹到鱼尾板上并压平；

⑧扣上抹好胶泥的绝缘鱼尾板，交叉式穿上螺栓；

⑨先用板手上紧螺栓，然后再用扭矩扳手由里向外交替式将螺栓紧到 1 000 N · m，再用扭矩扳手以相同的方式复紧六颗栓到 1 000 N · m。共重复三遍；

⑩刮走多余的胶泥，检查绝缘塞片有没有高出行车面，如高出则用角磨机打平。

(2)质量技术措施

①清除打磨后的绝缘鱼尾板和轨端连接部位的铁屑并且不能粘水和污垢；

②钢轨不能出现扭曲现象；

③轨端与绝缘塞片不得有任何间隙；

④不能提前和胶泥，以免胶泥提前变干；

⑤既有电气化铁路旁胶接绝缘接头后，应立即用导线将两钢轨连接直至使用时拆除，以免绝缘塞片被击穿。

11.3.2　气压焊接

(1)施工工艺

①焊前准备。检查设备是否正常;检查安全防护及人员安全情况。

②焊前钢轨端面打磨,利用锉刀手工锉平或砂轮机打磨,铣平端面,使钢轨待焊端面与钢轨纵轴尽量垂直和具有尽量低的粗糙度同时使之露出金属光泽、无油、污水、铁锈。

③对轨和夹轨。把长轨条串动到适合焊轨的位置;将被焊轨垫平、拨正;将压接机安放在被焊钢轨上,找正、夹紧。

④将加热器安装在专用的槽板上,找正并加以固定。

⑤接通电、油、气、水管路。

⑥安放推凸装置。刀垫安放在已固定好的压接机上;前刀体的安装在顶锻完成、加热器灭火的同时进行。

⑦预顶,观察是否打滑。

⑧点火焊接。点火位置要离开焊缝附近,以免污染焊缝;加热器迅速移至焊缝并摆动。加热器加热摆动时间对照见表14。

表14　加热器加热摆动时间对照表

加热时间	0～4′30″	约4′30″～5′	约5′～5′30″
摆 动 量	8～12 mm	15～20 mm	30 mm
摆动次数	60次/min		80次/min

⑨加热器加热顶锻压力对照见表15。

表15　加热器加热顶锻压力对照表

加热时间	0～3′30″	约3′～30″	3′30″～4′40″	4′40″	4′40″～5′30″
油泵压力(MPa)	预顶16～18	降压12～10	保压12～10	提压35～38	去压35～38

⑩焊瘤的推除。顶锻完成后快速拆离加热器,迅速放置推刀的前刀体;迅速开动截止阀以最大流量进行焊瘤的推除。

⑪正火。当除瘤后,待焊缝区冷却到400 ℃～500 ℃时立即正火,加热器摆动量65 mm,摆动频率50～55次/min,正火温度850 ℃～920 ℃。

⑫打磨。以焊缝为中心,1 m直尺测量。焊缝平直度允许偏差见表16。

表16　缝平直度允许偏差表

部　　位	顶　　面	内侧工作面	底　　面
平直度	$^{+0.3}_{0}$	±0.3	$^{+0.5}_{0}$

⑬探伤。以轨底两角为重点,对焊缝进行全面超声波探伤。

(2)质量技术措施

①焊轨前检查设备是否正常;

②选择优质燃料气和液压油,以提高加热器功率和保证足够的压力顶锻和推凸;

③焊前,对待焊轨头端面清洁,对轨时方向顺直,轨要垫平、垫实,轨底不平时应及时修整;

④压接机装夹正确,圆柱型导柱弯曲时,要拆机调整,严重时更换;

⑤加热器摆放要正，火焰正常，温度较低或较高时采取扩孔或缩孔的办法调整温度。通过调节分配阀的方法，使两侧火焰温度均匀；

⑥油缸不同步时，检查其密封圈，发现油缸拉伤要修整或更换；

⑦严格控制加热时间、顶锻时间和顶锻量；

⑧除瘤时要一次割成；

⑨打磨后及时检查外观和进行探伤检查，保证质量，不留缺陷；

⑩待温度冷却后，及时探伤，发现问题，割轨重焊。

11.3.3 应力放散

本段应力放散采用的是滚筒配合撞轨法，即在设计锁定轨温幅度范围内拆除扣件，每隔12 m 拆除轨枕上橡胶垫板，垫入滚筒，同时配合撞轨器撞轨，使长轨条正常伸缩，达到自由状态，然后拆除滚筒，装好橡胶垫板、扣件，锁定线路。

11.3.4 锁定轨温

(1)锁定轨温

①设计锁定轨温幅度范围。本段线路位于成都地区，该区段内最高气温 40.1 ℃，最低气温－5.9 ℃，最高轨温 60.1 ℃，最低轨温－5.9 ℃，最大轨温差 66 ℃，设计锁定轨温幅度范围为 30±5 ℃。

②实际锁定轨温及时间。本段锁定轨温时间安排在 2005 年 7 月 11 日～7 月 27 日，施工时刻在 6:35～9:40 之间，施工锁定轨温范围为 26 ℃～31 ℃。左右两股钢轨同时进行锁定轨温相同；相邻单元轨节锁定轨温差控制在 2 ℃范围内。

(2)质量技术措施

①尽量让相邻单元轨节的实际锁定轨温一致，限制轨温差；

②减少施工作业量。焊接完一个单元轨节就组织锁定；

③左右两股钢轨同时锁定；

④组织足够劳动力，以确保在设计轨温幅度范围内完成作业；

⑤通过位移观测桩，监测锁定轨温变化。

在成都铁路北枢纽青白江至大弯镇区间无缝线路施工中，新运公司北枢纽项目部严格施工工艺、操作细则及质量技术措施，未出现各种质量和安全事故。各项技术指标均达验标要求，特别是胶接绝缘接头和焊接接头合格率 100%，在线路验收中，一次交验合格，合格率100%，确保了该区间的按期开通，为今后从事无缝线路施工积累了丰富的经验。

客运专线无砟轨道无缝线路施工工艺

1 前 言

1.1 概 况

京津城际铁路全长113.2 km，是我国第一条设计时速350 km铁路客运专线，引进德国博格板式无砟轨道系统设计CRTSⅡ型板式无砟轨道结构。京津城际铁路一次性铺设跨区间无缝线路232 km，是我国铁路首次在大区段无砟轨道上采用500 m厂焊长钢轨一次性铺设跨区间无缝线路，代表着我国铁路轨道无缝线路施工的最新水平。

在施工过程中，采取拉伸法和加温法相结合的方式，将解决了低温条件不能进行无缝线路应力放散的技术难题，2007年11月至2008年1月间，按期完成225.8 kmCRTSⅡ型板式无砟轨道无缝线路的铺设、焊接和锁定施工。

1.2 技术特点

(1)设备配置先进合理，施工工艺新，可操作性强；

(2)施工质量能够得到很好的控制，满足设计要求；

(3)进度稳定，控制措施完善，工期保障性强；

(4)适用性广。

2 适用范围

本工法适用于无砟轨道长轨铺设及无缝线路焊接锁定。通过稍加改进，也可供有砟轨道无缝线路铺设参考。

3 主要技术标准

(1)《钢轨焊接》(TB/T 1632—2005)。

(2)《京沪高速铁路设计暂行规定》(铁建设〔2004〕157号)。

(3)《350 km/h客运专线60 kg/m钢轨暂行技术条件》(铁科技〔2004〕120号)。

(4)《250 km/h客运专线60 kg/m钢轨暂行技术条件》(铁科技函〔2005〕298号)。

(5)《客运专线铁路轨道工程施工技术指南》(经规标准〔2005〕110号)。

(6)《客运专线铁路轨道工程施工质量验收暂行标准》(铁建设〔2005〕160号)。

(7)中国铁路工程集团公司《客运专线铁路无缝线路施工技术规范》(试行)(Q/ZTG 21110—2006)。

4 施工方法

(1)WZ500型无砟轨道铺轨机组按拖拉法运输和铺设500 m厂焊长钢轨。

(2)K922移动闪光接触焊机焊接钢轨接头，该设备适应性强，采取适当措施能保证气温−5 ℃以上的条件下钢轨焊接接头的质量；使用拉伸法或加热法将长轨拉长到施工质量能够得到很好的控制，满足设计要求。

(3)使用拉伸法或加热法将长轨拉长到施工质量能够得到很好的控制，满足设计要求；进度稳定，控制措施完善，工期保障性强。

(4)进度稳定，控制措施完善，工期保障性强，适用性广。

5 施工工艺流程及操作要点

5.1 施工工艺流程

5.1.1 500 m 长钢轨运输及铺设工艺流程

500 m 长钢轨运铺工艺流程如图 1 所示，500 m 长钢轨铺设工艺流程见图 2。

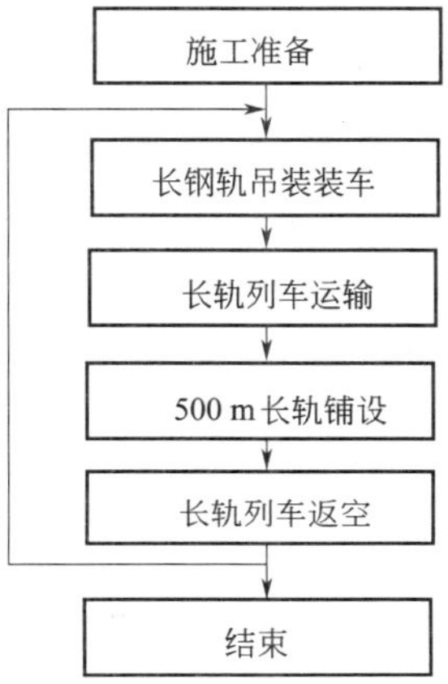

图 1 500 m 长钢轨运铺流程图

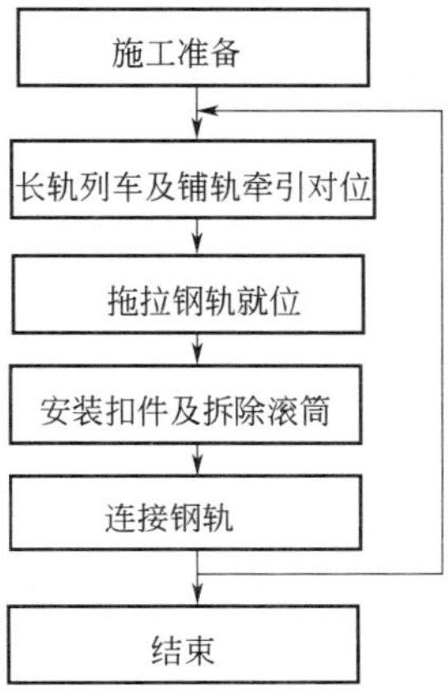

图 2 500 m 长钢轨铺设流程图

5.1.2 无缝线路焊接锁定工艺流程

常规条件无缝线路锁定工艺流程见图 3，低温条件无缝线路锁定工艺流程见图 4。

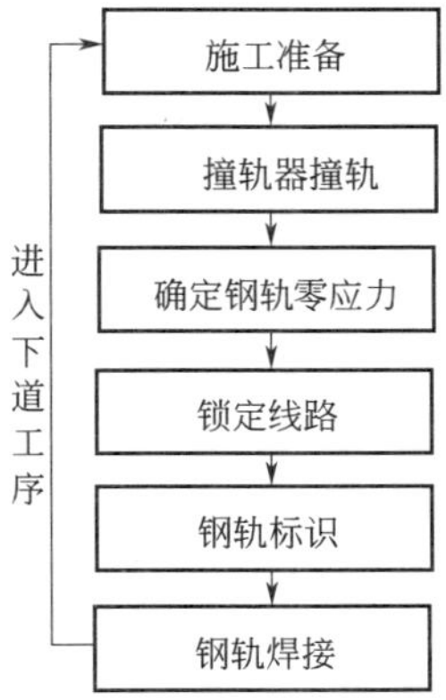

图 3 常规条件无缝线路锁定流程图

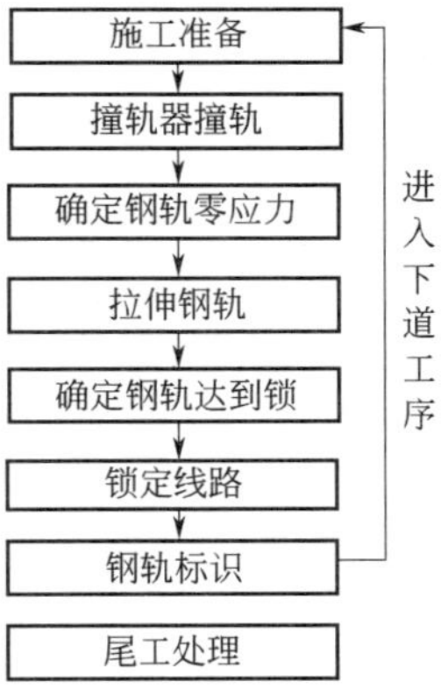

图 4 低温条件无缝线路锁定流程图

5.2 施工操作要点

5.2.1 施工准备

500 m 长轨铺设在无砟轨道或无砟道岔完成并达到过车条件下开始（见组图 5 施工准备）。施工准备工作包括：

图 5　施工准备

(1)WZ500 型无砟轨道铺轨机组的安装调试。利用铺轨基地轨道联络线或调车线，对 WZ500 型无砟轨道铺轨机组进行安装、调试，对铺轨牵引车及分轨器、锁轨装置等进行工艺检验。

WZ500 型无砟轨道铺轨机组采用拖拉式作业法，机型为无砟道床长轨条铺设机。该铺轨机由铺轨牵引机、滚轮、运输小平车、滚轮箱、滚轮小车、分轨小车、钢轨运输车(首车)、钢轨运输车Ⅰ、钢轨运输车Ⅱ与钢轨运输车(尾车)等部分组成。

①钢轨拖拉机由司机室、动力室、高弹性实心橡胶轮、闭式液压驱动装置、单臂葫芦吊、车体、钢轨拖拉机构、液压卷扬等组成。该机可以采用有人操作与无线遥控操作；

②滚轮由表面中频淬火的滚筒、滚动轴承、销轴、底座、把手等组成；

③运输小平车由小轮对、车架、手制动装置组成；

④滚轮箱由型钢骨架与钢板组焊成，用于装放收好的滚轮；

⑤滚轮小车由钢轨托辊、小车底架、小车轮对、滑槽等组成，滑槽用于防止钢轨拖离滚筒后平滑地落在滚轮上；

⑥分轨小车钳夹式分轨导框、小车底架、小车轮对、风缸等组成；

⑦钢轨运输车(首车)由 N17 平车、长滚筒装置、安全挡、升降式滚轮架、间隔铁、纵向定位架等组成；

⑧钢轨运输车Ⅰ由 N17 平车、固定式滚轮架、间隔铁、纵向定位架等组成；

⑨钢轨运输车Ⅱ由 N17 平车、固定式滚轮架、间隔铁、锁轨装置、纵向定位架等组成；

⑩钢轨运输车(尾车)由 N17 平车、固定式滚轮架、间隔铁、安全挡、纵向定位架等组成。

(2)铺轨地段无砟轨道或无砟轨道施工质量达到铺轨条件的确认。由业主组织监理、咨询及线下无砟轨道施工单位共同确认无砟轨道或无砟道岔施工达到铺轨条件。

(3)建立行车安全管理体系，成立前方站，制定并实施工程线运输管理办法，与线下各单位签订安全配合协议，确保配置行车与施工两不误。

(4)依据设计编制配轨图,配轨图应考虑道岔、信号绝缘、路桥过渡段及最小铺轨长度等因素。

(5)依据配轨图,编制装车计划。

(6)K922 移动焊轨机完成钢轨焊接型式试验,并满足《钢轨焊接》(TB/T 1632—2005)规定的有关要求。

5.2.2 500 m 长轨运输与铺设施工

(1)长钢轨吊装

基地长钢轨吊装时,按每人负责 2～4 台门吊均匀分布。长钢轨存放龙门吊设计为集中联控,可同步起落、横移。长钢轨吊起后,龙门吊控制室按现场指挥人信号,将长钢轨横向移动到位,并统一走行、升降、下落就位。长钢轨吊运时各台龙门吊动作一致,缓起缓落,保持钢轨基本平稳。长钢轨下线作业和装车作业时,与本作业无关的人员不得随意进入现场,严禁穿越已起吊的长钢轨。

长钢轨装车堆码整齐,按顺序编号、左右股对称放置,以方便出轨拖拉。长钢轨装车时,顺铺轨方向端对齐,并相互锁合,轨端头设挡,防止钢轨运输途中窜动。基地长钢轨每日装车作业完毕后,由焊轨基地指令人员与铺轨组指令人员相互签认交接记录,交接记录包括所装长钢轨数量、长度、编号和装车时间、交接人员等相关内容。

图 6 长轨运输

(2)长轨列车运输

长轨列车按行车管理办法由武清焊轨基地向区间铺轨地推送运输,长轨列车通行,区间线路封锁单线。长轨列车推送行车速度不大于 30 km/h,接近铺轨地点 1 km 减至 5 km/h,由调车人员引导列车至铺轨地点(图 6)。

(3)500 m 长钢轨铺设(见组图 7 长钢轨铺设)

图 7 500 m 长钢轨铺设

①轮胎式铺轨机和钢轨导向车预先在铺轨起点处等待，待长轨运输车进入区间后，DF4机车推送长轨运输车与钢轨导向车连接；

②人工从铺轨机上牵引绳经钢轨导向车引入长轨运输车，并按预定顺序分左右两股各挂住钢轨轨头，车上人工配合拨轨和拖轨；同时卸钢轨扣件、支垫滚筒；

③铺轨机向前走行，牵引长轨经钢轨导向车和后引入未铺地段轨道板承轨槽，之后向前走行铺入线路；

④拆除牵引绳和支垫滚轮，按1/4上齐并拧紧轨枕扣件，用锯轨机锯平钢轨接头后，无孔夹板连接钢轨接头；

⑤机车推送长轨运输车向前走行，进入下1对钢轨铺设；

⑥后续人员按1/2补齐扣件，以保证工程列车通行45 km/h的安全；

⑦铺轨时按1.5 km(单元轨节长度)加入短轨头，短轨头的长度根据实测轨温计算单元轨节钢轨锁定时的预留伸长量、扣除焊接顶锻量和轨缝值后得出，以避免钢轨焊接和锁定时长钢轨大范围串轨。

(4)长轨列车返空

长轨列车返空时按牵引行车，行车速度最大45 km/h，区间封锁单线行车，进行车站按最高15 km/h调车。

5.2.3　无缝线路焊接锁定

500 m长轨铺设后，利用K922移动焊轨车焊接单元轨联合接头及锁定焊接头，单元焊接到一定数量后，对无缝线路进行锁定。

(1)常温条件下锁定

①施工准备。人工拆除单元轨节范围内全部轨枕扣件，按10 m间距支垫滚轮，使钢轨处于“无阻力状态”，按200 m间距安装撞轨器；

②撞轨器撞轨。当轨温处于设计锁定轨温范围内时，使用撞轨器和橡胶锤来回撞击钢轨，并按100 m间距检查钢轨移动量；

③确定钢轨零应力。当每次撞轨各检查点移动量均一致或最大偏差2 mm时，可视为钢轨应力为零；

④锁定线路。及时拆除支垫滚轮及撞轨器，采用定扭矩的内燃扳手按10 m、5 m、2.5 m间距依次上齐轨枕扣件，并拧至规定扭矩值，上扣件时需安装弹条绝缘垫片；

⑤设置位移观测桩，喷涂标志，清理线路；

⑥钢轨焊接。松开下一对钢轨，按5.3节之要求进行单元轨间接头焊接，焊接前，应调整焊缝位置，一是两焊缝应平齐，最大相错量不大于100 mm，二是焊缝应处于两承轨台之间，离承轨台的最小距离100 mm。

(2)低温条件下区间无缝线路锁定

①低温放散理论的研究。低温条件下的无缝线路应力放散及锁定，拉伸法锁定长轨和加热法锁定短轨等两种方法的使用相得益彰。

京津城际铁路无缝线路设计锁定轨温23 ℃～26 ℃，冬季施工时，因天气寒冷，实际轨温多低于设计锁定轨温。在此情况下，无缝线路单元轨节锁定可采用液压拉伸机拉长钢轨以补偿实际轨温低于锁定温度时的钢轨应力，京津城际铁路无缝线路锁定钢轨伸长量计算见表1。此外，施工时通过橡胶锤敲击钢轨可减少或消除滚轮或扣件对钢轨产生的摩擦应力。

表 1　京津城际铁路无缝线路锁定钢轨伸长量计算表

$\Delta T=\Delta L/(\alpha_1 \times L)$　钢轨 0.61 kN/m

拉力 T=(弹性模量 E×钢轨伸长率 $\Delta L/L$)×钢轨横断面积 A;

钢轨伸长量 ΔL=温度变化值 ΔT×钢轨线膨胀系数 α_1×钢轨长度 L。

钢轨横断面积 A=77.45 cm^2;钢轨弹性模量 E=210 GPa

钢轨与辊轴的摩擦系数 μ=0.16;钢轨线膨胀系数 α_1=11.8×10^{-6} ℃$^{-2}$。

每组钢轨扣件的纵向阻力按 9 kN 计。

计算结果如下:

温差(℃)	钢轨长度(m)	拉伸量(m)	拉伸率	拉应力(MPa)	拉伸力(kN)	摩擦力(kN)	总拉力(kN)
35	2 000	0.826	0.000 413	86.73	671.723 85	195.2	866.923 85
35	1 500	0.619 5	0.000 413	86.73	671.723 85	146.4	818.123 85
35	1 000	0.413	0.000 413	86.73	671.723 85	97.6	769.323 85
30	2 000	0.708	0.000 354	74.34	575.763 3	195.2	770.963 3
30	1 500	0.531	0.000 354	74.34	575.763 3	146.4	722.163 3
30	1 000	0.354	0.000 354	74.34	575.763 3	97.6	673.363 3
25	2 000	0.59	0.000 295	61.95	479.802 75	195.2	675.002 75
25	1 500	0.442 5	0.000 295	61.95	479.802 75	146.4	626.202 75
25	1 000	0.295	0.000 295	61.95	479.802 75	97.6	577.402 75
20	2 000	0.472	0.000 236	49.56	383.842 2	195.2	579.042 2
20	1 500	0.354	0.000 236	49.56	383.842 2	146.4	530.242 2
20	1 000	0.236	0.000 236	49.56	383.842 2	97.6	481.442 2
15	2 000	0.354	0.000 177	37.17	287.881 65	195.2	483.081 65
15	1 500	0.265 5	0.000 177	37.17	287.881 65	146.4	434.281 65
15	1 000	0.177	0.000 177	37.17	287.881 65	97.6	385.481 65

如 1 表计算结果,90 t 的液压拉伸机可满足长度 2 000 m 的单元轨节在轨温－10 ℃的条件进行锁定轨温(23±2) ℃的应力放散(低温条件无缝线路应放散施工流程见图 8)施工需要。若是将无缝线路单元轨节长度缩短,则 90 t 的液压拉伸机则能满足－15 ℃的条件下无缝线路锁定施工。

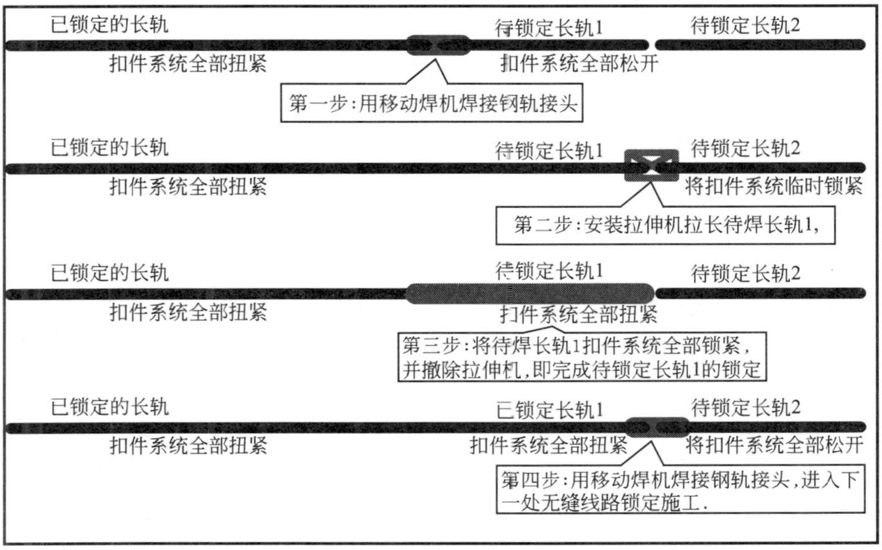

图 8　低温条件无缝线路应放散施工流程图

②施工准备、撞轨器撞轨、钢轨零应力确认同上，将待锁定长轨 1 扣件全部拆开，支垫滚轮，安装撞轨器撞轨并配合橡胶锤(在 8 磅锤外向套橡胶套)敲击，使钢轨处于零应力状态，移动焊轨机焊接钢轨接头。

③拉伸钢轨(见图 9)。松开已锁定长轨区 15 m 及待锁定长轨 1 的全部扣件，支垫滚轮；同时将待锁定长轨 2 向已锁定钢轨方向的 100 m 钢轨扣件扭紧；在待锁定长轨 1、2 间安装钢轨拉伸机，沿待锁定长轨 1 按 100 m 间距设观测点，包括已锁定长轨的松开扣件部分，根据计算拉伸量拉伸长轨，橡胶锤敲击钢轨，使钢轨拉伸均匀。

图 9　钢轨拉伸

④确认钢轨达到锁定条件。检查各处钢轨位移量，对照拉伸值、拉伸力，拉伸机计算的拉伸量包括，待锁定长轨 1 按锁定轨温与实际轨温所需要拉伸的长度、已锁定钢轨的回缩量，当各点实际拉伸量与计算拉伸量相一致或最大偏差 2 mm 时，确认钢轨达到锁定条件。

⑤锁定线路。将钢轨最大拉伸量再拉长 5 mm(1 500 m 单元轨节，轨差 1 ℃变化量)，拉伸机保压 10 min 后，即拆除支垫滚轮及撞轨器，采用定扭矩的内燃扳手按 10 m、5 m、2.5 m…间距依次上齐轨枕扣件，并拧至规定扭矩值，上扣件时需安装弹条绝缘垫片。

⑥钢轨标识及尾工处理同上。

(3)区间线路与道岔区线路间锁定施工

负温条件下需要采用拉伸机拉伸钢轨才能满足无缝线路应力放散的要求，而在进行区间线路与道岔区之间的最后一个单元轨节应力放散时，由于道岔区钢轨不能进行拉伸作业，施工需要采用特殊的施工方法。

①提前完成道岔区(包括道岔前后至少 50 m 线路)应力放散，将该单元轨节向道岔方向的 100 m 线路的钢轨扣件扭紧；

②拆开该单元轨节的钢轨扣件，支垫滚轮，在已锁定钢轨与该单元轨节间安装拉伸机，按计算量拉伸钢轨，并锁定该单元轨节；

③采用铝热焊焊接该单元轨节与已锁定钢轨间接头；

当规定不允许采用铝热焊时，应选择轨温相对较高的条件下采用下述方法焊接，并提前进行两个单元轨节的应力放散。

(4)道岔及前后线路加热法锁定施工(见图 10 火焰法加热钢轨)

为方便道岔管理，将道岔及前后至少 50 m 的线路作为一个单元轨节进行锁不定期。铺轨时道岔前后相连的一般为 100 m 以上的长轨，故该钢轨不能按道岔前后 50 m 进行切割分区。结合区间无缝线路拉伸法锁定，道岔前后 50 m 范围的钢轨按火焰法加热锁定，道岔区分为前后两段锁定。

图 10 火焰法加热钢轨

①将道岔前或后 50 m 范围的钢轨松开，按 10 m 间距支垫滚筒，靠道岔位置用大滚筒支垫使用钢轨底面高于道岔钢轨，使需锁定的钢轨能自由伸长，在 50 m 范围两端方钢轨上设临时钢轨位移观测标记，量测实际轨温，按公式 $\Delta L=(0.118\times(T_{设计}-T_{实测})\times L)$mm 计算钢轨的预伸长量。

②采用特制的燃气加热器对钢轨轨腰进行火焰加热，燃气加热器由液化气罐带一火焰喷头，火焰呈黄蓝色，火焰温度 600 ℃～800 ℃。燃气加热器按 3～5 m 布置，对钢轨均匀加热，加热过程中随时检查加热区两端钢轨位移量和实际轨温，并用橡胶锤敲打钢轨。

③当加热区钢轨伸长量与计算值一致时，保持火焰加热，撤离滚筒后，安装并恢复轨道扣件，用内燃螺栓扳手将扣件螺栓扭至规定扭矩，至此，完成加热区钢轨锁定。

④照此方法，将道岔分为前后两段向两端完成道岔基本轨锁定，其中基本轨前后的对中点均保持对正。

⑤用斯密特铝热焊完成道岔前后共 6 个接缝的焊接。

⑥区间无缝线路采用拉伸法由一车站向另一车站方向锁定到最后 1 对长轨时，在道岔前 100 m 前后的焊缝锯开，100 m 以外的长轨全部锁定完毕，最后采用加热法完成这 100 m 长轨锁定，将最后的龙口焊缝设在道岔前后与道岔锁定同时完成，需要加入短轨时，将长于 12 m 以上的短轨插入 100 m 长轨以外。

5.2.4 冬季施工注意事项

(1)冬季条件下进行钢轨焊接和应力放散，正式使用前，选择适当的时机(如早上气温和轨温相对较低时)进行工艺试验，同时应合理安排工期，正式施工应安排在一段时期或一天中气温和轨温相对较高时，尽量避免冬季条件下施工。

(2)钢轨拉伸或撞击时(包括移动焊机作业)，应充分考虑支垫滚轮的摩阻力，选择滚动良好的滚轮，曲线地段加密布置支垫滚轮(如隔 6 个钢轨扣件布置 1 个)，曲线地段的支垫滚轮应有侧向挡轮，以防止扣件及轨枕螺栓增加对钢轨的摩擦。

(3)区间线路最后一个单元轨节锁定时，根据钢轨拉伸力计算提供后座力的线路锁定长度，每组钢轨扣件的阻力按 9 kN 计，提供后座力的线路的扣件阻力之和按最大拉伸力的 150%设定。

(4)两个单元轨节锁定搭接区的计算

钢轨拉伸并锁定无缝线路，当拉伸机拆除时，钢轨会产生回缩的应力，该应力需要由钢轨扣件阻力消除。按拉伸力和单组扣件阻力计算的提供扣件阻力的线路长度，就是两个单元轨节应力放散时的搭接区。进行下一个单元轨节锁定拉伸时，在拉伸力达到计算值后，松开搭接区向待锁定单元轨节方向的 1/2 的线路扣轨扣件，拉伸机的拉伸量考虑已锁定单元轨节回缩的部分。

6 劳动力组织

组建铺轨项目部标段长轨铺设和无缝线路焊接锁定施工，铺轨项目部下设铺轨队、焊轨队、焊轨基地、前方站，项目部、作业队各业务部门做好服务和配合工作。

(1)管理人员劳动力组织表(见表 2)。

表 2 管理人员劳动力组织表

序 号	岗 位	人 数	各领工区人员说明
1	主 任	3	正 1，副 2(工程 1、机械 2)
2	工 程	6	主管 1，内业 1、现场 4
3	机 械	6	主管 1，内业 1、现场 4
4	安 全	6	
5	前方站	12	主任 2、调度 2、调车 8
6	物 资	4	
合 计		37	

(2)铺轨作业(单套设备按铺轨 2 班、装运轨 2 班，见表 3)。

表 3 铺轨作业劳动力组织表

序 号	工序及岗位	单 班	总 计	单班单套人员配置说明
1	基地内装轨	30	60	群吊司机 1、吊轨 26(上下)、指挥 1、检尺 2
2	运输人员	3	9	调车 2、调度 1；24 小时 3 班
3	机组人员	3	9	轨道车 2 班和 DF4 机车 3 班
4	铺轨牵引车	3	6	2 班
5	长轨车上牵引轨	12	24	2 班
6	安装钢轨	75	150	2 班，拆卸及安装扣件、支垫滚筒
7	指挥组	6	18	2 班，含队长 1、指挥 2、安 1、工 1、机 1
8	值班电工及机修工	3	9	
9	施工防护	2	8	
合 计		137	293	

(3)长轨应力放散班组(以 1.5 km 单元轨放散为例，见表 4)。

表 4 长轨应力放散劳动力组织表

序 号	工序及岗位	单班	人员配置说明
1	指挥组	3	含队长 1、安 1、工 1
2	线路工	40	含工班长 5，配合线路
3	普工	160	
4	施工防护	4	
合 计		207	

7 主要机具设备

主要机具设备配置见表 5。

表 5 主要机具设备配置表

序号	设备名称	规格型号	产地及厂家	单位	数量
1	无砟轨道铺轨机组	WZ500	株洲长远	套	2
2	轮胎式铺轨机			台	2
3	路用 N17 平车	改装	4 个月,路局	辆	80
4	长轨运输支架	500 m	株洲长远	套	2
5	DF_4 内燃机车			台	3
6	基地群吊	32 台联动	河南长城	套	2
7	内燃轨道车		襄樊	台	2
8	内燃发电机	50 kW	上海	台	2
9	内燃螺栓扳手			台	40
10	滚轮组			个	100
11	锯轨机			台	2
12	轨道检查车	GRP1000		台	2
13	全断面轨道打磨车	租用路局	按数量计	km	232
14	撞轨器			台	20
15	液压拉伸机	90 t		台	4
16	60 座交通车			台	4
17	移动焊轨车及配套设备	K922		套	2

8 质量控制

8.1 质量标准

(1)正线无缝线路最短焊接短轨不小于 12 m,道岔前或后最短焊接短轨不小 31 m 或 37.5 m,钢轨焊接接头须错开刚度变化点 5 m 以上,单元轨接头应置于两承轨台扣件节点中间。

(2)除道岔内外焊接接头采用铝热焊外,钢轨焊接接头采用闪光接触焊,钢轨焊接按规定作焊接型式试验和周期检测,并满足《钢轨焊接》(TB/T 1632—2005)规定的有关要求。

(3)满足无缝路线的设计锁定轨温要求,相邻单元轨间的锁定轨温之差不大于 5 ℃,同一区间单元轨间的最高与最低锁定轨温之差不大于 10 ℃,左右股钢轨锁定轨温之差不大于 3 ℃。

(4)除采用超声波探伤仪探伤外,焊接接头的表面平直度允许偏差:轨顶面$^{+0.2}_{0}$ mm,轨头内侧工作面$^{+0.2}_{0}$ mm,轨底(焊筋)$^{+0.5}_{0}$ mm。

(5)全线钢轨预打磨作业后,钢轨顶面平直度 1 m 范围内允许偏差(0,+0.2)mm。

(6)轨道静态平顺度允许偏差:轨检车检测轨距±1 mm,高低(弦长 10 m)、轨向(弦长 10 m)、扭曲(基长 6.25 m)±2 mm,水平 1 mm;动态检测执行铁路局标准。

(7)在满足轨道平顺度标准的基础上,轨面高程允许偏差(0,+4)mm,中线允许偏差 10 mm,

线间距允许偏差$^{+10}_{0}$ mm。

8.2 质量保证措施

(1)技术和施工人员,钢轨焊接、正火、探伤等特殊工种人员委托铁道部铁科院及相关单位进行技能培训,培训合格后持证上岗。

(2)做好施工组织设计、作业指导书及工艺要点等的技术交底工作,新工艺、新设备使用前进行实作验证。

(3)做好员工技能培训工作,对于钢轨焊接、正火、探伤、装吊、行车、应力放散等作业,进行现场授课,加强对员工的技能培训和素质教育。

(4)配套制定质量控制措施和管理措施,严格工序检查和确认程序,落实交接班制度,实行质量风险金抵押金制度,在员工加薪、评职、提拔、表彰等考核时实行质量工作一票否决制。

(5)开展群众性 QC 活动以及革新创新活动,利用班前讲话、交班会等机会开展技术交流和合理化建议收集活动,积极采纳员工提出的合理化建议并予以表彰,通过不断改进以提高施工技术和施工质量。

9 安全措施

(1)按照"安全第一,预防为主"的方针,建立健全安全管理体系,强推安全生产责任制,配齐安全管理人员和安全物资,加强施工人员安全培训和生产过程的安全检查、改进。

(2)编制施工组织设计时,制定安全措施,"四新"技术使用首先进行安全评估。

(3)针对长轨吊装与运输、长钢轨焊接、长钢轨拉伸、施工用电、夜间作业等制定专项安全措施和应急预案,认真做好安全技术交底。

(4)针对钢轨焊接、电焊、发电机、车辆行驶等制定专门的操作规程和安全手册。

(5)配备好劳动保护用品,提前采取冬季防寒保暖措施。

(6)铺轨期间,除开通临时车站使用外,其余各站全部按大区间分上下行组织行车,工程列车最高限速 45 km/h,调车作业限速 15 km/h,铺轨作业区限速 5 km/h,大雾、雨雪、大风天气视情况设置限速要求。

(7)工程列车持路票进入区间行车、作业,工程道岔采用人工扳道并加锁钉闭使用。区间作业按技规在前方站登记作业,并设置施工防护。

10 环保措施

(1)编制实施性施工组织设计时,把环保工作作为一项内容并认真贯彻执行,提高施工单位领导的环保意识,建立健全环境保护体系,配备足够的管理力量和施工资源,搞好环保评估和环保措施的落实,构建和谐项目。

(2)长轨运铺及焊接锁定在施工阶段对周围环境构成的污染源分为固体废弃物、生活污水及液体废弃物、噪音、废气、扬尘、植被破坏,制定专项环保措施,经监理批复后实施。

(3)钢轨焊接后的弃渣应回收并进行统一处理。

11 工程实例

京津城际铁路位于北京至天津之间,全长 113.195 km,是我国第一条设计时速 350 km/h

的客运专线，既是我国铁路跨越式发展的标志性和示范性工程，同时也是 2008 北京奥运会配套工程。本工程设计采用 500 m 长钢轨和一次性铺设跨区间无缝线路 225.8 km，2007 年 11 月开始铺设长轨至 2008 年 12 月 13 日铺完。建成后的无缝线路轨道具有高精度、高平顺度，2008 年 3 月×日动车组试验创造了 390 km/h 的国内铁路列车最高速度，轨道质量满足 350 km/h 客运专线运营要求。

针对 500 m 长钢轨运输与铺设和跨区间无缝路线施工难题，新运公司自主开发 WZ500 无砟轨道铺轨机组，并与上海铁路局研制了 K922 移动闪光焊机，保证了高速度，高质量铺设长钢轨和完成全线跨区间无缝路线的焊接及锁定的施工任务。

针对冬季低温条件下无缝路线焊接及锁定的施工难题，新运公司经过论证和试验研究，开发了低温条件下跨期间无缝路线焊接及锁定施工技术，保证焊接质量，实现了京津城际铁路联调联试开始的工期目标。

铁路有砟道床施工设备配置工艺

1　概　　述

1.1　有砟道床特点

道床——铺设于路基、桥梁或隧道等下部结构之上及钢轨、轨枕或支承块之下的碎石、卵石层或混凝土层，作为钢轨或轨道框架的基础。道床分为普通有砟道床、沥青道床和混凝土整体道床。有砟道床通常由具有一定粒径、级配和强度的硬质碎石堆集而成，在次要线路上，也可以使用级配卵石或粗砂。沥青道床是为了改善普通石砟道床的散体特性而加入乳化沥青或沥青砂浆的结构形式。整体道床常为现浇钢筋混凝土结构，常用于不易变形的隧道内或桥梁上。有砟道床和整体道床比较，具有投资小，建设快、施工工艺成熟、施工设备配置方便等优点，所以在目前和将来很长的一段时间内，有砟道床仍然是中国铁路建设的重点。但是，有砟铁路道床质量普遍不高导致有砟铁路运营速度普遍偏低，难以满足现代化铁路运输对速度的要求，因此在铁路大提速的前提下，如何建设高速有砟铁路成为了施工企业的重要研究方向，尤其是如何合理的配置有砟道床施工设备用以建设符合高速有砟铁路要求的道床成为了越来越多的施工企业研究的重点。

1.2　有砟道床施工方法

有砟道床一般采用卸砟车将道砟运输到施工地点卸砟，然后采用摊铺设备进行底砟摊铺，接着采用碾压设备碾压，铺轨后一般采用砟车进行补砟作业，最后采用整道设备将道砟进行整捣成型。

1.3　有砟道床施工设备发展历程

有砟道床施工设备的发展是一个粗放型到集约型，分散型到复合型的过程，即从最初的各种机具(发电机、液压起拨道机、液压捣固机等)的协作施工发展为采用集机、电、液、气一体的自行式大型线路机械(道床摊铺机、起拨道捣固车、动力稳定车、配砟整形车等)进行施工的过程。

2　设备选配原则

2.1　适用性原则

设备适用性原则指设备的适用范围是否能够满足项目施工要求，即设备的外形尺寸，重量和最小通过曲线半径等参数是否适应该项目所在的具体施工环境。

2.2　技术性原则

设备技术性原则指设备是否能够达到项目施工要求的技术条件，即设备的内部尺寸、起升高度、额定载荷、行使速度和工作效率等条件是否满足梁片架设和具体施工的要求。

2.3 经济性原则

设备经济性原则指设备的使用成本是否能够满足项目施工的要求，即设备的购置、燃油消耗、维护和修理等费用是否满足项目对设备的要求。

3 设备配置分类

3.1 低、中速铁路

3.1.1 典型设备配置表

见表1。

表1 低、中速铁路典型设备配置表

设备名称	设备型号	用途
内燃机车	东风4型货机	运输道砟的动力牵引
轨道车	GC210、210 kW	运输道砟的动力牵引
道砟运输车	K13	装载道砟
装载机	ZL50	转运、装载道砟
捣固机	QYB-2	道砟捣固
压路机	18T	碾压道砟
自卸汽车	8T	运输道砟
内燃发电机	250 kW	提供整道设备的动力
全站仪	BTS～3082C	道砟铺设高度等参数的测量
经纬仪	TDJ2	
水准仪	AL25A	

3.1.2 设备功能描述

低、中速铁路由于线路开通和运营速度较低，对道床施工的密实度、几何尺寸精度要求相对较低，因此有砟道床施工的设备配置整体表现为特种和大型施工设备采用较少，设备的机械化程度不高，多以小型机械配合人工即可，其施工效率和施工精度都比较低。

3.2 中、高速铁路

3.2.1 典型设备配置表

见表2。

表2 中、高速铁路典型设备配置表

设备名称	设备型号	用途
内燃机车	东风4型货用机车	运输道砟的动力牵引
轨道车	GC210、210KW	运输道砟的动力牵引
道砟运输车	K13	装载道砟
装载机	ZL50	转运、装载道砟
液压捣固车	08-32	道砟捣固
动力稳定车	Wd-320	道床稳定

续上表

设备名称	设备型号	用　途
配砟整形车	Spz-200	道床成型
压 路 机	18 t	碾压道砟
摊 铺 机	TITAN423	底砟摊铺和碾压
自卸汽车	8 t	运输道砟
全 站 仪	BTS—3082C	道砟铺设高度等参数的测量
经 纬 仪	TDJ2	
水 准 仪	AL25A	

3.2.2　设备功能描述

中、高速铁路的设备配置大量采用了大型和特种设备，设备的技术含量、机械化程度、自动化程度、施工效率和施工精度都较高，经过这些大型和特种设备施工后线路的几何尺寸精度和道床的密实度、稳定性非常高，能够保证初期开通速度高、后期运营速度高的要求。

4　典型施工设备性能特点

4.1　道砟运输车

K13 型道砟运输车是一种道砟运输和卸载的通用设备，可以在机车或其他动力设备的牵引下完成道砟的运输和卸载。是目前在有砟道床施工中应用最广泛的道砟运输设备。

4.2　液压捣固机

QYB-2 型液压捣固机是一种小型的道床捣固设备，普遍大量用于低速有砟道床施工，其施工效率和作业精度都比较低。单台作业效率为 0.1 km/工作台班。

4.3　TITAN423 道床摊铺机

4.3.1　TITAN423 道床摊铺机性能参数和外形尺寸

见表 3。

表 3　TITAN423 道床摊铺机性能参数和外形尺寸

项　目	单　位	参　数	项　目	单　位	参　数
基本摊铺宽度	m	8	平 整 度	mm/12 m	≤5
最大摊铺宽度	m	12	横坡误差	%	±0.03
最大摊铺厚度	mm	300	柴油机型号		BF6M1013
摊铺工作速度	m/min	0～18	功率/转速	kw/rpm	140/2 300
行驶速度	km/h	0～3.6	柴油箱容量	L	200
理论产生率	t/h	800	整机重量	t	19～25.6
料斗容量	t	14	外形尺寸	mm	6 130×12 000×3 815
爬坡能力	%	20			

4.3.2　TITAN423 道床摊铺机结构特点

TITAN423 道床摊铺机主要由发动机、传动系统、行走系统、供料系统、操纵控制系统、车架、调平大臂、熨平板及自动找平系统组成。发动机为德国道依茨公司生产，功率较大，TITAN423选用水冷式，功率为140 kW。传动系统由分动箱、离合器、链条、液压泵、液压马达、制动器等组成。行走系统为履带式，其接地面积大、比压小，对不平整路面适应性好。操作系统的操纵方式为电—液压控制，可手动和自动操作。摊铺机两侧有两只调平大臂，前端与主机上的找平液压缸铰接，后端与熨平板相连接。熨平装置采用单层式熨平板，由板体、拱度调节装置、振捣器、振动器和加热系统组成。TITAN423宽度为12 m，最大摊铺厚度为30 cm。自动找平系统由传感器、调节器、电磁换向阀及支承件等组成。它能找出摊铺厚度因道路不平离开基准线的偏差后，自动调节液压升降油缸，达到所要求的摊铺厚度。

4.3.3 TITAN423道床摊铺机性能特点

(1)驱动系统和电子控制。道依兹水冷发动机：产生强大的动力。电子控制的两个履带可独立驱动。计算机同步控制系统，精确保持预选速度和转弯半径。变量泵上装有压力切断装置。全液压驱动系统：无级变速，调速范围宽。

(2)简便维修的典范。发动机罩可向前翻转。所有润滑点和排管均易于接近。固定测压接头。

(3)专用坚固的履带驱动系统具有强大的牵引力。具有接地较长的履带，坚固耐用。牢固的焊接支架。享受“免润滑”的履带承重轮轴承。可更换的橡胶履带板。

(4)具有比例控制的混合料输送系统。容量为14 t的大型料斗。输送带从料斗的最前端开始。布料器的高度可以调节。

(5)向操作舒适化发展。可升降滑移的司机座椅。主控制台可旋转并向两边滑移。可伸展的全天候顶蓬。

(6)可供选择的两种熨平板。标准配置为VDT121高密实度双振捣熨平板，或选择MB122标准单夯锤熨平板。

4.3.4 TITAN423道床摊铺机摊铺作业时各主要参数的选用

(1)摊铺宽度

摊铺宽度应根据路面宽度而定，当道床宽度小于摊铺机最大摊铺宽度，则应采取全幅摊铺；若大于摊铺机最大摊铺宽度时，机械组合原则是：在该组合宽度下铺成的路面纵缝最少且剩下的最后一道铺层宽度要略大于熨平板基本宽度。

(2)摊铺速度

摊铺机的工作速度与道砟的供给能力、道砟类型、摊铺层横截面尺寸有关。一般在道床摊铺时，摊铺速度宜在2～5 m/min范围内选择。太慢了作业效率低下，机件磨损严重；太快了既增加供料难度，又不能保证摊铺层的初始压实度。通常在摊铺下面层时摊铺速度取 $v=2$ m/min，在中、上面层时取 $v=3$ m/min。

(3)振动梁(夯锤)的振幅与频率

选择振幅与频率时，应根据摊铺材料、摊铺厚度而定。在底砟摊铺的过程中，通常情况下，振幅与摊铺厚度成正比，频率与摊铺厚度成反比。

4.4 起拨道捣固车

起拨道捣固车主要有08-32、09-32、08-475等几种型号，具有自动化程度高、作业效率高、捣固后道砟密实度高的特点。08-32捣固车可以进行道床捣固、夯实、拨道和起道抄平等作业，能够提高道床的密实度，增加轨道的稳定性，保证列车安全运行，可以单独进行起、拨道抄平作业和捣固作业，也可以同时进行拨道、起道抄平、捣固综合作业，是一种性能全面的综合性道床施工设备(结构外形见图 1)。09-32 是 08-32 的改进型，能够连续整捣作业，08-475 则不仅能进行线路捣固作业，还能捣固道岔。

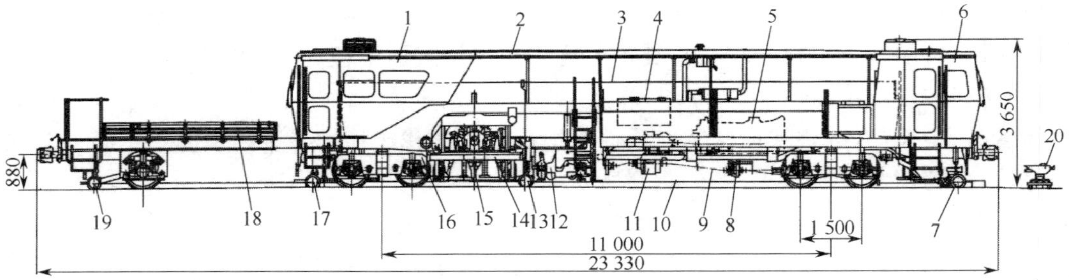

图 1 08-32 型捣固车结构外形图

1—后司机室；2—中间车顶；3—高低检测弦线；4—油箱；5—柴油机；6—前司机室；7—D 点检测轮；8—分动箱；9—传动轴；10—方向检测弦线；11—液力机械变速箱；12—起拨道装置；13—C 点检测轮；14—夯实器；15—捣固装置；16—转向架；17—B 点检测轮；18—材料车；19—A 点检测轮；20—激光发射器

4.4.1 08-32 起拨道捣固车构造和外形参数

见表 4。

表 4 08-32 起拨道捣固车构造和外形参数表

项　目	构造和外形参数	项　目	构造和外形参数
总　长	约为 24 180 mm	空载总重	46 t
总　宽	3 050 mm	空载前转向架轴重	10 t
总　高	约为 3 285 mm	空载后转向架轴重	10.25 t
心盘距	11 000 mm	空载材料车轴重	5.5 t
转向架轴距	1 500 mm	负载后总重	60 t
材料车轴至后转向架中心	5 800 mm	负载后前转向架轴重	10 t
轮　径	840 mm	负载后后转向架轴重	14 t
车钩中心高	距轨面 880±10 mm	负载后材料车轴重	12 t
车轮内侧距	1 353±2 mm		

4.4.2 08-32 起拨道捣固车作业条件

见表 5。

表 5 08-32 起拨道捣固车作业条件表

项　目	作业条件	项　目	作业条件
钢　轨	50 m、60 m、70 m	线路最大坡度	33‰
道　床	碎石道床	作业最小曲线半径	120
作业线路	单线或线间距 4 m 及以上的复线与多线	运行最小曲线半径	100 mm
特殊环境	可在雨天和夜间及风沙、灰尘严重情况下作业	最大海拔高度	1 000 m
轨　距	1 435 mm	环境温度	−10 ℃～+40 ℃
线路最大超高	150 mm	环境湿度	平均 70%

4.4.3 08-32 起拨道捣固车结构和性能特点

08-32 捣固车有 32 个捣固镐头，同时可以捣固两根轨枕，作业走行是步进式，为多功能的线路捣固车。是集机、电、液、气为一体的机械，采用了大量的先进技术，如电液伺服控制技术、自动检测技术、微机控制技术、激光准直等。08-32 捣固车主机是由两轴转向架、专用车体和前、后司机室、捣固装置、夯实装置、起拨道装置、检测装置、液压系统、电气系统、气动系统、动力及动力传动系统、制动系统、操纵装置等组成。附属设备有材料车、激光准直设备、线路测量设备等。

(1)传动特点

采用高、低速分离传动方式，减少传动部分的磨损，提高设备的性能和使用寿命。高速走行时采用液力机械传动——柴油机的动力通过传动轴到液力机械变速箱，再经分动齿轮箱分为两路，通过传动轴分别传到转向架的车轴齿轮箱，驱动车轮前进。

08-32 捣固车低速走行采用静液压传动——液压马达的动力通过减速箱到传动轴，再通过动力换档变速箱输出到分动齿轮箱，最后通过车轴齿轮箱驱动前转向架。

(2)08-32 起拨道捣固车工作装置特点

08-32 捣固车有两套捣固装置，左右对称的安装在捣固车中部。可以同时使用两套捣固装置进行同步作业，也可以使用其中一套装置捣固轨枕的任一端道床。捣固装置除了震动夹持动作外，还能垂直升降和横向移动，满足不同线路的施工要求。夯实装置安装在捣固装置的横移框架上，夯实装置和捣固装置同步工作，工作时附着在道床肩部夯实道床，提高道床的横向阻力，增加道床的稳定性。

4.5 WD-320 动力稳定车动力稳定车

WD-320 型动力稳定车是线路修理、提速改造和新线建设作业机组中重要的配套设备。该车通过两个激振装置，强迫轨排及道床产生横向水平振动并向道床传递垂直静压力，使道砟流动重新排列，互相填充达到密实，实现轨道在振动状态下有控制的均匀下沉而不改变线路原有的几何形状和精度，以提高作业线路的横向阻力和道床的整体稳定性，可有效降低道床施工作业后列车限速运行的限定条件(结构外形见图 2)。

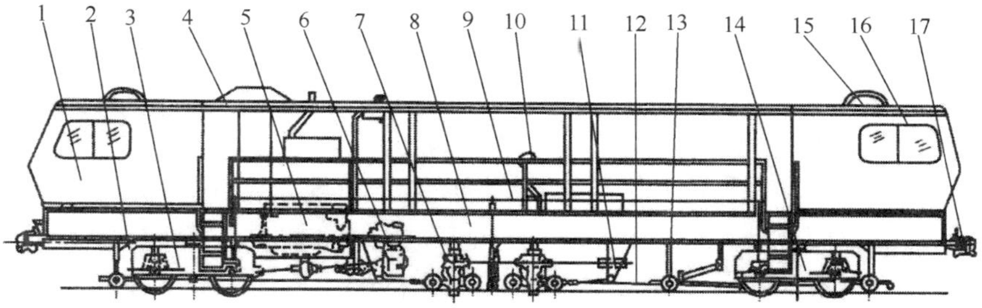

图 2 WD-320 动力稳定车外形结构图

1—后司机室；2—主动转向架；3—制动系统；4—顶棚；5—柴油机；6—走行传动系统；7—稳定装置；8—车架；9—双弦测量系统；10—电气系统；11—液压系统；12—单弦测量系统；13—气动系统；14—从动转向架；15—空调与采暖设备；16—前司机室；17—车钩缓冲装置。

4.5.1 WD-320 动力稳定车主要技术参数

见表 6。

表 6　WD-320 动力稳定车主要技术参数表

轨距	1 435 mm	最大双向自行速度	80 km/h
外型尺寸	18 942×2 700×3 970 mm	作业效率(最大)	2.5 km/h
转向架芯盘距	12 000 mm	发动机功率	348 kW
转向架轴距	1 500 mm	震动频率	0～45 Hz
轴重	15 t	激震力	0～320 kN
最大轴重	23 t	传动方式	高速走行　液力传动
轮距	840 mm		作业走行　液压传动
整机质量	60 t		

4.5.2　WD-320 动力稳定车工作条件

见表 7。

表 7　WD-320 动力稳定车工作条件表

项　　目	作　业　条　件	项　　目	作　业　条　件
道床	碎石道床	作业最小曲线半径	180 m
作业线路	单线或线间距 4 m 及以上的复线与多线	运行最小曲线半径	100 m
特殊环境	可在雨天和夜间及风沙、灰尘严重情况下作业	最大海拔高度	1 000 m
轨距	1 435 mm	环境温度	－10 ℃～＋40 ℃
线路最大超高	150 mm	环境湿度	平均 70%
线路最大坡度	33‰		

4.5.3　WD-320 动力稳定车结构、性能和作业特点

(1)WD-320 动力稳定车主要由动力系统、走行传动系统、稳定装置、主从动转向架、车架、顶棚、司机室、单双弦测量系统、液压系统、电气系统和车钩缓冲系统等部分构成(详见图 2)。其工作原理是通过模拟列车在运行状态下对轨道的动力作用而设计的,在工作机构产生的水平震动力和垂直作用力的联合作用下,使道床均匀下沉,提高道床的横向阻力值和稳定性,有效降低道床施工作业后列车限速运行的限定条件,达到高速铁路对道床的严格要求。

(2)WD-320 动力稳定车在普通路段施工时,频率一般为 35 Hz,速度为 0.2～2.5 km/h,但是在桥面进行作业时,一般选用速度 1.8 km/h 的走行速度,0.5 倍垂直工作力和 33 HZ 的频率进行工作。在桥面作业时,必须在稳定车进入桥梁前 30 m 与桥台耳墙 10 m 范围内,将稳定车参数调节至桥上作业所需要的规定值,并在稳定车离开桥台耳墙 10 m 后,才可以将稳定车参数调至普通工作参数。同时,桥上作业不得停机、重新启动和终止作业,一旦出现意外停机,应立即关掉垂直预加载和震动。退出桥梁范围后再按照桥面稳定作业要求进行再次作业。

4.6　SPZ-200 配砟整形车

SPZ-200 配砟整形车(见图 3)是用于道床施工的大型机械化设备,能够对道床进行抛砟、整形和轨枕面清扫等工作。

4.6.1 SPZ-200 配砟整形车主要技术参数

见表 8。

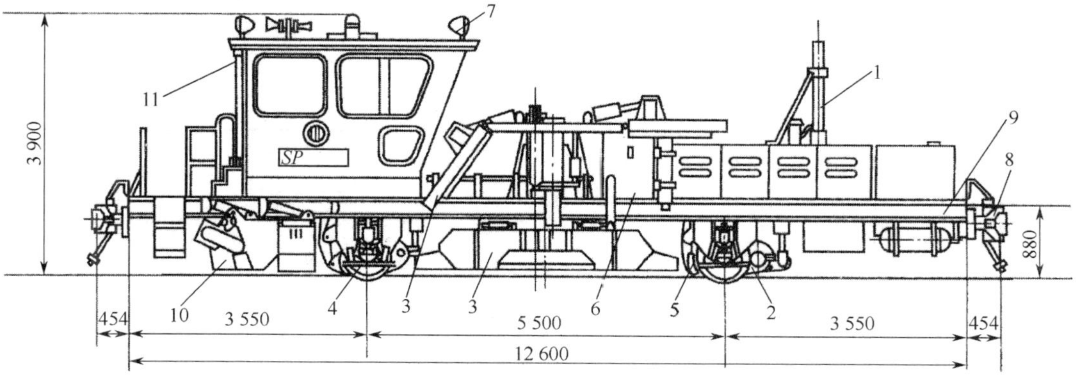

图 3 SPZ-200 配喳整形车结构外形图

1—发动机;2—传动装置;3—作业装置;4—走行装置;5—制动系统;6—液压系统;7—电气系统;8—牵引装置;9—车驾;10—清扫装置;11—驾驶室。

表 8 SPZ-200 配砟整形车主要技术参数表

轨距	1 435 mm	轮距	840 mm
外型尺寸	13 508 mm×3 025 mm×3 970 mm	整机质量	28 t
轴距	5 500 mm	最大双向自行速度	80 km/h
轴重	14 t	作业效率(最大)	12 km/h
最大轴重	23 t	传动方式	全液压传动

4.6.2 SPZ-200 配砟整形车工作条件

见表 9。

表 9 SPZ-200 配砟整形车工作条件

项 目	作业条件	项 目	作业条件
道床	碎石道床	作业最小由线半径	180 m
作业线路	单线或线间距 4 m 及以上的复线与多线	运行最小曲线半径	120 m
特殊环境	可在雨天和夜间及风沙、灰尘严重情况下作业	最大海拨高度	1 000 m
轨距	1 435 mm	环境温度	−10 ℃～+40 ℃
线路最大超高	150 mm	环境湿度	平均 70%
线路最大坡度	33‰		

5 工程实例(大理—丽江铁路铺架项目有砟道床施工)

5.1 项目概述

该标段轨道施工南起于广大铁路大理东站站中心,里程为 K196+969.07(=DK0+000),北止于丽江车站,里程为 DIK165+925,正线长度 165.032 km。该项目是一个集桥梁架设、道砟施工、轨道铺设的综合性项目,是铁路建设中的典型施工工程。

本标段含桥梁 77 座 867 孔,隧道 46 座,正线路基 68.634 km。正线铺轨 170.276 km,站线铺轨 37.796 km，新铺道岔 136 组，拆铺道岔 15 组，拆除道岔 38 组，铺道砟 524 177 m^3。

5.2　道床施工设备配置表

见表 10。

表 10　道床施工主要设备配置表

设备名称	设备型号	用　　途
内燃机车	东风 4 型货机	运输道砟的动力牵引
轨道车	GC210、210 kW	运输道砟的动力牵引
道砟运输车	K13	装载道砟
装载机	ZL50	转运、装载道砟
液压捣固车	08-32	道砟捣固
动力稳定车	Wd-320	道床稳定
配砟整形车	Spz-200	道床成型
压路机	18T	碾压道砟
摊铺机	TITAN423	底砟摊铺和碾压
自卸汽车	8T	运输道砟
全站仪	BTS～3082C	道砟铺设高度等参数的测量
经纬仪	TDJ2	
水准仪	AL25A	

5.3　主要设备性能参数

主要设备性能参数包含 08-32 液压捣固车、WD320 动力稳定车、SPZ200 配砟整形车和 TITAN423 道床摊铺机等设备，其主要性能参数文中已有介绍。

铁路有砟轨道施工设备配置工艺

1 概　　述

1.1 无砟轨道的现状与趋势

为适应列车高速行车需要、提高线路稳定性和耐久性、减少线路维修工作量，世界各国研究开发了多种结构形式的无砟轨道。如日本新干线的板式、德国高速铁路的雷达(Rheda)型、英国的PACT型、英吉利海峡隧道的弹性支承块(LVT)式、法国的Monaco型和STEDEF型无砟轨道等。

1.1.1 德国铁路无砟轨道的研究与发展

德国是世界上研究开发无砟轨道较早的国家，新开发的无砟轨道在进入德铁路网之前，必须通过指定试验室的实尺模型激振试验及性能综合评估，并经EBA(德铁技术检验团)认证、批准后，方有资格在线路上进行有限长度的试铺。试铺的无砟轨道要经过5年的运营考验并经EBA的审定，通过后方可正式使用。

由于德国无砟轨道技术、装备、施工工艺及建设管理的成熟与完善，世界许多国家使用德国的无砟轨道系统。正在建设的中国台北—高雄的高速铁路上的123组道岔中，有96组道岔区采用德国雷达2000型无砟轨道技术。在荷兰南部高速线、英国佩斯贝瑞和麦克尔斯菲尔德隧道、法国st. MartindEstreaux隧道都使用雷达2000型无砟轨道，韩国无砟轨道主要采用德国普通雷达型无砟轨道(见图1)。

图1 我国台湾高速铁路道岔区雷达2000无砟轨道

1.1.2 日本铁路无砟轨道的研究与发展

日本新干线的无砟轨道结构型式相对单一。从20世纪60年代中期开始就针对板式无砟轨道结构开展了系统的理论研究与试验。日本板式轨道的应用是从桥梁和隧道开始的，在既有线和新干线上先后共铺设了20多处近30 km的试验段。

板式轨道研发过程中，曾提出多种结构设计方案，如A型、M型、L型和RA型等。目前定型的板式轨道有普通A型、框架型及在特殊减振区段使用的减振G型等，构成了适用于各种不同使用范围的板式轨道系列。

1.1.3 韩国高速铁路上的无砟轨道

韩国汉城至釜山的高速铁路全长412 km，分二期二程建设，一期工程汉城至大邱289.3 km，二期工程大邱至釜山南段，全长122.7 km。一期工程在光明车站和章上、花信、黄鹤3个隧道铺设了53.841 km无砟轨道，主要采用德国普通雷达型无砟轨道。二期工程已于2002年6月开工，预计2010年12月竣工，计划全部铺设雷达2000型无砟轨道。

1.1.4 我国无砟轨道的研究与应用

国内对无砟轨道的研究始于20世纪60年代，与国外的研究几乎同时起步。初期曾试铺过支承块式、短木枕式、整体灌注式等整体道床以及框架式沥青道床等多种型式。正式推广应用的仅有支承块式整体道床，在成昆线、京原线、京通线、南疆线等长度超过1 km的隧道内铺设，总铺设长度约300 km。20世纪80年代曾试铺过由沥青混凝土铺装层与宽枕组成的沥青混凝土整体道床，全部铺设在大型客站和隧道内，总长约10 km。此外还铺设过由沥青灌注的固化道床，但未正式推广。在京九线九江长江大桥引桥上还铺设过无砟无枕结构，长度约7 km。

我国无砟轨道结构的情况见表1。

表1 我国无砟轨道结构情况一览表

试验段		无砟轨道结构型式	铺设长度(m)	备注
秦沈线	沙河桥	长枕埋入式	692	直线、24 m简支梁
	狗河桥	板式	741	直线、24 m简支梁
	双河桥	板式	740	曲线、32 m简支梁
赣陇线	枫树排隧道	板式	719	直线
渝怀线	鱼嘴2号隧道	长枕埋入式	710	曲线

1995年开始对弹性支承块式无砟轨道的研究，1996年、1997年先后在陇海线白清隧道和安康线大瓢沟隧道铺设试验段。在秦岭隧道一线、秦岭隧道二线正式推广使用，一、二线合计无砟轨道长度36.8 km，并先后于2001年、2003年开通运营。以后又陆续在宁西线(南京—西安)、兰武复线、宜万线、湘渝线等隧道内及城市轨道中得到广泛应用，已经铺设和正在铺设的这种无砟轨道累计近200 km。

1999年完成“秦沈客运专线桥上无砟轨道设计、施工技术条件”的研究与编制，在秦沈客运专线选定了3座混凝土桥作为无砟轨道的试铺段。其中，沙河特大桥(长692 m)试铺长枕埋入式无砟轨道；狗河特大桥(长741 m)直线和双何特大桥(长740 m)曲线上试铺板式轨道。

我国台湾省台北一高雄的高速铁路全长345 km，其中无砟轨道155 km，在123组道岔中有96组采用雷达2000无砟轨道结构。全线计划2005年10月投入运营。

我国在高速铁路无砟轨道方面取得了以下主要研究成果：

(1)无砟轨道的结构设计，包括：普通A型板式轨道和长枕埋入式无砟轨道；

(2)制定两种无砟轨道部件的设计以及制造与验收技术条件；

(3)制定桥上和隧道内无砟轨道工程施工技术细则与质量检验评定标准；

(4)小跨度简支箱梁(32 m以下)的变形限值以及设计与施工方面的控制措施；

(5)与无砟轨道相关的隧道设计技术要求；

(6)无砟与有砟轨道间过渡段的主要技术要求；

(7)无砟轨道结构的动力测试与长期观测技术。

1.2 无砟轨道优势及施工特点

无砟轨道与有砟轨道相比其主要技术特点如下：

(1)良好的结构连续性和平顺性；

(2)良好的结构恒定性和稳定性；
(3)良好的结构耐久性和少维修性；
(4)工务养护、维修设施减少；
(5)免除高速条件下有砟轨道的道砟飞溅；
(6)有利于适应地形选线，减少线路的工程投资；
(7)减少客运专线特级道砟的需求；
(8)无砟轨道弹性较差；
(9)建设期工程总投资大于有砟轨道；
(10)对地震和环保的适应性好(在低等级地震条件下与有砟轨道比，稳定性和安全性好)；
(11)关于线下工程“工后零沉降”的建设理念。

1.3 常用的几种无砟轨道形式

博格板式无砟轨道、雷达2000型无砟轨道、旭普林型无砟轨道三种形式。

1.4 无砟轨道施工主要设备

无砟轨道施工主要设备由制板、运板、安装和测量、砂浆搅拌设备等组成。

2 设备选型原则

2.1 选型依据

根据轨道板的类型和施工方法进行设备的选择和配置。

2.2 选型原则

2.2.1 适用性原则

从适用性方面来讲，设备要机构简单、合理，同时必须满足路基和桥面的轨道板施工，同时还应满足不同线间距的线路使用。并且还能满足曲线地段的铺板需要。例如，京津城际轨道交通工程的铺板龙门吊，既能满足京津城际5 m线间距的使用要求，同时也能满足广珠项目4.5 m线间距的轨道板铺设施工需要。

2.2.2 技术性原则

从技术方面来讲，所选用的设备必须满足不同工况条件下的使用。例如，在曲线地段，通过调高或降低一侧支腿的高度达到调平龙门吊主梁的要求，保证了横移小车始终处于一个水平面上工作；同时设置了±20°和90°转向以满足正常行驶转向和狭小场地的垂直方向的变向行驶。又如，MQ450 t/36 m提梁机为设置成28 m和16 m两种起升高度，28 m起升高度满足跨线路吊装箱梁；16 m起升高度满足制梁场的箱梁吊装，在梁场使用16 m起升高度，即可节约组装费用，同时提梁机的灵活性和稳定性更好。

2.2.3 经济性原则

从经济方面来讲，无砟轨道施工设备在国内施工均属首次，所有设备都是一片空白，要么从国外进口，要么在国内选厂家进行研制或联合开发，相比较而言，国内研制或开发的设备更为经济，至少可以较少一半的投入。比如，JQ900A架桥机和YL900运梁车以及轨道板施工的铺板龙门吊、运板车和BZM500沥青水泥砂浆车等。

3　无砟轨道施工主要设备配置

3.1　博格板无砟轨道铺设设备

(1)设备配置表

博格板铺设主要设备有 BZM 砂浆车、运板车、铺板龙门吊、测量设备、博格板运输车、吊车等,详见表 2。

表 2　博格板铺设主要设备表

序号	名　称	规　格	单　位	数　量	备　注
1	铺板龙门吊	MEBL12	台	3	
2	运板车	30 t	台	3	工地短途运输
3	砂浆车	BZM500	台	4	
4	测量设备		套	6	
5	博格板运输车	载重量≥30 t	台		预制厂至工地运输
6	汽车吊	QY50	台	3	

(2)设备性能描述及主要技术参数

①铺板龙门吊。MEBL12 铺板龙门吊由动力系统、走行系统、电气控制系统、机架、起吊系统、转向系统、液压系统、变跨变高装置和吊具等组成。铺板龙门吊作业如图 2 所示,铺板龙门吊主要技术参数见表 3。

图 2　铺板龙门吊作业

②运板车。LYC30 轮胎式双向运板车主要由动力系统、车体、走行机构(含均衡装置)、轨道板固定装置、液压系统、转向系统、照明系统、电气控制系统等组成。轮胎式双向运板车作业如图 3 所示,LYC30 轮胎式双向运板车技术参数见表 4。

表 3　铺板龙门吊主要技术参数表

序号	参数名称		技术参数	备　注
1	型式		全液压	
2	起重量	额定起重量	12 t(含吊架)	
		吊架下起重能力	10 t	
		定点起重量	16 t	
3	跨度		8.65～9.45 m 及 8.15～8.95 m	
4	起重小车	起重小车数量	2 个,4 点起升形成 3 点平衡	
		起升高度	4 m	
		起升速度	0.1～5 m/min	
		横移速度	0.1～8 m/min	
		横移距离	±2 800 mm(5 600 mm)	

续上表

序号	参数名称		技术参数	备　　注
5	车走行速度	重载	0.2～3.8 km/h	
		空载	0.2～6 km/h	
6	前后轮转向角度		－20°～＋20°及±90°	
7	横向调平内外高差		(一侧立柱)±200 mm	
8	爬坡能力		40‰	
9	可铺放的博格板外形尺寸		6 450×2 550×200 mm	
10	高度调节		±200 mm(一侧支腿)	

表 4　LYC30 轮胎式双向运板车技术参数表

序号	项　　目	参　　数	备　　注
1	载 重 量	30 t	
2	运行速度(空载)	0～20 km/h	
3	运行速度(重载)	0～8.8 km/h	
4	爬坡能力	4%	

③砂浆车。BZM500 砂浆车(见图 4)具有砂浆搅拌和运输功能,其主要技术参数见表 5。

图 3　轮胎式双向运板车作业图

图 4　BZM500 砂浆车

表 5　BZM500 砂浆车主要技术参数表

序号	项　　目	参　　数	备　　注
1	装机容量	87 kW	
2	发电机参数	380±5%,3/PE,50 Hz　90 kVA	
3	最大搅拌容量	700 L	
4	外形尺寸	12 460×3 002×4 050	含挂车底盘
5	最小搅拌容量	150 L	
6	一次生产总耗时/700 L	270 S	计量＋搅拌＋排放
7	干粉料仓容积	8 500 L	
8	水箱容积	2 400 L	

续上表

序号	项　　目	参　　数	备　　注
9	乳化沥青箱容积	2 400 L	
10	减水剂料箱容积	125 L	
11	消泡剂料箱容积	50 L	
12	干粉一次最大计量	900 kg	
13	水一次最大计量	无限量	采用流量计
14	沥青一次最大计量	无限量	采用流量计
15	减水剂一次最大计量	3.9 kg	计量桶容量 5 L
16	消泡剂一次最大计量	0.6 kg	计量桶容量 1.5 L
17	干粉计量误差	≤±2%	
18	水计量误差	≤±1%	
19	沥青计量误差	≤±1%	
20	减水剂计量误差	≤±1%	
21	消泡剂计量误差	≤±15g	
22	车架左右自动调平范围	≤±6°	
23	车架左右自动调平精度	≤±0.5°	
24	配方存贮量	无限	
25	生产数据条目	温度、时间、各物料目标值、实际计量值、灌板编号等	
26	生产数存贮量	无限	
27	环保	尾气排放符合欧Ⅱ标准	欧Ⅲ发动机须订制
28	整车自重包括集装箱	42 t	

④测量设备。测量设备主要由工控机、徕卡全站仪、全站仪数传电台、温度传感器、角度传感器、电子显示器、测量标架、定向装置、对中三角架、、小棱镜、测量基座、解除显示盒、蓄电池、充电器、球形棱镜、铟瓦尺垫等组成。测量设备主要部件技术参数见表 6。

表 6　测量设备主要部件技术参数表

序号	项　　目	参　　数	备　　注
一	工控机		
1	电源	DC12 V，36 AH 或 AC220 V，50 Hz	
2	功率	25 W	
3	处理器主频	668 MHz	
4	内存	256 M	
5	硬盘	1 G	
6	显示器	12.1 英寸 TFTLCD	
7	工作环境	−30 ℃～60 ℃	
8	外形尺寸	34×30×15 cm	
9	重量	约 8.5 kg	

续上表

序号	项　目	参　数	备　注
二	显示器		
1	类型	LCD	
2	显示点阵	122×32DOTS	
3	工作环境温度	0～50 ℃	
三	数传电台		
1	类型	数字传输	
2	工作环境	0～50 ℃	
3	供电方式	DC12 V	
4	发射功率	5 W	
四	温度传感器		
1	测温范围	－100 ℃～100 ℃	
2	工作环境	－10 ℃～70 ℃	
3	采样频率	10 个/s	
4	功耗	1.2 W	
5	精度	±－0.05%或更高	

⑤博格板运输车

博格板运输车由普通载重车辆稍作改动即可，每车每次可运输博格板 6 块，每块板之间用方木垫实，运输时不得滑移。博格板运输车主要参数见表 7。

表 7　博格板运输车主要参数表

序号	项　目	参　数	备　注
1	额定装载质量	60 000(kg)	
2	最大总质量	100 000(kg)	
3	最大车速	90(km/h)	
4	功率	67.5 kW	
5	外形尺寸(长×宽×高)	16 m×3 m×2 m	

4　工程实例

4.1　京津项目

4.1.1　无砟轨道施工概述

京津城际轨道交通工程全段轨道设计采用 CRTSⅡ型板式无砟轨道系统，双线一次建成跨区间无缝线路，区间、车站内正线和道岔为无砟轨道，两股到发线为有砟轨道。铺设起点设在武清车站，由武清车站分别往天津和北京两个方向铺设。

轨道板安装是在桥上或路基上底座混凝土施工完成并达到设计要求的强度后进行，按双线同向自北京向天津方向铺设的顺序实施，沿底座混凝土依次进行布设 GRP 点（精调控制点）、运板、铺板、精调、灌浆、张拉连接等后续工序。博格轨道板运铺的总体方案为：将需在桥上作业的设备运输上桥或在桥面组装，由运输车辆通过便道将轨道板运至提板站处桥下，然后利用 50 吨汽车吊（设专用的轨道板吊具）在桥上将轨道板吊装至桥上的 YLC30 双向轮胎式博格板运输车上，沿桥面底座混凝土运至 16 吨 MEBL 系列轮胎式可变跨龙门吊下，利用龙门吊进行双线同向粗放轨道板，之后开展轨道板的精调、纵横向封边、固定、制浆、灌浆、拆除压紧装置和调节轴、张拉、宽（窄）接缝填充、剪切连接等后续工序。

垫层砂浆的灌浆采用移动式砂浆车在桥下搅拌，利用中转仓采用桥下吊车吊装浆料上桥，运输到灌浆施工位置，完成灌注作业。

4.1.2　主要施工设备配置表

京津项目无砟轨道施工主要设备配置见表 8。

表 8　主要设备配置表

序号	机械名称	规格型号	单位	数量	备注
1	轮胎式龙门吊	16 t	台	1	
2	汽车起重机	50 t	台	2	桥上轮胎式
3	工地储料仓		处	1	
4	沥青水泥砂浆搅拌车		台	1	桥下轮胎式
5	双向轮胎运板车	30 t	台	1	桥上轮胎式
6	测量系统		套	2	
7	调节装置		套	100	
8	固定装置		套	100	
9	宽、窄接缝灌注模板		套	50	
10	高压清洗设备		台	1	
11	搅拌机		台	1	
12	垫层砂浆中转仓		台	2	
13	中转仓运输车		辆	1	
14	吊带		套	4	
15	轨道板运输车		台	10	
16	轨道板吊架		个	1	
17	试验工具		套	1	
18	对讲机		台	20	
19	柴油发电机组	15 kW	台	1	
20	柴油发电机组	30 kW	台	1	
21	柴油发电机	5 kW	台	3	

4.1.3　主要施工设备性能参数

（1）铺板龙门吊主要技术参数见表 9。

表 9　铺板龙门吊主要技术参数表

序　　号	名　　称		参　　数	备　　注
1	型　　式		全液压	
2	起重量	额定起重量	10 t	
		吊架下起吊能力	12 t	
		定点起吊能力	16 t	
3	起重小车	起重小车个数	2 个，四点起升形成 3 点平衡	
		起升高度	4 m	
		起升速度	0.1～5 m/min	
		横移速度	0.1～8 m/min	
		横移距离	±2 800 mm	
4	大车走行速度	重载	0.2～3.8 km/h	
		空载	0.2～6 km/h	
5	跨度	8.65～9.45 m 及 8.15～8.95 m		
6	前后轮转向角度	－20 °～＋20°及 90 °		
7	横向调平内外高差	±200 mm(一侧立柱)		
8	爬坡能力	40‰		

(2)LYC30 轨道板运输车主要技术参数见表 10。

表 10　LYC30 轨道板运输车主要技术参数表

序　　号	名　　称		参　　数	备　　注
1	载重量		30 t	
2	运行速度	空　　载	0～20 km/h	
		重　　载	0～9.2 km/h	
3	爬坡能力		4%	
4	转弯半径		12 m	

(3)BZM500 砂浆运输车主要技术参数见表 11。

表 11　BZM500 砂浆运输车主要技术参数表

序　号	项　　目	参　　数	备　　注
1	装机容量	87 kW	
2	发电机参数	380±5%,3/PE,50 Hz　90 kVA	
3	最大搅拌容量	700 L	
4	外形尺寸	12 460×3 002×4 050	含挂车底盘
5	最小搅拌容量	150 L	
6	一次生产总耗时/700 L	270 S	计量＋搅拌＋排放
7	干粉料仓容积	8 500 L	
8	水箱容积	2 400 L	
9	乳化沥青箱容积	2 400 L	

续上表

序　号	项　　目	参　　数	备　　注
10	减水剂料箱容积	125 L	
11	消泡剂料箱容积	50 L	
12	干粉一次最大计量	900 kg	
13	水一次最大计量	无限量	采用流量计
14	沥青一次最大计量	无限量	采用流量计
15	减水剂一次最大计量	3.9 kg	计量桶容量 5 L
16	消泡剂一次最大计量	0.6 kg	计量桶容量 1.5 L
17	干粉计量误差	≤±2%	
18	水计量误差	≤±1%	
19	沥青计量误差	≤±1%	
20	减水剂计量误差	≤±1%	
21	消泡剂计量误差	≤±15g	
22	车架左右自动调平范围	≤±6°	
23	车架左右自动调平精度	≤±0.5°	
24	配方存贮量	无限	
25	生产数据条目	温度、时间、各物料目标值、实际计量值、灌板编号等	
26	生产数存贮量	无限	
27	环保	尾气排放符合欧Ⅱ标准	欧Ⅲ发动机须订制
28	整车自重包括集装箱	42 t	

铁路无砟轨道施工设备配置工艺

1 概　　述

1.1 轨道铺设种类

轨道铺设施工分为轨排铺设和长轨铺设两类，一般情况下，有砟轨道通常采用轨排铺设或先铺设工具轨排再换铺长轨的施工方法，无砟轨道铺设通常采用直接铺设长轨的施工方法(近年来有砟轨道也开始采用一次性设长轨的施工方法)。针对这两种不同轨道铺设施工，需要采用两类不同的铺轨设备，即轨排铺设设备和长轨铺设设备。目前国内使用最为广泛的轨排铺轨机有 ZP 型、PG 型、长征型和 DPK 型等，长轨铺轨机组有 NTC 型、TCM60 型、SVM1000 型和 CPG500 型等。

1.2 轨道铺设设备发展历程

随着中国铁路建设的发展和铁路运营速度的不断提高，轨道铺设设备经历了由最初的小型吊车到现在的长轨铺设机组的发展过程，设备的功能由最初的短轨排(12.5 m)铺设到现在的长轨与散枕铺放。从技术角度讲，现在的轨道铺设设备已成为集机、电、液一体化、高度智能化设备。

2 设备类别及配置要求

设备类别及配置要求见表 1。

表 1　设备类别及配置要求表

设备类别	设备用途	设备配置要求
轨排拼装	将轨枕、扣件和钢轨等组装为轨排	轨排生产线
吊装设备	吊运、存放轨排	门式起重机
轨排运输设备	将轨排由存放地运输到铺设地	机车牵引的 N17 平板车组
轨排换装设备	完成轨排由运输设备到铺架设备的换装	换装龙门吊
轨排铺设设备	铺设轨排	轨排铺轨机
长轨吊装设备	吊运、存放长轨	群吊龙门吊
长轨运输设备	将长轨由存放地运输到铺设地	专用的长轨运输车
钢轨、轨枕运输设备	将长轨由存放地运输到铺设地	机车牵引的 N17 平板车组
散枕法铺轨设备	进行枕木和轨道铺设	散枕法铺轨机组
长轨放送设备	铺设长轨	长轨放送车

3 设备配置原则

3.1 实用性原则

设备适用性原则指设备的适用范围是否能够满足项目施工要求，即轨道施工设备施工效率和作业方式等条件必须满足项目施工的要求。

3.2　技术性原则

设备技术性原则指设备是否能够达到项目施工要求的技术条件，即设备的内部尺寸、起升高度、额定载荷、行驶速度等条件是否满足轨排铺设或长轨铺设的要求。

3.3　经济性原则

设备经济性原则指设备的使用成本是否能够满足项目施工的要求，即设备的购置、燃油消耗、维护和修理等费用是否满足项目对设备的要求。

4　常见铺轨机技术性能和特点

4.1　轨排式铺轨机

4.1.1　国内常用的定型铺轨机

国内使用最为广泛的轨排铺轨机有 ZP 型、PG 型、长征型和 DPK 型等。

4.1.2　中铁二局拥有的铺轨机

中铁二局拥有 ZP 型、长征型和 DPK 型三种类型的轨排铺轨机。

(1)ZP_{2A}铺轨机

ZP_{2A}铺轨机组由一号主机、二号机动平车和换装龙门吊组成，能够铺设 25 m/60 kg 及以下普通轨排。该机采用了一些基本的电气、液压和自动化控制技术，在我国 20 世纪 80～90 年代的铁路建设中得到了广泛的应用。但是该类机型结构庞大、车体自重大、功能及适用性较差、能耗及故障率高、施工效率较低，特别是车辆部分运输超级超限及走行转向架已属淘汰型号且由于机型陈旧已不能在铁路运营线路自轮转移运输，因此该机型已经被施工单位全部淘汰。

(2)长征ⅡB 铺轨机

长征$Ⅱ_B$铺轨机组由一号主机、二号机动平车和换装龙门吊组成，其中主机由机臂、吊轨排(梁)扁担、1 号、2 号柱、车辆部分、主机起吊系统、拖拉系统及导轨回送系统、摆臂机构、液压系统、动力及电气系统组成。该类机型最大容轨量为 6 层，可以铺设 25 m/60 kg 宽轨枕及Ⅲ型枕轨排，并能架设 16 m 及其以下 T 型梁。

(3)DPK32 铺轨机

DPK32 铺轨机组由一号主机、二号机动平车和换装龙门吊组成，主机结构和长征$Ⅱ_B$铺轨机主机基本相同，但是在机臂、主机起吊系统、拖拉系统及导轨回送系统和液压电气系统方面都作了改进，其技术性能和施工效率要明显优于长征$Ⅱ_B$铺轨机。该机可以铺设 25 m/60 kg 宽轨枕及Ⅲ型枕轨排，并能架设 16 m 及其以下 T 型梁。

DPK32 铺轨机机臂为整体箱形变截面梁，悬臂前端顺坡上挠。箱形断面最大高度 1 276 mm，盖板宽度 850 mm 全长不变。材质为 Q345。机臂长度 40.9 m，重量 30.5 t。支承于 1 号柱、2 号柱上，并设定位销，可绕 1 号柱横梁中心摆动，以满足铺轨架梁对中需要。悬臂长度 19.2 m，1 号、2 号柱支点跨距 12 m。机臂高度通过 1 号、2 号柱的上下升降调整，以适应铺轨、架梁、和长途运输等各种不同工况。该机 1 号、2 号柱的结构形式相同，均采用刚性门架体系。独特之处在于立柱首次采用“三套柱”。因此铺轨机作业时，机臂升得相当高，而长途运输时机臂又降得相当低，变化幅度 1.33 m。进一步完善了施工和运输两个方面的要求。

DPK32 型铺轨机轨排容量六排(Ⅲ型枕)，铺轨与架梁扁担可以共用，铺轨时仍用自动挂钩，架梁时则将吊梁横担置于铺轨扁担之上，即可吊梁。

DPK32 型铺轨机主机车体为专用车体，车体长 28 m，材质为 Q345。25 m 长轨排全上主机，前五轴，后四轴转向架，无中梁，便于设备安装。0～5 km/h 无级调速，3 轴驱动，电机功率 24 kW(直流)，通过最小曲线半径 180 m。制动采用机车 JZ-7 空气制动系统。

DPK32 型铺轨机主机起吊系统用四个 MD5 型电动葫芦，与吊重小车、走行绞车、扁担及滑轮组成起吊系统。变更滑轮组倍率可起吊不同重量。四个电动葫芦可任意组合控制，以调整扁担水平。走行绞车可在 0～60 m/min 范围无级调速牵引吊重小车走行。吊梁时需在扁担上放置吊梁横担两件，横担距离有三种，分别用于不同的跨度与梁型。拖拉系统及导轨回送系统由拖拉绞车、钢丝绳导绕系统、张紧油缸、导轨、滚轮、阻力补偿装置、封车装置组成。绞车正向转动，拖拉梁上主机，反向运转回送导轨至机动平车。绞车可在 0～20 m/min 内无级调速，运行平稳。主机设四排辊轮，外侧辊轮用于拖拉轨排，内侧两排滚轮用于回送导轨。主机上还特设了阻力补偿装置。用于大坡道上拖拉梁，防止下滑，有利于作业安全。DPK32 型铺轨机摆臂机构绕 1 号柱中心，在 2 号柱处用油缸及钢丝绳滑轮系统牵拉大臂摆动。最大摆动是在 2 号柱中心处为 580 mm ，最大摆角左右各 2.77，机臂前端的摆动量约 0.93 m。

DPK32 型铺轨机主机的龙门升降、机臂摆动、拖拉钢丝绳张紧均由主机液压系统进行。

主机选用潍坊柴油机厂生产的 100GF 型柴油发电机组供电。WD615 型柴油机引进国外技术，性能稳定，高度尺寸也小，从而使发动机底面距轨面安装高度加大到 180 mm。主机供电分交流与直流两套系统。直流系统用可控硅整流装置供各牵引电机用电在额定转速内可进行无级调速。各双向运行机构均采用电器联锁，保证单向运行可靠，各运行极限位置都有限位保护。

4.2 长轨铺轨机

4.2.1 NTC 型铺轨机

NTC 型铺轨机是用于长轨铺设的设备，主要由主机、动力车和运枕龙门吊三部分组成。该机可以完成 250 m 及其以上 60 kg/m 的长轨铺设工程，主要技术参数见表 2。

表 2 NTC 型铺轨机主要技术参数表

结构尺寸	工作状态：65 m×4.1 m×4.7 m
	挂运状态：62 m×3.3 m×4.7 m
重　　量	运枕龙门吊：20 t
	动力车：42 t
	主机：43 t
	工作状态最大轴重：34.2 t
	牵引力：381 kN
动力发动机	道依次 F121513；282 kW
作业时通过最小曲线半径	250 m
自行走行速度	0～800 m/h
作业走行速度	0～800 m/h
道床条件	有砟

4.2.2 TCM60 型铺轨机组

TCM60 型铺轨机组机构和 NTC 型铺轨机组基本一致，也是由主机、辅助动力车和运枕龙门吊组成。其中主机是 TCM60 型铺轨机组的重要组成部分，其作用是牵引铺轨列车，连续单根布设轨枕、拖拉、收拢长轨以及为整个机组提供动力。由履带走行器、牵引走行机构、吊机、轨枕输送带、布枕装置、长轨拖拉机构、发动机、电气和液压等系统构成，该机的主要技术参数见表 3。

4.2.3 SVM1000 型铺轨机

SVM1000 型铺轨机由主机、牵引车、钢轨拖拉推送装置和运枕龙门吊四部分组成，其中主机由履带走行器、辅助走行器、轨枕输送装置、布枕装置等系统构成。主要技术参数见表 4。

表 3 TCM60 型铺轨机主要技术参数表

结构尺寸	工作状态：48.5 m×3.2 m×4.76 m
重　　量	运枕龙门吊：14 t
	辅助动力车：50 t
	主机：57 t
	牵引力：385 kN
动力发动机	道依次 BF6M1015C；285 kW
作业时通过最小曲线半径	250 m
自行走行速度	0～600 m/h
作业走行速度	0～600 m/h
平均布枕速度	12 根/min
允许最大作业坡度	35‰
道床条件	有砟

表 4 SVM1000 型铺轨机主要技术参数表

结构尺寸	工作状态：45 m×3.2 m×4.7 m
重　　量	主机前转向架轴重：15 t
	主机后转向架轴重：17.5 t
	动力车前转向架轴重：11 t
	动力车后向架轴重：17 t
动力发动机	道依次 BF8M1015C；400 kW
作业时通过最小曲线半径	250 m
自行走行速度	0～1 600 m/h
作业走行速度	0～1 600 m/h
平均布枕速度	12 根/min
允许最大作业坡度	12‰
道床条件	有砟

4.2.4 CPG500 型铺轨机

CPG500 型铺轨机主要结构和 NTC 型基本一致，其主要技术参数见表 5。

4.2.5 长钢轨放送机组

长钢轨放送机组是近年投入无砟道床长轨铺设施工的专用设备，主要由长轨输送机、动力牵引车构成，其中动力牵引车采用全液压驱动，轮胎式走行。施工效率得到了很大提高，同时还由于该类机型结构简单，操作方便，所以在近年来的无砟轨道铺设施工中得到了越来越广泛的应用。其中典型的 500 m 长轨放送车 CPC500 型技术参数见表 6。

表 5 CPG500 型铺轨机主要技术参数表

结构尺寸	工作状态：45 m×3.2 m×4.5 m
重　　量	运枕龙门吊：15 t
	动力车：40 t
	主机：51 t
工作状态最大轴重	31.4 t
牵引力	381 kN
动力发动机	道依次 F121513；282 kW
作业时通过最小曲线半径	250 m
自行走行速度	0～800 m/h
作业走行速度	0～800 m/h
道床条件	有砟

表 6 500 m 长轨放送车 CPC500 型主要技术参数表

结构尺寸	工作状态：3.7 m×1.8 m×2.6 m
重　　量	动力车：16 t
	长轨输送机：22 t
工作状态最大轴重	16.2 t
牵引力	381 kN
动力发动机	道依次 F121513；282 kW
作业时通过最小曲线半径	250 m
自行走行速度	0～800 m/h
作业走行速度	0～800 m/h
道床条件	无砟

5 工程实例

5.1 京津城际轨道工程项目

5.1.1 项目概述

该标段是铁路建设中的重点施工工程。轨道施工南起于广天津杨村站，北止于北京车站，是一个集桥梁架设、板式道床施工、500 长钢轨基地焊接、500 长轨铺设的综合性项目。

5.1.2 轨道铺设主要设备配置表

轨道铺设主要设备配置见表 7。

表 7 轨道铺设主要设备配置表

设备名称	数量	生产厂家	设备型号
长轨放送车	1 台	株洲长远工程机械公司	CPC500
内燃机车	2 台	大连机车车辆厂	东风 4 型货机
轨道车	3 台	襄樊金鹰轨道车辆公司	GC290
轨道平板车	75 辆	兴平车辆厂	N17

5.1.3 长钢轨运输车、放送车、收轨车性能参数

京津城际轨道工程项目采用的长轨运输车和放送车的技术参数在前文已有描述，不再重复。

5.2 大丽铁路铺架项目轨道铺设设备

5.2.1 项目轨道铺设概述

该标段轨道施工南起于广大铁路大理东站站中心，里程为 K196＋969.07，北止于丽江车站，里程为 DIK165＋925，正线长度 165.032 km。该项目是一个集桥梁架设、道砟施工、轨道铺设的铁路典型综合性工程。本标段含桥梁 77 座 867 孔，隧道 46 座，正线路基 68.634 km。正线铺轨 170.276 km，站线铺轨 37.796 km，新铺道岔 136 组，拆铺道岔 15 组，拆除道岔 38 组，铺道砟 524 177 m^3。

5.2.2 轨道铺设主要设备配置表

轨道铺设主要设备配置见表 8。

表 8 轨道铺设主要设备配置表

设备名称	数　量	生产厂家	设备型号
铺轨机	1 台	襄樊协利成机车车辆厂	DPK32
长轨放送车	1 台	株洲长远工程机械公司	CPC500
内燃机车	3 台	大连机车车辆厂	东风 4 型货机
轨道车	3 台	襄樊金鹰轨道车辆公司	GC290
轨道平板车	25 辆	兴平车辆厂	N17

5.2.3 轨排换装、运输、铺设设备性能参数

(1)换装龙门吊主要性能参数见表 9。

表 9　换装龙门吊主要性能参数表

跨　　度	2.2 m
起升高度	4.6 m
额定起重量	28 t
作业环境条件	海拔高度≤2 500 m，环境温度：−20 ℃～45 ℃ 风载限制：架梁≤6 级，铺轨≤8 级

(2)DPK32 铺轨机主要性能参数见表 10。

表 10　DPK32 铺轨机主要性能参数表

额定起重量	铺轨 28 t(不含吊具 4 t)
	架梁 55 t(不含吊具 4 t)
轨排容量宽	5 层特重型轨排、6 层重型(Ⅲ型枕)轨排 、4 层
最大轴重	铺特重型轨排 30.8 t;铺宽枕轨排 34.8 t。架 16 m 混凝土梁 35.8 t
作业环境条件	海拔高度≤2 500 m，环境温度：−20 ℃～45 ℃，风载限制：架梁≤6 级，铺轨≤8 级
作业线路条件	最大纵坡 20‰；最小曲线半径 300 m
车辆	长 28 m 特种车辆，前五轴后四轴
车辆走行	0～5 km/h 无级调速，3 轴驱动，电机功率 3*24 kW(直流)，通过最小曲线半径 180 m。JZ-7 型制动系统。
吊重小车走行	0～60 m/min 无级调速，电机功率 24 kW(直流)。
吊重起落	4 台 MD5 型电动葫芦起吊速度：8 m/min，4 m/min ，2.6 m/min、2 m/min
轨排拖拉	0～20 m/min 无级调速、电机功率 24 kW(直流)
作业载重量	110 t
技术速度	铺普通轨排：3.5 min/每排；　架梁：30 min/每片

铁路长钢轨焊接施工设备配置工艺

1 长钢轨焊接概述

1.1 常用的钢轨焊接方式及优缺点

1.1.1 接触焊

接触焊又称电阻焊、闪光对焊。它是将两钢轨顺直放在接触焊机的夹钳上，夹固、通电、送进、使钢轨的梁断面接触，其很少的几个接触点形成最开始的通电过梁，当强大电流过两轨接触面时，会在过梁上产生很大的电阻热，至使过梁爆破、喷弧，发出飞溅和闪光，并出现熔滴成为新的过梁，因此爆破、喷弧、飞溅、闪光的过程就会连续不断地进行，断电同时对端面的污物喷除干净，并将其加热到熔化状态，断电同时对端面加压，使之在挤压的作用下相互结晶，完成两钢轨的对接。此法是目前我国工厂焊接钢轨的主要方法。它是将焊件装配成对接接头，接通电源，并使其断面逐渐移近达到局部接触，利用电阻热加热这些接触点并产生闪光，是断面金属熔化，直至端部在一定深度范围内达到预定温度时，迅速施加顶锻力完成焊接的方法。它是压力焊中应用最广的一种焊接方法。根据接触焊的工艺不同可分为连续闪光焊和预热闪光焊。接触焊过程的物理本质是利用焊接区金属本身的电阻热和大量的塑性变形能量，使两个分离表面的金属原子之间接近到晶格距离，形成金属键，在结合面上产生足够量的共同晶粒而得到焊点、焊缝或对接接头。适当的热与机械作用是获得接触焊优质接头的基本条件。

接触焊按闪光的特点分为预热闪光焊机和连续闪光焊机两种。瑞士制造的 GAAS80 焊机为预热闪光焊机，K190K 型焊机为连续闪光焊机。

其特点是：焊接质量好，强度高，但设备成本高，消耗电能高，占地面积大，适合于厂焊。

1.1.2 铝热焊

铝热焊法是将两钢轨顺直正向摆放，两待焊断面之间保持一定的缝隙。在钢轨两侧和底部用模具扣封严密，模具与钢轨两断面之间构成型腔，顶部留有浇铸孔，并从该浇铸孔用火焰对型腔内进行预热；预热温度达到工艺要求后，将坩埚内已配制好的铝热焊剂引燃，坩埚内发生强烈的物理化学反应，得到的高温液体从坩埚底部的特殊孔浇注到型腔内，高温钢水将型腔内两钢轨断面熔化并相互熔合，冷却后即将两钢轨焊为一体。这种方法与铸造相似，亦称铸焊法。其化学反应式为：

$$3FeO+2Al=3Fe+Al_2O_3+835.3J$$

$$Fe_2O_3+2Al=2Fe+Al_2O_3+850kJ$$

$$3Fe_3O_4+8Al=9Fe+4Al_2O_3+3\ 238J$$

为了获得优质的铝热钢，根据不同要求在铝热焊剂中可以加入石墨粉以调整碳含量，加入一些合金元素，例如锰、硅以及钛、钼等，以改变焊接接头的力学性能，延长接头寿命。

铝热焊法在我国早期铺设无缝线路和断轨抢修中，都起了重要作用。但由于得到的铸态组织强度低，仅为母材的 70%，人为因数影响较大，质量欠稳定，断头率高，自 1980 年开始已逐渐被移动式气压焊所取代。由于铝热焊法具有轻便灵活的特点，自 20 世纪末我国又分别引进了法国拉伊台克公司和德国施密特公司的铝热焊技术，它主要用于断轨处理和工地线上超长轨的对接焊。

1.1.3　气压焊

气压焊是用燃烧的火焰加热金属工件至塑性态或表面呈熔化状，然后施加一定压力，使金属工件接合为一体的一种焊接方法。基本原理是：两个金属表面在高温状态下紧密贴紧，金属间原子进行互相扩散，获得再结晶条件下而结合为一体。按照加热的不同程度，气压焊又分为塑性焊接和熔化焊接。

塑性气压焊接过程是把钢轨的两清洁端面紧密贴合，并对贴合面及其附近的钢轨轮廓面用气体火焰加热，待贴合面及其附近被加热至塑性状态，这部分金属分子具有了足够的“活化能”，并穿过界面互相急剧扩散时，即对贴合面加压顶锻，以达到分子间的金属键连接，完成重新再结晶，从获得牢固的焊接接头。这种方法目前主要用于工地无缝线路联合接头的焊接。

熔化气压焊是把钢轨的两清洁端面拉开一定距离，用气体火焰对两端面同时加热，当两端面被完全加热至熔化状态时，撤除火焰，并迅速推进，使两熔化端面贴紧并加压顶锻，在压力作用下两贴合面互相结晶，焊接成为一体。这种方法工艺复杂，难度大，质量不稳定，目前国内已很少应用。

移动气压焊是在固定气压焊基础上发展起来的，它的特点是小型轻便、利于移动，特别适合铁路沿线联合接头焊接、跨区间无缝线路道上焊接和钢轨断头处理。移动气压焊设备主要包括压接机、加热器、气体控制箱、高压油及辅助配套设备，辅助配套设备包括氧气瓶、乙炔瓶、直轨器、钢轨断面打磨机、钢轨顶面打磨机、管路系统及发电机组等。

1.2　基地（工厂）固定式与现场移动式焊接

1.2.1　基地（工厂）焊轨中心

基地（工厂）焊轨中心钢轨焊接采用接触焊。配备有轨端除锈机、钢轨闪光接触焊机、正火机、粗磨、水冷隧道、四向调直机、精磨机、探伤等设备。长钢轨焊接应符合下列要求：

（1）待焊钢轨应符合客运专线铁路钢轨相关技术条件的规定。

（2）焊接设备操作人员必须经过专业培训，熟悉钢轨焊头质量标准，经有关部门考核合格，并获得操作合格证。

（3）操作人员必须严格执行焊接设备的操作规程，并按型式检验确定的作业参数操作。

（4）长钢轨焊接前应根据设计要去编制配轨计划表。

（5）配轨时应选用端面对称、公差基本一致的钢轨相对焊接。长钢轨首尾断面的不对称偏差不得大于 0.6 mm。

（6）根据配轨要求及调直情况等对钢轨进行截锯。钢轨硬弯经矫直后，用 1 m 直尺测量其矢度不应大于 0.2 mm。

（7）清除轨端 0.5 m 范围内额的污垢，待焊钢轨端面及钢轨与电极接触部位应打磨除锈，使金属光泽露出达 80%以上。

（8）当环境温度低于 10 ℃时，焊轨前两轨端加热温度应进行预热。

（9）钢轨进入焊机前，应检查除锈作业质量，除锈质量不良时，应退回重新除锈。

（10）钢轨进入焊机后，在对位过程中，应注意必须以工作面为基准。轨头工作面错位偏差不应大于 0.2 mm，轨低边缘错位偏差不应大于 1 mm。

（11）焊机电极表面必须光洁、平整，发生灼伤后应及时处理，必要时应更换。

(12)每焊完一个焊接接头应对电极进行清理，不得留有尘渣。每焊完一条长轨应清理一次电极及护板。

(13)焊接结束后，应立即对焊接接头进行标识。接头标识应与钢轨标记、焊接记录或报表对应。标识应在焊接接头前方 3～5 m 处的轨腰部位，标识符号应清晰、端正。

(14)焊接接头温度低于 500 ℃时方可正火加热。轨头加热的表面温度应控制在 900 ℃±50 ℃，轨底角表面温度应控制在 800 ℃～900 ℃。

(15)焊接接头温度在 50 ℃以下时方可进行焊后调直作业。调直后 1 m 长度宜有 0.3～0.5 mm 的上拱量，不宜反复多次矫直。

(16)精磨前，焊接接头及两端 1 m 范围内温度应控制在 50 ℃以下。

1.2.2 现场移动焊接

现场移动焊接应符合下列一般规定：

(1)现场移动焊接宜优先采用接触焊，道岔内及两端与线路连接的钢轨锁定焊可采用铝热焊。

(2)在正式焊接前必须按铁路钢轨焊接规范的相关要求进行焊头型式检验，确定焊接参数，制定相应规程。

(3)批量焊接生产过程中，应按客运专线铁路钢轨焊接的相关要求进行周期性生产检验，检验合格后方可继续生产。

(4)焊接设备操作人员必须经过专业培训，熟悉钢轨焊头质量标准，经有关部门考核合格，并获得操作合格证。

(5)气温低于 10 ℃时不宜进行工地焊接。刮风、下雨天气焊接时，应采取防风、防雨措施。中雨、大雨和风力大于 4 级时不应进行焊接作业。

(6)气温低于 10 ℃时，焊前应用火焰预热轨端 0.5 m 长度范围，预热温度应均匀，钢轨表面预热升温为 35 ℃～50 ℃，焊后应采取保温措施。

(7)承受拉力的焊缝，在其轨温高于 400 ℃时应持力保压。

(8)左右股单元轨节接头相错量不宜超过 100 mm。

(9)工地钢轨焊接应符合长钢轨布置图，其加焊轨长度不得小于 12 m。

(10)现场移动焊接完成后应做好以下工作：检查焊好的接头，并打上焊接标记，填写焊接记录报告；将轨道恢复到正常状态并清理焊接现场。

1.3 单元焊与锁定焊介绍

1.3.1 单元焊

单元焊是指在施工线路上将单元轨道内 500 m 的长钢轨焊接成 1.5～2 km 长钢轨的作业工序。单元焊一般采用铝热焊、气压焊或接触焊等施工方法。

1.3.2 锁定焊

锁定焊在焊接作业内容上与单元焊一样，但锁定焊不作为一个单独的作业工序存在，与应力放散、锁定线路等一起作为成形无缝线路的一项作业内容，在适当的温度条件下，将单元轨道与无缝线路焊连，同时采用应力放散、拉伸等措施并对线路予以锁定，形成无缝线路的一部分。

(1)无缝线路在设计的锁定温度范围内的作业

无缝线路的锁定焊接、应力放散和锁定线路作业，由铺轨始端依次向终端连续延伸进行，在设计允许锁定轨温范围内施工时，锁定焊接、应力放散、锁定线路的作业流程为：

①先将第一段完成道床整修作业的单元轨道，在设计锁定轨温下进行应力放散，并予以锁

定。锁定后的单元轨道两端实际存在一段伸缩区；

②将第二段单元轨与第一段单元轨进行焊连；

③将已锁定线路一侧和待焊入单元轨条扣件松开，间隔 10 m 左右放置一 ϕ25～35 mm 滚筒，将 0.9～1.5 km 的长轨置于滚筒上，使轨条处于自由伸缩状态；

④对新焊连的单元轨条，采用撞轨(400～500 m 一处)等措施放散应力，待终点轨端位移出现反弹时，可视为出现当时轨温下的零应力，即可上紧扣件锁定线路。

(2)无缝线路的低温拉伸锁定

为了扩大作业温度范围，对于轨温低于设计锁定轨温一定范围时，可采用以轨长控制的拉伸锁定法作业。

低温拉伸锁定作业的程序如下：

①对将拉伸锁定的单元轨道与无缝线路进行焊连。

拆除已锁定线路前端 10 m 范围内钢轨扣件和待焊入单元轨道的扣件，按前述方法将长轨放散应力到当时轨温下的零应力状态。

②计算拉伸长度。

$$\Delta L=\Delta T\cdot L\cdot \alpha$$

式中 ΔL——计算拉伸量(m)；

ΔT——设计锁定轨温与处于零应力状态下的轨温之差(℃)；

L——锁定线路长度，为待锁定焊入单元轨长度 L_1 与已锁线路伸缩区长度 L_2 之和(m)；

α——钢轨线胀系数 $0.011\,8\times10^{-3}$；

当 L_1 为 900 m，L_2 为 50 m 时，ΔT 每差 1 ℃，对应的 ΔL 为 11.21 mm，$\Delta T=20$ ℃时，$\Delta L=$ 224 mm。

当 L_1 为 1 200 m，L_2 为 50 m，$\Delta T=20$ ℃时，$\Delta L=295$ mm。

③在待焊连单元轨条的前端标定出拉伸长度，锯除富余轨头，按应力放散同样作法边撞轨、边拉伸，达到预定拉伸位置时，撤出滚筒，长钢轨入槽，为保证锁定轨温的一致性，可以隔二上一，上紧扣件，取 1.5 km 范围开始上扣件到隔二上一结束的平均温度为计算中的实际零应力状态下的轨温，由此核算拉伸长度，必要时进行调整，确认无误后，将拉伸换算的轨温定为实际锁定轨温，记录在案。

(3)高温下铺设长轨轨道的线路锁定

一般不宜安排在轨温高于设计锁定轨温上限时进行线路锁定作业，但为了满足工期要求，在轨温高于设计锁定轨温的条件下铺轨可能发生。因此，应择机在轨温降低至设计锁定轨温范围内或采用泼水冷却的方法使轨温降低，从而达到设计锁定轨温的要求。

2 长钢轨焊接方式选择和设备选型原则

2.1 基地(工厂)焊轨中心

2.1.1 适用性原则

目前，国内外基地(工厂)焊轨均采用接触焊，接触焊接设备中主要采用乌克兰巴顿公司的 K 系列焊机和瑞士苏莱特公司的 Gaas80 焊机。从适用性出发，K 系列焊机具有重量轻，安装、转移工地灵活的特点，更适合于工程单位现场焊轨中心。

2.1.2 技术性原则

从技术性能出发,Gaas80 焊轨机焊接钢轨的质量稳定,更易通过型式试验,适合于高速铁路的钢轨焊接。

2.2 现场移动焊接(含轨条、单元、锁定焊接)

2.2.1 适用性原则

工地移动焊轨有气压焊、铝热焊和接触焊三种方式,气压焊、铝热焊具有设备轻、体积小,移用灵活,适合于工地单元轨焊接,铝热焊还适合于区间线路与道岔的锁定焊接。

2.2.2 技术性原则

随着铁路的发展,铁路通行的速度越来越高,对工地钢轨焊接的质量要求也越来越高。因此,从技术角度出发,高速铁路的工地钢轨焊接宜选用接触焊接作业。

3 长钢轨焊接主要设备配置

3.1 基地(工厂)焊轨中心

3.1.1 设备配置

见表 1。

表 1 长钢轨焊接主要设备配置表

序号	名　称	规　格	产地	单位	数量
1	闪光对接焊机	Gaas 80	瑞士	套	1
2	钢轨除锈机	MBS 14A	瑞士	套	1
3	四向调直机	SPM 4NL	瑞士	套	1
4	钢轨精磨机	MMA-14AL	瑞士	套	1
5	变压器	S9-630/10	中国	台	1
6	龙门吊	MD10 t×17 m	中国	台	5
7	龙门吊	MD2 t×17 m	中国		2×32
8	锯轨机	G4228	中国	台	1
9	正火设备	KGPS-100-4	中国	台	1
10	钢轨输送支架		中国	台	443
11	风冷设备	SF4-4	中国	套	1
12	探伤仪	CTS-23	中国	台	2
13	空压机	2V-6/8	中国	台	1
14	红外线测温仪	GD	中国	台	2
15	手提式砂轮机	9 350N	中国	台	2
16	仿型打磨机	FMG—22/2 850rpm	中国	台	1
17	钢直尺	1 m	中国	把	2

3.1.2 工位、工序或工艺流程

(1)基地焊接工艺流程(见图 1)

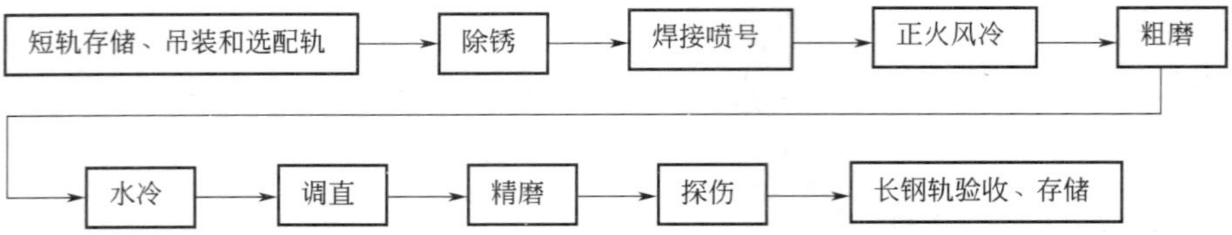

图 1　基地焊接工艺流程

(2)工位布置

焊轨生产线的主要有焊轨机、除锈机、精磨机和四向调直机、滚轮输送线、正火设备、水冷设备、群吊及定尺轨龙门吊等设备。焊轨基地设置短轨存放区、生产区及长轨存放区。短轨存放区包括短轨卸存区、选配轨区，设 5 台跨度为 11.5 m 的 10 t 短轨吊装走行龙门吊，走行轨道长 450 m。焊轨生产线长 720 m，分设除锈、焊接、正火、粗磨、水冷、四向调直、精磨和探伤等 7 个工位，除锈和焊接工位之间的间距为 200 m，其余各工位间按 100 m 间距布置，各工位采用彩钢房屋遮蔽。长钢轨存放区采用 32 台 2 t 固定式门吊为一组群吊进行长钢轨的吊装作业，长钢轨场内传输采用的滚轮输送线。

(3)工序

①配轨(见图 2)。将基地入场验收合格的 100 m 定尺钢轨，按照线路要素、施工工期及无缝线路长钢轨计划表选配钢轨，将选配好的 100 m 定尺轨吊放于滚轮输送线上。选配时，将钢轨端面根据实际尺寸偏差进行选配，以确保焊接质量。

图 2　配轨

②轨端打磨除锈。用除锈机或人工将轨顶面、底面或轨腰 0.5 m 范围内和轨端进行打磨，除去铁锈、铁皮和其他杂物，达到一定光洁度，使焊机电极与钢轨良好接触，从而保证焊缝质量。

③焊接、喷号(见图 3)。钢轨接头在焊轨机内自动对中，经过闪光预热、接触顶锻、推凸后完成焊接全过程，从而将短钢轨焊成长钢轨。为保证钢轨焊接质量的可追溯性，在焊接完成后在钢轨轨腰上进行编号和喷号。

图 3　GAAS80 焊轨机

④正火、风冷(见图 4)。当轨温降到 300～500 ℃时,用正火设备把钢轨焊接接头加热到 850 ℃～950 ℃,正火完成后,用喷风装置对焊缝进行快速冷却,使其轨温快速冷却至 500～550 ℃。以达到细化金属结晶、均匀组织,提高焊缝硬度,减少或部分消除焊接的残余应力,改善并提高焊缝及附近粗晶区的力学性能的目的。

图 4 正火、风冷

⑤粗磨(见图 5)。由人工进行粗磨,对焊接接头粗磨是为了清除轨头、轨底和坡角的残余焊瘤,从而减少精磨机的磨削量,提高整个流水生产线的作业效率。

图 5 粗磨

⑥水冷(见图 6)。水冷却在 300 ℃以下进行,在冷却隧道内对焊接接头较长范围内进行冷却,使焊接接头温度达到 50 ℃以下以满足后道工序调直的要求。

图 6 水冷

⑦调直(见图 7)。用四向调直机对钢轨进行测量和校直,使钢轨在水平和垂直方向平直度达到 0～0.2 mm/m 的要求。

⑧精磨(见图 8)。用精磨机对钢轨焊头的工作面进行打磨,使轨顶面、工作面直线度达到 0～0.2 mm/m 的要求。

图 7 调直

⑨探伤。用 CTS-23plus 探伤仪和扫查装置检查钢轨焊头质量，检查内部是否有裂纹、灰斑等缺陷存在。

图 8　精磨

⑩长钢轨验收(见图 9)。对焊接后的长钢轨进行全面的检查，填写质量证明书。

图 9　长钢轨验收

⑪长钢轨存放(见图 10)。500 m 长钢轨焊接完成后，由滚轮输送线输送至长轨存放区，用 32 台固定龙门吊(500 m 长钢轨)同时将长轨吊放在钢轨台位上，测量标记后分层堆码。

图 10　长钢轨存放

3.2 现场移动焊接

3.2.1 移动焊接作业车设备配置表

(1)移动焊接作业车设备配置表(见表2)。

表2 移动焊接作业车设备配置表

序号	名称	规格	产地	单位	数量	备注
1	移动焊轨车	YHGⅢ-K922	中国	台	1	
2	轨道汽车	JY290-DT	中国	台	1	
3	钢轨打磨机	DM-1.1	中国	台	2	
4	火焰正火设备		中国	套	2	
5	超声波探伤仪	CTS-23plus	中国	台	2	
6	锯轨机	HC355	中国	台	2	
7	仿形打磨机	GM-2.2	中国	套	2	
8	直轨器	YZ-750Ⅲ	中国	台	2	
9	钢直尺	1 m	中国	台	4	
10	钢轨拉伸机	YLS-90	中国	2	2	
11	内燃螺母拆卸机	NLB-600	中国	台	40	

(2)铝热焊设备配置表(见表3)。

表3 铝热焊设备配置表

序号	名称	规格	产地	单位	数量	备注
1	对轨架	CR57	中国	组	1	
2	推瘤机	LTS200	中国	台	1	
3	预热装置		中国	台	1	
4	钢轨打磨机	DM-1.1	中国	台	1	
5	锯轨机	HC355	中国	台	1	
6	超声波探伤仪	CTS-23plus	中国	台	1	
7	仿形打磨机	GM-2.2	中国	台	2	
8	直轨器	YZ-750	中国	台	2	
9	钢直尺	1 m	中国	套	2	

3.2.2 工位、工序或工艺流程

(1)工地焊接工艺流程(见图11)

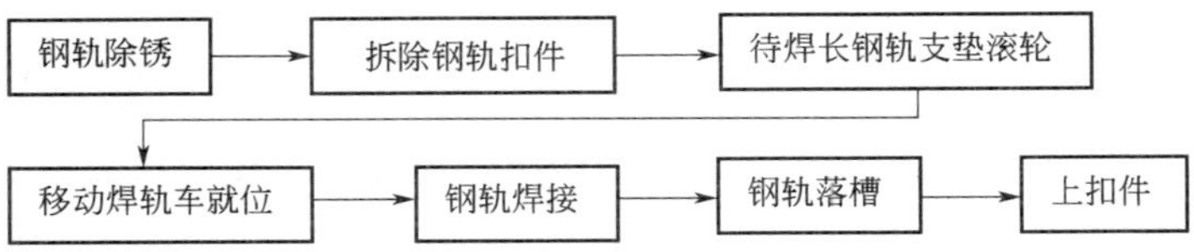

图11 工地焊接工艺流程图

(2)工地移动焊接作业工序

①拆除待焊钢轨的所有扣件以及待焊轨后端钢轨约 10 根枕木的扣件。

②在焊接钢轨前，利用手砂轮对待焊钢轨的端面和轨腰进行除锈，除锈范围距离轨端约 600 mm。

③在待焊钢轨下每隔 10 m 支垫滚轮，以满足焊接过程中拖拉钢轨的要求。

④K922 焊机对钢轨进行焊接，之后进行正火、调直和精磨。

⑤焊接完成后，取出滚轮使长钢轨落入存轨槽。

⑥上钢轨扣件，进行下一个作业循环。

4　长钢轨焊接主要设备性能、特点

4.1　基地(工厂)焊轨中心设备

基地焊轨生产线由短钢轨的储存吊装设备、钢轨辊轮输送线、供轨平台、除锈机、焊机、正火装置、冷却隧道、四向调直机、精磨机、超声波探伤机和长轨群吊等主要设备组成。

图 12　GAAS80 焊轨机

4.1.1　焊 轨 机

(1)GAAS80 焊轨机

①GAAS80 焊轨机(见图 12)技术性能及特点 GAAS 80 型焊轨机为世界上最先进、最可靠的焊轨机。能够对新轨或旧轨自动进行对正、起拱量调整、焊接、推凸。能满足高速铁路的焊接标准和精度。

②GAAS80 焊轨机主要技术参数见表 4。

表 4　GAAS80 焊轨机主要技术参数表

电气部分		机械部分	
焊接功率	Max 660 kVA	水平对正装置夹紧力	60 kN
次级焊接电流 DC	80 kA	水平调整	±7.5 mm
功率因素	0.85	预选中心线、钢轨左右运行边	可以
次级开路电压	6.3 V	顶锻行程	50 mm
电压(三相)AC	3×380 V　50 Hz	电极块间距离	Max 250 mm
主变压器的电压补偿	±10%	起拱量辊轮行程	50 mm
焊接变压器数量	6	垂直调整	±10 mm
变压器功率因素	50%	预选自动起拱量调节	可以
电极夹紧力	Max 400 kN	尺寸	
机械部分		长度	6 600 mm
顶锻力	Max 800 kN	宽度	2 050 mm
轨腰夹紧力	Max 1 500 kN	高度	2 500 mm
推凸力	Max 600 kN	支撑 GAAS80 焊机的两根钢轨距离	1 435 mm
可调节的推凸刀数目	4	重量	30 000 kg

(2)K1000 焊轨机

①K1000 焊轨机技术性能及特点。K1000 焊轨机焊机具有自动对位、自动尖峰调节、自动

焊接、自动焊瘤推凸等多种功能,能用于新轨、旧轨的焊接。由于其体积、重量较小,更适合需要经常搬迁的施工单位使用。

②K1000 焊轨机主要技术参数(见表 5)。

表 5　K1000 焊轨机主要技术参数表

电气部分		机械部分	
焊接功率	Max 660 kVA	推凸力	Max 800 kN
次级焊接电流	交流焊接	推凸刀数量	4
功率因素	～0.8	水平调整	±10 mm
次级回路电压	7～8 V	垂直调整	±5 mm
电压(三相)AC	3×380 V　50 Hz	顶锻行程	100 mm
主变压器的电压补偿率	±10%	电极间距离	200 mm
焊接变压器数量	1 套两个	钢轨焊接范围	43～75 kg/m
变压器负载系数	50%	尺寸	
电极夹紧力	1 600 kN	长度	3 300 mm
机械部分		宽度	1 120 mm
顶锻力	Max 800 kN	高度	2 475 mm
轨腰夹紧力	Max 2 000 kN	重量	8 800 kg

4.1.2　主要配套设备性能及参数

(1)短轨区龙门吊

短钢轨或 100 m 定尺轨的吊装采用 2 台以上 10 t 移动式龙门吊装卸,焊轨时将储存于短轨存放区的短轨吊装到钢轨输送辊轮上。

①焊前供轨龙门吊(见图 13)

主要技术参数:

吊机起重能力:10 t

行走距离:取决于储存区的范围

起升速度:7 m/min

起升高度:8 m

在轨道上行走速度:30 m/min

主电源:380 V,50 Hz

②焊后存轨、装轨龙门吊(见图 14)。

图 13　焊前供轨龙门吊

图 14　存、装轨龙门吊

长钢轨吊装作业是通过多台 2 t 龙门吊联机作业来完成长钢轨的吊卸作业，2 t 龙门吊可实现单机单独动作或分组联动。全部由一台主控制台通过 PLC 集中控制。该套设备操作简单，联机同步性能高。

(2)滚轮输送线(见图 15)

钢轨辊轮输送线是将待焊的短轨和已焊的长轨安全快速地送到各机器进行处理，再将其送到长轨储存区。

输送线上的滚轮有主动和从动两种。

滚轮之间的距离为 3 m，输送速度为 30 m/min。

整个钢轨辊轮输送线的控制由 PLC 控制，电机采用变频器控制。各段输送线的运行由各设备控制，且各设备之间有互锁，以确保整个生产线上的人和设备安全。

(3)轨端除锈机(见图 16)

主要有法国 GEISMA、瑞士 NENCKI、上海理工大学等三种品牌的除锈机，其技术性能基本一致。法国 GEISMA 和瑞士 NENCKI 生产的除锈机型号均为 MBS-14A，它安装在焊机前工序，用于清除钢轨表面的铁锈和杂质，其目的是通过对钢轨的工作踏面、下表及两端面除锈，使焊接电极与两钢轨表面达到良好的电接触。除锈长度距离每个钢轨端面长度大约为 400～500 mm。

图 15　滚轮输送线

图 16　轨端除锈机

MBS-14A 除锈机主要技术参数见表 6。

表 6　MBS-14A 除锈机主要技术参数

水平刷头		垂直刷头的进给电动机	
电动机功率	22 kW	电动机功率	0.37 kW
电动机转速	2 950 rpm	电动机转速	1 400 rpm
刷头转速	2 700 rpm	电动机额定电压、频率	3×400 V AC 50 Hz
电动机额定电压、频率	3×400 V AC　50 Hz	除尘器	
行程	1 200 m (理论上每侧 600 mm)	额定气流量	1 800 m^3/h
除锈机		真空风扇	1 800 Pa
空气压力	6 bar	过滤器面积	67.5 m^2
刷头直径	250 m	噪声水平	<75 dB(A)
额定电压、频率	3×400 V AC　50 Hz	电机输出	3 kW
控制电压、频率	24 V DC/230V AC 50 Hz	电机额定电压	3×400 V AC 50 Hz
垂直刷头		自动清洁	
电动机功率	7.5 kW	从除锈机供电	240 V AC 50 Hz
电动机转速	2 950 rpm	电磁阀控制电压	24 V AC 50 Hz
刷头转速	2 700 rpm	重量	300 kg
电动机额定电压、频率	3×400 V AC 50 Hz		

(4)四向调直机(见图 17)

图 17　四向调直机

主要有法国 GEISMA、瑞士 NENCKI 和上海理工大学等三种品牌的四向调直机,其技术性能基本一致。

瑞士 Nencki 生产的 SPM-4-NL 型带激光测量装置的四向调直机,用于钢轨的焊接后精调前,对钢轨外部形状在水平及垂直方向进行调直。调直过程是通过控制面板上的相应控制部件来手动控制的。通过安装于机器内部的一个测量装置,可以对调直结果进行检测。该设备操作简单,完成整个调直过程大概需要 2～6 min 的时间。

SPM-4-NL 四向调直机型主要技术参数见表 7。

表 7　SPM-4-NL 四向调直机型主要技术参数

四向调直机		压力工具的调整	
水平压力	Max1 200 kN	压大工具的长度	600～1 000 mm
垂直压力	Max250 kN	电机功率	4 kW
运行压力	26 MPa	调整速度	160 m/s
电机功率	7.5 kW	运行齿轮和导向转轮	
电力供应	380 V－3 相－50 Hz	运行速度	28 m/min
激光测量装置		运行齿轮工作压力	90 bar
测量基准	1 000 mm	导向转轮工作压力	40 bar
测量系统	激光	油箱容积	250 L
测量范围	0～10 m	马达功率	2.2 kW
分辨率	0.01 mm	过滤装置,吸油、回油和进油滤芯	
重复精度	0.02 mm	尺寸	
焊接温度(在标准状态下).	<100 ℃	长度	5 205 mm
单元间的间隙	0.02 mm	高度	2 840 m

(5)精磨机(见图 18)

图 18　精磨机

主要有法国 GEISMA、瑞士 NENCKI 和上海理工大学等三种品牌的精磨机,其技术性能基本一致。

瑞士 Nencki 生产的 MMA-14-A 型带激光测量装置的固定式精磨机。它用于钢轨焊接接头的精细打磨。使焊头工作面的不平度≤0.2 mm。该机配有最先进的直线度激光测量仪。通过相关模式和操纵设备前面控制面板上的相应控制元件,可以实现手动和自动打磨。精磨机的作业平稳,控制机构和检测装置的性能可靠,而且能够对检测数据永久保存。

MMA-14-A 型精磨机主要技术参数见表 8。

表 8　MMA-14-A 型精磨机主要技术参数表

MMA-14AL		打磨轮对	
辅助钢轨的轨距	1 435 mm	形状	环状
钢轨底部离地面高度	800～1 000 mm	直径	ϕ200/130×80 mm
设备移动速度	Max30 m/min	硬度和颗粒	根据钢轨材质和温度来决定
电力供应	415 V －3 相－50 Hz	自动装置	Telemecanic
每个周期耗电量	0.35 kW	轮对导向角度	$\left(\frac{1}{2}\right)^{\circ}$
打磨头		打磨轮对马达	5 kW
在第二档程序速度时，支架横向弯曲度：	Max±90°	尘土收集装置	
		防尘装置	3 kW
打磨头纵向单独行程和左右两侧行程：	Max±500 mm	液压装置	
		泵，调节装置，阀	BOSCH
行程调整速度	Max 0.4 m/s	液压夹盘	NENCKI
打磨轮对磨损补偿	54 mm(2×27 mm)	液压马达	4 kW
推进力行程	0.05 mm，可编程控制	尺寸	
倾斜支架马达	1.1 kW	长度	3 620 mm
打磨前向马达	54 W	高度（工作高度 940 mm）	2 565 mm
打磨轮对		宽度	2 600 mm
速度	Max32 m/s.	重量	6 800 kg

(6)正火设备(见图 19)。

正火是用型号为“KGPS-100-4”型的正火机、空压机对焊头进行正火后喷风冷却。当焊头温度降到 500 ℃以下后，正火机把焊头重新加热到 850 ℃～950 ℃。

喷风装置对焊缝进行喷风处理，以提高焊缝的表面硬度。高压风工作压力 0.15～0.2 MPa，喷风时间 2 min。

图 19　正火设备

(7)冷却设备

水冷隧道的目的是为在四向调直机对焊头进行校直前确保焊头的温度降低到接近环境温度。冷校直可防止在调直处理以后钢轨焊头可能出现的变形现象。

(8)探伤设备

仪器型号规格：CTS-23B　　检验依据：TB/1632—2005

扫描方式：超声波双探头 K 型　　探头型号：轨腰 4P12* 16B37

轨底 4P8* 14B41　　轨头 4P12* 16B61

探伤灵敏度：轨头．轨腰．轨底 ϕ3 平底孔当量．轨底角 ϕ2.5 平底孔当量．

4.2 现场焊接设备

4.2.1 K922 移动焊轨机

见图 20。

(1)K922 移动焊轨机技术性能及特点

K922 焊轨机在 K900 基础上有了一些改进，在机头上又多了两个专门用来推瘤的油缸，而不像 K900 那样靠主轴的推进来推瘤，相对来说更麻烦一点，每焊接一个轨头，要靠人工安装一次推瘤刀，机头也比 K900 重一些，但它具有更大的夹紧里和顶锻力，有利于长轨的焊接。工作原理和 K900 一样都是闪光接触焊。两者都可以用连续闪光焊和脉动闪光焊。

图 20 K922 移动焊轨机

图 21 K922 移动焊轨机

(2)K922 移动焊轨机(见图 21)主要技术参数

环境温度	1～35 ℃
相对湿度	不大于 65%
可焊接钢轨最大截面积	12 000 mm^2
焊接钢轨类型	50～70 kg/m
焊接 60 kg/m 钢轨时最大生产率	12 头/h
主轴油缸行程	80～120 mm
机头重量	3 t

(3)K922 移动焊轨机主要配套设备性能、参数

K922 焊机主要由五部分组成：主机、电气控制系统、液压泵站、冷却泵站和数据采集系统，如图 22 所示。

①动力设备

②起重(吊机)设备

吊架能满足现场移动式焊轨的需要，并满足下面的指标：

a. 最大起吊力：≥4.5 t；

b. 吊机外伸长度：≥3.65 m；

c. 旋转角度：0～170°。

③运载设备(车辆)

由平板生产厂家生产，用来承载两个集装箱，在平板上配有液压支腿，用来焊接时防止集装箱的抖动，以及在曲线上靠液压支腿来平衡集装箱，有利于防止吊车的变行，方便机头的上下。

GPC30 型平板车主要技术参数见表 9。

表 9　GPC30 型平板车主要技术参数表

序　号	名　称	型号规格	备　注
1	平车	GPC30B	
2	载重	30 t	
3	轨距	1 435 mm	
4	构造速度	100 km/h	
5	换长	13 m	
6	自重	10 t	
7	面积	13 m×2.5 m	

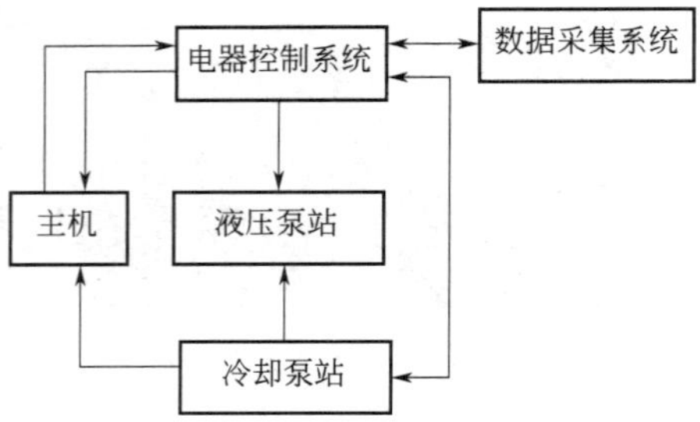

图 22　K922 移动焊轨机组成

图 23　K900 移动焊轨机

4.2.2　K900 移动焊轨机

见图 23。

K900 型移动焊轨车主要技术性能指标见表 10。

表 10　K900 型移动焊轨车主要技术性能指标表

项　目		单位	指　标	备　注
一、设备组成				2001 年 10 月上海铁路局科学技术研究所设计制造
焊轨系统	K900 接触焊机	台	1	主要部件自乌克兰进口，部分自行研制，含焊接、自动对准夹紧、顶锻、推瘤、冷却等部分
	控制系统	套	1	含可编程序控制、计算机监控（焊接数据采集、分析和判断）
动力系统	柴油发电机	台	1	中外合资、功率 300 kW，尾气净化及噪音满足国家有关环境保护法规的要求
	交流发电机	台	1	中外合资上海马拉松一革新电气有限公司制造，功率 787.7 kVA
	控制系统	套	1	发动机、发电机的控制及监测，电器柜预留焊接、计算机、照明等接口

续上表

项　目		单位	指　标	备　注
车辆系统	起吊机构	套	1	含伸缩吊臂、回转机构及其控制电路等
	20 t 轨道平车	辆	1	陕西兴平养路机械厂制造，经改造满足整套设备安装及地铁限界要求
	集装箱	台	2	特制或经改造满足整套设备安装、整体起吊及地铁限界要求
液压系统		套	1	含进口液压泵、阀件，焊接、起吊等部分的油缸、液压马达等
二、工作环境				
温度		℃	0℃～+40	
湿度		%	80(20 ℃)	
三、动力系统				
发动机型号、产地			KTA19G2	康明斯
发动机功率		kW	300 kW	
发电机型号、产地			MP-630-4	上海马拉松一革新电气有限公司
发电机功率		kVA	787.5	
工作电源频率		Hz	150	
焊接额定功率		kW	150	
初级电压		V	360～420	
四、焊接参数				
次级电压		V	6.3	
初级额定电流		A	395	
焊接额定电流		A	20 000	
可焊接钢轨最大截面积		mm^2	10 000	
夹紧和拉动钢轨的驱动单元			液压	
夹紧力		t	130	
顶锻力		t	45	
每一焊头所需时间		秒	200	
烧化和顶锻量		mm	50	
持续在载率		%	50	
五、控制系统				
焊接控制方式			按设定参数自动控制	
焊接质量判断方式			计算机自动控制	
可编程序控制器型号			SLC 5/03	
监控计算机型号			Pentium Ⅱ	
显示设备型号			Philip	
存储设备型号			10 G	
打印设备型号			HP-6 L	
六、设备尺寸				
整机运输尺寸(长*宽*高)		mm	13 500*2 600*3 300	
单件最大尺寸(长*宽*高)		mm	6 100*2 500*2 500	
工作尺寸(宽度)		mm	2 900	
焊机工作范围(角度)			0 ～25°	

续上表

项　　目	单位	指　　标	备　　注
七、重量			
焊机重量	t	2.6	
组件一重量	t	12	焊机、起吊机构、集装箱
组件二重量	t	6.5	发电机、发动机、控制系统
整机总重	t	26	
八、车辆部分			
轨距	mm	1 435	
允许附挂速度	km/h	80	构造速度
可通过最小曲线半径	m	100	
九、其他			
焊接钢轨的平面/垂直度要求	mm	≤0.5	

(1)K900 移动焊轨机技术性能及特点

K900 焊机是悬挂式可移动钢轨闪光焊机，主要应用在钢轨焊接作业车在完成现场接头的焊接，也可以用在厂里作为固定式焊机的辅助焊机使用。

K900 焊机在 K355 焊机的基础上发展起来的新型产品，它将机械、液压、电子、传感、自动控制、计算机等多门尖新技术集中于一机，由此还发展了新的焊接技术——脉动闪光焊。

K900 焊机具有体积小，移动及检修方便等特点，适合短钢轨的焊接，比如地铁和轻轨。也比较适合现场短钢轨的换接。目前有两种焊接工艺，一是连续闪光焊，二是脉动闪光焊。前者焊接时间需很长，机头的温度上生很快，导致机头的阻抗很高，从而影响焊接接头的质量，在焊接时要随时关水的温度。后者具有焊接时间短，快等特点，但对发动机的要求很高，在焊接过程中一直是高负荷运转。

(2)K900 移动焊轨机主要技术参数

(3)K900 移动焊轨机主要配套设备性能、参数

K900 焊机主要由五部分组成：主机、电气控制系统、液压泵站、冷却泵站和数据采集系统，如图所示(见图 24)。

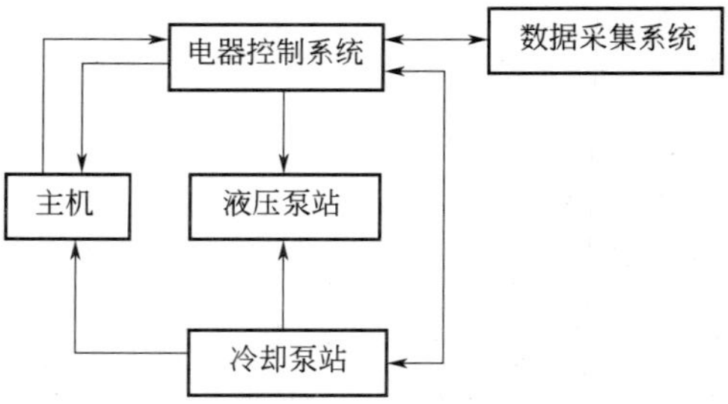

图 24　K900 焊机组成

①动力设备。由重庆康明斯公司生产的发电机组提供，主要技术参数见表 10；

②起重(吊机)设备。吊架能满足现场移动式焊轨的需要，并满足下面的指标：

a. 最大起吊力：≥4.5 t；

b. 吊机外伸长度：≥3.65 m；

c. 旋转角度：0～170°

③运载设备(车辆)

采用 CPG30 轨道平车上安装焊接设备集装箱，平车四角上安装有螺旋支腿。车辆行走动力由轨道车提供。

4.2.3　铝热焊设备

(1)铝热焊设备技术性能及特点。

①经济性：耗材少，费用低；

②适用性：耗时少，适用铁路公务施工的实效要求；
③方便性：轻便的小型辅助工具，有效降低劳动强度；
④国际认可的专业机构质量体系认证是安全使用的可靠保证；
⑤准确自动浇注系统可保证最佳钢质纯净度；
⑥热影响区小和良好的内在质量；
⑦质量保证的可追踪性；
⑧环保设计，不污染环境；
⑨操作简单，工人容易掌握。
(2)铝热焊设备主要技术参数
可焊钢轨类型：50 kg/m、60 kg/m、75 kgm
可焊钢轨钢种：PD3. U71Mn. Re
焊接参数见表11。

表11 铝热焊设备焊接参数表

钢轨规格	焊缝宽度(mm)	预热枪头高度	气压(Bar)		预热时间(min)	拆膜时间(min)	推瘤时间(min)	尖点高度(mm)
			氧气	丙烷				
S60	28	40	3.5	1.0	4.5～6.5	4.5	6.5	1.5～2

4.2.4 气压焊设备

(1)气压焊设备技术性能及特点

现场移动式气压焊接采用小型移动式气压焊机，主要焊接工地长钢轨联合接头或跨区间无缝线路连入法施工的接头，其具有设备简单、体型小、重量轻的特点。气压焊设备主要由加热器、控制台、乙炔发生器、氧气、电石、管道等组成。

(2)气压焊设备主要技术参数

通用的气压焊设备技术特性参数如下：

最大顶锻力	180 kN
夹钳最大握持力	500 kN
焊件最大顶锻量	50 mm
加热器最大行程	200 mm
最大焊件横截面	120 mm^2
两夹钳间距离	500 mm
右夹钳垂直面与水平面可调距离	±20 mm
顶锻力及夹紧力的能源	风动
加热器摆动机构的能源	电动

5 工程实例

5.1 京津项目基地(工厂)焊轨中心

(1)概述

武清铺轨基地，位于DK82＋300～DK86＋000段京山铁路与京津城际客专线之间，京山铁路与京津城际呈并行布置，南侧为京山铁路，路基高4～5 m，北侧为京津城际，路基(DK84＋200以东为桥梁墩台)高 8.5～9 m,场地狭长紧凑,全部为铁路用地。铺轨基地需占用京山铁路与京津城际路基边坡位置,以满足铺轨基地场地最小宽度 19 m(存轨场龙门吊宽度加安全距离)的要求。填筑土方低于京山铁路路肩 0.2 m 并设置向外的排水坡,同时在新修路基上设排水沟接入既有排水沟。

进场岔线选择在京山三线 K109+980 作出岔点,沿京山三线并行布置,经铺轨基地后接入新武清站。施工用电由 DK86+000 处 10 kV 电力线 T 接,增架电力线 2.5 km,设 2 台 200 kVA、1 台 630 kVA 和 1 台 400 变电压器。

(2)设备配置(见表 12)

表 12 武清铺轨基地长钢轨焊接施工主要设备配置表

序 号	名 称	规 格	产 地	单 位	数 量	备 注
1	接触焊机	Gaas 80	瑞士	套	1	
2	除锈机	MBS-14-A				
3	四向调直机	SPM-4-NL				
4	精磨机	MMA-14-A				
5	变压器	S9-630/10	中国	台	1	
6	变压器	S9-400/10	中国	台	1	
7	变压器	S9-200/10	中国	台	2	
8	移动式龙门吊	MD10 t×17 m	中国	台	5	
9	固定式龙门吊	MD2 t×17 m	中国	台	64	
10	滚轮输送线	1936 m	中国	套	1	
11	正火设备	KGPS-100-4	中国	台	1	
12	落锤实验机	LC-05	中国	台	1	
13	超声波探伤仪	CTS-23plus	中国	台	1	
14	锯轨机	G4228	中国	台	1	

5.2 京津项目现场移动焊接

京津城际轨道交通工程全长 113 km,正、站线单线合计 232 km,全线采用 500 m 钢轨铺设之后,将 500 m 长钢轨焊接成 1 500 m 的单元钢轨,再进行联合接头焊接。为保证工地钢轨焊接进度,京津项目部投入两台 K922 移动式钢轨焊接作业车进行工地联合接头焊接和锁定焊接,从 2007 年 11 月 20 日至 2008 年 1 月 28 日,共计完成正线焊接接头 960 个,站线焊接接头 124 个,共计 1 084 个。

铁路 500 m 长钢轨焊接及铺设工艺

1 前　言

500 m 长钢轨是在焊轨基地由 100 m 定尺钢轨焊接而成，钢轨接头焊接质量高，并可他提高铺轨速度，是行车速度为 200～350 km/h 的客运专线铺设跨区间无缝线路的重要组成部分。随着我国行车速度为 200～350 km/h 的客运专线的大规模的修建，500 m 长钢轨焊接及铺设施工技术将得到广泛的应用。

2 适用范围

适用于旅客列车设计行车速度为 200～350 km/h 的客运专线 500 m 及以下长度钢轨的焊接及铺设。

3 技术标准

(1)《钢轨焊接》(TB/T 1632—2005)。

(2)《京沪高速铁路设计暂行规定》(铁建设〔2004〕157 号)。

(3)《350 km/h 客运专线 60 kg/m 钢轨暂行技术条件》(铁科技〔2004〕120 号)。

(4)《250 km/h 客运专线 60 kg/m 钢轨暂行技术条件》(铁科技函〔2005〕298 号)。

(5)《客运专线铁路轨道工程施工技术指南》(经规标准〔2005〕110 号)。

(6)《客运专线铁路轨道工程施工质量验收暂行标准》(铁建设〔2005〕160 号)。

(7)《客运专线铁路无缝线路施工技术规范》(试行)(中国铁路工程集团公司 Q/ZTG 21110—2006)。

4 施工方法

4.1 焊轨基地

4.1.1 焊轨基地选址要求

(1)焊轨基地建设应根据工程规模、进度要求、使用年限、现场条件等经过技术经济比选后确定。

(2)焊轨基地宜选在距离铺轨起点近同时又与既有铁路临近的地方，且与运营线路干扰小，列车进出方便，引入线路短的开阔平坦处，宜利用荒地，合理布置，尽量少占农田。

4.1.2 焊轨基地布置要求

(1)焊轨基地按照设计和招标文件(业主)的要求进行总体规划和布置。宜永临结合，注意保护环境，充分利用现有水源、电源以及运输道路，场内按要求设置焊轨作业线、质量检测设施等。

(2)基地内装卸线应设在直线上，坡度不宜大于 1.5‰，困难条件下，坡度不得大于 2.5‰，作业时应有防溜措施。

(3)基地联络线的坡度和曲线半径，应根据地形、运量和作业方法确定。最大坡度不宜大于正线的最大坡度，并按有关规定设置安全设施。

(4)基地内的单开道岔不宜小于 9 号。有长轨列车通过的线路曲线半径不宜小于 300 m，特殊地段可降低长轨列车运行速度。

(5)基地布置应根据地形和生产方式，方便调车作业，材料堆置合理，取送料方便，并应使各种起重吊运机械移动距离最短。

(6)基地内应设置消防通道(可利用场内运输道路)；相邻料堆间，应根据作业需要，留有不小于 0.5 m 的距离；场内堆置物与轨道及走行线间应保证足够的安全距离。

(7)基地内轨道标准、股道布置、线路平纵断面和建筑限界，应满足大型机械和机车车辆的作业限界，以满足机车车辆停放、进出及检修要求。

(8)基地内临时工程设置，应避免影响站后工程施工。

4.1.3　钢轨的存放

整理后分类堆码，钢轨起吊应缓起、轻落，保持钢轨基本平直；支垫与各层钢轨垂直放置，上下层同位，垛码层数应保证钢轨不损伤变形。

4.2　施工人员培训及机械准备

(1)施工人员应进行岗前培训，经考试合格后持证上岗。

(2)施工前根据施工方法配备焊轨、长轨吊装和运输、长轨铺设等设备。

(3)施工前根据质量控制需要设置检测机构，并配备相应的检测设备；各检测设备必须在使用前校验并鉴定，不合格者不得使用。

4.3　施工方法

基地钢轨焊接采用固定闪光焊接，将 100 m 定尺轨焊接成 500 m 的长钢轨。钢轨焊接在焊轨生产线上进行流水线作业，通过配轨、轨端打磨除锈、焊接、正火、风冷、焊后粗磨、冷却、调直、精磨、探伤等工序完成钢轨焊接，具有机械化程度高、技术先进、焊接质量可靠、精度高、焊接速度快等特点，钢轨焊接的质量和精度满足 350 km/h 行车速度的客运专线技术要求；采用长钢轨运输车将 500 m 长轨运输铺轨现场后、使用长钢轨牵引车将长钢轨铺设到无砟道床上，具有铺轨速度高，操作安全可靠。

5　工艺流程及操作要点

5.1　工艺流程

见图 1。

5.1.1　长钢轨焊接工艺流程

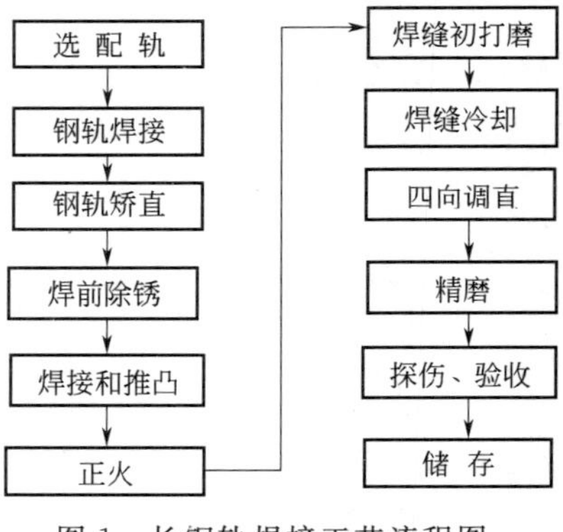

图 1　长钢轨焊接工艺流程图

5.1.2　500 m 长钢轨运输及铺设作业流程

见图 2。

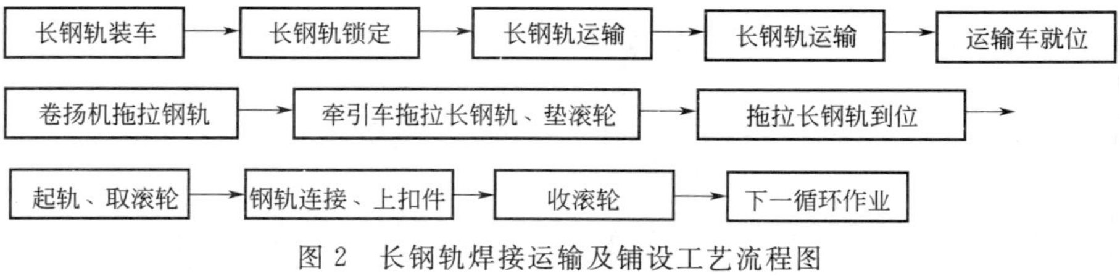

图 2　长钢轨焊接运输及铺设工艺流程图

5.2 500 m长钢轨焊接

5.2.1 配　　轨

将基地入场验收合格的钢轨,根据线路要素及无缝线路长钢轨计划表选配钢轨,将选配好的100 m定尺轨吊放于输送支架滚轮上。选配前应测量钢轨断面尺寸,选配时应选用钢轨断面不对称公差基本一致的钢轨相对焊接,不对称偏差不得大于0.4 mm。钢轨断面尺寸的量具见图3。

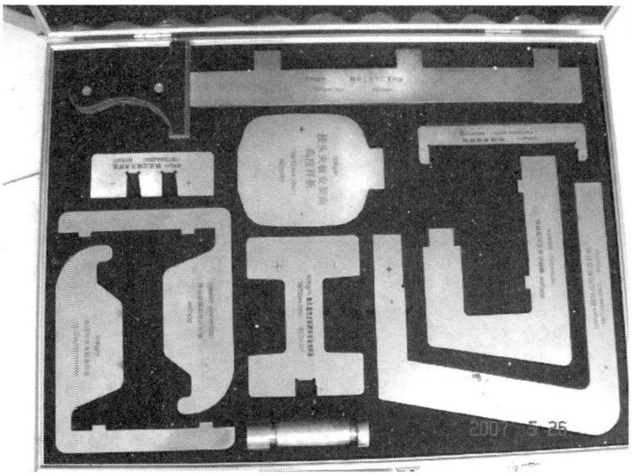

图3　钢轨断面尺寸量具

5.2.2 轨端打磨除锈

用MSB-14-L自动除锈机将轨面、轨端0.5 m范围内进行打磨,除去铁锈、铁皮和其他杂物,使金属光泽露出达80%以上,使焊接电极与钢轨良好接触,从而保证焊缝质量。轨端打磨除锈见图4。

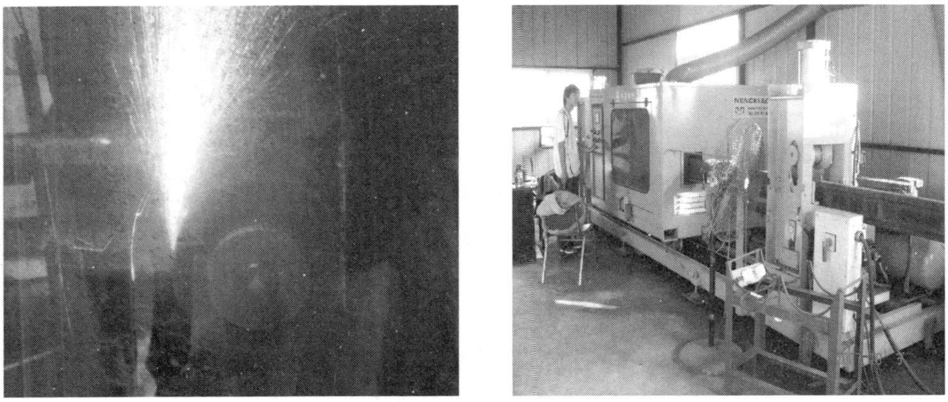

图4　轨端打磨除锈

5.2.3 焊接、喷号

采用Gaas80焊轨机焊接,钢轨接头在焊轨机内自动对中,经过闪光预热、接触顶锻、推凸后完成焊接全过程,从而将短钢轨焊成长钢轨。为保证钢轨焊接质量的可追溯性,在焊接完成后在钢轨轨腰上进行编号和喷号。焊接前轨端温度不宜低于10 ℃。钢轨焊接见图5。

图5　钢轨焊接

钢轨焊接接头推凸后、未经打磨处理的情况下,使用检测直尺(L_0=1 m)和塞尺在焊缝中心线两侧各15 mm的位置测量并计算接头错边量,接头错边量不应超过表1规定值。对于接头错边量超过最大允许值的焊头,应在焊缝两侧各100 mm的位置切掉钢轨焊头后重新焊接。

表 1　接头错边量最大允许值

线路设计速度(km/h)	接头错边的位置	接头错边量最大允许值(mm)
200	钢轨顶面纵向中心线的垂直方向	0.5
	工作侧面轨顶面下 16 mm 处的水平方向	0.5
	轨脚边缘的水平方向	2.0
>200	钢轨顶面纵向中心线的垂直方向	0.2
	工作侧面轨顶面下 16 mm 处的水平方向	0.2
	轨脚边缘的水平方向	2.0

5.2.4　正火、风冷

当轨温降到 500 ℃以下时，用正火设备把钢轨焊接接头加热到 A3(亚共析钢)或 ACM(过共析钢)温度以上 30 ℃～50 ℃(即 830 ℃～950 ℃)，正火完后，用喷风装置对焊缝进行快速冷却，使其轨温快速冷却至 500 ℃～550 ℃。以达到细化金属结晶、均匀组织，提高焊缝硬度，减少或部分消除焊接的残余应力，改善并提高焊缝及附近粗晶区的力学性能的目的。钢轨接头正火见图 6。

5.2.5　粗　　磨

由人工进行粗磨，对焊接接头粗磨是为了清除轨头、轨底和坡角的残余焊瘤，从而减少精磨机的磨削量，提高整个流水生产线的作业效率。粗磨部位在焊接接头范围内，距轨底脚尖端 35 mm 范围内的轨脚上、下表面及轨脚尖端，轨头部位非工作面。将粗磨部位的残留焊瘤及全部毛边除尽，打磨面须平整、光洁，保证打磨后的表面粗糙度能够满足探伤扫查的需要。轨底脚上角、下角应打磨圆顺。打磨时，应沿钢轨纵向打磨，不应横向打磨，打磨过程中砂轮不应冲击钢轨和在钢轨上跳动，打磨表面不应出现打磨灼伤和机械损伤。钢轨焊接接头粗磨见图 7。

图 6　钢轨接头正火

图 7　钢轨焊接接头粗磨

5.2.6　水　　冷

水冷却在 300 ℃以下进行，在冷却隧道内对焊接接头较长范围内进行雾和水冷却，使焊接接头温度达到 50 ℃以下，以满足后道工序冷调直的要求。钢轨焊接接头水冷却见图 8。

图 8　钢轨焊接接头水冷却

5.2.7　调　　直

用 SPM-4-NL 四向调直机对钢轨进行测量和校直，使钢轨在水平和垂直方向平直度达到 0～0.2 mm/m 的要求。钢轨接头调直如图 9 所示。

图 9　钢轨焊接接头调直

5.2.8　精　　磨

用 MMA-4-AL 精磨机对钢轨焊头的工作面进行打磨，使轨面、工作面直线度达到 0～0.2 mm/m 的要求。钢轨焊接接头及其两侧各 0.5 m 范围内温度处于 50 ℃以下时，使用精磨机对接头的轨顶面和轨头侧面工作边或轨头全方位进行外形打磨、精整。钢轨接头精磨如图 10 所示。

5.2.9　探　　伤

用 CTS-23plus 探伤仪和扫查装置检查钢轨焊头质量，检查内部是否有裂纹、灰斑等缺陷存在。探伤时焊接接头的温度不高于 40 ℃；当焊接接头的温度高于 40 ℃时，可浇水冷却，浇水冷却时的轨头表面温度应低于 350 ℃。钢轨焊接接头探伤如图 11 所示。

5.2.10　长钢轨验收

(1)探伤

每个钢轨焊接接头均必须进行超声波探伤检查。焊接接头中的缺陷当量大于探伤灵敏度

图 10 钢轨焊接接头精磨

图 11 钢轨焊接接头探伤

规定值时，判定焊接接头不合格(判废)，应锯掉重焊。

(2)外观检查

每个钢轨焊接接头均应进行外观检查，焊头平直度和表面质量应符合下列要求。

(3)在钢轨固定时闪光焊接生产线上，应使用非接触式传感器自动检测尺测量钢轨焊接接头平直度，其他情况下可以使用便携式钢轨平直度检测直尺。平直度允许偏差应符合表 2 规定。

表 2 钢轨焊接接头平直度允许偏差(mm/1 m)

序 号	部 位	旅客列车设计行车速度 v(km/h)	
		$v \leqslant 200$	$200 < v \leqslant 350$
1	轨顶面	$^{+0.3}_{0}$	$^{+0.2}_{0}$
2	轨头内侧工作面	$^{+0.3}_{0}$	$^{+0.2}_{0}$
3	轨底(焊筋)	$^{+0.5}_{0}$	$^{+0.5}_{0}$

注：轨顶面中，符号“+”表示高出钢轨母材规定基准面。轨头内侧工作面中，符号“+”表示凹进；轨底(焊筋)中，符号“+”表示凸出。

(4)钢轨焊头轨顶面及侧面应纵向打磨平顺，不得有低接头。轨头及轨底上圆角在 1 m 范围内应圆顺，母材打磨深度不得超过 0.5 mm。

(5)钢轨焊头在轨底上表面焊缝两侧各 150 mm 范围内及距两侧轨底边缘个 35 mm 的范围内应打磨平整。

(6)用 200 mm 的直尺在焊缝中心线两侧个 100 mm 范围内测量，焊头工作面表面不平度不应大于 0.2 mm。

(7)焊接接头及其附近钢轨表面不应有裂纹、明显压痕、划伤、碰伤、电击灼伤、打磨灼伤等伤损。

(8)对焊接后的长钢轨进行全面的检查，填写质量证明书，对于验收中发现的问题应及时处理。

5.2.11　长钢轨存放

500 m 长钢轨焊接完成后，由滚轮输送线输送至长轨存放区，用 32 台固定龙门吊(500 m 长钢轨)同时将长轨吊放在钢轨台位上，测量标记后分层堆码。长钢轨存放台要平整、稳固，各层钢轨之间应采用垫木或 40 方钢管支垫，支垫跨距 7.5 m，上下对齐，与各层钢轨垂直放置。长钢轨存放如图 12 所示。

图 12　长钢轨存放

5.2.12　长钢轨焊接工艺的试验

(1)型式检验的规定。

型式检验的项目和试件数量必须符合《钢轨焊接》(TB/T 1632.2—2005)的相关规定。出现下列情况之一需进行型式检验：

①焊轨组织初次生产；

②正常生产后，改变焊接工艺，可能影响焊接接头质量；

③更换焊轨设备；

④钢轨生产厂、或钢轨型号、或钢轨牌号、或钢轨交货状态改变，首次焊接时；

⑤生产检验结果不合格；

⑥停产 1 年后，恢复生产前。

(2)生产检验的规定

生产检验的项目和试件数量必须符合《钢轨焊接》(TB/T 1632.2—2005)的相关规定。出现下列情况之一需进行型式检验：

①连续焊接 500 个接头；

②焊接工况变化，对某个焊接参数进行修正之后；

③焊机出现故障，记录曲线异常，故障排除之后；

④焊机停焊钢轨 1 个月以上，开始焊接生产之前。

5.3　500 m 长钢轨运输及铺设

(1)在焊轨基地用 2 t 群吊进行装车，运输车每层装 500 m 长钢轨 14 根，装完一层后必须进行钢轨锁定，然后装第二层。

(2)用机车牵引整列长钢轨运输车到前方施工工地，列车在新铺设的施工线路运行速度必须控制在 30 km/h 以内。

(3)在前方车站进行调车作业，用机车顶推长钢轨运输车到施工现场一度停车，在得到现场指挥人员指令后方可向当日起铺点行进。如图 13 所示。

图 13　运轨列车进入铺设现场

(4)当长轨运输车对位后，松开要拖拉的一对钢轨锁定装置与安全挡板。如拖拉上层钢轨，首先还预先将升降滚轮架调整到合适高度。

(5)将各分轨上导框升高 150 mm。

(6)启动长钢轨牵引车上的卷扬机，人工拖拉钢丝绳(带夹轨器)到长钢轨运输列车的第一辆平车上拴好一对 500 m 长钢轨，拖拉长钢轨至牵引车尾部，卸掉夹轨器。如图 14 所示。

(7)将轨头与牵引车构锁固定好。

(8)长钢轨牵引车拖拉钢轨在轨道板上前行。在无砟轨道轨枕间每隔十米放置一对滚轮。如图 15 和图 16 所示。

(9)在钢轨还有 10 m 在运输车上时，牵引车减速至 1～1.5 km/h，钢轨末端滑下前分轨小车滑槽时立即停车。

图 14　拖拉长钢轨至牵引车尾部

图 15　安放滚轮

图 16　长钢轨在拖拉中

(10)用人工窜轨或后退牵引车的方法将拉出的钢轨与已铺好的轨道对位连接,安装鱼尾板和救轨器。如图 17 所示。

图 17　安装救轨器

(11)用压机顶升钢轨,取出滚轮,均匀间隔的上 20%扣件,为提高工效,其余在铺轨机组通过后补齐。

(12)铺完一对 500 m 长的钢轨后,用人工配合手推车将新铺的轨道上的滚轮沿途收回,并推进下一个 500 m 的线路上沿途间隔 10 m 布设,以备拖拉下一对长钢轨使用。然后开始进行下一个循环的工作。

6　劳动力组织

6.1　长钢轨焊接作业劳动力组织

见表 3。

表 3　焊接作业劳动力组织表

序号	工　　位	作业内容	作业人数	备　注
1	准备	配轨	2	
2	短轨吊装		6	含 1 名龙门吊司机
3	除锈	钢轨端部除锈	1	
4	焊接	对中、焊接、推凸	3	
5	正火、喷风	正火及正火后喷风	1	
6	粗磨	打磨焊头	2	
7	四向调直	焊后矫直	1	
8	精磨		1	
9	探伤、检验		2	
10	值班	设备维护保养	3	电工 1 人、钳工 2 人
11	工班长		1	
12	长轨吊装	500 m 长轨吊装	13	含 1 名龙门吊司机
13	机械技术人员		1	
合　　计			37	

6.2 铺轨作业劳动力组织

见表 4。

表 4 铺轨作业劳动力组织表

序号	工作项目	人数	工作内容
1	长钢轨吊装	17 人	挂取钩 16 人,指挥 1 人。
2	龙门吊司机	1 人	操作 32 台 2 t 龙门群吊
3	内燃机车司机	2 人	
4	行车人员	2 人	挂运轨排,拖拉轨排进 1# 车
5	长钢轨牵引车司机	2 人	
6	安放滚轮人员	8 人	
7	钢轨牵引人员	8 人	轨排对位 4 人,连接 6 人。
8	护轨、上扣件人员	28 人	分 2 组,左右股各 1 组。
9	取滚轮人员	10 人	
10	铺轨后上扣件人员	10 人	
11	电工及设备维护人员	2 人	施工期间的供电和设备维护
12	现场指挥	2 人	负责施工安全、质量、进度
13	施工技术人员	1 人	道床、路基交铺和复核
小 计		91 人	配备一班人作业

7 主要机具设备

7.1 500 m 长钢轨基地焊接设备

见表 5。

表 5 长钢轨基地焊接设备表

序号	名 称	规格	产地	单位	数量	备注
1	接触焊机	Gaas 80	瑞士	套	1	
2	除锈机	MBS-14-A	瑞士	套	1	
3	四向调直机	SPM-4-NL	瑞士	套	1	
4	精磨机	MMA-14-A	瑞士	套	1	
5	变压器	S9-630/10	中国	台	1	
6	变压器	S9-400/10	中国	台	1	
7	变压器	S9-200/10	中国	台	2	
8	移动式龙门吊	MD10 t×17 m	中国	台	5	
9	固定式龙门吊	MD2 t×17 m	中国	台	64	
10	滚轮输送线	1 936 m	中国	套	1	
11	正火设备	KGPS-100-4	中国	台	1	
12	落锤实验机	LC-05	中国	台	1	
13	超声波探伤仪	CTS-23plus	中国	台	1	
14	锯轨机	G4228	中国	台	1	

7.2 500 m 长钢轨运输及铺设设备

见表 6。

表 6 长钢轨运输及铺设设备表

序 号	名 称	规 格	产 地	单 位	数 量	备 注
1	长钢轨运输车	500 m	中国	列	2	
2	内燃机车	DF_4	中国	台	2	
3	长钢轨牵引车	WZ500	中国	台	2	
4	高腰扳手		自制	把	28	

8 质量控制要点

(1)按照设计和规范要求,根据 ISO9002 质量管理体系标准和公司质量管理体系文件规定,建立健全质量保证体系并成立项目质量管理领导小组。制定了《钢轨焊接管理办法》、《焊接设备安全技术操作规程》和《钢轨焊接工艺标准》等文件,并从组织机构、思想教育、技术管理、施工管理、制度管理、主要工程质量保证措施以及工程质量处罚机制等七个方面建立符合项目质量保证体系。

(2)严格实行“三检”制,开展技术攻关活动,并对质量管理制度、标准和规定的执行情况进行监督、检查,实行质量管理“一票否决权”。

(3)加强宣传和技术培训,提高员工的思想意识和技术水平。

(4)严格按照规定和测量的步骤进行各项检测,确保钢轨焊接和铺设质量

(5)紧固扣件,要求扣件配合密贴,型号准确,胶垫正位,扣件的扭矩达到标准。铺设长轨是暂未紧固的扣件在铺轨后要及时拧紧。

9 安全措施

9.1 钢轨焊接作业安全

(1)焊接作业人员必须经过专门的技术和安全培训,并通过考核、取证后持证上岗,属特殊岗位的作业人员必须取得相应的特种作业人员上岗证。

(2)焊接所用的工具、仪器、设备应具有产品质量合格证书,且处于完好状态。焊轨作业中必须严格遵守其安全操作规程。

(3)操作人员作业时必须穿戴好劳动保护用品。

(4)在使用以电为动力的设备时必须严格遵守安全用电操作规程。

(5)在焊接作业中,任何人员不得穿越钢轨输送线,非操作人员要撤离规定的作业区域。

(6)起吊和运输钢轨时应严格遵守起重和运输安全技术操作规程。

(7)在铁路既有线旁施工时要严格遵守铁路既有线安全施工操作规程。

9.2 长钢轨铺设作业安全

(1)施工人员必须严格遵守有关安全规定、规则及细则。

(2)各种特殊工种操作人员和其他施工人员必须经岗前培训,考核合格后持证上岗,严禁

无证上岗。

(3)装吊工必须佩带安全帽及其他安全防护用品，长钢轨起吊装车时，各龙门吊要动作同步、缓起轻落、保持长轨平稳，严禁斜拉、斜吊。

(4)长钢轨运输前须确认钢轨锁定机构是否牢固、可靠，运输途中，须随时注意长钢轨锁定状态。

(5)牵引装置在用钢丝绳拖拉长钢轨时，必须将卡具卡牢轨头，钢丝绳两侧严禁站人。

(6)长钢轨拨移时，要协同动作，统一指挥，手脚不得放于长钢轨下，撬杠插入深度要适中，以免撬杠伤人。

(7)垫滚轮应提前在道床货轨道板上按 10 m 间距布置；在取滚轮时为防止钢轨倾斜或滑落，应在钢轨两侧用两台压机同时打起钢轨，落滚轮时严禁压机突然卸载。

(8)拆扣件时应防止弹条砸飞伤人，上扣件时每两人之间要间隔 3 根轨枕距离，且人要站在扳手的一侧，防止相互碰伤。

(9)撞轨时应注意用力均匀，避免撞块飞出伤人。

(10)锯轨人员必须穿戴防护用品，锯轨机正前方严禁站人，

(11)平板车在线路上停放必须打好止轮器，防止溜车。

10 环保措施

10.1 一般规定

(1)施工现场宜按国家《环境管理系要求及使用指南》规定对现场进行环境管理。

(2)施工期间所产生的污染物排放和处理应符合国家和地方有关环保的现行法规定和设计要求。

(3)焊轨基地应有良好的排水系统，排水需进行沉淀后排放，尽量减少对环境有影响的污染。

(4)施工现场各种材料的存放必须规范、有序。

(5)应使用符合环保要求的机械设备和工艺。

(6)合理安排施工时间，减少噪声扰民；将生活垃圾集中收集并进行处理。

(7)在启动焊轨生产的各设备进行操作时应首先启动除尘设备再启动主机，以减少污染。

(8)粗磨人员必须按照规定戴防护眼镜和防尘口罩、穿绝缘胶鞋等劳动保护用品。

10.2 环境控制

(1)项目部组建时，建立健全环境管理体系，根据产品要求和相关得法律法规制订了本项目的环境管理方针。

(2)项目部根据施工活动范围和施工产品特点，采用过程投入产出分析、现场调查、查阅文件资料、过程分析、面谈询问等方法识别环境因素，评价、提出重要环境因素清单。

(3)环境因素识别的范围包括施工过程、办公生活、产品和服务中的环境因素以及使用的产品和服务中能够施加影响的环境因素。

施工过程中环境因素识别至少包括资源和原材料消耗；能源消耗(电、油料消耗)；施工对环境的破坏及施工过程中污染物的产生和排放。

办公生活活动中的环境因素识别包括办公活动，食堂、澡堂、供热供水、医疗、招待所、保洁、绿化及其他生活活动中能源、材料消耗、废弃物的产生和处置、紧急情况的发生等情况下存在的环境因素。

11 工程实例

京津城际轨道交通客运专线全线为无砟轨道结构，设计速度为 350 km/h，从北京南站外 DK0＋900 至天津站西端 DK114＋094.69，线路全长为 113.544 km。钢轨在焊轨基地用 100 m 定尺轨焊接成 500 m 长钢轨，用长钢轨运输车运输至施工现场，长钢轨牵引车配合长轨铺设。全线轨道为跨区间无缝线路。

工程特点

(1)焊轨场布局。根据京津线一个月铺设完 232 km 的铺轨工期要求，铺轨前必须在焊轨基地焊接、存放 232 km 长钢轨。在京津城际的武清车站建立焊轨基地，将 100 m 定尺轨焊接成 500 m 长钢轨。焊轨基地内设 100 m 定尺轨存放场、500 m 长钢轨焊接作业线，500 m 长钢轨存放场，焊轨基地全长 2 136 m。

(2)长钢轨运输。采用机车配合 500 m 长钢轨运输车运送至铺轨现场。

(3)长钢轨铺设。采用长钢轨牵引车配合长轨运输车进行铺轨作业。

长钢轨焊接于 2007 年 7 月 25 日开始，2007 年 10 月 5 结束。长钢轨铺设于 2007 年 11 月 13 日开始，2007 年 12 月 15 日结束。

电气化接触网

接触网基础浇筑施工工艺

1 工艺概况及技术特点

本工艺标准具有测量仪器化、搅拌机械化、施工标准化、工艺统一化的特点，能提高施工的准确性，确保工程工期与质量的要求，降低安全风险，最重要的是可更好的进行工程成本控制。

2 适用范围

本工艺标准主要适用于电气化铁路接触网工程中的杯型基础、钢柱基础、拉线基础的基础浇筑工序。

3 引用标准

(1)《客运专线铁路电力牵引供电工程施工质量验收暂行标准》(铁建设〔2006〕167 号)

(2)《铁路电力牵引供电工程施工质量验收标准》(TB 10421—2003)

(3)《新建时速 200 千米客货共线铁路工程施工质量验收标准》(铁建设〔2004〕08 号)

(4)《新建客货共线铁路工程施工补充规定》(暂行)(铁建设〔2004〕8 号)

(5)《铁路工程施工安全技术规程》(TB 10401—2003)

(6)《施工现场临时用电安全技术规范》(JGJ 46—2005)

(7)《铁路电力牵引供电设计规范》(TB 10009—2005)

(8)《混凝土结构工程施工质量验收规范》(GB 50204—2002)

(9)《预拌混凝土国家标准》(GB/T 14902—2003)

4 基本术语及定义

(1)杯型基础：中间预留有杯芯用以固定混凝土支柱的基础，主要有圆形杯芯(固定圆形支柱)和方形杯芯(固定方形支柱)两种。

(2)钢柱基础：用混凝土内的地脚螺栓固定钢支柱的基础。

(3)拉线基础：用以固定接触网下锚拉线或附加悬挂下锚拉线的基础。

5 工艺原理

(1)利用经纬仪来确定基础中心位置及基础模型的位置；利用水平仪控制基础底面及顶面的标高。

(2)采用小型搅拌机进行混凝土搅拌，在新建线路地段，搅拌机可根据施工需要进行移动；既有线路地段，可相邻几个基础统一地点搅拌，然后倒运混凝土至基础处进行浇筑。

(3)基础的内、外模均采用钢模，以防止基础在浇筑过程中变形，并使基础的各部尺寸及基础表面情况能很好的满足技术要求。

(4)严格进行基础顶面各方向斜率的控制，钢柱基础做到无垫片整正工艺。

6　工艺流程及操作要点

6.1　工艺流程

杯型基础、钢柱基础、拉线基础浇筑施工工艺流程如图 1、图 2 和图 3 所示。

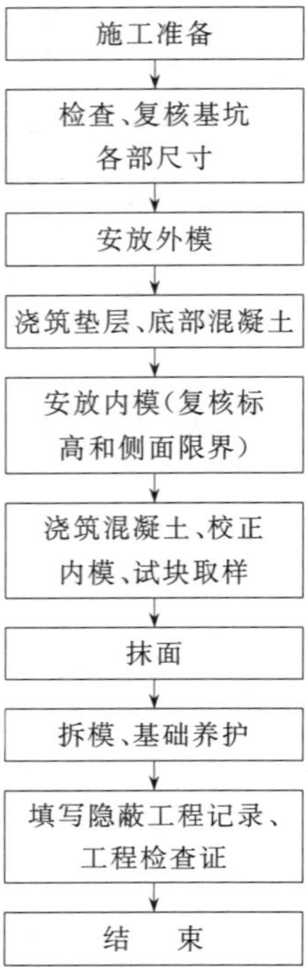

图 1　杯型基础浇筑工艺流程图

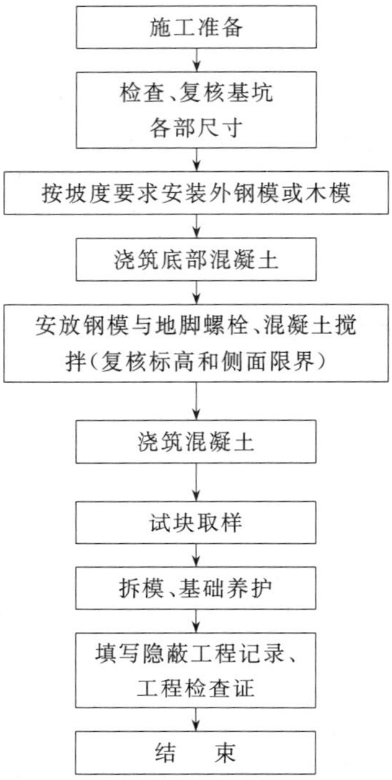

图 2　钢柱基础浇筑工艺流程图

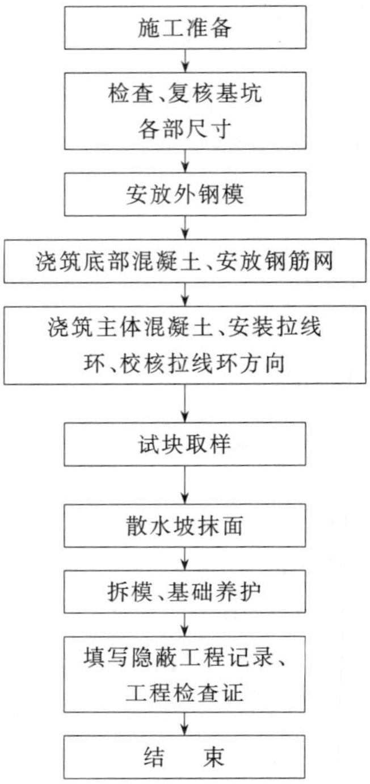

图 3　拉线基础浇筑工艺流程图

6.2　操作要点

6.2.1　杯型基础浇筑

(1)施工准备

① 根据杯型基础设计文件要求，提前加工好杯型基础的内、外钢模。

② 基础浇筑前首先选择好混凝土搅拌机的安放地点，确定沙子、石子、水泥等材料的数量后，组织进料。

(2)基坑各部尺寸的检查复核。

① 根据平面图的基础中心里程及侧面限界，复核测量基坑的纵向位置与横向位置是否符合设计要求；

② 用钢卷尺复核测量基坑上、下部的长宽尺寸是否符合设计要求；

③ 用经纬仪复核测量基坑中心线是否垂直线路中心，并在基坑的线路侧与田野侧垂直线路的基础中心线上打桩标记，同时在垂直线路的基础中心线的两钢轨上面做点标记(如果是新建线路需打桩标记)；

④ 用水平仪复核测量基坑的坑深是否满足设计要求，并在基坑近角处确定一标高基准点，测量并计算出该水平基准点至基础顶面的高差。

(3)安装外钢模

根据基础顶面与水平基准点的高差及设计长宽尺寸将外模架设固定在基坑上面，使外模中心与定位桩连线中心吻合,外模顶部与基础顶面平齐,外模四周固定好,要确保在基础浇筑过程中外模不移位。如果路肩已到位,为保证基础外型尺寸与工艺美观,外模架设时将坑口架模处挖低 10cm 左右,这样不仅能方便架模,而且在基础收面时可适当调整基础顶面的高度以满足设计要求。路肩未达到设计标高的地段架设外模(钢制)如附录 2 中的图 4 所示。

(4)浇筑垫层及底部混凝土

① 在搅拌前按设计要求的垫层厚度,计算好施工需要的垫层混凝土的数量,定量搅拌,避免浪费材料。在安放外模的同时组织施工人员根据试验配合比利用搅拌机进行垫层混凝土的搅拌,并将垫层混凝土及时运到基坑处。运送混凝土的工具在线路未成熟地段可利用机动倒运车或手推车;

② 一般基础垫层 100 mm 厚的 C8 混凝土,倒入垫层混凝土后,用振捣棒进行捣固,用钢卷尺测量垫层厚度,保证其满足设计要求;

③ 按设计要求及试验配合比搅拌、浇筑底部混凝土(一般为 C15),在坑内需安装内模处做好标记,在浇筑过程中按要求分层进行振捣棒捣固,并可适量加入片石,加入片石的数量不应大于混凝土结构体积的 25%;加入混凝土的片石抗压强度不小于 30 MPa,片石与片石间距、片石与基础内外边缘间距不应小于 100 mm,加入的片石直径宜为 200～300 mm。底部混凝土一直浇筑到安放内模的标记高度。

(5)安放内模

在内模混凝土面涂抹一层脱模剂后,将内模放置在已浇筑的底部混凝土表面上,并通过抬内模的抬杆延长到外部脚手架上进行调整固定,保证内模中心线与定位桩中心线(基础中心线)重合,并根据水平测量基准点核定杯底标高,误差满足设计要求。内模在坑内四周可在基坑上部采用木板支撑加固,以防止移位。

(6)浇筑混凝土与内模的校正

① 在浇筑混凝土前,在内模四边分别作出中点标记,内模中心线与定位桩连线的中心线重合则说明内模位置正确,如不重合则应调整内模。在灌注过程中应随时注意内模垂直度变化并及时校正;

② 安装好内模后,用盖板盖好内模顶部,防止在浇筑混凝土过程中混凝土掉入内模内部,然后继续从内模外侧浇筑混凝土,每浇筑 200～300 mm 厚,用电动振动棒捣固。捣固时间以混凝土出浆不再冒气泡为宜,震动棒应倾斜插入,插入深度应插入已捣固层 50～100 mm 左右。

(7)试块取样

用 150 mm×150 mm×150 mm 的模具对现场混凝土进行取样,并与基础处于同等养护条件下进行养护,28 天后送到试验室进行抗压试验。

(8)抹面

混凝土浇筑完后用抹子抹平,待混凝土浇筑后约 2h,对基础表面进行表面处理,将基础表面处理平整。

(9)拆模与基础养护

① 气温在 25 ℃～30 ℃条件下,基础浇灌 4～8 h 后可拆内模,基础拆模后,应达到基础表面平整、棱角完整、无漏浆、蜂窝麻面等现象;

② 在浇筑完成后的 12 h 内,对混凝土加以覆盖并保湿养护。基础养护不得少于 7 天,养护用水与拌和用水相同,浇水次数以能使混凝土随时保持湿润状态为宜。

(10)按规定如实填写隐蔽工程记录。

6.2.2 钢柱基础浇筑

(1)施工准备

① 劳动力组织、主要机械设备及工器具配置见表 2 和表 5;

② 根据设计要求加工好基础的木模与钢模以及地脚螺栓;

③ 基础浇筑前首先选择好混凝土搅拌机的安放地点,确定沙子、石子、水泥等材料的数量后,组织进料。

(2)基坑各部尺寸的检查复核。

① 根据平面图中基础中心里程及侧面限界,复核测量基坑的纵向位置与横向位置是否符合设计要求;

② 用钢卷尺复核测量基坑上、下部的长宽尺寸是否符合设计要求;

③ 用经纬仪复核测量基坑中心线是否垂直正线的线路中心(如果硬横梁另外一个基础已施工,还要复核两个基础中心线是否重合),并在基坑的线路侧与田野侧垂直线路的基础中心线上打桩标记,同时在垂直线路的基础中心线的两钢轨上面做点标记(如果是新建线路需打桩标记);

④ 用水平仪复核测量基坑的坑深是否满足设计要求,并在基坑近角处确定一标高基准点,测量并计算出该水平基准点至基础顶面的高差。

(3)安装外钢模或木模

基础顶面一般地段要求露出地面 200 mm,在站台上的基础露出站台面 100 mm,为便于硬横梁钢柱的选型,两成对基础顶面的高差应为 100 mm 的整数倍。计算出基础顶面与水平基准点的高差后,将木模架设固定在基坑上面,使木模中心与定位桩连线中心吻合,木模顶部与基础顶面平齐,木模四周用沙袋或大石固定好,要确保在基础浇筑过程中外模不移位。路肩未达到设计标高的地段还需架设外钢模(参阅杯型基础外模架设),外钢模的尺寸应吻合基础的设计尺寸,顶部的木模可用外钢模代替,架设的外钢模如附图 2 中图 4 所示。完成后在钢模或木模上标记出线路中心线的位置,以便随时复核模型是否移位。

(4)安装钢模与地脚螺栓、混凝土搅拌

① 木模或外模安装好后,再进行钢模的安装。钢模的主是作用是固定基础地脚螺栓,把钢模固定在木模或外模上,保证钢模的中心线与垂直线路的中心线重合,然后再把地脚螺栓穿入钢模套管内,按设计要求预留螺栓露头长度,安装好螺帽;

② 在搅拌前按设计要求的垫层厚度,计算好施工需要的垫层混凝土的数量,定量搅拌,避免浪费材料。在安放钢模的同时组织施工人员根据试验配合比利用搅拌机进行垫层混凝土的搅拌,能够保证钢模安放好后,垫层混凝土及时运到基坑处。运送混凝土的工具在线路未成熟地段可采用机动倒运车或手推车,线路已铺轨地段采用钢轨平板车。

(5)浇筑混凝土。

① 一般基础垫层 100 mm 厚的 C8 混凝土,倒入垫层混凝土后,用振捣棒进行捣固,用钢卷尺测量垫层厚度,保证其满足设计要求;

② 按设计要求及试验配合比搅拌、浇筑混凝土(一般为 C10)。在浇筑过程中每浇筑 200~300 mm 厚,用电动振动棒捣固,捣固时间以混凝土出浆不再冒气泡为宜,振动棒应倾斜插入,插入深度为已捣固层 50~100 mm 左右,并可适量加入片石,加入片石的数量不应大于混凝土结构体积的 25%;加入混凝土的片石抗压强度不小于 30 MPa;片石与片石间距、片石与基础内外边缘间距不应小于 100 mm;加入的片石直径宜为 200~300 mm。

(6)抹面

混凝土浇筑到达设计基础面高度后用抹子抹平，待混凝土浇筑后约两小时，对基础表面进行收面处理。在收面过程中根据钢柱的倾斜标准用水平尺测量垂直线路方向基础表面的倾斜率（硬横梁基础表面要求水平），以保证整正钢柱时无需加垫片。

(7)拆模与基础养护

① 气温在 25 ℃～30 ℃条件下，基础浇灌 4～8 h 后可拆模，基础拆模后，应达到基础表面平整、棱角完整、无漏浆、蜂窝麻面等现象；

② 应在浇筑完成后的 12 h 内，对混凝土加以覆盖并保湿养护。基础养护不得少于 7 d，养护用水与拌和用水相同，浇水次数以能使混凝土随时保持湿润状态为宜。

(8)试块取样：用 150 mm×150 mm×150 mm 的模具对现场混凝土进行取样，并与基础处于同等养护条件下进行养护，28 d 后送到试验室进行抗压试验。

(9)按规定如实填写隐蔽工程记录。

6.2.3 拉线基础浇筑

拉线基础主要有三种类型：下锚拉线基础、中锚拉线基础、附加悬挂拉线基础，其中下锚拉线基础内设有钢筋网，其他两种基础没有钢筋网。下面以下锚拉线基础为例来叙述拉线基础的操作要点。

(1)施工准备

① 劳动力组织、主要机械设备及工器具配置见表 3 及表 6；

② 根据设计要求加工好基础的外钢模以及钢筋网；

③ 基础浇筑前首先选择好混凝土搅拌机的安放地点，确定沙子、石子、水泥等材料的数量后，组织进料。

(2)基坑各部尺寸的检查复核

① 检查复核基坑位置、限界、外形尺寸、基坑深度等，并做好检查记录；

② 对预埋件和钢筋骨架进行质量检查，是否符合设计标准。

(3)安装外钢模。

将外模架设固定，使外模中心与定位桩连线中心吻合，满足设计要求。路肩已到位的地方外模架设时将坑口修整低 5～10 cm 左右，即将外模架低一些，这样基础收面时基础面可平行路肩或略高于路肩，满足设计要求。未铺级配碎石地段架设外模同杯基施工。

(4)浇筑基础底部混凝土、安放钢筋网

① 在搅拌前按设计要求的底部混凝土的厚度，计算好施工需要混凝土的数量，定量搅拌，避免浪费材料。在安放外模的同时组织施工人员根据试验配合比利用搅拌机进行底部混凝土的搅拌，能够保证外模安放好后，底部混凝土及时运到基坑处，避免浪费时间。运送混凝土的工具在线路未成熟地段可使用机动倒运车或手推车，线路已铺轨地段采用钢轨平板车；

② 一般拉线基础底部混凝土为 100mm 厚的 C20 混凝土，倒入底部混凝土后，用振捣棒进行捣固，用钢卷尺测量垫层厚度，保证其满足设计要求；

③ 底部混凝土达到设计厚度时，在基坑内安置加工好的钢筋网及拉环，钢筋网中心与基坑中心重合，方向正确，钢筋网混凝土保护层满足设计要求。

(5)浇筑基础主体混凝土、安装拉线环。

① 按设计要求机械搅拌混凝土并浇筑混凝土至设计基础面，每浇筑 200～300 mm 厚，用电动振动棒捣固，捣固时间以混凝土出浆不再冒气泡为宜，振动棒应倾斜插入，插入深度为已捣固层 50～100 mm 左右；

② 浇筑混凝土至拉线环位置时,把拉线环用铁线绑扎在钢筋网中心处,继续浇筑。在浇筑过程中应随时校正拉线环位置,确保其不偏移中心位置;

③ 中锚拉线基础与附加悬挂下锚拉线基础在浇筑过程中可加入适量的片石,加入片石的数量不应大于混凝土结构体积的 25%;片石与片石间距、片石与拉线环或基础外边缘间距不应小于 100 mm,加入的片石直径宜为 200～300 mm。

(6)水坡抹面

混凝土浇筑完后用抹子按设计要求抹出散水面,待混凝土浇筑后约 2 h,对基础表面进行收面处理,将基础表面处理平整,各种棱线分明。

(7)拆模、基础养护

① 气温在 25 ℃～30 ℃条件下,基础浇灌 4～8 h 后可拆内模,基础拆模后,应达到基础表面平整、棱角完整、无漏浆等现象;

② 在浇筑完成后的 12 h 内,对混凝土加以覆盖并保湿养护。基础养护不得少于 7 d,养护用水与拌和用水相同,浇水次数以能使混凝土随时保持湿润状态为宜。

(8)试块取样:用 150 mm×150 mm×150mm 的模具对现场混凝土进行取样,并与基础处于同等养护条件下进行养生,28 d 后送到试验室进行抗压试验。

(9)按规定如实填写隐蔽工程记录。

7 劳动力组织

施工管理采用施工负责人责任制、岗位负责制、定点定岗。各人员现场操作严格遵守技术要求、安全规程和机械操作规程。

(1)杯型基础浇筑劳动力组织,见表 1。

表 1 杯型基础浇筑劳动力组织表

序号	项 目	单位	数量	备 注
1	施工负责人	人	1	负责施工安排、指挥、协调工作
2	施工技术员	人	1	技术把关
3	司机	人	1	负责机械倒运车
4	搅拌机	人	1	负责搅拌机的运行
5	施工人员	人	8～10	材料运输、搅拌装料、浇筑混凝土等
6	捣固混凝土	人	2	内模校正,捣固混凝土及抹面
7	施工防护	人	2	配齐防护用具

(2)钢柱基础浇筑劳动力组织,见表 2。

表 2 钢柱基础浇筑劳动力组织表

序号	项 目	单位	数量	备 注
1	施工负责人	人	1	负责施工安排、指挥、协调工作
2	施工技术员	人	1	技术把关
3	司机	人	1	负责机械倒运车(已铺轨地段不需要)
4	搅拌机	人	1	负责搅拌机的运行
5	施工人员	人	6～8	材料运输、搅拌装料、浇筑混凝土等
6	捣固混凝土	人	1	捣固混凝土及抹面
7	施工防护	人	2	配齐防护用具

(3)拉线基础浇筑劳动力组织,见表 3。

表 3　拉线基础浇筑劳动力组织表

序号	项　目	单位	数量	备　注
1	施工负责人	人	1	负责施工安排、指挥、协调工作
2	施工技术员	人	1	技术把关
3	司机	人	1	负责机械倒运车(已铺轨地段不需要)
4	搅拌机	人	1	负责搅拌机的运行
5	施工人员	人	6～8	材料运输、搅拌装料、浇筑混凝土等
6	捣固混凝土	人	1	捣固混凝土及抹面
7	施工防护	人	2	配齐防护用具

8　主要机械设备及工器具配置

(1)杯型基础浇筑机具配置，见表 4。

表 4　杯型基础浇筑工器具配置表

序号	名　称	规　格	单位	数量	备　注
1	水平仪		台	1	标高测量
2	经伟仪		台	1	确定基础、模型中心线
3	发电机	90GC	台	1	振捣棒用
4	小型搅拌机		台	1	
5	磅秤	台式	台	1	混凝土配料称重
6	钢卷尺	50 m	把	2	
7	钢卷尺	5 m	把	2	
8	线坠		个	1	
9	丁字尺		把	1	
10	振动棒		台	1	机械捣固
11	竹筐	配抬杆	个	若干	运输混凝土料
12	铁板		张	2	搅拌混凝土地平
13	方铲		把	4～6	
14	尖铲		把	2～4	
15	水桶		个	1	视用量而定
16	杯基内模	钢制	套	1	备取模用扒杆
17	杯基外模	钢制	套	1	配固定用脚手架
18	链条葫芦	1.5 t	套	1	取内模用，另配三脚架
19	木板		块	4～6	
20	小木桩		根	4～6	定位
21	铁钉	1 寸	个	若干	
22	线坠线		m	6～10	
23	倒运车		辆	1	运输混凝土
24	对讲机		台	4	
25	彩条布		m	10	
26	试块模具	150 mm×150 mm×150 mm	套	1	

(2)钢柱基础浇筑机具配置，见表 5。

表 5　钢柱基础浇筑施工工器具设备配置

序号	名　称	规　格	单位	数量	备　　注
1	水平仪		台	1	标高测量
2	经伟仪		台	1	确定基础、模型中心线
3	发电机	90GC	台	1	振捣棒用
4	小型搅拌机		台	1	
5	磅秤	台式	台	1	混凝土配料称重
6	钢卷尺	50 m	把	2	
7	钢卷尺	5 m	把	2	
8	线坠		个	1	
9	丁字尺		把	1	
10	振动棒		台	1	机械捣固
11	竹筐	配抬杆	个	若干	运输混凝土料
12	铁板		张	2	搅拌混凝土地平
13	方铲		把	4～6	
14	尖铲		把	2～4	
15	水桶		个	1	视用量而定
16	基础木模或外模		套	1	
17	基础钢模	钢制	套	1	
18	木板		块	4～6	
19	小木桩		根	4～6	定位
20	铁钉	1 寸	个	若干	
21	线坠线		m	6～10	
22	倒运车		辆	1	运输混凝土
23	对讲机		台	4	
24	彩条布		m	10	
25	试块模具	150 mm×150 mm×150 mm	套	1	

(3)拉线基础浇筑机具配置，见表 6。

表 6　拉线基础浇筑施工机具设备配置表

序号	名　称	规　格	单位	数量	备　　注
1	经纬仪		台	1	
2	发电机	90GC	台	1	
3	小型搅拌机		台	1	
4	磅秤	台式	台	1	混凝土配料称重
5	钢卷尺	50 m	把	2	
6	钢卷尺	5 m	把	2	
7	线坠		个	1	
8	丁字尺		把	1	
9	振动棒		台	1	机械捣固
10	竹筐	配抬杆	个	若干	运输混凝土料
11	铁板		张	2	搅拌混凝土地平
12	方铲		把	4～6	
13	尖铲		把	2～4	

续上表

序号	名 称	规 格	单位	数量	备 注
14	水箱		个	1	视用量而定
15	小木桩		根	4～6	定位
16	线坠线		m	6～10	
17	混凝土倒运车		辆	1	运输混凝土
18	对讲机		台	3	
19	彩条布		m	10	
20	试块模具	150 mm×150 mm×150 mm	套	1	

9 质量控制要点

(1)基础混凝土必须连续施工,间歇时间不超过 2 h,一个基础一次浇筑成型。

(2)制作混凝土配料时要严格按照试验报告上配合比进行施工,各种材料用量要用磅秤称,并严格按照有关要求进行混凝土试块制作、试验。保证基础混凝土强度不低于设计值。

(3)在浇筑过程中,每浇筑 200～300 mm 混凝土后用电动振动棒捣固一次,保证混凝土强度均匀、密实,使基础在任何部位无蜂窝、麻面。

(4)杯型基础浇筑前应严格复核路基至轨面的高差,在能保证支柱安装高度的前提下方可施工;杯型基础施工完毕后,应将杯口封闭,以保证杯芯内清洁;杯型基础田野侧的土层厚度不得小于 600 mm,否则需进行边坡培土或砌石;路堑地段的杯型基础其外侧与水沟外形的间距不得小于 300 mm。

(5)钢柱基础浇筑过程中,用经纬仪测量保证横线路方向的基础中心线垂直线路,硬横梁基础还要与另一基础中心重合;基础标高与基础螺栓的露头满足设计要求;基础面的倾斜率以保证钢柱整正时不垫垫片而严格控制。

(6)拉线基础的长边平行线路,短边垂直线路(用经纬仪测量控制);接触悬挂下锚、中心锚结拉线与地面的夹角一般为 45°,基础中心距支柱中心、拉线环出土点距支柱中心的距离,要根据下锚高度、现场地形核算确定。施工中需严格控制拉线与地面的夹角。钢筋网放置后,四周的保护层要求符合设计及现行验标的要求。

(7)基础浇筑完毕后应注意养护,基础表面平整、棱角完整、无漏浆、露筋现象。

10 安全控制要点

(1)施工人员穿防护服,戴安全帽。

(2)模型板的安放位置及稳定性应满足要求;在支撑模型板前应确认坑壁无裂纹和坍塌危险,距坑口边沿 1 m 范围内不得堆放料具。灌筑混凝土时,坑内不得有人。

(3)当浇筑的基础需要架设作业平台时,所用材料的规格应能够满足作业平台的最大承载能力。

(4)既有线施工时原则上不得跨越铁路搬运料具。必需时,应在搬运通道两端按规定距离设置防护。搬运结束后,由现场施工负责人通知两侧的防护人员撤除防护。

(5)基础浇筑作业时,应在施工点设专人进行防护,工具材料的堆放不得侵入建筑接近限界,施工人员不得在建筑接近限界以内站立和休息;所用工具材料,严禁放置在道心轨枕上。有列车通过时停止施工作业。

(6)施工机具,如振捣机、搅拌机的使用应符合其安全操作规程,防止造成人身机械伤害和触电事故。

(7)确保通信畅通,坚持复诵制度。

11　环境保护要点

根据基础浇筑施工中可能对环境产生影响的因素,采取以“预防为主,防治结合,综合治理”为原则,确保做好环境保护工作。在施工过程中采取以下措施:

(1)坚持按《中华人民共和国环境保护法》及相关法规进行施工。制订环境保护管理办法和实施细则,并建立奖惩制度,将环保的具体措施落实到人头。

(2)施工现场内道路平整畅通,排水出口良好。施工现场工具材料摆放整齐,保证现场施工场地整洁、干净、工完料清。

(3)工程完工后,应按要求拆除安全防护设施和临时设施,并将工地及周围环境清理整洁,做到工完料清,场地整洁。

(4)基础浇筑过程中,铺设彩条布防止混凝土污染道床,并尽量计算好混凝土的数量,减少废弃物,废弃的混凝土按规定丢至指定地点。

12　常见问题及处理方法

(1)常见问题

① 膨胀土:由于膨胀土主要由亲水性矿物组成,遇水后含水量增加,体积增大,产生膨胀力,同时土体饱和后产生软化崩解,强度降低;膨胀土还具有明显的胀缩可逆变形,失水后土体明显收缩,造成地基下陷,影响接触网基础稳定;

② 软土地基(含新填土地基):软土地基天然含水量高,孔隙比大,高压缩性,是软土地基上基础产生沉降及不均匀沉降的主要原因;

③ 高路堤地段:对高度大于 10 m 的路堤,由于基础限界与路基宽度都在 3 m 左右,造成支柱外侧覆盖土层厚度不够,导致基础抗覆力矩减小,混凝土保护层无法满足设计要求;

④ 水坑与流沙坑:在开挖基坑中,涌水严重或基坑位于流沙地段;

⑤ 在新建线路地段:基础施工时往往路基刚刚成形,钢轨还未铺设,无法确定线路的中心线及轨面标高,造成基础限界及基础顶面无法确定。

(2)处理方法

① 膨胀土的处理:大致分两类,一是加大基础埋深,使其有效埋深在大气影响带以下;另一种是换填弱膨胀或非膨胀性的土以消除或减弱水平膨胀力对支柱的危害;

② 软土地基(含新填土地基)的处理:根据土质的软弱程度及施工的取料情况,可采用换土垫层法、扩大基底面积法、压实法及桩基法进行地基处理;

③ 高路堤地段的处理:在支柱侧培土及浆砌片石护坡加固;

④ 水坑与流沙坑的处理:在开挖基坑中,涌水严重或基坑位于流沙地段,采用井圈沉井法施工方案,防止塌方,基础浇筑时采用速凝水泥处理;

⑤ 在新建线路地段:联系站前施工单位,进行现场交桩,测量出线路中心、轨面标高及路基标高。

13　工程实例

改建铁路胶济电化工程 DQ—6 标段复线电气化,东起淄博(不含)K274+400,西至平陵城(不含)K348+100,改建完后正线 66.32 千米(186.29 条千米)。含接触网、牵引变电、房屋建筑 3 个专业,既有线包括马尚、周村、彭家庄、王村、普集、明水、枣园七站八区间。改造完后关闭周村、彭家庄、普集、明水、枣园站,新建周村东、章丘站,形成马尚、周村东、王村、章丘四站五区间的电气化铁路。本标段电气化工程于 2003 年 12 月正式开工,2005 年 10 月底竣工。其中杯型基础 1355 个,MLJ—1、MLJ—2、MLJ—3 拉线基础 508 个,该线已开通投产。在该线施工中采用本工艺进行杯型基础、钢柱基础、拉线基础浇筑的施工,通过本工艺的实施,经检验各项指标均符合要求,保证了施工质量和工艺。见表 7～表 12 及图 4 和图 5。

14 附　录

附录 1　基础浇筑过程记录表及自检记录表

表 7　区段杯型基础浇筑过程记录表

支柱号	基础类型	混凝土配合比	基础底部尺寸	基础顶部尺寸	基础中心至线路中心距离(mm)	基础顶部与底部的高差(mm)	杯口尺寸	杯深(mm)	杯壁厚度(mm)	备注

施工单位;　　　　施工负责人:　　　　监理工程师:　　　　日期:

表 8　区段杯型基础自检记录表

支柱号	基础类型	混凝土强度等级	外观质量	杯口与杯底垂直线路中心偏差(≤3°)	杯中心至线路中心距离偏差(—60～+100 mm)	杯底高程偏差(±100 mm)	杯口直径偏差(0～+50 mm)	杯深偏差(0～+50 mm)	顶面高程偏差(0～+50 mm)	杯壁厚度偏差(±20 mm)	备注

检查人员:　　　　施工负责人:　　　　监理工程师:　　　　日期:

表 9　区段钢柱基础浇筑过程记录表

支柱号	基础类型	混凝土配合比	基础底部尺寸	基础顶部尺寸	基础中心至线路中心距离(mm)	基础顶部与底部的高差(mm)	地脚螺栓型号	螺栓外露长度(mm)	硬横跨两基础中心间距(mm)	备注

施工单位;　　　　施工负责人:　　　　监理工程师:　　　　日期:

表 10 区段钢柱基础自检记录表

支柱号	基础类型	混凝土强度等级	外观质量	同组硬横跨基础连线垂直正线偏差(≤2°)	同组硬横跨两基础间距偏差(±20 mm)	基础顶面高出路肩面(100～200 mm)	基础顶面低于邻轨(200～600 mm)	螺栓外露长度偏差(±20 mm)	螺栓间距偏差(±2 mm)	螺栓埋深偏差(0～20 mm)	混凝土保护层偏差(±10 mm)	螺栓位置偏差(±2 mm)	横断面尺寸偏差(±20 mm)	备注

检查人员： 施工负责人： 监理工程师： 日期：

表 11 区段拉线基础浇筑过程记录表

支柱号	基础类型	混凝土配合比	基础底部尺寸	基础顶部尺寸	基础中心至线路中心距离(mm)	基础顶部与底部的高差(mm)	拉线环距锚柱距离(mm)	拉线环距线路中心距离(mm)	排水面顶点距内环沿距离(mm)	备注

施工单位； 施工负责人： 监理工程师： 日期：

表 12 区段钢柱基础自检记录表

支柱号	基础类型	外观质量	拉线基础高出路肩面(100±20)mm	混凝土强度等级	拉线环距锚柱距离(mm)	拉线环距线路中心距离(mm)	排水面顶点距内环沿距离(mm)	备注

检查人员： 施工负责人： 监理工程师： 日期：

附录 2 工程图片

图 4 杯型基础内钢模的架设

图 5 已浇筑完成的杯型基础

接触网支柱施工工艺

1 工艺概况及技术特点

接触网支柱施工，在有轨道区段使用轨道立杆车组进行立杆作业，无轨道区段使用载重汽车运输支柱、汽车起重吊车进行立杆作业；支柱整正以人工作业为主。

2 适用范围

本施工技术适用于铁路既有线、新线接触网混凝土支柱、钢支柱立杆整正作业。

3 引用标准

（1）《新建时速200公里客货共线铁路工程施工质量验收标准》（铁建设〔2004〕08号）

（2）《新建客货共线铁路工程施工补充规定》（暂行）（铁建设〔2004〕8号）

（3）《铁路工程施工安全技术规程》（TB 10401—2003）

（4）《铁路电力牵引供电工程施工质量验收标准》（TB 10421—2003）

4 基本术语及定义

（1）立杆：将接触网支柱用起重设备吊装到指定的坑位或基础上的施工作业。

（2）支柱整正：调整接触网支柱的状态，使其满足规范要求，并确保其对线路的侧面限界符合规定的施工作业。

（3）直埋支柱：指采用将支柱直接吊装到基坑内进行整正、回填、夯实固定的方法进行施工的支柱。

（4）杯基支柱：指采用将支柱吊装到已做好的混凝土杯形基础内，再用砂浆进行回填固定的方法进行施工的支柱。

（5）钢柱：用角钢、钢板焊接制成的格构式支柱，通常安装在已做好的混凝土基础上。

5 工艺原理

接触网支柱主要用于承担支持结构装置、接触悬挂等负荷，并把接触悬挂固定在规定的空间位置上。支柱的稳定性对接触悬挂的稳定性起到至关重要的作用。支柱按材质分为钢柱和预应力钢筋混凝土支柱两种，其中预应力钢筋混凝土支柱又可分为直埋支柱、杯基支柱、法兰盘连接支柱等。近年来，客运专线、既有线提速改造接触网工程施工大量使用杯形基础支柱。

接触网立杆整正作业是接触网基础工程的主要内容，往往伴随着路基、轨道工程同时施工，其方法就是采用起重设备将支柱吊装到指定的基础坑位或混凝土基础上，并按规定要求进行整正、回填固定，确保支柱的铁路限界和自身状态满足相关规定要求。

6 工艺流程及操作要点

6.1 直埋支柱、杯基支柱、钢支柱立杆整正工艺流程

直埋支柱、杯基支柱、钢支柱立杆整正工艺流程分别如图1、图2和图3所示。

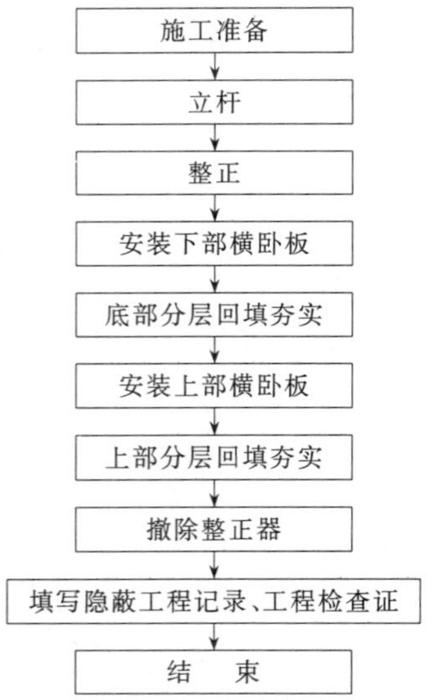

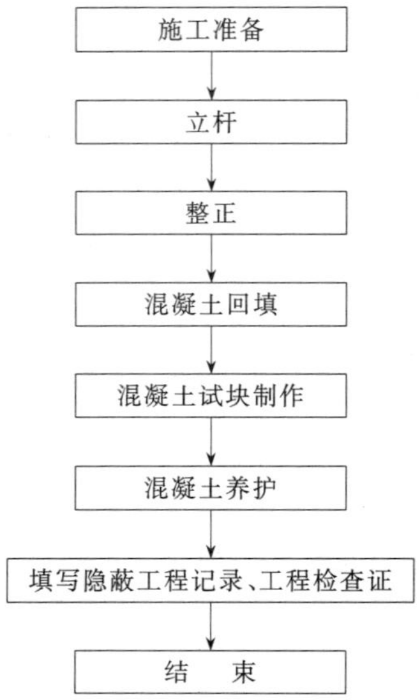

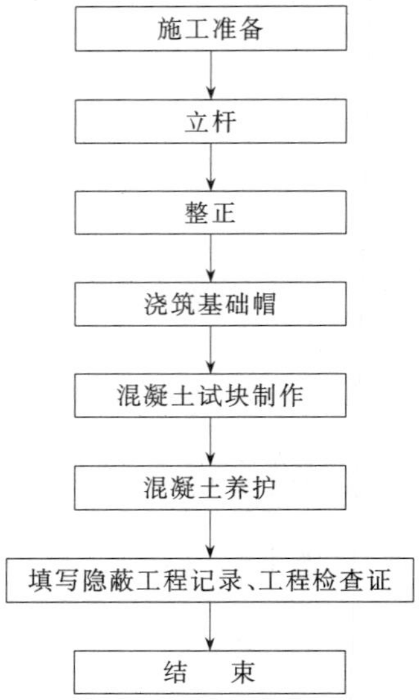

图 1　直埋支柱立杆整正工艺流程图　图 2　杯基支柱立杆整正工艺流程图　图 3　钢支柱立杆整正工艺流程图

6.2　操作要点

6.2.1　直埋支柱立杆整正操作要点

6.2.1.1　施工准备

(1)施工前，必须检查基坑侧面限界、基坑尺寸，下部横卧板安装槽道是否挖好；按设计安装底板(盘)并使其在正确位置；横卧板倒运到位；按施工标准检查支柱质量。

(2)轨道立杆车组按施工负责人提供的备料计划，将相应数量、型号的支柱吊装在平板车上；新线未铺轨区段使用载重汽车将支柱倒运在坑位附近。

(3)按规定向车站派出驻站联络员，向施工地点及两端派出施工安全防护人员。

(4)轨道立杆车组负责人通过车站值班员向铁路局行车调度(或新线临管处)申请施工封闭命令；接到封闭命令后，安装列车开行到施工地点。

6.2.1.2　立杆

(1)横腹杆式钢筋混凝土支柱立杆作业

1)作业人员将尼龙套(或钢丝套加防磨垫)套在所吊支柱上，钢筋混凝土支柱起吊位置见图 4；

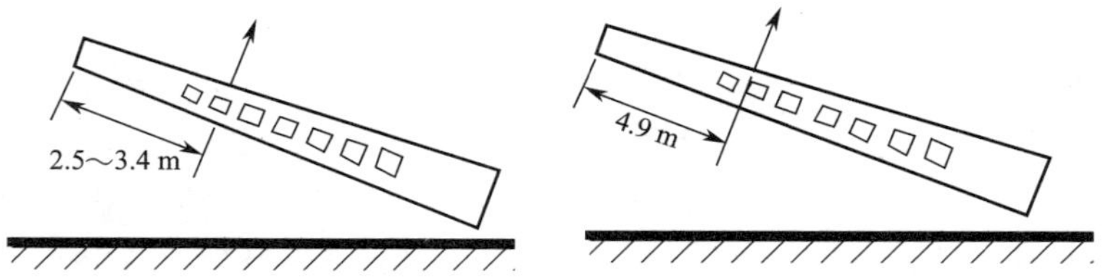

(a) 腕臂柱　(b) 软横跨柱

图 4　钢筋混凝土支柱起吊位置

2)轨道立杆车(汽车起重机)司机启动吊车，升吊臂、落钩，作业人员将吊钩挂在尼龙套(或钢丝套加防磨垫)上，起吊支柱，徐徐放入基坑内；支柱进入坑内时，由作业人员扶持，保证支柱不挨擦坑壁；

3)作业人员扶住支柱，使支柱到坑底时位于设计侧面限界位置；支柱靠住基坑田野侧稳定后，做好必要的固定措施(特别是流沙坑、高水位的基坑)，防止支柱向线路侧滑动侵入限界；

4)轨道立杆车(汽车起重机)卸载脱钩，吊臂归位，车组运行到下一作业地点，继续按上述程序进行立杆作业；

5)位于既有电力线(或接触网)附近的支柱吊装时应分两步进行；

① 轨道立杆车(汽车起重机)将支柱平移到坑口附近，支柱底部顺线路方向对准基坑中心、横线路方向对准事先开好的斜槽。

② 轨道立杆车(汽车起重机)吊臂固定在适当位置，并保证对既有电力线(或接触网)的安全距离，起吊支柱，进行立杆作业。

6)立杆结束，轨道作业车组返回车站后，施工负责人及时向行车调度销令。

(2)圆型等径杆式钢筋混凝土支柱立杆作业

① 作业人员将尼龙套套在距离圆支柱顶部 3 m 左右处，用于起吊；

② 圆杆的起吊、扶持、就位、临时固定以及其他后续相关工作，与横腹杆式钢筋混凝土支柱施工时相同。

6.2.1.3 整正

(1)钢筋混凝土腕臂柱支柱整正

① 架设支柱整正器

一般将整正器框架安装在距轨面高度约 300～500 mm 支柱本体上，在支柱两侧约 2.8～3.5 m 范围内的钢轨上分别安装钢轨卡子，将整正器与框架、钢轨卡子连接，如图 5 所示。

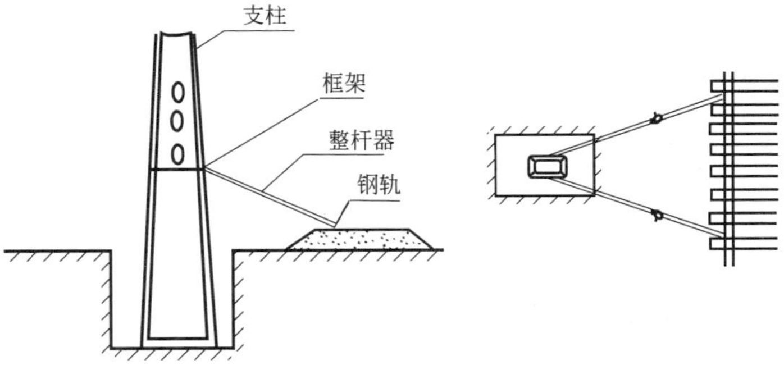

图 5 混凝土腕臂柱的整正

② 由施工负责人统一指挥，摇动整正器手柄，调整整正器螺杆长度，调整支柱在顺线路方向和横线路方向的倾斜度，基本达到施工标准。

③ 用丁字尺测量支柱侧面限界，确定是否满足技术要求，若支柱侧面限界不符合技术要求，应对支柱位置沿横线路方向进行适当调整，直到满足侧面限界要求，做好记录。

④ 将丁字尺前端密贴钢轨内缘，检查支柱横线路方向前后缘是否与丁字尺密贴；若不密贴，将木杠插入支柱腹孔扭转支柱，使支柱横线路方向前后缘与丁字尺密贴，确保支柱不扭面。

⑤ 顺线路方向和横线路方向同时用经纬仪测量支柱倾斜状态，通过反复摇动整正器手柄，调整支柱，使其在顺线路方向和横线路方向的倾斜度均符合施工技术要求。

⑥ 若在不允许利用轨道进行支柱整正或无轨道区段施工时，可在支柱距地面约 1.5 m腹孔处挂好钢丝绳套，用三个大致互成 120° 的手扳葫芦，将支柱固定在田野的地锚

（人工制作）上，通过对三个手扳葫芦的调节进行支柱整正。其他操作内容和步骤基本同前所述。

（2）钢筋混凝土软横跨支柱整正

钢筋混凝土软横跨支柱与钢筋混凝土腕臂柱支柱间的主要差别，两者因用途不同而使得其外型尺寸不一样，重量也不一样。因此，钢筋混凝土软横跨支柱不能采用整正器整正，具体方法与钢筋混凝土腕臂柱支柱在无轨道区段的整正方法相同。

（3）直埋等径圆杆整正。

① 在有轨道区段，直埋等径圆杆的整正方法与钢筋混凝土腕臂柱支柱的整正方法基本相同。其整正器的抱箍形状不同（圆型）。

② 在无轨道区段，直埋等径圆杆的整正方法与钢筋混凝土腕臂柱支柱在无轨道区段的整正方法基本相同。

③ 直埋等径圆杆的整正不考虑支柱扭面问题。

6.2.1.4 安装横卧板

（1）钢筋混凝土腕臂支柱、混凝土软横跨支柱横卧板安装如图 6 所示。

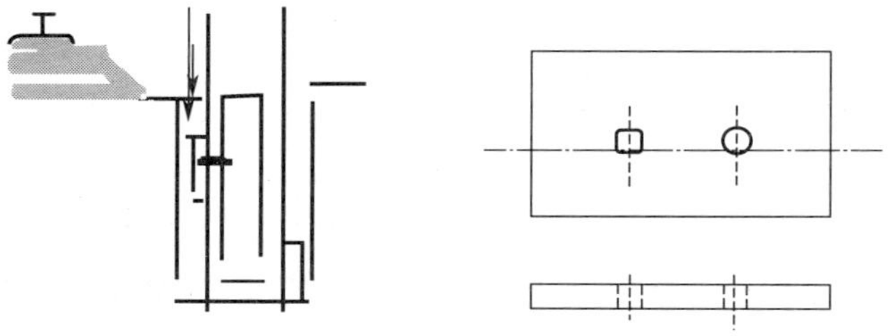

图 6 横卧板安装图

① 将横卧板运到支柱前后侧坑口搭放的钢钎或圆木上，在支柱上挂好钢丝绳套和滑轮；

② 将“厂”形螺栓穿过横卧板的螺栓孔，使横卧板与支柱受力面贴近，并松弛地钩住支柱两翼缘，通过绳、滑轮将横卧板吊起，取下钢钎或圆木，再将横卧板徐徐放至规定位置；

③ 作业人员下至坑内，用钢钎拨动横卧板使其与支柱密贴，横卧板中心与支柱中心对正后，紧固“厂”形螺栓；

④ 横卧板安装好后，若设计要求浆砌片石加固，应在横卧板受力侧按设计尺寸进行浆砌片石（或混凝土）加固。

（2）直埋等径圆杆横卧板安装。

直埋等径圆杆横卧板的安装方法与钢筋混凝土腕臂支柱横卧板的安装方法基本相同。只是用 U 型抱箍代替“厂”形螺栓，将横卧板与支柱进行固定。

6.2.1.5 直埋支柱回填及夯实

按照规范要求，用土或土夹石进行支柱回填时，应当每填 200 mm 就用捣固锤全面夯实一次，直至完全回填夯实，回填土应约高于地面，以防积水。

6.2.1.6 结束

施工作业结束后，撤除整正器及其他施工工具，及时处理影响列车安全运行和人身安全的隐患，填写好隐蔽工程记录、隐蔽工程检查证，撤离施工现场。

6.2.2 杯基支柱立杆整正操作要点

6.2.2.1 施工准备

(1)施工前10天左右,必须检查基础杯口侧面限界、尺寸,先清除杯口内杂物和积水,用水清洗干净,再按设计要求垫入细石混凝土垫层,夯实后抹平,并进行养护。

(2)施工前,回填用混凝土用料已运到现场。

(3)其他准备工作与直埋支柱的准备工作相同。

6.2.2.2 立杆

在基底混凝土垫层达到强度的75%后,可进行立杆作业。钢筋混凝土方型支柱、圆型支柱在杯基条件下的立杆作业,与在直埋基坑条件下的立杆作业基本相同。

6.2.2.3 整正

(1)有轨道区段:采用直埋支柱在有轨区段的整正方法进行整正,并辅以木楔子固定支柱。

(2)无轨道区段:采用直埋支柱在无轨区段的整正方法进行整正,并辅以木楔子固定支柱。

(3)在条件许可的情况下,也可用风绳(晃绳)、撬棍、木楔子配合进行整正。

6.2.2.4 支柱回填

(1)严格按照混凝土的配合比、水灰比拌和,确保满足强度要求。每50 m^3 混凝土或每个站区做一组混凝土试块(每组三块)。

(2)将搅拌好的混凝土回填到杯内,每250 mm用电动捣固棒夯实一次,至距离坑口约300 mm处停止,当回填混凝土基本凝固,支柱稳定后,拆除稳固木楔。

(3)按工艺要求抹平(或加高)杯口部分。

(4)当室外平均气温低于5℃时,按冬季施工要求回填混凝土。

6.2.2.5 基础养护

(1)应在回填混凝土浇筑完成后的12 h内,对混凝土加以覆盖并保湿养护。

(2)基础养护不得少于7天;养护用水与拌和用水相同;浇水次数以能使混凝土随时保持湿润状态为宜。

(3)当日平均气温低于5℃时,不得浇水养护。

(4)试块养护与回填混凝土相同。

6.2.2.6 结束

施工作业结束后,撤除施工工具,及时检查和处理影响列车运行和人身安全的隐患,及时填写隐蔽工程记录和工程检查证,撤离施工现场。

6.2.3 钢支柱立杆整正操作要点

6.2.3.1 施工准备

(1)施工前,作业人员清除基础上覆盖的杂物,进行清扫;卸掉基础螺栓上的螺母。

(2)其他准备工作与钢筋混凝土支柱施工的准备工作相同。

6.2.3.2 立钢柱

(1)采用轨道立杆车立钢柱时,其工作流程与钢筋混凝土支柱施工基本相同。

(2)采用汽车起重吊车立钢柱时,其工作流程与用汽车吊车立钢筋混凝土支柱施工基本相同。

(3)在特殊情况下,可以采用人工方法立钢支柱。

6.2.3.3 钢柱整正

(1)用经纬仪确定钢柱的倾斜度,根据支柱倾斜松动需调整的螺母。

(2)用撬棍将钢柱撬起,在主角钢下塞入厚薄不同的垫片,直至钢柱顺线路方向和横线路方向倾斜度符合标准。

(3)将螺母循环带紧，螺栓涂防腐油并包扎。

6.2.3.4　浇筑基础帽

在钢柱加上全部负荷、地线安装好后，按设计图中的形状浇筑混凝土基础帽，基础帽应将全部螺栓遮盖。

每个站区基础帽做一组混凝土试块(每组 3 块)。

6.2.3.5　混凝土养护

(1)应在基础帽浇筑完成后的 12 h 内，对混凝土加以覆盖并保湿养护。

(2)混凝土养护不得少于 7 天；养护用水与拌和用水相同；浇水次数以能使混凝土随时保持湿润状态为宜。

(3)当日平均气温低于 5℃时，不得浇水养护。

(4)试块养护与基础帽相同。

6.2.3.6　结束

施工作业结束后，撤除施工工具，及时检查和处理影响列车运行和人身安全的隐患，及时填写隐蔽工程记录和工程检查证，撤离施工现场。

7　劳动力组织

(1)支柱立杆作业劳动力组织，见表 1 和表 2。

表 1　轨道立杆作业劳动力组织表

序号	项　目	单位	数量	备　注
1	轨道车司助人员	人	4	司机、助手各 2 人
2	吊车司助人员	人	2	司机、助手各 1 人
3	车长	人	1	
4	负责人	人	1	
5	作业人员	人	4～5	
6	防护员	人	4	按既有线安排车站驻 1 人；新线参照执行

表 2　汽车起重机立杆作业劳动力组织表

序号	项　目	单位	数量	备　注
1	汽车司机	人	3	1 人驾驶汽车吊，另 2 人驾驶运杆车
2	起重机司机	人	1	
3	负责人	人	1	
4	作业人员	人	4～5	

(2)支柱整正作业劳动力组织，见表 3 和表 4。

表 3　直埋、杯基支柱整正作业劳动组织表

序号	项　目	单位	数量	备　注
1	施工负责人	人	1	
2	整正器操作	人	2	兼回填
3	回填、夯实	人	3	包括下底板、横卧板
4	防护	人	4	按既有线安排车站驻 1 人；新线参照执行

表 4 钢支柱整正作业劳动组织表

序号	项目	单位	数量	备注
1	施工负责人	人	1	
2	操作人员	人	3	
3	混凝土施工人	人	4	基础帽施工
4	防护	人	4	按既有线安排车站驻 1 人;新线参照执行

8 主要机械设备及工器具配置

(1)支柱立杆作业机械配置,见表 5 和表 6。

表 5 轨道立杆车组立杆作业主要施工机械配置表

序号	名称	型号	单位	数量	备注
1	轨道车		辆	2	牵引动力
2	轨道起重机		辆	1	用于起吊支柱
3	平板车		辆	2	

表 6 汽车起重机立杆作业主要施工机械配置表

序号	项目	单位	数量	备注
1	载重汽车	辆	2	
2	汽车起重机	辆	1	

(2)支柱整正作业机械设备配置,见表 7。

表 7 支柱整正作业主要施工机械工器具配置表

序号	名称	型号	单位	数量	备注
1	发电机		台	1	杯基回填用
2	混凝土搅拌机		台	1	杯基回填用
3	电动振动棒		台	1	杯基回填用
4	钢丝套		个	2	一备一用
5	撬棍		根	2	钢柱整正用
6	铁锹		把	2	工班自备
7	活动扳手	300 mm、450 mm	把	2～3	或特制套筒
8	钢丝刷		把	1～2	
9	手扳葫芦		套	3	
10	支柱整正器		套	2	
11	斜率测量仪		套	2	代线坠
12	丁字尺	3.5～4.2 m	把	2	
13	水平尺	300 mm	把	2	
14	钢钎	1.5 m	把	2	
15	捣固锤		把	4	

续上表

序号	名　称	型　号	单位	数量	备　　注
16	防护工具		套	3	
17	水桶		个	2	
18	夯实器		台	2	自制
19	抹子		把	2	
20	电工工具		套	若干	人均1套
21	稳固木楔		个	若干	杯基整正用
22	试块模具	150 mm×150 mm×150 mm	套	1	

9　质量控制要点

9.1　立杆作业

(1)底板中心应与基坑中心重合;底板应水平安入或略有倾斜(倾斜方向与支柱相同)。

(2)检查混凝土支柱的质量标准,不符合标准的支柱不得施工。

① 表面应平整,弯曲度不得大于2‰;

② 支柱翼缘破损局部露筋1～2根,可修补使用;露筋3～4根,可修补降一级使用;大于4根的不得使用;

③ 支柱横腹板破损露筋的应修补使用;

④ 支柱翼缘不得有横向、斜向、纵向裂缝,但网状裂纹、龟纹、收缩性水纹不在此限;

⑤ 支柱翼缘与横腹杆结合处裂缝及横腹板裂缝宽度不大于0.3 mm。

(3)钢柱表面镀锌层应均匀、光洁、完好无锈蚀,焊接处不应有裂缝。钢柱的角钢,不应有弯曲,扭转现象,主角钢弯曲度不应大于1/750。

(4)立杆支柱整正前,要认真复核基坑深度,确保支柱埋深符合施工标准。

9.2　支柱整正作业

(1)支柱的埋深应符合设计要求,施工偏差不得大于±100 mm;入土部分的实际埋深不应小于设计值。

(2)支柱受力后的倾斜标准。

① 顺线路方向:腕臂柱及软横跨柱应直立,允许偏差不大于0.5%;锚柱应向拉线侧倾斜,允许偏差不大于1%;硬横梁支柱应直立,允许偏差不大于0.3%;

② 横线路方向:一般腕臂柱横线路方向应直立,允许向受力反侧倾斜不大于0.5%。混凝土软横跨支柱、13 m高软横跨钢支柱向田野侧倾斜0.5%～1%;15 m高软横跨钢支柱向田野侧倾斜1%～2%;硬横梁支柱应直立,允许偏差不大于0.3%;

③ 软横跨支柱轴线应垂直于车站正线,偏差不应大于3°;硬横梁支柱轴线应垂直于车站正线,偏差不应大于2°;

④ 调整钢柱的倾斜度应用薄厚不同的钢垫片,垫片应放在主角钢下面,每块垫片面积不小于50 mm×100 mm,每个角钢下垫片数不得超过3片,钢柱整正紧固螺母时应对角循环进行,使受力均匀,其力矩符合设计要求;

⑤ 横线路方向支柱中心应与线路中心垂直,允许偏差不得大于3°。

(3)支柱侧面限界应符合设计要求,允许偏差为+100 mm~0 mm,在任何情况下,严禁侵入基本建筑限界。

(4)直埋支柱每回填 200 mm,用捣固锤进行捣固夯实。支柱的外表面应尽量填充土或细骨料,坚硬的大石块不要直接接触支柱表面。

(5)杯基回填。

① 杯底混凝土标号应符合设计要求,灌注厚度为 100 mm;

② 每站区回填混凝土应做一组试块,试块应与支柱在同等条件下养护,试块应注明日期、支柱号。

10 安全控制要点

10.1 立杆作业

(1)立杆前认真检查基坑附近的电力线路,制订可靠的施工组织方案和安全措施,按程序报送上级单位批准;不能保证既有设备和人身安全的,不得施工。

(2)在跨越或平行于电力线路进行立杆时,应设专人监护,确保吊臂和支柱(钢柱)与带电体的安全距离。如因施工条件所限不能满足规定要求时,应与施工技术人员及有关部门共同研究,采取必要的安全措施后方可作业。

(3)基坑边有地下电缆的,立杆时,应用槽钢或角钢包扎电缆,防止支柱挫伤电缆。

(4)立钢筋混凝土柱时,坑内不许有人,并事先检查确认坑口的稳定性,防止扶杆人员滑入坑内。同时支柱倾斜度不得过大,以防坑壁因受压力过大而塌陷,造成倒杆事故。在土质松软、坑口过大、可能靠近电力线或铁路的支柱吊立后,应立即整正,或安装上支柱整正器。

(5)立钢柱时应注意不得碰撞基础螺栓。

(6)安装列车在运行中,不得进行起吊作业,尤其是有跨越三电线路区段,吊臂应下落至规定位置,并不得超过机车车辆限界。

(7)立杆前,须对有关车辆、吊车进行检查,严禁带病出车。

(8)起吊作业时,应听从指挥,不得随意转向和起落吊臂,吊臂下不得站人。

(9)在复线或车站立杆作业中,吊车转向时,应防止侵入邻线限界,并采取防护措施。跨线立杆时,应根据跨距的大小确定立杆的具体施工方案。

(10)立杆后应及时整正支柱,原则上不允许过夜。

10.2 支柱整正作业

(1)在无缝线路区段利用钢轨整正时,应避开高温时间,直线地段不应大于实际锁定轨温 10 ℃,曲线地段不应大于实际锁定轨温 5 ℃;同一曲线不得同时有两组作业。整正过程中当发现线路有横向和纵向位移等异常情况时,应采取措施保证行车安全,并及时通知车站和工务部门抢修处理。整正器的各个部位不得侵入机车车辆限界。

(2)支柱整正施工时,防护员应加强了望,确保施工、行车安全。任何人员不得在线路上坐、卧、休息等。

(3)整正器安装完毕后方可进入坑内工作,坑内有人时,严禁移动支柱整正器;整正器的各个部位不得侵入机车车辆限界,在整正过程中支柱各部分也不得侵入基本建筑限界。操作整正器时,用力要均匀,不得猛拉猛推,以防支柱折断。调整支柱限界严禁用石头等硬物代替垫木。

(4)手扳葫芦的锚固方式应根据周围土壤、地形等具体情况而定。临时地锚(或桩锚)要切实牢固可靠。

(5)钢柱螺母只能松动,不能卸下,且调一侧,松一侧的螺母,不能全部松动。

(6)由坑口往下放横卧板,坑内不得有人,应用绳索系住缓慢下放,放好后,方可下坑工作。

(7)混凝土软横跨柱整正时,应向车站办理临近线路封闭手续,当利用列车间隔整正时,所有工具均不得侵入基本建筑限界,并按规定设置行车防护。手扳葫芦三个方向的操作人员要密切配合,统一指挥,协调动作。

(8)有列车通过时,防护员应及时通知施工人员停止作业,离开线路,撤到安全地带。

11 环境保护要点

(1)对破坏的水沟、挡墙等,应保证按原标准恢复。位于水沟和水沟沿上的支柱,回填完应保证水沟畅通,并应及时修复好,必要时,可将水沟改道。

(2)严禁使用线路上的道砟及其他设备回填。回填完后,应将污染的道床清理干净。剩余弃土或其他工程垃圾应全部清除现场。

12 常见问题及处理方法

(1)基坑坑口太大或坑口容易塌陷时,整正困难。在竖立混凝土支柱时应采取可靠的稳固措施,防止支柱倾覆;必要时应安装好支柱整正工具进行稳固,并及时进行支柱整正。

(2)混凝土支柱实际埋深超标。一种原因是支柱位于高道床地段,埋深不够,为保证支柱的稳定性,应对支柱进行砌石加固。另一原因是支柱坑深超标,若是这一原因,则应返工。

(3)混凝土支柱侧面限界超标。支柱整正时把关不严、回填时未复核。施工时应加强工序控制,尤其是要找准测量起点和保护好交桩施工时的护桩。

13 工程实例

浙赣铁路浙江段“四电”工程第三标段,东起白鹿塘站西至新塘边(K30+400～K324+531.59),共计294.1正线千米,由我单位与中铁四局联合中标。其中我单位承担了金华西(不含)至衢州(含)段7站7区间及巨飞军事专用线电气化工程的施工。其主要工程数量为:接触网246.33条千米,其中立混凝土支柱2 925根,立钢柱936根,该工程全部采用本工艺施工。通过本工艺的实施,经检验各项指标均符合要求,保证了工程质量。

接触网腕臂安装施工工艺

1 工艺概况及技术特点

1.1 工艺概况

随着铁路向高速、重载方向发展，对接触网的稳定性要求越来越高，接触网支持结构大量采用稳定性较好的平腕臂形式，腕臂安装施工工艺主要针对平腕臂的各种形式，从测量、计算、预配、安装、调整等方面进行控制，提高安装精度。

1.2 技术特点

(1)测量精度要求高

腕臂安装需要对侧面限界、支柱倾斜、外轨超高等原始参数进行现场实测，测量的精度对计算结果影响较大，要求测量精度精确到毫米，倾斜率精确到1‰。

(2)工厂化预配

设专业化的预配组，根据计算结果集中进行工厂化预配，减少预配误差。

(3)一次安装到位

通过控制测量精度，利用远程计算系统对腕臂结构进行精确计算，确保一次安装到位，无需反复调整。

2 适用范围

本施工工艺适用于接触网中间柱、转换柱、中心柱、道岔柱等安装形式平腕臂结构装配。

3 引用标准

(1)《铁路电力牵引供电工程施工质量验收标准》(TB 10421—2003)

(2)《新建时速200公里客货共线铁路工程施工质量验收标准》(铁建设〔2004〕08号)

(3)《新建客货共线铁路工程施工补充规定》(暂行)(铁建设〔2004〕8号)

(4)《铁路工程施工安全技术规程》(TB 10401—2003)

(5)《铁路电力牵引供电施工规范》(TB 10208—98)

(6)《接触网安全工作规程》(铁运〔2007〕69)

4 工艺原理

精确测量计算所需参数后，调用公司自主开发的接触网远程计算系统，合法用户登录后进行常用数据维护和上传计算的原始数据，由公司服务器对数据进行处理并返回用户所需的计算结果，根据计算结果进行工厂化预配，安装完成后复核安装质量。

5 工艺流程及操作要点

5.1 工艺流程

如图1所示。

5.2　操作要点

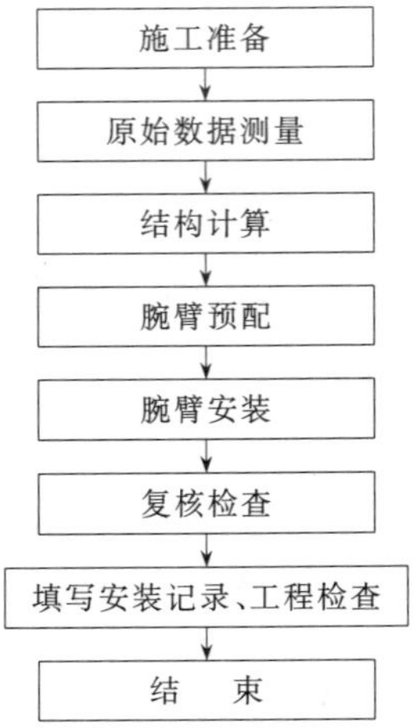

图 1　直埋支柱立杆整正工艺流程

5.2.1　原始数据测量

(1)超高测量

置镜点在距支柱 15～20 m 的路肩上。在支柱点处两轨面上竖好塔尺，调整水准仪，读取塔尺读数，并作记录；两轨面塔尺读数相减即为超高值。此外也可用道尺或专用激光测量仪测量超高。

(2)支柱倾斜率测量

斜率的测量值以支柱外沿的倾斜率为准。经纬仪宜置于跨距中间位置，在支柱向田野侧倾斜时，镜身距线路中心距离与被测支柱后沿到线路中心距离相一致。在轨面线后沿处水平放置钢卷尺，沿支柱顶端后沿向轨面标记处读数(δ)。在支柱向线路侧倾斜时，镜身距线路中心距离与被测支柱前沿到线路中心距离相一致。在轨面线前沿处水平放置钢卷尺，沿支柱顶端后沿向轨面标记处读数(δ)(也可采用支柱斜率测量仪测量)。

(3)支柱侧面限界测量

限界值为支柱前沿至轨道中心的距离，采用 DJJ 多功能接触网检测仪测量支柱侧面限界(图 2)。或者采用丁字尺、三角直角档板、水平尺测量支柱限界，测量限界均以轨面中心线所在的水平面上测量。

(4)数据记录

将各悬挂点处测量所得的超高、支柱倾斜率、支柱侧面限界值分别填写在附录 1 本工艺标准必备的计算、检查、测试等记录表格的对应栏目中，为腕臂结构计算做好技术准备。

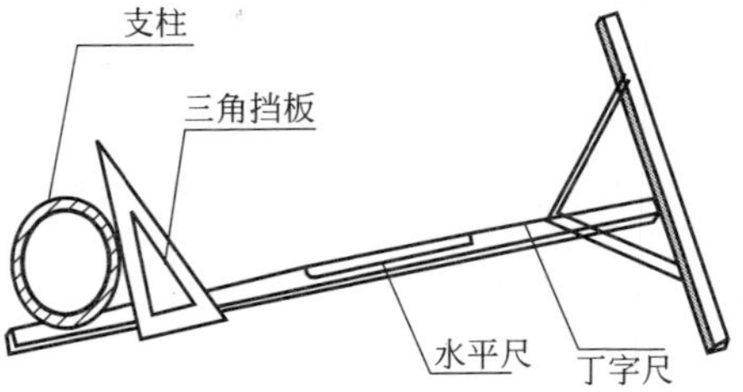

图 2　用支柱丁字尺测量侧面限界示意图

5.2.2　结构计算

腕臂结构计算是以公司自主开发的接触网远程计算系统为计算平台。合法用户登录后进行常用数据维护和上传计算的原始数据，由公司服务器对数据进行处理并返回用户所需的计算结果。

(1) 常用参数维护

常用参数是用户计算腕臂引用的腕臂结构尺寸及零件尺寸的重要参数，必须对常用参数进行正确的维护管理，只有具有高级用户权限的用户才能对常用参数进行维护管理；一般用户只能对常用参数进行浏览及修改操作。

(2) 原始数据输入

原始数据输入是用户计算腕臂的数据输入界面，具有合法权限的用户都能对本页面进行操作；原始数据输入主要包括对原始数据的浏览查询、添加、修改、删除等操作。

(3) EXCEL 导入

对于大量的原始数据录入可以采用 EXCEL 导入方式进行(导入计算的原始数据见图 3)。单击“EXCEL 导入”打开原始数据上传页面，然后将要录入的原始数据在样表中填好，上传到服务器(腕臂上传计算见图 4)，再由程序在服务器端对上传的 EXCEL 表中的数据进行提取计算，处理完后返回计算结果，计算结果可以以网页的形式查看，也可以用 EXCEL 表形式查看。

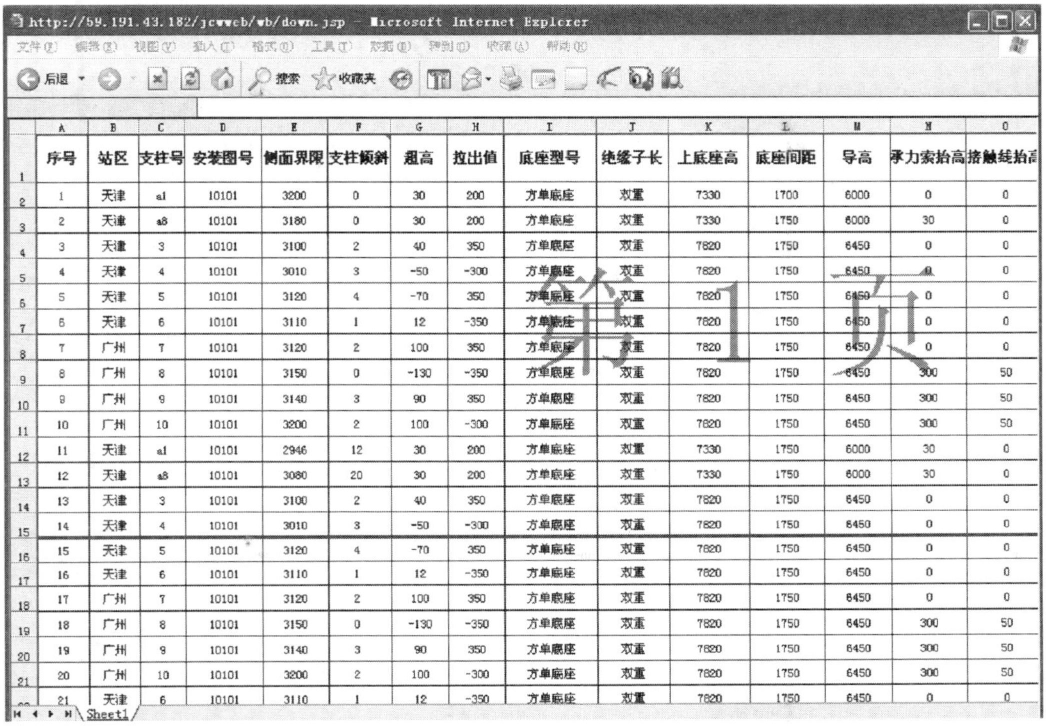

序号	站区	支柱号	安装图号	侧面界限	支柱倾斜	超高	拉出值	底座型号	绝缘子长	上底座高	底座间距	导高	承力索抬高	接触线抬高
1	天津	a1	10101	3200	0	30	200	方单底座	双重	7330	1700	6000	0	0
2	天津	a8	10101	3180	0	30	200	方单底座	双重	7330	1750	6000	30	0
3	天津	3	10101	3100	2	40	350	方单底座	双重	7820	1750	6450	0	0
4	天津	4	10101	3010	3	-50	-300	方单底座	双重	7820	1750	6450	0	0
5	天津	5	10101	3120	4	-70	350	方单底座	双重	7820	1750	6450	0	0
6	天津	6	10101	3110	1	12	-350	方单底座	双重	7820	1750	6450	0	0
7	广州	7	10101	3120	2	100	350	方单底座	双重	7820	1750	6450	0	0
8	广州	8	10101	3150	0	-130	-350	方单底座	双重	7820	1750	6450	300	50
9	广州	9	10101	3140	3	90	350	方单底座	双重	7820	1750	6450	300	50
10	广州	10	10101	3200	2	100	-300	方单底座	双重	7820	1750	6450	300	50
11	天津	a1	10101	2946	12	30	200	方单底座	双重	7330	1750	6000	30	0
12	天津	a8	10101	3080	20	30	200	方单底座	双重	7330	1750	6000	30	0
13	天津	3	10101	3100	2	40	350	方单底座	双重	7820	1750	6450	0	0
14	天津	4	10101	3010	3	-50	-300	方单底座	双重	7820	1750	6450	0	0
15	天津	5	10101	3120	4	-70	350	方单底座	双重	7820	1750	6450	0	0
16	天津	6	10101	3110	1	12	-350	方单底座	双重	7820	1750	6450	0	0
17	广州	7	10101	3120	2	100	350	方单底座	双重	7820	1750	6450	0	0
18	广州	8	10101	3150	0	-130	-350	方单底座	双重	7820	1750	6450	300	50
19	广州	9	10101	3140	3	90	350	方单底座	双重	7820	1750	6450	300	50
20	广州	10	10101	3200	2	100	-300	方单底座	双重	7820	1750	6450	300	50
21	天津	6	10101	3110	1	12	-350	方单底座	双重	7820	1750	6450	0	0

图 3　导入计算的原始数据

图 4　腕臂上传计算

(4) 查看结果

实时计算结果数据会以 EXCEL 方式显示(见图 5)。

(5)结果查询

用户要查看历史计算结果，必须通过查询来查找符合要求的结果信息，查询条件主要包括：站区、杆号、起始日期及结束日期，见腕臂计算结果查询(见图 6)。用户可以利用这几个查询条件对结果信息进行模糊查询操作，符合条件的结果信息以 EXCEL 的方式显示，用户可以很方便的进行打印控制。查询结果见腕臂计算结果输出(见图 7)。

5.2.3　腕臂预配

(1)根据腕臂预制表，在作业台上用钢卷尺测量下料长度、平腕臂打孔位置及各种零件安装位置，并用记号笔在钢管上做标识。将钢管用卡具卡紧，用无齿切割机切断钢管。

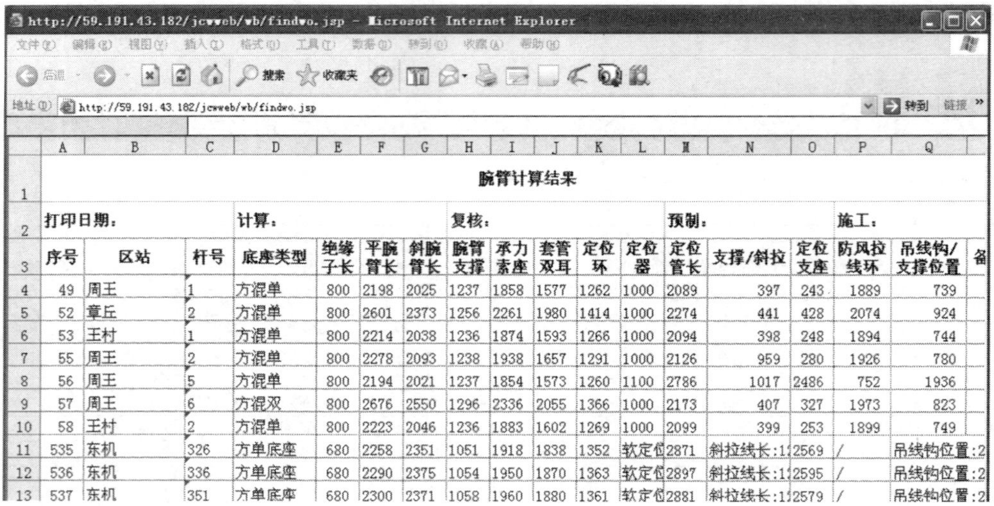

http://59.191.43.182/jcwweb/wb/findwo.jsp - Microsoft Internet Explorer

腕臂计算结果

打印日期：			计算：				复核：					预制：			施工：		
序号	区站	杆号	底座类型	绝缘子长	平腕臂长	斜腕臂长	腕臂支撑	承力索座	套管双耳	定位环	定位器	定位管长	支撑/斜拉	定位支座	防风拉线环	吊线钩/支撑位置	备
49	周王	1	方混单	800	2198	2025	1237	1858	1577	1262	1000	2089	397	243	1889	739	
52	章丘	2	方混单	800	2601	2373	1256	2261	1980	1414	1000	2274	441	428	2074	924	
53	王村	1	方混单	800	2214	2038	1236	1874	1593	1266	1000	2094	398	248	1894	744	
55	周王	2	方混单	800	2278	2093	1238	1938	1657	1291	1000	2126	959	280	1926	780	
56	周王	5	方混单	800	2194	2021	1237	1854	1573	1260	1100	2786	1017	2486	752	1936	
57	周王	6	方混双	800	2676	2550	1296	2336	2055	1366	1000	2173	407	327	1973	823	
58	王村	2	方混单	800	2223	2046	1236	1883	1602	1269	1000	2099	399	253	1899	749	
535	东机	326	方单底座	680	2258	2351	1051	1918	1838	1352	软定位	2871	斜拉线长：1	2569	/	吊线钩位置：2	
536	东机	336	方单底座	680	2290	2375	1054	1950	1870	1363	软定位	2897	斜拉线长：1	2595	/	吊线钩位置：2	
537	东机	351	方单底座	680	2300	2371	1058	1960	1880	1361	软定位	2881	斜拉线长：1	2579	/	吊线钩位置：2	

图 5　实时计算结果

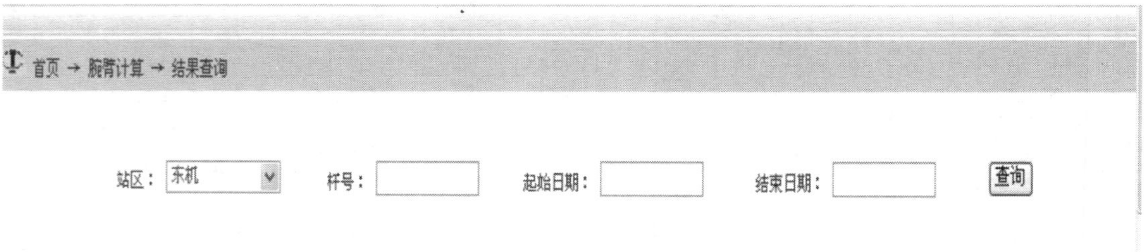

图 6　腕臂计算结果查询

(2)把平腕臂的一端固定在钻机夹具上，另一端放置在作业平台上，将单耳垂直放置并将腕臂调节水平，再用 ϕ16.5 的钻头在打孔位置打孔，腕臂在锯断及打孔处喷锌，进行防腐处理。

(3)按腕臂预制表，在腕臂上用钢卷尺测量承力索座、定位环及套管双耳安装位置，用划笔划线标识。按划线标识安装承力索座、定位环、套管双耳，用梅花扳手拧紧螺母。

(4)将定位管按计算长度切割好，套上定位环及连接件，按腕臂预制表中给定的尺寸，安装定位支座、防风拉线环、定位器等定位材料。

(5)按设计给定的紧固力矩拧紧各零部件。

5.2.4　腕臂安装

(1)安装腕臂底座

以轨面标高为基准，用钢尺或高度测量仪测出上、下底座的安装位置，做好标记。在标记位置安装上、下底座，用水平尺调平底座，用梅花扳手紧固后，用力矩扳手检验紧固力矩。

(2)安装腕臂

① 作业车停在支柱附近，旋转作业平台靠近支柱；

② 两人抬起斜腕臂，将斜腕臂棒瓷的连接板插入腕臂底座，一人扶住底座配合，斜腕臂棒瓷连接板的孔与下底座连接板孔对齐，立即把螺栓销穿入；

③ 作业车平台稍回转并缓缓升到上底座下 1 m 处，升平台时两人扶住腕臂以免将包扎物

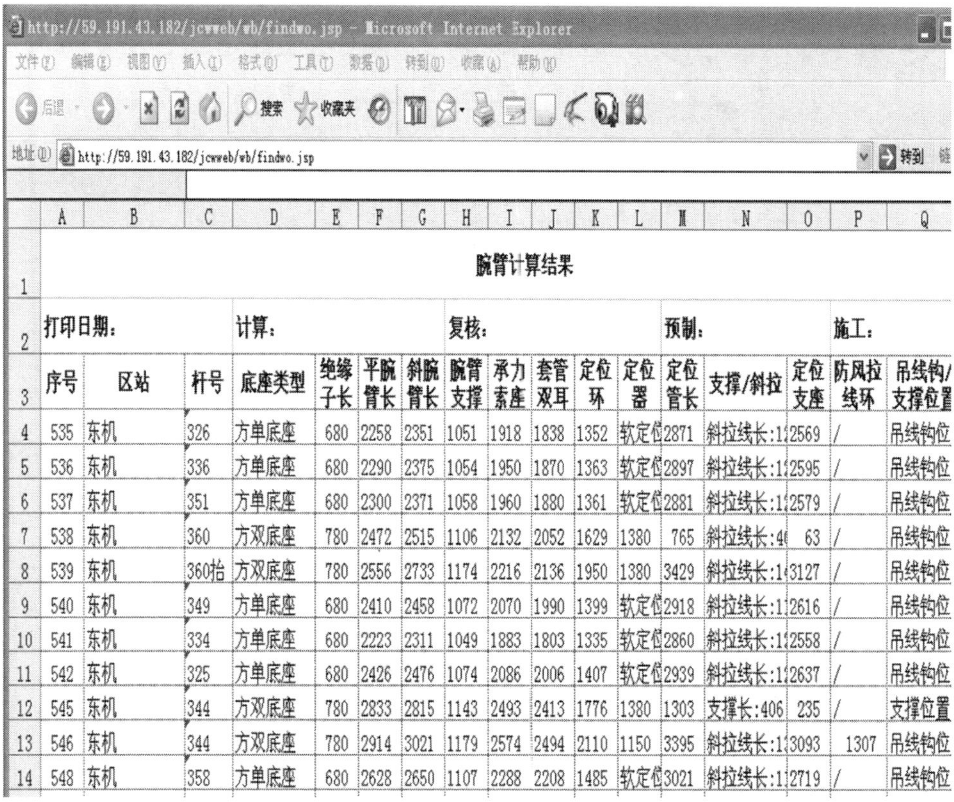

http://59.191.43.182/jcwweb/wb/findwo.jsp - Microsoft Internet Explorer

	A	B	C	D	E	F	G	H	I	J	K	L	M	N	O	P	Q
1	腕臂计算结果																
2	打印日期:			计算:				复核:					预制:			施工:	
3	序号	区站	杆号	底座类型	绝缘子长	平腕臂长	斜腕臂长	腕臂支撑	承力索座	套管双耳	定位环	定位器	定位管长	支撑/斜拉	定位支座	防风拉线环	吊线钩/支撑位置
4	535	东机	326	方单底座	680	2258	2351	1051	1918	1838	1352	软定位	2871	斜拉线长:1	2569	/	吊线钩位
5	536	东机	336	方单底座	680	2290	2375	1054	1950	1870	1363	软定位	2897	斜拉线长:1	2595	/	吊线钩位
6	537	东机	351	方单底座	680	2300	2371	1058	1960	1880	1361	软定位	2881	斜拉线长:1	2579	/	吊线钩位
7	538	东机	360	方双底座	780	2472	2515	1106	2132	2052	1629	1380	765	斜拉线长:4	63	/	吊线钩位
8	539	东机	360抬	方双底座	780	2556	2733	1174	2216	2136	1950	1380	3429	斜拉线长:1	3127	/	吊线钩位
9	540	东机	349	方单底座	680	2410	2458	1072	2070	1990	1399	软定位	2918	斜拉线长:1	2616	/	吊线钩位
10	541	东机	334	方单底座	680	2223	2311	1049	1883	1803	1335	软定位	2860	斜拉线长:1	2558	/	吊线钩位
11	542	东机	325	方单底座	680	2426	2476	1074	2086	2006	1407	软定位	2939	斜拉线长:1	2637	/	吊线钩位
12	545	东机	344	方双底座	780	2833	2815	1143	2493	2413	1776	1380	1303	支撑长:406	235	/	支撑位置
13	546	东机	344	方双底座	780	2914	3021	1179	2574	2494	2110	1150	3395	斜拉线长:1	3093	1307	吊线钩位
14	548	东机	358	方单底座	680	2628	2650	1107	2288	2208	1485	软定位	3021	斜拉线长:1	2719	/	吊线钩位

图 7　腕臂计算结果输出

挂掉；

④ 一人扶住斜腕臂，另两人抬起平腕臂，作业车稍旋转返回。把棒瓷连接板对准上底座的连接板，当两孔对准时，立即将螺栓销穿上，然后安装好螺母和开口销；

⑤ 人工安装时先将棒瓷拉上支柱安装在底座上，然后将腕臂拉上与棒瓷连接。

(3)腕臂安装完后应对其状态和质量进行现场检查，并及时填写工程检查证。

6　技术标准及工艺要求

(1)上下底座间距及安装高度施工允许偏差控制在±10 mm以内。

(2)底座应呈水平状，螺栓紧固力矩应符合产品使用说明书的要求。

(3)腕臂安装后，水平腕臂不得低头，并应保证承力索距轨面距离符合设计要求，施工允许偏差为±50 mm，且承力索应在接触线的正上方，施工允许偏差为±30 mm。

(4)上、下行间绝缘距离应符合设计要求，困难情况下，不应小于1 600 mm。

(5)腕臂安装后，应进行动态包络线检测，确保腕臂各部在动态包络线以外(正线动态包络线以受电弓抬升160 mm，直线左右摆动量为250 mm，曲线左右摆动量为300 mm)，受电弓动态包络线示意如图8所示。

7　劳动力组织

腕臂安装劳动组织见表1。

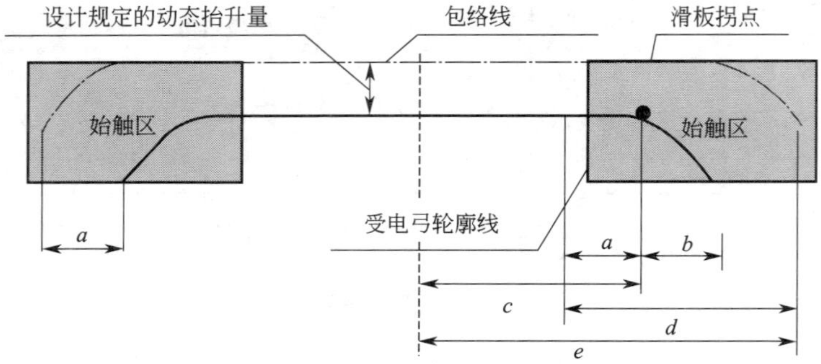

图 8　受电弓动态包络线示意图

a—设计规定的受电弓横向摆动量；b—滑板拐点至受电弓诱导角端点的距离；c—滑板拐点至受电弓中心线的距离。

$d=2a+b$

$e=a+b+c$

表 1　腕臂安装劳动力组织表

序号	劳动力配置	人数	主　要　职　责
一	测量计算组		
1	测量负责人	1	测量、计算负责
2	测量人员	4	测量、记录
3	防护	2	安全防护
二	预配组		
1	预配负责人	1	预配负责
2	预配人员	4	下料、预配
三	安装组		
1	安装负责人	1	安装负责
2	接触网工	4	腕臂装配(按用作业车安装配备，当采用人工安装时增加 6 名辅助工)
3	防护人员	2	安全防护
4	驻站联络员	1	天窗点请令和行车防护

8　主要机械设备及工器具配置

腕臂安装的主要机械设备配置见表 2。

表 2　腕臂安装主要机械设备配置表

序号	名　称	型号	单位	数量
1	载重汽车	5 t	辆	1
2	小客车	7～11 座	辆	2
3	安装作业车	DA8	辆	1

腕臂安装的主要工器具配置见表 3。

表 3　腕臂安装主要工器具配置表

序号	名　称	型号	单位	数量
1	经纬仪	TDJ2E	台	1
2	水准仪	DES3-E	台	1
3	钢卷尺	5 m	把	若干
4	钢卷尺	30 m	把	1
5	水平尺		把	1
6	道尺		把	1
7	丁字尺		把	1
8	滑轮		个	2
9	棕绳		根	2(每根 25 m)
10	活动扳手	250/300 mm	只	4/4
11	力矩扳手		套	4
12	钻床		台	1
13	切割机		套	1

9　质量控制要点

(1)测量轨面标高、外轨超高、支柱限界要求精确到毫米,支柱倾斜精度要求精确到 1‰,测量采用经纬仪、水准仪配合丁字尺进行精确测量。

(2)在预配、安装过程中,螺栓紧固力矩符合产品说明书或规范要求,用活动扳手初步紧固后再用力矩扳手进行紧固。

10　安全控制要点

(1)测量、安装应做好防护,确保人身安全。

(2)测量时钢卷尺不能短接轨道电路,否则会造成红光带,影响行车。

(3)曲线内侧支柱腕臂安装后应加固,以免放线时拉断棒瓷。

11　环境保护要点

安装拆除的草袋、包装箱等必须清理回收,避免污染现场。

12　常见问题及处理方法

(1)常见问题

① 计算误差大;

② 底座安装高度安装误差大;

③ 架线时棒式绝缘子折断。

(2)处理方法

① 测量时支柱倾斜率对计算精度影响较大,采用经纬仪进行精确测量;检查数据初始维护;

② 在曲线上应以线路中心轨平面为测量基点;

③ 曲线内侧支柱腕臂安装后应进行加固,以避免放线过程中对棒式绝缘子造成侧向应

力，损伤棒瓶。

13 工程实例

浙赣铁路位于浙江、江西、湖南三省，东起杭州、西止株洲，是连接三省的惟一铁路，浙赣(南昌)项目部负责施工的 ZD2 标电气化工程，东起新余(不含)西至南广局界。含接触网、牵引变电所、房屋建筑、两电拆迁等四个专业。接触网工程共计 11 站 12 区间 1 个机务折返段；腕臂组装 6514 组，该线采用本工艺施工，通过本工艺的实施，经检验各项指均符合要求，保证了施工质量和工艺。

14 附　　录

记录表格见表 4 和表 5。照片见图 9 和图 10。

表 4　腕臂计算原始数据输入表

支柱号	侧面界限(mm)	支柱倾斜	超高(mm)	拉出值(mm)	底座型号	绝缘子长	上底座高	底座间距	导高	承力索抬高	接触线抬高	定位器型号	定位方式	支撑/斜拉	防风拉线	说明
139	3 100	20	0	−200	方杆双底座	760	7 340	1 700	6 000	0	0	1 000	反	定位支撑	无	
139-1	3 100	20	0	−700	方杆双底座	760	7 340	1 700	6 500	550	550	1 000	反	定位支撑	无	锚关抬高支
143	3 200	23	0	−200	方杆双底座	760	7 340	1 700	6 000	0	0	1 000	反	定位支撑	无	锚关抬高支
143-1	3 200	23	0	−700	方杆双底座	760	7 340	1 700	6 500	550	0	1 000	反	定位支撑	无	
1	3 240	20	0	250	方杆双底座	760	7 340	1 700	6 000	550	0	1 000	正	定位支撑	无	锚关抬高支
1-1	3 240	20	0	−250	方杆双底座	760	7 340	1 700	6 000	0	0	1 000	反	定位支撑	无	
2	3 185	20	0	200	方杆双底座	760	7 340	1 700	6 000	0	0	1 000	正	定位支撑	无	
2-1	3 185	20	0	700	方杆双底座	760	7 340	1 700	6 500	550	550	1 000	正	定位支撑	无	锚关抬高支
3	3140	20	0	−200	方杆双底座	760	7 340	1 700	6 000	0	0	1 000	反	定位支撑	无	锚关抬高支
3-1	3 140	20	0	−700	方杆双底座	760	7 340	1 700	6 500	550	550	1 000	反	定位支撑	无	锚关抬高支
4	3 240	23	0	250	方杆双底座	760	7 340	1 700	6 000	550	0	1 000	正	定位支撑	无	锚关抬高支
4-1	3 240	23	0	−250	方杆双底座	760	7 340	1 700	6 000	0	0	1 000	反	定位支撑	无	
5	3 240	20	0	200	方杆双底座	760	7 340	1 700	6 000	0	0	1 000	正	定位支撑	无	
5-1	3 240	20	0	700	方杆双底座	760	7 340	1 700	6 500	550	550	1 000	正	定位支撑	无	锚关抬高支
6	3 250	22	10	150	方杆单底座	760	7 340	1 700	6 000	0	0	1 000	正	定位支撑	无	
7	3 270	32	30	150	方杆单底座	760	7 340	1 700	6 000	0	0	1 000	正	定位支撑	无	
8	3 170	21	40	150	方杆单底座	760	7 340	1 700	6 000	0	0	1 000	正	定位支撑	无	

表 5　腕臂计算结果输出表

打印日期：　　　　计算：　　　　复核：　　　　预制：　　　　施工：

序号	区站	杆号	底座类型	绝缘子长	平腕臂长	斜腕臂长	腕臂支撑	承力索座	套管双耳	定位环	定位器	定位管长	支撑/斜拉	定位支座	防风拉线环	吊线钩/支撑位置	备注
1	六里坪—白浪	139	方杆双底座	760	2 846	2 734	1 136	2 509	2 266	1 657	1 000	3 050	ZC:954	2 748	—	ZC:2348	
2	六里坪—白浪	139-1	方杆双底座	760	3 395	3 444	1 882	3 058	2 815	499	1 000	1 997	ZC:490	1 695	—	ZC:1295	
3	六里坪—白浪	143	方杆双底座	760	2 968	2 837	1 155	2 631	2 388	1 706	1 000	3 107	ZC:951	2 805	—	ZC:2405	
4	六里坪—白浪	143-1	方杆双底座	760	3 516	3 544	1 311	3 179	2 936	1 588	1 000	2 939	ZC:959	2 637	—	ZC:2237	
5	六里坪—白浪	1	方杆双底座	760	2 639	2 815	1 274	2 302	2 059	2 124	1 000	1 641	ZC:840	793	—	ZC:1439	
6	六里坪—白浪	1-1	方杆双底座	760	3 036	2 902	1 164	2 699	2 456	1 738	1 000	3 144	ZC:949	2 842	—	ZC:2442	

续上表

序号	区站	杆号	底座类型	绝缘子长	平腕臂长	斜腕臂长	腕臂支撑	承力索座	套管双耳	定位环	定位器	定位管长	支撑/斜拉	定位支座	防风拉线环	吊线钩/支撑位置	备注
7	六里坪—白浪	2	方杆双底座	760	2 571	2 496	1 108	2 234	1 991	1 541	1 000	1 327	ZC:524	479	—	ZC:1125	
8	六里坪—白浪	2-1	方杆双底座	760	2 147	2 434	897	1 810	1 567	374	1 000	227	ZC:−39	−621	—	ZC:25	
9	六里坪—白浪	3	方杆双底座	760	2 886	2 769	1 142	2 549	2 306	1 674	1 000	3 071	ZC:953	2 769	—	ZC:2369	
10	六里坪—白浪	3-1	方杆双底座	760	3 435	3 478	1 914	3 098	2 855	504	1 000	2 003	ZC:489	1 701	—	ZC:1301	
11	六里坪—白浪	4	方杆双底座	760	2 660	2 828	1 271	2 323	2 080	2 131	1 000	1 651	ZC:843	803	—	ZC:1449	
12	六里坪—白浪	4-1	方杆双底座	760	3 058	2 917	1 169	2 721	2 478	1 746	1 000	3 153	ZC:950	2 851	—	ZC:2451	
13	六里坪—白浪	5	方杆双底座	760	2 626	2 543	1 113	2 289	2 046	1 564	1 000	1 355	ZC:530	507	—	ZC:1153	
14	六里坪—白浪	5-1	方杆双底座	760	2 200	2 474	934	1 863	1 620	380	1 000	237	ZC:−32	−611	—	ZC:35	
15	六里坪—白浪	6	方杆单底座	760	2 742	2 645	1 123	2 405	2 162	1 613	1 000	1 403	ZC:535	555	—	ZC:1201	
16	六里坪—白浪	7	方杆单底座	760	2 938	2 802	1 152	2 601	2 358	1 689	1 000	1 472	ZC:541	624	—	ZC:1270	
17	六里坪—白浪	8	方杆单底座	760	2 810	2 706	1 131	2 473	2 230	1 643	1 000	1 408	ZC:527	560	—	ZC:1206	

图 9　腕臂安装

图 10　腕臂成品照

接触网硬横跨施工工艺

1　工艺概况及技术特点

1.1　工艺概况

硬横跨结构形式增强了接触网的稳定性，能满足高速运行受电弓取流要求。公司施工的秦沈、胶济、武嘉、浙赣、京沪等铁路干线上普遍应用，本工艺是根据各线的施工总结，形成的施工工艺标准，实现了测量精确化、施工标准化、操作简单化，能满足横梁安装一次到位，保证了施工质量，减少了天窗使用时间，提高了施工效率。

1.2　技术特点

(1)改进了施工测量工具，测量数据更加准确，减小了测量误差。

(2)施工操作程序化和简单化，工艺流程更为合理。

(3)可明显提高工效、降低工程成本。

2　适用范围

本工艺适用于既有线和新建线的电气化铁路工程中硬横跨施工。目前主要应用于 160 km/h 及以上提速的电气化铁路工程中。

3　引用标准

(1)《客运专线铁路电力牵引供电工程施工质量验收暂行标准》(铁建设〔2006〕167 号)

(2)《铁路电力牵引供电工程施工质量验收标准》(TB 10421—2003)

(3)《新建时速 200 千米客货共线铁路工程施工质量验收标准》(铁建设〔2004〕08 号)

(4)《新建客货共线铁路工程施工补充规定》(暂行)(铁建设〔2004〕8 号)

(5)《铁路工程施工安全技术规程》(TB 10401—2003)

(6)《施工现场临时用电安全技术规范》(JGJ 46—2005)

(7)《铁路电力牵引供电设计规范》(TB 10009—2005)

(8)《混凝土结构工程施工质量验收规范》(GB 50204—2002)

(9)《预拌混凝土国家标准》(GB/T 14902—2003)

4　基本术语及定义

硬横跨：受轨道线路位置的影响，采用支柱和横梁钢性连接来承载接触网的门式结构，其支柱分为混凝土支柱和钢柱，硬横梁都是采用钢材料，一般分为圆管、格构和型钢三种。

5　工艺原理

根据测量位置和设计文件要求进行基坑开挖、浇筑基础；用激光测量仪测量同组基础的距离，水平仪测量基础面与各轨面的标高，根据测量结果转化为支柱高度和硬横梁长度；通知厂家加工生产；现场拼装并复测横梁长度与测量的数据是否一致；在封锁点内，先整立支柱然后用轨道平板车运输横梁到现场吊装。

6 工艺流程及操作要点

6.1 工艺流程

硬横跨施工工艺流程如图1所示。

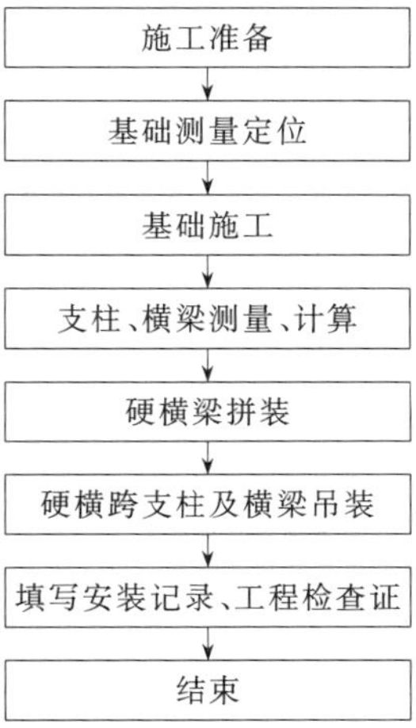

图1 硬横跨施工工艺流程图

6.2 操作要点

6.2.1 施工准备

(1)熟悉图纸并作好各种记录的技术资料准备。

(2)准备好并检查测量及施工工机具的完好。

(3)施工、技术等人员已培训到位。

6.2.2 基础测量定位

(1)根据前期施工定测的里程点，基础中心连线应垂直于正线，采用经纬仪或“等腰三角形中线垂直平分”的原理确定同组基础位置。

(2)根据基础类型确定开挖深度和大小，同组基础开挖宜同时进行。

6.2.3 基础施工

(1)基坑开挖成形以后，现场浇筑混凝土基础并预埋地脚螺栓，作好基础养护工作。

(2)为了减少支柱高度数量等级，同组基础浇筑时宜用水平仪超平，适当调整同组基础的高差。

6.2.4 支柱、横梁测量、计算

(1)用激光测量仪测量出同组基础距离，用水平仪测量同组基础与各轨面的标高，并作好记录。

(2)根据测量结果计算出支柱高度和横梁长度，横梁由多段(含两段)组成要注意其节点和吊柱位置是否冲突。

(3)通知生产厂家，要求注明支柱号和横梁的顺序。

6.2.5 硬横梁拼装

横梁一般是放在支架上拼装。每段横梁用两台可调支架支撑。将几台可调支架按顺序放好，将横梁吊至支架上，通过左右调整支架，使横梁中心线重合，然后用水准仪、水平尺进行测量，使横梁的拱度满足技术要求。

6.2.6 硬横跨支柱及横梁吊装

(1)基础强度达到要求后用轨道吊车先立杆整正作业，支柱临时固定。

(2)施工封锁点内，硬横梁装载安列运输到位，安列应停靠横梁跨中轨道，困难时安列应支腿稳固。

(3)在距横梁1/3处安装固定角钢(起吊加固)，并在横梁两端安装晃绳，以平衡固定横梁。

(4)用钢丝绳通过角钢缓慢起吊横梁，起吊过程中，用晃绳水平控制横梁。

(5)横梁起吊至杆顶后，缓慢下降横梁，横梁水平下落到支柱顶部，微调横线路方向横梁位置和调节支柱位置，使得支柱与横梁位置对准，施工人员进行临时固定。

(6)安装横梁固定螺栓并拧紧，确认横梁已稳固，撤离吊绳和吊车。

7　劳动力组织

硬横跨施工人员配备见表 1。

表 1　劳动组织人员配备表

序号	施工人员	单位	数量	工作内容	备　　注
1	施工负责人	人	1	负责每道工序施工现场的指挥工作	
2	吊车司机	人	2		含司助
3	机车司机	人	4		含司助
4	施工技术员	人	1	负责每道工序测量、检查、监督工作	
5	基础浇筑人员	人	12	负责基础浇筑(或桥上基础打灌)施工	
6	立杆整正人员	人	4	负责支柱的立杆、整正施工	
7	横梁拼装人员	人	6	负责横梁拼接	
8	横梁吊装人员	人	10	负责横梁的吊装	
9	施工防护人员	人	4	负责施工点的防护	

8　主要机械设备及工器具配置

主要机械设备及工器具配置见表 2。

表 2　主要机械设备及工器具配置表

序号	名称	规格	单位	数量	备　注
1	安列车组		组	1	包括平板及轨吊
2	汽吊		台	1	场地拼装横梁用
3	塔尺		把	1	
4	水平尺	500 mm	把	2	
5	网工工具		套	10	
6	托架		套	2	拼装时固定横梁用
7	大绳	白综绳 ϕ15	条	2	起吊横梁时调整用
8	力矩扳手		件	4	根据实际需要定
9	激光测距仪		台	1	
10	撬棍		根	4	

9　质量控制要点

(1)在测距过程中,以精密仪器测量为主,钢卷尺测量为辅,使误差缩小到最小范围。

(2)支柱立杆整正时,保证两根支柱中心直立,两支柱的中心连线垂直正线。同一组硬横梁两支柱中心线与横梁纵向中心线重合。

(3)硬横梁各梁段在拼装过程中,注意横梁有上、下方向性,不得装反。各段梁须密贴,中间不可使用垫片。硬横梁柱与横梁连接牢固可靠,螺栓紧固力矩应符合设计要求。

(4)跨度较大的硬横梁,可采用调整支架拼装。

(5)横梁组装完后应有少许向上的挠度,最大不超过梁长的 1/200。横梁安装完成后,梁底面与最高轨面的距离应符合设计要求,允许施工偏差 0～100 mm。

(6)硬横梁组装所用各螺栓须对角循环紧固;所有螺母均采用力矩扳手按设计要求紧固。

(7)吊柱应垂直安装,施工允许偏差为1°。

10 安全控制要点

(1)所有人员均应进行安全教育培训,培训合格方能上岗。

(2)硬横跨测量过程中,必须采取措施防止钢卷尺和其他工具材料短接轨道电路。使用激光测距仪测量横向分段长度,避免短接钢轨。

(3)硬横跨安装前,应现场调查横跨、平行铁路的通信、电力线路,做好拆迁或防护工作,无有效处理措施,不得安装硬横跨。

(4)堆放工具和材料时,要确保不侵入行车限界。

(5)所有参与施工人员均要戴安全帽,杆上作业人员要把安全带打牢靠。

(6)工具、材料要轻拿轻放,传递料具要用工具袋绳索传送,严禁抛递。

11 环境保护要点

(1)施工时应清理好所需材料,整齐有序地堆放。材料传递中应吊绳,严禁抛掷材料,减少环境损坏,材料包装物应清理干净并带走,弃置到规定的地方。

(2)硬横梁基础浇筑,应控制混凝土的拌和量,减少施工垃圾,施工垃圾弃置应符合施工环保要求,不得随意乱丢。

(3)施工完毕后,应及时将现场工机具、材料等清理完才撤离,做到工完料清,保持现场环境与施工前一致。

12 容易出现的问题及处理方法

(1)容易出现的问题。

① 设计跨度与实际跨度不一致,导致支柱和横梁结构形式变化;

② 未注意考虑吊柱安装位置与横梁节点冲突,吊柱无法安装;

③ 吊装时没有注意梁段的方向,可能引起节点与吊柱位置冲突,横梁上预留吊点的,吊柱侵限;

④ 道岔区及锚段关节处的硬横梁梁底距承力索的距离,有可能因线索抬高导致绝缘距离不够。

(2)处理办法。

① 施工测量时注意复核横梁跨度,不能随意改变基础限界;

② 数据处理时一定要复核节点与吊柱的位置;

③ 拼接和吊装时要专人负责检查;

④ 在确定硬横梁支柱高度时,应充分考虑空间结构,保证电气绝缘距离。

13 工程实例

浙赣(南昌)铁路新余(不含)至南广局界ZD2标电气化工程。东起新余(不含)西至南广局界。含接触网、牵引变电所、房屋建筑、两电拆迁等四个专业。接触网工程共计11站12区间1个机务折返段;施工里程:浙赣K727+703至浙赣K871+614,正线双线143.9 km。该工程含硬横梁503组,通过本工艺的实施,经检验各项指标均符合要求,保证了施工质量和工艺。

14 附　　录

(1)施工记录表。

① 硬横跨施工记录，见表 3。

表 3　硬横跨施工记录表

序号	支柱号	基础型号	施工标高(注明对应邻轨或桩号)	备　注

② 硬横梁定测记录，见表 4。

表 4　硬横梁定测记录表

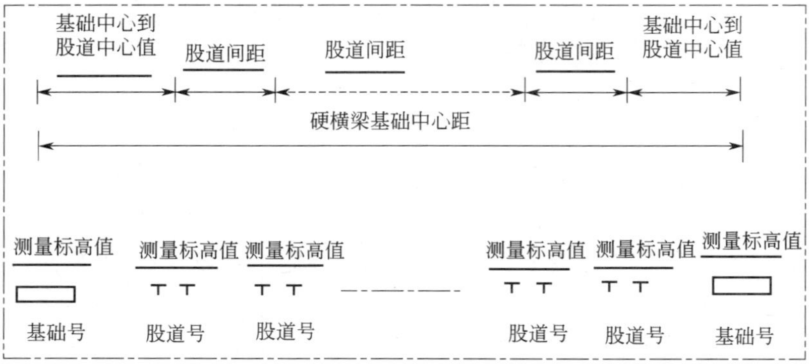

(2)工程图片见图 2～图 4。

图 2　格钩硬横梁吊装

图 3　圆管硬横梁吊装

图 4　硬横梁成品

接触网一般架线施工工艺

1 工艺概况及技术特点

接触网一般架线作业各项参数性能要求不高，操作简单，能够满足架线质量和受流要求，降低了工程成本，具有较好的经济技术指标，接触网一般架线具有以下技术特点：

（1）主要应用于运行速度要求不高电气化铁路施工中。

（2）操作简单，施工作业时间短，工效高、工程戎本低。

2 适用范围

本施工工艺适用于新线、既有线、既有电化改造项目上利用普通放线作业车进行的钢绞线承力索、铜合金承力索、铜合金接触导线等架设施工；维修及抢修仅可借鉴、参考。

3 引用标准

（1）《铁路电力牵引供电施工规范》（TB 10208—98）

（2）《铁路电力牵引供电工程施工质量验收标准》（TB 10421—2003）

（3）《铁路工程施工安全技术规程（下册）》（TB 10401.2—2000）

（4）《铁路技术管理规程》（铁道部令第 29 号）

（5）《接触网安全工作规程》（铁运〔2007〕69 号）

（6）《接触网运行检修规程》（铁运〔2007〕69 号）

（7）《电气化铁道牵引供电系统术语》（TB/T 1677—1997）

4 基本术语及定义

一般架线：采用传统放线作业车架设，架线施工过程中张力是不恒定的且比额定张力小，使得线索不与地面接触，线索不被损伤为目的架线作业。

5 工艺原理

承力索、接触线的架设一般采用由放线作业车牵引放线平板车，车组利用封闭时间占用线路作业，采用的是无张力（或低张力）放线法，由车上与车下两组人员共同配合完成，即第一步线索先自由展放，第二步由地面人员接着进行紧线、下锚。

利用放线作业车，牵引一辆装备有架线设施的放线平板车（30～60 吨）组成架线车组，架线车主要有带升降的作业平台、带制动装置的线盘支架、隧道内或夜间作业用的内燃发电机及照明装置等。

6 工艺流程及操作要点

6.1 工艺流程

工艺流程如图 1 所示。

6.2　操作要点

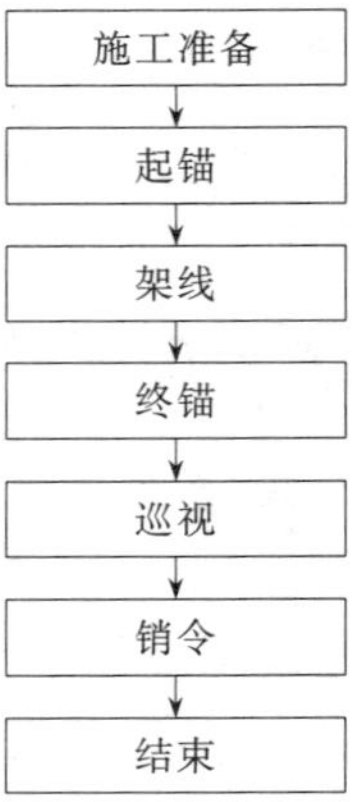

图 1　一般架线施工工艺流程图

6.2.1　施工准备

(1)办理架线申请手续。

① 施工区段开始架线前一个月,由项目部向铁路局(新建铁路为临管处)提出书面申请计划,并抄知车站、工务、车务、电务等有关单位;

② 施工作业队在架线前一天 18 点前,应向行车调度报告次日施工计划,由行车调度安排计划后,向有关车站下达同意施工的通知;

③ 架线当天由驻站联络员负责天窗点的申请与股道的封锁,由值班员下达封锁命令。封锁命令下达后才能进行架线施工。

(2)架线前的检查。

架线前由作业队长组织工程技术人员、安质检查人员和有关人员对架线区段沿线的实际情况进行全面检查,确认架线条件成熟,方可开始架线。

(3)配盘及材料准备。

① 根据锚段长度和线型要求选择线盘,并核对线盘编号,锚段号等;

② 按放线起锚方向出线将所需线盘吊装在架线车上并引线,做好终端;

③ 架线前应将起、终锚用的补偿坠砣运到锚柱处;检查锚柱装配是否已按设计图预装好,有无缺少零配件。按顺序将零件装配好并将所需工具装于架线车上;

④ 链条葫芦将补偿坠砣串提升到离开地面 2 m 的位置,根据设计的最高、最低温度要求和下锚安装曲线计算出两补偿滑轮之间的中心距离。

6.2.2　起　　锚

(1)起锚人员提前到达工作地点,作好放线前的准备工作:安装补偿装置(滑轮组的上油和安装、杵环杆的安装);拉线的检查和调整;坠砣堆码整齐,相邻坠砣缺口彼此应错开 180°,并采取临时措施确保坠砣不倾倒;补偿滑轮和补偿绳不被支柱或其他物件卡滞。

(2)当架线车到达起锚位置后,线盘制动人员松开放线线盘,作业台人员配合起锚人员迅速将事先做好的承力索、接触线接头分别与想对应的悬式绝缘子连接好(一般是在作业台上把接头和绝缘子先连好,再连接锚柱上的杵环杆)。

(3)为了防止悬式绝缘子串震动过大相互碰撞或撞击支柱而损坏,两串悬式绝缘子串都系上绳子,由起锚人员选择一定角度拉住。经检查无误,架线车方可缓慢起步开始放线。

6.2.3　放线架设

起锚之后,架线车以不大于 5 km/h 的均匀速度前进,线盘制动保持 1.5～3.0 kN 的制动力,在车子快到悬挂点减速制动时,按照滑轮开口方向要求将连好铁丝套的放线滑轮套上承力索、接触线,当作业平台停到腕臂悬挂处后,一人用铁钩钩正偏斜的腕臂,两人配合抬起承力索,另一人将铁丝套挂在腕臂上,降下作业平台,这样接触线也挂上了。挂线的同时应注意不要让线索脱出放线滑轮中,平台高度应适中以免线索向下压力增大无法抬起挂在腕臂上。

6.2.4　下　　锚

下锚作业人员和起锚人员一样提前到施工地点,做好准备工作:整理补偿装置;码放坠砣,

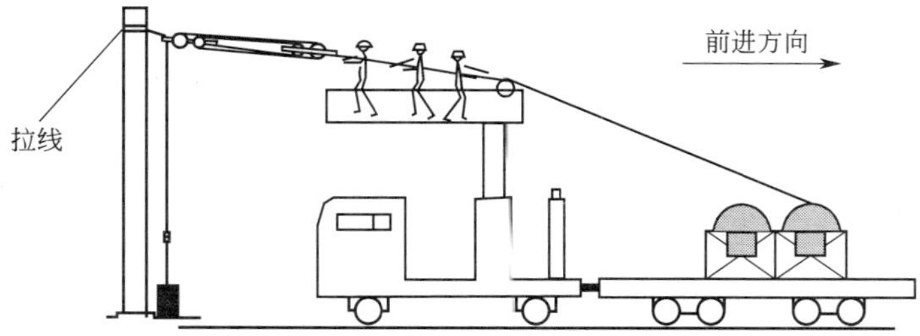

图 2　架设起锚示意图

检查调整拉线;布置滑轮组、手板葫芦等紧线工具。当架线车到达下锚柱时,线盘施加一定的制动力,作业台上人员将滑轮组一头连在线索上(通过紧线器用钢丝套连接)。然后,两组线索可同时紧线(紧线时接触线的紧线速度不应大于承力索的速度),线索驰度合适后,在断线位置做出记号,然后将手扳葫芦松几扣,用断线钳将双线依次断开,连上终端锚固线夹再紧线直至将线索与绝缘子串补偿相连。

下锚时应随时与起锚及防护人员保持联系,按安装曲线表确定好驰度及坠砣安装高度(b值)。

6.2.5　返巡、销令

下好锚后,架线区段应确认无误后将线索临时接地,收拾好机具返回车站,沿路检查所架线路,确认架线区段内接触网无侵入铁路基本限界情况及其他不良状态、接触网各部连接牢固可靠、线路上无遗留工具及其他妨碍行车物件,方可请求销除封锁区间命令。

7　技术标准及工艺要求

(1)架线车组以 3～5 km/h 匀速前进行驶。

(2)放线张力为 10～12 kN。

(3)架线完成后,导线无硬弯、扭曲等损伤。

(4)各连接紧固件连接牢固可靠,其承受力满足工作负荷要求。

8　劳动力组织

施工管理采用施工负责人责任制、岗位负责制、定点定岗。各人员现场操作严格遵守技术要求、安全规程和机械操作规程,人员组织见表 1。

9　主要机械设备及工器具配置

主要机械设备及工器具配置见表 2。

表 1　人员组织表

序号	施工人员	单位	数量	备　注
1	施工负责人	人	1	现场施工组织及协调
2	技术员	人	1	技术负责、质量负责
3	接触网工	人	4	架线作业
4	接触网工	人	8	起、下锚分别 3 人,1 人巡视
5	安全监督员	人	1	安全监督

续上表

序号	施工人员	单位	数量	备　　注
6	防护人员	人	2	安全防护
7	机械人员	人	4	机械操作
8	驻站联络员	人	1	请、销点
9	汽车司机	人	1	运输线盘
10	起重司机	人	1	吊装线盘
11	起重工	人	1	指挥起吊线盘

表 2　主要机械设备及工器具配置

序号	名　称	规格	单位	数量	备　　注
1	轨道车	290 马力以上	台	1	
2	放线作业车	DA12	台	1	
3	汽车	EQ1092F	台	1	运输线盘
4	吊车	8 吨		1	吊装线盘
5	手扳葫芦	3.0 t	台	2	1 台备用
6	楔形紧线器	3.0 t	套	2	
7	链条葫芦	3.0 t	套	4	起下锚处各 2 套
8	铁丝套子	ϕ4.0	个	若干	根据悬挂点数量确定
9	防护灯	闪烁型	套	2	
10	照明设备		套	若干	备用(含发电机)
11	钢丝套子	3.0 t	套	8	
12	对讲机		台	9	
13	防护旗	红、黄	套	各 2	
14	防护牌		套	2	
15	液压断线钳	1	把	1	下锚断线用
16	手 锤	0.5 kg	把	1	
17	钢卷尺	3.5 m	把	2	测回头长度,坠砣离地高度
18	长钩子	3～4 m	把	1	钩正腕臂
19	棕绳	10～20 m	条	4	
20	信号旗	红、黄	套	3～5	行车防护用
21	ϕ4.0 铁线套子		套	50	
22	温度计		支	1	
23	安全带		套	4	
24	滑轮组	3 t	套	1	
25	导线煨弯器		个	1	接触线做回头用
26	钢型卡子		套	4	

10　质量控制要点

(1)接触线架设根据线材型号选用相应的放线滑轮和 S 钩滑轮并带有防护措施,避免线索磨损,架设接触线应在每个跨距内均匀悬挂 2～3 组 S 钩滑轮。

(2)对所有施工人员进行技术交底,使其领会本道工序的设计要求以及施工验收标准,施工的全过程由技术人员把关。

(3)承力索、接触线的张力应符合设计要求，补偿坠砣串的重量误差±1%。

(4)正线接触悬挂工作支改变方向时，与原方向的夹角不宜大于40°，困难情况下不宜大于6°。

(5)承力索、接触线外表质量要保证，如有破股、损坏腐蚀等现象时要根据规定解决：铜、钢承力索19股断2股或以上和存在无法修复的交叉、松散、硬弯、折叠的都要截断重接；接触线在同一截面处损坏大于其截面10%时(钢铝结合处开裂)应截断重接。

(6)中心锚结处跨距内不得有接头；每个锚段承力索、接触线接头不得超过1个(侧线不超过2)；两接头间距不得小于150 m；接头距悬挂点的距离不得小于2 m。

(7)锚柱处，滑轮组要注油；补偿绳不摩擦拉线；坠砣完整，表面光洁平整，b值满足设计要求。

11 安全控制要点

(1)作业台升起高度适宜；作业台的栏杆应竖起并固定牢靠。

(2)作业台升降时不得上、下人。

(3)起锚处两串下锚悬式绝缘子串系上绳子，由起锚人员选择一定角度拉住，防止震动过大相互碰撞或撞击支柱而损坏。

(4)除道口、桥隧等处应设置防护人员外，在曲线、直线每隔几跨应设置防护巡视人员。

(5)在放线过程中，要始终保持承力索和接触线的线盘制动张力基本相等，承力索和接触线线盘转速相等，且与作业车前进速度吻合，以防线索绞缠。

(6)高压线下、曲线上的支柱在悬挂时宜采用闭口滑轮，如采用开口放线滑轮时，要封死开口。曲线外侧支柱滑轮开口朝田野侧，曲线内侧支柱滑轮开口朝线路侧，在放线完毕后应立即派专人及时倒鞍子并对接触线采取临时加固措施。

(7)下锚前两套手板葫芦和滑轮组设置位置应妥当，防止紧线时绞在一起。

12 常见问题及处理方法

(1)曲线上放线滑轮中导线易滑脱。采取措施：利用双闭口滑轮。

(2)导线抖动。采取措施：架线张力恒定，车速匀速。

(3)曲线拉力过大。采取措施：铁丝套子适当加长。

(4)注意在引导线条时，作业人员应做出手势，避免使线条折弯或伤人。

(5)注意补偿绳不得跳槽。

(6)张力波动大。采取措施：起、落锚坠砣临时固定，但应考虑温度变化因素。

13 工程实例

在候月线、南昆线、宝成线电气化工程段建设过程中，采用了该工艺进行接触网承力索及接触线的架线，该工艺完全能够满足我国电气化接触网承力索及接触线架线质量的要求。在施工验收中、投入运营后，各项指符合要求，安全运行多年。

恒张力架设接触网导线施工工艺

1　工艺概况及特点

接触网受流质量的静态评价标准主要包括静态弹性及其不均匀系数、静态抬升力和静态抬升量等几项标准。弹性越均匀越有利于改善弓网关系，降低弹性不仅有利于提高接触网的稳定性，而且能够降低和限制接触线抬升量、减少接触线疲劳损伤，所以在架设导线时要求不产生硬弯。

(1)架设导线张力恒定，不产生波动，导线不会产生硬弯，无需进行矫正。

(2)放线张力额定，可根据锚段长度及设计张力在 8～27 kN 范围内选择定值放线张力，静态误差±1%，动态误差±5%。

(3)导线不会产生扭面，无需进行矫正，从而避免了矫正时产生的硬弯。

(4)导线的引导装置，避免架线过程中导线产生扭转、扭曲变形，避免硬弯，不需矫正，提高了架线质量和施工效率。

(5)减少了对下锚补偿调整和接触悬挂调整的工作量，基本上可以做到一次到位。

2　适用范围

本施工工艺适用于高速铁路、客运专线、160 km/h 以上电气化铁路接触网钢绞承力索、铜合金承力索、铜合金导线架设。

3　引用标准

(1)《铁路电力牵引供电设计规范》(TB 10009—2005)

(2)《铁路电力工程施工技术指南》(CTZ 10207—2007)

(3)《铁路工程施工安全技术规程》(TB 10401—2003)

(4)《施工现场临时用电安全技术规范》(JGJ 46—2005)

(5)《客货共成铁路电力牵引供电施工技术指南》(TZ 10208—2005)

(6)《铁路电力牵引供电工程施工质量验收标准》(TB 10421—2003)

(7)《铁路工程施工安全技术规程(下册)》(TB 10401.2—2000)

(8)《新建客货共线铁路工程施工补充规定》(铁建设函〔2004〕8 号)

4　基本术语及定义

(1)设定张力：由操作人员给恒张力放线车设定的放线张力。

(2)设计张力：锚段形成后导线额定工作张力。

(3)放线张力：恒张力放线车在放线时的实际张力。

5　工艺原理

设备自动检测导线放线张力，并将此张力值输入随机电脑，与设定张力比较，再由电脑来控制作业驱动装置和磨擦卷筒的驱动装置，使架线张力终保持恒定，从而保证架线质量；架线时架线车组以 3～5 km/h 速度匀速行驶，放线张力设为 10～12 kN。

6 工艺流程及操作要点

6.1 工艺流程

工艺流程见图 1。

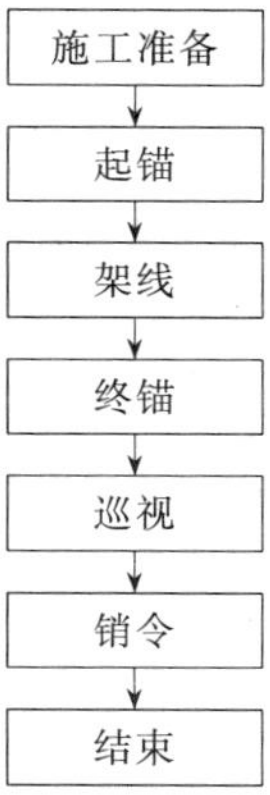

图 1 架线施工工艺流程图

6.2 操作要点

(1)办理架线申请手续。

施工区段开始架线前一个月，由项目部向铁路局(新建铁路为临管处)，提出书面申请计划，并抄知车站、工务、车务、电务等有关单位。

施工队在架线前一天 18 时前，应向行车调度报告次日施工计划，由行车调度安排计划后，向有关车站下达同意施工的通知。

架线当天由驻站联络员负责天窗点的申请与股道的封锁，由值班员下达封锁命令；封锁命令下达后才能进行架线施工。

(2)架线前的检查。

架线前由作业队长组织工程技术人员、安质检查人员和有关人员对架线区段沿线的实际情况进行全面检查，确认架线条件成熟，方可开始架线。

(3)配盘及材料准备。

① 根据锚段长度和线型要求选择线盘，并核对线盘编号，锚段号等；

② 然后按放线起锚和下锚方向将所需线盘吊装在架线车上，并按恒张力放线车规定进行穿线、引线，做好终端；

③ 架线前应将起、终锚用的补偿坠砣运到锚柱处；检查锚柱装配是否已按设计图预装好，有无缺少零配件；按作业顺序将零件和工具装于架线车上；

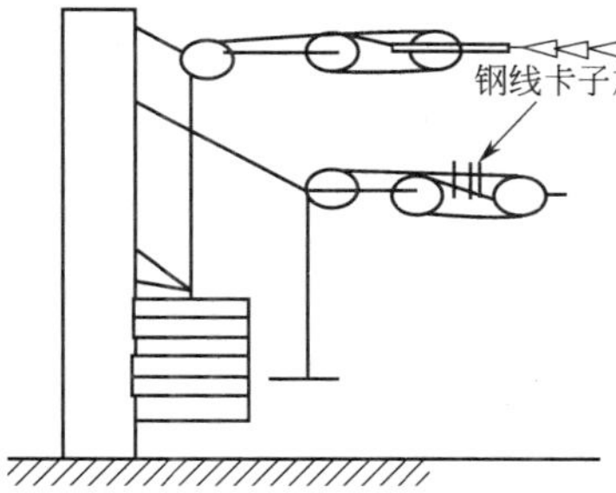

图 2 起锚连接图

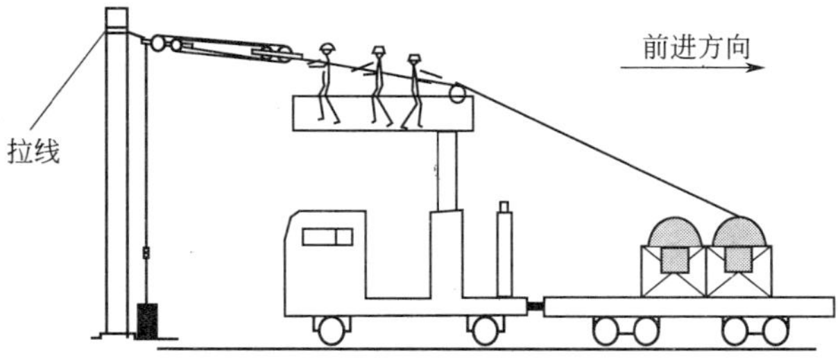

图 3 架设起锚示意图

④ 坠砣堆码整齐，相邻坠砣缺口彼此应错开 180°，并采取临时措施确保坠砣不倾倒，补偿滑轮和补偿绳不被支柱或其他物件卡滞；

⑤ 链条葫芦将补偿坠砣串提升到离开地面 2 m 的位置，向下用一链条葫芦将坠砣串固定。根据设计的最高、最低温度要求和下锚安装曲线计算出两补偿滑轮之间的中心距离。

(4)起锚。

① 操作手利用作业平台控制面板上的控制手柄，平台、立柱升至适当位置，旋转 90°，摆动架至锚柱侧 35°左右，百分比设为 20%～45%，架线速度设定为 1 速 3 km/h；

② 作业平台上的作业人员将补偿装置、瓷瓶、终端线头与单联腕头相连；

③ 转换开关扳到 1 号位，同时按下车控制板上“线盘制动缓解”和“张力轮到制动缓解按钮”，将连接到补偿装置的承力索收紧，操作遥控器向下锚方向行车起步；

④ 恒张力放线车在运行时，操作平台及摇摆架应归位，运行至第一根转换柱处停车，立柱升至 6 m 左右、平台升至 7 m 左右；

⑤ 加固两根腕臂，使两腕臂形成三角架，用双闭口滑轮加上事先做好铁丝套好（40 mm^2 的铁丝），在平腕臂上缠绕一圈，滑轮与铁丝套子连接挂好，将导线放入滑轮内；在第二根转换柱处重复以上操作。

（5）承力索架线。

操作遥控器调整立柱至正中间位置，平台位置控制 6.5 m，百分比设为 20%～45%，架线速度设定为 1 速 3 km/h。

操作遥控器使车辆向下锚方向行驶，当车辆行驶到支柱前，用铁勾子勾住腕臂至与支柱面成 90°位置，用铁丝套子套上平腕臂，将导线放入滑轮内，在车辆行驶的同时重复以上的操作。

（6）接触线的架线。

百分比设为 30%～45%，架线速度设定为 1 速 3 km/h，设定放线张力，逐渐提高至 12 kN，观察放线张力与设定张力在允许误差范围内，开始架线。

在车辆运行的同时，操作手通过遥控器控制立柱的升降与偏移至适当高度与位置。启动、停止车辆，平台作业人员取出“S”钩、滑轮套在导线上，在离转换 10m 处左右将“S”钩钩于承力索上，当运行至跨中时每间隔 15 m，用以上同样的方法挂“S”钩、滑轮；在每跨之间重复以上操作。

（7）下锚。

① 下锚柱前二根转换柱时，停车用铁丝套子、双闭口的滑轮联接挂在腕臂上并将导线放入滑轮内。转换柱处导线的方向改变，操作手通过遥控器，改变立柱及摆架的偏移，使平台向田野侧转动；

② 在距锚柱 15 m 处停车，架线施工负责人与起锚防护作业人员通话，确认放出的导线无绞缠、刮线、卡滞等异常情况后开始紧线，设定张力至 12 kN，利用恒张力放线车进行紧线，当电脑上显示张力达到 12 kN 时，平台作业人员在适当位置将楔型紧线器固定在承力索或接触线上，连接楔型紧线器、滑轮组、下锚补偿滑轮，手扳葫芦；

③ 转换开关至“1”号位，降下立柱，向起锚方向缓慢移动车辆，释放一定张力，导线的张力通过补偿装置转移到锚柱上；

④ 平台作业人员用钢卷尺精确测定断线位置，利用液压断线钳对承力索或接触线断线，做回头连接下锚件；

⑤ 确认两端坠砣离地高度符合施工要求，坠砣能自由滑动，缓慢松开手扳葫芦，取下楔型紧线器、手扳葫芦。

（8）巡视。

恒张力放线车缓慢返回起锚处，沿途检查所架设的线材是否损伤现象，是否影响行车并做出相应的处理。

下锚完毕后，架线作业车巡视施工锚段后确认施工区段无异常情况便通知全体人员撤离施工现场。

在曲线半径小的区段，为防止承力索(或接触线)弹出侵入铁路基本限界，要及时将承力索固定，用铁线加固接触线。

撤离架线区间后应通知请点人员及时销点。

7 技术标准及工艺要求

(1)架线车组以 3～5 km/h 匀速前进行驶。

(2)放线张力为 10～12 kN。

(3)架线完成后，导线无硬弯、扭曲等损伤。

(4)各连接紧固件连接牢固可靠，其承受力满足工作负荷要求。

(5)“S”钩的长度分别为：0.8 m、1 m、1.2 m。

8 劳动力组织

施工管理采用施工负责人责任制、岗位负责制、定点定岗。各人员现场操作严格遵守技术要求、安全规程和机械操作规程，人员组织见表 1。

表 1 人员组织表

序号	施工人员	单位	数量	备注
1	施工负责人	人	1	现场施工组织及协调
2	技术员	人	1	技术负责、质量负责
3	接触网工	人	4	架线作业
4	接触网工	人	8	起、下锚分别 3 人，1 人巡视
5	安全监督员	人	1	安全监督
6	防护人员	人	2	安全防护
7	机械人员	人	4	机械操作
8	驻站联络员	人	1	请、销点
9	汽车司机	人	1	运输线盘
10	起重司机	人	1	吊装线盘
11	起重工	人	1	指挥起吊线盘

9 主要机械设备及工器具配置

主要机械设备及工器具配置见表 2。

表 2 机具设备组织表

序号	名称	规格	单位	数量	备注
1	轨道车	290 马力以上	台	1	
2	恒张力放线作业车	CEM100-121	台	1	
3	汽车	EQ1092F	台	1	运输线盘
4	吊带			4	兜吊线盘
5	吊车	8 t		1	吊装线盘

续上表

序号	名　称	规格	单位	数量	备　注
6	S钩	ϕ12	个	若干	0.8 m、1 m、1.2 m
7	手扳葫芦	3.0 t	台	2	1台备用
8	楔形紧线器	3.0 t	套	2	
9	链条葫芦	3.0 t	套	4	起下锚处各2套
10	铁丝套子	ϕ4.0	个	若干	根据悬挂点数量确定
11	防护灯	闪烁型	套	2	
12	照明设备		套	若干	备用(含发电机)
13	钢丝套子	3 t	套	8	
14	对讲机		台	9	
15	防护旗	红、黄	套	各2	
16	防护牌		套	2	
17	液压断线钳	1	把	1	下锚断线用
18	手锤	0.5 kg	把	1	
19	钢卷尺	3.5 m	把	2	测回头长度,坠砣离地高度
20	长钩子	3～4 m	把	1	钩正腕臂
21	棕绳	10～2 m	条	4	
22	信号旗	红、黄	套	3～5	行车防护用
23	ϕ4.0铁线套子		套	50	
24	温度计		支	1	
25	安全带		套	4	
26	滑轮组	3 t	套	1	
27	楔型紧线器		个	1	
28	导线煨弯器		个	1	接触线做回头用
29	钢型卡子		套	4	

10　质量控制要点

(1)承力索、接触线的规格、型号、性能应符合设计要求,由生产厂家依据设计资料进行定盘、定长供应,承力索、接触线不允许有接头。

(2)承力索、接触线架设根据线材型号选用相应的放线滑轮和S钩滑轮并带有防护措施,避免线索磨损,架设接触线应在每个跨距内均匀悬挂2～3组S钩滑轮。

(3)张力架线时曲线区段、转换柱处的支柱装配应采取临时加固措施,使腕臂不因架线而偏转,减少对线索的磨损。

(4)线索应采用额定张力进行恒张力架线,架线张力误差不超过5%。

(5)承力索、接触线应进行超拉或进行其他预延伸措施。

(6)承力索、接触线的张力应符合设计要求,补偿坠砣串的重量误差±1%。

(7)正线接触悬挂工作支改变方向时,与原方向的夹角不宜大于40°,困难情况不宜大于6°。

11　安全控制要点

(1)严格检查上道工序质量,提前排除架线锚段内障碍。

(2)恒张力架线时曲线区段、转换柱处的支柱装配应采取临时加固措施,使腕臂临时固定并与线路方向保持垂直。

(3)调整好锚柱拉线,使锚柱在受力后保持中心直立,保证补偿装置转动灵活;补偿坠砣应提前按设计要求安装到位。

(4)承力索、接触线架设用滑轮和S钩滑轮应带有防护措施,避免线索磨损,架设接触线应在每个跨距内均匀悬挂2~3组S钩滑轮。

(5)恒张力架线设备操作人员必须接受培训并经考试合格方能上岗。

(6)严格检查和监控放线车组设备运行状况,包括作业平台升降是否平稳灵活、自由旋转是否能满足±90°、制动系统是否可靠灵敏、张力控制能否正常使用、线盘是否稳固可靠等。

(7)在设定张力过程中一定要观察接触线和滑轮,锚柱的状态。

12 常见问题及处理方法

(1)曲线上放线滑轮中导线易滑脱。采取措施:利用双闭口滑轮。

(2)导线抖动。采取措施:架线张力恒定,车速匀速。

(3)曲线拉力过大。采取措施:铁丝套子适当加长。

(4)注意在引导线条时,作业人员应做出手势,避免使线条折弯或伤人。

(5)注意补偿绳不得跳槽。

(6)张力波动大。采取措施:起、落锚坠砣临时固定,但应考虑温度变化因素。

13 工程实例

在秦沈客运专线电气化工程、胶济线电气化工程DQ—6标段建设过程中,采用了该工艺进行接触网承力索及接触线的架设。使用了目前国际上最先进的电气化架线设备之一的CEM100-121型恒张力架线车(见图4和图5)。架线设备性能优良,运行稳定,安全可靠,架线张力恒定。该架线工艺技术克服了传统架线工艺对接触导线造成的扭曲、硬点、波浪弯等缺陷。该工艺完全能够满足我国铁路电气化提速改造、客运专线、高速铁路电气化接触网承力索及接触线架线质量的要求。

图4 接触线起锚

图5 接触线下锚

接触网整体吊弦施工工艺

1 工艺概况及技术特点

整体吊弦施工工艺，解决了导线高度调整不能一次到位的施工难题，确保了接触网的弹性均匀及受电弓受流要求。整体吊弦施工技术减少了接触悬挂的调整次数，对吊弦施工精度要求更高。整体吊弦施工的难点是整体吊弦的计算、预配和安装。

本施工工艺主要包括整体吊弦参数测量、计算系统的使用、工厂预配、现场施工等内容。整体吊弦施工具有以下技术特点：

(1)整体吊弦计算参数采用多功能激光测距仪进行测量；整体吊弦长度采用专用计算软件进行计算。

(2)整体吊弦采用工厂化预配，专用的加工平台及加工工具进行精确加工。

(3)整体吊弦安装过程比传统的吊弦安装更简单，同时避免了对接触悬挂进行多次调整。

(4)本施工技术可明显提高工效、降低工程成本。

2 适用范围

本施工工艺适用于全补偿简单链型悬挂整体吊弦的测量、计算、加工和安装等；对于全补偿弹性链型除计算方式有所不同外，整体吊弦的加工、安装等与本工艺相同。

3 引用技术标准

(1)《客货共成铁路电力牵引供电施工技术指南》(TB 10208—2008)

(2)《铁路电力牵引供电工程施工质量验收标准》(TB 10421—2003)

(3)《接触网安全工作规程》、《接触网运行检修规程》(铁运〔2007〕69 号)

(4)《新建客货共线铁路工程施工补充规定》(铁建设函〔2004〕8 号)

(5)《铁路电力牵引供电设计规范》(TB 10009—2005)

(6)《铁路电力牵引供电隧道内接触网设计规范》(TB 10075—2000)

(7)《铁路枢纽电力牵引供电设计规范》(TB 10076—2000)

4 基本术语及定义

(1)吊弦：是链形悬挂的重要组成部件之一，接触线通过吊弦悬挂在承力索上，调节吊弦的长度可以保证接触悬挂的结构高度和接触线距轨面的工作高度，增加了接触线的悬挂点，提高电力机车受电弓的取流质量。

(2)整体吊弦：采用铜合金绞线(或不锈钢)，两端(或其中一端)通过压接方式与吊弦线夹连接。

(3)载流式整体吊弦：指整体吊弦两端都有一个供电流回流到承力索或接触线的载流环。

(4)不可调式整体吊弦：指整体吊弦两端都是通过压接方式与吊弦线夹连接，吊弦长度为固定值。

(5)激光测距仪:采用激光测距原理测量两点之间距离的专用工具。

(6)跨距:是指沿轨道方向上相邻两支柱之间的距离。

(7)外轨超高:指钢轨内轨与外轨之间的水平高差。

(8)结构高度:指悬挂点处,在接触线无弛度时,接触线与承力索间的垂直距离。

(9)承力索高度:指悬挂点处,承力索距轨面连线的垂直高度。

(10)导线高度:指悬挂定点处,接触线无弛度时接触线距轨面连线的垂直高度。

(11)预留驰度:接触线在跨中心处与悬挂点处的高度差就是预留弛度。

(12)竖曲线:为了适应地形的起伏,线路的纵断面必须用各种不同的坡度连接而成。两相邻坡度的连接点为变坡点,当相邻坡度的代数差超过了 3%时,为了保证行车的平顺及安全,特在铁路纵断面的变坡点处设置竖曲线,竖曲线的线型一般采用圆曲线。曲线半径一般为 500 m 的倍数。

5 工艺原理

5.1 整体吊弦类型

(1)按载流方式分为载流式整体吊弦和非载流式整体吊弦。

① 载流式整体吊弦承力索与接触线间都有一个载流环,载流环的作用是当机车通过时,电流能通过载流环回流到承力索和接触线上,载流式整体吊弦一般都用在速度快,取流量大的正线上(见图 1);

② 非载流式整体吊弦是在接触线端没有载流环,在承力索端吊弦和接触线间没有电流回路,一般用在低速、取流量小的线路上,一般站线及枢杻都采用非载流整体吊弦(见图 2)。

(2)按是否可调整分为可调式整体吊弦和不可调式整体吊弦(图 3 所示为可调式整体吊弦)

① 可调式整体吊弦一般在接触线端进行整体压接,而承力索端用可调式调整螺栓锁定,可调式整体吊弦一般用在低速的既有线路改造中;

② 不可调式整体吊弦两端都是压接的,不可调式整体吊弦对施工及线路稳定性要求比较高,一般适用于新建的高速电气化铁路。

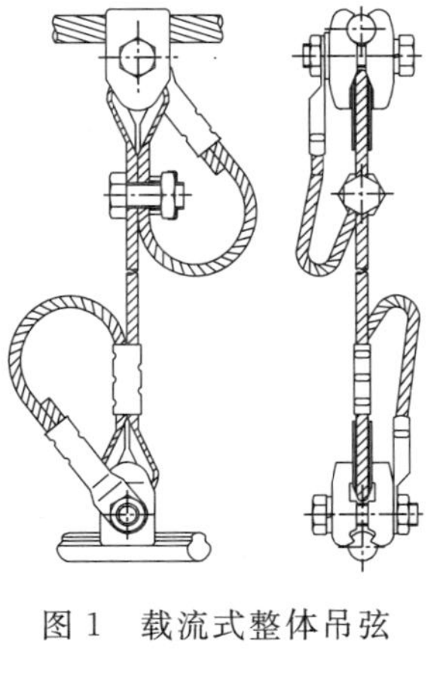

图 1 载流式整体吊弦

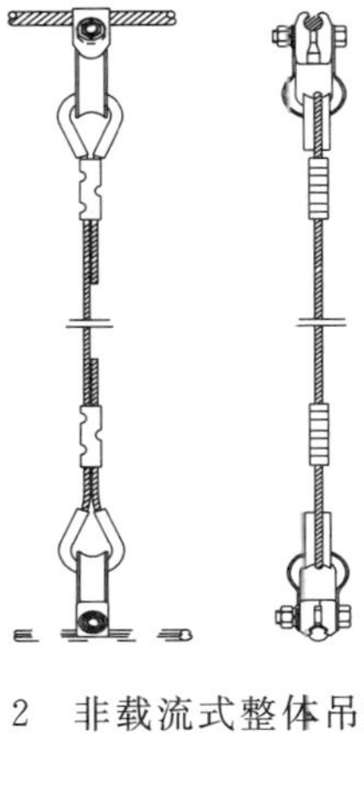

图 2 非载流式整体吊弦

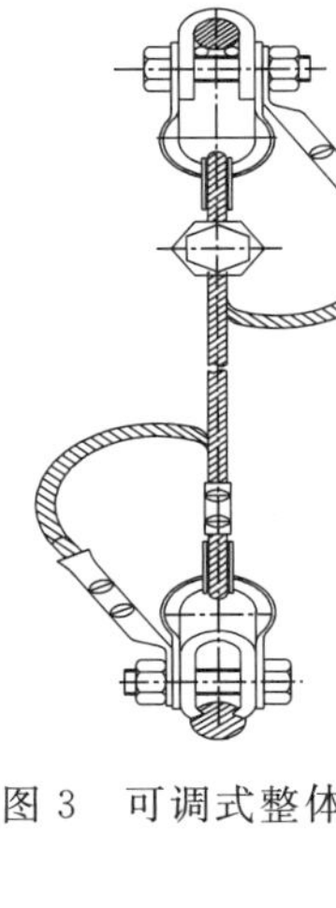

图 3 可调式整体吊弦

5.2 整体吊弦组成

整体吊弦的组成如表 1 所示。

表 1　整体吊弦的组成表

序号	零件名称	单位	数量	说　　明
1	吊弦固定螺栓	套	1	吊弦为可调式时用
2	连接线夹	件	2	
3	吊弦线	m	1.9	具体长度由计算获得
4	10 型钳压管	件	1(2)	吊弦为可调式时钳压管为 1 件
5	吊线护套环	件	2	
6	承力索吊弦线夹	套	1	
7	接触线吊弦线夹	套	1	

6　整体吊弦施工流程

6.1　整体吊弦施工流程

整体吊弦施工流程如图 4 所示。

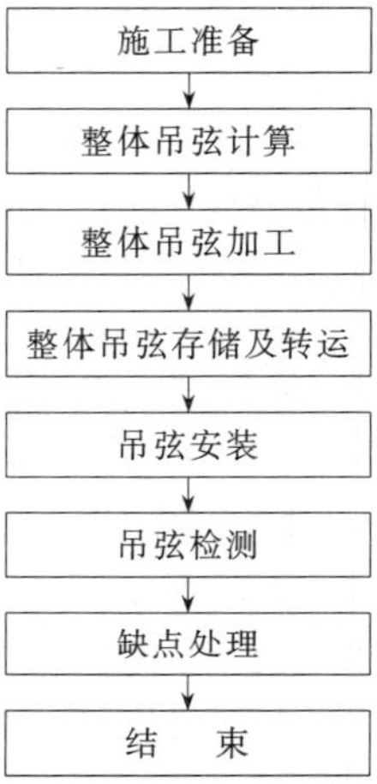

图 4　整体吊弦施工流程图

6.2　整体吊弦操作要点

6.2.1　施工准备

(1)施工条件

承力索架设并超拉完毕，完成承力索座归位和中锚安装，腕臂偏移按温度曲线图调整到位，并且承力索张力加到额定张力后，可进行吊弦测量及安装工作。

(2)参数测量

原始数据的测量是吊弦施工中至关重要的一步，它的准确与否与吊弦计算的准确性息息相关，直接影响吊弦施工的质量。吊弦计算主要测量两个方面的数据：一是网上参数测量，主要包括承立索的高度及承力索接触线张力测量；二是线上参数测量，主要包括跨距及定位点处外轨超高测量。

(3)承力索高度测量

采用多功能接触网激光测距仪进行测量，测量前应校核接多功能接触网激光测距仪基座的水平度、激光测距仪精度，激光测距仪拉出值的精准度。测量时将多功能接触网检测仪放置在悬挂点下轨面上，操作检测仪，测出承力索距轨水平面的距离值记录到表 10 中。

(4)承力索、接触线张力测量

当承力索、接触线都加到额定张力，承力索座归位和中锚安装完后，将张力计分别串接到承力索(接触线上)，如图 5 所示。接上张力计后待一两分钟读取张力计上的值，一般应进行多次测量(在多个锚段内)，分别取其平均值，最终确定承力索及接触线的张力。

(5)跨距测量

跨距测量时，直线沿一轨测量，曲线沿外轨测量，一人拉尺头，一人拿尺尾，一人中间扶钢尺，将测得的跨距值记录在表 10 中。

(6)外轨超高测量。

将道尺或轨距尺放置在悬挂点下轨面上，操作道尺或轨距尺，测出悬挂点处轨道的外轨超高值并记录在表 10 中。

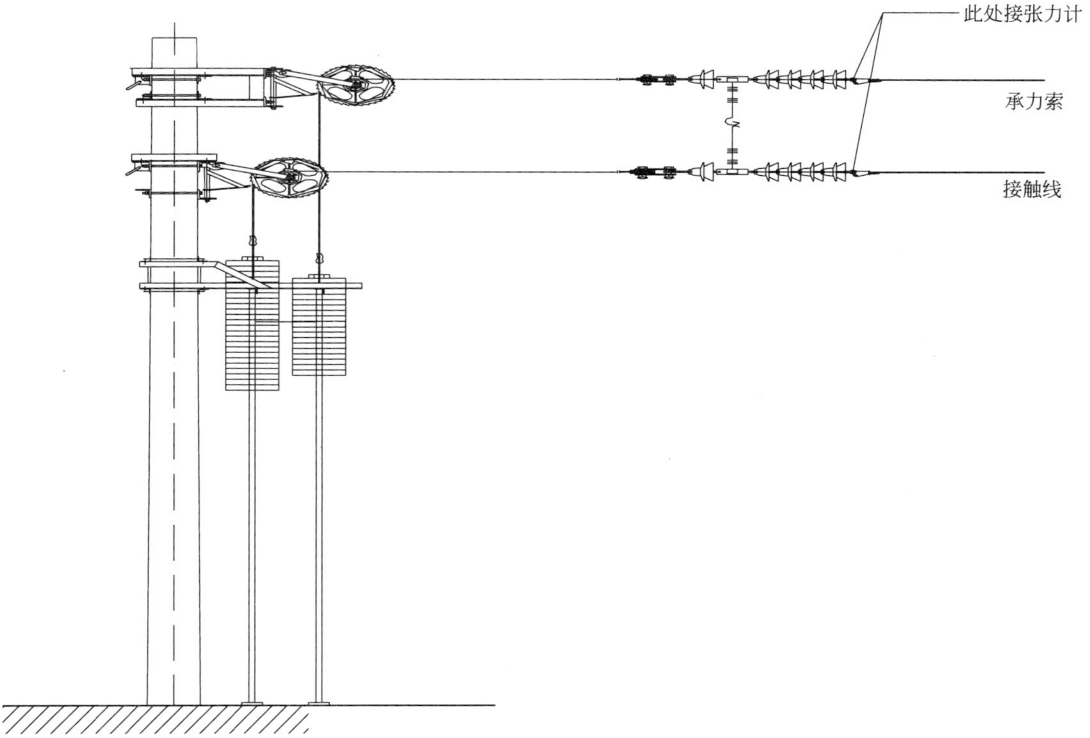

图 5　整体吊弦接触线承力索张力测量示意图

6.2.2　整体吊弦计算

整体吊弦计算是以公司自主开发的接触网远程计算系统为计算平台。合法用户登录后进行常用数据维护和上传计算的原始数据,由公司服务器对数据进行处理并返回用户所需的计算结果。

(1)常用参数维护

常用参数是用户计算吊弦引用的吊弦结构尺寸及零件尺寸的重要参数,必须对常用参数进行正确的维护管理,普通用户只能对常用参数进行浏览及修改操作,常用参数主要是对导高、结构高度、结构高度误差率、预留驰度及修正值等进行数值维护(见图 6)。

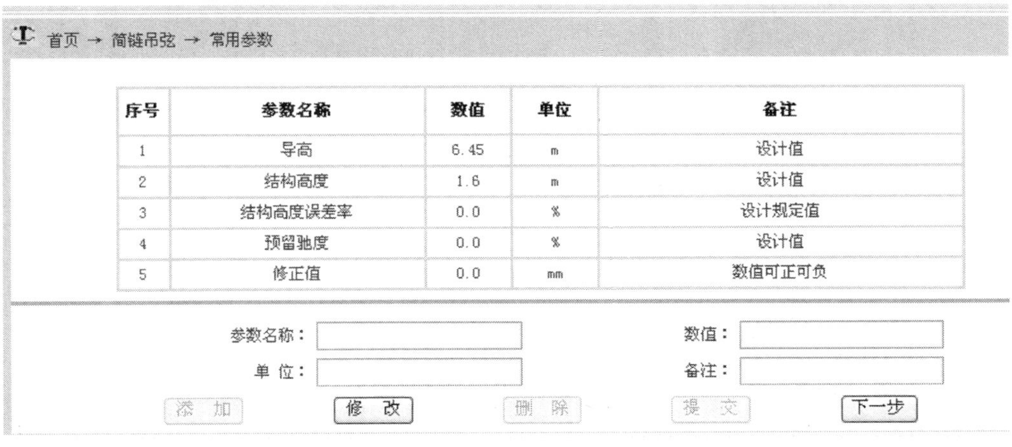

序号	参数名称	数值	单位	备注
1	导高	6.45	m	设计值
2	结构高度	1.6	m	设计值
3	结构高度误差率	0.0	%	设计规定值
4	预留驰度	0.0	%	设计值
5	修正值	0.0	mm	数值可正可负

图 6　整体吊弦常用参数维护页面

要修改某个常用参数，首先在图 6 表格中选择要修改的常用参数信息，用户修改常用参数值后，单击“提交“按钮更新服务器数据库中的常用参数值。

(2)导线参数

导线参数是用户计算整体吊弦引用的一个重要参数，必须对导线参数进行正确的维护管理。导线参数主要对不同承力索接触线张力、承力索接触线比重、吊弦线夹扣料长度、单根吊弦重量进行添加、修改、删除等维护(见图 7)。

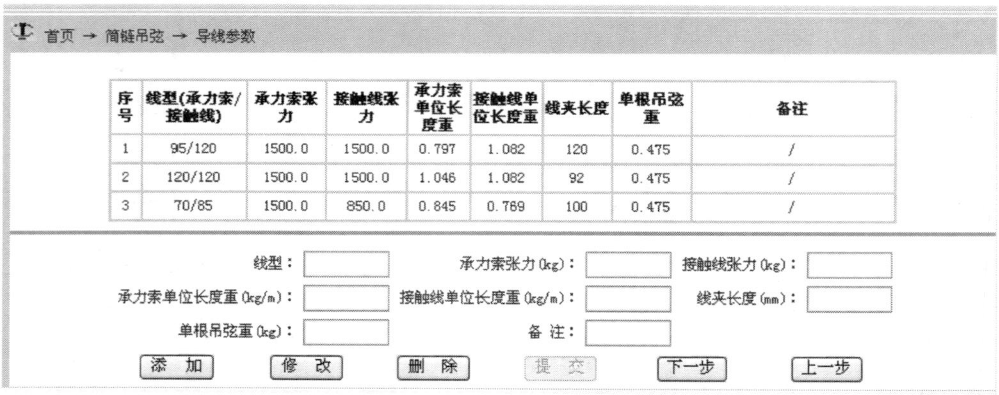

序号	线型(承力索/接触线)	承力索张力	接触线张力	承力索单位长度重	接触线单位长度重	线夹长度	单根吊弦重	备注
1	95/120	1500.0	1500.0	0.797	1.082	120	0.475	/
2	120/120	1500.0	1500.0	1.046	1.082	92	0.475	/
3	70/85	1500.0	850.0	0.845	0.769	100	0.475	/

图 7　整体吊弦导线参数维护页面

(3)导线参数管理

① 添加导线参数信息；

单击图 7 中的“添加”按钮，用户输入要添加的导线参数信息后，单击“提交”按钮将要添加导线参数信息插入到服务器数据库中。

② 修改导线参数信息；

首先在图 7 表格中选择要修改的导线参数信息，用户修改的导线参数信息后，单击“提交”按钮更新服务器数据库中的导线参数信息。

③ 删除导线参数信息。

首先在图 7 表格中选择要删除的导线参数信息，单击“删除”按钮更新服务器端数据库中的导线参数信息。

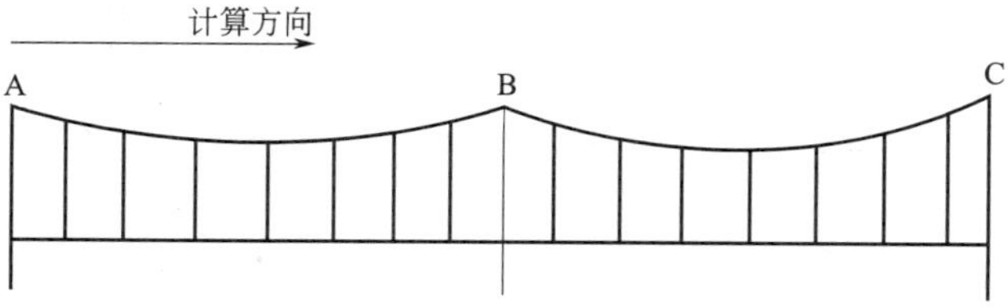

图 8　整体吊弦计算方向示意图

(4)吊弦分布维护

吊弦分布是用户计算吊弦引用的吊弦分布情况的重要参数，必须对吊弦分布进行正确的维护管理。吊弦分布主要是对起始跨距、截止跨距、吊弦根数、第一吊弦位置、三跨式间距进行添加、修改、删除等维护(见图 9)。

① 起始及截止跨距：吊弦的不同跨距分布范围，其取值为跨距大于等于起始跨距，小于截

序号	起始值	末尾值	吊弦根数	第一吊弦位置	三跨式间距	备注
1	25	35	3	4	0	跨距大于等于25小于35
2	35	45	4	4	21	跨距大于等于35小于45
3	45	55	6	4	21	跨距大于等于45小于55
4	55	65	8	4	21	跨距大于等于55小于65
5	65	70	7	5	0	/

图 9　整体吊弦分布维护页面

止跨距；

② 吊弦根数：对应相应的跨距范围内吊弦分布根数是多少，一般吊弦根数为 2～8 根；在图 8 中，AB、BC 跨距中吊弦分布为 7 根；

③ 第一吊弦间距：指第一根吊弦距悬挂点的距离，一般第一吊弦间距为 4 m 或 5 m(此值由设计给定)；

④ 三跨式间距：当采用铁二院设计的三跨式中心锚节时，应设置三跨式中心锚节的间距值，一般为 21 m(此值由设计给定)。

(5)原始数据输入

原始数据输入是用户计算吊弦的数据输入界面，只有合法用户方能对本页面进行操作；原始数据输入主要包括对原始数据的浏览查询、添加、修改、删除等操作。吊弦原始数据主要包括 16 个数据项，各主要参数说明如下(数据单位为 mm)：

承高 A、承高 B 由用户输入现场实际测量值。

导高 A、导高 B 分别为 A、B 杆的设计导线高度值。

跨距、超高、曲线半径由用户输入现场实际测量值。

竖曲线半径由用户输入现场实际测量值。竖曲线半径有正负之分，当线路纵断面图为凸时，竖曲线半径为负值；当线路纵断面图为凹时，竖曲线半径为正值。

载荷位置及载荷重量：当接触网上有中心锚节，电连接，绝缘子串，分段绝缘器等时都可以称为集中载荷，中心锚节的集中载荷如图 10 所示，载荷位置为杆号 A 点距中心锚节在承力索上的受力点的距离 X；中心锚节承力索线夹、中心锚节绳、中心锚节接触线线夹的重量总和计为载荷重量。

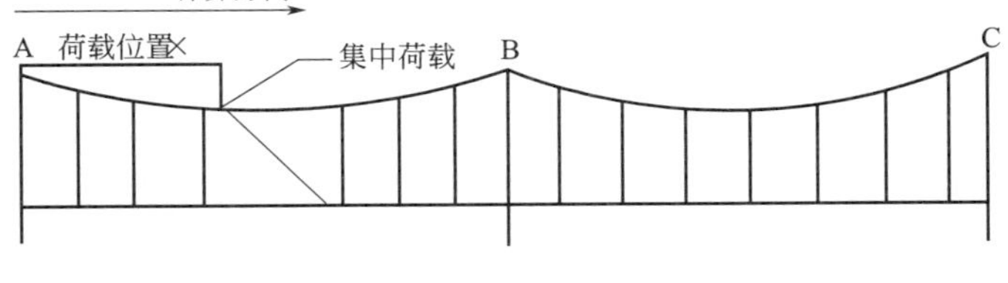

图 10　整体吊弦集中荷载处理示意图

①添加单条原始数据

添加原始数据的其余过程请参考“导线参数维护”中的添加操作过程，在图 11 中的的文本框中输入要添加的原始数据信息后，单击“提交”按钮将要添加原始数据插入到服务器数据库中并将计算结果返回到本页面中，同时将添加的原始数据显示在图 11 的表格中。

②EXCEL 导入

对于大量的计算，可采用批量计算。首先将原始数据录入票标准格式的 EXCEL 中(下载吊弦原始数据样表见图 12)，在图 11 中单击“EXCEL 导入”，打开原始数据上传页面，通过图 12 上传到服务器，再由程序在服务器端对上传的 EXCEL 表中的数据进行提取计算，处理完后返回计算结果。计算结果可以以网页的形式查看，也可以用 EXCEL 表形式查看。

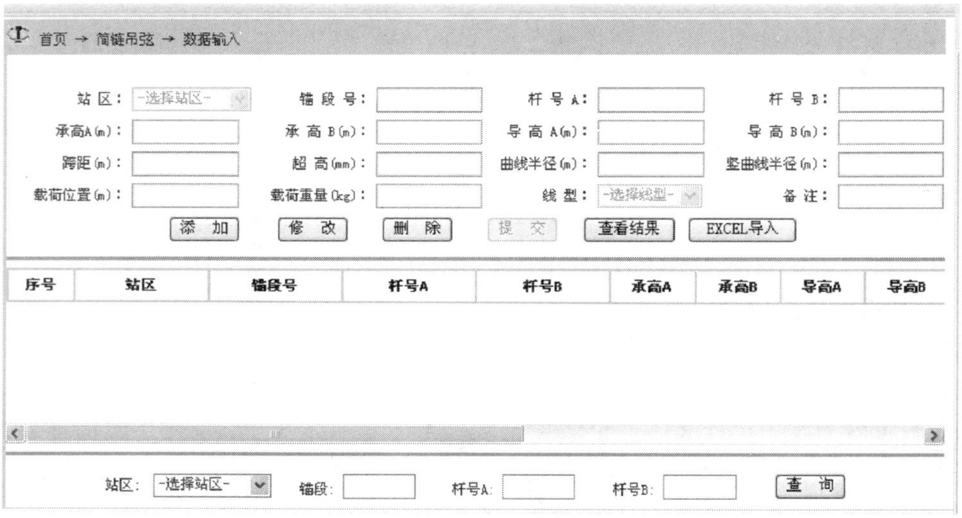

图 11　整体吊弦数据录入页面

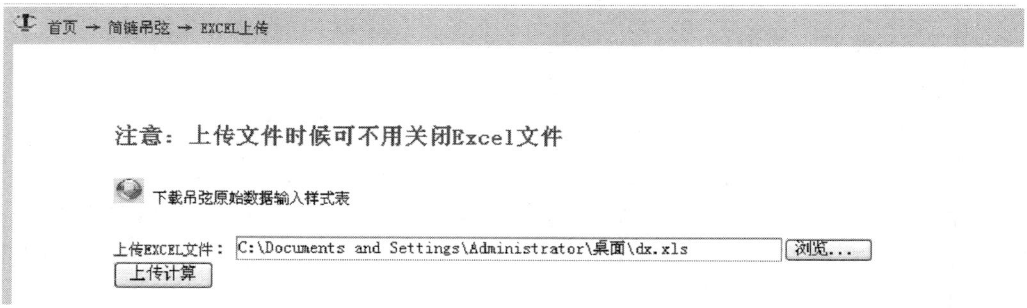

图 12　整体吊弦批量计算页面

③查询原始数据

要查看历史原始数据，可通过查询来查找符合要求的原始数据，查询条件主要包括：站区、锚段号、杆号 A、杆号 B。用户可以利用这几个查询条件对原始数据进行模糊查询操作，符合条件的原始数据就会出现在图 11 的表格中，用户可以对这些数据进行修改，删除等操作，从而获得新的实时结果数据。

a. 修改原始数据。首先在图 11 中通过查询找到要修改的原始数据,修改原始数据的其余过程请参考“导线参数维护”中的修改操作过程;修改后的原始数据将被重新计算,同时更新原始数据表、结果数据表、当前页面表格中的相应原始数据,并将新的计算结果返回到当前页面中。

b. 查看实时计算结果。当用户通过图 11 页面进行原始数据录入或对查询到的原始数据进行修改后,都会返回结果数据,称为实时计算结果。要查看实时结果数据,在图 11 中单击“查看结果”,实时计算结果数据会以 EXCEL 方式显示。如图 12 所示。

c. 删除原始数据。首先在图 11 中通过查询找到要删除的原始数据,删除原始数据的其余过程请参考“导线参数维护”中的删除操作过程;同时更新原始数据表、结果数据表、当前页面表格中的相应原始数据也被删除。

(6)结果查询

查询历史计算结果的方式如图 13 所示,有按杆号查询及按范围查询,系统默认为按杆号查询,也可以通过下拉列表框选择要查询的站区,填入相应的锚段号、起始截止计算日期、及杆号范围的起始及截止杆号等信息进行模糊查询;输入好查询条件后单击查询按钮查看结果,查询结果以 EXCEL 的方式显示。查询结果如图 14 所示。

图 13　整体吊弦结果查询页面

吊弦计算结果

打印日期:2007-09-19			计算:			复核:			预制:				施工:		
序号	区站	锚段	杆号A	杆号B	跨距	类型	吊弦1	吊弦2	吊弦3	吊弦4	吊弦5	吊弦6	吊弦7	吊弦8	说
1	章平	1	1	3	30	加工长度	1.218	1.151	1.24	0	0	0	0	0	
						吊弦间距	4	11	11	0	0	0	0	0	
2	章平	1	5	7	44	加工长度	1.214	1.09	1.077	1.177	0	0	0	0	
						吊弦间距	4	12	12	12	0	0	0	0	
3	章平	1	7	9	54	加工长度	1.198	0.971	0.852	0.843	0.942	1.151	0	0	
						吊弦间距	4	9.2	9.2	9.2	9.2	9.2	0	0	
4	章平	1	9	11	58	加工长度	1.182	0.969	0.822	0.741	0.726	0.778	0.895	1.079	
						吊弦间距	4	7.143	7.143	7.143	7.143	7.143	7.143	7.143	
5	章平	1	11	13	64	加工长度	1.061	0.824	0.67	0.599	0.61	0.704	0.881	1.14	
						吊弦间距	4	8	8	8	8	8	8	8	

图 14　整体吊弦计算(查询)结果

6.2.3　整体吊弦加工

(1)压接准备

① 领取预制计算单,见表 2;

② 依据计算单领取当日加工材料,并对其进行外观质量检查。

表 2　接触网整体吊弦加工用料表

序号	名　称	规格或型号	单位	数量	备　注
1	吊弦线	THJ-10	m		依工作量确定
2	套环	按设计图纸	件		依工作量确定
3	压接管	按设计图纸	件		依工作量确定
4	线鼻子	按设计图纸	件		依工作量确定
5	承力索吊弦线夹	按设计图纸	套		依工作量确定
6	接触线吊弦线夹	按设计图纸	套		依工作量确定
7	标签	不干胶	件	若干	
8	镀锌铁线	ϕ1.6	kg	若干	
9	绑扎胶带	透明		若干	

(2)压接设备检查

① 检查设备是否安全有效的工作;

② 检查压接模型的尺寸,表面是否有裂纹、碰伤以及其他影响正常压接的缺陷;

③ 检查压接模与压接设备的连接是否可靠;

④ 检查检验器具、尺寸标定装置是否准确;

⑤ 检查其他辅助装置以及必要的安全设施是否齐全;

⑥ 压接前要检查压接模型腔、钳压管、心形护环及压接用线规格的一致性。

(3)材料检查

根据吊弦预配表提取本次吊弦加工所需的吊弦材料,对所提取材料做如下检查:

① 确认零件类型与承力索和接触线规格是否相符;

② 对按有关标准生产的合格产品进行抽样检查,严禁不合格的产品进入压接工艺;

(4)下料

下料前可先将一头压接好,将调整到位的吊弦,一头挂在平台一端固定的钢筋柱上,另一头挂在滑动的柱上拉直,张力为 50～100 N,长度与计算尺寸相等,用锋利的钳子或剪刀对着线段点处将吊弦线剪断,切断的瞬间张力不要过大,以防剪断后散股。对于剪断的线段在50～100 N 的张力检查尺寸,误差 1 mm,如偏差过大应调整,再重复测,直到达到精度要求。

(5)压接

① 压接前将线穿过钳压管,绕过心形护环,回头从钳压管并行穿出,调整好钳压管所处位置,用力使绞线缠紧心形护环,钳压管尽量靠近心形护环,在第二个压接管的吊弦绳回头内套入套环;

② 将穿入压接管与镶入套环的线头一端拉紧,同时将压接管上推,使吊弦线与套环圆弧密贴。回头线从套环中心到线头长度为 275 mm。防止单丝未穿入及伤线现象。穿线时应防止个别散股未穿入或弯曲外露的现象,并在穿完后认真检查。

③ 将穿好线的钳压管放入压接模,宽度方向垂直模腔放置,并保证钳压管中心与压接模

型腔中心重合。

④ 合模压接必须保证压接模具上下模合龙，无间隙，一次压接到位，注意将长线侧放在两个腔槽的模具一侧，且压痕距压接管端面距离不小于 5 mm。

(6)打标记

用标签在接触线压接夹板的背面打标记，标记为："吊弦型号—吊弦长度"，字头朝上。同时在吊弦上贴上标签，表明安装的具体位置。

(7)包装

① 一跨吊弦扎一捆，扎时应理顺，用 ϕ1.6 铁线最少扎两道(两头)，在绑扎线上标上跨距支柱号；

② 一个锚段扎一大捆，标上区间锚段号。然后按站、区分装，并予以标识。

(8)结束

负责人填写预制记录。

6.2.4 整体吊弦存储及转运

(1)压接好的吊弦应按站、区、锚段分别存储及转运，并予以标识。

(2)压接好的吊弦存储及转运都应注意防水、防雨，应尽量减少搬挪次数，防止吊弦上的标志被磨掉。

(3)压接好的吊弦应顺直的平放或者竖直的挂起，防止吊弦线被折弯。

6.2.5 整体吊弦安装

(1)整体吊弦安装条件。

① 承力索、接触线超拉完毕。

② 吊弦预制完成后，即可进行吊弦安装，安装前按表 3 进行领料。

表 3 接触网整体吊弦安装用料表

序号	名称	规格或型号	单位	数量	备 注
1	吊弦	按施工表	根		依工作量确定
2	吊弦线夹	按施工表	套		依工作量确定
3	U 型卡钉	按施工表	个		依工作量确定
4	电力脂		kg	若干	

(2)整体吊弦安装测量

依据吊弦布置表，用钢尺从中心锚结向下锚方向在钢轨上测量出吊弦的位置并作好标识。

(3)吊弦安装

吊弦安装应在封闭点内作业。在封闭点内将梯车抬上道支起，梯车上两人负责吊弦安装，其中一个指挥梯车的运行，梯车下两人按梯上人员的要求负责梯车的运行。

将钢轨上吊弦的位置用线坠投影到承力索上，并先安装承力索吊弦线夹，然后再安装接触线端吊弦线夹并确认吊弦安装是否垂直。安装时载流圈面对列车前进方向，吊弦线夹螺栓穿入时应先穿线鼻子，再穿线夹，带上螺帽，用力矩搬手将螺母拧至标准力矩。打入 U 型卡钉，安装好止动垫片。

重复上述步骤，安装跨中其余载流整体吊弦。

封闭点结束，放倒梯车，将梯车放到铁路边宽敞的地方并固定好，或者将梯车拉回驻地存放，收回工具、材料、销令。施工负责人填写施工安装记录。

吊弦安装也可利用安装作业车在封闭点内进行安装。

(4)整体吊弦安装工艺。

① 布置吊弦及吊弦间距应符合设计要求；

② 一跨吊弦间距测量完毕后，如实测间距与安装间距误差小于 200 mm 时，可将误差均布在各间距内；

③ 吊弦间距误差±50 mm；

④ 吊弦线夹螺栓紧固力矩为 25 N·m。止动垫圈安装应符合产品说明书的要求；

⑤ U 型卡钉与电载流圈方向在同一侧；

⑥ 载流圈方向与承力索相反；

⑦ 承力索、接触线采用同一材质时，在任何温度环境下均垂直安装，偏差不得大于 20 mm。

6.2.6　整体吊弦检测

整体吊弦检测主要包括整体吊弦外观安装质量检测、安装工艺的检测、安装位置检测、接触线高度检测、接触线抬高检测、相邻吊弦间接触线高差(坡度)检测及相邻跨距间接触线高差(坡度)检测。

(1)整体吊弦外观检测

整体吊弦外观检测主要是看一看吊弦的受力情况、吊弦的安装是否垂直、吊弦安装是不是正确、吊弦螺栓穿向是否一致、吊弦螺栓力矩是否达到标称值。

(2)导线高度及坡度检测

导线高度及坡度检测采用多功能接触网激光测距仪进行，将多功能接触网检测仪放置在悬挂点下、每根吊弦下的轨面上，操作检测仪，测出在悬挂点下、每根吊弦下接触线距轨水平面的距离值，并比较悬挂点下、每根吊弦下导线高度值，是否符合设计要求。

6.2.7　缺点处理

(1)吊弦外观缺点处理

吊弦不受力，可调式整体吊弦直接调整吊弦长度，不可调式整体吊弦直接更换整体吊弦，并查清造成吊弦不受力的原因；吊弦安装不直，调整承力索端或接触线端吊弦线夹，使吊弦上下垂直；承力索、接触线吊弦线夹螺栓力矩不够，重新调整吊弦螺栓力矩。

(2)导线高度及坡度缺点处理

导线高度及坡度超标，首先检查吊弦原始数据、计算结果、加工结果是否有问题，可调式整体吊弦可以直接调整吊弦长度来调整导线高度及坡度，不可调式整体吊弦，重新计算，重新加工，整体更换所有的吊弦。

7　劳动力组织

(1)吊弦测量人员组织，见表 4。

表 4　整体吊弦测量人员组织表

序号	项　　目	单位	数量	备　　注
1	负责人	人	1	兼记录
2	悬挂点承力索高度测量	人	1	
3	跨距测量	人	3	
4	防护	人	1	

(2)吊弦压接人员组织,见表5。

表5　整体吊弦压接人员组织表

序号	项　目	单位	数量	备　　注
1	负责人	人	1	负责组织和质检
2	作业人员	人	4	下料,加工,预制,标识,包装

(3)吊弦安装人员组织,见表6。

表6　整体吊弦安装人员组织表

序号	项　目	单位	数量	备　　注
1	施工负责人	人	1	全面负责(作业车、梯车)
2	作业人员	人	4	测量、安装各2人(作业车)
3	司机	人	2	正、副司机各1人(作业车)
4	作业人员	人	6	测量2人、安装2人、推梯车2人(梯车)

8　主要机械设备及工器具配置

(1)吊弦压接施工设备及机具配置,见表7。

表7　整体吊弦压接施工机具设备组织表

序号	名　　称	规格或型号	单位	数量	备注
1	预制作业平台	台式(自制)	台	1	
2	压接钳		台	1	
3	断线钳	弧型	把	1	
4	电工工具		套	5	人均1套
5	标识笔	油墨型	支	2	

(2)安装吊弦施工设备及机具配置,见表8。

表8　整体吊弦安装施工机具设备组织表

序号	名　　称	规格或型号	单位	数量	备　　注
1	车梯		台	1	用车梯安装
2	作业车		台	1	用作业车安装
3	梅花扳手	M17	把	2	
4	力矩扳手		套	1	人均1套
5	吊弦间距测量仪		台	1	
6	粉笔		支	若干	
7	毛刷		把	1	
8	接触线线面校正器		把	1	三轮或五轮
9	安全帽		顶	5	作业人员人均1顶

(3)测量及检测设备配置,见表9。

表 9 整体吊弦测量及检测施工机具设备组织表

序号	名 称	规格或型号	单位	数量	备 注
1	多功能接触网检测仪	DJJ	台	1	测承力索高度
2	钢尺	50 m	把	1	测跨距
3	喇叭		把	1	
4	防护旗	红、黄	面	各 1	
5	对讲机	GP88	台	3	
6	安全帽		顶	6	人均 1 顶
7	粉笔		根	若干	

9 质量控制要点

(1)吊弦的布置应根据悬挂类型及跨距大小决定,跨中吊弦间距一般按施工表进行布置,施工误差为±0.1 m。螺栓穿向应符合设计要求。U 型卡钉与电载流圈方向在同一侧。

(2)中心锚结范围内与隧道内中心锚结所在跨距内不设吊弦。

(3)同材质承力索和接触线的吊弦一律垂直安装,反之,则应按计算(或设计提供)的吊弦、定位点偏移量进行安装。

(4)测量起点与闭合点以悬挂点为准。

(5)所有线夹与承力索、接触线接触面应涂电力脂。

(6)接触线载流圈方向与承力索相反。

(7)螺栓紧固力矩为 25 N·m,用力矩扳手检测,止动垫圈安装应符合产品说明书的要求。

10 安全控制要点

(1)施工人员穿防护服,戴安全帽,高空作业时系好安全带。

(2)在施工现场设专职安全监护人,作业范围两端设专职安全防护人员。

(3)作业车组设置警示灯,前方设专人引道,作业车组(车梯)由施工负责人统一指挥;吊弦安装过程中作业车运行平稳、起步和制动平缓。

(4)作业平台(车梯)人员站在线材受力的反方向,作业平台升降(梯车运行)过程中严禁上、下人。

(5)各机具性能良好,紧固零件牢固,其承受力满足工作负荷要求。

(6)吊弦安装过程中作业人员注意平台及人员的高度,严防发生碰撞事故。

(7)确保通信畅通,坚持复诵制度。

11 环境保护要点

根据整体吊弦施工中可能对环境产生影响的因素,采取以"预防为主,防治结合,综合治理"为原则,确保做好环境保护工作。在施工过程中采取以下措施:

(1)坚持按《中华人民共和国环境保护法》及相关法规进行施工。制订环境保护管理办法和实施细则,并建立奖惩制度,将环保的具体措施落实到人头。

(2)施工现场工具材料摆放整齐,保证现场施工场地整洁、干净、工完料清、场地整洁。

(3)按规定对作业车组进行定期检查，确保车组车况符合要求。车组没有漏油污染情况，运行时噪声分贝值、废气排放符合相关标准规定。

12 常见问题及处理方法

(1)常见问题

① 吊弦计算参数设置出错；

② 吊弦安装完后统一偏长或偏短；

③ 吊弦安装完后高低不平；

④ 锚段关节内的吊弦安装后不达标。

(2)处理方法

① 必须安排专人进行吊弦参数维护，用户权限应按用户需求进行分配；

② 零件长扣料出错，或预配时测量起点不清。应检查初始维护数据和加工平台的起测点；

③ 每根吊弦有固定的编号，检查是否是按安装方向进行安装的；

④ 检查原始数据的输入及预配是否有误。

13 工程实例

我单位承建的京沪线电化工程接触网设计 375.352 条千米、武嘉线电化工程接触网设计 303.09 条千米、浙赣线(上海局管段)电化工程接触网设计 238.2 条千米、浙赣线(南昌局管段)电化工程接触网设计 415.09 条千米、胶济线电化工程接触网设计 187.59 条千米均已开通投产，以上五条干线共计 1 500 余条千米，均采用本工艺进行整体吊弦的施工，通过本工艺的实施，经检验各项指标均符合要求，保证了五条干线的施工质量和工艺。

14 附　　录

(1)整体吊弦计算测量及检测记录，见表 10。

表 10　整体吊弦计算测量记录表

区间(站)　　　　　上(下)行　　　　　第　锚段　(道)

支柱号														
实测承度														
实测超高														
实测跨距														

施工负责人：　　　　　技术负责人：　　　　　日期：

(2)整体吊弦施工检测记录，见表 11。

表 11　整体吊弦施工检测记录表

区间(站)　　　　　上(下)行　　　　　第　锚段(道)

支柱号									
实测导高									
吊弦外观质量									
实测吊弦间距									

施工负责人：　　　　　技术负责人：　　　　　日期：

(3)工程相关图片见图 15 和图 16。

图 15　利用紧线装置压接整体吊弦

图 16　整体吊弦现场安装

接触网锚关、线岔调整施工工艺

1 工艺概况及技术特点

1.1 工艺概况

接触网锚段关节、线岔通常是两锚段承力索和接触线交叉过渡的地方，其在运行过程中容易出现问题，且影响范围较大、恢复比较麻烦，是施工调整中非常重要和关键的部位，施工精度要求非常高，误差很小，以往常常不能一次调整安装到位。公司在胶济、武嘉、浙赣、京沪等线上采用此工艺后，完成了施工工艺由粗放型向技术型的转变，施工达到了施工程序化、标准化，调整能够保证一次到位，确保了施工质量，提高了施工效益。

1.2 技术特点

(1)采用接触网激光测量仪器，确保测量数据的准确性，减小测量误差。

(2)采用公司开发的计算软件，计算准确，工厂完成了配制，减少了高空作业量，工艺流程更为合理。

(3)施工技术标准高、施工技术新、类型多、施工工艺复杂。

(4)标准化施工和强化质量管理，有利于提高施工人员素质和施工管理水平。

2 适用范围

本施工工艺适用于120～250 km/h既有线和新建线的电气化铁路施工；目前主要适用于160 km/h及以上电气化铁路提速改造工程中锚段关节、线岔部分接触网的调整。

3 引用标准

(1)《客货共线铁路电力牵引供电施工技术指南》(TZ 10208—2008)

(2)《铁路电力牵引供电工程质量检验评定标准》(TB 10421—2004)

(3)《铁路电力牵引供电设计规范》(TB 10009—2005)

(4)《接触网安全工作规程》(铁运〔2007〕69号)

(5)《接触网运行检修规程》(铁运〔2007〕69号)

(6)《铁路枢纽电力牵引供电设计规范》(TB 10076—2000)

(7)《电气化铁道牵引供电系统术语》(TB/T 1677—1997)

4 基本术语及定义

(1)锚关：是锚段关节的简称，是两相邻接触网锚段交叉过渡的部分，通常分为非绝缘锚关和绝缘锚关。

(2)交叉吊弦：是指同一组的承力索和接触线吊弦线夹分别安装在不同锚段线索上的吊弦。

(3)始触区：指受电弓在道岔区段内能同时接触两条接触线的区域。

5　工艺原理

(1)锚关的工艺原理

承力索、接触线架设后,按照设计文件将承力索调整到设计位置(注意区分绝缘锚关还是非绝缘锚关),用激光测量仪测量出承力索高度(距离轨面的垂直距离),计算、加工、安装吊弦和定位装置,调整后复测各参数是否符合验标和设计要求。

(2)线岔的工艺原理

线岔分很多型号,不同类型的线岔接触网支柱位置、调整参数是不同的,但基本原理都很类似。承力索、接触线架设后,按照设计文件将承力索调整到设计位置,根据标准先标出交叉吊弦、始触区范围及等高点。用激光测量仪测量出承力索高度(距离轨面的垂直距离),计算、加工、安装吊弦和定位装置,调整后复测各参数是否符合验标和设计要求。

6　工艺流程及操作要点

6.1　锚关调整

6.1.1　锚关调整的施工工艺流程

锚关调整工艺流程见图1。

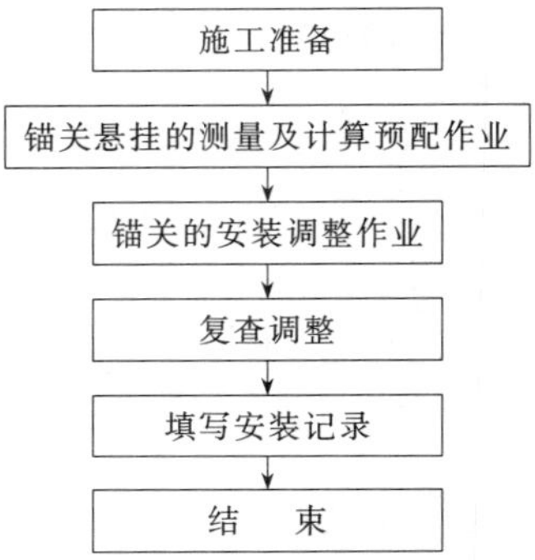

图1　锚关调整的施工工艺流程图

6.1.2　锚关调整操作要点

(1)调整前的施工准备

① 熟悉图纸并作好各种记录的技术资料准备;

② 准备好并检查测量及工机具的完好,施工材料是否备齐;

③ 施工、技术等人员交底、培训到位。

(2)进行施工测量、计算和预配工作

① 用接触网激光测量仪对转换柱(及中心柱)上的承力索悬挂点的高度及拉出值进行测量;

② 根据测量的数据用计算软件进行吊弦及定位装置的计算;

③ 根据计算结果进行吊弦及定位装置的预配。

(3)安装调整

① 按照设计要求对转换柱及中心柱的承力索的高度、拉出值进行调整至符合设计要求;

② 对接触线进行清面及安装定位装置和安装的吊弦;

③ 安装锚关电连接,绝缘关节安装绝缘子。

(4)根据设计标准进行复查调整

安装调整结束后,对工艺和主要的技术参数(如线间水平间距、线坡度、高差、拉出值、绝缘间距等)进行一次全面复查,纠正施工误差至设计标准误差内。

如有超标的参数,继续施工至达到设计标准,并作好施工记录。

6.2　线岔的调整

6.2.1　线岔调整的施工工艺流程

线岔调整的工艺流程见图2。

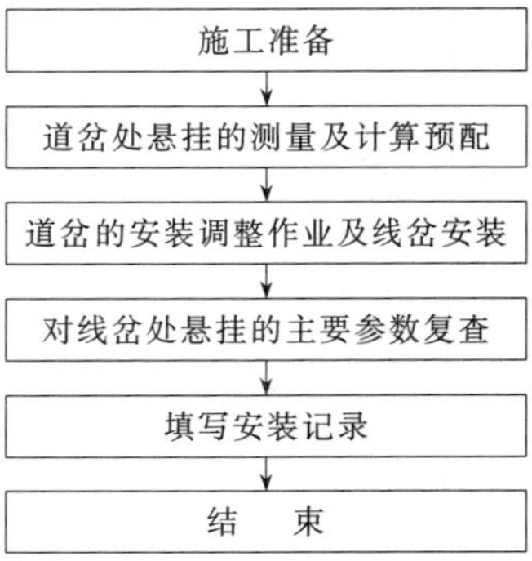

图2　线岔调整施工流程图

6.2.2 线岔调整操作要点

(1)调整前的施工准备

① 熟悉图纸并作好各种记录的技术资料准备;

② 准备好并检查测量及工机具的完好,施工材料是否备齐;

③ 施工、技术等人员交底、培训到位。

(2)进行施工测量、计算和预配工作

① 用专用的激光测量仪测量道岔柱前后支柱悬挂点的高度及道岔柱上承力索悬挂点的高度及拉出值;

② 根据设计拉出值在现场分别测量出正线和侧线的始触区位置及交叉吊弦的安装位置;

③ 根据测量的数据用计算软件进行吊弦及定位装置的计算,并进行预配。

(3)进行施工调整作业

① 对道岔柱及相邻支柱上的承力索、接触线进行调整,使得其高度、拉出值符合相关要求,且两线交叉投影点满足规范要求;

② 安装定位装置和吊弦后并安装好线岔,并注意在始触区内不能安装接触网零件;

③ 初步调整到位后,安装道岔电连接;

④ 通过吊弦的调整使接触线高度满足设计要求;特别注意线岔处及线间距 500 mm 处的高度调整。

(4)根据设计标准进行复查调整

安装调整结束后,对主要的技术参数(如拉出值、交叉点的投影、线岔内线间隙、拉出值、线间距 500 mm 处的高差等)进行一次全面复查,纠正施工误差至设计标准误差内。

如有超标的参数,继续施工至达到设计标准,并作好施工记录。

7 劳动力组织

劳动组织见表 1。

表 1 劳动组织人员配备表

序号	施工人员	单位	数量	工 作 内 容	备 注
1	施工负责人	人	1	负责每道工序施工现场的指挥工作	
2	作业车司机	人	4	负责作业车及作业平台的操作	含司助
3	施工技术员	人	1	负责每道工序测量、检查、监督工作	
4	测量人员	人	3	配全技术员进行施工前后的测量、检查工作	
5	施工作业人员	人	8	负责全面的施工调整作业	
6	施工防护人员	人	4	负责施工点的防护	

8 主要机械设备及工器具配置

主要机械设备及工器具配置见表 2。

表 2　施工主要机械设备及工具表

序号	名　称	规格	单位	数量	备　注
1	接触网作业车	DA8	辆	2	
2	激光测量仪		台	1	
3	钢卷尺	5 m	把	2	
4	力矩扳手		件	4	根据实际需要定
5	水平尺	大于 500 mm	把	2	
6	网工工具		套	8	
7	断线钳		套	2	
8	链条葫芦	3 t	套	2	
9	扭面器		套	2	

9　质量控制要点

(1)在测距过程中,以精密仪器测量为主,钢卷尺测量为辅,使误差缩小到最小范围。

(2)限制管与上面一支接触线之间的空气间隙为 1～3 mm,以保证接触线在温度变化时能自由伸缩。

(3)线岔的交叉点、始触点、非工作支的抬高必须满足规定的要求。单开道岔采用交叉布置方式时,道岔定位柱及拉出值应保证两接触线交叉点位于设计规定的范围内。两工作支柱拉出值在任何情况下不得大于 450 mm,侧线接触线应高出正线接触线 10～20 mm。当采用无叉布置方式时,定位点处侧线接触线高度应符合设计规定。

(4)复式交分道岔采用交叉布置方式时,两接线应相交于道岔对称中心轴正上方,交叉渡线、两接触线应交于两渡线中心线交点正上方处,且侧线接触线高出正线(重要线)的接触线 10～20 mm,非支抬高量应符合设计要求。复式交分和交叉渡线的交叉点允许横、纵向偏差均为 50 mm。

(5)始触点范围内不得有任何接触线线夹,且无刮弓现象。

(6)绝缘锚段关节转换支柱处,两接触线间垂直,水平距离应符合设计要求,允许偏差±20 mm,三跨关节两转换柱跨中间、四跨关节中心柱、五跨关节两中心转换柱跨中间两接触线应等高。

(7)转换柱处要防止非工作支承力索擦工作支腕臂。

(8)在中心柱处,绝缘距离、两工作支等高和水平投影间距要符合要求;电分段锚段关节内两接触线间接触悬挂(及)其他各带电部分的绝缘距离应符合设计要求,允许偏差±50 mm,四跨关节中心柱、五跨关节两中心转换柱跨中间两接触线应等高,并应符合设计要求。

(9)接触网带电体距高桩信号机及其他建筑物的安全距离≥2 000 mm。

10　安全控制要点

(1)所有人员均应进行安全教育培训,培训合格方能上岗。

(2)施工测量安排 2 人防护。调整施工时,应在车站登记作业,设好施工防护后,方可作业。

(3)作业人员不得站在线索的曲线内侧作业,需调整腕臂时,应作好加固防护措施。

(4)支柱上作业人员必须具有相应的技能和安全等级,现场设立专职安全监护人。作业人员上支柱后，先系安全带再作业，使用专门的用具传递工具、零件和材料，不得抛掷；同一根硬横跨支柱，杆上作业人员应分别在支柱的不同侧面作业。每日出工前，必须对安全带、钢丝套、滑轮、棕绳、安全帽等受力较大的工具进行检查，不符合安全规定者，不得使用。

(5)堆放工具和材料时，要确保不侵入行车限界。

(6)所有参与施工人员均要戴安全帽，杆上作业人员要把安全带打牢靠。

(7)工具、材料要轻拿轻放，传递料具要用工具袋绳索传送，严禁抛递。

(8)作业平台升降时，不得有人员上下。

11 环境保护要点

(1)施工时应清理好所需材料，整齐有序地堆放。材料传递中应使用吊绳，严禁抛掷材料，减少环境损坏，材料包装物应清理干净并带走，弃置到规定的地方。

(2)施工完毕后，应及时将现场工机具料等清理完才撤离，做到工完料清，保持现场环境与施工前一致。

12 容易出现的问题及处理方法

(1)容易出现的问题

① 锚关、线岔内线夹(吊弦、电连接线夹等)容易引起打弓现象；

② 线岔内接触线间距过大或相摩擦；

③ 非支抬高处有打弓现象；

④ 对始触区的标准掌握不对，始触区内有吊弦。

(2)处理办法

① 调整好接触导线的位置，使得大面向下垂直轨面；

② 调节非支抬高处的吊弦，如非支高度降不下来，则可能是非支下锚抬高过大，需降非支下锚的承锚角钢或悬挂点(非支延长下锚时)；

③ 部分设计非支抬高不够，应增大至 80～100 mm；

④ 重新测量始触区位置，调整吊弦到始触区外。

13 工程实例

改建铁路胶济电化工程 DQ—6 标段复线电气化，东起淄博(不含)K274＋400，西至平陵城(不含)K348＋100，改建完后正线 66.32 km，186.29 条千米。含接触网、牵引变电、房屋建筑三个专业，既有线包括马尚、周村、彭家庄、王村、普集、明水、枣园七站八区间。改造完后关闭周村、彭家庄、普集、明水、枣园站，新建周村东、章丘站，形成马尚、周村东、王村、章丘四站五区间的电气化铁路。

胶济电气化工程根据国家计委的批复于 2002 年 10 份立项，本标段电气化工程于 2003 年 12 月正式开工，2005 年 10 月底竣工。该工程共有单开道岔 78 组，锚关 150 处，通过本工艺的实施，经检验各项指标均符合要求，保证了施工质量和工艺。

刚性接触网悬挂支持结构安装施工工艺

1　工艺概况及技术特点

城市轨道交通接触网悬挂主要有柔性悬挂（主要为腕臂和弹性支撑结构形式）、刚性悬挂、接触轨三种形式。由于刚性接触网系统悬挂形式结构简单，满足隧道低净空的要求，具备安全、可靠的性能，并能持续地向列车提供电能且具有良好的弓网关系，运营维护简单方便，在城市轨道交通中得到了广泛的应用。目前国内城市轨道交通刚性接触悬挂一般采用“Π”型铝合金汇流排作支持结构，增大接触网载流截面，满足列车最大持续载流量 3 000 A 的要求。

架空“Π”型刚性悬挂接触网系统，由 PAC110 mm 铝合金汇流排、单根 120 mm^2 或 150 mm^2 银铜接触线和一根 120 mm^2 硬铜绞线（架空地线）等组成，通过固定于隧道上部的悬挂支持装置悬吊于轨道上方。

2　适用范围

本施工技术适用于地铁接触网中采用架空“Π”型刚性支持结构的施工测量、隧道内钻孔安装、支持悬挂装置安装及调整、汇流排安装。

3　引用标准

(1)《地铁设计规范》(GB 50157—2003)
(2)《地铁直流牵引供电系统》(GB 10411—2005)
(3)《铁路电力牵引供电设计规范》(TB 10009—2005)
(4)《电力设备预防性试验规程》(DL/T 596—96)
(5)《地下铁道工程施工及验收规范》(GB 50299—2003)
(6)《电气装置安装工程电气设备交接试验标准》(GB 50150—2006)
(7)《铁路工程施工安全技术规程》(TB 10401—2003)
(8)《施工现场临时用电安全技术规范》(JGJ 46—2005)

4　基本术语及定义

(1)架空“Π”型刚性悬挂：通过“Π”型刚性的铝合金汇流排将接触线进行定位构成的接触网系统，其系统施工、维护简单，但结构弹性较小，对受电弓磨损大。

(2)吊柱：在隧道净空高于 4 800 mm 时采用的定位悬吊方式，用以固定垂直悬吊底座，使垂直悬吊底座距轨面的距离均为 4 600 mm，吊柱的长度随净空的变化而不同。

(3)汇流排：通过垂直悬挂装置悬吊，经汇流排线夹固定于绝缘子下面，呈“Π”形，其长度一般按 12 m 的标件生产，不仅具有机械夹持接触线功能，而且可以增加导流截面的功能。如图 1 所示。

(4)汇流排锚段：由若干根 12 m 标件汇流排、锚段两段的非标件汇流排、锚段两段的汇流排终端或膨胀元件组成的刚性悬挂机械分段。

(5)汇流排终端:采用铝合金制造,呈“Π”形,端头上翘一定角度,安装锚段两端,标件长度为7.5 m。

(6)膨胀元件:在最大行车速度大于或等于100 km/h的区段,锚段之间采用的一种机械分段方式,使锚段长度可以达到250～300 m,其设备本身可以伸缩,以满足锚段热胀冷缩的变化。

(7)机械预弯汇流排:生产厂家根据复式交分道岔曲线生产的弯曲汇流排。

(8)中间接头:连接两汇流排的零件。

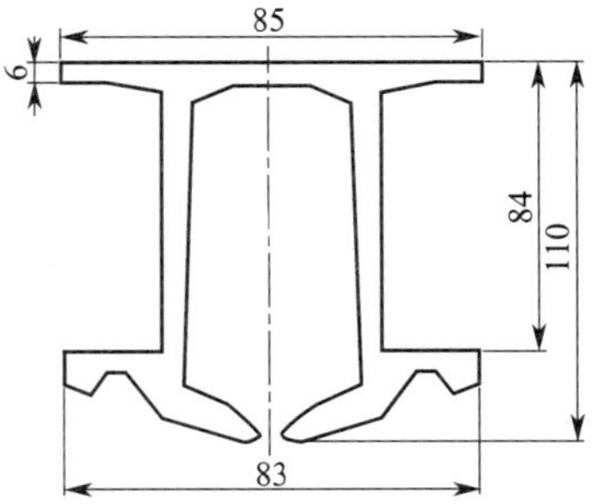

图1 汇流排载面图

5 工艺原理

利用激光测距仪测量调整悬吊槽钢的两端高度至轨面一致,控制悬吊槽钢与轨面连线平行,汇流排垂直于轨面连线,误差值不超过设计要求范围,以避免接触导线发生偏磨现象。同时监测接触悬挂的导线高度及拉出值,调整到设计和施工规范要求的位置。

对要进行汇流排安装的整个锚段实际各跨距和总跨距进行测量复核,根据刚性悬挂段锚段长度和现场实际安装温度,计算膨胀元件或汇流排终端温度伸缩预留量,然后计算出安装锚段汇流排的总长度,同时计算所需标长汇流排的根数 N 和需预制的非标短汇流排的长度。

按照计算结果配制和加工各锚段的汇流排,吊装到安装作业平台上进行安装。

6 工艺流程及操作要点

6.1 工艺流程

工艺流程如图2所示。

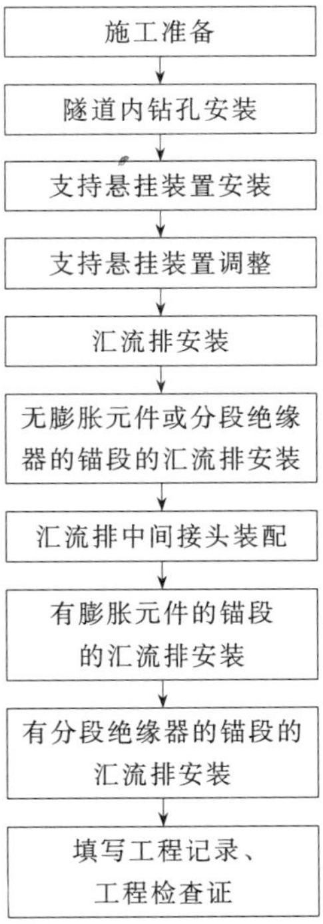

图2 刚性悬挂支持结构工艺流程图

6.2 操作要点

6.2.1 施工测量

测量工作是刚性悬挂接触网施工的首要关键工序,要综合考虑施工现场的各项工序施工有可能存在的影响,土建结构的变化、各专业的相互干扰、实际现场尺寸与设计的不符合、跨距及悬挂定位点的布置等都是测量时着重考虑的。

(1)确定起测点

首先按照设计图纸确定的测量起点进行纵向测量,起测点一般为正线和渡线道岔的岔心或车站端头矩形隧道与圆形隧道断面接口处。

(2)纵向测量

根据轨道工程进展完成情况,选定轨道工程已具备施工条件的任一车站或区间进行测量。

① 有道岔的车站以岔心为起测点,无道岔的车站以车站中心标、设计图纸标明的起测点

或以隧道接口里程为起测点，根据悬挂点里程和跨距纵向测量出该锚段各悬挂点。测量时注意保证测量的精确度，根据现场实际里程标记，随时校核悬挂点设计里程和现场实际里程。同时复核各车站和区间的长度及不同隧道接口，隧道曲线段、道岔处等地点的实际里程是否与设计图纸相符并标记；

② 各悬挂点位置确定后，用记号笔在钢轨侧面作上清晰的标记，按拉出值方向在对应隧道壁上作出明显的“十”字标记，标注定位点号或下锚、设备号。作标记时，除在钢轨侧面作标记外，还应在轨枕上作标记，以防钢轨调整偏移，造成接触网测量点产生偏差；

③ 一个锚段测量完毕，对此锚段全长进行复核，无误后再进行下一个锚段的测量；

④ 将测量结果作好详细记录，包括每个悬挂定位处的隧道类型、净空高度、轨面超高及沿线的施工干扰情况等。

(3)横向测量

① 根据纵向测量的结果，首先将测量仪底座放在悬挂点对应的轨面上，横向垂直于轨道中心线放置，挡板抵紧钢轨内缘，保证测量仪底座中心线与线路中心线重合；

② 将激光测量仪放置于底座上，移动激光头确定悬挂中心点位置，激光束照在隧道顶的点即为受电弓中心投影在隧道壁的点，用记号笔以此点为中心作好“十”字标记。如图 3 所示。对于低净空的悬挂、直线区段高净空的悬挂，要求仪器基座平行于轨面，激光头与线路中心线(即受电弓中心)重合，此时“0”刻度位的激光头所表明的隧道顶的激光点便是悬挂中心点位置；对于曲线区段高净空的悬挂，采用吊柱安装形式。由于有超高，要求仪器基座调平行于水平面，激光头与悬挂底座中心对于轨面的铅垂投影重合，即找出了吊柱中心点，这时悬挂底座中心对于轨面的铅垂投影与激光头“0”刻度位有偏移值 d，这是可以计算的，公式为：

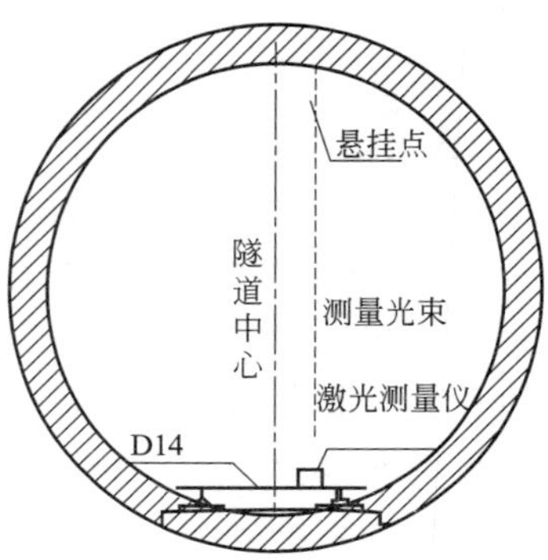

图 3 横向测量示意图

$$d=\frac{6\ 000}{1\ 435}h$$

其中，高净空的悬挂底座高度均为距轨面 6 000 mm，轨距 1 435 mm，曲线超高 h(直线时 $h=0$，因此与线路中心重合)。

③ 测量记录各悬挂点处轨面至隧道顶的高度，核算支持装置高度，作为选择安装部件类型的依据，并核对与设计图是否相符。根据不同安装形式、隧道断面以及线路状况，使用相对应的模具确定悬挂螺栓钻孔位置，并用记号笔作好外带圆圈的“十”字标记。

④ 根据测量结果，结合各悬挂点的安装净空高度，初步确定安装类型及悬挂材料选型，并作好详细记录，做成详细的施工安装表格。

6.2.2 隧道内钻孔安装

(1)根据测量数据，编制出悬挂钻孔作业表和钻孔技术要求。

(2)钻孔前，使用钢筋探测仪，探明钢筋分布，确定孔位是否有钢筋，如碰到钢筋，可顺线路移位 30～50 mm，重新确定孔位；将特制的两孔或四孔模具的中心线与测量的底座中心线对齐，复核所测量的孔位与实际安装的孔位是否相符，如不符，须按模具重新确定孔位。

(3)根据锚栓的型号，选用相应规格的钻头，根据锚栓型号设置深度标尺，按照电锤操作说明进行钻孔。底座的一组孔的横向轴线应该垂直于线路中心线,钻孔时,要对孔位一一校正。钻孔至深度标尺位置时,退钻。圆形盾构隧道及结构风管处打孔注意不能超深,避免打穿。

(4)钻孔的角度控制:因底座类型的不同而不同,吊柱底座的钻孔的角度应该垂直于隧道面方向,悬挂底座及盾构隧道采用的化学锚栓应该垂直于轨面方向。

(5)钻孔完毕后,测量检查孔深、孔径等各项参数是否满足安装要求,合格后,用专用气筒和清孔钢刷彻底清除孔中的灰屑。

(6)按照程序和要求,进行锚栓安装。

① 后扩底式螺杆锚栓安装

a. 后扩底式螺杆锚栓采用专用配套钻头进行钻孔,达到钻孔深度后(挡块抵住锚固基础),以钻头加粗部分为支点进行环状旋转,对钻孔底部进行锥形扩削,形成柱锥钻孔。

b. 清除孔屑,将锚栓放入孔中,使用专用安装工具安装,确保安装到位。

c. 在进行锚栓安装时,安装深度应符合规定标准,扭矩扳手的扭矩大小应严格按照螺栓的标准大小进行控制。

② 化学锚栓安装

安装前应彻底清除孔屑。将化学锚栓药剂放入孔底,用电钻旋入锚栓直至树脂流出为止。用模板固定锚栓,按照产品说明书及安装温度保证药剂硬化时间。凝固后,取下模板。

(7)按照相关规范和要求,进行锚栓的拉力测试。

① 在待测螺栓上安装好拉力测试仪。使用扳手逐渐加大拉力至规定测试值,并保持约5 min,未见异常,即通过测试,作好记录;

② 如发现不合格时,则对同一批次施工的所有杆件全部检测;

③ 作好钻孔安装记录和拉力测试记录,经监理工程师检查签认后方可进入下道工序的施工。

(8)作好锚栓钻孔安装和拉力测试隐蔽记录。

6.2.3 支持悬挂装置安装

(1)根据设计资料以及测量定位时记录的各个悬挂定位的隧道类型、净空安装高度、曲线超高等原始资料,核对悬挂安装类型,计算悬吊螺栓和吊柱长度,编制装配数据表。

(2)按照装配数据表,装配图和装配要求,进行选型、装配,并在底座上标明装配悬挂号码,按序妥善放置。

(3)悬挂安装

① 低净空悬挂安装:根据不同的隧道类型,按照设计选择不同的悬吊槽钢或底座进行安装;

② 高净空悬挂安装:由于高净空悬挂中的吊柱较重,一般需多人配合,依靠作业车的升降进行安装。

6.2.4 支持悬挂装置调整

(1)对采用垂直悬吊槽钢结构形式的悬挂,根据设计导高,加上汇流排、汇流排线夹、绝缘子、各类垫片和6 mm导线高度计算,得到垂直悬吊槽钢底部高度为距轨面4 309 mm,利用激光测量仪调整悬吊槽钢与轨面平行,即为接触线面垂直轨面作好基础,同时以汇流排线夹中心点作为接触线中心点,粗调汇流排线夹中心至设计拉凸值处。

(2)对采用绝缘横撑结构形式的悬挂,根据设计导高,加上汇流排、汇流排线夹和6 mm导线高度计算,得到绝缘横撑底部高度为距轨面4 182 mm,利用激光测量仪调整绝缘横撑与轨面平行,即为接触线面垂直轨面作好基础,同时以汇流排线夹中心点作为接触线中心点,粗调汇流排线夹中心至设计拉出值处。

6.2.5　汇流排安装

(1) 汇流排测量预制

对要进行汇流排安装的整个锚段实际各跨距和总跨距进行测量复核，要求测量精确到毫米，根据刚性悬挂段锚段长度和现场实际安装温度计算膨胀元件或汇流排终端温度伸缩预留量，然后计算出安装锚段汇流排的总长度，同时计算所需标长汇流排的根数 N 和需预制的非标长汇流排的长度。

(2)汇流排加工

① 根据施工测量时的原始记录，复核测量即将进行汇流排安装的整个锚段，考虑设计预留裕量，计算出汇流排的总长度，同时计算所需整汇流排的根数 N 和需预制的短汇流排的长度(最短汇流排长度不得小于 6 m)。

短汇流排计算公式：

$$短汇流排长度=总长度-终端汇流排长度\times 2-N\times 汇流排长度$$

② 严格按照计算出的数据进行短汇流排的预制，在制作的加工平台上固定好汇流排，将 12 m 的定长汇流排水平放置，在切割机处用角尺测量保证接口处平面垂直。

③ 均匀用力操作直角型切割机，在切割过程中加入少量废机油，这样就保证了切割面的光滑，也保证了切割面的垂直度。切割过程中，切割面与汇流排中心线垂直，且整个切割面平整、无毛刺。

④ 切割完后用厂家提供的专用钻孔模具、夹具进行钻孔，清除余渣。

⑤ 短汇流排预制完成后，进行试对接，观察对连接缝是否密贴，有无错位偏斜现象。

⑥ 汇流排预制完成后，全段汇流排按安装顺序依次编号，短汇流排的布置尽量靠近悬挂定位点或使定位点装于短汇流排中部。

(3)汇流排安装列车编组

汇流排安装作业车编组：由牵引轨道车、作业平台、平板车组成，作业平台由 13 m 的轨道平板车加装作业安装架改装而成。

(4)汇流排搬运和检查

在现场装卸汇流排时，包装符合要求的汇流排可整箱吊装，不得把散装汇流排成捆绑扎吊装；搬运单根汇流排时，应由 4 人一起抬运，轻拿轻放；在平台上存放时，汇流排面端向下，槽口向上放置，不得放反。

(5) 无膨胀元件或分段绝缘器的锚段的汇流排安装

先将汇流排定位线夹(图 4)安装在汇流排上，然后自本锚段的第一个定位点开始进行汇流排的安装，将终端汇流排的标记处安装在第一悬挂定位点位置，终端汇流排距第一定位点 1.8 m。

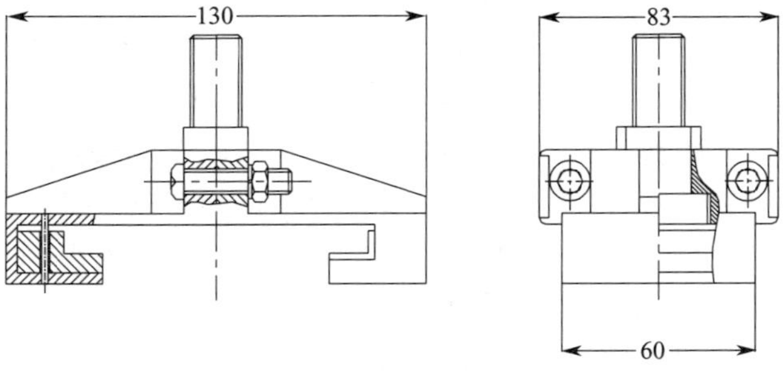

图 4　刚性悬挂定位线夹

在第一、第二悬挂定位点的悬挂线夹两端安装临时锚固线夹，以防在安装过程中汇流排顺线路滑动。

按汇流排编号顺序沿线路方向依次对接安装汇流排，并夹入汇流排定位线夹中，直至锚段终端。

自本锚段的第一个定位点开始进行汇流排的安装，调整汇流排终端使汇流排终端端头距悬挂点定位距离符合本锚段偏移预留量，上紧汇流排定位线夹，并在第一、第二悬挂点的汇流排定位线夹两端安装临时锚固线夹，以防在安装过程中汇流排顺线路滑动。

按汇流排编号顺序沿线路方向依次对接安装汇流排，并夹入汇流排定位线夹中，直至锚段终端。

(6)汇流排中间接头装配

对接顺序：将汇流排中间接头擦拭干净，装入安装好的汇流排端头，戴上紧固螺栓(碟形垫片凸向外侧)，安装作业车组前行十几米，对准中间接头装入第二根汇流排，调整到密贴、无偏斜错位的状态，用 20 N・m 的力矩将对接螺栓(先内后外，先下后上的顺序)紧固，用游标卡尺检查中间接头对接质量，夹入汇流排定位线夹。

(7) 有膨胀元件的锚段的汇流排安装

采用膨胀元件的刚性悬挂区段，汇流排安装应该从膨胀元件开始。

根据现场安装时的实际温度，查表得到膨胀元件的伸缩长度，根据膨胀元件两端悬挂点之间的跨距。根据公式：膨胀元件两端刚性悬挂汇流排端头到各悬挂点的长度=(两端悬挂点之间的跨距－膨胀元件的长度)/2，计算出汇流排端头到各悬挂点的长度(使膨胀元件处于跨距中间)，结合各自锚段实际长度，计算是否需要加工汇流排，并用记号笔在汇流排上作好标记；将膨胀元件两端的汇流排安装好后，再安装膨胀元件；按汇流排编号顺序沿线路方向依次对接安装汇流排，并夹入汇流排定位线夹中，直至锚段终端。

(8) 有分段绝缘器的锚段的汇流排安装

有分段绝缘器的锚段，汇流排应该从分段绝缘器出向两端安装。

根据设计文件，复核确定分段绝缘器的安装位置。按照设备使用说明书，将分段绝缘器与两侧短汇流排进行连接，预配好分段绝缘器。

根据分段绝缘器两端悬挂点之间的跨距，根据公式：分段绝缘器两端刚性悬挂汇流排端头到各悬挂点的长度=(两端悬挂点之间的跨距－分段绝缘器的长度)/2，计算出汇流排端头到各悬挂点的长度(使分段绝缘器处于跨距中间)，并用记号笔在汇流排上作好标记；对准标记先安装分段绝缘器一端汇流排并紧固好，然后分段绝缘器，并在作业平台上抬平，在对接另一端汇流排，并将分段绝缘器略拉紧后，紧固好该汇流排，在依次安装两边的汇流排。

对接顺序：两汇流排拼成一条直线→插入连接接头→装紧固螺栓及垫片→调整对接状态(密贴、无偏斜错位)→对接螺栓紧固(先内后外，先下后上，力矩为 20N・m)→对接效果检查→夹入汇流排定位线夹。

汇流排安装后，拆除第一、二定位点处的防滑锚固线夹，将中锚附近两悬挂定位点临时锚固，待中锚安装后另行拆除。

汇流排安装完毕后，自安装起点，按照设计拉出值大小和现场线路资料初步调整汇流排，保证整个锚段汇流排的弯曲圆顺，便于下一步导线架设程序的顺利进行。

支持结构安装调整到位后，所有底座与隧道壁间隙，按照设计的要求用 C15 混凝土进行填充，填充时注意保护并防止污染其他设备。

(9)填写工程记录、工程检查证

支持结构挂安装、粗调完毕后，用扭力扳手检查各紧固件状况，并及时填写工程记录、工程检查证。

7　劳动力组织

（1）施工测量劳动力组织见表1。

表1　施工测量劳动力组织表

序号	分　工		人数	主要工作内容
1	组长		1	组织、指挥，测量数据记录，确定安装类型，观察施工干扰情况
2	组员	测量	4	2人进行跨距测量，1人操作激光仪器测量，1人用油漆标记悬挂点及钻孔位置
		书写标记	1	书写悬挂点标记
		梯车防护	4	推扶测量梯车，配合测量人员工作
		安全防护	2	行车及其他安全防护
合计			12	

（2）钻孔安装劳动力组织见表2。

表2　钻孔安装劳动力组织表

序号	分　工		人数	主要工作内容
1	组长		1	钻孔安装作业的组织、指挥
2	组员	钻孔、螺栓安装	4	钻孔、安装螺栓
		辅助人员	2	配合钻孔、安装人员作一些辅助性的工作
		技术问题处理	1	处理现场发现的技术问题
		安全防护	2	作业区段两端安全防护
合计			10	

（3）支持悬挂装置安装劳动力组织见表3。

表3　支持悬挂装置安装劳动力组织表

序号	分　工		人数	主要工作内容
1	组长		1	悬挂定位安装作业组织、指挥
2	组员	计算	1	计算悬吊螺栓和吊柱长度，编制装配数据表，现场安装技术负责
		预配安装	3	按装配图、装配数据表进行选型、装配及粗调
		安全防护	2	作业区段两端安全防护
合计			7	

（4）汇流排安装劳动力组织见表4。

表4　汇流排安装劳动力组织表

序号	分　工		人数	主要工作内容
1	组长		1	汇流排安装作业组织、指挥
2	组员	计算	1	汇流排安装长度测量计算，现场安装技术负责
		预制	6	汇流排的预制、加工、试对接、编号，现场安装、调整
		防护	2	作业区段两端的安全防护
		司机	2	一人驾驶，一人行车防护
合计			12	

8 主要机械设备及工器具配置

汇流排安装施工机具配置见表5。

表5 汇流排安装施工机具配置表

序号	名　称	规格	单位	数量	备　注
1	地铁作业车加安装平台	改进型	台	1	安装汇流排
2	汇流排专用切割机		套	1	加工汇流排
3	直角尺		套	1	加工汇流排
4	汇流排钻孔专用模具	厂家提供	套	1	加工汇流排
5	电锤	25型	套	1	加工汇流排
6	电锤	75型	套	6	钻孔用
7	激光测量仪	DJJ	台	1	测量
8	钢卷尺	50 m	把	1	测量
9	内六角扳手		把	1	安装汇流排
10	水平尺		把	1	安装汇流排
11	公斤扳手		把	2	安装汇流排
12	防护灯	闪烁型	套	2	
13	照明设备		套	若干	
14	游标卡尺		套	1	测量汇流排接口
15	塞尺		套		测量汇流排接口
16	作业梯车		台	4	安装悬挂

9 质量控制要点

(1)起测前应对起测点基桩进行复核,确保起测点的正确性。要求使用钢卷尺进行测量,严禁使用皮尺,减少挠度变化引起的误差。

(2)调整跨距时,注意满足相邻跨距比1∶1.25的原则,调整后的跨距不得大于设计最大跨距值。在最大行车速度大于或者等于100 km/h的区段(锚段关节采用膨胀元件的区段)刚性悬挂跨距一般为6 m,最大不超过6.5 m;小于100 km/h的区段(锚段关节采用汇流排终端的区段)刚性悬挂跨距一般为8 m,最大不超过8.5 m。

(3)支持装置的跨距应符合设计图纸,一般情况允许误差±500 mm;道岔、关节等特殊处,允许误差±200 mm。

(4)测量时锚栓位置应避开隧道伸缩缝、连接缝、盾构区间管片接缝和连接螺栓或渗水、漏水区。敲击式锚栓到接缝边缘距离不小于50 mm。

(5)根据不同的净空和设计要求,选用不同的安装类型,并根据安装底座制作出相同孔位、孔径的模板,测量定位时根据底座中心点位置,套模确定钻孔孔位,使用钢筋探测仪探出定位点处的钢筋分布情况;盾构管片区段,根据盾构管片设计布筋图,找出钢筋分布规律,以使钻孔孔位避开钢筋。

(6)锚栓螺纹及镀锌层完好,化学锚固螺栓孔填充密实。

(7)埋入杆件载荷检测应符合设计要求,化学锚固螺栓所使用的化学填充剂必须在有效期内使用。

(8)锚栓安装时,在药剂完全硬化前,应严格遵守与安装温度有关的等待时间。

(9)埋入杆件的施工允许偏差应符合表6的规定:

表6　埋入杆件位置施工允许偏差表

项　　目	允许偏差(mm)	备　注
后切底螺栓深度	$^{-2}_{+2}$	隧道拱部允许$^{-3}_{+2}$
化学锚固螺栓深度	$^{-3}_{+5}$	
后切底螺栓钢套管相对深度	$^{0}_{+1}$	
成组杆件中心垂直线路方向	±20	
成组杆件个体相对间距	±2	或不超出安装孔范围
成组杆件横向布置其轴线应与线路中心线垂直,纵向布置其轴线应与线路中心线平行,其偏斜度	≤3°	

(10)刚性悬挂支持装置型号应符合设计要求,槽钢底座、悬吊槽钢、绝缘横撑、悬垂吊柱、T型头螺栓等质量合格,无变形,镀锌完好。

(11)悬挂底座应水平安装,悬吊槽钢、绝缘横撑与安装地点的轨道平面应平行。平坡线路上悬垂吊柱及T型头螺栓应铅垂安装,倾斜度误差一般均应不大于1°,但位于坡道上的悬垂吊柱及T型头螺栓顺线路方向铅垂度偏差应以汇流排安装在悬挂金具内能保证汇流排伸缩为原则。

(12)槽钢底座、悬吊槽钢、绝缘横撑、悬垂吊柱、T型头螺栓等构件安装稳固可靠,紧固件齐全,应有不少于15 mm的调节余量(净空限制地段除外)。

(13)槽钢底座与混凝土的接触面上应涂隧道内防腐漆。T型头螺栓的头部长边应基本垂直于安装槽道方向,螺纹部分应涂油防腐。

(14)减震道床区间和车站结构风管等低净空处采用的硅橡胶绝缘横撑应符合产品技术条件,金属连接件与芯棒连接可靠,密封良好,硅橡胶伞裙完整无破损,C型汇流排定位线夹的U型螺栓距接地体、接地线一般情况下不得小于150 mm,困难情况,特殊处理。

(15)汇流排悬挂定位线夹材质、规格、尺寸符合设计要求。表面无裂纹、无缺损。紧固件、内衬尼龙垫齐全、无松动、可旋转部位无阻滞现象。留有因温度变化使汇流排产生位移而需要的间隙。

(16)绝缘子安装端正,绝缘子瓷釉表面光滑、清洁、无裂纹、缺釉、斑点、气泡等缺陷,瓷釉剥落总面积不大于30 mm^2。绝缘子泄漏距离不小于250mm,绝缘电阻抽样试验合格,浇筑水泥部分不得有松动和辐射性裂纹。紧固件齐全,安装稳固可靠。预埋螺栓防腐性能好,且垂直于绝缘子本体,倾斜度误差应≤1°。

(17)汇流排、膨胀元件型号、材质、制造精度应符合设计和产品制造技术条件要求。

(18)连接件的接触面清洁,汇流排连接缝两端夹持接触线的齿槽连接处平顺光滑,不平顺度不大于0.3 mm。汇流排连接端缝平均宽度不大于1 mm,紧固件齐全,螺栓紧固力矩为16 N·m。连接板及汇流排两端连接孔的尺寸误差符合产品质量要求。

(19)膨胀元件与汇流排连接呈平行直线状态,保证膨胀元件不受外力弯曲。膨胀元件两端伸缩长度应满足其两端锚段长度温差的伸缩量。安装时预留量应符合设计要求。

10 安全控制要点

(1)做好施工封锁计划,按计划请销点。施工前必须申请封锁施工区段线路,未获得批准不得进入施工现场;线路封锁后必须按规程在封锁区段两端设置防护,与施工无关的人员、机械不得进入现场。

(2)确保通信畅通,坚持复诵制度。

(3)施工人员穿防护服,戴安全帽,高空作业时系好安全带。

(4)检查梯车各紧固件、焊接点、轮子是否完好。

(5)在测量时,注意观察沿线是否有可能影响接触网安装,是否有侵入接触网限界的设备存在。

(6)拉力测试时,作好安全防护,防止螺栓拉出时,测试仪器坠下伤人及损伤仪器。

(7)用梯车作业时,梯车推行速度不超过 5 km/h,施工完毕后,梯车存放指定的安全地带。

(8)支持悬挂装置运输和安装时应轻拿轻放,以免损伤镀锌层或碰伤绝缘子。

11 环境保护要点

(1)不得在测量区段乱涂乱画,保护施工环境。

(2)工程完工后,应按要求拆除安全防护设施和临时设施。

(3)钻孔过后洒下的灰尘应扫到一起,带出施工现场,保证现场施工场地整洁、干净、工完料清,施工现场工具材料摆放整齐。

12 常见问题及处理方法

(1)常见问题

① 个别车站轨道上方部分风管高度混凝土厚度不足 100 mm,不能满足钻孔要求;

② 悬挂底座的孔位遇隧道结构钢筋;

③ 汇流排安装时,中间接头很有可能在距汇流排线夹 200 mm 范围内。

(2)处理方法

① 将风管顶部钻穿,使用加长螺杆和加厚垫片的方式来解决;调整个别跨距,能否避开少量的薄板;

② 首先判断所遇钢筋是顺线路的横筋还是垂直线路的竖筋,是顺线路的横筋,则采取在横向移动避开钢筋,移动距离不大于 50 mm,避免影响拉出值调整;若是顺线路的横筋,则采取纵向移动,调整距离符合跨距调整要求,一般移动 30～50 mm 即可避开;

③ 对还未安装汇流排的跨距与汇流排的中间接头位置进行计算比较,采用非标长度的汇流排安装或移动此处的悬挂定位点。

13 工程实例

广州市轨道交通三号线由广州火车东站至番禺区番禺广场站的主线和天河客运站至体育西路的支线组成,呈南北“Y”型走向。三号线全长 36.33 km,全部为地下线路。主线全长 28.78 km;支线全长 7.55 km。三号线最高运行速度为 120 km/h。全线正线区段、出入段线接触网采用架空“Π”型刚性悬挂。广州市轨道交通三号线悬挂钻孔 30 000 多处,悬挂安装

20 000 多组，安装汇流排 7 230 根，其中衔接头 300 多处，加工汇流排 200 余次。该标准化工艺在广州市轨道交通三号线得以应用，大大缩短了工期，节约了成本，保证了工艺质量和受流要求。

14 附　录

(1)施工记录表格

① 螺栓安装检查记录，见表 7。

表 7　螺栓安装检查记录

工程名称		合同号	
施工单位		地铁里程	
报检时间		检查部位	

检查项目		检查记录											
		01	02	03	04	05	06	07	08	09	10	11	12
1	检查后切底螺栓埋深，允许偏差$_{+2}^{-2}$ mm(隧道拱部允许$_{+2}^{-3}$ mm)												
2	检查化学锚固螺栓埋深，允许偏差$_{+5}^{-3}$ mm。												
3	检查后切底螺栓钢套管相对埋深，允许偏差$_{+1}^{0}$ mm												
4	检查成组杆件中心垂直线路方向，允许偏差±20 mm												
5	检查成组杆件个体相对间距，允许偏差±2 mm(或不超出安装孔范围)												
6	使用规定规格的钻头或专用钻头。检查成组杆件横向布置其轴线应与线路中心线垂直，纵向布置其轴线应与线路中心线平行。												
7	检查杆件对隧道拱壁切线的垂直度或铅垂度。												
8	化学锚固螺栓孔填充密实。锚栓螺纹及镀锌层完好，螺纹外露部分应涂油防腐												
9	严格按设计规定的测试负荷和抽检数量进行拉力测试，逐渐加大拉力至规定测值并保持 3～5 min，过程中无异状即通过测试。												
10	与隧道壁相贴近的底座应填充密实，表面光洁平整，无裂缝；在与隧道壁的接触面上应刷防锈漆。												

施工工长：　　主管工程师：　　项目专业质量检查员：

日期：　　年　　月　　日

监理工程师意见：　合格　　监理工程师：

日期：　　年　　月　　日

注：检查项目后面打“√”表示合格；打“×”表示不合格，检查记录下面行填施工地点。

② 支持悬挂装置记录，见表 8。

表 8 支持悬挂装置记录

工程名称		合同号	
施工单位		地铁里程	
报检时间		检查部位	

检查项目		检查记录											
		01	02	03	04	05	06	07	08	09	10	11	12
1	刚性悬挂支持装置型号是否符合设计，各组成部件应合格，紧固件齐全，安装稳固可靠												
2	垂直悬吊安装底座是否调至水平，T 型头螺栓安装是否端正，支撑面顺线路是否铅垂，应能保证汇流排伸缩												
3	检查所有调节孔位是否居中安装，是否有充分的调整余量。调整螺栓是否有不小于 15 mm 的调节余量												
4	检查绝缘子紧固件齐全，安装稳固可靠。预埋螺栓防腐性能好，且垂直于绝缘子本体												
5	减震道床区间和车站结构风管等低净空处，采用的硅橡胶绝缘横撑金属连接件与芯棒连接可靠，密封良好，硅橡胶伞裙完整无破损，B 型汇流排定位线夹的 U 型螺栓距接地体、接地线不得小于 150 mm												
6	汇流排悬挂定位线夹表面无裂纹、无缺损。紧固件、内衬尼龙垫齐全、无松动、可旋转部位无阻滞现象。留有的间隙满足汇流排串动的要求												

施工工长：　　　　主管工程师：　　　　项目专业质量检查员：

日期：　　年　　月　　日

监理工程师意见：　　　　监理工程师：

日期：　　年　　月　　日

注：检查项目后面打“√”表示合格；打“×”表示不合格，检查记录下面一行填施工地点。

③ 汇流排安装检查记录，见表 9。

表9　汇流排安装检查记录表

工程名称		合同号	
施工单位		地铁里程	
报检时间		检查部位	

检查项目		检查记录(接头号从北往南)											
		1	2	3	4	5	6	7	8	9	10	11	12
1	汇流排是否呈圆滑曲线布置,无明显转折角,表面光洁,无缺损、无毛刺、无污迹、无腐蚀。连接板及汇流排两端连接孔的尺寸误差符合产品质量要求												
2	检查汇流排连接缝两端夹持接触线的齿槽连接处平顺光滑,不平顺度不大于0.3 mm。汇流排连接端缝平均宽度不大于1 mm,紧固件齐全,螺栓紧固力矩为16 N·m												
3	汇流排中轴线应垂直于所在处的轨道平面,偏斜不应大于1°。汇流排锚段内所有悬挂支持装置是否已初调到位												
4	悬挂线夹是否能够水平灵活转动,线夹包夹固定汇流排,两片线夹安装是否平整,是否相互错位,检查汇流排在温度变化时能否顺线路自由滑动												
5	检查汇流排定位线夹安装时,是否使用内六角专用扳手紧固两螺栓,所有螺栓是否保持统一朝向,方便维护检查												

施工工长：　　主管工程师：　　项目专业质量检查员：

日期：年 月 日

监理工程师意见：　　监理工程师：

日期：　年　月　日

注:检查项目后面打“√”表示合格;打“×”表示不合格,检查记录下面行填施工地点。

施工负责人：　　技术负责人：　　监理工程师：　　日期：

(2)工程图片

见图5和图6。

图5　支持悬挂装置安装作业

图6　汇流排安装作业

城市轨道交通柔性支持结构施工工艺

1 工艺概况及技术特点

地铁接触网柔性支持结构在不同的地段采用不同的结构方式，高架桥、敞开段、停车场正线采用单架空地线、双馈线、双承力索和双接触线简单链型悬挂，地下部分一般正线采用双接触线弹性支座定位简单悬挂，停车场采用柔性简单悬挂。

由于隧道外采用腕臂形式的支持结构的施工技术标准与大铁相同，为此本标准中不再重述，该施工技术主要叙述采用弹性元件的悬挂定位方式。该结构不但满足了低净空隧道接触线悬挂的要求，又能提高接触线悬挂的弹性，降低接触线的磨耗。

2 适用范围

本施工技术标准适用于城市轨道交通工程中额定电压等级 DC1500V、低净空隧道内采用弹性元件对接触线进行悬挂和定位的柔性悬挂。

3 引用标准

(1)《地下铁道设计规范》(GB 50157—2003)

(2)《地铁直流牵引供电系统》(GB 10411—2005)

(3)《铁路电力牵引供电设计规范》(TB 10009—2005)

(4)《电力设备预防性试验规程》(DL/T 596—96)

(5)《地下铁道工程施工及验收规范》(GB 50299—2003)

(6)《电气装置安装工程电气设备交接试验标准》(GB 50150—2006)

(7)《铁路工程施工安全技术规程》(TBJ 10401—2003)

(8)《施工现场临时用电安全技术规范》(JGJ 46—2005)

(9)《广州市轨道交通三号线接触网设计文件》

(10)《广州市轨道交通三号线供电系统施工标准》

(11)《广州市轨道交通三号线工程牵引供电及接触网安装施工质量验收标准》

4 基本定义及术语

(1)弹性底座：用于隧道内简单悬挂接触线的悬挂和定位，实现接触悬挂的弹性，降低接触线的磨耗(见图 1)。

(2)H 型吊架：矩形隧道固定弹性元件，用于接触线的悬挂和定位(见图 2)。

(3)风管支架：车站风管下固定弹性底座，用于接触线的悬挂和定位(见图 3)。

(4)地馈线支架：用于隧道内架空地线和馈线的悬挂和定位(见图 4)。

5 工艺原理

首先据设计文件的要求，对悬挂点位置进行纵向测量，用红油漆在钢轨和隧道壁上进行标记，纵向测量完毕后进行悬挂点位置的横向定位测量，用记号笔在需打锚栓孔的位置做好标记。然后根据各个悬挂点的安装方式选用相应型号的钻头在锚栓标记处打孔，经检查孔深、孔径符合要求后预埋锚栓。根据安装图和测量的原始数据进行悬挂预配和安装。

图 1　弹性底座

图 2　H 吊架

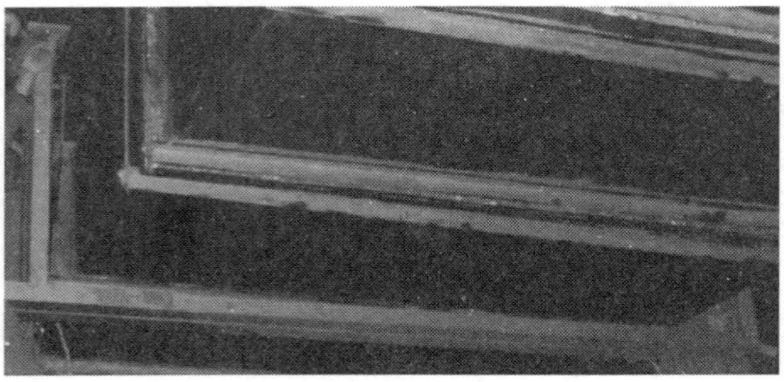

图 3　风管支架

图 4　地馈线支架

6　工艺流程及操作要点

6.1　工艺流程

施工测量工艺流程如图 5 所示。

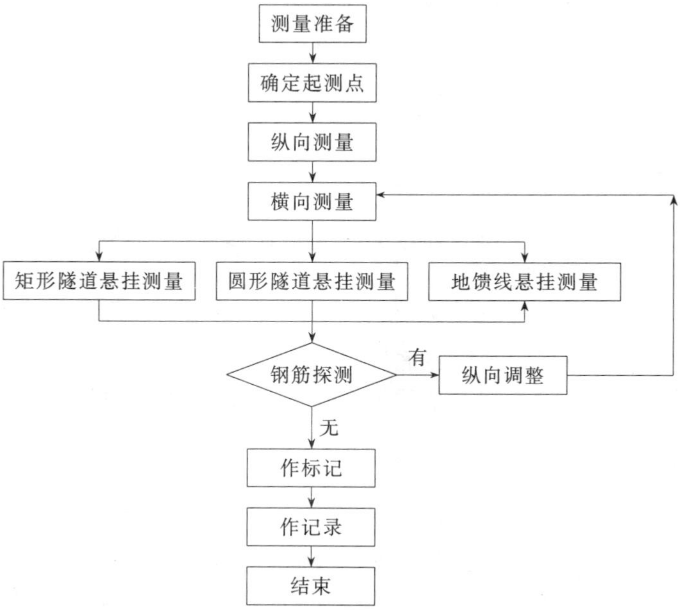

图 5　施工测量流程图

锚栓安装工艺流程见图6。

悬挂安装工艺流程见图7。

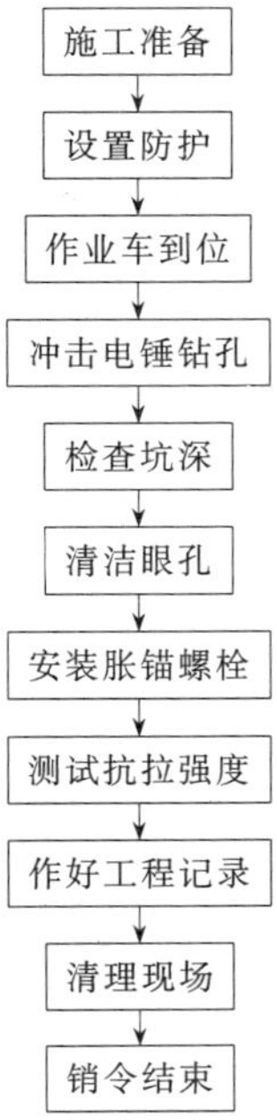

图6　锚拴安装流程图

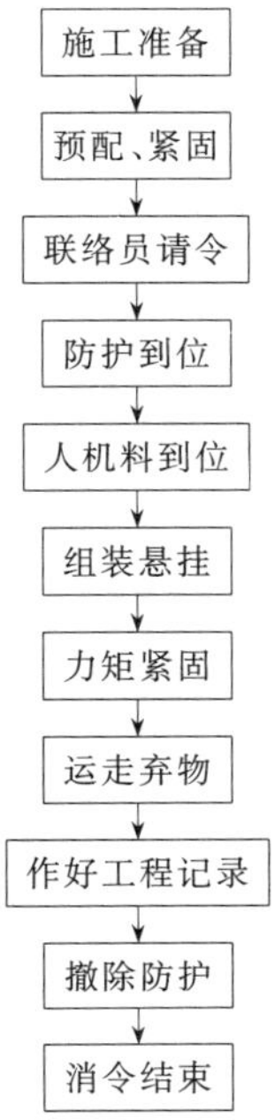

图7　悬挂安装流程图

6.2　操作要点

6.2.1　施工准备

(1)施工准备

熟悉设计文件及图纸,了解平面图及工程概况;区分各悬挂特点及测量要点;备齐测量用机具仪器等。列出各悬挂类型及安装方式区分表,见表1。

表1　悬挂类型及安装方式区分表

悬挂类型	安装位置	安装方式	胀锚螺杆类型	数量(根)	孔径(mm)	孔深(mm)	备注
接触悬挂	圆形隧道	有垫块	HKD-S M16 * 65	2	ϕ20	70	
		无垫块	HKD-S M16 * 40	2	ϕ20	70	
	矩形隧道	低净空	HSL-G-TZ M16/25/LN	4	ϕ24	140	
		高净空	HSL-G-TZ M16/25/LN	4	ϕ24	140	
	车站	风管支架	HSL-G-TZ M20/30/LN	4	ϕ28	160	
地馈线悬挂	隧道	低净空	HAS- M16 * 190	1	ϕ16	140	
		高净空	HSL-G-TZ M16/25/LN	2	ϕ24	140	
架空	下锚	终锚	HSL-G-TZ M20/30/LN	3	ϕ28	160	
馈线		对锚	HSL-G-TZ M20/30/LN	4	ϕ28	160	
接触悬挂		中锚	HSL-G-TZ M20/30/LN	6	ϕ28	160	
		终锚	HSL-G-TZ M24/30/LN	5	ϕ32	190	外露75
		限制架	HSL-G-TZ M16/25/LN	4	ϕ24	140	外露60

① 矩形隧道横向测量前准备。

根据悬挂处拉出值 a、弹性支座长度 L、轨道超高 Δh、弹性支座弹性轴线与 H 型吊架纵向轴线间距 b 等数据，算出 H 型吊架纵向轴线距线路中心线的距离。

② 圆形隧道横向测量准备。

熟悉设计文件及图纸和弹性支座的结构特点，根据数学公式计算出圆形隧道接触网定位测量对照选用表，见表 2。

表 2　圆形隧道接触网定位测量对照选用表

序号	L 值(mm)	拉出值 a(mm)	定位距离(mm)	5°时净空要求(mm)	10°时净空要求(mm)	5°时定位臂长度(mm)	10°时定位臂长度(mm)
1	800	230	1 097	4 273	4 332	634	644
2	800	180	1 044	4 263	4 320	636	643
3	800	100	959	4 217	4 327	634	641
4	800	0	852	4 280	4 336	631	639
5	800	−100	746	4 289	4 344	629	636
6	800	−180	661	4 296	4 351	628	635
7	1 000	230	1 311	4 273	4 350	840	852
8	1 000	180	1 257	4 261	4 336	843	853
9	1 000	100	1 172	4 269	4 344	840	850
10	1 000	0	1 065	4 279	4 353	837	847
…	…	…					

注：1. 当拉出值方向在弹性支座方时为正，反之为负；
2. 圆形隧道定位距离是指弹性支座的弹性轴垂直隧道壁的交点与轨面连线垂直的交点至线路中心的距离，即测量出的是弹性轴垂直隧道壁的交点；
3. 净空要求指根据测量点的高度确定是否增加圆形隧道固定角钢，如测量点净空高度不在 5°至 10°的净空要求计算值范围内就需增加圆形隧道固定角钢；
4. 定位臂长度是指定位线夹至定位臂连接孔的长度，不含定位臂的外露长度，是选定位臂型号的依据；
5. 弹性支座定位测量时不考虑线路超高；
6. 根据拉出值、测量时定位臂的长度及计算结果，判定定位臂的坡度在 6.5°～8°之间，拉出值大时，测量定位净空应该偏低，拉出值小时，测量定位净空应该偏高。

(2)确定起测点

按照设计图纸，起测点一般为正线和渡线道岔标准定位处或车站端头矩形隧道与圆形隧道断面处。

6.2.2　测　　量

(1)纵向测量

用 50 m 钢卷尺按照设计平面图的跨距 8～10 m，测出各悬挂点、下锚等纵向位置，再用激光测量仪测出各悬挂点的横向距离，在轨腰和隧道壁上标明记号及悬挂号。

(2)横向测量

根据各悬挂点安装位置、距中锚的距离、净空距离等选用不同型号的弹性支座和 H 型吊架，参见表 3。

对照弹性支座及 H 型吊架实件，测量零件各部尺寸。

(3)馈线悬挂测量。

表 3 弹性支座及 H 型吊架类型表

序号	类型		长度 L(mm)	距中锚距离(m)	接触线距矩隧顶距离(mm)
1	弹性支座	A	800	0～500	
2		B	1 000	500～700	
3		C	1 200	700～900	
4	H型吊架	Ⅰ	190		480～570
5		Ⅱ	280		570～650
6		Ⅲ	360		650～750
7		Ⅳ	470		760～860
8		Ⅴ	580		870～970
9		Ⅵ	660		950～1050
10		Ⅶ	860		1 150～1 250
11		Ⅷ	960		1 250～1 350
12	可调吊架				1 360～1 740

在圆形隧道部分或无风管的矩形隧道内，馈线悬挂胀锚螺栓的固定位置在线路正中心，因弹性支座接地扁钢孔与架空接地线夹错位，面向弹性支座向右偏 50 mm，纵向距离在接触悬挂里程偏位即可；有风管的车站处，利用风管馈线支架固定在风管长固定架上。

(4)测量出定位点和线路中心的净空高度。认真分析盾构内部钢筋布置，熟悉钢筋位置。测量时，使锚栓位置避开盾构钢筋，从而避免废孔，节约时间，减少钻头损耗。

(5)测量记录。

测量时，将各悬挂的净空高度、跨距等实际情况记录在表 4 中。

表 4 测量过程质量记录

编号	安装方式	限界(mm)	弹性支座净空(mm)	馈线悬挂净空(mm)	设计跨距(m)	实际跨距(m)	备注

6.2.3 锚栓安装

(1)施工准备

① 悬挂测量定位已完成；

② 施工作业计划已批准；

③ 准备工具材料，运输到作业现场；

④ 封锁命令已下达；

⑤ 连接电源满足现场施工的需要；

⑥ 作业车到位。

(2)设置防护。

在施工作业区段两端设置专人(配防护灯)防护。

(3)钻孔。

① 两个以上的底座采用套模钻孔，钻孔前，模具中心与测量中心对准；

② 钻孔时应避开隧道的伸缩缝，隧道列缝，盾构区间管片接缝，或明显渗水，漏水等部位，到接缝边缘的距离满足螺栓受力的要求；

③ 根据《钻孔及螺栓安装钻头选用表》及《施工作业表》选择钻头的型号，根据设计孔深调整好电锤的标尺，保证孔深符合设计要求；

④ 用清洁孔钢刷和清孔汽筒除掉孔中的灰尘。

(4)核查。

用游标卡尺和钢尺核查孔深，孔距，检查有无渗水现象。

(5)胀锚螺栓安装。

根据设计要求选用正确的胀锚螺栓安装。

① 敲击式胀锚螺栓的安装：插入锚栓套管，边缘应与基础面相平，用专用工具将锚栓体打入套管，直至打入工具的凸缘接触到锚栓套管为止；

② 套管螺栓的安装：用专用工具将胀锚螺栓的套管和螺栓直接打入隧道眼孔的混凝土内。

(6)承载力实验。

按照相关规范和要求，进行螺栓拉力测试。作业人员将测量螺栓承载力的拉拔器装在螺杆锚栓上，扳动拉拔器套筒，当拉拔器表上显示的承载力数值为设计值时，不再增加力矩，并稳定 2 min，检查螺杆锚栓的状态，确认无异常时，说明螺栓承载力达到了设计要求。做好螺栓拉力的测试记录。

(7)填写隐蔽工程记录。

质检员、专业技术人员检查螺栓埋深，间距等参数，做好螺栓安装隐蔽记录。

6.2.4 悬挂安装

(1)施工准备

① 按相关规范或要求作锚栓拉力测试试验；监理工程师对锚栓预埋隐蔽记录已签字；轨道封锁作业计划已被批准；

② 驻站联络员到站请令，按防护要求设置防护；

③ 运料到位、梯车或作业车同时进入作业点。

(2)预配

① 矩形隧道 H 型吊架和车站风管支架预配：根据设计图纸和现场测量出的原始数据(隧道顶的高度)正确选用 H 型吊架和风管支架型号。用红色记号笔在支架上标出定位号，便于安装时与现场一一对应；

② 弹性支座及馈线支架预配。

弹性底座预配，拧松橡皮扭转元件，将环氧树脂绝缘子弹性底座及弹性底座底板按施工图纸进行组装；

③ 馈线支架预配；

将馈线导流板、馈线绝缘子、馈线线夹、螺纹销按施工图纸进行组装。

(3)安装

① 矩形隧道内风管支架和 H 型吊架安装。将风管支架和 H 型吊架放在作业车操作平台上，转动并升高作业车平台，使风管支架或 H 型吊架底板眼孔与现场已打好的螺栓眼孔对齐。套入胀锚螺栓，用榔头将胀锚螺栓敲入，根据设计的要求用力矩扳手将胀锚螺栓逐个扭紧，并使风管支架或 H 型吊架底板与隧道壁密贴。

② 弹性底座或弹性元件的安装。

a. H型吊架上弹性元件的安装。将弹性元件用连接螺栓直接固定在已安装好的H型吊架的底板上,用力矩扳手按设计力矩进行紧固。

b. 风管支架上弹性底座的安装。根据定位点设计定位臂的长度,接触线的拉出值,用激光测量仪在已安装好的风管支架上测量出弹性底座的安装位置,用连接螺栓将弹性底座固定在风管支架上,使其垂直于线路,用力矩扳手按设计力矩进行紧固。

c. 圆形隧道内弹性底座的安装。根据横向测量后所作的施工表可查得该悬挂点弹性底座底板上或下胀锚螺栓处是否加垫角钢,如不加垫角钢,直接将弹性底座安装在已预埋好的胀锚螺栓上,如要加垫角钢,先用螺栓将弹性底座不加垫角钢侧固定,然后将加垫的角钢垫在弹性底座的另一侧,用螺栓将其固定在已预埋好的胀锚螺栓上,调整弹性底座使其垂直于线路,用力矩扳手按设计力矩进行紧固。

6.2.5 地馈线支架安装

将预配好的地馈线支架直接安装在已预埋好的胀锚螺栓上,使馈线绝缘子的保护帽与隧道壁密贴,地线连接板垂直线路后,用力矩扳手按设计力矩进行紧固。

施工结束后,清理施工现场,人员机具撤离。

6.3 技术标准及工艺要求

(1)隧道内悬挂结构应避开变形缝及盾构断面处,跨距允许调整±0.5 m。

(2)馈线悬挂轴线与弹性支座轴线偏差50 mm。

(3)接地线胀锚螺栓孔偏差0～100 mm,接地扁钢长度偏差±20 mm。

(4)眼孔的位置、孔深、孔径应符合设计要求。

(5)胀锚螺栓的纵向位置可以在±50 cm的范围内调整,但最大允许跨距不能超过12 m。

(6)螺栓间距允许误差为±2 mm。螺栓的外露应符合设计要求。

(7)悬臂处两胀锚螺栓的位置连线垂直于线路,偏差不大于3°。

(8)按设计文件预配悬挂材料。

(9)弹性支座、地馈线支架导流板和地线连接板垂直线路,弹性支座高度满足设计要求。

(10)H型吊架、风管支架垂直线路,地板与隧道壁密贴,高度满足设计要求。

(11)馈线绝缘子垂直地面,馈线U型铜托板水平。

(12)各连接螺栓紧固力矩符合设计要求。

7 劳动力组织

(1)施工测量人员组织见表5。

表5 施工测量人员组织(1组)

序号	名称	单位	数量	备 注
1	测量负责人	人	1	记录和核对图纸
2	测量技术人员	人	1	纵向测量、横向测量
3	测量工人	人	3	
4	防护人员	人	2	
5	驻站联络员	人	1	

(2)打孔及锚栓安装人员组织见表6。

表6 打孔及锚拴安装人员组织(1组)

序号	职务	单位	数量	工作职责	备注
1	指挥人员	人	1	现场施工组织及协调	
2	技术人员	人	1	技术质量负责	
3	安全人员	人	2	安全防护	
4	联络人员	人	1	负责联络工作	
5	作业人员	人	2	负责施工作业	
6	其他人员	人	3	辅助施工作业	

(3)悬挂安装人员组织见表7。

表7 悬挂安装人员组织

(1组,多组同时作业时不增加防护人员)

序号	职务	单位	数量	工作职责	备注
1	指挥人员	人	1	现场施工组织及协调	
2	技术员	人	1	负责技术质量	
3	作业人员	人	5(分上下部)	负责隧内悬挂安装	推梯车
4	防护人员	人	2	安全防护	
5	驻站防护	人	1	驻站联络	
6	其他人员	人	4	负责运料到作业点	

8 施工机具

(1)施工测量机具仪器配备见表8。

表8 施工测量机具仪器配备(1个作业组)

序号	名称	规格	单位	数量
1	钢卷尺	50 m	把	1
2	钢卷尺	5 m	把	1
3	激光测量仪	DJJ	台	1
4	梯车		台	1
5	油漆		桶	2
6	毛笔		根	3
7	记号笔		支	2
8	钢丝刷		把	1

(2)打孔及锚栓安装机具配备见表9。

表 9　打孔及锚拴安装设备机具配备(1 个作业组)

序号	名称	规格	单位	数量	备　注
1	冲击电锤	TE-76	台	1	钻孔,配各型钻头及长电源线
2	配电盘		套	2	连接电源,每盘配 50 m 电缆
3	钢卷尺	5 m	把	2	检查孔深、孔径、孔距
4	专用模板		套	1	用于钻孔
5	记号笔		支	1	
6	作业车		台	1	施工作业用
7	力矩扳手		套	1	保证螺帽的紧固力
8	专用工具		套	2	安装胀锚螺栓用
9	防护灯	闪烁型	只	3	防护
10	活口扳手	350 型	把	2	安装螺栓用
11	检测工具		套	1	
12	清孔钢刷		把	1	清洁眼孔
13	清孔气筒		套	1	清洁眼孔
14	口哨		个	3	施工防护用
15	对讲机		台	3	通信工具
16	安全帽		顶		作业人员防护用品
17	防护工作服		套		作业人员防护用品
18	防护眼镜		套		作业人员防护用品
19	安全带		副	3	作业人员防护用品
20	防尘口罩		个		作业人员防护用品

(3)悬挂安装机具配置见表 10。

表 10　悬挂安装设备机具配置(1 个作业组)

序号	名称	规格	单位	数量	用途	备　注
1	梯车(作业车)		台	1	施工作业用	
2	平板车		台	1	运料	
3	对讲机		台	5	联络用	
4	安全带		根	3		
5	常用工具		套	3		
6	力矩扳手		套	2	标准紧固力矩	
7	防护灯	闪烁型	支	3	安全防护	

9　质量控制要点

(1)测量过程中,按照设计跨距进行纵向测量,随时校核里程、曲线半径是否与设计相符,测量过程有专人记录,特别是设计与实际线路不符之处,要作详细记录,形成书面资料及时上报。

(2)隧道测量定位时应避开隧道伸缩缝、隧道连接缝、盾构区间管片接缝或明显渗水、漏水区等部位。

(3)测量时,激光测距仪的激光器与悬挂点对线路的相对位置一致,避免定位反向(即对准接地孔)。

(4)测量用的钢模板的测量孔不宜过大,以刚能用笔做记号为好,以减少孔中心间距误差。

(5)根据悬挂点所用锚拴选用相应钻头的型号,根据设计孔深调整好电锤的标尺,保证孔深、孔径符合设计要求。

(6)眼孔打好后,必须用清洁孔钢刷和清孔汽筒将孔内的灰尘清除干净。

(7)打孔时如遇到渗水或钢筋,应按设计和规范要求调整跨距避开。

(8)根据设计要求正确选用胀锚螺栓,并按使用说明书正确预埋,螺栓的抗拔强度符合设计要求,螺栓至接缝边缘距离应满足受力要求。

(9)H 型吊架、风管支架、弹性底座、地馈线支架铜托板和地线连接板必须垂直线路。

(10)H 型吊架、风管支架、弹性底座的底板和地馈线支架的绝缘子必须与隧道壁密贴。

(11)各连接螺栓紧固力矩必须符合设计要求,螺帽、垫片完整无缺。

10 安全控制要点

(1)有批准的施工用点计划,作好请、销点的签认手续,设驻站防护员,施工现场两边设专人防护,保证通信工具的畅通。

(2)每天开工前,班组长和技术员必须进行安全技术交底。交底内容:施工区段,作业内容,技术标准和安全注意事项等。

(3)进入施工现场人员必须戴安全帽,高空作业人员必须系安全带,并有专人监护。

(4)作业人员必须佩戴上岗证,着工作服,不能穿高跟鞋、硬底鞋、拖鞋和赤脚。

(5)每天开工前和施工结束后必须检查所用的施工机具和安全防护用品是否完好。

(6)施工用电必须符合临时用电施工技术规范的要求。

(7)手持电动工具的操作应严格按产品的使用说明书进行。

(8)作业完毕及时销令。

11 环境保护要点

(1)贯彻执行《中华人民共和国环境保护法》及相关法规,严格按照地方和业主对环境保护的要求进行施工。

(2)根据《环境保护法》及其相关法规和地方政府和业主对环境保护的要求,结合工程特点,制订环境保护管理办法和实施细则,并建立奖惩制度,将环保的具体措施落实到人头。

(3)测量的标记须规范,不得乱写乱画。

(4)施工产生的废弃物,如设备包装箱、包装袋等,不随意丢弃,下班时带出隧道放到指定地点。

(5)生活垃圾,如方便饭盒、剩菜剩饭、矿泉水瓶等不得乱丢,必须放到指定的地方,统一堆放或填埋,严禁焚烧。

(6)隧道内不准吸烟,不随地吐痰和大、小便。

(7)施工现场必须严格按规定控制噪音和扬尘处理。

(8)施工现场工具材料必须摆放整齐,保证现场施工场地整洁、干净、工完料清。

(9)生活区食堂按卫生标准设置并配备用具。

(10)工程完工后,应按要求拆除安全防护设施和临时设施,并将工地及周围环境清理整洁,做到工完料清,场地整洁。

12 施工中常见的问题及处理方法

(1)常见的问题

① 风管支架与风管和屏蔽门发生冲突。

② 圆形隧道内弹性底座和地馈线支架错位。

③ 地馈线支架绝缘子倾斜。

(2)处理方法

① 共同确定各自设备的安装位置:施工前先与风管和屏蔽门施工单位取得联系,让他们标出屏蔽门立柱的纵向位置和风管的起止位置及中心线,我方在施工时如果与其发生冲突,及时进行避让;

② 确定施工的先后顺序,我方先进行风管支架的测量、打孔后,风管施工单位再进行风管安装,最后我方再进行风管支架安装;

③ 打孔时先将弹性底座眼孔打好后,再打地馈线,如打弹性底座孔遇到钢筋移位时,地馈线支架必须相应跟着移位;

④ 打孔时控制好电钻,确保所打眼孔与隧道壁垂直;

⑤ 如果所打眼孔略有偏差,与隧道壁不垂直,则应在安装胀锚螺栓时,将螺栓外露部分调整与隧道壁垂直;

⑥ 安装地馈线支架时必须将绝缘子拧紧,保证绝缘子与保护帽、保护帽与隧道壁密贴。

13 工程实例

上海市轨道交通明珠线二期工程是上海市区轨道交通网主干线,与轨道交通一号线、二号线以及明珠线一期工程构成"申"字形的上海市轨道交通基本网络,明珠线二期工程全长22.03 km,其中高架敞开段1.58 km,其余均为地下线路。全线设17座车站,2座110/35/10 kV主变电所,8座牵引变电所,24座降压变电所(其中6座为跟随所),1处停车场。

接触网系统采用直流供电,额定电压1 500 V,额定电流3 000 A。支持结构在不同的地段采用不同的结构方式,高架桥、敞开段、停车场正线采用单架空地线、双馈线、双承力索和双接触线简单链型悬挂,地下部分正线采用单架空地线、四馈线、双接触线弹性支座定位简单悬挂,停车场采用柔性简单悬挂,与明珠一期接口采用单承力索、双接触线、单架空地线简单链型悬挂形式。通过本工艺的实施,经检验各项指标均符合要求,保证了施工质量和工艺。

14 施工图片

见图8~图11。

图8 弹性底座安装

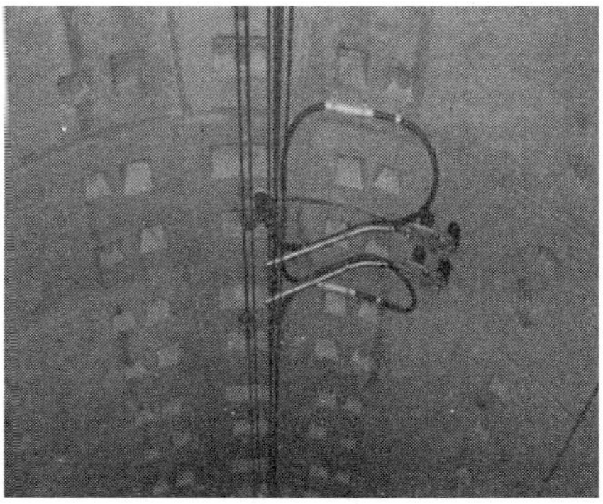

图9 有电连接的弹性底座和地馈线支架成品

图 10　H 型吊架成品

图 11　胀锚螺栓拉力试验

城市轨道交通刚性接触网悬挂及调整施工工艺

1 工艺概况及技术特点

1.1 城市轨道交通供电系统接触网概况

城市轨道交通接触网悬挂主要有柔性悬挂(主要为腕臂和弹性支撑结构形式)、刚性悬挂、接触轨三种形式。由于刚性接触网系统悬挂形式结构简单,满足隧道低净空的要求,具备安全、可靠的性能,并能持续地向列车提供电能且具有良好的弓网关系,运营维护简单方便,在城市轨道交通中得到了广泛的应用。目前国内城市轨道交通刚性接触悬挂一般采用"Π"型铝合金汇流排作支持结构,增大接触网载流截面,满足列车最大持续载流量 3 000 A 的要求。

1.2 工艺概况及技术特点

架空"Π"型刚性悬挂接触网系统,由 PAC110 mm 铝合金汇流排、单根 120 mm^2 或 150 mm^2 银铜接触线和单根 120 mm^2 硬铜架空地线等组成,通过固定于隧道上部的悬挂支持装置悬吊于轨道上方,与三号线车辆段柔性悬挂接触网在出入段线洞口处通过"刚柔过渡"贯通。整个悬挂拉出值呈正弦函数布置,最大拉出值为 200 mm。导线高度设计为 4 040 mm,在困难情况下不小于 4 000 mm,导线坡度变化不大于 2‰。

汇流排、接触线安装均无张力,利用铝合金汇流排的强度来支撑和夹持接触线,一般跨距设计为 6~8 m,锚段长度为 250~300 m,在锚段中部设置中心锚结,中心锚结采用"V"型拉线方式。刚性悬挂接触线架设采用低净空地铁放线车组进行牵引架设,利用刚性悬挂专用放线工具将接触线嵌入汇流排卡槽内。

2 适用范围

本施工技术适用于地铁刚性接触网施工,最高运行速度为 120 km/h,采用架空"Π"型刚性支持结构的刚性悬挂接触线架设及悬挂调整施工。

3 引用标准

(1)《地下铁道设计规范》(GB 50157—2003)。
(2)《地铁直流牵引供电系统》(GB 10410—2005)。
(3)《铁路电力牵引供电设计规范》(TB 10009—98)。
(4)《电力设备预防性试验规程》(DL/T 596—96)。
(5)《地下铁道工程施工及验收规范》(GB 50299—2003)
(6)《电气装置安装工程电气设备交接试验标准》(GB 50150—91)。
(7)《铁路工程施工安全技术规程》(TB 10401—2003)。
(8)《施工现场临时用电安全技术规范》(JGJ 6—2005)。

4 基本术语及定义

(1)架空"Π"型刚性悬挂:通过"Π"型刚性的铝合金汇流排将接触线进行定位构成的接触

网系统，其系统施工、维护简单，但结构弹性较小，对受电弓磨损大。

(2)汇流排：通过垂直悬挂装置悬吊，经汇流排线夹固定于绝缘子下面，呈“Π”形，其长度全部按 12 m 的标件生产，不仅具有机械夹持接触线功能，而且可以增加导流截面的功能。如图 1。

(3)汇流排锚段：由若干根 12 m 标件汇流排、短汇流排、锚段两端的汇流排终端或膨胀元件组成的刚性悬挂分段。

(4)汇流排终端：采用铝合金制造，呈“Π”形，端头上翘一定角度，安装锚段两端，标件长度为 7.5 m。

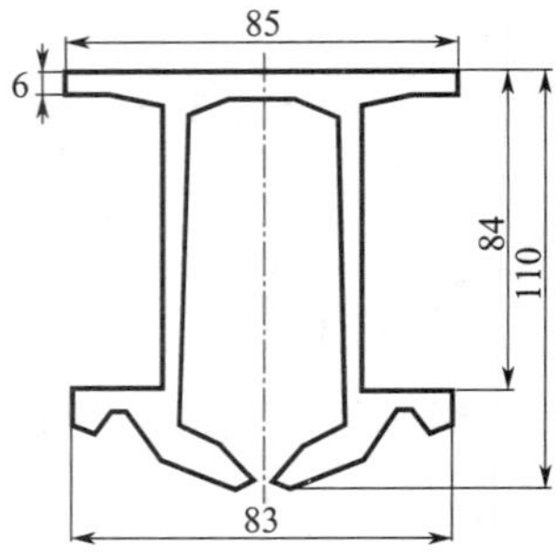

图 1　汇流排截面图

(5)膨胀元件：在最大行车速度大于或等于 100 km/h 的区段，锚段之间采用的一种机械分段方式，使锚段长度可以达到250～300 m，其设备本身可以伸缩，以满足锚段热胀冷缩的需要。

5　工艺原理

由于地铁隧道具有净空低、限界小的特点，因此大量采用悬挂结构简单的刚性悬挂方式。在实际中，充分考虑合适的施工机械、工具及方法进行刚性悬挂施工。

刚性悬挂架设时，采用地铁专用的小限界车组进行作业。刚性悬挂的汇流排架设车组由轨道内燃机车、两个平板车组成，满足 12 m 长的汇流排架设作业要求，从悬挂锚段成熟的一端向另一端实施，锚段的架设做到连续性。汇流排安装后便可进行导线架设，其导线架设车组由地铁专用作业车、专用放线平板组成；导线架设时，采用刚性悬挂放线小车将导线卡于汇流排槽内，通过牵引刚性悬挂放线小车将导线架设完成。

刚性悬挂调整时，利用误差在 1 mm 内的激光测量仪对悬挂的导高、拉出值进行监测，以满足刚性悬挂调整的绝对高度允许安装误差 ±4 mm，提高弓网的平滑性，减小受电弓及导线的磨耗，提高使用寿命。

6　工艺流程及操作要点

本施工标准仅对刚性悬挂施工的接触导线架设、接触悬挂调整等关键工序进行介绍。

6.1　工艺流程

刚性悬挂架设及调整工艺流程见图 2。

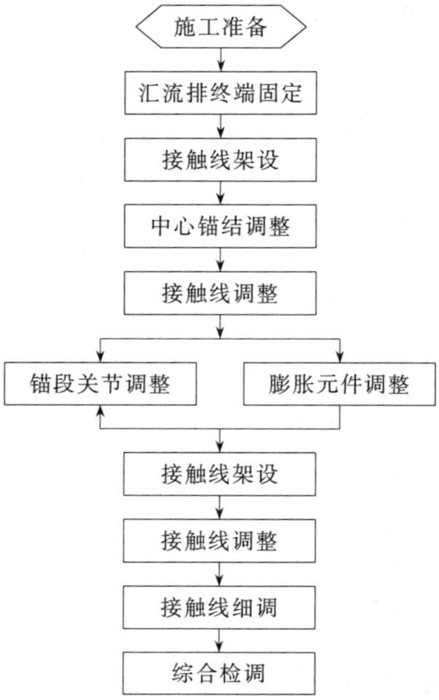

图 2　刚性悬挂架设及调整工艺流程图

6.2　操作要点

6.2.1　接触导线架设

(1)施工准备

① 地铁刚性悬挂架线作业车组组织

由低净空作业车＋放线作业车组组成刚性悬挂架线作业车组，如图 3 架线作业车组示意图。

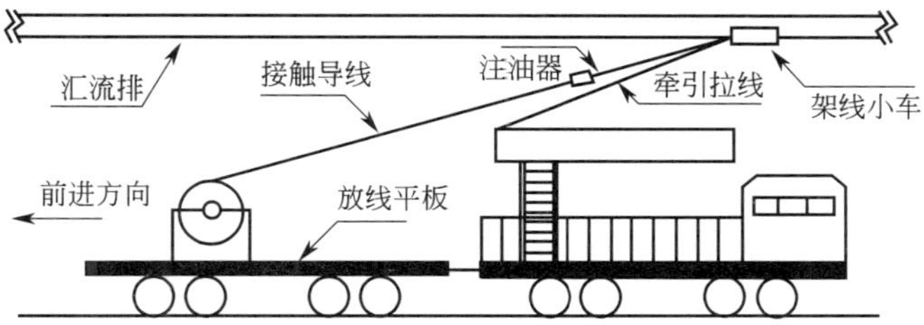

图 3 架线作业车组示意图

② 接触导线检查及线盘吊装

接触导线按锚段长度进行配盘，保证锚段接触导线无接头。对照配盘表核对各线盘的实际长度是否足够，检查线盘盘孔位置是否符合要求，导线应整齐密贴缠绕，不得有损伤、扭曲，不能有硬弯；接触线采用 150 银铜导线，其型号、规格、材质、制造精度应符合设计和产品制造技术条件要求。

按照导线配盘计划吊装线盘，并核对线盘号。吊装时，导线缠绕方向（放出方向）与车组架线方向一致。

(2)接触线架设

① 在第一、二个悬挂定位点两端，用锚固线夹卡住汇流排，以防放线时的张力使汇流排发生纵向滑动；用铁线从第二个悬挂定位点的汇流排定位线夹处到第一个悬挂定位点的底座上做一根 V 字拉线，以防悬挂顺线路变形。

② 将接触导线穿入注油器内，用排刷将导电油脂均匀涂抹在导线两凹槽内，注意导线工作面向下，不得翻转。

③ 在锚段始端，将架线小车卡于汇流排上，调整好间隙，小车前端绑一拉绳，拉绳另一端临时固定在作业平台上以牵引架线小车，确保架线小车的牵引方向始终处于汇流排正下方，同时在架线过程中，如遇架线小车被卡住时，拉绳可以立即松开，解除对架线小车的拉力，防止拉坏整个汇流排装置。

④ 将接触导线自线盘带张力拉出导线始端并释放应力，穿过架线小车，嵌入汇流排内，如图 4 放线小车安装示意图，超出汇流排约 500 mm，紧固汇流排弯曲头处螺栓并将导线向上弯，以防架线时导线滑出汇流排。

⑤ 安装好注油器，启动电动注油装置，把导电油脂注入接触线两凹槽内，注油器始终处于放线小车前方，在接触线上顺畅滑行。

⑥ 线盘带上张力（500～1 000 N），架线车组以 5 km/h 的速度缓缓向前。作业车上线盘旁边，设一人监护线盘，控制线盘张力；作业平台前端，二人紧拉架线小车拉绳，牵引架线小车与架一车组同步运行，并逐步将导线嵌入汇流排内；架线小车前设一人负责将导线扶正，使导线燕尾端正对汇流排开口，便于小车顺利将导线卡入汇流排；架线小车两旁，各设一人仔细检查导线嵌入状况，如发现导线嵌入不到位或架线小车卡滞，及时停车，退回架线小车，重复此段架线工作；架线小车前端另设两人用毛刷在导线两边凹槽内均匀涂入电力复合脂（或在导线上安装注油器），以确保接触线与汇流排的电气连接良好。

⑦ 架线至锚段末端，架线小车行至汇流排弯曲端前，架线车组停止运行，人工均匀拉动架线小车将导线嵌入末端。导线嵌入后，缓缓释放线盘张力，将导线在汇流排外 150～200 mm 断开，紧固弯曲头处螺栓，并将导线向上弯，将剩余导线回入线盘。

⑧ 架线车组向架线始端返回，巡视锚段内架线状况，拆除第一、二定位点处临时锚固线夹，始端按设计 150～200 mm 裕量进行预留，剪去多余导线。

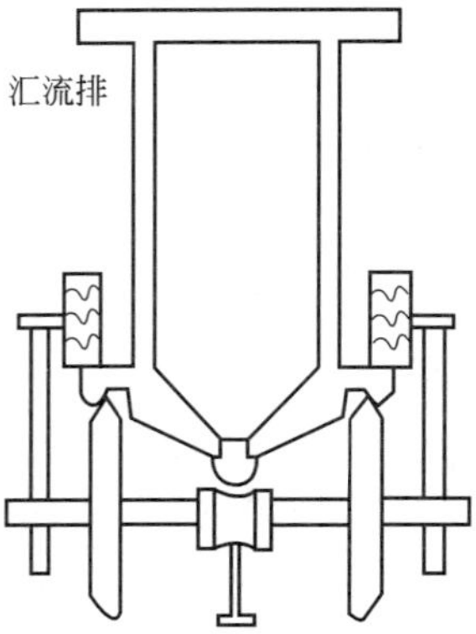

图 4　放线小车安装示意图

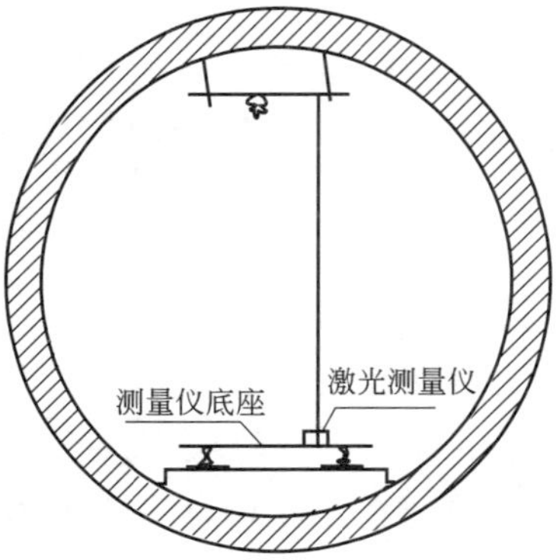

图 5　激光测量仪检测示意图

6.2.2　接触悬挂调整

(1)接触悬挂调整原理

利用激光测量仪测量调整刚性悬挂的垂直悬吊装置，使悬吊槽钢的两端高度至轨面一致，控制悬吊槽钢与轨面连线平行、汇流排垂直于轨面连线，施工误差不超过设计要求，以避免接触导线发生偏磨现象；调整悬吊槽钢在 T 型头螺栓的高度位置，即可调整接触悬挂的导线高度；调整 T 型头螺栓和悬挂槽钢相对线路中心的距离，即可调整拉出值大小。其原理见图 5 激光测量仪检测示意图。

(2)刚性悬挂初调。

① 中心锚结调整

悬挂调整从中锚分别向两端锚关逐点进行，首先调整槽钢平行于轨面、T 型螺栓铅垂、中锚的调整螺栓，将中锚处悬挂点的横轴线调整至垂直线路中心线和铅垂线调整垂直于轨平面，让中心锚结处无偏移现象；然后将中锚悬挂的导高、拉出值调整到位；检测中锚绝缘子带电体的绝缘距离是否满足最小绝缘距离 115 mm，当绝缘距离不能满足要求时，采取移动中锚底座的办法，使中锚绝缘子与汇流排的夹角增加，换成以增大中锚绝缘子带电体的绝缘距离。

中心锚结调整后，便可对各悬挂点刚性接触悬挂的高度、工作面、拉出值，并检查刚性接触悬挂汇流排连接、汇流排与接触线的接合状态。

② 刚性接触悬挂高度、拉出值及工作面调整

圆形隧道悬挂高度、拉出值调整：首先调整槽钢平行于轨面、T 型螺栓铅垂，然后用激光测量仪测量各悬挂点距轨面的高度、拉出值，通过化学锚栓上的螺母调节悬吊槽钢(或绝缘横撑)高度，调节槽钢在化学锚栓上的位置和绝缘子在槽钢中的位置对拉出值进行调整，直至调整达到设计要求，绝对高度误差不超过±4 mm，拉出值误差不超过±10 mm。

其他类型隧道悬挂高度、拉出值调整：首先调整槽钢平行于轨面、T 型螺栓铅垂，然后用激光测量仪测量各悬挂点对轨面的高度、拉出值，通过调整 T 型头螺栓螺母来调节悬吊槽钢高度，控制悬挂高度；移动 T 型调节螺栓在悬挂底座里的位置，控制悬挂拉出值。直至调整达到

设计要求，绝对高度误差不超过±4 mm，拉出值误差不超过±10 mm。

③ 导线工作面调整

在调整刚性悬挂高度的同时，用激光测量仪测量悬吊槽钢的两端高度，调整悬吊槽钢两端高度至轨面一致，控制悬吊槽钢与轨面连线平行、汇流排垂直于轨面连线，误差不超过设计要求，以避免接触导线发生偏磨现象。

④ 汇流排定位线夹调整

调整汇流排定位线夹垂直于汇流排轴线，调整整个悬挂的垂轴线垂直于汇流排面，满足汇流排在温度变化时能顺线路自由滑动，否则会造成汇流排定位线夹卡滞汇流排现象。

⑤ 刚性接触悬挂锚段关节调整

按技术要求调整两支刚性接触悬挂的高度、拉出值、工作面，用激光测量仪检查并调整两支刚性接触悬挂叠合过渡部分的相对高度，使两支悬挂叠合过渡中间部分的悬挂等高，误差不超过 1 mm，锚段关节靠近终端侧的非支悬挂高度应高于工作悬挂点 3～5 mm，形成锚段关节过渡屋脊状，使受电弓能够平滑地从一个刚性悬挂段过渡到另一个刚性悬挂段。

⑥ 膨胀元件调整

膨胀元件调整采用测量精度在毫米级的激光测量仪进行监测控制。首先在架设接触线时，要求在膨胀元件的接触线末端上翘角度不大于 10°，以免接触线的接触面在弯曲处出现大的变形。根据设计拉出值、导线高度对膨胀元件两端的两个悬挂点进行调整，使膨胀元件两端三跨内的汇流排应呈直线状态，确保膨胀元件在热胀冷缩时，可以灵活滑动。遇膨胀元件在曲线处时，受曲线及曲线超高影响致使汇流排不能达到直线状态，这时利用两点成直线的原理，用细绳通过膨胀元件与汇流排连接的一侧和第一个悬挂点的拉出值形成一条直线，利用其延长线调整第二个悬挂点的拉出值，在调整膨胀元件另一侧的悬挂点。因为膨胀元件是浓缩的锚段关节，因此在调整膨胀元件两端悬挂点的导线高度时，人为的制造锚段关节处接触线过渡的“屋脊”状，即将膨胀元件两端悬挂点的导线高度调整至略低于膨胀元件导线高度 1～2 mm，这样导线高度偏差既在刚性悬挂导线高度验标范围内，又满足膨胀元件处导线平滑性，提高弓网关系。

⑦ 刚性接触悬挂道岔调整

道岔和交叉渡线处，两汇流排同时接触点位于受电弓中心两边分布。按设计调整两支刚性接触悬挂的高度、拉出值、工作面，用激光测量仪测量两支刚性接触悬挂的相对高度，调整使两支悬挂等高，允许误差不超过 1 mm，调整时注意始触点处两接触导线应完全等高，受电弓过渡平稳，不应出现打弓、刮弓、脱弓现象；始触点后至岔尖方向，渡线导线渐渐抬高至高于正线 5～10 mm，保证列车在正线运行时，不会碰触渡线的导线，使受电弓能平滑过渡。

(3)刚性悬挂细调

① 刚性接触悬挂高度、拉出值、工作面调整

初调后，根据设计导高、拉出值、导线工作面进行精细调整，并且调整各跨中弛度不超出施工标准。

② 刚性接触悬挂锚段关节及道岔关节调整

对锚段关节及道岔关节两支刚性接触悬挂的高度、拉出值、工作面进行精细调整，使两支悬挂叠合过渡部分等高，非支终端拐角处的导高要高出相应位置工作支的导高 3～5 mm，避免受电弓滑过锚段关节时，由于工作支的抬高而出现碰弓现象；用水平尺进行模拟受电弓滑

动，检测有无打弓碰弓的地方。

③ 膨胀元件调整

将膨胀元件两端的悬挂细调后，对膨胀元件进行精细调整，调整叠合过渡部分的高度到轨面一致，注意膨胀元件的两部分构件与汇流排是否顺直，膨胀元件不受扭力，能够在温度变化时能顺线路灵活伸缩；用水平尺进行模拟受电弓滑动，检测有无打弓碰弓的地方。

④ 分段绝缘器调整

分段绝缘器两端悬挂的导高、拉出值调整至设计值后，将分段绝缘器的四个导流滑板，用分段绝缘器专用调整工具进行调整，根据设计要求以及线路参数细调分段绝缘器，保证整个分段绝缘器接触部分等高，中部不下垂，调整导流滑板与导线等高（三线在一个平面上）；间隙距离按设计要求调整，用水平尺进行模拟受电弓滑动，检测有无打弓碰弓的地方。

⑤ 紧固受力件

在各刚性接触悬挂点、刚性接触悬挂锚段关节、刚性接触悬挂道岔的各项调整完成后，用扭力扳手按各零件设计力矩紧固各紧固件。

⑥ 电气绝缘距离检调

刚性接触悬挂拉出值、高度及工作面调整完毕，检调刚性接触悬挂与架空地线、接触悬挂与接地体、架空地线与接地体间电气绝缘距离，其值不小于 150 mm，困难情况下不小于 115 mm。对于特殊地点至汇流排绝缘距离不能满足 150 mm 时，应使用汇流排绝缘保护罩使之满足绝缘要求；有渗水、漏水至汇流排的地方，使用汇流排防护罩来保护汇流排。

(4)刚性悬挂综合检调

① 刚性接触悬挂高度、拉出值、工作面综合检调。

用激光测量仪逐点检查各悬挂点的、导线工作面及跨中驰度，对超过允许偏差范围的进行重调，并填写导高及拉出值检查记录

② 刚性接触悬挂锚段关节、道岔关节、膨胀元件及分段绝缘器检调。

用激光测量仪检调锚段关节、道岔关节、膨胀元件及分段绝缘器处的导高、拉出值、导线工作面，对超过允许偏差范围的进行重调，并填写导高及拉出值检查记录；利用安装在作业车上安装受电弓，对锚段关节、道岔关节、膨胀元件及分段绝缘器处的过渡状态进行往返检查，对出现打弓碰弓的地方进行细调。

③ 电气绝缘距离检调

对刚性接触悬挂带电体外的一切外设备及建筑物之间进行绝缘距离测量，检测刚性接触悬挂与架空地线、接触悬挂与接地体、架空地线与接地体间电气绝缘距离，其值不小于 150 mm，困难情况下不小于 115 mm。

④ 限界检查

检查所有接触网安装设备或其他设备有无侵限，发现问题，属接触网安装部分的及时处理，属其他设备侵限的及时反馈给监理工程师和业主，妥善解决。

⑤ 涂油防腐

刚性悬挂调整到位后，所有悬挂定位的活动关节、绞接部位、调节螺杆锚栓等部位均匀涂抹黄油。

7 劳动力组织

(1)接触网架线劳动力组织，见表 1。

表 1　接触线架设劳动力组织表

序号	分　工		人数	主要工作内容
1	组长		1	接触导线架设安装作业的组织和指挥
2	组员	线盘监护	1	监护线盘、控制放线张力
		涂电力复合脂	2	往导线上涂刷电力复合脂或监测注油器
		监护架线小车	2	监护、控制牵引小车方向,保证其在汇流排至下方
		扶导线	1	在回线小车前纠正线面,保证燕尾端朝上
		导线监护检查	2	架线过程中巡视检查导线嵌入状况,处理意外情况
		安全防护	2	区间两端安全防护工作
合　计			11	

(2)接触网调整劳动力组织,见表 2。

表 2　接触悬挂调整劳动力组织表

序号	分　工		人数	主要工作内容
1	组长		1	悬挂调整作业组织、指挥
2	组员	悬挂调整	2	导高、拉出值、导线工作面、关节、线路岔的调整
		推梯车	4	推扶梯车,梯上梯下传递工具
		测量	2	测量导高、拉出值、限界及接触网其他参数的测量
		安全防护	2	两边防护
合　计			11	

8　主要工机具配置

(1)接触网架线工机具配置,见表 3。

表 3　接触线架设工机具配置表

序号	名称	规格	单位	数量	备注
1	地铁架线车组	改进型	台	1	
2	架线小车		台	1	
3	断线钳		把	1	
4	钢锯		把	1	
5	锉刀		把	1	
6	橡皮锤		把	1	
7	钢卷尺	5 m	把	2	
8	毛刷		把	1	
9	防护灯	闪烁型	套	2	
10	照明设备		套	若干	
11	电力复合脂		kg	若干	

(2)接触网调整工机具配置,见表4。

表4　接触悬挂调整工机具配置表

序号	名称	规格	单位	数量	备注
1	测量梯车		台	1	
2	激光测量仪	DJJ	台	1	
3	钢卷尺	5 m	把	3	
4	水平尺	50 mm	把	1	
5	扭力扳手		把	1	
6	内六角扳手		把	1	
7	防护灯	闪烁型	套	2	
8	照明设备		套	若干	
9	手提式切割机		台	1	
10	锉刀		把	2	
11	分段绝缘器专用工具		套	1	

9　质量控制要点

(1)接触网架线质量控制要点

① 架线作业前,应严格检查线盘和线材质量,线盘不得扭曲和损坏,导线不得有损伤、扭曲、硬弯等质量问题。

② 接触线应可靠嵌入汇流排内,接触线与汇流排的接触面应均匀涂有薄层电力复合脂,在锚段内无接头、无硬弯。

③ 锚段长度符合设计要求,汇流排终端到相邻悬挂点的距离为1 800 mm,允许误差:−50 mm～+20 mm。

④ 接触线在锚段末端汇流排外余长为150～200 mm,沿汇流排终端方向顺延。

⑤ 在架设有膨胀元件、分段绝缘器的锚段时,其在膨胀元件、分段绝缘器内的接触线末端100 mm,且要求端头上翘,上翘角度不大于10°。

⑥ 在第一、二个悬挂定位点两端,用锚固线夹卡住汇流排,使汇流排在放线时不能滑动。架线完成后拆除。

⑦ 架线完毕后,在有渗水、漏水或站内施工污染较大的地方,可用汇流排护套对汇流排结构进行保护。

(2)接触网调整质量控制要点

① 汇流排悬挂定位线夹材质、规格、尺寸符合设计要求。表面无裂纹、无缺损。紧固件、内衬尼龙垫齐全、无松动、可旋转部位无阻滞现象。留有因温度变化使汇流排产生位移而需要的间隙。

② 槽钢底座应水平安装;悬吊槽钢、绝缘横撑与安装地点的轨道平面应平行;平坡线路上悬垂吊柱及T型头螺栓应铅垂安装,倾斜度误差一般均应不大于1°,但位于坡道上的悬垂吊柱及T型头螺栓顺线路方向铅垂度偏差应以汇流排安装在悬挂金具内能保证汇流排伸缩为原则。

③ 锚栓及T型头螺栓外露要求:15 mm。(净空限制地段除外)。

④ 槽钢底座与混凝土的接触面上应涂隧道内防腐漆。T型头螺栓的头部长边应基本垂直于安装槽道方向,螺纹部分应涂油防腐。

⑤ 绝缘子安装端正,绝缘子瓷釉表面光滑、清洁、无裂纹、缺釉、斑点、气泡等缺陷,瓷釉剥落总面积不大于30 mm^2。

⑥ 接触线安装高度和拉出值应满足设计要求。悬挂点接触线距轨面高度一般为4 040 mm,困难地段及减震区段不小于4 000 mm。绝对高度允许安装误差为±4 mm,相邻的悬挂点相对高差一般不得超过所在跨距值的0.5‰,设计变坡段不应超过1‰。跨中弛度不得大于跨距值的1‰,且不应出现负弛度(包括中锚处)。接触线拉出值误差不应大于±10 mm。

⑦ 带电体距接地体绝缘距离:一般情况不小于150 mm,动态不小于100 mm;困难情况上报处理。

⑧ 锚段关节、膨胀元件处两接触线在关节中间悬挂点处应等高,转换悬挂点处非工作支必须高于工作支导高,一般高出2~4 mm。

⑨ 非绝缘锚段关节两支悬挂点的拉出值应符合设计要求,一般分别为±100 mm,中心线之间距离为200 mm,允许误差±20 mm。

⑩ 绝缘锚段关节两支悬挂点的拉出值应符合设计要求,一般分别为±150 mm,中心线之间距离为300 mm,允许误差±20 mm。

⑪ 道岔关节要求在受电弓始触区范围内的两支接触线等高,在受电弓始触点处渡线接触线应与正线接触线等高或高出正线接触线0~1 mm。

⑫ 单开道岔,悬挂点的拉出值距正线汇流排中心线一般为200 mm,允许误差±20 mm。

⑬ 交叉渡线道岔在交叉渡线两线路中心的交叉点处,两支悬挂的汇流排中心线分别距交叉点100 mm,允许误差±20 mm。

⑭ 刚性悬挂分段绝缘器安装位置应符合设计要求,安装方式和绝缘性能应符合产品安装使用说明书的要求。分段绝缘器中心线与受电弓中心线重合,偏离受电弓中心线不应超过50 mm。

⑮ 分段绝缘器应设置在受电弓的中心位置上(即拉出值为0),分段绝缘器与受电弓接触部分应调至一个平面上,且该平面应与轨面平行。

⑯ 分段绝缘器处中心锚结两端受力一致,使汇流排顺直,不得出现弛度。

⑰ 受电弓双向通过锚段关节、膨胀元件、道岔关节、分段绝缘器时应平滑无撞击现象。

10 安全控制要点

(1)贯彻学习中华人民共和国《安全生产法》及相关法规进行。制订安全生产管理办法和实施细则,并建立奖惩制度,将安全生产的具体措施落实到人头。

(2)做好施工封锁计划,按计划请销点。施工前必须申请封锁施工区段线路,未获得批准不得进入施工现场;线路封锁后必须按规程在封锁区段两端设置防护,与施工无关的人员、机械不得进入现场。

(3)确保通信畅通,坚持复诵制度。

(4)施工人员穿防护服,戴安全帽,高空作业时系好安全带。

(5)施工前,对施工机具进行检查,确保机具完好,保证施工顺利。

(6)轨道车在施工起步、推进过程中,应该注意了望,速度不能过快,应鸣笛提醒作业平台的施工人员坐稳扶好。

(7)用梯车作业时,梯车推行速度不超过 5 km/h,施工完毕后,梯车存放指定的安全地带。

(8)安装时不得抛掷工具和零件,必须用绳索传递,以免损伤镀锌层或碰伤绝缘子。

(9)发现隧道有渗水、漏水至汇流排的地方,使用汇流排防护罩来保护汇流排,以防腐蚀汇流排等接触网设备,及时反馈给监理工程师联系土建单位处理。

11 环境保护要点

(1)坚持按《中华人民共和国环境保护法》及相关法规进行施工。制订环境保护管理办法和实施细则,并建立奖惩制度,将环保的具体措施落实到人头。

(2)工程完工后,应按要求拆除安全防护设施和临时设施。

(3)材料包装物收集整齐带出施工现场,保证现场施工场地整洁、干净、工完料清,施工现场工具材料摆放整齐,以免掉落材料工具。

(4)按规定对作业车组进行定期检查,确保车组车况符合要求。车组没有漏油污染情况,运行时噪声分贝值、废气排放符合相关标准规定。

(5)底座封顶和涂油防腐时注意防止污染既有设备。

12 常见问题及处理方法

汇流排在定位线夹处过紧,影响汇流排热胀冷缩时的滑动。首先,判断造成汇流排在定位线夹处过紧的原因,有垂直悬挂装置顺线路偏斜;汇流排定位线夹歪斜,不垂直汇流排;汇流排定位线的内衬尼龙垫过厚,间隙过小等几种原因。当垂直悬挂装置顺线路偏斜时,应该卸下汇流排,调整垂直悬挂装置的轴线垂直于轨面,特别 T 型螺栓是否弯曲、歪斜;当汇流排定位线夹歪斜时,使用胶榔头敲打,调整汇流排定位线夹横轴线垂直于汇流排;当汇流排定位线的内衬尼龙垫过厚时,对汇流排定位线夹或内衬尼龙垫进行更换。

在架设有膨胀元件、分段绝缘器的锚段接触线时,其在膨胀元件、分段绝缘器内的接触线末端端头的处理,要求其接触线末端端头长 100 mm,且要求端头上翘,上翘角度不大于 10°。施工时应先紧固膨胀元件、分段绝缘器夹持接触线部件,采用与接触线外径相当的套筒进行弯制接触线末端,控制好上翘角度,以免接触线弯曲点变形过大,低于膨胀元件、分段绝缘器的接触导滑面,出现打弓现象。

13 附 录

13.1 附录一:施工表格

表 5 支持悬挂装置记录表

<table>
<tr><td colspan="2">工程名称</td><td colspan="4"></td><td colspan="3">合 同 号</td><td colspan="5"></td></tr>
<tr><td colspan="2">施工单位</td><td colspan="4"></td><td colspan="3">地铁里程</td><td colspan="5"></td></tr>
<tr><td colspan="2">报检时间</td><td colspan="4"></td><td colspan="3">检查部位</td><td colspan="5"></td></tr>
<tr><td colspan="2" rowspan="2">检查项目</td><td colspan="12">检查记录</td></tr>
<tr><td>01</td><td>02</td><td>03</td><td>04</td><td>05</td><td>06</td><td>07</td><td>08</td><td>09</td><td>10</td><td>11</td><td>12</td></tr>
<tr><td>1</td><td>刚性悬挂支持装置型号是否符合设计,各组成部件应合格,紧固件齐全,安装稳固可靠</td><td></td><td></td><td></td><td></td><td></td><td></td><td></td><td></td><td></td><td></td><td></td><td></td></tr>
</table>

续上表

检查项目		检查记录											
		01	02	03	04	05	06	07	08	09	10	11	12
2	垂直悬吊安装底座是否调至水平,T型头螺栓安装是否端正,支撑面顺线路是否铅垂,应能保证汇流排伸缩												
3	检查所有调节孔位是否居中安装,是否有充分的调整余量。调整螺栓是否有不小于15 mm的调节余量												
4	检查绝缘子紧固件齐全,安装稳固可靠。预埋螺栓防腐性能好,且垂直于绝缘子本体												
5	减震道床区间和车站结构风管等低净空处,采用的硅橡胶绝缘横撑金属连接件与芯棒连接可靠,密封良好,硅橡胶伞裙完整无破损,B型汇流排定位线夹的U型螺栓距接地体、接地线不得小于150 mm												
6	汇流排悬挂定位线夹表面无裂纹、无缺损。紧固件、内衬尼龙垫齐全、无松动、可旋转部位无阻滞现象。留有的间隙满足汇流排串动的要求												

施工工长：　　主管工程师：　　项目专业质量检查员：

日期：　年　月　日

监理工程师意见：　合格　　监理工程师：

日期：　年　月　日

说明:检查项目后面打"√"表示合格;打"×"表示不合格,检查记录下面行填施工地点。

表 6　中心锚结检查记录表

工程名称		合同号	
施工单位		检查部位	
报检时间			

检查项目		检查记录
1	中心锚结型式应符合设计，应安装在设计指定位置上，并且处于汇流排中轴线的正上方，基座中心偏离汇流排中轴线不大于±30 mm	√
2	中心锚结绝缘子型号应符合设计和产品技术条件，表面无损伤，带电端至接地体，接地端至带电体(汇流排)距离应不小于 150 mm；中心锚结线夹处接触线应平顺无负弛度	√
3	中心锚结绝缘子及拉杆受力均衡适度，与汇流排的夹角不大于 45°；中心锚结与汇流排固定牢固，螺栓紧固力矩符合设计要求；调整螺栓处于可调状态	√
4	中心锚结两端底座距中心锚固点的距离相等其安装误差允许±50 mm	√

施工工长：　　　　主管工程师：　　　　项目专业质量检查员：

日期：　　年　　月　　日

监理工程师意见：合格　　　　监理工程师：

日期：　　年　　月　　日

说明：检查项目后面打“√”表示合格；打“×”表示不合格，检查记录下面行填施工地点。

表 7　膨胀元件检查记录表

工程名称		合同号	
施工单位		地铁里程	
报检时间		检查部位	

检查项目		检查记录
1	膨胀元件安装型号、材质符合设计及技术要求	√
2	膨胀元件两滑端伸缩长度应满足其两端锚段长度温差的伸缩量。安装时严格按照设计给出的 G 值调整	√
3	膨胀元件与汇流排连接呈平行直线状态，保证膨胀元件不受外力弯曲。	√
4	膨胀元件安装于两悬挂点中间，其施工误差应符合设计要求及产品技术要求	√

施工工长：　　　　主管工程师：　　　　项目专业质量检查员：

日期：　　年　　月　　日

监理工程师意见：　　　　监理工程师：

日期：　　年　　月　　日

说明：检查项目后面打“√”表示合格；打“×”表示不合格，检查记录下面行填施工地点。

13.2 附录二:工程实例及相关图片

(1)该标准化工艺在广州市轨道交通三号线得以应用,大大缩短了工期,节约了成本,保证了架线质量和受流要求,最终圆满地完成了任务。

(2)项目概况。

广州市轨道交通三号线由广州火车东站至番禺区番禺广场站的主线和天河客运站至体育西路的支线组成,呈南北“Y”型走向。三号线全长 36.33 km,全部为地下线路。主线全长 28.78 km;支线全长 7.55 km。三号线最高运行速度为 120 km/h,建设标准为快线。全线正线区段、出入段线接触网采用架空“Π”型刚性悬挂,刚性悬挂 74.99 条千米。刚性悬挂与车辆段柔性悬挂通过刚柔过渡措施实现悬挂类型的相容。

(3)相关图片见图 6～图 9。

图 6 接触线架设作业

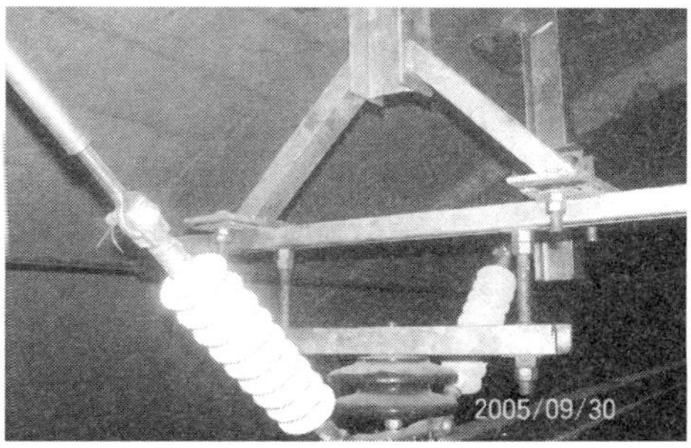

图 7 中心锚结

图 8 膨胀元件安装

图 9 安装完成的刚性悬挂成品

城市轨道交通柔性接触网架设施工工艺

1 工艺概况及技术特点

1.1 城市轨道交通供电系统柔性接触网概况

目前，城市轨道交通接触网悬挂形式主要有柔性悬挂(主要为腕臂和弹性支撑结构形式)、刚性悬挂及第三轨，三种结构形式存在很大的差别。本工艺仅涉及柔性接触网导线架设。

城市轨道交通具有供电系统电压低、电流大(DC1500V及以下，3000A及以上)，同时高峰时行车密度大的特点。为确保供电质量，在增大接触网载流面积的同时，受电弓与接触网的受流接触面积也需要相应增大，在城市轨道交通柔性接触悬挂中，采用双接触线来增大载流截面，满足弓网间的受流要求。城市轨道交通柔性接触网系统结构形式分为隧道内及隧道外。通常情况下，在隧道内由于隧道净空高度限制，采用四馈电线、双接触线、单架空地线的结构；在隧道外采用双承力索、双接触线、双馈线和单架空地线结构。双接触线、双承力索两根导线共用一组下锚补偿装置，双线张力要求一致。在较为特殊的地点，如停车场，由于行车速度低、密度小，采用单承力索、单接触线、单架空地线，或采用单接触线、共用架空地线的结构。

1.2 工艺概况及技术特点

针对城市轨道交通供电系统柔性接触网的特点，双接触线、双承力索的同时架设是施工的重点和难点。其共用同一组下锚补偿装置，两导线张力要求一致；其施工工艺比单接触网、非共用下锚补偿装置的双导线架设要求更高。

城市轨道交通柔性接触网施工采用双线同架施工工艺，解决了单线架设时两线张力不平衡及单导线承受双导线张力的难题，确保了架线质量和受流要求，明显提高了工程质量和工效，降低了工程成本，具有较好的经济技术指标。同时，由于单线架设施工技术较简单，而且与国铁架线施工技术基本一样，较大的变动是需要架线作业车组满足地铁限界的要求。本施工工艺重点介绍双线架设。双线同时架设具有以下技术特点：

(1)起、下锚处使用平衡滑轮，而且双线同时起、下锚，确保双线的张力一致。

(2)采用传统的接触网地铁放线车组即可。

(3)克服了单线架设时两线张力不平衡的问题和架设第二线时对第一线的损伤，保证了架线质量和受流要求。

(4)采用双线放线滑轮，双线的高度保持基本一致，确保双导线长度一致。

(5)可明显提高工效、降低工程成本。

2 适用范围

本施工工艺适用于采用架线作业车组架设城市轨道交通供电系统柔性接触悬挂中的双接触线、承力索、馈电线架设施工。也适用于架设单接触线、承力索、馈电线、架空地线施工，但需对平衡滑轮、双线放线滑轮等工具进行更换。

3 引用标准

(1)《地下铁道设计规范》(GB 50157—2003)。

(2)《地铁直流牵引供电系统》(GB 10411—2005)。

(3)《铁路电力牵引供电设计规范》(TB 10009—2005)。

(4)《电力设备预防性试验规程》(DL/T 596—96)。

(5)《地下铁道工程施工及验收规范》(GB 50299—2003)

(6)《电气装置安装工程电气设备交接试验标准》(GB 50150—2006)。

(7)《铁路工程施工安全技术规程》(TB 10401—2003)。

(8)《施工现场临时用电安全技术规范》(JGJ 46—2005)。

4 基本术语及定义

(1)柔性接触网:在悬挂点处通过支持结构将接触网线索进行悬挂并定位构成的接触网系统。

(2)双线架设:通过同一组放线作业车同时架设两条接触网导线。

(3)双线放线滑轮:采用高强度工程塑料制成的、能够在同一水平轴上同时承载两条接触网线索的放线滑轮。

(4)平衡滑轮:在架线过程中使两条接触网线索的牵引张力随时处于平衡状态的滑轮装置。

5 工艺原理

将轨道车、放线作业车、放线平板车等联挂组成放线作业车组,确保放线平板的各线盘轴的液压制动系统为同一系统,以保证各线盘上的导线张力一致。放线过程中,架线车组以2～5 km/h速度匀速行驶。双线在作业车上同时平行展放,采用双线放线滑轮临时悬挂,确保双线平行,导线高度、长度基本一致,防止两线相绞;放线张力设为2～3 kN,避免导线坠地。在起、下锚处分别采用平衡滑轮,可自动调节两线的张力达到平衡,然后再正式下锚。

6 工艺流程及操作要点

6.1 工艺流程

工艺流程如图1所示。

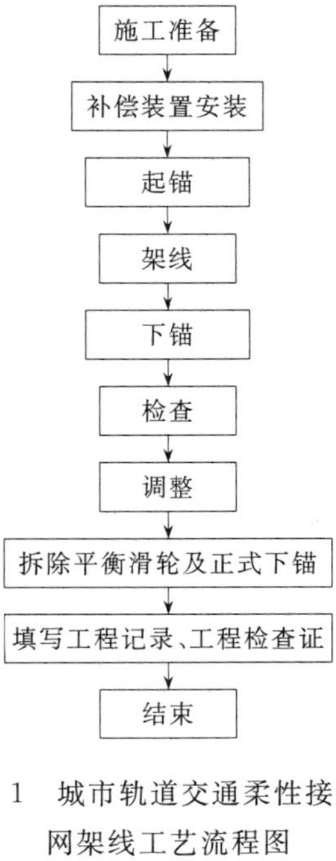

图1 城市轨道交通柔性接触网架线工艺流程图

6.2 操作要点

(1) 施工准备

① 编制放线计划及轨道封锁作业计划。

② 检查线材质量、线盘盘号、锚段长度是否与设计相符。

③ 检查施工机具性能是否良好,按图2所示编挂放线列车组,根据放线方向吊装好线盘。

④ 准备好架线和起、下锚材料。

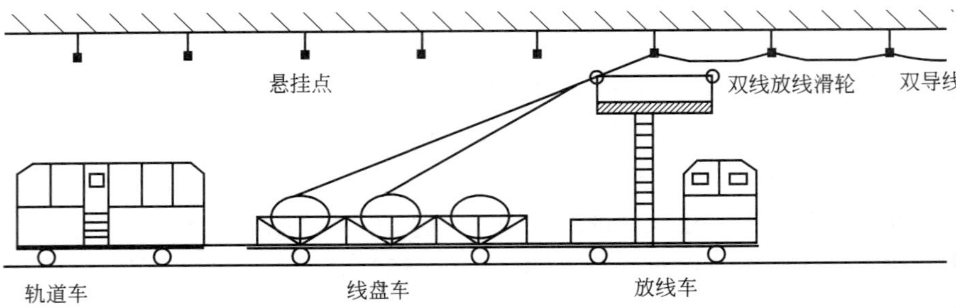

图 2　双线架设放线列车编挂示意图

(2)安装补偿装置

支柱或锚栓安装好后,根据施工作业计划安装相应型号的棘轮补偿装置(图 3)。用链条葫芦将补偿坠砣串提升到离开地面 2 m 位置,补偿装置制动块将补偿坠砣串固定,以减少下锚时紧线长度调整量。根据设计的最高、最低温度要求和下锚安装曲线计算出补偿绳在大小棘轮上总的圈数,再按照最高、最低温度要求和实际温度确定大小轮各自圈数。

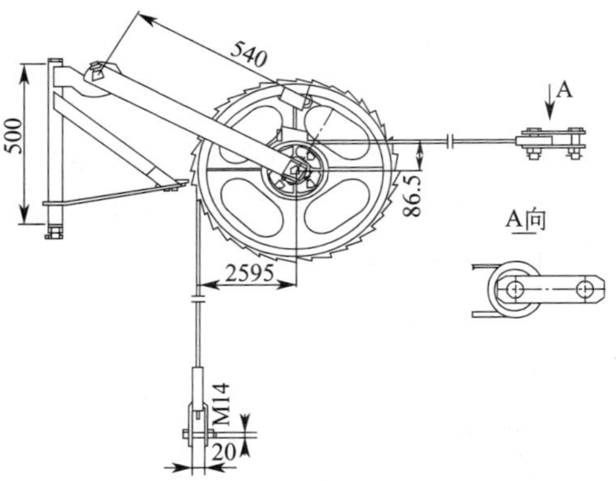

图 3　棘轮补偿装置

(3)起锚

架线车组行至起锚点。按图 5 进行起锚连接,取消图 4 中 A-A 俯视图的 T1 型三角调节板、下锚绝缘子、D2 型双联板(1 套)、齿型双耳楔形线夹或其他相应装置,用图 5 中的平衡滑轮组代替。平衡滑轮组主要由平衡滑轮、钢丝绳、钢线卡子、双孔板、ϕ20 螺栓等组成。平衡滑轮采用 30 kN 的动滑轮,钢丝绳的工作负载大于 30 kN,并有适当的长度,可以自动调节滑轮两边线材的长度及张力一致。所使用的钢线卡子的工作负荷是单导线的 2 倍。用 1# 长钢线卡子卡住起锚平衡滑轮的钢丝绳,避免接触线绕过平衡滑轮和钢丝绳脱落,用 2#、3#、4#、5#、6#、7# 钢线卡子一正一反卡住接触线和钢丝绳。

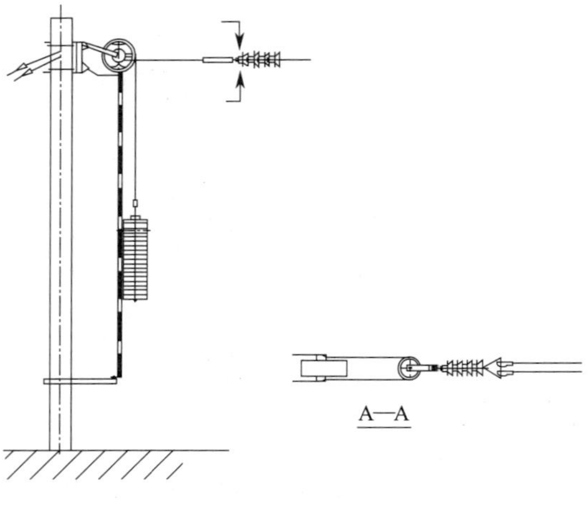

图 4　接触线正式下锚示意图

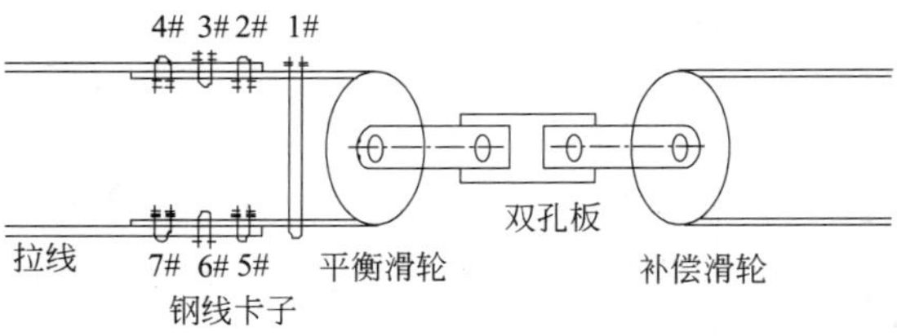

图 5　起、下锚连接图

(4) 架线

① 起锚连接完毕，车组平缓起动 40 m 左右，调整两线盘放线张力至 2～3 kN，并使两线盘的张力一致。放线车组以 2～5 km/h 匀速向下锚方向行驶。

② 在各定位点的线索悬挂装置处挂铁丝套子及双线放线滑轮，将两线索分别放于双线放线滑轮的两槽内，保证线索等高及能顺线路无障碍自由通过。

③ 架设过程中张力控制人员随时观察线盘的转动情况和张力大小。

④ 架线过程中，架线巡视人员随时汇报有无异常情况。

(5)下锚

① 在补偿装置的滑轮前加入放线平衡滑轮和辅助钢丝绳(如图 4)。架线作业车组行至下锚处，作业平台尽可能接近下锚处。

② 架线巡视人员确认导线无卡滞现象后，下错人员连接各部件进行紧线下锚，将紧线器固定于下锚支架上。

③ 紧线在作业平台上进行，紧线前确认各部件连接牢固。在楔型紧线器或角型紧线器的后侧安装钢线卡子，防止紧线器滑脱。采用手扳葫芦紧线，直到使悬挂起锚坠砣的链条葫芦不受力，且坠砣串的离地高度满足安装曲线的要求。根据补偿绳和导线终端位置剪断导线，分别用三个钢线卡子一正一反将两支导线卡在平衡滑轮前面的辅助钢丝绳上(见图 4)。

④ 确认两端坠砣离地高度符合施工要求，坠砣能自由滑动。缓慢松开手扳葫芦，取下楔型紧线器、手扳葫芦。

(6)检查

架线列车缓慢返回起锚处，沿途检查所架设的线材是否有扭曲、损伤现象，是否影响行车并做出相应的处理。

(7)导线调整

根据设计要求对导线调整到位(详见城市轨道交通柔性接触网调整施工技术)。

(8)拆除平衡滑轮及正式下锚

确认导线调整好后，按以下步骤进行：

① 根据棘轮补偿大小轮需要的圈数，再根据下锚连接零件的长度确定导线断线位置并做好标记；

② 用 30 kN 链条葫芦，一端用钢丝绳套子固定在下锚底座上，另一端用楔型紧线器、钢线卡子、钢丝绳套子固定在导线上，收紧链条葫芦使平衡滑轮不受力，在确保受力安全情况下，取下钢线卡子、平衡绳、平衡滑轮、双孔板；

③ 做好导线下锚终端头，按照下锚连接方式连接可靠后，慢慢松开拉链葫芦使导线承受额定张力；

④ 取下临时紧线装置。

(9) 填写工程记录、工程检查证。

按相关要求填写工程记录、工程检查证。

6.3 技术标准及工艺要求

(1)架线车组以 2～5 km/h 匀速前进行驶。

(2)放线张力为 2～3 kN。

(3)架线完成后,导线无硬弯、扭曲等损伤。

(4)导线不允许有接头。

(5)不允许单导线承受双导线的张力。

(6)起、下锚处均采用临时平衡滑轮,确保导线张力一致。

(7)采用双线滑轮,保持两导线高度一致,克服导线相互绞磨。

(8)各连接紧固件连接牢固可靠,其承受力满足工作负荷要求。

(9)正式下锚时,棘轮补偿装置大小轮补偿绳的圈数符合设计要求。

7 劳动力组织

施工管理采用施工负责人责任制、岗位负责制、定点定岗。各人员现场操作严格遵守技术要求、安全规程和机械操作规程,劳动组织见表1。

表1 接触网双线同架人员组织表

序号	施工人员	单位	数量	备 注
1	施工负责人	人	1	现场施工组织及协调
2	技术员	人	1	技术负责、质量负责
3	接触网工	人	4	架线作业
4	接触网工	人	8	起、下锚分别3人,控制张力1人,1人巡视
5	安全监督员	人	1	安全监督
6	防护人员	人	2	安全防护
7	机械人员	人	2	机械操作
8	驻站联络员	人	1	请、销点

8 主要机械设备及工器具配置

放线作业车组主要由轨道车、线盘车和放线作业车组成,其操作由专职司机执行。各施工工具的操作由熟练的接触网工负责,施工机具配置见表2。

表2 接触网双线同架施工机具设备组织表

序号	名 称	规格	单位	数量	备 注
1	轨道车	210马力以上	台	1	
2	线盘车		台	1	
3	放线作业车	DA5A	台	1	
4	双线放线滑轮	0.5 t	个	若干	根据悬挂点数量确定
5	手扳葫芦	3.0 t	台	2	1台备用
6	断线钳		把	1	断线
7	平衡滑轮	30 kN	套	3	起下锚处各1套,1套备用
8	楔形紧线器	3.0 t	套	2	

续上表

序号	名称	规格	单位	数量	备　　注
9	链条葫芦	3.0 t	套	2	起下锚处各 1 套
10	钢线卡子	Y-20	套	16	
11	钢线卡子	Y-12	套	4	
12	长钢线卡子		套	2	自加工
13	铁丝套子	ϕ4.0	个	若干	根据悬挂点数量确定
14	铁　线	ϕ2.0	Kg	若干	
15	防护灯	闪烁型	套	2	
16	照明设备		套	若干	备用(含发电机)
17	钢丝套子	3.0 t	套	8	平衡滑轮用,4 m
18	对讲机		台	9	
19	防护旗	红、黄	套	各 2	
20	防护牌		套	2	

9　质量控制要点

(1)双线架设应严格执行相应的施工及验收规范,以及施工设计图纸的技术要求,在施工过程中采取相应的管理和技术措施避免出现导线的损伤,确保架设质量。

(2)架线前对架设锚段详细调查是否满足架线条件,对支持结构采取临时固定措施,防止架线时偏离线路中心,以确保下锚断线位置准确。

(3)架线前将补偿坠砣用链条葫芦提离地面 2～2.5 m,以保证导线在初伸长后,不会下降到地面,确保导线张力不变。

(4)组装补偿装置时,根据下锚安装曲线和实际温度,考虑补偿绳在棘轮上的缠绕圈数,使坠砣随温度变化和导线初伸长后,滑轮能自由转动。

(5)架线时曲线上使用轮径大的放线滑轮,起、下锚处指派专人校核拉线受力情况和锚柱倾斜程度。

(6)架线采用带张力自动控制的架线作业车,线索在架线过程中保持额定张力,克服线索损伤和接触线形成硬弯,断线前起下锚确认坠砣离地高度无误,棘轮补偿转动灵活,架设锚段无异常情况时,才下令断线下锚。

(7)架线车组保证车速均匀,张力恒定。

(8)导线架设时严禁将放线滑轮悬挂于非受力点,防止对其造成损坏。

(9)在起、下锚处均采用平衡滑轮组,确保导线张力平衡。

10　安全控制要点

(1)施工人员穿防护服,戴安全帽,高空作业时系好安全带。

(2)及时请销点,在施工现场设专职安全监护人,作业范围两端设专职安全防护人员。

(3)架线车组设置警示灯,前方设专人引道,架线车组由施工负责人统一指挥;架线过程中架线车运行平稳、起步和制动平缓,保证线索架设中张力恒定。

(4)线盘上线索接近架完时,密切观察线盘,防止线索抽出造成事故,作业人员不得站在曲线内侧，线索在悬挂点处固定必须稳固，放线滑轮必须完好，无损伤，防止脱钩。

(5)作业平台人员站在线材受力的反方向，作业平台升降过程中严禁上、下人。

(6)各机具性能良好，紧固零件牢固，其承受力满足工作负荷要求，克服下锚导线滑脱。

(7)架线过程中设专人巡视，注意架线锚段内的情况，发现问题及时向施工负责人报告。

(8)接触网架设过程中作业人员注意平台及人员的高度，严防发生碰撞事故。

(9)确保通信畅通，坚持复诵制度。

11 环境保护要点

根据导线架设施工中可能对环境产生影响的因素，采取以“预防为主，防治结合，综合治理”为原则，确保做好环境保护工作。在施工过程中采取以下措施：

(1)坚持按《中华人民共和国环境保护法》及相关法规进行施工。制订环境保护管理办法和实施细则，并建立奖惩制度，将环保的具体措施落实到人头。

(2)施工现场内道路平整畅通，排水出口良好。施工现场工具材料摆放整齐，保证现场施工场地整洁、干净、工完料清。

(3)工程完工后，应按要求拆除安全防护设施和临时设施，并将工地及周围环境清理整洁，做到工完料清，场地整洁。

(4)按规定对架线作业车组进行定期检查，确保车组车况符合要求。车组没有漏油污染情况，运行时噪声分贝值、废气排放符合相关标准规定。

12 常见问题及处理方法

(1)常见问题

① 曲线上双线放线滑轮中导线易滑脱。

② 正式下锚时，两导线的张力略有差异，或者两导线不与轨面平行。

(2)处理方法

① 曲线上双线放线滑轮用闭口滑轮；架线张力恒定，车速匀速，避免导线抖动；铁丝套子适当加长，减少曲线拉力；曲线上加强巡视，有异常情况及时处理。

② 断线制作终端头时断线位置一致，回头长度一致；用终端头处的调整螺丝进行调整，使两导线的张力一致。用扭面器扭面，克服导线表面应力使两导线与轨面平行。

13 工程实例

明珠线二期工程全长 22.03 km，其中高架敞开段 1.58 km，接触悬挂方式为：隧内悬挂正线采用双接触线＋四馈线＋一架空地线简单弹性悬挂形式，高架桥及敞开段采用双承力索＋双接触线＋双馈线＋一架空地线简单链型悬挂形式，停车场采用单接触线＋一架空地线简单悬挂形式，与明珠一期接口采用单承力索＋双接触线＋一架空地线简单链型悬挂形式。该项目采用本工艺施工，通过本工艺的实施，经检验各项指标均符合要求，保证了施工质量和工艺。

14 附 录

(1)施工过程检查记录表

施工中主要检查导线有无损伤、架线张力及平衡滑轮处是否转动自如等情况，施工过程检查记录见表 3。

表 3　接触网双线同架施工过程检查记录表

序号	锚段号	导线型号	长度(m)	起锚悬挂号	下锚悬挂号	架线张力(kN)	导线有无损伤	导线有无扭曲	导线有无散股	备注

施工负责人：　　技术负责人：　　监理工程师：　　日期：

(2)相关图片见图 6～图 7。

图 6　双线架设施工

图 7　地面段下锚形式

城市轨道交通柔性接触网调整施工工艺

1　工艺概况及技术特点

城市轨道交通目前的运营动车组有三种受电方式:第三轨、刚性悬挂和柔性悬挂。柔性悬挂又可分为腕臂悬挂接触网和弹性支座悬挂接触网。腕臂悬挂接触网要求净空较大,对隧道断面尺寸要求较大,相应的工程成本较高,因此腕臂悬挂接触网用于城市轨道交通的地面段或敞开段,其结构与国铁大致相同;弹性支座悬挂接触网用于隧道内。弹性支座既适用于低净空单根接触线或双根接触线悬挂要求,又能提高接触线悬挂弹性、降低接触线磨耗。由于接触线的高度依靠弹性支座的弹性维持,因此调整使之符合设计要求的导高、拉出值、线间距及坡度等,是确保弓网关系的基础。而正确、有效的安装和调整弹性底座装置,是确保弹性支座性能优良的关键。

接触悬挂调整是直接影响接触网运营是否安全、弓网关系是否良好的关键工序。对于城市轨道交通接触网,接触线主要调整内容为:导线高度、拉出值、定位管坡度、双接触线间距及高差、锚关间距、交叉点、绝缘距离等。腕臂式接触悬挂调整方法与国铁大致相同,而弹性支座悬挂接触网的调整方法主要根据弹性支座的工作原理确定。本施工工艺重点介绍弹性支座悬挂接触网的调整方法。其具有以下技术特点:

(1)弹性支座悬挂接触网用于隧道内,弹性支座满足单根接触线或双根接触线悬挂要求。

(2)能提高接触线悬挂弹性、降低接触线磨耗。

(3)接触线的高度全部依靠弹性支座的弹性维持。

2　适用范围

本施工工艺适用于城市轨道交通供电系统弹性底座悬挂的柔性接触网的调整施工。

3　采用标准

(1)《地下铁道设计规范》(GB 50157—2003)。

(2)《地铁直流牵引供电系统》(GB 10411—2005)。

(3)《铁路电力牵引供电设计规范》(TB 10009—2005)。

(4)《电力设备预防性试验规程》(DL/T 596—96)。

(5)《地下铁道工程施工及验收规范》(GB 50299—2003)。

(6)《电气装置安装工程电气设备交接试验标准》(GB 50150—2006)。

(7)《铁路工程施工安全技术规程》(TB 10401—2003)。

(8)《施工现场临时用电安全技术规范》(JGJ 46—2005)。

4　基本术语及定义

(1)弹性支座装置:利用橡胶元件扭转变形时产生弹性的性能,将橡胶元件与钢套有机的胶合在一起形成弹性元件,再将弹性元件、支撑框架以及绝缘子等附件按照支座结构组装而成,用于悬挂接触网线索。

(2)柔性弹性支座悬挂接触网:在悬挂点处通过弹性支座装置将接触网线索进行悬挂并定位构成的接触网系统。

5 工艺原理

弹性支座悬挂装置利用弹性元件的叉形双耳与定位装置有效连接将接触线固定在一定的高度,使用弹性元件专用的C型扳手转动弹性元件的弹性轴,使弹性元件内的橡胶元件发生扭转变形将固定弹性元件的框架抬高到接触导线的设计高度,并紧固弹性元件上的两个固定螺栓,通过支撑框架确保接触线索的弹性。

6 工艺流程及操作要点

6.1 工艺流程

弹性悬挂接触网调整工艺流程见图1。

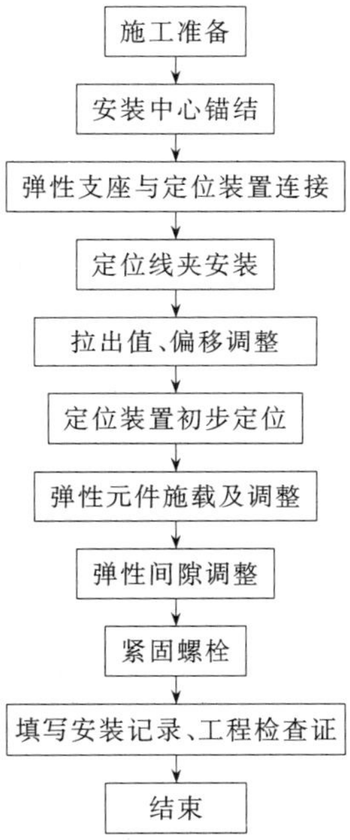

图1 弹性悬挂接触网调整工艺流程图

6.2 操作要点

(1) 施工准备

① 编制接触悬挂调整作业计划及轨道封锁作业计划。

② 检查施工机具性能是否齐全、良好。

③ 准备好接触悬挂调整的材料。

④ 检查已安装弹性支座的质量,重点复核以下内容:

a. 检查绝缘子处于固定座和转动支架的中心线上。

b. 用30 N· m校核弹性元件中心轴的M16螺栓。

c. 用70 N· m校核绝缘子两端的M16螺栓。

d. 松开弹性元件轴环顶紧螺栓M12,弹性支架本体(Ⅱ)与弹性元件轴环可相对转动,无卡死现象。

⑤ 将U形夹上的调整螺丝放置最大。

⑥ 用44 N· m固定可调叉形双耳与U形夹的连接螺丝,使两配件中心线呈一直线。

⑦ 检查弹性元件缺口在两红线标志中间位置。

(2) 安装中心锚结

首先检查隧内硬锚底座安装在中心锚结线夹处两接触线的正上方,确定后,测量出中心锚结线夹中间位置至硬锚底座的斜距离,根据测量的长度计算出中心锚结的长度,将中心锚结绳的两回头做好,依次连接好绝缘拉环和D1型双联板。连接好后,将中心锚结的两端通过400 mm×120 mm耳环杆连接到硬锚底座上,紧固耳环杆的螺母使中心锚结线夹处的状态满足设计要求。

(3)弹性支座与定位装置连接

用M12螺栓销,使定位装置与弹性支座连接,在M12螺栓销上套入ϕ12不锈钢平垫后,将M12螺母拧紧,插入开口销并扳成大于60°形状。

(4) 定位线夹安装

① 松开定位线夹上的与两个M10螺栓相配的M10螺母,并松开螺栓。

② 将线夹牙型卡入接触线的线槽内，并预紧螺栓。

③ 用手钳将 U 型固定销紧贴线夹本体向上弯曲。

(5)拉出值、偏移调整

① 调整支持器螺栓，将拉出值达到设计标准。

② 根据设计定位器随温度偏移表将偏移调整到位。

(6) 定位装置初步定位

① 松开弹性支架可调叉形双耳上的两个 M12 紧固螺栓，使双耳能够转动。

② 松开支持器上的 M12 顶紧螺栓。

③ 根据弹性支座定位装置的安装形式、接触线悬挂高度、拉出值等因素，确定定位线夹的位置。

④ 将定位器(定位臂)压下，使接触线高度低于设计标准 30～40 mm。

⑤ 使顶紧块圆弧面与本体(Ⅱ)圆弧面吻合，将弹性支架可调叉形双耳上的 M12 顶紧螺栓交替紧固。

(7) 弹性元件施载及调整

将 C 形专用扳手卡在弹性轴的 $\phi 8$ 安装孔内，并确保扳手头部的凸台全部进入孔内。平稳的施加反向负载，将接触线调高至设计要求，并将弹性元件的缺口限制在红色标志之内。

如果接触线高度未达到设计要求，可调整可调叉形双耳螺丝直至达到设计标准。

(8) 弹性间隙调整

调整 U 形夹上的调整螺丝，保证螺丝旋入头部与轴环直板之间的距离达到 3～7 mm。轴环直板与上挡板之间的距离不得少于 5 mm。

(9) 紧固螺栓

按产品力矩值紧固所有弹性支座的螺丝和螺母。

以上工序完成后，及时填写安装记录、工程检查证等相应技术资料。

6.3　技术标准及工艺要求

(1)在整个安装和调整过程中，不允许碰伤绝缘子和损伤其他各配件。

(2)紧固件的力矩值必须达到产品的要求，紧固螺栓、螺母过程中不能咬扣、发热。

(3)弹性支座安装后与线路垂直。

(4)双支弹性支架的弹性支座应同时安装，分别调试。

(5)中锚线夹处抬高 20～30 mm。

(6)定位臂的坡度相对于轨面连线的范围为 2～10°。

(7)双支弹性支座两接触线的导高施工误差为±2 mm。

(8)每处弹性支座处的导高施工误差为±10 mm，两相邻弹性支座处的导高施工误差为±10 mm。

(9)接触线拉出值允许偏差为±20 mm。

(10)弹性元件的缺口限制在红色标志之内。

(11)接触线工作面及各种线夹端正。

7　劳动力组织

施工管理采用施工负责人责任制、岗位负责制、定点定岗。各人员现场操作严格遵守技术要求、安全规程和机械操作规程。一组施工人员组织如表 1 所示，如同时多组在同一作业区域施工，只需增加技术工人和辅助人员。

表 1 人员组织表

序号	施工人员	单位	数量	备注
1	施工负责人	人	1	现场施工组织及协调
2	技术人员	人	1	技术负责、质量负责
3	技术工人	人	4	
4	辅助人员	人	2	
5	安全员	人	2	安全防护
6	联络员	人	1	驻站联络

8 主要机械设备及工器具配置

一组施工工器具配置如表 2 所示，如同时多组梯车在同一作业区域施工，防护用品不需增加；如使用作业车施工，在同一作业区域只能一组施工。

表 2 机械设备及工器具配置表

序号	设备名称	型号	单位	数量	备注
1	作业车/梯车		台	1/1	
2	C 形专用扳手		把	1	
3	双头呆扳手	30×32	把	1	
4	双头呆扳手	17×19	把	1	
5	双头呆扳手	14×17	把	1	
6	梅花扳手	17×19	把	1	
7	活络扳手	12 寸	把	1	
8	一字螺丝批	6 寸	把	1	
9	专用内六角扳手		把	1	
10	扭面器		把	1	
11	接触网多功能检测仪	DJJ	套	1	
12	线坠		个	1	
13	卷尺	5 m	把	1	
14	温度计		支	1	
15	扭力扳手	20～100 N·m	把	1	
16	扭力扳手	120～200 N·m	把	1	
17	手钳	200 mm	把	1	
18	木锤		把	1	
19	对讲机		对	3	
20	防护旗	黄、红	面	各 2	

9　质量控制要点

(1)用专用C型扳手加在橡胶扭矩元件的外管上,旋动外管将接触线抬高至正确高度,弹性元件红色指针在红色标志范围内,防止发生过负荷现象。

(2)当弹性支座安装在圆形隧道内时,因安装在斜面,定位臂与U形夹之间的角度不应大于35°。当大于35°时,在满足导线坡度变化的同时通过调整转动支架的可调叉形双耳与转动支架间的角度或加装圆形隧道固定角钢来满足安装条件。

(3)弹性元件紧固螺栓扭力必须符合设计要求,扭力过大将损害弹性元件的弹性。

(4)弹性元件前支架本体与后支架本体应保持一定夹角,其大小应保持在6°～8°之间,前支架本体与叉形双耳之间的角度应保持在16°～18°之间,以保证弹性元件处于较好的工作状态。对于同一定位点处的两只弹性元件其调整角度保持一致,以保证同一定位处接触网的弹性保持均匀。

10　安全控制要点

(1)上部人员在高空作业时,一定要系好安全带、戴安全帽。下部辅助工人必须配备相应的安全防护用具,并听从上部作业人员的指挥。

(2)施工人员要保持通讯畅通,作好行车防护,使用对讲机时采用复诵制。

(3)注意接触线调整时,线索悬挂受力方向,避免脱线伤人。

(4)接触线调整时,各零件螺栓紧固力矩符合设计及产品要求。

(5)调整时,严禁抛掷工具、零件。

11　环境保护要点

根据接触悬挂调整施工中可能对环境产生影响的因素,采取以“预防为主,防治结合,综合治理”为原则,确保做好环境保护工作。在施工过程中采取以下措施:

(1)坚持按《中华人民共和国环境保护法》及相关法规进行施工。制订环境保护管理办法和实施细则,并建立奖惩制度,将环保的具体措施落实到人头。

(2)施工现场工具材料摆放整齐,保证现场施工场地整洁、干净、工完料清。

(3)按规定对安装作业车进行定期检查,确保车况符合要求。没有漏油污染情况,运行时噪声分贝值、废气排放符合相关标准规定。

12　常见问题及处理方法

(1)常见问题

① 定位管或定位器随温度的偏移量不到位;

② 弹性元件的弹性间隙不够,弹性指针超过红线范围。

(2)处理方法。

① 根据现场温度、设计的偏移量曲线表将每个悬挂点处的偏移量计算出来编制成施工作业表;

② 采用线坠、丁字尺等工具将定位管或定位器随温度的偏移值反映在轨道上进行测量,按照技术要求调整到位;

③ 严格根据弹性支座安装方式的不同，预配好叉形双耳与前支架以及前支架与弹性轴的角度；

④ 在圆形隧道内时，如果采取角度变化仍不满足要求时，需加装圆形隧道固定角钢来满足安装条件。

13 工程实例

明珠线二期工程全长 22.03 km，其中高架敞开段 1.58 km。接触悬挂方式为：隧内悬挂正线采用双接触线＋四馈线＋一架空地线简单弹性悬挂形式，高架桥及敞开段采用双承力索＋双接触线＋双馈线＋一架空地线简单链型悬挂形式，停车场采用单接触线＋一架空地线简单悬挂形式，与明珠一期接口采用单承力索＋双接触线＋一架空地线简单链型悬挂形式。该项目采用本工艺施工，通过本工艺的实施，经检验各项指标均符合要求，保证了施工质量和工艺。

14 附　　录

(1)施工过程检查记录表

施工中主要检查接触线高度、拉出值、线间距、高差、定位管坡度、弹性间隙、有无超过红线及螺栓紧固力矩等参数。施工过程检查记录表格见表 3。

表 3　接触网悬挂调整施工过程检查记录表

序号	锚段悬挂号	导高(mm)	高差(mm)	拉出值(mm)	线间距(mm)	定位管坡度	弹性间隙	有无超过红线	螺栓紧固力矩	备　　注

施工负责人：　　　　技术负责人：　　　　监理工程师：　　　　日期：

(2)相关图片见图 2～图 5。

图 2　圆形隧道接触网机械施工

图 3　矩形隧道弹性支座悬挂成品

图 4　停车场库外成品

图 5　停车场库内成品

铁路牵引供电

构架及避雷针施工工艺

1 工艺概况及技术特点

电气化铁路建设中，沿线设有牵引变电所。在牵引变电所 110 kV 或 220 kV 侧，设有进线 H 型构架和门型构架，根据场地情况，有时还设有 27.5 kV 门型构架。H 型构架一般有单杆、单杆人字杆和对接杆人字杆，110 kV 或 220 kV 门型构架一般有单杆、对接杆和对接杆并杆，27.5 kV 门型构架一般为单杆。

为防止牵引变电所或分区所室外电气设备免遭直接雷击，根据保护范围在所内指定位置安装独立避雷针，导引雷直击于避雷针上，并将雷电流导泄入地。

当基础的混凝土强度达到要求时，方可进行构架和避雷针组立。构架和避雷针均属于长大件，其施工均需吊装、组立、焊接。吊装时应注意安全，组立时应垂直，焊接应牢固，防腐层应完好。

构架施工中，需进行电杆选配、起吊就位、组立调整和配件安装。对接杆更便于加工和运输，逐渐被广泛使用。对接杆、并杆和人字杆的选配和焊接比较关键，关系到构架的组装和受力。

独立避雷针通常是由几节底面为三角形的钢筋杆件桁架组成，其连接调整、节间焊接是施工的关键。

2 适用范围

本工艺适用于铁道牵引供电系统牵引变电工程构架及避雷针施工。铁路电力供电系统变电工程构架及避雷针施工可参照本工艺。

3 引用标准

(1)《客货共线铁路电力牵引供电施工技术指南》(TZ 10208—2008)。

(2)《独立避雷针》(D 565)。

(3)《铁路工程施工安全技术规程》(TB 10401.2—2003)。

(4)《铁路电力牵引供电工程施工质量验收标准》(TB 10421—2003)。

4 工作流程及操作要点

4.1 工艺流程

4.1.1 构架的工艺流程

构架的工艺流程如图 1 所示。

4.1.2 避雷针的工艺流程

避雷针的工艺流程如图 2 所示。

4.2 操作要点

4.2.1 构架组立操作要点

H 型构架由电杆、横梁、地线架、爬梯组成，门型构架由电杆、横梁、爬梯组成。其中单杆

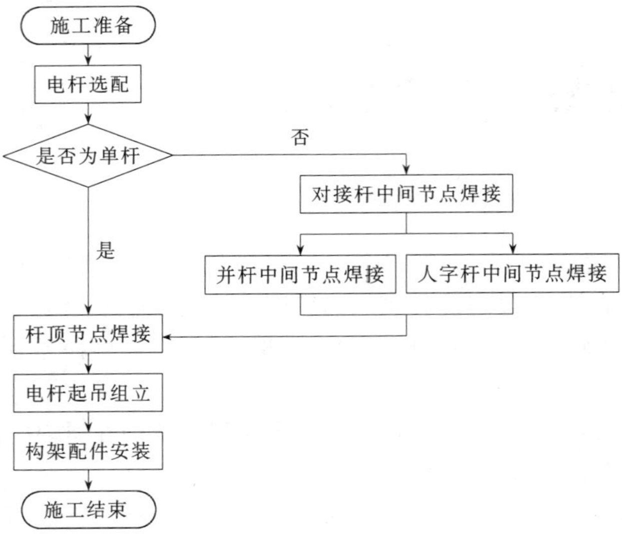

图 1 构架的工艺流程图

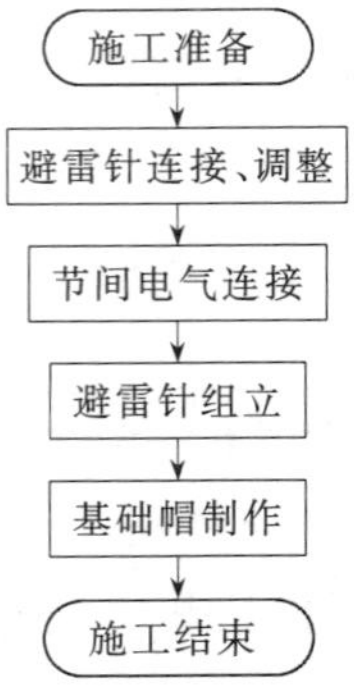

图 2 避雷针的工艺流程

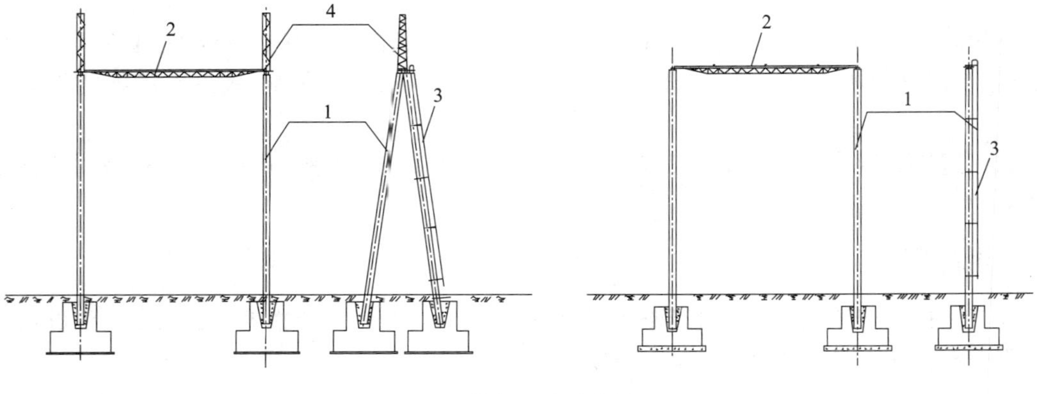

图 3 构架组成示意图

1—电杆；2—横梁；3—爬梯；4—地线架

人字杆 H 型构架和单杆门型构架组成见图 3。其他构架结构型式比上述两种结构型式更简单。

4.2.1.1 施工准备

(1)清理、平整、夯实施工场所，便于构架电杆和配件摆放。凿毛基础内壁，清除基坑杂物。

(2)把电焊机置于既方便作业又能方便接线的位置。

(3)引导吊车进入施工现场，支脚支垫稳固，回转及有效高度以外 5 m 内无障碍物。

(4)用水准仪检测并详细记录基础标底标高；用钢卷尺测量电杆长度，并在杆上作标记。

(5)按配合比要求定量搅拌用于立杆二次灌注的混凝土。

(6)准备其他施工工具及材料。

4.2.1.2 电杆选配

因同一规格的电杆长度存在较大误差，因此在电杆焊接、组立前应进行选配。

(1)用自制钢丁字尺检查电杆钢圈顶面是否垂直电杆纵轴线，如图 4 所示。当钢圈不垂直时，用锉刀锉平。

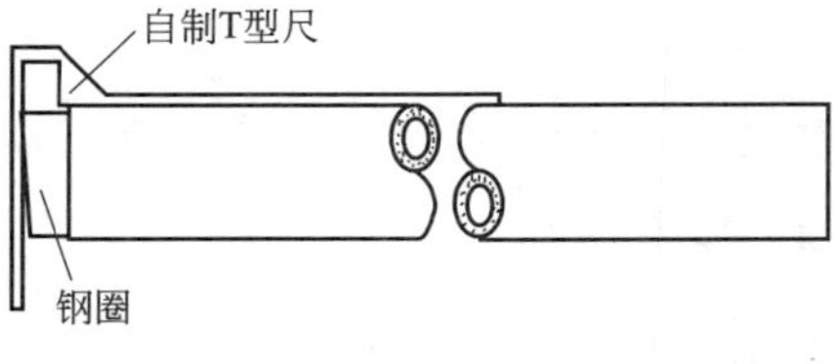

图 4 电杆钢圈不平度检查意图

(2)根据测量的基础杯底标高和电杆长度的记录数据,按照“取长补短”的原则进行电杆选配,即短杆(制造长度小于标称值)配浅坑(坑底标高大于设计值)、长杆(制造长度大于标称值)配深坑(坑底标高小于设计值)。对接杆应考虑每段电杆长度的搭配,并杆和人字杆应考虑两根组合的长度,使电杆对接、组合后组立的顶面标高(或露出地面高度)达到设计要求。

(3)对于配杆不能满足要求的基础,需对杯底标高进行调整处理。当选配后基坑标高大于设计值时,需把坑底开凿;当选配后基坑标高小于设计值时,需把坑底凿毛后加灌细石混凝土,分层捣实平整,按常规法进行养护至达到承重要求。开凿坑底深度或加灌的混凝土厚度计算过程如下:

① 电杆制造长度与标称长度的差

$$L_X = L_Z - L_B$$

式中 L_X——电杆长度差;

L_Z——电杆制造长度;

L_B——标称长度。

② 基础杯底实际标高与设计标高的差:

$$H_x = H_B - H_S$$

式中 H_x——基坑高程差;

H_B——基坑设计标高;

H_S——基坑实际标高。

③ 开凿坑底深度或加灌的混凝土厚度是电杆长度差与标底高程差的代数和:

$$T = L_x + H_x$$

当 T 为正值时,需开凿坑底;当 T 为负值时,需加灌混凝土。

(4)在确认计算结果满足电杆长度与基坑深度的配合要求后,在电杆根部和基坑内壁标注对应编号,以免立杆时出错。

4.2.1.3 电杆中间节点焊接

(1)对接杆中间节点的焊接。

① 在基础附近等距放置四根枕木,并保证其均在同一水平面上,并把相应的电杆转运到此直放在上面,如图 5 所示。

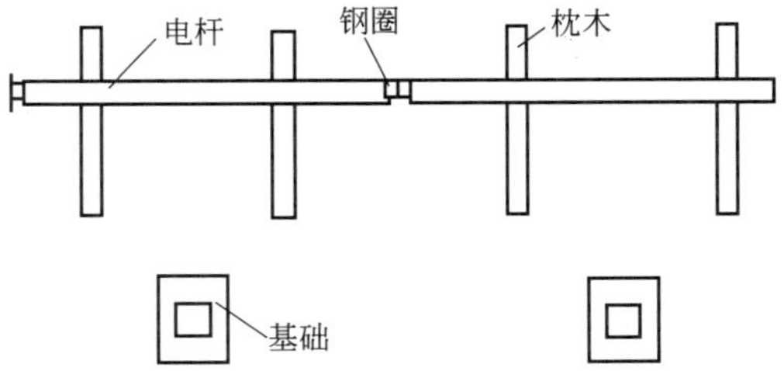

图 5 对接杆摆放示意图

② 用砂纸把对接杆两段电杆对接处的钢圈边缘的锈迹去掉,移动两段杆使其在同一直线,并使对接处的钢圈正对,先在钢圈四周点焊初步固定,确保正对且笔直后,再沿钢圈一周连续焊接,以预防钢圈变形,将电杆拉弯。

(2)对接杆并杆中间节点的焊接。

把已焊接好的两根对接杆同向摆放,对齐杆顶钢圈,杆壁紧密帖合,在两杆中间节点钢圈的中间部位用两根槽钢连接件,分别在对面作焊接固定,如图 6 所示。

(3)对接杆人字杆中间节点焊接

把已焊接好的两根对接杆同向摆放,再根据设计调整人字杆的叉开角度和根开尺寸到位后,用两根槽钢连接件分别在两杆中间节点的正对的中间部位与钢圈焊接,先把每根槽钢与钢圈接合处四周点焊初步固定,确认正确后再沿槽钢与钢圈接合处连续焊接。如图 7 所示。

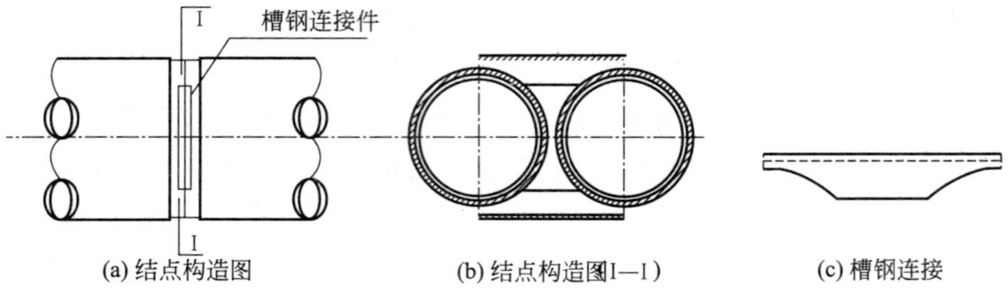

图 6　对接杆并杆中间节点示意图

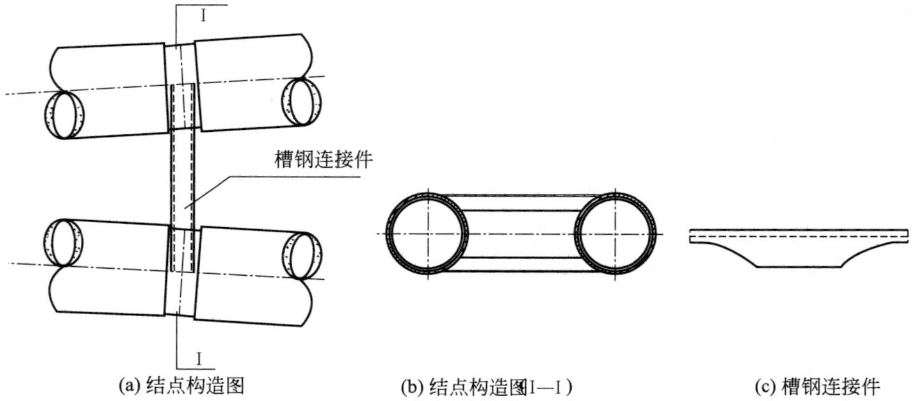

图 7　对接杆人字杆中间节点示意图

4.2.1.4　杆顶节点焊接

(1)单杆杆顶节点焊接

先把杆顶托盘与钢圈顶部接合处连续焊接，再按对角把筋板与托盘和钢圈分别焊接，然后把连接横梁两根角钢按要求位置焊接在托盘顶上。如图 8 所示。

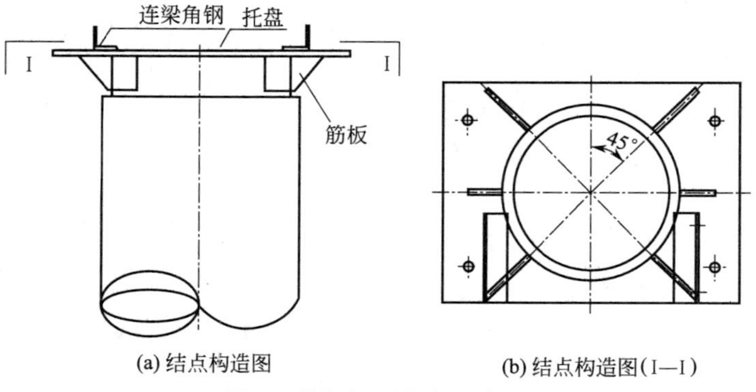

图 8　单杆杆顶节点示意图

(2)并杆杆顶节点焊接

先在两杆顶部钢圈的中间部位用两根槽钢连接件分别在对面作焊接固定，再把杆顶托盘与钢圈顶部焊接，然后按对称位置把筋板与托盘和钢圈焊接，最后把连接横梁的两根角钢按要求位置焊接在托盘顶上，如图 9 所示。

(3)人字杆杆顶节点焊接

① 把斜钢圈与杆顶钢圈焊接牢固。

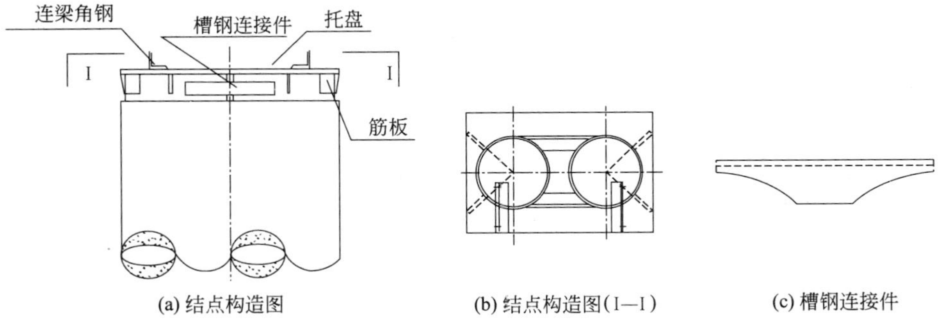

图 9　并杆杆顶节点示意图

② 按叉开角度和根开尺寸摆放好两电杆,对于单杆人字杆,应再用钢管与两杆捆绑固定。

③ 在两杆顶部斜钢圈上部对齐的中间位置用两块钢板连接板分别在对面作焊接固定,再把杆顶托盘与钢圈顶部焊接,然后按对称位置把筋板与托盘和钢圈的焊接,最后把连接横梁的两根角钢按要求位置焊接在托盘顶上。如图 10 所示。

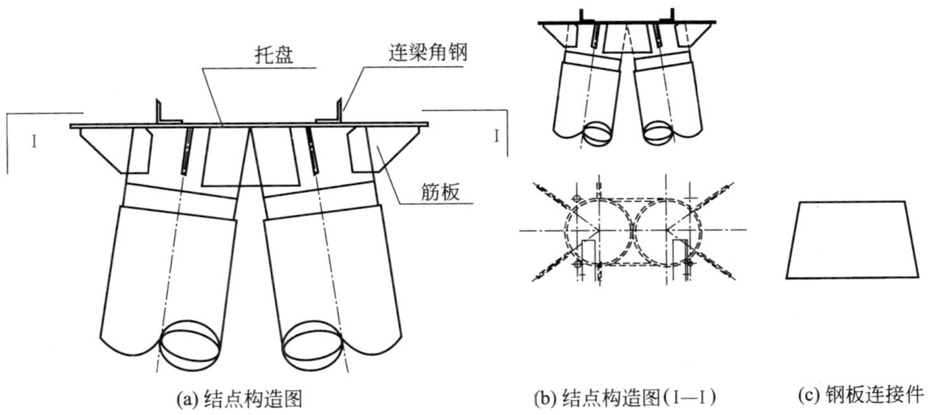

图 10　人字杆杆顶节点示意图

4.2.1.5　电杆起吊组立

为保证同一轴线上的电杆排列满足施工标准要求,组立时采取先立两端、后立中间的方法。

(1)在电杆系上用 ϕ4.0 铁线做成的拉线,位置一般系在距杆顶约 2/5 杆长的位置,并综合考虑各杆水缝和地线孔方向,保证其方向一致。为方便电杆垂直度调整,对于单杆,拉线数量一般为 3 根,拉线之间的角度为 120°,其中一根拉线在对应基础的轴线上;对于并杆,拉线数量一般为 4 根,拉线之间的角度为 90°,即每根拉线都在对应基础的轴线上;对于人字杆,拉线数量一般为每杆 2 根,每根拉线都在基础的水平轴线上。如图 11 所示。

(2)在距杆顶约 1/3 杆长的位置套上钢绳套,用吊车将电杆平稳、缓慢吊至基础杯口内。

(3)将与拉线数量和位置相对应的钢钎朝电杆方向斜着打入固定位置的地中,套上紧线器,再将拉线固定在紧线器上。

(4)在基础的纵横轴线上各斜插上一根花杆,作为调整电杆在基础中心的参照。在花杆上

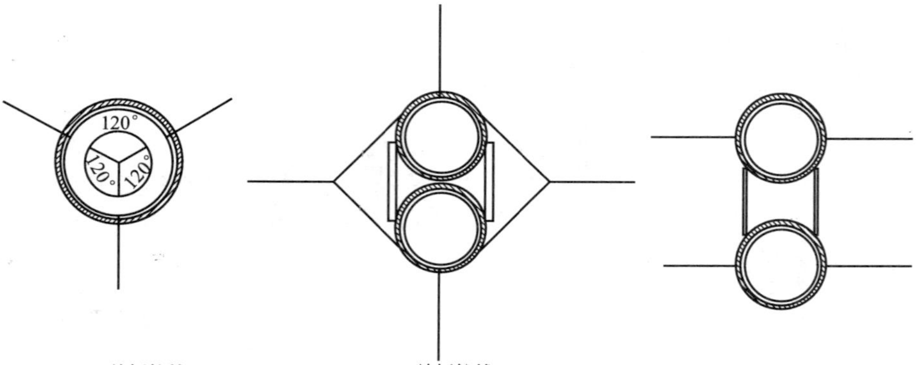

(a) 单杆拉线 (b) 并杆拉线 (c) 人字杆拉线

图 11 拉线位置俯视示意图

部拴上线坠，用其轴线作为调整电杆纵横向的垂直度的参照。

(5)用撬棍将电杆拨至中心，根据电杆垂直度调整情况用紧线器控制拉线，保证电杆垂直。

(6)向基础杯口内灌注标号不低于 C20 级的混凝土，并用插入式震捣器将其捣固密实。混凝土的灌注量应稍高出杯口表面。

(7)指挥吊车落钩，并从吊绳中脱出。再次复核电杆垂直度。

(8)第一根电杆立好后，组立同组或同一轴线上其他电杆时，除上述步骤外，还应测量电杆之间的距离。

(9)在混凝土初凝期结束后 1 到 2 天，便可拆除拉线。

4.2.1.6 构架配件安装

构架配件的安装一般按照横梁、地线架、爬梯的顺序进行。把配件搬运到对应的构架附近。

(1)检查横梁的规格、弯曲度和安装方向符合要求，在横梁四个角装上连梁角钢。

(2)分段将爬梯调整平直，按顺序把其组装成一个整体，再把爬梯抱箍和支撑铁临时连接在指定位置，螺栓不用拧紧。

(3)检查地线架各螺栓之间的距离是否与杆顶托盘上的安装孔位置相符。把安装用的螺母及垫圈用铁线穿起，绑在下端的横撑上，以便安装时取用。

(4)横梁的中间位置套上吊绳，在横梁两端栓上两根晃绳。吊车起吊时，不断调整晃绳，控制横梁尽量保持水平，并避免与电杆发生碰撞。横梁吊至杆顶后，落钩时调整横梁在预定的位置，用铁线将电杆临时绑在一起，然后落钩拆除吊绳。

(5)把地线架垂直吊起，跨装在横梁设计位置，固定螺母不应拧紧，以防影响横梁调整和焊接。

(6)在爬梯顶部栓上吊绳，用吊车缓慢、平稳将其起吊至相应位置，顶部用铁线与电杆临时绑在一起，所有抱箍临时固定在电杆上，然后落钩拆除吊绳。

(7)调整横梁位置，使其两端在杆顶上的连接尺寸相等后，把连接角钢的四个棱边完全焊接，再拧紧连接螺栓。

(8)调节地线架，使其与电杆处于同一垂直轴线上，拧紧固定螺母。

(9)调整爬梯及其抱箍的位置符合要求，拧紧所有的坚固螺母，焊接爬梯顶部的撑脚与杆顶托盘固定。

(10)撤除横梁和爬梯就位时的绑扎铁线。

(11)从电杆顶部钢圈焊接引下接地线,其布置位置应统一位于进线侧。

4.2.2　避雷针组立操作要点

4.2.2.1　施工准备

(1)清理、平整、夯实施工场所,便于避雷针摆放。

(2)把电焊机置于既方便作业又能方便接线的位置。

(3)按配合比要求定量搅拌用于制作基础帽的的混凝土。

(4)引导吊车进入施工现场,支脚支垫稳固,回转及有效高度以外 5 m 内无障碍物。

(5)准备其他施工工具及材料。

4.2.2.2　避雷针连接、调整

(1)按照避雷针节间长度横向摆放枕木,调整枕木高度及水平度,使枕木表面在同一水平面上。

(2)用吊车将避雷针按照其连接位置吊至枕木上,观察每节避雷针的棱边钢筋是否平直,否则应校直。

(3)用螺栓将避雷针连接起来,此时螺栓不必拧紧。调整避雷针三个面及三个棱边至同一面或同一直线,拧紧螺栓。

4.2.2.3　节间电气连接

(1)用节间跨接钢筋跨避雷针节间焊接起来,节间跨接钢筋的形状如图 12 所示:

(a) 节间跨接钢筋形状一　　(b) 节间跨接钢筋形状二

图 12　节间跨接钢筋形状示意图

(2)在焊接处剔除焊渣及铁锈,刷防腐漆。如避雷针是整体镀锌,则应在焊接处刷银粉漆;如避雷针整体是刷漆防腐,则应将避雷针整体重新刷相应颜色的油漆。

4.2.2.4　避雷针组立

(1)用两根晃绳分别系在避雷针下部,另一端分别由三人拉住;用将钢丝套套在连接好的避雷针上部 1/3 处,用吊车将避雷针吊至基础上部,牵拉晃绳使避雷针垂立并使基础预埋螺栓穿过底部螺栓连接孔,拧紧螺帽。

(2)用挂在花杆上的线锤观察避雷针是否垂直,通过在避雷针底部钢板下加垫圈的方法予以调整。

(3)避雷针调整垂直后,即时与接地扁钢焊接起来,以防雷击。然后再将避雷针底部钢板与基础预埋钢板牢固地焊接起来。

4.2.2.5　基础帽制作

避雷针组立好后,即可进行基础抹面,把底部连接板遮掩。抹面的形状为四棱锥体,外形应光滑、美观。

5　劳动力组织

(1)构架施工劳动力组织,见表 1。

表 1 构架施工劳动力组织表

作业组	人数	工 作 内 容
施工负责人	1	主持、组织构、支架施工各项工序
技术负责人	1	负责构、支架施工技术工作,质量控制、记录
施工测量组	2	测量杯口中心、杯底标高及选配电杆
混凝土施工组	4	混凝土搅拌及运料、灌注
立杆组	4	电杆杆位、方向和垂直度的调整
电焊组	2	构、支架施工全部焊接工作
起重组	3	电杆和配件运输、就位

(2)避雷针施工劳动力组织,见表 2。

表 2 构架施工劳动力组织表

作业组	人数	工 作 内 容
施工负责人	1	主持、组织施工各项工序,质量控制、记录
电焊组	1	节间及地线焊接
综合施工组	7	运输、调整、组立及基础抹面

6 主要机械设备及工器具配置

(1)构架施工主要机械设备及工器具配置,见表 3。

表 3 构架施工主要机械设备及工器具表

名 称	型号、规格	单位	数量	用 途
吊车	QY12B	辆	1	电杆的运输、组立
汽车	5 t	辆	1	运输电杆
电焊机		台	2	焊接托盘、横梁、支架、爬梯等
插入式震捣器		台	1	二次灌注后的混凝土捣固
水准仪		套	1	杯底标高测量
钢卷尺	50 m	把	1	长度测量
钢卷尺	5 m	把	2	长度测量
钢丝刷		把	2	锈迹和焊渣去除
晃绳		根	2	配件吊装、组立
扳手	$L=500$	把	2	安装、连接
花杆		根	若干	垂直检查
水平尺	500 mm	把	2	枕木水平度检查
线坠	0.5 kg	个	4	垂直检查
自制 T 型尺		把	1	电杆钢圈不平度检查

续上表

名　　称	型号、规格	单位	数量	用　　途
手推车		辆	2	运料
磅秤		台	1	砂石料计量
钢钎		根	若干	拔杆、定位
铁锹		把	若干	基坑开挖
紧线器		个	若干	杆位固定
撬棍		根	若干	运杆、拨杆

（2）避雷针施工主要机械设备及工器具配置，见表4。

表4　避雷针施工主要机械设备及工器具表

名称	型号、规格	单位	数量	用　　途
吊车	QY12B	辆	1	搬运、组立避雷针
电焊机	30 kVA	台	1	避雷针焊接
切割机		台	1	节间跨接钢筋加工
钢钎		根	若干	避雷针节间调整
台虎钳		只	1	节间跨接钢筋加工
手锤		把	2	节间跨接钢筋加工
钢丝刷		把	2	锈迹和焊渣去除
晃绳		根	2	避雷吊装、组立
扳手	$L=500$	把	2	安装、连接
力矩扳手		把	1	安装、连接
花杆		根	2	垂直检查
线坠	0.5 kg	个	2	垂直检查
钢卷尺	5 m	把	1	长度测量

7　质量控制要点

7.1　构架质量控制要点

（1）当构架基础强度达到设计强度的50%以上并回填夯实后，可进行立杆和二次灌注。强度达到设计强度的70%以上时方可进行架构的组立和设备的安装。

（2）电杆不得有纵向裂纹，横向裂纹宽度不应大于0.1 mm；预应力钢筋混凝土电杆不得有纵、横向裂纹。电杆不应有混凝土脱落及钢筋外露等缺陷，弯曲度不应大于1‰，焊接后的电杆弯曲度不应大于全长的2‰。承载后横向裂纹宽度小于0.2 mm，长度不大于1/3圆周长，纵向裂纹宽度小于0.2 mm。

（3）进线或终端构架在进行预倾斜组立时，倾斜角度应不大于电杆高度3‰，架线后的倾斜度不应大于10‰，严禁向受力侧倾斜；中间构架应垂直于地面，倾斜度不应大于3‰。

(4)组立构架时，电杆水缝和地线孔应朝向一致，一般为横轴或纵轴方向。同一轴线上的构架偏移不应大于20 mm，同组构架两根电杆的高差不应大于10 mm。

(5)钢结构横梁及设备托架应平直、光洁，表层镀锌应均匀，不应有毛刺，其弯曲度不应大于5‰。

(6)焊接时，先在焊接物边缘选几个对角方向的点焊作初步固定，确认无误后再作完全焊接。严禁在焊缝内填充焊条或其他金属。钢圈的焊接度不宜超过5mm。所有的焊接处应作防腐处理，即用钢丝刷将残余焊渣和铁锈清除干净，先用防锈漆刷三遍，然后再刷灰漆或银粉漆。

(7)连接螺栓亦由里向外，由上往下穿，露出螺母2～5扣。

7.2 避雷针质量控制要点

(1)摆放枕木时，确保其在同一平面，便于避雷针连接调整。

(2)避雷针起吊时，应平稳起放，防止其变形。

(3)避雷针节间跨接钢筋搭接长度及焊接必须符合规范要求。

(4)避雷针与预埋螺栓连接时，必须加双螺母拧紧。

8 安全控制要点

(1)施工人员应接受安全技术交底，现场作业时全部戴安全帽。登高作业时系好安全带，安全带挂钩应挂在焊牢的构架上。

(2)吊车司机必须执证上岗。吊车在起吊重物时，应有人员专门监视吊车的支撑情况。

(3)遇有雷雨、大雪、浓雾或风力在六级以上等恶劣气候时，应停止露天高处作业；或风力达到5级以上时，应禁止起吊作业。

(4)组立时必须用清楚的指挥信号，吊车起吊速度不超过3 m/s，不允许骤停、骤起，移动金属件时，应轻稳起放。

(5)数人同蹬一组构架工作时，不得同时上下，上下构架应用上下端可防滑的梯子、防滑脚扣等工具。

(6)电焊工必须执证上岗。在进行焊接时，必须戴好防护罩、穿好工作服。电焊机必须可靠接地，临时用电线路完好，并由专门的开关箱控制。

(7)电焊机附近不应有汽油、柴油、油漆等易燃品。

9 环境保护控制要点

(1)冲洗工器具、混凝土搅拌和养护产生的污水不应污染牵引变电所周围的农田。

(2)施工产生的建筑垃圾应尽量回填，废弃的油棉纱、手套等收集后统一处置。

(3)保证吊车状态良好，使尾气排放和噪声控制在标准范围内。

10 附　　录

(1)单杆人字杆H型构架和单杆门型构架照片见图13。

(2)单杆人字杆H型构架和对接杆并杆门型构架照片见图14。

(3)钢柱H型构架照片见图15。

(4)对接杆 H 型构架和对接杆门型构架照片见图 16。

图 13　单杆人字杆 H 型构架和单杆门型构架现场图

图 14　单杆人字杆 H 型构架和对接杆并杆门型构架现场图

图 15　钢柱 H 型构架现场图

图 16　对接杆 H 型构架和对接杆门型构架现场图

牵引供电变配电所接地施工工艺

1　工艺概况及技术特点

1.1　接地技术概况

将电力系统或电气装置的某一部分经接地材料连接到接地装置称为“接地”。接地是防止人身受到电击，保障电力系统正常运行，保护线路和设备免遭损坏，防止雷击和防止静电损害的基本措施。

接地按作用一般可分为保护接地、工作接地及防雷接地三种。保护接地的主要作用是防止人身遭受电击、设备和线路遭受损坏、预防火灾、防止静电损害设备的正常运行；工作接地是通过接地构成工作回路，保证电力系统及电气、电子设备的正常运行；防雷接地是指过电压保护装置或设备的金属结构的接地，它是在遭受雷击时，构成雷电泄流回路从而对所属保护范围的人身及设备进行保护，如避雷器的接地、避雷针构架的接地等。

接地技术已用于电力、电信、铁道、机械、冶金、石油、化工、气象、工民建等行业及国防工程。在施工上，开发了深孔爆破、压力灌注、水下施工、地下牵引等新工艺；在材料上，研制了铜包钢、降阻耐腐蚀接地合金、接地导电混凝土等新产品。

1.2　工艺概况及技术特点

铁路牵引供电系统是三相/单向供电系统，单向供电系统为一地一线。变配电所的接地系统施工可分为接地网施工、接地母线安装及设备与构件接地施工三部分。本工艺介绍的工序主要包括：施工前接地网电阻评估、接地网敷设、接地母线安装、设备及构件接地连接、接地电阻测量、接地网降阻处理等。

为减少施工成本投入，合理安排施工，根据现场实际地质条件及其他情况进行评估，在必要时提请设计单位对初步设计方案进行优化处理，所以在本工艺编写时介绍了施工方法、相关的接地网理论知识、对接地网接地电阻进行评估和运用部分接地新材料进行降阻处理的施工方法，便于施工作业技术人员能提高相关理论知识，指导现场施工生产。

2　适用范围

本施工工艺适用于铁路电力牵引供电系统牵引变电所、配电所、分区所、开闭所、V 亭所、AT 所的接地装置施工；也适用于单个接地装置或单个构架、支架或设备接地施工；铁路电力供电系统变电工程接地施工可参照本工艺实施。

3　引用标准

(1)铁路电力牵引供电设计规范》(TB 10009—98)

(2)《铁路电力牵引供电施工质量验收标准》(TB 10009—98)

(3)《电力设备预防性试验规程》(DL/T 596—96)

(4)《电气装置安装工程电气设备交接试验标准》(GB50150—2006)

(5)《客货共线铁路电力牵引供电工程施工技术指南》(TZ 10208—2008)

(6)《铁路工程施工安全技术规程》(TB 10401—2003)

(7)《施工现场临时用电安全技术规范》(JGJ 46—2005)

4 基本术语及定义

(1)接地网:接地网是接地系统的基础,由接地环(带)和接地极(体)组成。接地环一般也称为水平接地体,接地极也称为垂直接地体。接地环起辅助接地作用,接地体起主导接地作用。

(2)接地电阻:接地极的对地电压与经接地极流入地中的接地电流之比,称为流散电阻。电气设备接地部分的对地电压与接地电流之比,称为接地装置的“接地电阻”,即等于接地线的电阻与流散电阻之和。一般接地线的电阻很小,可以略去不计,因此可以认为接地电阻等于流散电阻。

(3)接触电压:接地的金属结构和地面上相隔一定距离处一点间的电位差。此距离通常等于人体最大的水平伸臂距离,约为 0.8 m。

(4)跨步电压:地面一步距离的两点间的电位差,一步距离取最大电位梯度方向上 0.8 m 的长度。

5 工艺原理

5.1 施工前接地网电阻评估

(1)接地电阻计算公式

以水平接地体为主,且边缘闭合的复合接地体,其接地电阻可按下式计算:

$$R_W=\frac{\sqrt{\pi}}{4}\times\frac{\rho}{\sqrt{S}}+\frac{\rho}{2\pi L}\ln\frac{L^2}{1.6hd\times10^4}\quad(\Omega)$$

式中 R_W——复合接地体的接地电阻(Ω);

S——接地网的总面积(m^2);

L——接地体的总长度,包括垂直接地体在内(m);

d——水平接地体的直径或等效直径(m);

h——水平接地体的埋设深度(m);

ρ——土壤电阻率。

(2)土壤电阻率的测量方法

在这里介绍四极法使用接地网电阻测试仪器(简称地阻表)测量土壤电阻率的测试方法:

$$\rho=2\pi aR$$

式中 ρ——该地区土壤电阻率(Ω· m);

R——地阻表的读数(Ω);

a——探针与探针之间的距离(m)。

上法所得的电阻率,可近似认为是在探针被插入之间区域内的平均土壤电阻率。

5.2 接地网敷设

将接地极及接地带按照设计图纸进行安装并进行焊接。

5.3　接地母线安装

接地母线安装是指将室内接地干线及电缆沟接地干线与接地网进行可靠连接。

5.4　设备及构件接地连接

将需要进行接地的构件如:混凝土杆、设备构支架、网栅、母线悬吊装置、瓷件连接螺栓等与接地网进行连接及焊接。将各类需要接地的设备如:牵引变压器、高压断路器、隔离开关、二次屏柜、电流互感器、电压互感器等与接地网进行连接或焊接。在牵引变电所内一般还要求将地网通过钢轨、信号扼流变压器与接触网回流线相连接。

5.5　接地电阻测量

(1)20 m/40 m 法

该方法适用于对简单接地体的接地电阻的测试,接地体电阻布线方法如图 1 所示。

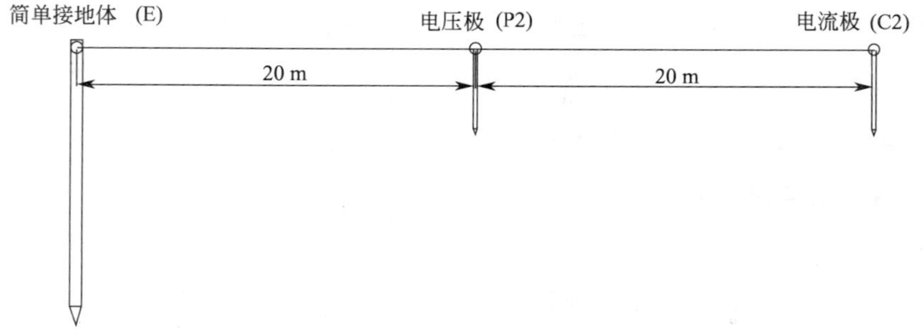

图 1　20 m/40 m 法测试简单接地体电阻布线方法

(2)5*D*/0.5 法

变电所、配电所、AT 所、开闭所、分区所由于接地网装置彼此的屏蔽作用属于复杂接地体,不能使用 20/40 m 法进行测试,可使用 5*D*/0.5 法进行测试,其接地网电阻布线方法如图 2 所示。

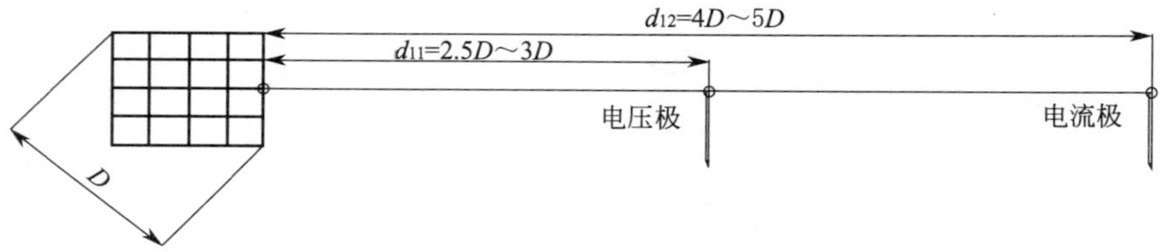

图 2　5*D*/0.5 法测试接地网电阻布线方法

电流极与接地网边缘之间的距离 d_{12},一般取接地网最大对角线长度 D 的 4～5 倍,以使其间的电位分布出现一平缓区段。在一般情况下,电压极到接地网的距离约为电流极到接地网的距离的 50%～60%。测量时,沿接地网和电流极的连线移动三次,每次移动距离为 d_{12} 的 5%左右,如 3 次测得的电阻值接近即可。

(3)30°夹角法

电压极、电流极也可采用如图 3 所示的三角形布置方法。一般取 $d_{11}=d_{12}\geqslant 2D$,夹角$\theta\approx 30°$。

5.6　接地网降阻处理

当接地网电阻达不到设计要求时应报请设计进行处理。一般的降阻措施有以下几种:

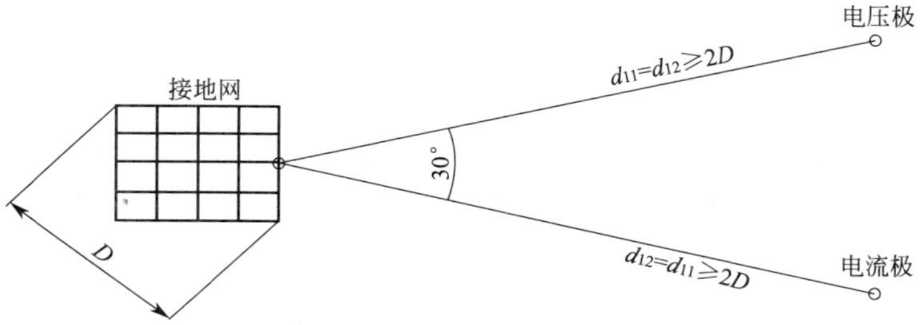

图 3　30°夹角法测试接地网电阻布线方法

(1)增大接地网面积,外引接地网。

(2)增加垂直接地体,但由于接地极之间有屏蔽作用,此方法很有限。

(3)人工改善土壤电阻率,换填低土壤电阻率的材料。

(4)在电阻率随地层深度增加而减小较快的地质上可采用深埋接地体。

(5)在有适宜水源的地方敷设水下接地网。

(6)利用自然接地体,充分利用混凝土结构物中的钢筋骨架、金属结构物,以及上下水金属管道等自然接地体。

(7)把建筑物内所有金属物与地网进行等电位连接。

6　工艺流程及操作要点

6.1　工艺流程

变配电所接地施工工艺流程,如图 4 所示。

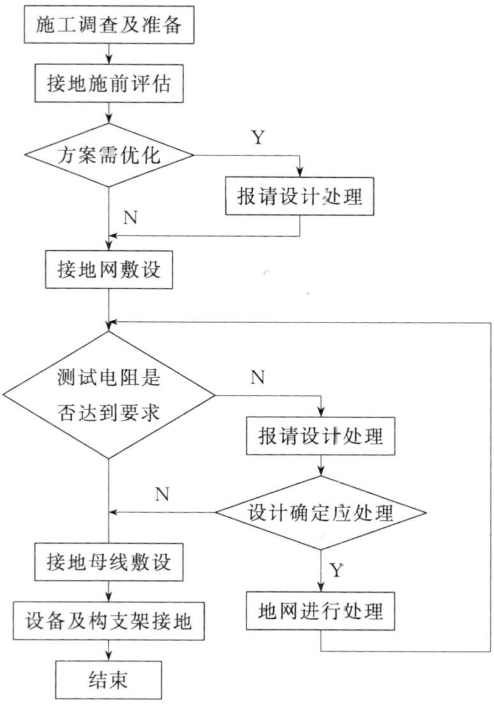

图 4　变配电所接地施工工艺流程图

6.2 操作要点

6.2.1　施工前接地网电阻评估

(1)根据测试公式对土壤电阻率进行测试。不同土质的电阻率参考数据见表1。

(2)根据设计图纸及所测量到的土壤电阻率对接地网电阻计算后进行评估。一般牵引变电所地网电阻设计为0.5 Ω,变配电所设计在4.0 Ω左右,用计算评估值与设计值进行比较,将该结果反馈给设计,提请设计进行处理。

表1　各种土质的土壤电阻率参考数据

序号	名　称	含水量	土壤电阻率(Ω· m)	备注
1	花岗石		2.07×105	
2	碎石、砾石		(2.0～4.0)×103	
3	砂子	干的	2.5×103	
4	砂子	湿的	(2.0～4.0)×102	
5	黄土	干的(湿的)	2.5×103[(1～2)×102]	
6	多石土壤		4.0×102	
7	含沙黏土	含有75%水分(按重量计)	2.5×102	
8	黑土	湿的	1.9×102	
9	混合土(粘土、石灰石、碎石)		1.0×102	
10	黏土		0.6×102	
11	沙质黏土		0.8×102	
12	砂土		3.0×102	
13	陶土	含有20%水分(按体积计)	(0.4～0.8)×102	
14	园地	含有20%水分(按体积计)	0.5×102	
15	捣碎的木炭		0.4×102	
16	泥炭		0.2×102	

6.2.2　接地网敷设

(1)施工技术人员向现场作业人员进行技术交底,确定地网施工的技术要求、施工方案。

(2)施工技术人员确定接地网网络路径,并用石灰标识。

(3)制作接地极,材料一般为角钢,先将材料按需要长度进行切割,把一端削尖,另一端焊接一段约20厘米的加强角钢,便于击入。

(4)现场作业人员沿施工标识路径进行开挖,一般从变配电所一侧平行向另一侧开挖接地网沟,并将弃土统一放于沟一侧,以便接地网敷设。

(5)用水准仪测定已挖好的、有代表性的沟标高,其深度应满足设计标高。

(6)按每条均压带的长度将扁钢在地面沿沟首尾相接焊成一整根,同时按设计图纸要求打入接地极,并保证有一棱角与沟平行。在接地极极难打入的坚石土壤地带,可用钻孔设备进行钻孔,再将接地极放入孔内打入夯实。

(7)把焊接好的整根均压带调直,由多人将其竖直放入地线坑紧贴坑底内,然后分段回填一些细土，并保持其直立。

(8)将均压带与均压带、均压带与接地极进行焊接，其搭接焊必须牢固，焊接质量应符合相关技术标准要求。

(9)所有接地母线接头在安装结束后，均应清除焊砟及锈蚀，并刷漆防腐。

6.2.3 接地母线安装

(1)在接地网引入的高压室、电容室墙壁及电缆沟沟壁上打孔，预埋引入接地母线。

(2)把焊接好的扁钢刷漆，放在电缆沟沿上。

(3)从电缆沟的一个终端开始，把接地母线分段放于沟内电缆支架预埋件的上沿，将其紧贴沟壁，点焊在预埋件上。

(4)接地母线点焊后，用电焊把它们的接头焊好。

(5)安装高压室、控制室、电容室的接地母线时，先将各段母线置于预埋件上或接地母线支持点上，母线点焊在一起后放下进行调直，平整后再进行焊接。

(6)所有接地母线接头在安装结束后，均应清除焊砟及锈蚀，并进行刷漆防腐。

6.2.4 设备及构件接地连接

(1)安装前的准备工作

① 平直扁钢接地线，除锈并刷漆。

② 用手扳葫芦或其他机械设备将圆钢拉直，除锈并刷漆。

③ 制作墙上安装的设备接地线，煨弯、钻孔、除锈、镀锡。

④ 开挖室外构、支架及设备接地线入地点至接地网的沟坑。

⑤ 用圆钢制作设备支架至接地线之间连接用的 L 形接地连接配件。

(2)构支架接地线安装

① 测量接地线敷设长度，按要求将其置于指定位置，上端留够焊接长度，下端沿沟坑弯曲引至接地网。

② 调整接地线使其垂直，用细铁丝把接地线上下端绑扎在电杆上，与电杆密贴。

③ 焊接接地线和接地网，然后再焊接电杆钢箍一侧。接地线与接地网和钢箍的搭接长度应符合技术规定。

④ 拆除绑扎铁丝，接地线应紧贴电杆壁上，否则应调整接地线入地部分的长度或角度。

⑤ 对于变电所 H 型进线架构，其接地线应在距地面 500 mm 处设置断线卡子，以便分别测量变电所和电力线路的接地电阻。断线卡子通常以 JB-1 型并沟线夹代替，接地线的连接部分应搪锡。

⑥ 设备支架的接地线焊接好后，应用 L 形圆钢连接件将支架与接地线直接连接的铁配件焊接在一起，其一般均应焊接于铁配件的下沿处如：隔离开关的操动机构、避雷器动作记录器的抱箍或托架、绝缘子横担等。

⑦ 为便于运行中检修，室外各隔离开关在焊接接地线时，应在其操动机构固定支架上焊上一接地螺栓以便安装临时接地线用。接地螺栓一般采用 M12×40 螺栓，配以双平垫圈及蝶形螺母。

(3)室内墙上设备接地线安装

① 按技术要求测量室内各网栅间隔主接地线的长度，下料并煨弯。

② 把加工好的主接地线竖直立起安放至预定位置，先焊好与接地母线连接侧，调整使其垂直后，再焊接与设备连接侧。焊接时，接地线与墙壁之间应垫薄铁皮防护，避免弧光将墙壁

烧黑。

③ 分别测量各分支接地线的长度，下料、煨弯、焊接。

各分支接地线在煨弯和焊接时，应保证所有煨弯部分的弯曲方向一致。一般应遵循下列原则：

a. 设备接地线从其接地螺栓或底座固定螺栓以最短距离引至主接地线。

b. 支持绝缘子的接地线按其底座长轴是水平还是垂直设置来确定分支接地线的引出方向，一般采取水平设置水平引出、垂直设置垂直引出的方式。

c. 同一分支接地线有两个以上设备并联接地时，分支接地线应从距主接地线最远的设备引来。

d. 各主接地线和分支接地线应分别地直接引至接地干线或主接地线上，严禁利用设备本体串接接地线。

(4)地面上设备接地线安装

① 按施工要求安装地面及基础上设备的接地线时，下料长度应充分考虑各弯曲部分的长度和要求，必要时应先做大样再下料。对需进行外部装修的设备基础，在装修工作未完前，不得安装设备接地线，以防接地线埋没于装修层中。

② 接地线下料后，应按划线、钻孔、煨弯 、敷设、焊接的顺序作业。

③ 室内地面上安装的设备，其接地线一律沿地表敷设。

④ 变压器、电压互感器等设备的低压侧电缆保护管及其支架均与电缆沟内接地母线连接，严禁连接在室内接地干线上。

⑤ 设备工作接地线在安装后不应使设备瓷套承受除接地线重量外的任何附加力。接地线与设备端子的搭接面应符合有关规定。

(5)牵引变压器接地相电缆安装

① 确定牵引变压器接地相电缆的走向，分别测量电缆及其保护管的长度下料。

② 在牵引变压器排油坑和电缆沟确定的位置上凿孔，敷设电缆保护管。一般电缆保护管在牵引变压器一侧设置两处固定卡子，一处在变压器罩上，距电缆管上沿 200 mm；一处在变压器底座的连接法兰上。保护管在排油坑和电缆沟的那一侧靠封堵孔洞的混凝土固定。

③ 把地、轨回流线引入牵引变压器端子箱的电缆支沟。地、轨回流线在地中的距离及绝缘要求应符合设计规定。

④ 在牵引变压器端子箱内安装汇流排及地、轨回流电流互感器。由于端子箱箱体单独连接保护地线，因此，汇流排必须与端子箱保持绝缘，以免地回流被其旁路。

⑤ 牵引变压器接地相电缆安装时，还应遵守下列原则：

a. 要根据端子箱的结构确定回流电缆的布置方式。

b. 地、轨回流线的双扁钢均为叠放，并分别在汇流排两面连线。

c. 地、轨回流线的接触面必须镀锡。

d. 接地电缆的两根芯线与汇流排连接方式和地、轨回流线相同。

e. 严禁将接地电缆的两根芯线分别接于地、轨回流线上，或将两电流互感器分别套于两根电缆芯线上，以防电缆单芯过载烧毁或使电流测量不准确。

(6)接地电阻测量

在这里介绍利用 ZC-8 型接地电阻测试仪进行接地电阻的测试。

① 选择接地网的测试点位置，按上述的测试方法布线，击入探针。将 P1 及 C1 用连接片

短接后与测试地网相连。

② 将测试电阻比率挡位选择适当位置，一般先选择×10 挡，若摇测阻值小于 10 Ω 则选择×1 挡，若摇测阻值小于 1 Ω 则选择×0.1 挡。

③ 用约 120 转/秒的速度，匀速地摇动电阻仪的手柄，同时转动测试仪器的调整转盘，使电流指示指针位于 0 刻度线，此时转盘所指示的电阻值即为此点接地网的电阻值。

④ 选择不同的测试点，用相同的方法进行测试，若测试的数据相差不大，则计算平均值即为接地网电阻。

(7)接地网电阻降阻处理

① 降阻剂处理施工方法

一般按照厂家说明进行，不同厂家的产品其施工方法不同，下面以某厂的产品为例进行简单的说明。

a. 现场按 3∶2 的比例把降阻剂加水搅拌均匀成浆糊状，立即倒入放好接地体的坑中，再填满细土并夯实。

b. 垂直接地极使用降阻剂施工，无机械打孔条件时，可根据敷设降阻剂的接地极外径，加工一钢管作为外模，放在人工开挖的大口接地坑中（如图 5 所示）。把接地极放在钢模中央，使它们处于垂直位置。钢模外面用细土回填，调制好降阻剂，倒入钢模与接地极之间，然后用起重机或起吊装置向上拉出钢模，再浇水夯实。

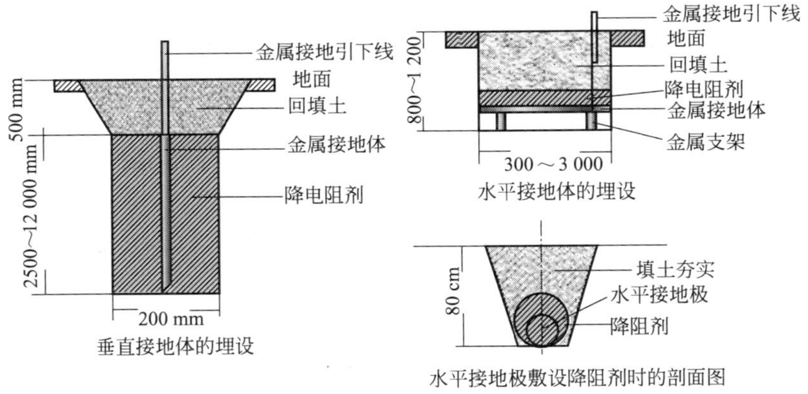

图 5　降阻剂施工方法

② 降阻模块处理施工方法

降阻模块是近年来才引入铁路变配电所的接地降阻的新产品。它可以替代金属接地极用于复杂地形和缺水地区，具有耐腐蚀、无污染、运输和施工简单、使用寿命长的特点。下为 GD-4 型接地模块简要施工方法：

a. 模块的填埋：模块的埋设完全可根据现场不同情况进行，既可水平、垂直放置，也可横、斜放置，均能正常发挥作用。需要注意的是所挖坑要大于模块 100～200 mm，并先垫一层细土后再放入模块，在模块四周同样先回填细土并夯实。这样做的目的是保证模块与土壤的可靠接触，尽量减小其接触电阻。

b. 模块布置间距：相邻模块之间的间距必须大于 3 m，最好 6 m，以减小屏蔽效应，充分发挥模块作用的必要条件。模块布置方式见图 6。

c. 模块的连接：模块与接地干线的连接方法见图 7，这里只附带了水平接地的连接方法，垂直接地的连接方法可比照进行。焊接是最可靠的连接方式，焊接后还应该在焊接处刷防腐涂料。

③ 爆破接地处理施工方法

采用钻孔机在地中垂直钻一定直径、深度的孔，在钻孔中插入接地电极，然后沿孔的整个深度，隔一定的距离放置定量的炸药，实施爆破，将岩石爆裂、爆松，然后将调成浆状的低电阻材料，用压力机压入深孔中和爆破制裂产生的缝隙中，从而达到通过低电阻率材料将地下大范围的岩石内部构通，加强接地极与岩土的接触，能达到较大幅度降低接地电阻的目的。垂直钻孔的深度一般在 30～120 m。

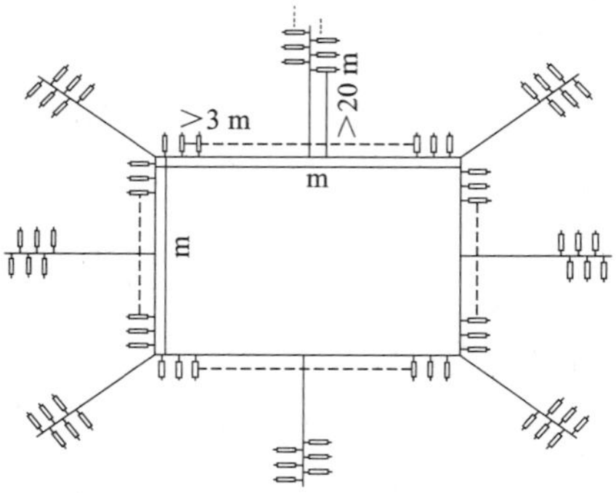

图 6　降阻模块的布置方式

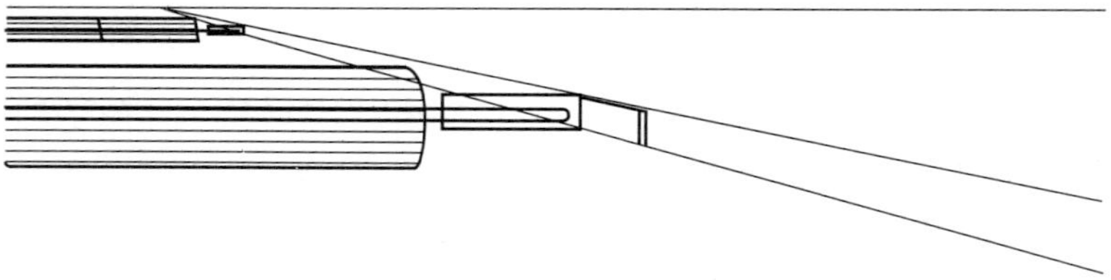

图 7　降阻模块的连接方式

6.3　技术标准及工艺要求

6.3.1　接地网敷设及接地母线安装

(1)必须符合设计文件及相应施工图纸要求，施工结束后应及时提交接地网隐蔽工程记录。记录的格式见表 7。

(2)为提高水平接地体 T 形和十形连接部位及水平接地体与垂直接地体的强度，各连接点应加焊 L 形连接条。

(3)室内接地母线(干线)沿墙水平敷设时，离地面高度宜为 250～300 mm。

(4)敷设完毕的接地网，回填土应分层夯实，沟沿应培土埂防沉降。

6.3.2　设备及构件接地连接

(1)电气设备接地线必须按统一标准安装，采用相同规格材料，其接地线的布置方式应一致，并应便于在运行中检查及维护。

(2)架构及设备支架的接地线，以面向设备安装于电杆右侧为准，构架的接地线与各类抱箍相冲突时，应安装于抱箍的间隙内。

(3)构、支架和各种设备底座预埋件的接地线均应以电焊连接；连接长度应符合有关规定。设备接地线均以螺栓连接，其接触面应镀锡，且连接面以外 15 mm 内不得刷漆。

(4)所有设备接地线必须明敷，其表面应刷漆防腐。

(5)主变接地相的电缆应穿入塑料管防护，严禁采用金属管作保护管，主变端子箱的汇流排须与箱体绝缘。

7　劳动力组织

(1)接地网敷设及接地母线安装劳动力组织，见表 2。

表 2 接地网敷设及接地母线安装施工人员组织表

序号	施工人员	单位	数量	备 注
1	施工负责人	人	1	现场施工组织及协调
2	技术员	人	1	技术负责、质量负责
3	电焊组	人	2	地网焊接及母线焊连接
4	加工组	人	2～4	接地体平直、煨弯、接地母线刷漆
5	辅助组	人	2	接地极安装、墙上预埋件安装
6	挖沟组	人	12	接地坑开挖、回填及接地带敷设

(2)设备及构件接地连接劳动力组织,见表 3。

表 3 设备及构件接地连接施工人员组织表

序号	施工人员	单位	数量	备 注
1	施工负责人	人	1	现场施工组织及协调
2	技术员	人	1	技术负责、质量负责
3	电焊组	人	1	接地线焊接
4	加工组	人	4	接地线平直、刷漆、接地端子制作、镀锡、安装
5	安装组	人	若干	挖埋接地沟、接地线敷设及配合电焊施工作业

8 主要机械设备及工器具配置

(1)接地网敷设及接地母线安装工、机具配置,见表 4。

表 4 接地网敷设及接地母线安装工、机具配置表

序号	名称	规格	单位	数量	备 注
1	水准仪		台	1	标高测量
2	塔尺	5 m	支	1	标高测量
3	钢卷尺	5 m	把	1	坑深测量
4	钢卷尺	50 m	把	1	长度测量
5	铁锹	尖头	把	12	接地坑开挖
6	十字镐	扁尖头	把	12	接地坑开挖
7	洛阳铲		把	5	接地坑开挖
8	钢钎	1.5 m	根	5	接地坑开挖
9	大锤		把	2	接地极安装
10	手锤		把	2	接地线制作
11	台虎钳		只	1	接地线制作
12	电焊机及工具	18 kVA 以上	台	1～2	接地线制作
13	台钻		台	1	接地线制作
14	切割机		台	1	接地线制作
15	手工钢锯		把	2	接地线制作
16	弯排机		台		接地线制作

续上表

序号	名称	规格	单位	数量	备　　注
17	镀锡设备		套		镀锡用
18	活扳手		把	2	接地线制作
19	油漆刷及油漆桶		套	2	刷漆用
20	起爆器		个	1	坚石坑开挖用
21	空压机		台	1	坚石坑开挖用
22	冲击电锤		个	1	坚石坑开挖用

(2)设备及构件接地连接工、机具配置，见表5。

表5　设备及构件接地连接工、机具配置表

序号	名　　称	规格	单位	数量	备　　注
1	钢卷尺	5 m	把	1	坑深测量
2	铁锹	尖头	把	12	接地坑开挖
3	十字镐	扁尖头	把	12	接地坑开挖
4	洛阳铲		把	5	接地坑开挖
5	钢钎	1.5 m	根	5	接地坑开挖
6	断线剪	900 mm	把	1	接地极安装
7	手拉葫芦	5 t	把	1	接地极安装
8	手锤		把	2	接地极安装
9	梯子		台	2	接地极安装
10	台虎钳		只	1	接地极安装
11	电焊机及工具	18 kVA 以上	台	1～2	接地极安装
12	台钻		台	1	接地极安装
13	切割机		台	1	接地极安装
14	手工钢锯		把	2	接地极安装
15	弯排机		台	1	接地极安装
16	镀锡设备		套	1	镀锡用
17	活扳手		把	2	接地线制作
18	油漆刷及油漆桶		套	2	刷漆用

9　质量控制要点

(1)接地体的材料和截面积应符合设计规定，一般情况下，接地体宜采用钢材，其导体截面积不应小于表6的规定，在腐蚀性较强的场所应根据腐蚀性质采取热镀锌、热镀锡等防腐措施或适当加大截面。

表 6　钢接地体和接地线的最小规格

圆钢直径(mm)		10
扁 钢	截面(mm^2)	100
	厚度(mm)	4
角钢厚度(mm)		4
钢管管壁厚度(mm)		3.5

(2)接地网施工的钢材必须送有相关资质的检验部门检验,检验合格后方可使用。

(3)接地体顶面埋设深度应不小于设计深度,当设计没有规定时,应不小于 0.6 m。接地体引出线的垂直部分及焊接部位应作防腐处理。

(4)接地线应防止机械损伤和化学腐蚀。接地线在穿越墙壁、楼板时,应设置钢管保护套。

(5)接地干线至少应在不同的两点与接地网相连接,自然接地体应在不同的两点与接地干线或接地网相连接。

(6)接地扁钢在地线沟内宜立放,以方便施工。

(7)接地沟的回填土内不应夹有石块、建筑垃圾和带有腐蚀性的物质。

(8)接地体或接地线的连接应采用搭接焊,并满足下列要求:

① 搭接长度:扁钢为宽度的两倍(至少焊接三个棱边);圆钢为直径的六倍(且应为两侧施焊)。

② 扁钢与钢管及角钢连接时,除应在扁钢两侧施焊外,还应帮焊由扁钢或圆钢弯成的弧形或直角形卡子,也可以直接由扁钢本身弯成的弧形或直角形与钢管及角钢焊接。

③ 焊接处必须牢固,不得有假焊。

(9)垂直接地体的间距不宜小于其长度的 2 倍,水平接地体的间距不宜小于 5 m,接地体与建筑物的间距不宜小于 1.5 m。

(10)牵引变电所电缆沟内的接地线应单独敷设,宜在高压侧与接地网相连,严禁将 27.5 kV 电气设备的接地线接于电缆沟内的地线上。

(11)回流线的规格和截面积应符合设计要求,回流线与牵引变压器的接地相和扼流变压器中间端子的连接应可靠。

(12)当牵引变电所引入铁路岔线时,回流线应用扁钢分别与两根钢轨连接,焊接长度不应小于扁钢宽度的两倍。

(13)作为回流通路的岔线,所有轨缝均应用扁钢跨接焊牢,并在站线接岔处与信号轨缝绝缘后,将两根钢轨连接起来。

(14)采用扁钢作为回流线时,其埋入地下部分及露出地面部分应涂防腐漆。

(15)在调和降阻剂时,如制造厂家无说明,则应按:降阻剂∶水=1∶(0.6～0.8)的重量比拌浆;如制造厂家有说明,应按照制造厂家的说明书规定比例进行,以免影响降阻质量。

10　安全控制要点

(1)遇有大雨、暴雨、连阴雨时,不得开挖地线坑。

(2)开挖水坑、流沙坑、膨胀土质或其他土质坑时,使用的防护板或防水箱,并应考虑强度要求后确定。

(3)在土质松软地带挖坑时,为防止坑壁坍塌,坑壁应有适当的坡度或安装防护板。

(4)防护板的厚度及支撑截面，应保证基坑稳固。挖坑时应经常检查防护板有无变形、损坏或折断现象。更换支撑时，应先装后拆。拆除防护板时，应按回填顺序由下而上逐层拆除。有倒塌危险的基坑，经施工负责人同意可不拆。

(5)挖坑时，坑边上不得放置重物或工具，弃土应在坑边 0.6 m 以外，堆土高度不得大于 1.5 m。

(6)对于已开挖的基坑，如不能及时进行回填，应采取安全措施，设置醒目的防护标志。防止基坑坍塌和人员掉入。

(7)电焊工必须持证上岗；电源控制应使用自动开关，不准使用手动开关；一、二次线必须加防触电保护装置；一次线长度不超过 5 m，不能拖地；二次线长度应小于 30 m，接线应压接牢固，并安装防护罩；焊钳把线应采用专用电缆，双线到位，不准有接头，绝缘无破损；不得借用金属脚手架，轨道及结构钢筋作回路地线。

11　环境保护要点

(1)坚持按中华人民共和国《环境保护法》及相关法规进行施工。

(2)地线沟坑开挖过程中如发现地下电缆、管道文物等设施时，应立即停止工作，及时报告施工负责人及有关单位，妥善处理。

(3)施工现场工具材料摆放整齐，保证现场施工场地整洁、干净、工完料清。

(4)工程完工后，应按要求拆除安全防护设施，并将工地及周围环境清理整洁。

12　附　　录

附录 1：施工过程检查记录表(铁程检-20)，见表 7。

表 7　铁程检—20

检查地线的埋设情况			
工程名称		施工单位	
工程地点		检查日期	
使用种类________用________ 检查及试验结果如下： 1. 埋设深度________ 2. 土质________ 3. 埋设地线使用________尺寸形状________出线焊接情况________ 4. 电气阻测验结果________欧姆 5. 露出地面部分做何种处理________ 根据以上检查认为________			
主管工程师		施工负责人	
检查工程师		监理工程师	

附录 2:工程实例及相关图片

(1)该标准化工艺中除爆破接地处理施工方法外,均已在多处变配电所中得到应用,如黔桂铁路扩能改造工程。其设计技术标准为国家一级电气化铁路,重型轨道,一次性铺成无缝线路,单线,预留复线,时速为 140 km/h,预留 160 km/h 的条件。本标段的新朱石寨牵引变电所、新学庄牵引变电所,接地网电阻设计值为 0.5 Ω,由于土壤电阻率比较高,三个变电所均进行降阻处理。

(2)相关图片。

① GD-04Y 型降阻模块

首次在黔桂线牵引变电所内使用的 GD-04Y 型降阻模块,如图 8 所示。

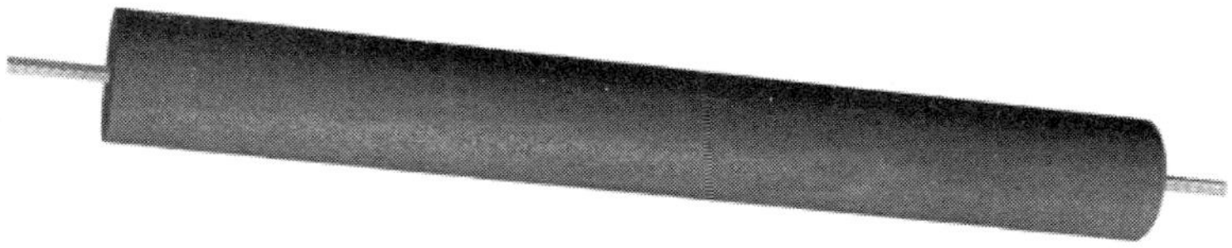

图 8 GD-04Y 型降阻模块

② JK-200 型降阻剂施工

JK-200 型降阻剂施工现场照片,如图 9 所示。

③ 采用钻孔设备进行接地极安装施工。

采用钻孔设备进行接地级安装施工现场照片见图 10～图 12:

图 9 黔桂线新朱石寨变电所 JK-200 型降阻剂施工现场

图 10 黔桂线新朱石寨变电所采用钻孔设备进行接地极安装施工现场 1

图 11 黔桂线新朱石寨变电所采用钻孔设备进行接地极安装施工现场 2

图 12 黔桂线新朱石寨变电所采用钻孔设备进行接地极安装施工现场 3

铁路牵引供电变电硬母线施工工艺

1　工艺概况及技术特点

在变电工程施工中，硬母线具有硬度较大、不具柔韧性、弯曲性差等特点，其加工、弯曲、搭接、安装及刷漆处理等施工中都存在着一定的难度，对加工的准确度要求高。

硬母线施工时须做到测量准确、施工工艺美观，工艺流程清晰且易于掌握，各项技术指标符合验收标准。

本施工工艺针对硬母线的上述特点，重点介绍母线的冷煨加工工艺。

2　适用范围

本工艺适用于铁路牵引变电工程和电力变配电工程的硬母线施工。

3　引用标准

(1)《铁路电力牵引供电施工质量验收标准》(TB 10421—2003)

(2)《电气装置安装工程电气设备交接试验标准》(GB 50150—2006)

(3)《铁路工程施工技术安全规程》(TB 10401—2003)

(4)《电气装置安装工程母线装置施工及验收规范》(GBJ 149—90)

4　基本术语及定义

(1)母线搭接：指母线与母线、母线与设备之间的电气一次连接，并确保电气畅通、连续。

(2)母线弯曲：指母线与母线、母线与设备之间电气连接困难或为保证母线与其他电气设备、接地部分的电气距离而采用的一种有效施工工艺。主要有平弯和立弯两种方式。

5　工艺原理

根据施工图和现场的实际情况进行放线测量，完成后进行主母线支持绝缘子安装、母线的下料、加工及主母线的安装工作；为避免造成安装的误差和返工，分支母线待设备安装完成后进行；母线安装完成后进行母线的相色刷漆，最后进行母线的耐压试验。

6　工艺流程及操作要点

6.1　工艺流程

工艺流程如图 1 所示。

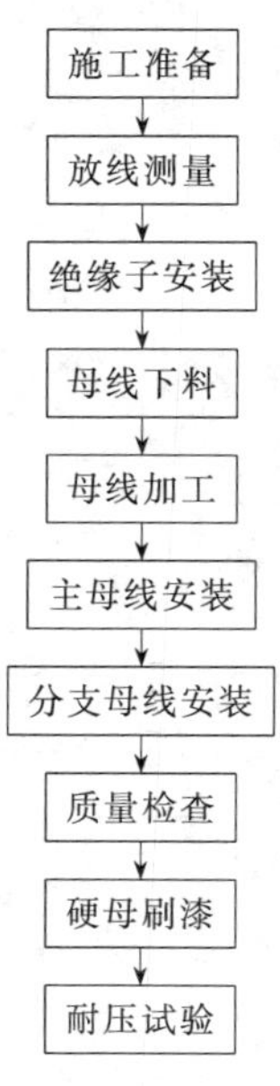

图 1　工艺流程图

6.2　操作要点

6.2.1　施工准备

进入施工现场后，首先对高压室的空间尺寸进行复核，核对是否与设计图相符。如果相符,则按照设计图进行放线,确定支持绝缘子的位置和墙上设备的位置;如果不符,则根据现场的实际情况结合所安装好的电气设备做适当的调整。

6.2.2 放线测量

(1)核对沿母线敷设方向有无障碍物,有无与建筑结构或设备管线、照明、通风等安装部件交叉现象。核对母线安装的路径中距建筑结构或设备管线、照明、通风等的安全距离,应符合《验标》要求。

(2)放线后测量出各支持绝缘子、墙上设备的位置和各段母线的长度并作好记录。

6.2.3 支持绝缘子、穿墙套管安装

(1)在安装前应检查外观无裂纹、缺损现象,经电气试验合格后,方可进行安装。

(2)支持绝缘子采用胀锚螺栓进行固定,并且要固定牢固。每个支持绝缘子用的三个胀锚螺栓中其中一颗要比其他二颗要稍长一些,长度为接地母线的长度,作为接地用。

(3)安装在同一平面或垂直面上的支柱绝缘子或穿墙套管的顶面,应在同一水平面上;母线直线段的支柱绝缘子的安装中心线应在同一直线上。

(4)穿墙套管垂直安装时,法兰固定在安装板的上方;水平安装时,法兰固定在安装板的外侧。

(5)固定母线采用的 MNP-101 或 MNP-202 金具在绝缘子上应固定牢固,并且要与母线的规格相适应。

6.2.4 母线加工

(1)母线加工前矫正平直,切断面垂直平整;严禁采用铁锤直接敲打或使用电、气焊切割母线。手工调直时必须采用木锤,下面垫枕木进行作业。

(2)相同布置的主母线、分支母线、引下线及设备连接线要横平竖直,对称一致。

(3)母线的接触面加工必须平整、无氧化膜。经加工后其截面减少值:铜母线不应超过原截面的 3%;铝母线不应超过原截面的 5%。

6.2.5 母线的弯曲

(1)母线的弯曲采用专用工具(母线煨弯机)冷煨,弯曲处不得有裂纹及显著的皱折。不得进行热煨。

(2)母线平弯及直弯的弯曲半径不得小于表 1 的规定。

表 1 硬母线最小弯曲半径(R)值

母线类型	弯曲方式	母线断面尺寸(mm× mm)	最小弯曲半径(mm)
			铜
矩形母线	平弯	125×10 及以下	2a
	立弯	125×10 及以下	1.5b

(3)母线开始弯曲处距最近绝缘子的母线支持夹板边缘不应大于 $0.25L$,但不得小于 50 mm,如图 2 所示。

(4)母线开始弯曲处距母线连接位置不应小于 50 mm,如图 2 所示。

(5)多片母线的弯曲度应一致。

(6)母线平面扭转 90°时,其扭转部分的长度为母线宽度 b 的 2.5~5 倍,如图 2 所示。

6.2.6 母线的连接

(1)母线搭接时,连接处距绝缘子支持夹板的边沿不应小于 50 mm;上、下片母线端头与对接母线开始弯曲处的距离不应小于 50 mm,如图 3 所示。

(2)矩形母线搭接时,其搭接长度以及连接螺栓的规格和数量符合矩形母线搭接要求的规定;母线搭接的螺孔直径宜大于螺栓直径1 mm,孔间中心距离的误差为±0.5 mm。

(3)母线与母线、母线与分支线、母线与电器接线端子搭接时,其搭接面必须平整、清洁并涂以电力复合脂。

(4)母线采用螺栓连接,平垫圈应用专用厚垫圈,并必须配齐弹簧垫。螺栓、平垫及弹簧垫必须用热镀锌件。螺栓长度应考虑在螺栓紧固后丝扣应露出螺母外5～8 mm。

(5)母线的接触面应连接紧密,连接螺栓应用力矩扳手紧固。其紧固力矩值符合钢制螺栓的紧固力矩值的规定。

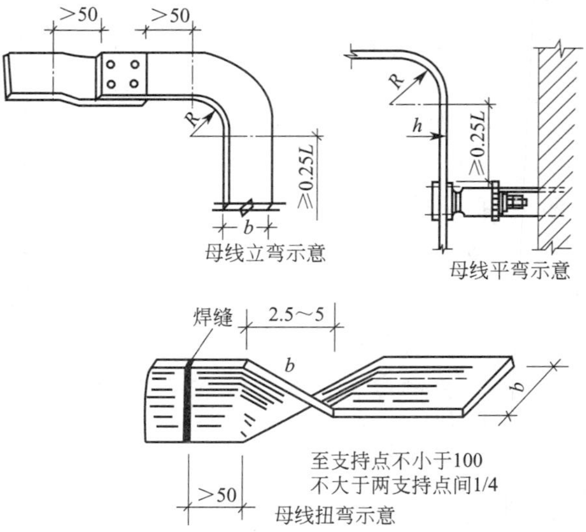

图2　硬母线弯曲加工图

6.2.7　母线的安装

(1)母线安装应平直美观,并应符合下列要求:

水平段:两支持点高度误差不大于3 mm,全长不大于10 mm。

垂直段:两支持点垂直误差不大于2 mm,全长不大于5 mm。

双母线间缝隙:缝隙间距应均匀一致,误差不大于2 mm。

(2)硬母线的最小安全距离应符合《电气装置安装工程母线装置施工及验收规范》(GBJ 149—90)的规定。

(3)母线支持点的间距不得大于1 200 mm。

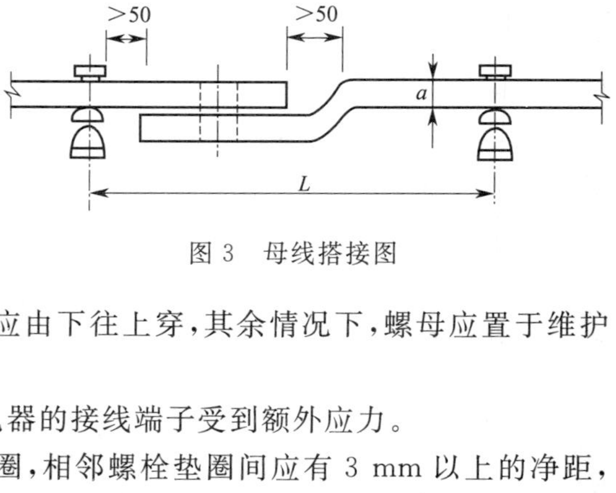

图3　母线搭接图

(4)母线与母线或母线与电器接线端子的螺栓搭接面的安装要求:母线平置时,贯穿螺栓应由下往上穿,其余情况下,螺母应置于维护侧,螺栓长度宜露出螺母2～3扣。

(5)安装后的母线螺栓受力应均匀,不应使电器的接线端子受到额外应力。

(6)贯穿螺栓连接的母线两外侧均应有平垫圈,相邻螺栓垫圈间应有3 mm以上的净距,螺母侧应装有弹簧垫圈或锁紧螺母。

(7)母线在支柱绝缘子上的固定死点,每一段应设置一个,并宜位于全长或两母线伸缩节中点。

(8)多片矩形母线间,应保持不小于母线厚度的间隙;相邻的间隔垫边缘间距离应大于5 mm。

6.2.8　母线的刷漆

安装工作完成并确认质量合格后,进行清扫及刷漆作业,一般刷三道,三道漆后母线表面应呈光滑明亮状,且无漏刷或显底现象。

6.2.9　耐压试验

母线安装完成后,即可做耐压试验,试验标准应符合《电气装置安装工程电气设备交接试验标准》(GB 50150—91)的规定。

7 劳动力组织

劳动组织见表2。

表2 劳动力组织表

序号	作业组	人数	工作内容
1	施工负责人	1	主持安装工作,负责施工质量及安全
2	加工组	3	硬母线平直、煨弯、裁切等
3	安装组	3	硬母线测量、钻孔、安装
4	油漆组	3	硬母线清扫、刷漆

8 主要机械设备及工器具配置

主要施工机械及工器具配置见表3。

表3 主要施工机械及工器具配置表

序号	名称	规格	单位	数量	备注
1	母线煨弯机		台	1	硬母线加工
2	台钻		台	1	硬母线加工
3	台钳		台	1	硬母线加工
4	钢锯		把	2	硬母线加工
5	木锤		把	2	硬母线加工
6	平锉		把	2	硬母线加工
7	钢卷尺	20 m	把	1	测量
8	直角尺		把	1	测量
9	塞尺		把	1	测量
10	线坠		个	2	测量
11	靠梯		座	1	硬母线安装
12	人字梯		座	1	硬母线安装
13	力矩扳手		把	1	硬母线安装
14	电工工具		套	1	硬母线安装

9 质量控制要点

(1)绝缘子底座、穿墙套管的法兰应接地可靠。

(2)母线与母线,母线与电气接线端子搭接,搭接面的处理应符合下列规定:

① 铜与铜:室外、高温且潮湿或对母线有腐蚀性气体的室内,必须搪锡,在干燥的室内可直接连接。

② 铜与铝:在干燥的室内,铜导体应搪锡,室外或空气相对温度接近100%的室内,应采用铜铝过渡板,铜端应搪锡。

③ 钢与铜或铝：钢搭接面必须搪锡。

(3)母线固定装置应无棱角和毛刺。

10　安全控制要点

(1)硬母线安装前，须先对已安装设备及支柱绝缘子的瓷件部分采取防护措施，避免造成损伤。

(2)登高作业应使用梯子或脚手架进行，并应采取相应防滑措施，严禁登踏设备或绝缘子进行作业。

(3)对加工用的电动工具要加强日常保养，不用时随手切断电源。

(4)使用台钻时，操作人员必须戴护目镜，不得戴手套，并禁止用手直接对加工件或钻具进行除屑。

(5)移动或传递长大母线时，应提前向周围作业人员通知后再操作，以防伤及四周人员。

11　环境保护要点

(1)废弃的边角料及渣滓要进行回收处理，严禁乱倒，以免造成环境污染。

(2)在施工过程中和完工后应做到工完料清，并且保持环境整洁。

12　常见问题及处理方法

硬母线施工常见问题及处理方法见表 4。

表 4　常见问题及处理方法

序号	常产生的质量问题	防止措施
1	在进行刷绝缘漆时，涂漆不均，或有漏刷现象	1. 加强责任心。 2. 做好自互检
2	母线开孔处有毛刺或不规则	1. 施工前工具准备齐全，不得使用电气焊切割。 2. 施工时加强管理，建立奖罚制度，严格检查制度
3	母线搭接间隙过大，不能满足要求	1. 母线用压接垫圈应符合规定要求。 2. 母线搭接处(面)使用板锉，平锉。 3. 加强检查

13　附　　录

(1)施工过程检查记录表

在母线安装过程中，按表 5 所列内容进行检查并填写检查记录。

(2)工程实例

该标准化工艺在浙赣线电气化牵引变电所母线安装项目中得以应用。浙赣线电气化牵引变电所 220 kV 侧采用分支接线，设两台牵引变压器，一主一备运行方式，故障时可实现备用电源及主变自动投切。27.5 kV 侧采用带旁路母线的单母线分段接线，4 回馈线以下设一台备用断路器，4 回馈线以上设两台备用断路器，分组装设并联电容补偿装置。牵引变电所 220 kV 侧高压配电装置采用室外中型布置，27.5 kV 配电装置及并联电容补偿装置采用室内网栅间隔式双列布置。全所按综合自动化设计牵引变电所可实现无人值班、有人值守。

表 5　母线及绝缘子检验批质量验收记录表

<table>
<tr><td colspan="2">单位工程名称</td><td colspan="4"></td></tr>
<tr><td colspan="2">分部工程名称</td><td colspan="4">母线及绝缘子</td></tr>
<tr><td colspan="2">分项工程名称</td><td colspan="2">母线及绝缘子</td><td>验收部位</td><td></td></tr>
<tr><td colspan="2">施工单位</td><td colspan="2"></td><td>项目负责人</td><td></td></tr>
<tr><td colspan="3">施工质量验收标准名称及编号</td><td colspan="3">《铁路电力牵引供电工程施工质量验收标准》(TB 10421—2003)</td></tr>
<tr><td colspan="4">施工质量验收标准的规定</td><td>施工单位检查评定记录</td><td>监理单位验收记录</td></tr>
<tr><td rowspan="3">主控项目</td><td>1</td><td>母线、金具、绝缘子的规格、型号、质量</td><td>第 4.13.1 条</td><td></td><td></td></tr>
<tr><td>2</td><td>母线相间距离及对地安全净距</td><td>第 4.13.2 条</td><td></td><td></td></tr>
<tr><td>3</td><td>母线的相序及相色标志,各类母线金属支架、托架和绝缘子底座接地</td><td>第 4.13.3 条</td><td></td><td></td></tr>
<tr><td rowspan="3">一般项目</td><td>1</td><td>软母线的安装</td><td>第 4.13.4 条</td><td></td><td></td></tr>
<tr><td>2</td><td>矩形母线的安装</td><td>第 4.13.5 条</td><td></td><td></td></tr>
<tr><td>3</td><td>管形母线的安装</td><td>第 4.13.6 条</td><td></td><td></td></tr>
<tr><td colspan="2" rowspan="3">施工单位检查评定结果</td><td colspan="4">专职质量检查员　年　月　日</td></tr>
<tr><td colspan="4">分项工程技术负责人　年　月　日</td></tr>
<tr><td colspan="4">分项工程负责人　年　月　日</td></tr>
<tr><td colspan="2">监理单位验收结论</td><td colspan="4">监理工程师　年　月　日</td></tr>
</table>

分区所为室外柱上式布置,通过电动隔离开关实现越区供电,通过负荷开关实现上下行并联供电,全所按综合自动化设计,可实现无人值班、无人值守。

全线设置牵引供电远动系统和视频监视系统。

牵引变压器(主变)运输、就位、安装施工工艺

1　工艺概况及技术特点

牵引变压器是牵引变电所的主要设备,其具有体积大、重量大的特点,运输、就位、安装是施工中的关键工序。一般情况下可直接要求厂家通过公路运输把变压器运至牵引变电所内;对有铁路专用线的变电所也可通过铁路运输方式直接进所,再进行卸车及就位作业。特殊情况下,变压器出厂时用铁路运输,到达目标变电所附近车站后,需要二次倒运才能进入变电所。

牵引变压器的运输分为铁路、公路运输两种,铁路运输时必须使用特种凹形平板车以使变压器不超高,公路运输时使用特殊的多轮对平板拖车以减少单轮对路面的压力。牵引变压器装卸、就位的方法很多,牵引变电所有铁路专用线的,牵引变压器通过铁路运至变电所,再使用救援列车的救援吊把牵引变压器直接卸下,用人工或机械牵引的方法其就位;公路运输时直接把牵引变压器运至主变基础旁,然后用人工或机械牵引的方法将其就位。

用牵引的方法装卸和就位,需要在移动方向的前方寻找一个能承受强大拉力的点,给牵引机具作固定。若该点固定不牢,在牵引过程中容易发生危险。

现在普遍的方法是使用大行程的千斤顶从后面顶进,此法投入人力少,不使用大型机械,安全经济,适用于绝大多数牵引变电所变压器安装。

牵引变压器安装顺序应遵循先上后下、先重后轻的原则,对附件连接处要进行密封性检查。

2　适用范围

本标准适用于铁路电力牵引供电系统牵引变压器(主变)和铁路电力供电变压器的运输、就位、安装施工。

3　引用标准

(1)《中华人民共和国环境保护法》

(2)《中华人民共和国道路运输条例》

(3)《中华人民共和国道路交通安全法》

(4)《铁路电力牵引供电工程施工质量验收标准》(TB 10421—2003,J 291—2004)

(5)《客货共线铁路电力牵引供电施工技术指南》(TZ 10208—2008)

4　基本术语及定义

(1)牵引变压器:铁路专用变压器,是将三相 110 kV(220 kV、330 kV)电力降压并转换为单相 27.5(或 2×27.5)kV,以主供铁路电力机车单相牵引负荷用电的供电设备。目前国内的牵引变压器有四种:单相变压器、三相双绕组变压器、平衡变压器、斯科特接线变压器。变压器重量一般在 35 t 至 60 t 左右。

(2)钢轨锁定装置:用于在钢轨上固定大行程千斤顶,使用两颗 ϕ30～32 mm 螺栓固定,可

快速拆卸移位，斜面为千斤顶支座。此工具根据千斤顶型号自行使用 10 mm 厚的钢板加工，螺孔间距以 10～15 cm 为宜。加工示意图见图 1。

(3)大行程千斤顶：用于牵引变压器的水平顶进，行程大于 300 mm，有安全卸压阀门，可在短时间内卸压回缩至初始状态。见图 2。

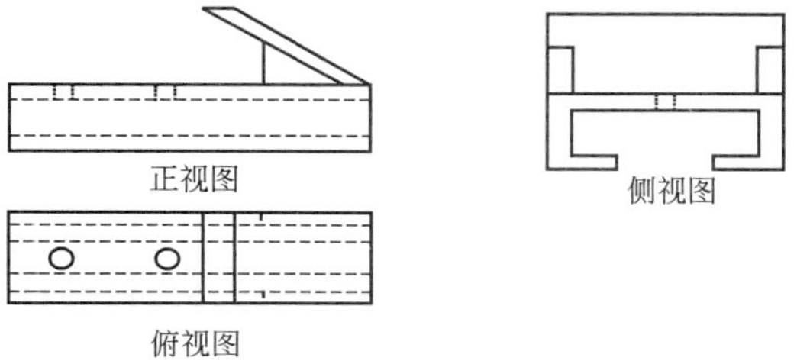

图 1　钢轨锁定装置示意图

(4)自锁式千斤顶：主要用于需长时间支撑重物的地方，它可在除去油压时仍能支持重物，而且安全可靠。负载回缩，螺母自锁使负载更安全，设计有安全保压装置，内置卸压阀防止过载，保护千斤顶以利于操作安全。见图 3。

图 2　大行程千斤顶

图 3　自锁式千斤顶

5　工艺原理

采用公路、铁路，使用特殊的运输设备特种凹形平板车、多轮对平板拖车运输主变。

在轨道车与汽车平板之间搭设平台，若轨道车车面低于汽车平板面，使用千斤顶把牵引变压器抬升，底部塞入道木使牵引变压器底部与汽车平板面平齐，再在牵引变压器下安放两根钢轨，把牵引变压器落在钢轨上，用千斤顶从后面顶进，使牵引变压器沿钢轨滑动至汽车平板上，再使用千斤顶抬升牵引变压器，移出钢轨，把牵引变压器落回汽车平板上。

牵引变压器装卸、就位时，若轨道车车面高于汽车平板面，在汽车平板上铺设道木，使其表面与轨道车面平齐，使用千斤顶把牵引变压器抬升，底部安放两根钢轨，把牵引变压器落在钢轨上，用千斤顶从后面顶进，使牵引变压器沿钢轨滑动至汽车平板上，再使用千斤顶抬升牵引变压器，移出钢轨、道木，把牵引变压器落回汽车平板上。汽车把牵引变压器运至变电所基础旁后，使用前述方法把它移至基础上就位。使用千斤顶从对角顶进，以调整变压器位置。

上述方法适用于牵引变压器轨道运输至车站后，使用汽车进行二次倒运，将变压器运输到牵引变电所内，再就位。如到货时是汽车(轨道)运输直接进入变电所，可使用上述方法直接把牵引变压器移至基础上就位。

使用 8 t 汽车吊车安装牵引变压器附件。附件安装完成后进行真空注油，油样送检验室进行全油分析。

变压器安装过程中要注意安装顺序，应依次安装储油柜、散热片、风扇、高低压瓷套管，最后进行二次接线。

6　工艺流程及操作要点

6.1　工艺流程

6.1.1　变压器运输、就位、安装总流程

变压器运输、就位、安装总流程见图 4。

6.1.2　变压器运输、就位流程

变压器运输、就位工艺流程见图 5。

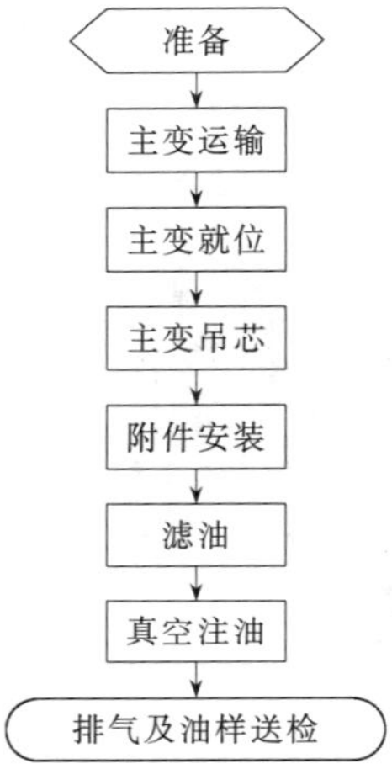

图 4　变压器运输、就位、安装工序流程图

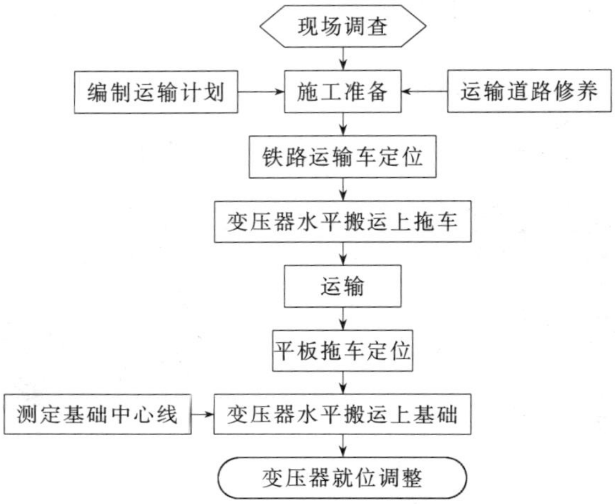

图 5　变压器运输、就位的工艺流程图

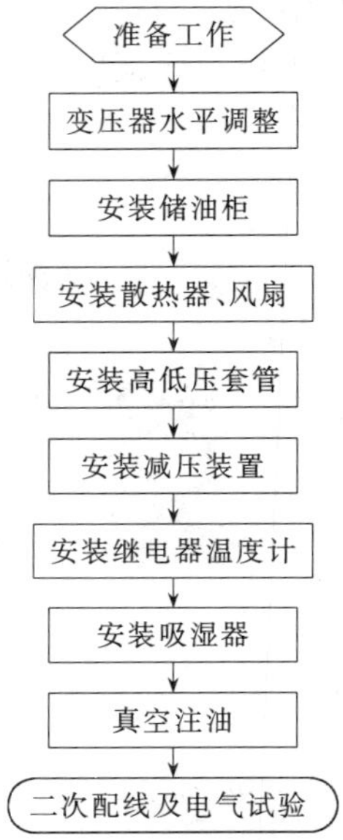

图 6　变压器安装流程图

6.1.3　变压器安装流程

变压器安装流程见图 6。

6.2　操作要点

6.2.1　运输、就位

本施工工艺介绍采用铁路运输到牵引变电所附近车站，采用汽车拖车对变压器进行二次运输。由车站卸车时，应把变压器直接从铁路车辆上卸到拖车上。卸车和就位宜采用人工的方法，以简化准备工作，并节省大型起重机械使用费。变压器卸车和运输的主要工序及其流程见图 5。其他方式运输、就位时可参照上述方法进行，不再进行详述。

6.2.1.1　施工准备

由于铁路运输由厂家、铁路运输部门完成，与施工方无关，在此不介绍相关的内容。只涉及采用滑动法装车、卸车及采用拖车运输变压器时相关施工准备工作，其主要包括以下内容：

(1)在变电所附近铁路沿线选择合适的卸车地点及运输道路。卸车场地要平坦宽阔，地面

坚实，交通方便，且与轨面高差较小，拖车易于停靠。运输道路应尽量利用现有公路，且应平坦、运距短、无较大高差坡道。

(2)根据选择的卸车地点、运输道路、现场条件，及变压器重量等因素，编制运输方案和安全技术措施，并报请上级主管审批。批准后，全体有关人员学习实施细节，做好技术交底。

(3)变压器采用滑动法装卸车时，按运输重量为 60 t 计；千斤顶的起重能力按变压器运输重量的 1/2～1/3 选用，应满足强度要求，并有一定余量。

6.2.1.2　运输操作程序

(1)运输准备

变压器在卸车和运输前，其工作主要包括对卸车和设备就位地点处的处理，运输道路的修整和施工机具与材料的准备，即：

① 在变压器从铁路车辆向平板拖车卸运处，铁路车辆与拖车承载面的高度一般有一定高差。当轨道车高于拖车时可在拖车上搭设道木平台，见图 7；拖车高于轨道车时可在铁路车辆上搭设道木平台，见图 8。

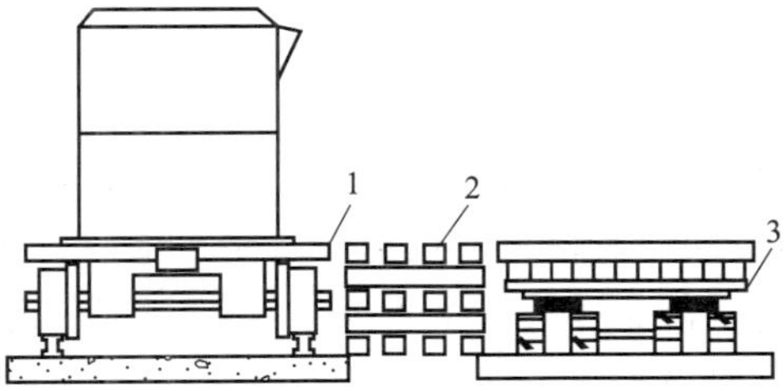

图 7　轨道车高于拖车

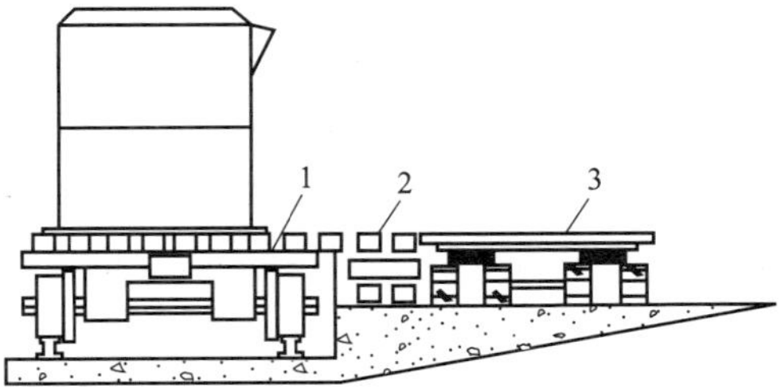

图 8　拖车高于轨道车

1—轨道车；2—道木台；3—拖车。

② 变压器从平板拖车移向基础上就位时，考虑到场地条件限制，仍采用水平牵引法卸运，方法同上，为便于平板拖车进出以及变压器高低压侧方向的调换，在主变基础前开挖的汽车通道两端要有适当延长。

③ 鉴于在基础前开挖汽车通道的工作量大，有条件时，宜采用推土机或挖掘机作业。

④ 平板拖车运输变压器的路径，除利用现有满足承重要求的公路外，均应加以修整。对低沉路段，应垫平夯实；必要路段选定、修整后，可竖路标指示行车方向。

⑤ 起重工具及牵引机械在使用前，要进行维护保养，并应进行承载试验。作为滑道使用的钢轨，其钢轨锁定装置、槽钢等应提前加工好。

(2)变压器的装卸及运输的操作步骤。

① 调整铁路载运车辆的位置，使变压器正对选定的卸车地点，并用铁鞋将车辆的前、后车轮掣住。

② 指挥平板拖车退到卸车地点，调整拖车使其承载面中心正对变压器，并尽可能靠近运输车。用三角木掣住拖车前后轮，在靠运输车一侧的拖车承载台面下，适当地填塞入道木。

③ 在两车之间搭道木台，如拖车较低，在拖车上也要用道木搭台与轨道车平齐；如轨道拖车较低，用电动泵带动四只千斤顶将变压器顶升，在其下塞进木板和道木直至与拖车平齐。

④ 用电动泵带动四只千斤顶将变压器顶升，顶升高度至能穿入钢轨即可，一般不超过

200 mm。顶升时，随着器身升高，应陆续在其底部塞进木板和道木。

⑤ 把两根钢轨分别穿入器身下部能够受力的底座型钢下，调整两钢轨使其平行。在钢轨与变压器底座之间倒扣上槽钢，槽钢与钢轨的接触面涂抹润滑油，以减少变压器与钢轨之间的摩擦力。把变压器放在槽钢上。

⑥ 在钢轨上安装钢轨锁定装置，把钢轨与千斤顶底座锁死。每根钢轨固定一组钢轨锁定装置，以便变压器在滑道上滑行时不致偏斜。

⑦ 固定千斤顶在钢轨锁定装置上，将行程头垫入的垫木顶紧在变压器受力型钢上，启动电动泵，两台千斤顶同时作业，顶进并缓慢推动变压器。千斤顶达到行程后，松出千斤顶，移动钢轨锁定装置至适当位置重新锁定，重复以上操作。

⑧ 变压器移至平板拖车处后，以与上述相反的操作顺序，撤掉滑轮组、钢轨、道木等，将变压器落在拖车上。

⑨ 以拖车运输变压器时，运行中因路面不平常发生摇摆现象。为避免意外，须将在器身上部的 4 个吊绊与拖车的专用挂环用晃绳固定，做好防止晃动措施后方可起运。通常，晃绳以选用钢丝绳或多股镀锌铁线为宜，其规格视运输距离远近及道路情况而定。拖车开行时由熟悉路况人员引导行进，并随时检查车辆运行情况及车上变压器的稳定性。拖车运输变压器时，平均速度以 5 km/h 为宜，最高不应超过 10 km/h，变压器长轴方向的倾斜角应小于 15°，短轴方向的倾斜角应小于 10°。否则应绕道行驶。对于充氮运输的变压器，在运输中应对其压力监视和补气装置进行防护，以免因受损伤而致漏气，并应注意保持其压力在规定范围内。变压器重量大，体积大，属超重超限运输，运输路途中应特别注意路桥的承重要求，不足时应采取加固措施，空中的电力、通信线路应预先测量高度，不足时应加高或绕道行驶。

⑩ 变压器运达现场后，先确认变压器的安装方向，再引导拖车驶入卸车通道。拖车进入通道后，要及时调整变压器与基础的相对位置，避免反复开动拖车而加剧变压器摇晃。

此外，由于变电所场地限制，除安装现场远离铁路卸车地点外，拖车运输变压器主体时，附件另行运输并卸至主变基础旁。

(3)变压器就位及调整。

变压器就位示意见图 9。

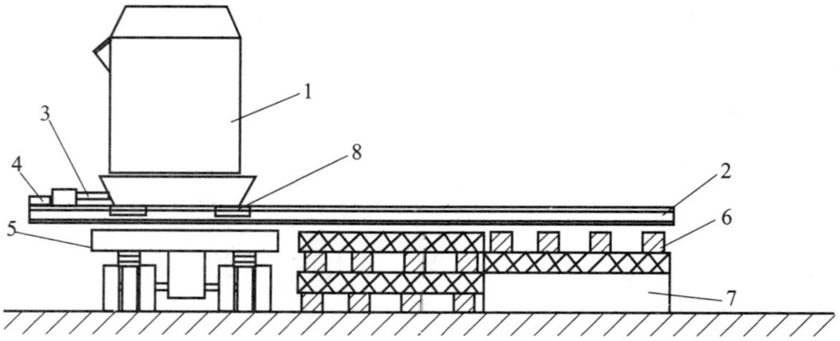

1—变压器；
2—钢轨；
3—千斤顶；
4—钢轨锁定装置；
5—平板车；
6—道木台；
7—主变基础；
8—槽钢。

图 9　牵引变压器就位示意图

由拖车卸至基础上并调整至安装位置的操作步骤如下：

① 以三角木把拖车前后车轮掣住，用与从铁路车辆卸车同样方法做好水平卸车有关准备工作，如搭建道木平台、安放钢轨滑道等。

② 测定变压器基础正、侧面的设备安装中心线及变压器长、短轴两侧的设备中心线，并作标记以便进行就位调整。

③ 变压器被移至基础上后，应适当降低推进速度，以使变压器准确停于就位处。

④ 当有两台变压器位于同一安装中心线上时，就位调整后，应使其外表面相互平行，外观一致。

6.2.2 牵引变压器安装

6.2.2.1 安装工作程序

吊芯主要是为了检查变压器内部结构有无变形，绝缘情况是否良好，器身内是否有异物等。现在变压器生产技术成熟，变压器厂家可出具书面保证进行免吊芯安装。故此在下述安装程序中，省略了器身内检查工作内容及操作步骤。在变压器安装工作开始前，须详阅厂商提供的安装说明书或操作指导手册，以及有关技术标准，并在此基础上，结合现场实际情况，制定周密的施工方案和安全技术措施。

(1)变压器水平调整。

① 变压器器身在基础上水平程度的检查与调整，用水平尺测量为宜，如超过允许量时，可用千斤顶把变压器最低点一侧顶起，在底座型钢下垫上与型钢宽度相等的薄钢板，然后落下，重新测量，至满足要求为止。

② 薄钢板厚度一般在 1.5～5 mm 范围内选择，其长度以使加垫后底座与基础间不出现缝隙为宜，由于底座各点的加垫厚度不同。因此，应用不同厚度的钢板调整。使之达到要求。

③ 注意变压器安装气体继电器的位置，应有沿气体流向 1%～1.5%的升高坡度，如变压器本体未设计，则应在底座加高。

(2)变压器附件安装。

变压器附件另由货车运入变电所，卸至变压器基础旁，安装时一般按先重后轻、自上而下，依次渐进方式操作，步骤如下：

① 按图 6 中的变压器安装流程，分阶段对所要安装附件开箱清扫、冲洗灰尘，检查内部，做好安装准备。

② 安装隔膜式储油柜及其支架，步骤如下：

a. 将储油柜放在平坦地面上，打开其上部的放气阀和下部的放油阀，排净隔膜袋内和柜内的残气及残油。排空后，关闭阀门。

b. 在变压器器身上安装储油柜托架及横撑、斜撑。组装时，要在托架与储油柜安装螺孔间的距离符合要求后，方可拧固横撑及斜撑上的紧固螺栓。

c. 将储油柜吊起，就位于托架上，用小撬棍插入螺孔，调整储油柜位置致符合要求后，插入螺栓拧紧即可。

③ 安装散热器、风扇，步骤如下：

a. 按对应编号原则把散热器及支架上与其相对应的法兰盖板卸掉，取出散热器内为运输放入的吸湿剂。

b. 确定变压器本体散热器法兰盘油路开关关闭，打开连接法兰，涂密封脂，换密封垫圈。

c. 利用散热器上的吊环，将散热器吊起；调整吊臂的长度和角度，摆正散热器方向，上、下法兰对正吻合后，紧固连接螺栓。操作时，注意勿使密封垫圈从法兰凹槽中脱出，以防密封不严。

d. 散热器全部装好后，安装变压器两侧各散热器的上、下固定角钢或扁钢，使每侧散热器联成一体以增强刚度。

e. 连接器身与散热器下部固定角钢间的接筋。先将拉筋下端穿入角钢安装孔，然后连接好拉筋上端，再紧固下端拉紧装置。由于此时散热器内无油，未处于负载状态，故拉紧装置的防松垫圈拧平即认为拉筋已均匀受力，不必再增大紧固程度。

f. 吊装风扇，固定风扇底座于变压器本体上，使用扭力扳手紧固螺栓。

④ 安装变压器高、低压侧套管，并进行心部引线连接，步骤如下：

a. 检查套管有无损伤现象，用油清洗套管，根据安装位置决定吊装方式，并绑好吊绳。

b. 打开套管升高座上法兰盖板，更换法兰密封垫圈，涂敷密封脂，将套管吊至升高座上方，用塑料线拴一颗与变压器引线夹板孔匹配的螺栓，从套管上方穿入，下方穿出，螺栓与引线夹板连接后，调整套管方向，使套管油位计朝向变压器外侧。指挥吊车司机缓慢落钩，套管就位后，先拧上法兰连接螺栓，逐个拧紧后摘离吊钩，然后用扭力扳手检查所有螺栓紧固情况，应符合规定。

c. 用塑料线拉出引线夹板，调整变压器引线端子的方向，拧紧引线端子与接线夹板的连接螺栓，用扭力扳手检查螺栓的紧固情况，应符合规定。在引线未连接前，应先将均压环套在引线上，连接后，把均压环拧在套管连接金具上。

⑤ 连接储油柜至器身的油路配管。油路配管为一“L”形弯管，安装时应保证其由储油柜垂直引下部分是垂直状态，不使连接法兰承受其他外力。

⑥ 安装压力释放阀，步骤如下：

a. 检查减压装置限位开关的动作情况，测量开关对地绝缘电阻值，应符合规定。

b. 对减压装置及其管道进行全面清扫，与变压器内部连接的管道，应用合格的绝缘油冲洗其内壁，以防有异物或尘土带入器身。

c. 把减压装置整体吊到安装位置，先连接排压管道与器身间的支撑点，然后连接油路法兰。减压装置安装后，不应使连接法兰承受其他外力，以防渗、漏油。

⑦ 测量气体继电器和指针式温度计的绝缘电阻，并检查继电器触点的动作情况，应满足规定。

气体继电器安装在储油枕和变压器本体之间，在变压器内部故障产生气体时，起发出报警信号作用。安装时，应除掉继电器内填充的防振衬垫物。检查触点动作情况时，先打开继电器的试验钮，然后将驱动杆拧到驱动轴上，向上托起驱动杆，触点应即闭合。

⑧ 连接吸湿器连管，连管由储油柜顶部引下，经两个支撑点固定在器身上，安装时，连管内要除尘，安装好后连管末端用盖板封堵，待注油结束后再安装吸湿器。

6.2.2.2　变压器真空注油

详见《变压器真空注油施工技术》。

6.2.2.3　二次配线及电气试验

变压器在主体上设有二次回路端子箱，与各有关电器之间均采用配线管布线，配线管的所有接头均为螺口连接，故整体密封性能较高。配线及试验操作的步骤如下：

(1)对变压器端子箱、配线管及其连接件等全面清扫。

(2)安装端子箱，配制由端子箱引入电缆沟的电缆管，并要安装牢固。

(3)分别在端子箱与各装置接线盒上安装弯管及直通连管，然后在这两者间连接配线管。连接时，应保证该段配管是垂直状态，并注意各三通接头的安装方向不要混淆。

(4)从气体检出继电器接线盒向减压装置直通连管的三通接头连接配线管，此段配管以呈水平状态为主，连好后应及时固定在器身的支架上。

(5)连接冲击油压继电器、指针式信号温度计与主管间的配线管，这两段配管为聚合物软管，其最小弯曲半径不得小于管径的5倍。

(6)测量各电器二次配线长度，理顺、调直并下料。从最高的电器处用细铁丝将配线引入配线管，然后在各分支处合并一同引入端子箱。

(7)接线后，应对各回路进行校线检查，并复原所有打开的盖板。

(8)变压器安装工作全部结束后，应及时填写设备安装技术记录，并对变压器进行以下电气试验：

① 测量变压器高、低压线圈间及线圈对地的绝缘电阻，检查变压器的相位以及无励磁分接开关各分接位置处的变化等。

② 测量变压器二次回路的绝缘电阻，并检查各报警回路继电器接点的动作情况，应符合有关规定。

③ 气体继电器应送专业检测机构检测校验。

7 劳动力组织

(1)运输、就位的劳动力组织

装卸车作业及拖车运输过程中，施工人员分为若干小组，劳动力组织安排可参照表1进行。

表1 变压器运输、就位的劳动力组织表

序号	作业组	人数	作业内容
1	运输负责人	1	指挥变压器的运输及人员调配
2	技术负责人	1	技术指导，协助运输负责人工作
3	起重、推动组	6	变压器顶升及下降配合钢轨装拆变压器滑动运搬、负责工具转移
4	辅助组	5	修路、挖车道、运搬钢轨
5	安全员	1	负责施工安全的检查、监督工作

(2)变压器安装的劳动力组织

施工组织及劳动力安排详见表2，表中不含专职试验人员。

表2 变压器安装的劳动力组织表

序号	作业组	人数	作业内容
1	施工负责人	1	负责安装质量、施工安全、劳力调配
2	技术负责人	1	负责安装程序、现场技术指导
3	装配组	4	附件安装调整，二次回路配线
4	滤油组	4	滤油、注油、油位调整
5	辅助组	3	变压器调平，附件开箱清扫，抽真空
6	吊车司机	1	吊装作业

8 主要机械设备及工器具配置

8.1 变压器运输、就位的主要机械设备及工器具配置

变压器运输中所需常用机具、材料见表3、表4。

表3 拖车运输60 t重变压器常用机具表

名 称	规 格	单位	数量	用 途
平板拖车	80 t	台	1	变压器运输
自锁式液压千斤顶	30 t	台	4	起重
液压千斤顶	10 t,行程大于300 mm	台	2	推动
高压电动泵		台	1	千斤顶动力
高压胶管及接头	12 m	根	4	
断线剪	L=900 mm	把	2	断紧车绑线

表4 变压器运输常用材料表

名 称	规 格	单位	数量	用 途
钢轨	50 kg/m,L=12 m	根	2	搬运滑道
道木	L=2 500	根	若干	搭平台
垫木板	σ=50 mm,500 mm×300 mm	块	20	
槽钢	[25,L=400 mm	块	4	
钢板	σ=10 mm,300 mm×300 mm	块	4	微调方向
钢轨锁定装置		个	2	
铁锹	尖头	把	5	修路挖车道
十字镐	扁尖头	把	5	修路挖车道

8.2 变压器安装的主要机械设备及工器具配置

安装中常用的施工机具见表5,常用测量仪表、表计见表6。专用工具量具见表7,材料准备见表8。

表5 变压器安装常用机具表

名 称	规 格	单位	数量	用 途
汽车起重机	8 t	辆	1	附件吊装
液压千斤顶	30 t	台	2	器身水平调整
真空滤油机	200 L/ min	台	1	绝缘油过滤
真空泵	3 000 L/ min	台	1	抽真空

表 6 变压器安装常用仪表及量计

名称	规格	单位	数量	用途
水准尺		个	1	器身水平调整
摇表	500 V、000 V	台	各 1	绝缘电阻测试
油耐压试验器	60 kV	台	1	油耐压测定
真空计	1.33～1 330 Pa	套	1	
干湿温度计		只	1	

表 7 变压器安装用专用工具量具

名称	规格	单位	数量	用途
端子压接钳	3.5 mm	把	1	二次回路配线
扭力扳手	大于 58.8 N· m	把	1	变压器内部接线
扭力扳手	大于 98 N· m	把	1	绝缘套管安装

表 8 变压器安装常用材料表

名称	规格	单位	数量	用途
钢丝绳	ϕ12 L=2 000 mm	根	4	附件吊装
白棕绳	ϕ19 L=1 000 mm	根	2	附件吊装
U 形环		个	10	附件吊装
储油罐	容量 8 t	个	1	
耐油橡胶管	ϕ40 mm	m	50	输油
耐油橡胶管	ϕ50 mm(加钢丝)	m	12	抽真空
白布	宽 1 000 mm	m^2	2	附件清洗

注：表中不含随变压器附带的安装材料。

9 质量控制要点

9.1 变压器运输、就位质量控制要点

(1)进行现场调查，选择合适的卸车地点和运输道路。

(2)制订详细的运输方案和安全技术措施，进行技术交底。

(3)变压器的卸车和运输中，不得发生冲击或严重振动现象。

(4)变压器用千斤顶顶升或在运输过程中，其倾斜角不得超过 15°，以防内部结构变形。顶升变压器时，千斤顶应置于器身指定部位，顶杆与器身间应采取防护措施。

(5)变压器卸车前，应核对高、低压侧的方向，并在运输过程中及时调向，以避免就位后返装。

9.2 变压器安装质量控制要点

在变压器安装工作开始前，须详阅厂商提供的安装说明书或操作指导手册，以及有关技术标准，并在此基础上，结合现场实际情况，制定周密的施二方案和安全技术措施。

(1)变压器主体(器身)就位于基础后，其基准线应与基础中心线吻合，主体应呈水平状态，最大水平误差不得超过±3 mm。

(2)变压器安装前,器身内的充氮压力应保持在制造厂规定范围内。当环境温度变化时,充氮压力的变化不得超过允许范围。

(3)变压器所有法兰连接面连接前均应用变压器油清洗,并更换新的密封垫圈。连接时,密封垫圈及法兰凹槽的各接触面,均应薄薄地涂敷一层密封脂。连接后,法兰四周的间隙应在0～0.5 mm之间。

(4)变压器高低压套管安装及其与线圈引出线连接时,应以扭力扳手检测螺栓紧固程度。对M12螺栓的检测力矩为58.8 N· m(1±10%);M16螺栓的检测力矩为98 N·m(1±10%)。

(5)气体继电器、压力释放装置及信号温度计在安装前,要用500 V摇表测定其绝缘电阻值,绝缘电阻应在2 MΩ以上。除温度计外,还应检查各设备触点的动作情况,连续动作三次均应正常。

(6)变压器在连续12 h抽真空,并一直保持真空度在规定范围不下降,方可准备正式注油;注油过程中,真空度不得降至标准以下,注油结束后,应继续抽真空15 min,方可停止真空泵运转。

(7)变压器的油位应根据油温调整,不得超出正常油面变动范围。

10　安全控制要点

10.1　变压器运输、就位安全控制要点

(1)变压器重量大,体积大,属超重超限运输,运输路途中应特别注意路桥的承重要求,不足时应采取加固措施,空中的电力、通信线路应预先测量高度,不足时应加高或绕道行驶。

(2)参加变压器装卸及运输工作全体人员,作业时必须戴安全帽、手套等安全防护用品;服从运输负责人统一指挥,精神集中,协调一致,确保人身及设备安全。

(3)用千斤顶顶升变压器时,千斤顶须置于指定的支撑点上,顶升过程中,应随时在器身下塞入垫板,防止因千斤顶突发故障导致倾倒事故。

(4)装卸车时,车轮应用铁鞋及三角垫木掣动。由铁路平板车向拖车上或由拖车向基础上滑移变压器时,车辆下部应用道木垫实,以免因重心偏移造成车体倾斜。

(5)拖车运输变压器时,平均速度以5 km/h为宜,最高不应超过10 km/h,变压器长轴方向的倾斜角应小于15°,短轴方向的倾斜角应小于10°。否则应绕道行驶。

(6)对于充氮运输的变压器,在运输中应对其压力监视和补气装置进行防护,以免因受损伤而致漏气,并应注意保持其压力在规定范围内。

(7)使用千斤顶时的注意事项。

① 如泵体的油量不足时,需先向泵中加入工作油才能工作。

② 估计起重量,切忌超载使用。

③ 确定起重物的重心,选择千斤顶着力点,同时必须考虑到地面软硬程度是否垫以坚韧的木材,以免起重时产生倾倒之危险。

④ 千斤顶将重物顶升后,应及时用坚韧的木材将重物支撑牢,禁止将千斤顶作为支撑物使用,以免负荷不均衡,产生倾倒之危险。

⑤ 在有载荷时,切忌将快速接头卸下,以免发生事故及损坏机件。

10.2　变压器安装的安全控制要点

(1)凡需在器身上进行作业的人员,均应穿无兜无扣工作服及无金属饰物的耐油软底鞋,以防异物落入器身上。

(2)安装中使用的各类工具和材料要进行登记,并办理借还手续,以免遗留在设备内。

(3)吊装作业时起重臂下及被吊物体 1.5 倍的长度范围内严禁站人。

(4)注油时应注意监视油位计,注油量不得超过有关技术规定,防止跑油。

(5)安装结束后,如暂不投入运行,应对设备瓷套、油位计等易损件采取相应的防护措施。

(6)抽真空过程中,必须保证真空泵的正常运转,值班人员要坚守岗位。抽真空完毕后,拆真空管连接法兰盘螺栓时,必须缓慢进行,防止真空度急剧下降,对气囊、变压器附件造成冲击损伤。

(7)关闭真空泵时立即关闭真空泵至真空管的阀门,否则,造成真空泵反转,空气猛烈进入,对气囊、内部附件、瓦斯继电器的冲击损坏。

11 环境保护要点

(1)及时清除平整道路后的弃土。

(2)清洗附件的变压器油集中存储,安装完毕后倾倒于指定地点。

(3)变压器运输尽量安排在白天进行,以免车辆噪声扰民。

(4)汽车运输时,道路及时洒水,避免扬尘。

12 常见问题及处理方法

12.1 千斤顶常见问题及处理方法

(1)使用时如出现空打现象,可先放松泵体上的放油螺钉,将泵体竖直起来,头向下空打几下,然后旋紧放油螺钉,即可继续使用。

(2)新的或久置的油压千斤顶,因油缸内存有较多空气,开始使用时,活塞杆可能出现微小的突跳现象,可将油压千斤顶空载往复运动 2～3 次,以排除腔内的空气。长期闲置的千斤顶,由于密封件长期不工作而造成密封件的硬化,从而影响油压千斤顶的使用寿命,所以油压千斤顶在不用时,每月要将油压千斤顶空载往复运动 2～3 次。

12.2 牵引变压器与基础中心不吻合

(1)变压器到位后,先检查其中心线是否与基础上安装中心线相吻合,如偏差不大于 150 mm,可从变压器下部撤除钢轨,垫上 10 mm 厚的涂过润滑油的钢板,用千斤顶调整。如图 10 所示。

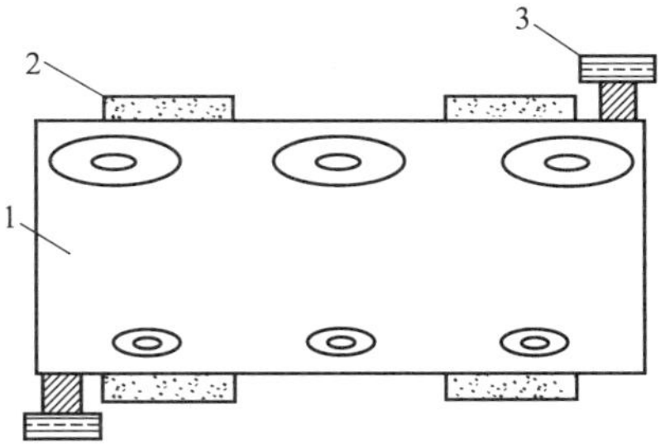

图 10 变压器微调方向示意图
1—变压器本体;2—变压器基础;3—千斤顶。

(2)调整好牵引变压器位置后,用千斤顶轻微顶升本体,取出钢板。

(3)降低变压器使本体落在基础上。

13 附　　录

附录 1 本工艺标准记录表格。

(1)设备开箱检查证,见表 9。

(2)主变压器安装技术检查证,见表 10。

(3)工程检查证 1,见表 11。

(4)工程检查证 2,见表 12。

表 9　设备开箱检查证表　　编号:铁程检-43

设备名称	牵引变压器	到货日期		检查日期	
规格型号		制 造 厂		数 量	2
出厂编号		出厂日期			
安装地点		检查地点			
设备包装情况					
易碎件是否完 整					
有 否 漏 油(气、水)					
零配件及各种附件是否齐全					
外观有否机械损伤或缺陷					
说明书、合格证等 技术文件是否齐全					
检 查 意 见	检查人:				

材料保管员:　　施工负责人:　　监理或监察工程师:

年　月　日

表 10　主变压器安装技术检查证表　　编号:铁程检-22

安装地点　　施工日期　年　月　日

规格

制造厂:　　类型:　　制造日:

出厂号:　　额定电压:　　额定电流:

定额出力:　　周波数:　　相数:

阻抗%:　　极性:　　冷却方法:

油量:　　器身重量:　　全重:

套管形式:　　抽头电压:

安装地点:　　变压器油规格:

设备开箱时的检查:

设备表面检查的结果:

套管部分:

外壳部分:

其他附件:

设备内部检查:

日期:　温度:　气候:　湿度:　%

起至时间:　　铁芯外露起至时间平均:

现场施工人员:负责人:　　工作人员:

内部检查情况记录:

散热器情况

瓦斯继电器安装情况

冷却风扇安装情况

铁心接地情况

铁芯螺丝紧固情况绝缘电阻测定

变压器顶盖向瓦斯继电器方向升高的坡度为1.5%,实测　　%。

主管工程师:　　施工负责人:

检查工程师:　　监理或监察工程师:

年　月　日

表 11　工程检查证 1　　编号:铁程检-23-a

牵引变压器安装(一)

安装地点　　施工日期
规格
制造厂　　产品名称　　型号
出厂序号　　制造年月　　相数
额定频率　　冷却方法　　联接组标号
额定容量　　额定电压　　额定电流
阻抗电压　　空载电流　　空载损耗
短路损耗　　油重　　器身重
总重　　绝缘油规格　　套管形式
抽头电压
充氮运输的变压器在安装前其氮气压力表压力

器身检查:
日期　　气候　　温度　　相对湿度　　%
起至时间　　器身外露时间
检查负责人　　工作人员
内部检查记录:铁芯有无移位　　,线圈绝缘是否完整　　,铁芯有无多点移位　　,各部螺栓是否紧固　　,引出线绝缘完好否　　,电压切换装置检查结果　　,穿芯螺栓对夹铁绝缘电阻　　MΩ,穿芯螺栓　　对铁芯绝缘电阻　　MΩ,铁芯对夹铁绝缘电阻　　MΩ,绝缘摇表型号　　,规格　　。
有载调压切换装置的安装:(安装负责人　　)
传动机构固定是否牢靠　　,操作是否良好　　,切换装置工作顺序是否符合出厂记录　　,联锁动作是否正确　　传动机构固定是否牢固　　,操作是否灵活　　。

表 12　工程检查证 22　　编号:铁程检-23-b

牵引变压器安装(二)

冷却装置的安装:(安装负责人　　)
阀门是否灵活　　箭头方向是否正确　　有无渗油现象　　。
储油柜的安装:(安装负责人　　)
安装前是否清洗　　胶囊是否完整无损　　有无漏气现象
充油套管的安装:(安装负责人　　)
油位指示是否正常　　有无渗油现象
气体继电器的安装:(安装负责人　　)
安装前是否经检验整定　　顶端上标志箭头是否指向储油柜
安全气道的安装:(安装负责人　　)
安装前内壁是否清拭干净　　隔膜是否完整
净油器和呼吸器的安装:(安装负责人　　)
净油器安装位置是否正确　　吸湿剂干燥否
温度计的安装:(安装负责人　　)
安装的温度计是否经过检验　　信号接点动作正确否
变压器顶盖上的温度计座内是否注入变压器油　　密封良好否
变压器顶盖向气体继电器方向的升高坡度是否符合厂家规定
备注:

。

主管工程师		施工负责人	
质检工程师		监理工程师	

(5)变压器(电抗器)安装工程检查证,见表 13。

表 13　变压器(电抗器)安装工程检查证

编号：程检 DQ-B07　　　　标段号：　　　　施工单位：

施工地点：		施工日期：		用途：	
设备型号：		制 造 厂：			
出厂编号：		出厂日期：		相数：	
额定频率：	Hz	冷却方式：			
连接组别：		额定容量：	kVA		
阻抗电压：	%	空载电流：	A		
空载阻抗：	Ω	短路损耗：	W		
油 重：	kg	总 重：	kg		
绝缘油规格：		套管形式：			
使用抽头位置：		分接开关位置：			
吊芯检查结果：					

主管工程师：　　　　施工负责人：　　　　填表人：

质检工程师：　　　　监理工程师：　　　　年　　月　　日

附录 2 工程图片

(1)主变平移上基础，见图 11。

图 11　主变平移上基础

(2)人工平移牵引变压器，见图 12 和图 13。

图 12　人工平移牵引变压器 1

图 13　人工平移牵引变压器 2

牵引变压器真空注油施工工艺

1　工艺概况及技术特点

在传统的变压器滤油、注油施工中，绝缘油采用体外循环注油，在二次循环中绝缘油、铁芯与空气接触时间过长，油循环的时间过长，而且油中杂质去除也不是很好。随着高速铁路的发展，对变电所设备运行的可靠性要求越来越高，而变电所中关健设备是变压器，变压器运行的好与坏将直接影响整个电气化铁路的运行。绝缘油又是变压器绝缘中的重要组成部分，绝缘油品质的好坏直接关系到变压器运行安全。采用真空注油更有利于提高绝缘油的各项技术指标，并且时间短，从而提高了变压器的运行可靠。

在进行变压器真空注油前做好前期的准备工作，抽变压器内部油至低压侧引出线安装位置后，停止抽油；安装变压器附件，完成后进行变压器抽真空，真空注油，最后进行油样分析。

2　适用范围

本施工技术适用于牵引变电所和电力变配电所变压器真空注油施工。

3　引用标准

(1)《铁路电力牵引供电施工质量验收标准》(TB 10421—2003)。

(2)《电气装置安装工程电气设备交接试验标准》(GB 50150—2006)。

4　基本术语及定义

(1)真空注油：是指在变压器内部抽真空，使其真空度达到一定值后，对变压器进行注油。在注油的过程中保持真空度，更好地除去绝缘油中所含微水，降低 C_2H_2 微量或总的(某种)油中含气量，提高绝缘油特性指标而采取的一种有效方法。

(2)绝缘油：是变压器的重要组成部分，有绝缘性能好，导热性能好，能够解决变压器大容量散热问题和高电压绝缘问题，能延缓变压器老化以及提高其过载能力。

(3)真空度：是指真空的程度。是真空泵、微型真空泵、微型气泵、微型抽气泵、微型抽气打气泵等抽真空设备的一个主要参数。

5　工艺原理

起动滤油机抽油至低压侧引出线安装位置后，停止抽油；安装变压器所有附件，启动真空泵，对变压器内部抽真空，真空压力表稳定在 −0.1 MPa 后，继续抽真空 15～16 h，同时对油罐内的绝缘油进行正常的滤油循环，加热温度设定在 65 ℃左右。油循环 8～10 h 后取油样进行介电强度试验。油样试验合格后，进行真空注油。

6　工艺流程及操作要点

6.1　工艺流程

工艺流程见图 1。

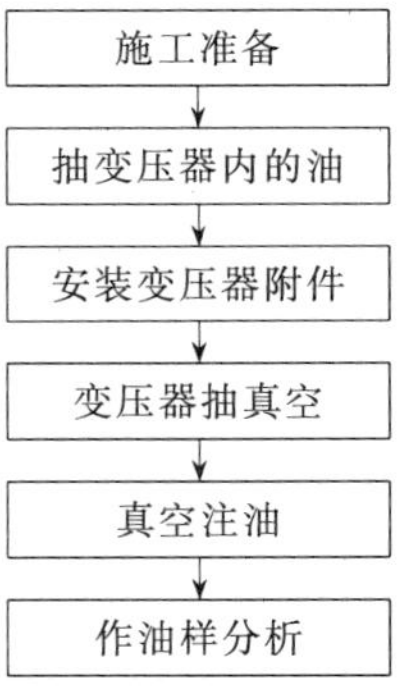

图 1　工艺流程图

6.2　操作要点

6.2.1　施工准备

(1)真空滤油机尽量置于两台变压器中间的空地上，应放置平稳，减震措施恰当，进出油管侧与变压器低压侧同侧放置，周围有一定空间以便于施工。

(2)油罐放置于两台变压器中间的空地上，尽量靠近滤油机，罐体应向出油口倾斜一定角度。

(3)发电机放置于离滤油机尽可能远处，避免两机噪音互相干扰。

(4)ZIJJ-3型绝缘油介电强度自动测试仪器放置于室内干燥、无风、无尘的地方。

(5)连接好各设备之间的电缆线。

(6)按操作规程检查柴油发电机、真空滤油机，工况应完好；接通电源(起动发电机)，检查运行状况；操作滤油机，检查真空泵进出油泵旋转方向是否正确，各部分运行状况是否良好。

6.2.2　抽变压器内部绝缘油

(1)打开变压器顶部低压瓷套管安装盖板。

(2)把真空滤油机进油管连接到变压器本体下部的出油阀门上，出油管连接到油罐底部阀门上。

(3)打开变压器出油阀、油罐进油阀。

(4)打开滤油机进出油阀门。

(5)按通电源，按滤油机操作规程抽油。此时可不开真空泵、加热器。

(6)抽油至露出低压侧引出线安装位置后，停止变压器体内抽油。

(7)关闭变压器出油阀；拧紧连接法兰螺栓，起动进油泵将进油管内残油抽光。

(8)关闭滤油机进出油阀门；把进油管连接到备用绝缘油桶上，打开滤油机进出油阀门，抽取备用绝缘油到油罐内。

(9)停止抽油。关闭滤油机进出油阀门、油罐阀门。

(10)把进出油管互相调换。保证进油管接油罐底部出油阀门，为油罐内绝缘油循环做好准备。

6.2.3　安装变压器附件

(1)抽油停止后，进行变压器本体附件安装。

(2)先安装散热片。

(3)安装油枕及其附属管件，呼吸器暂时不安装。

(4)安装低压瓷套管。

(5)安装高压侧瓷套管。安装高压侧瓷套管时须在最短时间内一次性施工，避免铁心长时间暴露在空气中。

(6)安装顶部横油道，瓦斯继电器。

6.2.4　变压器抽真空

变压器本体附件安装结束后，开始变压器体内抽真空。

(1)把抽真空管连接到呼吸器安装法兰盘上，螺栓按40 N·m的力矩拧紧。

(2)打开散热器蝶阀，拧紧散热器顶部、底部放气螺栓、保护螺套。

(3)拧紧真空泵到真空罐的真空阀门，打开真空泵到真空管道的阀门，关闭真空管道上调节的阀门。

(4)关闭储油柜及瓦斯继电器处的蝶阀。

(5)起动真空泵，开始抽变压器本体的真空，并应均匀提高真空度，(厂家无特殊要求时)按下表 1 真空维持时间。

表 1 真空维持时间

电压等级(kV)	真空度(MPa)	持续时间(h)
220	−0.1	12
110	−0.08	8

(6)观察真空压力表，确认在停止抽真空持续时间内一直保持该真空数据，否则，表明抽真空系统有泄漏之处，应立即关闭真空泵，找出泄漏处。检查方法如下：

关闭真空泵到真空管的阀门，观察真空压力表，若继续下降，证明泄漏点在真空泵到阀门的管路上；若停止下降，证明泄漏点在真空管路、变压器本体上，可采取听声音、在法兰盘连接处抹肥皂水等方法予以检查。

真空压力表稳定在−0.1 MPa 后，继续抽真空 15～16 h。

(7)抽真空的同时，对油罐内的绝缘油进行正常的滤油循环，加热温度控制在60 ℃～65 ℃。每两小时记录滤油机出口温度、本体温度、过滤器压力值，当过滤器压力过大时，应该更换过滤器滤芯。当本体温度达到 50 ℃左右时(目的是为了将粘浮在器身上的高介损物质带出)，开启所有潜油泵运行 0.5 h 后，关闭潜油泵(注意，潜油泵开启同时，不得开启冷却器风扇)。

(8)循环 8～10 小时后，在净油机出油口阀门的取样阀处取油样，静止 30 min 后进行介电强度试验，见表 2：

表 2 介电强度试验标准

额定电压(kV)	15 及以下	20～35	60～220
电气强度(kV)	25	35	40

(9)油样试验合格后，停止滤油。但不能停真空泵，可将真空泵至真空罐的阀门关闭。

(10)把净油机出油管连接到变压器本体的出油管阀门上。

6.2.5 真空注油

(1)在真空状态下打开油箱底部注油阀，注入合格的绝缘油，持续真空时间见表 1。注入油箱的油须加温到 60 ℃～65 ℃为宜，在没有条件的情况下，允许常温注油，一般注油速度不大于 4 t/h。

(2)变压器注油的同时必须保持真空度，当油面达到特定高度后，停止注油，维持真空不小于 8 小时，然后解除真空，拆除真空管路及真空装置，密封管接口。

(3)经过约 20 h 后，取变压器本体油样作介电强度试验。油样合格后，按操作规程停止工作。

6.2.6 油样分析

油注完后，220 kV 变压器静置 48 h、110 kV 及以下变压器静置 24 h 后，按规定取油样送有关部门作油样分析。

7 劳动力组织

变压器安装、滤油、注油工序多，工序衔接紧密，工作强度大，要合理安排劳动力，劳动组织见表3。

表3 劳动力组织表

序号	名 称	数 量	工 作 内 容
1	施工负责人	1	组织、协调
2	试验工程师	2	试验
3	机械技术	2	发电机、净油机运行各1人
4	技术工人	6	变压器附件安装及滤油
5	汽吊司机	1	汽吊操作

8 主要机械设备及工器具配置

主要施工机械及工器具配置见表4。

表4 主要施工机械及工器具配置表

序号	机 具 名 称	规格型号	数量	用 途
1	汽吊	12 t	1台	吊装附件
2	真空净油机	ZLY-100	1台	抽真空、滤油、注油
3	发电机	120 kW	1台	备用电源
4	绝缘油介电强度自动试验仪	ZIJJ-3	1台	作介电强度试验
5	油罐	8 t	1个	作油循环
6	法兰盘	参照变压器法兰	6只	连接
7	电缆	$3\times(95+1)\times80\ mm^2$	50 m	电源线
8	真空油	2#	15 kg	真空泵用
9	加热器	$15\ kW\times2$	2	备用
10	清洁毛巾		若干	
11	工具	常用	1套	

9 质量控制要点

(1)严格按照变压器产品资料、相关设计文件、规范标准进行施工，使工程质量达到《验收》标准和变压器安装使用说明书的要求。

(2)绝缘油过滤后注入油罐时，防止混入杂质、潮气、雨水，严禁在雨天进行倒罐过滤油。

(3)抽真空过程中，必须保证真空泵的正常运转，值班人员坚守岗位。

(4)抽真空完毕后，拆真空管连接法兰盘螺栓时，必须缓慢进行，防止真空度急剧下降，对气囊、变压器附件造成冲击损伤。

(5)使用真空滤油机时，应严格按照制造厂提供的操作步骤进行。常规的操作步骤是按水泵→真空泵→油泵→加热器的顺序开机,停机时的顺序相反。

(6)装油容器必须严格清洗干净,并检查容器密封情况,不密封容器,必须装有干燥吸湿器。

(7)一般情况变压器应尽量使用制造厂提供的绝缘油,如需补充其他来源的绝缘油,须符合要求,并作混油试验,否则严禁混合使用。

10 安全控制要点

(1)吊车起吊前,钢丝绳必须经过检验,试吊合格后才可起吊。

(2)瓷件安装时,轻拿轻放,避免碰坏。

(3)关闭真空泵时要立即关闭真空泵至真空管的阀门,否则,造成真空泵反转,空气猛烈进入,导致对气囊、内件附件、瓦斯继电器的冲击损坏。

11 环境保护要点

(1)废弃的油要进行回收处理,严禁将废弃的油随处乱倒,以免造成环境污染。

(2)用过的毛巾、棉纱不能乱扔,回收后用火烧毁掩埋。

(3)从变压器上拆下的不用的附件要回收,并将场地清理干净,使环境保持整洁。

12 常见问题及处理方法

在抽真空的过程中,有时有真空泄漏的现象出现,所以在抽真空的过程中要随时观察真空压力表,应在 30 min 达到－0.08 MPa,60 min 达到－0.1 MPa,并在停止抽真空前一直保持该技术数据。否则,表明抽真空系统有泄漏之处,应立即关闭真空泵,找出泄漏处。检查方法如下:

(1)关闭发电机(如果用),避免噪音干扰。

(2)关闭真空泵到真空管的阀门,观察真空压力表,若继续下降,证明泄漏点在真空泵到阀门的管路上;若停止下降,证明泄漏点在真空管路、变压器本体上,可采取听声音、在法兰盘连接出抹肥皂水等方法予以检查。

13 附　　录

(1)施工过程检查记录表

在变压器安装过程中,按表 5 和表 6 所列内容进行检查并填写过程检查记录。

(2)工程实例

该标准化工艺在浙赣线电气化牵引变电所变压器安装项目中得以应用。

浙赣线电气化牵引变电所 220 kV 侧采用分支接线,设两台牵引变压器,一主一备运行方式,故障时可实现备用电源及主变自动投切。27.5 kV 侧采用带旁路母线的单母线分段接线,4 回馈线以下设一台备用断路器,4 回馈线以上设两台备用断路器,分组装设并联电容补偿装置。牵引变电所 220 kV 侧高压配电装置采用室外中型布置,27.5 kV 配电装置及并联电容补偿装置采用室内网栅间隔式双列布置。全所按综合自动化设计牵引变电所可实现无人值班、有人值守。

分区所为室外柱上式布置,通过电动隔离开关实现越区供电,通过负荷开关实现上下行并联供电,全所按综合自动化设计,可实现无人值班、无人值守。

表 5　×××铁路电气化牵引变压器安装技术检查证(一)

编号:铁程检-23A

安装地点			施工日期		
规　　格					
制 造 厂		产品名称		型　　号	
出厂序号		制造年月		相　　数	
额定频率		冷却方法		联接组标号	
额定容量		额定电压		额定电流	
阻抗电压		空载电流		空载损耗	
短路损耗		油　　重		器 身 重	
总　　重		绝缘油规格		套管形式	
抽头电压		充氮运输的变压器在安装前其氮气压力表压力			
器身检查:					
日　　期		气候温度		相对湿度	%
起至时间			器身外露时间		
检查负责人			工 作 人 员		
内部检查记录:					
铁芯有无移位		线圈绝缘是否完整		铁芯有无多点移位	
各部螺栓是否紧固		引出线绝缘完好否		电压切换装置检查结果	
穿芯螺栓对夹铁绝缘电阻	MΩ	穿芯螺栓对铁芯绝缘电阻	MΩ	铁芯对夹铁绝缘电阻	MΩ
绝缘摇表型号			规　　格		
有载调压切换装置的安装:(安装负责人　　　　　　)					
传动机构固定是否牢靠		操作是否良　　好		切换装置工作顺序是否符合出厂记录	
联锁动作是否正确		传动机构固定是否牢靠		操作是否灵活	
主管工程师		施工负责人			
检查工程师		监理工程师			

表 6　×××铁路电气化牵引变压器安装技术检查证(二)

编号:铁程检-23B

冷却装置的安装			安装负责人		
阀门是否灵活		箭头方向是否正确		有无渗油现象	
储油柜的安装			安装负责人		
安装前是否清洗		胶囊是否完整无损		有无漏气现象	
充油套管的安装				安装负责人	
油位指示是否正常				有无渗油现象	

续上表

气体继电器的安装		安装负责人	
安装前是否经检验整定		顶端上标志箭头是否指向储油柜	
安全气道的安装		安装负责人	
安装前内壁是否清拭干净		隔膜是否完整	
净油器和呼吸器的安装		安装负责人	
净油器安装位置是否正确		吸湿剂干燥否	
温度计的安装		安装负责人	
安装的温度计是否经过检验		信号接点动作正确否	
变压器顶盖上的温度计座内是否注入变压器油		密封良好否	
变压器顶盖向气体继电器方向的升高坡度是否符厂家规定			

主管工程师		施工负责人	
检查工程师		监理工程师	

真空断路器安装施工工艺

1　工艺概况及技术特点

真空断路器具有触头开距小，燃弧时间短，触头在开断故障电流时烧伤轻微等特点，并且真空断路器所需的操作能量小，动作快；同时还具有体积小、重量轻、维护工作量小，能防火、防爆，操作噪声小的优点，被广泛应用于我国的电力系统和电气化铁路的供电系统中。

真空断路器的安装应首先遵循其安装使用说明书和施工规范及验收标准的要求进行安装、调整，对特殊要求的设备安装应聘请厂家技术服务人员到现场指导进行安装调试。

2　适用范围

本工艺适用于牵引变电所高压室内真空断路器的安装。

3　引用标准

(1)《铁路电力牵引供电施工规范》(TB 10208—98)。

(2)《铁路电力牵引供电工程施工质量验收标准》(TB 10421—2003)。

(3)《铁路工程施工安全技术规程》(TB 10401.2—2003)。

(4)《铁路电力牵引供电设计规范》(TB 10009—98)。

(5)《电力设备预防性试验规程》(DL/T 596—96)。

(6)《施工现场临时用电安全技术规范》(JGJ 6—2005)。

4　基本术语及定义

(1)真空断路器：是指动、静触头在真空灭弧室中关合、开断的断路器。它不仅可以切断或闭合高压电路中的空载电流和负荷电流，而且当系统发生故障时，能通过继电保护装置的作用切断短路电流。它具有相当完备的灭弧结构和足够的断流能力。

(2)真空灭弧室：是真空断路器的关键部件，采用玻璃式陶瓷作支撑及密封，内部有动、静触头和屏蔽罩，室内有负压，真空度不得大于 1.33×10^{-3} Pa。

(3)弹簧操动机构：利用储能的弹簧为动力，使断路器实现合闸动作，可采用人力或小功率交、直流电机来实现储能。

5　工艺原理

真空断路器的基本结构是由导电部分、绝缘支持件、底座、真空灭弧室、操动机构和传动部分等所组成，它分为固定式和手车式两种。

真空断路器的操动机构有主要有电动弹簧储能机构、电磁操动机构和液压操动机构。以采用电动弹簧储能机构为主，弹簧操作机构是利用弹簧拉伸和收缩所储存的能量进行合、分闸控制的，其弹簧能量的储存是靠储能电机传送的，而其合、分闸操作是靠合、分闸线圈控制的。由于合、分闸的能量取决于弹簧的弹力而不是电磁力，因此，合、分闸电流要求都不大，一般在1.5 A～2.5 A；因为弹簧储能机构的输出特性与真空断路器的反力特性能有较好的匹配，输出功能能满足大容量真空断路器的要求，机械寿命已达到 30 000 次。并且多数真空断路器用的操动机构是集中布置的，即机构被设计成独立的元件，自成一体，这样做便于操动机构的集中生产，有利于保证产品质量，这也是弹簧操作机构的优点。

操动机构能通过二次回路接受变电所控制室或调度所遥控的命令信息，使断路器进行分、合闸操作。也能接受继电器保护的命令信息，使断路器进行保护性跳闸以切除故障。

真空灭弧室是真空断路器的灭弧和绝缘部件。主要有动触头、静触头、动端跑弧面、动端法兰、静端法兰、瓷柱、不锈钢支撑法兰、屏蔽罩、动静导电杆、玻壳和波纹管等，经过清洗由玻璃封装、真空焊、亚弧焊、排气等工艺程序处理后封装而成。各主要零部件均密封在玻壳中，玻壳不仅通过动静法兰起到密封作用，还能起到绝缘作用。波纹管系一动态密封的弹性元件，通过真空灭弧室在操动机构的作用下可完成分合闸动作，而又不会破坏其真空度。真空灭弧室制造成一个整体，不能拆装，损坏后应整体更换。

真空电弧的熄灭是基于利用高真空介质（一般为压强低于 10^{-4} mm 汞柱的稀薄气体）的绝缘强度及在这种气体中的电弧生成物（带电粒子和金属蒸汽）具有极高的扩散速度，在电弧电流过零后，触头间隙的介质强度可以迅速恢复起来的原理而实现的。燃弧过程中的金属蒸汽和带电粒子在强烈的扩散中为屏蔽罩所冷凝，带三条阿基米德螺旋槽的跑弧面使电弧电流在其流经路线上的触头间产生一个横向磁场，这时电弧电流在主触头上沿切线方向快速移动，从而降低了主触头表面的温度，减少了主触头的烧损，稳定了断路器的开断性能，提高了断路器的寿命。

6 工艺流程及操作要点

6.1 工艺流程

工艺流程如图 1 所示。

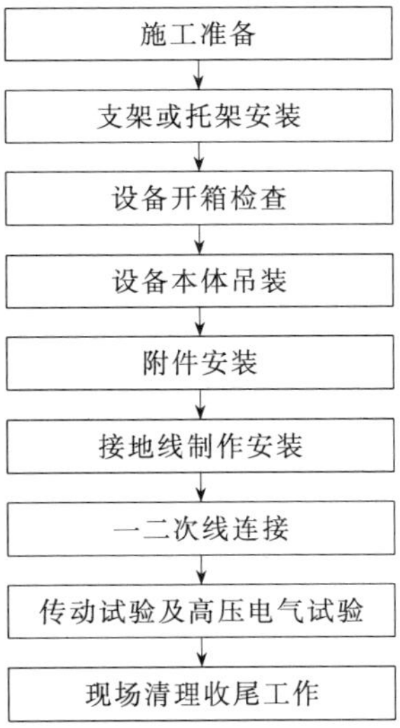

图 1 工艺流程图

6.2 操作要点

真空断路器一般安装在变电所的高压室网栅间隔内的手车上，能沿着底座上的轨道推进至工作位置或拉出至备用或检修位置。高压室网栅间隔安装完成后即可进行真空断路器的安装。施工安装作业应参照厂家的安装使用说明书，并保证高压电气室内安全净距。

（1）施工准备及设备开箱检查

① 清扫断路器安装间隔地面，并检查地面的水平度是否小于 5/2000，当水平度不满足要求时，应由房建专业处理。

② 开箱检查断路器的所有部件和备品应齐全，无锈蚀和机械损伤，漆层完整，相色标志正确，规格型号和设计图纸相符。

③ 检查断路器本体及其操动机构外表清洁、固定牢靠、安装正确，绝缘部件、瓷件完整无损；电气连接可靠，接触良好；本体密封良好、无渗漏现象，气体压力或真空度符合产品的技术规定。

④ 检查真空断路器导电部分，应符合下列要求：

导电杆与导电夹的接触紧密，可挠铜片无断裂，铜片间无锈蚀；

所有连接螺栓齐全、紧固，并设有防松措施；灭弧室应完整且无气泡，内部元件无氧化变色或脱落现象。

(2)"L"型支架安装

① 按照高压室设备平面布置图给出的尺寸,画出断路器在地面上的安装中心线,用线坠将地面上的中心线延长至墙面上。

② 在"L"型支架上画出支架本体的中心线,将支架放置于安装位置,支架本体中心线与地面上、墙上的中心线重合,支架立面距墙面 40 mm。

③ 画出支架在地面上和墙面上安装孔的位置,用冲击钻打眼,安装金属膨胀螺栓。

④ 在地面上和墙面上安装好底座和立面支架,并用水平尺调整水平和垂直度。

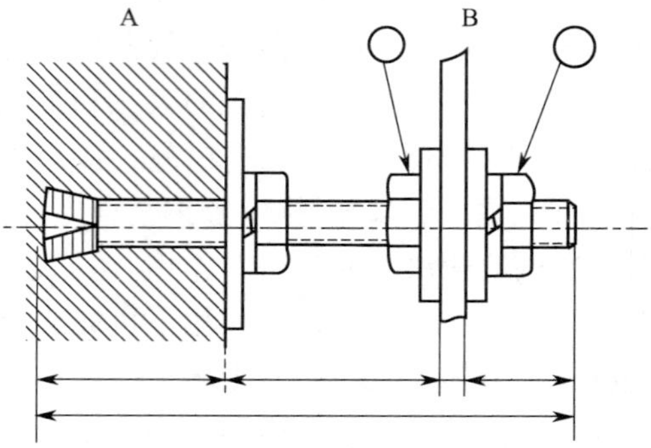

图 2　立面支架安装方式图

⑤ 立面支架安装方式如图 2 所示,A、B 螺母夹紧支架,用线坠检查支架立面的垂直度,调整垂直度时,可分别调整墙上固定螺栓的 A、B 两螺母,使支架立面在同一垂直平面内。

⑥ 用水平尺检查支架底座是否水平,可在支架底面加垫铁调整支架的水平度。

⑦ 清扫支架底座和断路器网栅间隔。

(3)断路器的本体安装

① 先在立面支架上安装支柱绝缘子和断路器的静触头。

② 将手车(断路器本体)推入轨道内,插入手柄摇动丝杠,将手车推至工作位置,检查动、静触头是否对正,上下、左右方向的偏差应满足产品技术文件的有关要求,不能满足要求时,可分别调整支架墙上固定螺栓的 A、B 两螺母,直到满足要求为止。

③ 手车在工作位置时,动静触头的插入深度应满足产品技术文件的要求,不满足时,可在静触头与支持绝缘子间加装厂方提供的垫片,增大插入深度。

④ 更换手车,将其他手车分别推入轨道内,推至工作位置检查动静触头能否对正,插入深度是否满足要求,断路器操作应灵活、轻巧,隔离触头应接触良好,同时检查行程开关转换应正确可靠;根据检查情况重复 2、3 步骤,保证手车的互换性(在不考虑手车上电流互感器变比的情况下。若变比不同,可通过保护装置作相应调整)。

(4)附件安装

(5)一二次接线连接

① 手车至端子箱的电缆采用 KVVR 软电缆,并穿蛇簧管保护,要保留一定的裕度,保证手车能拉至检修位置;"P"型插头配线时,芯线必须搪锡,并应焊接牢固。

② 一次硬母线的连接。确定与支架上安装的隔离静触头连接的母线的尺寸和需钻孔的位置。用台钻或打孔机打孔,修整接触面,在接触面涂敷一层复合电力脂,切除连接部位以外的多余部分,安装母线并固定牢靠。安装时应反复核实安全净距,保证符合规范要求。

(6)接地线制作安装

设备接地采用 25 mm×4 mm 的扁钢,端部经钻孔搪锡处理后,接入底座接地螺栓,在非连接部位刷漆防腐。

(7)传动试验

可先进行手动分、合闸检查,操作机构动作应平稳、快速,无卡滞现象,分合闸指示准确到位。

在断路器二次回路中引入操作电源(一般为直流 110 V 或 220 V),用断路器特性测试仪检验断路器电动分合闸及其他技术特性,主要项目有:

① 检查断路器电动分、合闸及电动储能,位置信号灯的指示转换应准确可靠;分、合闸闭锁装置动作灵活,复位准确迅速,扣合可靠;机构合闸后,能可靠地保持合闸位置。

② 合闸弹簧储能完毕,辅助开关应能立即切断电动机电源;合闸完毕,辅助开关应能将电动机电源接通,自动进入储能程序。合闸弹簧储能后,牵引杆下端或凸轮与合闸锁扣能可靠地锁住。

③ 检查真空断路器的行程、超行程、压缩行程、开距及合闸缓冲器的行程、测量断路器合闸时触头的弹跳时间、测量断路器主触头分、合闸同期性等动作参数,应符合产品的技术规定。

④ 检查二次回路的接线是否正确无误、接触良好;测量分、合闸线圈、接触器线圈绝缘电阻和直流电阻以及分合闸线圈最低启动动作电压和返回电压;用 1000V 兆欧表检查辅助回路和控制回路交流耐压试验。

⑤ 按厂家说明书的要求进行各项试操作。

⑥ 模拟各种事故状态(模拟事故电流及电压),启动保护装置动作,给断路器发出跳闸指令,断路器动作应快速、准确可靠;辅助开关转换及时、准确可靠。

⑦ 用导电回路电阻仪测量导电回路的接触电阻值符合产品的技术规定。

⑧ 测量真空灭弧室的真空度应符合规范和厂家说明书的要求。

⑨ 对安装在手车上的电流互感器进行相关的电气试验检查。

(8)高压电气试验

用高压交流试验变压器分别对断路器合闸后高压导电部分对地、分闸时触头端口之间施加 72 kV 交流电压进行 1 min 工频耐压试验。

(9)整理收尾工作

① 拆除试验临时电源接线;检查被试设备上无遗留工器具和试验用导地线;将被试设备的一、二次接线恢复正常。

② 清扫各部尘土,紧固螺栓等;在断路器隔离触头上薄薄涂抹一层电力复合脂。使断路器处于分闸状态,并将手车置于试验位置。

③ 填写安装技术记录及试验报告。

7 技术标准和工艺要求

(1)断路器轨道底座应水平,其水平偏差不应大于 1 mm。

(2)断路器在轨道上推动应灵活,接地装置接触良好。

(3)断路器在工作和试验时,联锁装置应准确可靠。

(4)断路器动静触头插入深度、水平、垂直方向的偏差应满足产品技术文件的要求。

(5)手动分、合闸动作灵活、可靠。分合闸指示正确。

8 劳动力组织

施工管理采用施工负责人责任制、岗位负责制、定点定岗,劳动力组织见表 1。

表1　劳动力组织表

序号	工　种	人数	主要工作内容	备　注
1	作业负责人	1	负责施工的指挥工作	
2	作业技术人员	1	负责施工的技术工作	
3	焊工	1	现场作业	
4	试验人员	2	电气试验	
5	其他作业人员	4		

9　主要机械设备及工器具配置

主要机械设备及工器具配置见表2。

表2　机具配置表

序号	名　称	规格	单位	数量	备　注
1	电焊机		台	1	
2	冲击手电钻		台	1	
3	工作台		个	1	
4	卷尺	5 m	把	1	
5	台钻		台	1	制作地线、加工母线
6	扳手		把	4	
7	水平尺		把	1	
8	铁榔头	1 kg	个	1	
9	切割机		台	1	
10	砂轮机		台	1	
11	钢锯		把	1	
12	线坠		个	1	
13	汽油喷灯		个	1	接地扁钢搪锡用
14	试验变压器		台	1	
15	2 500 V兆欧表		台	1	
16	1 000 V兆欧表		台	1	
17	回路电阻测试仪		台	1	
18	断路器特性测试仪		台	1	
19	单臂电桥		台	1	
20	互感器测试仪		台	1	
21	温、湿度计		只	1	

10　质量控制要点

(1)手车式断路器的底座及支架的安装，应符合下列要求：

① 轨道水平、平行，轨距与车轮距相配合，接地可靠，同型产品具有互换型。

② 手车能轻便灵活的推进或拉出，制动装置可靠且拆卸方便。

③ 隔离静触头的安装位置正确，与动触头的中心线一致，接触良好。

④ 断路器的工作和试验位置及电气和机械连锁装置动作准确可靠。

(2)操动机构的安装应符合下列规定：

① 操动机构的零部件齐全，各转动部位涂以适合当地气候条件的润滑脂。

② 电气元件节点的动作准确可靠，接触良好。加热装置及其控制装置的性能良好。

③ 操动机构的安装应符合本章的有关规定。

④ 分、合闸铁心的动作灵活，无卡阻现象。

(3)分闸制动板能可靠扣入,脱扣锁钩与底板轴间的间隙符合产品的技术规定。

(4)带有紧急手动脱扣装置的操动机构,其操作灵活可靠。

(5)弹簧操作机构的安装应符合下列要求:

① 合闸弹簧储能完毕,辅助开关即切断电动机的电源;合闸完毕,辅助开关将电动机电源接通。

② 合闸弹簧储能后,牵引杆下端或凸轮与合闸锁扣能可靠的锁住。

③ 分、合闸闭锁装置动作灵活,复位准确迅速,扣合可靠。

④ 机构合闸后,能可靠的保持合闸位置。

⑤ 机构缓冲器的行程符合产品的技术规定。

(6)真空断路器的安装与调试应符合下列规定:

① 真空断路器组装时,基础预埋螺栓与支架间及支架与断路器间的连接牢固;支架与断路器间的接地片安装位置正确,接触良好。

② 灭弧室为透明玻璃外壳结构的真空断路器,其灭弧室应完整且无气泡,内部元件无氧化变色或脱落现象。

③ 以工频耐压法检查断路器灭弧室的真空度,其断口耐压强度应符合产品的技术规定。

(7)真空断路器导电部分的检查,应符合下列要求:

① 导电杆与导电夹的接触紧密,可挠铜片无断裂,铜片间无锈蚀;所有连接螺栓齐全、紧固,并设有防松措施。

② 导电回路的接触电阻值符合产品的技术规定。

(8)传动调整时,断路器的行程、压缩行程、开距及合闸缓冲器的行程、合闸时相间的同期性等动作参数,应符合产品的技术规定。

11 安全控制要点

(1)搬运真空断路器时应轻抬轻放,对灭弧室和绝缘瓷件应加草垫覆盖保护。

(2)起吊装卸作业中,不得使套管和金属配管等承受附加力或碰撞。

(3)在调整、检查断路器及传动装置时,必须有防止开关意外脱扣伤人的安全措施,工作人员必须避开开关可动部分的动作空间。

(4)放松、拉紧开关的返回弹簧及自动释放装置的弹簧时,应使用专用的工具,不得徒手直接操作,严禁快速释放。

(5)有慢分慢合装置的断路器,初次动作时不得快分快合,并应设置防护措施。

(6)对断路器进行远方操作检查调整时,应有专人指挥,操作和检查人员之间应有联络措施。

(7)对于弹簧操作机构的断路器,严禁在有压力及弹簧储能的状态下进行拆装检查工作。

(8)断路器在组装好后,在第一次手动慢速分合闸前,粗调操动机构和传动机构,防止断路器因行程过大造成损伤。

(9)进行断路器远距离快速操作时,不得在操动机构上进行手动操作。当快速操作出现故障需处理时,应切断合闸电源及控制电源,以防发生误操作合闸。

12 环境保护要点

(1)施工完成后,应及时按要求拆除安全防护设施和临时设施,并将施工现场及周围环境清理整洁,做到工完料清,场地整洁。

(2)工程施工所产生的废弃物,应按要求统一收集处理。

13 常见问题及处理方法

随着真空断路器的广泛应用，一部分真空断路器在运行过程中，也存在一些问题，我们需要有针对性地判断和分析问题，及时找到和处理问题。

13.1 真空泡真空度降低

(1)故障现象

真空断路器在真空泡内开断电流并进行灭弧，而真空断路器本身没有定性、定量监测真空度特性的装置，所以真空度降低故障为隐性故障，其危险程度远远大于显性故障。

(2)原因分析

真空度降低的主要原因有以下几点：

① 真空泡的材质或制作工艺存在问题，真空泡本身存在微小漏点。

② 真空泡内波形管的材质或制作工艺存在问题，多次操作后出现漏点。

③ 分体式真空断路器，如使用电磁式操作机构的真空断路器，在操作时，由于操作连杆的距离比较大，直接影响开关的同期、弹跳、超行程等特性，使真空度降低的速度加快。

(3)故障危害

真空度降低将严重影响真空断路器开断过电流的能力，并导致断路器的使用寿命急剧下降，严重时会引起开关爆炸。

(4)处理方法

① 在进行断路器定期停电检修时，必须使用真空测试仪对真空泡进行真空度的定性测试，确保真空泡具有一定的真空度。

② 当真空度降低时，必须更换真空泡，并做好行程、同期、弹跳等特性试验。

(5)预防措施

① 选用真空断路器时，必须选用信誉良好的厂家所生产的成熟产品。

② 选用本体与操作机构一体的真空断路器。

③ 运行人员巡视时，应注意断路器真空泡外部是否有放电现象，如存在放电现象，则真空泡的真空度测试结果基本上为不合格，应及时停电更换。

④ 检修人员进行停电检修工作时，必须进行同期、弹跳、行程、超行程等特性测试，以确保断路器处于良好的工作状态。

13.2 真空断路器分闸失灵

(1)故障现象

① 断路器远方遥控分闸分不下来。

② 就地手动分闸分不下来。

③ 事故时继电保护动作，但断路器分不下来。

(2)原因分析

① 分闸操作回路断线。

② 分闸线圈断线。

③ 操作电源电压降低。

④ 分闸线圈电阻增加，分闸力降低。

⑤ 分闸顶杆变形，分闸时存在卡涩现象，分闸力降低。

⑥ 分闸顶杆变形严重，分闸时卡死。

(3)故障危害

如果分闸失灵发生在事故时，将会导致事故越级，扩大事故范围。

(4)处理方法

① 检查分闸回路是否断线。

② 检查分闸线圈是否断线。

③ 测量分闸线圈电阻值是否合格。

④ 检查分闸顶杆是否变形。

⑤ 检查操作电压是否正常。

⑥ 改铜质分闸顶杆为钢质，以避免变形。

(5)预防措施

运行人员若发现分合闸指示灯不亮，应及时检查分合闸回路是否断线；检修人员在停电检修时应注意测量分闸线圈的电阻，检查分闸顶杆是否变形；如果分闸顶杆的材质为铜质应更换为钢质；必须进行低电压分合闸试验，以保证断路器性能可靠。

13.3 弹簧操作机构合闸储能回路故障

(1)故障现象

① 合闸后无法实现分闸操作。

② 储能电机运转不停止，甚至导致电机线圈过热损坏。

(2)原因分析

① 行程开关安装位置偏下，致使合闸弹簧尚未储能完毕，行程开关触点已经转换完毕，切断了电机电源，弹簧所储能量不够分闸操作。

② 行程开关安装位置偏上，致使合闸弹簧储能完毕后，行程开关触点还没有得到转换，储能电机仍处于工作状态。

③ 行程开关损坏，储能电机不能停止运转。

(3)故障危害

在合闸储能不到位的情况下，若线路发生事故，而断路器拒分闸，将会导致事故越级，扩大事故范围；如储能电机损坏，则真空开关无法实现分合闸。

(4)处理方法

① 调整行程开关位置，实现电机准确断电。

② 如行程开关损坏，应及时更换。

(5)预防措施

运行人员在倒闸操作时，应注意观察合闸储能指示灯，以判断合闸储能情况；检修人员在检修工作结束后，应就地进行 2 次分合闸操作，以确定断路器处于良好状态。

13.4 分合闸不同期、弹跳数值大

(1)故障现象

此故障为隐性故障，必须通过特性测试仪的测量才能得出有关数据。

(2)原因分析

① 断路器本体机械性能较差，多次操作后，由于机械原因导致不同期、弹跳数值偏大。

② 分体式断路器由于操作杆距离较大，分闸力传到触头时，各相之间存在偏差，导致不同期、弹跳数值偏大。

(3)故障危害

如果不同期或弹跳大，都会严重影响真空断路器开断过电流的能力，影响断路器的寿命，严重时能引起断路器爆炸。由于此故障为隐性故障，所以危险程度更大。

(4)处理方法

① 在保证行程、超行程的前提下，通过调整三相绝缘拉杆的长度使同期、弹跳测试数据在合格范围内。

② 如果通过调整无法实现，则必须更换数据不合格相的真空泡，并重新调整到数据合格。

(5)预防措施

由于分体式真空断路器存在诸多故障隐患，在更换断路器时应使用一体式真空断路器；定期检修工作时必须使用特性测试仪进行有关特性测试，及时发现问题解决问题。

14 附　　录

(1)设备安装工程检查证，见表3。

表3　工程检查证

编号：铁程检-44

设　备　安　装			
工程名称		施工单位	
工程地点		检查日期	
设备名称		设置地点	
检查结果			
1. 施工日期			
2. 设计变更情况			
3. 试运转情况			
根据以上检查认为			
决　定			
检查工程师		施工负责人	
主管工程师		年　月　日	
监理工程师		年　月　日	

(2)真空断路器安装技术记录，见表4。

表4　真空断路器安装技术记录

编号：程检 DQ-B04

标段号		施工单位			
施工日期		施工地点			
设备名称		规格型号		额定电压	
出厂编号		出厂日期		额定电流	
相　数		制造厂			
行程	A相		B相		C相	
超行程	A相		B相		C相	
压缩行程	A相		B相		C相	
触头开距		缓冲器行程			
操作机构类型		操作电压			

续上表

安装调整情况(简述)					
断路器手车底座及轨道是否水平					
主管工程师		施工负责人		填表人	
质检工程师		监理工程师		年　月　日	

(3)工程实例

① 工程概况

变电作业队在牵引变电所高压室施工安装27.5 kV真空断路器25台,严格按照本施工技术和工艺标准流程施工安装及控制质量,取得很好的效果,安装质量检验合格率达到100%,且施工工艺得到监理和建设单位的一致好评。

② 相关图片

见图3～图7。

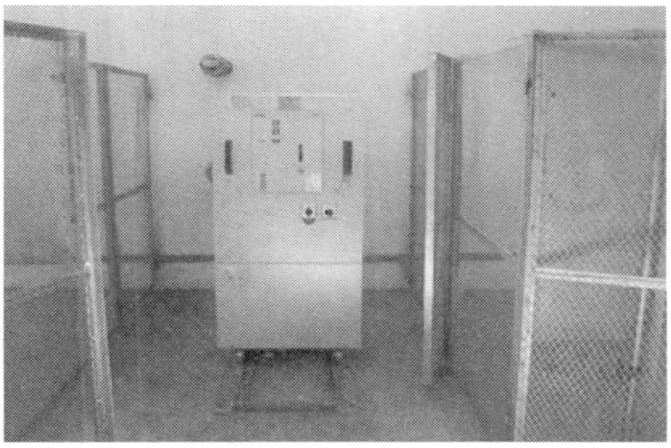

图3　真空断路器间隔安装正面布置

图4　真空断路器间隔安装背面布置

图5　真空断路器间隔安装侧面布置

图6　真空断路器静触头安装

图7　真空断路器母线安装

铁路牵引供电变配电所
电缆敷设及二次回路接线施工工艺

1 工艺概况及技术特点

1.1 工艺概况

电缆敷设及二次接线是变配电所施工中的一道重要工序，其施工的质量对变配电所的安全正常运行起着重大的作用。电缆敷设中的缺陷有可能成为变配电所的永久缺陷。因此，在进行电缆敷设时，要预先进行整体部署，确保不出现重大缺陷。

二次接线的正确与否直接决定着能否顺利进行整组调试，对将来变配电所的安全运行也起着决定性的作用。

1.2 技术特点

(1)在铁路牵引变电所中，电缆沟或电缆夹层中的电缆排列固定在电缆支架上；在城市轨道交通的所、亭中，排列固定在电缆桥架上。

(2)控制电缆头及低压电力电缆头的制作有环氧树脂干包法、塑料电缆头套干包法、热缩管法等几种。常用热缩管法制作控制电缆及低压电力电缆头。

(3)二次接线一般采用塑料槽板配线，方便施工、运营及维护。

2 适用范围

本施工工艺适用于电气化铁路 220 kV 和 110 kV 及以下牵引变电所、分区亭、开闭所和电力变配电所、箱式变配电所等所内的控制电缆和 1 000 V 及以下电力电缆施工；城市轨道交通供电系统的牵引所、降压所、跟随所等所内的控制电缆，1 000 V 及以下电力电缆施工可参照采用。

3 引用标准

(1)《铁路电力牵引供电设计规范》(TB 10009—98)。

(2)《电气装置安装工程电气设备交接试验标准》(GB 50150—2006)。

(3)《电气装置安装工程盘、柜及二次回路结线施工及验收规范》(GB 50171—92)。

(4)《电气装置安装工程电缆线路施工及验收规范》(GB 50168—2006)。

(5)《铁路工程施工安全技术规程》(TB 10401—2003)。

(6)《施工现场临时用电安全技术规范》(JGJ 6—2005)。

4 基本术语及定义

(1)电缆沟：用盖板封闭的，用于安装电缆的方形构筑物，且布置与地坪相齐或稍高。

(2)电缆支架：承放电缆的桥架、普通支架、吊架的总称。

(3)重复接地：设备接地线上一处或多处通过接地装置与大地再次连接的接地。

5　工艺原理

(1)电缆敷设应尽量做到少交叉,有条件时应做到不交叉。

(2)电缆敷设前,应先将每根电缆的走向及在支架上的排列位置确定,保证电缆敷设有序进行。

(3)二次接线做到整齐、美观。电流回路每个端子一般只能接一根线。当一个接线端子有两根电流回路的芯线时,一根应绕到端子的另一侧接入。困难时每个端子可接入两根芯线。

6　工艺流程及操作要点

6.1　工艺流程

电缆敷设及二次接线工艺流程如图1所示。

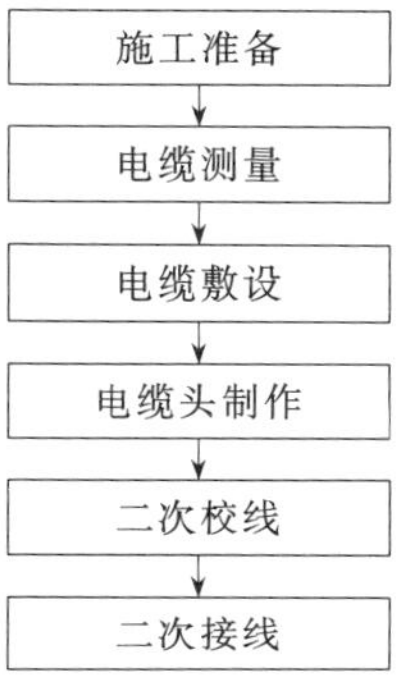

图1　电缆敷设及二次接线工艺流程图

6.2　操作要点

(1)施工准备

① 根据施工图编制电缆清册,核对电缆型号及走向。

② 根据电缆清册及相关二次施工图纸编制电缆芯线标号,用专用线号打印机打印好线号管备用;同时打印电缆标识牌备用。

③ 对电缆敷设路径进行确认,室外设备无电缆沟部分直埋电缆预先挖沟,沟深不少于700 mm或以设计为准,同时埋设电缆保护管。保护管材质为水煤气管或PVC管。

④ 加工到室外杆上设备的电缆保护管及保护管抱箍。

⑤ 准备电缆测量的皮尺、电缆临时标号牌(一般用白布带代替)等工机具。

⑥ 揭开室内、外电缆沟的盖板,清扫电缆沟,在所有电缆保护管内穿入牵引电缆的铁线。

(2)电缆测量

① 以电缆清册为依据,对所有电缆直向的长度进行测量。

② 以测量的长度为基础,计算出每根电缆的实际长度。

(3)电缆敷设

① 根据计算出的电缆长度将每根电缆裁好,套上临时标志,同型号的电缆应堆放在一起。

② 电缆敷设原则上是依照室外—控制室、高压室—控制室的顺序进行。尽量先放长电缆,后放短电缆。

③ 电缆沟内的电缆必须放在电缆支架上进行绑扎固定,严禁将电缆放置在电缆沟底。电缆敷设时,应逐层排列,一层放满后,再放置另一层。当每层电缆支架排满后,应先将其理顺,绑扎固定后再继续敷设。

④ 多条电缆沟分支汇集一处进入控制室时,应尽量避免电缆交叉。当必须交叉时,应尽量将交叉点集中放置在电缆支架下部。

⑤ 全部电缆敷设完成后,电缆沟内的孔洞及电缆保护管的两端应用防火堵料封堵严密。清除电缆沟内的杂物,盖好电缆沟盖板。电缆沟盖板应按照原来顺序放置。

(4)电缆头制作

① 剥除外护套

按图2所示的外护套剥切尺寸(即电缆固定卡子至该电缆连接的最高处另加200 mm)在

剥切处用刀作横向圆周切割，切口要求整齐规则；然后自横向切口起纵向切至电缆末端，取下外护套。

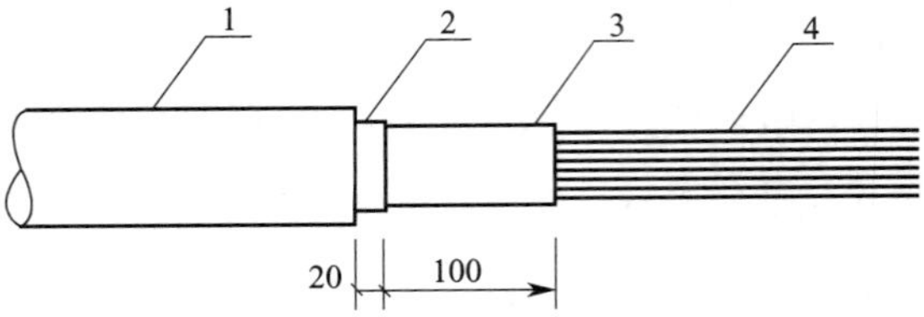

图 2　电缆头剥切示意图

1—外护套；2—铠装；3—内护层；4—芯线。

② 剥除铠装

在距外护套切口 10 mm 处的铠装上打一钢带卡子（卡子用电缆钢铠制作，但需将其调整平直，用汽油棉纱擦拭干净）。用钢锯沿卡子外沿对铠装作环形锯割，第一层铠装一次锯穿；第二层铠装锯割深度约为钢铠厚度的 2/3，然后在锯口附近的铠装缝隙内插入螺丝刀，将钢铠撬断；再用两手握住铠装，相互反向转拧，使铠装破劲松散后取掉。

③ 剥除内护套及填充物

除保留自卡子起 100 mm 长的内护套外，其余部分及填充物均用刀割掉。切割时应注意吃刀深度及方向，切忌伤及线芯绝缘。

④ 缠绕白布带

在内护套切口两端各约 25 mm 的一段内，以半迭法包绕白布带，包绕厚度应与采用的热缩头内径相适应。白布带绕向顺逆均可，但包绕要求均匀密实，端头应穿插拉紧。

⑤ 焊接地线

在电缆外护套切口至钢带卡子之间的铠装上用砂布打光一焊区，将截面 2.5 mm^2 的塑料软铜线焊牢在铠装上。

⑥ 套入热缩管

将电缆热缩管自芯线端套入，止于接地线焊接处下 10～15 mm 处。

⑦ 热缩电缆头

用烤枪沿热缩头一周均匀加热，如此循环直至热缩头严密、牢固地固定为止。

(5)二次校线

① 校线由两人一组进行，确定校对电缆芯线的操作顺序，准备好相应的芯线号管。

② 用剥线钳剥除待校电缆两端芯线端头的绝缘层，设定校线电话或通灯的共用芯线。

③ 用校线电话或通灯在电缆两端查找出同一根芯线，确定该芯线的编号，并套上号管。

④ 待电缆所用芯线都确定之后，再将所有芯线重新校对一遍，防止发生混淆。校对时，通过对讲机等设备，一人唱号，一人复诵，确保正确无误。

(6)二次接线

① 按配线顺序把所有电缆头排列整齐，在电缆头以下 100 mm 处用细绑线把所有电缆绑扎成一束。测出电缆束的尺寸，制作电缆固定卡子。用电缆固定卡子把电缆束固定在盘、柜的支架上。如图 3 所示。对于铠装或芯线有接地要求的电缆，把所有接地线编成一束，按技术要求焊接或压接接线端子，连接在设定的接地点上。

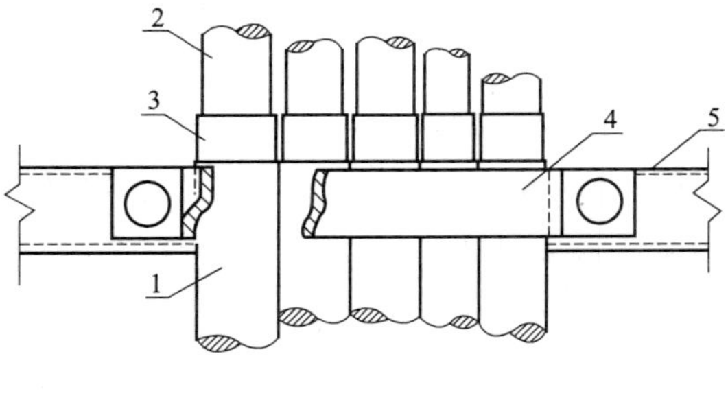

图 3　电缆固定方式意图

1—电缆外护层；2—电缆内护层；3—电缆钢带卡子；4—电缆固定卡子；5—盘底型钢。

② 将同一束电缆头绑扎好后，按芯线的自然排列顺序在距电缆头上沿 30～50 mm

的位置上进行第一道绑扎。将芯线理顺全部放入塑料线槽中，在线槽的中部和上部用硬芯塑料线临时作一圈绑扎，避免芯线从线槽中脱出。自下而上将电缆芯线按编号镶入与端子排相对应的线槽槽孔中，芯线预留长度暂预留在线槽外，接线后再收回槽内。按技术要求把线槽内的芯线每隔 400 mm 进行一次固定，然后即可进行接线。对于无线槽的地方如端子箱，芯线理顺后，还需用打把的方法，将芯线扎好，在接线端子对应处，分出芯线。线槽配线和打把配线见图 4。

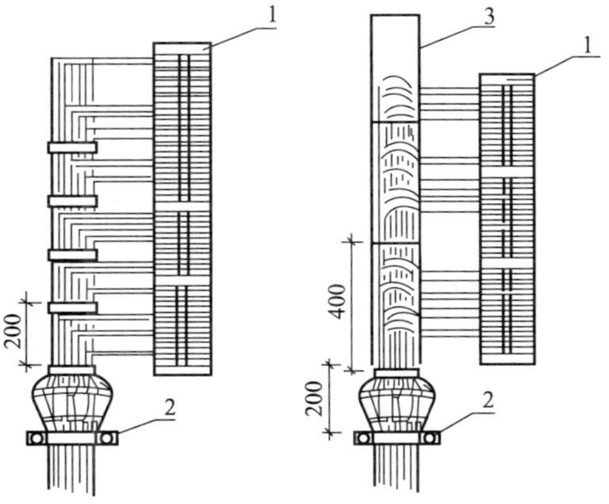

(a) 采用扎把方式　(b) 采用线槽布线方式

图 4　二次配线绑扎方式意图

1—端子排；2—电缆固定卡子；3—塑料线槽。

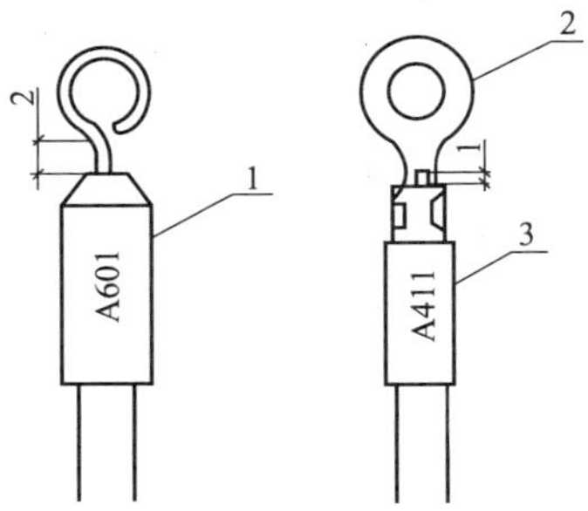

(a)弯线环方式(b)压接端子方式

图 5　弯线环及压接线端子示意图

1—芯线号管；2—压接端子；3—芯线号管。

③ 确定芯线预留长度及线端绝缘剥除长度。截断芯线多余长度，按芯线实际需要长度剥除绝缘层。从截断的线头上取下标号管，套在刚剥好的线芯上。按接线要求弯线环或压紧接线端子，见图 5。采用线环方式接线时，线环应按螺钉旋紧的方向煨弯，线环根部距芯线绝缘层的外缘，应留有不小于 2 mm 的间距。将预留长度进行弯曲或抽回线槽，按连接要求把芯线接到端子排上。按上述程序，自端子排最下端开始接线，直至全部完成。备用芯线从盘柜高度加 500 mm 的地方截断，在端子排顶部排列整齐即可。

6.3　技术标准及工艺要求

(1)每根电缆保护管的直角弯不得超过 2 个，同时保护管的内径应大于电缆外径的 1.5 倍。

(2)敷设电缆时应搭设放线架，将电缆盘置于放线架之上。电缆应从电缆盘上端引出。

(3)电缆弯曲半径应满足相关规程、规范的要求。

(4)垂直敷设的电缆在每个支架处均应固定；水平敷设的电缆在首、末端，转弯及接头处固定。

(5)单芯交流电缆(如轨、地回流电缆)的金属保护管及金属绑扎带不应构成闭合回路。

(6)电缆金属护套和钢铠原则上一端接地，除非设计有明示时才能两端接地。

(7)用于静态保护的电缆，当采用屏蔽电缆时，其屏蔽层应接地，采用普通电缆时，其预留芯线应有一芯接地。

(8)芯线应有足够的预留，严禁芯线与接线端子之间有张力。

(9)每个接线端子每侧接线不得超过两根，且线间需加平垫。

(10)当芯线与接线端子之间采用弯线环方式连接时，芯线的弯环方向应与螺钉的旋紧方向一致。

(11)二次电流回路只许一点保护接地，接地点整所宜统一。严禁两点或以上的重复接地。

(12)二次接线完成后，应将芯线号管上有字的一面朝向易于观察侧。

7　劳动力组织

(1)电缆敷设人员组织见表1。

表1　电缆敷设人员组织表

序号	施工人员	单位	数量	备　注
1	施工负责人	人	1	现场施工组织及协调
2	技术员	人	1	技术负责、质量负责
3	变电安装工	人	5	电缆敷设作业
4	辅助工	人	10	辅助

(2)二次接线人员组织见表2。

表2　二次接线人员组织表

序号	施工人员	单位	数量	备　注
1	技术员	人	1	技术负责、质量负责
2	变电安装工	人	6	电缆敷设作业

8　主要机械设备及工器具配置

电缆敷设及二次配线工器具配置见表3、表4。

表3　电缆敷设施工机具设备组织表

序号	名　称	规格	单位	数量	备　注
1	卷尺	5 m	把	1	测量电缆长度用
2	皮尺	100 m	把	1	
3	钢锯弓		把	1	
4	电缆标牌打印机机		台	1	
5	电缆放线架		台	1	
6	电焊机		把	1	
7	电烙铁	250 W	个	2	
8	油性笔		只	1	

表4　二次配线施工机具设备组织表

序号	名　称	型号	单位	数量	备　注
1	电缆线号打印机		台	1	
2	电缆标牌打印机		台	1	
3	剥线钳		把	6	

续上表

序号	名　称	型号	单位	数量	备　注
4	电工刀		把	6	
5	电工工具		套	6	包括手钳、扳手、改锥等工具
6	对讲机		对	3	
7	校线设备(通灯)	自制	对	3	
8	万用表		只	2	
9	电烙铁		把	3	
10	压接钳		套	1	

9　质量控制要点

(1)电缆在电缆支架上的布置应符合下列要求：

①电力电缆和控制电缆不应排列在同一层支架上。

②各类电缆在支架上应分层排列，由上而下分别为：高压电力电缆、低压电力电缆、照明电缆、控制电缆。

③电缆在普通支架上配置，不宜超过一层；在桥架上配置，控制电缆不超过三层，交流三芯电缆不超过二层；电缆可紧密排列。

(2)在温度较低时，不宜敷设电缆，必须施工时，应将电缆预热加温，加热后的电缆应尽快施工。

(3)控制电缆不应有中间接头，当敷设长度超过制造长度或必须延长已敷设竣工的电缆时可有接头，但必须连接牢固并不受到机械拉力。

(4)明敷电缆管应用卡子固定在支架或墙上，当设计无规定时，电缆管支持点的距离不宜超过 3 m。

(5)电缆施工安装前，前期工程应满足下列要求：

①预埋件按设计要求安装牢固，预留孔、洞、槽正确。

②电缆沟、电缆层或电缆井的地坪及抹面工作已结束并清理干净，施工道路畅通。

③电缆沟排水通畅、盖板齐全，电缆层的门窗完好。

(6)电缆盘在滚动前，应检查电缆盘的牢固性，滚动应顺着电缆盘上的箭头指示或电缆的缠紧方向。

(7)引至设备的电缆管管口位置，应便于电缆与设备的连接并不妨碍设备拆装和进出，并列敷设的电缆管管口高度应一致。

(8)金属支架材料应采用镀锌材料加工，采用其他材料时进行防腐处理。

(9)电缆支架、吊架、桥架安装应牢固，横平竖直，固定方式应符合设计要求，各支架的同层横档应在同一水平面上，在有坡度的电缆沟或建筑物上安装应有与电缆沟或建筑物相同的坡度。支架、吊架、桥架应有良好的接地。

(10)电缆敷设前应做好下列准备工作：

①按设计要求测量路径，电缆走向短捷。

②检查核对电缆型号、规格、电压等级。

③测定电缆绝缘，1 kV 以上电缆作直流耐压试验。

(11)敷设电缆应将电缆盘安置在专用放线架上，放线架安置稳妥。避免电缆在支架或地面上摩擦拖拉。电缆不得有铠装压扁、铰拧、铠装或护套折裂等损伤。

(12)电缆弯曲半径不应小于表5的规定。

表5 电缆允许弯曲半径与电缆直径的倍值

电缆种类	电缆护层结构	允许倍值	
		多芯	多芯
控制电缆		10	—
橡皮绝缘电缆	裸铅护套	15	15
	橡皮或聚乙烯护套	10	15
	铠装铅护套	20	20
聚氯乙烯绝缘电缆	铠装或无铠装	10	10
交联聚乙烯电缆		15	15

(13)每条电缆的两端均应设标志牌，注明线路编号，字迹应清晰，不易褪色。标志牌规格统一，宜用塑料挂牌挂装牢固。

(14)电缆出入电缆沟、槽、建筑物及保护管时，应将出入口用防渗水材料封堵。对易受外部影响着火的电缆密集场所或可能着火蔓延酿成严重事故的电缆回路，必须有设计要求的防火阻燃设施。

(15)直埋电缆的上下应铺不少于100 mm厚的软土或砂层，并在上面盖混凝土板或砖板保护，软土或沙子中不应有石块等硬质杂物。

(16)故障点标定装置中采用的接地保护电缆，其规格及引出变电所的距离应符合设计要求，电缆两端与盘内接线端子和远方接地极相连。

(17)远动终端及采用计算机进行数据传输的自动化系统，应使用专用电缆，并根据产品的技术要求采取相应屏蔽措施。

(18)电缆钢铠接地应按以下原则进行：

①一端接地或两端接地形式由设计决定。

②室内配电装置间及盘、柜间的连接电缆，可任选一端接地。

③室外配电装置引至室内盘、柜的电缆，在室内设备处接地。

④室外设备引至室外端子箱的电缆，在端子箱内接地。

(19)铠装电缆的钢带不应进入盘、柜内，钢带在端口处必须扎紧。

(20)盘、柜内的电缆芯线按垂直或水平方式有规律地配置，备用芯线应留有适当裕度。

(21)电缆芯线要做到不破坏绝缘和根部不受损伤。

(22)芯线连接整齐美观、牢固可靠。

10 安全控制要点

(1)支放电缆盘处地面应平坦坚实，施放的径路上不得有障碍物，且便于行走。

(2)实施电缆敷设的作业人员应戴手套及垫肩，进入封闭式电缆沟或电缆竖井内作业时，还应戴安全帽，以防碰伤。

(3)电缆敷设工作完成后，应及时盖好电缆沟的盖板，避免作业人员踏空摔伤现象。

(4)电缆敷设工作完成后，应及时将所有剩余电缆运出施工现场，消除火灾隐患。

(5)在有电缆井或穿墙孔的地方敷设电缆时,井口、孔口设防护措施,挂牌警示;井口、孔口有人工作,防止落物。

(6)盘内拆线不应用力过大,以防损坏电器设备。

(7)严禁踩踏盘架及设备进行作业。

(8)使用梯子作业时,要立牢梯子,注意人身和设备安全。

(9)使用液化气等易燃物品时,要有防火措施,周围不得有明火作业,用后要妥善保管。

(10)进行配线作业前,要将电缆沟盖板全部盖严,防止踏空摔伤。

(11)当在盘、柜内作业采用灯光照明时,接引的临时电源线应绝缘良好,无破损现象。人员离开时应随手切断电源。

(12)进行电缆头热缩工艺时,要注意防火。热缩喷枪不能开得太大,以免烤坏电缆绝缘层。同时应注意液化气罐的安全。

(13)禁止蹬踏盘、柜内的设备进行作业。

11 环境保护要点

(1)坚持按《中华人民共和国环境保护法》及相关法规进行施工。

(2)施工现场内道路平整畅通,道路通道良好。施工现场工具材料摆放整齐,保证现场施工场地整洁、干净、工完料清。

(3)工程完工后,应按要求拆除安全防护设施和临时设施,并将工地及周围环境清理整洁。

(4)对施工中产生的垃圾,不得随意丢弃。电缆施工后的塑料绝缘层,不得采取焚烧的方法处理。应按照国家有关规定进行处理。

12 常见问题及处理方法

(1)进行电缆头热缩工艺时,要注意防火。热缩喷枪不能开得太大,以免烤坏电缆绝缘层。同时应注意液化气罐的安全。

(2)二次校线完成后,应保护芯线号管,以免脱落;否则将会给后期工作带来极大麻烦。若发现有号管脱落,应重新进行校线核对。

(3)当芯线太大,不能正常接入端子时,不能用将芯线锉细等非正常手段,应更换相应接线端子。

13 附　　录

(1)施工过程检查记录表,见表6。

表6　电力电缆及控制电缆施工技术记录

标段号:	施工地点:	编号:				
施工单位:						
电缆规格型号						
电缆编号						
电缆始终端						
电缆长度						
芯线与外皮的绝缘测试						

续上表

标段号：	施工地点：	编号：				
施工单位：						
芯线与芯线的绝缘测试						
每根电缆管的弯头是否超过3个						
电缆管的直角弯是否超过2个						
电缆管出口是否用防渗水材料封堵						
电缆的最小弯曲半径是否符合相关规定						
电缆敷设是否排列整齐						
电缆头制作是否符合技术和工艺要求						
电缆之间及电缆与其他建筑物之间的距离是否符合相关规定						
电缆保护管及其他金属夹具未形成闭合磁路						
电缆保护管的接地可靠						
作业负责人						
检查人						
检查日期						

技术负责人： 工班长：

(2)盘柜及二次回路接线施工技术记录，见表7。

表7 盘柜及二次回路接线施工技术记录

标段号：	施工地点：	编号：				
施工单位：						
盘柜名称						
规格型号						
盘柜表面油漆涂层是否完整						
盘柜上安装的元器件是否完好无损、固定牢靠						
盘柜安装的垂直度、水平度是否符合设计规定						
二次回路接线是否正确、连接可靠						
计量回路的表计是否符合国家计量标准						
手车式开关柜内的的车式设备，推拉是否轻便灵活、动作可靠						
用于静态保护回路及采用计算机进行数据传输的自动化系统中的电缆，其屏蔽措施是否符合相关规定						
采用线槽或线把布线的二次回路接线是否固定牢靠，排列整齐						
回路编号字迹是否正确、清晰						
作业负责人						
检查人						
检查日期						

铁路牵引供电工程交流设备试验施工工艺

1 工艺概况及技术特点

由于交流设备试验种类多，所需进行的试验项目、方法、技术也不同，本工艺将交流设备试验归纳为绝缘试验、电气设备参数检测和二次设备试验进行阐述，其中绝缘试验是电气交流设备试验的主要内容，包括绝缘电阻、交直流耐压、介损、局部放电等试验项目。

2 适用范围

本工艺适用于铁路电力供电、牵引供电工程的交流设备试验，地铁交流设备试验可参照采用。

3 主要引用标准

(1)《电气装置安装工程电气设备交接试验标准》(GB 50150—2006)。

(2)《继电器及装置基本试验方法》(GB/T 7261—2000)。

4 基本术语及定义

(1)交流设备试验：针对高压电气设备及其保护装置的工程交接试验总称。

(2)绝缘试验：泛指检测设备电气绝缘性能的各种试验项目。

(3)二次设备：控制和保护高压电气设备的所有低压电气设备及保护装置的总称，一般包括变配电所交直流电源屏、高压设备控制保护屏中的各种设备。

5 交流设备试验流程、方法

交流设备试验流程首先进行电气设备绝缘试验，然后进行电气设备参数检测。

5.1 电气设备绝缘试验方法

5.1.1 绝缘试验的目的和意义

绝缘试验的目的是检验电气设备长期在额定电压下运行时的绝缘性能的可靠程度，以及在承受短时的过电压时，不致于发生有害的局部放电或造成设备的绝缘损坏。绝缘试验大致可分为绝缘特性试验和绝缘强度试验。

(1)绝缘特性试验的主要项目：

① 绝缘电阻试验；

② 介质损耗角正切值试验；

③ 局部放电试验；

④ 变压器气体绝缘微水含量测试。

(2)绝缘强度试验的目的是检验设备的绝缘对于工频电压、雷电冲击波电压和操作波电压等，是否具有规定水平以上的绝缘强度。绝缘强度试验的主要项目有：

① 直流耐压试验；

② 交流耐压试验；

③ 冲击电压试验；

衡量设备的绝缘状况时，应对其绝缘特性及绝缘强度进行综合分析判断，但绝缘强度试验占主要地位。

5.1.2　绝缘电阻试验

5.1.2.1　概述

绝缘电阻试验就是用绝缘电阻来表示与时间无关的传导电流。当介质受潮、脏污或开裂后，介质内的离子增加，因而传导电流剧增，绝缘电阻减小。所以可由绝缘电阻值的大小来初步了解绝缘情况。

绝缘电阻通常用兆欧表进行测定，除了可测得一定时间(一般为 1 min)的绝缘电阻值外，还可同时求得对被试品的吸收比，一般是 60 s 和 15 s 的绝缘电阻的比值。

5.1.2.2　试验步骤

(1)断开被试物的电源，将被试物接地放电，放电时间不得小于 1 min；电容量较大的被试物放电时间不得小于 2 min。

(2)拆除被试物所有对外连线，并用干燥清洁的软布，擦去被试物表面的污垢。

(3)将兆欧表水平放置，检查兆欧表的性能，在额定转速下(120 r/min)指针应指向“∞”，然后将兆欧表的火线“L”与地线“E”短时搭接一下，指针应指零。

(4)将被试物接地线接于兆欧表的“E”柱上，被试物引出线接于“L”柱上。如果被试物表面有可能产生较大泄露电流时，应加屏蔽，屏蔽线接于兆欧表的“G”柱上。

(5)以恒定转速转动手柄，兆欧表指针逐渐上升，待 1 min 后，记录其绝缘电阻值。做吸收比试验时，还应读取 15 秒时绝缘电阻值。

(6)断开“L”柱接线，停止转动兆欧表，为了能在计时开始时即给被试物加上全部电压，以及为了防止测试结束时被试物电荷反馈损坏兆欧表，“L”柱引出线应加装一个绝缘良好的刀闸开关，以便随时开合。

(7)试验完毕或重复试验时必须将被试物对地充分放电。

(8)记录环境温度、被试物温度和气候情况。

5.1.2.3　注意事项

(1)兆欧表“L”柱与“E”柱引线不要靠在一起；如引线须经其他支持物和被测物连接时，该支持物必须绝缘良好，否则会影响测量的准确性。

(2)兆欧表手摇转速应尽量均匀，保持额定值，一般不得低于额定转速的 80%。

(3)绝缘电阻试验一般在被试物周围空气湿度不低于 5% 时进行。

(4)绝缘电阻值受温度的影响而变化，为了正确地比较和判断，需将不同温度下测量的绝缘电阻值换算到同一温度下进行比较，即：

$$RT_2 = KRT_1$$

式中　RT_2——换算到温度为 T_2 时的绝缘电阻值(MΩ)；

RT_1——温度为 T_1 时的绝缘电阻值(MΩ)；

K——温度换算系数。

一般将不同温度下测出的绝缘电阻值均换算至 20℃时进行比较，换算系数见表 1。

表 1　常用 A 级绝缘材料绝缘电阻换算系数

试验温度(℃)	6	8	10	12	14	16	18	20	22	24	26	28	30	32	34	36
换算系数 K	0.44	0.50	0.56	0.63	0.71	0.79	0.89	1.00	1.12	1.26	1.41	1.58	1.78	1.99	2.24	2.51

5.1.2.4　试验结果判断

(1)如果电力变压器测试绝缘电阻值低于表中所列数值,则应取变压器内绝缘油进行试验,以判明是否绝缘受潮或有局部缺陷。

(2)电压等级在 35 kV 及以上、且容量在 4 000 kVA 及以上的吸收比要求与产品出厂值比较应无明显差别,在常温下不小于 1.3,当 R60 s 大于 3 000 MΩ 时,吸收比可不作考核要求。

(3)高压断路器的绝缘电阻试验,实际上测试的是支持瓷套的绝缘电阻值,故一般数值较高,但对已充油的高压断路器,由于油质及绝缘提升杆的影响,绝缘电阻值会略有降低。断路器在合闸和分闸两种状态下分别测量套管引出线对外壳的绝缘电阻,可判断绝缘提升杆受潮情况,如果两次测试值接近,则说明绝缘良好;如提升杆受潮,则分闸时所测数值比合闸时高数倍。

(4)测量电力电缆的绝缘电阻,应注意避免表面泄漏所引起的测量误差。

由于电力电缆长度不同,绝缘电阻值也不相同。在对电力电缆进行直流耐压试验前后均应测试绝缘电阻,两次测量应无明显变化。

5.1.3　介质损耗角正切值的测量

5.1.3.1　概述

绝缘介质在电压作用下都有能量损耗,这种损耗称为介质损耗。在交流电压作用下的介质损耗远比直流电压作用下的介质损耗强烈。如果介质损耗很大,会使绝缘介质温度升得很高,促使绝缘介质发热劣化,使绝缘介质的绝缘性能下降而导致击穿。因此,绝缘介质损耗大小是衡量绝缘介质电气性能的一项重要指标。绝缘介质中的介质损耗,是用介质损耗角的正切值 $\tan\delta$ 表示。$\tan\delta$ 值小,介质损耗就小,介质的绝缘性能就好。测量介质损耗角的正切值 $\tan\delta$ 是评价高压电气设备绝缘状况的有效方法之一。它是对被试品施加交流电压,测量其 $\tan\delta$ 值,用来检查发现绝缘受潮,绝缘介质中含有气体、浸渍物以及绝缘油的不均匀或脏污等缺陷。

5.1.3.2　试验接线

目前工程中常用的测量介损的设备有全自动抗干扰介损测试仪和 QS1 型交流电桥。由于 QS1 型交流电桥接线比较复杂,最主要的是比较难找谐振点,必须要有一定试验经验的试验员才可以操作。2002 年后,工程中主要采用全自动抗干扰介损测试仪,基本不再使用 QS1 型交流电桥,只有在全自动抗干扰介损测试仪出现故障的情况下才使用 QS1 型交流电桥。全自动抗干扰介损测试仪技术先进,已经实现智能化,接线比较简单,不需要调整,直接读数。详细接线方法见电力试验所《介质损耗试验作业指导书》。

该作业指导书以上海思创电器设备有限公司生产的 HV9001 型介质损耗测试仪为例,详细介绍了测量介损的方法。HV9001 型介质损耗测试仪功能强大,可以采用内外接法测量高压电气设备的介损,还可以直接测量一般介损测量仪不好测试的电容式电压互感器(CVT)的介损。

5.1.3.3　注意事项

(1)试验变压器容量。

试验变压器的容量由被试品的电容量决定，可根据试验时的电容电流值估算试验变压器的容量。表 2 列出了 tanδ 试验时试验变压器的容量选择表。

表 2　试验变压器容量选择见表

试品名称	套管、电流互感器	电力变压器、电压互感器、耦合电容器	中等长度电缆	长电缆、电力电容器
电容量(PF)	103	104	105	106
试验变压器次级最大允许电流(mA)	5	50	500	5 000
电压为 10 kV 时的试验变压器容量(kVA)	0.05	0.5	5	50

(2)消除干扰影响的几种方法。

现场对设备进行 tanδ 值测量时，由于附近有带电设备，被试品和带电设备之间存在电容耦合，就产生了干扰电压，并相应地产生了干扰电流，电流流经被试品和电桥的测量元件，改变了各桥间的平衡条件，使测量结果产生误差。因此，试验时尽可能将周围带电设备的电源暂停，或尽量拉开被试品和干扰电源间的距离。以下介绍几种消除干扰的方法：

① 屏蔽法。将被试品与干扰电源隔绝。此法在被试品体积小时，可使用。缺点是影响测量的准确性。

② 倒相法。对被试品进行两次测量。第一次测得 tanδ1；将实验电源反相后，再次测得 tanδ2，则被试品的 tanδ=(tanδ1+tanδ2)/2。

③ 用 QS1 型电桥进行测量时，对标准电容器的绝缘状况，应先进行检查。查看标准电容器底部的干燥剂是否变色。若已受潮，应先进行干燥。否则标准电容器不准，测量结果无效。此外，应对标准电容器定期检定，其电容器及介质损耗的误差值为：CN=50±1pF，tanδN≤0.1%。

5.1.3.4　结果判定

(1)变压器的 tanδ 在大修及交接时，相同温度下比较，不大于出厂试验值的 1.3 倍，历年预防性试验比较，数值不应有显著变化。

(2)高压套管测得的 tanδ 值与出厂值或初始值比较不应有显著变化；电容式套管的电容值与出厂值或初始值比较一般不大于±10%，当此变化达±5%时应引起注意。

(3)电容器判断标准见表 3：

表 3　电容器 tanδ 测量判定标准表

序号	项　　目	试验类别	标　　准
			500 kV 及以下
1	电容值偏差	交接	不超过出厂值的±5%
		运行	不超过标准值的±10%～±5%
2	tanδ 值(20℃时)	交接	按制造厂规定
		运行	油纸电容≤0.8%(>0.5%时应引起注意)

(4)电流互感器在 20℃时的 tanδ 值按规程规定进行综合判断，且与出厂值及历年数据比较，不应有显著变化。

(5)油浸式电压互感器 20℃时的 tanδ 值试验标准见表 4：

表 4　油浸式电容器 $\tan\delta$ 测量判定标准表

电压等级	试验方法	交接大修后(%)	运行中(%)
35 kV 及以下	常规试验法	3	5.0
35 kV 以上	常规试验法	2.5	3.5

(6)多油断路器的非纯瓷套管和断路器的 $\tan\delta$ 值标准按规程确定。

5.1.4　直流耐压试验

5.1.4.1　概述

直流耐压试验是对被试品加上高于工作电压一定倍数的试验电压并经历一定时间的一种绝缘强度试验。一般用直流高压试验器进行试验。

5.1.4.2　试验步骤

(1)试验前要将试品对地放电 5 min 以上。

(2)直流耐压试验和泄漏电流试验一般都结合起来进行。即在直流耐压的过程中,随着电压的升高,分段读取泄漏电流值,而在最后进行直流耐压试验。

(3)试验工作应由两人共同进行,一人负责操作高压发生器,一人负责监护并记录试验结果。

试验接线见图 1。

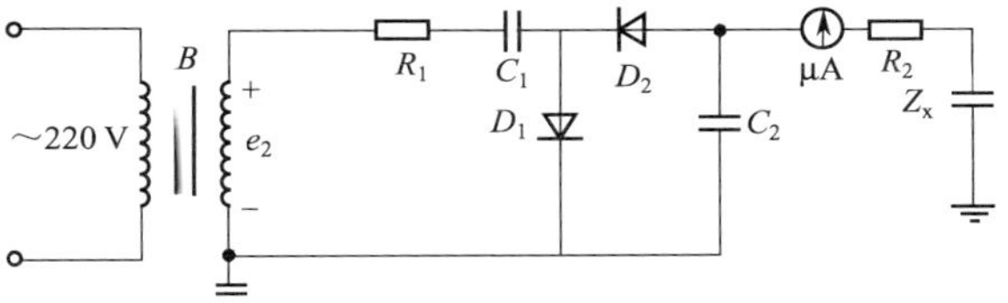

图 1　直流耐压试验接线图

(4)检查直流高压试验器的调压器是否在零位,微安表应在最大量程上。

(5)对直流高压试验器进行空载试验,记录空载时高压发生器本身的泄漏电流值。退回调压器旋钮,断开电源,将发生器高压端对地放电。

(6)将直流高压试验器与被试物连接。合上电源,缓慢调升试验电压,如需要泄漏电流曲线时,则在各级电压值下停顿 1 min,记录泄漏电流值。升至额定试验电压后,按要求持续一定时间,并记录下泄漏电流值,然后迅速、均匀地退回调压器旋钮,切断电源,并用放电棒对被试物接地放电。

(7)当需要进行改接线作业时,接地线要始终接在高压试验器高压出线端,以保证人身安全。改接线完毕再次试验时,必须注意将接地线从高压出线端移开。

(8)将记录下的泄漏电流值减去发生器空载时的泄漏电流值,即为被试电气设备的泄漏电流值。

5.1.4.3　注意事项

(1)能够分相试验的设备,必须分相试验,以便将各相试验的结果进行比较。

(2)连接被试物的导线,应尽量缩短,并要绝缘良好,距地要有足够的距离,以减少杂散电流的影响。

(3)被试物表面情况(如受潮、脏污等)对泄漏电流有很大影响,因此试验前应擦拭干净。

(4)试验小电容量的被试物时,为了得到正确的试验电压,有些直流高压发生器需加稳压电容器,其值参考如下:

试验电压(kV)	3~10	15~20	30
电容值(μF)	0.06	0.015	0.01

使用倍压整流的晶体管直流发生器时，不需要加稳压电容器。

(5)温度对试验结果的影响是很显著的，为了便于比较，可将不同温度下测试出的结果均换算到同一温度值时进行比较。

换算公式为：

$$I_{75}=I_{te}\alpha(75-t)$$

式中　t——试验时被试物的温度；

I_t——温度 t 时测得的泄漏电流值；

I_{75}——75℃时泄漏电流值；

α——(0.05～0.06)/℃；

e——自然对数的底，其值为 2.718。

(6)试验宜放在被试物温度为 30 ℃～80 ℃时进行。一般被试电气设备均在这一温度范围内运行，同时在这个范围内，由于绝缘缺陷而引起的泄漏电流变化明显，试验容易得到正确的结果。

5.1.4.4　试验结果判断

(1)电力变压器泄漏电流值在交接试验标准中未作具体规定。如有出厂测试数据，可与之比较且不应有较大变化，如无出厂测试数据，可参照预防性试验标准中的有关规定执行。如果实际测量值较出厂测量值或参考值大出较多，则应对变压器本体、变压器套管等进行试验和检查。

(2)电力电缆要进行直流耐压和泄漏电流两种试验。直流耐压试验主要检查电缆是否有机械损伤、接头及终端头的制作工艺水平等，直接表现为电击穿，泄漏电流值增至很大。泄漏电流试验主要是检查电缆绝缘有无劣化，是否受潮等。

(3)电力电缆的泄漏电流值在交接试验标准中无具体规定，根据电力电缆绝缘状态判断其能否投入运行，应以直流耐压试验为准，泄漏电流值只作为判断绝缘状况的参考。但当泄漏电流有以下情况之一时，则检查电缆是否存在缺陷，即：

① 泄漏电流值随加压时间而增大。

② 泄漏电流周期性摆动。

③ 泄漏电流值与试验电压不成比例地急剧上升。

④ 多芯电缆相与相之间的泄漏电流差值很大，即不平衡系数大于 2。

(4)氧化锌避雷器的泄漏电流值是指先测试避雷器在直流电流为 1 mA 时的直流电压值，75％该电压下的直流电流值即为该避雷器的泄漏电流值。

(5)泄漏电流试验影响结果判断的最主要因素是杂散电流。为了减少影响，在试验中应采取一些必要措施，如高压引线与接地部分的距离尽量加大、高压引线采用直径大的绝缘线、采用高压侧电流测量的方式、微安表至被试物采用屏蔽导线连接等。

5.1.5　交流耐压试验

5.1.5.1　概述

交流耐压试验是鉴定电气设备绝缘强度最直接的方法，它对于判断电气设备能否投入运行具有决定性的意义，也是保证设备绝缘水平、避免发生绝缘事故的重要手段。

交流耐压试验是破坏性试验。在试验之前必须对被试品先进行绝缘电阻、吸收比、泄漏电流、介质损耗角及绝缘油等项目的试验，若试验结果正常方能进行交流耐压试验，若发现设备的绝缘情况不良(如受潮和局部缺陷等)，通常应先处理后再做耐压试验，避免造成不应有的绝缘击穿。

5.1.5.2　试验方法

（1）一般规定。

① 有绕组的被试品进行耐压试验时，应将被试品绕组自身的两个端子短接，非被试品绕组亦应短接并与外壳连接后接地。

② 交流耐压试验时加至试验标准电压后的持续时间，无特殊说明均为 1 min。

③ 升压必须从零开始，切不可冲击合闸。升压速度在 75％试验电压前可以任意进行，自 75％电压开始应均匀升压，约每秒 2％试验电压的速率升压。耐压试验后，迅速均匀降压到零，然后切断电源。

（2）首先确定被试物是否已完成了其他特性试验及绝缘试验，具备了耐压试验的条件。

（3）对被试物进行试验前的准备工作，如擦拭被试物、拆除各种临时线路和障碍物等。

（4）将被试物的外壳和被试线圈可靠的接地。

（5）使用兆欧表测试被试物的绝缘电阻值，绝缘电阻值应符合规定。

（6）正式试验前，应对设备进行一次空载试验，当电压升至额定试验电压或稍高一些时，试验设备应无异状。然后将电压调回零位，断开电源。

5.1.5.3　注意事项

（1）交流耐压试验一般应在环境条件较好时进行。

（2）试验变压器所用的测量仪表应校对准确。

（3）升压速度应按试验变压器使用要求进行，但在额定试验电压 40％以下时，可以自由掌握。

（4）耐压试验后，应测量被试物的绝缘电阻值，此值应与耐压前测量值无大差别。

5.1.5.4　试验结果的判断

交流耐压试验的结果判断，主要是看被试设备是否承受住了试验高压。在试验过程中，试验人员要根据仪表的批示、有无放电声音、以及声音的种类来及时判断被试设备的绝缘缺陷及部位，以减少被试设备被击穿损坏的损失。

（1）在试验过程中，电流表的指示突然猛增，随即试验变压器的过电流继电器动作，切断电源，这种现象一般为被试物击穿的象征。

（2）在试验过程中，随着电压的升高而发出放电声音，应立即停电，并根据声音的部位及声音的种类来判断原因。

（3）在进行母线连同支持绝缘子的交流耐压试验时，则往往会发出尖锐的放电声，一般是母线等处对地距离不够，或是支持绝缘子有裂纹，再有就是穿墙套管根部接地不良等原因。

（4）对试验变压器的过电流继电器的整定值，应经常进行检查。此整定值可按试验变压器额定容量整定。当被试物容量超出试验变压器额定容量时，电流指示会上升较快，而电压则停在某值不动，此时应即停止升压，以免时间过长而损坏试验变压器。

5.1.6　*局部放电试验*

试验方法等执行《电力设备局部放电现场测量导则》(DL 417—91)。

5.2　电气设备参数检测方法

5.2.1　*参数检测的目的和意义*

电气设备参数检测就是检查电气设备的固有特性是否符合要求，主要目的是检查电气设备在运输安装过程中是否发生了损坏或损伤，当在运输安装过程中出现对电气设备内在质量的损伤或者安装质量不符合要求时，电气设备的参数和出厂时的参数将不一致或者不符合相关标准要求。

电气设备参数检测包含直流电阻、变压器变比、互感器比角差、互感器特性试验，开关特性试验和电感电容量等项目，其中重要的主要是直流电阻，高压断路器分合闸时间特性试验和电流互感器比角差试验。

5.2.2　直流电阻试验

直流电阻试验主要包含测量变压器各绕组直流电阻，测量互感器绕组直流电阻，测量开关及回路的直流电阻等项目，其中重要的是测量变压器各绕组直流电阻和测量断路器导电回路的直流电阻。

5.2.2.1　变压器绕组直流电阻试验

变压器绕组直流电阻试验可以检查分接开关接触是否可靠，引线与套管等载流部分的接触是否良好，三相电阻是否平衡等。

5.2.2.1.1　变压器直流电阻测量标准

(1)测量应在各分接开关接头的所有位置进行。

(2)1 600 kVA 及以下容量等级三相变压器，各相测量值的相互差值应小于平均值的4%，线间测量值的相互差值应小于平均值的 2%；1 600 kVA 以上三相变压器，各相测量值的相互差值应小于平均值的 2%，线间测量值的相互差值应小于平均值的 1%。

(3)变压器的直流电阻，与同温下产品出厂实测数值比较，相应变化不应大于 2%；不同温度下电阻值按照如下公式换算。

$$R_2=R_1\times(T+t_2)/(T+t_1)$$

式中　R_1、R_2——分别为温度在 t_1、t_2(℃)时的电阻值；

T——计算用常数，铜导线取 235，铝导线取 225。

(4)由于变压器结构等原因，差值超过第(2)条的要求时，可只按第(3)条进行比较，但应说明原因。

5.2.2.1.2　变压器直流电阻测量所用仪器设备

现在测量变压器直流电阻主要使用变压器直流电阻快速测量仪，当遇到测量变压器绕组电阻较大或者很小，超过变压器直流电阻快速测量仪的测量范围时，选用直流单、双臂电桥测量。

5.2.2.1.3　变压器直流电阻测量方法

见电力试验所相应设备的作业指导书或操作规程。

5.2.2.2　测量断路器导电回路的直流电阻

断路器的导电回路在正常运行时流过额定电流，产生的热量应在产品技术条件规定的允许限度之内。当由于断路器触头接触不良而导致触头接触电阻增大时，可引起接触不良部位局部发热，温度升高，尤其当断路器通过较大的短路电流时，有可能使触头烧毁而使断路器拒动，造成事故。因此断路器在安装调整工作结束后，应进行导电回路直流电阻测量。

(1)断路器导电回路直流电阻测量的标准规定。

用电流不小于 100 A 的直流压降法测量，电阻值应符合产品技术条件的规定。

(2)断路器导电回路直流电阻测量仪器。

现在采用回路电阻测量仪测量，分为 100 A 和 200 A 两档。

(3)断路器导电回路直流电阻测量方法。

见电力试验所相应设备的作业指导书。

5.2.3 高压断路器分合闸时间特性试验

断路器的分合闸时间关系到能否迅速切除供电系统故障和迅速恢复供电，特别是分闸时间直接影响断路器的灭弧性能，故分合闸时间特性试验是断路器的主要试验项目之一。

分合闸时间特性试验应在断路器安装及调整工作全部结束，并有可靠的操作电源时进行。

试验的主要内容是：测量断路器的合闸时间和固有分闸时间；对三相断路器应同时检查三相动作时间差，即同期性检查。

5.2.3.1 高压断路器分合闸时间特性试验的标准要求

(1)真空断路器分合闸时间特性试验的标准要求。

测量断路器主触头的分合闸时间，测量分合闸的同期性，测量合闸过程中触头接触后的弹跳时间，应符合下列规定：

① 合闸过程中触头接触后的弹跳时间，40.5 kV 以下断路器不应大于 2 ms，40.5 kV 及以上断路器不应大于 3 ms。

② 测量应在断路器额定操作电压及液压条件下进行。

③ 实测数值应符合产品技术条件的规定。

(2)六氟化硫断路器分合闸时间特性试验的标准要求。

① 测量断路器的分、合闸时间，应在断路器的额定操作电压、气压或液压下进行。实测数值应符合产品技术条件的规定。

② 测量断路器的分、合闸速度，应在断路器的额定操作电压、气压或液压下进行。实测数值应符合产品技术条件的规定。现场无条件安装采样装置的断路器，可不进行本试验。

③ 测量断路器主、辅触头三相及同相各断口分、合闸同期性及配合时间，应符合产品技术条件的规定。

5.2.3.2 高压断路器分合闸时间特性试验所用仪器

高压断路器分合闸时间特性试验所用仪器是 KC-98H4 型高压开关测试仪，该设备可实现全自动测量。

5.2.3.3 高压断路器分合闸时间特性试验方法

见电力试验所《分合闸试验作业指导书》。

5.2.4 电流互感器比角差试验

电流互感器比角差试验即是电流互感器的误差试验，是为了校核电流互感器的变比误差是否符合出厂时确定的准确级次，以保证电流互感器用于电量测量时的准确性及用于继电保护装置时的可靠性。

电流互感器的角、比差试验，一般采用被试电流互感器与标准电流互感器比较的方法。选用标准电流互感器的精度要比被试电流互感器高一至两个级次。

5.2.4.1 电流互感器比角差试验的标准要求

(1)用于关口计量的互感器必须进行误差测量。

(2)用于非关口计量，电压等级 35 kV 及以上的互感器，宜进行误差测量。

(3)用于非关口计量，电压等级 35 kV 及以下的互感器，检查互感器变比，应与制造厂铭牌值相符。对多抽头的互感器，可只检查使用分接头的变比。

(4)非计量用绕组应进行变比检查。

5.2.4.2 电流互感器比角差试验的仪器

现在采用互感器校验仪进行测量，可以实现自动测量，只是接线比较复杂。现在使用的互感器校验仪从电流互感器原边加120%的额定电流进行试验，一般要加上千安的大电流，所以设备重，接线复杂。2001年开始，国内已经出现从互感器次边加电流的互感器校验仪，其重量和接线复杂性均已经有了大幅度的简化，只是价格还比较贵。

5.2.4.3 电流互感器比角差试验的方法

见电力试验所相应设备的作业指导书。

5.3 二次设备试验

变电所二次设备一般包括交直流电源屏，各种继电保护装置和控制装置及其联线。这里只对其中最重要的继电保护装置试验进行阐述。

5.3.1 继电保护装置试验的目的和意义

继电保护装置的作用是在供电系统发生故障及不正常运行情况时，尽可能迅速消除或减轻其影响，保持系统中尽可能多的区段、设备不中断供电或缩短停电时间。

现在的继电保护装置基本都是微机型继电保护装置，继电保护装置一般分为三种：

(1)主变压器保护装置。

(2)馈线保护装置。

(3)其他保护装置，包括进线保护，其他变压器保护，电容补偿保护等保护装置。

继电保护装置试验的目的就是模拟故障发生的各种情况，检查继电保护装置是否按照设计要求动作或作出相应报警，经过严格试验的继电保护装置一般可以保证在实际运行中起到应有的作用。

5.3.2 继电保护装置试验采用的标准

继电保护装置试验采用的标准主要是《继电器及装置基本试验方法》(GB/T 7261—2000)。

5.3.3 继电保护装置试验的仪器设备

继电保护装置试验的仪器设备主要是S40继电保护测试仪和500 V兆欧表，其中兆欧表用于测量继电保护装置的绝缘性能，S40继电保护测试仪用于测量继电保护装置的功能。

5.3.4 继电保护装置试验的方法

继电保护装置的种类很多，其功能很多，而且由于科学技术的发展，其发展速度非常快，基本每隔两年就有很大的变化。要详细说明各种继电保护装置试验的具体方法是非常复杂，而且没有意义的，应根据设计的要求和变电所设备的实际情况，在设备安装调整完毕后，按照国家标准对其应起的作用进行完全的模拟。

S40继电保护测试仪可以同时输出6路交流电流和6路交流电压，而且每路电流电压均可以实现任意相位频率，可以同时接收12路交直流信号，可以输出1路直流电源。S40继电保护测试仪的功能比较全，基本可以满足各种继电保护装置试验的需要，其具体使用方法见该设备使用说明书。

6 劳动力组织

电力试验工作的劳动组织应按照电力试验所质量体系文件的要求，根据现场工作量、现场条件和开通运行时间的要求，按所编制电力试验所现场检测实施细则安排实施。

电力试验工作一般按照2～8人的规模安排试验人员参加,每个试验组最少2人。

7 主要仪器设备及工器具配置

电力试验工作的主要仪器设备的配置应按照电力试验所质量体系文件的要求、现场试验工作的要求,按所编制电力试验所现场检测实施细则安排实施。

典型铁路牵引变电所的主要仪器设备及工器具配置见表5。

表5 主要仪器设备及工器具配置

序号	试验仪器(表)名称	型号及规格	数量	单位
1	数字高压兆欧表	DM50b	1	台
2	回路电阻测试仪	5 200	1	台
3	交流试验变压器	100 kV	1	套
4	开关机械特性测试仪	KC98H4	1	台
5	交流电流电压表	T32-VA	2～4	只
6	变比测试仪	SM63	1	台
7	万用表		2	只
8	继电保护测试仪	S40	1	套
9	直流高压发生器	ZGS-200/2	1	套
10	油试验器	IJJ-Ⅰ/80	1	台
11	万能电桥	1QS13A	1	台
12	直流单臂电桥	QJ23	1	台
13	直流双臂电桥	QJ44	1	台
14	变压器直流电阻测试仪	L3282	1	台
15	接地电阻测试仪	ZC29B-2	1	台
16	全自动抗干扰介损测试仪	HVM1B	1	套
17	互感器校验仪	HEW2000-W	1	套
18	SF6气体微水测试仪	HDWS-S80	1	套
19	SF6气体检漏仪	TIF5750A	1	台
20	局部放电测试仪	JF8601	1	套
21	雷击记数校验仪	ZGS-J2	1	台
22	接地引下线导通测试仪	ZGS-C200/2	1	台
23	电工工具		1	套

注:所有使用的测量仪表均经校验合格,并在检定周期内。

8 质量控制要点

电力试验工作质量控制要从人员,设备,方法,环境等方面进行控制,参见电力试验所质量体系文件。每个电力试验所人员均持有电力试验所有效的质量体系文件。

针对具体的试验项目,在检测实施细则中应针对其特点提出具体的质量控制要点及措施,包括试验实施过程中的质量控制方案。

9　安全控制要点

电力试验安全控制是电力试验工作的重点，按电力试验所《试验安全与内务管理程序》(DLSYS—TX—CX—13)和《现场检测管理程序》(DLSYS—TX—CX—15)实施电力试验工作安全控制措施。

10　环境保护要点

电力试验工作对环境造成的影响很小，但部分电力试验工作对检测环境的要求较高，必须在环境条件满足要求的前提下进行相应的电力试验工作，具体见《检验环境的建立、控制和维护程序》(DLSYS—TX—CX—14)。

11　常见问题及处理方法

电力试验工作范围很广，设备也不断发展、更新、升级及换代，存在的问题也不断更新。遇到问题的处理主要根据设计、被测设备的具体情况、国家有关规范标准要求，按照电力试验所质量体系文件的要求，针对具体的问题制定具体的处理方案。电力试验工作的常见问题主要有人员水平问题，检测设备质量稳定问题，被检设备的问题，环境对检测造成的影响问题，检测方法问题和安全问题等。

城市轨道交通供电系统直流设备试验施工工艺

1 工艺概况及技术特点

城市轨道交通供电系统工程中，均采用直流电压向列车提供动力。由于电压制式的不同，直流设备与交流设备的电气试验存在着许多的不同之处，交、直流设备的保护设置与调试也具有不同之处。由于城市轨道交通牵引供电系统处于发展阶段，各个城市的设置也不相同，国家标准内容也极其简单、原则。本工艺根据广州城市轨道交通三号线的实施情况，参照国家、铁道部关于城市轨道交通、铁路牵引供电系统工程相关标准要求进行总结编写。

本工艺将 1 500 V 直流设备试验归纳为绝缘试验、机械功能试验、电气功能试验和二次回路试验进行编写。

2 适用范围

本标准化工艺适用于城市轨道交通供电系统 1 500 V 直流设备电气试验，其他电压等级直流设备试验可参照本工艺进行。

3 主要引用标准

(1)《电气设备交接试验规程》(GB 50150—2006)
(2)《继电器及装置基本试验方法》(GB/T 7261—2000)
(3)《地下铁道设计规范》(GB 50157—2003)
(4)《城市轨道交通直流牵引供电系统》(GB 10411—2005)
(5)《地下铁道工程施工及验收规范》(GB 50299—2003)
(6)相关的施工设计图和厂家技术资料

4 基本术语及定义

(1)直流设备试验：针对 1 500 V 直流电气设备及其保护装置的工程交接试验总称。

(2)绝缘试验：泛指检测设备电气绝缘性能的各种试验项目。

(3)电气功能试验：指控制系统内设备功能间的相互作用的检查、验证试验。

5 试验流程及操作要点

5.1 试验流程

直流设备试验流程见图 1。

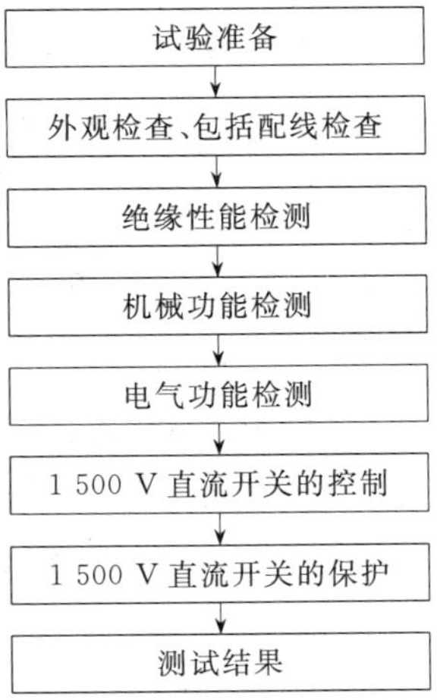

图 1　直流设备试验流程图

5.2 操作步骤

5.2.1 试验准备

试验作业要求：设备安装就位，测试所内具有稳定可靠试验电源，且现场环境达到试验要求后即可开展试验工作。针对不同设备，配备、使用专用试验仪器，按规定的试验方法对设备的电气参数、电气性能、机械性能等进行调试，各指标应符合有关标准或满足厂家技术要求。

5.2.2　外观、配线检查

(1)设备的安装是否平齐，如有歪斜需调整。

(2)检查标识、名称、设备编码。

(3)设备及外壳的涂漆符合图纸要求。

(4)对照设计图纸查验元器件和相关附件是否正确、齐全。

(5)确认配线接头部分良好(全部插入)，螺栓紧固。

(6)母线安装连接正确，螺栓紧固。

(7)对照电气系统图、原理图检查一次回路、二次回路连接正确(包括线径，线色，线型)；检查 PLC 接点分配表。

5.2.3　绝缘性能检测

5.2.3.1　主回路

(1)测试条件。

隔离放大器断开；外壳、接地母线等短接。

(2)测试步骤。

① 在牵引电压母线和外壳之间施加 1 min 50 Hz 的均方根值为下列值的正弦交流电压：

750 V 和 1 500 V：　　Urms=5.3 kV

3 000 V：　　Urms=15 kV

② 然后将开关设备的小车移至分离/测试位。

在直流快速断路器的独立触点和在分离/测试位内的固定部分的相应触点之间施加 1 min 50 Hz 的均方根值为下列值的正弦电压：

750 V 和 1 500 V：　　Urms=8.7 kV

3 000 V：　　Urms=15 kV

5.2.3.2　控制回路

(1)直流电压 $U_j>60$ V 时，在所有的活动部件和开关上相互连接的本体之间施加 1 min 50 Hz 的均方根值为 2 500 V 的正弦电压。

(2)直流电压 2 V$<U_j\leqslant 60$ V 时，在所有的活动部件和开关上相互连接的本体之间施加 1 min 50 Hz 的均方根值为 500 V 的正弦电压。

(3)若设备的短路跳闸值不高于 16 A 并且电压设置为辅助电路的额定电压值，可取消该试验内容。

5.2.4　机械功能检测

5.2.4.1　一般检查

(1)开关柜柜门的开、合灵活。

(2)门锁合上后，柜门紧贴框架，缝隙均匀，开门锁时不吃力。

5.2.4.2　快速断路器柜检查

(1)抽出并插入开关小车及控制电缆连接器；将开关小车置入工作位及其测试位。

(2)观察活门机构的动作和联锁。

(3)检查开关小车在分离位/测试位和工作位置间是否移动自如。

(4)检查快速断路器和小车面板上的机械连锁手柄的联锁钢丝，是否操作正常。

5.2.4.3 隔离开关柜

使用绝缘拉杆打开或闭合隔离开关，观察动作是否正常，触头是否分、合到位。

5.2.5 电气功能检测

此处电气功能检测是指控制系统内设备功能间的相互作用试验及检验。进行下述每项检查时，断路器动作应至少重复进行5遍(不包含其他功能测试时对设备的操作)。

5.2.5.1 直流快速断路器—UR40

(1)电气试验

① 断路器动作期间检查操作计数器的功能是否正常。

② 测量断路器导电回路对地的绝缘电阻：断路器在合闸状态，分别测量每相导电回路对地的绝缘电阻。

③ 测量每相导电回路的直流电阻：用大电流回路电阻测试仪分别测量每相导电回路的直流电阻。

④ 断路器的特性试验：用高压开关特性测试仪分别测量断路器的分、合闸时间。

⑤ 交流耐压试验：用试验变压器、调压器接入一个高压交流回路作为高压交流源分别对断路器每相的合闸状态对地、分闸状态断口间进行耐压试验。

(2)功能试验

1)直流快速断路器闭合

① 断路器小车应处于工作位置。

② 直流快速断路器处于打开状态(绿灯常亮)。

③ 远方/当地选择开关处于当地位置。

④ 按下"闭合"按钮。

⑤ 测试设备动作(红灯闪烁)。

⑥ 测试成功后：直流快速断路器闭合(红灯常亮)。

2)直流快速断路器断开

① 断路器小车处于工作位置。

② 直流快速断路器处于闭合状态(红灯常亮)。

③ 远方/当地选择器开关处于当地或远方位置。

④ 按下"断开"按钮。

⑤ 直流快速断路器处于断开状态(绿灯常亮)。

⑥ 重复开关操作(使用解锁手柄)。

3)直流快速断路器直接闭合

① 断路器小车处于工作位置。

② 直流快速断路器处于断开状态(绿灯常亮)。

③ 按下"直接闭合"按钮。

④ 直流快速断路器直接闭合(红灯常亮)。

4)di/dt、ΔI、I_{max}等跳闸

① 进行直流快速断路器的闭合测试，同时也验证了自分流器至保护设备的连接部分功能是否正常。

② 断路器小车处于工作位置。

③ 连接测试电池盒，分别加入一个模拟电压和一个模拟电流。

④ 直流快速断路器闭合（红灯常亮）。

⑤ 操作电池盒上的可调电阻，模拟电流电压变化。

⑥ 分别进行 di/dt、ΔI、I_{max} 等跳闸测试。

⑦ 直流快速断路器断开（绿灯常亮）。

5.2.5.2　隔离开关

检验隔离开关辅助回路是否良好。

(1)隔离开关闭合

① 隔离开关处于断开状态（绿灯常亮）。

② 远方/当地选择器开关位于当地。

③ 手动合上隔离开关。

④ 隔离开关闭合（红灯常亮）。

(2)隔离开关断开

① 隔离开关闭合（红灯常亮）。

② 远方/当地选择器开关位于当地。

③ 手动拉开隔离开关。

④ 隔离开关断开（绿灯常亮）。

5.2.5.3　SITRAS DPU96（微机综合保护、控制装置）和 SIMATIC S7（可编程序控制器）

(1)检测各模块是否工作正常，通信是否良好。

(2)确认各开关柜间连线已正确联接。

(3)将设备与监视系统连接。

(4)检查参数设定是否正确并下载至装置中。

(5)按设计图纸要求进行各项功能测试。

5.2.5.4　钢轨电位限制装置

(1)检验设备在达到设定值时的动作情况，是否符合逻辑和图纸要求。

(2)设备加上辅助电源和测试仪表。

(3)下载程序至 LOGO。

(4)操作面板上测试开关并观察动作情况，记录此时动作值。

(5)模拟闭锁条件，看指示灯是否报警。

(6)对照图纸和技术要求进行分析，确认动作正确。

5.2.6　1 500 V 直流开关的控制

(1)在开关本体上直接分闸

打开 1 500 V 开关柜门，转动小车面板前的操作手柄至分闸位，不需要经过 DPU96 判断条件可以直接分闸，也就是将机械转动直接作用在大电流脱扣装置上，使开关脱扣分闸。

(2)当地位分合闸

在 1 500 V 开关柜面板上用分合闸按钮发触发信号给本开关 DPU96（微机综合保护、控制装置），经 DPU96 运算判断后进行分合闸。

(3)远方位控制

牵引所内馈线直流 1 500 V 开关的 DPU96（微机综合保护、控制装置）、进线直流 1 500 V 开关及回流柜的 S7（可编程序控制器）各自通过通信模块，以 PROFIBUS 总线协议构成网络，经牵引所内 RTU 进行通信协议转换后，实现牵混所(牵引所和降压所的统称，以下同)中央信号屏、牵混所监控微机、OCC 控制中心对 1 500 V 直流开关的分合闸，并取得开关保护、电流电压量、操作记录等数据。

5.2.7 1 500 V 直流开关的保护

(1)大电流脱扣保护

直流进线、馈线开关设置大电流脱扣保护。大电流脱扣主要用于接触网近端短路保护，它在 1 500 V 直流开关上利用电磁原理实现保护分闸。进线开关整定值为 12 000 A，馈线开关整定值为 9 000 A。

(2)I_{max}保护

直流馈线开关设置有 I_{max}保护，即电流速断保护。在 DPU96 中可设定 I_{max}的整定值，只要 DPU96 检测到开关主电路中电流大于此整定值则 DPU96 保护分闸。馈线开关整定值I_{max}=7 000 A。

(3)过电流保护

直流馈线开关设置过电流保护。当电流达到整定值 3 000 A 并持续 30 s 后 DPU96 保护分闸。

(4)di/dt 保护

直流馈线开关设置有 di/dt 保护，即电流变化率保护。开关合闸后，测量装置不断检测开关主电路中电流的变化率 di/dt，当 di/dt≥24 A/ms 时发出报警，di/dt≥40 A/ms 时触发 DPU96 产生中断。在 30 ms 内如果电流变化率仍高于 40 A/ms，则 30 ms 后 DPU96 保护分闸；如果 30 ms 内电流变化率低于 40 A/ms，则 di/dt 复零，中断退出。

(5)ΔI 保护

直流馈线开关设置 ΔI 保护，即电流增量保护。在 di/dt 被触发后(di/dt≥40 A/ms)持续 1 ms，ΔI 达到整定值 4 000 A(馈线开关)，经过延时(1 ms)，ΔI 动作，DPU96 保护分闸。di/dt 保护和 ΔI 保护是直流接触网末端短路的主保护。

(6)接触网热过负荷保护

直流馈线开关设置有接触网热过负荷保护。由于 1 500 V 的直流供电系统的电流较大，如果供电导体长时间通过大电流，可能会因供电导体的机械强度降低而导致故障发生。DPU96 通过连续检测开关主电路中电流的大小和时间计算，判断结果后发出报警，如果电流持续增大则 DPU96 保护分闸并闭锁，经过设定的冷却时间后才可以重新合闸。

(7)反向电流保护

直流进线开关设置有反向电流保护。对于进线开关，在其 S7(控制器)中检测进线电流的方向及大小，一旦进线电流出现反向(即流入整流器方向)且大于所设定飘移值，则 DPU96 保护分闸，同时 DPU96 控制输出，通过硬线触点联跳 33 kV 整流变压器进线开关及另外一台 1 500 V进线开关。因此当一台 1 500 V 直流进线开关发生反向电流保护时，整个牵引所会退出运行。从运营安全的角度出发，可以考虑在运营前甩开对另外一台 1 500 V 进线开关的联跳线路，减少故障影响范围。

(8)二极管逆流保护

广州地铁 3 号线 1 500 V 采用 24 脉波全波整流系统，在二极管整流器上装设有逆流保护。其原理为：在整流器的每一个整流桥臂上都装有 1 个穿心式电流互感器，如果整流桥臂内的某个二极管反向击穿，则在这个二极管支路的熔断器开始熔断的弧前时间和燃弧时间内，将有故障电流流经这个桥臂，接在电流互感器二次侧的逆流保护单元就有信号输出，向整流机组

33 kV 进线开关保护装置发出跳闸信号，33 kV 开关保护分闸，同时 33 kV 保护控制输出向 1 500 V进线开关 DPU96 发跳闸信号，DPU96 再保护分闸 1 500 V 进线开关。

(9)框架保护

直流开关柜、整流器柜、回流柜设置有框架保护。框架保护分为电流型框架保护和电压型框架保护。其原理为：负极柜的 S7(控制器)检测框架与大地之间的电流和框架对负极的电压，达到整定值则 S7 输出控制，通过硬接触点向本所所有 1 500 V 直流开关及邻所相邻 1 500 V 直流开关发出联跳信号(脉冲宽度大于 500 ms)，每个直流开关的 DPU96 或 S7 收到信号后保护分闸同时闭锁自动重合闸程序。

(10)馈线开关联跳邻所功能及自动重合闸程序

当馈线开关 DPU96 检测判断发生大电流脱扣分闸、I_{max}保护、过电流保护、di/dt 保护、ΔI 保护或接触网热过负荷保护时，DPU96 通过硬线触点向邻所馈线 1 500 V 直流开关发联跳信号(设计整定脉冲宽度少于 500 ms)，联跳邻所馈线 1 500 V 直流开关；邻所馈线开关 DPU96 检测到联跳信号后进行判断，满足条件(联跳脉冲宽度少于 500 ms)则跳闸并进入重合闸程序，如果脉冲宽度大于 500 ms(框架保护动作)则跳闸后退出重合闸程序；供电分区两端的馈线开关跳闸后，如果 DPU96 各自进入重合闸程序，则分别在 85 s 内测试 3 次合闸条件，满足合闸条件则合闸，3 次测试都不符合要求则 DPU96 退出重合闸程序。

5.2.8　测试结果

(1)对每个单项实验完成结果在试验报告上做好相应记录来进行确认。

(2)按设计要求来判定设备是否合格。

(3)每个参加试验的人员均应在测试报告上署名并注明测试日期。

5.3　技术标准及要求

(1)测量小车的绝缘电阻值，不应低于 200 MΩ。

(2)测量导电回路的电阻值应符合产品技术条件的规定。

(3)应在断路器合闸及分闸状态下进行交流耐压试验。当合闸状态下进行时，试验电压为 5.6 kV；当在分闸状态下进行时试验电压应按产品技术条件的规定，试验中不应发生贯穿性放电。

(4)测量断路器的分、合闸时间，应在断路器额定操作电压下进行，实测数值应符合产品技术条件的规定。

(5)避雷器试验(进线柜)应满足厂家技术要求。

6　劳动力组织

(1)调试组织机构

为了保证供电系统的性能及质量，为业主提供一个可靠、优质的工程，调试工作采用岗位负责制、定点定岗。各人员现场操作严格遵守技术要求、安全规程和操作规程。该小组由 4 名调试工程师和 4 名现场技术工人组成，设组长 1 名，技术负责人 1 名，安全质量负责人 1 名，见图 2。

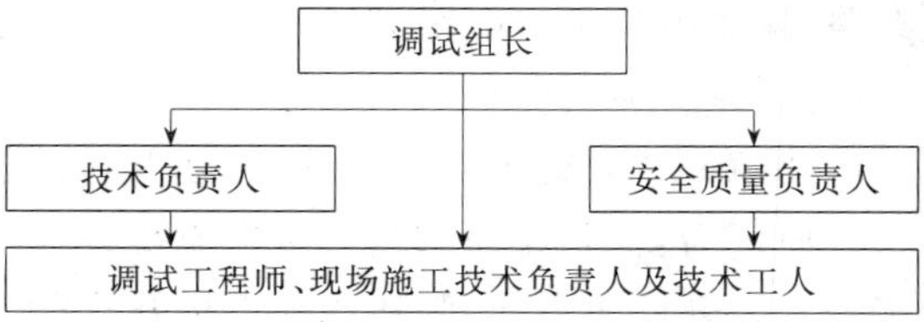

图 2　调试组织机构图

(2)调试人员职责

① 调试组长：负责变电所功能调试的全部工作，并负责组织、协调调试人员的工作分

配，以及调试进度的安排。

② 技术负责人：在调试组长的领导下，具体负责调试工作的技术环节及测试数据的审核、把关。

③ 安全质量负责人：安全督导作用。

④ 调试工程师：在调试组长的领导下，在技术负责人和安全质量负责人的督导下，进行变电所的具体调试工作。

⑤ 技术工人：在调试组长或项目负责人的领导下，配合调试人员进行试验。

7　主要试验仪器配置

主要实验仪器配置见表 1。

表 1　主要试验仪器配置表

序号	试验仪器(表)名称	型号及规格	数量	单位
1	摇表	2 500 V	1	只
2	接触电阻测试仪	R9345	1	台
3	试验变压器	YDJ-20/100	1	台
4	开关测试仪	CGK-890-3	1	台
5	电池盒	0～15 V	2	只
6	直流高压发生器	60 kV	1	台
7	万用表		1	只
8	继电保护测试仪	S40	1	台
9	调压器	5 kVA	1	台

注：要求所有使用的测量仪表均经检验合格，并在检定周期内。

8　质量控制要点

(1)组织测试人员进行培训，掌握检验方法及检验标准以确保产品满足设计输出及标准。

(2)学习相关技术并进行培训(地铁直流供电柜设计的相关技术及应用软件、DPU96 微机保护装置功能及调试培训、产品制造工艺、使用的专用工具及设备、SIMATIC S7 通讯功能调试)。

(3)确认测试设备的数量和性能完好。

9　安全控制要点

(1)对现场的所有试验工作至少应有两人进行，并指定一人负责。

(2)试验接线中的高压连线，应尽可能缩短与其他用电部分及地面之间的距离，必须保证不致产电现象，必要时用绝缘材料隔离式固定。

(3)试验区域应设置安全围栏，无关人员不得进入。

(4)施工用电要注意安全。

(5)每次高压试验开始前，必须指定专人负责监护，并通知在附近工作的其他人员。

(6)在加压试验升压过程中，如发现电流指示急剧增加，有绝缘煤焦或冒烟现象，被试物放电和不正常的音响，均应停止试验查找原因。

(7)每次试验完毕，必须断开设备电源及接地，放电后方可接触试验设备及接线。

10 环境保护要点

根据试验过程中可能对环境产生影响的因素，采取以“预防为主，防治结合，综合治理”为原则，确保做好环境保护工作。在试验过程中采取以下措施：

(1)坚持按《中华人民共和国环境保护法》及相关法规进行施工。制订环境保护管理办法和实施细则，并建立奖惩制度，将环保的具体措施落实到人头。

(2)现场设备、工具摆放整齐，保证现场整洁、干净。

(3)试验工作完成后，应按要求拆除安全防护设施和临时设施，并将场地及周围环境清理整洁。

11 常见问题及处理方法

(1)绝缘电阻试验项目中，发现设备绝缘电阻绝对值较低，测试值不合格。这主要是因为地下环境非常潮湿，须经过干燥处理(用电吹风或除湿器)后，再进行绝缘试验配合耐压试验进行判断。

(2)测量仪表尽量采用微机控制、数字化显示仪表，使仪表读数方便、准确、易于判别。

城市轨道交通供电系统设备运输、就位施工工艺

1 工艺概况及技术特点

1.1 工艺概况

地下铁道施工的突出特点表现为净空低，施工场地狭窄，环境多粉尘、空气潮湿、道路滑、多单位、多工种同时施工，作业活动空间小和运输通道上的预留孔洞多。尤其在地铁牵引供电系统工程中，变电设备体积大、质量重，因而设备的运输是个难度大、风险大的关键工序。变电设备又分散在站台层或站厅层等，设备需从仓库取出运输到吊装孔，再经吊装孔吊运到地铁站台层或轨道平板车运输到站台层后再次吊运到站厅层，造成设备运输难点大、不安全隐患多，变电设备是否及时、安全的运输就位直接影响这个工程的施工。运输要占用轨行区时，还必须遵守轨行区施工行车管理办法。因此，为保证设备运输的顺利进行，在进行设备运输前，必须了解各种变电设备的基本情况（见表1），编制详细、科学、合理、可操作性强的设备施工运输方案，才能降低变电设备的吊装运输带来的难度性、风险性，确保设备运输的安全、快捷和高效。

表1 各种变电设备情况

序号	名 称	运输尺寸(mm)	单台重量
1	动力变压器	2 500×2 000×2 500	6 t
2	整流变压器	2 500×2 500×2 800	15 t
3	33 kV GIS 开关柜	2 800×1 200×2 200	1.5 t
4	1 500 V 直流开关柜	1 600×2 000×2 000	1 t
5	直流开关柜小车	1 000×1 500×1 500	0.5 t
6	整流器柜	1 650×2 010×2 200	1 t
7	负极柜	1 650×2 010×2 200	2 t
8	钢轨电位限制装置	600×600×1 500	0.8 t
9	PK 柜	1 000×1 000×2 200	0.5 t
10	排流柜	1 800×1 800×2 200	1 t

1.2 技术特点

（1）地铁工程构筑物布局紧凑、机电设备密集，设备运输通道、设备运输空间具有狭窄、净空低的特点。

（2）地铁施工系统繁多，不同系统间的施工存在相互干扰。施工时需要对施工中的交叉作业或干扰作业进行协调和配合。

（3）地铁施工时要加强对自有成品的保护，同时还应保证施工作业中不能对非自有成品造成危害或影响。

(4)变电设备采用汽车运输至地铁预留吊装口处；不能一次运送到吊装口时，变电设备也可运输到指定地点，施工时再自行二次倒运就位作业。

(5)变电设备的运输依靠轨道车、汽车运输到地铁站，轨道车运输时必须使用特种低平板车，以使设备在地铁隧道中运行不超高。变压器在地铁站内运输时，通过设置在运输前方的地锚，使用手扳葫芦牵引运输。当从站台层吊运到站厅层时，使用链条葫芦牵引上吊后再用手扳葫芦平移。此法投入人力少，不使用大型机械，安全经济，适用于地铁内变压器及笨重设备的运输就位。

2 适用范围

本施工工艺适用于城市轨道交通(地铁、轻轨等)供电系统变电设备的吊装及运输。也可作为其他相似条件下设备运输、就位的参考。

3 引用标准

(1)《铁路机车行车组织规则》

(2)《轨道车管理规则》

(3)《中华人民共和国环境保护法》

(4)《中华人民共和国道路运输条例》

(5)《中华人民共和国道路交通安全法》

(6)广州市地铁运营总公司发布的《外单位轨道车辆管理办法》、《行车组织规则》和《车厂运作手册》

(7)大型设备吊装工程施工工艺标准(SH/T 53515—2003)

(8)道路危险货物运输安全技术要求(DB11/415—2007)

4 工艺原理

设备在站台层时，通常情况是轨道平板车车面低于站台(设备房间)平面，在轨道平板车与站台(设备房间)之间搭设平台，平台采用垫自制钢架、枕木或木板，并在平台上垫上钢板，把变电设备抬升，保证变压器(液压拖车)底部与站台(设备房间)平面平齐，用手扳葫芦牵引变压器(液压拖车运开关柜)沿平台滑动至站台(设备房间)，将变压器(开关柜)运输就位。

设备在站厅层时，采用前面方法将变电设备运输至预留吊装孔位置，使用链条葫芦将变电设备吊到站厅层，再用工字钢封堵预留吊装口，在工字钢上铺上钢板，将设备平稳放在钢板(液压拖车)上，再用手扳葫芦牵引变压器(液压拖车运开关柜)沿平台滑动到站厅层地面，将变压器(开关柜)运输就位。

5 基本术语及定义

地锚：固定在地铁车站内硬质混凝土地面上的支撑物，主要用于承受手板葫芦牵引变压器及其他设备时的拉力。

6 工艺流程及操作要点

6.1 设备运输工艺流程

设备运输流程如图 1 所示。

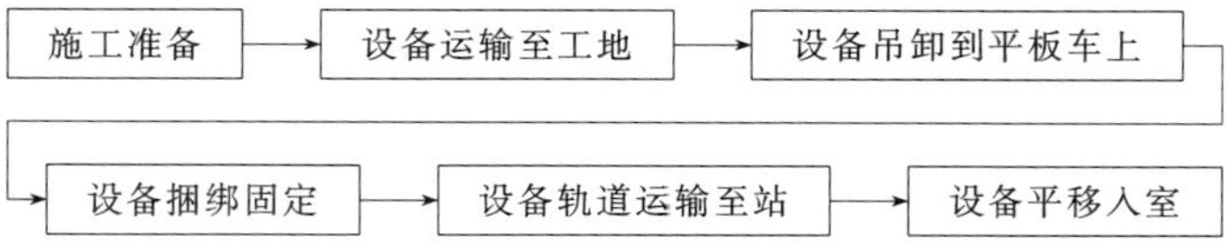

图1　设备运输流程图

6.2　操作要点

施工准备主要内容是进行路径勘察调查，根据现场施工进度、环境调查情况编制科学合理运输、吊装方案，以及准备好所需的施工资源。

6.2.1　路径勘察调查

(1)与车站装修施工单位协商运输路径、预留运输通道要求、运输时间等相关事宜。

(2)提前了解各设备房间的位置、设备房的预留门洞位置、尺寸，根据设备的运输尺寸核对预留门洞的预留尺寸。

(3)运输路径上是否有孔洞及孔洞尺寸，如有，应进行空洞封盖。

(4)在某些需要预留吊装孔的地方，还要检查预留吊装环的预埋位置是否恰当，并要检验预留吊装环的承载强度是否满足起吊要求，以及预留吊装孔护栏是否影响吊装工序的展开等。

(5)在和车站装修单位不能协商妥当时，要及时将情况反映给施工双方的监理单位和业主管理部门，由双方的监理单位和业主管理部门统一协调，满足设备运输的要求。

(6)轨道轨面与设备房地面之间的高差。

6.2.2　办理轨道占用计划

需要占用轨道运输时，方案报经业主批复后，根据业主协调安排的运输计划，提前向轨道管理单位提报占用轨道运输的时间、区段及转运区域和占用时间，以便轨道管理单位统一协调施工单位的轨道使用，确保轨道使用的安全。

6.2.3　办理设备取货手续

运输方案报经业主批复后，根据与车站管理单位协商确定的设备运输时间，提前向业主办理设备提取单，向设备仓储管理单位通报设备领取时间，以便进行设备的领取，保证设备运输的顺利进行。

6.2.4　设备运输至工地

做好上述施工准备工作后，提前在业主安排的时间段将设备从业主的库房内取出，做好设备的固定事宜，按运输方案规定的注意事项，安全地将设备运输到预留好的吊装孔洞处。

6.2.5　设备运输、吊装

现场勘察以后，针对调查情况编制合理、有效的运输吊装方案，确定施工人员、使用的工机具和辅助材料，包括设备的捆绑、运输、吊装等程序细节，以及各个环节的安全注意事项、防护措施均要落实到负责实施的人员。

根据运输的环境条件，地铁设备运输主要有以下四种运输方案：地面运输方案、汽车运输下吊方案，轨道车运输、吊装方案，汽车运输＋轨道车运输、吊装相结合方案。

6.2.5.1　地面运输、吊装

地面运输方案是利用载重汽车运输，再通过吊卸搬运进所。该方案适合地面设备房的设备的运输。

地面运输流程如图2所示。

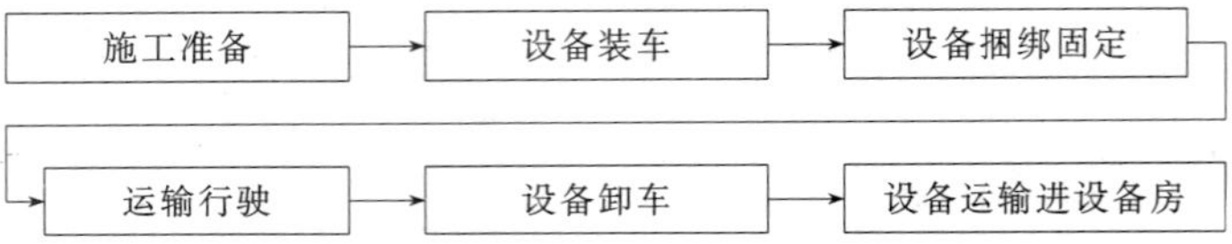

图 2　地面运输流程图

(1)施工步骤

1)施工准备

① 施工人员安排,以及机具和材料准备(劳动力组织中所叙)。

② 了解拟定运输道路桥梁,涵洞、路段等构筑物承载力,交通管制条件,查看道路路面上有无影响设备运输的障碍物。

③ 选择线路最短,最便捷安全的运输路径。

④ 勘测各装卸地点是否满足作业要求。

⑤ 检查设备入口处承台的强度、面积是否满足运输要求,对强度有怀疑的地点使用枕木、钢板、工字钢搭建临时过渡平台进行加固。

2)变压器装车

① 将 50 t 吊车和运输平板车停放好(两车车尾相对),做好作业准备。

② 放下吊车吊钩进行试吊,确认起吊安全、平衡后,缓慢起吊。

③ 变压器底座超出平板车面合理高度时,停止起吊,再缓慢将变压器平吊到平板车中心上方,然后缓慢将变压器吊放到平板车上。

3)其他设备装车

根据设备种类和体积大小,依次把设备逐个吊放到平板车。每次只准吊装一件设备,且不能叠放、倒放。

4)用绑扎带将设备捆绑固定好。

5)根据运输前选定的线路运输设备,在运输过程中保持低速行驶,避免设备相互碰撞。

6)卸车、就位

① 整流变压器卸车、就位

将整流变压器用 50 t 汽吊缓慢吊到地面上。拆除外包装,装上滚轮。

将整流变压器平稳吊到入口平台上,用三角木塞住整流变压器的 4 个滚轮,确认变压器的方向正确、平台稳固后,松开并取掉吊绳。

将两台已固定好的链条葫芦的牵引绳挂钩对称挂在变压器底架的前端牵引孔内,取掉行进方向的 2 个三角木,在指挥人员的统一指挥下,平衡用力,将变压器牵引到基础上,用三角木塞住。

用液压千斤顶先把变压器顶起,等滚轮离开基础面合理高度时,停止升高,取掉轮子,千斤顶缓慢下降,将变压器放到基础上,并进行变压器位置细调。如图 3 所示。

② 动力变压器卸车、就位

将动力变压器用汽车吊车吊到地面上,撤除外包装,装上滚轮,平移到变电所里,待柜体安装完成后再就位。

③ 其他设备就位

将其他设备从车上逐件吊到入口平台口(带包装)。用手动液压叉车将设备运进所内,待拆箱就位。如图 4 所示。

图 3 使用链条葫芦牵引变压器

图 4 使用手动液压推车运输开关柜

(2)安全注意事项

1)设备运输途中,要根据路况控制车速。

2)起吊设备时,要先进行试吊,观察设备受力及平衡情况,确认安全可靠后方可正式起吊。

3)向所内运输整流变压器前,要确保放置方向正确(从设备入口至变压器基础间,变压器可能要经几次 90°转向,如初始方向不正确,将引起很大麻烦)。

4)在牵拉整流变压器过程中,两台链条葫芦用力要均匀、节奏一致,并有防止其自由溜放的制动措施。

5)注意收听、收看天气预报,避开雷雨天气作业。

6.2.5.2 汽车运输下吊

汽车运输下吊方案是先用汽车运输,再通过通达地面的孔洞将设备下吊到变电所所处层面,然后用液压叉车、手板葫芦、链条葫芦等工具,在运输路径和线路上需要之处搭建运输斜坡、平台,通过运输路径和线路将设备运输进设备房。该方法适用于有通达地面的孔洞的车站变电所设备房的设备运输。

(1)汽车运输下吊方案流程如图 5 所示。

(2)施工步骤

1)施工准备

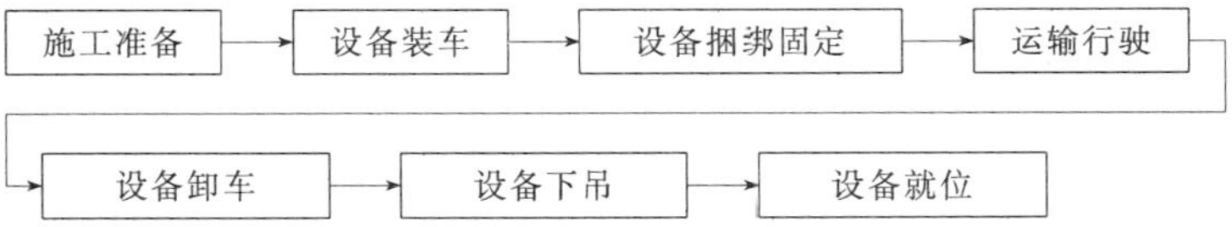

图 5 汽车运输下吊流程图

① 施工人员安排,机具和材料准备(劳动力组织中所叙)。

② 了解拟选运输道路桥梁,涵洞、路段等构筑物承载力,查看道路路面上有无影响设备运输的障碍物。

③ 选择线路最短、最便捷安全的运输路径。

④ 勘测各装卸地点是否满足作业要求。

⑤ 在设备作业层备足照明设施。对运输路径旁的孔洞进行安全围蔽并挂“危险,请勿靠近”警示牌。

⑥ 清理设备下吊处到设备房的运输通道,确保设备顺利通行。

⑦ 如运输通道中或运输通道与设备层地面间存在梯级高差时,要先用枕木、工字钢、钢板

等搭好平整的过渡平台。

2)设备装车

① 变压器装车

a. 将 50 t 吊车和运输平板车停放好(两车车尾相对)。

b. 放下吊车吊钩进行试吊,确认起吊安全、平衡后,缓慢起吊。

c. 变压器底座超出平板车面合理高度时,停止起吊,再缓慢将变压器平吊到平板车中心上方,然后缓慢将变压器吊放到平板车上。如图 6 所示:

图 6　使用汽车吊装变压器

② 其他设备装车:根据设备种类和体积大小,依次把设备逐个吊放在平板车两端空闲位置。每次只准吊装一件设备,且不能叠放、倒装。

3)用绑扎带将设备捆绑固定好。

4)根据运输前选定的线路运输设备,在运输过程中保持低速行驶,避免设备相互碰撞。

5)设备卸车。

① 将变压器吊起,确认安装方向后,平缓放落地面。

② 将变压器外包装拆除,吊起装上滚轮。

6)设备下吊。

① 将变压器通过吊装孔洞平稳降落到设备层。

② 将其他设备吊落到设备层。

7)设备就位。

① 整流变压器就位。

a. 将整流变压器用 50 t 汽吊缓慢吊到地面上。拆除外包装,装上滚轮。

b. 确认变压器的方向后,将整流变压器平稳吊到入口平台上,用三角木塞住整流变压器的 4 个滚轮,稳定后松开并取掉吊绳。

c. 将两台已固定好的链条葫芦的牵引绳挂钩对称挂在变压器底架的前端牵引孔内,取掉行进方向的 2 个三角木,在指挥人员的统一指挥下,平衡用力,将变压器牵引到基础上,用三角木塞住。

d. 用液压千斤顶先把变压器顶起,等滚轮离开基础面合理高度时,停止升高,取掉轮子,千斤顶缓慢下降,将变压器放到基础上,并进行变压器位置细调。

② 动力变压器就位。

将动力变压器用汽车吊车吊到地面上,撤除外包装,装上滚轮,平移到变电所里,待柜体安装完成后再就位。

③ 其他设备就位。

将其他设备从车上逐件吊到入口平台口(带包装)。用手动液压叉车将设备运进所内,待拆箱就位。

(3)安全注意事项。

1)设备运输途中,要根据路况控制车速。

2)起吊设备时,要先进行试吊,观察设备受力及平衡情况,确认安全可靠后方可正式起吊。

3)向所内运输整流变压器前,要确保放置方向正确(从设备入口至变压器基础间,变压器可能要经几次 90°转向,如初始方向不正确,将引起很大麻烦)。

4)在牵拉整流变压器过程中,两台链条葫芦用力要均匀、节奏一致,并有防止其自由溜放的制动措施。

5)注意收听、收看天气预报,避开雷雨天气运输作业。

6)因作业条件不利,吊车的起吊能力要有充足的裕度,钢丝绳的强度及长度要经检查确认满足使用要求。

7)设备下落速度要平缓,上下部作业人员要在指挥人员的统一指挥下,相互配合,上下呼应,设备即将落地前,要进行扶持调整,保证设备的落点、方向正确无误。

6.2.5.3 轨道运输、吊装

轨道运输方案是利用轨道车辆运输到变电所运输门洞处、再通过运输工具将设备搬运进设备房。

(1)运输方案流程图 7 所示:

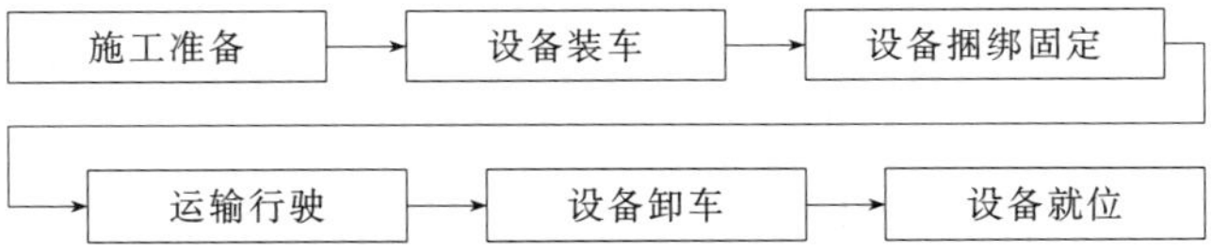

图 7 轨道运输流程图

(2)施工步骤

1)施工准备

① 在业主行车调度部门办好轨道占用计划。

② 在变电所内放置一定的木料、钢板、钢轨等材料,以备支撑加固站台和搭设运输过渡平台(劳动力组织中所述)。

③ 运输前,要仔细检查运输线路状况,排除侵限或影响设备运输车通行的障碍物。

④ 作好运输防护工作。

2)设备装车

① 变压器。用吊车将变压器吊起,拆下变压器的滚轮,调好方向后,平稳放置在预先铺好枕木的轨道平板车上。

② 其他设备。将设备合理分布在轨道平板车上,并注意放置方向,避免叠放。

3)用货物绑扎带将变压器绑扎固定。用四根专用钢丝绳分 4 个方向将变压器固定妥当。其他设备用绑扎带绑扎牢固。

4)运输行驶。

行驶过程中注意保持均匀车速,速度不大于 15 km/h。运输途中避免紧急制动。

5)设备卸车、就位

① 变压器

a. 调整车辆停放位置,使变压器对准变压器基础中心或通道中心。

b. 装有变压器的平板车(h<80 cm)支撑牢固后,用千斤顶把变压器抬升至适当高度,变压器底部下方垫好固定枕木和钢轨。

c. 平板车与基础间搭设好固定的过渡平台,敷设好钢轨,轨距要根据变压器底座的长度和重心综合考虑。

d. 确定稳妥可行之后,用两个链条葫芦将变压器缓缓拉至基础上方。

e. 千斤顶将变压器再次顶升,取出基础上的钢轨和垫木,平稳降落在基础上(由于受千斤顶的行程限制,可能要反复几次抽取垫木)。如图 8 所示

图 8　使用链条葫芦在斜坡上运输变压器

② 其他设备。用手动液压叉车将设备通过搭设的过渡平台搬进所内。

(3)安全注意事项

① 变压器装车时,要注意车辆的集载能力,装在合适位置。

② 运输车辆必须是低矮车型(高约 800 mm),否则整流变压器无法通过接触网区段。

③ 运输中的行使速度不大于 15 km/h。

④ 顶升变压器时,必须设专人指挥、专人监护。

6.2.5.4　汽车运输＋轨道车运输、吊装

汽运下吊＋轨道运输相结合方案是:设备先用汽车运输,通过通达地面的孔洞将设备下吊到变电所所处层面,再利用轨道运输设备,搬运进所内。

(1)运输方案流程如图 9 所示。

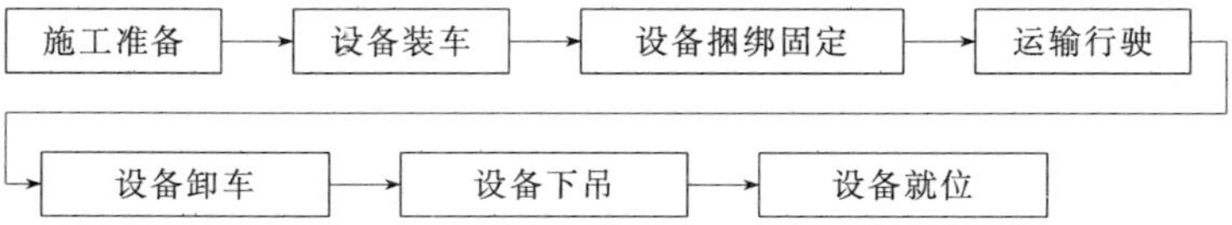

图 9　汽车下吊＋轨道运输流程图

(2)准备工作

① 了解拟定的运输线路,发现对设备运输有困难的地方进行相应处理。

② 检查装卸点地面承载力情况,空间大小,准备相应加固、平整的材料(见“材料组织”中所述)。

③ 在设备作业层要备有足够的照明设施。

④ 清理设备到设备房的通道，确保设备顺利通行。

⑤ 清除运输途中障碍物，为运输提供便利。

⑥ 在业主行车调度部门办好轨道占用计划。

⑦ 备好整流变压器卸车、就位用的枕木、钢轨、垫木等材料。以加固平板车和搭设就位平台、通道。

⑧ 做好现场的安全防护工作。

(3)设备运输

与前面所述的汽车、轨道车运输的相关内容相同。

(4)设备就位

1)变压器

① 调整车辆，使变压器对准变压器基础中心或通道中心。

② 把装有变压器的平板车($h<80$ cm)支撑牢固后，用千斤顶把变压器抬升，抬升变压器高度比基础高出合理位置。并在抬升变压器底下搭好固定枕木和钢板。

③ 在平板车与站台和基础间搭设好固定的过渡平台，敷设好钢轨，高度与变压器底部相同。

④ 用链条葫芦将变压器拉至基础上。

⑤ 用千斤顶将变压器再次顶升，取出基础上的钢轨，调好位置，用千斤顶平稳将变压器降落在基础中心。如图 10 所示。

图 10　使用链条葫芦牵引变压器进设备房

2)其他设备

将相应设备逐件挂上吊绳后，落下吊钩，把设备吊放在平台上，用手动液压叉车将设备运输进入设备房。

7　劳动力组织

根据运输方案、运输路径、轨道占用时间等多方影响因素，确定设备运输需、吊装人员的数量。运输人员表见下表 2 所示：

表 2　运输、吊装人员表

序号	作业人员	数量	序号	作业人员	数量
1	设备运输指挥人	1	6	安装变压器滚轮人员	若干
2	设备技术负责人	1	7	钢丝绳穿引及吊装人员	若干
3	设备运输安全负责人	1	8	汽车驾驶人员	若干
4	设备搬运人员	1	9	轨道车驾驶员	若干
5	油压千斤顶使用人员	若干			若干

8　机具设备配置

8.1　运输机具配置

根据运输方案、运输路径、轨道占用时间等多方影响因素确定配置运输机具的型号、数量。

运输工具见下表3。

表3　运输工具表

序号	名　　称	规　　格	单位	数量	备　注
1	手动液压推车	3 t	辆	4	
2	手动液压叉车	承载2 t	个	1	升降高度1.6米
3	油压千斤顶	10 t	个	4	带附爪
4	油压千斤顶	12 t	个	4	
5	手搬葫芦	5 t	台	4	
6	链条葫芦	10 t	台	4	
7	U型环	10 t	个	4	
8	U型环	5 t	个	10	
9	搬运小坦克	10 t/个	个	4	承载10 t
10	轨道平板车	GPC30	辆	2	
11	轨道车	DA5A	辆	2	
12	汽车吊	50 t	辆	1	

8.2　运输材料配置

根据运输方案确定设备运输需要的材料情况。运输材料见下表4。

表4　运输材料表

序号	名　　称	规　　格	单位	数量	备　　注
1	工字钢	250 mm×6 000 mm	根	若干	
2	撬棍	L=1 500 mm	根	若干	
3	大锤	8磅	把	若干	
4	铁线	ϕ4 mm	米	若干	
5	钢板	1 000 mm×2 000 mm×16 mm	块	若干	搭设平台
6	钢板	2 000 mm×2 000 mm×16 mm	块	若干	搭设平台
7	角钢架	1 000 mm×2 000 mm×800 mm	块	若干	
8	枕木	250 mm×200 mm×2 500 mm	根	若干	木质
9	方木	100 mm×100 mm×100 mm	m^3	若干	
10	木板	δ=50 mm	m^3	若干	
11	三角木	300 mm×200 mm×200 mm	块	若干	
12	抓钉、道钉		斤	若干	
13	滚轮撬棍		个	若干	3 t、1.5 t
14	晃绳	ϕ30 mm	根	若干	
15	吊装带	10 t	根	若干	
16	捆绑带	10 t	根	若干	

续上表

序号	名　　称	规　　格	单位	数量	备　　注
17	斧子		把	若干	
18	千斤顶垫块	大小、厚薄各型	个	若干	
19	钢板小垫块	大小、厚薄各型	个	若干	
20	钢丝绳卡	与 ϕ22.5 mm 配套用	个	若干	

9　质量控制要点

(1)进行现场调查,选择合适的卸车吊装口地点和运输道路路径。

(2)制订详细的运输方案和安全技术措施,进行面技术交底。

(3)变压器的吊卸和运输中,司机严禁使用急刹,地面运输尽量经过平整路面,避免发生冲击或严重振动现象。

(4)变电设备在顶升或在运输过程中,其倾斜角不得超过变压器说明书规定角度,以防内部结构变形。

(5)牵引或顶升变压器时,变压器受力点应置于器身指定部位,顶杆与器身间应采取防护措施。

(6)为避免变压器就位时反装,变压器吊卸时,应注意变压器在设备房间高、低压侧的方向,并在吊装过程中及时调方向。

10　安全控制要点

(1)设备在运输前,总负责人负责组织对运输线路进行平整、清障;并对相关人员进行安全运输培训和运输演练。确保做到每个人明确知道自己的工作任务、职责及安全注意事项。

(2)整流变压器装车时做到轻装轻放,用货物绑扎带固定牢固。

(3)汽车和轨道运输速度不超过 15 km/h,运输过程中严禁实施紧急制动。

(4)使用吊具、钢丝绳、千斤顶、紧固件、扣件前必须检查是否完好,严禁使用非完好机具。

(5)起吊设备时,要先进行试吊,观察设备受力及平衡情况,确认安全可靠后方可起吊。

(6)根据整流变压基础上的安装方向,确定它在平板车上的安装方向准确无误。

(7)在牵引整流变压器过程中的两台链条葫芦用力要均匀一致,并有防止其自由溜放的制动措施。

(8)变压器或设备从轨道平板上卸车时,必须将轨道平板卡阻牢固后方可卸车。

(9)起吊设备速度要平缓,上、下部作业工员要在指挥人员的统一指挥下,相互配合,上、下呼应,设备即将落地前,要进行扶持调整,保证设备的落点、方向正确无误。

(10)专人监护设备在推行运输途中倾斜、与墙壁碰撞的安全防护事宜,注意对别单位的成品保护。

(11)注意收听、收看天气预告,避开雷雨天气作业。

(12)必要时请起吊专家策划起吊方案或现场指导。

(13)行车区段内施工两端挂作业信号灯,保证车辆及安全。

11　环境保护要点

(1)坚持按《中华人民共和国环境保护法》及相关法规进行施工。

(2)施工场地整洁、干净、工完料清,施工现场工具材料摆放整齐。

(3)不得在施工区段乱涂乱画,保护施工环境。

(4)生活垃圾及时清除干净。

12　工程实例

12.1　体育西路站变电设备吊装运输方案介绍

体育西路站有一座混合降压所和一座跟随所,其设备的种类和数量见表5所示。

表5　设备数量表

序号	设备名称	运输尺寸(mm)/单重量	单位	数量
1	动力变压器	2 500×2 000×2 500/6 t	台	4
2	整流变压器	2 500×2 500×2 800/15 t	台	2
3	33 kV GIS 开关柜	2 800×1 200×2 200/1.5 t	面	15
4	1 500 V 直流开关柜	1 600×2 000×2 000/1 t	面	8
5	直流开关柜小车	1 000×1 500×1 500/0.5 t	台	6
6	整流器柜	1 650×2 010×2 200/1 t	面	4
7	负极柜	1 650×2 010×2 200/2 t	面	1
8	轨电位限制装置	600×600×1 500/0.8 t	面	2
9	PK 柜	1 000×1 000×2 200/0.5 t	面	5
10	排流柜	1 800×1 800×2 200/1 t	面	1

12.2　运输方案选择

由于体育西路站所处的地面是繁华路段,且无通达设备房的吊装空洞。设备房处在地下负2层和负3层,设备重量大、体积大,为保证运输的安全,该站的变电设备只能采用轨道运输的方法运输就位。设备需要从三号线珠江新城铺轨基地下料口处吊下,放置到自备轨道平板上后运输到体育西路站。再将设备从轨道平板车搬运进所就位。

12.3　运输流程

设备运输流程图如图11所示。

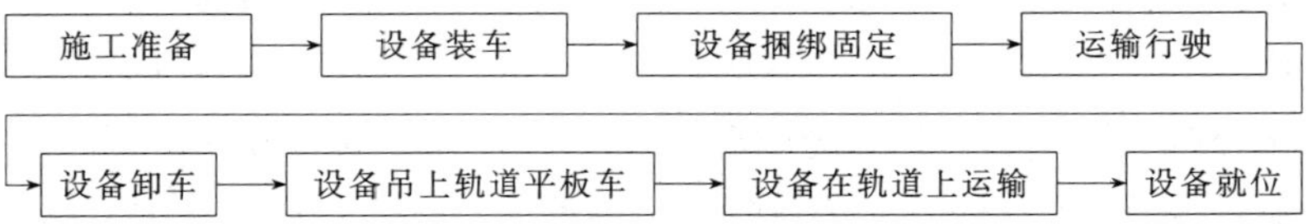

图11　地面运输流程图

12.4　施工准备

(1)人员准备:见“劳动组织”中所述。

(2)工具准备:见“运输机具配置”中所述。

(3)材料准备:见“运输材料配置”中所述。

12.5 设备的运输和就位

12.5.1 站台层 33 kV 室、控制室、直流开关室变电设备(柜类)的运输就位将轨道车组停放在三号线珠江新城铺轨基地右线轨排吊装孔处,用 50t 汽车吊将各种开关柜从货运汽车上吊起,放到行车下方。再用行车(吊车)将 33 kV 开关柜室、1 500 V 直流开关柜室、控制室的开关柜按由南到北的摆放顺序吊卸到轨道平板车上平稳放置,并全部捆绑牢固(见图 12)。

图 12 汽车吊将各种开关柜

轨道车将柜类设备运输到体育西路站,行车速度不大于 15 km/h,轨道车运行到直流开关柜室、控制室的运输门洞对应位置时停车。在轨道平板车与运输门洞地面之间敷设钢板,并在轨道平板下方垫上枕木,防止平板车的摆动。使用手动液压推车,将开关柜通过铺设的钢板运进直流开关柜室内(见图 12)。柜子的位置和方向由技术人员确认。

12.5.2 变压器的运输就位

采用行车吊装方法,将动力变压器和附件箱平稳的吊卸轨道平板车上并捆绑牢固。轨道车组安全、平稳地运输到体育西路站,车速不大于 15 km/h,到达车站南端运输平台位置时将轨道车组停稳。将钢板在轨道平板车和站台运输平台间搭设好,并在轨道平板车下方垫上枕木,防止平板车的摆动。把动力变压器的滚轮装好。使用手搬葫芦、钢丝绳将跟随所内的 2 台 1 250 kVA变压器由轨道平板车上运输到右线与机场线之间的站台层上(见图 10)。使用链条葫芦将变压器平稳地升到设备层以上,当变压器上升到离负二层后,使用手搬葫芦、钢丝绳将变压器运到踏步处。在踏步处搭设一个斜面,上面铺钢板,使变压器可以平稳的下滑到梯步下,并且在变压器下放的后端使用链条葫芦拉着,防止变压器的下滑过快。将变压器运输到跟随所内,由技术人员确认变压器的方向和定位。

12.5.2.1 动力变压器的运输就位

轨道车将轨道车运行二轴和 A、B 轴吊装平台处,使牵混所动力变压器正对该吊装平台处停车。在吊装平台与轨道车之间搭设一个枕木墩,铺上工字钢,在工字钢上铺上一层钢板。使用千斤顶将变压器的滚轮安上,将变压器通过搭设的平台,运到吊装平台上,正对上方的吊装环。使用将链条葫芦将变压器吊上负二层,当变压器离负二层地面 300 mm 时,用工字钢将吊装孔封盖着,并在工字钢上铺一层钢板,并搭设一个斜坡,便于变压器的运输。将变压器平稳的下放在钢板上,将变压器运输进设备室内,在技术人员的指导下,将变压器就位即可

(见图 8)。

12.5.2.2　整流变压器的运输

使用 50 t 汽车吊将整流变压器吊放在轨道平板车上搭设的平台上(并卸下滚轮),由设备运输人员用紧线器将变压器捆绑牢固稳妥。轨道车将轨道车开到体育西路站,在整流变压器正对整流变压器室预留门洞时停车。在轨道平板车下方垫上枕木,防止平板车的摆动,并在预留门与平板车间搭设枕木墩,铺上工字钢,并在工字钢上铺一层钢板(见图 13)。将变压器滚轮安装好,使用手搬葫芦将整流变压器牵引进室,在技术人员的指导下将变压器就位即可。

图 13　使用链条葫芦牵引变压器

13　常见问题及处理方法

(1)常见问题。

① 吊装口处吊车作业空间受地铁施工临时建筑物或电缆、电线影响。

② 吊装口处吊车停放位置受别的施工单位堆放货物限制。

③ 液压手动拖车或千斤顶升降失灵。

④ 预留吊装或运输孔洞不符合设计要求。

(2)处理方法。

① 和施工单位协商,改变原有临时建筑物或电缆、电线走向。

② 和堆放货物(现场施工)单位协商,移开堆放物。

③ 修复液压手动拖车或千斤顶,并经常对其进行维护保养。

④ 通过监理与房屋装修单位协商,改变预留吊装或运输孔洞,使之符合要求。

城市轨道交通电气设备安装及调试施工工艺

1　工艺概况及技术特点

1.1　地铁供电系统变电所概况

地铁供电系统变电所由主变电所、牵引所、牵引降压混合所、降压所和跟随所等组成，主变电所将高压(110 kV及以上)变成中压(35 kV、33 kV、10 kV等)向地铁沿线的牵引所、牵引降压混合所、降压所和跟随所等供电，各变电所间通过环网电缆联络。地铁变电所设在车站内，牵引所经过降压整流后向接触网供电，为机车提供电源；降压所经过降压后向车站提供动力和照明电源。地铁变电所间距离小，因此地铁供电系统变电所数量比较多，通常分布在地铁沿线各站。

以地铁牵引降压混合所为例，地铁变电所含整流变压器、动力变压器、中压交流开关柜、直流开关柜、整流器柜、控制信号盘、交直流电源盘等设备。地铁空间狭小，变压器大多采用干式变压器，开关柜大多采用组合式开关柜，设备安装在相应的设备房中。

变电所设备在车站的位置，由设计总体考虑，多数分布在站台层，也有少数分布在站厅层或设备层。变电所保护装置基本采用微机保护，并设电力监控系统，在控制中心对设备运行状况进行集中监控。

1.2　工艺概况及技术特点

地铁变电所电气设备安装及调试工艺在广州地铁三号线供电系统工程施工中总结形成，相对铁路牵引供电系统变电所，有相似地方，也有很多不同之处，具有地铁自己的特点。主要表现在：

(1)电气设备都承重在基础预埋件上，有的用连接螺栓固定在预埋件上(如干式变压器、ABB的33 kV开关柜等)，有的用膨胀螺栓固定在装修层中(如直流开关柜、控制信号盘、交直流盘等)，都不允许采用与预埋件焊接固定的方式。

(2)预埋件采用膨胀螺栓固定在土建结构层上，埋在装修专业浇筑的装修层中。地铁组合式开关柜对预埋件安装的水平度、直线度及垂直度要求较高，因此，预埋件安装把握好精度是设备安装好的前提条件。

(3)对土建及装修工程的交接验收项目较多：电缆敷设路径上的沟、槽、管、洞的位置及数量；设备安装孔洞、电缆隧道；变电所巡视门、检修出入孔洞、设备运输通道及二次运输承力装置；设备房地面标高、设备基础、建筑装修及消防、通风等综合管线；综合接地系统每处接地引上线的位置、数量和阻值等。

(4)满足低净空的要求：地铁工程构筑物布局紧凑、机电设备密集，变电所多分布于地下岛式站台、侧式站台、站厅或设备层等不同位置，其设备用房、设备运输通道、电缆敷设空间具有净空低、狭窄的特点。因此，要制定合理的设备运输、安装、电缆敷设方案，除配备常用运输、安装及测试设备外还应配备一些特殊的工器具，如在有限活动空间内灵活操作的小型起重搬运工具。

(5)施工工序的配合。

① 预埋件安装纳入装修承包商的装修层施工计划中。

② 设备运输在装修达到一定程度后才进行，装修为设备运输预留通道。

③ 设备运输进入变电所后，装修承包商才能施工变电所的后砌墙。

④ 设备房的装修主体完成后才进行变电设备开箱和安装。

⑤ 环控、气体消防、低压配电及变电所等多专业管线在某些地段并行或分层敷设。

(6)成品保护。

① 地铁施工中不同的系统、承包商同时进行施工作业，不同系统间存在相互干扰。施工时，应服从业主对地铁施工作业的管理及安排，有责任对施工中的交叉作业或干扰作业进行协调和配合，对自有成品进行必要的保护，同时还应保证施工作业中不能对非自有成品造成危害或影响。

② 在施工过程中变电所内空气潮湿、有凝露现象，应考虑购置足够数量的排风、除湿设备，以保证设备开箱后的安全。

③ 在工程验交前，应保证产品的完好性，防止发生丢失、破损等现象。

2 适用范围

本施工工艺适用于城市轨道交通供电系统变电所(含牵引所、牵引降压混合所、降压所、跟随所等)电气设备的安装及调试，也可为城市轻轨供电系统变电所电气设备安装及调试作参考或借鉴。

3 引用标准

(1)《地下铁道工程施工及验收规范》(GB 50299—2003)。

(2)《地铁设计规范》(GB 50157—2003)。

(3)《铁路电力施工规范》(TB 10207—99)。

(4)《铁路电力工程施工质量验收标准》(TB 10420—2003，J290—2004)。

(5)《客货共线铁路电力牵引供电施工技术指南》(TZ10208—2008)。

(6)《铁路电力牵引供电工程施工质量验收标准》(TB 10421—2003，J 291—2004)。

(7)《电气装置安装工程高压电器施工及验收规范》(GBJ 147—90)。

(8)《电气装置安装工程电力变压器、油浸电抗器、互感器施工及验收规范》(GBJ 148—90)。

(9)《电气装置安装工程母线装置施工及验收规范》(GBJ 149—2006)。

(10)《电气装置安装工程电缆线路施工及验收规范》(GB 50168—2006)。

(11)《电气装置安装工程接地装置施工及验收规范》(GB 50169——2006)。

(12)《电气装置安装工程盘、柜及二次接线施工及验收规范》(GB 50171—92)。

(13)《电气装置安装工程蓄电池施工及验收规范》(GB 50172—92)。

(14)《电气装置安装工程低压电器施工及验收规范》(GB 50254—96)。

(15)《电气装置安装工程电力变流设备施工及验收规范》(GB 50255—96)。

4 基本术语及定义

(1)牵引降压混合变电所：牵引变电所与降压变电所合建的变电所。

(2)牵引变电所：将 35 kV(33 kV)交流电源转换为 1 500 V 直流电并向接触网系统供电的变电所。

(3)降压变电所：将 35 kV(33 kV)交流电源转换为 0.4 kV 交流电并向车站及区间动力、

照明负荷供电的变电所。

(4)跟随式降压变电所:在规模较大(或区间较长)车站上已设有降压变电所的情况下,由于负荷大,在车站另一端(或区间中部)靠近负荷区增设的降压变电所(包括动力变压器和0.4 kV开关柜)。

(5)35 kV(33 kV)GIS开关柜:SF_6气体绝缘、铠装式金属封闭结构、组合式中压开关柜,多为户内型,包括柜体、高压室、低压室、灭弧室、电缆室、柜间连接、操作机构等模块单元。

(6)1 500 V直流开关柜:金属封闭式开关柜,地铁使用户内型,用于直流牵引供电系统直流电能的控制和传输。

5 工艺原理

地铁变电所设备固定在基础预埋件上,预埋件固定在结构层上,埋在装修专业浇筑的装修层中。因此,地铁电气设备安装主要分两个阶段,基础预埋件安装和设备安装。

预埋件由钢板、角钢、槽钢等组合而成,考虑地铁运输通道狭小,成列柜预埋件加工成整体不方便运输,而且在运输过程中容易变形,所以地铁设备预埋件分别加工,运输到施工现场进行焊接组合,再进行定位测量调整。

设备安装含变压器、交流中压开关柜、直流开关柜、整流器柜、排流柜、轨电位限制装置、控制信号盘及交直流盘等。设备承重在预埋件上。直流开关柜(含负极柜)和整流器柜采用绝缘法安装,其余设备为非绝缘法安装。绝缘法安装要求预埋件和柜体都与地绝缘,柜体与地电阻达到一定阻值。

地铁设备除变压器独立布置外,其余采用开关柜组合布置,因此,对安装精度要求较高,在安装过程中重点是第一个柜的定位和进行精细调整。

6 工艺流程及操作要点

6.1 工艺流程

工艺流程见图1。

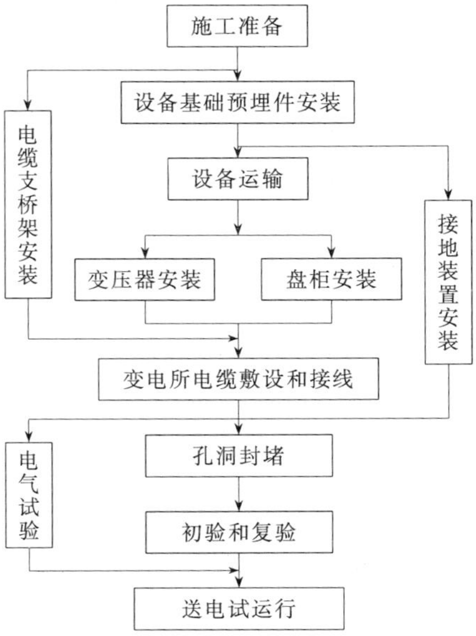

图1 工艺流程图

6.2 操作要点

6.2.1 施工准备

(1)人员准备,见劳动力组织。

(2)施工机具配置,见主要机械设备及工器具配置。

(3)材料准备

① 甲供材料、设备:由项目部根据施工进度计划及业主(或甲供设备管理项目部)联系材料、设备到货时间,组织安排材料、设备到货,并作好材料、设备的仓储。

② 乙供材料:将招标时乙供材料的技术规格书报监理和业主,经批准后按照该标准进行招标定货。乙供材料出厂时必须具有合格证和检验报告,材料到达施工现场时,物资人员先对材料进行检验并作好记录,填报物资报验申请后,请

监理工程师检查并得到监理工程师的批准，乙供材料方可进入施工现场。

(4)技术准备

1)施工调查和施工配合。

① 变电所设备房：了解各变电所设备房施工进度，核对预留孔的位置、尺寸、数量是否与图纸相符，如果存在不符，联系监理和设计及时处理与土建和装修专业不符的问题。

② 轨道工程和车站出入通道：了解轨道工程的施工计划及实际进度，了解送料车辆的行车路线，调查各车站出入口的位置，地面重载运输车的运输途径，长大材料的下料口，预留吊装孔位置及大小，编制设备运输计划。

③ 施工电源：调查各车站及隧道内施工电源是否满足施工要求，与相关施工承包商签订用电协议。

2)对施工图进行会审。

3)进行技术交底。

4)施工组织设计和施工工艺标准编制：编制实施性施工组织设计和施工工艺标准，呈报驻地监理工程师审批。根据现场实际情况，及时安排人、机、料进场。

5)编制用料计划：工程技术人员依据施工图统计工程数量，编制备、用料计划，经总工程师审核和相关部门签字后，由项目经理批准实施。

6)技术培训：针对工程特点和技术要求，安排技术管理人员对施工人员进行严格的工艺和安全质量等方面的岗前培训，所有施工人员经考核合格后持证上岗。

7)调试计划：试验工程师根据地铁供电工程的技术特点，编制电气调试大纲和计划，并作相应的调试准备。

6.2.2 基础预埋件安装和验收

设备基础预埋件安装是一项隐蔽工程，它安装在结构上后将埋在由装修专业浇筑的装修层中。它的合格安装是设备安装好的前提条件，在土建设备房主体工程完工后进行，施工时与装修承包商密切配合。

安装流程如图 2 所示：

(1)加工预埋件：按照施工图加工预埋件。加工预埋件所需的钢材在使用前是必须经过监理工程师检验的合格品，加工好后预埋件要经过校核，看误差是否满足要求。预埋件加工应考虑方便运输而将其分成几块加工。

(2)预埋件安装

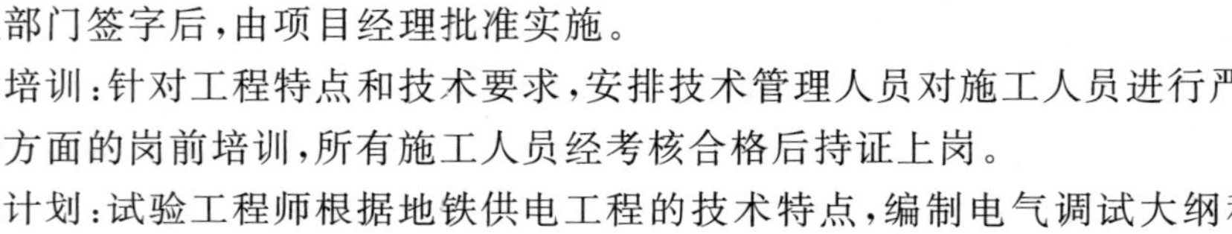

图 2　基础预埋安装流程

① 运输预埋件至现场。

② 与装修专业确定各设备房标高，定出装修 1 m 水平线。

③ 焊接组合预埋件成整体，焊接时应使各块在同一水平面上，平直度误差符合相关要求。

④ 测量定位：依据施工图纸，在结构层上用钢卷尺测量预埋件的安装位置并做标记。

⑤ 使用电锤在结构层上打孔，用膨胀螺栓固定基础预埋件，用水准仪对预埋件进行标高

调整，使水平误差满足相关要求。

⑥ 接地支线的预埋：埋在装修层中的预埋件接地线一端与预埋件焊接，一端留出与接地干线相连的接头。

⑦ 自检和填写安装记录及验收：对预埋件位置、水平度和直线度等进行校核，填写好预埋件的安装记录。报请监理工程师对预埋件的安装质量进行检查，质量符合要求后可以进行下一道工序的施工。

⑧ 配合装修层浇筑：配合装修专业进行设备房装修层浇筑，控制预埋件与装修层的高差，预留出变压器设备底座螺栓安装操作坑，并作好成品保护。

6.2.3 设备运输

见施标《地铁变电设备运输施工技术标准化工工艺》。

6.2.4 设备安装

6.2.4.1 设备开箱

(1)通知各设备供货商、甲供设备管理项目部、监理、业主、物资仓库管理人员、施工单位到齐后进行设备开箱检查。

(2)组织物资管理人员、工程技术人员、作业队人员在现场进行开箱。

(3)对设备外观、随机文件、设备配件等进行检查和清点，作好记录并由相关单位人员见证签认。

(4)对重要文件和配件做好保管。

6.2.4.2 变压器安装

变压器没有外包装，一般只有塑料膜覆盖，变压器运输到位进行变压器安装。安装流程如图 3 所示：

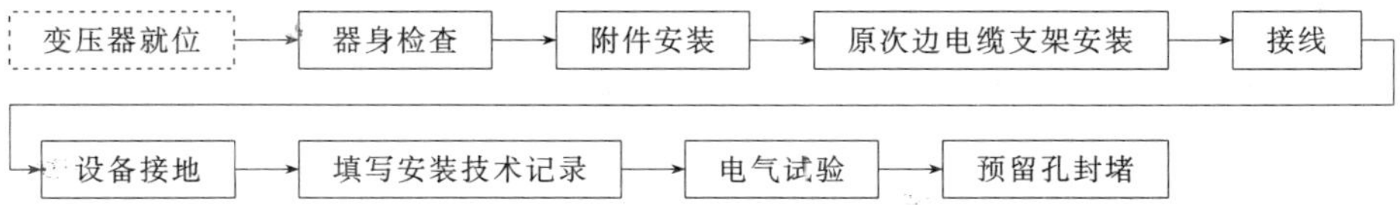

图 3 变压器安装流程图

(1)运输前掏开预埋件螺栓操作坑，运输到位后将变压器底座眼孔与预埋件眼孔对齐。

(2)卸下变压器运输滚轮。

(3)用螺栓将变压器和预埋件连接，并对水平度和垂直度进行调整。

(4)附件安装。

① 整流变压器安装。

原次边电缆支架安装、网栅安装和温控箱安装，并进行变压器与温控箱的配线连接。

② 动力变压器安装。

安装变压器外罩和温控箱，并进行变压器与温控箱的配线连接。

(5)设备接地。

变压器本体通过 $1\times70\ mm^2$ 裸铜绞线与基础预埋件连接两处。

(6)对整流、动力变压器安装进行自检，填写安装记录，请监理工程师检查。

6.2.4.3 交流 35 kV(33 kV)GIS 开关柜安装

安装流程图如图 4 所示：

(1)在预埋件上用红笔划线标示柜体位置。

(2)根据施工图纸，进行同列柜体就位。

①在基础框架的上表面涂润滑脂，有利于开关柜的安装和对齐。

②将母联柜固定在基础框架上预先设定的位置：将开关柜固定螺栓锁入基础柜架上相应的螺纹孔中，调平开关柜，对齐后锁紧固定螺栓。

③母线安装：拆除母线联接插口上的防护罩，仔细检查绝缘套管和连接件上是否有污秽，如果有，需清理干净。绝缘套管的圆锥面上均匀涂一薄层绝缘材料。在连接件两端(各约 50 mm)的表面上均匀涂敷一薄层电力复合脂，小心地将连接件和绝缘套管插入母线联接插口内。

④将邻柜缓慢地滑动至已安装好的柜体旁(不要倾斜)，以使连接件、绝缘套管和定位销可以准确地插入对应孔中。如果需要，适当调节柜体的高度，使开关柜调平，一旦两柜间的距离小到连柜螺栓可以插入邻柜对应孔中时，分别用螺母和弹簧垫圈将其锁紧，用一垫块套在螺栓上置于两柜间，用以形成均匀的拼柜间隙。固定螺栓套上弹簧垫圈后锁紧，从而完成相邻柜的拼接。再次检查邻柜是否调平，接着用固定螺栓将其固定在基础框架上。

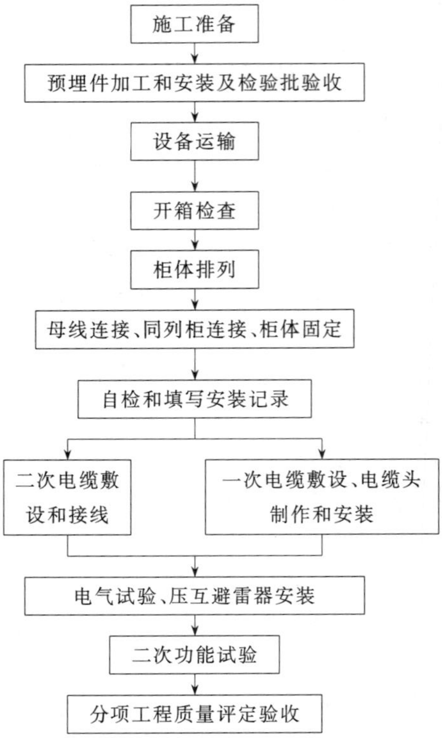

图 4　33 kV 开关柜安装流程图

⑤拆掉电缆室中主接地母线上的连接片，将其伸入相邻柜中，再用螺栓将连接片锁在主接地母线上，螺栓两端均需加弹簧垫圈，检查已安装好的开关柜内的主接地母线和连接片的连接是否良好，如果需要，再次锁紧螺栓。

⑥用同样的程序安装和拼接其他开关柜。

(3)将同列柜同时进行水平度及垂直度的调整。

(4)柜体接地应与接地干线连接两处。

(5)用压力表对柜体气室压力检测，满足产品技术要求。

(6)柜间小母线连接，投入加热器，为设备除潮。

(7)安装电压互感器和避雷器，电压互感器二次配线和避雷器接地。

(8)填写安装记录，请监理工程师检查。

6.2.4.4　直流 1 500 V 开关柜安装

安装流程如图 5 所示。

(1)对预埋件进行测量，确定开关柜的位置线。

(2)按设计图铺设绝缘垫板，并对绝缘垫板进行调整，使绝缘垫板水平。测量出锚固螺栓的位置，在地面上打孔预埋 M10 绝缘膨胀螺栓，固定好绝缘垫板。为防止绝缘垫移位，可在绝缘垫板与地面之间涂粘胶固定。

(3)先安装端柜：柜体安装时应小车推出。把端柜用撬棍

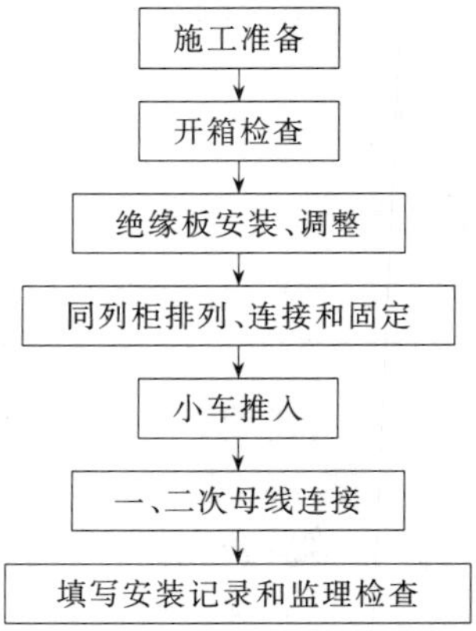

图 5　1 500 V 开关柜安装流程图

和钢管平移至预先画好线的位置,不断调整柜体位置,将其固定在绝缘膨胀螺栓上,检查柜子的水平度和垂直度应符合要求。紧固时必须使用扭矩扳手拧紧螺栓,校核扭矩为 22 N·m,紧固扭矩为 32 N·m。

(4)用同样的方法安装邻柜,直至同列柜安装完毕,检查柜子的安装水平度和垂直度应符合要求。用 M8×20 的螺栓进行柜间连接,使各柜成一个整体。

(5)主母线连接:用 Cu95×40×10 mm 的连接块和 M12×50 的螺栓连接柜间母线,在紧固母线排时必须使用带单柄接头的扭矩扳手,校核扭矩 60 N·m,紧固扭矩 70 N·m。

(6)接地及回流母线连接:用 Cu95×40×10 mm 的连接块和 M12×40 的螺栓连接回流母线排,校核扭矩 60 N·m,紧固扭矩 70 N·m;用 C75×40×5 mm 的连接块和 M8×25 的螺栓连接接地排,校核扭矩 17 N·m,拧紧扭矩 20 N·m。

(7)小车推入:柜体安装固定好后,把各柜的小车推入开关柜小车室内,推入时要分清是进线柜小车还是馈线柜小车,二者在大电流脱扣的数值不一样。

(8)根据设计图连接好各柜间的二次小母线,小母线由厂家配备预留在各柜的二次端子排处。由于地铁变电所设备房在地下,环境会比较潮湿,在柜间小母线连接后,可以将临时电源接入加热回路,使各柜的加热器工作,对设备进行除潮。

(9)用兆欧表测量直流开关柜框架绝缘电阻,大于 50 kΩ。

(10)对直流开关柜安装进行自检后,填写安装记录。请监理工程师检查,质量符合要求。

6.2.4.5 整流器柜和负极柜安装

安装方式与直流开关柜类似,为绝缘法安装。

6.2.4.6 控制信号盘和交直流盘安装

安装流程如图 6 所示。

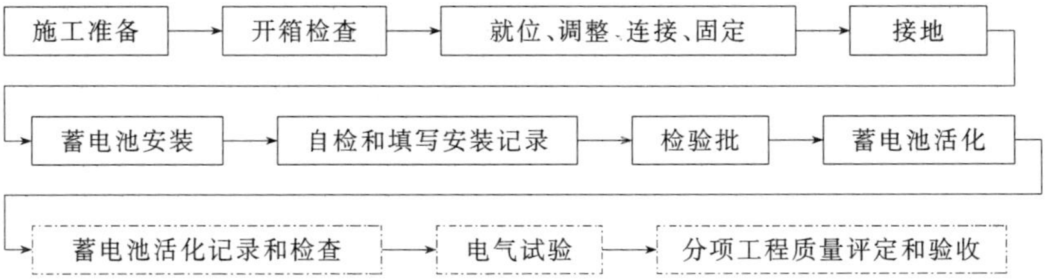

图 6 控制信号盘和交直流盘安装流程图

(1)在预埋件上划线,标示各盘位置。

(2)将一列柜同时进行排列、调整,使用水平尺和线锤调整柜体的水平度及垂直度。用厂商提供的专用连接螺栓将各柜体进行连接。使用冲击电钻在结构层打孔,敲入膨胀螺栓,将柜体固定起来。

(3)各盘柜体连通接地两处。

(4)控制信号盘各单元设备安装和连线。

(5)交直流盘间线连接。

(6)安装蓄电池并连线。

(7)接入临时电源,开通交直流盘,对蓄电池进行充放电,不少于两次。

(8)自检后,填写安装记录,请监理工程师检查。

6.2.4.7 排流柜、轨电位限制装置安装

安装方式与控制信号盘类似,为非绝缘法安装。

6.2.4.8　接地安装

安装流程如图 7 所示：

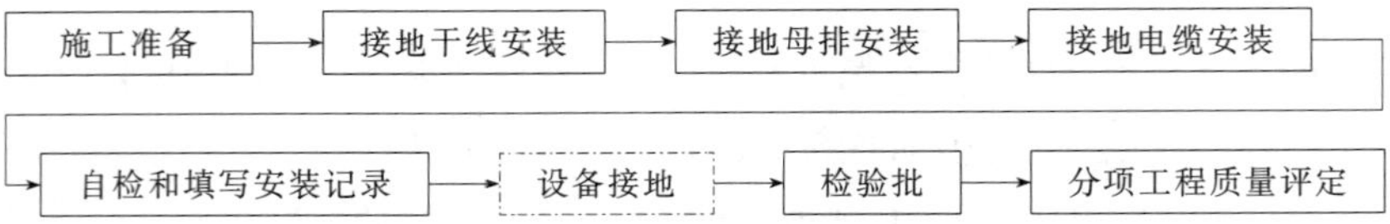

图 7　接地安装流程图

接地安装是接地干线的安装和接地电缆的安装，接地电缆的安装纳入电缆施工中，各设备接地纳入设备安装中，此处只描述接地干线的安装。

(1)按照施工图安装接地干线，预埋在装修层的接地干线在装修承包商施工时与其配合提前预埋。

(2)接地母排安装符合施工图和相关规程要求。

(3)设备的工作接地、保护接地和变电所的接地母排与车站接地网的连接方式均采用电缆，按照施工图敷设和安装接地电缆。接地电缆敷设、电缆头制作安装参考铁路电力牵引供电、城市轨道交通电缆敷设及电缆头制作安装相关工艺实施。

(4)自检后，填写安装记录，请监理工程师检查。

6.2.5　设备调试

设备安装就位、所内具有稳定可靠试验电源、现场环境达到试验要求后即可开展调试工作。针对不同设备，使用专用试验仪器，按规定的试验方法对设备的电气参数、电气性能、机械性能等进行调试，应符合有关标准或满足厂家技术要求。主要项目如下：

6.2.5.1　整流变压器、动力变压器试验

试验项目及方法见表 1。

表 1　整流变压器、动力变压器试验项目及方法

序号	试验项目	标准要求	试验方法	备注
1	绝缘电阻及吸收比测试	与出厂值比较 常温下吸收比不小于 1.3（35 kV、4 000 kVA 及以上时测）	绝缘电阻表 耐压前后测试 高—低及地、低—高及地、低压线圈间	
2	绕组直流电阻测试	与同温下出厂比较不应大于 2%	用感性负载速测欧姆计测试	
3	绕组接线组别检查	与铭牌一致	使用自动变比测试仪测试	
4	变比误差测量	与铭牌比无明显差别在额定分接头位置时为±0.5%	使用自动变比测试仪测试	
5	工频耐压试验	整流变压器： 高—低及地：60 kV、1 min 低—高及地：8.5 kV、1 min 动力变压器： 高—低及地：60 kV、1 min 低—高及地：2.6 kV、1 min	使用交流试验变压器试验	
6	额定电压下冲击合闸试验	进行 5 次，第一次合闸后持续 10 min，以后每次间隔 5 min，无异常现象，中性点必须接地	低压侧空载，高压侧合闸 5 次	
7	检查相位	与电网相位一致	用相序表检查	

6.2.5.2 AC33 kV 开关柜试验

试验项目及方法见表 2。

表 2 AC33 kV 开关柜试验项目及方法

<table>
<tr><th>序号</th><th colspan="2">试 验 项 目</th><th>标准要求</th><th>试验方法</th><th>备 注</th></tr>
<tr><td>1</td><td colspan="2">外观及结构检查
① 所有元器件符合图纸要求
② 开关柜排列符合图纸要求
③ 接地母线安装完好
④ 主回路相序标识正确
⑤ 所有铭牌张贴整齐、牢固、参数正确
⑥ 开关柜吊环、终端盖板已正确安装
⑦ 低压室网络板上元器件整齐、正确
⑧ 各门板安装平整、密封性好，油漆完整无损伤
⑨ 开关柜门锁牢固、能可靠锁紧
⑩ 开关柜各间隔内清洁无杂物</td><td>设计图纸
厂家技术说明书</td><td>观察</td><td></td></tr>
<tr><td rowspan="5">2</td><td rowspan="5">电流互感器试验</td><td>变比误差</td><td>与铭牌相符</td><td rowspan="5">角、比差用互感器校验仪或双表法
绝缘电阻表
交流试验变压器</td><td rowspan="5">仅做保护线圈用 2 500V 兆欧表 1 min代替交流耐压</td></tr>
<tr><td>极性</td><td>减极性</td></tr>
<tr><td>励磁特性曲线</td><td>仅作参考</td></tr>
<tr><td>绝缘电阻</td><td>与厂家值比较</td></tr>
<tr><td>工频耐压</td><td>二次 2 000 V/min</td></tr>
<tr><td rowspan="3">3</td><td rowspan="3">电压/电流传感器和带电显示装置试验</td><td>绝缘电阻</td><td>与厂家值比较</td><td rowspan="3">兆欧表
交流试验变压器
采用双表法：
分别采用升流器和高压试验变压器从主回路加入电流和电压进行测试</td><td rowspan="3">用 2 500 V 兆欧表 1 min 代替 2 000 V 工频耐压，需用专用电缆试验插头</td></tr>
<tr><td>工频耐压</td><td>二次 2 000 V
1 min 耐压</td></tr>
<tr><td>显示误差</td><td>符合厂家技术要求</td></tr>
<tr><td>4</td><td colspan="2">主回路、断路器断口间绝缘电阻和工频耐压
分别测量相间及对地绝缘电阻
将高压分别加入主回路每一相，其余两相接地
升压至 72 kV 试验电压后持续 1 min
试验后再测量相间及对地绝缘电阻</td><td>绝缘电阻与厂家值比较>200 MΩ
主回路、断路器断口间工频耐压值：
72 kV/ min</td><td>用兆欧表
用交流试验变压器依次施加到主回路各相导体上</td><td>耐压前后均应测绝缘电阻
需专用电缆试验插头</td></tr>
<tr><td>5</td><td colspan="2">辅助与控制回路绝缘电阻、工频耐压试验
① 回路中的元器件和表计如已按各自标准通过试验，则可免试
② 测量各待测回路对地绝缘电阻
③ 分别对各回路进行 2 000 V/min 耐压试验
④ 耐压试验后测试各回路对地绝缘电阻</td><td>绝缘电阻与厂家值比较>1 MΩ
DC>60 V 耐压值：2 000 V/min
DC≤60 V 耐压值：500 V/min</td><td>兆欧表
交流试验变压器</td><td>用兆欧表代替工频耐压</td></tr>
<tr><td>6</td><td colspan="2">主回路电阻测量</td><td>不大于 50 μΩ</td><td>从进线开关柜构成回路，用接触电阻测试仪加入 100 A 电流测试，每相应接地测试一次</td><td>接地法测试值仅作参考</td></tr>
<tr><td>7</td><td colspan="2">气室 SF6 气体含量、露点测量及密封检查</td><td>T≤−25℃(露点)
G≥95%(含量)
密封检查：中等不报警</td><td>用露点仪检测 SF6 气体含量及露点
用检漏仪对各气室密封部位、管接头等处检测，用压力表检测气体压力</td><td>记录气压表读数</td></tr>
</table>

续上表

序号	试　验　项　目	标准要求	试验方法	备　注
8	断路器机械分、合闸操作及机械联锁试验 ① 在规定的操作条件下，对断路器机械特性进行检查，应符合技术条件的规定 ② 对断路器机械操作进行试验，应承受空载操作 5 次 ③ 对接地开关及隔离开关机械操作进行试验，应承受空载操作 5 次 ④ 对断路器与接地开关及隔离开关的闭锁关系进行试验，应符合要求	不得拒动、运动自如、无卡阻、无任何机械故障	机械操作	
9	断路器电气分、合闸操作及电气联锁试验 ① 当断路器储能弹簧未储能时，断路器不能合闸 ② 当隔离开关处于分闸位置时，断路器不能合闸 ③ 当断路器处于分闸状态时，隔离开关可以分闸，反之不能分闸 ④ 当合闸命令及分闸命令同时作用于主开关时，机械、电气均无法合闸	符合厂家技术要求	电气操作	
10	断路器合闸、分闸线圈最低动作电压试验 ① 直流操作电压在 85%～110% Un 范围内时，断路器应可靠合闸 ② 直流操作电压大于 65% Un 时，断路器应可靠分闸，小于 30% Un 时，不应分闸	符合厂家技术要求	使用继电保护测试仪进行测试	
11	断路器合、分闸时间测定 ① 对断路器进行合闸操作 ② 对断路器进行分闸操作	符合厂家技术要求；合闸时间：60～95 ms，分闸时间：50～70 ms 三相同期 合闸弹跳	用高压开关测试仪进行测试	三相同时测试 需专用电缆试验插头三个
12	继电保护装置试验及继电器界面测试 ① 对继电保护装置进行调试和整定 ② 对继电器界面进行测试	继电保护装置动作正常、电气性能满足厂家技术要求，继电器界面完好、操作正常	用继电保护测试仪进行测试	
13	各回路接线正确性检查 ① 用万用表检查加热器阻值，加热回路是否正确 ② 用继电保护测试仪从端子排加入电压、电流，检查保护、测量回路的正确性，并对各指示仪表误差进行检验 ③ 对控制、信号回路进行检查 ④ 对开关柜单体进行整组联动试验	与设计图纸相符 误差满足要求	用万用表、继电保护测试仪进行检查、测试，加入 20%、50%、100% 额定电压或电流时指示仪表、计量回路指示值与实际值相符，二次升流模拟保护跳闸，动作正常，动作信号、位置信号显示正确，各种报警正常	电流/电压传感器和带电显示装置二次回路已在第 3 项中检查过

6.2.5.3　1 500 V 直流开关柜试验

试验项目及方法见表 3。

表 3　1 500 V 直流开关柜试验项目及方法

序号	试　验　项　目	标准要求	试验方法	备　注
1	主回路绝缘电阻和工频耐压	绝缘电阻与厂家值比较>200 MΩ 主回路耐工频压值：6 kV 1 min	用兆欧表 用交流试验变压器依次施加到主回路导体上	耐压前后均应测绝缘电阻
2	辅助与控制回路绝缘电阻、工频耐压试验 ① 回路中的元器件和表计如已按各自标准通过试验，则可免试 ② 测量各待测回路对地绝缘电阻 ③ 分别对各回路进行 2 000 V/1 min 耐压试验 ④ 耐压试验后测试各回路对地绝缘电阻	绝缘电阻与厂家值比较>1 MΩ DC>60 V 耐压值：2 000 V/1 min DC≤60 V 耐压值：500 V/1 min	兆欧表 交流试验变压器	可用兆欧表代替工频耐压
3	断路器接触电阻测量	满足厂家技术要求 不大于 17 μΩ	使用接触电阻测试仪加入 100 A 电流测试	
4	断路器机械分、合闸操作及机械联锁试验 ① 在规定的操作条件下，对断路器机械特性进行检查，应符合技术条件的规定 ② 对断路器、接地开关及隔离开关机械操作进行试验，应承受空载操作 5 次 对断路器与接地开关及隔离开关的闭锁关系进行试验，应符合要求	不得拒动、运动自如、无卡阻、无任何机械故障	机械操作	
5	断路器电气分、合闸操作及电气联锁试验 ① 当断路器储能弹簧未储能时，断路器不能合闸 ② 当隔离开关处于分闸位置时，断路器不能合闸 ③ 当断路器处于分闸状态时，隔离开关可以分闸，反之不能分闸 ④ 当合闸命令及分闸命令同时作用于主开关时，机械、电气均无法合闸	符合厂家技术要求	电气操作	
6	断路器合、分闸时间测定 ① 对断路器进行合闸操作 ② 对断路器进行分闸操作	符合厂家技术要求：合闸时间：100±15 ms，分闸时间：<90 ms	用高压开关测试仪进行测试	
7	① 保护继电器调试和整定(馈线柜 DPU96) ② 框架保护监控单元(负极柜) ③ 逆流保护调试与整定(进线柜) ④ 线路检测与自动重合闸装置调试(馈线柜) ⑤ 联跳装置调试(馈线柜) ⑥ 故障显示装置检查与调试	继电保护装置动作正常、电气性能满足厂家技术要求，按设计提供定值整定	用继电保护测试仪进行测试	
8	各回路接线正确性检查及整组联动试验 ① 测量、保护、控制、信号等回路接线正确性检查 ② 分流器及电流变换器误差校验 ③ 分压器及电压变换器误差校验 ④ 指示仪表误差校验 ⑤ 对开关柜单体进行整组联动试验	与设计图纸相符 误差满足要求	用万用表、继电保护测试仪进行检查、测试，加入 20%、50%、100% 额定电压或电流时指示仪表、计量回路指示值与实际值相符，二次升流模拟保护跳闸，动作正常，动作信号、位置信号显示正确，各种报警正常	
9	柜体绝缘电阻测试	与设计要求相符	用兆欧表测试	

6.2.5.4　整流器柜试验

试验项目及方法见表4。

表4　整流器柜试验项目及方法

序号	试验项目	标准要求	试验方法	备注
1	主回路及辅助回路绝缘电阻和工频耐压试验	绝缘电阻仅作参考 主回路耐工频压值： 5 kV，1 min 辅助回路： DC＞60 V 耐压值：2 000 V/1 min DC≤60 V 耐压值：500 V/1 min	用兆欧表 用交流试验变压器	耐压前后均应测绝缘电阻
2	轻载试验	回路正确，二极管合格	整流变压器高压侧加交流电源，直流侧短路电流 100 A 时用钳形表抽查二极管不小于10%的电流	
3	保护装置检查	对保护装置检查、调试应符合厂家技术要求	使用继电保护测试仪测试	
4	二次回路接线正确性检查 ① 测量、保护、信号等回路接线正确性检查 ② 测量装置、指示仪表误差校验	与设计图纸相符 误差满足要求	用万用表、继电保护测试仪进行检查、测试，加入 20%、50%、100%额定电压或电流时指示仪表、计量回路指示值与实际值相符	
5	保护协调性检查	与设计图纸相符 误差满足	模拟操作	所内联调时一同检查
6	柜体绝缘电阻测试	与设计要求相符	用兆欧表测试	

6.2.5.5　负极柜试验

(1)外观及结构检查。

(2)主回路及辅助与控制回路绝缘电阻测试和工频交流耐压试验。

(3)隔离开关接触电阻测量。

(4)机械、电气操作和联锁试验。

(5)综合保护测控单元调试。

(6)各回路接线正确性检查(含测量装置、指示仪表校验)。

(7)保护协调性检查(所内联调时检查)。

(8)柜体绝缘电阻测试。

6.2.5.6　轨电位限制装置试验

(1)保护继电器调试及整定。

(2)测试电压整定。

(3)各回路绝缘电阻和交流耐压试验。

(4)二次回路及功能检查(接线、闭锁开关、各种信号、表计检查，模拟动作及功能检查)。

6.2.5.7　避雷器试验

(1)AC33 kV 开关柜避雷器试验。

① 绝缘电阻测试。

② 直流 1 mA 时直流参考电压 U_{1mA}。

③ 75% U_{1mA}时直流泄漏。

(2)1 500 V 直流开关柜避雷器试验。

① 绝缘电阻测试。

② 直流 1 mA 时直流参考电压 U_{1mA}。

③ 75% U_{1mA}时直流泄漏。

6.2.5.8　交流电源盘试验

(1)各种指示仪表、电度表校验。

(2)电流互感器试验。

(3)各种保护装置校验及整定。

(4)各回路绝缘电阻和交流耐压试验。

(5)各回路接线正确性检查(测量、保护、控制、信号回路)。

(6)母联自投功能和进线来电自复功能检查。

(7)相序检查。

6.2.5.9　直流电源盘试验

(1)指示仪表校验。

(2)保护装置调试与整定。

(3)各回路绝缘电阻测试和交流耐压试验。

(4)充电机组功能检查。

(5)绝缘监测检查。

(6)各回路接线正确性检查(测量、保护、控制、信号回路)。

(7)直流电源自投功能试验。

(8)蓄电池初次充、放电试验。

(9)电池容量试验。

6.2.5.10　AC33 kV 电力电缆试验

(1)试验设备:直流耐压测试仪 1 套、隔离变压器 1 台、绝缘堵头 1 组(3 个)、试验堵头 1 组(3 个)、高频对讲机 1 对、磁式手摇电话机 1 对。

(2)试验方法:试验时电缆两头各需 4 人,其中一头为试验侧,另一头为防护侧,两侧分别指定 1 人负责通信联络和安全防护工作,另 3 人分别负责试验和拆装绝缘罩。一次性安装好一组(3 个)绝缘罩后开始试验。对于所内电缆可使用高频对讲机进行通信联络,对于环网电缆可利用磁式手摇电话机通过所间另一组高压电缆或所间差动保护光纤钢芯与地作为通道进行通信联络。所间两组电缆试验完后,试验侧不动,防护侧转移至相邻另一所开始另一所间电缆试验。

(3)试验项目。

① 绝缘电阻测试。

② 直流耐压与泄漏电流测试。

③ 相位检查。

6.2.5.11　1 500 V 直流电缆试验

(1)绝缘电阻测试。

(2)直流耐压与泄漏电流测试。

(3)接线检查。

6.2.5.12 差动保护光通道测试

(1)测试条件。

① 线路中间光缆接续完成，两端成端完成。

② 光线路设备单机调试完成。

③ 机房内光线充足，无粉尘，有施工用电。

(2)测试人员及工具、仪器仪表、材料。

① 测试人员：技术员 2 名，技术工人 2 名，辅助人员 2 名。

② 测试工具：测试专用工具 1 套，常用工具 2 套，电源插线盘 2 个，清洁球 2 个，记录工具 2 套。

③ 测试材料：无水酒精 1 瓶，医用纱布 1 卷，面巾纸 2 盒。

④ 测试仪表：光时域反射仪(OTDR)1 台，光源 1 台，光功率计 1 台，光衰耗器 1 台，误码测试仪 1 台，假纤 1 盘。

(3)测试程序和方法。

1)测试准备。

① 将工具、假纤及测试仪表摆放在合适地点，清洁仪表表面。

② 仪表通电检查运行状态，并将设备设置到测试状态。

2)光线路测试。

① 将假纤一端连在 OTDR 测试口上，另一端连在测试的尾纤连接头上。

② 根据线路长度，将 OTDR 测试范围调节到一定范围，直到便于观测。

③ 使用二点测试法，分别测量 λ 为 1 310 nm 和 1 350 nm 光线路衰耗，并测试光缆长度，作好测试记录。

④ 按照以上方法逐根测试其他光纤。

3)光中继段测试。

① 测量光源、光功率计的连接衰耗。

② 在测量线路的一端，将光源连接到测试光纤上，发送光信号；在测量线路的另一端将光功率计连在对应的光纤连接头上接收光信号。

③ 分别使用 λ 为 1 310 nm 和 1 550 nm 光源对应测量光中继段衰耗，并作好测试记录。

④ 按照以上方法逐根测试其他光纤。

4)光数字段全程测试。

① 在 a 站将光源接到光线路终端设备(光收发器)的发送端口，选用波长 1 310 nm 发送信号，在 b 站将光功率计接到接收端口接收信号，测出光数字段的全程衰耗。

② 在 a 站将光衰耗器接到光源和发送端口之间，在 b 站先将误码测试仪接到光接收端口，在 a 站逐渐增加光衰耗，直到 b 站检测到误码，然后用光功率计在 b 站测试，即测得光线路终端设备的光接收灵敏度(最低光接收电平)。

5)测试资料分析、整理。

将测试资料分门别类进行整理、分析，与有关标准进行比较，得出测试结论，提交测试报告。

6.3 技术标准及工艺要求

6.3.1 基础预埋件

(1)设备基础预埋件的制作应符合设计要求。槽钢或导轨与其相应固定件间、组成导轨的各个部件间的接触面平整,焊接牢靠。焊接应饱满,不应有裂缝、气孔及脱焊现象,更不得有假焊或漏焊现象。焊接处应进行防腐处理,以防锈蚀。设备连续布置时,基础预埋件应焊接成连续整体。

(2)1 500 V 直流设备(包括直流开关柜、负极柜)和整流器柜的基础预埋件采用绝缘法安装,其他设备的基础预埋件采用非绝缘法安装。

(3)混凝土浇筑完成后,33kV GIS 基础框架高出装修层 1～3 mm,其余预埋件顶面与装修地面平齐。33 kV 开关柜和直流开关柜的基础预埋件顶面平面度和直线度允许偏差 1 mm/m,全长不超过 2 mm,其他设备基础预埋件顶面平面度和直线度允许偏差 1 mm/m,全长不超过 5 mm。预埋件与相应安装设备间的接触面应平整。

(4)预埋件表面除锈后进行防腐处理,先涂一遍防锈漆,再涂两遍富锌漆,涂漆应均匀,不得漏涂。

6.3.2 设备安装

(1)变压器安装

变压器及其外壳安装时应牢固、可靠、连接紧密。器身及外壳表面应干净清洁、油漆完整。线圈绕组绝缘应完整,无缺损、位移现象,并且各绕组应排列整齐。铁心无锈蚀,名牌齐全,相色标志正确。

1)变压器与线路连接应符合以下规定:

① 连接紧密,连接螺栓的锁紧装置齐全,绝缘子瓷套管不受外力。

② 零线沿器身向下接至接地装置的线段,牢固可靠。

③ 器身各附件间连接的导线应有保护管,接线固定牢靠。

④ 变压器及其附件外壳和其他非带电金属部分,均应有牢靠的接地,动力变压器中性点应单独与接地母线相连,必须符合设计规定。

2)母线相间及对地的安全净距:

① 1 500 V 为 100 mm。

② 33 kV 为 300 mm。

③ 0.4 kV 为 20 mm。

3)整流变压器网栅

① 制作遮栏的钢板及钢板网应平整,不应有尖角和毛刺。网板与边框、遮栏与立柱应焊接牢固。当板网与边框采用螺栓连接时,螺栓和钢板网(网目)的规格及数量符合设计要求。

② 遮栏及栅栏的立柱埋设应垂直、牢固,高度一致,同一轴线上的立柱应在同一平面内。

③ 防护网栅的门扇开闭灵活,防止误入带电间隔的闭锁装置安装应牢固,闭锁应正确可靠。

④ 遮栏及栅栏金属表面的防腐层完好,其颜色应均匀一致。

⑤ 遮栏及栅栏应有良好的接地,所有能开启的门应用软铜线与立柱连接。严禁将网栅的接地线与二次回路的接地体连接。

⑥ 遮栏及栅栏与带电部分的距离应符合要求。

⑦ 遮栏及栅栏的编号、名称应书写齐全、正确。

(2)非绝缘法安装的盘柜

1)开关柜与基础的连接固定牢靠,所有紧固件应防腐处理,盘柜内清洁无杂物。开关柜面油漆完整、无锈蚀。标志牌、标志框齐全、清晰、正确。

2)成列柜的垂直度、水平偏差、柜面偏差和柜间接缝的允许偏差见表 5。

表 5　成列柜的垂直度、水平偏差、柜面偏差和柜间接缝的允许偏差

项　目		允许偏差(mm)
垂直度		<1.5
水平偏差	相邻两盘顶部	<2
	成列盘顶部	<5
盘面偏差	相邻两盘边	<1
	成列盘面	<5
盘间接缝		<2

(3)绝缘法安装的盘柜

① 1 500 V 直流开关柜(含负极柜和整流器柜)采用绝缘法安装,安装后对设备外壳进行绝缘试验,绝缘电阻不小于 50 kΩ;采用绝缘法安装的柜体经框架保护接地。

② 成列柜的垂直度、水平偏差、柜面偏差和柜间接缝的允许偏差符合表 5 中的规定。

(4)接地

1)接地干线、接地支线、接地电缆及接地引线所用材料的规格尺寸应符合设计要求,连接牢固、可靠、安全、接触良好。

2)接地干线和接地支线敷设的位置应符合设计要求,便于检查,其位置不得妨碍设备装卸及维修。

3)干线接地扁钢沿墙敷设,距地面垂直高度约 0.2 m,距墙水平距离约 0.02 m,如设有离壁墙,扁钢通过 L 型卡子固定在地面上,非离壁墙段,扁钢通过 S 型卡子固定在侧墙上,相邻固定点间,水平段约 1 m,转弯处约 0.3～0.5 m。

4)干线接地扁钢表面均匀间隔刷涂黑黄条纹,条纹宽度约 0.05 m。干线接地扁钢穿墙时,应加钢管保护。

5)接地体的连接采用电焊搭接连接时,其搭接长度:扁钢为其宽度的 2 倍且至少不少于 3 个棱边焊接,扁钢与角钢连接时,除应在扁钢两侧焊接外,还应将扁钢本体弯成直角形,或加上 L 形扁钢,与角钢焊接成一个整体。所有焊接处应牢固,不得有假焊或漏焊现象。

6)每一设备的工作接地和保护接地应单独与接地干线可靠连接,严禁将几个部件串联接地。

7)33 kV 电缆接地应符合下列规定:

① 各车站变电所间 33 kV 环网电缆(包括铠装层及屏蔽层)两端就近接地,如设有中间头,中间头两侧的电缆铠装层及屏蔽层应分别连接良好,不得中断,跨接线等效截面不应小于铠装层及屏蔽层截面。

② 变电所内部的 33 kV 馈线电缆(包括铠装层及屏蔽层)在始端就近接地。

③ 去跟随式变电所或邻站的 33 kV 馈线电缆(包括铠装层及屏蔽层)在始端就近接地。

④ 由主站馈出的 33 kV 电缆,以主站为起点,每两段(配盘长)电缆为一组,在该组电缆(包括铠装层及屏蔽层)的始末两端接地,中间头处电缆铠装层及屏蔽层连通;如最后仅剩一段电缆(包括铠装层及屏蔽层),其两端均接地。

⑤ 33 kV 电缆单端接地时,非接地端电缆铠装层及屏蔽层处理同接地端,以便于电缆试

验。

8)低压电力电缆、控制电缆接地应符合下列要求：

① 低压电力电缆接地。采用金属铠装的电力电缆，连接变电所内部设备时，铠装层要一端接地，另一端悬空；连接变电所内外设备时，铠装层要两端接地。铠装层一端接地时，交流设备与交流设备间的电缆在始端(指电源端)就近接地，交流设备与直流设备间的电缆在交流设备侧就近接地，直流设备与直流设备间的电缆在始端(指电源端)接地。电力电缆单芯截面不大于4 mm^2 时，接地线截面为4 mm^2；电缆截面大于4 mm^2 而小于120 mm^2 时，接地线截面为16 mm^2。

② 控制电缆接地

● 屏蔽层接地：均为一端接地。交流设备与交流设备间的电缆在始端(指电源端)就近接地，交流设备与直流设备间的电缆在交流侧就近接地，直流设备与直流设备间的电缆在始端(指电源端)接地。

● 铠装层接地：电缆连接变电所内部设备时，铠装层要一端接地，另一端悬空；连接变电所内外设备时，铠装层要两端接地。

● 铠装层一端接地时，交流设备与交流设备间的电缆在始端(指电源端)就近接地，交流设备与直流设备间的电缆在交流侧就近接地，直流设备与直流设备间的电缆在始端(指电源端)接地。

● 控制电缆接地线截面为4 mm^2。

③ 不带铠装的1 500 V直流电缆不接地。

④ 通信光电缆接地

● 钢带铠装光缆的铠装层双端接地，接地线截面为4 mm^2。

● 所内的屏蔽双绞线屏蔽层在控制信号盘单端接地，控制信号盘至通信设备室的屏蔽双绞线屏蔽层在控制信号盘和通信设备室双端接地。

● 通信光电缆采用穿钢管敷设，钢管一端接地，另一端浮空。

● 差动光缆的铠装屏蔽层在变电所两端接地。

7 劳动力组织

劳动力组织见表6。

表6 劳动力组织表

序号	人员名称	数量	职责
1	技术人员	1人	技术负责兼质量员
2	领工员	1人	劳动力组织兼安全员
3	技工	3人	安装作业
4	焊工	1人	焊接作业
5	辅工	10人	辅助安装作业
6	调试人员	5人	设备调试
合计		20人	

注：以一个混合所为例。

8　主要机械设备及工器具配置

(1)安装主要工器具见表 7。

表 7　主要安装工器具

序号	名　　称	规格或型号	单位	数量	用　途
1	钢管	$\phi 40\times 2000$	根	10	水平移动
2	力矩扳手		套	1	紧固
3	钢卷尺	5 m/50 m	把	2/1	水平定位
4	线锤		个	2	竖直度校核
5	水平尺		把	2	水平度校核
6	撬棍		根	5	水平移动
7	电工工具		套	20	接线等
8	电钻	JIZ-SD03	台	2	现场金属打孔
9	液压千斤顶	CBR-2A	个	4	水平推动
10	电源配电箱		个	2	临时电源
11	锤子		个	5	调整
12	开关柜专用工具		套	1	厂家提供
13	电锤	HILTI	把	2	打孔
14	水准仪	DES3-E	台	2	操平
15	氧焊工具		套	2	切割
16	电焊机	BX3-500	台	2	焊接
17	切割机		台	2	切割
18	铭牌印字机	M-100	台	1	铭牌制作
19	微型计算机线号印字机	LM-350AⅡ	台	1	线号制作
20	铝人字梯/竹梯		个	1/1	作业抬升
21	台钻		台	1	打孔

(2)主要调试仪器计仪表见表 8。

表 8　主要调试仪器仪表

序号	设 备 名 称	数量	规格型号	性 能 指 标
1	局部放电测试仪器	1		
2	继电保护测试仪	2	S40	AC:400V 40A 1%0—360° DC:300V0.5%
3	三相交直流测试电源	2	JZ-320	0.5%
4	精密露点仪	2	DMP248	
5	微量水分分析仪	2	2550	
6	SF6 气体检漏仪	2	TIF5750A	
7	压力表	2		
8	四线示波器	1	TDS3054B	

续上表

序号	设备名称	数量	规格型号	性能指标
9	高压开关动特性测试仪	2	CGK-890-3	0.01 m/s 1 mm
10	直流高压试验器	2	ZGS-120/4	120 kV 4 mA
11	直流高压试验器	1	ZGS-60/2	60 kV 2 mA
12	互感器校验仪	2	HEW2000-W	0.2%
13	标准电流互感器	2	HL50/32S	2 000 A/5 A 0.05%
14	带升流器电流互感器	1	HLS5	3 000 A/5 A 0.05%
15	升流器	2	SL10	3 kA 10 kVA
16	感性负载速测欧姆计	2	PS-Ⅳ	0.2%
17	接触电阻测试仪	2	R9345	−100A 0.5%
18	自动变压比电桥	2	SR-2000	0.2%
19	自动变压比电桥	1	ASQJ-Ⅰ	0.05%
20	接地电阻测试仪	2	ZC29B-2	0～100 3%
21	兆欧表	2	ZC11D-5	2 500 V 10 000 MΩ
22	数字式绝缘电阻表	2	GM-100T	500 V-10 000 V 100 GΩ
23	交直流钳形表	2	DG29	0-700V0-10A0-360°
24	交流试验变压器	2	YDJ-20/100	AC100 kV 20 kVA
25	交流试验变压器	1	YDC-10/2*50	2×50 kV 10 kVA
26	交流试验变压器	1	YDW-5/50	50 kV 5 kVA
27	万能电桥	2	QS18A	1.0 pF-1 100 μF
28	交流电流电压表	4	T32-VA	1.5 A-30 A 600 V
29	直流电流电压表	2	C31-VA	1.5 A-30 A 600 V
30	多功能激光测量仪	2	DJJ	
31	低压耐压测试仪	2	CJ2672	0～5 kV
32	高精度数字万用表	10	F45	4位半
33	相位指示器	2	XZ-1	AC380
34	指针式万用表	2	MF-50	1.5%
35	温、湿度计	2	JWS-A4	1.5%
36	高频对讲机	6对		
37	光时域反射仪(OTDR)	1	HP8147	40/39 dB
38	光衰耗器	1	K7010	0/60 dB
39	光万用表	1	AQ2150	−6/60 dB
40	误码测试仪	1	HP37717	622 Mb/s
41	交流耐压试验器	1		
42	电池盒	2		

9 质量控制要点

(1)基础预埋件

① 测量时用 5 m 钢卷尺。

② 用墨斗弹线以准确定位。

③ 设备基础预埋件在运输过程中应轻装、轻卸、轻放，以免变形。

④ 设备基础预埋件用绝缘膨胀螺栓固定后，用水平尺和水准仪进行水平测量和校调。

⑤ 与装修承包商配合预留好变压器的设备底座螺栓安装操作坑及控制预埋件与地面的高差。

⑥ 33 kVGIS 的设备基础预埋件的螺孔在现场进行拱丝。

(2)设备安装

① 成列柜安装前进行划线定位。

② 33 kV 开关柜安装时，在基础框架的上表面涂润滑脂，有利于开关柜的安装和对齐。绝缘套管和连接件现场安装时才取出来，以防污秽。电压互感器和避雷器安装后按设计进行配线，检查配线是否正确和连接是否紧固。

③ 绝缘法安装的设备在敷设绝缘板时应打扫地面和绝缘板的清洁卫生，特别是固定设备的螺栓位置。

④ 33 kV 开关柜和直流开关柜在安装后及时将加热器投入，为电气元件除潮。

10 安全控制要点

(1)施工人员穿防护服，戴安全帽，高空作业时系好安全带。

(2)在轨行区施工时，及时请销点，在施工现场设专职安全监护人，作业范围两端设专职安全防护人员。

(3)使用电动工具要有可靠的保护接地及接零措施。

(4)设备在搬运和安装过程中防止压伤作业人员。

(5)在车站施工时要注意其他单位施工时引起的各种安全隐患，如踩入坑中、钉脚、高空落物等。

11 环境保护要点

(1)坚持按《中华人民共和国环境保护法》及相关法规进行施工。

(2)每次施工后清理和打扫施工现场，保持施工现场的整洁。

(3)每次施工的废料和施工垃圾等应及时运走并倒至指定的地点。

(4)施工中应尽量减少噪声。

12 常见问题及处理方法

(1)预埋件安装。

① 结构层有坡度，设备房标高水平线应按房间的高点来定，预埋件在低点处采用垫高的方式。

② 预埋件定位时应注意考验装修专业是否有离壁墙。

③ 预埋件与装修层的高差容量不满足设备安装的要求，在装修层浇筑时与装修专业配合，特别满足 33 kV 开关柜预埋件高出地面 1～3 mm，直流开关柜预埋件与地面平(方便小车出入)。

(2)设备安装。

① 33 kV 开关柜从端柜安装还是从母联柜开始安装，从母联柜安装好一些，最后一个柜

的误差小一些。

② 33 kV 开关柜电压互感器的一次侧接地和二次侧接地容量串起来共同接地，应各自分别接地。

③ 直流开关柜在进行柜间连接时用电钻打眼，容易将邻柜的航空插头线打破，要注意操作前移开航空插头。

④ 动力变压器安装时注意与低压配电专业核对设备编号是否一致，以免不对应造成相反。

⑤ 电缆敷设时因电缆敷设路径高低起伏和转弯多，容量出现电缆外护套破损的现象，敷设时在各个转弯处和高低处都要有人拖拉。

13 附　　录

(1)相关照片见图 8～图 11。

图 8　预埋件定位检查

图 9　预埋件接地线焊接

图 10　安装好的 33 kV GIS 开关柜

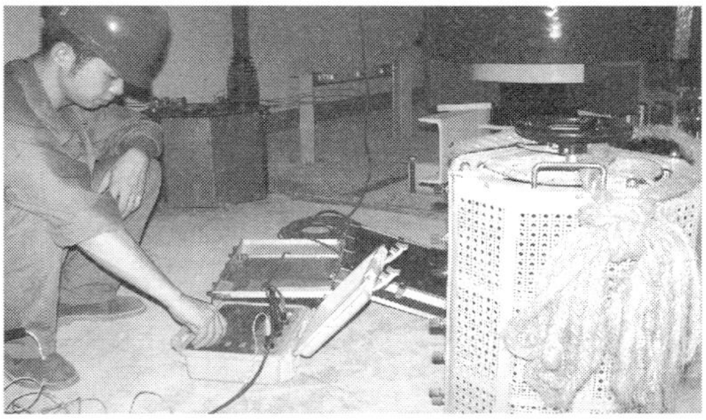

图 11　33 kV 开关柜保护装置调试

(2)相关记录表。

① 检验批验收记录表，见表 9。

表 9　检验批验收记录表

单位工程名称			
子单位工程名称			
分部工程名称			
分项工程名称		验收部位	

续上表

<table>
<tr><td colspan="2">施工单位</td><td colspan="3"></td><td>项目负责人</td><td></td></tr>
<tr><td colspan="2">施工标准名称</td><td colspan="5"></td></tr>
<tr><td colspan="3" rowspan="2">施工质量验收标准的规定</td><td colspan="3">施工单位检查评定</td><td rowspan="2">监理单位验收</td></tr>
<tr><td></td><td></td><td></td></tr>
<tr><td rowspan="2">主控项目</td><td></td><td></td><td></td><td></td><td></td><td rowspan="2"></td></tr>
<tr><td></td><td></td><td></td><td></td><td></td></tr>
<tr><td rowspan="2">一般项目</td><td></td><td></td><td></td><td></td><td></td><td rowspan="2"></td></tr>
<tr><td></td><td></td><td></td><td></td><td></td></tr>
<tr><td rowspan="2">施工单位检查</td><td colspan="2">专业工长</td><td></td><td colspan="2">分项工程技术负责人</td><td></td></tr>
<tr><td colspan="6">项目专业质量检查员：　　　　年　月　日</td></tr>
<tr><td>监理单位验收</td><td colspan="6">监理工程师：　　　　年　月　日</td></tr>
</table>

② 分项工程质量评定表，见表 10。

表 10　分项工程质量评定表

<table>
<tr><td colspan="2">单位工程名称、编号</td><td></td><td>分项工程编号</td><td></td></tr>
<tr><td colspan="2">分部工程名称、编号</td><td></td><td>检 验 数 量</td><td></td></tr>
<tr><td colspan="2">施　工　单　位</td><td></td><td>项目负责人</td><td></td></tr>
<tr><td>检验批编号</td><td colspan="2">检验批名称</td><td>施工单位检查评定结果</td><td>监理单位验收记录</td></tr>
<tr><td></td><td colspan="2"></td><td></td><td></td></tr>
<tr><td></td><td colspan="2"></td><td></td><td></td></tr>
<tr><td></td><td colspan="2"></td><td></td><td></td></tr>
<tr><td>施工单位检查评定结果</td><td colspan="4">分项工程技术负责人：
年　月　日</td></tr>
<tr><td>监理单位验收结论</td><td colspan="4">监理工程师：
年　月　日</td></tr>
</table>

③ 分部工程验收表，见表11。

表11 分部工程验收表

<table>
<tr><td colspan="2">单位工程名称、编号</td><td colspan="2"></td><td>分部工程编号</td><td></td></tr>
<tr><td colspan="2">分项工程名称、编号</td><td colspan="2"></td><td>检 验 数 量</td><td></td></tr>
<tr><td colspan="2">施　工　单　位</td><td colspan="2"></td><td>项目负责人</td><td></td></tr>
<tr><td>序号</td><td colspan="2">分项工程名称</td><td colspan="2">施工单位检查评定结果</td><td>监理单位验收记录</td></tr>
<tr><td></td><td colspan="2"></td><td colspan="2"></td><td></td></tr>
<tr><td></td><td colspan="2"></td><td colspan="2"></td><td></td></tr>
<tr><td></td><td colspan="2"></td><td colspan="2"></td><td></td></tr>
<tr><td></td><td colspan="2"></td><td colspan="2"></td><td></td></tr>
<tr><td>施工单位检查评定结果</td><td colspan="5">分部工程技术负责人：
年　月　日</td></tr>
<tr><td>监理单位验收结论</td><td colspan="5">监理工程师：
年　月　日</td></tr>
</table>

④ 单位工程验收表，见表12。

表12 单位工程验收表

<table>
<tr><td colspan="3">单位工程名称、编号</td><td colspan="5"></td></tr>
<tr><td colspan="3">开　工　日　期</td><td colspan="2"></td><td colspan="2">竣 工 日 期</td><td></td></tr>
<tr><td colspan="3">施　工　单　位</td><td colspan="5"></td></tr>
<tr><td colspan="2">项目负责人</td><td></td><td>技术负责人</td><td></td><td colspan="2">项目质量负责人</td><td></td></tr>
<tr><td>序号</td><td colspan="2">项　目</td><td colspan="4">验　收　记　录</td><td>验 收 结 论</td></tr>
<tr><td>1</td><td colspan="2">分部工程</td><td colspan="4">共　分部工程，经查符合标准规定及要求</td><td></td></tr>
<tr><td>2</td><td colspan="2">质量控制资料核查</td><td colspan="4">共　项，经查符合要求　项，不符合要求　项。</td><td></td></tr>
<tr><td>3</td><td colspan="2">安全和主要使用功能核查及抽查结果</td><td colspan="4">共核查、抽查　项，符合要求　项，不符合要求　项。</td><td></td></tr>
<tr><td>4</td><td colspan="2">观感质量验收</td><td colspan="4">共检查　项，评定为合格　项，评定为差的　项。</td><td></td></tr>
<tr><td>5</td><td colspan="2">综合验收结论</td><td colspan="4"></td><td></td></tr>
<tr><td rowspan="2">验收单位</td><td colspan="2">建 设 单 位</td><td colspan="2">监 理 单 位</td><td colspan="2">施 工 单 位</td><td>设 计 单 位</td></tr>
<tr><td colspan="2">（公章）
单位（项目）负责人：
年　月　日</td><td colspan="2">（公章）
总监理工程师：
年　月　日</td><td colspan="2">（公章）
单位负责人：
年　月　日</td><td>（公章）
单位（项目）负责人：
年　月　日</td></tr>
</table>

城市轨道交通环网电缆施工工艺

1 工艺概况及技术特点

1.1 工艺概况

地铁供电系统环网电缆由主变电所 33 kV 馈线开关柜电缆出线端至牵引变电所电缆进线端的电缆以及联系各牵引变电所(包括降压变电所、跟随变电所)之间的电缆组成,包括电缆支架、桥架和接地系统。

地铁供电系统环网电缆以三个或四个变电所为一个供电分区,在每个供电分区中,由其中一个牵引降压混合变电所直接从同一个主变电站的 33 kV 两段母线上引入两回互为备用的专供电源,其他牵引降压混合变电所或降压变电所采用环网方式接入电源。

环网支架、桥架安装、环网电缆敷设工作量大而工作面小。在施工时得占用车行区,必须遵守车行区施工管理办法,同时保证施工的顺利进行,保证工程按期完成。

1.2 技术特点

(1)地铁工程构筑物布局紧凑、机电设备密集,设备运输通道、电缆敷设空间具有净空低、狭窄的特点。

(2)不同系统间的施工存在相互干扰。施工时应服从业主对地铁施工作业的管理及安排,并有责任对施工中的交叉作业或干扰作业进行协调和配合。

(3)地铁施工时要加强对自有成品的保护,同时还应保证施工作业中不能对非自有成品造成危害或影响。

2 适用范围

本施工工艺适用于城市轨道交通(地铁、轻轨等)供电系统环网电缆施工。

3 引用标准

(1)《地下铁道工程施工及验收规范》(GB 50299—1999)。

(2)《地铁设计规范》(GB 50157—2003)。

(3)《铁路电力工程施工技术指南》(TZ 10207—2007)。

(4)《铁路电力工程施工质量验收标准》(TB 10420—2003,J 290—2004)。

(5)《客货共线铁路电力牵引供电施工技术指南》(TZ 10208—2008)。

(6)《铁路电力牵引供电工程施工质量验收标准》(TB 10421—2003,J 291—2004)。

(7)《电气装置安装工程高压电器施工及验收规范》(GBJ 147—90)。

(8)《电气装置安装工程电缆线路施工及验收规范》(GB 50168—92)。

(9)《电气装置安装工程接地装置施工及验收规范》(GB 50169—92)。

4 基本术语及定义

(1)圆形、矩形及马蹄形隧道:圆形隧道指采用盾构法施工形成、形状为圆形的隧道;矩形隧道指采用明挖法施工、形状为矩形的隧道；马蹄形隧道指采用暗挖法施工，形状上半部是正圆形，下半部是矩形的隧道。

(2)供电分区：指一个供电臂的供电范围，通常以三个或四个地铁变电所构成，并采用环网电缆相互连接的供电单元。

(3)环网电缆：将供电系统内的变电所相互连接，并形成环形供电的高压电力电缆。

5 工艺原理

电缆支架测量时，以轨道为测量基准，综合考虑隧道土建构筑物的结构，测量定位时避开构筑物的结构钢筋，提高支架打孔时工效，避免破坏土建构筑物的结构。

由于环网电力电缆的数量多、重量重，为确保施工时安全、质量、工效，应充分利用轨道，采用电缆放线作业车组敷设电缆。人工敷设电缆时，应采用电缆放线滑轮，保护好电缆，提高工效。

考虑地下隧道潮湿的环境条件，电缆头制作时，要适当增加施工人员，提高工作效率，缩短完成时间，并采取加热的措施，确保电缆头质量。

6 工艺流程及操作要点

6.1 工艺流程

工艺流程见图1。

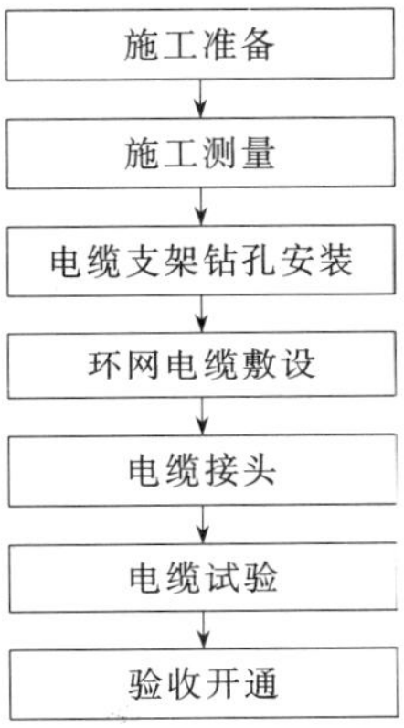

图1 地铁环网电缆安装工艺流程图

6.2 操作要点

6.2.1 施工准备

(1)人员准备，见各施工工序劳动力组织。

(2)施工机具配置，见各施工工序主要机械设备及工器具配置。

(3)材料准备：所需材料已到货，或到货时间能满足工程进度要求。

(4)确认电缆通道所涉及的相关土建、轨道工程已完成，具备施工条件。

6.2.2 施工测量

测量(见图2)是环网电缆施工的首要关键工序，要考虑施工现场对以后的各项工序施工有可能存在的影响，土建结构的变化、各专业的相互干扰、实际现场尺寸与设计的不符合等都是测量应该着重考虑的，及时发现问题，及时汇报整改。

6.2.2.1 施工测量

(1)确定起测点

首先按照设计图纸确定的测量起点进行纵向测量，起测点一般为正线车站端头与各种形式隧道断面接口处。

(2)纵向测量

① 根据轨道工程进展情况，选定轨道工程已具备施工条件的车站或区间进行测量。

② 按每6 m一处用激光测量仪测量隧道壁距线路中心线的距离。测量时用水准仪保证激光测量仪水平。

③ 一个区间测量完毕，对此区间全长进行复核，无误后再进行下一个区间的测量。

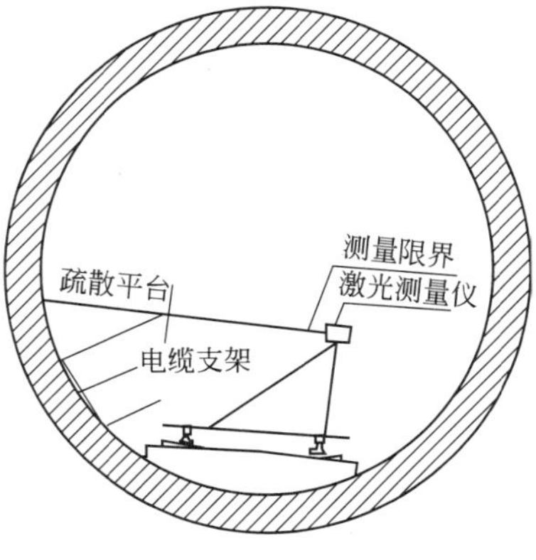

图2 地铁环网电缆施工测量示意图

④ 纵向测量中，每隔一段距离要核对隧道土建里程与供电系统设计图纸的设计里程。

⑤ 将测量结果作好详细记录，包括每个测量点的隧道类型、轨面超高及沿线的施工干扰情况等。

(3)横向测量

① 在整个区间隧道区段，均采用激光测量仪进行横向测量，以人防门断面往小里程1.570 m作为起测点，开始全线测量。

② 用水准仪和塔尺进行标高测量，按每6 m 1处在行车方向左侧的隧道壁上测量出环网电缆(疏散平台)支架上部螺栓的水平高度。用记号笔做好“＋”字标记，用墨斗在两个“＋“字标记间弹一条标示细线，作为此区段环网电缆(疏散平台)支架上连接件安装孔位的水平标准线。

③ 按照环网电缆(疏散平台)支架水平间距1 m的设计要求，在墨线上测量出支架的纵向位置，用“＋”表示，此标记即为环网电缆(疏散平台)支架上连接件的中心位置。在该中心位置左右两侧各80 mm用记号笔作红色“＋”标记，该红色“＋”标记即为环网电缆(疏散平台)支架上连接件锚栓的中心位置。

④ 测量时锚栓位置应避开隧道伸缩缝、连接缝、盾构区间管片接缝和连接螺栓或渗水、漏水区。锚栓到接缝边缘距离不小于110 mm。同时保证平台支架间距不大于1 m。

6.2.2.2　劳动力组织

施工测量劳动力组织见表1。

表1　施工测量劳动力组织表

序号	分　工		人数	主要工作内容
1	组长		1	组织、指挥，测量数据记录，确定安装类型，观察施工干扰情况
2	组员	测量	3	2人进行跨距测量，1人操作激光测量仪测量
		书写标记	1	书写测量点标记及钻孔位置
		小平车防护	2	推扶测量平板车，配合测量人员工作
		安全防护	1	行车及其他安全防护
合计			8	

6.2.2.3　主要工、机具配置

主要工、机具配置见表2。

表2　施工测量主要工机具表

序号	名　称	规格	单位	数量	备　注
1	钢卷尺	5 m、10 m、50 m	把	各1	检验合格
2	钢丝刷		把	1	用于清理隧道侧壁尘垢
3	激光测量仪	DJJ	台	1	
4	测量小车	地铁专用	辆	1	自制
5	测量模板		套	1	型号根据安装形式定，有圆形、马蹄形及矩形等隧道模板类型
6	记号笔		支	若干	油漆、油画笔、粉笔
7	防护灯	闪烁型	套	2	
8	照明设备		套	若干	

6.2.3 电缆支架钻孔安装

6.2.3.1 支架钻孔

(1)技术人员根据测量数据,编制出电缆支架钻孔作业表和钻孔技术要求。

(2)钻孔前,使用钢筋探测仪,探明钢筋分布,确定孔位是否有钢筋,如碰到钢筋,可顺线路移位 2～3 cm,重新确定孔位;将特制的两孔或四孔模具的中心线与测量的底座中心线对齐,确定并标识出孔位。复核所测量的孔位与实际安装的孔位是否相符,如不符,须按模具重新确定孔位。

(3)根据锚栓的型号,选用相应规格的钻头、设置深度标尺,按照电锤操作说明进行钻孔。底座的一组孔的横向轴线应该垂直于线路中心线。钻孔至深度标尺位置时,退钻。圆形盾构隧道打孔注意不能超深,避免打穿。

(4)钻孔完毕后,测量检查孔深、孔径等各项参数是否满足安装要求,合格后,用专用气筒和清孔钢刷彻底清除孔中的灰屑。

(5)按照程序和要求,进行锚栓安装。

1)化学锚栓安装。

① 安装前应彻底清除孔屑。

② 将化学锚栓药剂放入孔底,用电钻旋入锚栓直至树脂流出为止。

③ 用模板固定锚栓,按照产品说明书及安装温度保证药剂硬化时间。

④ 凝固后,取下模板。

2)后扩底式螺杆锚栓安装。

① 后扩底式螺杆锚栓采用专用配套钻头进行钻孔,达到钻孔深度后(挡块抵住锚固基础),以钻头加粗部分为支点进行环状旋转,对钻孔底部进行锥形扩削,形成柱锥钻孔。

② 清除孔屑,将锚栓放入孔中,使用专用安装工具安装,确保安装到位。

③ 在进行锚栓安装时,安装深度应符合规定标准,扭矩扳手的扭矩大小应严格按照螺栓的标准大小进行控制。

3)按照相关规范和要求,进行锚栓的拉力测试。

① 应按要求通报监理工程师检查测试时间。

② 在待测螺栓上安装好拉力测试仪。

③ 使用扳手逐渐加大拉力至规定测试值,并保持约 5 min,未见异常,即通过测试,作好记录。

④ 如发现不合格时,则对同一批次施工的所有杆件全部检测。

⑤ 作好钻孔安装记录和拉力测试记录,经监理工程师检查签认后方可进入下道工序的施工。

⑥ 作好锚栓钻孔安装和拉力测试隐蔽记录。

⑦ 避让接缝:钻孔时应避开隧道伸缩缝、隧道连接缝、盾构区间管片接缝、或明显渗水、漏水等部位,到接缝边缘距离应能满足螺栓受力要求。

⑧ 固定环网电缆支架。用膨胀螺栓将支架固定在侧墙或隧道壁上,敷设电缆支架的接地扁钢并用螺栓固定在支架上。

6.2.3.2 劳动力组织

根据施工进度和施工区段的工作量,可以在封锁作业区间安排多组作业人员,同时作业。表 3 是一组施工作业人员的配置,增加作业组时,只需增加组长 1 人/组和钻孔、螺栓安装人员

3人/组。

表3　钻孔安装劳动力组织表

序号	分　工		人数	主要工作内容
1	组长		1	钻孔安装作业的组织、指挥
2	组员	钻孔、螺栓安装	3	钻孔、安装螺栓及电缆支架
		辅助人员	1	配合钻孔、安装人员作一些辅助性的工作
		技术问题处理	1	处理现场发现的技术问题
		安全防护	1	作业区段两端安全防护
合　计			7	

6.2.3.3　主要工、机具配置

主要工、机具配置见表4：

表4　钻孔安装主要机具配置表

序号	名　称	规格	单位	数量	备　注
1	地铁作业平板车	改进型	台	1	
2	电锤	HILIT	台	1	
3	冲击钻头		根	2	与锚栓型号相应
4	拉力测试仪		台	1	
5	钢筋探测仪		台	1	
6	游标卡尺		把	1	检查打孔深度
7	激光测量仪	DJJ	台	1	
8	钢卷尺	10 m	把	3	
9	专用钻孔模板		块	1	与隧道形式相应
10	吸尘器		台	1	
11	专用敲击工具		把	1	
12	灌注安装工具		把	1	
13	清孔钢刷		把	1	
14	清孔气囊		套	1	
15	记号笔		支	2	
16	防护灯	闪烁型	套	2	
17	照明设备		套	若干	

6.2.4　环网电缆敷设

6.2.4.1　施工方法及步骤

(1)固定电缆盘。

将绝缘测试合格的电缆整盘吊装在放线车的电缆支架上，电缆盘要固定牢固。

(2)电缆展放。

1)在已铺轨区段利用轨道车展放电缆。

① 根据敷设区间、车站长度及变电所位置，参照电缆清册，进行电缆配盘。配盘原则为：

区间尽量不设电缆中间头，若不得不设的话，电缆中间头不得在车站及隧道两端出现，而应放在隧道中间。

② 设指挥员1人，负责电缆展放的统一指挥。当轨道车到达敷设地点后，先从电缆盘上端拉出一定长度作缓冲段，端头固定于环网电缆支架上。指挥员要与轨道车司机约定信号，根据电缆展放情况指挥车辆的开动、停止及运行速度。

③ 放线车开动后，2人在车上转动电缆盘，使其在敷设时保持动态平衡，车速与电缆展放速度作良好配合（车速不大于15 m/min）。

④ 电缆进变电所部分，要先测量出所需长度，将该段电缆从电缆盘上拉出预留量后，人工敷设电缆到所内指定位置。如果路径较长，在施放时应将电缆放在滑车上。

⑤ 电缆需穿过管道时，对管道要进行检查清理，去除管口毛刺，必要时应边牵拉边涂抹润滑油。

2）未铺轨区段和到主站电缆廊道内电缆展放。

由于铺轨完成时间较晚，或在车站内等无法采用机械展放时，采取人工方式进行环网电缆展放。

由于电缆廊道内空间狭窄，所以环网电缆敷设时采用人工敷设，卷扬机作为牵引动力。

① 将所要敷设的各种电缆盘通过车站吊装预留孔吊运到车站站台上，然后根据敷设方向和顺序，先将其中一个电缆盘支起。

② 将卷扬机固定在道床上适当位置。如果电缆要进入下个车站变电所内，须将进所所需长度也考虑在内。

③ 把卷扬机钢丝绳牵引至电缆盘位置，根据电缆路径和重量确定每隔一定长度放置一个滑车（或转弯滑车），让电缆在前行途中只能与滑车接触，避免在地上磨擦，以保证电缆不受损伤。

④ 开动卷扬机，让卷扬机缓慢匀速转动且与电缆盘转动速度保持一致，避免电缆、电缆盘受冲击力影响。

⑤ 卷扬机将电缆牵引到位后，关闭卷扬机，取下与电缆连接的钢丝绳套。如果电缆要进入车站变电所内，将依靠滑车或集中人力把电缆敷设到所内指定位置。

⑥ 利用卷扬机只是用来帮助展放33 kV高压单芯电缆。在进行联跳电缆和导引线电缆（光缆）敷设时，由于电缆较细，为了避免电缆受伤，必须采取人力牵引敷设方式。

⑦ 每敷设完一根电缆，马上把电缆从一个端头按一个方向理顺并将电缆放到电缆支架上。

3）到车辆段变电所环网电缆敷设。

在载重汽车上固定电缆盘并用载重汽车作为牵引动力，人工辅助敷设环网电缆。

（3）电缆整理绑扎、挂牌。

1）电缆敷设完毕后，要进行整理、绑扎、固定。电缆放在电缆支架上，使电缆稍稍有波纹状，以减少热胀冷缩带来的影响。33 kV高压单芯电缆，同一回路的三根电缆成“品”字形，轴心等距。

2）电缆在终端头、中间头、拐弯处、夹层内等地方应挂设电缆标志牌，并且变电所内部中间部分每隔4 m左右挂牌1处，区间部分每隔100 m左右挂牌1处。电缆牌内容包括电缆编号、电缆型号、电缆长度、安装（更换）日期、电缆起始端等。

3）电缆在每个支撑点处用绑扎带进行固定，每间隔5 m用绑扎带交叉固定。

6.2.4.2　劳动力组织

环网电缆敷设劳动力组织见表5：

表5　环网电缆敷设劳动力组织表

序号	分　工		人数	主要工作内容
1	组长		1	环网电缆敷设作业的组织、指挥
2	组员	电缆敷设	20	电缆敷设、固定绑扎及挂牌
		辅助人员	4	配合电缆敷设安装人员作一些辅助性的工作
		技术问题处理	1	处理现场发现的技术问题
		安全防护	2	作业区段两端安全防护
合　计			28	

6.2.4.3　主要工、机具配置

主要工、机具配置见表6：

表6　环网电缆敷设主要机具配置表

序号	名　　称	规格	单位	数量	备　注
1	轨道车	170HP	组	1	作敷设电缆牵引力
2	平板车	改进型	辆	2	放电缆盘
3	载重汽车	5 t	辆	1	放电缆盘及牵引动力
4	电缆放线架	TJ-10B，可升降	台	3	支放电缆盘
5	钢卷尺	50 m	把	1	
6	照明灯		个	若干	隧道照明
7	对讲机		对	若干	通讯联络
8	放缆滚轴	特制	根	3	用于支放线盘
9	常用工具		套	若干	
10	撬棍		根	若干	
11	卷扬机	10 t	台	1	电缆牵引动力
12	转弯滑车	ZCL	套	若干	电缆转弯
13	直滑车	HCL	套	若干	
14	尼龙绳		m	若干	按实际需要
15	防护信号灯	闪烁型	个	2	防护

注：由于需要根据敷设长度来确定数量，部分设备、工具没有标注准确数量。施工时，应根据现场情况确定。

6.2.5　高压电缆中间头接续

6.2.5.1　施工方法及步骤

(1)施工方法

中间接头为配铠装带或配热缩管两种。中间接头制作前首先测量电缆本体绝缘层外经，以选择最合适的中间接头。

(2)施工步骤

① 剥外护层。将试验合格的、准备连接的两根电缆末端搁平、调直、对接锯齐；然后将一

根电缆剥除 850 mm 长外护套，另一根电缆剥除 350 mm 长外护套，见图 3。

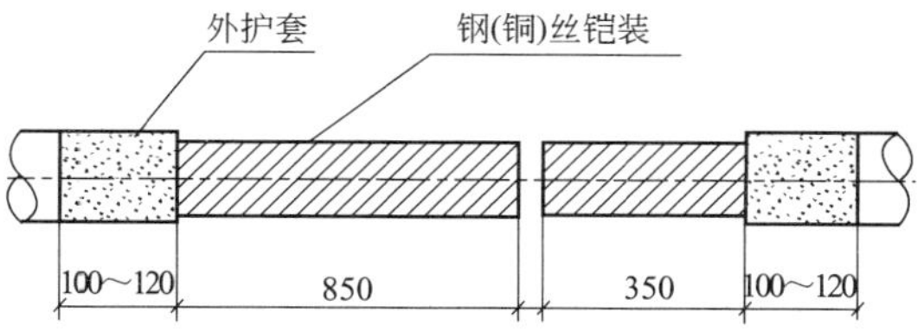

图 3　高压电缆中间头剥外护层图

② 剥屏蔽层和半导电层。用扎线在高压电缆外护套断口 30 mm 处将铠装扎紧，其余铠装层割除；从铠装断口起保留 20 mm 内护层；再从待连接的两根电缆由末端向两端各量取 270 mm，剥除这部分的铜屏蔽层，用半导电带将铜屏蔽切断外扎紧，保留 40 mm 半导电层，其末端 230 mm 长剥除半导电层，见图 4。

③ 剥绝缘层。量取电缆连接管长度 L，以 L/2 长度将两电缆端部绝缘及内屏蔽层剥去并将绝缘端部尖角、毛刺去掉；用细砂纸或砂布，将绝缘层表面砂平、打光、绝缘层与半导电层相接处平滑过渡，不允许成齿状，见图 5。

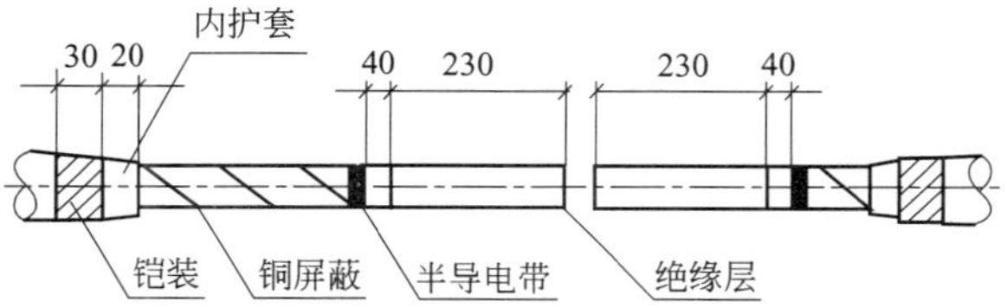

图 4　高压电缆中间头剥屏蔽层和半导电层图

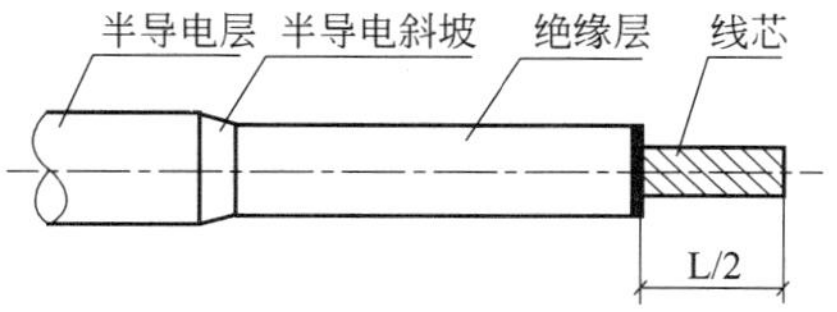

图 5　高压电缆中间头剥绝缘层图

④ 套中间接头。将铜屏蔽保留较长的一根电缆的绝缘层，半导电层和铜屏蔽层用清洁巾清理干净待清洁剂挥发后，套入中间接头，衬管条伸出的一端要先套入电缆，将中间头和电缆绝缘临时保护好，见图 6。

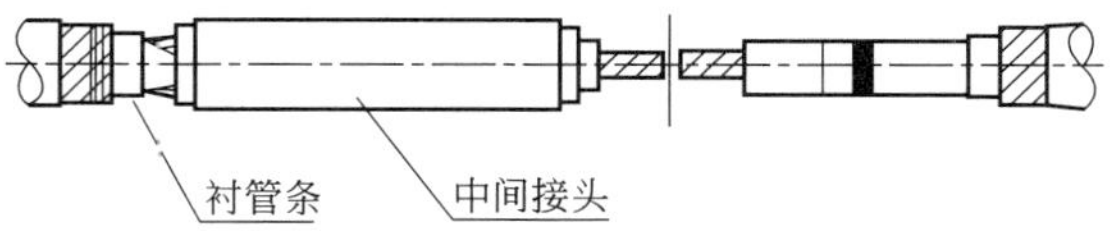

图 6　高压电缆套中间接头图

⑤ 压接连接管，确定中心。用砂布除去线芯表面氧化层，然后用清洁巾将连接管内外表面及线芯清洗干净，待清洁剂挥发后将连接管分别套入待连接两根电缆的线芯，挤紧后先压连接管两端，再在连接管中间压接两道（共压接四道）；将连接管表面的毛刺、尖角等砂平，用清洁巾将连接管表面清洗干净，特别注意不能在中间接头位置留金属渣或其他导电物。确定已连接好的两根电缆绝缘端部的中心，去掉临时保护，由中心位置向电缆一端量取 250 mm，做好记号，见图 7。

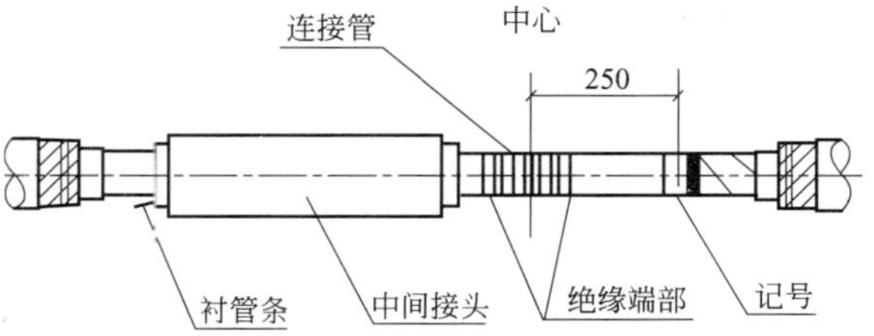

图 7　高压电缆中间头压接连接管图

⑥ 收缩中间接头。用清洁巾将电缆的绝缘层、半导电层和铜屏蔽层、线芯表面、连接管表面再清洗一次，待清洁剂挥发后，在电缆绝缘层上均匀抹一层硅脂；将中间接头移至中心处，沿逆时针方向均匀抽掉衬管条使中间接头收缩，中间接头一端与记号齐平，抹尽挤出的硅脂。在中间头两端，从电缆铜屏蔽层上开始，搭接 30 mm 绕 2～3 层半导电带至中间头上并搭接 50 mm，见图 8。

⑦ 绕包铜网、绕第一层防水带，连铜纺织带。将铜网以半重叠方式绕包到中间接头上，铜网两端分别与电缆铜屏蔽层搭接，用镀锡铜扎线扎紧，在两端扎线处用锡焊牢；或用弹簧抱箍抱紧。从一端内护层上开始将防水带拉长到约 1.5 倍半搭叠方式绕至另一端内护层上，胶粘层应紧贴内护层，绕完第一层防水带，接着连铜编织带。将铜编织带两端分别通过镀锡铜扎线扎紧在两电缆铠装上，并在扎线处用锡焊牢，或用弹簧抱箍抱紧，将铠装层连通，见图 9。

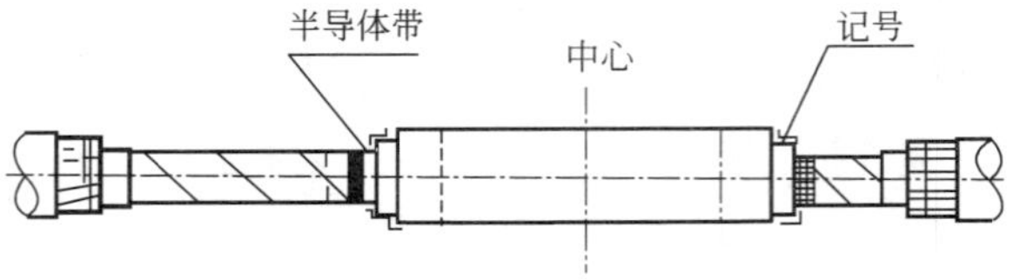

图 8　高压电缆收缩中间接头图

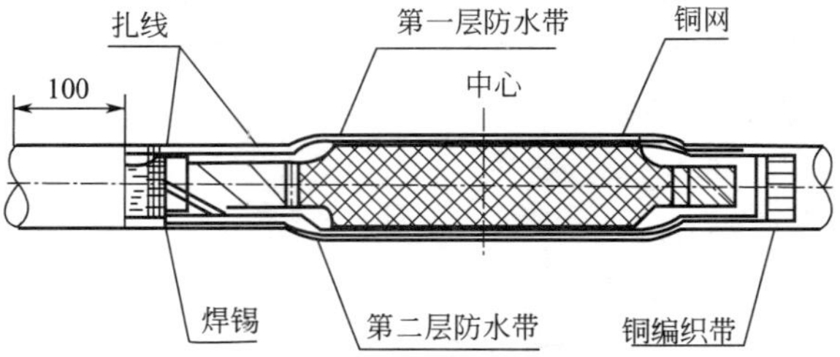

图 9　高压电缆中间头绕铜网、防水带及铜纺织带图

⑧ 绕第二层防水带、绕铠装带。有铠装，连接铜纺织带后，从一端外护层上搭接 100～120 mm，照上述方法将防水带绕至另一端外护层上 100～120 mm，绕第二层防水带，在第二层防水带上以半搭叠方式绕包铠装带。在铠装带胶层完全硬化后，方可移动，见图 10。

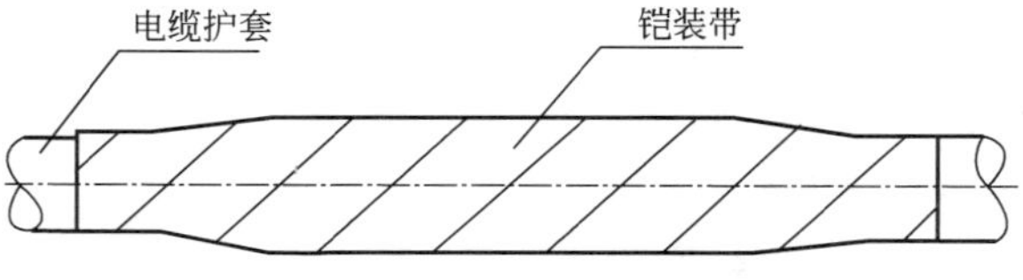

图 10　高压电缆中间头绕防水带及铠装带图

⑨ 中间接头自开始剥切到制作完毕必须连续进行，一次完成，以免受潮。

6.2.5.2　劳动力组织

劳动力组织见表 7。

表 7　高压电缆中间头接续劳动力组织表

序号	分　工		人数	主要工作内容
1	组长		1	高压电缆中间头接续作业的组织、指挥
2	组员	中间头接续	2	高压电缆中间头接续
		辅助人员	1	配合电缆中间头接续人员作一些辅助性的工作
		技术问题处理	1	处理现场发现的技术问题
		安全防护	1	作业区段两端安全防护
合　计			6	

6.2.5.3　主要工、机具配置

主要工、机具配置见表 8。

表 8　高压电缆中间头接续主要机具配置表

序号	名　称	规格	单位	数量	备　注
1	反应力锥刀	把	特制	3	
2	绝缘剥离刀	把	特制	3	
3	裁纸刀	把		若干	
4	钢卷尺	把	5 m	3	
5	电缆校直扳手	把	特制	3	校直电缆头
6	砂 布	张		若干	打磨绝缘
7	刮刀	把		若干	刮绝缘用
8	板锉	把		3	平整中间接头导管
9	手动液压钳	套	QYS-240	3	中间头、终端头压接
10	分体式液压钳	套	QYF-630	3	中间头、终端头压接
11	液化气喷枪	把	SBL-201	4	烤热缩套
12	游标卡尺	把		3	
13	电烙铁	把		3	焊接地编织带
14	电缆接头托架	个		3	
15	电缆支撑架	个		3	
16	手工钢锯	把		3	
17	电工工具	套		3	

6.2.6　高压电缆终端头接续

6.2.6.1　施工方法及步骤

(1)剥除电缆外护套。

(2)割去多余金属屏蔽层,割除前,先用铜丝作临时绑扎,防止割切时松散。

(3)剥去电缆外半导电层,操作时,要剥得非常干净,不留肉眼可见的残迹,半导电层端部切口应光滑圆整,同时,要小心不要伤及绝缘,操作时用刮刀等利器来清除半导电层和残迹。

(4)用剥切刀切去电缆端部绝缘,并将绝缘端部例角。

(5)除去电缆端部的内半导电层,割切时注意不得损伤导体,在导体末端包扎两层相色带作保护性包扎。

(6)距护套端部以外 100 mm 处,对接地编织带渗锡。

(7)先用半导电带从铜屏蔽层端头前约 2 mm 处包绕一层,将铜屏蔽层与半导电层的台阶覆盖住,再从铜屏蔽层端头开始缠绕圆柱形缠绕体,然后再向下包绕几层。

(8)用清洁巾从绝缘层向半导电带缠绕方向一次性清洁绝缘层及外半导电层,不得反方向,以免把半导电颗粒带到绝缘层上,检查绝缘层,如有残留半导电颗粒或较深的凹槽等,用砂布打磨或用刮刀刮干净,再用清洁巾清洗,待清洁剂挥发后,安装终端头。

(9)将硅脂均匀涂在电缆绝缘层上和终端头内,用力将终端头套在电缆上,使电缆导体从终端头顶部露出,再用力推终端头,直到终端头应力锥与电缆上的半导电带缠绕体接触好为止。安装后抹去挤出来的硅脂,拆除导体上的相色带,把接线端子套列导体上,端子下端与终端头顶部接触。

(10)按从内向外的压接顺序压接接线端子。

(11)用热收缩带将终端头底部电缆和电缆护套缠在一起,加热收缩并装上卡带。

(12)终端头自开始剥切列制作完毕必须连续进行,一次完成,以免受潮。

6.2.6.2　劳动力组织

高压电缆终端头接续劳动力组织见表9。

表9　高压电缆终端头接续劳动力组织表

序号	分　工		人数	主要工作内容
1	组长		1	高压电缆终端头接续作业的组织、指挥
2	组员	终端头接续	2	高压电缆终端头接续
		辅助人员	1	配合电缆终端头接续人员作一些辅助性的工作
		技术问题处理	1	处理现场发现的技术问题
		安全防护	1	作业区段两端安全防护
合　计			6	

6.2.6.3　主要工机具配置

参见高压电缆中间头接续部分。

6.2.7　电缆试验

参见施标《交流电气设备试验》。

6.2.8　验收开通

待环网电缆试验完成后,将在监理的组织下,依次进行检验批、分项工程、分部工程的验收,以达到环网电缆送电开通的条件。

7　质量控制要点

(1)施工测量

① 测量时保证测量的精确度,根据现场实际里程标记,随时校核支架设计里程和现场实际里程。同时复核各车站和区间的长度及不同隧道接口,隧道曲线段、区间隧道风机处等地点的实际里程是否与设计图纸相符。

② 要求使用钢卷尺进行测量,严禁使用皮尺。

③ 环网电缆(疏散平台)支架的跨距应符合设计图纸,一般情况横向允许误差±10 mm;纵向允许误差±20 mm。

④ 测量前检查激光定位测量仪的完好状态,各连接部件配合紧密,以减少测量误差。

⑤ 在测量时,注意观察沿线是否有可能影响其他专业安装,是否有侵入行车限界的设备存在。

(2)电缆支架钻孔安装

① 埋入杆件的埋设位置、埋设深度、规格型号应符合设计要求。

② 锚栓螺纹及镀锌层完好,化学锚固螺栓孔填充密实。

③ 埋入杆件载荷检测应符合设计要求,化学锚固螺栓所使用的化学填充剂必须在有效期内使用。

④ 锚栓安装时,药剂完全硬化前,应严格遵守与安装温度有关的等待时间。

⑤ 埋入杆件的施工允许偏差应符合表10的规定。

表 10 埋入杆件位置施工允许偏差表

项目	允许偏差(mm)	备注
后切底螺栓深度	−3/+3	隧道拱部允许−3/+2
化学锚固螺栓深度	−2/+3	
后切底螺栓钢套管相对深度	0/+2	
成组杆件中心垂直线路方向	±10	
成组杆件个体相对间距	±3	或不超出安装孔范围
成组杆件横向布置其轴线应与线路中心线垂直,纵向布置其轴线应与线路中心线平行,其偏斜度	≤2°	

⑥ 环网电缆支架水平布置时,相邻支架的间距不得大于 800 mm,垂直布置时,相邻支架的间距不得大于 1 000 mm。

⑦ 环网电缆支架安装位置结合现场情况可作适当调整,避开隧道伸缩缝、隧道连接缝、盾构区间管片接缝、明显渗水、漏水等部位。

⑧ 在车站有效站台区域内,环网电缆支架类型及安装位置全线车站应统一,非有效站台区电缆敷设路径发生变化、穿越楼梯(下到轨道用)时,以及在车站与区间的衔接处,环网电缆支架位置可作适当调整。

⑨ 全线环网电缆支架上敷设的贯通接地扁钢与支架电气连接可靠。

⑩ 在区间遇到联络通道、隧道风机房及废水房等特殊地段,环网电缆支架布置应避开其出口,环网电缆支架安装高度发生变化,应保证其坡度平缓。

(3)环网电缆敷设

① 电缆弯曲程度不得小于其最小弯曲半径。

② 电缆无拧绞、压扁、表面严重划伤等缺陷。

③ 电缆的各项测试应符合有关技术指标并有记录。

④ 电缆敷设后,及时接续或制作电缆头,否则应对电缆端头进行防潮处理。

(4)高压电缆中间头、终端头接续。

1)电力电缆与设备的连接方法正确,固定牢固,绝缘良好,终端头接地可靠。各类电缆在终端处留有适当的备用长度。电力电缆终端头的相色标志应与系统相位一致,各带电部位应满足相应电压等级的电气距离规定。且保证电缆头表面清洁、无杂物。相间及对地的安全净距为:

① 33 kV 为 300 mm;

② 1 500 V 为 100 mm;

③ 0.4 kV 为 20 mm。

2)电缆头制作要求

① 电力电缆终端头的电缆护层剥切长度、绝缘包扎长度及芯线连接强度应符合电缆头制作工艺要求。

② 电缆终端头应安装在便于检修、不影响交通且不受机械、化学损害的地方,并列敷设的电缆其终端头和中间接头的位置应相互不受干扰。

③ 电缆终端头采用预制件结构,并应满足下列要求:

a. 接头连接处导电良好,能长久稳定传输额定电流。

b. 端头和接头处的绝缘能耐受电缆工作条件下的额定电压和瞬时过电压。

c. 接头外壳具有良好密封性和足够机械强度。

d. 电缆终端头的出线应保持固定位置，电缆芯线弯曲应做到不破坏芯线绝缘和根部不受损伤。

3)33 kV 电缆接地应符合下列规定：

① 各车站变电所间 33 kV 环网电缆（包括铠装层及屏蔽层）两端就近接地，如设有中间头，中间头两侧的电缆铠装层及屏蔽层应分别连接良好，不得中断，跨接线等效截面不应小于铠装层及屏蔽层截面。

② 变电所内部的 33 kV 馈线电缆（包括铠装层及屏蔽层）在始端就近接地。

③ 去跟随式变电所或冷站的 33 kV 馈线电缆（包括铠装层及屏蔽层）在始端就近接地。

④ 由主站馈出的 33 kV 电缆，以主站为起点，每两段（配盘长）电缆为一组，在该组电缆（包括铠装层及屏蔽层）的始末两端接地，中间头处电缆铠装层及屏蔽层连通；如最后仅剩一段电缆（包括铠装层及屏蔽层），其两端均接地。

⑤ 33 kV 电缆单端接地时，非接地端电缆铠装层及屏蔽层处理同接地端，以便于电缆试验。

8　安全控制要点

(1)严格执行业主制定的车行区施工、运输管理办法及业主下达或批复的车行区使用计划。

(2)所有在车行区施工人员都要穿荧光服。

(3)行车时，前方需设专人持信号灯引道，司机应高度警惕，并将车速控制在安全范围内，施工负责人应对整个施工过程统一指挥和负责。

(4)选择合适的牵引机具，电缆盘、卷扬机固定要牢固。

(5)设专人在转弯处看护，并保证与牵引点联络方式实用可靠。

(6)根据施工中发现的具体问题，要不断改进和完善施工方法，消除事故隐患，保证施工安全。

(7)人工在车行区作业，必须设专人防护，遇有车辆通过时，需及时移开轨道上的障碍物，人员躲避到安全地带，保障车辆安全通过。

(8)安全人员要经常随工检查，发现问题，要及时提醒、整改；问题较严重时，要对施工负责人或当事人进行处罚、教育，令其停工改正。

9　环境保护要点

(1)坚持按《中华人民共和国环境保护法》及相关法规进行施工。制订环境保护管理办法和实施细则，并建立奖惩制度，将环保的具体措施落实到人头。

(2)工程完工后，应按要求拆除安全防护设施和临时设施。

(3)由于环网电缆采用工程车敷设，工程车开行后洒下的灰尘应扫到一起，带出施工现场，保证现场施工场地整洁、干净、工完料清，施工现场工具材料摆放整齐。

(4)不得在施工区段乱涂乱画，保护施工环境。

10　常见问题及处理方法

(1)当环网电缆支架底座的孔位遇隧道结构钢筋时，必须移动电缆支架位置。首先判断所遇钢筋是顺线路的横筋还是垂直线路的竖筋，是顺线路的横筋，则采取在横向移动避开钢筋，移动距离不大于 50 mm，避免影响疏散平台间距调整；是垂直线路的竖筋，则采取纵向移动，调整距离符合疏散平台与列车门高差调整要求，一般移动 30～50 mm 即可避开。

(2)环网电缆支架底座的孔间距调节范围小，按照确定孔位后对点进行钻孔施工，容易超出误差范围，造成安装困难。采取套模钻孔法，要求模板孔距与底座孔间距相同，孔径符合钻头大小的模板。

(3)环网电缆支架采用是新型高分子复合材料，在隧道断面变化处及电缆中间接头等特殊地段电缆支架承受的压力较大，造成一定的危险。采用在特殊地段加装钢电缆支架加固的方法确保环网电缆的安全运行。

11 附　　录

附录 1：环网电缆支架锚栓、螺栓载荷试验记录表

施工中主要检查电缆支架钻孔的深度、预埋化学锚栓是否避开钢筋及化学药剂的填充等情况，并对电缆支架锚栓、螺栓载荷进行拉拔力试验，环网电缆支架锚栓、螺栓载荷试验记录见表 11。

表 11　环网电缆支架锚栓、螺栓载荷试验记录表

报告编号：

报告时间：

工程名称							
测量仪器名称		校准单位			校准证书编号		
设计载荷值							
测试地点				测试时间			
测试方法							
里程位置							测试人
螺栓顺序	A	B	A	B	A	B	
实际测试值(kN)							
里程位置							测试人
螺栓顺序	A	B	A	B	A	B	
实际测试值(kN)							
施工单位评定结果	项目专职质量检查员：					年　月　日	
监理工程师评定结果	监理工程师：					年　月　日	

附录 2：工程实例及相关图片

(1)该标准化工艺在广州地铁三号线供电系统工程项目中得以应用，大大缩短了工期，节约了成本，保证了环网电缆质量和受电要求，最终圆满地完成了任务。

(2)项目概况

广州地铁三号线供电系统工程 36.33 km，全部为地下线路，全线设 2 座主变电站(另外

还利用二号线河南主变电所预留的电力容量向部分车站供电)、12 座牵引降压混合变电所、8 座降压变电所、19 座跟随式降压变电所(包括冷站 1 座,区间降压所 5 座)。采用集中供电方式,两极电压(110/33 kV)制式,交流系统采用 33 kV 电压等级,环网接线,开环运行。每个车站根据用电负荷的大小设置一到二个降压变电所。

以三个或四个变电所为一个供电分区,全线环网设 6 个供电分区,在每个供电分区中,由其中一个牵引降压混合变电所直接从同一个主变电站的 33 kV 两段母线上引入两回互为备用的专供电源,其他牵引降压混合变电所或降压变电所采用环网方式接入电源。

(3)相关图片

① 环网电缆敷设施工现场照片见图 11。

② 环网电缆绑扎施工现场照片见图 12。

图 11　环网电缆敷设施工

图 12　环网电缆绑扎施工

③ 环网电缆过防淹门成品现场照片见图 13。

④ 环网电缆过轨顶成品照片见图 14。

图 13　环网电缆过防淹门成品

图 14　环网电缆过轨顶成品图

城市轨道交通杂散电流防护施工工艺

1 工艺概况及技术特点

1.1 城市轨道交通杂散电流防护系统概况

城市轨道交通供电系统采用直流、低压供电，目前国内均在 1 500 V 及以下。其接触网悬挂形式主要有柔性悬挂（主要为腕臂和弹性支撑结构形式）、刚性悬挂及第三轨，但三种方式均要采用钢轨作为电流回路。为了防止电流流出到钢轨之外，作为牵引电流回路的钢轨均采用了与大地进行绝缘安装。但由于环境不可能达到理想的情况，以及随着时间的推移，绝缘老化及污染的产生，势必导致牵引电流不能全部回流，造成杂散电流的产生。为防止杂散电流对既有设施产生电流腐蚀和干扰，城市轨道交通均要采用杂散电流腐蚀防护措施。

杂散电流系统由杂散电流收集系统、排流系统、测量系统三部分组成。主杂散电流收集网采用整体道床结构钢筋、高架桥梁顶层结构钢筋组成，辅助杂散电流收集网采用隧道、地下车站结构钢筋组成。排流系统采用电缆将杂散电流收集网中的杂散电流回流到排流柜，经排流柜再回流至牵引变电所的负极柜。测量系统由通过测量大地（通过参比电极测量排流系统之外）电位、轨电位、杂散电流收集网电位、辅助杂散电流收集网（结构钢筋）电位，对杂散电流进行监测；测量系统由参比电极、测量电缆、传输电缆、监控设备等组成。

1.2 工艺概况及技术特点

杂散电流防护施工涉及到的辅助杂散电流收集网由相应的隧道、车站等土建专业承包商实施，主杂散电流收集网由轨道专业实施，供电系统专业将杂散电流收集网联结成系统。由于同一个系统分别由不同的承包商施工，各承包商之间应确认好接口。杂散电流防护系统同时涉及到直流、低压系统，又涉及测量、控制系统。其安装内容也较为繁杂，包括电缆支架安装、电缆防护管的安装、室内外设备安装（包括相应的基础）、参比电极的安装、直流低压电缆敷设、控制电缆敷设、控制设备安装、系统调试。

对于排流系统，由于涉及到低电压、大电流，其电气连接要求工艺先进，保证回路的连接可靠、接触电阻小。对于测量、监控系统，由于其测量等级为毫伏级，要求各种连接可靠，接触电阻满足要求。

杂散电流防护系统施工具有以下技术特点：

(1)同一个系统由土建专业、轨道专业、供电系统专业完成。同时施工时，在轨道上的接线、接缆必须满足信号、轨道专业的要求。施工中涉及到的接口多。

(2)没有详细涉及施工、安装、调试的规范、标准、验标。施工安装的工艺、标准要与设计、监理、业主、生产厂家共同确定。

(3)部分参比电极钻孔安装到与轨道交通的建筑结构外的土壤相接触，施工时应采取相应措施防止出现涌砂、涌水出现。

(4)由于排流电缆、测量电线要接到轨道钢轨上，必须采用牢固可靠与钢轨连接的施工技术。

(5)由于测量、监测系统的目标是毫伏级的电压，测量、调试时难度较大。

2　适用范围

本施工工艺适用于城市轨道交通杂散电流防护施工，包括杂散收集系统、排流系统、杂散电流测量系统。

3　引用标准

(1)《地下铁道设计规范》(GB 50157—2003)。

(2)《城市轨道交通直流牵引供电系统》(GB 10411—2005)。

(3)《地铁杂散电流腐蚀防护技术规程》(CJJ 49—92)。

(4)《地下铁道工程施工及验收规范》(GB 50299—2003)

(5)《电气装置安装工程电气设备交接试验标准》(GB 50150—2006)。

(6)《铁路电力工程施工技术指南》(TZ 10207—2007)。

(7)《电力牵引架空线路》(IEC—913)。

(8)《铁路工程施工安全技术规程》(TB 10401—2003)。

(9)《施工现场临时用电安全技术规范》(JGJ 6—2005)。

4　基本术语及定义

(1)杂散电流：直流供电系统中，由于钢轨不可能对地完全绝缘，部分回流会经过走行钢轨漏泄到设备结构或大地中。这部分不经过回流回路的电流称为杂散电流。

(2)排流柜：安装在牵引变电所内的杂散电流收集回流设备。杂散电流经过杂散电流收集网、排流电缆从排流柜流入负极柜。其具有单向导通装置，防止电流从直流供电系统反向注入到杂散电流收集系统。

(3)参比电极：测量直流供电系统结构外的大地电位的装置，通常采用 $Cu/CuSO_4$ 作参比电极。通过参比电极电位，并与隧道结构的电位、钢轨电位进行比较，以估计杂散电流腐蚀的危险或程度。

(4)杂散电流收集网：利用轨道整体道床的结构钢筋或其他建筑结构钢筋连接成的杂散电流收集网，并防止杂散电流流向其他设施。

5　工艺原理

加强接口的管理，与相关专业工程承包商作好施工配合，特别是信号专业施工配合，避免出现接口不匹配、返工情况的出现。

为满足施工技术标准，排流电缆敷设时尽可能采用轨道车组敷设；测量电线与钢轨的焊接，采用光焊机焊接，确保与钢轨连接的牢固性及电气性能；由于轨道交通多为地下建筑结构，排流电缆接头最好采用冷缩接头工艺。

参比电极安装时，应先将参比电极安装位置进行打磨平整，将安装螺栓固定，涂抹密封胶，在地下建筑结构物钻孔时采用金刚钻，钻孔完成后，及时安装。测量电线与钢轨焊接时，先焊接相应规格的接线鼻子，用光焊机将接线鼻子焊接到钢轨上。与隧道钢筋或端子焊接时，由于条件限制，不能采用光焊工艺，采用锡焊工艺。测量电缆直径较小、重量轻，可以采用人工敷设。

排流柜、单向导通装置等设备安装时，尽量采用机械设备运输，吊车安装。如无条件时也可采用人工安装。设备检查、调试按相关标准或合同技术要求、产品安装调试说明书进行。

系统测试时,采用毫伏表进行测量,接触电阻采用双臂电桥进行测量。

6 工艺流程及操作要点

6.1 工艺流程

工艺流程见图1。

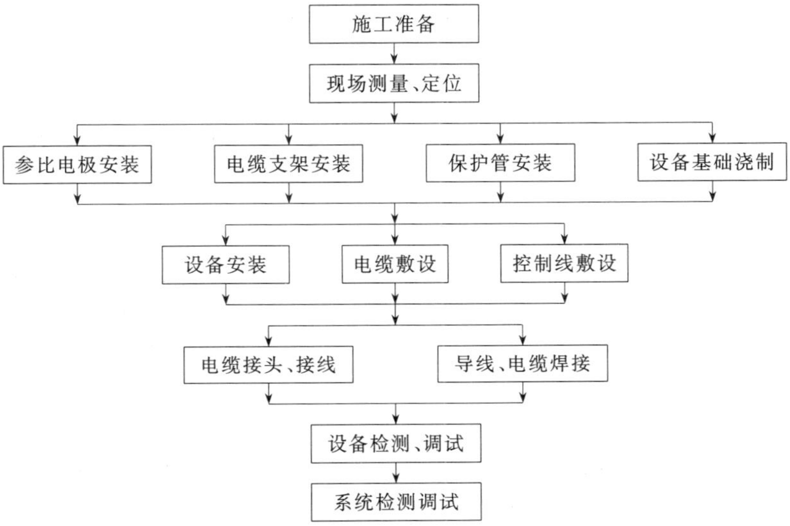

图1 城市轨道交通杂散电流防护系统工艺流程图

6.2 操作要点

6.2.1 施工准备

(1)已编制相应的施工方案、施工工艺标准、施工作业指导书。

(2)检查施工所需的材料已到货,或能确保按施工计划到货。

(3)检查施工所需的机具是否配齐,性能是否良好。

(4)确认相应土建、轨道、信号专业接口工作是否完成,并达到相应的施工条件。

(5)编制施工轨道占用计划,确认轨道占用时间满足施工要求。

6.2.2 施工测量

在施工前,应对下述项目进行测量:

(1)确认杂散电流收集网排流端子的位置,以及排流电缆的路径,测量排流电缆的长度。

(2)确认、测量参比电极、监测点接线盒的位置,确定、测量转接器、测量装置的位置。

(3)确认、测量电缆的路径,测量电缆的长度。

(4)确认、测量单向导通装置的基础位置。

(5)确认、测量排流柜的位置。

6.2.3 电缆支架安装

杂散电流防护系统中电缆支架包括排流电缆、测量电缆安装支架。在轨道交通结构物的两侧均有电缆支架,一侧是供电系统的电缆支架,一侧是通信信号电缆支架。由于杂散电流防护系统电缆少,不单独安装支架,采用既有的电缆支架。如果没有相应的电缆支架时,应单独安装电缆支架。排流电缆支架按供电系统的电缆支架技术标准、要求安装。

电缆支架的施工工艺标准参见《城市轨道交通供电系统环网电缆施工技术标准化工艺》。

6.2.4　保护管安装

杂散电流防护系统中，测量、监控系统中有测量导线存在，需安装在保护钢管或塑料管内。其涉及的数量较少，应满足设计文件、合同、规范标准要求。施工可参考《楼宇控制系统施工技术标准化工艺》实施。

保护管敷设应按设计、相关标准、规范要求，安装相应的分线盒、接线盒以及管子的接头盒。在穿过轨道时，应采用塑料管(PVC)，防止与轨道接触，产生牵引电流对大地的泄漏回路。管子的敷设应横平竖直，弯曲半径符合规范要求，与相应的建筑物、结构物相协调，美观大方。管子端头应打磨，不能出现尖锐边、角，防止损坏线、缆。暴露在外的保护管孔，应用防火材料进行封堵。

6.2.5　基础浇筑

杂散电流防护系统中单向导通装置需要在户外设置基础。与铁道电气化接触网、牵引变电工程相比，该设备基础较小，开挖深度较浅，施工工艺简单。但其基础要求应满足设计文件、合同、产品安装使用说明书的要求，具体施工工艺参照铁道电气牵引供电工程基坑开挖、基础浇筑施工技术标准化工艺实施。

6.2.6　参比电极安装

参比电极是检测隧道建筑结构物外大地的电位装置。目前，其形式与结构并未全部统一，有与大地土壤相接触的，也有安装在建筑结构物杂散电流收集网外的(在结构物的混凝土内)。鉴于施工工艺的难度不同，以介绍需与土壤相接触的参比电极安装为主。

6.2.6.1　车站及矩形隧道参比电极安装

(1)施工准备。

① 与土建单位联系，取得土建建筑物相应的图纸，了解相应的土建结构情况，避开主要的结构钢筋。确认参比电极钻孔深度，选择相应的钻孔机具。

② 对参比电极及土建预留的安装密封套进行确认，确认相互匹配，避免安装不上的情况发生。

③ 制定预防涌水、涌沙相应技术措施，配备相应的材料，对人员进行必要的培训。

(2)按照施工设计图的要求确定电极孔的位置。

当现场有下列情况时采取相应的处理方法：

① 现场设计位置不能安装参比电极，可以适当移动安装部位。

② 墙面有斜度，为了电极顺利安装，孔位的选择应尽量有利于保证孔位周围的墙面与钻好的孔成90°角。

③ 墙面不平，由于用橡胶垫作为法兰与墙面的密封，所以孔的定位处应尽量选比较平整的，避开凹凸粗糙以及过于倾斜的墙面，如避不开，应用手持砂轮使之平整。

④ 在安装参比电极的结构面上涂抹密封胶，胶干后才能进行下一道工序。

(3)用ϕ63的钻头进行钻孔，当孔的深度约为400 mm时，停止钻孔，将安装预埋件样板对准孔位中心，用电锤打出胀锚螺栓孔，将预埋件初次安装后再取下预埋法兰。

(4)继续进行钻孔，孔的深度为墙的厚度，打穿至能顺利安装参比电极。如果有水，根据具体情况进行处理：

① 水不多，流量趋小，可以进行下道工序施工。

② 水比较多但流量趋稳，可以进行下道工序施工。

③ 水很多且流量趋大，水量难于控制，考虑该孔废弃，用原来的岩芯包上布塞入，再用木塞敲入，填上快干水泥，最后用涂有快干水泥和橡胶垫的铁法兰用四个胀锚螺栓固定在废弃孔位上，并在法兰周围抹上快干水泥。

(5)将预埋件迅速套上已安装的胀锚螺栓并紧固，在预埋件法兰和参比电极的螺纹上涂上黄油，便于电极安装顺利。

(6)用双刃刀将法兰孔的橡胶垫划成"＋"字型后，立即将参比电极装入孔内，旋入后用专用工具将电极旋紧。

参比电极安装时须注意的事项：

① 电极安装前检查橡胶密封圈是否良好，电极的密封面要清理干净。

② 将预埋件法兰面上的水泥等杂物清除干净。

③ 观察有无漏水。

(7)最后在旋紧后的预埋件法兰四周抹上水泥作为缝道的封闭。

6.2.6.2 盾构区间参比电极安装

(1)按照施工设计图的要求确定电极孔的位置。

当现场有下列情况时采取相应的处理方法：

① 现场设计位置不能安装参比电极，可以适当移动安装部位。

② 注浆孔的选择：保证安装好的电极与管片可以保持 90°水平角或向地面倾斜的注浆孔，向上的注浆孔应避开，否则电极将不能工作。已经注浆了的注浆孔应避开。

(2)旋出注浆孔帽，敲掉管片的预留，清理干净孔内的杂物，用干净的布清洁水密面，穿入电极，旋紧电极。

(3)参比电极安装时须注意的事项：

① 电极安装前应检查橡胶密封圈是否良好，电极的密封面要清理干净。

② 观察有无漏水。

6.2.7 设备安装

杂散电流系统设备包括：排流柜、单向导通装置、杂散电流远程监测终端、转接器、监测装置箱。

(1)设备安装时，首先应确认安装房屋达到设备安装条件，设备安装基础、预埋件符合设备安装条件。

(2)设备运输到位。设备运输时，应根据现场安装条件、设备的体积和重量等确定，可采用人工、机械进行运输。

(3)排流柜在安装前，应对基础进行绝缘处理。

(4)对设备进行开箱检查。确认设备完好后，采用人工或机械的方法，将设备安装到基础上。

(5)设备就位后，应对设备进行安装调整，确保设备的空间位置符合要求。

(6)详细工艺可参照城市轨道交通供电系统设备运输、安装工艺进行。

6.2.8 电缆敷设

杂散电流防护系统包括排流电缆及控制电缆。由于排流电缆、控制电缆线径较小，重量轻，敷设通道均在轨道交通的区间、车站，可采用轨行电缆放线车组敷设，也可采用人工敷设。

电缆敷设前应确定电缆敷设通道。排流电缆敷设在供电系统的电缆支架上，控制电缆也可敷设在通信信号电缆支架上。在没有供电系统、通信信号电缆支架时，应安装在单独的电缆支架或管槽内。

电缆敷设可参见其他的城市轨道交通供电系统、通信信号相关的电缆敷设施工技术标准化工艺。

6.2.9 控制线敷设

控制线是指接到钢轨、参比电极、轨道预留的隧道排流接线端子、结构钢筋端子的单芯线或电缆。控制线敷设在保护管中(钢管或塑料管)。敷设时应避免损坏导线的保护层、绝缘层。对于在长管中敷设时，应采用钢丝牵引。

6.2.10 电缆接头及接线

电缆接头同样分为中间接头、终端接头。接头材料按电缆的规格型号选定。电缆接头及接线与城市轨道交通、铁路供电系统中的低压、控制电缆的接头、接线工艺一致，可参考其相关标准化工艺。

6.2.11 导线、电缆焊接

根据现场情况、技术要求，导线、电缆与钢轨、接线端子、结构钢筋的连接可分别采用设备线夹、接线端子、接线鼻子、光弧焊、锡焊连接。由于轨道、信号专业要求电缆、电线要易于脱离钢轨，同时又要满足电气接触牢固可靠的要求，电缆、电线与钢轨的连接一般采用光弧焊接工艺；如果结构钢筋没有预留接线端子，无法采用接线端子连接，与结构钢筋可采用锡焊连接；与设备及端子箱连接采用设备线夹或接线端子。

焊接中应确保电线、电缆绝缘良好，不能导致钢轨接地、轨道电路短路。此外，焊接点离信号S棒的距离应满足要求。以下主要介绍光弧焊、锡焊的操作要点。

(1)根据现场情况，对电缆、电线进行剥皮，将铜芯线露出焊接所需要的长度，一般为20～50 mm。

(2)对铜芯线进行打磨，除去氧化层，并进行清洁。按要求涂上导电膏，或焊接涂膏，安装尺寸合适的焊接端子。

(3)对焊接的钢轨部位进行确定，一般位置在钢轨的下部较平的地方。之后对需要焊接的钢轨进行打磨、清洁，按要求涂上相应的焊接涂膏。

(4)采用光焊机或电烙铁对电缆、导线与钢轨进行焊接。

(5)采用电烙铁进行锡焊时，应将导线、钢轨焊接处进行加热，采用大功率的电烙铁(1 000 W)，确保焊接温度，保证锡能充分熔化，线、轨连接牢固。但不能长时间进行加热，否则会破坏钢轨性能。

(6)采用光焊机焊接时，应严格按相应的焊机操作规程操作。

(7)焊接完成后，对焊接情况进行检查，接触电阻应小于400 mΩ。最后对焊接处进行防腐处理。

6.2.12 设备、系统检测调试

杂散电流设备系统检测调试包括：杂散电流收集系统、杂散电流监测系统两部分。

6.2.12.1 杂散电流收集系统

杂散电流收集系统包括排流电缆、单向导通装置、排流柜。

(1)接通单向导通装置工作电源，按产品安装使用说明书要求，进行单向导通装置、排流柜单体试验，确认符合技术要求。

(2)确认电缆中间接头、终端接头完好，电缆回路电气试验符合要求。

(3)从杂散电流收集点处，加模拟电量(低电压、或小电流)，在排流柜、单向导通装置上进行检查。确认回路导通，在设备上显示正常。

(4)当系统送电后，在排流柜上应显示无杂散电流流回。如有电流流回，应分析原因，找出系统接地的地方，并进行绝缘处理。

6.2.12.2　杂散电流监测系统

杂散电流监测系统由参比电极、整体道床测防端子、地下结构测防端子(或高架桥轨道梁测防端子)、接线盒、测量电缆、接线端子箱、变电所监测装置、控制中心(或车辆段)微机管理系统组成。

杂散电流监测系统采用车站(变电所)监测和控制中心(或车辆段供电中心)集中监测两级监测系统。

全线按变电所划分监测分区，每个监测分区在车站变电所设置一台能够对杂散电流数据进行采集和统计处理的“杂散电流监测装置”，该装置经过信号电缆与该站及该站两端各半个区间内监测点的接线盒相连，接线盒经测量电缆与监测点的测防端子、参比电极相连。监测装置可实现对该分区结构和整体道床结构钢筋的极化电位数据采集，并进行数据统计和存储。杂散监测装置通过变电所内通信网络与综合自动化系统接口，并将处理和统计后的数据由变电所综合自动化系统转发至控制中心或车辆段供电中心的杂散电流微机管理系统。

杂散电流监测装置可采集排流柜电流(取自排流柜)和钢轨电位(取自钢轨电位限制装置)的数据。

(1)对杂散电流系统的组成元件进行单体调试。其中重点是变电所监测装置、控制中心(或车辆段供电中心)集中监测装置。其调试的依据是合同文件及产品安装使用说明书。

(2)对电缆进行电气试验，并确认回路均已导通。

(3)用毫伏表对各个监测点的电压进行测量。其主要是参比电极电位和钢轨电位。参比电极电位应在－0.20 V～－0.80 V之间。钢轨电位在没有通电时，应为零。

(4)在变电所监测装置上、控制中心集中监测装置上检测各个测量点的电位，与用毫伏表测量的结果应一致。

(5)供电系统通电后，用毫伏表对参比电极、钢轨电位进行测量。其结果应与监测装置显示的结果一样。

(6)如果测量数字超标，应对原因进行分析，对系统进行检查，找出系统接地、绝缘损坏的原因，并进行相应的处理。

6.3　技术标准及工艺要求

(1)杂散电缆可采用人工或机械敷设。应确保电线、电缆的绝缘良好。

(2)敷设完成后，电缆、电线应无变形、扭曲等损伤。

(3)在钢轨下面应敷设塑料保护管，防止将钢轨接地，导致产生杂散电流及影响轨道电路。

(4)电线、电缆与钢轨焊接时应采用光电焊接。

(5)电线、电缆焊接后，应保证钢轨不接地，并且离开信号的S棒10 m之外。

(6)电缆、电线焊接后,接触电阻应小于 400 mΩ。

(7)参比电极安装完成后,其电位应在－0.20 V～－0.80 V 之间。

(8)参比电极应采用水钻钻孔,采用密封胶进行防水处理。

7 劳动力组织

施工管理采用施工负责人责任制、岗位负责制、定点定岗。各人员现场操作严格遵守技术要求、安全规程和机械操作规程。由于杂散电流系统防护工序较多,不同的工序施工时,按所进行的工作面、工作量对普通工人、技术工人要相应的进行调整。劳动力组织见表 1。

表 1 人员组织表

序号	施工人员	单位	数量	备注
1	施工负责人	人	1	现场施工组织及协调
2	技术员	人	1	技术负责、质量负责
3	技术工人	人	8	架线作业
4	普通工人	人	5～30	根据工序决定
5	安全监督员	人	1	安全监督
6	防护人员	人	2	安全防护
7	机械人员	人	2	机械操作
8	驻站联络员	人	1	请、销点

8 主要机械设备及工器具配置

杂散电流系统工序较多,不同的工序使用的机械设备不同,详见表 2。

表 2 主要施工机具设备组织表

序号	名称	规格	单位	数量	备注
1	轨道车	210 马力以上	台	1	电缆敷设时用
2	线盘车		台	1	电缆敷设时用
3	光焊机		台	1	导线与钢轨焊接用
4	金钢钻		台	1	参比电极打孔用
5	冲击电钻	TE-76	台	3	电缆支架安装用
6	电络铁	100 W	台	2	电线与钢筋焊接用
7	毫伏表		台	1	电位测量用
8	吊车	8y	台	1	设备安装用
9	汽车	5 t	台	1	设备安装用
10	电焊机	BX3-500	台	1	基础施工用
11	扭力板手		套	1	保证螺母的紧固力
12	拉拔仪		套	1	抽测螺栓抗拔力
13	电缆头制作工具		套	1	制作电缆头
14	电缆放线架	TJ-10B,可升降	台	3	支放电缆盘
15	放缆滑车	ZCL	套	若干	敷设电缆

续上表

序号	名　　称	规格	单位	数量	备　　注
16	防护灯	闪烁型	套	2	
17	照明设备		套	若干	备用(含发电机)
18	对讲机		台	9	
19	防护旗	红、黄	套	各 2	
20	防护牌		套	2	
21	手动液压叉车	3 t	辆	1	设备运输用
22	链条葫芦	5 t	台	1	设备运输用

9　质量控制要点

(1)杂散电流防护系统工程应严格执行相应的施工及验收规范，以及施工合同、施工设计图纸的技术要求，在施工过程中采取相应的管理和技术措施避免出现导线的损伤，确保架设质量。

(2)钻孔时应避开隧道的伸缩缝、连接缝、结构区间管片接缝处渗水、漏水区，螺栓至接缝边缘距离应满足受力要求。

(3)螺栓的外露、扭力、眼的深度、间距、孔径必须满足设计要求。

(4)施工过程中，电缆不能拖地敷设，弯曲电缆时不能小于其最小允许弯曲半径。

(5)在曲线上敷设电缆时应使用电缆转弯滑轮，确保电缆弯曲半径符合要求，防止电缆出现损伤。

(6)电线、电缆与钢轨、钢筋焊接时应牢固，接触电阻不大于 400 微欧。

(7)电缆采用架线车组时，应保证车速均匀，速度不超过 900 米/小时。

(8)电线、电缆过轨时应采用塑料保护管，防止短接钢轨。同时，不能出现将钢轨接地，导致杂散电流产生的情况出现。

(9)参比电极在安装前应检查，确认完好。安装时，应将安装面打磨平整，并涂上密封胶，确保不出现渗水、涌砂情况出现。

10　安全控制要点

(1)施工人员穿防护服，戴安全帽，高空作业时系好安全带。

(2)及时请销点，在施工现场设专职安全监护人，作业范围两端设专职安全防护人员。

(3)电缆放线车组设置警示灯，前方设专人引道，架线车组由施工负责人统一指挥；放线过程中放线车运行平稳、起步和制动平缓，保证电缆架设中张力基本恒定。

(4)选择合适的牵引机具，电缆盘、卷扬机固定要牢固。

(5)施工用电必须符合施工现场用电规范。打孔时，应严格按安全要求使用冲击电钻，施工人员应戴护目镜、口罩防护用品。

(6)参比电极打孔时，应采取措施，防止出现涌水、涌沙出现。

(7)电缆敷设过程，设专人巡视，注意敷设范围内的情况，发现问题及时向施工负责人报告。

(8)必须由持证人员操作机械设备。

(9)确保通信畅通，坚持复诵制度。

11　环境保护要点

根据施工中可能对环境产生影响的因素，采取以“预防为主，防治结合，综合治理”为原则，确保做好环境保护工作。在施工过程中采取以下措施：

(1)坚持按《中华人民共和国环境保护法》及相关法规进行施工。制订环境保护管理办法和实施细则，并建立奖惩制度，将环保的具体措施落实到人头。

(2)施工现场内道路平整畅通，排水出口良好。施工现场工具材料摆放整齐，保证现场施工场地整洁、干净、工完料清。

(3)工程完工后，应按要求拆除安全防护设施和临时设施，并将工地及周围环境清理整洁，做到工完料清，场地整洁。

(4)按规定对架线作业车组进行定期检查，确保车组车况符合要求。车组没有漏油污染情况，运行时噪声分贝值、废气排放符合相关标准规定。

12　常见问题及处理方法

(1)共用强电、弱电电缆支架存在问题及解决方法。

由于杂散电流防护系统在强电、弱电工程后施工，其电缆通道可能已经被强电、弱电使用，只能与强电、弱电共用电缆通道，也就是共用电缆支架。共用时，应严格按照强、弱电电缆分开布置的原则进行。

(2)参比电极安装防止涌水、涌砂。

参比电极钻孔完成后，应立即安装，防止出现涌水、涌沙出现。同时，要采取将安装墙面打平，涂抹密封胶等措施。

13　附　　录

(1)工程实例。

该标准化工艺在上海轨道交通明珠线二期接触网、干线电缆、防迷流系统总包项目中得以应用，杂散电流防护系统施工质量达到了设计和产品要求，圆满地完成了任务。

明珠线二期工程全长 22.03 km，其中高架敞开段 1.58 km，其余均为地下线路，1 处停车场。

杂散电流防护系统由三部分构成，即：排流系统、迷流收集网和迷流测量系统组成。

(2)相关图片。

① 保护管敷设、安装，见图 2。

② 参比电极安装，见图 3。

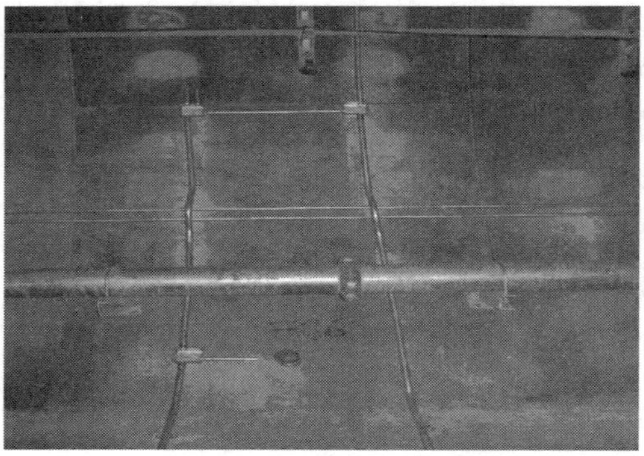

图 2　保护管敷设、安装现场图

图 3　参比电极安装图

铁路电力

电力电缆接续施工工艺

1 工艺概况及技术特点

电力电缆附件原材料主要是硅橡胶，硅橡胶是一种性能稳定的高分子材料。他具有良好的柔韧性和优异的电气绝缘性能，是电缆附件的首选材料。他具有：耐腐蚀、抗老化、优良的耐气候特性、优异的抗紫外线及抗臭氧性能、优良的憎水特性、持久防水、无毒阻燃性能、良好的耐热性能、高弹性、抗撕裂、独特的耐电晕性和高抗电痕性，适应温度范围为－50 ℃～＋200 ℃。

冷缩电力电缆附件的特点：冷缩电力电缆附件具有极好的弹性及优良的使用寿命，安装不需动火，不用加热，安全可靠；一种型号适用多种电缆线径，配套完整，无需专用工具，施工安装便捷迅速；全自动复位技术，安装轻松。

热缩电力电缆附件的特点：热缩型电力电缆附件具有重量轻、安装方便等特点；性能稳定，运行安全、可靠，产品符合 JB/TB 144—1995 标准；能在－50 ℃～＋105 ℃温度条件下长期使用。

2 适用范围

本施工工艺适用于 35 kV 及以下电压等级的单芯、三芯交联及聚氯乙稀电力电缆的中间或终端头制作。

3 引用标准

(1)《铁路电力工程施工技术指南》(TZ 10207—2007)。

(2)《铁路工程技术安全规程》(TB 10401—2003)。

(3)《铁路电力工程施工质量验收标准》(TB 10420—2003)。

(4)《中华人民共和国安全生产法》。

4 基本术语及定义

(1)冷缩电力电缆头(冷缩电力电缆附件)：硅橡胶具有“弹性记忆”即弹性回缩力的特性，利用该特性而形成冷收缩技术。冷收缩技术也是预扩张技术，即把成型的橡胶部件在弹性范围内扩张成型，内置支撑物。使用时，套入橡胶件，抽去支撑物，橡胶件在常温下迅速收缩在被包覆的物体上，形成一个整体。利用橡胶的“弹性记忆”原理制备成冷缩型电缆头。

(2)热缩电力电缆头(热缩电力电缆附件)：利用热缩材料制成的电力电缆头。热缩材料又称为高分子形状记忆材料，结晶的高分子材料经高能射线处理或化学引发剂处理后，高分子链间产生新联结键，形成交联的网状结构高分子，该材料在一定温度范围内施加外力可以拉伸或扩张，当迅速降温时可维持形变后的状态，这样就制成了热收缩材料，利用热缩材料的该特性制成了热缩电力电缆头。

5 工艺流程及操作要点

5.1 工艺流程

(1)热缩电力电缆附件制作流程如图 1 所示。

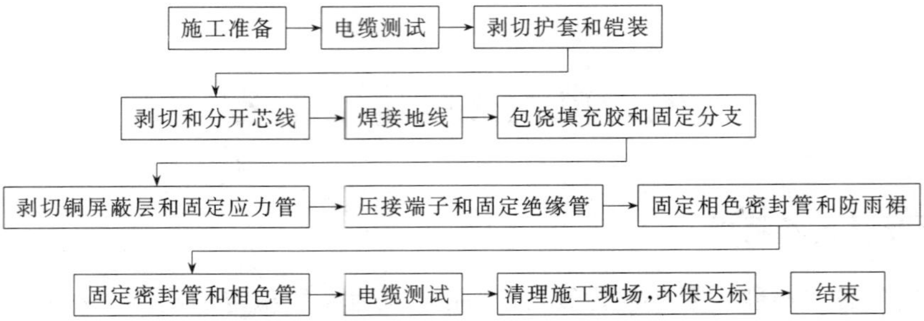

图 1　热缩电力电缆附件制作流程图

(2)冷缩电力电缆附件制作流程见图 2。

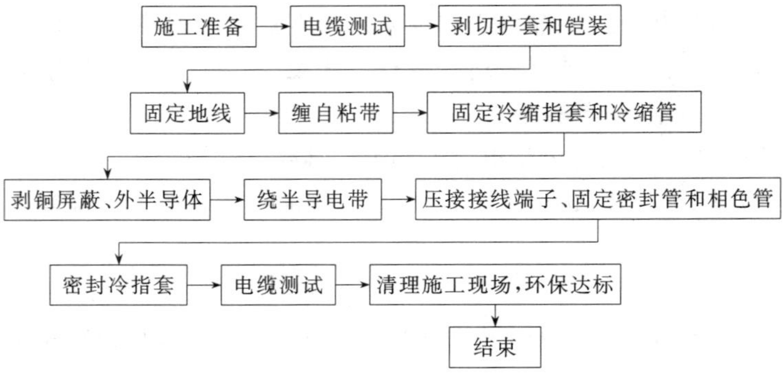

图 2　冷缩电力电缆附件制作流程图

5.2　施工技术标准和工艺标准要求

(1)电缆终端头与电缆接头的制作，应由经过培训合格的施工人员进行。

(2)电缆终端及电缆接头制作时，应严格遵守制作工艺规程。

(3)在室外制作 6 kV 及以上电缆终端与接头时，其空气相对湿度宜为 70%及以下；当湿度大时，可提高环境温度或加热电缆。制作塑料绝缘电力电缆终端与接头时，应防止尘埃、杂物落入绝缘内。严禁在雾和雨中施工。在室内施工时，应备有消防器材。室内或隧道中施工应有临时电源。

(4)35 kV 及以下电缆终端与接头应符合设计规定，其主要性能应符合现行国家标准《额定电压 26/35 kV 及以下电力电缆附件基本性能要求》的规定。

(5)采用的附加绝缘材料除电气性能应满足要求外，尚应与电缆本体绝缘具有相容性。两种材料的硬度、膨胀系数、抗张强度和断裂伸长率等物理性能指标应接近。橡塑绝缘电缆应采用弹性大、粘接性能好的材料作为附加绝缘。

(6)电缆线芯连接金具，应采用符合标准的连接管和接线端子，其内径应与电缆芯线紧密配合，间隙不应过大；截面宜为线芯截面的 1.2～1.5 倍。采用压线时，压线钳和模具应符合规格要求。

(7)在下列情况下，控制电缆可有接头，但必须连接牢固，并不应受到机械拉力。

① 当敷设长度超过其制作长度时；

② 必须延长已敷设竣工的控制电缆时；

③ 当消除使用中的电缆故障时。

(8)制作电缆终端和中间接头前，应熟悉安装工艺资料，做好检查，并符合下列要求：

① 电缆绝缘状况良好，无受潮；塑料电缆内不得进水；

② 附件规格应与电缆一致；零部件应齐全无损伤；绝缘材料不得受潮；密封材料不得失效；

③ 壳体结构附件应预先组装；清洁内壁；实验密封、结构尺寸符合要求；

④ 施工用机具齐全，便于操作；消耗材料齐备；清洁塑料绝缘表面的溶剂应符合要求。

(9)电力电缆接地线应采用铜绞线或锡铜编织线，其截面面积不应小于表 1 的规定。

(10)制作电缆终端头与中间接头时，剥切电缆开始应连续操作直至完成，缩短绝缘暴露时间。剥切电缆时不应损伤线芯和保留的绝缘层。附加绝缘的包绕、装配、热缩等应清洁。

(11)电缆终端和中间接头应采取加强绝缘、密封防潮、机械保护等措施。6 kV 及以上的电缆终端和中间接头，尚应有改善电缆屏蔽端部电场集中的有效措施，并应确保外绝缘相间和对地距离。

(12)电缆在剥切线芯绝缘、屏蔽、金属护套时，线芯沿绝缘表面至最近接地点(屏蔽或金属护套端部)的最小距离应符合表 2 的要求。

表 1　电力电缆接地线截面面积

电缆截面(mm^2)	接地线截面(mm^2)
120 及以下	16
150 及以上	25

表 2　电缆终端和接头中最小距离

额定电压(kV)	最小距离(mm)	额定电压(kV)	最小距离(mm)
1	50	10	125
6	100	35	250

(13)塑料绝缘电缆在制作终端头和中间接头时，彻底清除半导电屏蔽层。对包带石墨屏蔽层，应使用溶剂擦去碳迹；在对接处屏蔽层剥除时不得损伤绝缘表面，屏蔽端部应平整。

(14)三芯油纸绝缘电缆应保留绝缘 25 mm，不得损伤。剥除屏蔽碳黑纸，端部应平整。弯曲线芯时应均匀用力，不应损伤绝缘纸；线芯弯曲半径不应小于其直径的 10 倍。包缠或灌注、填充绝缘材料时，应消除线芯分支处的气隙。

(15)电缆线芯连接时，应除去线芯和连接管内壁油污及氧化层。压接模具与金具应配合恰当。压缩比应符合要求。压接后应将端子或连接管上的凸痕修理光滑，不得残留锡膏，不得烧伤绝缘。

(16)三芯电力电缆终端处的金属护层必须接地良好；塑料电缆每相铜屏蔽和钢铠应锡焊接地线。

(17)装配、组合电缆终端和中间接头时，各部件间的配合或搭接处必须采取堵漏、防潮和密封措施。铅包电缆铅封时应擦去表面氧化物；搪铅时间不宜过长，铅封必须密实无气孔。塑料电缆宜采用自粘带、粘胶带、胶粘剂(热溶胶)等方式密封；塑料护套表面应打毛，粘接表面应用溶剂除去油污，粘接应良好。

(18)塑料电缆采用热缩型或冷缩型电缆终端接头或中间接头时，必须按产品的技术规定进行施工，并满足下列要求：

① 电缆的剥切长度应符合相应的产品规定；

② 电缆绕包材料的拉伸长度及缠绕层数、包缠长度应符合技术规定；

③ 电缆手套的固定必须由掌心处开始，分别向袖口和指端处收缩，收缩过程中应挤出掌心处的空气，使之密封；

④ 热缩型终端头固定后，各端口应有少量热溶胶溢出；冷缩型终端头固定后，应按产品技术规定的延迟时间使其充分收缩。

5.3 操作要点

在制作电缆头时，必须先复核此段电缆所在位置对不对，电缆规格对不对，此段电缆长度有多少米，有无中间头，在以上情况都确定后，才能剥切电缆。对电缆进行相序绝缘、耐压测试，并做好记录，经测试人员签字认可后，才能由有资格制作电缆头的人员制作，电缆头制作人员必须在工具、材料具备齐全，温度高于 0 ℃以上的情况下，才能开始操作。制作电缆头均采用热缩方法。电缆头制作完毕一端(即一个头)后，必须经重复测试程序，经认可合格后，方可做下一个头。

5.3.1 交联电力电缆热缩型终端头制作

(1)剥切护套和铠装：从电缆头量取 750 mm，剥去外护套；在离断口 30 mm 的铠装上绑扎 ϕ1.5 的细铜线，其余剥除。

(2)剥内垫层和分开芯线：从铠装断口处起保留 20 mm 内垫层，其余剥除；摘去填充物，分开芯线。

(3)焊接地线：用平挫对铠装上逶地线焊区进行打磨使地接线焊接更加牢固，用地线连通每相铜屏蔽层和铠装，并焊牢。

(4)包绕填充胶：在三叉根部包绕填充胶，形似橄榄状，最大直径大于电缆外径为 15 mm。

(5)固定分支套：将分支套套入三叉根部，由分支根部依次向两端加热固定。

(6)剥铜屏蔽层：从分支套上端量 55 mm 铜屏蔽层，其余剥除；保留 20 mm 半导电层，其余剥除；清理绝缘表面。

(7)固定应力管：套入应力管，搭接铜屏蔽层 20 mm，加热固定。

(8)压接端子：按端子孔深加 5 mm 剥去线芯绝缘，端部削成“铅笔头”状；压接线端子，压口 2 个，先压端口里侧，后压端口侧，间隔均匀；在“铅笔头”处包绕填充胶，并搭接端子10 mm。

(9)固定绝缘管：套入绝缘管至三叉根部(管端上超出填充胶 10 mm)，由根部起加热固定。

(10)固定相色密封管：将相色密封管套在端子接管部位，先预热端子，由上端起加热固定，直至户内头制作完毕。

(11)固定防雨裙：户外头照户内头做完后，套入三叉孔防雨裙，裙口(颈口底)至三叉口根部距离是 10 mm，加热颈部固定；再套入单孔防雨裙，第一个雨裙颈口底至三孔防雨裙的颈口底距离是 170 mm；第二个雨裙颈口底至第一个雨裙颈口底距离是 60 mm，加热单孔雨裙颈部固定。

(12)固定密封管和相色管：将密封管套在端子接管部位，预热端子，由上端起加热固定，加热固定相色管直至户外头制作完毕。

5.3.2 交联电力电缆热缩型中间接头制作

(1)剥外户套和铠装：将两根电缆重叠 250 mm，确定接头中心；按厂家说明量取所需尺寸，剥去外户套，距断口 50 mm 的铠装上绑扎 ϕ1.5 的细铜线，其余剥除。

(2)剥内护层和锯芯线：保留 20 mm 内护层，其余剥除，并摘去填充物，对正芯线，在中心点处锯断。

(3)剥屏蔽层和半导电层，清除绝缘体表面半导电质。

(4)固定应力管：在对接电缆的各相上套入应力管，搭盖铜屏蔽层 20 mm，加热固定。

(5)套入管材：在开剥电缆较长一边套入护套端子、密封套及护套筒部，每相芯线上套入二根绝缘管，二根半导管及铜网；较短一边套入护套端头及密封套。

(6)压接连接管：从每相电缆端部开量取 1/2 接管长加 5 mm 切除绝缘层；压接好连接管，压口 4 个，均匀压，先中间，后两边。

(7)缠半导电带和包绕填充胶：在连接管上缠绕半导电带，并与两端半导电层搭接；在两端的锥体之间包绕填充胶，厚度不小于 3 mm。

(8)固定绝缘管：将内绝缘管套在两端应力管之间，由中间向两端加热固定；将外绝缘管套在内绝缘管的中心位置上，加热固定。

(9)固定半导管：将两根半导管套在绝缘管上，两端搭盖铜屏蔽层各 50 mm，依次由屏蔽端向中间加热固定。

(10)安装屏蔽网和地线：用屏蔽网连通两端屏蔽层，端部绑扎焊牢；用地线旋绕，扎紧芯线，两端在铠装上绑扎焊牢，并在两侧屏蔽层上焊牢。

(11)固定金属护套：将两护套端头与护套筒部安装好，两端绑扎在铠装上(绑扎长度不小于 25 mm)。

(12)固定密封套：将密封套套在护套端头上，两端各搭盖筒部和电缆外护套 100 mm，加热固定，直至中间头制作完毕。

5.3.3 三芯电力电缆冷缩终端头制作

(1)剥外护套、钢铠和内衬层。将电缆校直、擦净、剥去从安装位置到接线端子的外护套、留钢铠 30 mm、内护套 10 mm，并用扎丝或 PVC 带缠绕钢铠以防松散。铜屏蔽端头用 PVC 带缠紧，以防松散，铜屏蔽皱褶部位用 PVC 带缠绕，以防划伤冷缩管。

(2)固定钢铠地线。将三角垫锥用力塞入电缆分岔处，用平挫打磨掉钢铠上的油漆、铁锈，用大恒力弹簧将钢铠地线固定在钢铠上。为了牢固，地线要留 10～20 mm 的头，恒力弹簧将其绕一圈后，把露的头反折回来，再用恒力弹簧缠绕。自断口以下 50 mm 至整个恒力弹簧、钢铠及内护层，用填充胶缠绕两层，三岔口处多缠一层，这样做出的冷缩指套饱满充实。

注意：钢带接地线和线芯屏蔽接地线在终端头内不可有电气上的连通。为了防止水汽沿接地线进入电缆，在外护层上先用防水带包 2 层，将接地线夹在中间，外面再包 2 层防水带。将一端分成三股的地线分别用三个小恒力弹簧固定在三相铜屏蔽上，缠好后尽量把弹簧往里推。将钢铠地线与铜屏蔽地线分开，不要短接。

(3)缠自粘带。在填充胶及小恒力弹簧外缠一层黑色自粘带，目的是容易抽出冷缩指套内的塑料条。

(4)固定冷缩指套。先将指端的三个小支撑管略微拽出一点(从里看和指根对齐)，再将指套套入尽量下压，逆时针先将大口端塑料条抽出，再抽指端塑料条。

(5)固定冷缩管。在指套指头往上 100 mm 之内缠绕 PVC 带，将冷缩管套至指套根部，逆时针抽出塑料条，抽时用手扶着冷缩管末端，定位后松开，不要一直攥着未收缩的冷缩管，根据冷缩管端头到接线端子的距离切除或加长冷缩管或切除多余的线心。

(6)剥铜屏蔽、外半导层。距冷缩管 15 mm 剥去铜屏蔽，记住相色线。距铜屏蔽 15 mm，剥去外半导层，按接线端子的深度切除各相绝缘。将外半导电层及绝缘体末端用刀具倒角，按原相色缠绕相角条，将端子插上并压接。按照冷缩终端的长度绕安装限位线。

(7)绕半导电带。在铜屏蔽上绕半导电带(和冷缩管缠平)，用砂纸打磨绝缘层表面，并用清洁纸清洁。清洁时，从线心端头起，撸到外半导层，切不可来回擦，并将硅脂涂在线心表面

(多涂)。

(8)固定冷缩终端。慢慢拉动终端内的支撑条,直到和终端端口对齐。将终端穿进电缆线心并和安装限位线对齐,轻轻拉动支撑条,使冷缩管收缩(如开始收缩时发现终端和限位线错位,可用手把他纠正过来)。

(9)固定密封管。用填充胶将端子压接部位的间隙和压痕缠平,从最上一个伞裙至整个填充胶外缠绕一层密封胶,终端上的密封胶外要缠一层 PVC 带,否则支撑条将和其粘连,一是支撑条不易拽出,二是密封管套在此部位收缩。如密封管与端子间有间隙,可把密封管翻卷过来,在端子上缠一些密封胶后再把密封管翻卷回去。

(10)密封冷缩指套。将指套大口端连地线一起翻卷过来,用密封胶将地线连同电缆外护套一起缠绕,然后将指套翻卷回去,用扎线将指套外的地线绑牢,安装完毕。

6 劳动力组织

电力电缆附件(电力电缆头)制作质量的好坏,直接关系到整条电缆的绝缘和使用寿命,在制作电力电缆头时,施工人员必须经过培训,熟练掌握整个制作过程。劳动力组织见表 3。

表 3 劳动力组织

序号	名称	单位	数量	备注
1	电缆头测试	人	5	
2	电缆头制作	人	2	

7 主要机具、仪器设备配置表

(1)机具、仪器设备配置见表 4。

(2)主要材料见表 5。

表 4 机具、仪器设备配置表

序号	名称	单位	数量	备注
1	电缆测试仪器	组	1	
2	绝缘摇表	只	1	
3	钢圈尺	只	1	
4	电工刀	把	2	
5	上杆工具	组	2	
6	电烙铁 35 kW	支	1	
7	喷灯	个	1	

表 5 主要材料表

序号	名　　称	单 位	数量	备注
1	电力电缆	km	若干	
2	电缆头材料	个	若干	

8 质量控制要点

(1)由于购买热缩材料厂家不一样,若有厂家制作说明的,就按厂家制作说明操作,程序大致相同,只是尺寸、材料不同。

(2)在制作热缩电缆附件时,注意均匀烤缩。

(3)电力电缆头制作好后,应进行直流耐压测试,合格后方可投入运行。

(4)焊接地线应使用烙铁,不得使用喷灯,电烙铁使用前,应确认电源线绝缘良好。

(5)加热的电缆胶和熔化的剂料不应装入锡焊的、密封的容器内,搅拌和舀取熔化剂料时,应使用预先加热的金属棒或金属勺。

(6)电缆终端头从开始剥切到制作完成必须连续进行,一次完成,防止受潮。

(7)剥切电缆时不得伤及线芯绝缘。密封电缆时注意清洁,防止污秽与潮气侵入绝缘层。

(8)同一电缆线芯的两端,相色应一致,且与连接母线的相序相对应。

(9)电力电缆头制作好后,应进行直流耐压测试,合格后,方可投入运行。

9 安全控制要点

(1)施工人员穿防护服,戴安全帽,高空作业时必须系好安全带。

(2)在对电力电缆进行绝缘测试或直流耐压试验时,必须有专人进行防护。在直流耐压试验过程中,应缓慢升压或降压。试验完成后,应先切断电源,再对电缆进行接地放电,在整个试验过程中,除试验人员外,其他施工人员不得靠近试验仪器或被试验电缆。

(3)在施工现场进行动火时,严格按相关规定进行,防止火灾事故的发生,在室内施工时,应备有消防器材。

10 环境保护要点

根据电缆敷设施工中可能对环境产生影响的因素,采取以"预防为主,防治结合,综合治理"为原则,确保做好环境保护工作。在施工过程中采取以下措施:

(1)坚持按《中华人民共和国环境保护法》及相关法规进行施工。制订环境保护管理办法和实施细则,并建立奖惩制度,将环保的具体措施落实到人头。

(2)施工现场工具材料摆放整齐,保证施工场地整洁、干净、工完料清。

(3)施工完工后,应按要求拆除安全防护设施和临时设施,并将工地及周围环境清理整洁,做到工完料清,场地整洁。

(4)按规定对施工机器具进行定期检查,确保工器具符合要求。

11 常见问题及处理方法

(1)电缆接续前,需对电缆的外观、绝缘性能进行检查,达到相关技术要求后再进行电缆接续。

(2)在进行热缩电力电缆头制作时,为了防止产生气泡或热缩不均等,在进行电缆附件热缩时,应由中间向两端进行热缩,热缩时不能长时间对一点烘烤,受热要均匀。

(3)耐压试验时试验电压升不到规定值的处理方法:在试验过程中,当试验电压达到一定值后(未到规定值),再继续往上升压时无法进行。在此情况下,应将试验仪器的电压缓慢降回0电压,切断试验电源,对被试验电缆进行充分放电。对试验仪器和接线方式重新进行检查,对被试验电缆重新进行检查,主要对相间、相对地的距离进行检查。检查完后再重新进行试验。

12 附 录

(1)施工过程检查记录表。

1)质量保证资料

① 电缆附件合格证。

② 电缆绝缘测试记录或耐压试验记录。

③ 隐蔽工程验收记录。

④ 各种金属型钢材质证明、合格证。

2)施工记录

① 自互检记录。

② 电缆工程分项质量检验评定记录。

③ 分项工程验收记录。

(2)工程实例。

在青藏铁路电力工程施工过程中,电力电缆线路电压等级较多,有1 kV低压电力电缆线路，低压电力电缆分二芯、三芯、四芯及五芯电力电缆，电缆线径从 10～240 mm^2 不等；10 kV 电力电缆线路，全部采用三芯交联电力电缆，线径有 35、50、70 mm^2 不等；35 kV 电力电缆线路，有单芯、三芯电力电缆，线径有 50、70、120 mm^2 等，针对不同电压等级，其电缆头的制作方式也不相同，1 kV 低压电力电缆线路及 10 kV 电力电缆线路采用热缩式电缆头，35 kV 电力电缆线路采用冷缩式电缆头，变配电所设备进线及区间高压电缆分接箱采用插拔头。各种型号的电缆头通过在青藏的运行，至今运行情况良好，制作工艺及质量要求达到了《铁路电力工程施工质量验收标准》及《青藏线暂行规定》的要求。该接续技术具有可操作性和实用性。

电杆组立施工工艺

1 工艺概况及技术特点

电力线路路径复杂多变，有平原、丘陵、山区及大山区等地型，电压等级高、低不同，对电杆的高度要求也有所不同。10 kV 贯通、自闭线路的基本杆为 ϕ190-10 的梢径杆，基本档距一般为 80～100 m；站场低压架空线路基本杆为 ϕ190-10 的梢径杆，基本档距一般为 50 m 左右；35 kV 架空线路的基本杆为 ϕ190-15 的梢径杆或 ϕ300-15 的等径杆，基本档距跟据设计而定，一般不会超过 150 m。电杆组立是电力架空线路的主体工程之一，施工过程的工费大约占整个电力工程所有工费的 45%。控制好电杆组立的施工成本，对整个电力工程的成本控制起到至关重要的作用。

另外，电杆组立施工工艺及质量要求对整个工程具有非常重大的影响。

本标准是在多个工程实践中总结得出，经过多个实际工程的检验，具备以下的特点：

(1)人员安排合理。

(2)电杆组立快速。

(3)可利用抱杆吊起 2 倍以上抱杆高度的电杆，并且主要操作远在倒杆距离以外，起吊比较安全。

(4)施工质量完全能达到验收规范的标准。

2 适用范围

本标准化工艺适用以下线路情况：

35 kV 及以下架空电力线路、所有通信线路及其他专业相类似的电杆，杆高 21 m 及以下、电杆梢径为 ϕ170、190 的梢径杆；杆高 24 m 及以下、梢径为 ϕ300 的等径杆。

3 采用标准

(1)《铁路电力工程施工技术指南》(TZ 10207—2007)。

(2)《铁路工程施工安全技术规程》(TB 10401—2003)。

(3)《铁路电力工程施工质量验收标准》(TB 10420—2003)。

(4)《中华人民共和国安全生产法》。

4 基本术语及定义

(1)抱杆：抱杆是线路电杆组立施工中的主要工具之一，他的主要作用是在空间造成一个支点。在电杆组立过程中，滑车组通过支点改变受力方向，可以吊装杆塔等长大物件、装卸材料、设备等。

常用抱杆主要有以下几种类型(见图 1)。

① 圆木抱杆：用径缩率较小的杉木或红松木制成，主要用于组立 12 m 及以下的电杆；

② 钢管抱杆：应用无缝钢管作为抱杆本体制作的，往往设计成分段式的杆段，以内法兰连接，现场组装，主要用于单抱杆起吊电杆施工；

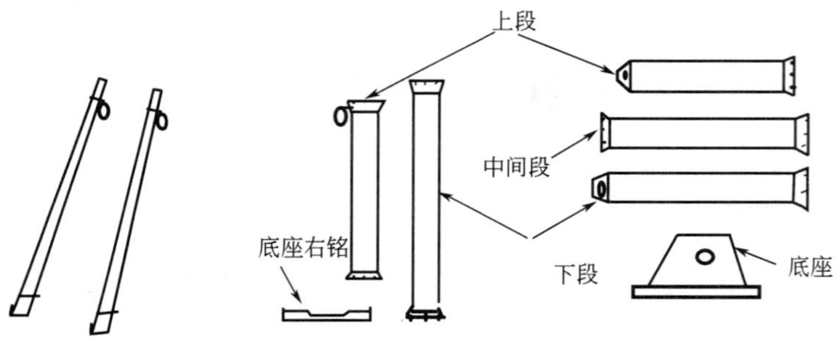

图 1　常用抱杆示意图

③ 铝合金抱杆：因铝合金重量为钢重量的 1/3，机械强度与 3 号钢相似，分段长度为 3 m、4 m，可以连接为 6、7、9、10、11、12 m 长的抱杆，可用于 9～24 m 电杆的组立，因而被广泛采用。

(2)起重滑车组：起重滑车也称滑轮组，是利用力学原理制成的一种简单机械，他能借起重绳的作用而产生旋转运动，以改变作用力的方向或省力。

仅能改变力的方向的滑车，称为定滑车(或导向滑车)；能起省力作用的滑车，称为动滑车，动滑车本身随荷载一起升降。在实际中，往往把一定数量的动滑车和一定数量的定滑车组合起来，组成滑车组。在立杆时(如图 3 所示)，滑车组上部滑轮固定于抱杆顶端的连接处，和绑扎电杆的起吊绳末端连接在一起，下部滑轮固定于起吊电杆的正前方 15 m 左右，与电杆成一直线。下部滑轮的末端钢丝绳连接于绞磨的牵引绳上，用于牵引起吊。在起吊过程中，上部滑轮随抱杆顶端一起运动，通过牵引绳的收缩逐渐缩短两滑轮之间的距离，从而达到电杆起立的作用，因此，滑车组是电杆组立的关键部件之一。

(3)绞磨：绞磨按动力的不同分为人工绞磨和机械绞磨。绞磨具有前进、后退、制动、多档调节等功能，绞磨在电杆组立时要匀速运动且速度不能太快。

5　工艺原理

针对不同地理环境、不同杆高、杆型，电杆组立技术方法有所不同，立杆方法不同，其工艺原理也不尽相同，主要以常用的倒卧式立杆法进行介绍：依靠抱杆做支撑，在空间起到一个承力点，滑轮组上部滑轮固定于抱杆顶部，与绑扎电杆的起吊绳末端连接在一起，随抱杆顶端一起运动，下部滑轮固定于电杆正前方 15 m 左右，与电杆摆放成一条直线，通过牵引绳逐渐收缩上、下部滑轮之间的距离，使电杆逐渐起立。左右边绳在电杆起立过程逐渐收紧，防止电杆左右摆动。根绳防止电杆向前滑动。风绳防止电杆快起立到位时前倾。绞磨减少施工人员的数量，达到人员的最少化及施工的高效化(吊车立杆除外)。

6　工艺流程及操作要点

6.1　施工工艺流程

电杆组立工艺流程如图 2 所示。

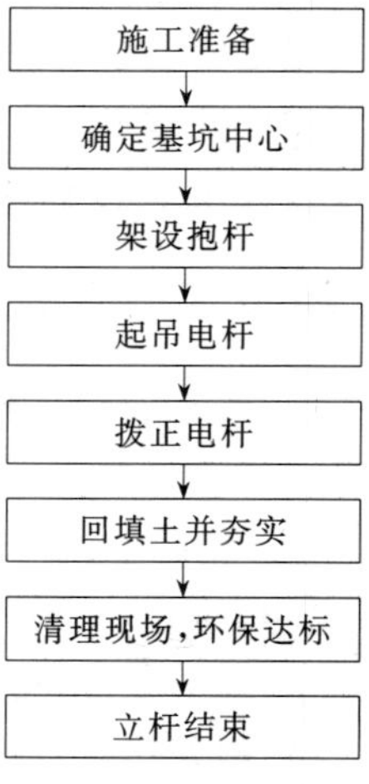

图 2　施工工艺流程图

6.2 常用的立杆方法

电杆组立主要有以下四种施工方法：

(1)倒卧式立杆法(适宜地形宽阔地带)。抱杆架设在与待起立电杆成60°～70°位置，随着绞磨收缩钢绳，抱杆头向绞磨方向靠拢，拉起电杆起立，如图3所示。

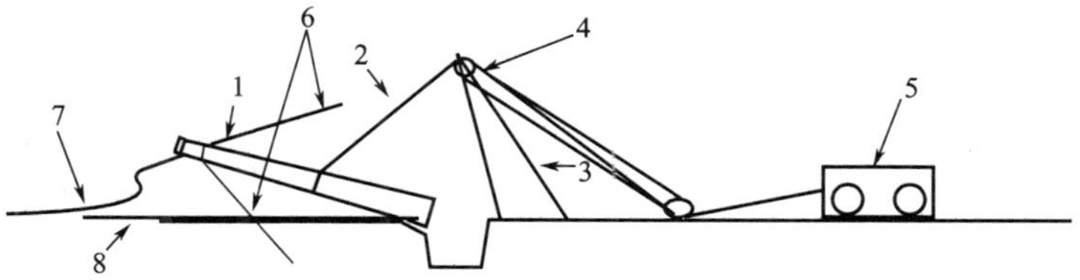

图3　倒卧式立杆法示意图

1—电杆；2—起吊钢绳；3—人字抱杆；4—滑车组；5—绞磨；6—边绳；7—风绳；8—根绳。

(2)垂直式立杆法(适宜一般地形的地带，较轻的电杆)。抱杆架设在基坑上方，与电杆成90°布置，两抱杆顶点结合处的高度超过电杆固定点到电杆下端的距离。滑轮组的受力钢绳通过导向滑轮连接绞磨，随着绞磨收缩钢绳，电杆逐渐起立，待电杆根部进入基坑之后，用风绳调整电杆即可，如图4所示。

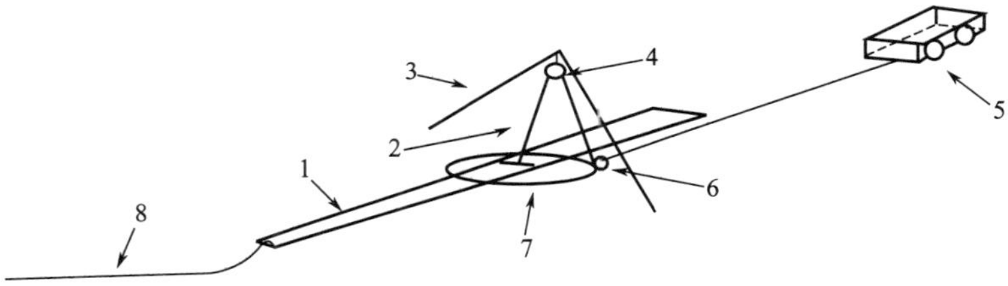

图4　垂直式立杆法示意图

1—电杆；2—牵引钢绳；3—人字抱杆；4—滑车组；5—绞磨；6—导向滑轮；7—电杆坑；8—风绳。

(3)单抱杆立杆法(适宜地形狭窄地带)。本方法中抱杆不动，需用边绳固定抱杆，其余起立方法与前面两种方法类似，如图5所示。

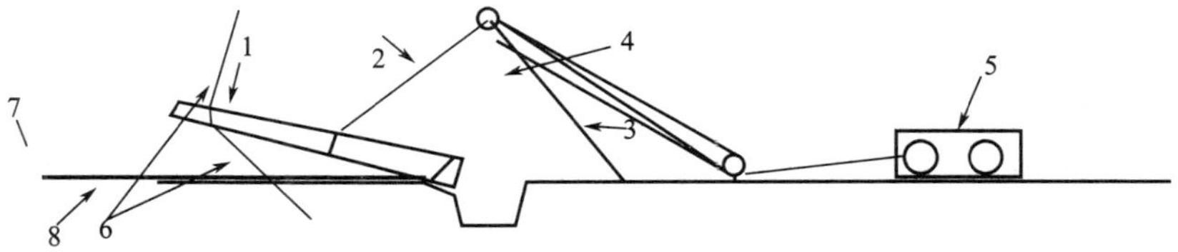

图5　单抱杆立杆法示意图

1—电杆；2—牵引钢绳；3—一字抱杆；4—滑车组；5—绞磨；6—边绳；7—风绳；8—根绳。

(4)汽车吊车立杆法(适宜地形宽阔地带且吊车能够进入的地带)，施工现场布置如图6。

6.3 施工准备

(1)检查进场电杆质量。混凝土电杆应符合设计要求和现行国家标准《环形钢筋混凝土电杆》(GB 396)、《环形预应力混凝土电杆》(GB 4623)的规定：表面光洁平整，壁厚均匀，无露筋、跑浆等现象；无横、纵向裂纹；杆身弯曲不应该超过杆长的2/1 000。分段连接的电杆：如果采用焊接时，焊接应牢固，杆身弯曲不应超过杆长的 2/1 000；如果采用法兰接时，应对法兰盘的质量进行检查：镀锌均匀，镀锌厚度达到要求，表面光滑，无锈蚀，两对接面的眼孔应正对，对接面间隙小；铁质电杆：材质强度达到设计要求，镀锌均匀，镀锌厚度达到要求，表面光滑，无锈蚀，杆身弯曲达到要求。

(2)检查坑深。电杆基础坑深的允许偏差为$^{+100}_{-50}$ mm，同基基坑在允许偏差范围内应按最深一坑操平。岩石基础坑的深度不应小于设计规定的数值，在组立电杆之前，基坑的隐蔽工程记录必须要有监理签字，确认基坑深度达到要求后方可进行电杆组立。

图 6　汽车吊车立杆法示意图

(3)施工机械经过仔细检查，达到安全施工的要求。

(4)施工人员参加技术培训，熟悉现场施工工序，能熟练操作施工设备，施工技术熟练。

(5)施工人员参加安全培训，安全意识强，了解现场注意事项，完全按照现场施工指挥员的指挥进行操作。

(6)检查现场通迅设备，能清晰传送各种现场所需信息及命令，统一指挥信号，便于现场指挥。

6.4　确定基坑中心

为了保证立杆的质量，确保同一耐张段内的直线杆处于同一条直线上，在电杆组立前要确定电杆基坑的中心位置，为立杆时选择好电杆中心的基准点，通常采用经纬仪和标杆确定基坑中心。

(1)经纬仪看杆：看杆人员在耐张段一端基坑内中央位置选择一点作为该基基坑中心，依照这一点架设经纬仪，在另一端基坑内中央位置插入一标杆，用经纬仪对准该标杆，锁定经纬仪方向，通过经纬仪引导指挥员移动待立杆基坑内的标杆，当标杆与原有标杆重合时，即找到该基坑中心位置。

(2)标杆看杆：两端基坑中心各插一根标杆，指挥员在待立电杆基坑内插入第三根标杆，看杆人员用对讲机引导指挥员移动待立杆基坑内的标杆，直到三根标杆同处一条直线上时，指挥员插标杆位置即为电杆中心。

(3)若不能一眼看完整个耐张段，可采用多加标杆数量，分段接力的方式完成基坑中心的确定。

(4)确定基坑中心后，可在坑底或底盘上做出标记，并依据电杆根部大小画出范围，为后面电杆起吊后准确落入基坑中心提供依据。

6.5　牵引起吊

起吊电杆前，应对电杆作全面检查，检查电杆的横向、纵向裂纹，杆头的封顶、弯曲等，符合要求后方可起吊。当起吊到电杆与地面成 15°时，应停止牵引，对各部受力点进行全面检查，无异常情况下方可继续起吊。在起吊过程中，绞磨应缓慢匀速运动。在遇四级以上大风、大雨及冰雪天气时，应停止立杆作业。

6.5.1 倒卧式立杆法

(1)调整电杆位置,方便倒卧式竖立人字抱杆,并开设“马槽”。

(2)利用钢丝套子连接抱杆、边绳、滑车组、根绳、尾绳、起吊绳、防风绳、钢绳。

(3)固定四周钢钎,并固定边绳、根绳、尾绳。

(4)开始牵引钢绳。

(5)当电杆起吊与地面夹角约 15°时停止牵引钢绳。

(6)检查四周固定无问题后再继续牵引钢绳。

(7)利用根绳、边绳、尾绳调整电杆根部位置,使电杆中心对准在基坑中心。

(8)当电杆起立与地面夹角约 85°时,停止牵引钢绳并慢慢释放根绳使电杆滑落坑底,完成起吊工作。

(9)采用单点起吊方式时,起吊钢绳绑扎位置在电杆重心略为偏上 0.5 m 处(等径水泥杆重心位于杆长的一半,锥形杆重心位于距跟部起 0.44 倍杆长处)。

6.5.2 垂直式立杆法

(1)调正电杆位置,方便竖立人字抱杆。

(2)利用套子连接抱杆、边绳、滑车组、导向滑轮、风绳、钢绳。

(3)固定四周钢钎,并固定边绳、根绳、尾绳。

(4)开始牵引钢绳。

(5)当电杆起吊与地面夹角约 15°时停止牵引钢绳。

(6)检查四周固定无问题后再继续牵引钢绳。

(7)利用边绳、风绳调整电杆根部位置,并使电杆中心对准在基坑中心。

(8)当电杆起立与地面夹角约 85°时,停止牵引钢绳并慢慢释放钢绳使电杆滑落坑底,完成起吊工作。

(9)起吊钢绳绑扎位置在电杆重心略为偏上 0.5 m 处(等径水泥杆重心位于杆长的一半,锥形杆重心位于距跟部起 0.44 倍杆长处)。

6.5.3 单抱杆立杆法

(1)调正电杆位置,方便竖立单杆抱杆。

(2)利用套子连接抱杆、边绳、滑车组、导向滑轮、风绳、钢绳。

(3)固定四周钢钎,并固定边绳、根绳、尾绳。

(4)开始牵引钢绳。

(5)当电杆起吊与地面夹角约 15°时停止牵引钢绳。

(6)检查四周固定无问题后再继续牵引钢绳。

(7)利用边绳、风绳调整电杆根部位置,并使电杆中心对准在基坑中心。

(8)当电杆起立与地面夹角约 85°时,停止牵引钢绳并慢慢释放钢绳使电杆滑落坑底,完成起吊工作。

(9)采用单点起吊方式时,起吊钢绳绑扎位置在电杆重心略为偏上 0.5 m 处(等径水泥杆重心位于杆长的一半,锥形杆重心位于距跟部起 0.44 倍杆长处)。

6.5.4 汽车吊车立杆法

(1)调整电杆位置,方便摆放吊车。

(2)吊车到达指定位置(最有利立杆的位置,距坑口最少 4 m,吊臂伸出后能起吊电杆并能作一定的伸展),将吊车的四个支撑脚腿放出并用枕木垫平,使吊车的重量完全置于四个支撑腿上，并保持平衡。

(3)现场指挥员指挥吊车上部作业人员取出挂钩，绑好起吊绳。

(4)两边风绳绑牢后负责风绳的人员退至安全距离，将风绳稍带力即可。

(5)现场指挥员检查风绳、起吊绳及吊车受力情况，尤其是吊车钢丝绳至挂钩是否垂直于地面。确认无异常后，指挥吊车上部人员缓慢起吊电杆。电杆根部由多人用绳索稍带力控制，防止电杆在起吊过程中大幅度摆动。

(6)当电杆被吊离地面 50 mm 后，现场指挥员指挥吊车缓慢将电杆移至坑口，缓慢下放。指挥员调整好位置后指挥吊车将电杆下放至与坑底接触但吊臂仍受力时，现场技术员复核根开及位置，完成电杆起吊工作。

(7)起吊钢绳绑扎位置在电杆重心略为偏上 0.5 m 处(等径水泥杆重心位于杆长的一半，锥形杆重心位于距跟部起 0.44 倍杆长处)。

6.6 整正及回填

(1)在起吊电杆的最后阶段，看杆人员利用经纬仪或标杆再次复核电杆是否处于线路中心位置，若有偏离，用钢钎等工具拨动电杆，使电杆对准线路中心后，方可放杆入位，完成起吊工作。

(2)电杆放入基坑中心后，两个看杆人员分别在垂直线路和顺线路方向先后利用风绳、边绳、尾绳、滑车组调正电杆，使电杆与顺线路、垂直线路方向均保证垂直。此过程必须时刻注意电杆是否处于线路中心，否则必须用钢钎、千斤顶等工具调整电杆回到线路中心。

(3)调整好位置后开始回填泥土并夯实，回填土中不能含有树根杂草等杂物，不含冰雪块，冻土块最大允许尺寸为 150 mm，石头坑回填时应掺土夯实，石与土的比例为 3∶1，且掺土均匀。每回填 300 mm 夯实一次(若有卡盘时，到安放卡盘位置时安装卡盘后继续回填并夯实。)回填后的电杆基坑要设置防沉土层，土层上部面积不宜小于坑口面积；培土高度应超出地面 300 mm。

(4)回填完毕，杆上作业人员上杆拆除杆上绳索及挂钩，相关人员各自拆除所负责的工器具。

(5)指挥员指挥人员、机械撤离，立杆完毕。

7 劳动力组织

电杆组立主要有四种不同的方式，依据不同的施工方法，除必须的技术人员，对人员的配置也有以下四种配置方式：

(1)倒卧式立杆法人员配置见表 1。

表 1 倒卧式立杆法人员配置表

序号	名称	单位	数量	备注	序号	名称	单位	数量	备注
1	指挥员	名	1		7	起吊绳	名	1	
2	看杆员	名	2		8	风绳	名	各 1	
3	滑车组	名	2		9	电动绞磨	名	4	兼抬绞磨
4	两边边绳	名	各 2		10	修坑	名	2	
5	根绳	名	2		11	回填土、抬抱杆	名	8	兼写杆号
6	尾绳	名	2						

(2)垂直式立杆法人员配置见表 2。

表 2　垂直式立杆法人员配置表

序号	名　　称	单位	数量	备　　注	序号	名　　称	单位	数量	备　　注
1	指挥员	名	1		6	钢绳	名	2	
2	看杆员	名	2		7	电动绞磨	名	4	兼抬绞磨
3	滑车组	名	2		8	修坑	名	2	
4	三边边绳	名	各 2		9	回填土、抬抱杆	名	8	兼写杆号
5	风绳	名	各 1						

(3)单抱杆立杆法人员配置见表 3。

表 3　单抱杆立杆法人员配置表

序号	名　　称	单位	数量	备　　注	序号	名　　称	单位	数量	备　　注
1	指挥员	名	1		5	风绳	名	各 1	
2	看杆员	名	2		6	电动绞磨	名	4	兼抬绞磨
3	滑车组	名	2		7	修坑	名	2	
4	四边边绳	名	各 2		8	回填土、抬抱杆	名	8	兼写杆号

(4)汽车吊车立杆法人员配置见表 4。

表 4　汽车吊车立杆法人员配置表

序号	名　　称	单位	数量	备　　注	序号	名　　称	单位	数量	备　　注
1	指挥员	名	1		5	修坑	名	2	
2	看杆员	名	2		6	回填土、扶杆	名	8	兼写杆号
3	两组风绳	名	各 4		7	吊车上、下部作业员	名	各 1	
4	起吊绳	名	1	同时负责杆上作业					

8　主要机械设备及工器具配置

电杆组立的四种不同方式,对应不同的四种施工机具的配置,具体方案如下:

(1)倒卧式立杆机具、仪器设备配置见表 5。

表 5　倒卧式立杆法机具、仪器设备配置表

序号	名　　称	单位	数量	备　　注	序号	名　　称	单位	数量	备　　注
1	抱杆	根	2		11	铁铲	把	6	
2	边绳	根	2		12	钢钎	根	17	
3	根绳	根	1		13	标杆	根	4	
4	尾绳	根	1		14	经纬仪	台	1	
5	起吊绳	根	1		15	钢圈尺	把	2	
6	滑车组	组	1		16	口哨	只	1	
7	电动绞磨	台	1		17	对讲机	个	4	
8	风绳	根	2		18	二锤	把	4	
9	大钢丝绳	根	1		19	红油漆	kg	0.5	
10	钢丝套子	根	13		20	毛笔	支	2	

(2)垂直式立杆机具、仪器设备配置见表 6。

表 6 垂直式立杆法机具、仪器设备配置表

序号	名称	单位	数量	备注	序号	名称	单位	数量	备注
1	抱杆	根	2		11	钢钎	根	12	
2	滑车组	组	1		12	标杆	根	4	
3	风绳	根	2		13	经纬仪	台	1	
4	边绳	根	3		14	钢圈尺	把	2	
5	电动绞磨	台	1		15	口哨	只	2	
6	导向滑轮	只	1		16	对讲机	个	4	
7	起吊绳	根	1		17	二锤	把	4	
8	大钢丝绳	根	1		18	红油漆	kg	0.5	
9	钢丝套子	付	8		19	毛笔	支	2	
10	铁铲	把	6						

(3)单抱杆立杆机具、仪器设备配置见表 7。

表 7 单抱杆立杆法机具、仪器设备配置表

序号	名称	单位	数量	备注	序号	名称	单位	数量	备注
1	铁抱杆	根	1		8	标杆	根	4	
2	边绳	根	4		9	经纬仪	台	1	
3	滑车组	组	1		10	钢圈尺	把	2	
4	风绳	条	2		11	导向滑轮	只	1	
5	电动绞磨	台	1		12	对讲机	个	2	
6	铁铲	把	6		13	套子	付	18	
7	钢钎	根	18						

(4)汽车吊车立杆机具、仪器设备配置见表 8。

表 8 汽车吊车立杆法机具、仪器设备配置表

序号	名称	单位	数量	备注	序号	名称	单位	数量	备注
1	汽车吊车	台	1		6	铁铲	把	8	
2	钢丝套子	副	2		7	标杆	根	4	
3	风绳	根	2		8	经纬仪	台	1	
4	长钢钎	根	4		9	钢圈尺	把	2	
5	短钢钎	根	2		10	线坠	副	2	

9 质量控制要点

(1)检查电杆质量,电杆应符合现行国家标准《环形钢筋混凝土电杆》或《环形预应力混凝土电杆》的规定,表面应光洁平整,不应有混凝土剥落、露筋等缺陷;横向裂纹宽度应小于0.2 mm,长度不得大于1/3 圆周长;纵向裂纹宽度应小于0.2 mm。电杆接头处法兰盘应与电杆轴线垂直,不得偏斜。若发现有上述缺陷的电杆不得使用。

(2)底盘作为承载整个电杆重量的基础设施,在耐压试验合格的基础上,表面不应有蜂窝、裂缝等缺陷;底盘的安装应满足立杆允许偏差的要求。

(3)卡盘用于稳固处于特殊地点(如水田等土质较松软的地方)的电杆,必须仔细检查卡盘质量。卡盘在混凝土试验合格的基础上，表面不应有蜂窝、裂缝等缺陷；直线杆的卡盘应与线路平行，并在电杆左、右两侧交替埋设，承力杆的卡盘应埋设在承力侧；埋深应符合设计要求，当设计无埋深规定时，上平面距地面不应小于 300 mm。

(4)检查坑深，坑深应符合设计要求，如果设计无具体要求时，电杆埋深应为电杆长度的 1/6，一般 10 m 杆埋深 1.7 m，12 m 杆埋深 1.9 m，15 m 杆埋深 2.3 m，18 m 杆埋深 3.0 m。

(5)检查坑中心，双杆根开误差不应超过±30 mm，电杆高差不应超过 20 mm。

10 安全控制要点

(1)电杆组立现场应专人负责，统一指挥，开工前进行安全技术交底，明确施工方法及指挥信号。工作人员要明确分工，密切配合，服从指挥。在居民区和交通道路旁立、撤杆时，应设专人防护。

(2)施工过程必须使用合格的起重设备，严禁过载使用。

(3)立杆及修整杆坑时，应有防止杆身滚动，倾斜的措施，如采用钢钎固定等。

(4)立杆过程中，严禁杆坑内有人，除指挥人及指定人员外，其他人员必须在离杆下 1.2 倍杆高的距离以外。

(5)使用吊车立杆时，钢丝绳套应绑在杆的适当位置，防止电杆倾倒。

(6)在拆除杆上绳索及挂钩时，电杆应回填夯实，做好防止倒杆措施后方可上杆拆除。

(7)使用抱杆立杆时，主牵引绳、尾绳、杆塔中心及抱杆应在一条直线上。抱杆应受力均匀，两侧拉绳应拉紧，不得左右倾斜。

(8)杆塔起立与地面成 15°时，应对各承力点做一次全面检查，确认无异常情况后，再继续起吊。各承力点人员必须时刻注意设备情况，若有异常，立即向现场指挥员报告。

(9)回填土时，如坑内有积水，应将积水全部清除后再行回填。

(10)已经起吊就位的电杆，只有在杆基回填夯实后，方可撤出边绳。杆下工作人员必须佩戴安全帽。

11 环境保护要点

(1)有草皮植被的地方，开挖基坑时将草皮植被移植到低洼潮湿的地方，进行浇水养护；电杆回填夯实后，把植被重新移植到电杆基坑位置，并浇水养护。人员活动密集的地方铺上木板等进行防护，以免破坏植被。

(2)施工现场各种剩余材料及生活垃圾等，不得随意丢弃，统一收集，集中处理，保证环境不受破坏。

12 常见问题及处理方法

(1)抱杆移位：起吊过程开始阶段，由于抱杆倒立角度比较大，根部不能完全受力，导致抱杆的滑动。解决办法：木抱杆可在抱杆根部向上一米处穿入一根 0.5 m 长的螺栓，保证抱杆在未完全受力情况下，不会随意滑动。其他抱杆则需要加固抱杆地锚，选择有经验的人设立地锚。

(2)边绳固定地锚松动：加强地锚固定，加强边绳负责工人的培训，起吊过程中仔细观察，随时汇报情况，尤其是起吊开始阶段。

(3)电杆偏离线路中心:若可以再次起吊,则再次起吊电杆后重新选择位置放下。否则可在电杆四周风绳固定后,用钢钎和千斤顶等工具配合,移动电杆根部,直到电杆回到线路中心方可回填。

13 工程实例

在青藏线 35 kV 电力贯通线 D6 标段的施工中,根据实际情况,采用了多种立杆方式相结合的施工方法,在有草皮植被的地方(370 基)采用倒卧式立杆(由于环保要求高,汽车不能进入有植被的地方,以免碾压破坏植被);少数地形狭窄地带受限的地方(15 基)采用单抱杆立杆;在没有植被的地方(85 基)采用吊车立杆;少数地形狭窄地带受限的地方且电杆较轻(3 基 12 m 电杆)采用垂直式立杆。青藏项目部按照上述施工方法安全、优质、高效的完成了整个工程 80 多千米的 35 kV 架空线路架设,同时在环保方面也得到了建设单位的好评。经施工检验,上述施工工艺安全、方便、可行。

电力铁塔组立施工工艺

1 工艺概况及技术特点

本工艺主要介绍外拉线抱杆分解组立铁塔的施工。外拉线抱杆分解组立铁塔是采用独根抱杆和四根落地拉线，将铁塔分段或分片进行吊装的一种施工方法，其特点主要是操作简便，工器具简单，起吊重量低，安全隐患小。

本标准是在多个工程实践中总结得出，经过多个实际施工工程的检验，具备以下的特点：

(1)技术性：由于该法是将铁塔构件分片分段吊装后在高空进行组装，吊件提升和就位时必须由地面大绳控制，在吊装前抱杆要预倾，使顶部对准就位中心，便于吊件就位。

(2)先进性：采用外拉线抱杆分解组立铁塔较其他方法具有工器具简单，数量少，操作上比较方便，所需人员也较少的优点。

(3)施工难易程度：由于抱杆上的四根拉线和吊件的控制大绳都在地面上锚固，因此施工场地大，锚桩多，这对在地形条件恶劣处或障碍物附近施工，有一定难度。另外，由于是分片分段吊装后在高空进行组装，所以高空作业量大，劳动强度高。

2 适用范围

本施工工艺适用于以下铁塔组立施工：

(1)10～110 kV 线路相对较轻、较矮的铁塔；

(2)塔身开档小或吊件轻的构件(在 2.0 t 以下)的铁塔。

3 引用标准

(1)《铁路电力工程施工技术指南》(TZ 10207—2007)。

(2)《铁路工程施工安全技术规程》(TB 10401—2003)。

(3)《铁路电力工程施工质量验收标准》(TB 10420—2003)。

(4)《中华人民共和国安全生产法》。

4 基本术语及定义

(1)抱杆：抱杆是线路施工中吊装的主要工具之一，他可以在空间造成一个支点，绳索通过支点改变受力方向，吊装杆塔或装卸材料、设备等。

常用抱杆主要有以下几种类型：

1)圆木抱杆：用径缩率较小的杉木或红松木制成，施工中用于起吊 12 m 及以下的铁塔构件年；

2)钢管抱杆：应用无缝钢管作为抱杆本体制作的，往往设计成分段式的杆段，以内法兰连接，现场组装，施工中主要用于单抱杆起吊铁塔构件；

3)铝合金抱杆：因铝合金重量为钢重量的 1/3，机械强度与 3 号钢相似，因而被广泛采用，施工中可用于所有的铁塔构件。

(2)起重滑车：起重滑车也称滑轮，是利用力学原理制成的一种简单机械，他能借起重绳的作用而产生旋转运动，以改变作用力的方向或省力。仅能改变力的方向的滑车，称为定滑车

(或导向滑车)；能起省力作用的滑车，称为动滑车，动滑车本身随荷载一起升降。在实际中，往往把一定数量的动滑车和一定数量的定滑车组合起来，组成滑车组。滑车组在组立杆塔施工中具有广泛的应用，是关键部件之一。

(3)绞磨：绞磨按动力的不同分为人工绞磨和机械绞磨。绞磨具有前进、后退、刹车等功能。

5　工艺原理

外拉线抱杆分解组塔，是通过抱杆、起吊滑轮、外拉线、腰滑轮、转向滑轮、牵引系统等完成的。

施工步骤是先把塔腿组立好并固定在基础上，再将单根抱杆竖立起来。抱杆根部的固定位置：当分片吊装时，绑扎在主材内或外侧；整段吊装时，绑扎在主材外侧。绑扎时用小钢丝绳套绑扎在距主材最上部不小于 1.5 m 左右处的主材节点上。在抱杆顶端绑扎四根落地拉线，分别固定在塔身主材的对角线的方向上。利用抱杆顶端的起吊滑车组，进行铁塔分片或分段吊装。提升吊件以前，抱杆应预先倾斜好，使抱杆顶端对准就位中心。吊件提升或就位时，必须由地面大绳控制。一段塔料吊装好后，再提升抱杆，继续吊装下一段。

6　工艺流程及操作要点

6.1　工艺流程

铁塔组立工艺流程如图 1 所示。

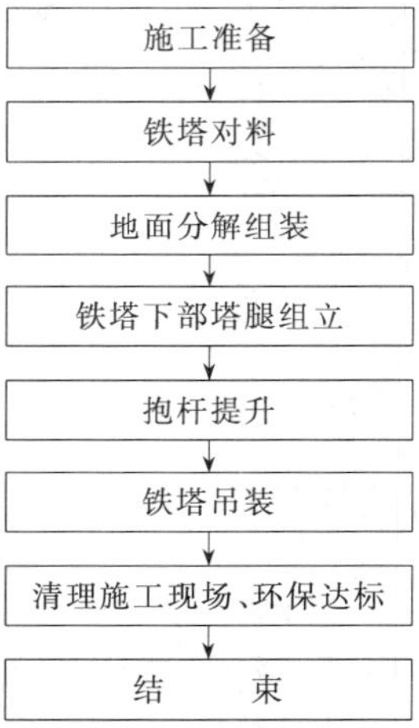

图 1　铁塔组立施工工艺流程图

6.2　操作要点

6.2.1　施工准备

(1)铁塔技术资料及工器具准备

应准备好铁塔技术安装图等相关技术资料，按照表 4 工器具表准备好施工工器具。

(2)铁塔对料

铁塔对料是指在铁塔材料未发运到安装的铁塔桩号之前，先根据铁塔图纸和制造厂的加工清单核对单基包装发运到所对应桩号的塔料进行规格、数量的清点和质量检查。对料工通常是在驻地材料站(场)进行的，通过对料可以发现加工中的错误和缺料情况，以确保铁塔能一次组立完成。

① 在对料之前，要先熟悉铁塔施工图纸、铁塔的结构型式、铁塔的分段、各构件的规格尺寸、钢号，以及塔腿在线路上的排列方向。

② 对料一般先从第一段开始，也可从塔腿段开始，按分段的顺序、料号的次序依次堆放清点。若发现与图纸有出入，应查阅制造厂加工清单。在对料中有的由制造厂做了某些修改，构件编号也会有所变动，这时应在铁塔图纸上做相应修改。

③ 对料后，如出现错料和缺料情况，应及时通知有关部门处理。如缺料是主材、接头包角钢、连接板、地脚螺栓、螺帽、垫片或其他重要受力构件时，应加以封存，不准发运到现场桩位。塔料必须按图纸上的件号、规格、数量对齐后，才可发运到桩位。

④ 运到桩位的铁塔构件，也有可能丢失、被盗，因此要再进行一次对料，如发现角钢弯曲，其弯曲度不应超过自身长的 2‰，且最大弯曲变形量不应超过 5 mm。若弯曲度超过 2‰的允

许范围,而未超过表 1 的变形限度时,容许采用冷矫正法进行矫正,矫正后的角钢严禁出现裂纹。

表 1 采用冷矫正法的角钢变形限度

角钢宽度(mm)	变形限度(‰)	角钢宽度(mm)	变形限度(‰)	角钢宽度(mm)	变形限度(‰)
40	35	70	20	110	12.7
45	31	75	19	125	11
50	28	80	17	140	10
55	25	90	15	160	9
63	22	100	14	180	8
				200	7

6.2.2 地面分解组装

地面分解组装,就是根据铁塔分段情况、吊装方法和顺序、抱杆起吊能力等情况,将构件在地面组装成吊件。如整段起吊时,组装成分段整体;分片起吊时,组装成分片吊件。

组装前,需将场地适当平整或用道木支垫,支垫木应牢固,以利组装和起吊。组装应满足起吊要求,组装的塔段或塔片应尽量靠近塔身起吊位置,以减少刚离地时的起吊角。

6.2.2.1 组装顺序应由根部开始,按塔段次序逐段向塔头进行。

(1)塔根组装。为了便于塔根就位,应在距基础约 1.0 m 处垫一块横向道木作起吊时的回转支点,并使根部高出基础就位点,一般高差与支点到就位点的距离相近。

(2)柱身组装。组装的塔料应放在平整的道木上,每一段支垫两点,先组装下平面,再组装两个侧面和上平面,并使各段连成整体。要注意脚钉主材的安装,除运行单位有要求外,一般规定装在两主柱内侧后方主材上。

(3)横担顶架组装。按上述连接成整体,主柱与横担之间的转轴大螺栓必须装好,否则不得起吊。

(4)螺栓组装应遵守以下规定:

① 螺栓直径应符合图纸要求,不得以小代大,长度要保持露出 2 个丝扣;

② 螺栓穿入方向应符合《验收规范》(GBJ 233—90)的规定;

③ 连接螺栓应紧固,当使用扭力扳手检查时,应符合表 2 的规定。螺杆或螺母的螺纹有滑牙,或螺母的棱角磨损过大,以致扳手打滑的螺栓,必须更换;

④ 凡螺栓连接的构件,各构件间应紧密,螺杆与构件面应垂直,螺栓头平面与构件间不应有空隙。螺栓拧紧后,螺杆露出螺母的长度为:单螺母者,不少于两个螺距;双螺母者,允许和螺母相平。允许加垫片者,每端不宜超过 2 片。交叉构件在交叉处留有空隙者,应装设相应厚度的垫片。

表 2 螺栓紧固扭矩标准

螺栓规格	扭矩(N· cm)	螺栓规格	扭矩(N· cm)
M12	4 000	M20	10 000
M16	8 000	M24	25 000

(5)角钢背的朝向,除设计另有要求处,原则上应向上,以免棱角积雨雪。构件组装有困难时,应查明原因,禁止强行组装。如有个别螺孔不正,可用圆锉进行扩孔,扩孔部分不应超过

3 mm。超过 3 mm 时，应堵焊后重新扩孔，并进行防锈处理。缺孔应用手扳钻或钻床钻孔，构件上的废孔应予堵焊。禁止用气割进行扩孔或烧孔。因为扩孔后会影响连接点强度，尤其是气割扩孔或烧孔，其孔壁不整齐会影响螺栓受力，而降低连接点强度，也会损坏构件的镀锌层。

(6)螺栓连接的构件组装结束后，必须对全部螺栓再紧固一次。如果螺栓紧固程度不够，铁塔在整体起吊受力后，部件会较早产生滑移，力的传递就有可能出现不正常现象，使结构受力时应力集中，从而导致变形。

6.2.2.2 铁塔分片组装构件时，应注意以下几点：

(1)抱杆允许吊装荷重包括构件重量(含超重部分)、补强重量和索具重量。

(2)分片重量不得超过抱杆在最大倾斜角度时所允许的承载能力。如塔片重量超过抱杆承载能力，应减少所带附材的数量，以减轻起吊重量。

(3)铁塔分片应组成稳定结构，应对塔片进行补强，补强木同主材绑扎牢固，使之在吊装中不致变形损坏。

(4)组装塔片时，起吊绳绑在塔片的安装方向朝塔顶的一端，以便于安装，当离地时上端先抬起，然后再提升。

(5)铁塔各构件的组装应紧密，交叉构件在交叉处应装设相应厚度的垫圈或垫板。

(6)主材上所带构件，其上端连接螺帽要上扣，下端为自由端用绳索绑扎在主材上，禁止自由端朝上。当大斜辅助铁的长度超过主材下端时，为防止起吊时弯曲，待塔片吊至一定高度后再安装。

6.2.2.3 铁塔整段组装时，应注意以下几点：

(1)整段重量不得超过抱杆在最大倾斜角时所允许的承载能力。

(2)塔段应卧放在地面上，塔段上端朝向塔身，以便起吊。

(3)组装好的塔段保持稳定，除影响就位的塔材可不装外，其他包括内隔材等都要装全，螺栓拧紧，必要时用木材补强。

(4)如在组装中出现对组装困难的构件，应查找图纸，对构件的几何尺寸进行核对，查明原因，及时处理。切不可强行组装，以免铁塔整体结构产生变形。

(5)组装时必须把各构件的螺栓拧紧，原则上整个铁塔不得缺料，尤其柱身的拉线点附近更不得缺料，以防造成整体强度不够而在组立后发生倒塔事故。

6.2.3 铁塔下部塔腿组立

(1)组装中应辨清塔材的编号、组装面，尤其是联结板和脚钉主材方向不要装错，亦要注意螺栓穿入方向和脚钉安装方向等。

(2)铁塔下部塔脚段(又称平台)的组立，应在抱杆尚未起立前先行组装，一般采用人工竖立或抱杆吊装两种方法。

① 人工竖立法。多用于主材比较短的塔腿上。先在主材上端至少绑好三或四根控制大绳，在主材最下端利用塔靴撑住作为支点，用人抬肩扛或利用主材上的水平铁作撑杆，边抬、边撑、边拉大绳，使主材竖立后与基础的塔脚底板连接。当四根主材立好后再安装周围水平铁、塔腿大撑铁和辅助铁，即组立好平台，如图 2(a)所示。

② 抱杆吊装法。多用于主材比较重、长的塔材(腿)上。使用独脚抱杆或人字抱杆，竖立在塔基近旁，打好稳定拉线，固定在塔基上，使抱杆倾斜，利用滑车将已组装成片的塔腿吊装就位，如图 2(b)所示。然后移动抱杆逐根(腿)就位，最后将周围水平铁、大斜辅助铁装齐，组立成塔腿段。

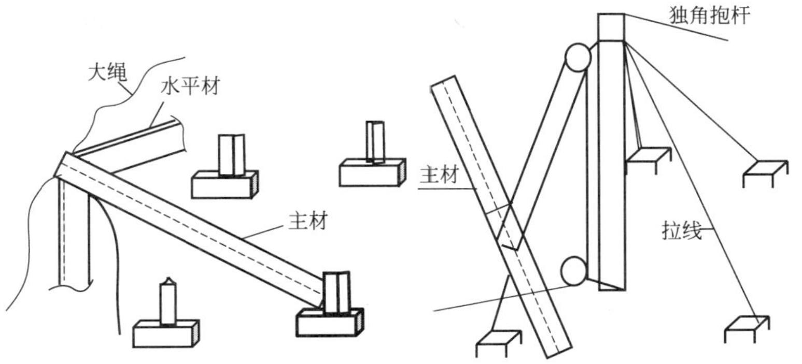

(a) 人工竖立法组立铁塔　　(b) 抱杆吊装法组立铁塔

图 2

③ 塔腿组立好后，应使用钢尺检查塔腿根开、对角线尺寸，塔腿中心应与线路中心桩在同一直线上，其误差应符合《铁路电力工程施工质量验收标准》的规定。然后即可把塔脚板的方垫片和地脚螺帽装好并拧紧。若不符合要求，应使用撬棍调整。

④ 塔脚底板应与基础面接触良好，空隙处应垫铁片，并灌以水泥砂浆。

6.2.4 提升抱杆

(1)抱杆在塔身的位置，应使抱杆根部固定在有脚钉的主材上或具有斜材的节点处，以防抱杆固定点下滑。抱杆在塔上的倾斜角一般以不超过150°为宜。分片吊装时，应将抱杆顶端大致对准塔片就位中心。整段吊装时，应将抱杆顶端设在塔身外侧，在两根主材中心0.3 m处与就位点相对应。如果倾斜角太大，则抱杆受力较大，会给吊件的安装增加困难。如果倾斜角太小，则会阻碍塔材起吊。

(2)起立抱杆前，先在抱杆上挂好起吊滑车，穿好起吊钢绳，绑扎好四向外拉线，然后进行抱杆起立和就位。因木抱杆较轻，用叉竿，人工起立或利用已组立好的塔腿，在其主材上端挂一开口滑车牵引起立。

(3)提升抱杆操作步骤如下：

1)在提升抱杆前，应将已安装段的材料全部装齐，螺栓全部拧紧。用一根棕绳将抱杆围拢在主材上端作为腰绳，此腰绳不能系得太紧，应使抱杆自由升降，在腰绳下方的主材上挂一开门滑车，把起吊钢绳拉至抱杆根部，将钢绳从中间用抱杆根部的钢绳套绑牢，利用绞磨沿着牵引钢绳提升抱杆徐徐上升。抱杆提升到预定高度后，利用抱杆根部的钢绳套将抱杆根部固定在主材上，随后利用四向外拉线进行调整，使抱杆顶端对准预定位置，并将抱杆的腰绳解除。吊装构件时，抱杆上不得有腰绳。

2)抱杆提升高度必须满足吊件的要求。如果高度不足，将会增加塔上操作人员的困难，甚至安装不上。

3)提升抱杆应特别注意安全工作，如果稍有不慎，就有可能造成倒抱杆和人身事故，因此立塔指挥人应注意以下事项：

① 在提升抱杆时，抱杆风绳是防止抱杆倾倒的关健，应在塔上设专人看护，防止抱杆与风绳产生摩擦。如果发现风绳卡住，妨碍抱杆上升时，应立即停止牵引。调整腰绳的位置及方向使抱杆顺利上升。

② 抱杆四方外拉线，须有专人看护。随着抱杆上升，缓慢的溜放拉线。溜放时要听从指挥，拉线在锚桩上只能溜放，不能脱开。防止在溜放拉线过程中，拉线滑脱跑掉，导致抱杆发生

倾倒。

(4)调整大绳的要求如下：

1)起吊铁塔腿部、身部、颈部时，应在构件上下端各绑一根大绳。起吊较宽的塔片和横担时，应在其上下两端各绑一根大绳，并使两侧尽可能对称。各绑扎点要设在节点上，以免吊装时失去平衡或滑脱。

2)调整大绳必须绕在牢固的锚桩上，每根大绳设专人控制。

3)起吊构件以前，应在构件着地的端头设专人监护，以免构件被挂住或顶弯变形。

4)起吊钢丝绳与构件的绑扎位置，必须在构件重心以上和结构中心线上，以防止起吊过程中产生歪斜或倾覆。在绑扎处应用软物垫扎，以防割伤钢丝绳。

5)为便于构件吊装就位，抱杆需要倾斜一定的角度，而且在起吊过程中要靠控制大绳使吊件不与塔身相碰。所以在吊装过程中，吊件应离开塔身 100～200 mm。要用调整大绳调整吊件位置，并设专人在起吊侧监视，以防塔片被卡住。但也不要使塔片离塔身过远，过远会使起吊角增大，从而使大绳、起吊绳、抱杆等受力增加。

(5)起吊构件离地后的检查。

1)当起吊构件离地后应暂停牵引，检查构件绑扎的牢固程度及两侧构件离地高度是否一致。发现异常，应进行处理。绳索受力要均匀，抱杆受力后的倾斜角不得大于 15°。否则，应放下吊件，用落地拉线重新调整抱杆倾斜角。

2)抱杆应采用拉线固定，并派专人看护，以免拉线滑脱而发生意外。

3)抱杆根部在铁塔主材上的绑接要牢固，要用工具敲击绑扎钢丝绳套，务必使各股绳索受力均匀。

4)机动绞磨刹车和制动装置应动作灵活。绞磨受力后，各锚桩的受力应可靠。

6.2.5　铁塔吊装

6.2.5.1　起吊前关键部位的检查和处理

(1)对安装时所需使用的工器具进行全面检查。

(2)稳定抱杆的四方落地拉线要绑扎牢固，尤其对受力的上风拉线必须进行加固。

(3)抱杆根部应固接在已组立塔身的主材节点上，绑扎要牢固。吊装时提升抱杆的腰绳应解除，以免在起吊过程中使其受力，而将抱杆折断。

(4)抱杆最大倾斜角不得超过 15°，抱杆顶端应对准吊件中心，使吊件在吊装就位时不发生偏离。

(5)绞磨的操作位置，应设于安全区，且要便于操作。

(6)调整大绳与地面夹角一般以保持 40°为好。

(7)腰滑轮的绑扎位置，以不使牵引绳与塔材相磨为原则。

6.2.5.2　起吊构件组装过程

(1)起吊构件开始时，要使构件下部调整大绳拉紧，使构件上部调整大绳放松，促使构件平稳立起。从开始起吊到构件离开地面的过程中，应设专人监视，以防塔材受外力作用而发生变形。构件被吊离地面一定高度后，要暂停牵引，检查构件吊点和大绳绑扎的牢固程度，以及构件两侧离地高度是否一致，如无异常情况继续起吊。

(2)塔片刚起吊时，若偏斜或上端水平铁变形较大，应立即松磨放下，调整塔片位置或采取补强措施。如塔片偏出吊点合理的位置较远，强行起吊会使抱杆受力增大。为减少抱杆受力，应在塔片刚被抬起一侧后，调整抱杆受力方向，以保持在正常位置起吊，不得利用抱杆强拖硬拽,以免折断抱杆。

(3)调整大绳需要放松或收紧时,应缓慢操作,防止突然松绳而造成过大的冲击。当吊件的某部分插入塔身内或被挤时,应缓慢提升,边升边撬。

(4)塔片在起吊过程中,塔上作业人员应站在塔身内侧的安全位置。当塔片提升到接近就位时,牵引提升速度应减慢。塔片就位时,应先低侧主材,后高侧主材。低侧就位后,在两侧螺孔上各插入一个尖扳子,然后回松调整另一侧,使主材接头位置达到安装要求,最后将螺栓全部装上拧紧。塔片就位时,如果回松过头,不得再提升就位。要先用尖扳子撬动塔片,使吊件活动,确认没有卡住或拉牢,方可慢慢提升。当构件一侧连接完好后,不得再进行提升,否则会造成起吊绳超载、甚至被拉断,或折断抱杆。

另外,在构件就位时,容易发生吊件突然下冲。在主材侧面的大拉铁未装好之前,不得回松绞磨,作业人员也不得爬到吊点位置拆除起吊绳。

(5)吊装铁塔头部,要比吊装塔腿、塔身困难得多。一般倒抱杆、断抱杆事故多发生在塔头吊装过程中,必须引起重视和注意。

各种塔型的身部吊装大致相同,但因头部的结构有所不同,如酒杯型、猫头型、上字型、干字型、桥型等等,所以吊装方法也随着结构形式的不同而有所改变。尤其吊装酒杯型、猫头型塔头,采用什么方法,如何确定抱杆位置及抱杆倾斜角度,都是非常重要的。

1)吊装直线塔颈部,一般分左右两个"K"字整体吊装。抱杆根部提升到平口 2 m 左右,座落在塔端主材上,抱杆倾斜适当角度。起吊绳绑扎在主体结构内侧平面上。为防止构件与起吊绳相碰和便于就位,应将主体结构内侧的十字拉铁拆去一端。为就位后能装好侧向长斜拉铁,应将下面的短斜拉铁装好;

当塔颈提升到塔身主材接头处就位时,先在主材上装好一个连接螺栓,将斜拉铁装好,并以此为轴,再缓慢回松起吊绳,使构件受力稳固。若装上另一侧的短拉铁,有碍于另一侧塔颈就位安装时,可不安装短斜拉铁,改用钢绳套和双钩补强拉牢,使一侧"K"字构件构成一个整体,这样才可登上颈部作业,拆除起吊绳。

2)吊装转角塔颈部,由于平口较宽,吊件主材较重,可能超过抱杆允许吊重。颈部"K"字铁分上下两次吊装,吊装上半段,可将抱杆座落在被吊侧平口主材附近的节点处。吊装另一侧时,抱杆移往另一侧平口节点处。塔颈安装完毕后,应用钢丝绳和双钩绑在"K"字点上,前后各绑一道,相互拉紧,以便横担吊装就位时进行调节。

(6)装横担的方法应根据结构大小和重量,采取分片吊装或整体吊装。如 220 kV 酒杯型铁塔横担比较长,约为 16～24 m,一般分前后两片吊装。因分片后构件单薄,须用 10～12 m 圆木进行补强,以免在起吊中发生弯曲变形。猫头型铁塔横担可采取整体吊装,抱杆座落在塔身平口加垫的道木上。

吊装酒杯型横担时,应注意以下几点:

1)横担的补强木必须受力,补强木与横担主材的绑扎要牢固;

2)吊装用的钢丝绳套应绑在节点处,位置必须适当,以使横担保持平稳;

3)前后两片横担安装好后,抱杆将被夹在中间。为了吊装地线支架,凡妨碍抱杆倾斜的上部或下部斜材,可暂不要安装;

4)在起吊过程中,要随时注意利用大绳调整横拒的位置。

(7)干字型塔头的吊装。因干字型塔头的横担自成一个整体结构,用连接钢板与塔身相连,因此先利用抱杆把塔身一直吊到顶部。在拆除抱杆后,再利用地线顶架吊装横担。吊装前先将顶架螺栓拧紧，然后将起吊滑车挂在地线顶架垂直横担重心的位置上，牵引绳由起吊滑车引出后，经塔上导向滑车和底滑车进入绞磨。就位方法一般是横担的下平面先就位，并在两侧各装上一只螺栓为轴，再缓慢放落横担，使横担在上平面就位。

上字型塔头结构一般有两种，一种是横担的下主材与塔端相连，成为塔头与塔身的一连接点。另一种是同干字型结构一样，横担自成一个结构，用联板与塔身相连。其吊装的顺序应视塔头的不同而有所不同。

(8)地线顶架吊装，应按重量和高度，用以下不同的方法进行：

① 分片吊装横担时，地线顶架也要同步进行安装；

② 猫头型、酒杯型铁塔吊装好横担后，将地线顶架分片或分散在横担上进行人工组装；

③ 抱杆高度允许而顶架又较轻时，可将整个顶架吊升在横担上面，利用内侧顶架和横担联板上一只螺栓为轴，依靠人力和绳索将他支起就位。

6.2.6　拆卸抱杆

(1)拆卸抱杆前，先在横担下平面的节点上，用钢绳套挂好一个单门滑车。

(2)利用起吊绳作为抱杆降落的牵引绳，将牵引绳从中间抽出，一端捆绑在抱杆重心以上，一端通过横担上的起吊滑车、底滑车，引导绞磨，同时在抱杆根部绑上大绳，以控制抱杆在降落时不碰撞塔身。

(3)松开四方落地拉线，启动绞磨，解除抱杆根部固结钢绳，使抱杆根部离开塔身。当抱杆松落到横担平面时，拆除抱杆顶端四方拉线和起吊滑车，用绳索将抱杆头部绑在牵引绳上，以防抱杆在高空倾倒，然后继续松落抱杆。

(4)在抱杆降落过程中，大绳始终要拉紧，以免同塔身相碰。当抱杆根部降落到适当位置时，即可将抱杆从塔身的空档内引出至塔身外，并缓慢降落到地面。

(5)清理施工现场、环保达标。

7　劳动力组织

(1)劳动力配置

由于铁塔组立施工是在高空作业，难度大，且同时又有地面吊装人员在交互作业，安全就尤为重要。因此必须认真做好现场布置，分工明确，密切配合，设有专人指挥并进行安全监护，使施工有序进行，忙而不乱。

所有上岗人员必须作好技术交底、进行安全生产教育。劳动力配置见表3。

表3　劳动力配置表

序号	分　工	人数	主要职责	序号	分　工	人数	主要职责
1	指挥	1	现场负责	3	技工	6	负责组装
2	技术	1	负责现场技术	4	普工	4	负责在地面吊装构件等

(2)施工过程的组织管理

① 应挑选现场施工经验丰富的人员作为指挥员，全盘控制铁塔组立工作安排；

② 由于对铁塔中心线控制十分重要，必须培训合格的看杆员，在铁塔吊装完成后，要先对铁塔进行整正后再紧固，保障施工质量，确保线路一次达到验收标准；

③ 施工人员必须服从现场指挥员的命令；

④ 施工前，对现场施工人员进行培训，必须对各自负责的机械设备十分熟悉。并且对施

工中可能发生的事故做事前预防，提高安全警觉性，保证施工安全、优质、高效的完成。

8 主要机械设备及工器具配置

主要施工机具、仪器设备配置见表 4。

表 4 主要施工机具、仪器设备配置表

序号	名 称	规 格	单位	数量	备注	序号	名 称	规 格	单位	数量	备注
1	载重汽车		台	1		11	钢钎		根	4	
2	中型客车		台	1		12	大锤		把	1	
3	抱杆		付	1		13	钢丝套		个	7	
4	滑车组		组	1		14	尖扳子		把	4	
5	滑轮		个	3		15	梅花扳手		把	4	
6	落地拉线		根	4		16	工具袋			4	
7	控制大绳		根	2		17	U 型环		套	4	
8	牵引绳	$\phi11\times250$ m	根	1		18	绞磨		台	1	
9	根绳		根	1		19	对讲机		台	2	
10	腰绳		根	1							

9 质量控制要点

(1)施工人员必须接受技术交底教育，学习和掌握施工图纸、施工技术资料、部颁《架空送电线路施工及验收规范》及《电力建设安全工作规程》后，方可参加组立铁塔施工。

(2)铁塔组立施工完毕后，应对下列项目进行检查及整修：

① 补装铁塔腹材、缺材及纠下错材，处理接触不密实的连接材，然后再检查铁塔有无缺材，并填写铁塔组立材料余缺记录表，报工地材料站。务必在架线前将铁塔缺件安装补齐。

② 处理塔材弯曲件(规定主材弯曲不得超过节点间 1/750)，在需要拆下处理而又会影响结构稳定的受力构件时，应采取可靠的技术措施。

③ 检查螺栓紧固程度，调换螺杆不露丝扣(单帽)和露扣不齐及螺杆头平面有空隙的螺栓。

④ 更换和处理不符合规定的金具。

⑤ 用经纬仪测量铁塔垂直度，铁塔倾斜值超过规定时，应检查基础和铁腿主材接头处。若因接头处造成的倾斜，应将构件拉紧，加垫片紧固螺栓处理。若因基础高差造成倾斜，应在基面上垫铁块找平，并灌细石混凝土密实。

⑥ 检查基础地脚螺栓的螺母、垫块安装数量和坚固情况，螺母与垫块不得缺少。塔脚板与基础应接触良好，如有空隙应垫铁片，并灌以水泥砂浆。

(3)铁塔组立完毕后应符合下列规定：

① 铁塔倾斜：一般允许值为 2/1 000；转角塔向外倾斜允许值为 1/1 000～3/1 000，不得向内角倾斜；

② 主材弯曲允许值为节点间 1/750。

经上述检查整修合格后，为防止被盗破坏，直线塔可随即浇制混凝土保护帽，耐张转角塔待架线后才可浇制。保护帽按规定进行养护，外观检查时不得有裂缝、积水。应注意：直线塔塔脚底板与基础接触按铰接设计时，不得将铰接部分浇入保护帽内。塔脚接地引下线不得浇入保护帽内。

10 安全控制要点

(1)组装时安全注意事项如下：

① 进入现场必须戴安全帽；

② 加强对普工安全教育，组装时要服从统一指挥；

③ 搬运铁件时，前后左右多加呼应。两人同时搬运一件铁件时，要同起同落。对重大主铁件抬运时，要有人指挥，不得直接用肩扛。严禁抛扔传递材料或工具；

④ 手柄易脱落的小榔头禁止使用，锉刀要装置木把柄；

⑤ 组装铁件对齐螺孔时，应使用尖头扳子，严禁用手指伸入螺孔内，以免手指被剪伤；

⑥ 在斜坡较大的地面上组装时，要将塔片体锚固在塔腿上或固定的物体上，以防滑动。对组装用的各种材料，要堆放整齐有序；

⑦ 移动已组装好的塔片要用木杠、撬棍等工具，统一指挥，统一移动步骤，要防止道木翻倒或塔料落到道木外而压伤脚手。

(2)在起吊侧的下方不得有人工作，组装和吊装要错开进行。指挥员应站在安全区进行监视。塔上应指定一人为负责人并要全面照顾，随时与地面指挥员联系。

(3)高处作业要系好安全带。在塔上转移位置时，不得失去安全带的保护。在塔上转移行走时，应利用构件作扶手，不得徒手转移。在无扶手的独根构件上转移时，应用腰绳随身保护，不得在独根构件上无保护站立或行走。

(4)在塔上进行高空作业，应尽量减少双层作业。如需多人在一处作业或双层作业，应互相呼应，密切配合，并设专人监护。

(5)构件吊装过程中，要严密监视吊件与塔身的距离，既不得相碰，又不被钩住，控制大绳应按抱杆受力和在吊件不相碰的情况下随时放松，使抱杆顶部受力基本保持平衡。

(6)吊件就位的连接次序是先低侧后高侧。就位时，不得站在吊件上作业，不得强行组装。

(7)在连接主材接头时，操作人员应事先选择好安全位置，系好安全带，以便一旦发生意外时不被碰伤，或在紧急情况下有躲避的余地，预防安全事故的发生。

(8)塔材就位时，绞磨牵引或回松均要缓慢，绞磨未停止不得进行安装。吊件就位后应及时连接好，严禁浮搁在结构上。安装不上的塔材要进行处理，严禁浮搁在塔上(一端连接好，一端不连接)，以免由于误登造成高空坠落伤亡事故。

(9)在构件安装坚固后，起吊绳方可拆除，操作人员不得登上未固定的塔材上作业。

(10)高空作业时，高空人员之间或高空与地面之间传递工具和物件时，均不得抛扔。如果需要传递，对高空之间采用手对手传递、高空与地面之间用绳索绑扎妥当慢慢吊递。

(11)高空作业的工具和材料应妥善放置，个人工具应装入皮套，其他长条工具应装入工具袋内，不得随意乱装到个人小工具袋内。个人小工具袋只能装一定数量的短螺丝和垫片。

(12)要服从命令，听从统一指挥，思想集中，有呼必应，联系畅通，相互照顾，配合默契。如遇异常情况，要及时向指挥员报告。

(13)铁塔组立完毕后，连接螺栓必须全部逐一紧固一次。其紧固程度应符合规定的螺栓坚固标准。螺杆或螺帽的螺纹有滑牙、螺帽的棱角磨损过大导致紧固板手打滑的螺栓，必须更换。

(14)直线铁塔组立结束后(转角铁塔在紧线后),施工负责人应同质检员对本塔部件的数量与规格、主材弯曲、结构倾斜、坚固情况进行检查及评级,并认真填写自立式铁塔组立检查及评级记录表。

11　环境保护要点

根据铁塔组立施工中可能对环境产生影响的因素,采取以"预防为主,防治结合,综合治理"为原则,确保做好环境保护工作。在施工过程中采取以下措施:

(1)坚持按《中华人民共和国环境保护法》及相关法规进行施工。制订环境保护管理办法和实施细则,并建立奖惩制度,将环保的具体措施落实到人头。

(2)施工现场工具材料摆放整齐,保证现场施工场地整洁、干净、工完料清。

(3)人员活动密集的地方铺上木板等进行防护,以免破坏植被。

(4)施工现场各种剩余材料及生活垃圾等,不得随意丢弃,统一收集,集中处理,保证环境不受破坏。

12　常见问题及处理方法

铁塔组立过程中常见的问题主要有以下几点:

(1)边绳固定地锚松动:加强地锚固定,加强风绳负责工人的培训,起吊过程中仔细观察,随时汇报情况,尤其是起吊开始阶段。

(2)铁塔顶部偏离线路中心:铁塔组立时所有螺帽均不拧紧,但螺纹必须露出螺帽外不小于 2 mm,待铁塔所有配件组装完成后,先用钢垫片按要求垫平铁塔,再用风绳固定在铁塔 2/3 处,由指挥员指挥将铁塔拉正固定好,然后从上往下用力矩扳手按要求紧固螺栓。

13　工程实例

新建宜万铁路为单线电气化铁路,属国家Ⅰ级干线,我单位承建的永临结合电力工程 D7 标段东起齐岳山隧道西口,西接万州站,铁路正线长 62 km。电力工程数量主要有:35 kV 电力线路 106 km,35 kV 临时配电所 1 座,35 kV 临时开关站两座。其中:自立式铁塔 24 基,拉线式铁塔 26 基。

D7 标段内,地势从东往西逐渐减低,地面标高从齐岳山的 1 800 余米逐步降低至万州的 200 余米,相对高差一般为 200～500 m,交通条件极为困难,线路径路走势较高,铁塔均设在地势很高的地方,运输铁塔材料工时较多。工期要求紧,任务重,在施工中我们采用此方法,快速高效组完所有铁塔,为其他工序赢得了宝贵的时间,确保了工程工期如期完工,工程质量受到了一致好评。

电力架空线路导线架设施工工艺

1　工艺概况及技术特点

电力架空线路导线架设是电力线路工程施工的关键工序。导线架设及调整对整个电力架空线路的质量影响至关重要；影响导线架设的各种因素多，所需要的施工人员多，施工过程的工时大约占整个架空线路电力工程所有工时的25%。

电力线路所处的环境复杂多变，就地形、地貌而言，存在平原、丘陵、山区，也可能经过村庄、城镇，跨越江河、铁路、公路、房屋建筑、各种在空中的管线。这也就决定了电力线路路径是复杂多变的，同时每一个耐张段所遇到的具体情况都是不同的。在施工时，应针对具体情况编制相应的每个耐张段的导线架设方案，并制定相应的措施。

35 kV及以下电力线路杆距不大，因此在架设过程中通常采用人工的方法架设。如在山区，地形复杂、杆距大时，可采用先敷设牵引绳，采用绞磨机牵引的方法架设。本工艺主要介绍人工架线。

在跨越架空管线时，应搭设跨越架，保护好既有管线及所架导线。

2　适用范围

本标准适用于35 kV及以下电力架空线路的导线、架空地线架设及调整。

3　引用标准

(1)《铁路电力工程施工技术指南》(TZ 10207—2007)。

(2)《铁路工程施工安全技术规程》(TB 10401—2003)。

(3)《中华人民共和国安全生产法》。

(4)《铁路电力工程质量检验标准》(TB 10420—2003)。

4　基本术语及定义

(1)导线：所架设的、悬挂在电杆上的钢芯铝绞线或钢芯铝合金绞线，其功能主要是输送电能，具有良好的导电性能，足够的机械强度，耐振动疲劳和抵抗空气中化学杂质腐蚀的能力。外型如图1所示。

(2)架空地线：在35 kV以上线路中，所架设的用于防雷的镀锌钢绞线，或钢芯铝绞线、铝包钢绞线等导体。

(3)跨越架：导线架设前，在架空导线所经过的其他架空管线处，采用钢管、木杆或竹杆等材料，搭设的保护所跨的架空管线的支架。跨越架应确保在导线架设过程中，导线不会与所跨的管线发生磨擦，或确保所需要的安全距离。

(4)牵引绳：在导线架设的路径上所敷设的钢绞线。在导线的架设过程中，用于牵引导线，完成导线的架设。

5　工艺原理

针对35 kV电力架空线路杆距小，悬挂点多，同时导线截面小、重量轻等特点，采用在每

图 1　常用导线外型示意图

一根电杆上挂设滑轮，在架线过程中悬挂导线，避免导线与地面或其他障碍物发生磨擦；在导线架设过程中采用人工牵引的方法架设。对于山区大跨距的线路，可通过牵引绳，采用绞磨机牵引架设。

跨越架空管线时，搭设跨越架，确保导线不与被跨越导线发生摩擦。

导线架设技术主要是依靠金具和瓷瓶作悬挂点，在导线架设过程中通过滑轮减轻阻力和对导线的磨损，耐张杆是耐张段导线的终端固定点，导线之间的连接采用接续管和并沟线夹连接。根据不同的地型条件，可以采用人工牵引或机械牵引的方式进行放线，下锚时采用绞模、手扳葫芦紧线，人工下锚。

6　工艺流程及操作要点

6.1　施工工艺流程

工艺流程如图 2 所示。

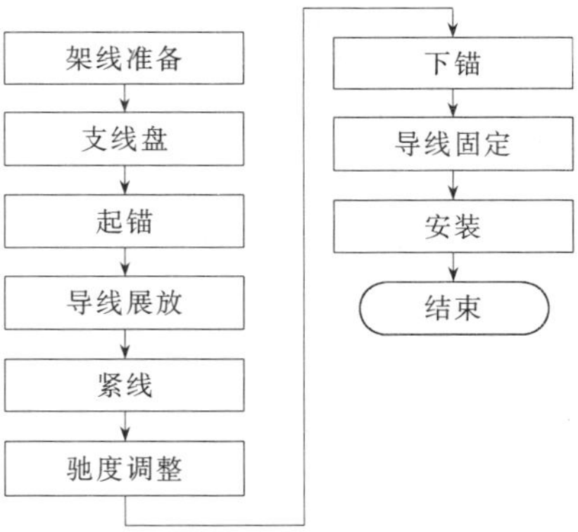

图 2　导线架设及调整施工流程图

6.2　施工技术标准和工艺要求

(1)不同金属、不同规格、不同绞制方向的导线严禁在档距内连接。

(2)导线与连接管连接前应清除电线表面和连管内壁的污垢，清除长度为连接部分的 2 倍。连接部位的铝质接触面，应涂一层电力复合脂后进行压接。

(3)导线与接续管采用钳压连接，应符合下列规定：

① 接续管型号与导线的规格应配套。

② 压口位置、操作顺序应符合《铁路电力施工规范》的相关规定。

③ 钳接后导线端头露出长度，不应小于 20 mm，导线端头绑线应保留，其绑线用 ϕ1.0 mm 的镀锌铁线绑扎三匝并涂红油漆。

④ 钳接后的接续管弯曲度不应大于管长的 2%，有明显弯曲时应校直。

⑤ 压接后或校直后的接续管不应有裂纹。

⑥ 压接后接续管两端附近的导线不应有灯笼、扭筋等现象。

⑦ 压接后接续管两端出口处、合缝处及外露部分，应涂刷电力复合脂。

(4)35 kV 及以下架空电力线路在同一档距内，同一根导线上的接头，不应超过一个。电线接头位置与电线固定处的距离应大于 0.5 m，当有防震锤时，应距防震锤中心 0.5 m 及以外。电线跨越标准轨距铁路、一、二级公路、电车道、一、二级通信线路、通航河流以及特殊管道时，不许有接头。

(5)10 kV 及以下架空电力线路的弛度误差不应超过设计弛度的 5%；同档内各相导线弛度宜一致，水平排列的导线弛度相差不应大于 50 mm；35 kV 架空电力线路或 10 kV 大跨越档导线的弛度误差不应超过设计弛度的 +5%～-2.5%，正误差最大值不应超过 500 mm，且各相间弛度的相对误差不应大于 200 mm。

(6)用悬垂线夹固定导线时，线夹安装后，绝缘子应垂直地平面。

(7)35 kV 及以下架空电力线路导线放紧线后应检查每档导线与大地、房屋、公路、树木、山坡、河流、铁路、管道、索道等及各种架空线路交叉或接近的距离，架空线路与铁路、道路、电车道、河流、管道、索道及各种架空线路交叉或接近距离应满足相关技术标准。

6.3　操作要点

6.3.1　架线准备

(1)对所需架设的耐张段的路径进行踏勘、调查。

① 耐张段的地形地貌。确认是否存在跨越河流、公路、村庄、建筑物等情况；并根据现场情况确定应采取的施工措施、方案，以及需要与相关的单位配合的办法、措施。

② 青赔工作。确认在导线架设中是否有存在阻碍导线架设树林，损毁庄稼、植物。如存在，应与相关的产权人联系，做好保护及青赔工作，砍伐相应的树木。

③ 架空线防护及停电。确认是否有要跨越的架空线，并制定搭设跨越架的施工方案，对电力架空线路应与产权单位联系确认停电计划。确认与穿过的电力线路的净空距离是否符合安全要求。

④ 根据路径情况编制相应的架线方案，确定应配备的资源。

(2)导线配盘

① 导线架设前，先计算所放耐张段的导线长度，并进行配盘；应尽量避免出现导线接头。如需接头，应确定接头数量，配备相应的接头材料及工具；

② 放线前一日，应再次确认所架设导线路径上的青赔工作已完成，停电计划已得到产权单位的确认；

③ 确认跨越架已搭设完成，并满足要求。跨越架应采用钢管脚手架搭设，其强度应满足强度要求，能承受所需人员及导线施加的负载，并应有防倾倒措施；

④ 按架线方案，配备相关的施工人员、材料及工器具，特别通信工具应完好；

⑤ 对参加架线的施工人员进行交底，明确参加的施工人员工作内容、工作职责；

⑥ 所跨越的导线停电后，应先验电并在跨越档两端的停电杆上挂好接地封线，设置安全防护人员，作好有关防护设施设置。

6.3.2　支 线 盘

(1)用汽车、吊车将线盘运送到确定的起锚地点。

(2)根据线盘的线长及架线方向，布置放线支架的安放位置。放线支架所放置地面应平整，承载能力符合要求。放线架放置后应平稳可靠，不会出现倾覆的危险。

(3)线盘支放在放线架后，应确认线盘稳固。

(4)调整放线架，将线盘升离地面。

(5)在线盘处设防护人员，及导线架设过程中转动线盘人员。

6.3.3 起　　锚

(1)将导线牵引至指定终端杆处,地面人员用耐张线夹将导线固定。

(2)用绳子通过滑轮将导线提起,杆上作业人员将其连接到终端杆耐张绝缘子串上。完成后及时报告指挥人员。

6.3.4 导线展放

(1)布置滑轮。

根据具体情况、合理布置滑轮的数量,不得使导线在地面、横担上拖拉。

① 杆上作业人员用 ϕ4.0 的铁线将放线滑轮挂在横担上,滑轮悬挂的高度应以方便倒线为原则。若是以悬垂线夹固定的导线,滑轮应略高于悬垂线夹;

② 再在横担上挂一个提升导线用的滑轮,将棕绳从滑轮中穿过,棕绳两端均放于地面;

③ 当导线牵至超过杆位适当距离后,地面人员用绳的一端将导线固定好,拉动滑轮牵引绳的另一端将导线提起;

④ 杆上人员将提起的导线倒入放线滑轮中。杆上人员确认完成后,将导线继续牵引。

(2)导线牵引。

① 导线架设由一人统一指挥,合理布置护线人员。工作联系应及时可靠;

② 导线展放过程中,若是护线人员或是线盘处防护人员发现异常情况,牵线人员立即停止牵引,待排除异常情况后,由指挥人员确认后再继续牵引。

(3)导线接头。

若是导线不够长或是导线有损伤,需截断作接头。

① 导线牵引到位后,将导线需要接头的部位放于平整的地面,两端松驰不带张力。

② 清洗导线表面以及接续管内壁的污垢,清洗长度为连接部分的 2 倍。应用钢丝刷清除连接部位的铝质接触面氧化膜,并涂一层电力复合脂;

③ 将两根导线插入接续管内,中间插入铝条,按相关压接尺寸要求进行压接;

④ 压接完成后,用橡皮锤校直接续管,在接续管两端出口处、合缝处及外露部分涂刷电力复合脂。

6.3.5 紧　　线

(1)导线牵引至下锚处后,将导线提升至下锚滑轮中。指挥人员通知下锚处作业人员,继续往下锚方向用滑车组牵引收紧导线。

(2)当导线张力达到一定程度,牵引比较吃力时,开始改用手扳葫芦收紧导线,以便于控制导线驰度。

(3)适当晃动导线,使导线在各档的张力保持一致。

6.3.6 驰度调整

(1)选定观测点

观测弛度时的实测温度应足以代表导线周围空气的温度。对于 35 kV 导线及避雷线:当紧线段在 5 档及以下时,靠近中间选择;线段在 6～12 档时,靠近两端各选择一档;紧线段在 12 档以下时,靠近两端及中间各选择一档。观测档宜选档距较大和悬挂点高差较小的线档,若地形特殊应适当增加观测档。对于 10 kV 及以下导线宜选择在紧线段靠近中间、悬挂点高差较小并具有代表性的档距。

(2)弛度观测

用等长法观测弛度,在观测档相邻两杆塔上,由架空线悬挂点各向下量距离 f(f 根据紧线当天气温预估一个气温值)绑扎弧垂板。然后,在测量端的弧垂板处直接用目视观测。

(3)弛度调整

① 根据当时气温,从弛度表查出弛度值,通过手扳葫芦收紧或放松导线,使导线的弛度达到所确定的弛度值;

② 通过与第一根导线的弛度作比较确定第二、第三根导线弛度。在垂直于线路的方向选一个方便观测的点,比较第二、第三根导线与第一根导线的间距,调整第二、第三根导线使其与第一根平行。

6.3.7　下　　锚

(1)弛度确定后,指挥人员通知下锚人员开始下锚。

(2)按下锚连接金具和绝缘子串的长度,在导线上做出一个标记。

(3)用耐张线夹在标记处将导线固定。

(4)用手扳葫芦收紧导线,将耐张线夹与绝缘子串相连。

(5)放松导线,检查弛度合格后,裁除多余的导线。

(6)撤除下锚工具及人员。

6.3.8　导线固定

(1)倒线

在下锚完成、弛度检查合格后,用绳子通过滑轮将导线提起,把导线从放线滑轮中移出倒入悬垂线夹内或是绝缘子上固定。

(2)固定导线

① 采用针式绝缘子时应固定在顶部槽内,瓷横担绝缘子直立安装时固定在顶槽内,水平安装时安装在第一个裙槽内。

② 裸铝导线在绝缘子或线夹上固定应缠铝包带,缠绕长度应超出与线夹或绝缘子接触部分 30 mm。铝包带的缠绕方向应与导线外层线股的绞制方向一致。采用悬垂线夹固定导线时,悬垂线夹安装后,绝缘子应垂直地平面。

6.3.9　附件安装

导线固定后,按照相关要求安装引流线和防震锤,防震锤应与地平面垂直,其安装距离的误差不应大于±30 mm。用并沟线夹连接引流线时,线夹数量不应少于 2 个,连接面应平整、光洁。导线及并沟线夹槽内应清除氧化膜,涂电力复合脂。

6.3.10　结束工作

(1)撤除人员工具

导线安装固定后,撤除线路上的工具、跨越架、人员。撤除停电线路接地封线及安全标牌。最后检查施工现场确认无问题后,再通知相关单位,给停电线路恢复送电。

(2)清理现场

清理现场,环保达标,导线架设完毕。

7　劳动力组织

劳动力组织见表 1。

8　主要机械设备及工器具配置

主要机械设备及工器具配置见表 2。

表1 人员配置表

序号	名称	单位	数量	备注	序号	名称	单位	数量	备注
1	指挥员	名	1		3	技工	名/km	10	
2	技术人员	名/km	2	其中1人为安全防护员	4	普工	名/km	40	

表2 主要机械设备及工器具配置表

序号	名称	单位	数量	备注	序号	名称	单位	数量	备注
1	导线紧线器	把	3		12	二锤	把	1	
2	放线架	个	2		13	钳压器	套	1	
3	放线轴	根	1		14	扳手	把	2	
4	木杠	根	2		15	钢卷尺	把	1	
5	滑轮	个	若干		16	断线钳	把	1	
6	绳子	根	5		17	棉纱	包	2	
7	接地封线	组	2	至少2组	18	钢丝刷	把	1	
8	验电笔	支	2		19	橡皮榧	把	1	
9	上杆工具	套	5		20	钳子	把	2	
10	边绳	根	2		21	温度计	只	1	
11	钢钎	根	3		22	弧垂板	块	2	

9 质量控制要点

(1)检查导线质量、规格:规格应与设计相符,导线不得有散股、松股、断股,导线不得有明显氧化情况。

(2)检查接续管质量、规格:规格应与设计相符,与导线配套;接续管不得有明显氧化情况。

(3)检查接续管的压口尺寸、数量及压接顺序:压接后质量应符合《施工规范》及《验标》要求。

(4)同一档内,同一根导线的接头数量不应超过一个,导线接头处的位置与导线固定处的距离应大于0.5 m,当有防震装置时,应在防震装置外。

(5)检查线盘架设位置的正确和牢固:线盘离地50 mm即可,线盘应架设平正,不得向导线牵拉方向倾斜。

(6)检查接地封线:一组接地封线的三个分头挂钩应与被封导线挂接紧密,接地探针应牢固地插入潮湿的地面,保证其接地良好。不得用铁线或铝线替代接地封线进行封线。

(7)检查导线驰度。

应符合设计要求,35 kV架空电力线路或10 kV大跨越档导线的弛度误差不应超过设计弛度的+5%～－2.5%,且正误差最大值不应超过500 mm,且各相间弛度的相对误差不应大于200 mm。

(8)10 kV及以下架空电力线路的弛度误差不应超过设计弛度的5%;同档内各相导线弛度宜一致,水平排列的导线弛度相差不应大于50 mm;

(9)检查交叉跨越及对地距离:各交叉跨越及对地距离应符合《铁路电力施工规范》的要求。

10 安全控制要点

(1)导线架设牵引时应统一指挥,开工前进行安全技术交底,明确施工方法及信号。工作人员要明确分工,密切配合,服从指挥。在跨越居民区、铁路、公路时,应设专人防护。

(2)在上杆作业之前,要对爬杆工具和安全带进行检查。

(3)在停电作业时,必须进行验电、接好接地封线后才能施工。

(4)施工过程必须使用合格的导线、瓷瓶、金具,严禁过载使用。

(5)线盘架设要牢固,在顺牵引的方向应固定,防止线盘倾斜,如采用钢钎固定等。

(6)在导线架设过程中遇跨越若需搭设跨越架时,跨越架搭设应牢固。

(7)在导线紧线时,不能站在导线旁或导线上方。

(8)为了防止电杆倾倒,在导线架设前应先安装好拉线。

(9)所有施工人员必须佩戴安全帽,杆上作业人员必须挂好安全带,在物体、工具上下传递过程中使用起吊绳,严禁上下抛掷。

(10)紧线时所用的手扳葫芦或铰磨应牢固固定。

11　环境保护要点

(1)在导线牵引过程中,各牵引人员应尽量走成一条直线,减少对现场草皮和植被的破坏。

(2)在植被比较丰富的地方,放线如果需要砍伐放线通道时,砍伐通道应在线路中心线上,尽量不要砍伐太宽。在林区砍伐安全通道时,应事前与地方林业部门联系,办理相关手续,对近期内不影响安全送电的树木不应砍伐。

(3)施工现场各种剩余材料及生活垃圾等,不得随意丢弃,统一收集,集中处理,保证环境不受破坏。

12　常见问题及处理方法

导线架设过程中常见的问题主要有以下几点:

(1)耐张杆内倾:在导线架设好后,由于导线张力造成耐张杆向内倾斜。解决办法:松开导线在通过杆上的固定点,调整耐张杆与导线受力反方向的拉线,使耐张杆恢复到正常位置(加预偏)为止,再重新对导线进行弛度调整。

(2)横担变形:在导线紧线过程中,由于横担临时拉线未做好,因导线张力远大于临时拉线张力,导致横担向导线方向弯曲变形。处理办法:将所紧导线放下,重新调整临时拉线,将横担恢复到正常位置后再重新紧线。

(3)导线弛度不一致:在导线下锚完成后,各导线之间的弛度不一致。处理方法:将导线弛度不一致的导线在耐张杆上用紧线器固定,松开通过杆上的固定及跨越杆上的副导线,重新用紧线器进行紧线,采用经纬仪进行观测,当导线弛度达到要求后停止紧线,再做好耐张杆上的连接。

13　工程实例

在青藏铁路 D6 标段电力工程施工过程中,根据现场实际情况,35 kV 电力贯通线采用了 LGJF-120 导线,10 kV 电源线采用了 LGJ-50、70 导线,车站低压架空线采用了 LJ-25、35、50、70 导线,针对不同型号、不同线径的导线,青藏项目部按照上述施工方法"安全、优质、高效"的完成了整个工程 80 多公里的 35 kV 架空线路、22 km 10 kV 电源线路、18 km 车站低压架空线路的架设,同时在环保方面也得到了建设单位的好评。经施工检验,上述施工工艺安全、方便、可行。

电力电缆敷设施工工艺

1 工艺概况及技术特点

电缆的主要敷设方式有：直埋敷设、排管敷设、沿电缆沟敷设、沿支架或桥架敷设等方式。

直埋敷设方式具有节省投资的显著优点，是被广为采用的一种敷设方式；沿支架或桥架敷设方式在很多隧道及大桥等不易设置电缆沟的地方得到广泛应用。

以上两种方式作为最常用的电缆敷设方式，将在后面得到详细叙述。其他的类型与这两种方式大同小异。

2 适用范围

本施工工艺适用于35 kV及以下电压等级的铁路电力线路及配电工程的电力电缆敷设。

3 引用标准

(1)《电缆线路施工及验收规范》(GB 50168—2006)。

(2)《铁路电力工程施工技术指南》(TZ 10207—2007)。

4 基本术语及定义

(1)直埋敷设：挖设电缆沟，电缆埋设在沟中的敷设方式。

(2)沿支架或桥架敷设：在不易设置电缆沟的地方(如大桥、既有隧道)，安置支架或电缆桥架，电缆沿支架或桥架进行敷设的方式。

5 工艺流程及操作要点

5.1 工艺流程

(1)直埋敷设电缆施工流程如图1所示。

(2)沿支架或桥架敷设电缆施工流程如图2所示。

5.2 操作要点

5.2.1 准备工作

(1)施工前应对电缆进行详细检查：规格、型号、截面电压等级均符合设计要求；外观无扭曲、坏损及漏油、渗油等现象。

(2)电缆敷设前进行绝缘摇测或耐压试验。

① 1 kV以下电缆：用1 kV摇表摇测线间及对地的绝缘电阻应不低于10 MΩ。

② 1 kV以上电缆：应事先作耐压和泄漏试验，试验标准应符合国家和当地供电部门规定。必要时敷设前仍需用2.5 kV摇表测量绝缘电阻是否合格。

③ 纸绝缘电缆：应检查芯线是否受潮，如受潮，可用钢锯锯掉一段再测试，直到合格为止。检查方法是：将芯线绝缘纸剥一块，用火点着，如发出叭叭声，即电缆已受潮。

④ 电缆测试完毕，油浸纸绝缘电缆应立即用焊料(铅锡合金)将电缆头封好。其他电缆应

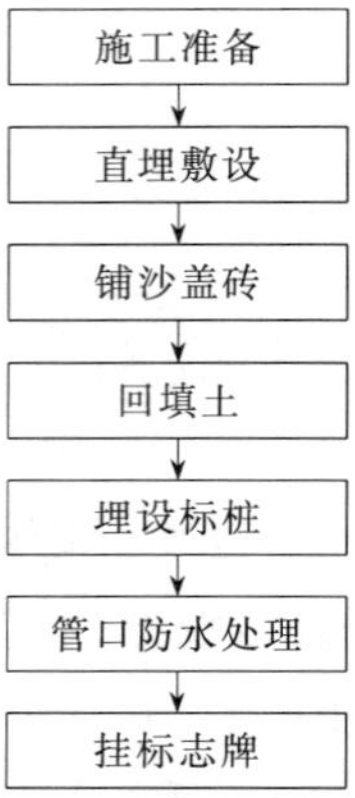

图 1　电缆直埋敷设工艺流程图

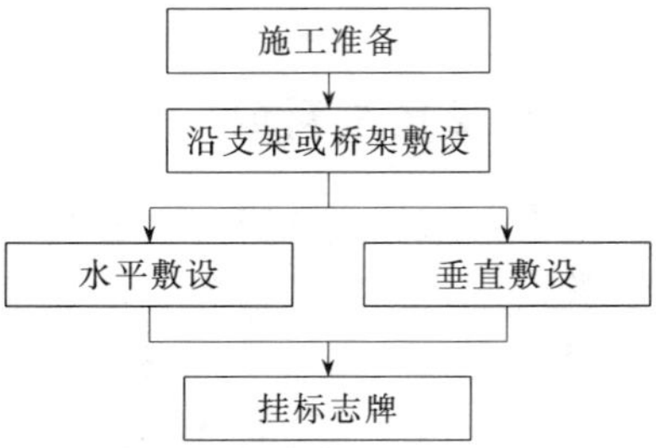

图 2　电缆沿支架或桥架敷设工艺流程图

用聚氯乙烯带密封后再用黑胶布包好。

(3)敷设电缆机具的安装：采用机械放电缆时，应将机械选好适当位置安装，并将钢丝绳和滑轮安装好。人力放电缆时将滚轮提前安装好。

(4)临时联络指挥系统的设置。

① 线路较短或室外的电缆敷设，可用无线电对讲机联络，手持扩音喇叭指挥；

② 高层建筑内电缆敷设，可用无线电对讲机做为定向联系，简易电话作为全线联系，手持扩音喇叭指挥(或采用多功能扩音机)。

(5)在桥架或支架上进行多根电缆敷设时，应根据现场实际情况，事先将电缆的排列，用表或图的方式划出来。以防电缆的交叉和混乱。

(6)冬季电缆敷设，温度达不到规范要求时，应将电缆提前加温。

(7)电缆的搬运及支架架设。

① 电缆短距离搬运，一般采用滚动电缆轴的方法，滚动时应按电缆轴上箭头指示方向滚动。如无箭头时，可按电缆缠绕方向滚动，切不可反缠绕方向滚运，以免电缆松弛。若电缆线盘无法到达敷设地点，则根据现场长度进行配盘切割，电缆头在切断后应立即封堵，防止受潮。在人工搬运时应注意防止电缆划伤，轻拿轻放。

② 电缆支架的架设地点应选好，以敷设方便为准，一般应在电缆起止点附近为宜。架设时，应注意电缆轴的转动方向，电缆引出端应在电缆盘的上方(如图 3 所示)。

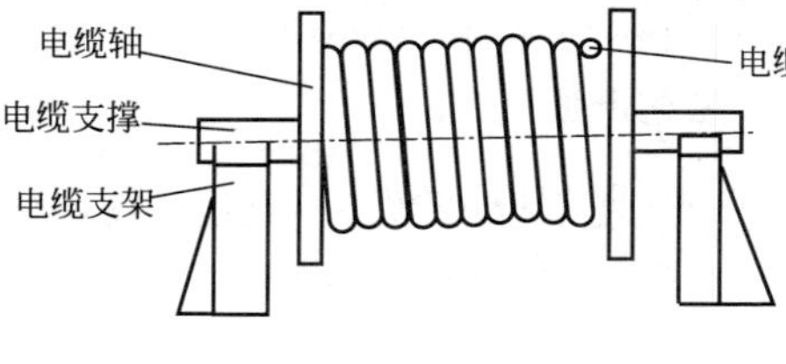

图 3　电缆线盘架设

5.2.2　直埋电缆敷设

(1)清沟

清除电缆沟内杂物，铺完底沙或细土。

(2)电缆敷设

① 电缆敷设可用人力拉引或机械牵引。采用机械牵引可用电动绞磨或托撬(旱船法)。电缆敷设时，注意电缆弯曲半径应符合规范要求(如图 4 和图 5 所示)。

② 电缆在沟内敷设应有适量的蛇型弯，电缆的两端、中间接头、电缆井内、垂直位差处均应留有适当的余度。

(3)铺砂盖砖

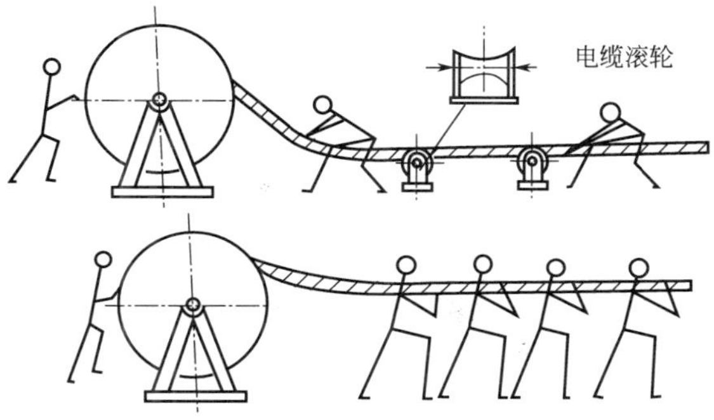

图 4　人工电缆敷设

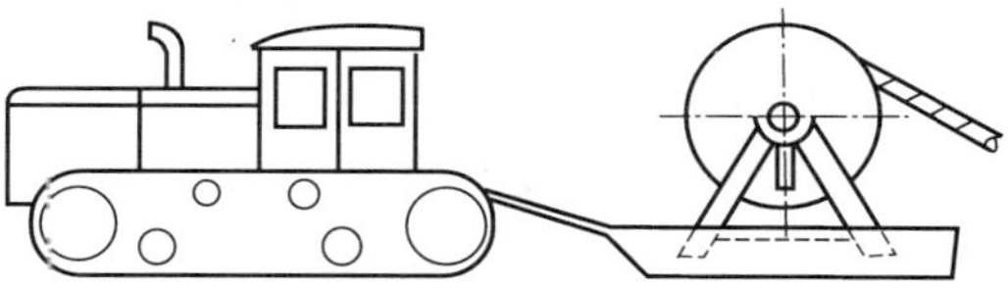

图 5　托撬敷设电缆

① 电缆敷设完毕，应请建设单位、监理单位及施工单位的质量检查部门共同进行隐蔽工程验收；

② 隐蔽工程验收合格，在电缆上铺盖 100 mm 砂子或细土，然后用砖或电缆盖板将电缆覆盖好，其覆盖宽度应超过电缆两侧 50 mm。

(4)回填

回填前，再作一次隐蔽工程检验，合格后，应及时用土回填并进行夯实。

(5)埋标桩

电缆在拐弯、接头、交叉、进出建筑物等地段应设明显方位标桩。直线段应适当加设标桩。标桩露出地面 15 cm 为宜。

(6)封口

电缆进入电缆沟、竖井、建筑物以及穿入管子时，出入口应封闭，管口应密封。

5.2.3　电缆沿支架、桥架敷设

(1)水平敷设。

① 敷设方法可用人力或机械牵引；

② 电缆沿桥架或托盘敷设时，应单层敷设，排列整齐，不得有交叉，拐弯处应以最大截面电缆允许弯曲半径为准；

③ 不同等级电压的电缆应分层敷设，高压电缆应敷设在上层；

④ 同等级电压的电缆沿支架敷设时，水平净距不得小于验收规范要求。

(2)垂直敷设。

① 垂直敷设，有条件的最好自上而下敷设。敷设时，同截面电缆应先敷设低层，后敷设高层，要特别注意，在电缆轴附近和部分楼层应采取防滑措施。

② 自下而上敷设时，低层小截面电缆可用滑轮、大绳，人力牵引敷设。高层、大截面电缆宜用机械牵引敷设。

③ 沿支架敷设时，支架距离不得大于 1.5 m，沿桥架或托盘敷设时，每层最少加装两道卡固支架。敷设时，应放一根立即卡固一根。

④ 电缆穿过楼板时，应装套管，敷设完后应将套管用防火材料封堵严密。

(3)挂标志牌

① 标志牌规格应一致，并有防腐性能，挂装应牢固；

② 标志牌上应注明电缆编号、规格、型号及电压等级；

③ 直埋电缆进出建筑物、电缆井及电缆终端头、电缆中间接头处应挂标志牌；

④ 沿支架、桥架敷设的电缆应在其首端、末端、分支处挂标志牌。

5.3 技术标准及工艺要求

(1)待敷设电缆的耐压试验、泄漏电流和绝缘电阻必须符合施工规范规定。

检验方法：检查、试验，并记录。

(2)电缆敷设必须符合以下规定：电缆严禁有绞拧、铠装压扁、护层断裂和表面严重划伤等缺损。直埋敷设时，严禁在管道上面或下面平行敷设。

检验方法：观察检查和检查隐蔽工程记录。

(3)坐标和标高正确，排列整齐，标志桩和标志牌设置准确；防燃、隔热和防腐要求的电缆保护措施完整。

(4)在支架上敷设时，固定可靠，同一侧支架上的电缆排列顺序正确，控制电缆在电力电缆下面支架，1 kV 及其以下电力电缆应放在 1 kV 以上电力电缆下面支架；直埋电缆埋设深度、回填土要求、保护措施以及电缆间和电缆与地下管网间平行或交叉的最小距离均符合施工规范规定。

检验方法：观察检查和检查隐蔽工程记录及坐标图。

(5)电缆最小弯曲半径和检验方法应符合表 1 的规定。

表 1　电缆最小弯曲半径及检验方法

<table>
<tr><th colspan="3">电缆形式</th><th>多芯</th><th>单芯</th></tr>
<tr><td colspan="3">控制电缆</td><td>10D</td><td></td></tr>
<tr><td rowspan="3">橡皮绝缘电力电缆</td><td colspan="2">无铅包、钢铠护套</td><td colspan="2">10D</td></tr>
<tr><td colspan="2">裸铅包护套</td><td colspan="2">15D</td></tr>
<tr><td colspan="2">钢铠护套</td><td colspan="2">20D</td></tr>
<tr><td colspan="3">聚氯乙烯绝缘电力电缆</td><td colspan="2">10D</td></tr>
<tr><td colspan="3">交联聚乙烯绝缘电力电缆</td><td>15D</td><td>20D</td></tr>
<tr><td rowspan="3">油浸纸绝缘电力电缆</td><td colspan="2">铅包</td><td colspan="2">30D</td></tr>
<tr><td rowspan="2">铅包</td><td>有铠装</td><td>15D</td><td>20D</td></tr>
<tr><td>无铠装</td><td>20D</td><td></td></tr>
<tr><td colspan="3">自容式充油(铅包)电缆</td><td></td><td>20D</td></tr>
</table>

注：表中 D 为电缆外径。

5.4 电缆敷设后的保护

(1)直埋电缆施工不宜过早，一般在其他室外工程基本完工后进行，防止其他地下工程施工时损伤电缆。如已提前将电缆敷设完，其他地下工程施工时，应加强巡视。

(2)直埋电缆敷设完后，应立即铺砂、盖板或砖及回填夯实，防止其他重物损伤电缆。并及时画出竣工图，标明电缆的实际走向、方位坐标及敷设深度。

(3)室内沿电缆沟敷设的电缆施工完毕后应立即将沟盖板盖好。

(4)室内沿桥架或托盘敷设电缆，宜在管道及空调工程基本施工完毕后进行，防止其他专业施工时损伤电缆。

(5)电缆两端头处的门窗装好,并加锁,防止电缆丢失或损毁。

6 劳动力组织

施工管理采用施工负责人责任制、岗位负责制、定点定岗。各人员现场操作严格遵守技术要求、安全规程和机械操作规程。人员组织见表2。

表2 电缆敷设劳动力组织表

序号	施工人员	单位	数量	备　注
1	施工负责人	人	1	现场施工组织及协调
2	技术员	人	2	技术负责、质量负责
3	技术工人	人	8	负责带领普工工作
4	普工	人	若干	按需分配,分人工和机械敷设
5	安全监督员	人	1	安全监督
6	防护人员	人	2	安全防护
7	机械人员	人	2	机械操作
8	驻站联络员	人	1	联络信息

注:普工人数依据敷设长度及敷设方式来确定,如果是人工敷设,则按每人20～30 kg配置劳动力,若用机械敷设,则只需少量人员配合机械运作、监护电缆的敷设。

7 主要机械设备及工器具配置

根据不同的施工方式,机械设备、工器具配置略有不同。各工作岗位施工人员在上岗前必须经过考核方可操作各种机具。主要敷设机具见表3。

表3 电缆敷设机、工器具配置表

序号	名称	规格	单位	数量	备　注
1	汽车	5 t	台	1	
2	绞磨	5 kW	台	1	牵引电缆
3	线盘支架	1～1.4 m	个	2	支撑线盘
4	钢锯		把	1	断缆
5	喷灯		个	1	封堵电缆头,配电缆密封头
6	独轮车		台	2	运送砖、沙等
7	链条葫芦	3.0 t	套	1	备用
8	滑轮		个	若干	沿桥架敷设用
9	铁丝套子	ϕ4.0	个	若干	根据悬挂点数量确定
10	铁线	ϕ2.0	kg	若干	
11	钢丝套子	3.0 t	个	若干	固定机具、地锚等
12	对讲机		台	5	
13	兆欧表		个	2	测电缆绝缘、高低压各1

8 质量控制要点

(1)直埋电缆铺砂盖板或砖时应清除沟内杂物,用细砂细土、盖板或砖盖护,施工负责人应加强检查。

(2)电缆进入室内电缆沟时,套管防水处理应好,沟内不应进水,严格按规范和工艺要求施工。

(3)油浸电缆要防止两端头封铅不严密、有渗油现象。应对施工操作人员进行技术培训,提高操作水平。

(4)沿支架或桥架敷设电缆时,应防止电缆排列不整齐,交叉严重。电缆施工前须将电缆先排列好,划出排列图表,按图表进行施工。电缆敷设时,应敷设一根整理一根,卡固一根。

(5)沿桥架或托盘敷设的电缆应防止弯曲半径不够。在桥架或托盘施工时,施工人员应考虑满足该桥架或托盘上敷设的最大截面电缆的弯曲半径的要求。

(6)沿电缆敷设方向需严格按照要求埋设标桩或挂设标志牌,防止埋设标桩或电缆标志牌装设不整齐,或有遗漏。应由专人复查。

9　安全控制要点

(1)施工人员穿防护服,戴安全帽,高空作业时必须系好安全带。

(2)如果是请点施工,应及时请、销点,在施工现场设专职安全监护人,作业范围两端设专职安全防护人员。

(3)线盘上电缆接近放完时,密切观察线盘,防止电缆放完飞出造成事故,作业人员不得站在曲线内侧,悬挂点处固定必须稳固,放线滑轮必须完好,无损伤,防止脱钩。

(4)各机具性能良好,紧固零件牢固,其承受力满足工作负荷要求。

(5)敷设过程,设专人巡视,注意地锚的情况,发现问题及时向施工负责人报告。

(6)敷设过程中电缆线盘不能转动太快。

(7)确保通信畅通,坚持复诵制度。

10　环境保护要点

根据电缆敷设施工中可能对环境产生影响的因素,采取以“预防为主,防治结合,综合治理”为原则,确保做好环境保护工作。在施工过程中采取以下措施:

(1)坚持按《中华人民共和国环境保护法》及相关法规进行施工。制订环境保护管理办法和实施细则,并建立奖惩制度,将环保的具体措施落实到人头。

(2)施工现场内道路平整畅通,排水出口良好。施工现场工具材料摆放整齐,保证现场施工场地整洁、干净、工完料清。

(3)工程完工后,应按要求拆除安全防护设施和临时设施,并将工地及周围环境清理整洁,做到工完料清,场地整洁。

(4)按规定对施工机器具进行定期检查,确保工器具符合要求。

11　常见问题及处理方法

(1)电缆敷设前,需检查电缆的外观、绝缘性能,若不符合要求的可按照技术人员要求现场处理,在达到要求后方可敷设。

(2)牵引电缆的绞磨随时注意其地锚的情况,确认地锚牢固。若发生松动、起拔现象,应停止施工,再次固定合格检查后,方能复工。

(3)电缆线盘的支架在放线过程中若发生偏离,需停止转动,升高偏向支架高度,调整线盘,平稳转动后再继续牵引。

(4)牵引过程中,发生电缆从滑轮中脱轨的情况,必须马上停止牵引,待把电缆重新装入滑轮后方可继续牵引。

12 附　　录

(1)质量保证资料。

① 电缆产品合格证;

② 电缆绝缘摇测记录或耐压试验记录;

③ 隐蔽工程验收记录;

④ 各种金属型钢材质证明、合格证。

(2)施工记录。

① 自互检记录;

② 电缆工程分项质量检验评定记录;

③ 分项工程验收记录。

铁路通信

光(电)缆敷设施工工艺

1 工艺概况及技术特点

1.1 光电缆敷设概况

直接埋设在地下的光(电)缆,要具有抵抗外界机械损伤的性能和防止土壤腐蚀的性能,因此必须是铠装光电缆,光电缆外部带有钢带或钢丝。根据不同的使用环境和条件选用不同的护层结构,例如在有虫鼠害的地区,要选用有防虫鼠咬啮的护层的光缆。

根据土质和环境的不同,光(电)缆埋入地下的深度一般在 0.8～1.2 m 之间。光电缆通过铁路、公路时一般采用钢管穿管防护;在敷设时,还必须注意保持光(电)缆的牵引力应在允许的限度内。

1.2 工艺概况及技术特点

光、电缆沟的开挖、敷设、回填主要含以下施工工艺:施工准备、径路定位划线、开挖光电缆沟、防护材料的敷设、沟深及防护材料的检查、光电缆的敷设、光电缆外皮检测、缆沟的回填夯实、签认隐蔽工程检查证、埋设标石。光电缆通信线路工程由于线路长,外部环境、地下设施复杂等因素,光电缆沟的开挖是通信光电缆线路工程的难点。

2 适用范围

本施工工艺适用于有线通信光电缆直埋线路工程,包括长途通信光电缆线路工程和地区通信光电缆线路工程。

3 引用标准

(1)《铁路通信施工规范》(TB 10205—99)。

(2)《铁路运输通信工程施工质量验收标准》(TB 10418—2003、J 288—2004)。

(3)《铁路光缆通信同步数字系列(SDH)工程施工规范》(TB 10219—99)。

4 基本术语及定义

(1)开挖:采用人工或机械对光电缆径路定位画线后的挖掘,应达到设计和施工规范要求。

(2)敷设:当光电缆沟达到技术要求后,采用人工或机械将光电缆布放在光电缆沟内。

5 工艺原理

认真审核设计文件,合理定位画线光电缆径路并开挖缆沟,防护材料合乎要求,敷设光电缆人员、机具满足要求,对缆沟的回填夯实,特殊地段应特殊处理,隐蔽工程检查签认,最后埋设标石。

6 工艺流程及操作要点

6.1 工艺流程

工艺流程如图 1 所示。

6.2 操作要点

6.2.1 施工准备

在光电缆沟开挖前首先应作好以下施工准备：对缆沟开挖普工进行严格的岗前培训、详细的施工安全质量技术交底；对工程所需的工、料、机进行检查和核对，特别是对水泥制品和铁件加工品进行检测，确保符合工程质量要求；对进场光电缆进行单盘测试和配盘。

6.2.2 径路定位画线

根据设计文件和现场实际情况，合理选择光电缆径路，一般情况下用白石灰对选择的径路画线，满足一盘光、电缆的敷设长度。

6.2.3 开挖光电缆沟

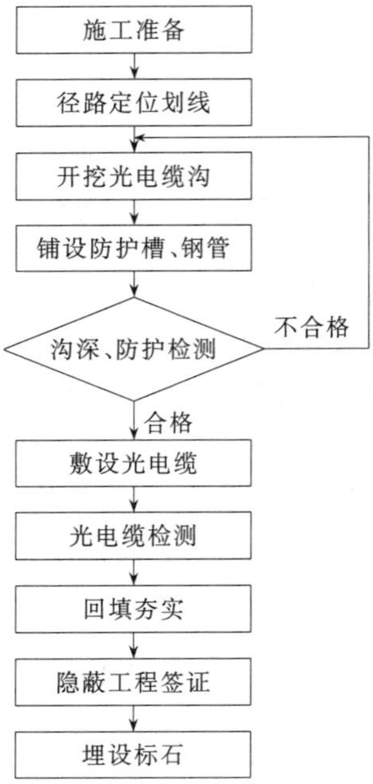

图 1　光电缆敷设工艺流程图

缆沟开挖主要采用人工开挖方式进行施工，首先对缆沟定位画线，挖够一盘光缆长度后，进行缆的敷设、回填，待该盘线缆回填夯实、隐蔽资料签证后，才能进行下盘缆沟的开挖工序。缆沟开挖施工中，对不同土质的开挖采用不同的施工方法。当光电缆穿越公路、铁路时采用机械化或人工顶进钢管防护施工作业；在公路、铁路路肩上开挖缆沟时，与公路、工务部门密切配合，保证行车及施工安全，并用草袋或编织袋进行防护，避免污染既有设备；在公路、铁路路基、河渠、水田等特殊地段的开挖缆沟时，必须做到及时开挖、及时敷缆、及时夯填。

6.2.4 铺设防护槽、钢管

(1)穿越铁路、公路

光、电缆线路在穿越铁路和公路时，尽可能为直角。一般采用钢管、塑料管、水泥槽保护。管的内径一般可选用比电缆外径大 1.5 倍。如今后有可能增加光、电缆条数时，应加大直径或预埋备用管。

(2)穿越水沟、水渠

光、电缆穿越流速大于 2 m/s 的小溪、山涧流水沟、菱藕塘等农业水利化的干渠，需加保护措施，一般保护材料可用钢管、水泥槽、塑料管等。

(3)通过乡镇

光、电缆穿越较热闹的乡镇和动土可能性较多的地段，需加保护。可用砖、水泥板等。

(4)通过斜坡和石山

① 光、电缆通过大于 20°斜坡时，每隔 20 m 左右设一固定横木；

② 通过 30°以上松软土质的斜坡时，除设置固定横木外，还要设置坡度挡土墙进行保护。

(5)光电缆过河。

通过较大河流时，应敷设水底光、电缆。通过较小河流，可在原光、电缆外缠绕直径 2.0～3.0 mm 粗钢丝，以提高防护能力，上岸终端固定方法有下述两种：

① "S"形固定法：通常在土壤坚实、地形条件允许的情况下使用；

② 通过河岸不稳定的较小河流时，应将光、电缆沟适当加深，并将光、电缆加铠或在光、电缆下游 2～4 m 处做保护坝。

(6)光电缆通过涵洞

光、电缆线路通过铁路、公路涵洞一般采用钢管防护。

(7)光电缆通过隧道

在隧道内一般采用敷设水泥槽的方法保护光、电缆或利用隧道既有电缆沟槽。

(8)光电缆通过桥梁

光、电缆通过桥梁时,一般采用光、电缆水泥槽保护和安装玻璃钢管箱,槽内垫砂或泡沫作为防震措施。

(9)防鼠、防白蚁

在白蚁虫害地段光电缆敷设回填之前,应在缆沟内喷洒足够浓度的氯丹防白蚁药剂或填砂深埋,防止白蚁破坏光电缆,造成事故。

(10)光电缆引入

光电缆引入室内时,应将引入口处密封良好,达到防鼠的目的。

(11)光、电缆与地下管线交越间隔及保护长度应符合表 1 的规定。

表 1　光、电缆与地下管线交越间隔及保护长度

管线名称	间距 a(m)	保护长度 L_1(m)	保护长度 L_2(m)
自来水管	0.15～0.5	0.5～1.0	—
城市排水管	0.15～0.5	0.5～1.0	—
市话管道边线	0.25～0.5	0.5～1.0	—
暖气管	0.15～0.5	0.5～1.0	—
输油管	0.15～0.5	0.5～1.0	—
煤气管	0.15～0.5	1.0	—
电力电缆	0.15～0.5	1.0	1.0
其他电缆	0.15～0.5	0.5～1.0	0.5～1.0

6.2.5　光电缆敷设

(1)当缆沟开挖长度达到一盘光缆长度时,项目部安质员、技术人员对缆沟进行自检,自检合格后向监理工程师申请敷缆,监理工程师、业主驻工地施工配合人员对缆沟深度和防护方式进行检测合格后,监理工程师批准敷设,进行敷缆工序。

(2)光电缆的敷设采用人工方式敷设施工,配备足够的劳动力,为避免发生光缆纽绞、拖地等现象,敷缆普工间距设置不能超过 15 m,在交通许可的条件下,缆盘放置于大约缆沟径路的中间位置,先向一个方向敷设,然后采取“倒牵牛”的方法,往另一方向敷设。光电缆在敷设前,防护材料准备应充分、通信联络应保证良好,施工人员必须统一指挥、统一行动。

(3)光、电缆敷设的弯曲半径不得小于光、电缆外径的 15 倍,并按施规要求加以防护;光电缆引进、引出口应堵牢不渗漏水,在爬架上进行绑扎,挂标示牌;隧道内敷设光电缆时照明应充足,隧道两端设专人了望防护,光电缆沿隧道壁摆放;光电缆预留采用“∞”字形或“S”形盘留。

6.2.6　缆沟回填

(1)当光电缆敷设、防护完,经监理工程师、业主驻工地施工配合人员检查确认后,才能进行缆沟回填工序并及时绘制竣工图。

(2)设置有排流线的地方,缆沟回填 40 cm 细土后,进行排流线的敷设,设有保护地线的地方，同时进行地线的埋设，地线的埋设应符合设计和验标的要求，缆沟的回填用石夯将缆沟分层夯实分层回填；缆沟回填时，同时安排施工人员进行标石的埋设；光、电缆敷设 72 h 后，用 500 V 绝缘测试仪测试其金属层对地绝缘，检测其电气特性是否符合设计要求。

(3)对站台、铁路路肩、公路路肩、边坡护坡片石、盲坎及水沟的破坏设备的修复应按照车站、工务、公路部门的要求进行修复。

(4)缆沟回填后及时填写隐蔽工程检查证，交监理工程师签认。

6.3 技术标准及工艺要求

(1)人工敷设光电缆间距设置不能超过 15 m，匀速前进。

(2)布放光电缆的牵引力不允许超过本缆张力的 80%。

(3)光、电缆敷设完成后，光电缆无硬弯、扭曲等损伤。

(4)光、电缆的弯曲半径不小于本缆外径的 15 倍。

(5)光、电缆的埋深一般情况是 0.8～1.2 m，特殊情况采取防护措施。

(6)同沟敷设多条缆时，应平行敷设，不要重叠、交叉。

(7)光电缆沟底应平整，无硬物。

(8)回填光电缆沟应夯实，挖出的土全部回填至缆沟里，让缆沟高出地面 10 至 20 cm 为宜。

7 劳动力组织

施工管理采用施工负责人责任制、岗位负责制、定点定岗。各人员现场操作严格遵守技术要求、安全规程和机械操作规程，敷设人员劳动组织见表 2。

表 2 光电缆敷设人员组织

序号	施工人员	单位	数量	备注
1	施工负责人	人	1	现场施工组织及协调
2	技术员	人	1	技术负责、质量负责
3	通信工	人	4	敷设作业
4	安全监督员	人	1	安全监督
5	防护人员	人	2	安全防护

8 主要机械设备及工器具配置

施工机具严格按《机械设备管理细则》进行使用、控制和管理；仪器、仪表严格按公司《检验、测量和试验设备控制程序》进行使用、控制和管理。施工机具运行状态良好、仪器仪表在有效期内，以确保测量数据准确。机械设备、仪器仪表操作者必须有上岗合格证，并详细记录操作运行情况。主要机械设备、仪表见表 3。

表 3 光电缆敷设施工机具设备组织

序号	机械设备	型号、规格	单位	数量
1	载重汽车		台	2
2	轻载汽车		台	2
3	指挥车		台	1
4	对讲机	GP88	台	12

续上表

序号	机 械 设 备	型号、规格	单 位	数 量
5	发电机	1.5 kW	台	4
6	电锤		台	4
7	光时域反射测试仪(OTDR)		台	1
8	万用表		台	8
9	电桥	QJ-45	台	1
10	地线电阻测试仪		台	3

9 质量控制要点

9.1 光电缆沟的开挖

(1)对缆沟开挖普工进行严格的岗前培训、详细的施工安全质量、技术交底;对进场光电缆进行单盘测试,确保光电缆的光电特性符合设计和施规要求。

(2)缆沟的开挖深度应比埋深深 10 cm,当深度达不到时,按设计要求采用机械防护;土质和风化石地段采用人工开挖,坚石地段采用风钻或暴破方式施工,当采取暴破方式施工时,应严格按公安部法令要求进行操作,由持证暴破工进行暴破,并按暴破规程作好安全防护措施,做到人药分离。

(3)在铁路、公路路肩外开挖缆沟时,应严格沿白石灰线进行开挖,让缆沟尽量呈一条直线。沟底宽 30 cm 并平整,由施工管理人员及时检查和纠正。在坡度大于 20°、坡长大于 30 m 的斜坡地段开挖光电缆沟时,采用“S”形缆沟。

(4)在铁路、公路路肩上开挖缆沟时,应和工务、公路部门密切配合,保证行车和施工安全,铺设彩条布、草袋或编织袋等防污措施,避免污染道床和公路路面。在路肩上如要进行长距离开挖时,不得提前深挖,应及时开挖及时回填。尽量避开在路基上开挖缆沟,确实避不开时,要高度注意路基的安全,路基上开挖采用先敷缆后开挖.在开挖时要按工务、公路部门或站前施工单位的要求进行及时恢复,并达到要求。

(5)在条件允许的情况下,应采用机械或人工顶管方式穿越铁路、公路,并作好施工前的调查工作,详细了解地下既有管线的走向、位置、埋深,包括通信、信号、电力、自来水管道、污水管道、天燃气管道等,尽量作到详细周到,加强与相关单位的协作配合,施工前在相关单位的配合下作好调查,施工中更要紧密配合,在相关单位的协助下作好各项应急措施,以便在损伤既有管线时,能及时修复处理,避免拖延。

(6)穿越沟、渠、河流时,缆沟可以深挖的应提前深挖预埋钢管或硅管,并在钢管或硅管上 20 cm 处压水泥砂浆袋,不适合提前深挖预埋防护材料的,可待光电缆敷设后深挖,在这些地方应有施工管理人员检查和监督。

(7)缆沟开挖过程中,工程队长要及时落实光电缆、防护材料运送到位,光电缆在吊装、搬运时应注意安全,严禁将光电缆直接从车上推下,敷设前检验产品的各项技术指标特性。统计敷缆时需在哪些特殊地段设置专人防护。施工管理人员在施工现场对缆沟开挖质量进行动态监控,当挖够一盘光缆长度时,项目部安质员、技术人员对缆沟和防护材料进行自检,自检合格后向监理工程师申请敷缆,监理工程师检测合格后批准敷设,此时即可进行敷缆工序。

9.2 光、电缆的敷设

(1)光电缆的敷设一般情况下在早上八、九点钟以前为宜,敷设前,工程队长确定施工人员全部到位、光、电缆 A/B 端端别正确、防护材料准备充分、通信联络良好，否则不能敷缆。

(2)人工敷设光电缆，光电缆盘的架设应平稳牢固，设专人监控指挥，缆从缆盘的上方出缆，缆盘匀速转动；敷缆时施工人员必须统一指挥、统一行动，严禁光缆在地上拖行，光电缆外护套必须保持完整，无机械损伤，光缆的敷设每隔 15 m 设一名施工员肩扛，电缆根据每米重量来安排施工员间隔距离。

(3)隧道内敷设光电缆，照明应充足，隧道两端设专人了望防护，施工人员和光电缆一律不准走到轨心，当有火车通过时，瞭望人员应及时、尽早通知施工人员停止作业，光电缆沿隧道壁摆放，立即将多余的光电缆全部拉出轨道，施工员到避人洞待火车通过后再继续作业。光电缆敷设完后，光电缆亦要沿隧道壁摆放，并由施工管理员检查确认。

(4)当盘上光电缆敷设完后，施工人员全体原地待令，光电缆从一端往另一端理顺摆放在沟底，该余留的地方将光电缆预留够，以“∞”字形或“S”形盘留，光缆在接头处重叠布放 12 m，过较大的道口时在一侧预留 15～20 m，过较小的道口时在一侧预留 5～10 m；过轨时在一侧预留 5～10 m，过桥时两端各预留 5 m，车站分歧人孔处预留 10 m，各中间站引入预留 5～10 m，通信站余留 5～10 m；缆沟底有弃土的应立即作清沟处理，然后再对光电缆作防护施工工序。

(5)光缆敷设的弯曲半径不得小于光缆外径的 15 倍，并按施规要求加以防护，放缆后引入口应堵牢，不渗漏水，光电缆在爬架上引进、引出时，需将光电缆进行绑扎，挂标示牌。

9.3 缆沟的回填

(1)光电缆敷设防护完后，用 OTDR 测试光缆衰减特性，用电桥测量光电缆缆皮电阻，用高阻计测量光电缆金属层对地绝缘，当以上指标符合设计和施规要求后，才可进行缆沟回填工序的施工。

(2)缆沟回填前，及时绘制竣工图，设置有排流线的地方，缆沟回填 40 cm 细土后，进行排流线的敷设，设有保护地线的地方，同时进行地线的埋设，地线的埋应符合设计和验标的要求，缆沟的回填用石夯将缆沟分层夯实分层回填；缆沟回填时，同时安排施工员进行标石的埋设。

(3)普通地段缆沟的回填，先回填 30 cm 的细土，施工员用石夯将缆沟夯实再回填再夯实，就这样逐层回填逐层夯实，将挖出的土全部回填至缆沟里，让缆沟高出地面 10～20 cm 为宜；绝不允许光电缆裸露过夜，坡脚外缆沟可以先进行小回填，将较危险地段先彻底回填。

(4)站台、铁路路肩、公路路肩等特殊地段缆沟的回填，分层用石夯将缆沟分层夯实，将挖出的土全部回填至缆沟里，让缆沟与地面几乎一样平为宜。

(5)铁路、公路路肩、边坡护坡片石、盲坎及水沟的修复必须按照工务、公路随工配合人员的要求进行修复，钢管加固墩必须用砖砌水泥抹面，要求牢固、外观整洁美观。

(6)光电缆敷设 72 h 后，安排施工员用 500 V 绝缘电阻测试仪测试其金属层对地绝缘，绝缘电阻应大于 10 MΩ · km，并作好测量记录，不合格的应立即查找原因，及时处理，原因不明、责任不明绝不放过。

(7)隐蔽工程检查证由技术人员整理填写一式四份，由监理工程师及时对已完光电缆隐蔽工程资料进行签认。

(8)安排施工员对已完线路工程进行巡视，确保已完工程的安全，施工员填写巡视记录，由安质员进行不定期的检查；工程队长每日填写工班日志，填写内容应详细准确，包括民工人数、作业区段、内容、存在问题等。

10 安全控制要点

(1)施工人员进入施工现场穿防护服,戴安全帽。

(2)在施工现场设专职安全监护人,作业范围两端设专职安全防护人员。

(3)挖沟、挖坑。

① 开挖沟、坑前,应调查地下隐蔽设施情况,当有电缆、管道等隐蔽设施时,应向有关部门联系,做好防护后施工。

② 在人行通道或车行通道挖沟、坑时,开挖后应立即敷设并填土夯实,如必须敞口过夜时,应搭人行桥、车通便道。并设防护栏杆和警示灯光,必要时应派专人监守。

③ 横过公路、繁忙车道敷设电缆时,宜采用打过道管方法。必须开挖时,宜夜间施工,并应采取有效的安全措施。

(4)开挖沟、坑时应符合下列规定:

① 地下管线预先支撑或吊架。

② 应清除坡上易滚下石块、并将挖出的土石投放在下坡侧。

③ 沟、坑内有人作业时,上坡不得有人走动或作业。

④ 土质松软处,流沙地区应加护土板支撑。

⑤ 沟、坑内挖出的土石,应投放到距沟边 400 mm 以外的地方。

⑥ 在有倒塌危险的房屋、围墙附近开挖时,应对围墙临时加固。开挖、敷设、回填夯实,应当天一次完成。

⑦ 挖沟时,相邻二人间距不小于 3 m。

(5)架设电缆盘时,应符合下列规定:

① 应选择平坦、坚实的有利地形;

② 千斤顶应用坚实木板做底座,底座应放在坚固、平坦的地上,并垫稳、平、实;

③ 顶升时,千斤顶丝杆露出部分不得大于丝杆全长的 3/4,电缆盘盘轮离地面不得大于 100 mm;

④ 盘轴应水平,电缆盘应保持在两起重架的中央;

⑤ 对电缆盘应有制动措施;

⑥ 起重架起较高或在斜坡上架起重架时,应设起重架临时拉线;

⑦ 施工人员不得站在电缆盘前方或把脚伸入盘下;

⑧ 应从盘的上部出缆。

(6)人工抬放电缆时,应符合下列规定:

① 应人力充足,抬缆人员应带垫肩和手套;

② 每人负重应适度,每两人间最大间隙不大于 10 m;

③ 施工人员应用同侧肩抬运,拐弯时,人应站在电缆外侧;

④ 上、下坡跨沟渠和拐弯处,应设托、扶防护人员;

⑤ 穿越管道、过障碍处应有专人操作;

⑥ 应有统一指挥信号,并互相传递。

11 环境保护要点

根据导线架设施工中可能对环境产生影响的因素,采取以“预防为主,防治结合,综合治理”为原则，确保做好环境保护工作。在施工过程中采取以下措施：

(1)坚持按《中华人民共和国环境保护法》及相关法规进行施工。制订环境保护管理办法和实施细则，并建立奖惩制度，将环保的具体措施落实到人头。

(2)施工现场内道路平整畅通，排水出口良好。施工现场工具材料摆放整齐，保证现场施工场地整洁、干净、工完料清。

(3)工程完工后，应按要求拆除安全防护设施和临时设施，并将工地及周围环境清理整洁，做到工完料清，场地整洁。

(4)按规定对施工机械进行定期检查，确保机械状况符合要求。施工机械运行时噪声分贝值、废气排放符合相关标准规定。

12　常见问题及处理方法

(1)光电缆由于每盘长度一般是 2 km 左右，前后联系困难，采取措施：

1)由现场施工负责人统一指挥，匀速前进；

2)布放缆线时，在前面的施工人员和看线盘的施工人员、中间适当位置的施工人员各配备一台对讲机。

(2)特殊情况下电缆沟深度达不到要求，采取措施：与监理和业主驻地人员一起到现场，根据实际情况，采取合理的方式进行处理。

(3)在易塌方和影响行车安全的地方开挖缆沟不能一次成型敷设一盘光电缆，采取措施：把不影响的地段开挖成型后，敷设光电缆；易塌方或影响行车安全的地段，边开挖边敷设。

13　附　　录

光缆金属外护层对地绝缘电阻测试记录，见表 4。

表 4　光缆金属外护层对地绝缘电阻测试记录

中继区段：　　　至　　　　　　　　测试仪表：ZC-8 兆欧表　　　施工单位：

序号	光缆号	缆长(km)	敷设日期	测试日期	测试地点(接头号)	测试值(MΩ)	测试人
1							
2							
3							
4							
5							
6							

长途通信光(电)缆接续施工工艺

1 工艺概况及技术特点

在铁路通信工程中,光电缆接续是长途通信线路工程中的关键工序。一般光缆全部采用接头盒进行接续,而电缆则因电缆型号规格的不同而采用不同的接续方式,一般来说,对称电缆可采用铅封焊及接头盒两种方式,市话电缆则采用热缩套管式。现阶段对称电缆大部分是采用开启式接头盒进行光电缆的接续作业,其特点是接头盒可重复开启使用,有较高的实用性。光电缆的接续的难点是接头盒的防潮问题。特别是分歧型的接头盒对其密封性能的要求更高。目前,光电缆接续使用接头盒进行接续的施工工艺中,根据光电缆外径特制的变径套和密封圈,解决了接头盒的密封要求和满足接头盒二次开启时重复利用功能。随着接头盒工艺的改进,其变径套由最初的易破碎的塑料变径套改为金属变径套,到现在采用的工程橡胶制作的变径套,接头盒的密封工艺已得到可靠保证,提高了工程质量和工效,降低了工程成本,具有较好的经济技术指标。

光电缆接续主要分接头盒安装和光电缆的纤芯(芯线)接续两个主要步骤,由于光缆接头盒安装与电缆接头盒安装的工艺基本一样(电缆接头盒安装的要求要稍微高一些),因此,本施工工艺在介绍接头盒安装时,重点介绍电缆接头盒的安装。对称电缆的接续还有环氧树脂粘胶法(分为绕包和浇灌)及钎焊法等方式,现阶段主要以应用开启式接头盒接续为主,辅以钎焊法的方式进行接续。对称电缆采用接头盒进行电缆接续是通过接头盒的组装及芯线接续来完成的。

由于光缆和电缆传输介质有很大区别,其纤芯(芯线)接续也就有很大区别,光缆纤芯接续使用熔接机进行。其接续效果主要决定于接续人员的素质和熔接机本身的质量状况和接续环境,而电缆芯线接续就主要决定于接续人员的素质。

2 适用范围

本施工工艺适用于铁路长途光(电)缆通信工程施工中的长途通信光(电)缆接续及成端作业。也适用网通、联通及高速公路机电项目施工中的光(电)缆接续及成端。

3 引用标准

(1)《铁路通信工程施工规范》(TB 10205—99)。

(2)《铁路光缆通信同步数字系列(SDH)工程施工规范》(TB 10219—99)。

(3)《铁路运输通信工程施工质量验收标准》(TB 10418—2003,J 288—2004)。

(4)通信技规。

4 基本术语及定义

无。

5 工艺原理

为保证通信有关信息在光电缆上有效传输,必须经过接续,把按配盘要求敷设的光电缆按区段接成一个整体，并使相关附属设备如区间电话、桥隧守护电话等纳入系统中，由于光缆制造长度一般为 2 km，电缆制造长度为 1 km，因此光缆接头一般是 2 km 一个，电缆接头一般 1 km 一个。在接续过程中，光缆一般按照纤芯一一对应的方式进行熔接，而电缆还需视芯线的使用情况和平衡测试情况决定交叉方式及分歧情况。

6　工艺流程及操作要点

6.1　工艺流程

6.1.1　光缆接续流程图

光缆接续流程如图 1 所示。

6.1.2　电缆接续工艺流程图

(1)电缆接头盒接续如图 2 所示。

(2)电缆铅封焊接续如图 3 所示。

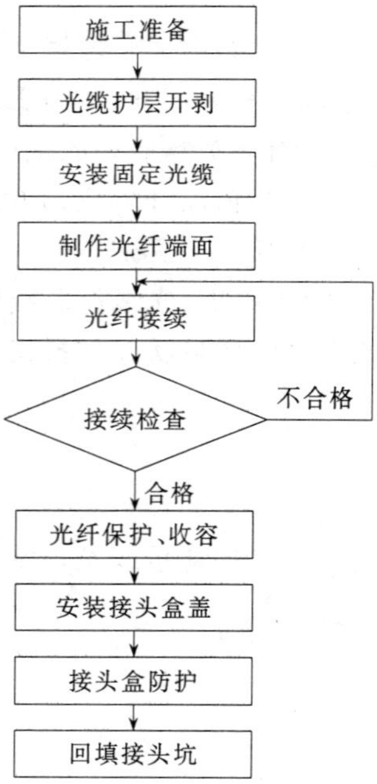

图 1　光缆接续流程图

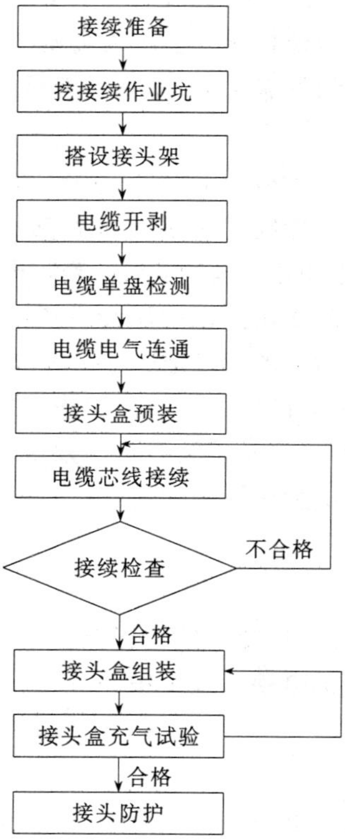

图 2　电缆接头盒接续流程图

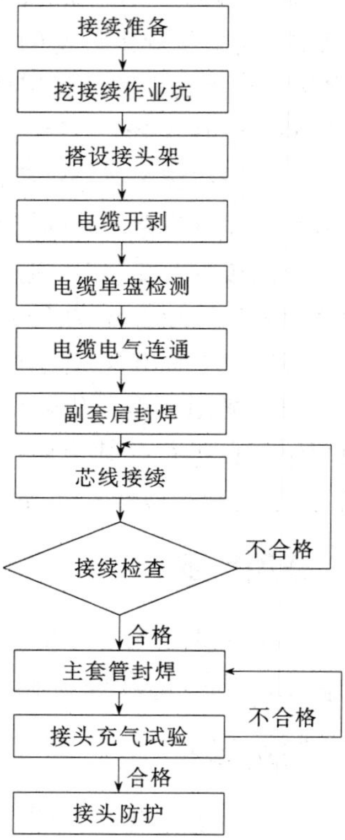

图 3　电缆铅封焊接续流程图

6.1.3　电缆成端工艺流程图

电缆成端工艺流程如图 4 所示。

6.2　操作要点

6.2.1　光电缆接续

6.2.1.1　接头盒方式接续

(1)施工准备

① 编制光电缆接续作业计划。

② 检查光电缆敷设盘号、长度、敷设端别是否与配盘一览表相符，接头盒质量是否符合要求，接头盒附件种类及数量是否完备，如采用铅封焊工艺进行接续，则检查主副套管是否符合接续点的要求，铅封焊的工具材料是否完备。

③ 检查光电缆接头预留是否符合要求，一般要求接头处两电缆重叠 6 m，两光缆重叠 8～10 m。

④ 对称电缆在接续前首先要确认电缆的气闭良好，已敷设电缆的绝缘良好，电缆无断线、混线、接地、错组、错对等现象。

⑤ 准备光电缆接续的相关工具、材料。

(2)挖接续作业坑

接续作业坑的开挖应按规定尺寸开挖，同时应制作光电缆接续的余留，在土质不易坍塌，地下水位较低的地带，应先挖作业坑后进行接续；在地下水位较高或积水地带，可先在地面上接续，待埋时再挖坑；地形限制时，可灵活掌握接头坑的位置，但应保证光电缆在坑内的弯曲半径。

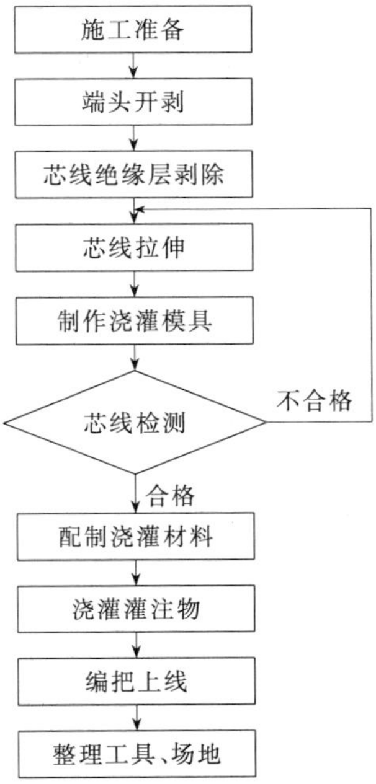

图 4　长途对称电缆成端流程图

(3)搭设接头架

根据接头坑的具体情况，搭设接头架，可用四根长约 1 m，直径约 30～40 mm 的小圆木棍做为固定接头木桩(也可定做铁制光电缆接头架)，将光电缆接续用配件(法兰盘、变径套、橡胶挡圈、防腐用热缩管等)分别套入两端光电缆上，依据接续时所需长度，用 ϕ2.C 铁线将电缆固定在木桩上(距坑底约 500 mm 左右)。

(4)光电缆开剥

1)电缆开剥(见图 5)

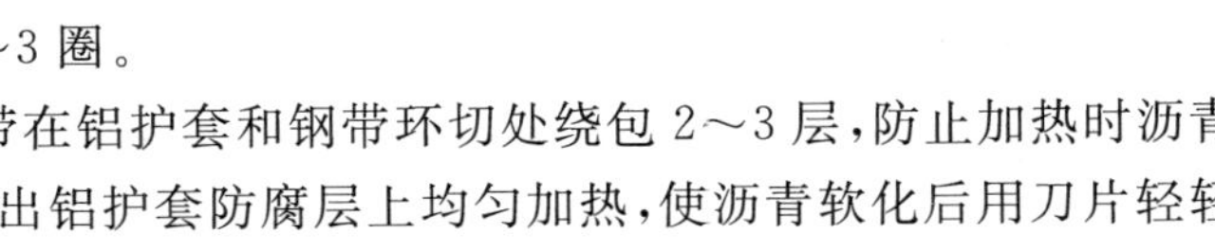

图 5　电缆开剥图

① 在距电缆两端端头 1 100 mm 处用电工刀去掉电缆外护套，在距外护套 200 mm 处用铁线将钢带绑扎 2～3 圈。

② 用 PVC 胶带在铝护套和钢带环切处绕包 2～3 层，防止加热时沥青外泄。

③ 用喷灯在剥出铝护套防腐层上均匀加热，使沥青软化后用刀片轻轻将裸露塑料划开撕下来，用棉纱醮汽油擦洗铝护套上的沥青，使之干净。

④ 在距 A 点端头方向的 20 mm 处用钢锯环锯断钢带，力求整齐。

⑤ 将裸露的(20～250 mm 之间)长为 250 mm 左右的钢带松开剪断，露出铝护套防腐层或沥青。

⑥ 在距 A 点端头方向 220 mm 处，用钢锯环锯铝护套，锯口深度为铝护套壁厚的 2/3，然

后轻轻折断铝护套，并用平挫将铝管口去毛刺。

⑦ 用粘胶带将电缆芯线外部隔热层端头粘牢，以防芯线散开。

⑧ 检查铝管切口处是否损坏芯线的绝缘层。若有分歧电缆时，操作方法同上。

⑨ 如是充油对称电缆，则增加电缆芯线清洗。一般采用高纯度酒精进行清洗。

2）光缆开剥

光缆开剥时，其开剥长度以满足接头盒的安装和纤芯熔接与预留为宜，一般情况下是安装好接头盒后，接头盒内两侧裸光纤长度为 1.5 m 左右。光缆的金属护层、铠装层及金属加强芯等金属构件在接头处电气断开，即一律悬浮（不连通、不接地），以防止纵电势积累，同一侧的金属外护套与金属加强芯在电气上连通。

（5）光电缆单盘检测

检查核对电缆的端别，进行光电缆芯线对号检测和电缆绝缘检测以及光缆外护层对地绝缘检测。

（6）电缆电气连通

1）将电缆的钢带及铝管进行电气连通，见连接示意图 6；

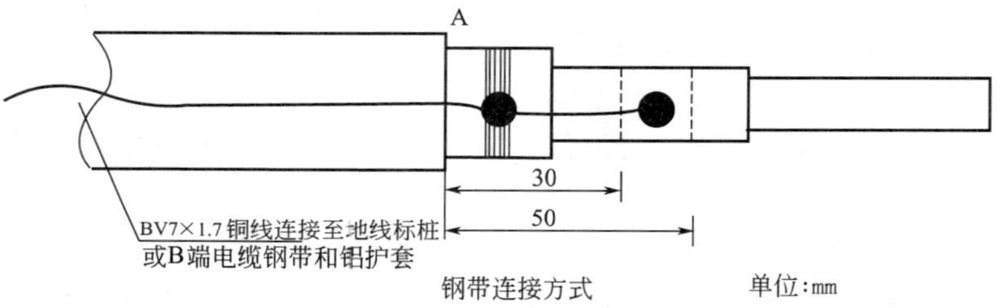

图 6　电缆钢带连接示意图

① 首先要将钢带的上下两层的表面用砂纸或小钢挫打磨干净，将 4～5 股 0.9 mm 铜芯线绕钢带一周后绞合成一股（相当于 10 mm^2 铜芯线），在要加焊部位点上松香水。用电子焊枪或火烙铁和松香水、焊锡丝在绞合部位将铜芯线焊接在钢带上。

② 在铝管距钢带 2～3 cm 的区域内用钢丝刷沿铝管四周进行打毛清洁，然后在铝管上涂底料、焊锡，再将铜芯线的另一端用细砂纸打磨清洁后镀上焊锡，采用钎焊法将铜芯线焊接在铝管上。

③ 电缆的另一端头采用同样的方式将钢带和铝管间进行电气连通。

2）两段电缆间的电气连通

完成钢带和铝管间的电气连通后，可进行两段电缆铝管间的电气连通（此步骤在接头盒预装过程中进行）。将接头盒中配置的电气连通导体（一般是 10 mm^2 的铜芯线）的两端分别固定在接头盒内的固定铝夹箍上，以避免电气化区段电力机车通过时，在电缆上所感应的强大电流流过接头盒，引起接触点发热。完成以上两个步骤后，即完成两段电缆间的电气连通。

需要注意的是，在进行第 1 个步骤中的封焊时一定要动作迅速、手法熟练，保证封焊时电缆内部温度不致过高而烫坏电缆芯线影响绝缘。

光缆接续时一般只需将同一侧的金属外护套与金属加强芯在电气上连通。

（7）接头盒组装（预装）

常用的电缆开启式接头盒的结构均采用上下两半盒体，通过装配进行电缆的接续，光缆接头盒有上下结构和左右结构两种。

一般安装时以两个接续人员为一组，接续人员应熟练掌握开启式接头盒的操作工艺细则，操作技术熟练。

① 电缆接头盒预装

安装时首先将下半盒体套入电缆，接着将已穿在电缆上的变径套及橡胶挡圈穿进盒体，然后使法兰盘和盒体的螺套孔位一一对应后上齐螺栓，按对角方式将螺栓全部上紧。

在电缆接头盒内，用金属夹箍将电缆和金属连接板固定牢固，同时将过桥线（电气连通导体）和上下两片盒体的接地铜鼻子也固定在接头盒两侧的夹箍上，之后将接头盒内清洗干净，准备电缆芯线的接续。

② 光缆接头盒预装

其组装步骤与电缆接头盒预装基本一致，不同的是光缆的金属护层、铠装层及金属加强芯等金属构件在接头处电气断开，即一律悬浮（不连通、不接地），以防止纵电势积累。同时应将光缆束管及已开剥好的纤芯清洗干净。

(8)光电缆芯线接续

① 电缆芯线接续

对称电缆芯线的接续按《铁路通信长途电缆接续工艺操作细则》进行，芯线接续采用扭接加焊方法（采用松香水和烟斗烙铁加焊），首先将分组环套在各组芯线上，然后进行芯线色谱线的捆扎，再按芯线接续点的位置及绝缘重叠长度，剥掉芯线绝缘层。

接续应先接直通线对的接续，接完后仔细检查、包扎，芯线接续时，严禁使用带腐蚀性的焊剂（如焊锡膏等）。

其他线对应按测试点要求作好交叉，芯线以左压右顺时针方向扭绞，芯线的扭接要美观、牢固、前松后紧，芯线组扭绞尺寸为：带绝缘部分 10 mm，裸绞部分 15 mm，加焊部分 10 mm，芯线接续后不能对全线路的电特性产生不利影响，芯线接好后一一对芯线接头处点上松香水，用烟斗烙铁进行点焊，点焊时要光滑牢固、无焊刺，同时注意不能烫伤芯线带绝缘部分；并用双层密熔套管对扭绞部分进行全密封，并按规定要求对芯线进行排列。

在芯线接续过程中，线路附属设施如加感单元、传感器及各种分歧接续均应按规定要求接入相应线位（传感器接入前应先进行接入线位的绝缘测试及对号，确保接入线位无障碍，接入传感器后该线位不得进行绝缘及耐压测试，避免造成传感器的损坏）。

信号线的扭绞及接续方式与四线组相同。

完毕后，将两端铝皮用铜导线临时连通，由测试组进行四线组及信号线的对号和绝缘、耐压测试。

市话电缆芯线接续一般采用接线子进行，将芯线一一对应放入接线子，用专用压接钳压接。

② 光缆纤芯接续

光纤接续采用熔接法，直通接头按相同线序对接，不得接错，分歧接头按分歧接头图进行。

光缆纤芯的接续质量一般取决于光纤端面的制作与熔接机熔接参数的试验设定，光纤端面制作好坏基本决定了纤芯的接续质量，同时，接续环境对接续质量影响也很大，要求接续时尽量保证熔接机处于干净的环境中。

(9)芯线包扎（纤芯收容）

① 电缆芯线包扎

测试合格后，重新检查整理芯线，各接续点将联络电话移至铝皮和地之间，拆掉临时连通线，对芯线进行驱潮、包扎，包扎用的电缆纸应进行烘干去潮，烘烤时喷灯来回移动，以防温度过高过低，烘烤约 3～5 min；包扎时先用电缆纸，由 B 至 A 及由 A 至 B 按原排列缠绕 2～3 层。绕时稍稍收紧，电缆纸每圈叠压 1/3，再将屏蔽用的铝箔均匀缠绕 1～2 层，铝箔端头固定在铝夹箍上（如接头盒的上下盒体有屏蔽层，则去掉该步骤）。

填写接续卡片一式两份，将其中一份装入接头盒，另一份上交技术室妥善保管；之后准备进行接头盒安装的后续步骤。

② 光缆纤芯收容与预留

在接头盒内，每侧光缆的余留光纤和余留带松套管光纤应各不小于 0.8 m，弯曲半径不小于 90 mm，余留光纤应有醒目的编号，按顺序放在相应的收容盘内，光纤收容盘应嵌入盒体槽内，并固定牢靠。光纤接续完后，收容余长不得小于 0.8 m，光纤的弯曲半径不小于 45 mm。

光纤收容经复测确认无误后，认真填写接续卡一式两份，一份放接头盒内，另一份交技术室登记保存。接续卡应包括以下内容：日期、天气、接头点公里标、接续人及仪表、接头损耗值、A 长、B 长及外皮米标数字。

(10)接头盒组装

① 电缆接头盒组装

芯线接续完成后，做好接头盒的清洁，将矩形密封胶圈放入接头盒固定卡槽，再将上半个盒体合在下半个盒体上，上、下对齐。

在上半个盒体两端加上不锈钢加强压板，并在盒体两边上下安装 4 根不锈钢压条，使上下两半个盒体的固定螺套孔位均对准，用螺栓交替均匀紧固。

各部位螺栓继续交替均匀拧紧，一般宜两个作业人员同时按对角方式进行紧固直至上下两半个盒体完全密合为止。

在已清洗打毛过的铝护套和电缆 PE 护套上缠绕热熔胶带，然后将事先套在电缆上的热缩管移至防腐部位（两端应分别与电缆外护套及接头盒法兰盘搭接均匀），用喷灯从热缩管的中央向两端上下均匀加热，使之密贴在防腐部位（热缩套的端头有热熔胶溢出），待完全冷却才能移动接头盒。

② 光缆接头盒组装

光缆接头盒组装过程与电缆接头盒基本一致。

(11)接头防护

接续完成后，应按规定对接头盒进行防护；要求接头坑底要平整、宽畅，电缆在接头坑的弯曲半径符合要求，接头盒的两侧电缆应保持平直，然后回填松土保证接头盒上有 20 cm 厚的土层，接头盒部位覆盖一块接头水泥槽，最后回填接头坑。

6.2.1.2　铅封焊方式接续

采用低温无熔剂钎焊法接续的施工流程如图 3 所示。

(1)从接续准备至电缆单盘检测的操作过程同接头盒接续的准备至电缆单盘检测工艺一致。

(2)封焊时要进行隔热处理：在隔热层和底锡不符合要求时应采用其他辅助措施进行隔热处理，保证封焊时电缆内部温度不致过高而烫坏电缆芯线。

(3)上底料:在加焊部位,用钢丝刷均匀打毛并清洁,然后涂底料,应边加热边用钢丝刷来回均匀拉动,使底料均匀粘附在铝管四周(此步骤进行两次);最后在底料上涂上一层焊锡。

(4)将副套肩事先将封焊部位用刮刀刮去氧化层、镀焊锡并涂石蜡,然后将副套肩和事先预制好的多股铜芯线(即过桥线,可用 0.9 mm 的电缆芯线预制)放在封焊部位,再将过桥线的端头弯转后用小榔头沿副套肩四周轻轻敲打,在进行副套肩与铝管间密贴过程中同时使多股铜芯线与铅套肩和铝管均密贴。

(5)用喷灯将封焊部位预热,然后化焊锡,使焊锡加热到软化,直接将焊锡涂一层在加焊部位,边加热边用焊布用力来回摩擦,用焊布将焊锡抹匀,防止堆锡假焊,然后上第二次焊锡,此次要上足量,用焊布推、拉、揉,在揉的过程中成型,要求造型美观,焊锡均匀,内无气眼,外无毛刺。在封焊过程中要经常用白石蜡降温打光,封焊时间要在规定时间内,以免造成电缆内部芯线受伤。

(6)待基本冷却后,用喷灯均匀加热封焊处表面,并用涂有白石蜡的焊布进行拉光;最后用白石蜡进行较长时间的冷却,注意不要震动电缆及副套肩。

(7)副套肩封焊结束后,进行电缆芯线的接续,方法与接头盒接续时的一样。

(8)电缆芯线接续完成并经检查无误后,对电缆芯线进行包扎,准备主套管的封焊,主套管的封焊工艺与副套肩的封焊工艺一样。

(9)最后按规定要求对接头进行防腐绕包,做接头保护。

6.2.2 光电缆成端

6.2.2.1 光缆成端

光缆引入成端的方式与光缆接续方式基本相同,只不过是用光缆终端盒代替了接头盒。

6.2.2.2 对称电缆成端

对称电缆一般在车站通信机械室和通信站进行电缆的成端,采用聚乙烯绝缘直接终端法成端。其施工工艺流程如图 4 所示。

(1)准备好对称电缆成端所需的工具、材料、仪表。

(2)按规定的尺寸要求对电缆进行开剥,并进行去污打毛处理。

(3)对电缆内铝管清洁去污后,按设计规定尺寸将铝管开断,并用平挫将铝管口去毛刺,避免其伤及电缆芯线;同时将铝管和靠近铝管的电缆外护套约 2～3 cm 打毛。

(4)将各组芯线及信号线进行分组、分对,并用相同的色谱线捆扎在芯线的中上部(信号线可在芯线的尾部进行扭绞区分),以利灌注填充物后芯线的组别、对别区分。

(5)用白布带在电缆芯线的根部缠绕 2～3 层,并使之伸入铝管口,防止灌注物大量泄漏在铝管内。

(6)在距铝管口根部处,逐一去掉各芯线的绝缘层约 1 cm,注意不要伤及芯线,然后用克丝钳或尖嘴钳等工具一一对芯线进行拉伸处理(拉伸过程中用力要均匀,不宜过猛,以免拉断拉伤芯线)。

(7)拉伸处理后,用棉纱线在芯线的中上部捆扎 2～3 次,尽量使芯线保持竖直。

(8)在打磨干净的电缆外护套处做好浇灌模具。

(9)用万用表、兆欧表进行检测,判断无障碍后准备浇灌灌注物。

(10)配制浇灌材料。

①浇灌材料的配方:环氧树脂:100%;石英粉:50%～120%(常用 100%);二丁脂:12%～

15%(常用 12%);乙二胺:8%~9%;

②将石英粉用细筛子过筛去杂质,加热充分去潮,使其疏松,然后将按比例称好的环氧树脂加热去潮,加热到 120 ℃约 1~2 min,把干燥的石英粉倒人搅拌均匀,直到石英粉无颗粒时停止加热。

(11)浇灌材料的灌注:待温度降至 90 ℃~95 ℃时(可根据施工地点的海拔、气候等具体情况定),将按比例量好的二丁脂加入继续搅拌,温度降至 70 ℃~75 ℃时(可根据施工地点的海拔、气候等具体情况定),加入量好的乙二胺继续搅拌,等白烟稀少又无大气泡时即可迅速浇灌;浇灌材料调好后,在 1 min 内必须浇灌,2 min 内浇灌完毕;浇灌时,开始流量要大,快满时减少,避免发生堵塞或造成大气泡的产生,影响成端质量。

(12)浇灌过程中不能震动电缆和模具,同时对电缆芯线进行监测,防止混线或绝缘不良。

(13)测量温度时,温度计不能触及杯底,防止误差;配料数量须根据电缆制式的情况而定,每次环氧树脂的用量不宜超过 100 g。

(14)待浇灌的灌注物充分固化后,才能触动电缆和成端头。

(15)进行编把上线,编把上线要美观,焊接要牢固。

(16)清洁整理工具、材料并收拾工作场地,对称电缆的成端工作完毕。

6.2.2.3　市话电缆成端

其操作步骤与对称电缆成端基本一致,一般情况下可省略芯线开剥及拉伸步骤,这是因为市话电缆一般用在地区用户,其线径小,线对多,芯线护层与芯线较为密贴,适当增加成端长度即可满足成端的密封要求。

6.3　光电缆接续的技术标准

6.3.1　光缆接续技术标准

单个光纤接头双向平均损耗应不大于 0.04dB/个,最大不超过 0.06 dB/个,在一个中继段内光纤接头的平均衰耗应≤0.04dB。光缆中继段线路衰耗≤0.25dB/km。

6.3.2　低频对称电缆技术标准

低频对称电缆完成接续作业后,应达到以下电特性:

(1)0.9 mm 四线组导线直流电阻 28.5 Ω,工作对直流电阻差不大于环阻的 1%。

(2)绝缘电阻:芯线对地及芯线间≥10 000 MΩ · km。

(3)耐压:芯对地 1 800 V · 2 min 不击穿,芯对芯 1 000 V · 2 min 不击穿。

(4)电容耦合系数 k_1:平均值≤81,最大值≤330。

(5)对地电容不平衡 e_1,e_2:平均值≤330,最大值≤800。

(6)交流对地不平衡:≥65 dB。

(7)近端串音衰耗:≥74 dB。

(8)远端串音防卫度:≥61 dB。

7　劳动力组织

施工管理采用施工负责人责任制、岗位负责制、定点定岗。各人员现场操作严格遵守技术要求、安全规程和机械操作规程。

光缆接续时,一般采用一个测试组对应一个或两个接续组的方式,即边接续边监测。接续人员需持有经铁道部认证的接续上岗证,熟练掌握光缆接续要点及常见光缆接续故障的处理办法,每个接续组一般配备两名接续人员。一个测试组对应一个接续组的模式时,一天以完成3~4个光缆头接续为宜(以24芯为例)。

电缆接续一般分3~4个接续组,每个接续组配备两名接续人员,接续人员需持有经铁道部认证的接续上岗证,熟练掌握电缆接续工艺及常见电缆接续故障的处理办法。根据电缆测试项目的不同,每个接续组完成电缆头接续任务也不同。

接续时还需有施工负责人、技术及安全监督防护人员,劳动力组织见表1。

表1 光电缆接续劳动力组织表

序号	施工人员	单位	数量	备 注
1	施工负责人	人	1	现场施工组织及协调
2	技术员	人	1	技术负责、质量负责。一般由测试组人员兼任
3	通信工	人	2	每组的操作人员
4	安全监督员	人	1	安全监督
5	防护人员	人	1	安全防护

8 主要机械设备及工器具配置

光电缆接续施工机具设备材料配置,见表2。

表2 光电缆接续施工机具设备材料组织表

序号	名 称	规格	单位	数量	备 注
1	交通车	面包车	台	1	
2	熔接机	40S/X77等	台	1	其中一种(光缆接续用)
3	发电机	雅马哈	台	1	光缆接续用
4	光纤剥线钳		个	1	光缆接续用
5	切割刀		台	1	光缆接续用
6	锯弓		把	1	通用
7	克丝钳		把	1	通用
8	尖嘴钳		把	1	电缆接续用
9	烟斗烙铁		把	1	电缆接续用
10	电工刀		把	1	通用
11	光电话		对	1	光缆接续用
12	耳机		套	2	电缆接续用
13	铁线	$\phi 4.0$	kg	若干	根据接头坑数量确定
14	玻璃纸		卷	1	电缆成端用
15	焊锡		kg	1	电缆外护套封焊用
16	焊锡丝		kg	若干	电缆芯线焊接用
17	松香水		瓶	1	电缆芯线焊接用
18	剪刀		把	1	通用
19	酒精	99%	瓶	1	光纤清洁用

续上表

序号	名　称	规格	单位	数量	备　　注
20	脱脂棉		kg	若干	光纤清洁用
21	接头盒组装工具	由厂家提供	套	1	
22	BV 线	10 mm^2	米	3	接头盒连接地线用
23	白布带		卷	1	
24	自粘带		卷	2	电缆接续及成端用
25	称		把	1	电缆成端用
26	斜口钳		把	1	电缆接续成端用
27	量杯		个	2	电缆成端用
28	石英粉		G	150	成端用
29	万用表	M100	台	1	
30	电桥	QJ45	台	1	
31	兆欧表		台	1	

9　质量控制要点

（1）光电缆接续应严格执行相应的施工及验收规范，以及施工设计图纸的技术要求，在施工过程中采取相应的管理和技术措施避免出现接头盒受潮导致光电缆芯线损伤，确保接续质量。

（2）作好现场技术交底，明确技术要求。

（3）光、电缆接续人员应进行严格的操作技能培训，并取得铁道部颁发的光、电缆接续证后方能上岗；光电缆接续人员应熟练掌握常用对称电缆的各种电气特性指标及对称电缆接续的技术操作规程以及光缆接续技术要求。

（4）接续前应认真检查开启式接头盒附件种类及配件数量是否齐全，质量是否符合要求。

（5）接头盒的安装必须严格按照其操作说明书的要求进行。

（6）光电缆接续测试所用仪器仪表必须经指定的检验机构鉴定合格后方能使用；线路附属设施如：加感单元、平衡元器件、气压传感器等必须经过检验测试合格后才能在工程中使用。

（7）光电缆接续及测试应相互配合进行，接续点要服从测试点的指挥，接续后光缆的光特性和电缆的交、直流电特性经测试如不合格接续点要立即重新接续，保证光电缆的各种光电特性合格。

（8）光电缆芯线接续完毕后，需再对光电缆的光电特性复测一次，光电特性指标全部合格后方可进行接头盒的安装或进行铅套管的封焊。

（9）接头盒的安装或铅封焊接续完毕后，要做好充气试验工作，确保接头盒的气闭性能。

10　安全控制要点

（1）开工前必须与相关部门签订安全协议书，并在生产中严格履行。严格执行《铁路行车线上施工技术安全规则》、《关于加强营业线施工安全管理的规定》（铁道部〔2001〕14 号）。

（2）做好现场安全技术交底，树立安全第一的意识。

（3）施工人员穿醒目的服装如黄马褂等。

(4)个别地点由于受现场环境的限制,使接头坑处于路肩道砟内,此处两侧必须配备安全瞭望人员,接续组与瞭望人员配备对讲机,及时通知接续人员注意避让列车,接续人员要经常检查施工器具是否侵界,以保证施工人员的安全和行车安全。

(5)在机械室内进行对称电缆成端作业,调制气闭灌注物时应找一个通风流畅的地方进行调制,防止乙二胺这类有毒化学品对操作人员造成伤害。

(6)在机械室内进行作业,禁止对室内其他设备进行操作,保证设备正常运用。

11 环境保护要点

(1)根据光电缆施工中可能对环境产生影响的因素,采取以"预防为主,防治结合,综合治理"为原则,确保做好环境保护工作。在施工过程中采取以下措施:

(2)坚持按中华人民共和国《环境保护法》及相关法规进行施工。制订环境保护管理办法和实施细则,并建立奖惩制度,将环保的具体措施落实到人头。

(3)施工现场内道路平整畅通,排水出口良好。施工现场工具材料摆放整齐,保证现场施工场地整洁、干净、工完料清。

(4)工程完工后,应及时清理,做到工完料清,场地整洁;现场制作气闭成端所余的灌注物应深埋处理,禁止倒入河流等地方。

(5)按规定对施工作业现场进行定期检查,发电机尽量放置在离人群较远的地方,防止噪音污染。

12 常见问题及处理方法

(1)光缆接续常见问题

1)接续损耗超标

如接续损耗严重超标,将影响到通信系统的性能。此类问题一般由4个方面的原因造成:

① 熔接机本身原因;

② 光缆生产工艺原因;

③ 接续人员操作原因;

④ 环境因素。

针对不同原因,应及时予以处理,如试验更换熔接参数或更换熔接机;检验光缆纤芯是否符合要求,如接续段的纤芯由于光纤的同心度等原因造成接续损耗大,应剪去一段光缆重新进行接续,严重者更换光缆;对光纤切割端面控制要达到要求;创造良好的接续环境,将气候因素带来的影响降到最小等等。

2)纤芯错位接续

一般都是接续人员进行熔接时,两侧的光纤色谱相同而束管不同造成的。纤芯接续发生错位,将直接影响系统的使用。处理方式是通过OTDR曲线分析及用光电话对号等确认错纤的纤号、地点,然后重新熔接。

(2)电缆接续成端常见问题

1)绝缘达不到要求。这将影响通信质量,严重者导致无法进行正常通信。造成原因一般有二:

① 电缆接头盒组装达不到密封要求造成接头处进潮影响绝缘。

② 电缆接续时使用喷灯不当或封焊时间过长,造成芯线绝缘层烫伤导致绝缘不良。

处理方法是严格按照接头盒安装工艺进行安装,必要时挖出电缆预留重新进行接续。

2)不平衡电阻超标:一般是芯线焊接时,绞合处有脏物或假焊造成的,或者是接入的附属元器件不合格造成的。处理方式是重新焊接或更换元器件。

3)芯线错对错线。

一般是操作人员进行芯线接续时,没仔细确认芯线组而导致芯线错对错线或者是做交叉出现错误。他将影响到线对的正常运用。处理方式:通过对号检查确认,然后重新接续加焊。

4)绝缘成端头气闭性能达不到要求。

主要原因是浇注灌注物时,温度过高,导致气闭内有气泡产生。他的出现将导致电缆绝缘性能达不到要求而影响通信质量。处理方式一般是重新制作气闭。

5)绝缘成端头绝缘性能达不到要求或有混线情况。

由于气闭中电缆芯线有混线或电缆芯线绝缘层剥除部位有金属物没清理干净,导致绝缘低或混线。处理方式是重新制作气闭。

13　附　　录

1)施工过程检查记录表。

(1)光缆接续卡,见表3。

表3　光缆接续卡

<table>
<tr><td colspan="11">中继区段　　至　　中继段长度　　km　测试波长　　nm</td></tr>
<tr><td colspan="11">折射率　　测试仪表　　温度　　湿度　　%</td></tr>
<tr><td colspan="11">施工单位　　接续人　　接续日期　　年　　月　　日</td></tr>
<tr><td rowspan="2"></td><td rowspan="2">接头编号</td><td rowspan="2">纤芯编号</td><td colspan="4">衰　　耗(dB)</td><td rowspan="2">纤芯编号</td><td colspan="3">衰　　耗(dB)</td></tr>
<tr><td>A→B</td><td>B→A</td><td>平均</td><td>合计</td><td>A→B</td><td>B→A</td><td>平均</td></tr>
<tr><td></td><td rowspan="4"></td><td></td><td></td><td></td><td></td><td></td><td></td><td></td><td></td><td></td></tr>
<tr><td></td><td></td><td></td><td></td><td></td><td></td><td></td><td></td><td></td><td></td></tr>
<tr><td></td><td></td><td></td><td></td><td></td><td></td><td></td><td></td><td></td><td></td></tr>
<tr><td></td><td></td><td></td><td></td><td></td><td></td><td></td><td></td><td></td><td></td></tr>
</table>

(2)工程检查证,见表4。

表4　工程检查证

编号:

<table>
<tr><td colspan="4">检查　　　　通信电线路回线测定</td></tr>
<tr><td colspan="3">工程名称:</td><td>施工单位:</td></tr>
<tr><td colspan="3">工程地点:</td><td>检查日期:　　年　　月　　日</td></tr>
<tr><td colspan="4">进行回线测验其结果如下:</td></tr>
<tr><td colspan="4">一、导线电阻</td></tr>
<tr><td rowspan="2">回线名称</td><td>环线电阻测验值</td><td rowspan="2">测验值与计算值差比(%)</td><td>导线电阻不平衡</td></tr>
<tr><td>(Ω)</td><td>(差数)</td></tr>
<tr><td></td><td></td><td></td><td></td></tr>
<tr><td></td><td></td><td></td><td></td></tr>
<tr><td></td><td></td><td></td><td></td></tr>
<tr><td></td><td></td><td></td><td></td></tr>
</table>

续上表

二、绝缘电阻(MΩ)				
回线名称	①②二线间	①②线不平衡%	电缆芯线间电缆	芯线与铝皮间
由于以上认为：				
主管工程师：	质检工程师：			
技术负责人：	施工负责人：			
监理工程师：				

2)工程实例

该工艺在铁路通信工程光电缆接续中得到多次应用，保证了光电缆接续质量，圆满地完成了如宝成、成渝、南防等铁路通信光电缆接续任务。还在网通、联通及高速公路中得以运用。

单模光缆施工测试工艺

1　工艺概况及技术特点

光纤的主要成分是石英即二氧化硅，光纤中的传输信号是光，光在光芯中以全反射方式进行传输，信号传输衰减小，在 1.55 μm 波长上传输每公里衰耗小于 0.25 dB；由于光纤通信具有噪声抑制、更小的信号哀减、更宽的带宽传输、容量大和造价低等特点，因此光纤通信在电信网、广播电视、计算机局域网等领域得到广泛运用，光纤是一个能提供语音、数据、图象等多种信息传输的综合传输平台，即信息高速公路，这就要求光纤具有良好的光传输特性，光缆在施工和运维过程中，需要经常对光纤进行光特性测试，检测光纤是否符合传输要求。

2　适用范围

本施工工艺适用于单模直埋和架空光缆及直埋综合光缆的施工测试，也适用于运营商日常维护测试及障碍处理测试。

3　引用标准

(1)《铁路运输通信工程施工质量验收标准》(TB 10418—2003)。

(2)《铁路光缆通信同步数字系列(SDH)程施工规范》(TBJ 10219—99)。

(3)《施工现场临时用电安全技术规范》(JGJ 6—88)。

(4)《铁路通信设计规范》(TB 10006—99)。

4　基本术语及定义

(1)偏振模色散：对于 G.655 的光纤要用 PMD 色散测试仪测试光纤的偏振模色散，极化模式色散(PMD)会展宽整条光纤上的脉冲，从而影响整个系统的运行，脉宽的展宽可以从系统中的功率损耗上看出来，因为它直接影响到损耗安全极限，由于光纤的内部结构不对称，或是加在波导管上的外部应力都会导致 PMD 现象，光纤中的双折射会导致光束在两条互相垂直的极化坐标轴上传播，产生一快一慢两束光，传播速度的不同会导致暂时的展宽或色散，PMD 所产生的数字信号会增加比特率，从而限制了系统的带宽，而 PMD 所产生的模拟数字信号则会导致失真，从而限制信道的数量。

(2)光纤接头损耗：光纤在熔接过程中，熔接点对光信号的传输产生一个衰减，接头点 A 方向损耗与 B 方向损耗的算术平均值就是该接头的损耗值，它总是一个正值，单位为 dB。

(3)测试纤：由于 OTDR 测试仪在光纤的测试过程中，在近端由于接收到的信号太强产生饱和，有 200～300 m 的光纤线路不能准确地测试出其实际状况，即测试盲区，需要接上一段光纤以补偿其不足，这段光纤就是测试纤。

5 工艺原理

控制每一单盘光缆的产品质量，杜绝不合格品的使用；检测光缆敷设过程中是否造成光纤附加损耗及伤害，进行光缆接续测试以控制每一个光缆接头接续质量，按设计和施工规范标准严格要求光缆施工的每一工序，使其满足光缆长距离传输的需要，要控制光缆施工质量，就要用光纤测试仪表对光缆线路进行检测。

6 工艺流程及操作要点

6.1 工艺流程

工艺流程如图1所示。

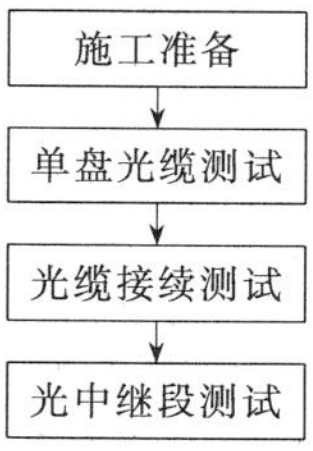

图1 光缆测试工艺流程图

6.2 操作要点

(1)施工准备

①对施工人员进行施工技术及施工安全交底，编制光缆测试施工作业指导书；

②校对测试仪器是否良好、准确，按设计要求对单盘光缆进行测试；

③按设计图对设计路由进行复测，根据复测资料和单盘测试资料编制光缆配盘资料；

④光缆敷设完成后，进行光缆接头。

(2)单盘光缆测试

① 单盘光缆外观物理特性检测：光缆开盘前，先检查单盘光缆包装是否完好，缆盘有无损坏、变形，光缆型号是否正确等，确认无误后，再开盘并取出缆盘中的随厂资料，核对缆的出厂编号、盘号、端别、长度等，确认无误后，进行光缆头的开剥。

② 单盘光缆光特性测试：用光时域反射仪(OTDR)测试单盘光缆中光纤的长度、线路光衰减常数、光纤传输衰减特性曲线的均匀性及是否存在物理缺陷等。对单盘光缆测试时应在OTDR上接上测试纤，测试纤最好大于800 m。通过活动连接器逐根与测试光纤连接，在1.55 μm、1.31 μm波长处对所有光纤的长度、衰减常数、光纤传输衰减特性曲线的均匀性进行测试，1.55 μm波长处光纤未端反射峰检测，即在待测光纤未端外加侧应力或弯曲，同时观察OTDR曲线未端反射峰变化情况。值得注意的是：OTDR所测到的长度是光缆中光纤的长度，而并非光缆长度，不能以此长度进行配盘(实例：在1999年宝成二线广元至广元南的施工中，由于二线路基建设滞后，站后工程施工工期紧张，采用跳跃式敷设光电缆，施工人员以单盘测试纤长为依据进行配盘，以致在最后要合龙的两盘光缆处差52米光缆的事故)。

1.55 μm波长处光纤未端反射峰检测，可以检测到光缆未端附近是否有断纤，缆盘内层光缆是否受损，单盘测试时光缆内层端头一定要打开，同时还应把未端纤芯清洁。

③ 单盘光缆电特性测试：用兆欧表对单盘光缆金属层与钢芯及对地的绝缘电阻进行测试，以确定光缆护套是否受损。

(3)光缆接续测试

① 光缆接续时先将终端头所有光纤环接，并记下其环接序号，以便计算光纤接头损耗。光缆接续时用光时域反射仪(OTDR)对光缆接续作业点进行接续质量监测，光缆接续测试与光缆接续作业同步进行，光纤接续时，测试点利用环测头对每根光纤A、B两个方向进行接续损耗测试。

② 光纤接续经测试合格后，通知接续作业点对光纤接头进行热缩保护、余纤收容，所有光

纤接续并收容完成后，在合龙光缆接头盒前对光纤进行复测，复测只需在 1 550 nm 波长进行，由于光纤在 1 550 nm 处对微弯、侧压和张拉等外应力特别敏感，此时只要 1 550 nm 波长合格，那么 1 310 nm 波长必然合格，经复测无误后，通知接续点填写接续卡并密封接头盒，对收容后损耗增大的光纤，接续点需查找原因或重新接续。

③ 光缆成端尾纤接续测试：尾纤的型号有 FC 型、SC 型、ST 型三种，其插入损耗均应小于 0.25 dB，在光缆的成端施工中最易忽略的是光纤尾纤的接续测试以及 FC（较较常用的一种）接口质量的检测，在施工中往往认为由于接续尾纤较短不便于测出其准确接续损耗值，仅凭感觉判断是否合格，这是不正确的。尾纤的接续测试以及 FC 接口质量的检测，是用合格的适配器将带 FC 单头的测试纤与已接好的尾纤连接好，在近端单方向测试尾纤接续损耗值及 FC 接口质量，如图 2 所示。

我们看到第一段衰减曲线与第二段衰减曲线之间有一个反射峰，这是两条尾纤 FC 探头的连接处产生的菲涅尔反射，两曲线段间在纵轴方向有一个落差值，这就是尾纤接续损耗及 FC 接口连接损耗值。当反射峰越小时，说明适配器的匹配性越好，尾纤的 FC 接口质量好，D 值小于 0.35 dB 时，我们认为该处尾纤的接续就是合格的。

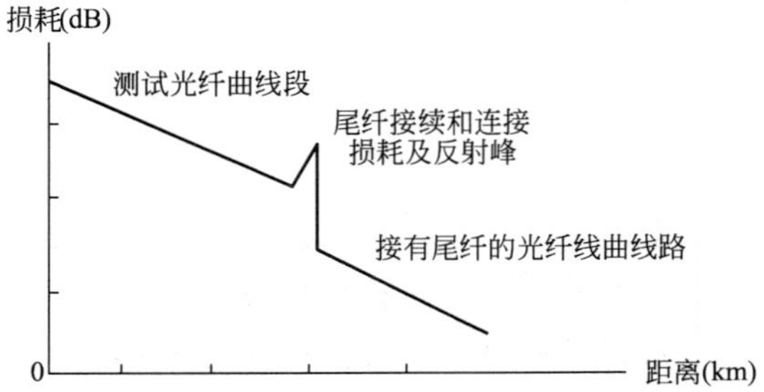

图 2　尾纤接续测试

（4）光缆线路中继段测试

① 光纤对号：中继段光特性指标测试中，先用光多用表对号，两端法兰盘上的纤序应一一对应，发现错序时需查找原因并纠正。

② 中继段光纤线路绝对损耗测试：用光源、光功率计测试光中继段 A→B、B→A 两个方向光纤线路衰减。在测试前应先校表，测试中应保持尾纤探头和法兰盘的清洁，一粒灰尘将产生 6 dBm 的衰耗。

③ 后向散射法测试项目：用后向散射仪（OTDR）测试光中继段每个接头损耗值；测试光中继段光纤 A→B、B→A 两个方向的线路衰减常数及中继段光纤长度，并打印出每根光纤 A→B、B→A 两个方向的后向散射信号曲线图，同时编号存盘，提供电子文档；用 OTDR 测试光缆中继段光纤在 S、R 点间的最大离散反射系数。

④ 用回波损耗测试仪测试光纤回波损耗。

⑤ 对 G.655 光纤用 PMD 测试光纤的偏振模色散。

6.3　技术标准及工艺要求

（1）光缆接头盒的安装工艺及电气特性要符合设计要求。

（2）接续测试和中继段测试时，测试点与接续点及两测试点间应保持通信畅通，最好使用光电话联络。

（3）光纤测试时光纤端面制作要如镜面，表面无毛刺、斜度小于 3°，并按要求清洁。

（4）光缆接头损耗、线路衰减常数、最大离散系数、回波损耗、偏振模色散应满足设计及施工规范要求。

（5）光缆敷设后的电气联通及绝缘电阻的测试由接续点完成。

（6）每个光缆接头盒应存放一份接续测试记录单。

7 劳动力组织

施工管理采用施工负责人责任制、岗位负责制、定点定岗。各人员现场操作严格遵守技术要求、安全规程和机械操作规程。

光缆单盘测试劳动组织见表1。

表1 光缆单盘测试人员组织表

序 号	施工人员	单 位	数 量	备 注
1	测试员	人	2	现场施工组织、测试、协调
2	普工	人	4	开盘、封盘,移动光缆盘等
3	司机	人	1	

光缆接续测试劳动组织见表2。

表2 光缆接续测试人员组织表

序 号	施工人员	单 位	数 量	备 注
1	测试员	人	2	现场施工组织、测试、协调
2	普工	人	3	接头盒安装、防护材料运送等
3	司机	人	1	

光缆中继段测试劳动组织见表3。

表3 光缆中继段测试人员组织表

序 号	施工人员	单 位	数 量	备 注
1	测试员	人	2	现场施工组织、测试、协调
2	普工	人	2	协助测试
3	司机	人	2	

8 主要机械设备及工器具配置

光缆测试由单盘测试、光缆接续测试和中继段测试三部分组成,各阶段施工所需机械设备及工器具见表4。

表4 光缆单盘及接续测试施工机具设备组织表

序 号	名 称	规 格	单 位	数 量	备 注
1	中巴车		台	1	
2	发电机	1 200 W 以上	台	1	
3	稳定电源		台	1	
4	OTDR		个	1	含测试光纤
5	光纤剥线钳		台	2	1台备用
6	断线钳		把	1	断线
7	光纤切割刀		台	1	
8	遮阳伞		套	1	
9	电工组合工具		套	1	
10	光电话机		部	2	
11	管刀		把	1	
12	喷枪		把	2	
13	酒精泵		个	2	
14	活动连接器		个	3	

表 5　光缆中继段测试施工机具设备组织表

序　号	名　称	规　格	单　位	数　量	备　注
1	中巴车		台	1	
2	发电机	1 200 W 以上	台	1	
3	稳定电源		台	1	
4	OTDR		个	1	含测试光纤
5	光纤剥线钳		台	2	1 台备用
6	断线钳		把	1	断线
7	光纤切割刀		台	1	
8	遮阳伞		套	1	
9	电工组合工具		套	1	
10	光电话机		部	2	
11	稳定光源		部	2	
12	光功率计		部	2	
13	酒精泵		个	2	
14	活动连接器		个	3	
15	PMD 测试仪		套	1	

9　质量控制要点

(1)光缆施工测试应严格执行相应的施工及验收规范及施工设计图纸的技术要求，在施工过程中采取相应的管理和技术措施避免出现测试误差，确保质量。

(2)严格按照《铁路光缆通信同步数字系列(SDH)工程施工规范》和设计要求进行施工。现场技术交底，明确技术要求。

(3)检测仪器仪表规格、型号，杜绝使用未经检验的仪表。

(4)光纤测试时，与 OTDR 的连接必须通过一段测试纤，测试纤的长度应在 800 m 以上，以消除仪表盲区，使光纤达到稳态模分布，保证光纤测试的完整性和精确性。

(5)为提高测试的准确性和精度，单盘测试 OTDR 脉冲宽度设置为 100 ns 左右，折射率按厂家提供的数据进行设置，并保证光纤端面的质量和良好的耦合，以获得良好的曲线图像；测试时应注意将光纤曲线放大，以便观察光纤曲线的均匀性、有无物理缺陷等。测试单盘光纤时，应弯曲光纤的反射端来观察光纤未端反射峰的变化，检测光纤序号是否正确及光纤未端是否继纤。

(6)光纤接头损耗测试，应采用四点法测试，OTDR 脉宽、量程应根据光纤的实际长度来设置，使用自动设置时，量程设置应为光纤长度的 1.5 倍。短段光纤接头损耗测试时，测试四点应采用人工设置，接头损耗测试应与双波长作比较，当 1 550 nm 波长测试值大于 1 310 nm 波长测试值 0.01 dB 时，应通知接续点检查光纤是否受弯曲或侧压。

(7)中继段测试前光纤应先对号，对号无误后，才能进行光特性其他项目测试。对号完成后，用带 FC 接口的测试纤，对 ODF 架上适配器进行测试，对大于 0.4 dB 损耗适配器予以更换。后向散射法测试中继段线路衰减时，OTDR 量程应设置为中继距离的 1.5 倍，并根据中继距离设置相应的脉冲宽度，OTDR 曲线平均时间设置在能自动扫描轨迹事件时间之后。用光多用表测试时,保证光接口的清洁和连接良好,光多用表收发波长应一致,测试时注意测试纤不要受到侧压以引起附加损耗;测试时应多次测量并求平均值,每根光纤测试出的线路衰减值均需与 OTDR 测试的衰减值作比较,当光功率计测出的值大于 OTDR 测试的衰减值 1 dB 时,中继段两端要分别对适配器、测试纤接口、仪表的输入、输出端清洁并重新测试。

10 安全控制要点

(1)在室外或机械室内登高作业时系好安全带,采取适当的保护措施。

(2)测试仪表使用发电机供电时,应选用性能稳定的发电机,保证发电机输出电压的稳定;仪表电源的接入,应先通过电源稳压装置后再连接到仪表上,防止电压过高或过低,影响仪表正常使用或致使仪表损坏。发电机在夏季时应注意通风及降温,并尽量放在阴凉处或太阳伞下,听到机器运转过快或过慢时,应立即切继电源并关闭仪表。

(3)工作场地不得穿拖鞋作业。

(4)单盘光缆开盘时,应用砖块或木块垫好光缆盘,防止缆盘滚动发生意外。撬下的包装物,集中堆放,小心包装物上铁钉刺伤手脚。光缆开剥丢弃的护套及沾有汽油、油膏的填充物要集中回收处理,不得在光缆堆放场所及野外施工场所随意焚烧,以免引起火灾。

(5)雨雪天不得从事光缆单盘及接头测试工作,工作中突遇雨雪时应立即停止作业并处理好机械、仪表及光缆头。

(6)中继段测试时,仪表在通电前应认真确认外接电压是否正常,外接电源是否通过了稳压装置。禁止在机械室乱拉、乱接电源,所接电源必须由现场负责人联系落实后方可实施。严禁借用既有设备上电源,防止因短路或过载而影响既有设备使用,造成事故。

(7)清洁光电话或 OTDR 仪表光源时,有光源输出的端口应先将光源关闭,光源开启时操作人员注意不要近距离直视光源,防止激光损伤眼睛。

(8)已经使用的机房内,进入前须经主管部门同意并遵守其规章制度,进入时必须有主管部门配合人员到场,机房内任何设备未经许可不得随意乱动并对既有设备进行适宜的防护或隔离。注意搬运、行走时所持工具、材料的影响范围,防止误撞及污染既有设备或造成短路。

(9)施工现场配备足够的消防器材,所有施工人员应熟悉消防器材的性能,并掌握使用方法。禁止在室内吸烟、存放易燃、易爆、易腐蚀物品防止引起火灾。

11 环境保护要点

根据光缆测试施工中可能对环境产生影响的因素,采取以"预防为主,防治结合,综合治理"为原则,确保做好环境保护工作。在施工过程中采取以下措施:

(1)坚持按《中华人民共和国环境保护法》及相关法规进行施工。制订环境保护管理办法和实施细则,并建立奖惩制度,将环保的具体措施落实到人头。

(2)施工现场内道路平整畅通,易燃物品妥善保管,施工现场工具材料摆放整齐,保证现场施工场地整洁、干净、工完料清。

(3)工程完工后,应按要求拆除安全防护设施和临时设施,并将工地及周围环境清理整洁,做到工完料清,场地整洁,废弃物统一回收。

(4)按规定对光缆测试仪器进行定期检查,确保仪器符合安全运行要求。发电机没有漏油污染情况,运行时噪声分贝值、废气排放符合相关标准规定。

12　常见问题及处理方法

(1)光纤测试曲线不好,衰耗太大。采取措施 。

① 光纤活动连接器损耗太大,将活动连接器清洗干净;

② 光纤端面制作质量太差,重新制作,或者清洗切割刀;

③ 测试光纤 FC 探头有污物,清洗干净;

④ OTDR 测试仪 FC 探口有污物,清洗干净。

(2)短段光纤接头损耗不易分辨。采取措施。

① 将自动测试,放置于手动测试;

② 用 100 nm 脉宽进行测试,并根据需要调整输出增益。

13　附　　录

(1)光缆单盘测试检查记录表,见表 6。

(2)光缆接续测试记录表,见表 7。

(3)光中继段光纤线路衰耗测试记录表,见表 8。

表 6　光缆单盘测试检查记录表

光缆型号		出厂盘号		新编盘号	
光缆芯数		光缆长度		出厂长度	
尺码带		测试仪表及型号		外观	
技术指标	1 310 nm	≤　　dB/km	1 550 nm	≤　　dB/km	
纤芯序号	1 310 nm(折射率　　)		1 550 nm(折射率　　)		
	测试衰耗值	测试光纤长度	测试衰耗值	测试光纤长度	
结论					

施工负责人:　　　　技术负责人:　　　　监理工程师:　　　　日期:

表 7　光缆接续损耗测试表

中继段　　(A 端)　　至　　(B 端)　　接头编号

测试波长　　nm 中继段长　　度　　km　　测试仪表

天气　　湿　度　　温　度

纤芯编号	衰耗(dB)			纤芯编号	衰耗(dB)		
	A→B	B→A	平均		A→B	B→A	平均
1							
2							
3							
4							

续上表

纤芯编号	衰耗(dB)			纤芯编号	衰耗(dB)		
	A→B	B→A	平均		A→B	B→A	平均
5							
6							
7							
8							

施工负责人：　　技术负责人：　　监理工程师：　　日期：

表 8　光中继段光纤线路衰减测试记录

中继区段　　(A 端)至　　(B 端) 中继段长度　　km

温度　　湿度　　光源　　测试仪表　　波长

光纤		P入	P出	α	α平均		光纤		P入	P出	α	α平均	
					dB	dB/km						dB	dB/km
1	A-B						15	B-A					
	B-A						16	A-B					
2	A-B							B-A					
	B-A						17	A-B					
3	A-B							B-A					
	B-A						18	A-B					
4	A-B							B-A					
	B-A						19	A-B					
5	A-B							B-A					
	B-A						20	A-B					
6	A-B							B-A					
	B-A						21	A-B					
7	A-B							B-A					
	B-A						22	A-B					
8	A-B							B-A					
	B-A						23	A-B					
9	A-B							B-A					
	B-A						24	A-B					
10	A-B							B-A					
	B-A						25	A-B					
11	A-B							B-A					
	B-A						26	A-B					
12	A-B							B-A					
	B-A						27	A-B					
13	A-B							B-A					
	B-A						28	A-B					
14	A-B							B-A					
	B-A						29	A-B					
15	A-B							B-A					

施工负责人：　　技术负责人：　　监理工程师：　　日期：

铁路数字调度通信系统施工工艺

1　工艺概况及技术特点

在铁路传输系统实现光纤数字化传输后诞生了铁路数字调度通信系统，它具备列车运行指挥功能、车站站场通信指挥功能、区间通信中的通话转接功能，其施工时间较传统的音频调度系统短。由于采用了光传输和 2 Mb/s 的环型组网，话音质量及稳定性也比以前大大提高。数字调度通信系统还增加了网络管理功能，可实现对运行设备的在线检测。

“数字调度”分为两大部分：调度中心主系统和车站分系统。

调度中心主系统一般位于指挥调度中心，车站分系统一般位于铁路局所管辖的各个车站或小的调度指挥中心，两者之间通过数字传输通道构成通信网络。在网络内部实现语音、数据等业务。

数调主系统总体分为三个相对独立的部分：分别为系统后台、前台操作台、网管系统（维护台）。

数调主系统后台由多层机架组成，采用大规模集成电路，模块化结构设计。包括主控层、数字模块层、模拟模块层和扩展模块层。每层由多块不同的电路板组成。数字模块层、模拟模块层和扩展模块层可根据需要进行配置相应电路板，主控层与各模块层之间以自定义总线连接。

数调主系统的前台操作台一般称调度台，与后台之间通过 2B+D 接口连接，后台能够对前台远程供电。当前台与后台距离较远时，可以通过相近的车站分系统接入，即远程调度台。一架数调后台可以带多台调度台（前台），铁路常有的行调、货调、电调都设计在同一台后台中。

数调维护台采用微机作为维护监控终端，通过 RS-232 串口与后台主控单元背板上的串口连接。管理人员可通过图文界面的维护软件对整个系统进行数据维护、监控管理。数调主系统实现了一个铁路分局范围内数字化调度电话，各种数字专用电话，形成一个完整的专用数字通信网。

车站分系统是“数调系统”的车站侧设备。通过数字 E1 接口接入数字传输系统，与主系统共同构成数字通信网络。其主要功能为接入数字调度电话、接入数字化的专用电话、站场通信（集中机功能）、区转机功能等。

车站分系统前台一般称为值班台，与后台交换网以 2B+D 接口相连接。由后台系统供电，键控式值班台实现了与调度台通话及站场内部用户通话。

2　适用范围

本标准化工艺适用于铁路数字调度系统施工。

3　引用标准

(1)《铁路运输通信施工质量验收标准》(TB 10418—2003 J 288—2004)。

(2)《铁路通信施工规范》(TB 10205—99)。

(3)《数字调度通信系统数字调度机技术要求》(TB/T 3053.1—2002)。

4　基本术语及定义

(1)铁路调度系统:铁路调度系统是保证铁路列车安全、高效、快速运行的指挥系统。铁路常有的调度系统有行车调度系统、电力调度系统、货运调度系统。行车调度系统由行车调度台和各车站值班员台构成,电力调度系统由电调台和车站值班员台、牵变所调度电话、网工区调度电话构成;货运调度系统由货运台和货运室调度电话构成。

(2)数字通信:数字通信是指传统的模拟信号通过抽样、量化、编码后变成数字信号的方式进行传输和交换的通信方式。

(3)“数字环”自愈:在数字调度系统中,一般情况下,通信使用下行 E1 通道,系统实时监测 2M 口的通信状态,当检测到“数字环”下行 E1 通道的某处断开时,立刻切换至上行 E1 通道方向进行通信,从而保证“数字环”的任何一处断开都不会影响系统的正常通信,切换时间为毫秒级。

(4)断电直通:某个车站分系统出现断电时,此车站分系统的上、下行 E1 接口通过继电器自动导接起来,仍构成一个封闭的“数字环”从而不影响系统正常通信。

(5)共分用户:与调度通信总机供电电路连接的用户。用户呼叫,不需拨号,向调度通信总机提供直流环路。调度通信总机呼出,向用户送铃流。

(6)数字用户:调度通信总机 2B+D 电路连接的用户。一般为车站运转室和变电所等操作终端。

(7)磁石用户:与调度通信总机磁石电路连接的用户。一般为站场具有磁石端口的终端设备或磁石电话机。

(8)音频用户:与调度通信总机音频电路连接的用户。一般为无线接口用户、四线 E&M 中继用户等。

5　工艺原理

数字调度系统设备运输和安装根据施工力量的配备和其他通信设备同时或单独安装。有静电地板的机械室采用静电地板下加自制底座安装方式,无静电地板的直接安装在水泥地面,安装采用人工安装,流水作业,逐站安装,传输设备光通道打通后逐站打通 2M 通道,调度所通过操作维护台和传输设备 2M 通道远程配置车站分系统系统文件,逐站进行设备调试。维护终端收集各个车站分系统工作状态和各项运行参数,通过网管了解全系统工作状态,对全系统进行监控管理。

6　工艺流程及操作要点

6.1　工艺流程

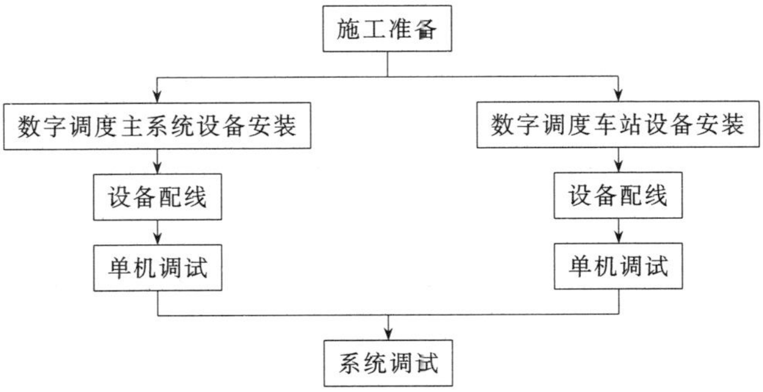

图 1　数字调度系统施工流程图

6.2　操作要点

6.2.1　施工准备

(1)施工技术交底、机具、材料、人员的准备等工作。

1)在工程安装施工开始前,备齐以下技术资料:

① 工程设计资料;

② 相应的技术手册、安装手册及操作维护手册;

③ 施工记录用的表格、文件等。

2)工程安装所需的工具和仪表应该准备齐全,仪表经国家计量部门调校合格。

3)开始施工前,建设单位、材料供应商、施工单位联合对将用于安装施工的设备、电缆等主要材料的规格、数量进行清点和检查,确定其满足以下要求后方可在工程中使用。

① 规格、数量符合施工图设计要求。

② 品质证明文件齐全。

③ 外观完好无损。

④ 对材料进行检查时,应做好详细记录,如发现有短缺、受潮及损坏等情况,应及时与材料供应商协调解决。当主要材料需要用其他规格材料代替时,必须报经设计单位和建设单位批准后方可使用。

(2)通信机房的土建工程已竣工,地面平整干燥,门窗安装齐全,墙壁粉刷完毕,照明、外电源引入、通风应具备施工条件。

(3)预留孔洞、走线槽、架、静电地板铺设、预埋穿线钢管、预埋吊挂螺栓的位置应符合设计规定;预留洞孔框架安装完毕、平直整齐;地槽盖板平整、油漆均匀;预埋钢管口径合适、管口光滑、弯曲半径符合设计规定、管内干燥无积水;走线架牢固平直。

(4)安装环境确认

主要对设备安装的位置、布线的路径、外电源供电、环境的温度、湿度等进行确认,以便工程顺利进行 。

(5)设备开箱验货

设备到场后,根据工程准备情况,由建设单位确定开箱时间。开箱验货应由建设单位、运营单位、施工单位和设备供应商共同参加,设备开箱验货应参照以下顺序:

① 先检查外包装有无损坏,设备发、到货地是否相符,如果出现发、到货地不符或设备外包装严重损坏的情况,则应停止开箱,立即查明原因并与供货商联系。

② 根据开箱验货报告中的《开箱(验货)清单》,查点货物总件数是否与清单相符,运达地点是否于实际安装地点相符,包装箱外观是否完好。如一切正常,可继续开箱验货,如果出现错发、漏发等情况,则应停止开箱,立即查明原因并与供货商联系。

③ 对于木制包装箱,平放箱体,用铁锤将钢钎由上盖板缝隙打入箱内约 5 cm,下压钢钎尾部,使盖板上翘,沿上盖板四周重复上述操作,直至取下上盖板。

④ 对于纸质包装箱,用壁纸刀割开纸箱的封装胶带即可。

⑤ 开箱时必须谨慎、小心,尤其注意开箱工具的入箱长度和入箱后的用力方向,以防损伤设备。

⑥ 开箱后,首先按供货合同及《开箱(验货)清单》核对设备是否符合订货要求,备附件是否齐全。

⑦ 检查设备整体外观有无损伤，设备机架、插件单板有无机械损伤，机架电缆插接是否符合要求。

⑧ 如果开箱中发现有漏发、错发、破损等情况，需要补发货品时，应填写《发货单》。

⑨ 开箱填写《开箱验货记录》，并由参加开箱的各单位代表签字确认，相关资料及时反馈设备供应商。

⑩ 设备交接。

在开箱验货进行完毕后，由建设单位、设备供应商、施工单位办理设备交接手续。如果短期内不进行安装施工，将设备恢复包装并妥善保存。

6.2.2 数调车站设备安装

(1)安装机架

机架的排列、安装位置及方向按设计要求施工；机架完整、各零件完好无损、各种标志正确、清晰、齐全；螺栓全部拧紧、固定牢固；机架前后左右垂直、水平、垂直度符合验标规定。

① 在混凝土地面上的安装

在安装孔位置用冲击钻打 4 个孔，孔深 60 mm，清除地面泥灰，将 4 个钢膨胀螺母塞入孔中，再把锥销放入螺母中，用手锤和专用芯棒锤击锥销，使锥销底部与螺母底部平齐，将数调机柜随机所带 Z 型专用连接固定片套入钢膨胀螺栓，戴上螺帽，将机架(底座)底部安装螺杆上绝缘螺帽套入 Z 型专用连接固定片 U 型槽内，调整机柜前后左右垂直、水平度符合验标规定，依次固定膨胀螺栓和机柜安装螺杆上调节螺栓将机柜固定紧。

② 在架空地板上的安装

在架空地板上安装机架前，在安装位置的地面上应该预装机架支撑座，并在支撑座上固定角钢用以支撑机架周围的架空地板。安装时，在支撑座上的安装孔位置打 4 个圆孔，将设备机架(底座)移至支撑座上，套上绝缘垫，用六角螺栓、螺母加垫圈拧紧固定。

(2)插接电路板

① 机架电路插板的数量、规格和安装位置符合要求；

② 插接电路板(盘)时首先应戴上防静电手腕，按照随机所带说明书和装箱配置清单核对设备配置后将插板(盘)插入固定插槽口，均匀缓缓用力将插板(盘)插入插槽，整个插入过程应平稳无太大阻力。

(3)安装前台的附件

前台附件一般是操作台和应急电话，通常不需要固定，直接放置在运转室和变电所操作台上即可。

6.2.3 设备配线

(1)数调车站设备的背面一般有 100 回线卡接模块，从数调设备母板到卡接模块的配线是厂家的内部配线，根据所在车站数调用户的多少，所占用这 100 回线卡接模快的卡接条的数量也不一致，一般情况占用前 1-60 回线，后 40 回线作为施工单位配到引入综合柜(一般车站)的配线用，施工时要求厂家给出内部配线话路应用情况。配线电缆的规格、型号及质量要按设计要求配线。

(2)2 Mb/s 线的布放是从数调设备母板 M 插板到传输设备的 DDF 架 2M 端子上，2 Mb/s线通常采用 SYV75-2,2M 线可同音频线绑扎在一起，要求布放顺直；同轴头由设备随机带来，接焊同轴头时要把同轴线内导体绝缘保护层刮干净。

(3)电源采用直流－48 V，从高频开关电源柜引出，电源线一般采用 10 mm^2 的 BV 塑料线,布放时同音频线分开绑扎,两端要标识清楚。电源线正、负极应有明显标志,正极宜为红色、负极宜为蓝色。

(4)保护地线一般采用 16 mm^2 的 BV 塑料线,不管是专设保护地线的机械室和采用联合地线的机械室均应从地线排直接引接,并确认地线阻值符合设计要求。

(5)到车站值班台(前台)的配线,以及车站值班台与数调车站设备(后台)间通过一根带插头的 4 芯电缆连接,一般厂配为 5 m 而前后台之间的距离大多在 15 m 以上,施工时在运转室设 10 对分线盒,从引入综合柜布放 5 对配线电缆到 10 对分线盒,从分线盒采用厂配电缆到前台;4 芯电缆内电线色谱为红、白、蓝、绿,其中红、白线为后台到前台的电源线,蓝、绿线为传输 2B+D 的信号线,在跳线时不能搞错,并注意同厂家技术员核对确认。

6.2.4 设备单机调测

设备单机调测要求厂家工程人员参加,设备通电后厂家人员根据设计要求给车站调度设备加载数据,并给出 100 回线端子的内部配线端子应用图,施工人员根据端子应用图接上前台、各型话机进行集中机各项功能的模拟试验,通常有下列功能试验:

(1)站间行车功能试验。

(2)区间电话接入功能试验。

(3)站场内部用户分群接入功能试验。

(4)模拟调度设备接入功能试验。

(5)站场无线/有线接入功能试验。

(6)区间应急自动电话、行调分机、人工电话接入功能试验。

(7)录音功能。

6.2.5 系统调测

在调度系统设备安装试验完成,同时传输及接入系统调通后,进行调度系统调试和试验。

(1)试验内容:系统软件安装、通道检测、系统数据配置、系统功能试验、集中管理维护功能试验。

(2)试验步骤

① 系统软件安装:在主系统设备与集中维护管理终端进行单机检测。正常工作后,按设备技术说明书要求,进行集中维护管理终端的操作系统、数据库管理系统软件的安装和数据导入;然后进行集中维护管理系统、通信服务器和数据库服务器的安装;建立操作系统与主系统之间的命令、数据通信功能。

② 通道性能及设备接口特性检测:用误码分析仪对传输及接入网系统提供的传输通道进行检测,用振荡器、电平表、直流电桥、阻抗测试仪、数字示波器对系统设备提供的各种接口特性进行检测。

③ 系统数据配置:按设计文件和设备技术说明书的要求,用集中维护管理终端对主系统的环数据和车站数据进行配置,加载系统批量数据。然后对主、分系统的各类板卡,主系统侧调度台、分系统侧操作台;连接分系统的各类行车指挥电话等进行具体设置。

④ 系统功能试验:将主系统侧的调度台、分系统侧的车站值班员操作台及各种行车电话接入系统,按调度业务分类在集中维护管理终端的配合下分别对各种调度业务功能试验,包括调度台功能、值班台功能、设备接入功能、调度系统的系统功能以及接入 GSM-R 系统的各种调度业务功能。

⑤ 集中管理维护功能试验:通过对集中管理维护系统的操作,试验其对调度系统数据设

置和修改功能，自动检测通路及设备故障、故障定位、故障统计报表功能。并对其一般管理功能、配置管理功能、故障管理功能、安全管理功能等进行全面的检查试验，确保维护台实现各种集中管理维护功能。

7 劳动力组织

数调设备安装调试劳动力组织见表1和2。

表1 安装劳动力组织表

序号	工种	人数	备注
1	安装负责人	1	施工负责及设备安装
2	通信工	2	数字调度系统设备安装
3	安全员	1	安全质量负责设备安装

表2 调试劳动力组织表

序号	工种	人数	备注
1	调试负责人	1	调试负责及设备调试
2	技术员	2	设备调试

8 主要机械设备及工器具配置

主要机械设备、工具配置见表3。

表3 主要施工机械设备及工具表

序号	名称	型号、规格	单位	数量	用途
1	冲击电锤		台	1	设备安装
2	瓷砖切割机		个	1	开安装沟槽
3	热熔枪		把	2	接焊地线、电源线
4	水平尺		把	1	
5	电烙铁	35 W(尖头)	只	1	焊接同轴头
6	压接钳		把	1	压接同轴头

主要测试仪器配置见表4。

表4 主要测试仪器配置表

序号	名称	型号、规格	单位	数量	用途
1	万用表		只	2	对号
2	地线测试仪		只	1	
3	示波器			1	
4	电平振荡器			1	
5	选频电平表			1	
6	可变输出的铃流发生器			1	

9　质量控制要点

(1)在系统调试前,要特别注意对电源电压、各种熔丝的检查,防止电压过高对设备产生破坏。

(2)需要换插件板时,应严格按照操作维护手册的要求将对应硬件退出服务,逐级切断电源,并戴上防静电手环才能拔插印刷线路板。

(3)定期保存数字调度系统后备磁盘,以免数字调度系统软件数据丢失。

(4)使用仪表前应确认电源电压符合仪表电源要求后,方可接通使用。

(5)卡接电缆芯线必须使用卡接钳,不得用其他工具代替,芯线线径符合卡接端子的要求。

(6)同轴电缆端子的制作符合操作手册的要求,内外导体必须接在对应的同轴端子上,剖分的同轴线不宜过长。

10　安全控制要点

(1)数调设备电源线的接线一定要检查好正负极及电源电压。

(2)到前台的 4 根线中电源线和信号线对一定要找厂家复核清楚,以防损坏设备。

(3)数字调度中心设备的安装一般在调度所中心机房,既有的设备、线缆较多,注意不要损伤既有线缆,有些机房有上走线的应注意高空作业安全,若是防静电地板的机房要加设防震座。

(4)机架搬运时人员数量要足够。

(5)设备运到位后再进行机架的开箱。

11　环境保护要点

(1)施工现场工具材料摆放整齐,保证现场施工场地整洁、干净。

(2)各种包装物应统一收集处理、严禁四处乱扔、乱放污染周围环境。

(3)工程完工后,将工地及周围环境清理整洁,做到工完料清,场地整洁。

12　常见问题及处理方法

(1)在设备的定货过程中对接口的考虑不细,造成设备到货后接口不对造成退换货情况,影响工期。一般数调设备要对无线列调提供通道,这个通道是 2/4 线音频接口还是 64K 数据接口,在设备定货的时候甲方确定不了,造成设备到货后不能配套;有些调度区段其中一段有光传输设备的地方进行了数调的改造,在没有光传输设备的地方仍采用模拟通道传输,在转模拟通道传输的地方应考虑接口板的配置。类式情况施工单位要及时了解情况向设备定货单位反映,避免出现接口不对情况。

(2)备品、备件配备不充分,在数调调测过程中往往发现有些盘、集成块是坏的需要更换,但备品数量不够影响工期,类式情况应及时向设备定货单位反映。

(3)机柜倾斜不稳。

原因:安装地面凹凸不平。

采取措施:垫垫片和调节机柜调解螺栓直到设备与地面垂直为止。

(4)合上电源开关后跳闸。

原因:电源配线极性接反或设备内部短路。

采取措施:检查调整电源配线,和设备内部电源配线。

(5)2M 数字通道故障。

原因:2M 线虚焊。

采取措施:重新焊接。

(6)前端设备无显示。

原因:设备配线错误。

采取措施:检查调整车站分系到前端设备配线统配线。

通信铁塔安装施工工艺

1　工艺概况及技术特点

1.1　工艺概况

铁塔安装施工重点在基础浇筑及铁塔主体安装。

桩基定位：选择合适的位置，进行定位开挖作业。

承台基础浇筑：进行钢筋布放及地线焊接制作，现场浇筑，养护合格，清理现场，确保环境，进入下道工序。基础开挖坚持速战速决原则，各工序紧凑衔接，实现快速施工。

铁塔主体安装：在安装过程中每单位构件高度需进行一次垂直度调整，使主体安装结束满足垂直度1‰的技术指标。加强防护，确保安全。

1.2　技术特点

铁塔在车站均属于高建筑物，施工方面要求精、实、美。铁塔安装技术标准：塔架垂直度1‰，接地电阻≤4 Ω。

2　适用范围

本工艺适用于铁路列车无线调度站场通信施工，铁路列车无线调度站场通信是形成列车无线调度小三角通信的重要组成部分。通信铁塔一般安装在车站附近空旷的地方，安装完毕并安装栅栏或挂上防攀等警示牌。

3　引用标准

(1)《铁路运输通信施工质量验收标准》(TB 10418—2003，J 288—2004)。

(2)《铁路通信施工规范》(TB 10205—99)。

4　基本术语及定义

铁塔垂直度：是指铁塔中心轴线与基础工作水平面之间所形成的角度，并且相互成垂直。

5　工艺原理

铁塔垂直度是检验安装质量的技术标准，是工艺标准核心部分，而直接影响铁塔垂直度的关键是基础画线、骨架定位。基础画线根据正方形的特性：边长和对角线相等。骨架的定位是根据连通器的原理使其基础的四个脚在同一高度，这样就确保铁塔的垂直度在设计和施规范围内，从而保障铁塔安装质量。

6　工艺流程及操作要点

6.1　工艺流程

6.2　操作要点

6.2.1　桩机画线定位

选择合适的位置，在基础外围打桩拉线定位(四根定位桩在基坑开挖过程中不得移出或移动，在每根定位桩上划上拉线的定位线，同时做好每根定位桩到 A、B、C、D 的距离，以备后用。如图 2 所示。

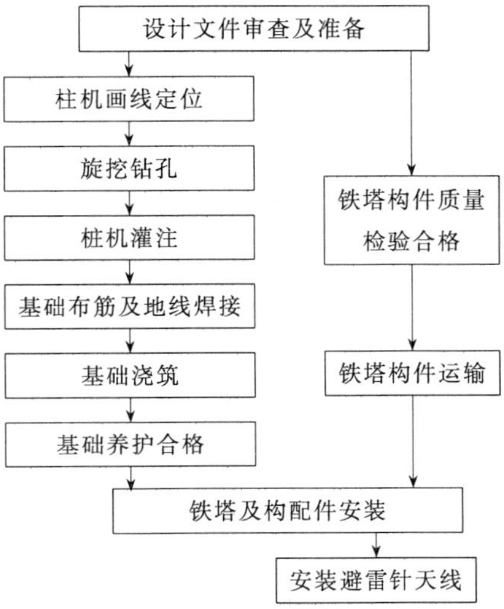

图 1　铁塔施工流程图

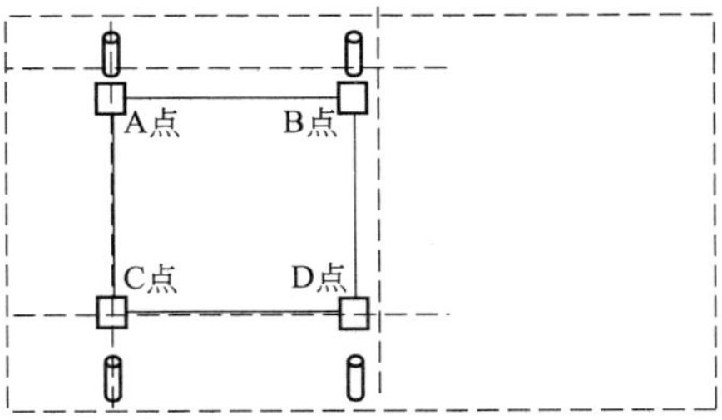

图 2　桩机画线定位

6.2.2　基坑开挖及垫层浇灌

进行旋挖钻孔作业，依据土质采样结果及铁塔荷载进行浇筑深度计算，确认深度，基底 C10 混凝土垫层施工完成，24 h 后对垫层表面进行清理，清除表层杂物和尘土等物。垫层表面清理完成后，采用经纬仪将房屋轴线引测到混凝土垫层表面，用墨斗弹出轴线并弹出条形基础边线。对混凝土垫层轴线和标高进行复核后报请监理进行验收评定。垫层灌注完成后进入下道工序。

6.2.3　基础布筋及地线焊接制作

(1)钢筋制作在工地钢筋加工棚内进行。

(2)钢筋配料：钢筋配料由作业队技术主管负责报指挥部主管工程师审核后实施工。钢筋配料要求见表 1(以 25 m 铁塔为例)。

(3)按配料表要求下料，下料中应先下长料，后下短料，注意短料的利用。

(4)配料注意事项：

表 1　钢筋配料表

构件名称	钢筋编号	钢筋形状	下料长度(mm)	下料根数	重量(kg)	备　注
	1	ϕ25	1 500	16	92.4	
	2	−6×400	400	4	30.2	
	3	ϕ14	215	80	20.7	
	4	−10×100	100	16	12.6	
	5	ϕ14	2 050	48	118.2	
	6	ϕ14	2 150	36	22.5	

续上表

构件名称	钢筋编号	钢筋形状	下料长度(mm)	下料根数	重量(kg)	备　注
	7	ϕ14	1 600	64	90.9	
	8	ϕ14	1 050	52	14.3	
	9	ϕ14	4 200	16	106.6	
	10	ϕ14	4 200	8	40.9	
	11	m24 母		48		
	12	—10×80	垫片 80	16	8.3	
	13	∟50×5	1 500	12	67.9	接地极镀锌
	14	—40×4	7 000	4	35.7	镀锌
	15	—40×4	2 000	4	11.6	镀锌
钢材 862.8 kg						
C20 混凝土 6.64 m^3						
C10 混凝土 2.4 m^3						

① 配料时应考虑基础梁“L”形和“t”形转用处按抗震设防要求的“柔性连接”。

② 配料时按抗震设防和构造要求螺纹钢末端应做 90°弯钩，圆钢末端应做 180°弯钩，箍筋末端应做 135°弯钩。如图 3 所示。

(5)钢筋绑扎

① 底板钢筋绑扎：用粉笔在垫层上划出主筋、分布筋间距，依粉笔分划线布筋，采用 20# 铅丝“八字扣”绑扎牢固，钢筋绑扎中应注意使所有钢筋弯钩朝上。

② 基础笼钢筋绑扎：先用一个抱筋放在一根竖筋的中间，用 20# 扎丝“八字扣”绑扎牢固，再同样扎好另一根竖筋，依次扎好基础笼的所有竖筋。然后再在竖筋上均匀扎好所有的抱筋。如图 4 所示。

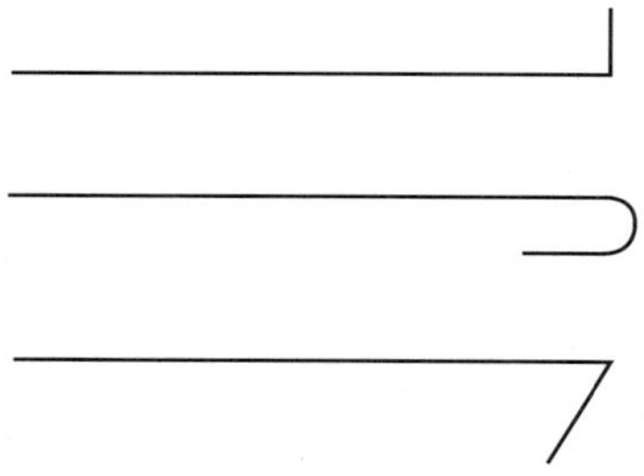

图 3　钢筋弯钩示意图

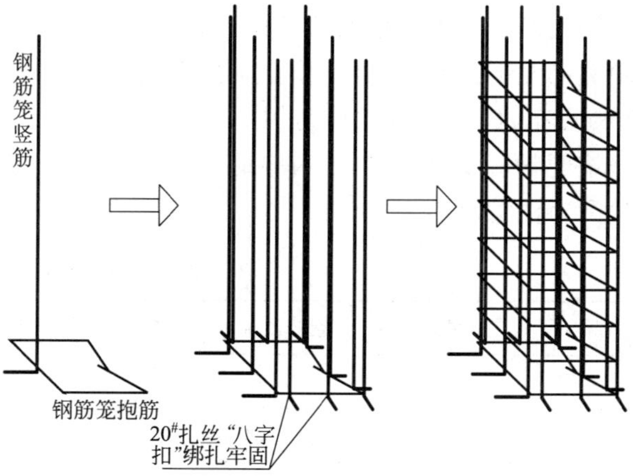

图 4　基础笼钢筋绑扎示意图

③ 基础梁钢筋绑扎：扎基础梁钢筋的方法与扎基础笼钢筋相同。以轴线墨线为中心线先穿设基础梁下层钢筋，然后穿设上层钢筋，梁主筋与箍筋交接处均用 20# 扎丝绑扎牢固，扎丝

绑扎边侧采用“搭扣”绑扎，中部采用“八字扣”绑扎。

各分部的钢筋架扎好后进行组装，把基础笼放到事先划好的基础边线的位置，先把基础梁放入到基础笼中，调整基础笼的位置，调整好后再把基础笼和垫层的钢筋网进行固定扎实，最后固定基础梁和基础笼。

具体布设如图 5 所示（钢筋笼内未画基础骨架示意图）。

④ 接地体制作：在基坑边把事先做好的接地体打入到每一个基坑内，并通过地阻仪进行测试，直到阻抗到达设计要求，再把各接地体的引线焊接到基础骨架上，焊接的高度大于 8 mm 并作防锈处理。

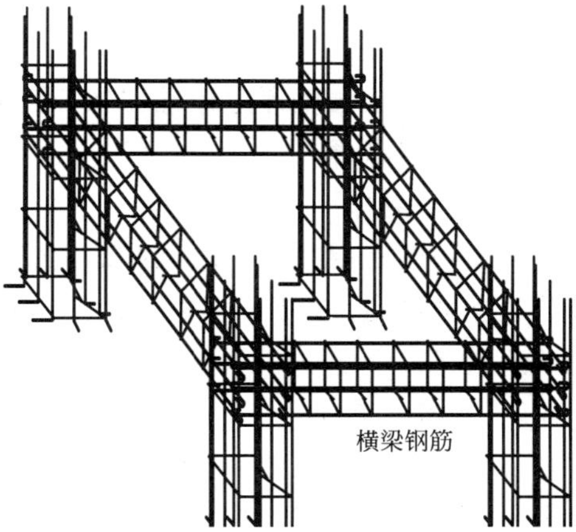

图 5　钢筋绑扎示意图

6.2.4　隐蔽验收

钢筋绑扎完成，由作业队技术主管组织钢筋班长自检合格后报指挥部主管工程联系监理隐蔽验收。主管工程师会同监理工程师和作业队进行验收并签认钢筋隐蔽验收记录后方可进行模板支设作业。

6.2.5　模板安装

钢筋绑扎施工完成后立即进行模板安装，模板采用组合木模，禁止斜不支模板而直接用抹子拍平。利用架子管加固。不得用重物冲击模板，不准在吊帮的模板上搭设脚手架，保证模板的牢固和严密。

6.2.6　清　　理

清除模板内的屑、泥土等杂物，木模浇水湿润，堵严板缝及孔洞，清除积水。

6.2.7　混凝土浇筑

(1)混凝土搅拌

有条件可采用商品混凝土进行浇灌，无条件可采用现场拌制混凝土的方式。根据配合比及砂石含水率计算出每次混凝土材料的用量。认真按配合比用量投料，严格控制用水量，搅拌均匀，搅拌时间不少于 120 s。

(2)混凝土浇筑

浇筑现浇基础笼架时，注意笼架的插筋位置的正确，防止造成位移和倾斜。在浇筑开始时，先满铺一层 5～10 cm 厚的混凝土并捣实，使基础笼钢筋下段和钢筋网片的位置基本固定，然后对称浇筑。边角处的混凝土必须捣实。严禁斜面部分不支模，用铁锹拍实。浇筑时先使混凝土充满模板内边角，然后注中间部分，以保证混凝土密实。分层下料，每层厚度为振动棒的有效振动长度。防止由于下料过厚，振捣不实或漏振、吊帮的根部砂浆涌出等原因造成蜂窝、麻面或孔洞。

浇筑混凝土时，经常观察模板、支架有无走动情况，一经发现有变形、走动或位移时，立即停止浇筑，并及时修整和加固模板，然后再继续浇筑。

(3)混凝土振捣

采用插入式振捣器，插入的间距不大于振捣器作用部分长度的 1.25 倍。上层振捣棒插入下层 3～5 cm。尽量避免碰撞预埋件、预埋螺栓，防止预埋件移位。

(4)混凝土找平

混凝土浇筑后，表面比较大的混凝土，使用平板振捣器振一遍，然后用木杆刮平，再用木抹子搓平。收面前必须校核混凝土表面标高，不符合要求处立即整改。

(5)混凝土强度试块制作、养护

根据混凝土强度评定标准和施工图纸工程数量要求本基础及基础梁应制作 2 组同条件试件和 2 组标养试件。

6.2.8　模板拆除

侧面模板在混凝土强度能保证其棱角不因拆模板而受损坏时方可拆模，拆模前设专人检查混凝土强度，拆除时采用撬棍从一侧顺序拆除，不得采用大锤砸或撬棍乱撬，以免造成混凝土棱角破坏。

6.2.9　混凝土养护

已浇筑完的混凝土，应在 12 h 左右覆盖和浇水。一般常温养护 7 d，特种混凝土养护不得少于 14 d。养护设专人检查落实，防止由于养护不及时而造成混凝土表面裂缝。

6.2.10　塔身安装

铁塔一般是现场作拼装，这样便于运输和安装，在安装过程中，由于部件多，品类杂。这就要求安装人员必须是专业队伍，有利于施工进度和安全。铁塔安装由下而上进行施工作业，安装时各个部件要连接牢固。铁塔安装属于高空作业，安全方面需加强。

7　劳动力组织

现场设一名施工负责人兼技术员，全面负责整个施工过程和技术指导工作；电焊、钢筋工负责基础钢筋的预制和绑扎及地线安装；木工完成基础模板进行加工组装；高空安装工全面完成地面上铁塔塔身的安装工作；普工是辅助特种工工作。劳动力组织见表 2。

表 2　铁塔安装人员配备表

序号	现场人员	单位	人数	备注
1	施工负责人兼技术	人	1	负责施工安排、指挥、协调工作
2	电焊、钢筋工	人	1	基础骨架、钢筋预制及加工
3	木工	人	1	模板的制作
4	高空安装工	人	2	塔身的安装
5	普工	人	10	

8　主要机械设备及工具配置

(1)主要机具配备见表 3。

(2)主要材料表见表 4。

9　质量控制要点

(1)基坑开挖好后，对它的尺寸进行复核，避免在画线后产生偏挖，错挖和坑的深度不够。

表 3　主要机具配备表

序　　号	名　　称	规　　格	单　　位	数　　量	备　　注
1	水平仪		台	1	
2	发电机	90GC	台	1	
3	磅　秤	台式	台	1	混凝土配料称重
4	钢卷尺	5 m	把	2	
5	线　坠		个	1	
6	丁字尺		把	1	
7	振动棒		台	1	机械捣固
8	竹　筐	配抬杆	个	若干	运输混凝土料
9	铁　板		张	2	搅拌混凝土地平
10	方　铲		把	4～6	
11	尖　铲		把	2～4	
12	水　箱		个	1	视用量而定
13	小木桩		根	4	定位
14	铁　钉	1 寸	个	若干	
15	线坠线		米	6～10	
16	汽　车		辆	1	运输
17	粗钓鱼线		米	30	
18	铁　锤	10 磅	把	1	
19	试验模具		个	1	

表 4　主 要 材 料 表

序　　号	名　　称	单　　位	数　　量	备　　注
1	水　泥	kg	按施工表备料	
2	砂　子	方	按施工表备料	
3	石　子	方	按施工表备料	
4	钢筋骨架	套	4	按设计图制作
5	木　板	m^3	0.5	基础模具制作
6	基础笼	套	4	
7	基础梁	套	4	
8	垫层网	套	1	
9	铁塔塔身	座	1	

(2)混凝土浇筑前必须复核钢筋水泥是否是正规厂家产品，并有合格证。

(3)垫层浇灌好后，必须进行一次等高测试，以防最后的四个基脚的高度不一致。

(4)各类钢筋骨架在组装时，要进行全面的方位测试，在确定无误的情况下方可固定和绑扎。

(5)混凝土拌料必须严格按配合比配料，称量配料，严禁直接用斗车量取。

(6)钢筋制作、钢筋安装、模板安装几何尺寸偏差必须满足表5、表6和表7的要求。

表5 钢筋加工位置允许偏差

项 目	允许偏差(mm)	项 目	允许偏差(mm)
基础笼竖筋长度的净尺寸	±10	箍筋内净尺寸	±5
基础梁主筋长度的净尺寸	±20	各类钢筋的弯折位置	±20

表6 钢筋安装位置允许偏差

项 目		允许偏差(mm)	项 目		允许偏差(mm)
绑扎钢筋网	长、宽	±10	绑扎钢筋骨架	长	±10
	网眼尺寸	±20		宽、高	±5

表7 模板安装位置允许偏差

项 目		允许偏差(mm)	项 目		允许偏差(mm)
轴线位置		5	截面内部尺寸	基础梁	$^{+4}_{-5}$
底模上表面标高		±5	相邻两模板表面高低差		2
截面内部尺寸	基础底板	±10	表面平整度		5

(7)塔身在进场时，检验产品的合格证、各类材质报告是否符合要求，严禁三无产品进场；在安装时每一个部件都必须到位，每一颗螺帽都必须进行复检，防止有松脱的现象。

10 安全控制要点

(1)模型板的安放位置及稳定性应满足规定；在支撑模型板前应确认坑壁无裂纹和坍塌危险，距坑口边沿1 m范围内不得堆放料具。灌注混凝土时，坑内不得有人。

(2)搬运料具要符合要求。不得把不合格的工具带入施工现场。

(3)施工机具，如振捣机、搅拌机的使用应符合其安全操作规程，机械的使用由专人管理和使用，严禁外行人员任意进行操着和使用，防止造成人身机械伤害和触电事故。

(4)在安装塔身时，进场人员具有上岗证资格，必须身着工作服佩戴安全帽和配备安全带，严禁闲杂人员进入场内。

11 环境保护要点

(1)在铁塔位置选定中，进行优化场地的选择，尽量不破坏周围的植被和环境。

(2)开挖后多余的杂土及废弃物应运送到废弃的坑内，不得把建筑杂物任意堆放，并对场地进行必要整治和修复。

12 常见问题及处理方法

(1)垫层的水平高度不一致:在施工中由于垫层不易测试,也易忽略,往往导致最后基脚高度不一致,导致返工后果。为了避免此类问题的出现,可以利用定位桩作为参照物,对四个垫层的等高进行测试。

(2)模板的固定:由于在浇灌混凝土时,需要对混凝土进行振捣,对模板产生向外压力,容易使模板移位,故而在固定模板时要全方位加固。

(3)通信铁塔一般是在现场进行组装,各个部件都是用螺栓连接,因此需要大量的连接螺栓,数量多,在施工中容易对一部分螺帽松拧,这样铁塔存在易倒塌的隐患,这就要求我们在施工后对整个铁塔的螺帽逐层检查。

13 附　　录

(1)铁塔基础如图 6 所示。

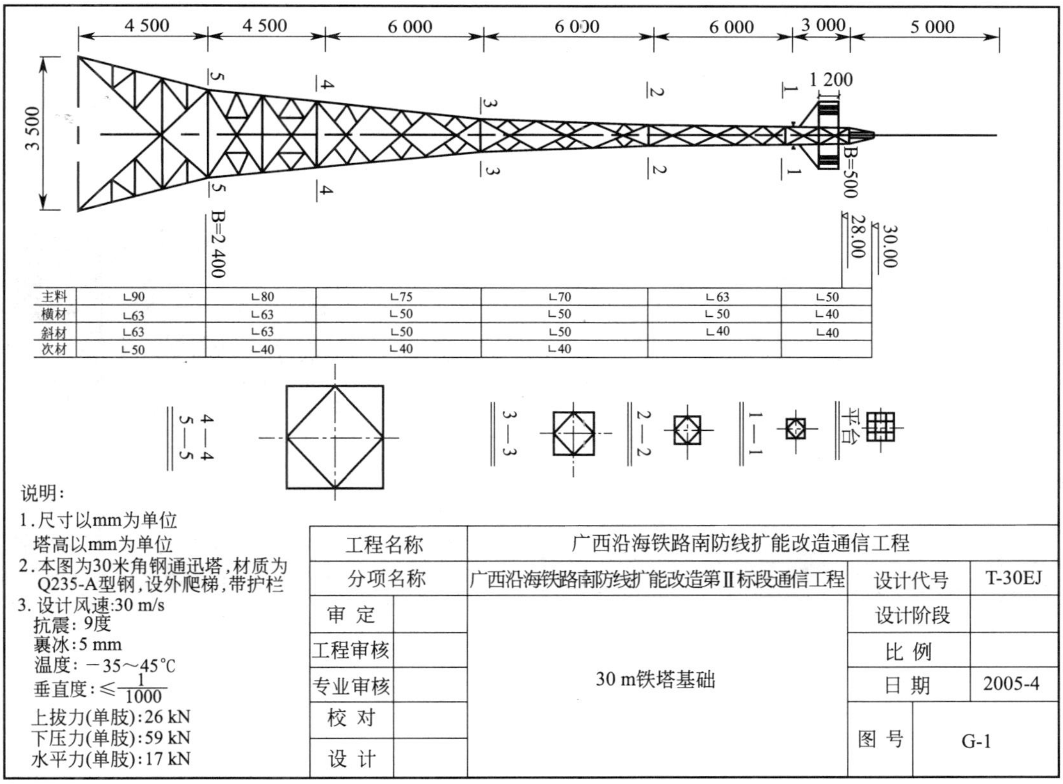

图 6　铁塔基础图

(2)铁塔基础钢筋绑扎及布筋,见图 7。

(3)铁塔实物图(一),见图 8。

(4)铁塔基础基脚实物图,见图 9。

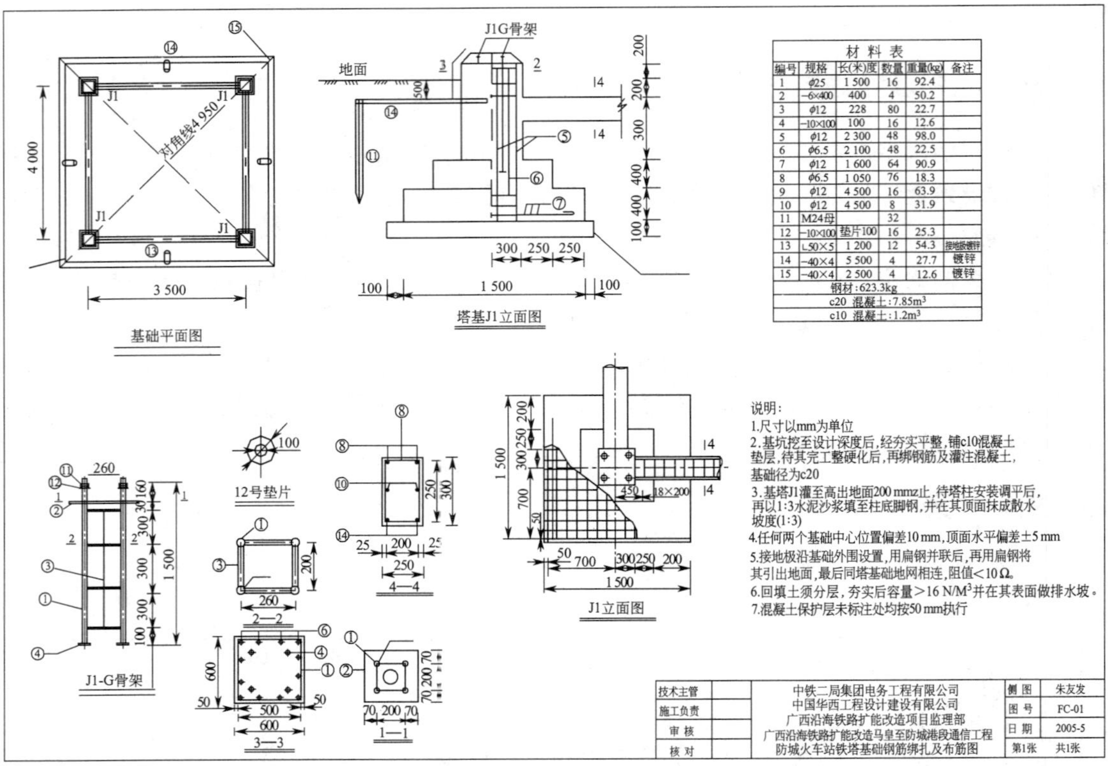

材料表

编号	规格	长(米)度	数量	重量(kg)	备注
1	φ25	1 500	16	92.4	
2	−6×400	400	4	50.2	
3	φ12	228	80	22.7	
4	−10×100	100	16	12.6	
5	φ12	2 300	48	98.0	
6	φ6.5	2 100	48	22.5	
7	φ12	1 600	64	90.9	
8	φ6.5	1 050	76	18.3	
9	φ12	4 500	16	63.9	
10	φ12	4 500	8	31.9	
11	M24母		32		
12	−10×100	垫片100	16	25.3	
13	∟50×5	1 200	12	54.3	接地极镀锌
14	−40×4	5 500	4	27.7	镀锌
15	−40×4	2 500	4	12.6	镀锌
钢材：623.3kg					
c20 混凝土：7.85m³					
c10 混凝土：1.2m³					

图 7　铁塔基础钢筋绑扎及布筋图

图 8　铁塔实物图(一)

图 9　铁塔基础基脚实物图

同轴漏泄电缆敷设工艺

1 工艺概况及技术特点

1.1 工艺概况

同轴漏泄电缆敷设一般安装在区间场强较弱的区段。通过中继设备传输来的信号边漏泄边传输，使信号辐射整个区段，从而实现列车无线通信。漏泄电缆施工分为隧道内和隧道外施工。隧道内施工程序依次为：画线、定位、打孔、预埋膨胀螺栓、挂缆、接续、测试。隧道外施工程序依次为：测量、定位、打洞、立杆、架设钢绞线、挂缆、接续、测试。在施工过程中一般采用是流水作业，按照施工程序施工，合理安排施工进度，控制工程质量，确保施工安全，有利于节省成本开支，提高工程经济效益。

1.2 技术特点

(1)架挂的漏泄电缆距钢轨面的吊挂高度为 4.5～4.8 m，横向离铁路 3.0～7.0 m，这就要求我们在施工过程中对杆路的定位和安装在技术方面上要准而精。

(2)根据此工程施工的特点，敷挂线路沿着铁路进行。

(3)漏缆接续一般是在杆上接续，连接件接续要求尺寸比较高，防水性要强。

2 适用范围

本工艺适用于铁路列车无线调度区间通信施工。

3 引用标准

(1)《铁路运输通信施工质量验收标准》(TB 10418—2003，J 288—2004)。

(2)《铁路通信施工规范》(TB 10205—99)。

4 基本术语及定义

(1)同轴漏泄电缆：在无线通信中兼具信息传输线和收发天线的双重功能，是由内铜管导体和外导体采用铜带成型并以一定节距的八字槽结构、U 型槽结构、垂直结构等各种形式的异型槽为主，中间采用物理发泡等绝缘物质组成的电缆。

(2)单工：如果在通信过程的任意时刻，信息只能由一方 A 传到另一方 B，则称为单工。

(3)半双工：如果在任意时刻，信息既可由 A 传到 B，又能由 B 传 A，但只能有一个方向上的传输存在，称为半双工传输。

(4)全双工：如果在任意时刻，线路上存在 A 到 B 和 B 到 A 的双向信号传输，则称为全双工。

5 工艺原理

同轴漏泄敷设工艺标准核心部分是：平、稳、直。平是指敷设的漏泄电缆同铁轨成水平状，即与铁轨相距 4.5～4.8 m 的平行线；稳是杆路安装牢固；直是指架设成型的漏泄电缆平直，不得成蛇形弯曲。

在杆路定测时，根据线路地形进行确定每一根电杆的长度，保证杆路上电杆的技术要求高度。线路电杆安装好后，就进行确定漏缆挂架的高度，即确定吊线抱箍的位置。原理是以两铁轨的平面为 0 平面，在电杆上作好 0 平面的位置，再在电杆上部作出 4.5～4.8 m 某一统一高度标记，这样相对铁路来讲高度一致。同理隧道内在墙壁划出等高线，安装好隧内吊夹。

挂架漏缆时，在终端杆将其漏缆的承力索固定，另一端用加力器牵引缆的承力索，使其在横向上受到一个加力作用，这样挂架的漏缆不成蛇形，在横向上和纵向上成直线，达到工程感观美、实。

6　工艺流程及操作要点

6.1　工艺流程

漏泄电缆敷设分为：隧道内漏缆敷设和隧道外漏缆敷设两部分，工艺流程如图 1 和图 2 所示。

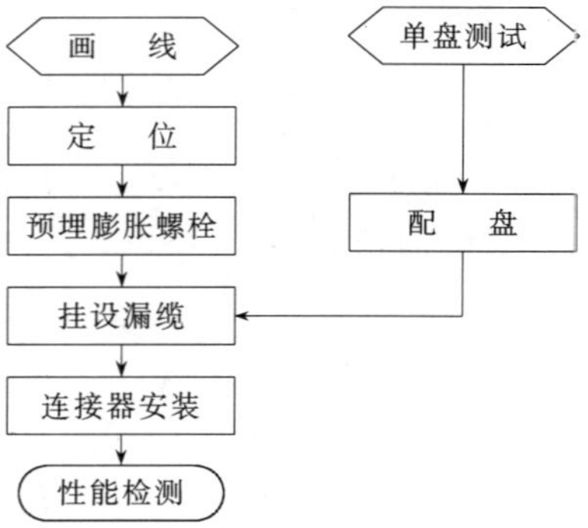

图 1　隧道内漏泄电缆挂设施工流程图

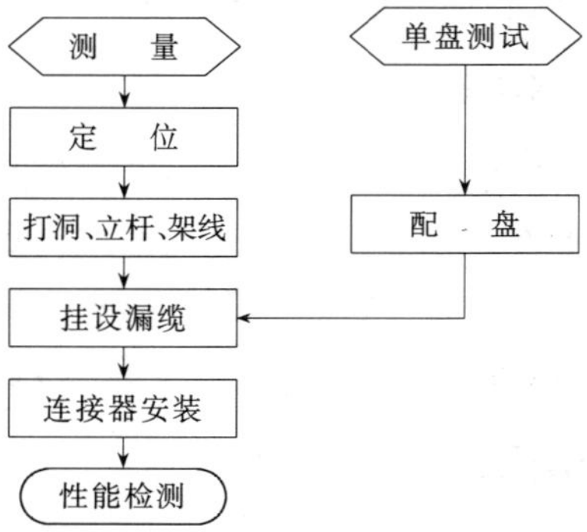

图 2　挂设隧道外漏泄电缆施工工艺流程图

6.2　操作要点

6.2.1　漏缆单盘测试

(1)确认漏缆单盘外包装是否完好，如发现包装异常或有严重损伤应双方签定文件，以便上级主管单位及时处理不合格单盘缆。

(2)特殊盘长的电缆要标明所敷设地点，取下漏缆单盘合格证，同时将合格证与盘上标称盘号、长度对照无误后，将合格证交指挥部物资部登记保管。

(3)单盘测试卡上应有以下内容：测试日期、人员、仪表型号、天气、出厂编号、标称长度、漏缆型号等。

(4)漏缆单盘测试指标(450 MHz)：

① 环路直流电阻：<4 Ω/km；

② 内、外导体间绝缘电阻：1 000 MΩ · km；

③ 内、外导体间耐压：交流 3 000 V，2 min 不击穿；

④ 特性阻抗：75 Ω；

⑤ 电压驻波比：在工作频率内<1.5；

⑥ 漏缆单盘测试完毕后应进行保气试验，气压不得大于 100±10 kPa 稳气应为 90～100 kPa。

6.2.2　漏缆配盘

(1)严格按照设计文件进行漏泄电缆配盘。

(2)漏泄电缆类型与使用地段应与设计相符。

(3)根据定测台账和漏缆单盘长度,应采取用分级补偿的办法进行合理配盘,尽量减少剩余短段漏缆和接头数目,每段漏缆最短使用长度必须大于 50 m。接头应考虑在电杆处。

(4)各接头处余留标准如下:

接头处两漏缆重叠 2 m;射频电缆在电杆上预留小 2 圈(约 1 m)。

6.2.3 漏缆大运

漏缆的装卸应采用吊车或大绳、跳板装卸,严禁从车上直接推落到地上,运输过程中必须将漏缆用钢丝绳捆扎牢固,对漏缆采取不受损伤的保护措施,注意安全,杜绝野蛮施工。

6.2.4 敷设及漏缆的架挂

6.2.4.1 隧道内漏泄电缆的架挂

(1)隧道内漏缆支架的安装。

① 电缆支架孔的位置,距离钢轨面高度一般为 4.6~4.9 m;

② 用冲击钻在洞壁预定位置钻一个 ϕ19 的孔,孔深为 70±3 mm,孔应平直不可成喇叭状;

③ 将胀管及螺杆装在一起放入 ϕ19 孔内,用木锤打入洞内,要注意保护螺杆螺纹;

④ 支架装配按洞内吊夹图将垫圈螺母拧好固定,夹板固定位置要统一,以使电缆与洞壁间的距离保持一致;

⑤ 洞内吊夹可根据设计文件或漏缆敷设环境的实际需要每隔 2.5~3 m 安装一个。防火吊夹宜每隔 30 m 安装 1 个;

⑥隧道内无衬砌面时,采取钢丝承力索吊挂电缆方式。固定钢丝承力索的支架采取 40 mm×40 mm×4 mm 角钢,孔深为 120 mm,并采取用水泥沙浆灌注。角钢间距不宜大于 15 m,根据地形可适当移动位置,但移动距离不大于 2 m。

(2)隧道内漏泄同轴电缆吊挂。

① 漏缆吊挂在隧道侧壁,槽口向下。在一般隧道内距轨面的吊挂高度为 4.5~4.8 m;

② 隧道内吊挂漏缆应尽量联系开天窗时间。为确保施工人员安全。两端必须设防护人员,以避免列车等进入洞内;

(3)隧道内漏缆宜采用人工抬放。如采用机械施工时,电缆盘不得卡阻,载运轨道车不得猛起动或急刹车。布放电缆不得拉得过紧。吊挂电缆应平直,不得出现过松现象。

6.2.4.2 隧道外漏泄电缆的架挂

(1)隧道外漏缆支架的安装

隧道外漏缆架设采用电杆支撑和钢丝承力索吊挂方式。支撑电杆一般采用梢径 170 mm 高 7 m 的水泥杆,杆高根据地形可作适当调整。LCX 电杆距轨道中心 2.7~5 m,支撑杆距应为 28~35 m,弯道及特殊地段可根据实际情况作适当的调整,弯道及困难区段应采取打拉线、撑杆或水泥护墩等措施进行加固。电杆埋深应符合表 1 规定。

表1 电杆埋深

土质分类 / 埋深(m) / 杆高(m)	松土	普通土	硬土及石灰土
7.0~7.5	1.6	1.4	1.1
8.0~8.5	1.7	1.5	1.1
9.0~10.0	1.8	1.6	1.3
11.0~12.0	2.0	1.8	1.5

承力索采用 7/2.2 镀锌钢绞线,漏缆在承力索上用吊夹固定,吊夹间距按设计要求每隔

2.5～3 m安装1个，防火吊夹宜每隔30 m安装1个。

(2)隧道外漏缆吊挂

① 漏缆吊挂高度应距轨面4.5～4.8 m，与带电设备部分的距离不应小于2 m；

② 漏缆敷设宜采用人工抬放，敷设前应有专人确认该漏缆的耦合损耗是否符合设计图及配盘要求；

③ 漏缆上吊夹前应加(300±30 kg)的张紧力，吊挂后漏缆垂度应保持在20 ℃时0.15～0.2 m范围内；

④ 漏缆施工时严禁剧烈弯曲，弯曲半径不得小于2 m。漏缆过轨时应换接阻抗相同的射频电缆；

⑤ 锯断漏缆时，必须及时清除切断口附近的锯屑和杂物，以免锯屑和杂物进入漏缆内部，影响电气性能。

6.2.5　地线安装

地线安装的位置：通常间隔为500 m一处，各段漏缆的承力索应焊接连通，洞口处的承力索与吊线焊接连通，中继器处的电缆承力索、吊线和中继器地线应互相连通。地线接地体应垂直和远离轨道埋设，地线电阻值应小于10 Ω。

6.2.6　漏缆连接器安装

(1)漏缆连接器安装包括固定连接器、调相连接器、阻抗转换器、功率分配器及中断匹配负载。

(2)漏缆连接器安装应严格按工艺标准操作，其主要技术要求应符合下列规定：

① 调相接头应在两种漏缆开槽中心；

② 固定接头必须保持原电缆结构开槽间距不变；

③ 终端接头不考虑间距开槽尺寸；

④ 接头后应做充气试验，不应有漏气现象；

⑤ 接头应保证电特性指标，对于阻值过大、绝缘不良、衰减偏大的接头应锯断重接；

⑥ 连接器装配后接头外部应进行防护；

⑦ 连接器应可靠地固定在承力索或电杆上。

6.2.7　性能检测

(1)万用表进行通电试验，检查内、外导体装接情况，并轻敲连接器，看万用表指标有无变化，判断装配接触质量；

(2)用兆欧表进行绝缘电阻测量，判断装接质量；

(3)检查各零部件螺栓是否旋紧。

7　劳动力组织

现场设一名施工负责人，全面负责整个施工安排、指挥、协调工作；技术员指导施工过程中技术工作；技术工人是工程施工的执行者，是施工的主力军；普工是协作技术工人完成一些辅助工作。具体劳动组织见表2。

表2　劳动力组织表

序　号	现场人员	单　位	人　数	备　注
1	施工负责人	人	1	负责施工安排、指挥、协调工作
2	现场技术员	人	1	负责现场技术
3	技术工人	人	3	
4	普工	人	15	

8　主要机械设备及工器具配置

施工机具严格按公司《机械设备管理细则》进行使用、控制和管理；仪器、仪表严格按公司《检验、测量和试验设备控制程序》进行使用、控制和管理。保证施工机具运行状态良好，仪器仪表在有效期内，测量数据准确。机械设备、仪器仪表操作者必须有上岗合格证，并详细记录操作运行情况，主要机械设备、仪表见表 3。

表 3　主要机械设备、仪表配置

序　号	机　械　设　备	规格型号	数　量	数　量	备　注
1	载重汽车		台	1	
2	轻载汽车		台	1	
3	指挥车		台	1	
4	对讲机	GP88	部	12	
5	发电机	1.5 kW	台	2	
6	冲击电锤		把	4	
7	万用表	MF-64	块	2	
8	兆欧表		台	1	
9	电桥	QJ-45	台	1	
10	地线电阻测试仪	ZC—8	台	2	

9　质量控制要点

（1）对工程材料严格进行检验，发现问题，应及时通知厂家予以更换，做到不合格材料不入库不进场。

（2）LCX 施工时，设专人检查 LCX 架设的情况，主要检查项目：LCX 夹板螺帽的紧固程度、LCX 是否平直。作到及时发现问题，及时纠正问题。

（3）LCX 接续好后的测试中，用木榔头轻轻的敲击接头处，以检查 LCX 接头的电气连接是否牢固、可靠。确保接头的质量。

（4）在施工测量时，派出具有丰富施工经验的技术人员，严把 LCX 杆路定测质量关。杆路的选择尽量采取短、直的路径，尽量减少与高压电线的交叉平行和接近。

（5）为确保杆洞的深度符合规定，采取在电杆底部两米的地方画一道质量控制线的方式。

（6）坚石地段，对于杆洞深度达不到要求的地方，采取先打一个 1 m 左右的洞，立杆后再用围桩加固。

（7）由于漏缆是架空型，电缆的外护套层比较薄，在放缆时采用人工抬放加杆上放滑轮的方式，避免划伤漏缆。

（8）在架漏缆时缆的一端固定，另一端采用加力器，使其电缆平直，避免架挂的漏缆纵向成蛇形，影响质量和美观。

（9）所有的承力终端做头处缠绕的铁丝均用防锈油漆进行涂刷，防止生锈断裂，发生线索拉脱现象。

10　安全控制要点

为了保证既有线的行车安全及人身安全，在电杆的运输，杆洞的开挖，电杆的架立，吊线、漏缆的架挂等施工工序安全控制要点及措施如下：

(1)杆洞的深度一定要符合施规要求，开马槽时，一定要考虑到便于立电杆，保证杆身不侵入铁路界限。

(2)立杆前必须检查立杆工具是否牢固、完整，若发生破损时，必须立即更换。

(3)隧道内施工和立杆作业时，必须设有两端二级施工防护人员和施工现场的安全员。

(4)立杆时应听从立杆总指挥的统一指挥，总指挥应对整个立杆过程负全责。

(5)电杆需沿铁路向前或后转移时，禁止抬入轨道间进行转移。

(6)上杆作业前要系好安全保险带佩戴安全帽，否则严禁上高空杆作业。

(7)高空作业时，严禁在施工人员的下方施工或休息，避免人生意外伤亡。

(8)漏缆连接器接续时，所使用的喷灯或汽油远离易燃物，避免发生火灾。

11　环境保护要点

(1)放缆后剩余的电缆盘和其他的废弃物应及时回收，不得任意抛弃在铁路的两边或道床上。

(2)破坏的路肩或边坡立杆后，应及时恢复，多于的散土、石块等应运送到低洼的地方。

(3)损坏铁路绿化植被的地方，在施工后应种上同类植被，并使其成活率达到100%。

(4)杆路选择时，尽量避开铁路沿线的防风或绿化树木，严禁乱砍乱伐。

(5)文明施工，开挖的土石不得污染道床和堵塞排水设施。

12　常见问题及处理方法

(1)漏缆架挂后应保持水平成直线，在施工中要求安装吊线抱箍时，先在电杆上画上等高线，再安装抱箍。而在施工中，我们的电工师傅是先安装吊线抱箍，在放钢绞线线后再调整抱箍高度，存在工序颠倒，做一些无用的返工工作；为了避免发生类似的情况，在施工中应严格按照操作程序进行施工：立杆、划等高线、安装抱箍、架钢绞线、放缆、挂架漏缆。

(2)挂架的漏缆在纵向上成蛇形，影响挂架的美观感，产生的原因是施工人员在操作时是随意把缆拉上去卡挂，缆在横向上未受到拉力。为了解决这个问题，在挂架时，在缆的一端固定，另一端用一个加力器使其漏缆在横向受到一个拉力，这样挂架的漏缆在纵向和横向上成一条直线。

(3)上杆时也应该佩戴好安全带，个别施工人员为了方便，未佩戴安全带而上杆，杆上作业时，倒换脚位时从杆上跌倒在杆下，相反就会顺杆滑下，安全系数相对高。

13　附　　录

无。

列车无线调度电话设备施工工艺

1 工艺概况及技术特点

在本工艺标准以前都是采用的多组人安装，在技术力量上参差不齐，施工工艺标准不统一。本施工工艺采用经过专业培训的工人安装施工，流水作业，根据工程具体情况处理工序的衔接，灵活方便。运用系统工程原理，优化施工工艺，有利于工期的安排，在科学合理的施工工序的框架下，质量安全系数大大提高，施工成本和管理成本也大大降低。

2 适用范围

本施工工艺适用于铁路列车无线调度电话设备施工。

3 引用标准

(1)《铁路运输通信施工质量验收标准》(TB 10418—2003，J 288—2004)。
(2)《铁路通信施工规范》(TB 10205—99)。
(3)《列车无线调度通信系统制式及主要技术条件》(TB/T 3052—2002)。

4 基本术语及定义

(1)小三角通信：是车站值班员、司机、车长之间的通信称为小三角通信。
(2)大三角通信：调度、车站值班员、司机三者之间的通信称为大三角通信。

5 工艺原理

在机柜或工作平台的安装前，对安装环境进行勘查，提出安装的可靠性安装方案，再对几种方案进行细致、周密的分析探讨，选出最佳方案，原则上是符合设计和施规要求再结合实际环境的需要。室内安装设备机柜或设备摆放整齐，也要考虑以后维修方便。

在设备确定安装位置后，就可以进行设备的安装和固定，安装中要求机柜或工作平台和室内既有设备排列整齐，安装美观：机柜面板面与有线设备要在一个平面上，高矮排序；设备内和设备间的配线均用合适大小的绑扎带进行固定，绑扎后的电缆应相互紧密靠拢，外观平直整齐，线扣间距均匀，松紧适度，配线走线一致，不得交叉，数据线与电源线、地线分开排列；缆线弯曲半径符合设计及施规要求，并弯曲圆滑。

设备在室内安装时用膨胀螺栓固定、垫平，漏缆和射频电缆采用专用工具接续保证接续质量，不得让其晃动；工作平台上的设备摆布平稳，放置在比较安全的地方，防止摔下损坏设备。

6 工艺流程及操作要点

6.1 工艺流程

如图 1 所示。

6.2　操作要点

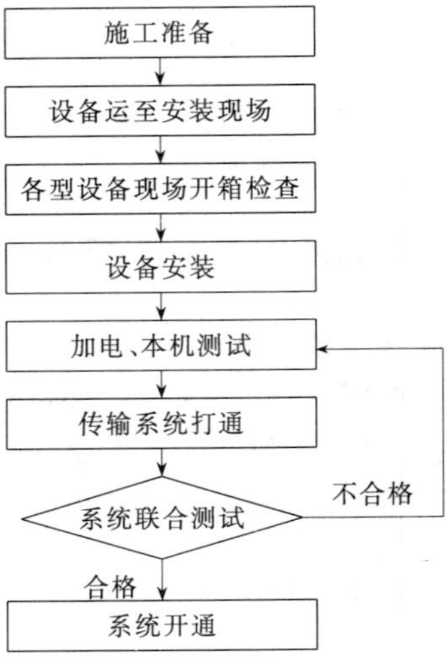

图 1　无线列调设备施工工艺流程图

6.2.1　施工准备

施工准备包括：房建、电力的考察，中继房等设施修建是否完毕，供电系统是否到位；设备到货情况，按照设计图纸清点设备的数量、包装的质量；人员、运输的安排，安装作业人员的数量和专业人员配置；交通工具数量是否满足以及车况是否良好等；安装工具配置，除购买厂家配备的专用工具外，每个作业组配足常用的工具，如电锤、发电机、扳手、螺丝刀等；物资方面，在市场上购买好安装所需的合格材料。

6.2.2　设备、材料运至安装现场

(1)设备的运输

由专业的运输作业组，负责运输设备，在运输过程中要注意的事项：

① 车辆的选配：车况要良好，不得使用不合格、车况不良的交通工具进行运输设备。

② 设备的配备：根据施工图纸对每一个设备安装地点进行设备数量，品类配装，不得错装和乱装。

③ 设备的装卸：在确定设备的数量和品类后，开始装卸，在装卸过程中不得撕毁设备的外包装和拆开设备，严格按照设备的堆放的方向进行轻放，并且堆放平稳。不得抛装、抛卸。

④ 设备运输过程：在运输过程中，不得时快时慢，路面不平的地方车速要缓慢，以免设备在车上受到损坏。

(2)材料的运输

在运输材料前要按照材料单提供的数量进行清点，杜绝不合格的材料装上运输车辆。材料的运输和设备一并运达安装现场，并且放在安全的地方，不得随意堆放。

(3)各型设备现场开箱检查

设备开箱检查是对设备质量检查的第一步，也是比较重要的环节，直接关系到施工方和厂方之间的对设备管理的责任的划分，因此在开箱时应注意一下几点：

① 在开箱前必须检查设备的外包装是否完整和无包装的设备外表是否有破损的痕迹；

② 若发现有以上情况之一者，应要求厂家一起对此类设备进一步检查，确诊设备无损害后，方可使用，不得私自打开上述产品；

③ 对包装完整、无损设备可以开箱检查，首先查看设备的装箱清单，箱内的设备数量、品类是否和装箱清单一致，发现有缺漏的，要和项目部及时沟通，汇报发现的问题。

6.2.3　设备安装

6.2.3.1　光直放站(远端机)的安装

(1)设备的组成

光直放站设备包括：光纤直放远端机、蓄电池、隔离变压器。

(2)设备安装定位

设备安装的定位：根据中继房内的大小、门窗开放以及馈线的引入和电源的接入的因数的影响，确定各类设备摆放位置。原则是安全、操作方便，布局美观。

(3)设备安装

1)在安装设备前,细研安装说明书,按照设备机架划线定位,划线的原则是在设备安装好后要横平,竖直。

2)打眼放膨胀螺栓,打孔时钻头要垂直,孔不得成喇叭口。

3)直放站可以实现壁挂式安装,落地式安装,电线杆上,或天线架上安装。

① 地墩上安装支架。

② 装好支架后,将直放站安装在支架上将直放站挂在支架上部的两个支点上,并在支架下方用 M6 紧固螺钉将支架与直放站固定在一起即可。

4)蓄电池的安装及连接

① 将蓄电池机箱平放于水泥墩上(切勿倒置或侧置),用螺栓将机箱的四个安装孔固定于水泥墩上即可。

② 一定要用所配的电源线。将带黄色地线一端远端机蓄电池电源线接口,黄色地线接于远端机机箱接地线上,线另一端接蓄电池的电源接口上即可。蓄电池机箱也要良好接地。

5)隔离变压器的安装:防止变压器底部受潮,变压器应放在水泥墩上平台上,用螺栓将机箱的四个安装孔固定于水泥墩上即可。

(4)光纤跳线的连接

① 跳线与设备的连接。将光纤从主设备"光纤入口"处穿入,将跳线的一头(FC-APC、尖头)插入光模块的光口。注意将跳线头的"舌"对准座上的"凹"轴用力推入,否则会挤破座内陶瓷薄管,增加损耗甚至不能使用,拧紧 FC 螺帽。

② 跳线与光缆的连接

a. 光缆的选择:必须是单模光纤;

b. 连接器:必须使用 FC/PC-FC/PC 连接器;

c. 连接方法:对准、轴向用力、渐进推入、拧紧。采用一定的防雨措施。

(5)光纤的引入

根据直放站固定后,确定光终端盒的位置,要求终端盒的位置应满足尾纤到直放站的引入、便于操作和维护。并将其室内光缆固定。

(6)设备连接电缆

连接业务天线同轴射频电缆,分别接于设备"功分器射频输出口"。再将"功分器射频输入口"和直放站的"射频输出口"相连,天线同轴射频电缆使用 N 型公头。在连接射频电缆时应把功分器固定在支架上。把电源接头安装在交流供电电缆上,将接头插入"电源接口"由交流电供电的直放站,电源插头座的 E 必须接地。把接好的尾纤 APC 型头通过光纤入口插入光模块的光接口。

6.2.3.2 近端机的安装

(1)位置的选择

近端机没有任何防水措施,要求安装在无线列调机柜里,根据机柜具体使用的情况,把本机放入到机柜的空闲层。并且固定在机柜的层板上。

(2)光跳线的安装

光跳线的数量:1 根 3 m/根或一拖二跳线与光端机的连接将跳线的一头(FC/APC、尖头)插入光端机的光口,跳线头部的"舌"对准座上的"凹"。轴向用力推入拧紧 FC 螺帽。跳线与光缆的连接。

(3)定向耦合器的安装

断开基站的输出，串入 40dB 的定向耦合器，注意定向耦合的输入、出不能反接，否则耦合度不准。

(4)连接

① 用射频电缆把定向耦合器的耦合接口与近端机的射频接口相连；

② 将电源线接口插入到近端机的电源入口；

③ 尾纤的 FC 头引入到综合柜的光纤引入盘的光缆端子。

6.2.3.3　中继器的安装

(1)设备的组成

中继器设备包括：中继器，蓄电池，蓄电池柜，隔离变压器。

(2)设备安装定位

设备安装的定位：根据中继房内的大小、门窗开放以及馈线的引入和电源的接入的因数的影响，确定各类设备摆放位置。原则是安全、操作方便，布局美观。

(3)设备安装

在安装设备前，细研安装说明书，严格按照说明书所指导的安装方法：按照设备机架划线定位，划线的原则是在设备安装好后要横平，竖直。

打眼放膨胀螺栓，打孔是钻头要垂直，孔不得成喇叭口；

把蓄电池柜放到已做好的膨胀螺丝上，使其固定；然后将置放到蓄电池柜上，拧紧中间的连接螺杆，随后拧紧背后的固定膨胀螺丝，使其固定。

中继器有两个 N 型的接头，分别接天线；有两个 12 芯航空插头，分别接 12V 蓄电池和 220V 电源。

6.2.3.4　机车电台设备安装

(1)设备的组成

主机、控制盒、送话器、扬声器、450M 天线、主控电缆、副空电缆、天馈线、电源电缆、减震架等组成。

(2)设备安装定位

机车设备是一个复杂的安装环境，空间利用率较高，并且工作环境比较差，合理在机车设备机柜里找出一块能容纳电台安装和便于维护的位置。

(3)设备安装

① 设备安装时主机、天线、控制盒采用与机车车体绝缘的方式；

② 安装主机时，先固定好减震架，主机再固定于减震架上，减震架的尺寸见各厂家的设计的尺寸；

③ 规范化司机室，将预设控制电缆与控制盒的主机接口连接好，再将控制盒固定在预留的无线列调机车电台操作单元安装部位，在其他机车上选择好安装位置，先固定控制盒安装架，再把控制盒固定在安装架上；

④ 喇叭安装架先安装好，然后再把喇叭固定在安装架上；

⑤ 电台天线安装在机车车顶平面的中轴位置，贴底安装。如天线架高安装，需在天线底部提供半径 30 cm 的金属反射板或地网，否则会影响天线驻波比。

6.2.3.5　车站电台设备安装

(1)设备的组成

无线调度车站电台设备包括：主机架、控制盒（仅车站台、遥控台配置）、车站台至天线间馈线、天线（全向或定向）、避雷器、车站台至避雷器馈线以及录音议等组成。

（2）设备安装定位

主机的定位：主机一般是安装在通信机械室内的无线机柜内，具体安装位置视车站台附属设备的多少而定，原则是安装、操作和维护方便。控制盒放在车站值班员的桌子上。

（3）设备安装

① 电台主机（包括录音议等附属设备）放在机柜内并将其固定；

② 控制盒放在车站值班员的桌子上，并加以回定。

③ 天线安装在铁塔、或电杆、屋顶支架上，安装时要考虑天线支架的牢固性及防雷。

（4）设备电缆连接

① 将控制盒连接电缆一端连接到主机的控制盒端口，一端连接到控制盒的控制电缆座，并加以固定。

② 天馈线缆的连接是一头与天线的接口相连，连接后需采用防水措施。一头接入到主机的射频端口，并加以固定。

③ 电台主机的电源一般使用是 12～13.8 V，连接时确认电源的正负极及其电源的电压高低。

④ 其他附属设备的连接详见设备的使用说明书。

⑤ 音频四线的输出输入接至主机配线板上相应的端子上，另一端是与数调设备音频板的接口相接。

6.2.3.6　调度总机、监测机、调度命令出入库检测设备安装

调度总机设置在调度所里，监测机和调度命令出入库检测设备一般是设置在无线检修所里，这些设备安装在工作平台上，放置在安全、操作方便的地方。设备布置好后就进行缆线连接，在连接中各端口应对号入孔，防止错接损坏设备。

6.2.3.7　室内布线

（1）布放电缆的规格、路由、截面和位置应符合施工图的规定，电缆排列必须整齐，外皮无损伤。交、直流电源的馈电电缆，必须分开布放；电源电缆、信号电缆、用户电缆与中继电缆应分离布放。

（2）电缆的转弯应均匀圆滑，电缆弯曲的弯曲半径应大于标准要求。布放走道电缆必须绑扎。绑扎后的电缆应相互紧密靠拢，外观平直整齐，线扣间距均匀，松紧适度，用麻线绑扎时必须浸蜡。

（3）布放槽道电缆可以不绑扎，槽内电缆应顺直、尽量不交叉。在电缆进出槽道部位和电缆转弯处应绑扎或用塑料卡绑扎固定。

（4）各种信号线的焊接均应端正、光滑、无凹陷、凸泡、无虚焊、不松动。焊剂应用松香酒精溶液，严禁使用焊油，焊接后应用酒精棉球擦洗干净。需要绕接的信号线应使用绕线枪或手用绕线器，刮线长度应一致，不伤线，绕线紧密不叠绕，线径为 0.4～0.5 mm 时绕 6～8 圈，0.6～1.0 时绕 4～6 圈。

（5）光纤布放：槽道内光纤应顺直、不纽绞，拐弯处曲率半径不小于 40 mm；槽道内光纤应加套管或线槽保护，无套管保护用扎带绑扎，但不宜过紧。

（6）敷设电源线：电源线必须采用整段线料，中间无接头。馈电线采用架空敷设时，铜（铝）条应整齐平直，看不出有明显不平或锤痕。铜（铝）条馈电线在正线有红色油漆标志，其他不同

电压的电源线有不同颜色标志区分。油漆应光滑均匀，无漏涂和流痕。采用胶皮绝缘线作直流馈电线时，每对馈线末端必须有胶带等绝缘物封头，电缆剖头处必须用胶带和护套封扎。

6.2.3.8　线路天馈线安装

(1)电杆天线终端处的安装

① 天线支架的固定：把事先做好的天线固定支架安装到离电杆顶部 10 cm 下的杆上，连接避雷针和地线将引向器、折合振子反射器固定在主杆对应位置。

② 用夹具按极化要求将天线紧固在架设杆上。

③ 连接好馈线，并将馈线接头用防水胶带包好。

④ 用扎带固定好馈线，不要让馈线的下坠力直接施加在天线接头上。

⑤ 馈线从室外进入室内前要形成防水倒流段，以免雨水沿馈线进入设备；组装天线是把主杆的箭头与折合振子的箭头相对。

架设天线时的正确安装方位：折合振子的杆上有一箭头指向上方，水孔向下。

⑥ 用做好的短射频连接天线的接口，并用防水胶带包扎好后，用扎带将其固定在支架上或电杆上的抱箍上。每小段的射频缆应有 60 cm 的圆形余留圈。

⑦ 天线架设方向的调整：根据铁路通信的特点，线路需要链路通信，所以在安装天线时必须把天线架设方向调整好，终端杆天线架设方向调整的原则是指向铁路延伸 500 m 范围的方向。

(2)铁塔天线的安装

铁塔的天线有两种：全向天线和定向天线。

① 天线支架一般使用的是绝缘材料。固定天线支架在铁塔的工作平台外的支撑钢管上，支架在安装后两横担应保持水平。

② 用 U 型穿钉把天线的支撑部位固定在绝缘支撑横担上，调整安装好的天线的方向，使其天线辐射的范围最佳。

③ 连接天线与馈线的射频头，拧紧后射频头外要采用防水措施，防止射频头渗水和进潮。

④ 馈线使用铝质护套线沿铁塔爬梯绑扎引下。

⑤ 房屋与铁塔连接的钢绞线间应加入绝缘材料，馈线在钢绞线上走线采用铝质护套线做 8 型扎线并使其扎紧，不得松脱，扎线分布均匀。

⑥ 在进入室内时，室外引入孔处应做一个滴水弯，引入孔口应是外高内低，便于馈线引入时弯曲半径符合设计要求。

⑦ 馈线通过室内电缆沟槽引入到无线列调机柜的电台的天馈线接口。

(3)电杆天线功分处的安装

功分器的固定：把功分固定支架安装在电杆适当的位置后，将其功分器固定在支架上，线路功分处的天线架设的方向是指向无信号区段。其他的安装步骤与电杆天线终端处相同。

6.2.4　设备调试

6.2.4.1　加电、本机测试

设备安装好后，用万用表对各线路的端口进行测试，测试合格后，方可加电调试。杜绝对线路端口不测试就直接加电调试。

(1)近端机加电、调试

① 加电：近端机为 DC48 V 供电，由于设备内部已做处理，所以电源不分正负极，只要两

根线接好即可。设备面板上有显示，其中电源指示灯亮正常，说明加电成功。反之有故障，需处理后再做调试；

② 调试：按照设备的调试项目进行各项数据指标进行设置和调试。严禁乱调试厂家规定的禁止调试的项目和数据。

(2)远端机加电、调试

① 加电：检查交、直流电源的配线正确后，可以合上交流空气开关，进行通电。设备底部板上有显示，其中电源指示灯亮正常，说明加电成功。反之有故障，需处理后再做调试。

② 调试：按照设备的调试项目进行各项数据指标进行设置和调试。严禁乱调试厂家规定的禁止调试的项目和数据。

6.2.4.2 传输系统打通

在各小的中继段调试开通后，就可以打开站区段的传输系统通道，进行测试和调试。在测试和调试的过程中，与厂家密切配合，达到调试人员自行熟练掌握调试和测试的程度。

6.2.4.3 系统联合调试

系统联合调试可分为：小三角通信调试、大三角通信调试和系统网管调试三部分。

(1)小三角通信调试

小三角通信是由司机、车站值班员、外勤车长三者组成的通信。

用便携台模拟机车台，在车站信号覆盖的范围内进行小三角通信，看能否达到设计时所规定的要求。看通话质量是否清晰；电台内是否有无干扰的噪音，噪音的大小；三者相互通话畅通情况；邻近的车站是否能听见本站的通话内容等。

一般情况下，车站电台在出厂时它的发射功率基本上是已调试好的，但也可以在现场上做专业调试，通常下施工单位不能轻易去改变设备的各种技术参数。在这种情况下在做此项调试时，应该检查施工的外围设备连接情况：如天馈线的安装是否合理，用通过式功率计测试天馈线的发射驻波比是否大于出厂的技术参数，如高于此参数就应该检查天馈线的各连接的地方和布线弯曲过小所至。经过我们施工外围的检查无误后，方可通知厂家要求一起查处事故的原因，对设备参数进行调试，直到故障排除。

(2)大三角通信调试

大三角通信是由司机、车站值班员、调度员三考组成的通信。

首先，施工技术人员应登机沿全线路进行和车站值班员、调度员通话。每隔三分钟分别和其他两方进行通话，并记录好各段呼叫的质量，在通话中通话应是相互进行通话，不能单方面进行通话。

经过上述登机试验后，对大三角通话试验做出分析和总结，对出现的问题应及时提出处理意见和解决的办法。

(3)系统网管调试

在调度所网管中心，通过计算机对全线的无线列调系统进行配置管理、故障管理和性能管理测试。

7 劳动力组织

现场设一名施工负责人兼技术，全面负责整个施工安排、指挥、协调和技术指导工作；专业安装人员全面负责设备安装工作，是施工工序的执行者；普工是协作专业安装工完成一些辅助工作。劳动力组织见表1。

表1　劳动力组织表

序　号	施工人员	单　位	数　量	备　注
1	施工负责人(作业队长)	人	1	现场施工组织及协调
2	技术人员	人	2	技术负责、质量负责
3	安质员	人	1	安全质量监督
4	通信工	人	6	设备安装、光电漏缆接测
5	普工	人	20	设备安装、光电漏缆敷设
6	司机	人	2	运输

8　主要机械设备及工器具配置

主要机械设备及工器具配置见表2。

表2　主要机械设备及工器具配置

序号	机械、仪表设备	型号、规格	数量	序号	机械、仪表设备	型号、规格	数量
1	轻载双排座汽车	福田	2台	4	冲击电锤		1把
2	对讲机	GP88	3部	5	数字万用表		2块
3	发电机	1.5 kW	1台	6	通过式光功率计		1台

9　质量控制要点

(1)在设备安装前,要对本次设备安装要求进行透彻的领会和理解,特别是本次工程设计图纸的了解;要求安装的专业人员责任心强、技术水平高;使用的安装材料性能质量好,机具方面选用性能良好等。

(2)在安装过程中,设备的定位必须画线定位,不能凭肉眼进行确定,安装孔垂直,不成喇叭口;设备的布线要布局合理、美观、整齐、绑扎牢固。

(3)在机车上安装电台时,选择通风、避热,安装位置要牢固和操作方便。

(4)在布放天馈线时,应按施规要求进行施工,为确保施工的质量,每次布完线后,均要用通过功率计进行驻波比测试,防止因驻波比超标而烧坏电台设备。

10　安全控制要点

(1)在运输过程中,设备要轻拿轻放,严禁将设备从高处向低处推摔。

(2)室内配备线路时既有的设备、线缆较多,特别注意不要损伤既有线缆和乱动既有设施。

(3)在铁塔上安装天馈线时应事先对施工人员的防护设施仔细的检查,刮大风、下雨时严禁上塔作业。

(4)安装调度总机时,必须在原机房值班人员的指导下,确定新设备的安装位置。在规定的位置施工。

(5)设备在加电前,必须进行电源的正负极以及电压的高低检查,符合要求后方可对设备加电。

(6)对于采用远供方式供电中继器,安装时事先应关闭远供电源,等设备安装完后方进行供电。

(7)在隧道内进行中继器的安装调试时,必须配备足够的防护人员。严格按照铁路部门的规定进行防护。

(8)设备安装完毕后,离开时关好房屋的门窗,防止设备丢失。

11 环境保护要点

(1)设备包装材料不得任意丢弃,特别是包装箱内的塑料泡沫要放入垃圾箱或回收到废品收购处。

(2)每次施工完成后对施工现场进行清理,使施工现场保持清洁和干燥。

(3)移动过或污染过的既有设备及时要恢复到位,不得污染室内墙壁和地板。

12 常见问题及处理方法

(1)在设备定位时不注意周围既有设备安装的统一性,错位、不规范、影响布局美观和统一性;这就要求我们在施工时先对施工现场进行考察,综合选定设备安装位置,安装应满足施规、设计要求以及现场实际的需要。

(2)布线不规范:为了省事或方便,线路任意布放,并固定不牢固。

(3)用电方面,乱拉乱接电源,用电不规范,存在较大安全的隐患。解决此类问题是:规范用电,加强用电制度管理。

综合布线系统施工工艺

1　工艺概况及技术特点

1.1　工艺概况

施工干扰大，与土建及其他安装部门、装修部门的配合工作较频繁，给施工带来困难。由此决定了该工程各阶段施工必须在总进度的指导下进行统筹安排施工。

1.2　技术特点

大楼的综合布线系统是将各种不同组成部分构成一个有机的整体，而不是像传统的布线那样自成体系，互不相干。该系统包含工作区子系统、水平干线子系统、管理间子系统、垂直干线子系统、设备间子系统。

2　适用范围

本工艺标准适用于建筑物内楼宇自动化控制用综合布线系统安装工程。

3　引用标准

(1)《建筑与建筑群综合布线系统工程设计规范》(GB/T 50311—2000)。

(2)《建筑与建筑群综合布线系统工程验收规范》(GB/T 50312—2000)。

4　基本术语及定义

综合布线系统(Premises Distributed System，简称 PDS)：是一种集成化通用传输系统，在楼宇和园区范围内，利用双绞线或光缆来传输信息，可以连接电话、计算机、会议电视和监视电视等设备的结构化信息传输系统。

5　工艺原理

施工总的要求是与土建和装修同步，施工按照“先管线、后设备”的原则进行施工，施工主要按照：线槽安装、管线预埋、管线敷设、线缆敷设及接测、设备安装、接地、系统调试验收几部分进行。

6　工艺流程及操作要点

6.1　工艺流程

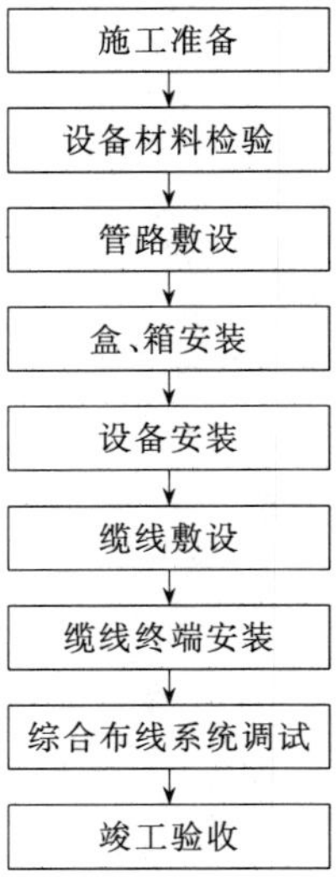

图 1　工艺流程图

6.2　操作要点

6.2.1　施工准备

(1)向有关主管部门办理相关手续。

(2)施工技术人员，根据现场实际情况认真审核设计施工图，对有疑问或与实际不符地方以书面形式呈报监理工程师，编制施工组织设计，制订每道工序的施工方案和质量、安全控制标准。

(3)对参加施工的工人进行岗前质量、安全、技术培训并考核，考核合格后持证上岗。

(4)技术人员对施工人员进行施工前的技术交底，交待清楚每道工序的施工质量要求，安全标准。

(5)制定岗位责任制，落实每个岗位人员的施工职责。

(6)向监理工程师提前一周向监理工程师或业主呈施工计划。

6.2.2　设备材料检验

(1)施工前应对所用器材进行外观检验，检查其型号规格、数量、标志、标签、产品合格证、产品技术文件资料，有关器材的电气性能、机械性能、使用功能及有关特殊要求，应符合设计规定。

(2)电缆电气性能抽样测试，应符合产品出厂检验要求及相关规范规定，光纤特性测试应符合产品出厂检验要求及相关规范规定。

6.2.3　管槽敷设

6.2.3.1　金属管或阻燃型硬质(PVC)塑料管暗敷设

(1)预埋在墙体中间的暗管内径不宜超过 50 mm，楼板中的暗管内径宜为 15～25 mm。直线布管 30 m 处应设置拉线盒或接线箱。

(2)暗配管制转弯角度应大于 90°，在路径上每根暗管的转弯角度不得多于二个，并不应有 S 弯出现。在弯曲布管时每间隔 15 m 处，应设置暗拉线盒或接线箱。

(3)暗配管转弯的弯曲半径不应小于该管外径的 6 倍，如暗管外径大于 50 mm 时，不应小于 10 倍。

6.2.3.2　金属线槽地面暗敷设要求

(1)线槽直埋长度超过 6 m 或在线槽路由交叉、转弯时，宜设置拉线盒，以便于布放缆线和维修。

(2)拉线盒应能开启，并与地面齐平，盒盖处应采取防水措施。

(3)线槽宜采用金属管引入分线盒内。

6.2.3.3　格形楼板下暗敷设格形线槽和沟槽要求

(1)沟槽和格形线槽必须沟通。

(2)沟槽盖板可开启，并与地面平齐，盖板和信息插座出口处应采取防水措施。

6.2.3.4 桥架敷设要求

(1)桥架水平敷设时，吊(支)架间距一般为 1.5～3 m，垂直敷设时固定在建筑物构体上的间距宜小于 2 m。

(2)桥架及槽道水平度每米偏差不应超过 50 mm。

(3)桥架及槽道水平度过每米偏差不应超过 2 mm。

(4)垂直桥架及槽道应与地面保持垂直，并无倾斜现象，垂直度偏差不应超过 3 mm。

(5)两槽道拼接处水平度偏差不应超过 2 mm。

(6)吊(支)架安装应保持垂直平整，排列整齐，固定牢固，无歪斜现象。

(7)金属桥架及槽道节与节间应接触良好安装牢固。

(8)金属桥架安装施工工艺请按有关章节要求施工。

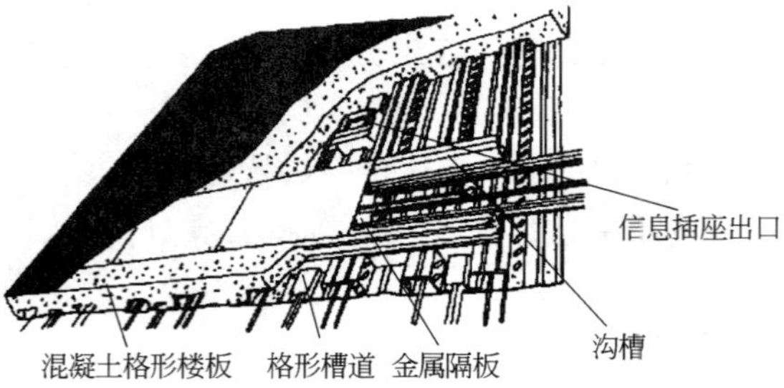

图 2　预埋金属线槽示意图

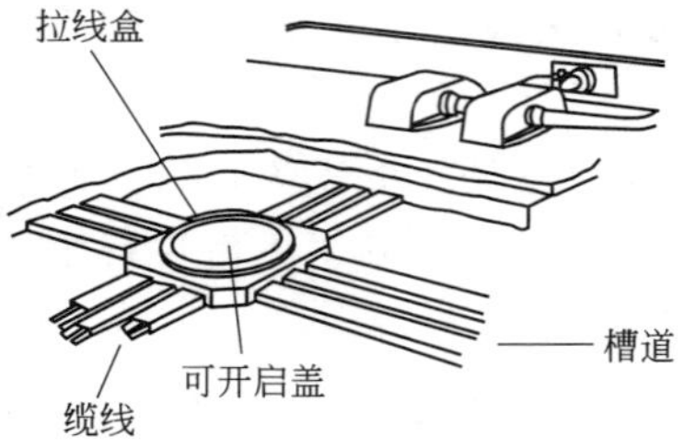

图 3　格形线槽与沟槽构成示意图

6.2.4　盒、箱安装要求

6.2.4.1　信息插座安装

(1)安装在活动地板或地面上，应固定在接线盒内，插座面板有直立生活水平等形式，接线盒盖可开启，并应严密防水、防尘。接线盒盖面应与地面平齐。

(2)安装在墙体上，宜高出地面 30 mm，如地面采用活动地板时，应加上活动地板内净高尺寸。

(3)信息插座底座的固定方法以施工现场条件而定，宜采用扩张螺钉、射钉等方式。

(4)信息插座应有标签，以颜色、图形、文字表示所接终端设备类型。

6.2.4.2　交接箱或暗线箱安装

交接箱或暗线箱宜暗设在墙体内，预留墙洞安装，箱底高出地面宜为 500～1 000 mm。

6.2.5　设备安装

6.2.5.1　机架安装要求

(1)机架安装完毕后，水平、垂直度应符合厂家规定。如无厂家规定时，垂直度偏差不应大于 3 mm。

(2)机架上的各种零件不得脱落或碰坏。漆面如有脱落应予以补漆，各种标志完整清晰。

(3)机架的安装应牢固、应按设计图的防震要求进行加固。

(4)安装机架面板、架前应留有 1.5 m 空间、机架背面离墙距离应大于 0.8 m，以便于安装和施工。

(5)壁挂式机框底距地面宜为 300～800 mm。

6.2.5.2　配线设备机架安装要求

(1)采用下走线方式、架底位置应与电缆上线孔相对应。

(2)各直列垂直倾斜误差不应大于 3 mm，底座水平误差每平方米不应大于 2 mm。

(3)接线端子各种标志应齐全。

6.2.5.3　各类接线模块安装要求

(1)模块设备应完整无损，安装就位、标志齐全。

(2)安装螺丝应拧牢固，面板应保持在一个水平面上。

6.2.5.4　接地要求

安装机架，配线设备及金属钢管、槽道、接地体，保护接地导线截面、颜色应符合设计要求，并保持良好的电气连接，压接处牢固可靠。

6.2.6　缆线敷设

6.2.6.1　缆线敷设一般要求

(1)缆线布放前应核对型号规格、程式、路由及位置与设计规定相符。

(2)缆线的布放应平直、不得产生扭绞、打圈等现象,不应受到外力的挤压和损伤。

(3)缆线在布放前两端应贴有标签,以表明起始和终端位置,标签书写应清晰、端正和正确。

(4)电源线、信号电缆、对绞电缆、光缆及建筑物内其他弱电系统的缆线应分离布放。各缆线间的最小净距应符合设计要求。

(5)缆线布放时应有冗余。在交接间,设备间对绞电缆预留长度,一般为 3～6 m;工作区为 0.3～0.6 m;光缆在设备端预留长度一般为 5～10 m;有特殊要求的应按设计要求预留长度。

(6)布放缆线的牵引车,应小于缆线允许张力的 80%,对光缆瞬间最大牵引力不应超过光缆允许的张力。在以牵引方式敷设光缆时,主要牵引力应加在光缆的加强芯上。

(7)缆线布放过程中为避免力和扭曲,应制作合格的牵引端头。如果用机械牵引时,应根据缆线牵引的长度,布放环境,牵引张力等因素选用集中牵引或分散牵引等方式。

(8)布放光缆时,光缆盘转动应与光缆布放同步,光缆牵引的速度一般为 15 m/s。光缆出盘处要保持松弛的弧度,并留有缓冲的余量,又不宜过多,避免光缆出现背扣。

6.2.6.2 预埋线槽和暗管敷设缆线规定

(1)敷设管道的两端应有标志,表示出房号、序号和长度。

(2)管道内应无阻挡,管口应无毛刺,并安置牵引线或拉线。

(3)敷设暗管宜采用钢管或阻燃硬质(PVC)塑料管。布放双护套缆线和主干缆线时,直线管道的管径利用率应为 50%～60%,弯管道为 40%～50%,暗管布放 4 对对绞电缆时,管道的截面利用率应为 25%～30%。预埋线槽宜采用金属线槽,线槽的截面利用率不应超过 40%。

(4)光缆与电缆同管敷设时,应在暗管内预置塑料子管,将光缆设子管子,使光缆和电缆分开布放,子管的内径应为光缆外径的 1.5 倍。

6.2.6.3 设置电缆桥架和线槽敷设缆线规定

(1)电缆桥架宜高出地面 2.2 m 以上,桥架顶部距顶棚或其他障碍物不应小于 300 mm。桥架宽度不宜小于 100 mm,桥架内横断面的填充率不应超过 50%。

(2)电缆桥架内缆线垂直敷设时,在缆线的上端和每间隔 1.5 m 处,应固定在桥架的支架上,水平敷设时,直线部分间隔距离在 3～5 m 处设固定点。在缆线的距离首端、尾端、转弯中心点处 300～500 mm 处设置固定点。

(3)电缆线槽宜高出地面 2.2 m。在吊顶内设置时、槽盖开启面应保持 80 mm 的垂直净空,线槽截面利用率不应超过 50%。

(4)布放线槽缆线可以不绑扎,槽内缆线应顺直,尽量不交叉,缆线不应溢出线槽,在缆线进出线槽部位、转弯处应绑扎固定。垂直线槽布放缆线应每间隔 1.5 m 处固定在缆线支架上。

(5)在水平、垂直桥架和垂直线槽中敷设缆线时,应对缆线进行绑扎。4 对对绞电缆以 24 根为束,25 对或以上主干对绞电缆、光缆及其他电缆应根据缆线的类型、缆径、缆线芯数分束绑扎。绑扎间距不宜大于 1.5 m,扣间距应均匀、松紧适度。

(6)顶棚内敷设缆线时应考虑防火要求,缆线敷设应单独设置吊架,不得布放在顶棚吊架上,宜放置在金属线槽内布线。缆线护套应阻燃、缆线截面选用应符合设计要求。

(7)在竖井内采用明配管、桥架、金属线槽等方式敷设缆线,并应符合以上有关条款要求。竖井内楼板孔洞周边应设置 50 mm 的防水台,洞口用防火材料封堵严实。

6.2.7　缆线终端安装

6.2.7.1　缆线终端的一般要求

(1)缆线中间不得产生接头现象;

(2)缆线终端处必须卡接牢固、接触良好;

(3)缆线终端应符合设计和厂家安装手册要求;

(4)对绞电缆与插接件连接应认准线号、线位色标,不得颠倒和错接。

6.2.7.2　对绞电缆芯线终端要求

(1)终端时,每对对绞线应尽量保持扭绞状态,非扭绞长度对于 5 类线不应大于 13 mm;4 类线不大于 25 mm。

(2)剥除护套均不得刮伤绝缘层,应使用专用工具剥除。

(3)对绞线在信息插座(RJ45)相连时,必须按色标和线对顺序进行卡接。插座类型,色标和编号应符合图 4 规定。

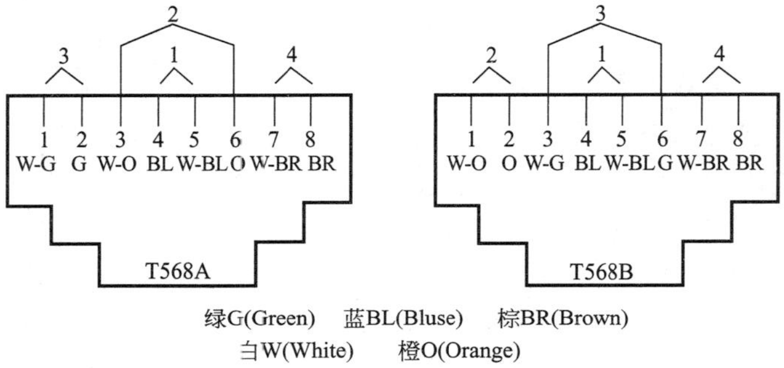

图 4　信息插座连接图

(4)对绞电缆与 RJ45 信息插座的卡接端子连接时,应按先近后远,先下后上的顺序进行卡接。

(5)对绞电缆与接线模块(IDC,RJ45)卡接时,应按设计和厂家规定进行操作。

(6)屏蔽对绞电缆的屏蔽层与接插件终端处屏蔽罩可靠接触,缆线屏蔽层应与接插件屏蔽罩圆周接触。

6.2.7.3　光缆芯线终端要求

(1)采用光纤连接盒对光缆芯线接续、保护、光纤连接盒可为固定和抽屉二种方式。在连接盒中光纤应能保证足够的弯曲半径。

(2)光纤融接或机械连接处应加以保护和固定,使用连接器以便于光纤的跳接。

(3)连接盒面板应有标志。

(4)软纤的活动连接器在插入适配器之前应进行清洁。

6.2.7.4　各类跳线的成端

(1)各类跳线、缆线和插件间接触应良好,接线无误,标志齐全。跳线选用类型应符合系统设计要求。

(2)各类跳线长度应符合设计要求,一般对绞电缆不应超过 5 m,光缆不应超过 10 m。

6.2.8　综合布线系统调试

(1)综合布线系统工程系统调试,包括缆线、信息插座及接线模块的测试。各项测试应有详细记录,以作为竣工资料的一部分。

(2)调试程序如下:

由数据终端、语音终端开始检查，信息出口、水平缆线、楼层配线架、主配线架、垂直缆线、电脑机房、电话交换机房，经过全面的检查确认无误后，对子系统逐一进行调试，各子系统经过调试检测符合规定，再进行系统综合调试。

6.2.9 综合布线系统工程竣工验收项目及内容

表 1 竣工验收项目及内容

验收阶段	验收目录	验收内容	验收方式
一、设备安装	1. 设备机架	(1)规格、程式、外观； (2)安装垂直、水平度； (3)油漆不得脱落，标志完整齐全； (4)各种螺丝必须紧固； (5)防震加固措施； (6)接地措施	随工检验
	2. 信息插座	(1)规格、位置、质量； (2)各种螺丝必须拧紧； (3)标志齐全； (4)安装符合工艺要求； (5)屏蔽层可靠连接	
二、电、光缆布放(楼内)	1. 电缆桥架及槽道安装	(1)安装位置正确； (2)安装符合工艺要求； (3)接地	
	2. 缆线布放	(1)缆线规格、路由、位置； (2)符合布放缆线工艺要求	
三、电、光缆布放(楼间)	1. 架空缆线	(1)吊线规格、架设位置、装设规格； (2)吊线垂度； (3)缆线规格； (4)卡、挂间隔； (5)缆线的引入符合工艺要求	
	2. 管道缆线	(1)使用管孔孔位； (2)缆线规格； (3)缆线走向； (4)缆线的防护设施的设置质量	
	3. 埋式缆线	(1)缆线规格； (2)敷设位置、深度； (3)缆线的防护设施的设置质量； (4)回土夯实质量	
四、缆线终端	1. 信息插座	符合工艺要求	
	2. 配线模块	符合工艺要求	
	3. 光纤插座	符合工艺要求	
	4. 各类跳线	符合工艺要求	

续上表

验收阶段	验收目录	验收内容	验收方式
五、系统测试	1. 工程电气性能测试	(1)连接图； (2)长度； (3)衰减； (4)近端串扰； (5)设计中特殊规定的测试内容	竣工检验
	2. 光纤特性测试	(1)类型(单模或多模)； (2)衰减； (3)反射	
	3. 系统接地	符合设计要求	
六、工程总验收	1. 竣工技术文件	清点、交接技术文件	
	2. 工程验收评价	考核工程质量，确认验收结果	

注：1. 楼内缆线敷设在预埋槽道及暗管中的验收方式为隐蔽工程签证；
2. 系统测试内容的验收亦可在随工中进行检查。

7　劳动力组织

施工人员根据楼房建筑面积、工期要求灵活调配人员，管槽敷设、设备安装、线缆敷设施工人员分成多个小组，每个小组配备 3～5 人，见表 2。

表 2　劳动力组织表

序　号	施工人员	单　位	数　量	备　注
1	主管工程师	人	1	总体技术负责及施工协调
2	技术员	人	1～2	技术负责(现场指导、质量检查)
3	作业队长	人	1～2	现场施工负责
4	专职安全检查	人	1	现场巡视安全检查
5	质量检查(兼)	人	1	施工质量检查
6	施工小组(每组)	人	3～5	根据工作量工期要求配置人员

8　施工机具

8.1　主要施工机具

施工机具数量按工程量及施工人员多少来配置，配置主要施工机具如下：

(1)煨管器、液压煨管器、液压开孔器、压力案子、套丝机，套管机。

(2)手锤、錾子、钢锯、扁锉、圆锉、活扳子、鱼尾钳。

(3)铅笔、皮尺、水平尺、线坠灰铲，灰桶，水壶，油桶，油刷，粉线袋等。

(4)手电钻、台钻、钻头、射钉枪、拉铆、工具袋、工具箱、高凳等。

8.2　主要测试仪表

万用表，摇表，光时域反射仪，噪声测试仪，场强测试仪，电桥，网络分析仪等。

9 质量控制要点

(1)综合布线所使用的设备器件、盒、箱缆线、连接硬件等安装应符合相应产品厂家和国家有关规范的规定。

(2)防雷、接地电阻值应符合设计要求,设备金属外壳及器件、缆线屏蔽接地线截面,色标应符合规范规定;接地端连接导体应牢固可靠。

(3)综合布线系统的发射干扰波的电场强度限值要求应符合 EN55022 和 CSPR22 标准中的相关规定。

(4)综合布线系统应能满足设计对数据系统和语单系统传输速率,传输标准等系统设计要求和规范规定。

(5)综合布线系统设备间、交接间、缆线管线、金属线槽、各种器件、信息插座的安装应符合设计要求和规范规定。布局合理,排列整齐、缆线连接正确、压接牢固。

(6)连接硬件符合设计要求、标记和色码清晰、性能标志设置正确。

(7)电气及防护、接地、抗电磁干扰、防静电、防火、防毒、环境保护应符合规范规定。

10 安全控制要点

(1)建立健全安全保证组织和规章制度,实行安全生产责任制。开工前,进行安全技术措施交底;下达施工计划时必须包括安全技术措施,以及各种安全设施、防护用品;加强安全技术措施实施情况的检查,技术、安全负责人和管理人员经常深入现场检查,及时纠正违反安全技术措施的行为及问题,并对其及时补充和修改,使安全技术措施不断完善,更加有效。

(2)安全教育工作系统化、经常化、制度化,施工队新进施工人员必须进行安全培训,经建委考试合格后,签安全责任书后才能上岗。

(3)配备有安全证的专职安全人员,每天进行现场巡视。每个小组的组长兼现场施工安全员。

(4)施工人员必须佩戴安全帽,在 3 m 以上且无法架设安全防护措施的部位操作时必须佩系安全带,施工人员严禁穿拖鞋上班。

(5)施工用电由专职电工管理,施工用电实行一机一闸。

11 环境保护要点

(1)施工现场工具材料摆放整齐,保证现场施工场地整洁、干净。

(2)各种包装物应统一收集处理、严禁四处乱扔、乱放污染周围环境。

(3)工程完工后,将工地及周围环境清理整洁,做到工完料清,场地整洁。

12 常见问题及处理方法

(1)管道内或地面线槽阻塞或进水,影响布线,疏通管槽,清除水污后布线。

(2)信息插座损坏,接触不良,检查修复。

(3)缆线长度过长,信号衰减严重,按设计图进行检查,缆线长度应符合设计要求,调整信号频率,使其衰减符合设计和规范规定。

(4)光纤连接器极性接反,信号无输出,将光纤连接器极性调整正确。

(5)有信号干扰,检查消除干扰源,检查缆线的屏蔽导线是否接地,线槽内并排的导线是否加隔板屏蔽,电缆和光缆是否进行隔离处理,室内防静电地板是否良好接地等。

(6)光缆传输系统输衰减严重,检查每个连接点的衰减值是否大于规定值。

(7)光缆数字传输系统的数字系列比特率不符合规范规定,检查数字接口是否符合设计规定。

(8)设备间子系统接线错误,造成控制设备不能正常工作,检查色标按设计图修正接线错误。

(9)雷击引起危险的过电压,过电流影响或损坏综合布设备器件等,应选用气体放电。

13 附　　录

(1)工程实例

本工程位于北京朝阳区新源南路1～3号,总建筑面积约22万m^2,是集办公、商业、酒店及配套为一体的大型综合商业体。办公部分建筑面积约为9万m^2,地下3层,地上24层;商业部分建筑面积约为5.6万m^2,地下三层,地上4层;酒店及配套部分建筑面积约为7.4万m^2,地下二层,地上主体客房部分34层。本大楼地处繁华地段,南面为北京市昆仑饭店,东面为凯宾斯基饭店和希尔顿饭店。该标准化工艺在北京美邦亚联广场运用后,大大缩短了工期,节约了成本,保证了质量和工期要求,最终圆满地完成了任务。

(2)相关图片见图5～图8。

图5　商场地下一层已安装的线槽

图6　酒店标准层走廊已安装的线槽线管

图7　PD转接箱内安装好的模块及配线

图8　弱电井安装好的机柜、模块及配线

楼宇控制系统施工工艺

1 工艺概况及技术特点

1.1 工艺概况

BAS系统工序交叉多，与暖通、强电、给排水等专业配合密切，需要其专业配合进行，多在其安装以后才能进行楼控设备安装、接入。由此决定了该工程各阶段施工必须在总进度的指导下进行统筹安排施工。特别是强电，大多数设备的点位监测要从其动力柜中取得，所以工期很受其他专业影响。

1.2 技术特点

楼宇自控系统控制范围广，要求技术人员对其他系统工作原理熟悉，控制范围主要包括：空调冷源系统、空调系统、给排水系统、照明动力系统、电梯系统、送排风系统、电量计费系统及消防系统联动。

2 适用范围

该安装施工标准化工艺适用于新建或扩建及改建中的智能办公楼、综合楼、住宅楼，其他工程项目也可参照使用。由于BAS系统受控子系统较多且分散，工艺适用部位应随受控设备安装部分拟定，并不局限于固定地点。这充分体现了其灵活性。其次，在工程中引入标准化施工工艺将大大减少材料及人工工时费用，有利于工程管理方进行管理及及核算。

当然该标准化施工工艺的定制及施实必须遵循国家有关方针，做到技术先进，经济合理，实用可靠。除应执行本标准外，也应符合国家现行有关标准的规定。

3 引用标准

(1)《民用建筑电气设计规范》(JGJ/T 16—92)。

(2)《电子计算机机房设计规范》(GB 50174—93)。

(3)《通风与空调工程施工及验收规范》(GB 50243—2002)。

(4)《建筑电气工程施工质量验收规范》(GB 50303—2002)。

(5)《智能建筑设计标准》(GB/T 50314—2000)。

(6)《自动化仪表安装工程质量检验评定标准》(GBJ 131—90)。

(7)《电气装置安装工程接地装置施工及验收规范》(GB 5069—92)。

(8)《建筑与建筑群综合布线系统工程设计规范》(GB/T 50311—2000)。

(9)《JOHNSON CONTROLS METASYS SYSTEM 安装规程》。

注：其他均参照有关国家及地方现行规程、规范及各受控专业提供设计资料。

4 基本术语及定义

(1)BAS—Building Automation System 大楼管理系统。

(2)DDC—Direct Ditital Control 直接序列式控制器，系统主控设备。负责采集并处理各种数据类型和动作指令。

(3)AI——Analog Input 模拟量输入，通常指带电压或电流信号的输入值类型，例如 0～10DC、4～20 mA 等。

(4)AO——Analog Out 模拟量输出，通常指带电压或电流信号的输出值类型，例如 0～10DC、4～20 mA 等。

(5)DI——Digital Input 模拟量输入，通常指带脉冲信号的输入值类型，例如 ON、OFF。

(6)DO——Digital Out 模拟量输出，通常指带脉冲信号的输出值类型例，如 ON、OFF。

5　工艺原理

施工总的要求是与土建和装修同步，主要施工顺序：

管道预留——配合吊顶下线——配合装修安装设备——系统现场元器件安装——局部调试——系统全面调试——运行。

6　工艺流程及操作要点

6.1　工艺流程

系统施工工艺流程见图 1。

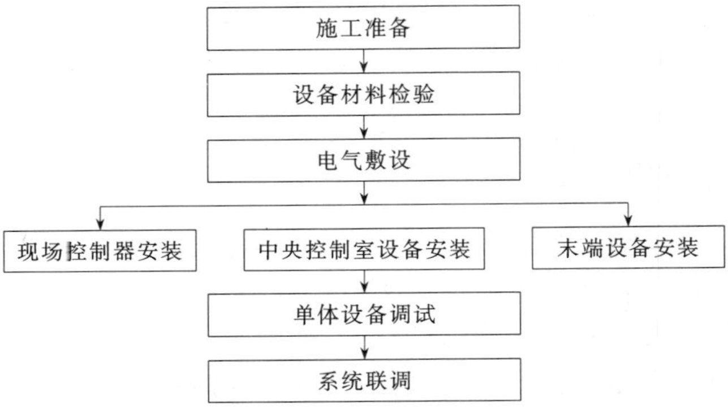

图 1　工艺流程图

6.2　操作要点

6.2.1　施工准备

(1)向有关主管部门办理相关手续。

(2)施工技术人员，根据现场实际情况认真审核设计施工图，对有疑问或与实际不符地方以书面形式呈报监理工程师，编制施工组织设计，制订每道工序的施工方案和质量、安全控制标准。

(3)对参加施工的工人进行岗前质量、安全、技术培训并考核，考核合格后持证上岗。

(4)技术人员对施工人员进行施工前的技术交底，交待清楚每道工序的施工质量要求，安全标准。

(5)制定岗位责任制，落实每个岗位人员的施工职责。

(6)向监理工程师提前一周向监理工程师或业主呈施工计划。

6.2.2　设备材料检验

钢管、接线盒、桥架、通讯及控制线缆应符合设计要求，现场控制器；温度、湿度、压力、压差各类传感器；电动阀、电磁阀执行器；网络控制器、计算机、不间断电源、打印机；控制台、控制器箱等，产品应附有材质检验报告、合格证等。

6.2.3　电气敷设

(1)敷设线缆应合理安排，不宜交叉；敷设时，应防止线缆之间及线缆与其他硬物之间的摩擦。

(2)多芯线缆的弯曲半径不应小于其外径的 6 倍。

(3)信号线缆(线)与电力线缆(线)交叉敷设时宜成直角，当平行敷设时，其相互间的距离应符合设计规定。

(4)在同一线槽内的不同信号，不同电压等级的线缆，应分类布置，110 V 以上交流电源线路和联锁线路，不应与弱电信号线缆(线)同槽敷设。

(5)数条水平线槽垂直分层排列安装时，线缆应按弱电线槽在上、强电线槽在下的规定排列。

(6)明敷设的信号线路与具有强磁场和强电场的电气设备之间的净距离，宜大于 1.5 米；当采用屏蔽线缆或穿金属保护管以及在线槽内敷设时，宜大于 0.8 米。

(7)信号线路、供电线路、连锁线路以及有特殊要求的仪表信号线路，应分别采用各自的保护管。

(8)导线在管内或线槽内不应有接头和扭结。导线的接头应在接线盒内焊接或用端子连接。

(9)仪表盘(箱)内端子板两端的线路，均应按施工图纸标号。

(10)每一个接线端上最多允许接两根芯线。

(11)导线与接线端子板、仪表、电气设备等连接时，应留有适当余度。

(12)当强电弱电都采用 PVC 管时，为避免干扰，弱电配管应尽量避免与强电配管平行敷设，若必须平行敷设，相隔距离宜大于 0.5 m。

(13)当强弱电用线缆敷设时，强弱电线宜分开，当需要敷设在同一线槽内时，强弱电之间应用金属隔板隔开。

注：因 BAS 系统各类型传感器件相对复杂且不单一性。所以在施工过程中需对应不同类型传感器件来选择与之对应的线缆及线径。如在该项目中用到的温度传感器件为 2 芯而电动风阀驱动器为 3 芯、电磁流量计则为 4 芯线缆。避免部分工程商盲目定购多芯线缆或单芯线缆，有效维护企业利益。其次还可降轻施工人员放线难度、减少镀锌 SC20 钢管用量增强美观。

再次，在线缆的选择上还应考虑到是否需要带屏蔽层。我方通过大量的工程实践证明在 BAS 系统中 AI 或 AO 类型信号线缆必须带屏蔽层，因该类型设备可通过屏蔽层单点接地的方式有效的避逸或降低因外界强电线路及其他不确定带高磁场设备对设备的干扰量。而 DI 或 DO 类型信号线缆则没有必要带屏蔽层，首先因其非持续发生量、其二因脉冲信号所具体有电气特征所决定。就目前北京市线材市场价格行情来看，1 m 带屏蔽线缆价格要比不带屏蔽线缆普遍贵上 1～1.2 元左右。

综上，正确的选择 BAS 系统监控线缆将大大节省开支、有效维护企业利益，并在不同程度上降低或减轻施工人员的劳动强度。

6.2.4　中央控制室设备安装

(1)设备在安装前应进行检验，并符合下列要求：

① 设备外形完整，内外表面漆层完好；

② 设备外形尺寸、设备内主板及接线端口的型号、规格符合设计规定，备品备件齐全。

(2)按照图纸连接主机、不间断电源、打印机、网络控制器等设备。

(3)设备安装应紧密、牢固，安装用的紧固件应做防锈处理。

(4)设备底座应与设备相符，其上表面应保持水平。

(5)中央控制及网络网络控制器等设备的安装要符合下列规定：

① 控制台、网络控制器应按设计要求进行排列，根据柜的固定孔距在基础槽钢上钻孔，安装时从一端开始逐台就位，用螺丝固定，用小线找平找直后再将各螺栓紧固。

② 对引入的电缆或导线，首先应用对线器进行校线，按图纸要求编号。

③ 标志编号应正确且与图纸一致，字迹清晰，不易褪色；配线应整齐，避免交叉，固定牢固。

④ 交流供电设备的外壳及基础应可靠接地。

⑤ 中央控制室一般应根据设计要求设置接地装置。当采用联合接地时，接地电阻应小于1 Ω。

6.2.5　现场控制器的安装

现场控制器接线应按照图纸和设备说明书进行，并对线缆进行编号。现场控制器箱 CP 柜安装如图 2 所示。

现场控制箱 CP 柜采用单排或多排的布放方式由机房的大小和 CP 柜数量决定。在 CP 柜布放中要满足以下要求：

(1)一排 CP 柜正面与另一排 CP 柜正面间的距离≥1 600 mm；

(2)CP 柜侧面与墙的距离≥800 mm；

(3)CP 应底边距地≥1 200 mm；

(4)有调测的面与墙距离≥1 200 mm；

(5)机房应留有不小于 1 m 宽的通道。

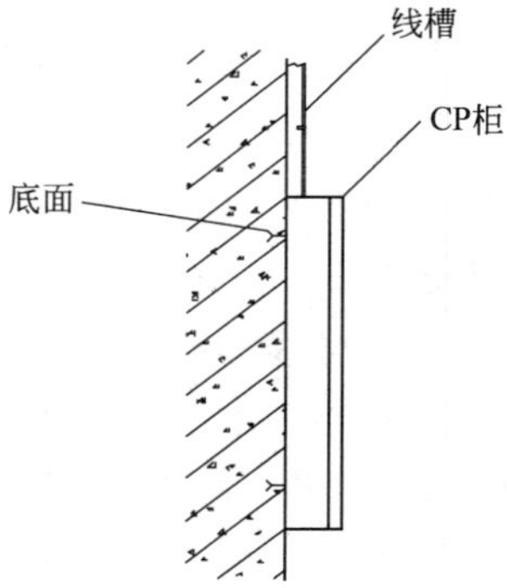

图 2　CP 柜安装

6.2.5.1　底座定位

(1)划线

根据施工平面设计图给定的基准尺寸和机架尺寸确定底座安装位置，用卷尺测量出几个划线点，用墨斗划出一条中心基准线及两条平行于基准线的直线，根据要求在三条直线上确定第一个机架的安装孔位置，作好标记。并以此为基准，逐个确定其他底座的安装孔。

(2)钻孔

在地面膨胀螺栓孔标记处，钻 ϕ16 的孔，深度 70 mm。

使用冲击钻(或电锤)打孔时要保证钻头与地面保持垂直，双手紧握钻柄，垂直向下用力，不要摆晃，以免破坏地面、扩大孔径或者使孔倾斜。打孔时，同时使用吸尘器吸净所产生的灰尘。如地面特别光滑，钻头不易定位，可先用样冲在孔位上凿一个凹坑，以帮助钻头定位。

6.2.5.2　底座安装及固定

(1)安装膨胀螺栓。

① 安装前使用吸尘器吸净所有孔内和外围灰尘，对孔距进行测量以确认其准确性。对于误差大的孔需要重新定位、打孔；

② 取下膨胀螺栓上的垫圈、螺母，将膨胀螺栓杆和膨胀管垂直放入孔中，用锤子直接敲打膨胀螺栓，直到将膨胀螺栓的膨胀管全部敲入地面。

(2)调节底座高度及底座固定。

① 根据测量的地板高度值以及机架底部支脚可调整的高度值，调节所有底座到预定高度，并用力矩扳手紧固高度锁定螺栓。每台机架安装的两个底座高度差调整后不大于1 mm；

② 清洁地面和底座表面，将底座安放在对应的膨胀螺栓位置，在膨胀螺栓上依此安放平垫片、弹簧垫片，用螺母将底座固定在地面，紧固力矩应达到 45 N · m。

6.2.5.3 CP 柜固定

人工或用吊装设备将机架摆放在安装好的最边上一个可调底座上面，保证机架的左右前后四个面与机房墙平行，通过调高螺母将第一个机架调节好水平度与垂直度，将锁紧螺母拧紧，紧固力矩应达到 45 N·m，将机架锁定。

单机架与底座的连接固定，先放好绝缘板，用压板压住机架底脚，再套入绝缘垫圈，然后用垫圈、弹垫、螺栓将机架固定好，紧固力矩应达到 45 N·m。

6.2.6 末端设备安装

6.2.6.1 一般规定

(1)BAS 设备的施工，应按照本指导的规定和符合设计施工图纸、产品安装使用说明书的要求。

(2)BAS 设备的施工，应做好与建筑、电气、管道、通风、装饰等专业的配合工作。

(3)BAS 设备的施工应具备下列条件方可施工：

① 设备施工图纸，有关技术文件及必要的设备安装使用说明书已齐全；

② 已经过技术交底或必要的技术培训等技术准备工作；

③ 施工现场已具备 BAS 设备的施工条件；

④ BAS 设备的施工除应按本指导执行外还应按现行的有关标准、规范的规定执行。

6.2.6.2 BAS 系统设备外观检查

(1)根据设计图纸和合同规定，检查设备的型号、规格、数量、产地等主要技术数据、性能是否相符。

(2)检查设备的外表有无变形、缺陷、脱漆、破损、裂痕、撞击痕迹等。

(3)设备柜内外配线检查：应无缺损、断线、配线标记是否完善。

(4)设备内外接线应紧密，无松动现象、无裸露导电部分。

6.2.6.3 温、湿度传感器的安装

温、湿度传感器的安装要符合设计的规定和产品说明要求。应达到下列要求：

(1)不应安装在阳光能直射的位置，其他幅射热影响的位置和远离有高振动或电磁场干扰的区域。

(2)室外温、湿度传感器不应安装在环境潮湿的位置。

(3)安装的位置尽可能不要破坏建筑物外观及室内装饰布局的完整性。

(4)室内温、湿度传感器的安装位置应尽可能远离墙面出风口。

(5)检查传感器到 DDC 之间的连接线的规格(线径截面)是否符合设计要求。

(6)风管型温、湿度传感器应安装在风速稳，并能正确反映风管温湿度的位置。

(7)风管型温、湿度传感器的安装应在风管保温层完成之后。

(8)风管型温、湿度传感器应安装在风管的直管段，如不能安装在直管段，则应避开风管内通风死角的位置安装。

(9)风管型温、湿度传感器应避开蒸汽放空口。

(10)水管型温度传感器的安装，应在工艺管道预制、安装同时进行。

(11)水管型温度传感器的开孔与焊接工作，必须在工艺管道的防腐、衬里、吹扫和压力试验前进行。

(12)水管型温度传感器不宜安装在焊缝及其边缘上开孔及焊接。

(13)水管型温度传感器的安装位置应选在水流温度变化灵敏和具有代表性的地方，不宜选在阀门等阻力部件的附近和水流束呈死角处以及振动较大的地方。

（14）水管型温度传感器应安装在便于调试、维修的位置。

风管式温度传感器如图 3 所示。

注：风管式温、湿度传感器在风道口钻孔安装需施工人员注意选择与传感器探头截面径相同钻头进行钻孔工作，钻孔不大过大或过小避免风道漏风。且不能倒立安装于风道口。

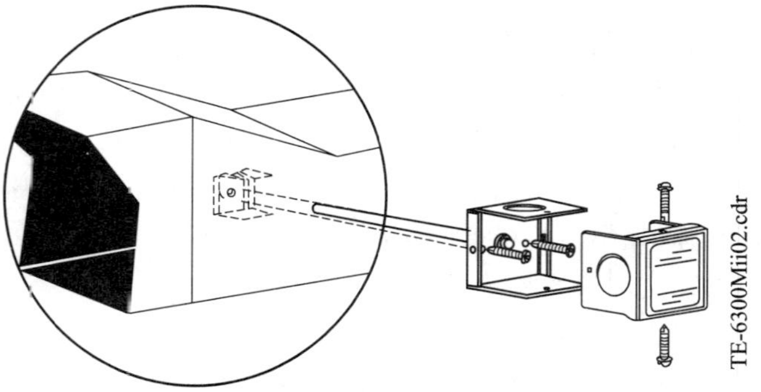

图 3　风管式温度传感器

水管型温度传感器因汲及到在暖通系统高压、高流量铸铁管道上方进行开孔及焊接，一般弱电承包方并无该专业焊接工程师，因此建议聘请暖通专业焊接工程师协助完成该项工作。

6.2.6.4　压力、压差传感器的安装

（1）风管型压力传感器应安装在便于调试、维修、气流流束稳定和管道的上半部位置。

（2）风管型压力传感器的安装应在风管保温层完成之后。

（3）风管型压力传感器应安装在风管的直管段，如不能安装在直管段，则应避开风管内通风死角的位置安装。

（4）风管型压力传感器应安装在温、湿度传感器的上游侧。

（5）风管型压力传感器应避开蒸汽放空口。

（6）高压风管传感器应装在送风口，低压风管应装在回风管。

（7）水管型压力与压差传感器的安装，应在工艺管道预制、安装同时进行。

（8）水管型压力与压差传感器的开孔与焊接工作，必须在工艺管道的防腐、衬里、吹扫和压力试验前进行。

（9）水管型压力与压差传感器不宜安装在焊缝及其边缘上开孔及焊接。

（10）水管型压力与压差传感器的安装位置应选在水流流束稳定的地方。

（11）不宜选在阀门等阻力部件的附近和水流束呈死角处以及振动较大的地方。

（12）水管型压力与压差传感器应安装在温、湿度传感器的上游侧。

（13）水管型压力与压差传感器应安装在便于调试、维修的位置。

（14）风压压差开关的安装应在风管保温层完成之后。

（15）风压压差开关应安装在便于调试、维修的地方。

（16）风压压差开关引出管的安装不应影响空调器本体的密封性。

（17）风压压差开关应避开蒸汽放空口。

（18）低压气管接在风管上游侧，高压气管接在风管下游侧。

注：风压压差开关在安装过程中应避免高振荡环境，并且需特别注意“＋”压级端与“－”压级端连接。“＋”压级接进风端、“－”压级接出风端。其次，需保证“＋－”压差端口密封圈与安装平面压实、压紧。否则会产生漏气情况影响测量精度。

6.2.6.5　水流开关的安装

（1）水流开关的安装，应在工艺管道预制、安装的同时进行。

（2）水流开关上的箭头方向应与水流方向一致。

(3)水流开关的开孔与焊接工作,必须在工艺管道的防腐、衬里、吹扫和压力试验前进行。

(4)水流开关不宜安装在焊缝及其边缘上开孔及焊接。

(5)水流开关应安装在水平管段上,不应安装在垂直管段上。

(6)水流开关应安装在便于调试、维修的地方。

水流开关如图4所示。

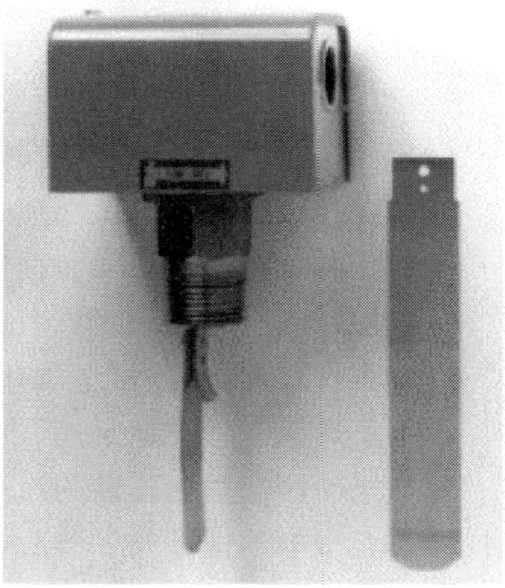

图4 水流开关

水流开关导流片的选择相当重要,其工作原理与继电器类似。如导流片过长或过短将直接影响测量精度,严重时将导致不能正常使用。且需工程师到现场针对管径大小选择对应管径导流片。导流片一般在产品包装盒内。水流开关传感器因汲及到在暖通系统高压、高流量铸铁管道上方进行开孔及焊接,一般弱电承包方并无该专业焊接工程师,因此我方建议聘请暖通专业焊接工程师协助我方完全该项工作。

6.2.6.6 水流量计安装

(1)水管流量传感器的安装,应在工艺管道预制、安装的同时进行。

(2)水管流量传感器的开孔与焊接工作,必须在工艺管道的防腐、衬里、吹扫和压力试验前进行。

(3)水管流量传感器不宜安装在焊缝及其边缘上开孔及焊接。

(4)水管流量传感器的安装位置应选在水流流速稳定的地方,不宜选在阀门等阻力部件的附近和水流速呈死角处以及振动较大的地方。

(5)水管流量传感器应安装在直管段上,距弯头距离应不小于六倍的管道内径。

(6)电磁流量计应安装在避免有较强的交直流磁场或有剧烈振动的场所。

(7)电磁流量计应设置在流量调节阀的上游,流量计的上游应有的直管段。

(8)涡轮式流量传感器安装时要水平,流体的流动方向必须与传感器壳体上所示的流向标志一致。

(9)流量传感器需要装在一定长度的直管上,以确保管道内流速平稳。流量传感器上游应留有10倍管径的直管,下游有5倍管径长度的直管。若传感器前后的管道中安装有阀门,管道缩径、弯管等影响流量平稳的设备,则直管段的长度还需相应增加。

注:水流量计因汲及到在暖通系统高压、高流量铸铁管道上方进行开孔及焊接,一般弱电承包方并无该专业焊接工程师,因此我方建议聘请暖通专业焊接工程师协助我方完全该项工作。

6.2.6.7 风机盘管温控器、电动阀的安装

(1)温控开关与其他开关并列安装时,距地面高度应一致。

(2)电动阀阀体上箭头的指向应与介质流方向一致。

(3)风机盘管电动阀应安装于风机盘管的回水管上。

6.2.6.8 电磁阀、电动阀的安装

(1)阀体上箭头的指向应与介质流方向一致。

(2)空调器的电磁阀、电动阀旁一般应装有旁通管路。

(3)电磁阀、电动阀的口径与管道通径不一致时,应采用渐缩管件,且结合处不允许有间

隙、松动现象。同时电动阀口径一般不应低于管道口径二个等级。

(4)执行机构应固定牢固,操作手轮应处于便于操作的位置,并注意安装的位置便于维修、拆装。

(5)执行机构的机械传动应灵活,无松动或卡涩现象。

(6)有阀位指示装置的电磁阀、电动阀,阀位指示装置应面向便于观察的位置。

(7)电磁阀、电动阀安装前应按安装使用说明书的规定检查线圈与阀体间的绝缘电阻。

(8)电磁阀、电动阀在安装前宜进行模拟动作和试压试验。

(9)电磁阀、电动阀一般安装在回水管道。

(10)在管道冲洗前,应将阀体完全打开。

(11)安装于室外的电磁阀、电动阀应加防护罩。

(12)电动阀应垂直安装于水平管道上,严禁倾斜安装。

(13)大型电动调节阀安装时,应避免给调节阀带来附加压力,应安装支架,在有剧烈振动的场所,应同时采取避震措施。

注:电动风阀执行器在采购前需与暖通系统进行沟通,并明确采购方是由弱电承包方购买还是由暖通方购买。这样可以有效避免重复采购带的麻烦。其次,如果需安装电动风阀需要风阀阀杆为圆轴或方轴 10～25 mm,并向外申出 15～20 cm 以便于风阀卡止器能有效的驱动风门叶片。在安装时需手动转动风阀阀杆看其是否能自由启闭,排除风门自身运行问题。

6.2.6.9　风阀控制器的安装

(1)风阀控制器安装前应按安装使用说明书的规定检查线圈、阀体间的电阻、工作电压、控制输入等,其应符合设计和产品说明书的要求,风阀控制器与风阀门轴的连接应固定牢固。风阀控制器在安装前宜进行模拟动作。

(2)风阀控制器上的开闭箭头的指向应与阀门开闭方向一致。

(3)风阀的机械机构开闭应灵活,无松动或卡涩现象。

(4)风阀控制器安装后,风阀控制器的开闭指示位应与风阀实际状况一致,风阀控制器宜面向便于观察的位置。

(5)风阀控制器应与风阀门轴垂直安装,垂直角度不小于 85°。

(6)风阀控制器的输出力矩必须与风阀所需要的相匹配,符合设计要求。

(7)风阀控制器不能直接与风门挡板轴相连接时,则可通过附件与挡板轴相连,但其附件装置必须保证风阀控制器旋转角度的调整范围。

风阀安装示意见图 5。

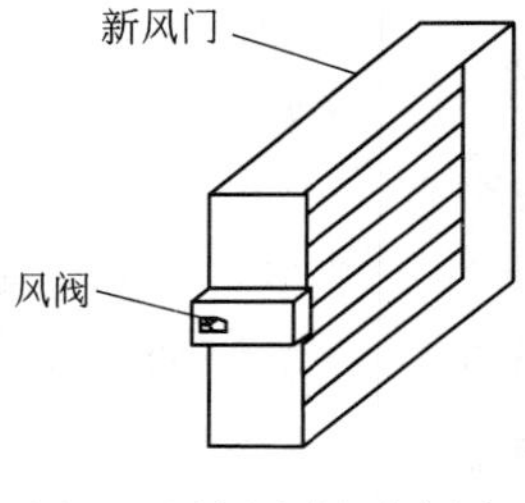

图 5　风阀安阀示意图

6.2.7　硬件安装检查

所有硬件安装工作完毕后,对安装工作进行检查,为下面的软件安装及系统调试工作作好准备。检查项目主要有:现场环境检查、设备安装检查、配线检查。

6.2.7.1　现场环境检查

(1)CP 柜内、外部应无多余扎带头、线头、其他杂物;CP 柜前后门、侧门应干净。

(2)走线槽周围的活动地板下等不应留有扎带、线头、干燥剂带等施工杂物,所有部分应整齐。

(3)机房内多余不用的物品应清理干净,需要放在机房内的物品应摆放整齐,并摆放干粉式灭火器一支。

(4)用室内型温、湿度表检测主控制器及设备区域温、湿度状况。

6.2.7.2 设备安装检查

(1)主控制器 DDC 及扩展模块安装后，要求稳定不动，整齐美观；安装要成一直线，整列 CP 柜面应在同一平面，误差小于 5 mm。

(2)CP 柜的垂直误差小于 3 mm。

(3)CP 柜中所有紧固件全部拧紧。

(4)CP 柜上各种零部件不得脱落或损坏，连线不得脱落或碰断。各种标志牌应正确、齐全、清晰；注:特别是线标清晰易读。

(5)CP 柜安装完毕后，要清除 CP 柜内外表面安装过程中遗留手迹，CP 柜内外不得存有灰尘。

(6)CP 柜上下部出线口的推拉盖板在布放所有线缆后向前推到位，防止动物钻入。

(7)各类型传感器件是否按各自特性及要求进行安装。并保证各类型传感器外观整洁无损伤。

(8)各类型电力驱动器件(如:电动风阀、电动水阀、设备动力箱)均可通过手动进行调节。

6.2.7.3 配线检查

(1)电源线检查

包括从一次电源出来到 CP 柜背面的 P 电源插箱，再从 P 电源插箱到汇流排，然后从汇流排到各自 CP 柜中设备自带变压器接线端子，所有电源线连接牢靠，极性正确。

(2)地线

检查-48VGND，GND，PE 连接正确及牢靠。

(3)CP 柜内及 CP 柜间线缆

各类型未端设备接线必须使用“线鼻子”对每一根进行压接安装。

其次，由于 BAS 受控系统设备类型众多在线标的制定工作上需按以下规则定制：

楼层——设备编号——设备类型——线缆数量

6.2.7.4 标签检查

所有标签应整齐、干净、标注正确，位置正确。

6.2.8 单体设备调试

6.2.8.1 空调单体设备的调试

(1)新风机单体设备调试。

① 检查新风机控制柜的全部电气元器件有无损坏，内部与外部接线是否正确无误，严防强电电源串入现场控制器，如需 24VAC，应确认接线正确，无短路故障。

② 按监控点表要求，检查装在新风机上的温、湿度传感器、电动阀、风阀、压差开关等设备的位置、接线是否正确和输入、输出信号的类型、量程是否和设计一致。

③ 在手动位置确认风机在非受控状态下已运行正常。

④ 确认现场控制器控制器和 I/O 模块的地址码设置是否正确。

⑤ 确认现场控制器送电并接通主电源开关后，观察现场控制器控制器和各元件状态是否运行正常。

⑥ 用笔记本电脑或手提检测器检测所有模拟量输入点送风温度和风压的量值，并核对其

数值是否正确。记录所有开关量输入点(风压开关和防冻开关等)工作状态是否正常。强置所有的开关量输出点开与关,确认相关的风机、风门、阀门等工作是否正常。强置所有模拟量输出点、输出信号,确认相关的电动阀(冷热水调节阀)的工作是否正常及其位置调节是否跟随变化。并打印记录结果。

⑦ 启动新风机,新风阀门应联锁打开,送风温度调节控制应投入运行。

⑧ 模拟送风温度大于送风温度设定值,热水调节阀逐渐减小开度直至全部关闭(冬天工况);或者冷水阀逐渐加大,开度直至全部打开(夏天工况)。模拟送风温度小于送风温度设定值时,确认其冷热水阀运行工况与上述完全相反。

⑨ 模拟送风湿度小于送风湿度设定值时加湿器运行,进行湿度调节。

⑩ 新风机停止运转,则新风门以及冷、热水调节阀门、加湿器等应回到全关闭位置。

⑪ 单体调试完成时,应按工艺和设计要求在系统中设定其送风温度、湿度和风压的初始状态。

⑫ 对于四管制新风机,可参照上述规定进行。

(2)空气处理机单体设备调试。

① 启动空调机时,新风门、回风门、排风门等应联动打开,进入工作状态。

② 空调机启动后,回风温度应随着回风温度设定值改变而变化,在经过一定时间后应能稳定在回风温度设定值范围之内。如果回风温度跟踪设定值的速度太慢,可以适当提高 PID 调节的比例放大作用;如果系统稳定后,回风温度和设定值的偏差较大,可以适当提高 PID 调节的积分作用;如果回风温度在设定值上下明显地作周期性波动,其偏差超过范围,则应先降低或取消微分作用,再降低比例放大作用,直到系统稳定为止。PID 参数设置的原则是:首先保证系统稳定,其次满足其基本的精度要求,各项参数值设置精度不宜过高,应避免系统振荡,并有一定余量。当系统调试不能稳定时,应考虑有关的机械或电气装置中是否存在妨碍系统稳定的因素,作仔细检查并排除这样的干扰。

③ 如果空调机是双环控制,那么内环以送风温度作为反馈值,外环以回风温度作为反馈值,以外环的调节控制输出作为内环的送风温度设定值。一般内环为 PI 调节,不设置微分参数。

④ 空调机停止转动时,新风机风门、排风门、回风门、冷热水调节阀、加湿器等应回到全关闭位置。

⑤ 变风量空调机应按控制功能变频或分档变速的要求,确认空气处理机的风量、风压随风机的速度也相应变化。当风压或风量稳定在设计值时,风机速度应稳定在某一点上,并按设计和产品说明书的要求记录 30%、50%、90%风机速度时相对应的风压或风量(变频、调速);还应在分档变速时测量其相应的风压与风量。

⑥ 模拟控制新风门、排风门、回风门的开度限位应设置满足空调风门开度要求。

(3)空调冷热源设备调试。

① 按设计和产品技术说明书规定,在确认主机、冷热水泵、冷却水泵、冷却塔、风机、电动蝶阀等相关设备单独运行正常情况下,通过进行全部 AO、AI、DO、DI 点的检测,确认其满足设计和监控点表的要求。启动自动控制方式,确认系统各设备按设计和工艺要求的顺序投入运行和关闭自动退出运行这二种方式。

② 增加或减少空调机运行台数,增加其冷热负荷,检验平衡管流量的方向和数值,确认能启动或停止的冷热机组的台数能否满足负荷需要。

③ 模拟一台设备故障停运以及整个机组停运，检验系统是否自动启动一个备用的机组投入运行。

(4)变风量系统未端装置单体调试。

变风量系统未端单体检测的项目和要求应按设计和产品供应商说明书的要求进行，变风量系统未端通常应进行如下检查与测试：

① 按设计图纸要求检查变风量系统未端、变风量系统控制器、传感器、阀门、风门等设备的安装就位和变风量系统控制器电源、风门和阀门的电源的正确；

② 用变风量系统控制器软件检查传感器、执行器工作是否正常；

③ 用变风量系统控制软件检查风机运行是否正常；

④ 测定并记录变风量系统未端一次风最大流量、最小流量及二次风流量是否满足设计要求；

⑤ 确认变风量系统控制器与上位机通信正常。

(5)风机盘管单体调试。

① 检查电动阀门和温度控制器的安装和接线是否正确；

② 确认风机和管路已处于正常运行状态；

③ 设置风机高、中、低三速和电动开关阀的状态，观察风机和阀门工作是否正常；

④ 操作温度控制器的温度设定按钮和模式设定按钮，这时风机盘管的电动阀应有相应的变化；

⑤ 如风机盘管控制器与现场控制器相连，则应检查主机对全部风机盘管的控制和监测功能(包括设定值修改、温度控制调节和运行参数)。

(6)空调水二次泵及压差旁通调试。

① 如果压差旁通阀门采用无位置反馈，则应做如下测试：打开调节阀驱动器外罩，观测并记录阀门从全关至全开所需时间和全开到全关所需时间，取此两者较大者作为阀门“全行程时间”参数输入现场控制器控制器输出点数据区。

② 按照原理图和技术说明的内容，进行二次泵压差旁通控制的调试。先在负载侧全开一定数量调节阀，其流量应等于一台二次泵额定流量，接着启动一台二次泵运行，然后逐个关闭已开的调节阀，检验压差旁通阀门旁路。在上述过程中应同时观察压差测量值是否基本稳定在设定值范围之内。

③ 按照原理图和技术说明的内容，检验二次泵的台数控制程序，是否能按预定的要求运行。其中负载侧总流量先按设备参数规定，这个数值可在经过一年的负载高峰期，获得实际峰值后，结合每台二次泵的负荷适当调整。在发生二次泵台数启/停切换时，应注意压差测量值也应基本稳定在设定范围之内。

④ 检验系统具有这样的联锁功能：每当有一次机组在运行，二次泵台数控制便应同时投入运行，只要有二次泵在运行，压差旁通控制便应同时工作。

6.2.8.2 给排水系统单体设备的调试

(1)检查各类水泵的电气控制柜，按设计监控要求与现场控制器之间的接线正确，严防强电串入现场控制器。

(2)按监控点表的要求检查装于各类水箱、水池的水位传感器，以及温度传感器、水量传感器等设备的位置，接线是否正确。

(3)确认各类水泵等受控设备，在手动控制状态下，其设备运行正常。

(4)在现场控制器侧，按本规定的要求检测该设备 AO、AI、DO、DI 点，确认其满足设计、监控点和联动连锁的要求。

6.2.8.3　变配电、照明系统单体设备调试

(1)按图纸和变送器接线要求检查变送器与现场控制器、配电箱、柜的接线是否正确，量程是否匹配，检查通讯接口是否符合设计要求。

(2)根据图纸和设备监控表的要求对各监控点进行测试。

(3)按照明系统设计和监控要求检查控制顺序、时间和分区方式是否正确。

(4)检查电量计量是否符合设计要求。

(5)检查柴油发电机组及相应的控制箱、柜的监控是否正常。

6.2.8.4　电梯监控系统的设备调试

(1)检查电梯监控系统的接线和通讯接口是否符合要求。

(2)检查电梯监控系统的监测点，确认其满足设计图纸、监控点表和联动的要求。

6.2.9　系统的调试

6.2.9.1　楼宇自控系统调试必须具备的条件：

(1)楼宇自控系统的全部设备包括现场的各种阀门、执行器、传感器等全部安装完毕，线路敷设和接线全部符合图纸及设计的要求。

(2)楼宇自控系统的受控设备及其自身的系统安装、调试完毕、合格；同时其设备或系统的测试数据必须满足自身系统的工艺要求，具备相应的测试记录。

(3)检测楼宇自控系统设备与各联动系统设备的数据传输符合设计要求。

(4)确认按设计图纸、产品供应商的技术资料、软件和规定的其他功能和联锁、联动程序控制的要求。

6.2.9.2　现场控制器测试

(1)数字量输入测试。

① 信号电平的检查：按设备说明书和设计要求确认干接点输入、电压和电流等信号是否符合要求；

② 动作试验：按上述不同信号的要求，用程序方式或手动方式对全部测点进行测试，并将测点之值记录下来。

(2)数字量输出测试

① 信号电平的检查：按设备说明书和设计要求确认继电器开关量的输出起/停(ON/OFF)、输出电压或电流开关特性是否符合要求；

② 动作试验：用程序方式或手动方式测试全部数字量输出，并记录其测试数值和观察受控设备的电气控制开关工作状态是否正常；如果受控单体受电试运行正常，则可以在受控设备正常受电情况下观察其受控设备运行是否正常。

(3)模拟量输入测试：按设备说明书和设计要求确认其有源或无源的模拟量输入的类型、量程(容量)、设定值(设计值)是否符合规定。

(4)模拟量输出测试：按设备使用说明书和设计要求确定其模拟量输出的类型、量程(容量)与设定值(设计值)是否符合。

(5)现场控制器功能测试：按产品设备说明书和设计要求进行测试。通常进行如下功能测试：运行可靠性测试和现场控制器软件主要功能及其实时性测试。

6.2.9.3 系统联调

(1)控制中心设备的接线检查。按系统设计图纸要求,检查主机与网络器、网关设备、现场控制器、系统外部设备(包括电源 UPS、打印设备)、通讯接口(包括与其他子系统)之间的连接、传输线型号规格是否正确。通讯接口的通讯协议、数据传输格式、速率等是否符合设计要求。

(2)系统通信检查。主机及其相应设备通电后,启动程序检查主机与本系统其他设备通讯是否正常,确认系统内设备无故障。

(3)对整个楼控系统监控性能和联动功能进行测试,满足设计图纸及系统监控点表的要求。

7 劳动力组织

施工人员根据楼房建筑面积、工期要求灵活调配人员,管槽敷设、设备安装、线缆敷设施工人员分成多个小组,每个小组配备 2～3 人,见表 1。

表 1 劳动力组织表

序号	施工人员	单位	数量	备注
1	主管工程师	人	1	总体技术负责及施工协调
2	技术员	人	1～2	技术负责(现场指导、质量检查)
3	作业队长	人	1～2	现场施工负责
4	专职安全检查	人	1	现场巡视安全检查
5	质量检查(兼)	人	1	施工质量检查
6	施工小组(每组)	人	3～5	根据工作量工期要求配置人员

8 施工机具

(1)主要施工机具

施工机具数量按工程量及施工人员多少来配置,配置主要施工机具如下:

① 施工机具:电钻、手提砂轮、电焊机、电锤、对讲机、组合工具、铝合金梯等;

② 测量器具:水平尺、钢卷尺、钢直尺、游标卡尺、精度仪。

(2)主要测试仪表

楼宇自控系统专用调试仪器、万用表、兆欧表、电桥等。

9 质量控制要点

(1)施工中所用的设备、材料、半成品的质量是保证工种质量的重要条件。因此,进入现场应进行复验,确定其符合有关标准后,才允许使用。

(2)在施工全过程中坚持自检、互检并加强过程检查,加强质量指导,力争把质量问题消灭在萌芽之中。

(3)隐蔽工程有隐蔽前进行专门质量检查,在未达到合格标准前不得进入下道工序施工。

10 安全控制要点

(1)严格遵守国务院、部委、当地市以及总公司各级领导所颁发的安全生产各项法规与文件。

(2)各级领导、施工员、操作工人严格贯彻执行《安全生产责任制》,遵守各项安全规章制度。

(3)进入本工程进行安装施工的所有人员,在进场前必须进行安全教育。

(4)各级领导及施工员在任何情况下不违章指挥,在安排生产的同时,必须保证安全,有可靠的措施并已经解决落实。

(5)各专业人员进行安装施工时,严格遵守安全操作规程,对违反安全操作规程者,任何人有权予以制止。各专业人员发现有不安全因素应立即停止工作,向施工员、安全员报告,在采取相应措施并经施工员、安全员已消除后,方可继续安装施工。

(6)严格《建设工程施工现场供用电安全规范》,以及现场所制定的各有关。严格禁止非电工对现场用电进行操作。

(7)施工员应根据工种施工部位、施工条件、施工特点进行针对性的安全交底、提出要求和措施,并严格执行,经常督促检查。

(8)坚持班前讲话制度,认真开展各项安全活动,提高安全知识与自我防护意识,按要求作好安全日志。

(9)严禁酒后作业、穿高跟鞋或拖鞋进入施工现场,严禁施工过程中嬉笑打闹。

(10)进入现场戴安全帽,高处作业搭设脚手架,操作前系好安全带。

11　环境保护要点

(1)施工现场工具材料摆放整齐,保证现场施工场地整洁、干净。

(2)各种包装物应统一收集处理、严禁四处乱扔、乱放污染周围环境。

(3)工程完工后,将工地及周围环境清理整洁,做到工完料清,场地整洁。

(4)在该项目中我方使用的是美国江森公司出产硬件设备。所有硬件设备均为可回收、可降解环保木浆纸包装。硬件自身为 ABS 阻燃型耐火工程塑料包裹。所有内部电子器及电路板件均为无汞型。

12　常见问题及处理方法

(1)接线错误

防治措施:现场控制器与各种配电箱、柜、控制柜之间的接线应严格按照图纸进行,严防强电串入现场控制器。

(2)通讯不正常

防治措施:严格检查系统接地阻值及接线,消除或屏蔽设备及连线附近的干扰源。

13　附　　录

(1)工程实例。

本工程位于北京朝阳区新源南路 1～3 号,总建筑面积约 22 万 m^2,是集办公、商业、酒店及配套为一体的大型综合商业体。酒店区主要由 1 台操作站、3 台网络控制器(NCU)、35 套 DDC 控制器组成;商业及办公区主要由 1 台操作站、4 台网络控制器(NCU)、74 套 DDC 控制器组成。该标准化工艺在北京美邦亚联广场运用,大大缩短了工期,节约了成本,保证了质量和工期要求,最终圆满地完成了任务。

(2)相关图片见图 6～图 8。

图 6　PC 柜中 DDC 模块安装，
接线内部电缆安装

图 7　弱电间内继电器箱
继电器排布、接线

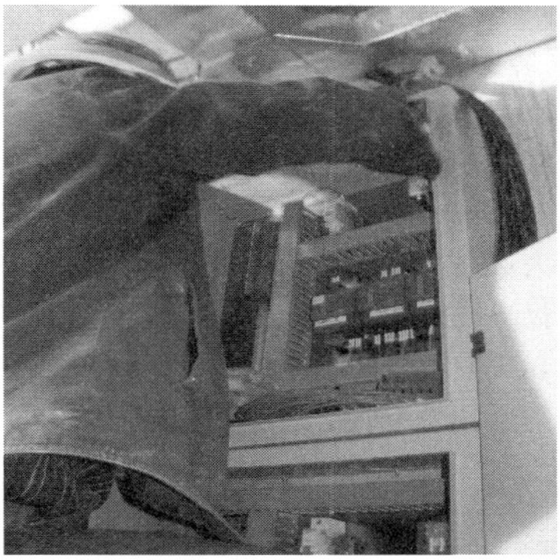

图 8　弱电间内 DDC 箱模块接线

城市轨道交通通信线路施工工艺

1 工艺概况及技术特点

地铁电缆支架采用新型复合材料，该新型复合材料为高绝缘材料，有效解决了电化腐蚀及主体钢筋的防杂散电流、腐蚀问题，保护了地铁主体结构的安全，减轻了更换、维修工作量，在今后的地铁建设中将会大量采用。

地铁通信光缆为地铁通信的整个信息传输提供通道，这些信息包括语音、数据及图像等信息。除了传输通信系统所需要的语音、数据及图像等各种信息外。还传输自动列车控制（ATS）、电力监控（SCADA）、门禁、自动售检票（AFC）、主控系统（MCS）、办公自动化（OA）等其他系统的信息。地铁通信光缆通常采用低烟无卤阻燃型光缆，光缆纤芯数则根据运营需要而定。

轨行区的地铁通信电缆和轨旁电话为地铁有关作业人员在隧道区间内与相邻车站值班员进行通话及与公务通信系统的用户提供通话服务。通信电缆通常采用低烟无卤阻燃型电缆。轨旁电话机在区间安装间距要求不大于 200 m，并尽量安装在靠近区间水泵房和风机房处。

漏缆和光纤直放站为行车调试和列车司机及车站值班人员间提供话音服务，同时也为地铁内部工作人员与流动工作人员之间提供高效短信息和话音通讯。无线信号通过漏缆覆盖来实现，在区间线路长的区段，仅靠线路端站发出的信号强度无法实现全程覆盖。因此，就必须在线路上增设直放站来解决。直放站分无线直放站和光纤直放站，因地铁环境的特殊性，地铁内通常设置光纤直放站。漏缆通常采用低烟无卤阻燃型。

2 适用范围

本施工工艺适用于地铁隧道内通信线路施工，包括电缆支架安装、通信光电、漏缆施工、通信线路设备安装等。

3 引用标准

（1）《地铁设计规范》（GB 50157—2003）。

（2）《地下铁道施工及验收规范》（GB 50299—2003）。

（3）《铁路通信施工规范》（TB 10205—99）。

（4）《铁路运输通信工程质量检验评定标准》（TBJ 10418—2003）。

4 基本术语及定义

（1）电缆支架：承载电缆的载体，在整个线路安装作业中工程量最大。

（2）通信光电、漏缆：本施工技术中所述的光电、漏缆是指为地铁专用通信系统服务的光电、漏缆。

（3）轨旁电话：为地铁运营维护人员在隧道区间内与相邻车站值班员进行通话及为公务通信系统的用户提供通话服务。

（4）光纤直放站：通过光链路传输服务的光分配系统，用于增强远程区域和其他设备的上、下行链路的信号水平的设备。

5　工艺原理

电缆支架安装采用定点、划线、打孔、安装流水作业。

通信光电缆根据现场情况采用人工敷设和轨道车敷设的方法进行，漏缆则采用轨道车敷设的方式进行。

轨旁电话机和光纤直放站根据设计要求进行安装，要求固定牢固，并不得侵限。

6　工艺流程及操作要点

6.1　电缆支架安装

6.1.1　工艺流程

电缆支架安装工艺流程见图 1。

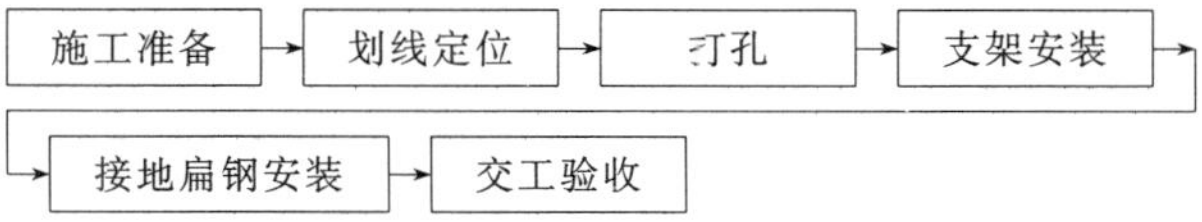

图 1　电缆支架安装工艺流程图

6.1.2　操作要点

（1）施工准备

进行施工调查，了解施工现场情况。准备施工机具、材料、技术资料，进行施工技术交底。

（2）施工测量定位划线

① 先根据隧道类型确定电缆支架安装高度。测量时，先在一段平直的轨道上找出两轨水平面的中心点，以过该两轨面的中心点的水平线为基线，在中心点处竖直向上立一根测量杆，测量标杆需固定在梯车上。从标杆上用水平管向隧道壁引相应支架第一个孔安装标高，做好标记；

② 用同样的方法确定第二个点，用墨斗在这两个点之间弹一条线，以此类推；

③ 安装复合支架时，由于复合支架立柱较厚，打孔精度要求比较高，调整困难，第二个孔位需根据第一个孔位固定后确定，因此划线时只需第一孔位的安装基准线；

④ 安装钢支架时，由于钢支架安装易于调整，因此为了提高工效，还需确定支架第二个安装孔的安装基准线。

（3）打孔

① 孔径和打孔深度根据设计要求的固定螺栓规格型号来确定；

② 安装复合支架。

第一个孔打好后安装一个螺杆，螺杆位于第一孔中心处。然后进行支架试安装，并调整支架垂直于轨面。调整好后在第二个孔处做好标记，此标记即为第二个打孔位置。第一个安装孔要求垂直于墙面，第二个孔需平行于第一个孔。

（4）支架安装

地铁正线支架有两种类型，一是 5 托臂，二是 15 托臂。5 托臂安装在行车方向的右侧隧道侧墙上，15 托臂安装在地下车站的侧墙上。

由于隧道分矩形隧道、马蹄形隧道、圆形隧道，5 托臂电缆支架也分为矩形、马蹄形和圆形。在安装 5 托臂电缆支架时应根据隧道的类型选择与之对应的 5 托臂电缆支架。各型隧道内电缆支架安装高度根据设计要求安装(注：支架安装高度指支架底端距两轨平面中心点的水平线的垂直高度)。

支架安装时，第一个螺栓固定后，装上支架，固定第一个锚栓，然后固定其余锚栓，装上接地扁钢，用螺母固定。安装时横向方向保证支架水平或上翘 3°～5°(十五层支架不要求)，由于结构侧墙施工误差，只允许在下排锚栓处用垫片调节、校正。纵向方向保证其垂直于轨面。

车站、区间电缆托架的安装距离为 1.0 m，安装时如果有困难，可缩小两支架间的间距，调整后的支架间距不得大于 1.0 m，所采用电缆托架型式及安装高度可根据实际情况选择和调整，但应满足限界要求。

(5)接地扁钢安装

① 接地扁钢的规格和安装连接方式应符合设计要求；

② 在过轨、过人防门及防淹门等扁钢安装困难的特殊地段，可用多股阻燃铜芯电缆连接。多股阻燃铜芯电缆型号规格应符合设计要求；

③ 在与车站接地系统连接时用多股阻燃铜芯电缆连接，连接要求紧固。接地缆在过轨时用镀锌钢管防护，并在外面套黑色橡胶管，用半圆卡固定在地面上，也可在地面开槽埋镀锌钢管，再用同标号的水泥恢复；两端上墙时用黑色橡胶管防护，长度不得小于 50 cm；

④ 接地电缆在接入扁钢和系统接地体时均采用压接铜鼻子方式，不得扭绞焊接。

6.2　通信光电、漏缆施工

6.2.1　光电、漏缆敷设

(1)工艺流程如图 2 所示。

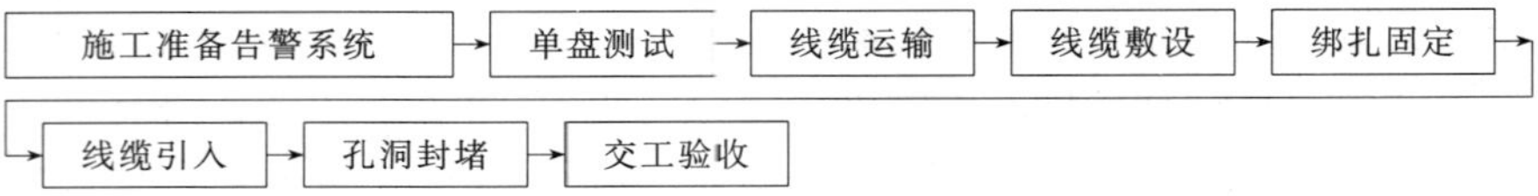

图 2　光电漏缆敷设工艺流程图

(2)操作要点

① 施工调查及准备

详细记录施工条件成熟情况、临时用电、临时照明、特殊地段、引入条件等，以便作好充分的施工前准备。对引入通道做仔细的调查，明确引上地点是否需安装引上支架。加工件的制作安装需在敷设前提前完成。机具、材料、人员、技术交底、安全交底等都准备充分。

② 单盘测试及配盘

按设计要求及施规验标要求对光电、漏缆及电源电缆的单盘测试项目进行测试，测试完后光电、漏缆均要封好端头，以防止受潮。测试完毕后将测试结果、线缆外层端别、线缆盘上的合格证等及时向工程部主管工程师报告，对于测试不合格的项目，主管工程师及时向上级部门报告。主管工程师根据单盘测试结果和区间长度、车站长度，参照电缆清册，进行配盘。

配盘原则为：区间尽量不设电缆中间头，若不得不设的话，电缆中间头不得在车站及隧道两端出现，而应放在隧道中间。

③ 运输

采用汽车和轨道运输方式，运输时将电缆盘捆绑牢固，电缆盘下面垫设枕木以防电缆盘在运输过程中的来回滚动。汽车将电缆盘运至下料口，由行吊将电缆盘吊到平板车上，再由轨道车运至各站台。

④ 引入通道

引入口有的在通信室、有的在信号室、有的在车控室、民用室及电缆井里。引入通道需预埋管时要注意土建施工状况，把握好预埋时机。要注意预埋管数量是否满足实际需要，管口是否被挡，钢管有否拐弯，拐弯处如何处理的，如果是焊接，焊接处是否处理妥当，另外还需试通钢管，以防管内有异物，最后在钢管内预穿一根铁线。若钢管不够用时，可安装电缆槽钢以满足需要。当通信设备室在站厅层时，引入预留口距电缆支架高五、六 m，可提前安装横担支架三到四个。电缆向上引入时，顺序固定在横担支架上。电缆引入口有的是方形孔，有的是钢管，不管怎样，均要按设计规定穿放占用孔洞。电缆引入时，应顺直整齐无交叉，室内电缆较多，要注意合理摆放，引入室内后要留足余留和上架成端量。电缆较多时可采用在室内绕大圈的方式来处理余留量。全部引入完毕后，所有孔、洞、管口均要用胶泥或其他防火材料封堵。

⑤ 敷设

敷设前，要求所有的电缆支架已安装到位，并对电缆通道、管路进行检查、清扫，保证电缆径路畅通。

敷设电缆前应确认电缆去向、规格型号是否符合设计要求，准备好电缆两端标识铭牌，铭牌的标识方法为：注明车站站名、端别、电缆规格、长度及用途，需要接续的电缆还应注明。

a. 人工敷缆。人工敷缆时应保证人力充足，要求放缆普工人数不得少于 35 人，技工 4 人。人员分配：技工打头找点 1 人，放缆人员不得少于 35 人，技工 1 人、普工 2 人负责掌盘，普工 2 人负责理电缆上架，技工 2 人在中间巡视。敷缆时人员站于电缆同侧，每人负重适度，两人间距不得大于 50 m；电缆过管道、拐角处应设专人操作，注意电缆的防护。敷设指挥应统一，保证通信畅通。电缆敷设时电缆弯曲半径不得小于电缆外径的 15 倍，严禁对电缆用力拖拉。加强对电缆的巡视，防止电缆打背扣或被卡住，电缆外护套不得损伤，不得放置任何物体在电缆上，不得踩踏电缆。电缆敷设到位后应保证两端的备用预留量：室内备用 5 m、室外设备处预留量应包括电缆备用(2 m)、电缆从支架下到地面长度、电缆过轨长度、设备位置定位预留量(1 m)以及电缆做头量(2 m)。

b. 轨道车敷设。采用轨道车敷设电缆时，将电缆整盘吊装在放线车的电缆支架上，电缆盘要固定牢固。在区间两头设置好防护信号灯，设专人防护。设指挥员 1 人，负责电缆展放的统一指挥。敷设时必须保证通信畅通，轨道车司机、指挥人员、平板车上指挥缆盘的施工人员、线路巡视人员都应配有对讲机。到达敷设地点后，先从电缆盘上端拉出一定长度作缓冲段，端头固定于电缆支架上。指挥员要与轨道车司机约定信号，根据电缆展放情况指挥车辆的开动、停止及运行速度。放线车开动后，4 人在车上转动电缆盘，使其在敷设时保持动态平衡，车速与电缆展放速度作良好配合。敷设时由专人集中指挥，统一行动。光、电缆在架设的过程中，应注意安全，不得出现拖、拉、摔的现象。光、电、漏缆的弯曲半径符合“施工规范”的规定。在引入管口、转弯、有障碍处应有人防护，确保缆的外层绝缘护套不被损坏。敷设时线缆应从缆盘上方出线。

⑥ 电缆上架绑扎固定。电缆敷设完后应及时上架，电缆上架摆放排列应平行整齐无交叉，且自然松驰，并用绑扎带固定。同层电缆不得交叉扭绞。有多层摆放时应分层绑扎，上下层相互固定；电缆支架与钢管连接处电缆的摆放应以电缆平行不交叉的原则确定电缆穿管位置。隧道、车站电缆支架的分配按设计要求进行分配。

光、电缆用尼龙紧固带绑扎在支架托臂上；漏泄同轴电缆直接卡入 LCX 吊夹中，开槽的槽口向机车方向(技术要求参照供货商的技术文件)。同一隧道内三根漏缆最上层为集群漏缆、下面两根为民用漏缆，三根漏缆相互间的间隔要求大于 600 mm。漏缆卡子较硬较紧，固定漏缆时用榔头敲击卡子使漏缆卡稳。从电缆盘中放出的漏缆其槽口方向是随意的，固定时要进行方向调整，对于槽口没有面向隧道的漏缆段，因漏缆较粗、较硬，要十多个人同时拧动漏缆，使其槽口方向正确。

⑦ 引入。区间已敷设电缆的引入以相互不交叉为原则进行，通信系统光电漏缆从预留孔洞两侧引入，信号系统电缆从预留孔洞的中间引入。光电缆在成端处余留符合设计要求，余留缆可盘在引入架处防静电地板的下面。室内接续成端后余留不少于 5 m。

⑧ 封堵。

光电漏缆敷设后，用防火胶泥堵塞所有电缆引入管孔。

6.2.2　光缆成端测试

(1)光缆成端测试工艺流程如图 3 所示。

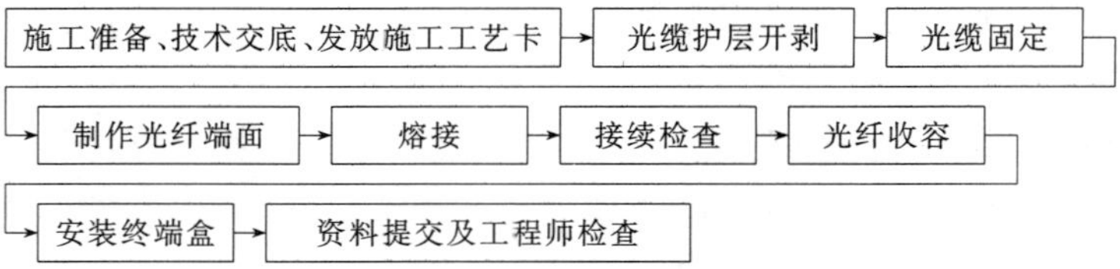

图 3　光缆成端测试工艺流程图

(2)操作要点

由于地铁车站间距较短，光缆的盘长以两站间定测的长度确定。为了提高光缆的传输质量，光缆线路若无特殊原因，原则上不做接续。光纤接续时采用 OTDR 双向监测的方式，把光纤接续、收容安装作为质量控制重点。光纤接续损耗内控指标：单头接续损耗双向平均值小于 0.04 dB。

① 光缆开剥

光缆开剥长度一般不少于 1.5 m。

开剥前将 AB 两端光缆分别去掉 2～3 m，用管刀将光缆外护套环割一周轻折几次使环切处折断，抽去外护套，再用管刀将 LAP 护套环切一圈，轻轻将 LAP 护套折断抽出。

用剪刀剪去填充物，并用汽油棉纱将光纤束管油膏清洁干净。

② 光缆固定

检查束管根部有无损伤、加强芯长度是否合适，加强芯长度以穿过固定螺栓 0.5 mm 为宜；

将要固定在终端盒支架夹箍部位光缆用砂纸打毛并用酒精棉纱擦净护套上的油污；光缆及加强芯应卡接牢固，光缆金属体在支架上按要求做好悬浮或电气连通处理。

③ 制作光纤端面

用专用束管切刀在光纤束管上环切一圈，轻折一下顺着束管方向将束管抽掉，用酒精棉花清洁束管内光纤上石油膏，并在引上收容盘段穿上塑料保护管。

进收容盘上束管依据设计要求从下到上 1、2、3、4、n…或…n、4、3、2、1 排列固定。完成一个收容盘光纤接续后再进行下一个收容盘的工作。

光纤涂层的去除：用酒精棉纱清洁接光纤接头部位表面灰尘和油污，在光纤一端串上一个热可缩保护套管，并移到收容盘附近；用光纤涂层剥线钳剥除光纤涂覆层，涂覆层剥出长度一般为 5 cm 左右。

光纤端面制作：将去掉涂覆层部位的光纤用酒精纱布朝一个方向清洁，将光纤放在切割刀上，要求光纤放在一条线上并固定平整，并切断光纤。制作好端面的光纤一般以 1.5 cm 为宜。

将尾纤编把或用标签编号，并根据法兰盘至光缆终端盒距离及光纤收容盘大小，剪掉不带 FC 头端多余尾纤，用专用工具开剥出尾纤，并按上述方法制作好光纤端面。

④ 光缆熔接

将做好端面的光纤和尾纤放入熔接机夹具或熔接机 V 型槽内，检查光纤端面及清洁，发现端面脏时，取出光纤用酒精棉纱清洁，光纤端面切割角度过大时应重新制作。

启动熔接程序，通过 CRT 显示屏观察光纤熔接过程，当光纤熔接完后，其热熔图像存在气泡、污点、亮点时应取出光纤重新接续；光纤熔接完成后从熔接机上取出光纤。

按光纤排列顺序一一对应接续测试，光纤接续测试合格后，逐纤进行张力试验（机器检测），只有损耗和张力检测（接续强度）均合格的光纤才进行热缩加强管保护，加强管收缩应均匀无气泡。

⑤ 光纤收容

光纤盘留时，余长的光纤由光纤保护塑料管出口，沿光纤盘留板两端盘绕，盘绕完后将光纤接头加强管嵌入固定槽板相应排列位置。在盘绕光纤时，盘留板两端盘绕弯曲半径应大于 40 cm。

⑥ 光纤接续检查

逐一对收容好的光纤复测，如发现尾纤接头增大，应检查尾纤及光纤是否受到弯曲或挤压，及时进行处理。

⑦ 安装终端盒

将接续卡放入盒内，固定光纤收容盘。

检查终端盒，对齐上下盒体，注意堵头和密封条（圈）必须全部入槽。在拧紧螺栓时对称交替进行，使上下终端盒各点受力均匀。

⑧ 光纤测试

采用 OTDR 进行测试，保证平均接续损耗≤0.04 dB。最大接续衰耗≤0.08 dB/头。

测试每根纤芯的双向曲线图和衰耗值及纤长。

测试每个接头的双向值，并计算平均值。

用光功率计测量每段光纤全程衰耗。

⑨ 资料提交

将光缆接续成端资料提交监理工程师，签字后存档作为竣工资料。

6.2.3 电缆接续成端

(1)电缆接续成端工艺流程如图 4 所示。

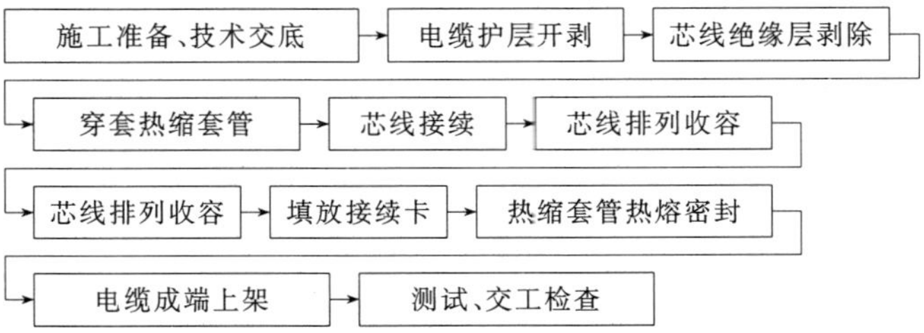

图 4 电缆接续成端工艺流程图

(2)操作要点

区间地铁通信电缆通常采用 DWZR-HYAT53-ZR 20×2×0.8 电缆。在车站通信机房和车辆段、OCC 通信机房可直接卡上 MDF 端子板，在轨旁电话机处的引入方式应符合设计要求。

1)电缆成端

将电缆开剥 0.5 m，PVC 管长度为 10 cm，PVC 管电缆下端(靠近电缆侧)用自粘带缠绕 5～6 圈，防止做气闭时环氧塑脂沿电缆流出，电缆内芯线间间隙用少量柔软物(白布带等)填充。电缆气闭头距分线盒 10 cm。做电缆气闭用环氧树脂＋聚酰安(比例为 1∶1)浇灌；浇灌前将电缆芯线理直。电缆成端前从气闭头开始先将芯线理直排列，电缆芯线按出线顺序(先出芯线排在内侧，后出芯线排在外侧)用单股尼龙绑线绑扎编把，绑扎间距为 1.2 cm 左右，间距要均匀，绑扎线出线位置要在电缆芯线出线侧。

20 对电缆组线色谱：白、红、黑、黄；

组内色谱：蓝、桔、绿、棕、灰。

电缆成端前电缆芯线余留 10 厘米，余留芯线弯曲自然、理顺，严禁芯线交叉。

2)电缆接续

① 电缆开剥

电缆开剥长度一般不少于 1 m。

对铠装层、外套层、内套层按规定尺寸开剥，开剥完成后应逐一检查区间芯线有无损伤，若有损伤重新开剥。

② 芯线绝缘层剥除

用斜口钳按规定尺寸剥除芯线绝缘层，剥除前应用棉纱除去油膏。

③ 穿放热缩管

将热缩套管穿入电缆。

④ 芯线接续

将接续电缆芯线按技术交底要求依次接续起来。芯线接续采用扭接加焊方式接续或采用接线子压接方式接续。电缆的芯线接续做到；接续位置排列匀称、整齐，应保持芯线原有纽距。

采用焊接时芯线扭绞美观、前松后紧，焊点光滑牢固无焊刺，并用硅脂管将接续后裸露部分密封起来。严禁使用带腐蚀性的焊剂。

采用压接方式时接线子压接应可靠，芯缆导接良好。

⑤ 填放接续卡

将电缆的接续对应关系记录下来，填两份表，一份放入接头中，另一份交专业工程师留底。

⑥ 热熔密封

将前面穿入区间电缆的热缩套管移回接头处，加热密封。在加热时喷灯从套管中间往两端均匀加热，以防气泡的产生影响密封效果。

3)测试、交工验收

在接头密封前进行在接续电缆两端检查所有芯线有无断、混线及接地故障，绝缘电阻是否符合要求。

环阻测试：使用数字电桥，测量电缆环阻。

绝缘测试：使用兆欧表测试电缆的绝缘电阻。

6.2.4　漏缆接续

(1)漏缆接续工艺流程如图 5 所示。

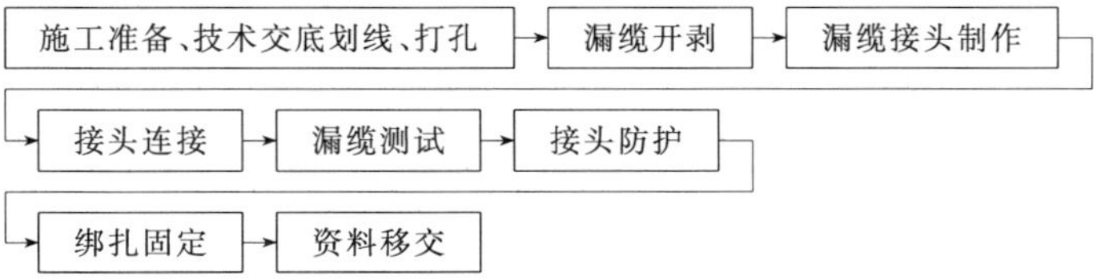

图 5　漏缆接续工艺流程图

(2)操作要点

① 将漏缆锯断，表面清理干净，将内导体和外导体的表面平整去刺。整理好后，量出19.5 mm的外护套，用刀将所量的这部份外护套剥除掉。

② 将外导体表面打磨平整，然后将热缩套管套在漏缆上，但不能盖住外皮剥除掉部分。

③ 把漏缆接头插进漏缆里均匀用力，将接头牢固安装在漏缆上。

④ 清洁漏缆外护套表面，再用热风枪或喷枪把接头加热。

⑤ 将热缩套管套在接头处，均匀加热。

⑥ 用跳线将两个接头连接起来，跳线呈“Ω”形，弯向墙壁侧，与电缆绑扎在一起。

⑦ 在引入口处，在距漏缆接头处 10～20 cm 的横向射频缆靠墙侧接 6 mm^2 阻燃地线，开剥 2 cm，将地线码在开口处加焊，再用防水胶缠绕，地线另一端加铜鼻子固定在扁钢上。

⑧ 漏缆测试：

a. 用万用表检查内、外导体装接情况，并轻敲连接器观察万用表指示有无变化，判断导体间连接质量。

b. 用兆欧表测量绝缘电阻，判断装接质量。

c. 接头应保证电特性指标，对于阻值过大、绝缘不良、衰减偏大的接头应锯断重接。

⑨ 将接续资料提交给技术主管部门。

6.2.5　射频缆接续

(1)射频电缆接续工艺流程如图 6 所示。

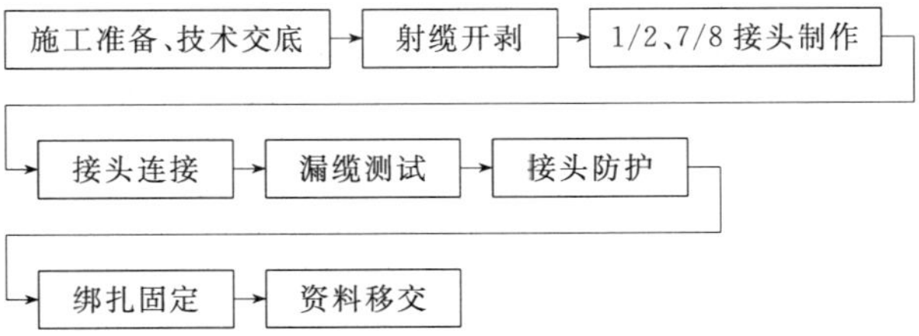

图 6　射缆接续工艺流程图

(2)操作要点

1)N-K 型连接器连接 1/2 in 射缆时，其做头方法如下：

① 开剥。先将安装接头处 1 m 的射频缆理直，然后剥去外皮绝缘层、外导体和内外导体间绝缘层。

内导体开剥：1/2 射频缆内导体外露 6 mm，将内导体芯线端头平锉打磨，打磨面呈 45°。

外导体开剥：外导体开剥 21 mm，外导体切口要求在波峰中间。

注意清洁各个端面，无毛刺、金属屑。

② 在 1/2 射频缆外导体与电缆皮切口处波谷内套上密封圈，并涂抹防水胶，连接头密封处丝口也需涂抹防水胶。

③ 在 1/2 射频缆上依次套上热缩套管、连接头外壳，将 O 型密封圈套在外导体切口处的波谷内。

④ 将连接器中的孔对准内导体插入，再将连接器与外壳用扳手拧紧，检查安装是否牢固。

⑤ 将热缩套管移到连接头处盖住外壳，用热风枪均匀加热热缩套管。

2)N-K 型连接器连接 7/8 射频缆时，其做头方法如下：

① 开剥。先将安装接头处 1 m 的射频缆理直，然后剥去外皮绝缘层。

将 7/8 射频缆在装连接器处切断，注意清洁各个端面，要求切口平整无毛刺、金属屑并正切于波峰，再将外皮开剥 38 mm。

② 将内外导体间的绝缘层压一周呈 45°状。

③ 在 7/8 射频缆外导体与电缆皮切口处波谷内套上密封圈并涂抹防水胶(硅脂)。将弹簧圈套在外导体切口处的波谷内。

④ 将电缆螺套装入 7/8 射频缆中，将密封圈套在外导体切口处波谷内。

⑤ 将连接头旋入电缆套在电缆螺套上，用扳手拧紧，注意在连接头旋入电缆时，电缆螺套相对于电缆不能旋转。拧紧后检查安装是否牢固。

6.3 线路设备安装

6.3.1 轨旁电话机安装

(1)轨旁电话安装工艺流程如图 7 所示。

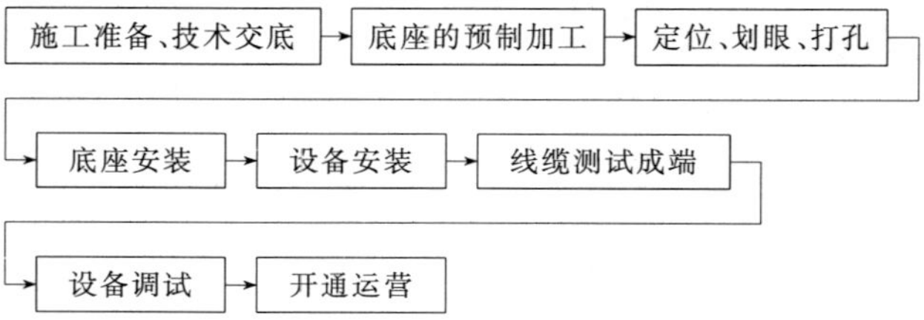

图 7　轨旁电话机安装工艺流程图

(2)操作要点

① 施工调查准备

确定设备安装位置，再根据现场情况制作加工件。轨旁电话机安装示意图见图 8。

② 划线定位

轨旁电话安装位置符合设计规定，施工中应尽量靠近泵房、区间信号机、防淹门处。根据确定的设备安装位置，先划线标明底座固定位置。轨旁电话机安装高度为底部距轨面 1.2 米。

③ 设备安装

将底座固定在支撑架上，再将轨旁电话固定在底座上，轨旁电话每处的电缆分线盒应稳固地安装在轨旁电话机右侧 20 cm左右处，上端与轨旁电话面上端平行，如果安装位置与冷冻水管有冲突，可适当往下调整安装高度。

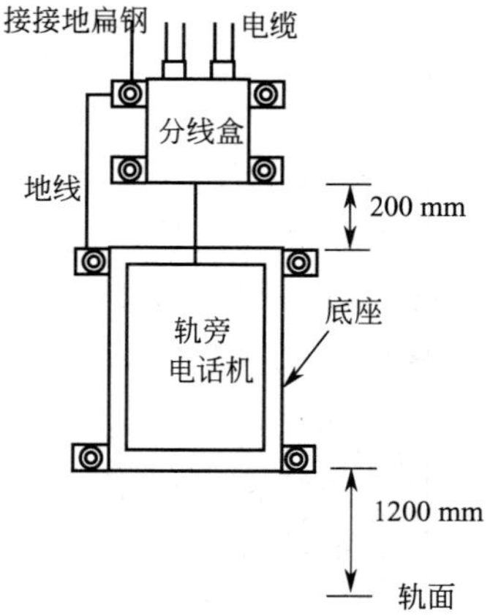

图 8　轨旁电话机安装示意图

④ 电气连接

电缆的钢带用 6 mm^2 铜芯线连通，机壳用 16 mm^2 低烟无卤阻燃地线与接地扁钢连接。地线固定在第一个膨胀螺栓上，铜鼻子采用压接方式。

⑤ 线缆测试

引入轨旁电话的电缆有 HYAT53-ZR 20×2×0.8 电缆和地线，引入设备前应测试引入电缆的电气特性，确认电缆内所有芯线无断、混线及接地障碍，绝缘良好并做好记录。

⑥ 线缆引入

根据设计要求将本缆引入分线盒或分岐引入分线盒。

6.3.2 光纤直放站安装流程图

(1)光纤直放站安装工艺流程如图 9 所示。

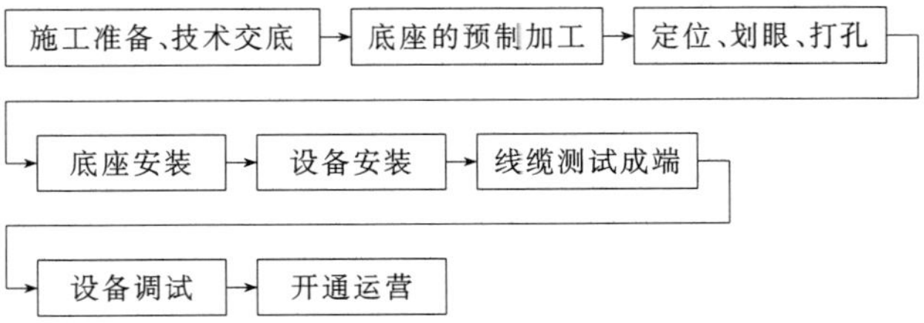

图 9 光纤直放站机安装工艺流程图

(2)操作要点。

① 光纤直放站安装示意图如图 10 所示。

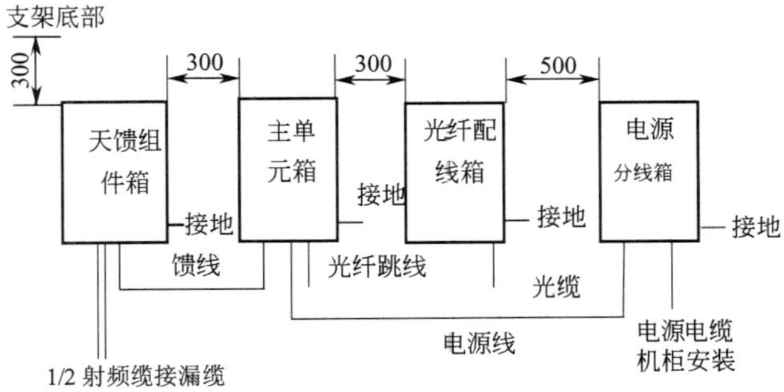

图 10 光纤直放站安装示意图

② 安装步骤

a. 每处直放站的安装包括光主单元箱、天馈组件箱、光纤配线箱、电源分线箱各一个。

b. 将机箱放在安装位置上，调整水平和垂直状态，调整好后将安装孔描于墙壁上，要求各机箱底部平齐。

c. 在标识孔位的地方打孔及安装膨胀螺栓，将各机箱安装在膨胀螺栓上固定牢固。打孔时，如果孔位正处于结构缝位置，可将机箱位置适当调整。

d. 安装位置处应与消防栓、区间维修配电箱、轨旁电话、PIDS 的 AP 机箱位置错开。

7 劳动力组织

地铁通信线路施工通常设置线路作业队来完成，下设测量组、若干支架安装组、敷设组、接续组、线路设备安装组。具体安排及分工见表 1。

表 1　地铁通信线路施工人员组织表

序号	项目		人员配置	职责	备注
1	电缆支架安装	测量组	技工 2 人 普工 4 人	负责电缆支架施工的测量、定点、划线	
		支架安装组	技工 3 人 普工 16 人	负责电缆支架施工的打孔、运输、安装	
		接地扁钢安装组	技工 1 人 普工 4 人	负责接地扁钢安装	
2	光电漏缆施工	光电漏缆敷设组	技工 5 人 普工 20-40 人	负责光电漏缆运输及敷设上架固定	人工敷设普工不得少于 35 人
		光电漏缆接续组	技工 4 人 普工 4 人	负责光电漏缆的接续成端测试	
3	线路设备安装	线路设备安装组	技工 2 人 普工 2 人	负责线路设备的运输及安装	

8　主要机械设备及工器具配置

(1)电缆支架施工机具配置。

① 测量组施工机具配置,见表 2。

表 2　测量组施工机具配置表

序号	名称	规格型号	单位	数量	备注
1	梯车	H:3 m	台	1	自制
2	竹梯	4 m	把	2	
3	标尺	4 m	根	1	
4	水平管	5 m	根	2	
5	水平尺	2 m	把	2	
6	工作灯	100 W	个	2	
7	发电机	2.5 kW	台	1	
8	线盘	50 m	个	1	
9	红闪灯		个	2	
10	组合工具		套	1	
11	墨斗		把	10	

② 支架安装组施工机具配置表

支架安装组数量可根据工程量、工期、正线铺轨、作业点批准情况等施工条件来定。每个作业组机具配置见表 3。

表 3　支架安装组机具配置表

序号	名称	规格型号	单位	数量	备注
1	电锤	HILIT TE725	把	4	
2	梯车	3 m	台	2	
3	发电机	2.5 kW	台	2	
4	竹梯	4 m	把	4	

续上表

序号	名 称	规格型号	单位	数量	备 注
5	轨道小拖车		台	2	自制
6	水平尺	1 m	把	4	
7	组合工具		套	4	
8	电源盘	50 m	个	2	
9	电源插线板	5 m	个	2	
10	工作灯	100 W	个	2	
11	红闪灯		个	4	

③ 接地扁钢安装组施工机具配置，见表 4。

表 4　接地扁钢安装组机具配置表

序号	名 称	规格型号	单位	数量	备 注
1	台钻	1 kW	台	1	
2	发电机	2.5 kW	台	2	
3	竹梯	4 m	把	2	
4	轨道小拖车		台	1	自制
5	电源盘	50 m	个	1	
6	电源插线板	5 m	个	1	
7	组合工具		套	1	
8	工作灯	100 W	个	1	
9	红闪灯		个	2	

(2)光电漏缆施工机具配置表

① 光电漏缆敷设机具配置，见表 5。

表 5　光电漏缆敷设机具配置表

序号	名 称	规格	单位	数量
1	轨道车	QY12C	辆	1
2	平板车	DG170	辆	2
3	汽车吊车	QY12C	辆	1
4	小平车	自制	辆	2
5	竹梯	各种长度	把	10
6	液压千斤顶	CBR-2A	对	4
7	运输卡车	康明斯	辆	2
8	小榔头		把	20
9	对讲机		台	10
10	放缆常用工具		套	2
11	红闪灯		个	4
12	矿灯或手电筒		台/把	10

② 光缆接续施工机具配置，见表 6。

表 6　光缆接续施工机具配置表

序号	设备、机具名称	单位	数量	型号规格	主要用途
1	组合工具	套	2		辅助工具
2	光纤熔接机	台	1	FSM-40S	光缆接续
3	光万用表	个	1	AQ2150	光缆测试
4	光时域反射仪	台	1	HP8147	光缆测试
5	光纤切割刀	把	2	FKⅡ，CT-07	光缆开剥

③ 电缆接续施工机具配置，见表 7。

表 7　电缆接续施工机具配置表

序号	设备、机具名称	单位	数量	型号规格	主要用途
1	组合工具	套	1		辅助工具
2	兆欧表	台	1	ZC-25-3	绝缘测试
3	万用表	个	1	VC-10B	对号
4	喷灯	只	1		除潮、热熔套管
5	热熔枪	只	1		芯线热熔密封

④ 漏缆和射缆接续施工机具配置，见表 8。

表 8　漏缆、射缆接续施工机具配置表

序号	设备、机具名称	单位	数量	型号规格	主要用途
1	组合工具	套	1		工具
2	万用表	台	1	VC-10B	测试
3	专用接头工具	套	1		接头

(3)线路设备安装组施工机具配置，见表 9。

表 9　线路设备安装组机具配置表

序号	名　称	规格型号	单位	数量	备　注
1	电锤	HILIT TE725	把	1	
2	发电机	2.5 kW	台	1	
3	竹梯	4 m	把	1	
4	轨道小拖车		台	2	自制
5	电源盘	50 m	个	1	
6	电源插线板	5 m	个	1	
7	组合工具		套	1	
8	工作灯	100 W	个	1	
9	红闪灯		个	2	
10	压接钳		把	1	

9 质量控制要点

9.1 电缆支架安装质量控制要点

(1)电缆托架(支架、托臂)的材质、规格、安装间距、安装高度及安装路由均应符合设计及定测图规定。支架安装要牢固,托臂要平,托架严禁侵入地铁建筑限界。

(2)整个电缆支架位置应正确,并固定牢固,水平和垂直允许偏差均为±5mm;线路应处于同一水平线上,支架的同层托板应在同一水平面上,整体走向应和轨面保持一致,即横向平行于轨面,纵向垂直于轨面,每条漏缆吊夹也应处于同一水平线上。

(3)电缆支架不得安装在盾构管片拼缝处。

(4)支架安装及自制加工件的安装不得侵限,在车站不得挡住广告灯箱。

(5)特殊地段的钢支架,需要在现场焊接和打孔的,应进行防腐处理。除锈后先涂两遍防锈漆,再涂两层富锌漆。

(6)扁钢上的孔要求装在中心位置,连接处要求连接牢固,扁钢接触密贴。

(7)接地电缆过轨位置不得影响轨行区内其他设备位置,接地电缆从站台板内出来过轨后就近接入支架上的扁钢。

(8)接地电缆穿钢管过轨时需套 $\phi 32$ 黑色橡胶管防护,以防止钢管将两轨电气连通。

9.2 光电漏缆敷设质量控制要点

(1)电缆在敷设过程中不得有损伤,不得扭绞。

(2)在支架托臂上的电缆不得有交叉,绑扎要牢固。

(3)漏缆的槽口方向一定要正确。

(4)需接续的地方预留 5 m,在每个轨旁电话机安装位置留 5 m。

(5)电缆弯曲程度不得小于其最小弯曲半径。

(6)电缆无拧绞、压扁、表面严重划伤等缺陷。

(7)电缆的各项测试应符合有关技术指标并有记录。

(8)电缆敷设后,及时接续或制作电缆头,否则应对电缆端头进行防潮处理。

9.3 接续测试控制要点

(1)光纤接续

① 光缆接续操作人员必须持有接续上岗证才能上岗操作。并在正式接续之前,做好仪器仪表的检验;

② 避免熔接机在临界环境下工作,光纤接续时气温 5 ℃<t<35 ℃;

③ 选用高精度光纤切割刀,以保证光纤端面更平整,角度偏差更小;

④ 光纤接续操作采用熔接法,选用“纤芯对准”的光纤熔接机,接续时按光纤排列顺序一一对应,并采用 OTDR 进行监测,保证平均接续损耗≤0.04 dB,最大接续衰耗≤0.08 dB/头。

(2)电缆接续成端

① 成端电缆的线把编扎应做到绑扎线扣均匀、整齐、紧密、结实,芯线保持原有扭距,线扣连线顺直;

② 根据盒、架端子的类型采用焊接、绕接、卡接工艺。焊接时要求焊接牢固,接点光滑、均匀,无假焊,芯线露铜部分不大于 2 mm;绕接时要求绕线圈数一样、严密、紧贴、不得有叠绕现

象；卡接时要求使用专用卡接钳，卡接牢固。

(3)漏缆接续

① 漏缆头尾端距支架或底座边缘 10 cm，距漏缆头端 20 cm 处跳线以“Ω”形向墙壁侧方向弯曲；

② 过轨和人防门射频缆间隔 20 cm 以上；

③ 人防门处漏缆接头距支架边缘 10 cm，射频缆不放在同一管孔中；

④ 引入口处接续点根据现场情况定，接头距吊夹若大于 10 cm 的应补一个吊夹，若接头处吊夹为防火吊夹，则应将防火吊夹更换为普通吊夹；

⑤ 安装时，保证各个端面清洁，无毛刺、金属削；

⑥ 安装牢靠，使震动、扭转时，性能无明显变化。

(4)射缆接续

① 射频缆的接续要严格按培训图册要求操作；

② 制作接头时要注意各种电缆的适配型号；

③ 安装时保证各端面清洁，无毛刺、金属屑；

④ 接头安装要求牢靠，使震动、扭转时性能无明显变化；

⑤ 安装后要保证密封质量，防止接头进水、受潮。

9.4 线路设备安装质量控制要点

(1)轨旁电话安装

① 轨旁电话机安装固定牢固；

② 接地线安装在综合接地体上，安装牢固，接地良好；

③ 制作的加工件不得侵入限界。

(2)光纤直放站安装

① 隧道中光纤直放站远端机安装在隧道壁的下部，结合现场位置综合考虑安全限界、进出线方便与否；

② 各机箱安装应牢固，同时安装地点处应无漏水点；

③ 光纤跳线、光缆、连接电缆、射频缆、电源线、地线等应有固定措施及防护措施并要做好标记；

④ 两端的光缆从同两支架间引下至光纤配线箱，除接续后余下的全部盘留在支架上固定牢固；

⑤ 电力电缆在支架上以绕行的方式余留 1～2 m。

10 安全控制要点

(1)进入轨行区作业时遵守轨行区管理部门的各项管理规定，服从轨行区管理部门的安全管理。不得进入非本次作业区段的施工区域。

(2)严格执行施工测量复测、复核制度，做好施工测量记录台账。

(3)作业工班在施工过程中按验标、工艺、工法、细则要求，把好工序、设备配置、原材料检验、质量监控等各个环节。

(4)针对施工中的重点、难点工序积极开展 QC 活动，解决施工难题。

(5)工班技术人员在施工中要注意技术基础资料收集并及时上报。

(6)现场文明施工，施工时注意保护区间各专业的成品和半成品，避免受到损坏。

(7)区间施工临时用电和施工机具操作按项目部相关规定执行。作业时必须检查附近临时电线路是否漏电,防止发生电击事故。

(8)在测量及打孔过程中,应尽量避开漏水点,如果在打孔过程中出现打孔漏水,应及时停止,更改钻位,并对漏水点进行封堵。

(9)打孔及安装支架时,作业梯或平台必须稳固,并不得歪斜,在光滑或倾斜的地面须有防滑措施。

(10)施工作业点要保证良好的照明。施工区域两端 50 m 外各设置一个红闪灯防护。区间作业人员必须穿荧光衣戴安全帽。

(11)在梯车上作业时现场需采取适合的防护措施。梯上作业人员必须进行身体检查,不能让患有高血压、心脏病等不适合高处作业者从事。

(12)打孔、支架安装、吊夹安装作业点下方不得有人逗留,作业人员应戴好安全帽,严禁上下抛掷工具、材料,严禁将工具、材料放在不稳的地方。严禁踩踏电缆支架。

(13)梯上作业时,身体重心不得倾斜到梯脚范围以外,梯内侧不得有人逗留。靠梯下方无人监护时,不得进行梯上作业,梯脚应有防滑措施。

(14)靠墙梯倾斜角应为 60°~75°,人字梯的中部应用绳索相互牵制住。

(15)轨行区作业要求。

① 轨行区作业执行地铁公司《工程运输管理办法》;

② 轨行区作业必须执行请点、销点制度,在获取作业许可证之后,办理请点手续后方能进入作业现场。在作业区域按规定设置防护;

③ 认真执行现场管理规定,做好现场材料堆放、文明施工、消防;

④ 轨行区作业完毕及时清理作业现场,确保设备、设施、管线、机具等不侵入限界并绑扎、固定良好,防护良好。在施工地段及人行地段要采取合理可行的防护措施;

⑤ 在轨行区用火必须办理用火许可证。

(16)轨行区施工注意事项。

① 严禁在地铁隧道内吸烟;

② 注意隧道临时照明电线路,严禁接触临时照明线路,防止触电;

③ 隧道内严禁用金属梯子作业,必须使用干燥的竹梯或木梯,不准搭在电源线上;

④ 用梯车作业时,要系好保险带,梯上作业时注意安全;

⑤ 在作业区段两端设置红闪灯防护,并设置两名安全防护员,作业时施工人员必须穿上荧光服,戴上安全帽。

11 环境保护要点

(1)严禁将施工垃圾扔在轨行区。施工完毕后应及时清理现场,将清理物品带出隧道,放在车站指定区域。

(2)严禁将作业剩余的汽油、酒精倒入正线水沟内。

(3)在设备安装、电缆接续成端、光缆接续成端的作业区域铺彩条布,以防止油膏污染道床。

(4)严禁在地铁隧道内吸烟。

12 常见问题及处理方法

(1)电缆支架测量划线标高误差大的处理方法。

① 划线时，每隔 50～100 m 需复核划线标高高度，在曲线段需加大复核密度；

② 在拐弯处需调整标杆的位置，只在梯车顶上调标杆位置，标杆底在中心点位置不动，调整后必须保证标杆垂直于过两轨平面中心点的水平线；

③ 在划线时应注意在车站与区间的结合部五托臂支架提前 2 m 过渡到十五托臂支架；

④ 在圆形区间中段有 30 m 左右的矩形或马蹄形隧道，此段划线按圆形隧道标高要求划线，不再单独划线，而当圆形隧道中的矩形或马蹄形隧道较长时，则按该隧道标高要求划线，断面结合部位要求自然的平缓过渡。

(2)打孔孔位准确度不高的处理方法。

① 在划线标注打孔位置钻孔，要特别注意打孔深度和钻头的型号与螺栓相配套。注意各孔位的横向距离和纵向距离要符合技术要求；

② 打孔时，孔中心应在所划线上，这样才能保证支架安装处于同一水平线上；

③ 如遇钢筋和结构缝时，需调整孔的位置，调整时可左右调位，不得上下调位，无论如何调整，两孔间距不得大于 1 m；

④ 打孔前需调整好标尺长度，打孔时需随时核对标尺长度，发现不对时应及时调整。

(3)漏缆接续指标不合格处理方法。

① 切割漏缆时，需确保截断点处于漏缆的最低点，这样可以阻止污物或铜屑进入漏缆；

② 安装时保证各端面清洁，无毛刺、金屑屑；

③ 接头安装要求牢靠，使震动、扭转时性能无明显变化；

④ 安装后要保证密封质量，防止接头进水、受潮。

13　附　　录

(1)光电漏缆敷设记录，见表 10。

表 10　光电漏缆敷设记录表

工程名称				合 同 号		
工程地点				施工单位		
监理单位				检查日期		
序号	地 点	光电漏缆型号	长 度	防 护	芯线间绝缘(MΩ)	对地绝缘(MΩ)

(2)工程实例

该标准化工艺在广州地铁三号线弱电系统安装工程中得以应用，大大缩短了工期，节约了成本，保证了工程质量，圆满地完成了任务。

广州地铁三号线主线隧道区间从广州东站至番禺广场站计 28.718 km，支线从天河客运站折返线起至体育西站计 7.335 km。控制中心设在线路中部大石站附近地面上，车辆段设在厦滘站的东侧，设置两出入段线(长约 1000 m)，分别与厦滘站南端区间的左线和右线连接。车站平均间距为 2.068 km，最大站间距为 6.18 km(汉溪站至市桥站)，最小站间距为 0.82 km(岗顶站至石牌桥站)。线路分三次过珠江，在珠江新城站南端、赤岗塔站北端、沥滘站南端、厦滘站南北两端和大石站北端安装防淹门及其配套操作设备。全线需安装 5 托臂电缆支架 78000 余榀，接地扁钢 78 km；敷设专用通信光电漏缆 120.8 条 km；安装远端专用直放站 3 套，轨旁电话机 380 套。

(3)相关图片见图 11～图 16。

图 11　支架打孔

图 12　支架安装

图 13　漏缆运输

图 14　轨旁电话机安装

图 15　轨旁电话电缆开剥

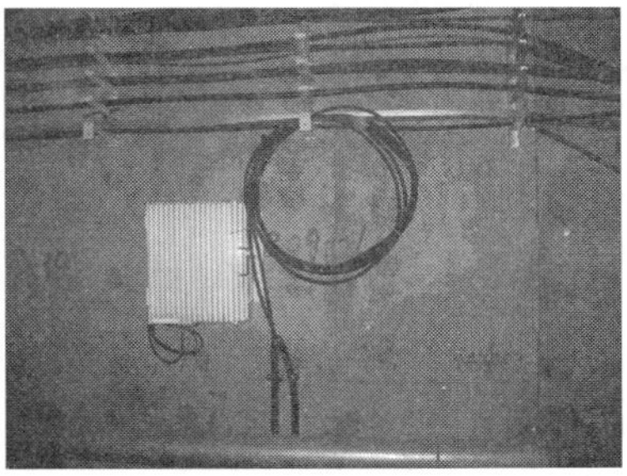

图 16　光纤直放站主单元箱安装

城市轨道交通综合监控自动化系统施工工艺

1　工艺概况及技术特点

1.1　城市轨道交通综合监控自动化系统概况

城市轨道交通综合监控系统是以现代计算机技术、网络技术、自动化技术和信息技术为基础的大型计算机集成系统。系统集成了多个地铁自动化专业子系统，将被集成子系统的中央级、车站级和设备控制级集成在一起。并在集成平台支持下对地铁各专业进行统一监控，实现各专业系统的信息共享及系统之间的联动控制功能，提高运营效率，为实现城市轨道交通现代化运营管理提供信息化基础。

整个系统由中央综合监控系统、车站综合监控系统（包括车辆段综合监控系统）以及连接他们的综合监控骨干网组成。

中央综合监控系统由中央监控网络、OCC冗余实时服务器、冗余历史服务器、磁盘阵列、磁带记录装置、各类操作员工作站（总调工作站、电调工作站、环调工作站、维调工作站）、冗余的互联系统的网关装置（FEP或通信控制器）、UPS、打印机、网络管理系统（NMS）、大屏幕系统（OPS）等部分组成，用于监视全线各个车站（包括车辆段）的各个子系统的运行状态，完成中央级的操作控制功能。

中央监控网络为冗余100/1 000 MBps交换式以太网，符合IEEE 802.3标准，采用TCP/IP协议。

车站综合监控系统由车站监控网络、车站服务器、双屏值班站长操作站、双屏值班员操作站、车站互联系统的网关装置、打印机、综合后备盘（IBP）等部分组成，用于监视车站的各个子系统的运行状态，完成车站级的操作控制功能。

车站监控网络为冗余100 MBps交换式以太网，符合IEEE802.3标准，采用TCP/IP协议。

综合监控系统的骨干网（MBN）采用地铁通信骨干网的传输信道，也可单独组建综合监控系统骨干网。如单独组建骨干网，为满足地铁综合监控系统的数据传输、交换的要求，应采用数据传输速率为1 000 MBps的工业级以太网或电信级弹性分组环（RPR）方式构建。

1.2　工艺概况及技术特点

综合监控系统在每个车站车控室设置一套综合后备盘（IBP），实现紧急情况下（灾害及阻塞）相关重要设备的后备控制功能。在综合控制室设置一套UPS电源，一套网络机柜及服务器机柜。IBP盘由多个柜体拼接而成，柜体之间要求的拼接弧度为5°，台面拼接水平度要求为1 mm，马赛克屏上的横线要求在同一水平面上，达到无缝拼接的效果，安装精度要求高。施工时针对IBP盘台的安装，采用水平管、水平仪等测试仪器和专用安装工具，能有效地降低劳动强度、缩短施工周期、节约施工成本、保证IBP盘的安装精度。整个监控系统采用的数据线缆均为六类或超五类屏蔽双绞线，线缆数量多，其端接质量更是直接影响整个系统的性能，施工时针对屏蔽双绞线的端接，采用专用压接钳、剥线钳及打线刀，可有效地提高施工效率、节约施工成本，确保系统成功调试。

2 适用范围

适用于城市轨道交通综合监控自动化系统安装、调试施工。

3 引用标准

(1)《地下铁道工程施工及验收规范》(GB 50299—1999)。
(2)《建筑与建筑群综合布线系统工程施工规范》(GB/T 50312—2000)。
(3)《施工现场临时用电安全技术规范》(JGJ 46—88)。
(4)《国际串行通讯标准》(EIA RS—232—C)。
(5)《100 Mbps(100BASE-X)以太网标准》(IEEE 802.3u)。
(6)《电气安装工程电气设备交接试验标准》(GB 50150—91)。
(7)《UTP 电缆芯线定义》(EIA/TIA—T568B)。
(8)《工业自动化仪表工程施工及验收规范》(GBJ 93—86)。
(9)《过程检测和控制流程图形符号》(GB 2625—81)。
(10)《工业控制用软件评定准则》(GB/T 13423—1992)。
(11)《消防联动控制设备通用技术条件》(GB 16806—1997)。
(12)《电气装置工程盘、柜及二次回路接线施工及验收规范》(GB/T 50712—92)。
(13)《工业计算机监控系统抗干扰技术规范》(CECS 81—96)。
(14)《地下铁道设计规范》(GB 50157—92)。
(15)系统集成商提供的技术标准及安装手册。

4 基本术语及定义

ACS(Access Control System)：门禁系统。
AFC(Auto Fare Collection)：自动售检票系统。
CCTV(Closed Circuit Television)：闭路电视系统。
CMCS(Central Main Control System)：中央综合监控系统。
DMCS(Depot Main Control System)：车辆段综合监控系统。
EMCS(Electrical and Mechanical Control System)：机电设备监控系统。
FAS(Fire Alarm System)：火灾报警系统。
FEP(Front End Processor)：前端处理器。
FG(Flood Gate)：防淹门系统。
IBP(Integrated Backup Panel)：综合后备盘。
MBN(Main Board Network)：骨干网。
MCS(Main Control System)：综合监控系统。
MMI(Man Machine Interface)：人机界面。
OCC(Operated Control Center)：控制中心。
OTDR(Optical Time Domain Reflectometer)：光时域发射仪。
PA(Public Address)：广播系统。
SCADA(Scan Control Alarm Database)：电力监控系统。

PSD(Platform Screen Door):屏蔽门系统。

SMCS(Station Main Control System):车站综合监控系统。

SIG(Signaling System):信号系统。

5　工艺原理

运用系统工程原理,优化施工工艺,采用专用工具和螺栓安装新工艺,施工采用流水作业方式。利用工序间影响最终质量的主要因素加以分析整理,实行提前控制和优化。

6　工艺流程及操作要点

6.1　工艺流程

首先在车站控制室及综合控制室砌筑的时候要做好垫层内钢管的预埋工作;待设备房砌筑完后,立即进行设备底座支架的测量、加工、安装,以及设备房内金属桥架的安装;待设备房干燥后立即进行设备的运输、开箱、安装,接着进行各类线缆的敷设、绑扎、成端,最后配合进行相关调试,工艺流程如图1所示。

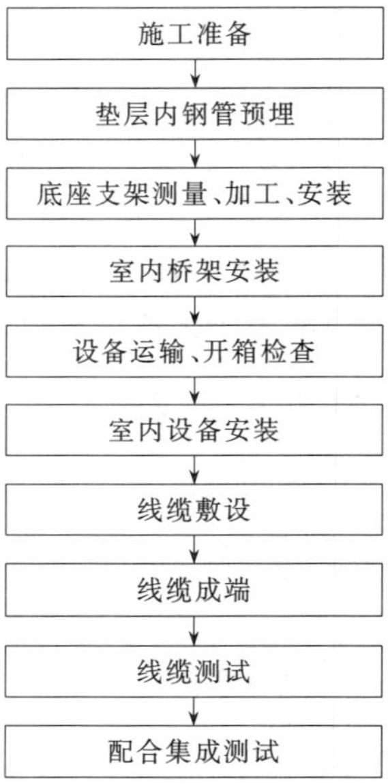

图1　综合监控自动化系统施工工艺流程图

6.2　操作要点

6.2.1　施工准备

(1)与车站承包商签定安全协议和用水用电协议,协调好施工的外部关系。

(2)组织技术人员进行图纸审核,编制施工技术标准和材料、工器具备料计划,对施工人员进行施工安全技术交底和技术培训,编制施工方案,绘制现场适用的施工图。

(3)调查各车站设备房砌筑、装修进展情况及垫层内钢管的预埋情况,参与车站设备房的移交。

(4)组织施工人员进行安全学习和考试。

(5)准备施工的工器具。

(6)进行光、电缆进场的测试、记录。

6.2.2　垫层内钢管预埋

综合监控自动化系统设备在每个车站主要分布在综合控制室和车控室两个设备房内,若车控室和综合控制室之间有过道,需在过道垫层内预埋2根ϕ50(或ϕ100)钢管。

钢管预埋前需对管线长度进行测量(必须保证钢管每端进入室内至少10 cm,以保证钢管与车控室桥架的可靠连接),然后按此长度来切割钢管,钢管切割好后须用角磨机将管口打磨光滑;将钢管运至现场,用双层彩条布将两端管口包住,并用0.7 mm扎丝绑扎固定两道,以免水泥沙浆进入管内;将钢管在结构面上放平,用3# 扁铁固定钢管2道,扁铁的两端要用M8膨胀螺栓固定在地上,保证其他施工单位施工时不会将钢管移位。两根钢管之间至少间隔200 mm,钢管下部距离结构面5 cm,以方便钢管与室内线槽、桥架的连接。

6.2.3　底座支架测量、加工、安装

(1)每个车站需加工设备底座支架,其中每套IBP盘底座支架长为3 m以上,为便于运输,将其底座支架加工为 2 个完全对称的底座，运至施工现场再进行组装。为保证底座支架与静电地板完成面平齐，四周紧密结合，在静电地板施工之前应完成设备底座支架的安装。

(2)由于各站设备房静电地板高度不定，为保证测量的精度，需采用水平管(利用连通器的原理)对支架高度进行测量(见图 2)。测量之前要求车站装修施工单位在室内墙上弹一条装修完成面基线，然后根据设备房平面布置图在设备房内画出各设备底座支架的安装位置，再将水平管的一端贴在墙上，保证液面与装修完成面基线平齐，将水平管的另一端引到底座安装位置，用钢卷尺测量各点液面到地面的高度(一般 600 mm×600 mm 的底座测量 4 个点，IBP 盘台的底座一般需测量 14 个点)，详细记录，最后以测量的最小值减去 4 mm 作为底座加工高度。

(3)底座加工好后，对照设计图纸，用钢卷尺量出设备安装位置，根据设备安装位置确定底座支架的安装位置，必须保证底座与四周的距离与设计图完全一致，不得歪斜，用记号笔在底座支架打眼位置处作好标记，并在地上画出底座的外框线。

(4)在做记号的地方用 $\phi12$ 的冲击钻头打眼，将 M10 的膨胀螺栓放入所打的孔内，用活动扳手拧紧螺帽，使膨胀螺栓与地面结合紧密，保证螺杆超出地面 30 mm。将底座支架抬起，对准膨胀螺栓螺杆，垂直放下，用水平管测量底座支架各点高度是否与静电地板完成面平齐，如不平则采用在底座下部加垫片以调整其上表面与装修完成面在同一水平面上。

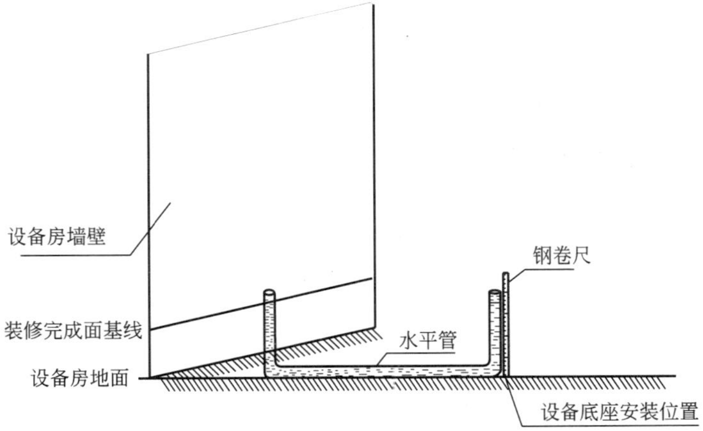

图 2　底座支架测量示意图

(5)底座支架顶面调整水平后，拧紧膨胀螺栓的螺帽，并再次用水平管复核。

综合控制室内的所有设备底座支架顶面必须与防静电地板顶面平齐，车控室内的 IBP 盘台底座需高于防静电地板顶面 5～10 mm，高出部分用金属垫片垫高。

6.2.4　室内桥架安装

(1)根据施工图纸要求在桥架安装的中心位置弹一条墨线，用记号笔在支架安装位置做好标记。桥架支架须避让防静电地板的支撑腿，左右与地板网格线的距离必须保持在 10 cm 以上。车控室桥架双层支架按 1.2 m 的间距设置，综合控制室桥架“_⊓_”型支架按 1 m 的间距设置。

(2)用冲击电锤在做好标记的地方上打眼，用 M8 膨胀螺栓固定支架，并拧紧螺帽。

(3)根据设计图纸及室内设备的安装位置对桥架进行合理配置，合理设置水平弯头及水平三通的位置，用切割机下料，人工敷设。车控室内安装 200×100 梯级式直通桥架，综合控制室安装 100×50 金属桥架。

(4)桥架与支架间隔 1.2 m 用 M6 圆头连接螺栓固定一次,圆头在槽内,以保证线缆的外皮不受损伤。

(5)桥架在车站控制室或综合控制室室内要分别用两条 16 mm^2 铜芯线与保护地线母线排可靠连接。

(6)桥架连接处两端各设一个 ϕ8 圆孔,用两颗 ϕ6 螺栓和一根长 150 mm 两端带铜鼻子的 4 mm^2 铜芯线将线槽连接起来,多余线缆须进行绕圈处理,以保证电气连通。

6.2.5 设备运输、开箱

利用载重汽车将设备连带包装箱运输至每个车站出入口或吊装口,再由人工搬运或吊运至各个设备室旁。设备房具备设备安装条件后,会同业主、监理、供货商及集成商一起进行开箱检查,对照设备安装清单开箱清点核对设备,如有不符,当场提出,形成开箱检查记录,并将箱内有关技术资料及备品、备件由专人收集保管。

6.2.6 室内设备安装

(1)机柜安装

① 将机柜抬上底座,调整好位置上好连接螺栓;

② 用水平仪检查设备的水平度、垂直度是否符合设计、验收要求,如不符用垫片调整,调整好后拧紧螺帽固定设备。

(2)IBP 盘台设备安装

首先进行机柜的拼接,调整盘体顶面、正面达到水平,拧紧连接螺栓;接着在需安装台面的下方粘上防水胶条,再将工作台面分别水平放置到两套盘体上,必须保证台面和柜体紧贴,缝隙很小;再将左右两套盘体靠拢,调整两个工作台面水平,用自攻螺丝将两个台面与柜体牢固连接;然后连接螺栓将柜体固定在底座支架上。最后进行盘台马赛克屏的安装,调整各个屏的横线达到水平,之间的缝隙调整到最小后,用连接螺杆将每块屏牢固的固定在柜体上,每块屏至少固定 30 个连接螺杆。

IBP 盘台设备安装注意事项:

拼接马赛克盘与拼接操作台面同时进行,将左边的两台和右边的两台分别并台,调整使之各向对齐,满足并盘角度(5°),注意操作台面与马塞克盘面之间边缘处的连接,不允许强行连接,否则会导致操作台面的机械划痕。

(3)检查、恢复

用水平仪对机柜、盘台进行水平度、垂直度的检查,发现不合格的立即予以整改。

(4)机柜内系统设备安装

① 系统设备包括服务器、工作站、交换机、FEP 打印机、UPS,在安装之前,配合供货商督导对每个系统设备的主要特性指标进行单机测试,测试合格后,把系统设备放入已安装的机柜、盘台内。

② 设备在机柜或操作台上就位时要“小心轻放”。

③ 如设备房湿度超过设备的要求,则需在此设备房配备至少 2 台抽湿机,24 小时开机,直至设备加电运行。

④ 机柜、盘台设备安装好后,必须做好临时性保护措施(例如,在 IBP 盘台或其他设备机柜加塑料布保护罩来防尘和防水,并加挂醒目标志),防止其他专业施工时损坏。

6.2.7 线缆敷设

综合监控自动化系统线缆布放宜安排在室内设备、防静电地板安装完后进行，以防止其他专业在室内施工时损坏。

(1)综合监控自动化系统的线缆分布如下：

① UPS 至动力配电箱之间布放 1 条 5×16 mm^2 的电力电缆，UPS 至配电箱之间布放 1 条 3×16 mm^2 的电力电缆，配电箱至网络柜、服务器柜、接线箱之间分别布放 2 条 RVV2×1.0 mm^2 的电力电缆，配电箱至 IBP 盘台之间布放 3 条 RVV2×1.0 mm^2 的电力电缆；

② 接地母排至 UPS、电池柜之间分别布放 1 条 16 mm^2 的接地电缆，至接线箱、网络柜、服务器柜、配电盘、IBP 盘台之间分别布放 1 条 6 mm^2 的接地电缆；

③ 服务器至交换机之间布放 4 条屏蔽双绞线，车控室 IBP 盘台内的操作员工作站至交换机之间布放 4 条屏蔽双绞线，打印机至交换机之间布放 2 条屏蔽双绞线，FEP 至网络交换机之间布放 4 条屏蔽双绞线，网络交换机至 UPS 之间布放 1 条屏蔽双绞线，FEP 至接线箱之间布放 8 条屏蔽双绞线，FEP 至接线箱之间布放 4 条 RS422 串口通信线；

④ 网络交换机至通信设备房 ODF 架之间布放 2 条 8 芯单模光缆。

(2)线缆布放之前需将管内或线槽内的杂物清除干净，还应将管口的锋利边缘用平挫清除干净，并在管口套上护口圈，做好防护措施，避免线缆受损。

(3)将拟敷设光、电缆两端头贴上临时标签，绑扎在预埋的钢丝的一端，另一端由人工牵拉前行，放缆的一端将线缆理顺向管槽内送，钢丝拉出来后，一段线缆就穿放结束。

(4)在线缆的两端须按要求进行预留，光缆在设备室成端处要预留 3 m(除去成端部分)，电缆在设备室成端处要预留 1～1.5 m(除去成端部分)。

(5)线缆敷设完后，从一端向另一端进行分类整理，理直后用塑料扎带间隔 200 mm 绑扎在桥架内。

6.2.8 线缆成端

(1)光缆成端

① 光纤接续操作采用熔接法，选用"纤芯对准"的光纤熔接机，接续时按光纤排列顺序一一对应，并采用 OTDR 进行监测，保证平均接续损耗≤0.04 dB。最大接续衰耗≤0.08 dB/头；

② 选用高精度光纤切割刀，以保证光纤端面更平整，角度偏差更小；

③ 光纤要按颜色对应接续，不得损伤。收容光纤的弯曲半径不得小于 40 mm；

④ 光缆成端处盘圈预留 2～3 m，接续装置内光纤收容余长不得小于 1.2 m。

(2)电源线、接地线、RS422 及 RS485 通信线缆成端

① 用剥线钳对线缆外护层进行开剥，开剥长度符合接线端子的要求；

② 电源线及 RS422、RS485 通信线成端前先套上线号，电源线用 4 mm^2 的冷压端子压接牢固后直接成端，RS422、RS485 通信线用 1.5 mm^2 的冷压端子压接牢固后直接拧上端子；

③ 接地线需用线鼻子上在接线端子上，线鼻子采用压接或焊接，其规格必须与线缆芯径一致；

④ 将 RS422、RS485 通信电缆芯线按照定义分别固定在相应端子上。RS422 通信采用四线制，两端收发要对应连接；RS485 通信采用二线制，数据线对应连接。

(3)屏蔽双绞线成端

① 制作水晶头端接

按照"TIA 568B 标准"制作 RJ45 水晶头：

橙白——1，橙——2，绿白——3，蓝——4，蓝白——5，绿——6，棕白——7，棕——8。

制作步骤：

a. 剥线。用卡线钳剪线刀口将双绞线端头剪齐，再将双绞线端头伸入剥线刀口，使线头触及前挡板，然后适度握紧卡线钳同时慢慢旋转双绞线，让刀口划开双绞线的保护胶皮，取出端头从而剥下保护胶皮。

注意：握卡线钳力度不能过大，否则会剪断芯线；剥线的长度为 13～15 mm，不宜太长或太短。

b. 理线。双绞线由 8 根有色导线两两绞合而成，将其整理平行，整理完毕后用剪线刀口将前端修齐；顺时针方向排列（见图 3）。

c. 插线。将八条线并拢后用斜口钳剪齐，并留下约 14 mm 的长度。

一只手捏住水晶头，将水晶头有弹片一侧向下，另一只手捏平双绞线，稍稍用力将排好的线平行插入水晶头内的线槽中，八条导线顶端应插入线槽顶端。

将并拢的双绞线插入 RJ-45 接头时，注意“橙白”线要对着 RJ-45 的第一脚（见图 4）。

d. 压线。确认所有导线都到位后，将水晶头放入压线钳夹槽中，用力捏几下压线钳，压紧线头即可。

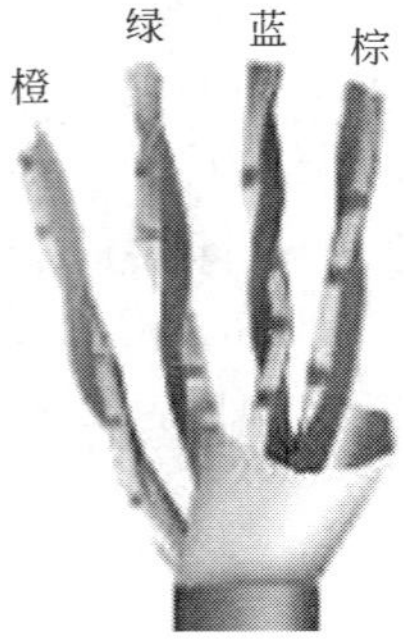

图 3　双绞线线序排列图

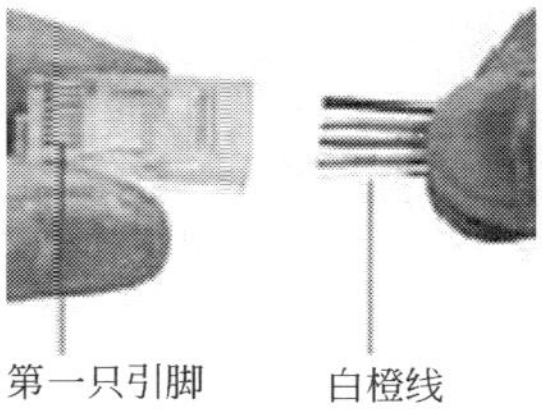

图 4　双绞线与水晶头对接示意图图

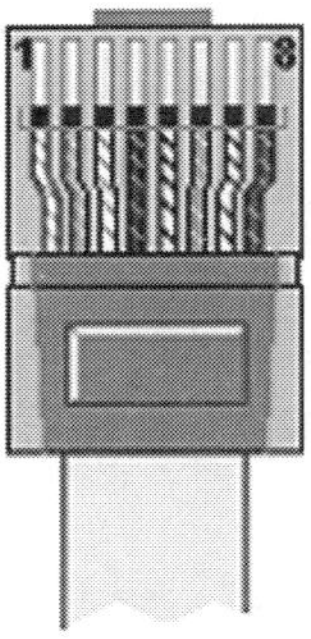

图 5　水晶头制作好后的示意图

注意：压过的 RJ-45 接头的八只金属脚一定会比未压过的低，这样才能顺利的嵌入芯线中。有些比较好的压线器甚至必须在接脚完全压入后才能松开握柄，取出 RJ-45 接头，否则接头会卡在压接槽中取不出来。

确定双绞线的每根线已经放置正确之后，就可以用 RJ45 压线钳压接 RJ45 接头，做好的 RJ45 头如图 5 所示。

e. 按照上述方法制作双绞线的另一端，即可制作完成。

② 配线架内侧屏蔽双绞线端接

a. 套入屏蔽罩。将线缆从屏蔽罩的中央锁定孔穿入。（见图 6，注意图中所示屏蔽罩相对于线缆末端的朝向）

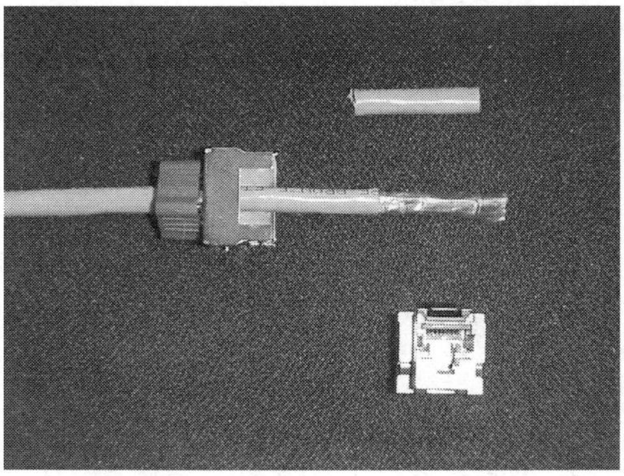
图 6　套入屏蔽罩

b. 剥除护套。对于将被除去护套的线缆段，用手指反复捻动几次，这样有助于减少屏蔽层和外护套的粘合作用；然后从线缆末端算起，在 3 cm～5 cm 的地方确定去除点。

接着从去除点开始沿两个方向切割护套：

方向一：沿线缆径向绕护套一周；

方向二：沿屏蔽层折缝方向。

注意尽可能不要割透护套，伤及屏蔽层。

然后沿割痕剥去护套(见图 7)。

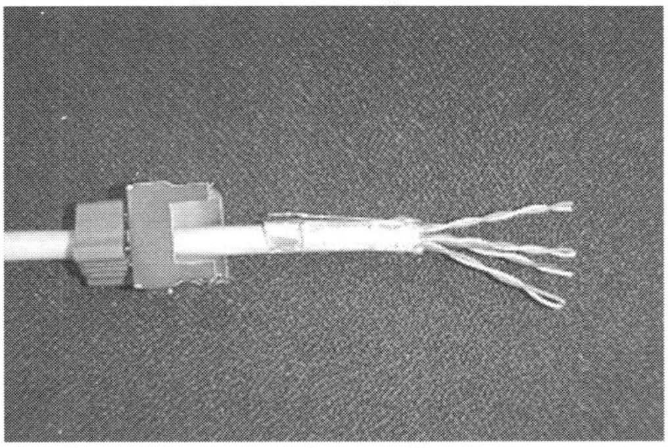

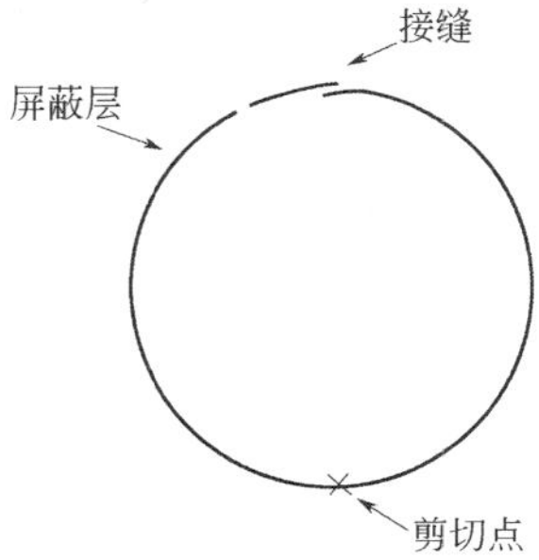

图 7 剥除护套

c. 处理屏蔽层。在屏蔽层上和接缝相对的一边，将屏蔽层沿轴向剪切直到护套末端，这样屏蔽层被分成两部分，将这两部分屏蔽层沿护套末端翻折，使其紧贴护套，同时，将排流导线翻折并贴紧屏蔽层。

最后，去除暴露出来的透明薄膜及拉线绳(RIP CORD)。

d. 端接。整理并排列线对，然后用工具刀将线对按照 T568A 或 T568B 的方式端接，注意保持绞距(开绞处距端接点的距离小于 13 mm)，见图 8。

e. 盖上屏蔽罩。将套在线缆上的屏蔽罩沿线缆滑至模块处，按图 9 的配合方式，把端接模块的后部盖住，当屏蔽罩上的卡舌和模块上的凹槽咬住后，说明屏蔽罩安装到位。注意：不要使翻折的铝箔和排流导线移位。

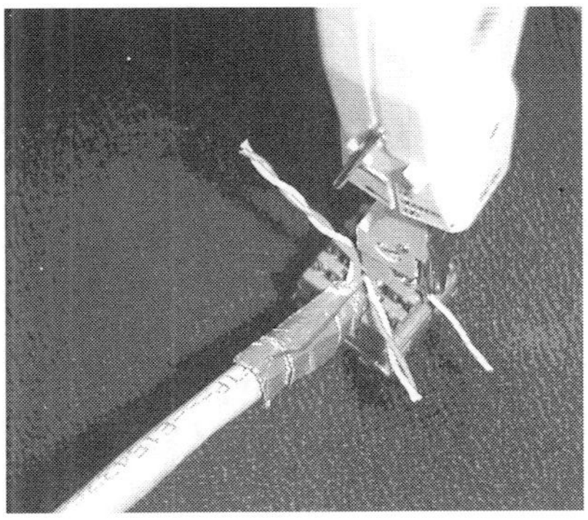

图 8 端接

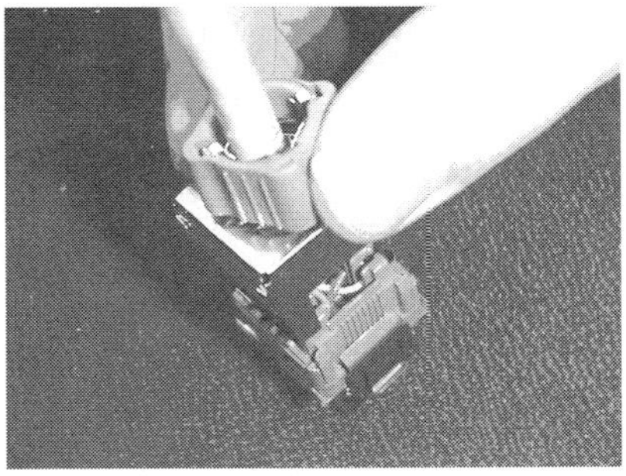

图 9 盖上屏蔽罩

f. 锁定线缆和屏蔽层。按照锁定旋钮上的箭头所示的方向旋转锁定旋钮(见图 10)。

注意：旋转 90°左右，旋钮会自动锁定，不要用力过大。

g. 去除多余的铝箔和排流导线(见图 11)。

(4)绑扎固定、挂标志牌

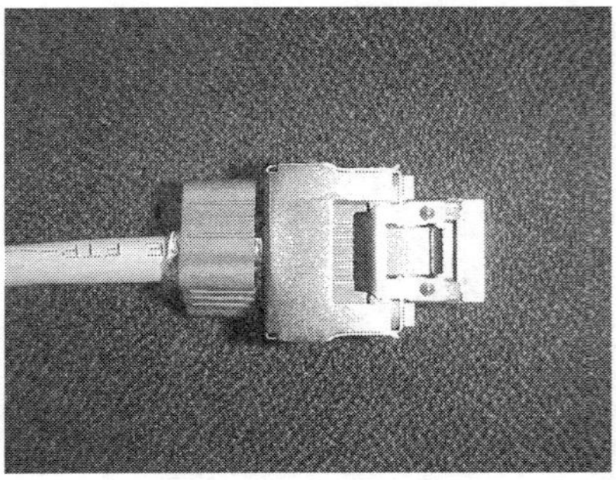

图 10　锁定线缆和屏蔽层

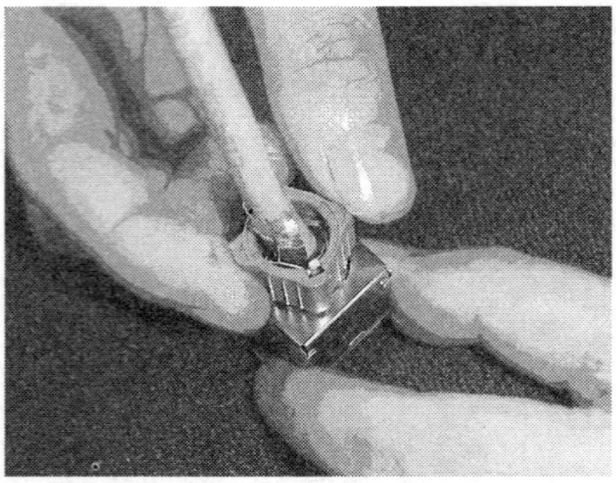

图 11　去除铝箔和排流导线

用扎带将成端好的线缆进行绑扎固定，线缆排列整齐，避免交叉；在距终端头 15 cm～20 cm处挂标志牌，标志牌的内容包括线缆编号、线缆用途、线缆起点和终点，标志牌的字迹清晰，为永久性标志。

6.2.9　线缆测试

在线缆端接完毕后，及时进行各类线缆的指标测试：

(1)光缆用 ODTR、光功率计进行接头损耗、线路损耗指标测试。

测试指标：单模光缆接头损耗平均为 0.15 dB，最大不能超过 0.3 dB。

(2)电源线、接地线、RS422 及 RS485 通信线缆进行线间绝缘、对地绝缘指标测试。

测试指标：线间及对地绝缘必须大于 500 MΩ。

(3)屏蔽双绞线用综合布线测试仪进行指标测试，主要测试的项目有线缆长度、接线图、率减、近端串音。

6.2.10　配合集成调试

线缆指标测试通过后，需配合系统承包商进行以下集成测试：

(1)目视检查：确保综合监控自动化系统与被控专业的设备在接口位置的正确安装。

(2)通信检查：确保端子排两端的电气连续性，综合监控系统与被控专业能够建立通信。

① Ping 测试：按设计要求正确配置双方的 IP 地址；综合监控自动化系统向被控专业的设备发送 Ping 命令，被控专业设备能够应答 Ping 命令，并显示在综合监控系统的控制台上；

② 建立连接：在综合监控系统侧启动 FEP 应用程序；FEP 上的 IEC 104 程序向被控专业打开连接；被控专业的 IEC 104 程序接受此连接。FEP 上的 IEC 104 程序向被控专业的数据库打开连接；被控专业的 IEC 104 程序接受此连接；

③ 数据库轮询：任意改变被控专业的模拟状态，在综合监控的 FEP、服务器或 MMI 上能正确反应这些状态的改变；

④ 连接冗余测试：建立两个 FEP 与被控专业 PLC 之间的连接，FEP 上正确显示主从连接建立；端开 FEPA 内置交换机与被控专业 PLC 之间的连接，模拟 FEPA 与被控专业 PLC 之间的通讯故障，FEPA 报告主连接故障，FEPB 应能切换为主 FEP，与被控专业 PLC 通讯。重新连接 FEPA 内置交换机与被控专业 PLC 之间的连接，FEPB 仍然作为主 FEP 与被控专业进行通讯，FEPA 状态为从；假定 FEPA 为主连接，FEPB 为从连接，PLC.1 端口为主连接端口，PLC.2 端口为从连接端口，断开 PLC.1 与 FEPA 之间的连接，FEPA 应报告 PLC.1 端口故障，PLC.2 切换为主端口与 FEPA 进行通讯；重新连接 PLC.1 与 FEPA 之间的连接，FEPA 报告 PLC.2 状态仍然为主连接，PLC.1 状态为从连接。

(3)端到端测试：确保综合监控自动化系统对被控专业的各类数据采集、控制控制功能的实现。

① 被控专业的设备报警和状态监视的测试:被控专业在现场模拟设备的报警状态,现场状态的变化应正确反应到综合监控的MMI画面上,系统图上相关设备图标的左小角红色感叹号闪烁,报警条上产生一条新报警,确认新产生的报警后,系统图上相关设备的报警图标停止闪烁,报警声音消失。被控专业在现场模拟该点报警消失后,现场状态的变化正确反映到综合监控系统的MMI画面上,报警条中该条报警消失,设备图标左下角感叹号消失。

② 遥测监视测试:在综合监控系统MMI上打开被控专业的系统图,点击设备图标,在设备面板中点击"高级"按组,查看要测量的当前值。被控专业在现场模拟该点的10%,现场状态的变化正确反映到综合监控系统的MMI画面上,系统图上相关设备的报警图标闪烁,报警条上产生一条新的越下限报警,报警摘要表中有同样的报警记录,报警颜色及报警声音符合综合监控系统对报警功能的设计;

综合监控系统确认产生的报警后,系统图上相关设备的报警图标停止闪烁,报警声音消失。

被控专业在现场模拟该点的50%,现场状态的变化正确反映到综合监控的MMI画面上,报警条中该条报警消失,报警摘要列表该条报警消失,事件摘要表中记录了该条报警发生、确认和消失的三条事件记录,设备图标颜色恢复为绿色。

③ 控制测试:以车站值班员的身份登陆,在综合监控系统MMI上打开被控专业的系统图,选择待遥控设备,打开设备面板;点击设备面板的"控制"切换窗,"控制"切换窗应被灰掉,正常模式下在车站无法进行遥控操作。只有在备份模式下将设备的控制权从中心移交到车站后方可执行远程控制操作。

④ 综合监控系统对被控专业时钟同步功能测试:综合监控系统在对时间服务器上修改新的时间,被控专业收到新的时间并修改系统的时间保持与对时服务器的一致。

7 劳动力组织

综合监控自动化系统施工人员可分为测量组、安装组、敷缆配线组和调试组,各组人员应相对稳定。根据工序及实际工期要求,首先进行各站底座支架高度、线缆长度的测量工作,测量工作完成后,并入安装组,进行底座支架、室内桥架、设备的安装工作。光、电缆敷设必须在硬件设备安装完成后进行;调试组人员白安装和敷缆配线组现场主要技术人员组成,见表1。

表1 劳动力组织表

序号	工作项目	单位	人员数量	职 责
1	测量组	个	2	负责底座支架高度、光电缆长度及径路的测量
2	安装组	个	8	负责底座支架、室内桥架、室内设备的安装
3	敷缆配线组	个	4	负责光、电缆敷设及配线成端
4	调试组	个	4	负责配合进行各项接口功能测试

8 主要机械设备及工器具配置

主要机械设备及工器具配置见表2。

表 2　施工仪器仪表机具表

序号	名　称	规格或型号	单位	数量	备　注
1	钢卷尺	5 m	把	2	测量组用
2	皮尺	50 m	把	1	测量组用
3	水平管	15 m	条	2	测量组用
4	配电箱	带漏电保护	个	2	安装组用
5	电源接线盘	50 m	个	4	安装组用
6	电锤	TE76	把	2	安装组用
7	电锤钻头	10 mm	支	若干	安装组用
8	电锤钻头	12 mm	支	若干	安装组用
9	手枪电钻		把	2	安装组用
10	自攻螺钉	ST4.8	支	若干	安装组用
11	电钻钻头	6 mm	支	若干	安装组用
12	电钻钻头	10 mm	支	若干	安装组用
13	水平尺	L—500 mm	把	2	安装组用
14	手提岩石切割机		套	1	安装组用
15	开口扳手	12～14	把	6	安装组用
16	开口扳手	8～10	把	6	安装组用
17	活口扳手	300 mm	把	2	安装组用
18	套筒扳手	M12/M10	套	1	安装组用
19	木榔头		把	2	安装组用
20	金属开孔器	ϕ20、ϕ25	个	各 10	安装组用
21	扁锉		把	2	安装组用
22	大货车	5 t	辆	1	安装组用
23	移动升降装卸车		台	1	安装组用
24	拖车		台	1	安装组用
25	温、湿度计	JWS-A4	台	2	安装组用
26	抽湿机		台	10	安装组用
27	十字螺丝刀		把	8	安装组、敷缆配线组用
28	一字螺丝刀		把	8	安装组、敷缆配线组用
29	铝合金人字梯	2 m	架	2	安装组、敷缆配线组用
30	铆头	0.5 kg	个	4	安装组、敷缆配线组用
31	穿管器	20 m	套	2	敷缆配线组用
32	剥线钳		把	1	敷缆配线组用
33	斜口钳		把	2	敷缆配线组用
34	冷压端子压线钳	手动棘齿型	把	2	敷缆配线组用
35	压接钳	RJ-45	把	2	敷缆配线组用
36	光纤熔接机	FSM-40S	套	1	敷缆配线组用
37	光纤切割刀	FKⅡ,CT-07	把	1	敷缆配线组用

续上表

序号	名　　称	规格或型号	单位	数量	备　　注
38	铭牌印字机	M-100	台	1	敷缆配线组用
39	线号印字机	LM-350AⅡ	台	1	敷缆配线组用
40	热熔枪		把	2	敷缆配线组用
41	钢锯弓(含锯片若干)	L—300 mm	把	1	敷缆配线组用
42	美工刀		把	1	敷缆配线组用
43	兆欧表	500 M/500 V	台	1	调试组用
44	光万用表	AQ2150	台	1	调试组用
45	综合布线测试仪	FLUKE	台	1	调试组用
46	对讲机	摩托罗拉	对	4	调试组用
47	笔记本电脑	(带系统软件)	台	2	系统承包商提供,调试组用
48	数字万用表	FULK 型	块	2	调试组用
49	光时域反射仪	Hp8147	台	1	调试组用
50	工作灯	100 W	个	10	各组用

9　质量控制要点

(1)综合监控自动化系统应严格执行相应的施工及验收规范,以及施工设计图纸的技术要求,在施工过程中采取相应的管理和技术措施,确保系统顺利开通。

(2)综合控制室内桥架用“_⊓_”型支架支撑,支架安装水平间距为 1 m,电源桥架距离地面高度约 50 mm,数据桥架距离地面高度为 120 mm;桥架应距离墙面约 50～100 mm;桥架的左右偏差不超过 50 mm,桥架水平度每米偏差不超过 2 mm。

(3)车控室内安装双层梯级式桥架,桥架支架采用双托臂角钢支架,直线间隔 1.2 m 安装,并安装在桥架的外圈侧。

(4)两桥架拼接处水平偏差不超过 2 mm;桥架转弯处设水平弯头,桥架转弯半径不小于桥架内的线缆最小允许弯曲半径的最大值。

(5)IBP 盘台底座支架距盘台最后面的距离为 160 mm,距左右两端分别均为 235 mm,必须确保 IBP 盘台后面距墙最少要有 800 mm 的检修空间。

(6)机架(柜)安装与地面垂直、平稳,机柜安装应牢固,垂直偏差度不大于 2 mm,柜面标示完整清晰,漆面如有脱落应在验收前予以补漆。

(7)机柜和盘台的接地牢固良好,装有电器设备的可开启的盘、柜门要用软导线与接地的金属构架可靠的接地。

(8)IBP 盘台和工作台安放位置、方向应符合设计规定,应保证台面水平,附件安装完整,相邻两柜的夹角为 5°。台内接插件和设备接触可靠,端子配线正确,接触紧密,内部接线符合设计和安装手册,台面整洁,无划痕。

(9)电源线和数据线必须分桥架布放。

(10)穿放敷设时,不能使光、电缆在支架及地面磨擦拖拉,不得有外护套破损,光、电缆铠装压扁,光、电缆绞拧,护层折裂等机械损伤;光、电缆敷设时排列要整齐,不宜交叉,敷设完后及时做好标记。

(11)引进机柜内或盘台内的控制电缆要排列整齐,避免交叉,电缆型号、规格要符合设计要求。电缆固定牢靠,不得使所接的端子排受到机械应力,电缆头一般固定于最低端子排下距最低端子排 150～200 mm 处。电缆按设计要求要挂铭牌,挂牌为永久性标志。

(12)桥架内的线缆按先出线的里侧进行绑扎;线缆按机架顺序分束排列,互相靠拢,不得起伏不平、扭绞和交叉,绑扎线扣要正确一致。

(13)光缆在设备室成端处要预留 3 m(除去成端部分),电缆在设备室成端处要预留 1～1.5 m(除去成端部分)。预留部分需盘圈绑扎,分层放置在设备底座下方。

(14)光纤要按颜色对应接续,不得损伤。收容光纤的弯曲半径不得小于 40 mm。接续装置内光纤收容余长不得小于 1.2 m。

(15)所有电源线及串口通信线必须压好线环后方可上接线端子。

(16)为了减小信号干扰,从网络柜内交换机敷设至接线箱内的 2 芯串口通信电缆,应在靠近配线端子时再剥去屏蔽网层,屏蔽网要可靠接地。

(17)屏蔽双绞线在配线架上成端时必须用 KRONE 工具刀进行端接。

(18)做好施工前和现场的技术交底,交底不明确不施工。

10　安全控制要点

(1)所有作业人员应进行岗前安全教育,经考试合格后方可上岗,牢固树立安全第一的思想。

(2)每天施工前应进行班前安全讲话。

(3)现场作业人员必须头戴安全帽,身着防护服,佩戴胸卡,在车站进行抹灰、喷漆作业时进入车站必须戴防毒面具。

(4)施工前应与车站承包商签定安全协议,在站区内施工期间严格服从车站承包商的各项管理规定。

(5)施工现场配备足够的照明用具,照明条件满足施工生产需要。

(6)供电电源与施工用电机具间必须按用电有关规定设置漏电保护装置。

(7)室内临时电源线应整齐有序,不私拉乱接。

11　环境保护要点

(1)每天施工做到工完料净;施工垃圾装袋处理带回驻地投在指定回收点,施工余料带回驻地库房存放。

(2)做好施工现场作业人员的防尘、防噪、防蚊、防暑等防护措施。

(3)在施工区域内文明施工,做好自己及别人的成品及半成品的保护。

12　常见问题及处理方法

(1)由于车控室属于办公区域,除综合监控系统外,AFC、FAS、EMCS、扶梯等其他专业的控制设备也安装在此房间内,地板下管线较多,经常发生 IBP 盘台的底座支架安装位置被其他专业侵占,导致底座支架无法安装。在后通段的施工中,提前将设备平面布置图提交给相关专业,并以工作联系单的书面形式要求相关专业的管线避让设备安装区域,随时与相关专业保持密切联系。

(2)车控室内的IBP盘台设备运输比较困难。主要原因是车控室的门为单开门,其宽度仅比IBP盘台的单个柜体宽几厘米,而IBP盘台的柜体比较重,高度比门高,车控室门口的过道比较窄,如果从门口抬运设备,难度较大,还容易损坏柜体。后来通过现场查看,考虑从防火观察窗的预留洞口往里运输设备,设备运输时连同其包装箱一起,这样可以很好的保护设备。

(3)部分车站IBP盘安装好后,与车控室的防火观察窗没有配合好,旅客在窗外可以看见IBP盘台的后面柜体。主要原因是有的车站安装防火观察窗的墙体宽度不够;车站建筑设计没有考虑IBP盘台安装后的美观。在后通段的施工中,通过提前查阅车站建筑设计图纸,测量防火观察窗的安装位置,对存在的问题及时提交设计、业主,防止了此类问题的再次发生。

(4)综合控制室面积太小(不足20 m^2),且大多数均为正方形的建筑,室内除综合监控系统的设备外,还有门禁系统的设备控制柜,不利于设备的摆放、检修。建议本系统的设计增大设备房的面积,房间的建筑形状最好设计为长方形。

13 附　录

13.1 检查记录表

(1)线缆绝缘检查记录,见表3。

表3 综合监控自动化系统线缆绝缘检查记录表

序号	线缆编号	线缆起点	线缆终点	线间绝缘(MΩ)	对地绝缘(MΩ)	对号
检查人:				检查日期:		

(2)设备安装检查记录,见表4。

表4 设备安装检查记录表

序号	设备名称	垂直度是否合格	安装位置是否符合设计要求	设备外观检查是否合格	备注
检查人:			检查日期:		

(3)网络电缆电气性能测试记录,见表5。

表 5　综合监控自动化系统网络电缆电气性能测试记录表

<table>
<tr><td colspan="4">测试站点：</td><td colspan="5">测试仪表：</td></tr>
<tr><td>序号</td><td>线缆编号</td><td>线缆起点</td><td>线缆终点</td><td>接线图</td><td>长度(m)</td><td>衰减(dB)</td><td>近端串音(dB)</td><td>备注</td></tr>
<tr><td></td><td></td><td></td><td></td><td></td><td></td><td></td><td></td><td></td></tr>
<tr><td></td><td></td><td></td><td></td><td></td><td></td><td></td><td></td><td></td></tr>
<tr><td></td><td></td><td></td><td></td><td></td><td></td><td></td><td></td><td></td></tr>
<tr><td></td><td></td><td></td><td></td><td></td><td></td><td></td><td></td><td></td></tr>
<tr><td></td><td></td><td></td><td></td><td></td><td></td><td></td><td></td><td></td></tr>
<tr><td></td><td></td><td></td><td></td><td></td><td></td><td></td><td></td><td></td></tr>
<tr><td></td><td></td><td></td><td></td><td></td><td></td><td></td><td></td><td></td></tr>
<tr><td colspan="4">检查人：</td><td colspan="5">检查日期：</td></tr>
</table>

(4)目视检查记录，见表 6。

表 6　综合监控自动化系统目视检查记录表

<table>
<tr><td colspan="2">测试编号：</td><td></td><td>参 加 方：</td><td colspan="3"></td></tr>
<tr><td colspan="2">测试名称：</td><td></td><td>测试目的：</td><td colspan="3"></td></tr>
<tr><td>步骤</td><td colspan="2">输入</td><td>预期输出</td><td>通过</td><td>失败</td><td>有条件通过</td></tr>
<tr><td colspan="7">1A：网络连接检查</td></tr>
<tr><td>1</td><td colspan="2">检查是否提供 4 个 RJ45 以太网连接</td><td>4 个 RJ45 以太网连接正确提供</td><td>[ ]</td><td>[ ]</td><td>[ ]</td></tr>
<tr><td>2</td><td colspan="2">检查 LAN 电缆是否正确安装</td><td>LAN 电缆在接口位置正确安装</td><td>[ ]</td><td>[ ]</td><td>[ ]</td></tr>
<tr><td>3</td><td colspan="2">检查电缆是否正确排布</td><td>LAN 电缆在接口位置附近正确排布</td><td>[ ]</td><td>[ ]</td><td>[ ]</td></tr>
<tr><td>4</td><td colspan="2">检查电缆标示</td><td>电缆被正确标示</td><td>[ ]</td><td>[ ]</td><td>[ ]</td></tr>
<tr><td>5</td><td colspan="2">检查 MCS 侧所有屏蔽电缆是否正确接地</td><td>MCS 侧的屏蔽电缆正确接地</td><td>[ ]</td><td>[ ]</td><td>[ ]</td></tr>
<tr><td colspan="7">1B：光缆连接检查</td></tr>
<tr><td>1</td><td colspan="2">检查光缆是否正确安装</td><td>光缆在接口位置正确安装</td><td>[ ]</td><td>[ ]</td><td>[ ]</td></tr>
<tr><td>2</td><td colspan="2">检查 O/E 转换器是否正确安装</td><td>O/E 转换器正确安装</td><td>[ ]</td><td>[ ]</td><td>[ ]</td></tr>
<tr><td>3</td><td colspan="2">检查线缆是否正确排布</td><td>线缆在接口位置附近正确排布</td><td>[ ]</td><td>[ ]</td><td>[ ]</td></tr>
<tr><td>4</td><td colspan="2">检查光缆是否被正确标示</td><td>光缆被正确标示</td><td>[ ]</td><td>[ ]</td><td>[ ]</td></tr>
<tr><td colspan="7">注释：</td></tr>
<tr><td colspan="3">测试地点：</td><td colspan="4">测试日期：</td></tr>
<tr><td colspan="3">MCS 测试人：</td><td colspan="4">地铁公司 MCS 见证人：</td></tr>
<tr><td colspan="3">被控专业测试人：</td><td colspan="4">地铁公司被控专业见证人：</td></tr>
</table>

(5)通讯测试记录，见表 7。

表 7　综合监控自动化系统通讯测试记录表

<table>
<tr><td>测试编号：</td><td colspan="2"></td><td>参 加 方：</td><td></td></tr>
<tr><td>测试名称：</td><td colspan="2"></td><td>测试目的：</td><td></td></tr>
<tr><td colspan="2">Scadssoft 软件版本号：</td><td colspan="3"></td></tr>
<tr><td colspan="2">FEP 软件版本号：</td><td colspan="3"></td></tr>
<tr><td colspan="2">相关专业软件版本号：</td><td colspan="3"></td></tr>
</table>

续上表

步骤	输入/动作	预期输出	通过	失败	有条件通过
2A:Ping 测试					
1	检查 MCS FEP 与被控专业设备的 IP 地址是否按照设计要求正确配置:	双方 IP 地址按设计要求正确配置	[ ]	[ ]	[ ]
2	从 MCS FEPA,根据 IP 地址分配表中规定的被控专业 IP 地址,分别向被控专业设备发送 Ping 命令	被控专业设备能够应答 Ping 命令,并显示在 MCS FEPA 控制台上	[ ]	[ ]	[ ]
3	从 MCS FEPB,根据 IP 地址分配表中规定的被控专业 IP 地址,分别向被控专业设备发送 Ping 命令	被控专业设备能够应答 Ping 命令,并显示在 MCS FEPA 控制台上	[ ]	[ ]	[ ]
2B:建立连接					
1	在 MCS 侧启动 FEP 应用程序		[ ]	[ ]	[ ]
2	FEP 上的 IEC 104 程序向被控专业打开连接	被控专业 IEC 104 程序接受此连接			
3	FEP 上的 IEC 104 程序向被控专业数据库打开连接	被控专业数据库接受此连接			
2C:数据库轮询-监视方向					
1	被控专业模拟部分状态给 FEP	MCS 在 FEP、服务器 MMI 上正确反应这些状态的改变	[ ]	[ ]	[ ]
2	在报警/状态发送后,在处理下一个前被控专业重置该报警/状态	MCS 在 FEP、服务器 MMI 上正确反应这些状态的改变	[ ]	[ ]	[ ]
2D:数据库轮询-控制方向					
MCS FEP 模拟 DO 命令输出到被控专业		被控专业能正确收到该命令	[ ]	[ ]	[ ]
2E:连接冗余测试					
1	建立两个 FEP 与被控专业 PLC 之间的连接,其中 FEPA 为主连接,FEPB 为从连接	FEP 上正确显示主从连接建立	[ ]	[ ]	[ ]
2	断开 FEPA 内置交换机与被控专业 PLC 之间的连接,模拟 FEPA 与被控专业 PLC 之间的通讯故障	FEPA 报告主连接故障,FEPB 应能切换为主 FEP,与被控专业 PLC 通讯	[ ]	[ ]	[ ]
3	重新连接 FEPA 内置交换机与被控专业 PLC 之间的连接	FEPB 仍然作为主 FEP 与被控专业进行通讯,FEPA 状态为从	[ ]	[ ]	[ ]
4	假定 FEPA 为主连接,FEPB 为从连接,PLC.1 端口为主连接端口, PLC.2 端口为从连接端口,断开 PLC.1 与 FEPA 之间的连接	FEPA 应报告 PLC.1 端口故障,PLC.2 端口切换为主端口与 FEPA 进行通讯	[ ]	[ ]	[ ]
5	重新连接 PLC.1 与 FEPA 之间的连接	FEPA 报告 PLC.2 状态仍然为主连接,PLC.1 状态为从连接。	[ ]	[ ]	[ ]
注释:					
测试地点:		测试日期:			
MCS 测试人:		地铁公司 MCS 见证人:			
被控专业测试人:		地铁公司被控专业见证人:			

(6)被控专业设备报警和状态监视测试记录,见表 8。

表 8 综合监控自动化系统被控专业设备报警和状态监视测试记录表

测试编号:		参 加 方:	
测试名称:		测试目的:	

续上表

步骤	输入 /动作(MCS)	输入 /动作(被控专业)	预期输出
被控专业设备状态和报警监视			
1	在 MCS MMI 上打开被控专业系统图,查看被控专业设备状态	被控专业在现场模拟设备的报警状态	现场状态的变化应能正确反应到 MCS MMI 画面上; 系统图上相关设备图标的左下角红色感叹号闪烁; 报警条上产生一条新的报警; 报警摘要列表中有同样的报警记录; 报警颜色及报警声音符合 MCS 系统对报警功能的设计。
2	确认产生新的报警		系统图上相关设备的报警图标停止闪烁; 报警声音消失。
3		被控专业在现场模拟该点报警消失	现场状态的变化应能正确反应到 MCS MMI 画面上; 设备图标的左下角红色感叹号消失; 报警条中该条报警消失; 报警摘要列表中该条报警消失; 事件摘要表中记录了该条报警发生、确认和消失的三条事件记录。
被控专业设备状态监视(带时标)			
在 MCSMMI 上打开事件或 SOE 列表,选择 IO 点表中带时标的点,查看事件或 SOE 列表中记录的时标		被控专业在现场查看设备在保护装置的时标	设备的时标跟 MCS MMI 上显示的时标一致。
测试地点:			测试日期:
MCS 测试人:			地铁公司 MCS 见证人:
被控专业测试人:			地铁公司被控专业见证人:

13.2 工程实例及相关图片

(1)该标准化工艺在广州地铁三号线弱电系统施工项目中得以应用,提高了施工效率,节约了成本,保证了施工质量和工期要求,最终圆满地完成了任务。

广州市轨道交通三号线是广州市轨道交通近期线网规划中的第三条线路。三号线呈南北“Y”型走向,北部分别起自广州火车东站和天河汽车客运站,于体育西路汇合,南到番禺广场站,共计 18 座车站(其中有岔车站 8 座)。

控制中心设在线路中部大石站附近地面上的控制中心大楼内。

三号线综合监控自动化系统集成商为北京和利时系统工程股份有限公司系统集成事业部,采用的设备均为国内外知名品牌产品。

本系统采用的控制技术在地铁领域较为先进,为深度集成,在广州地铁尚属首次。该系统集成了变电所自动化系统(PSCADA)、火灾报警系统(FAS)、机电设备监控系统(EMCS)、屏蔽门系统(PSD)、防淹门系统(FG),互联了广播系统(PA)、闭路电视系统(CCTV)、车载信息系统(SIS)、自动售检票系统(AFC)、信号系统(SIG)、时钟系统(CLK),通过对地铁各系统进行综合监控管理,提升自动化水平,提高地铁的安全性、可靠性和响应性,有效地保证列车运营、保证旅客安全、保证设备正常工作。

(2)相关图片见图 12～图 15。

图 12　IBP 盘台安装施工

图 13　IBP 盘台马赛克屏拼接施工安装施工

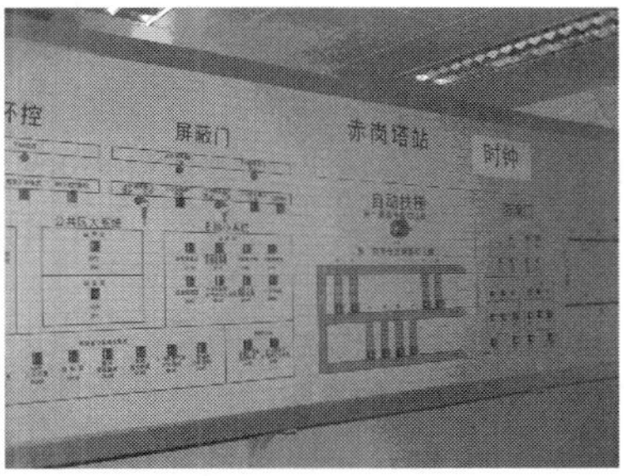

图 14　赤岗塔站 IBP 盘台安装好后的成品

图 15　客村站接线箱配线施工

城市轨道交通乘客信息显示系统施工工艺

1　工艺概况及技术特点

1.1　乘客信息显示系统概况

随着大城市人口的增加，交通流量越来越大，地铁的出现极大地缓解了交通压力。交通信息、公益广告、新闻在这种人口密集的地方发布无疑效果是最好的。既对导乘起了很重要的作用，也使广告效果大大提高。

地铁乘客信息显示系统主要包含车站、隧道区间和控制中心乘客信息显示系统三部分。

1.2　工艺概况及技术特点

地铁施工现场场地狭窄，空间拥挤。在有限的空间里，多专业、多系统同时进行施工，相互干扰。在施工时，宜采用机械和人工相结合的方法进行。本工程施工有如下特点：

(1)在地铁站厅、站台吊挂 PDP 屏，必须要灵活处理，根据不同的现场情况制作不同形状的支架。

(2)在地铁区间安装 AP 机箱及天线时，由于隧道形状及弯曲度的不同，安装高度和天线倾斜也不同。由于区间隧道有圆形、矩形、马蹄形，所以需要加工一种特殊的可调节性支架来固定天线，让天线可以保持和轨道平面平行，让天线发射的信号覆盖范围最大。

(3)乘客信息显示系统在地铁隧道内的光纤接续和 AP 设备安装工作量巨大，采用流水作业，即先安装 AP 机箱，接续时将机箱取下来以方便操作(完毕后再恢复)，然后余留、捆扎线缆，这样可以一步到位。在隧道区间有限的施工时间里，采用流水作业可大大提高效率。

2　适用范围

本施工工艺适用于地铁乘客信息显示系统的施工。

3　引用标准

(1)《地下铁道施工及验收规范》(GB 50299—1999)。

(2)《UTP 电缆芯线定义》(EIA/TIA—T 568B)。

(3)《铁路通信施工规范》(TB 10205—99)。

(4)《铁路通信工程质量检验评定标准》(TBJ 10418—2000)。

(5)《铁路光缆通信(SDH)工程施工规范》(TB 10219—99)。

(6)《100Mbps(100BASE-X)以太网标准》(IEEE 802.3u)。

(7)《施工现场临时用电安全技术规范》(JGJ 46—88)

4　基本定义及术语

(1)PIDS:乘客信息显示系统。

(2)无线 AP：无线 AP(Access Point，无线访问节点、会话点或存取桥接器)是一个包含很广的名称，他不仅包含单纯性无线接入点(无线 AP)，也同样是无线路由器(含无线网关、无线网桥)等类设备的统称。

(3)PDP：等离子显示器。

5　工艺原理

车站施工结合装修进度进行，以降低施工干扰为本专业施工创造良好的外部施工环境。施工时，首先进行各站管槽敷设(在装修前进行)、线缆敷设及测试。在具备设备安装条件后，进行设备安装、电缆连接及设备安全测试，最后进行设备工程检测、(单体)调试和联调。

区间施工结合土建进度进行，根据地铁现场实际情况制作安装支架，让 AP 天线可以保持和轨道平面平行，让天线发射的信号覆盖范围最大。

6　工艺流程及操作要点

6.1　工艺流程

工艺流程如图 1 所示。

6.2　操作要点

地铁乘客信息显示系统施工分为室内设备安装、外围设备安装、区间设备安装三大部分。

6.2.1　室内设备安装施工方法

6.2.1.1　室内设备安装工艺流程

工艺流程如图 2 所示。

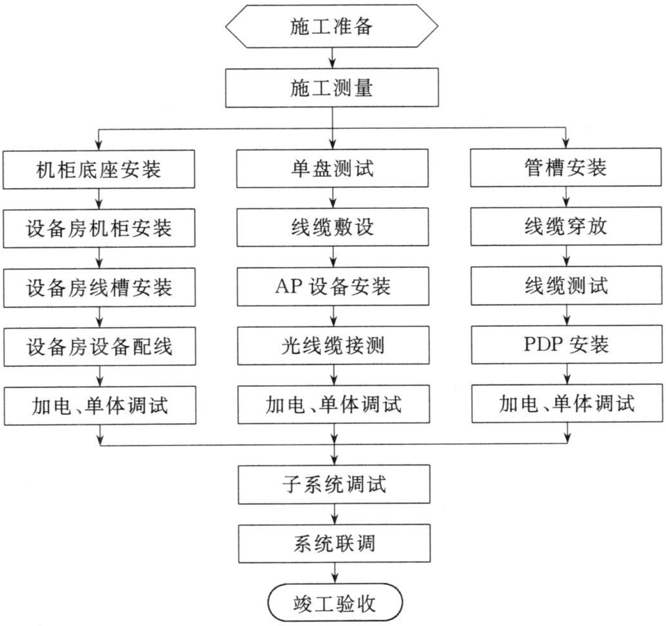

图 1　乘客信息显示系统工艺流程图

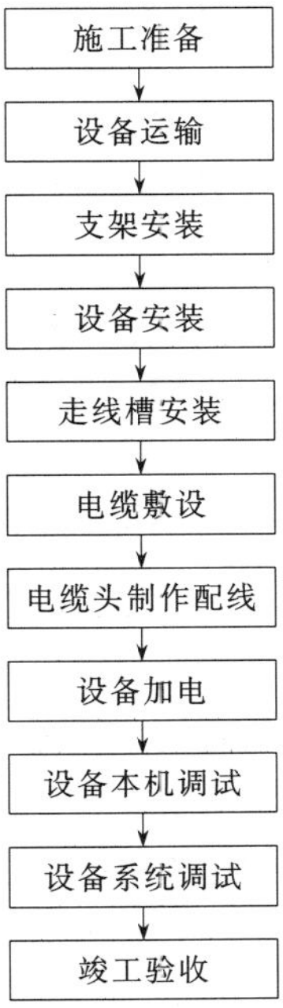

图 2　室内设备安装工艺流程图

6.2.1.2　施工准备

(1)材料机具准备:镀锌钢槽、膨胀螺栓、设备底座、设备安装模板、塑料扎带、绝缘胶带、尼龙绑线等施工材料的准备,电锤、电钻、组合工具等安装机具准备。

(2)技术准备:施工设计图、设备安装清单、设备说明书。

(3)将设备运输至现场,对照设计图确定具体安装位置,对未带机柜支架的设备机柜现场量取防静电地板高度,确定加工支架的规格尺寸。

(4)机柜支架制作。

根据现场测量,及设计对支架的要求制作好设备支架,并热镀锌防腐处理,镀锌层厚度达到设计要求,加工时要考虑到与防静电地板的搭接,便于施工完后恢复防静电地板。

6.2.1.3　施工步骤

(1)设备安装

① 对照设备安装清单开箱清点核对设备;

② 用钢卷尺量出设备安装位置,用安装模板确定打眼位置,用记号笔作好标记,画出设备安装模板外框线;

③ 在作记号的地方用冲击电锤打眼,打眼前根据膨胀螺丝大小配用合适的冲击钻头,冲击钻头一般比膨胀螺丝大 2 #(如:ϕ10 的膨胀螺丝,配 ϕ12 的冲击钻头),打眼深度为膨胀螺丝长度的 3/4 左右;

④ 将膨胀螺栓放入所打的孔,用榔头轻轻敲击膨胀螺丝到孔底,用活动扳手拧紧螺帽,使膨胀螺栓与地面结合紧密;

⑤ 拧开螺帽将设备底套入膨胀螺栓,调整好底座高度及水平,拧紧螺帽,底座上平面要与地板高度一致;

⑥ 将设备抬上底座,调整好位置戴上螺栓螺帽;

⑦ 用水平尺调整设备的水平、垂直角度直到符合要求,拧紧螺帽固定设备;

⑧ 同一列设备的正面要排在同一条直线上,设备间不得有空隙,要相互密贴。

(2)室内线槽安装

① 根据《设备房平面布置图》及设备间的配线,确定钢槽的型号、数量及安装位置,钢槽要安装在架空地板支撑架空隙处;

② 根据钢槽走向位置,用连接片将钢槽连接起来,每隔 2 m 用 ϕ8 塑料膨胀螺丝固定一次;

③ 钢槽转弯处用转弯接头连接,分歧处将钢槽侧面切开并向外翻与连接钢槽紧贴,然后用电钻在两节钢槽连接处钻 ϕ6 孔,用铆钉将钢槽连接处铆好,并配好钢槽槽盖备用;

④ 设备进出线处,在线槽侧面开一个 200×80 切口,将钢槽侧面切开向外翻与钢槽紧贴,然后用电钻在两节钢槽连接处钻 ϕ6 的孔,用铆钉将钢槽连接处铆好。

(3)设备配线

配线电缆的型号规格及电特性符合设计文件和“施工规范”的要求。

① 施工前应认真熟悉和核对设计图纸,仔细阅读设备说明书,弄清各接口或端子的运用情况、传输信号的类型、图纸上代码和数字的含义;

② 室内配线采用集中布放,设备两侧线缆长度根据机柜内部接线位置确定,成端完成后做适当余留(0.5 m 左右)。按数据线、电源线分别进行绑扎,光缆尾纤单独布放不需绑扎,应

用塑料管(槽)进行防护。配线电缆应按机架(柜)的顺序平直排列整齐,不得起伏不平、扭绞和交叉,捆扎应牢固、松紧适度、绑扎线扣间距均匀一致。光、电缆转弯均匀圆滑,不得有死弯。配线电缆上机架要坐到横平竖直,排列整齐;

③ 电源线、地线布放严格按照设计图要求的电源线线径进行布放,电源线、地线铜鼻子的制作要求用压接钳进行压接,线径较细的用松香焊锡焊接,制作完铜鼻子后套上热缩套管并热缩。电源线、地线成端时必须用扳手拧紧螺帽,不得有松动;

④ 所有电缆应统一制作标牌(标牌内容:电缆编号、电缆型号、电缆始端、电缆末端),标牌全部采用计算机打印,标识正确、清楚、不退色;

⑤ 设备安装完后及时恢复防静电地板,并清扫室内卫生。

(4)调试

① 各系统单机测试

各系统单机调试为施工配合项目。调试前应向供货商介绍设备安装情况,配合检查安装质量。调试中接受供货商的技术督导,咨询有关技术问题,澄清所有疑问。配合供货商做好设备的调试、测试和功能试验,并准确真实地做好测试记录。

② 系统测试

系统测试为施工配合项目,测试前应提供单机测试记录和光、电缆测试记录,供集成商和供货商查询,测试过程中接受集成商和供货商的技术督导。沿线各车站的值机人员应严守岗位,服从指挥,积极作好配合工作。

6.2.2 外围设备安装施工方法

外围设备包括车站站厅和站台的 PDP 屏及其附属吊架。

6.2.2.1 等离子显示器安装工艺流程图

工艺流程如图 3 所示。

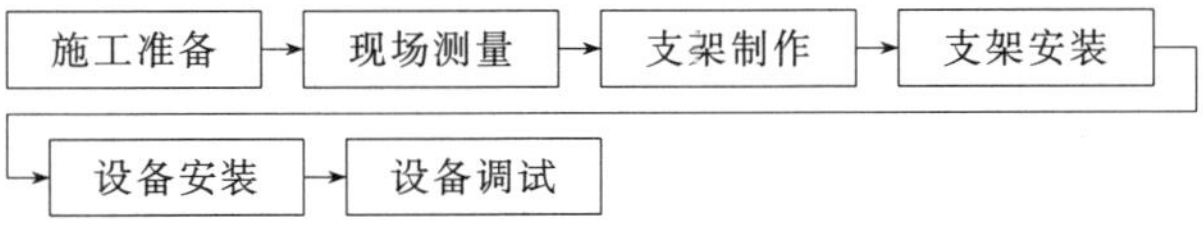

图 3 PDP 安装工艺流程图

6.2.2.2 施工准备

(1)材料准备:镀锌钢槽、镀锌钢管、膨胀螺栓、拉爆、绝缘胶带、绑扎带、胶带、同轴头子、线缆等施工材料的准备,电锤、电钻、组合工具等安装机具准备。

(2)技术准备:施工设计图、设备支架组装说明书、设备安装清单、设备说明书。

(3)将设备运输至现场。

6.2.2.3 施工步骤

(1)现场测量

现场量取等离子显示器吊顶上部分的加工尺寸,对照设计图确定具体安装位置。

(2)吊顶上部支架制作

等离子支架在吊顶上部自制支架,吊顶下部为厂配标准支架,吊顶上部支架采用 ϕ50 钢管和一块 220×220×5 钢板焊接并镀锌处理。

(3)支架安装

按现场确定好的安装最佳位置,将上部支架用锚卡螺栓固定在顶墙上,再将厂配标准下部支架同上部支架牢固连接起来。吊架安装在站厅时,厂家提供的吊杆最上面的横杆离天花龙骨 0.3 m,吊屏的位置尽量和售票机的前面保持同一水平面。吊架安装在站台时,活动的正方体连接器上面离天花龙骨 0.25 m,吊屏的位置离屏蔽门 0.95 m。如果站台电梯离屏蔽门距离不够,尽量离开屏蔽门安装吊架。

(4)设备安装

将设备同支架连接起来,测试确认电源线、视频线、控制线正确无误后制作电源插头、视频头、控制线头子,完成后接入显示器。

(5)调试

调试为施工配合项目,将车站所有 PDP 屏安装好以后,将作好的线缆接头插入到正确位置,调试前应提供 PDP 的安装记录,调试时积极配合集成商进行各项调试,随时作好调试记录。

6.2.3　区间设备安装施工方法

6.2.3.1　乘客信息显示系统光、电缆敷设

(1)施工流程如图 4 所示。

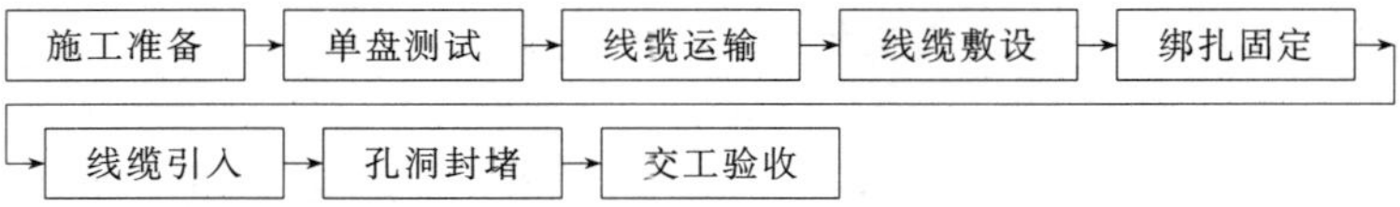

图 4　光电缆敷设施工流程图

(2)施工步骤

① 施工调查及准备

组织人员进行隧道施工调查,记录好临时用电、临时照明、特殊地段、引入条件做详细记录,以便作好充分的施工前准备。对引入通道做仔细的调查,对引上地点是否需安装引上支架,以及加工件的制作安装需在敷设前提前完成。机具、材料、人员、技术交底、安全交底等都准备充分。

② 单盘测试及配盘

按设计要求及施规、验标要求对光缆及电源电缆的单盘测试项目进行测试,对测试不合格的项目及时向主管工程师报告,再由主管工程师各上级部门汇报。将测试结果、线缆外层端别、线缆盘上的合格证等上交主管工程师。主管工程师根据单盘测试结果对线缆进行配盘。根据区间长度、车站长度,进行光、电缆配盘。配盘原则为:区间尽量不设中间头,若不得不设的话,光缆、电源线中间头不得在车站及隧道两端出现,而应放在隧道中间。

③ 运输

采用汽车和轨道运输方式,运输时将光电缆盘捆绑牢固,下面垫设枕木以防光电缆盘在运输过程中的来回滚动。汽车将其运至下料口,由行吊将光电缆盘吊到平板车上,再由轨道车运至各站台。

④ 光电缆引入通道

引入通道需预埋管时要注意土建施工状况,把握好预埋时机。要注意预埋管数量是否满足实际需要,管口是否被挡,钢管有否拐弯,拐弯处如何处理的,如果是焊接,焊接处是否处理妥当,另外还需试通钢管,以防管内有异物,最后在钢管内预穿一根铁线。若钢管不够用时,可安装电缆槽钢以满足需要。当通信设备室在站厅层时,引入预留口距电缆支架高五、六米,可提前安装横担支架三到四个。电缆向上引入时,顺序固定在横担支架上。电缆引入口有的是方形孔,有的是钢管,不管怎样,均要按设计规定穿放占用孔洞。电缆引入时,应顺直整齐无交

叉，室内电缆较多，要注意合理摆放，引入室内后要留足 5 m 余留和上架成端量。电缆较多时可采用在室内绕大圈的方式来处理余留量。全部引入完毕后，所有孔、洞、管口均要用胶泥或其他防火材料封堵。

⑤ 敷设

电缆敷设前，要求所有的电缆支架已安装到位，并对电缆通道、管路进行检查、清扫，保证电缆径路畅通。

该系统光、电缆敷设和其他系统线缆敷设不同。由于每个区间设置有多个 AP 发射点，所以每个区间敷设线缆时，在每个 AP 点光缆要作 20 m 的余留，电源线直接在主干线上并接出来。线缆预留要得当，以保证 AP 点的左右适当调整。

⑥ 光电缆上架绑扎固定

光电缆敷设完后应及时上架，电缆上架摆放排列应平行整齐无交叉，且自然松弛，并用绑扎带固定。同层电缆不得交叉扭绞。有多层摆放时应分层绑扎，上下层相互固定；电缆支架与钢管连接处电缆的摆放应以电缆平行不交叉的原则确定电缆穿管位置。隧道、车站电缆支架的分配按设计要求的进行分配。

光、电缆用尼龙紧固带绑扎在支架托臂上。

⑦ 引入

区间电缆敷设的引入所需人员多，牵涉的相关单位多，不利于大规模作业，一般由外围安装作业人员将区间光、电缆引至通信设备房。光电缆在成端处余留符合设计要求，余留线缆可盘在设备房的防静电地板下，各种线缆接续后余留 1.5 m。

⑧ 封堵。光、电缆敷设后，用防火胶泥堵塞所有电缆引入管孔。

6.2.3.2　区间无线 AP 设备安装

(1)施工流程如图 5 所示。

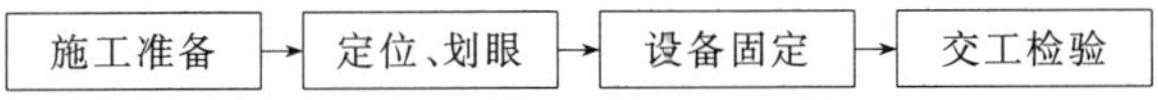

图 5　区间无线 AP 设备安装流程图

(2)施工准备

① 天线支架、绝缘胶带、绑扎带、胶带、同轴接头、各种连接螺栓、膨胀螺栓等施工材料的准备；

② 技术准备：施工设计图、设备安装清单、设备说明书。

(3)施工步骤

① 定位、划眼

根据设计图位置，现场确定设备安装位置并在隧道壁上划线标明设备固定位置。

② 设备固定

将无线 AP 机箱和天线用 ϕ10 mm 不锈钢膨胀螺栓固定。AP 机箱安装位置离轨道水平面 1.2 m，天线安装在 2 根漏缆垂直距离的中间位置，离轨道水平面 3.1 m 左右。由于隧道有圆形、矩形、马蹄形，所以每个区间的天线安装位置高度不统一，但都应该在 2 根漏缆垂直距离的中间位置。盾构区间内钢筋很多，打孔应特别小心。最后将射频缆、地线、电源线连接好，将其固定在隧道壁上。

③ 交工检验

所有工作完成后，先自检、互检，再由领工人员检查合格后方可交工。

6.2.3.3　光缆接续成端

(1)施工流程图如图 6 所示。

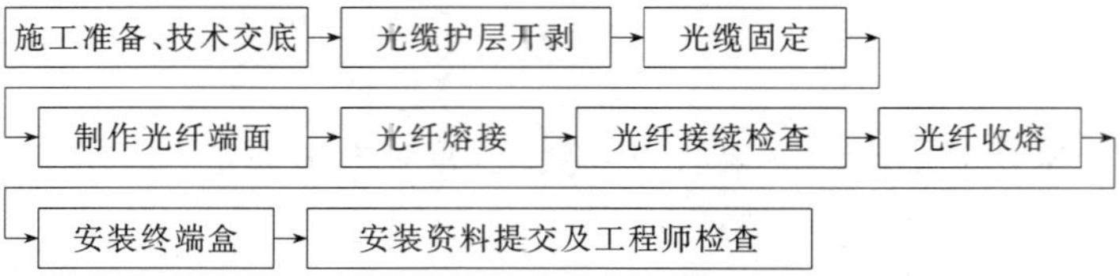

图 6　光缆接续成端施工流程图

(2)施工准备

① 材料准备:光、电缆接头盒及辅材、等材料准备,光纤切割刀、剥线刀、光时域反射仪等机具准备;

② 技术准备:设计图纸、接头盒使用说明书、技术交底。

(3)施工步骤

1)光缆开剥

① 光缆开剥长度一般不少于 1.5 m。

② 开剥前将 AB 两端光缆分别去掉 2～3 m,用专用的管子割刀将光缆外护套环割一周轻折几次,抽去外护套。

③ 用剪刀剪去填充物,并用汽油棉纱将光纤束管油膏清洁干净。

2)光缆固定

① 检查束管根部有无损伤、加强芯长度是否合适,加强芯长度以穿过固定螺栓 0.5 mm 为宜;

② 将要固定在终端盒支架夹箍部位光缆用砂纸打毛并用酒精棉纱擦净护套上的油污;光缆及加强芯应卡接牢固,光缆金属体在支架上按要求做好悬浮或电气连通处理。

3)制作光纤端面

① 光纤涂层的去除:用酒精棉纱清洁接光纤接头部位表面灰尘和油污,在光纤一端串上一个热可缩保护套管,并移到收容盘附近;用光纤涂层剥线钳光纤涂覆层,涂覆层剥出长度一般为 5 cm 左右。

② 光纤端面制作:将去掉涂覆层部位的光纤用酒精纱布朝一个方向清洁,将光纤放在切割刀上,要求光纤放在一条线上并固定平整。并切断光纤。制作好端面的光纤一般以 1.5 cm 为宜。

③ 将尾纤用芯线编把或用标签编号,并根据法兰盘至光缆终端盒距离及光纤收容盘大小,剪掉不带 FC 头端多余尾纤,用专用工具开剥出尾纤,并按上述方法制作好光纤端面。

4)光缆熔接

① 将做好端面的光纤和尾纤放入熔接机夹具或熔接机 V 型槽内。

② 检查光纤端面及清洁,发现端面脏时,取出光纤用酒精棉纱清洁,光纤端面切割角度过大时应重新制作。

5)光纤收熔

光纤盘留时,余长的光纤由光纤保护塑料管出口,沿光纤盘留板两端盘绕,盘绕完后将光纤接头加强管嵌入固定槽板相应排列位置。左盘绕光纤时,盘留板两端盘绕弯曲半径应大于 40 cm。

6)光纤接续检查

逐一对收容好的光纤复测,如发现尾纤接头损耗增大,应检查尾纤及光纤是否受到弯曲或挤压,及时进行处理。

7)资料提交

将光缆接续成端资料提交监理工程师,签字后存档作为竣工资料。

(4)光纤接续要采取如下措施

① 光缆接续操作人员必须持有接续上岗证才能上岗操作。并在正式接续之前,做好仪器仪表的检验;

② 避免熔接机在临界环境下工作,光纤接续时气温 5 ℃$<t<$35 ℃;

③ 选用高精度光纤切割刀,以保证光纤端面更平整,角度偏差更小;

④ 光纤接续操作采用熔接法,选用“纤芯对准”的光纤熔接机,接续时按光纤排列顺序一一对应,并采用 OTDR 进行监测,保证平均接续损耗≤0.04 dB,最大接续衰耗≤0.08 dB/头。

7 劳动力组织

施工管理采用施工负责人责任制、岗位负责制、定点定岗。各人员现场操作严格遵守技术要求、安全规程和机械操作规程。劳动力组织见表 1。

表 1 乘客信息显示系统人员组织表

序号	施工人员	单位	数量	备 注
1	施工负责人(作业队长)	人	1	现场施工组织及协调
2	技术人员	人	1	技术负责、质量负责
3	安质员	人	1	安全质量监督
4	通信工	人	4	设备安装、光电缆接测
5	普工	人	20	设备安装、电缆敷设

8 主要机械设备及工器具配置

所有设备安装由技术人员指导,通信工带领协作工共同完成,光缆接续由专业接续人员负责。

8.1 施工工具

工具配置见表 2。

表 2 乘客信息显示系统施工工具

序号	设备、工具名称	规格型号	单位	数量	备注
1	水平仪		把	3	
2	电锤	HILIT TE725	把	28	
3	组合工具		套	20	
4	墨斗		个	20	
5	竹梯	各种长度	把	15	
6	液压千斤顶	CBR-2A	对	2	
7	小榔头	0.5 kg	把	15	

续上表

序号	设备、工具名称	规格型号	单位	数量	备注
8	对讲机		台	12	
9	喷灯		只	10	
10	热熔枪		只	10	
11	专用接头工具		套	4	
12	砂轮切割机	300～400	台	3	
13	手提岩石切割机	41073	台	3	
14	PVC 弯管器		个	3	
15	手动套丝机		台	2	
16	液压弯管机		台	3	
17	便携式焊机	6 kW	台	3	
18	人字铝合金梯		架	6	
19	活动脚手架		架	3	
20	电源线盘		个	10	
21	万用表	VC-10B	个	8	
22	电焊机		台	1	
23	水平尺		把	3	
24	卡线刀		把	6	
25	弯管器	ϕ25、ϕ32	把	3	
26	压接钳	35 mm^2～90 mm^2	把	2	
27	假纤	1 km	卷	2	

8.2 主要施工机具

主要施工机具见表 3。

表 3 乘客信息显示系统主要施工机具

序号	机具名称	单位	数量	备注
1	中巴车(19 座)	台	1	
2	自卸吊车(5 吨)	台	1	
3	小车(工程指挥车)	台	1	

8.3 测试仪表

测试仪表见表 4。

表 4 乘客信息显示系统主要测试仪表

序号	仪表名称	规格、型号	单位	数量	备注
1	光纤电话	450—550	台	2	接续时通话
2	铭牌印字机	M-100	台	1	打印标示牌
3	兆欧表	500 M/1000 V	台	2	绝缘测试
4	耐压测试仪	JN-5038	台	2	测试耐压

续上表

序号	仪表名称	规格、型号	单位	数量	备注
5	光纤熔接机	FSM-40S	台	2	光纤接续
6	光万用表	AQ2150	对	2	光纤对号、损耗测试
7	光时域反射仪	HP8147	台	1	光纤测试
8	光纤切割刀	FKⅡ,CT-07	台	2	制作端面
9	综合布线测试仪	DSP4000	台	1	测试网线
10	光衰耗器	K7010	台	1	光通道测试
11	接地电阻测试仪	ZC29B-2	台	2	地线测试

9　质量控制要点

9.1　等离子显示器安装

(1)等离子显示器的电源采用点对点的并接方式,从一根主电源线上分支到每个屏。电源线的接续采用焊接方式,并用热缩管防护。

(2)等离子显示器的视频线和控制线采用串接方式,由设备房出线至站厅第一个屏,然后由第一个串接到第二个,以此类推,最后作好接头。每个屏后面都应该预留 1～2 m,用卡子固定。

9.2　光电缆敷设

(1)电缆在敷设过程中不得有损伤,不得扭绞。

(2)在支架托臂上的电缆不得交叉,绑扎牢固。

(3)电缆弯曲程度不得小于其最小弯曲半径。

(4)电缆无扭绞、压扁、表面严重划伤等缺陷。

(5)电缆的各项测试应符合有关技术指标并有记录。

9.3　AP 设备安装

安装 AP 机箱和天线不要超过列车行驶界限。

9.4　其他要点

(1)开工前,根据国家和铁道部颁布的施工规范和验收标准,以及设计文件和产品说明书上有关工程质量的要求,制定工程质量控制措施,施工过程中按照控制措施控制工程质量。

(2)施工前请有关专家对施工人员进行技术培训,提高整体施工人员技术素质。施工过程中严格按设计文件、设计施工图纸、供货商设备安装技术要求进行,并选派具有多年施工经验的人员现场负责。

(3)设备安装前请设备生产厂商现场督导示范站的安装,在督导下对每个项目进行试安装、接配线,待安装、接配线质量符合要求后,编制出具体操作细则及质量标准,报监理工程师及业主批准后推广实施。

(4)严把材料质量检测关,杜绝使用不合格品。

(5)对自行采购和加工定货的某些专项设备、非标设备,及批量较大和/或较重要的机电设备安装器材,在采购和订货前必须报驻地监理工程师审查、业主批准,以明确采购品种、规格和订货厂家,生产过程中进行必要的驻厂监造,出厂验收必须由驻地监理工程师代表、业主代表共同参加，验收确认后方能出厂。

(6)认真实施现场技术交底，技术交底不明确不施工。

(7)必须有安装过程质量记录。记录中应有检查项目，安装要求，并对安装过程划分为几个阶段(或部分)。每个阶段(或部分)都应有安装人或检查人签名，由项目监理工程师、技术督导人员检查或抽查签名认可后才能进行下一阶段的安装。记录应一式两份，其格式和对工程阶段的划分，在施工组织计划中提出，取得业主认可后才能使用。

(8)凡属隐蔽工程的部位，在具备隐蔽条件 48 h 前，应书面通知监理工程师检查验收，监理工程师将在接到通知后的 24 h 内到现场检查验收，认为合格即予以签认，不经签认严禁自行隐蔽，否则将自行承担由此引起的一切损失。

(9)自觉接受供货商技术督导人员和监理工程师的指导，随时接受监理工程师对设备和材料进行的检查与试验，在安装工作完成或局部完成后，监理工程师发现或者怀疑设备某个部位存在缺陷或故障，要求查找时，我方应积极配合。

10 安全控制要点

(1)施工作业时设置好防护红闪灯。

(2)余留均盘在圈后固定在隧道壁上。

(3)作业完毕后清理并打扫现场。

(4)用装设备的塑料袋或彩条布将设备包起来，防止其他专人污染或损坏设备。

(5)针对地铁施工交叉作业多、空间狭窄的特点，分析事故隐患，采取有力对策，防患于未然。

(6)现场临时用电线路的安装和使用，必须按配电规程、安全操作规程和临时用电设计执行，不准私拉乱接，设置的配电箱、开关箱必须装设漏电保护装置。

(7)起吊、搬运机具使用前须经安全检查，严禁超载使用。电动工具和电源线必须绝缘良好，使用时外壳必须有可靠的接地。

(8)对各种车辆驾驶员进行安全教育，组织学习广东省有关交通法、铁路安规，开展行车标兵评比活动，确保行车安全。

(9)区间施工前必须申请封锁施工区段线路，未获得批准不得进入施工现场；线路封锁后必须按规程在封锁区段两端设置防护，与施工无关的人员、机械不得进入现场。

(10)每一位施工人员配发安全帽、工作服、安全带、手套等劳保用品。进入施工现场的各类人员应当戴好安全帽，系好帽带；临空和高空作业的人员系好安全带，劳保用品符合安全技术标准。

(11)认真执行国家消防条例，建立防火制度，并在所有设备房及库房的每个房间均配置 2 台以上灭火器等消防设施，指定专人负责。

(12)做好防盗、防破坏和防鼠工作，在所有设备房的每个入口处设置防鼠板，保证施工和设备安全。

11 环境保护要点

环保目标：保持施工现场、生活区及周围环境清洁，减少对地面交通干扰和环境污染。噪声、振动、废水、废气、和固体废弃物等的影响必须满足国家环保法规要求。

(1)设备房内施工完毕后，将里面的线渣清理干净，用吸尘器将静电地板下面的灰尘清除。如果需要分割静电地板，将其拿到地铁外面分割。

(2)外围站厅、站台施工,将施工剩下线缆、废工具清除场地。

(3)区间施工一定要把场地清理干净,损坏的支架、空电缆盘等全部收回基地,要保证轨行区第二天的行车安全。

12 常见问题及处理方法

(1)安装 PDP 屏时,几个 PDP 可能不在同一个高度。

① 先根据现场情况加工不同形状的支架;

② 安装 PDP 屏吊架,调整好倾斜度(一般 15°)、安装高度离天花 0.3 m;

③ 如果不在同一个高度,相差多少需要做好标记,取下 PDP 吊架重新钻孔;

④ 最后将支架安装固定好,进行 PDP 屏吊挂。

(2)安装 AP 天线时,经常角度调不好,影响信号。

① 在不同形状隧道安装 AP 天线时,安装高度不一样,都必须以两根漏缆为参考,安装在两根漏缆中间;

② 在隧道转弯的地方,天线要和隧道弯曲方向保持平行;

③ 在隧道上下坡的地方,天线要和轨道面保持平行。

13 附 录

(1)工程实例。

该系统施工工艺在广州地铁三号线首通段、后通段的 PDP 屏安装、区间 AP 安装及接续中得以应用,大大缩短了工期,节约了人力物力,保证施工质量、满足验收要求,确保首通段、后通段按时开通。

(2)相关图片见图 7～图 10。

图 7 站厅 PDP 现场安装

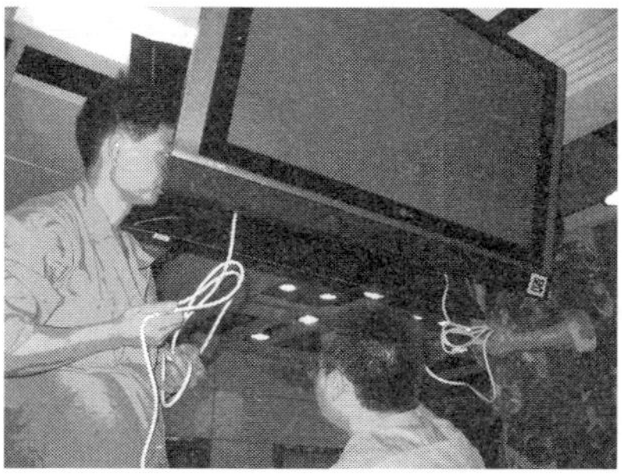

图 8 站台 PDP 安装接线

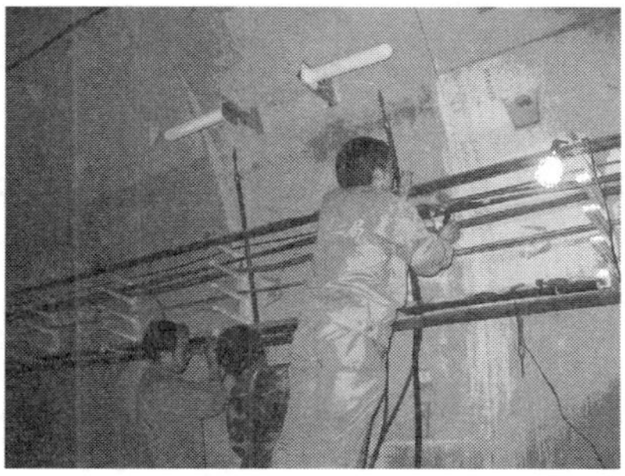

图 9 区间 AP 机箱及天线安装

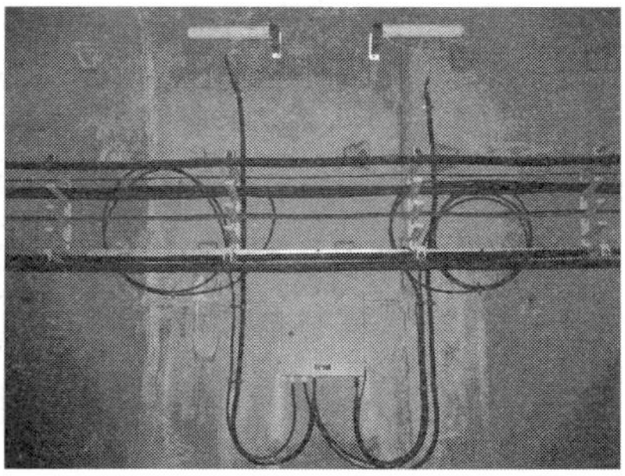

图 10 区间 AP 机箱及天线安装成品

城市轨道交通自动售检票系统施工工艺

1　工艺概况及技术特点

1.1　自动售检票系统概况

目前，城市轨道交通自动售检票系统（AFC），是地铁的“窗口”系统，其主要作用是为乘客提供快捷、简易的购票服务，同时他还可以完成地铁运营的车票制作、售票、检票、财务、统计分析等全过程的自动化管理工作。

AFC 系统从空间上可以分为中心 AFC 系统和车站 AFC 系统，中心 AFC 系统是 AFC 系统的心脏，对车票进行初始化管理，实现对系统数据的集中采集、统计及管理功能，并且能实现与其他 AFC 系统的数据交换及清算功能。车站 AFC 系统是 AFC 系统的具体执行者，是 AFC 交易数据生产地，车站 AFC 系统的主体是售检票终端设备。中心 AFC 系统和车站 AFC 系统内部局域网为 10/100 M 以太网。

1.2　技术特点

车站控制室与票务网络设备之间通过多模光缆连接；票务处网络设备与各种车站设备之间通过网络电缆连接，在两端站厅不连通的车站，所设多模光缆沿通信槽道接入两端站厅的 AFC 网络设备。车站控制室网络设备至通信配线架之间通过网络电缆连接，沿车控室和通信设备机房之间的通信槽道敷设。

设备室设备的走线方式为架空地板下通过，强电与弱电电缆分开，在房间两侧敷设。站厅设备的走线方式为预埋电缆槽内，电缆槽用同样材质分隔成二个子槽道，一个用于布放光缆、网络电缆和闸机紧急按钮电缆，另一个用于布放为 AFC 设备供电的电源、接地线缆。为便于电缆安装和维修，电缆槽在每隔 20 m 左右及转弯处设分向盒，在电缆槽终端处设终端盒，TVM、TCM、闸机、票务处下均设出线孔。在每个出线盒、电缆槽出线孔位置上的地面装修设有可揭开 AFC 箱盒的盒盖。

站厅公共区 AFC 墙壁式配电箱采用嵌入式安装，底部距地面 1.3 m，自电源箱底部向下至电缆槽。

所有设备、电缆防护管、分线盒及终端盒、屏蔽双绞线屏蔽层均应保证可靠接地。接地线主要接入车控室弱电接地端子；在部分两端站厅相隔很远的车站，远离车控室一侧站厅设备的接地线就近接入附近的弱电接地端子。

AFC 系统售票机、进出站闸机、验票机及其走线槽、分线盒及终端盒安装在车站站厅层，走线槽位置均在站厅层主要通道上，施工期间受设备搬运、人员行走影响较大，并且安装工作量较大，安装后较易出现损坏损伤，为减少这种情况的发生，闸机走线槽、分线盒及终端盒安装在装修前进行，减少缆槽暴露时间，并尽力做好工程成品保护。

2　适用范围

本施工工艺适用于城市轨道交通自动售检票系统施工。

3 引用标准

(1)《地铁设计规范》(GB 50157—2003)。

(2)《城市快速轨道交通工程项目建设标准》(试行本)。

(3)《电子计算机机房设计规范》(GB 50174—93)。

(4)国际标准化组织(ISO)标准。

(5)电子工业协会(EIA)标准。

(6)国际电信联盟(ITU)标准。

(7)国际电工学会(IEC)标准。

(8)电气与电子工程师协会(IEEE)标准。

(9)城市轨道交通自动售检票系统工程质量验收规范(GB 50381—2006)。

(10)生产厂(系统供货商)提供的作业指导书、安装手册。

4 基本术语及定义

(1)AFC:是 Automatic Fare Collection System 的简称。

(2)TVM:自动售票机简称,用于乘客自助式购买单程票和为储值票充值,能接受指定的纸币和硬币,具有自动找赎功能。根据乘客投入的钞票以及乘客的有关操作,完成一系列授权操作,并通过传动机构将车票输出给乘客。

(3)TCM:自动验票机简称,用于乘客自助式查询已购买的各种类型的车票的相关信息,包括车票金额、有效期、卡号和近期交易等。

(4)AGM:自动检票闸机简称,可对各类车票进行读写操作和合法性确认。入站时在车票上写入入站信息,出站时回收车票或扣除车费、显示余额。

(5)BOM:半自动售票机简称,用于辅助售票员处理各种售票及查询业务,如各种车票的发售、充值、车票分析、退票、验票、补票等。

5 工艺原理

AFC 作业因其特殊性,其管槽安装、敷缆及设备均在装修前后进行,以降低施工干扰及成品保护的难度。施工前了解施工各相关专业的施工进度及状况,减少对本专业设备安装的影响。

施工时,首先进行各站管槽敷设(在装修前进行),线缆敷设及测试。在具备设备安装条件后,进行设备安装,电缆连接及设备安全测试,最后进行设备工程检测(单体)、调试和联调。

6 工艺流程及操作要点

6.1 工艺流程

工艺流程见图 1。

6.2 操作要点

6.2.1 施工准备

检查前期土建及结构施工单位的施工情况,重点查看设计中闸机、配电箱、售票机、验票机的位置是否和低压配电、消防设施、装修位置冲突,如有冲突,及时向监理及设计汇报,共同商讨解决方案，并及时处理。

6.2.2　施工测量

在施工中应首先进行系统缆线测量，根据施工图及轴柱为参照点对设备定位，并根据实际的电缆径路进行线槽测量。测量时要了解径路范围内永久设备的位置，防止径路变更造成缆线短少，对管槽的径路在现场做出标记。电缆槽敷设径路测量定位需重点考虑以下几点：

(1)中板(结构地板)的高度

① 在测量时要重点调查中板位置是否有超高现象，如有这种情况，及时对线槽作出调整。避免发生线槽超高影响后续装修地板造成返工；

② 为防止中板超高，在进行敷设前要与装修单位进行沟通了解中板标高，根据基标文件查看装修控制基线，一旦出现基线过高，要提前对管槽进行改动，防止超标。

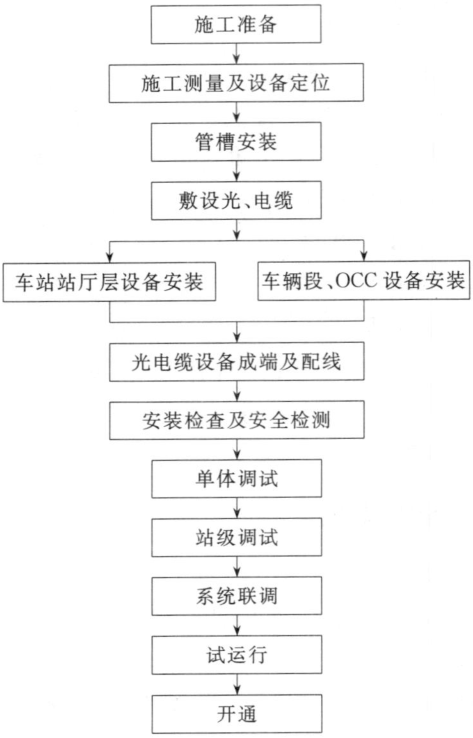

图 1　AFC系统施工流程

(2)配电箱位置

配电箱位置涉及到管槽引入位置是否正确，因此要与低压配电专业进行核对了解，发生不一致的情况下要及时进行调整管槽位置。在了解配电箱位置时，还要注意配电箱是否已考虑避开搪瓷钢板龙骨，否则将会出现配电箱移位，影响引入管的安装。

(3)主要设备的控制尺寸

① 售票机

售票机背面板与装修完成面(一般为搪瓷钢板)之间按900 mm考虑，结构墙与搪瓷钢板之间距离为250 mm，售票机进线口中心与背板间距为220 mm。在测量时，线槽与结构墙之间的距离为1 370 mm，在实际测量中按1 400 mm进行线槽定位。

② 闸机位置

每台闸机有两个入线口，其中心距两端位置均为650 mm，各种设备尺寸有所不同；在管槽敷设时要考虑到安装闸机后的位置要符合设计文件要求。某些部位的管槽可能会引起调整和改变。

③ 与结构相对位置

电梯预留口按200 mm考虑电梯安装结构位置预留，其与售票机背板间距实际测量中亦按1 400 mm(自出线口算)考虑。

如果该侧不安装售票机，则线槽中心线距离结构电梯口按400 mm考虑。

④ 分线(终端)盒

分线(终端)盒采用不锈钢盒与线槽进行对接。分线盒的安装按照设计要求分布。

分线盒距闸机按400 mm考虑，分线盒距售票机按650 mm考虑，距验票机按440 mm考虑。

装修完成后，要保证出线口高出地板10～30 mm。最多不能超过35 mm，否则要对烟囱口进行切割。

⑤ 配电箱引下管

在每处配电箱以 2 根 ϕ32 钢管引入分线盒用以防护电力电缆，在结构墙与结构中板处以 90°进行钢管弯管，弯曲下部距结构墙 30 cm。将钢管引入分线盒后，在钢管与分线盒结合部位涂以防水胶进行防水密封。

6.2.3 管槽敷设

(1)电缆槽敷设作业量大，其安装位置的准确与否，直接影响到设备安装的准确度。在线槽敷设时，按照测量的径路进行管槽敷设，先敷重点控制尺寸区域，后敷一般区域，先连接长段，后连接短段；先连接管槽，后连接分线(终端)盒。

(2)管槽敷设人员主要以管槽焊接为中心进行。为保持管槽平直，在线槽下垫砂保持管槽水平、两端对齐。管槽宜采用氩弧焊进行连接。管槽焊接时，先焊接管子接头底部，再焊接侧面，最后焊接顶部。焊接均为单面焊接，双面成形。焊接完毕，对线槽用 U 形卡进行固定，用防护罩将预留口及出线口处防护良好，防止在打垫层的过程中，泥砂混入管槽，造成清洁困难。

6.2.4 敷设缆线

缆线敷设采用人工敷设的方式。

通信电缆在分盒内的弯曲半径至少为电缆外径的 16 倍；电缆标识正确；电缆径路和敷设方式应符合设计；电缆型号、规格及在管槽中排列顺序符合设计；电缆平直，自然、不紧绷、不交叉、外皮无损伤，不扭伤电缆，管盒内电缆无接头，与设备连接的线缆预留长度符合设计要求。

6.2.5 设备运输

AFC 设备售票机、检票闸机均为精密设备，设备数量大，种类型号繁复，因此要与甲供物资供应及供货商共同做好设备型号配置，做到省时、省工、省运输机械，避免出现错误进行设备二次倒运的情况。在设备运输时制订可靠的运输方案，全程监督，防止设备损坏。

6.2.6 设备安装

(1)设备安装条件

设备安装前应检查是否满足以下要求：

① 车站已具备较完整的照明条件；

② 所有设备安装区、设备房天花和地面已装修完毕；

③ 已具备独立回路的 AFC 系统调试电源；

④ 车站接地系统已安装；

⑤ 中央计算机室、车控室、售票亭已安装锁具；

⑥ 设备安装区、设备房天花和地面已装修完毕。

(2)安装技术要求及注意事项

① 采用专用的安装模板对设备安装位置进行定位；

② 根据施工图制作设备孔位模板，该模板用于设备地脚螺栓定位；

③ 在设备安装过程中，不得去除外壳的不锈钢保护膜；在设备安装及搬运过程中必须带手套，避免将汗渍、水等遗留在设备上；闸机的搬移过程中应轻抬轻放，侧门应轻开轻关；闸机安装完成后，应先将原闸机内的防潮剂放回闸机内，用原包装中的塑料保护袋重新套在闸机外部。

(3)安装设备

设备安装按照图 2 所示流程施工。

1)闸机安装

① 地面坡度测量

将待测量区域内的地面清扫干净，使得测量范围内无任何影响测量结果的障碍。在每台闸机的安装位置上，沿闸机的纵向均匀地选取3点，用水平尺测量相邻3台闸机安装位置的地面坡度。并在地面上做出相应的标记。在测量完一组闸机所在地面的坡度后，根据设计要求及测量结果，制定初步的调整方案，并作出记录。

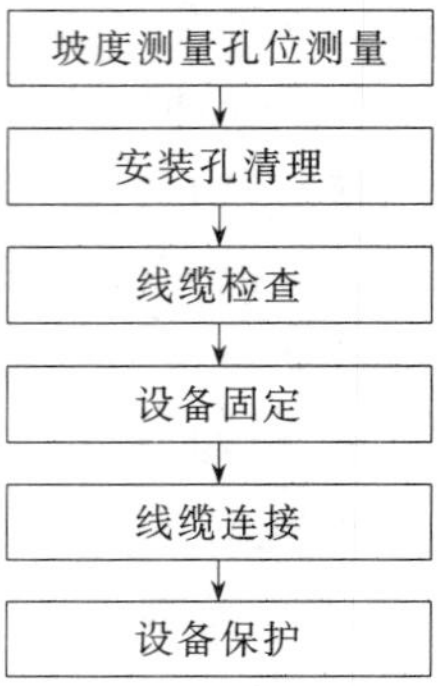

图2　设备安装流程图

② 安装孔定位尺寸测量

使用卷尺测量每两台闸机的对应安装孔之间的水平距离，对于不满足设计要求的孔位进行标记。测量每台闸机安装孔对角线的尺寸，并得出相邻闸机的对应对角线的尺寸差，与设计要求进行比对，对于不满足设计要求的孔位进行标记。

③ 清理安装孔

使用工具将闸机的每个安装孔内的水泥、灰尘等清理干净。注意在清理的过程中，不得对预埋件内的螺纹进行破坏。对于无法清理的安装孔，应在地面上做出标记。

④ 线缆检查

将预留线缆从出线口中取出。将盘住的线缆打开，清理线缆表面并仔细检查，确认线缆表面没有被损坏或压变形之处。如果线缆已经端接，仔细检查接头，确认连接良好。检查线缆上的标号是否完整。如果标号丢失或无法辨认，则需要重新对此线缆进行测试，以确认其标号。

⑤ 设备固定

闸机安装以组为单位，每组闸机安装前，根据前期地面坡度和安装孔测量的结果，制定安装时的调整、安装方案。具体安装步骤如下：

将闸机用叉车搬运到相应的安装位置旁。拆除外包装，包装内的闸机钥匙(也有可能集中提供)由专人妥善保管。打开闸机不带扇门一侧的侧门，将闸机向带扇门一侧倾斜，把地面预留的线缆通过底座中间的进线孔拉入闸机中。用填充材料将地面上的线缆出线口封堵，以达到防虫、防鼠的目的。

将闸机小心地搬到安装位置，仔细调整，使安装孔与地面的孔位对准。在搬移闸机时，注意不要让闸机压到线缆上。用垫片对闸机进行初步调整，以闸机各个门开启灵活为标准，然后紧固闸机底座固定螺栓。

在紧固底座固定螺栓的时候，应按照一定的操作规程按照图3中对称顺序，将同台闸机所有螺栓预紧一遍；

再以同样的力度再次将螺栓按照上述顺序旋转一遍；

如此重复3～4次，直至将螺栓全部旋紧。

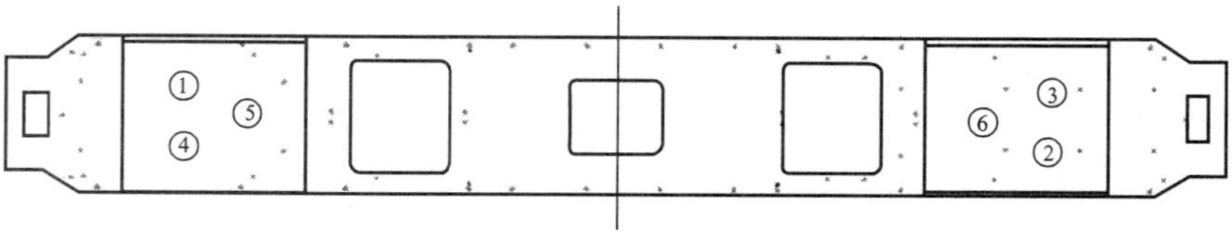

图3　闸机安装图

用玻璃胶将闸机底部与地面之间缝隙密封，以做到防水。

2)自动售票机安装

① 地面坡度测量。

将待测量区域内的地面清扫干净,使得测量范围内无任何影响测量结果的障碍。确定自动售票机的安装方向。在每台自动售票机的安装位置上,沿前后和左右各选取2点,用水平尺测量地面坡度。并在地面上做出相应的标记。在测量完一组设备所在地面的坡度后,根据设计要求及测量结果,制定初步的调整方案,并做出记录。

② 清理安装孔。

③ 线缆检查。

④ 设备固定。

售票机安装以组为单位。

小心地将自动售票机搬到安装位置。搬动的同时注意不要压到线缆。

打开自动售票机的后门及前门,用螺丝刀将设备底部盖板靠后门一侧的螺钉卸下。

打开底板,将线缆从机柜底座的穿线孔拉入设备中。用填充材料将地面上的线缆出线口封堵,以达到防虫、防鼠的目的。

按照事先制定的调整方案,用垫片进行初步调整。此调整以设备门开关灵活为标准。

安装螺栓和垫片。在紧固螺栓的时候,应按照一定的操作规程:

将螺栓用手旋紧;使用工具,按照图4顺序,将所有螺栓旋扭一遍;

在以同样的力度再次将螺栓按照上述顺序旋转一遍;

如此重复3～4次,直至将螺栓全部旋紧。

用玻璃胶将自动售票机底部与地面之间缝隙密封,以做到防水。

3)验票机安装

验票机的安装方式与自动售票机安装方式相同。

4)票亭设备(BOM)的安装

① 系统安装环境条件要求

BOM安装在车站的票亭内,安装时要求票亭内电源环境、网络环境就绪。

② 安装、连接说明

多串口卡的接口总线为ISA总线,安装时打开主机机箱,将多串口卡安装在ISA插槽内(如果有多个ISA插槽,建议安装在最底部)。多串口卡安装好后,将带有4个接头的辫子接在多串口卡的连接口上。

ISAM的安装由专业技术人员完成。

BOM主控制器与外设都是通过串口进行通讯的,多串口卡扩展了4个,接头上标有的1、2、3、4,分别连接读写器、打印机、付费区乘客显示器和非付费区乘客显示器。

打印机的安装包括色带、打印纸的安装,具体参见打印机的使用手册。安装完成后,将其数据通讯线与一条"一分四"的串行通讯线相连。

将乘客显示器的连接线与一条"一分四"的串行通讯线相连。BOM一般配有2个乘客显示器,分别安放在面向"付费区"和"非付费区"乘客的窗口。

车控室设备(SC)是车站AFC系统的控制中心,设备包括车站服务器、工作站、网络交换机、打印机、UPS、紧急控制按钮和部分网络设备。各种设备均按顺序安装在专用的机柜中。

6.2.7 光电缆成端

(1)设备配线及封堵

设备间的配线型号规格、配线方式符合设计规定；配线顺直、绑扎整齐；接插件接触良好牢固；紧固螺栓不松动。

安全地线、保护地线的连接应符合设计规定。

封堵：电缆出线管口封堵严密，设备与地面间隙封堵严密不渗水。

(2)RJ-45 接头端接(网络线接头)

采用 EIA/TIA568B 作为端接标准。

① 利用双绞线剥线器将双绞线的外皮除去 2～3 cm。双绞线电缆上含有一条柔软的尼龙绳，如果在剥除双绞线的外皮时，觉得裸露出的部分太短，而不利于制作 RJ-45 接头时，可以紧握双绞线外皮，再捏住尼龙线往外皮的下方剥开，就可以得到较长的裸露线，见图 5。剥线完成后的双绞线电缆如图 6 所示。

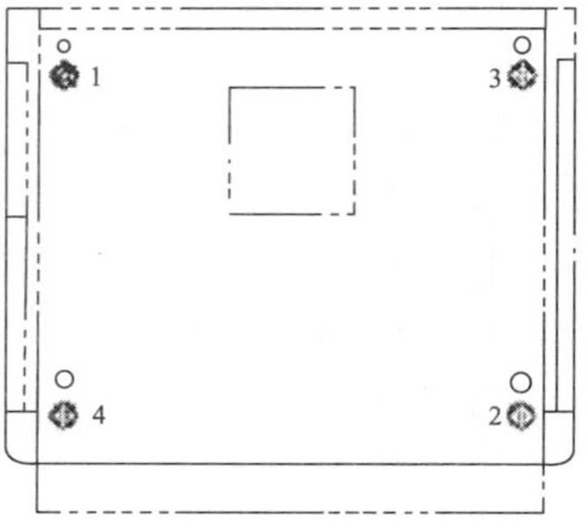

图 4　自动售票机安装图

② 接下来进行拨线的操作。将裸露的双绞线中的橙色对线拨向自己的前方，棕色对线拨向自己的方向，绿色对线拨向左方，蓝色对线拨向右方，即上：橙，左：绿，下：棕，右：蓝，如图 7 所示。

③ 将绿色对线与蓝色对线放在中间位置，而橙色对线与棕色对线保持不动，即放在靠外的位置，即左一：橙，左二：绿，左三：蓝，左四：棕，如图 8 所示。

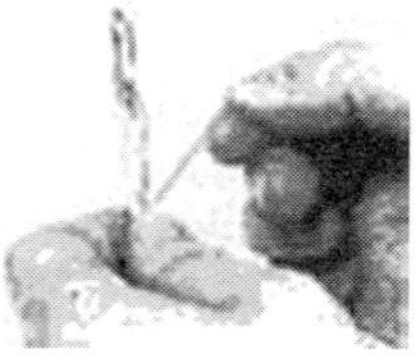

图　5

图　6

图　7

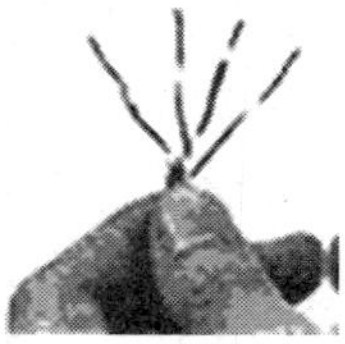

图　8

④ 小心地拨开每一对线，线对颜色是有一定顺序的(见图 9)。需要特别注意的是，绿色条线要跨越蓝色对线。左起：白橙/橙/白绿/蓝/白蓝/绿/白棕/棕(见图 10)所示。

⑤ 将裸露出的双绞线用剪刀或斜口钳剪下只剩约 14 mm 的长度。最后再将双绞线的每一根线依序放入 RJ-45 接头的引脚内，第一只引脚应该放白橙色的线，其余类推。如图 11 所示。

⑥ 确定双绞线的每根线已经正确放置之后，就可以用 RJ-45 压线钳压接 RJ-45 接头，如图 12 所示。

图　9

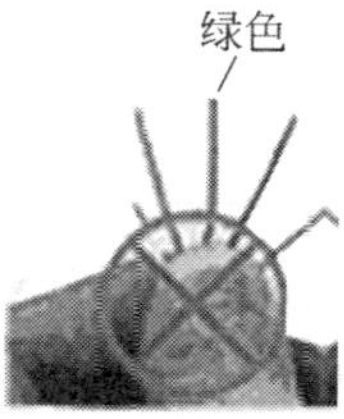

图　10

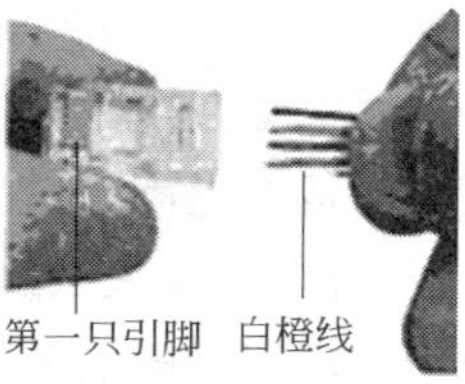

图　11

图　12

⑦ 重复步骤 2～7，制作其他的 RJ-45 接头。

(3)电源进线的端接

① 售票机电源进线的端接。

用剥线器将电源线缆的外皮剥去约 60 mm，再将其中三芯的线缆分别剥去外皮露出铜线约 8 mm。将铜线套上套管后插入接线端子，并用压线钳(或老虎钳)将线与端子压紧，再将套管连接部套住，将端接好的线缆套上塑料袋并将开口处扎住，在接线时拆封。

② 闸机电源进线的端接。

用剥线器将电源线缆的外皮剥去约 60 mm，再将其中三芯的线缆分别剥去外皮露出铜线约 10 mm。将外露出的铜线旋紧并分别缠上胶带，在接线时拆封。

(4)紧急按钮控制线

用剥线器将线缆剥去外皮露出铜线约 10 mm，将外露出的铜线旋紧并分别缠上胶带，在接线时拆封。

6.2.8　安装检查及安全测试

(1)安装检查的主要内容

设备安装规格型号符合设计文件要求；设备安装水平；底座周围密封良好；电缆接地良好；通信电缆 RJ45 插头接线正确规范；电力电缆连接正确规范；电缆连接绑扎规范，标牌标注清晰；外部电缆的路径不影响设备正常操作。

(2)安全测试项目

AFC 设备属人机界面设备，其安全性尤为重要，在进行单体调试前，要进行设备安全测试。安全测试分为：AC 电/接地绝缘，底座接地测量，底座/逻辑绝缘，电源配电测试。详见表 1。

表 1　安全测试项目表

测试项目	电源输入与配电测试(220 V)	AC/接地绝缘(MΩ)		底座接地测量(Ω)	底座/逻辑接地绝缘(MΩ)	备注
		火线	零线			
仪表名称	万用表	兆欧表		欧姆表	兆欧表	
自动售票机(TVM)	±10%	>10	>10	<0.5		
验票机(TCM)	±10%	>10	>20	<0.5		
闸机	±10%			<0.5	≥10	
半自动售票机(BOM)	±10%	>10	>10	<0.5	≥10	
编码/分拣机(E/S)	±10%	>10	>10	<0.5		
中央计算机(CC)		>10	>10	<0.5		

6.2.9　单体调试及网络通道测试

单体调试的目的是测试车站所有的前端设备，使之具备独立运行的能力，并可进行车站级调试和系统调试。

单体调试按照程序对车站中的车站计算机、自动售票机、半自动售票机、进/出闸机、验票机和中央系统的服务器、工作站、编码/分拣机的功能一一进行测试，并在测试数据表中记录相应的结果及结论。

网络通道测试包括：电源线、电源线通断、绝缘、地线是否已连通、衰耗值、串音。

6.2.10　站级调试

AFC 车站级调试由系统供货商进行，目的是测试车站所有的前端设备，运用车票在车站间进行循环作业。在每个车站的测试将建立在实际运营的基础上。

站级调试的前提条件是：所有车站(中央)设备均已完成单机调试，存在的问题已克服处理完毕，单机工作状态良好，设备之间通信正常，传输的速率及误码率符合设计要求。

从车站计算机上下达控制命令，控制车站设备的状态，并从车站设备获取各种运营数据，以确认车站计算机和车站设备的通信是否快速、有效。

根据中央计算机的功能设计、确认服务器、工作站、编码/分拣机之间的命令或数据传输是否准确，并检查相关报表数据与实际发生的数据是否吻合。

6.2.11　系统联调

系统联调包括车站与中央系统联调和车站间模拟运营测试。

AFC 主要调试的项目有:数据管理、系统运作管理、参数管理、收益管理、车票管理、车票使用跟踪、设备数据审核、设备维修管理、权限管理、决策支持、报表、时钟管理、运营结束程序、后台监控、后台维护、灾难恢复。

(1)车站与中央系统联调

按照中央计算机和车站计算机的功能要求,从中央计算机上向车站计算机下达各种控制命令,通过车站计算机控制车站设备的运行,并从车站计算机获取各种相关运营数据,生成各种相应报表,对照设计的各项功能要求确认实际测试结果与设计要求是否相一致。并做出最终测试报告。积极配合相关单位解决存在的问题,直到所有设备达到设计要求为止。

(2)车站间模拟运营测试

以测试车站为中心,模拟实际运营中的各种情况,与其他各站之间进行运营测试。测试结束后打印测试车站自动售票机、半自动售票机、进/出闸机、验票机的运营数据并确认这些数据与实际发生的数据是否相符,若有出入,调查原因并加以修正直到相符为止。

6.2.12　开通、试运行

开通试运行由承包商配合业主及系统供货商进行,具体方案由系统供货商提供。

7　劳动力组织

施工管理采用施工负责人责任制、岗位负责制、定点定岗。各人员现场操作严格遵守技术要求、安全规程和机械操作规程。人员组织见表 2。

表 2　人员组织表

序号	施工人员	单位	数量	备　注
1	施工负责人	人	1	现场施工组织及协调
2	技术人员	人	2	技术负责、质量负责、调试负责
3	安质员	人	1	安全质量监督
4	通信工	人	6	线缆敷设 1 人、设备安装 1、配线、接测 4 人
5	普工	人	8	设备安装 4 人、线缆敷设 4 人

8　主要机械设备及工器具配置

施工作业组主要由氩弧焊机、光纤熔解机,其操作由专职人员执行。各施工工具的操作由熟练的作业人员执行。主要机具设备及仪器仪表配置见表 3 和表 4。

表 3　机具设备配置表

序号	机具名称	规格型号	数量	备注
1	电锤	HILTI	6	
2	光纤接续机		1	
3	水平仪		2	
4	现场照明设备		4	
5	网线钳	RJ45	4	
6	氩弧焊机		2	

表 4 仪器仪表配置表

序号	机具名称	规格型号	数量	备注
1	万用表	MF500 型	5 个	
2	ODTR 测试表		1 个	
3	网线测试仪		1 套	
4	兆欧表		2 个	

9 质量控制要点

(1)AFC 施工应严格执行相应的施工及验收规范,以及施工设计图纸的技术要求,在施工过程中采取相应的管理和技术措施避免出现设备定位不准,确保架设质量。

(2)施工中线槽的定位、设备的定位尤其重要,需要做到精确无误。在施工测量时,严格按照基标测量结果进行设备的定位。

(3)设备之间的间距严格按照设计图施工。

(4)地脚螺丝的安装深度和露出地面高度要符合设计要求。

(5)地脚螺丝应垂直、牢固,并要求螺丝完好。

(6)设备就位时要"小心轻放"。

(7)设备安装与地面垂直、平稳,倾斜偏差小于设备高度的 1/1000,固定螺丝要紧固。

(8)设备底部地板要求密封。

(9)设备表面整洁,无划痕及其他破损。

10 安全控制要点

(1)施工人员穿防护服,戴安全帽,在施工现场设专职安全监护人。

(2)运输设备时,严格按照制定的《设备运输方案》施工,成立专门的运输对,负责对所有设备的运输。

(3)设备安装时,用手动叉车来回拖动设备,保持设备的平稳。

(4)施工现场要配备足够的照明器具。

(5)因前期设备安装及装修未完成,应注意临边临口及沟坑地段,注意现场各类标识。增强个人安全防护意识。

(6)地面有积水时不得安装管槽及敷设光电槽。

(7)为确保人身安全,设备加电前必须按规定进行安全检测。

(8)参建员工必须经过安全培训,合格者方可上岗。

(9)了解地铁各相关专业的施工进度,在大型设备进场前后,在主要通道处不安装管槽。避免破坏,无法避开时,应设置醒目的标识进行提示。

(10)因 AFC 设备的特殊性,设备安装后均在站厅层,无任何的防护,因此在安装过程中,除与车站承包商加强联系,还要采取措施,加强对过程半成品及成品的保护,设备在安装过程中,直至开通使用前,应采取防护措施(可用原包装进行适当防护)。

11 环境保护要点

根据导线架设施工中可能对环境产生影响的因素,采取以"预防为主,防治结合,综合治理”为原则，确保做好环境保护工作。在施工过程中采取以下措施：

(1)坚持按《中华人民共和国环境保护法》及相关法规进行施工。制订环境保护管理办法和实施细则，并建立奖惩制度，将环保的具体措施落实到人头。

(2)施工现场内道路平整畅通，排水出口良好。施工现场工具材料摆放整齐，保证现场施工场地整洁、干净、工完料清。

(3)工程完工后，应按要求拆除安全防护设施和临时设施，并将工地及周围环境清理整洁，做到工完料清，场地整洁。

12　常见问题及处理方法

(1)设备运输时，制定严格的措施，保证设备的安全。

① 成立专门的运输队，指定专人负责；

② 设备吊装是统一指挥；

③ 设备用叉车在地面运输，确保设备不受震动。

(2)线槽安装前定位不准，采取措施：

① 按照车站施工单位给的基标，重新核对相关数据，找到基准点，复核设备安装点位置；

② 核对车站主体结构是否有偏差，若有，与设计、监理和业主沟通，协商解决；

③ 检查设计的数据是否有误。

13　附　　录

(1)该标准化工艺在广州地铁三号线项目中得以应用，大大缩短了工期，节约了成本，保证了施工质量，最终圆满地完成了任务。

广州市城市轨道交通三号线全线 36.3 km 的正线区段 13 个站(包括广州东站、林和西、体育西路、珠江新城、赤岗塔、客村、大塘、沥滘、厦滘、大石、汉溪、市桥、番禺广场)和支线区段 5 个站(包括天河客运站、五山、华师、岗顶、石牌桥)、厦滘车辆段及综合维修基地、大石控制指挥中心的 AFC 系统以及广州市轨道交通 AFC 综合中央计算机系统(ICCS)。整个工程包括首通段(广州东站至客村站)和后通段(客村至番禺广场)及支线段，线路三过珠江，跨度较长，并且从广州至番禺必须经过洛溪大桥，该线路南北贯穿广州市区，交通拥堵，对设备、人员运输局限性较大，交通极为不便。

(2)相关图片见图 13～图 17。

图 13　线槽施工固定后成品

图 14　垫层施工后的情况

图 15　钢管跨越水沟图

图 16　复核线槽安装位置

图 17　售票机配线

城市轨道交通专用通信系统设备施工工艺

1　工艺概况及技术特点

城市轨道交通专用通信系统主要包括传输、无线、公务电话、调度电话、站内及轨旁电话、闭路电视、有线广播、时钟、不间断电源等子系统。

专用通信设备安装调试施工和区间光电缆和外围终端设备、综合布线系统施工同步进行。

专用通信系统要先于其他弱电系统提前开通，保证地铁施工、组织、调度有序，高效运行。并且可明显提高工效、降低工程成本，提高社会经济效益。

针对城市轨道交通专用通信系统设备安装调试的特点，专用通信设备多为精密设备，安装的难点是要和机电装修单位同步进行，专用通信设备施工时对于成品保护，即设备核心部件防尘，防静电，设备房湿度、温度、等的要求较为苛刻。城市轨道交通专用通信系统设备安装调试施工工艺除了遵循通信通用性施工技术规范，还遵循城市轨道交通通信工程专用施工工艺技术规范的相关条款。

2　适用范围

本施工工艺适用于城市轨道交通(城市地铁、轻轨、快轨、和磁浮)专用通信系统设备安装调试施工。

3　引用标准

(1)《地铁设计规范》(GB 50157—2003)。

(2)《电子计算机机房设计规范》(GB 50174—93)。

(3)《建设工程施工现场供用电安全规范》(GB 50194—93)。

(4)《建筑施工安全检查标准》(JGJ 59—99)。

(5)《UTP 电缆芯线定义》(EIA/TIA—T 568B)。

(6)《电气设备用图形符号》(GB/T 5465—1996)。

(7)《机械制图字体》(GB4. 24. 257. 3—84. 2)。

(8)《国际串行通讯标准》(EIA RS—232—C)。

(9)《100Mbps(100BASE-X)以太网标准》(IEEE802. 3u)。

(10)《工业计算机系统安装环境条件》(JBT 9269—1999)。

(11)《计算机场地技术条件》(GB/T 2887—89)。

(12)《铁路单模光纤接续标准》(TB/T 2168—90)。

(13)《民用闭路监视电视系统工程技术规范》(GB 50198—94)。

(14)《施工现场临时用电安全技术规范》(JGJ 46—2005)。

(15)《工业计算机监控系统抗干扰技术规范》(CECS81:2006)。

(16)《电气安装工程电气设备交接试验标准》(GB 50150—91)。

(17)《过程检测和控制流程图形符号》(GB 2625—81)。

(18)《工业控制用软件评定准则》(GB/T 13423—1992)。
(19)《建筑与建筑群综合布线系统工程施工规范》(GB/T 50312—2000)。
(20)《铁路通信施工规范》(TB 10205—99)。
(21)《铁路光缆通信同步数字系列(SDH)工程施工规范》(TB 10219—99)。
(22)《铁路数字程控交换通信工程施工规范》(TB 10216—94)。
(23)《城市轨道交通通信工程质量验收规范》(GB 50382—2006)。
(24)《地下铁道施工及验收规范》(GB 50299—1999,2003 年版)。
(25)《工业自动化仪表工程施工及验收规范》(GB 50093—2002)。
(26)《电气装置安装工程电缆线路施工验收规范》(GB 50168—2006)。
(27)《电气装置安装工程接地装置施工及验收规范》(GB 50169—2006)。
(28)《铁路运输通信工程施工质量验收标准》(TBJ 10418—2003)。
(29)《铁路数字程控交换通信工程质量评定验收标准》(TB 10426—94)。
(30)《本地网通信线路工程验收规范》(YD 5051—97)。
(31)《程控电话交换设备安装工程验收规范》(YD 5077—98)。
(32)《智能建筑工程质量验收规范》(GB 50339—2003)。
(33)《建筑物综合布线系统检测验收规范》(DB 44/114—2000)。
(34)《商务大厦电信布线标准》(TIA/EIA—568B)。
(35)《智能建筑工程检测规程》(CECS 182:2005)。

4 基本术语及定义

(1)传输系统(Transmission System):根据轨道交通工程运营、管理的要求,传输网络应能迅速、准确、可靠地传送各种调度电话、无线电话、公务电话、有线广播、视频、时钟及同步、主控系统(MCS)等信息,列车自动监控系统(ATS),自动售检票(AFC),电力监控(SCADA),门禁系统,以及其他运营管理所需信息。构成传送语言、文字、数据和图像等各种信息的综合业务传输网。

(2)公务电话系统(Executive PBX System):即程控电话交换网,主要用于轨道交通运营管理部门、维修单位之间的一般公务联络,如实现电话交换、非话业务交换,实现新业务功能等。并能和既有公务通信系统及公用电话网联网,实现轨道交通用户之间及与公网用户间的通信。

(3)调度电话系统(Dispatching System):轨道交通调度电话是为列车运营、电力供应、日常维护、防灾救护提供指挥手段的专用通信系统。调度电话主要包括行车调度、环控调度、电力调度、维修调度、总调度等,这些调度与其下属分机,分别构成各自调度电话子系统。

(4)无线通信系统(Wireless Communication System):无线通信是轨道交通内部固定人员(如中心操作员、车站值班员等)与流动人员(如司机、运营人员、流动工作人员等)之间进行高效通信联络的惟一手段。无线通信除了应满足运营本身所需的列车无线调度通信和车辆段无线通信外,根据轨道交通运营管理的实际情况,还应满足管理所需的必要的调度通信,还应具有传递列车的状态信息和传递车载信息显示系统所需信息的功能。

(5)时钟及同步系统(Clock & Synchronous System):轨道交通时钟系统为工作人员和乘客提供统一的标准时间,并为其他各有关系统提供统一的标准时间信号,使各系统的定时设备与本系统同步，从而实现轨道交通全线统一的时间标准。

(6)广播系统(Public Address System)：轨道交通一般采用有线广播系统，主要用于轨道运营时对乘客进行公告信息广播，发生灾害时兼做救灾广播，以及运营维护广播之用。

(7)闭路电视监控系统(Closed Circuit Monitoring TV System)：专用闭路电视系统是轨道交通运营、管理现代化的配套设备，是供运营、管理人员实时监视车站客流、列车出入站及旅客上下车情况，以加强运行组织管理，提高效率，确保安全正点地运送旅客的重要手段。是提高轨道运营管理水平，优质服务的有效工具。

(8)电源及接地系统(Power Source and Grounding System)：为了保证轨道交通通信设备在主电源故障(包括电源波动等)的情况下，仍能可靠地工作一段时间，等待主电源恢复正常的专用后备电源设备。

(9)综合布线系统(Premises Distributed System)：一种标准通用的信息传输系统，按标准、统一和简单的结构化方式编制和布置各种建筑物(或建筑群)内各种系统的通信线路。城市轨道交通综合布线系统的对象是车站内站厅站台(或地面建筑群)不同功能房间的传输网络，以使话音和数据通信设备、交换设备和其他信息管理系统彼此相连，并使这些设备与外部通信网络连接。他包含着车站内部和外部线路间及相关的设备连接。综合布线系统是由许多部件组成的无源的物理连接系统，主要有管槽、传输介质、线路管理硬件、连接器、插座、插头、适配器、传输电子线路、电气保护设施等部件构成。

5　工艺原理

首先进行施工图纸和相关资料的审核，再到施工安装现场实地调查，核对设备房间安装平面、立面位置、尺寸，是否符合安装的外部环境条件，以采取相应的防范措施；按照合同约定条款进行设备到货开箱检查，确认设备型号、规格、数量；然后根据设备外部尺寸和设备房的防静电地板高度加工设备支撑底座，安装设备机柜、设备子框，机柜内部综合布线，板卡安装，电源及接地防护装置安装，外部线缆连接；线缆连接可靠性、正确性检查，端站单机设备加电，端站单机性能测试，系统联合调试，功能加载，试运行，正式运营交付使用。

6　工艺流程及操作要点

6.1　工艺流程

城市轨道交通专用通信系统施工工艺流程如图 1 所示。

6.2　操作要点

6.2.1　施工准备

(1)编制施工计划，施工现场调查、施工设计图纸审核、提交施工机械机具计划、施工材料计划，施工技术交底及施工人员技术培训。

(2)发放施工作业指导书、设备安装清单、设备安装说明书，主管工程师进行技术交底。

(3)准备安装工具、安装材料、设备支撑底座、设备安装模板等施工必备机具物料。

(4)与城市轨道交通相关单位签订安全施工协议、施工用水协议、施工用电协议。

6.2.2　施工步骤

6.2.2.1　设备运输及开箱检查

(1)利用载重汽车将设备运输至每个车站，大件设备使用吊车从下料口装卸，再用液压叉车运到相应的设备房间。小件物品、设备由人工从出入口搬运进设备室。

(2)设备运进室内后,会同业主、监理、厂商一起进行开箱检查,对照设备安装清单开箱清点核对设备数量、型号、规格,检查出厂合格证、质量证明书、产品说明书。如有不符,当场提出,作好开箱检查记录,并将箱内有关技术资料及备品、备件由专人收集保管。

6.2.2.2 通用设备机柜安装要点

(1)根据施工设计图对设备安装位置进行定位,用安装模板确定底座打眼位置,用记号笔作好标记。

(2)在作好记号的地方用冲击电锤打眼。

(3)将膨胀螺栓放入所打的孔,用活动扳手拧紧螺帽,使膨胀螺栓与地面结合紧密。

(4)拧开螺帽将膨胀螺栓套入设备底座,拧紧螺帽。

(5)将设备抬上底座,调整好位置上好螺栓。

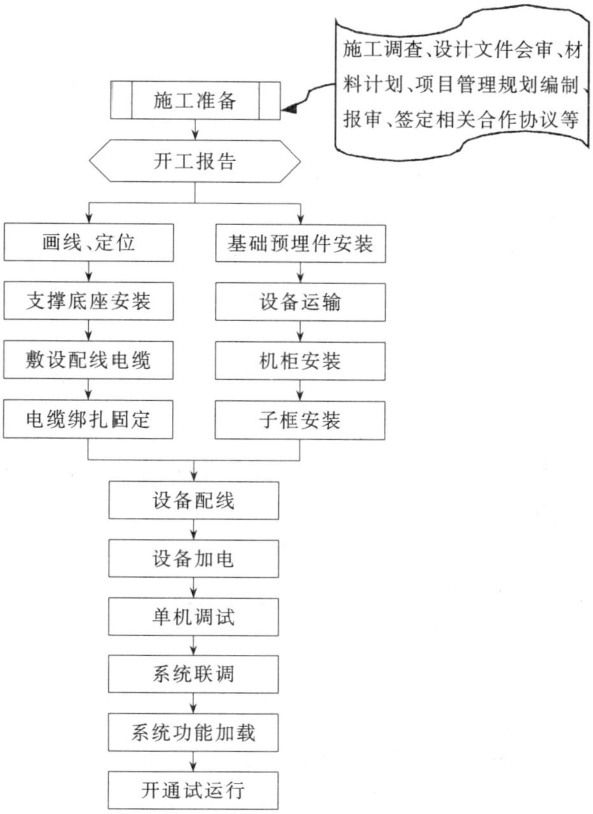

图1 城市轨道交通专用通信设备安装工艺流程图

(6)用水平仪调整设备的水平、垂直度符合施工规范要求,拧紧螺帽固定设备。

(7)将安装模板放在静电地板上,用记号笔将设备轮廓在静电地板上表示出来,再用手提切割刀将设备安装部分割掉,然后将加工好的静电地板拼接在设备周围。

(8)若设备房潮湿,则在每个设备房配备2台抽湿机,使房间湿度符合设备机房施工规范条件,直至设备加电运行且湿度保持正常。

6.2.2.3 综合布线管、线、槽安装操作要点

(1)施工测量:根据施工设计图,参照设备安装布置图位置准确测量出管线槽的安装位置并作好记录。

(2)划线定位:根据施工图纸和现场测量数据在管槽安装位置用记号笔画下管槽安装径路,并在支架安装位置做好标记。

(3)支架安装:用冲击电锤在做好标记的地方上打眼,用膨胀螺栓固定支架,并拧紧螺帽。

(4)线槽安装、固定:根据测量的数据对走线槽进行合理配置,走线槽与扁钢支架间隔1米用连接螺栓固定一次。

(5)管槽安装完后,根据每个设备进线的数量,在每个设备进线孔的位置用开孔器开凿合适的孔洞,以便线缆从走线槽进入到设备机架内。

(6)接地:走线槽要用铜芯线与保护地母线排可靠连接;在线槽接头的两端各用一颗$\phi 6$螺栓及一根两端带铜鼻子的4 mm^2铜芯线将线槽连起来,以保证电气连通。

6.2.2.4　电缆敷设

(1)不同电压等级的配线应分开布放;电源线和数据线不能绑在同一线束内,不得在同线槽或线管敷设;配线电缆在室内走线架上敷设及绑扎要按机架顺序平直,排列正确,互相靠拢,不得起伏不平、扭绞和交叉,绑扎线、扎带扣等要完全一致。

(2)光缆弯曲半径不小于其外径的 15 倍,电缆的弯曲半径不小于其外径的 7.5～15 倍。

6.2.2.5　设备配线

(1)配线电缆的型号规格及电特性符合设计文件和施工规范的要求。施工前应认真熟悉和核对设计图纸,仔细阅读设备说明书,弄清各接口或端子的运用情况、传输信号的类型、图纸上代码和数字的含义。

(2)室内配线应集中布放,按高频线、低频线、电源线分开进行绑扎,交直流分开布线。光缆尾纤单独布放不需绑扎,应用塑料管(槽)进行防护。配线电缆应按机架(柜)的顺序平直排列整齐,不得起伏不平、扭绞和交叉,捆扎应牢固、松紧适度、绑扎线扣间距均匀一致;电缆转弯均匀圆滑,不得有死弯。

(3)电缆芯线应按色谱顺序编扎,编扎线间距均匀、松紧适度。芯线编把成圆锥型,把子顺直,出线部位在一条直线上,芯线余留长度一致。剥刮芯线绝缘层时,不得损伤芯线,芯线成端后应进行对号及绝缘测试。

(4)所有电缆应统一制作铭牌(铭牌内容:电缆型号、长度、起始端位置、用途),铭牌全部采用铭牌机打印,标识正确、清楚、不退色。

(5)配线用线缆要完整,无破损、发霉、受潮现象,芯线无错线、断线、混线。配线(缆)不拐曲、不走皱,封头良好,施工前须进行对号、环阻、绝缘测试,测试结果必须满足衰减要求并记录。

(6)音频配线电缆近端串音衰减不小于 78 dB,配线绝缘电阻(单线对地)要大于 30 MΩ。

(7)焊接配线时,严禁使用有腐蚀性焊剂,焊接必须牢固,不得有脱股、断股、假焊、毛刺现象,焊点光滑。焊接端子要套阻燃塑料软管,软管长度一致;绕接配线要满足工艺要求,绕线应严密、紧贴,不应有叠绕,铜线除去绝缘外皮后,在绕线柱上的最少匝数,当芯线直径为 0.4～0.5 mm^2 时应为 6～8 匝;0.6～1.0 mm^2 时应为 4～6 匝。不接触绕线柱的芯线部分不裸露铜线;设备配线采用卡接时,卡接电缆芯线的卡接端子应接触牢固。

6.2.2.6　系统调试

(1)各系统单机测试

各系统单机调试前应向厂商介绍设备安装情况,检查设备安装质量。调试中接受厂商的技术督导,咨询有关技术问题,澄清所有疑问。设备的调试过程、性能测试和功能试验,应准确真实地做好调试记录报告。

(2)系统联调

系统调试前应提供单机测试记录和光、电缆测试记录,供厂商查询,测试过程中接受厂商的技术督导。沿线各车站的值班人员应严守岗位,服从指挥,积极做好配合协调工作。然后根据系统拓扑结构组网调试。

6.3　技术标准及工艺要求

6.3.1　专用通信设备、安装材料的要求

(1)严格材料和设备进场工序交接检查验收程序,材料和设备进场应进行验收,未经检验或检验不合格的,不得用于施工。

(2)该系统中所有零件采用的材料应具有防腐性能,如无防腐性能应作防腐处理;其物理、化学性能必须稳定,各种材料之间必须相容。

(3)所有非金属材料结构件的燃烧性能应符合 GB/T 5169.7—1985 标准中试验 A 的要求。

(4)所有专用通信设备之间的信号及电源配线、光纤软线(包括插头及插座)一般采用原厂配置。在车站及车辆段设备间的各种配线的参考长度为 20 m;在控制中心设备间的配线的参考长度为 50 m。

(5)专用通信设备应设电源分配盘,对至各机架的电源进行分配。电源分配盘至各机架的电源线及各机架内部的电源线一般由厂商提供。

(6)机房装有架空防静电地板,地板架空高度一般为 300 mm,机架应通过角钢支架固定在楼层地板上。

(7)设备必备的专用安装及维护工具由厂商提供。

6.3.2 专用通信设备配线的要求

(1)专用通信设备的光、电缆配线到达现场后要进行型号、规格的检查,质量应符合设计要求和产品技术质量要求。

(2)配线电缆芯线无错线、断线、混线,电源线应采用整段线料,中间禁止有接头。成端处(插接、焊接、绕接、卡接)牢固。

(3)所有设备线缆绑扎固定后不应防碍手动开关或抽出式部件的拉出或推入,弯曲半径符合要求。

(4)水平线槽布放按弱电、强电从上至下排列。电源设备的输出电源线缆应成束绑扎,不同电压等级、交直流线路及控制线缆应分别绑扎并有标识。在电缆支架上平行敷设时一般应保持 150 mm 的距离。

(5)电源线、信号线交叉敷设成直角,水平敷设符合间距要求。当采用屏蔽电缆或穿金属保护管以及在线槽内敷设时,与具有强磁场和强电场的电气设备之间的净距离应大于 0.8 m。屏蔽线缆应单端接地。

(6)电源线必须以线缆颜色区别正、负极性,直流电源正负极严禁错接与短路;交流电源线零线、地线,严禁错接与短路,所有连接必须牢固。

7 劳动力组织

施工管理采用施工负责人责任制、岗位负责制、定点定岗。特种技术岗位必须要培训后持证上岗。各人员现场操作严格遵守施工技术规范要求、安全规程和机械操作规程。专用通信设备安装调试劳动组织见表 1。

表 1 专用通信设备安装调试人员组织表

序号	施工人员	单位	数量	备 注
1	施工负责人	人	1	现场施工组织及协调
2	技术员	人	4	子系统技术负责、质量负责
3	高级技工	人	8	安装督导、设备调试
4	中级技工	人	16	设备安装、综合布线
5	普工	人	20	通用设备安装、物资转运
6	安全监督员	人	2	安全防护
7	机械人员	人	2	设备二次运输、施工机具维护

8　主要机械设备及工器具配置

(1)主要机械设备配置见表2。

表2　城市轨道交通专用通信设备安装机械设备配置表

序号	名称	规格	单位	数量	备　注
1	工程指挥车	5座	辆	1	
2	中型客车	19座	辆	2	
3	商务车	9座	辆	1	
4	自卸吊车	5 t	辆	2	兼作设备运输车辆
5	液压叉车	5 t	台	2	
6	发电机	3.8 kW	台	2	
7	抽湿机	3 kW	台	5	
8	电焊机	AX3-300	台	2	
9	手提岩石切割机	4107B	台	2	

(2)主要安装工具配置见表3。

表3　城市轨道交通专用通信设备安装工具配置表

序号	名称	规格	单位	数量	备　注
1	冲击电锤	TE725	台	5	
2	电钻	1 200 W	台	5	
3	水平尺	1 m	把	5	
4	吊锤	10 m	个	5	
5	同轴压接钳	35～90 mm²	把	4	
6	网线压接钳	RJ-45/RJ-11	把	4	
7	热熔枪	200 mL	把	5	电子点火
8	小榔头	1 kg	把	5	
9	对讲机	GP88	台	10	
10	人字铝合金梯	3 m	架	6	
11	压接钳				
12	电源线盘	10	个	50米	
13	弯管器	ϕ25	把	1	
14	弯管器	ϕ32	把	1	
15	打线刀	科隆	把	10	
16	一字螺丝刀	大、中、小	把	30	各10把
17	十字螺丝刀	大、中、小	把	30	各10把
18	斜口钳	中号	把	5	
19	尖嘴钳	中号	把	5	
20	克丝钳	大号	把	5	
21	剪 刀	中号	把	5	

续上表

序号	名称	规格	单位	数量	备　注
22	电烙铁	50 W	把	5	
23	活动扳手	200 mm	把	5	
24	呆扳手	8～10、12～14	把	8	各 4
25	鹰嘴钳	中	把	4	
26	铅笔	HB	支	10	
27	记号笔	油性	支	10	
28	美工刀	大号	把	10	
29	单面刀片	单面	盒	10	
30	钢卷尺	5 米	把	10	
31	医用剪刀	30 cm	把	2	
32	酒精泵	50 mL	个	2	
33	伪纤	2 km	盘	2	中继段测试
34	矿灯		个	10	
35	扭矩扳手		把	5	
36	光纤切割刀	FKⅡ,CT-07	台	2	制作端面

(3)专用通信设备仪表配置见表 4。

表 4　城市轨道交通专用通信设备仪表配置表

序号	名称	规格	单位	数量	备注
1	巧手	6 V	对	1	数据线对号
2	光纤电话	450＋550	台	2	通道测试联络
3	微波综合测试仪	M-100	套	1	驻波比测试
4	场强测试仪	R-505	套	1	测试场强
5	铭牌印字机	M-100	台	1	打印标示牌
6	线号印字机	LM-350AⅡ	台	1	打印套管
7	兆欧表	500 M/1000 V	台	2	绝缘测试
8	耐压测试仪	JN-5088	台	2	测试耐压
9	电桥	LCT-5081	台	1	直流电阻测试
10	光纤熔接机	古河 SK117	台	2	光纤接续
11	光万用表	AQ2150	对	2	光特性测试
12	光时域反射仪	HP8147	台	1	光特性测试
13	数字万用表	VC-10B	台	4	电特性测试
14	光衰耗器	K7010	台	1	光通道测试
15	接地电阻测试仪	ZC29B-2	台	2	地线测试
16	温、湿度计	JWS-A4	台	2	环境监控
17	网络综合布线测试仪	Wirescope350	台	1	网络数据测试
18	照度计		台	1	光照度测试
19	频谱分析仪		台		无线局域网测试
20	SDH 传输测试仪	HP37717B	台	2	传输特性测试
21	PCM 通路分析测试仪	2 M	台	2	传输特性测试

9　质量控制要点

9.1　专用通信设备通用质量控制要点

9.1.1　进场控制要点

专用通信设备到达现场应进行检查，其型号、规格和质量应符合设计要求及相关产品标准的规定。检验方法是对照设计文件、检查出厂合格证、实验报告等质量证明文件，并观察外观及形状。机柜电路板插板的规格数量和安装位置应符合设计要求。生产厂商提供的配线电缆到达现场也需要对其型号、规格验证检查，质量应符合设计要求和相关产品的技术要求。对于不合格的产品会同相关业主、设计、监理、厂商，按照合同相关条款处理。

9.1.2　安装控制要点

专用通信设备安装位置、机柜及支撑底座的加固方式应符合设计要求；设备安装牢固，排列整齐，漆饰完好，铭牌、标记清楚；安装的垂直倾斜度偏差不小于机柜高度的1‰，电源及接地装置的安装符合设计要求；专用通信无线设备基站和直放站的避雷器安装应串接于天线馈线和室内同轴馈线之间，安装位置在建筑物电缆入口处墙壁上方，直放站的安装位置要有必要的供电和照明设施；机车台要安装在便于维修的位置，控制盒安装在列车司机便于操作的位置上，敷设的电缆牢固可靠，并有一定余量；有防尘、防水、温度、湿度要求的设备要按照相关IP防护等级防护(IP表示Ingress Protection，进入防护)；设备配线要符合设计及相关产品标准规定，配线标示齐全、清晰、不易脱落，芯线间无错线、断线、混线，中间不得有接头，走向、路由符合设计要求，走道上顺序平直排列，弯曲半径不应小于外径的5倍；光缆尾纤应按标定纤序连接设备，尾纤单独布放时用衬垫固定，不得挤压、扭曲、捆绑。弯曲半径不应小于50 mm。设备配线采用焊接、绕接、卡接时要符合相关施工技术标准，配线完毕后经检查对线，测试合格后方可进入下一道工序。

9.1.3　调测通用控制要点

9.1.3.1　单站调测控制要点

(1)单站硬件检查

① 单机安装检查

对单站设备安装位置、型号、规格、数量进行检查。配线必需100%保证无误；光电缆接头不能错位，收发不能反向，必须接触良好(这个问题容易忽略，经常有同轴头未完全到位)；子框摆放位置正确，螺丝是否齐全、拧紧；检查机柜，应无明显凹痕、划痕、污垢。

公务电话、防静电手腕齐备，不能挪作他用。

② 单机电源接口电阻测量

将电源开关置于关断状态，用万用表分别测试PGND、BGND与−48 V之间的电阻，观察有没有短路现象，如出现短路现象，严禁加电，查找短路原因并整改合格。注意主备电源输入口都要测量。

③ 线缆布放规范性检查

严格按照相关技术标准检查电源线、地线、中继电缆、尾纤的布放，应该整齐、美观，数据线缆不要过多地覆盖在子框两侧，阻塞通风道，不利于设备散热；系统配置的时候注意检查交流输入线、负载输出线、电池线、温度传感器、通讯线的连接，连接方法和注意事项参照设备安装操作手册。

④ 单板外观检查

单板拉手条上的锁定螺丝应齐全、上紧；单板拉手条上标识应正确清晰；注意任何时候接触单板都要戴防静电手腕。

⑤ 单板网元 ID 设置检查。

⑥ 单站硬件检查完毕，确保所有电源开关处于断开位置。

(2)单站设备开机加电

① 电源输出端子保险容量检查

对于专用通信设备，建议对应于每一个子架保险容量，检查保险熔丝的配置是否满足要求。

② 电源输出电压值

先测量局方电源输出端子两端的电压，要求局方电源输出满足设计要求。若是不满足设计要求，整改合格前严禁加电。

③ 设备加电

打开机架电源，设备指示灯正常闪烁，待设备各单板上电自检结束之后。正确连接网元和网管计算机，准备进行单站调测。

电源线接至用户电源提供设备时，一定要有设备方、用户方电源人员在场确认，建议由设备方电源人员接线（或设备方工程师提供电源线和地线的线序）或参照工程施工划定界面。

(3)单站配置与调测

① 下发单站测试文件，测试电口通断，所有电口通断 100%无误测试，如图 2 所示。

② 编写单站测试批处理文件。

单站测试文件，就是测试单站已安装板的性能、母板性能、专用通信设备端到端连接的正确性和可靠性等一系列性能的文本文件。测试文件中需配置的板卡（如支路板）为该单站已安装的板卡，并且必须将这些板卡的所有端口满配业务进行测试；

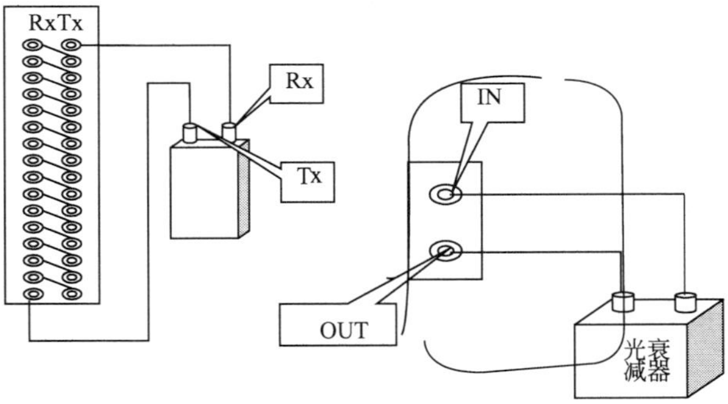

图 2　数据电缆通断 100%无误接线方式

不管该站的最终配置是通道节点、复用段保护节点，还是链路节点，单站测试文件都采用通道保护环节点的配置（自环）。测试完毕后要把环回状态的线缆设置成开放（不环回）状态。

③ 光接口参数测试。

测试前应该用酒精棉球或镜头纸清洗光器具。如果尾纤已经上 ODF 架，测试应该在 ODF 一侧进行。测量各线路板收发光功率，注意选择对应波长，记录测试结果于单站调测记录表。对比测试结果和相应指标，如测试结果不符合指标，应查找原因，直至测试合格。测试完后需要监理、甲方随工人员签字确认

④ 单站掉电测试。

本站掉电 10 分钟后上电，所有单板应能正常开工，不需要人工干预。本站掉电 10 min 后上电，业务应该还能通。此时应再将光板自环，抽测典型业务，确保业务能通。

⑤ 下发单站配置文件，确认没有异常告警。

⑥ 清除软硬件自环,设置全部复位。

9.1.3.2　系统调试

(1)将全网各个独立的网元按照工程设计方案连通。

(2)对全网业务进行测试,验证配置文件的正确性。

(3)功能测试,如 ECC、公务电话、保护能力、保护倒换、路由变更、网员管理等进行测试。

(4)通过告警、性能上报等手段,测试网络长时间通信质量。

9.1.3.3　全网检查

全网业务检查包括:

光电数据接口检查;根据实际组网拓扑结构连接光电数据接口电缆,下发实际配置;性能测试;业务测试;端到端业务正确测试;组网保护倒换及恢复测试;通道保护倒换测试;复用段保护倒换测试;全程误码测试;其他指标测试;全网性能、告警监测;时钟测试;远程维护功能的测试,如图 3 所示。

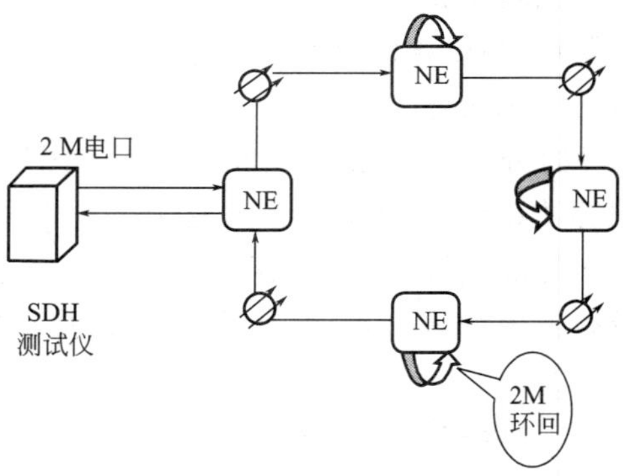

图 3　端到端通断业务测试示意图

9.2　传输系统质量控制要点

9.2.1　安装控制要点

(1)用 500 V 兆欧表测量绝缘电阻,音频电缆不应小于 50 MΩ,高频电缆不小于 100 MΩ,同轴配线电缆不小于 1 000 MΩ。

(2)光纤适配器和光纤跳纤的探头测试后要及时盖上防护帽,以免损伤探头,人为增大衰耗因素。测试时禁止直视光纤探头。

(3)插拔板卡的时候要戴上防静电手腕,没有热插拔功能的禁止热插拔,安装完毕后要作好防尘、防静电的保护措施。

(4)第一次通电实验时,必须核对电源电缆的规格、线径,相线是否正确,接地是否良好,二次电源处于关闭状态,板卡负载处于最小档位。

9.2.2　指标检测及功能检验控制要点

传输系统一般有基于 SDH 的 MSTP 传输网,ATM 传输网,OTN 传输网三种,这三种传输网络的测试仪表和技术指标有通用性也有区别性,根据不同的传输网络需要做不同的性能和功能测试。

进入调试阶段后,需要首先确认电源及接地系统良好无误,然后对传输系统光传输通道进行光发光功率及接收灵敏度测试,用光源、光功率计、光可变率减器检测,光接口平均发送光功率、接收灵敏度、最小过载功率要符合相关技术标准;不合格的要从线路、设备分部分段及时处理。

传输设备电接口测试采用传输综合分析仪测试,对端到端误码性能、接口输入抖动容限和最大输出抖动性能要符合相关技术规定,传输系统音频接口用 PCM 通道分析仪测试;以太网端到端的丢包率(IPLR)、时延(IPTD)、吞吐量(IPPT)指标采用网络综合测试仪测试;验证传输系统自愈功能正常,保护倒换时间一般小于 50 ms。

以上分项验证合格后还需要对传输系统网管功能进行检验,所有网元应能接入网管,能按照预定路由表进行路由变更,具有故障管理功能、性能管理功能、配置管理功能、安全管理功能、保护功能。

较为特殊的是ATM传输网还需要做ATM层网络性能测试,采用ATM测试仪测试;OTN传输网视频接口要用视频信号发生器发送图象检查视频图像传输质量。

9.3 公务电话系统质量控制要点

9.3.1 安装控制要点

配线电缆标识清楚,用户数据板电缆标签和MDF标签要一一对应。用户侧保安单元状态良好,能够有效防止外部瞬态电流引入。音频电缆和高速数据电缆焊接牢固,标识清楚。用户数据配置和计费数据配置要有可靠脱机备份。区间电话安装严禁超出设备限界。区间电话、紧急电话进线孔应做防水处理。交换设备接地电阻值符合要求。

9.3.2 指标检测及功能检验控制要点

公务电话系统的本局、局间呼叫接续故障率性能指标不应大于4×10^{-4},施工验证采用模拟呼叫测试仪测试,测试呼叫次数不少于40 000次,测试用户线或中继线按照设计要求;计费差错率性能指标不大于1×10^{-4},验证测试方法同模拟呼叫,忙时呼叫尝试次数(BHCA)性能指标、通话保持功能、区间电话、紧急电话的通话及使用功能符合设计要求。网管终端应具有图形实时显示功能,网管功能要正确显示网络拓扑结构,实时反映物理连接状态及各点设备运行条件和状态。人机命令功能实验,功能应完善,执行命令应准确,均能在输出设备上显示或打印;故障诊断、告警功能实验应能在人工/自动模式下测至每一电路,对故障信息输出及排除故障应灵敏、准确,动作可靠,自动生成统计分析报表;维护管理功能、远端模块的集中维护功能、计费及话务统计功能符合设计要求。系统在有人值守监测试运行24 h后,按照程序投入正式运营。

9.4 调度电话系统质量控制要点

9.4.1 安装控制要点

安装的调度电话便于用户使用,标识清晰,易于分辨,安装位置符合人体工程学,便于运营人员长时间值守。

9.4.2 指标检测及功能检验控制要点

调度电话验证测试时用振荡器、电平表测电路率减,调度台至值班台间的传输损耗≤7 dB,模拟调度电话端对端最大衰减≤30 dB。调度电话和站内集中电话、站间电话、紧急电话、会议电话、录音设备功能等应满足设计要求。

9.5 无线通信系统质量控制要点

9.5.1 安装控制要点

(1)基站和直放站的避雷器安装应串接于天线馈线和室内同轴馈线之间。避雷装置应安装在建筑物电缆入口处的墙壁上方,并应防雨。高架及地面区间直放站应设置独立的防护地线。接地电阻不应大于10 Ω。馈线在室内路由应合理,支撑牢固。对于无线通信系统室外设备、天馈线引入、区间线路引入等铁塔防雷装置、接地引下线和接地电阻应符合设计要求。

(2)基站同轴电缆馈线的金属外护层应在上部、下部和经走线架进机房入口处就近接地,在机房入口处的接地应与就近的接地系统连通。馈线不得有接头,天馈线连接处及馈线与室外防雷器的连接处应做防水处理。

9.5.2　指标检测及功能检验控制要点

(1)在话音和数据通信质量符合设计要求的条件下，站台、站厅、车场、室内及区间每条轨道中心两侧 5 m 内线路的场强覆盖，在 95% 的地点、时间概率条件下，电平值应达到设计要求。用场强仪进行移动测试指标。

(2)用自动测试仪对无线通信系统语音部分的语音质量、接通率、掉话率、平均呼叫建立时延、切换失败等进行测试，各项指标应符合设计要求。

(3)用自动测试仪对无线通信系统数据部分的平均时延、平均丢包率、平均吞吐量等进行测试，各项指标应符合设计要求。

(4)用无线综合测试仪、功率计对基站设备的信道机前向功率、反向功率、驻波比、射频输出口功率、驻波比、发射频率偏差、基站发射调制精度均方根值(RMS)矢量误差、峰值(Peak)矢量误差等进行测试，性能指标应符合设计要求或设备技术条件规定。

(5)用光功率计、无线综合测试仪对射频直放站的正、反向输入、输出电平、静噪门限电平、自动增益控制范围、光纤直放站的输出光功率、输入光功率、光接收动态范围、输出功率、增益调节范围进行测试，性能指标应符合设计要求。

(6)车厢内的场强覆盖应符合设计要求。

(7)无线通信系统的全呼、组呼、选呼、紧急呼叫；直通模式呼叫(DMO)、呼入呼出限制、呼叫限时功能、来话显示与缩位拨号功能、迟后进入、超出服务区指示功能、短数据服务、分组数据服务、强拆功能、通话录音功能、故障显示功能、计费管理功能、冗余功能、单基站工作模式、动态分组功能、排队和遇忙回叫功能、转接外线的功能、调度台对列车的广播功能应工作正常。

(8)无线通信系统网管应能显示整个无线网络的拓扑结构。网管的配置管理、故障管理、事件管理、性能管理、状态管理、软件管理、统计管理、配置管理、安全管理、系统管理、用户管理功能应符合设计要求。

9.6　时钟及同步系统质量控制要点

(1)安装控制要点

时钟安装位置和高度要符合设计要求，牢固可靠。时钟电源线缆和数据线缆严格按照安装操作说明施工。时钟 GPS 天线引入室内的接地良好，并有防雷措施。时钟系统提供给其他系统的同步时钟信号电缆可靠且有备用。

(2)指标检测及功能检验控制要点

① 数字显式子钟的时、分、秒或日期的显示清晰；指针式子钟的机芯应完好无损、运行自如、没有卡滞现象。子钟和母钟的自身校时精度及带有全球定位系统(GPS)的中心母钟的校时精度用校表仪测校时间精度符合设计要求；

② GPS、母钟、子钟和电源的主备用自动切换功能；时钟系统向其他系统提供的标准时间信号格式应符合设计要求；

③ 模拟制造故障，进行报警功能试验系统故障时，声光报警功能应正常。中心母钟中断，子钟驱动器(二级母钟)应能正常工作；子钟驱动器(二级母钟)中断，子钟应能正常工作；

④ 时钟系统网管能监控和显示时钟系统主要设备的运行状态；正确显示故障点及故障类型；能记录故障发生时间及修复时间，并能显示和打印。

9.7 广播系统质量控制要点

(1)安装控制要点

广播线缆一般是串接,分支电缆接续要牢固,可靠。终端广播接入功率放大器的时候,分路负载均衡。初次加载负载时,功率放大器、均衡器等要从最小挡位加载,不超过最大输出功率的2/3。

(2)指标检测及功能检验控制要点

功率放大器的额定输出电压、输出功率、频率响应、谐波失真、信噪比、输出电压调整率、输入过激励、输入灵敏度用毫伏表测试应符合设计要求;语音合成器频率响应、信噪比、输出电平用毫伏表测试应符合设计要求;用毫伏表和失真仪测试谐波失真应符合设计要求;回放时间和播放通道功能实验符合设计要求,最大声压级指标、声场不均匀度采用声强计测试;站级广播设备功能优先级、分区、分路;多路平行广播;自动、手动、紧急三种状态;车站接收列车运行信息并自动播放;功放故障诊断与切换;状态查询;负载、车站播音盒和控制中心设备符合设计要求和相关技术标准,网管功能齐全,符合设计要求。

9.8 闭路电视监控系统控制要点

(1)安装控制要点

监控系统前端摄像机安装位置、高度符合设计要求,避免强光直射镜头,底座支架安装防震,不能在无线天线附近安装,防止电磁干扰。视频线缆标识清楚,设备柜内侧电源线缆输出到前端设备电压正确无误。

(2)指标检测及功能检验控制要点

采用符合国家标准的监视器,观看距离为荧光屏面高度的6倍,光线柔和,五级损伤评价不低于4分,图像水平清晰度、画面灰度符合设计要求,用视频信号发生器、视频综合测试仪、示波器测试验证功能。中心网管功能人机交互应符合设计要求。

9.9 电源及接地系统控制要点

(1)安装控制要点

① 电源配电箱的安装位置高度要符合设计要求。交流配电线缆接到空开端子上按照施工规范象限颜色,严禁错接,短接;直流配电线缆接到空开端子上也要按照施工规范的颜色接,铜芯线不能裸露,电池连接线不能过长,施工工具外露金属部分需做绝缘处理,防止短路;

② UPS安装完毕后需要做电源线缆的通断、绝缘测试以及前端输入和UPS输出空开端子容量容限检查。高频开关电源需要对不同的输出电压端子测试,整流模块装插到位。电源配电设备接地牢固、可靠。

(2)指标检测及功能检验控制要点

① 高频开关电源整流模块进行通电试验,对照产品技术条件试验检查控制调整和输出特性。还需通电试验高频开关电源整流模块的$n+1$热备份;

② 用电力质量分析仪,对照产品技术条件测试检验交流不间断电源设备的输出电压稳定性、波形崎变系数、频率、相位;切换时间及切换电压值、输出电压、频率、负荷充放电时间等各项技术性能指标;

③ 模拟交流不间断电源设备的输入故障,检验手动与自动转换功能,自动稳压及稳流功

能等应符合设计要求。进行切换功能试验时，对专用通信设备供电不得中断。输出过电压、欠电压和过电流防护功能，交流配电柜（箱）的机械电气双重连锁功能、手动切换功能、自动切换装置的延时性能符合设计要求；

④ 蓄电池组的容量检验用假负载以 0.1 C 的放电电容对蓄电池组进行放电，放至蓄电池的截止电压为止；

⑤ 在控制中心模拟各种遥控、遥信、遥测的功能，对全线各站、车辆段、停车场高频开关电源、交流不间断电源、交直流配电柜、蓄电池组进行监控系统功能检验。电源监测系统还能保存各站电源设备故障告警的历史信息。控制中心监控系统采用汉语语言，具备图形显示、曲线显示、颜色显示等方式，并能打印各种状态、信息、参数数据表和动态图形；

⑥ 车站（场）电源监控设备的模拟量输入精度检测，在采用模拟显示表显示时，其测量值和显示值的相对误差不应大于 2%；在采用数字显示表显示时，其测量值和显示值的相对误差不应大于 5‰；

⑦ 关闭控制中心网管的监控主机或断开传输通道，电源监控系统全部车站（场）监控设备及受控电源设备运行应正常；

⑧ 对照设计文件检查出厂合格证等质量证明文件，检查接地装置的型号、规格、质量；接地系统的接地类型、引入方式；用兆欧表测试绝缘，地阻仪测试接地电阻符合设计要求；

⑨ 通信电源设备的基础型钢、金属框架、装有电器的可开启的柜门、通信设备、监控设备的机架、机壳、电缆线路的金属护套和屏蔽层、防护用金属管路、金属桥架部分均应接地。

9.10　综合布线系统控制要点

9.10.1　槽架安装控制要点

（1）槽架安装位置符合设计要求，固定牢靠，符合施工图规定，左右偏差不应超过 50 mm。

（2）槽架安装偏差全长左右不超 50 mm，水平度每米不超 2 mm，垂直偏差不超 3 mm，两槽拼接水平偏差不超 2 mm。一般加固间距每 1.5 m 一道，弯角和三通处适当增加，管道连接与拐弯处采用直通弯道或三通连接且牢靠。线槽末端采用封口堵住，防尘防鼠，线槽末端应加封口。

9.10.2　线管安装控制要点

（1）按照施工图规定进行线管规格、质量的选型。

（2）管端出口位置符合设计要求，交接处过路盒应套接牢靠，不得晃动，采用活套管相连处应做好跨接，并先连接，后穿线，过渡盒壁厚为 3 mm。

9.10.2.1　金属管弯曲及长度安装工艺标准要求

（1）明配时，金属管最小弯曲半径一般不小于管外径的 6 倍；只有一个弯时，可不小于管外径的 4 倍；整排钢管在转弯处，宜弯成同心圆的弯。弯偏度≤$0.1D$，“D”为线管直径。暗配时，不应小于管外径的 6 倍，敷设于地下或混凝土楼板内时，不应小于管外径的 10 倍。

（2）为了穿线方便，水平敷设的金属管路超过下列长度或弯曲过多时，中间应增设拉线盒或接线盒，否则应选择大一级的管径。

管子无弯曲时，长度可达 45 m；管子有 1 个弯时，直线长度可达 30 m；管子有 2 个弯时，直线长度可达 20 m；管子有 3 个弯时，直线长度可达 12 m。

（3）暗管管口应光滑无毛刺，管内无杂物，并加有绝缘套管，管口伸出部分应为 25～50 mm。任意 2 m 段内水平度、垂直度允许偏差 3 mm。

(4)槽、管与电力线平行布设时,净距不小于 10 cm,与水管同径敷设时,应在水管上方。

9.10.2.2 金属管的敷设

(1)金属管暗敷时,预埋在墙体中间的金属管内径不宜超过 50 mm,楼板中的管径宜为 15~25 mm,直线布管 30 m 处设置暗线盒。敷设在混凝土、水泥里的金属管,其地基应坚实、平整、不应有沉陷,以保证敷设后的线缆安全。金属管连接时,管孔应对准,接缝应严密,不得有水和泥浆渗入。管孔对准无错位,以免影响管路的有效管理,保证敷设线缆时穿放顺利。金属管道应有不小于 0.1%的排水坡度。建筑群之间金属管的埋设深度不应小于 0.7 m;在人行道下面敷设时,不应小于 0.5 m。金属管内应安置牵引线或拉线。金属管的两端应有标记,表示建筑物、楼层、房间和长度。

(2)金属管明敷时,金属管应用离墙码固定。金属管支持点的间距,有明确要求时,应按设计规定。无设计要求时,不应超过 3 m。在距接线盒 0.3 m 处,用管卡将线管固定。在弯头的地方,弯头两边也应用管卡固定。

(3)光缆与电缆同管敷设时,应在暗管内预置塑料子管。将光缆敷设在子管内,使光缆和电缆分开布放。子管的内径应为光缆外径的 2.5 倍。

9.10.2.3 金属线盒的安装

(1)安装位置符合设计要求,数据出线盒墙上安装时离地面 300 mm,也可根据用户方要求进行安装。

(2)垂直度允许偏差 0.5 mm;水平度并排安装,高差允许偏差 0.5 mm,同一房间高差允许偏差 5 mm。

9.10.3 缆线的敷设

(1)缆线敷设的一般要求

缆线规格、程式、路由及位置与设计规定相符。缆线的布放应平直,不得产生扭绞、打圈等现象,不应受到外力的挤压和损伤。缆线在布放前两端应贴有标签,以表明起始和终端位置,标签书写应清晰、端正和正确。电源线、信号电缆、对绞电缆、光缆及建筑物内其他弱电系统的缆线应分离布放。各缆线间的最小净距应符合设计要求。缆线布放时应有冗余。在交接间、设备间对绞电缆预留长度一般为 3~6 m,工作区为 0.3~0.6 m;光缆在设备端预留长度一般为 5~10 m。有特殊要求的应按设计预留长度。

(2)缆线弯曲半径的要求

非屏蔽 4 对对绞电缆的弯曲半径应为电缆外径的 4 倍,在施工过程中应至少为 8 倍。屏蔽对绞电缆的弯曲半径应至少为电缆外径的 6~10 倍。主干对绞电缆的弯曲半径应至少为电缆外径的 10 倍。光缆的弯曲半径应为光缆外径的 15 倍,在施工过程中应至少为 20 倍。

(3)缆线布放的一般要求

① 在牵引过程中,吊挂缆线的支点间距不应大于 1.5 m。布放缆线的牵引力,应小于缆线的允许张力的 80%,对光缆瞬间最大牵引力不应超过光缆允许的张力。在以牵引方式敷设光缆时,主要牵引力应加在光缆的加强芯上;

② 缆线布放过程中,为避免受力和扭曲,应制作合格的牵引端头。如采用机械牵引时,应根据缆线牵引的长度、布放环境、牵引张力等因素选用集中牵引或分散牵引等方式;

③ 城市轨道交通敷设暗管时一般采用金属管,除有特殊要求外不采用 PVC 管。布放双护套缆线和主干缆线时,直线管道的管径利用率为 50%~60%,弯管道为 40%~50%,暗管布放 4 对对绞电缆时,管道的截面利用率应为 25%~30%。预埋线槽宜采用金属线槽,线槽的

截面利用率不应超过40%；

④ 水平电缆的穿放，最好在墙面一次装修完成后进行。穿放之前，应检查布线管、槽安装是否到位并连通，管内应无杂物和浸水，管口光滑无毛刺。确定配线架的位置。穿放时可从同一管路的末个信息口端开始，中间插入或经过过渡盒时，都应有人照应，以防电缆扭曲。管道较长或有弯曲，应借助牵引线（引线器）进行，防止强拉，破坏线缆特性。管口应加护套，避免划伤电缆外皮。电缆两端编号标志要一致，以免造成信息口和配线架之间的标识混乱；

⑤ 双端预留长度要适当，一般信息口端预留长度为20～30 cm，配线架端放至指定位置后再预留约80 cm，作为富余量和工作长度。布放后的电缆必须采取有效的保护措施，防止被人剪断。或因其他原因而损伤电缆；

⑥ 主干光缆布放和水平电缆布放要求基本一致，略微不同的是光缆布放到ODF配线架或指定位置后，预留长度和工作长度一般是15～30 m。

9.10.4 缆线的终端

(1)缆线终端的一般要求

缆线在终端前必须检查标签颜色和数字含义，并按顺序终端。缆线中间不得产生接头现象。缆线终端符合设计和厂商安装手册要求。对绞电缆和接插件连接应认准线号、线位色标，不得颠倒和错接。

(2)对绞线缆终端要求

终端时每对双绞线应尽量保持扭绞状态，非扭绞长度对于5类线不应大于13 mm。剥除护套均不得刮伤绝缘层，应使用专用工具剥除。对绞线在与信息插座相连时，必须按色标和线对顺序进行卡接。插座类型、色标和编号应符合T568A或T568B标准。

(3)光缆的终端

光纤接续时按光纤色谱排列顺序，一一对应接续；光纤接续部位用热缩加强管保护，加强管收缩均匀、无气泡；光纤收容时的弯曲半径不小于40 mm，接续收容余长单端引入引出不小于0.8 m，两端引入引出不小于1.2 m。光缆接续后单端缆长余留不少于2～3 m。接续成端光特性指标符合相关技术规范要求。光配线架上的标识清楚，标志齐全、清晰、耐久可靠；光缆上下行标识清晰、准确。

10 安全控制要点

(1)现场临时用电线路的安装和使用，必须按配电规程、安全操作规程和临时用电设计执行，不准私拉乱接，设置的配电箱、开关箱必须装设漏电保护装置。

(2)起吊、搬运机具使用前须经安全检查，严禁超载使用。电动工具和电源线必须绝缘良好，使用时外壳必须有可靠的接地。

(3)对各种车辆驾驶员进行安全教育，组织学习有关交通法规，开展行车标兵评比活动，确保行车安全。

(4)轨道交通轨行区间施工前必须申请封锁施工区段线路，未获得批准不得进入施工现场；线路封锁后必须按规程在封锁区段两端设置防护，与施工无关的人员、机械不得进入现场。

(5)每一位施工人员配发安全帽、工作服、安全带、手套等劳保用品。进入施工现场的各类人员应当戴好安全帽，系好帽带；临空和高空作业的人员系好安全带，劳保用品符合安全技术标准。

(6)认真执行国家消防条例,建立防火制度,并在所有设备房及库房的每个房间均配置2台以上灭火器等消防设施,指定专人负责。

(7)做好防盗、防破坏和防鼠工作,在所有设备房的每个入口处设置防鼠板,保证施工和设备安全。

(8)轻轨和高架线路区间还需要做好人员和物料高坠防护,在边沿和孔洞处有醒目的防护标志。

(9)专用通信设备调试过程中,做好防静电、防尘的保护措施,延长集成电路板卡的使用寿命。

(10)专用通信设备系统功能测试中,检查仪器仪表是否通过年检和精度校准,仪器仪表使用前一定要开机预热。

(11)专用通信设备安装过程中,注意对其他系统成品的保护。

11 环境保护要点

根据城市轨道交通专用通信设备安装工程施工中可能对环境产生影响的因素,采取以"预防为主,防治结合,综合治理"为原则,确保做好环境保护工作。在施工过程中采取以下措施:

(1)坚持按《中华人民共和国环境保护法》及相关法规进行施工。制订环境保护管理办法和实施细则,并建立奖惩制度,将环保的具体措施落实到人头。

(2)工程施工期间,噪声、振动、废水、废气和固体废物的排放必须满足国家和当地政府有关法规要求。施工噪声遵守《建筑施工场界噪声限值》(GB 12523—90),施工振动对环境的影响满足《城市区域环境振动标准》(GB 10070—88)。

(3)按规定对机械设备进行定期检查维护,正常运行时符合国家能耗标准和环保要求;仪器仪表电磁辐射符合国家标准,定期送检。

(4)通信设备开箱后的设备包装箱、纸箱、板卡包装袋等每天要及时清理。

(5)保持施工现场、生活区及周围环境清洁,减少对地面交通干扰和环境污染。施工现场工具材料摆放整齐,保证现场施工场地整洁、干净。

(6)做好施工现场作业人员的防尘、防噪、防蚊、防暑等防护措施。

(7)在施工区域内文明施工,不要进入与施工作业无关区域。

(8)工程完工后,应按要求拆除安全防护设施和临时设施,并将工地及周围环境清理整洁,做到工完料清,场地整洁,施工垃圾装袋处理带回驻地投在指定回收点,施工余料带回驻地库房存放。

12 常见问题及处理方法

(1)金属线槽安装位置影响架空地板安装。

处理措施:金属线槽安装位置必须在架空地板网格线中间位置。设备支架加工时必须考虑架空地板与设备支架间的衔接安装。在设备支架前后加焊一条30×30×3的角钢便于架空地板安装。

(2)设备安装支架未作防腐处理。

处理措施:安装支架采用除锈刷防锈漆处理。

(3)设备安装后垂直和水平度不够。

处理措施:安装选熟练安装工人,安装前严格按照施工图纸划线定位,安装支架上安装孔采用椭圆形孔方便水平调节,垂直调节采用垫垫片的方式调节。

(4)调试时烧毁广播喇叭。

处理措施:初次加载负载时,功率放大器、均衡器等要从最小档位加载,不超过最大输出功率的 2/3。

(5)摄像机图像有光晕无法观看。

处理措施:安装时仔细确定安装位置,避免强光直射镜头,摄像机应逆光安装。

(6)摄像机图像有抖动无法观看。

处理措施:底座支架防震处理。

(7)光电缆材料浪费严重。

处理措施:布放前严格按照要求进行配盘,在交接间、设备间对绞电缆预留长度一般为3～6 m,工作区为 0.3～0.6 m;光缆在设备端预留长度一般为 5～10 m。

13　附　　录

(1)工程实例

该标准化工艺在广州市轨道交通三号线弱电系统安装工程中应用,比预计工期提前三个月开通专用通信系统,节约了成本,提高了效率。极大的满足了广州市轨道交通三号线其他专业施工调试的通信需求,建设单位对现场的高效率施工组织调度的需求,运营单位也得以提前进行试运营。

广州市轨道交通三号线呈南北“Y”型走向,北部分别起自广州火车东站和天河汽车客运站,于体育西路汇合,南到番禺广场站,共计 18 座车站(其中有岔车站 8 座)。线路全长约 36.33 km,全部为地下线路(正线 13 个车站、支线 5 个车站)、一个车辆段、一个控制中心内的专用通信系统安装工程以及与一、二号线的资源整合联网,一、二、三、四号线骨干传输网相关安装工程。

以 MSTP(基于 SDH 的多业务传送平台)为承载平台,集交换系统、公务(包括轨旁电话)及站内通信通信系统、调度电话通信系统、无线通信系统、闭路电视监视系统、有限广播系统、时钟同步系统、集中告警终端、通信不间断电源系统等组成了高效率、低成本、安全系数高的混合型通信网络。

(2)相关图片(见图 4～图 8)

图 4　公务电话系统 MDF 成品

图 5　电源系统蓄电池柜成品

图 6　综合布线管线成品

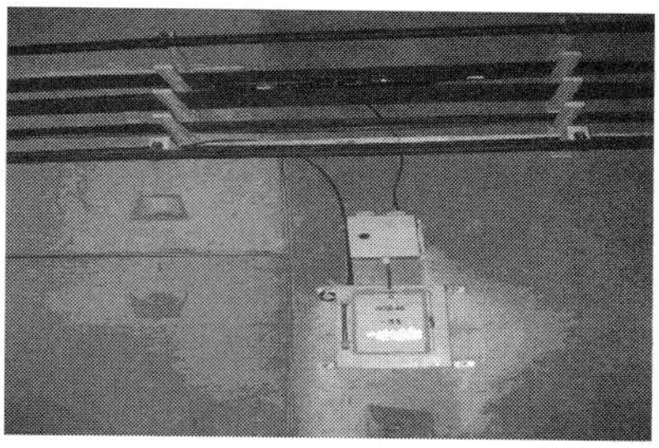

图 7　专用系统轨旁电话

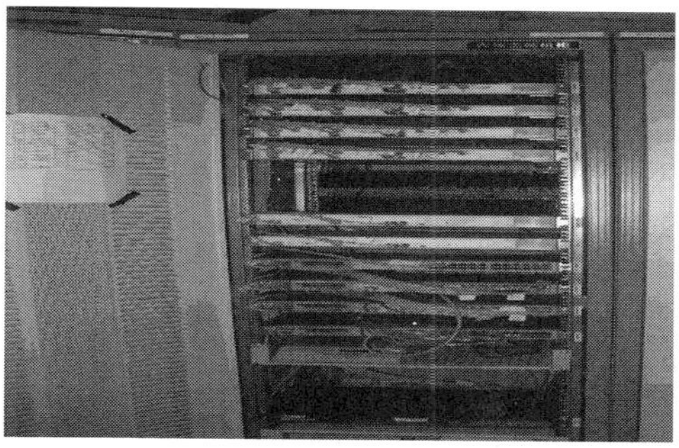

图 8　无线系统无线终端设备成品

铁路通信电源施工工艺

1　工艺概况及技术特点

铁路通信电源为铁路通信设备提供高可靠性的 220 V 及－48 V 的交、直流电源。

目前，铁路通信电源主要由：高频开关电源、蓄电池组、UPS 三部分组成，枢纽和部分大通信站电源设备还包括油机发电机组。

直流电源系统采用组合开关电源设备和阀控式密封铅酸蓄电池组，电源整流模块采用 N＋1 方式备份，配置 1 组蓄电池组（高速客专线配置 2 组蓄电池组），不间断交流电源采用 UPS 系统和 1 组后备电池组。

通信电源设备施工应包括：高频开关电源、蓄电池组、UPS、油机发电机组安装及馈电母线敷设和电源配线、通信电源调试验收。

通信电源设备安装全部采用人工安装，调试采用计算机辅助调试，结合其他通信设备同时进行，本施工工艺重点介绍设备安装、配线和调试。

本工艺具有以下技术特点：

（1）设备运输采用机械运输＋人工运输；

（2）安装采用人工方式，施工灵活；

（3）专用软件进行调试，运用电源环境监控系统进行监测；

（4）根据工程具体情况处理工序的衔接，采用流水作业可明显提高工效、降低工程成本。

2　适用范围

本施工工艺依据《铁路通信施工规范》、《通信电源设备安装工程施工及验收技术规范》制定，适用于铁路通信电源安装施工。

3　引用标准

（1）《通信用电源设备通用试验方法》（GB/T 16821—1997）。

（2）《铁路通信施工规范》（TB 10205—99）。

（3）《通信电源设备安装设计规范》（YD 5040—1997）。

（4）《通信电源设备安装工程验收规范》（YD 5079—1999）。

（5）《通信用高频开关组合电源》（YD/T 1058—2000）。

（6）《通信用不间断电源 UPS》（YD/T 1095—2000）。

（7）《施工现场临时用电安全技术规范》（JGJ 46—2005）。

4　基本术语及定义

（1）逆变：将整流后的直流电变为高频交流电，这是高频开关电源的核心部分，频率越高，体积、重量与输出功率之比越小。

（2）UPS 系统（Uninterruptible Power System）：是由电池组、逆变器和其他电路组成，能

在电网停电时提供交流电力的电源设备

(3)功率因数:对一台设备有输入功率因数和输出功率因数两个不同的参数,功率因数绝对值介于0与1之间,他是W(有功功率)与VA(视在功率)之间的比数。输入功率因数越高表明通信电源对电网利用效能越高。

(4)无功功率:单位是VA,他不为负载所吸收,因此称为无功功率,他组成了视在功率的另一部分。降低无功功率有利于提高电网的利用率。

(5)有功功率:单位是W,是负载真正吸收转换的能量部分,他组成了视在功率的一部分。

(6)稳压精度:指输出端电压的相对变化量,为一百分数,越小越好。当输入电压或负载发生变化时,UPS的输出电压也会升高或降低,变化越小说明稳压精度越高。

(7)互动式:UPS的一种工作方式,基本结构由双向逆变器、电池和切换开关组成。电网失败时由逆变器向负载供电,电网正常时逆变器转而向电池充电。互动式UPS具有较强的充电功能,但输出存在切换时间。

(8)后备式:UPS的一种工作方式,基本结构由逆变器、电池组和切换开关组成。电网正常时逆变器停止输出交流电,电网交流电经UPS向负载供电。电网失败(停电、欠压、过压等)时,UPS通过切换开关转到逆变器输出方式,这个转换过程有3~10 ms的切换时间。

(9)电源衡重杂音:由于人耳及耳机对各种频率的响应不同,将电源25 Hz~5 kHz频段中各种频率的杂音电压等效为800 Hz的电压值后,取其方均根值。

(10)电池/电池组:通信电源所使用的电池通常是密闭铅酸免维护电池。这种电池的物理化学特性使其在充放电过程中几乎没有水分的损失,不需补充加水,密闭结构能够任意放置,也没有腐蚀气体产生,免去维护的烦恼。标准的电池电压有2 V、4 V、6 V、12 V,UPS最常用的是12 V。一只电池电压不够,就用多只串联使用,形成电池组。

(11)浮充:一种充电模式,当电池处于充满状态时,充电器不会停止充电,仍会提供恒定的浮充电压与很小浮充电流供给电池,因为,一旦充电器停止充电,电池会自然地释放电能,所以利用浮充的方式,平衡这种自然放电,小型UPS通常采用浮充模式。

(12)均充:一种充电模式,以定电流和定时间的方式对电池充电,充电较快。在专业维护人员对电池保养时经常用的充电模式,这种模式还有利于激活电池的化学特性。

(13)油机:通常指柴油或汽油发电机。

5 工艺原理

通信电源设备运输和安装根据施工力量的配备和其他通信设备同时或单独安装。人工安装,流水作业,根据工程具体情况处理工序的衔接,灵活方便。运用系统工程原理,优化施工工艺。

利用电源设备监控单元收集各个模块工作状态和各项运行参数,通过电源和环境监测系统了解全系统工作状态,对全系统进行监控管理。

6 工艺流程及操作要点

6.1 工艺流程

通信电源施工工艺流程图见图1。

6.2　操作要点

6.2.1　施工准备

(1)通信机房的土建工程已竣工,地面平整干燥,门窗安装齐全,墙壁粉刷完毕。

(2)照明、外电源引入、通风应具备施工条件。

(3)预留孔洞、走线槽、架、静电地板铺设、预埋穿线钢管、预埋吊挂螺栓的位置应符合设计规定;预留洞孔框架安装完毕、平直整齐;地槽盖板平整、油漆均匀;预埋钢管口径合适、管口光滑、弯曲半径符合设计规定、管内干燥无积水;走线架牢固平直。

6.2.1.1　施工准备流程

施工准备流程如图 2 所示。

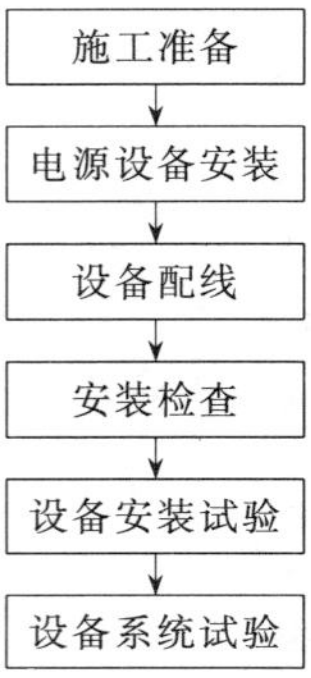

图 1　通信电源施工工艺流程图

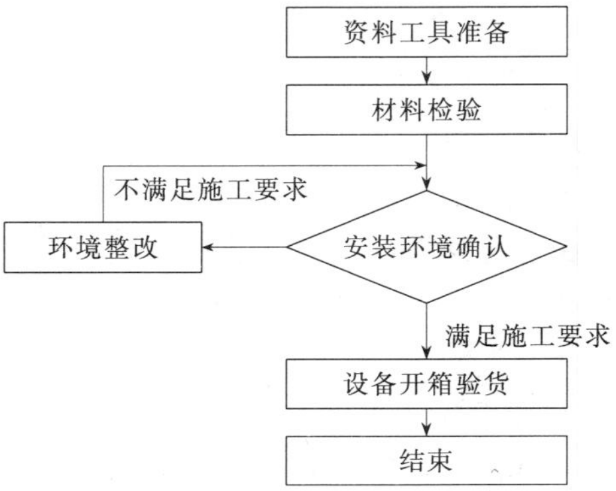

图 2　施工准备流程图

6.2.1.2　工程资料和工具准备

(1)工程资料

在工程安装施工开始前,备齐以下技术资料:

① 工程设计资料;

② 相应的技术手册、安装手册及操作维护手册;

③ 施工记录用的表格、文件等。

(2)工具准备

工程安装所需的工具和仪表应该准备齐全,仪表经国家计量部门调校合格。

6.2.1.3　材料检验

开始施工前,建设单位、材料供应商、施工单位联合对将用于安装施工的设备、电缆等主要材料的规格、数量进行清点和检查,确定其满足以下要求后方可在工程中使用。

(1)规格、数量符合施工图设计要求。

(2)品质证明文件齐全。

(3)外观完好无损。

对材料进行检查时,应做好详细记录,如发现有短缺、受潮及损坏等情况,应及时与材料供应商协调解决。当主要材料需要用其他规格材料代替时,必须报经设计单位和建设单位批准后方可使用。

6.2.1.4　安装环境确认

主要对设备安装的位置、布线的路径、外电源供电、环境的温度、湿度等进行确认,以便工程顺利进行。

6.2.1.5　设备开箱验货

设备到场后，根据工程准备情况，由建设单位确定开箱时间。开箱验货应由建设单位、运营单位、施工单位和设备供应商共同参加，设备开箱验货应参照以下原则进行：

(1)开箱顺序

① 开箱前先检查包装箱外观有无损坏，设备发、到货地是否相符，如果出现发、到货地不符或设备外包装严重损坏的情况，则应停止开箱，立即查明原因并与供货商联系；

② 找到第一件箱中的 1# 包装箱，取出《开箱验货报告》；

③ 根据开箱验货报告中的《开箱(验货)清单》，查点货物总件数是否与清单相符，运达地点是否于实际安装地点相符，包装箱外观是否完好。如一切正常，可继续开箱验货，如果出现错发、漏发等情况，则应停止开箱，立即查明原因并与供货商联系。

(2)设备开箱

① 对于木制包装箱，平放箱体，用铁锤将钢钎由上盖板缝隙打入箱内约 5 cm，下压钢钎尾部，使盖板上翘，沿上盖板四周重复上述操作，直至取下上盖板；

② 对于纸质包装箱，用壁纸刀割开纸箱的封装胶带即可；

③ 开箱时必须谨慎、小心，尤其注意开箱工具的入箱长度和入箱后的用力方向，以防损伤设备。

(3)设备验货

① 开箱后，首先按供货合同及《开箱(验货)清单》核对设备是否符合订货要求，备附件是否齐全；

② 检查设备整体外观有无损伤，设备机架、插件单板有无机械损伤，机架电缆插接是否符合要求；

③ 如果开箱中发现有漏发、错发、破损等情况，需要补发货品时，根据具体情况填写《补发货申请单》；

④ 根据开箱情况填写《回执(装箱确认单)》及《开箱验货报告》，做好文字记录，并由参加开箱的各单位代表签字确认，相关资料及时反馈设备供应商。

(4)设备交接

在开箱验货进行完毕后，由建设单位、设备供应商、施工单位办理设备交接手续。如果短期内不进行安装施工，将设备恢复包装并妥善保存。

6.2.2　设备安装

设备安装流程如图 3 所示。

6.2.2.1　设备到场

(1)如果安装前设备存放在储存仓库中，需要将设备从储存仓库搬运到安装现场并进行二次开箱，开箱时注意对设备的保护，不能损伤、碰撞设备，坚持小心轻放的原则。

(2)设备开箱入场后应将设备、辅件、备件分类摆放整齐。

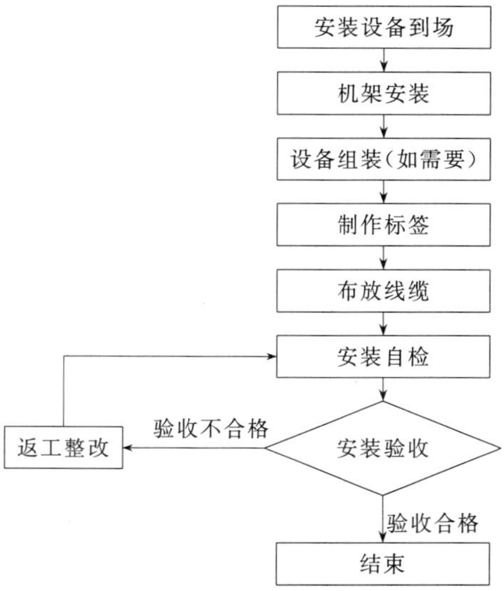

图 3　设备安装流程图

6.2.2.2　安装形式

(1)安装施工前，根据施工图中要求和设备具体形式确定设备的安装方式。

(2)安装按是否采用安装底座分为两种情况，机架的安装根据地面条件的不同须采用不同的固定方式，包括以下几种情况：混凝土地面安装、木地板安装、架空地板安装。

6.2.2.3　机柜(机架)定位

(1)使用水平尺对设备机柜的安装台面、地面进行检查，应确保安装面水平、稳固。

(2)检查设备待安装位置，确认不存在槽道、支架等阻挡设备机柜(机架)线缆进出口的情况，如有阻挡应与建设单位协商改变设备机柜或槽道、支架等的安装位置。

6.2.2.4　开关电源机柜安装

(1)混凝土地面的安装

在安装孔位置用冲击钻打 4 个孔，孔深 60 mm，清除地面泥灰，将 4 个钢膨胀螺母塞入孔中，再把锥销放入螺母中，用手锤和专用芯棒锤击锥销，使锥销底部与螺母底部平齐，将机架(底座)底部安装孔对准螺母孔，依次放上平垫圈和弹簧垫圈，再将六角螺栓旋入螺母中拧紧即可，如图 4 所示。

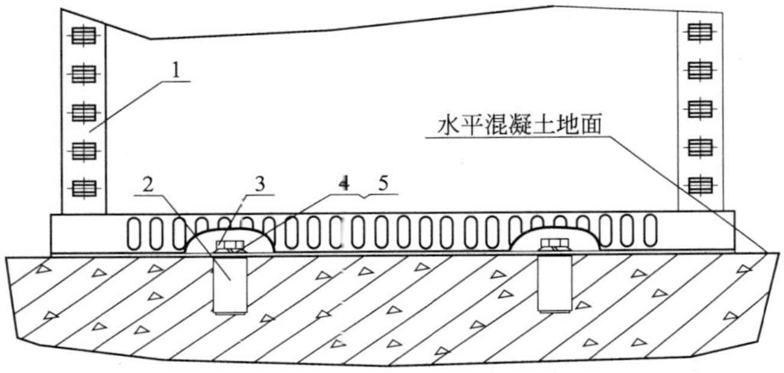

图 4　混凝土地面上机架安装示意图

1—设备机柜(底座)；2—膨胀螺母；3—六角螺栓；4—平垫圈；5—弹簧垫圈。

(2)架空地板上的安装

在架空地板上安装机架前，在安装位置的地面上应该预装机架支撑座，并在支撑座上固定角钢用以支撑机架周围的架空地板。安装时，在支撑座上的安装孔位置打 4 个圆孔，将设备机架(底座)移至支撑座上，用六角螺栓、螺母加垫圈拧紧固定，见图 5。

(3)对于有底座的机架安装，在按照上述步骤将底座安装完毕后，将设备机架安放到底座上，将机架与底座的安装孔对齐，用六角螺栓、螺母加垫圈拧紧固定。

6.2.2.5　UPS 安装

UPS 是一种高质量、高稳定性和高可靠性的独立电源设备，在供电系统突然停电时，仍能保证交流电源不间断的供电。

UPS 由晶闸管整流器、逆变器、交流静态开关和蓄电池组等组成。由制造厂以柜式出厂供货，有的组合在一起，容量大的分柜供应，安装时基本与柜盘安装要求相同。

UPS 一般采用成套设备，不需要固定安装，一般 UPS 设备底座上装有四个滑轮，只需将 UPS 移动到安装位置，调整好角度，将 UPS 滑轮上的固定卡扳下固定住滑轮使其不能滑动即可。

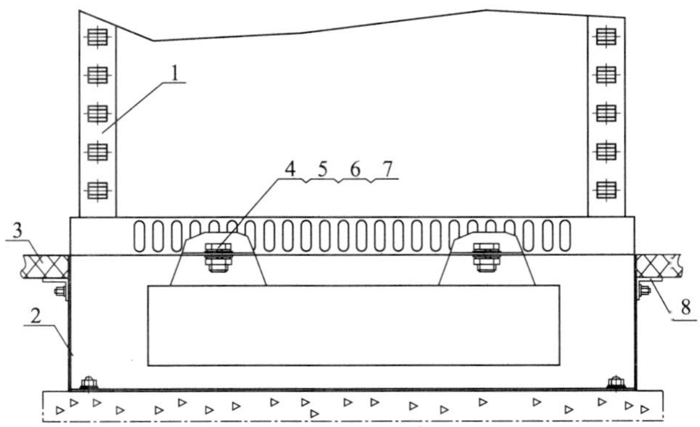

1—设备机柜(底座);2—支撑座;
3—架空地板;4—六角头螺栓;
5—六角头螺母;6—平垫圈;
7—弹簧垫圈;8—支撑角钢。

图5 架空地板上机架安装示意图

6.2.2.6 蓄电池安装

(1)蓄电池架(柜)安装

首先进行蓄电池架(柜)组装,蓄电池架(柜)安装同机柜安装方式相同,用预埋螺栓固定在地板上。

(2)蓄电池安装

① 小型蓄电池可采用人工搬放,大型的宜采用吊装工具进行搬放;

② 电池连接前应熟悉随箱所带的安装使用说明书;

③ 安装时蓄电池带有极性标志的正面应面向上方或面向前方,蓄电池的排列整齐,根据使用说明书进行电池的摆放,应注意区分蓄电池的正、负极性,连接时连接电缆应尽可能短,所用的安装工具应进行绝缘处理;

④ 蓄电池的连接应按使用说明书上的要求进行连接,连接时一般从电池组的总负极逐个蓄电池进行串接,最后连接电池组的总正极,连接总正极前应断开电池组的总正极和充电器及负载间的空气开关;

⑤ 电池组的总正极和整流输出模块的正极及负载的正极相连,电池组的总负极和整流输出模块的负极及负载的负极相连;

⑥ 部分中间站采用4节单体12 V蓄电池组成48 V蓄电池组时蓄电池直接放置于高频开关电源底部托盘上。

6.2.2.7 油机安装

柴油发电机组本身包括柴油机和发电机两大部分。柴油发电机组由柴油机、同步发电机、控制箱(屏)和机组的附属设备组成。

(1)柴油发电机组进场验收。

① 柴油发电机组供货时,零部件较多,要依据装箱单逐一清点,核对主机、附件、专用工具、备品备件和随带技术文件,查验合格证和出厂试运行记录,发电机及其控制柜有出厂试验记录。

通常发电机是由柴油机厂向电动机厂订货后,统一组装成发电机组,有电动机制造厂的出厂试验记录,可在交接试验时作对比用;

② 外观检查要有铭牌,机身无缺件,涂层完整。

(2)柴油发电机组安装的工序交接确认。

① 基础验收合格后,才能安装机组;

② 地脚螺栓固定的机组经初平、螺栓孔灌浆、精平、紧固地脚螺栓、二次灌浆等机械安装程序；安放式的机组应将底部垫平、垫实；

③ 油、气、水冷、风冷、烟气排放等系统和隔振防噪声设施安装完成，经检查无油、不泄漏，且机构运转平稳、转速自动或手动控制符合要求。为了防止空载试运行时发生意外，燃油外漏，引发火灾事故，要按设计要求或消防规定配齐灭火器材，同时还应做好消防灭火预案。柴油发电机组应在发电机的静态试验、随机的配电盘、控制柜接线检查合格后，才能做下一步的发电机空载试验；

④ 柴油机空载试运行和试验调整合格，才能做发电机空载试验，否则盲目地带上发电机负荷，是不安全的；

⑤ 通信站通信设备配有柴油发电机等备用电源，目的是当市电因故中断供电时，通信站的重要用电负荷仍能够得到电能，可以持续运行，成为选择电源容量的依据。正因为备用电源的重要性，所以在投入备用状态前，要在规定时间内，连续无故障负荷试运行合格，然后才能投入备用状态。

(3)柴油发电机组安装。

1)基础验收

柴油发电机组本体安装前应根据设计图纸、产品样本或柴油发电机组本体实物对设备基础进行全面检查，是否符合装尺寸要求。

2)机组检查

① 设备开箱点件应有安装单位、供货单位、建设单位、监理共同进行，并做好记录。

② 依据装箱单，核对主机、附件、专用工具、备品备件和技术文件，查验合格证和出厂测试记录。控制柜有出厂试验记录。

③ 外观检查，有铭牌，机身无缺件，涂层完整。

④ 柴油发电机组及其附属设备均应符合设计要求。

⑤ 发电机组随带的控制柜接线应正确，紧固件紧固状态良好，无遗漏脱落。开关、保护装置的型号、规格正确，验证出厂试验的锁定标记应无位移，有位移应重新按制造厂要求试验标定。

3)机组就位

① 柴油发电机组就位之前，应对机组进行复查、调整和准备工作。

② 发电机组各联轴节的连接螺栓，机座地脚螺栓和底脚栓的紧固情况。

③ 所设置的仪表应完好齐全，位置应正确。操纵系统的动作灵活可靠。

4)机组调校

① 机组就位后，应调整机组的水平度，找正找平，紧固地脚螺栓牢固、可靠，并应设有防松措施。

② 调校油路、传动系统、发电系统(电流、电压、频率)、控制系统等。

③ 发电机、发电机的励磁系统、发电机控制箱调试数据，应符合设计要求和技术标准的规定。

5)接地线

① 发电机中性线(工作零线)应与接地母线引出线直线连接，螺栓防松装置齐全，有接地标识。

② 发电机本体和机械部分的可接近导体均应保护接地(PE)或接地线(PEN)，且有标

识。

6)附属设备安装

发电机控制箱(屏)是同步发电机组的配套设备,主要是控制发电机送电及调压。小容量发电机的控制箱一般(经减震器)直接安装在机组上,大容量发电机的控制屏,则固定在机房的地面上,或安装在与机组隔离的控制室内。

开关箱(屏)或励磁箱,各生产厂家的开关箱(屏)种类较多,型号不一,一般500 kW以下的机组有柴油发电机组相应的配套控制箱(屏),500 kW以上机组,可向机组厂家提出控制屏的特殊订货要求。

7)减震器安装

① 如果安装现场允许吊车作业时,用吊车将机组整体吊起,把随机配的减震器装在机组的底下。

② 在柴油发电机组施工完成的基础上,放置好机组。一般情况下,减震器无须固定,只需在减震器下垫一层薄薄的橡胶板。如果需要固定,应确定减震器的地脚孔的位置,吊起机组,埋好螺栓后,放好机组,最后拧紧螺栓。

③ 现场不允许吊车作业,可将机组放在滚杠上,滚至选定位置。

④ 用千斤顶(千斤顶规格根据机组重量选定)将机组一端抬高,注意机组两边的升高一致,直至底座下的间隙能安装抬高一端的减震器。

⑤ 释放千斤顶,再抬机组另一端,装好剩余的减震器,撤出滚杠,释放千斤顶。

8)柴油发电机组的接线

核对相序是两个电源向同一供电系统供电的必经手续,虽然不出现并列运行,但相序一致才能确保用电设备的性能和安全。

① 柴油发电机馈电线路连接后,两端的相序必须与原供电系统的相序一致。

② 发电机中性线(N线)应与接地干线直接连接,螺栓防松零件齐全,且有标识。

③ 发电机本体和机械部分的可接近裸露导体应与PE线或PEN线连接可靠,且有标识。

④ 根据厂家提供的随机资料,检查和校验随机控制屏的接线是否与图纸一致。

9)测量仪表装设

柴油发电机组应按下述要求装设测量仪表以保证机组的正常运行和设备的安全。

① 发电机控制屏上电气测量仪表的装设应符合下列规定:

交流电流表3只,交流电压表、频率表、有功功率表、功率因数表、有功电度表和直流电流表各1只,其准确度等级均不低于1.5级。

测量仪表及电度表与继电保护装置应分开装设电流互感器。

并列运行的发电机应装设组合式整步表1只。

② 柴油机附属管道系统装设监视运行的温度计、压力表和保护装置(随机配套的仪表和保护除外)时,应符合下列要求:

对冷却水温度、各气缸排气温度、润滑油进机和出机温度、润滑油进机压力进行监测。

有下列情况之一时,保护装置应可靠动作于声光信号:

冷却水温度过高。

冷却水进水压力过低或中断。

润滑油出机温度过高。

润滑油进机压力过低。

柴油机转速过高。

日用燃油箱油面(位)过低。

③ 测量表计的安装和工作条件，应符合仪表技术条件的要求。对于母管制燃油系统的计量装置，应设在每台柴油机的进油管路上；对于单元制燃油系统的计量装置，应设在燃油罐与日用燃油箱之间的燃油管路上。

6.2.3　设备配线

6.2.3.1　布放线缆

(1)布放线缆的准备

① 线缆布放前检查电线、电缆的外观是否完好，出厂记录、品质证明等是否齐全；

② 核对电线、电缆的规格、型号和长度是否和施工图设计及合同要求相符；

③ 线缆布放敷设前，特别是多根电缆同时敷设的情况下，应将电缆的标签制作好并粘贴牢固，如果暂时不能将标识内容填写完整，可以采用临时编号对电缆进行标识，以免混淆电缆；

④ 根据线缆连接的目的单板位置对设备内线缆的走线路径进行规划；

⑤ 对于立式机架(柜)，在穿线前应拆去子架上下走线区的挡板，将机架顶部或底部的橡胶线盖按进、出线缆的多少用小刀割开相应大小的孔或十字，但不可将线盖拆掉、损毁。

(2)设备布放线缆的步骤

① 按照施工图中设计的路由，将线缆由由高频开关电源或配电屏敷设至目的设备进线口；

② 将机架线缆通过设备机柜的橡胶线盖孔引入设备机柜；

③ 连接稳妥后，在用户设备侧拉拽线缆，直至线缆在沟槽和两端设备机柜内顺直，并且没有卷曲和堆叠；

④ 将电缆用扎带固定到走线区的隔板上，在侧面走线区将电缆固定。

(3)线缆布放要求

① 线缆布放的路由走向、布放位置等，符合施工图设计要求，每条线缆的布线长度应根据实际位置而定，布放后的线缆不得有断线和中间接头；

② 线缆在走道内应顺直排放整齐，拐弯均匀、圆滑，外径不大于 12 mm 的各种线缆弯曲率半径不小于 60 mm，外径大于 12 mm 的线缆弯曲率半径不小于其外径的 10 倍；

③ 线缆在槽道中应顺直，不得溢出槽道，挡住其他进出线孔，在线缆出槽道部位或线缆拐弯处应绑扎、固定；

④ 当线缆过长时，可以在机柜顶部、底部或槽道中间进行盘留，但应保证盘留位置能够保障线缆不会受到外界损伤，盘留后的线缆不得堆压在其他线缆上；

⑤ 与光纤和其他通信电缆、电源线在同一槽道中布放时，每种线缆应分开布放、各走一边，不可交叠、混放，交流电源线和直流电源线间至少应保持 50 mm 的间隔；

⑥ 为防止运行中的相互干扰，确保屏蔽可靠，引入或引出不间断电源装置的主回路电线、电缆和控制电线、电缆应分别穿保护导管敷设，在电缆支架上平行敷设应保持 150 mm 的距离；电线、电缆的屏蔽护套接地连接可靠，与接地干线就近连接，紧固件齐全；

⑦ UPS 电源输出端的中性线(N 极)，必须与由接地装置直接引来的接地干线相连接，做重复接地。UPS 电源输出端的中性线(N 极)通过接地装置引入干线做重复接地，有利于遏制中性点漂移，使三相电压均衡度提高。同时，当引向 UPS 供电侧的中性线意外断开时，可确保不间断

电源输出端不会引起电压升高而损坏由其供电的重要用电设备；

⑧ UPS 电源装置的可接近裸露导体应与 PE 线或 PEN 线连接可靠，且有标识。

6.2.3.2　绑扎线缆

(1)插头附近的线缆应按布放顺序进行绑扎，防止线缆互相缠绕，线缆绑扎后保持顺直，水平线缆的扎带绑扎位置高度相同，垂直线缆绑扎后能保持顺直，并与地面垂直，见图 6。

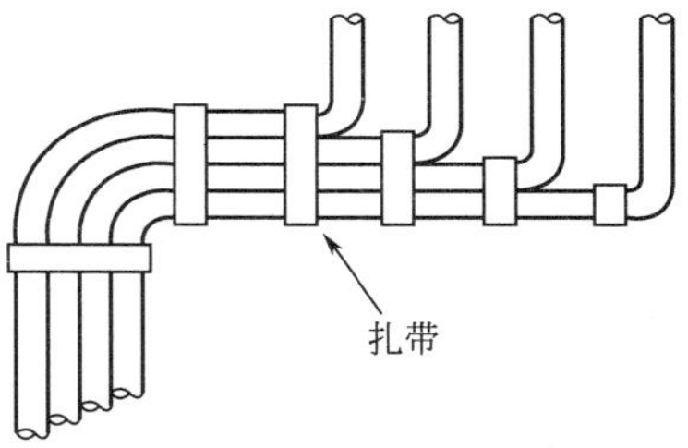

图 6　设备接线附近的线缆绑扎示意图

(2)选用扎带时，应视具体情况选择合适的扎带规格，尽量避免使用多根扎带连接后并扎，以免绑扎后强度降低。扎带扎好后将多余部分齐根平滑剪齐，在接头处不得带有尖刺，见图 7。

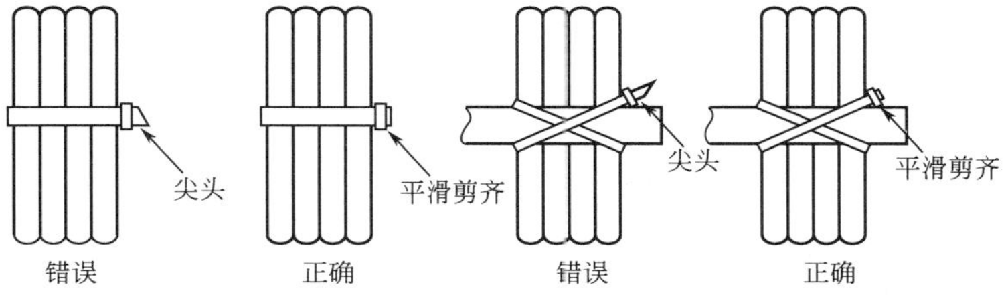

图 7　扎带剪切示意图

(3)线缆绑扎成束时扎带间距为线缆束直径的 3～4 倍，见图 8。

(4)绑扎成束的线缆转弯时，扎带扎在转角两侧，以避免在电缆转弯处应力过大造成的线缆断芯的故障，见图 9。

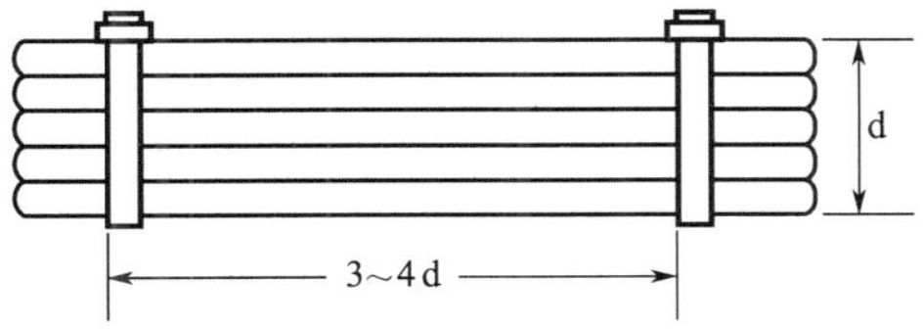

图 8　扎带绑扎间隔示意图

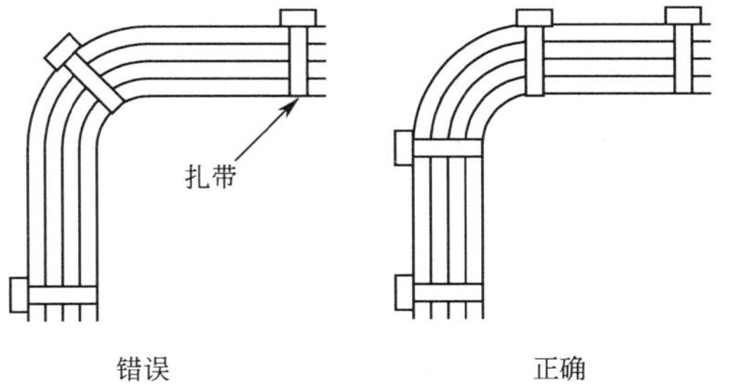

图 9　电缆转角扎带绑扎示意图

6.2.3.3　标识制作

为使线缆连接关系清晰、明确，便于设备的调试、维护，应对设备、连接线缆和配线架等进行必要的标识。对每端设备用中文贴纸标识该端设备名称，在一个机架内有多个设备子架时，对每个子架进行标识。

6.2.3.4　安装自检

完成硬件安装后，根据安装验收的项目和标准对安装质量进行自检。自检合格后，清理施工现场，准备安装验收。

6.2.4　安装试验

(1)试验目的：通过对通信电源设备单机性能、设备安装、配线及部件、设备单机性能等进行试验，检测其性能是否符合规定要求，确保其安装质量。

(2)试验计划:试验配备试验工程师 1 人,试验操作员 2 人。

设备及部件安装地线后检测其接地电阻值;设备配线前后检测其线缆的连通性能及绝缘性能;设备通电前检测其电源指标;单机工作正常后检测其单机性能和接口性能。

(3)试验内容:设备地线的接地电阻测试,设备配线前后所用缆线的通断及绝缘等指标测试,设备供电电源指标测试,设备和部件的本单机性能、接口性能测试和试验。

(4)试验步骤:设备及部件机架安装后,检测接地电阻值;设备配线前后检测其线缆的连通性能及绝缘性能;设备通电前检测其电源指标;单机工作正常后检测其单机性能和接口性能。

(5)通信设备安装测试试验程序如图 10 所示。

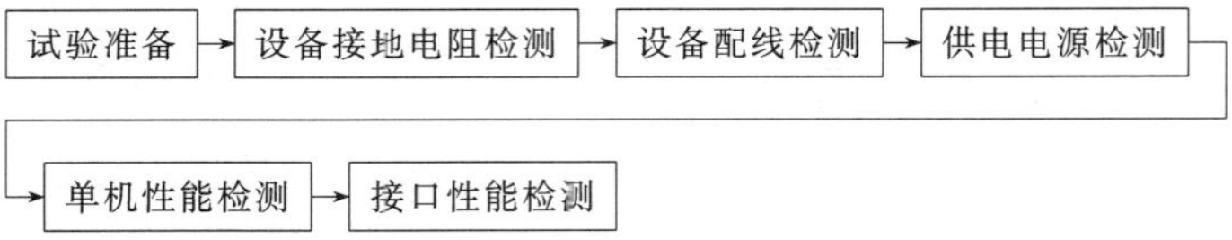

图 10　通信设备安装测试试验程序图

6.2.5　系统试验

(1)试验目的:通过对电源系统调试和试验,实现电源系统设计的所有功能,满足各通信系统设备的供电需求,保证各各通信子系统正常工作和运行。

(2)试验计划:试验配备试验工程师 1 人,试验操作员 2 人。

电源系统安装试验合格后,依次检查其输出电压和监测功能,试验其管理和控制功能、试验其告警和保护功能。传输通道连通后再试验其远程监控功能。

(3)试验内容:输出电压及监测功能试验、管理和控制功能、告警和保护功能、远程监控功能试验和油机供电试验。

6.2.5.1　开关电源试验

(1)检查输出电压和监测功能:电源设备加电并工作稳定后,用数字万用表检测其输出电压,通过显示屏检查系统运行状态。

(2)管理和控制功能试验:通过操作面板,输入系统各种控制参量对系统实施人工管理、自动管理以及调整系统输出试验。通过设定充电数据(电压保护值、电池容量等参数)调整其进行调整整流模块充电方式、充电电流,实施对其保护和自动完成电池精确充电管理功能进行试验。

(3)告警和保护功能试验:通过模拟电网掉电、电压过高、过低进行声光告警试验;通过模拟电网掉电,使电池向负载供电,进行电池电压降至低压告警值的声光告警和保护电池功能试验,以及电网供电恢复后电源对电池自动均充功能试验。

(4)向负载正常供电:在进行上述试验并合格并向电池充电后,电源设备即可向负载正常供电。

(5)远程控监控功能试验:待传输通道连通后,进行系统远程控制功能功能试验。

(6)电源系统测试试验程序如图 11 所示。

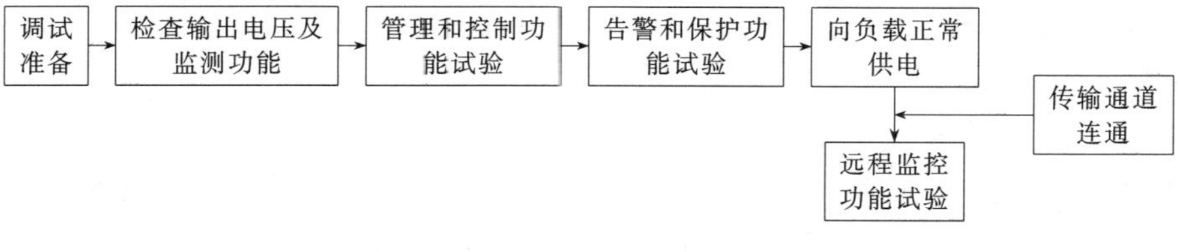

图 11　电源系统测试试验程序图

6.2.5.2　UPS的检查、试验

(1)UPS的整流、逆变、静态开关各个功能单元都要单独试验合格,才能进行整个不间断电源试验。

(2)UPS的输入、输出各级保护系统和输出的电压稳定性、波形畸变系数、频率、相位、静态开关的动作等各项技术性能指标试验调整必须符合产品技术文件要求,且符合设计文件要求。

(3)UPS试验,根据供货协议可以在工厂或安装现场进行,以安装现场试验为最佳选择,因为如无特殊说明,在制造厂试验一般使用的是电阻性负载。无论采用何种方式,都必须符合工程设计文件和产品技术条件的要求。

(4)不间断电源装置间连线的线间、线对地间绝缘电阻值应大于0.5 MΩ。

(5)UPS正常运行时产生的A声级噪声,不应大于45 dB;输出额定电流为5 A及以下的小型UPS噪声,不应大于30 dB。对噪声的规定,既考核产品制造质量,又维护了环境质量,有利于保护有人值班的变配电室工作人员的身体健康。

6.2.5.3　蓄电池充放电试验

(1)蓄电池安装结束后或开始使用前应进行补充充电。充电采用限流衡压法,浮充电压为2.23～2.28 V/单体。

(2)蓄电池充电时,环境温度应在21 ℃～32 ℃范围内,超过或低于上述范围应调整充电电压。相对于25 ℃,每差1 ℃其电压应修正为±0.03 V/单体,即温度每升高1 ℃,浮充电压应降低3 mV;温度每降低1 ℃,浮充电压应升高3 mV。温度每变化5 ℃应将浮充电压调整1次。

(3)发生下列情况应进行均衡充电:

① 指标蓄电池的浮充电压小于2.2 V;

② 紧急放电后,蓄电池需要在短时间内再充电;

③ 单体蓄电池的电压参差不齐;

④ 全浮充连续运行3个月以上。

均衡充电采用定电压充电方法,充电参数见表1。

表1　均衡充电充电参数

单体电压(V)	充电时间(h)
2.25	浮充电
2.30	24
2.35	12

6.2.5.4　柴油发电机组的试验

由柴油发电机至配电室或经配套的控制柜至配电室的馈电线路,应使用绝缘电线或电力电缆,通电前应按规定进行试验;如馈电线路是封闭母线,则应按封闭母线的验收规定进行检查和试验。柴油发电机在安装后应按表2所列的内容做交接试验。

表2　柴油发电机交接试验

序号	部位		试验内容	试验结果
1	静态试验	定子电路	测量定子绕组的绝缘电阻和吸收比	绝缘电阻值大于0.5 MΩ。沥青浸胶及烘卷云母绝缘吸收比大于1.3。环氧粉云母绝缘吸收比大于1.6。
2			在常温下,绕组表面温度与空气温度差在±3 ℃范围内测量各相直流电阻	各相直流电阻值相互间差值不大于最小值2%,与出厂值在同温度下比差值不大于2%。
3			交流工频耐压试验1 min	试验电压为1.5 Un+750 V,无闪络击穿现象,Un为发电机额定电压
4		转子电路	用1 000 V兆欧表测量转子绝缘电阻	绝缘电阻值大于0.5 MΩ
5			在常温下,绕组表面温度与空气温度差在±3 ℃范围内测量绕组直流电阻	数值与出厂值在同温度下比差值不大于2%。
6			交流工频耐压试验1 min	用2 500 V摇表测量绝缘电阻替代

续上表

序号	部位		试验内容	试验结果
7	静态试验	励磁电路	退出励磁电路电子器件后，测量励磁电路的线路设备的绝缘电阻	绝缘电阻值大于 0.5 MΩ
8			退出励磁电路电子器件后，进行交流工频耐压试验 1 min	试验电压 1 000 V，无击穿闪络现象
9		其他	有绝缘轴承的用 1 000 V 兆欧表测量轴承绝缘电阻	绝缘电阻值大于 0.5 MΩ
10			测量检温计（埋入式）绝缘电阻，校验检温计精度	用 250 V 兆欧表检测不短路，精度符合出厂规定
11			测量灭磁电阻，自同步电阻器的直流电阻	与铭牌相比较，其差值为±10%
12	运转试验		发电机空载特性试验	按设备说明书比对，符合要求
13			测量相序	相序与出线标识相符
14			测量空载和负荷后轴电压	按设备说明书比对，符合要求

（1）发电机组空载试运行。

① 断开柴油发电机组负载侧的断路器或 ATS；

② 将机组控制屏的控制开关设定到“手动”位置，按启动按钮；

③ 检查机组电压、电池电压、频率是否在误差范围内，否则进行适当调整；

④ 检查机油压力表；

⑤ 以上一切正常，可接着完成正常停车与紧急停车试验。

（2）发电机组带载试验。

① 发电机组空载运行合格以后，切断负载“市电”电源，按“机组加载”按钮，由机组向负载供电；

② 检查发电机运行是否稳定，频率、电压、电流、功率是否保持在正常允许范围内；

③ 按设计预案，使柴油发电机带上预定负荷，经 12 h 连续运转，无机械和电气故障，无漏油、漏水、漏气等不正常现象方可认为这个备用电源是可靠的。发电机停机，控制屏的控制开关打到“自动”状态。

（3）试运行。

① 柴油机的废气可用外接排气管引至室外，引出管不宜过长，管路转弯不宜过急，弯头不宜多于 3 个。外接排气管内径应符合设计技术文件规定，一般非增压柴油机不小于 75 mm，增压型柴油机不小于 90 mm，增压柴油机的排气背压不得超过 6 kPa（600 mm H_2O），排气温度约 450 ℃，排气管的走向应能够防火；

② 受电侧的开关设备、自动或手动切换装置和保护装置等试验合格，应按设计的备用电源使用分配方案，进行负荷试验，机务和电气装置连续运行 12 h 无故障。方可做交接验收。

7　劳动力组织

施工管理采用施工负责人责任制、岗位负责制、定点定岗。各人员现场操作严格遵守技术要求、安全规程和机械操作规程。

电源设备安装人员组织见表 3。

表 3　通信电源安装人员组织表

序号	施工人员	单位	数量	备注
1	施工负责人	人	1	现场施工组织、协调及设备安装配线
2	技术员	人	1	技术负责及设备安装配线
3	通信工	人	4	电源设备安装配线

表 4　通信电源调试人员组织表

序号	施工人员	单位	数量	备　注
1	施工负责人	人	1	现场施工组织及协调和电源调试
2	技术员	人	1	电源调试

8　主要机械设备及工器具配置

主要机械设备及工器具配置见表 5。

表 5　通信电源施工机具设备组织表

序号	名　称	规格	单位	数量	备　注
1	汽车吊		台	1	油机安装
2	卷扬机		台	1	油机安装
3	砂轮机		台	1	油机安装
4	台虎钳		台	1	油机安装
5	千斤顶		台	1	油机安装
6	撬杠		付	1	油机安装
7	水准仪		台	1	
8	组合工具		套	2	
9	冲击电钻		把	2	
10	万用表		台	1	
11	耐压测试仪		台	1	
12	接地电阻测试仪		台	1	
13	相序表		台	1	

9　质量控制要点

铁路通信电源系统应严格执行本标准引用的相应施工及验收规范，以及施工设计图纸的技术要求，在施工过程中采取相应的管理和技术措施，确保系统顺利开通。

(1)高频开关电源和其他通信设备水平布置应排列整齐、位置方向正确，正面在一条直线上，全列水平偏差小于 5 mm，垂直偏差小于架高 1‰，机架安装牢固，接地良好，预埋的地角螺栓应垂直。

(2)高频开关电源安装时应按说明书逐项进行安装。安装单元模块应按安装图的位置自上而下逐个安装。

(3)蓄电池架的平面布置和排列位置，应符合设计规定，其偏差应符合《铁路通信施工规范》(TB 10205—99)第 3.3.2 条的规定。

(4)蓄电池安装前，储存期不得超过 6 个月，超过 6 个月应进行补充电。

(5)蓄电池安装前应检测蓄电池的单端电压，其开路电压应大于 2.13 V，若小于此值应先进行均衡充电。

(6)蓄电池安装时应按规定方式连接，注意正、负极极性标志。连接电缆应尽可能短。在安装末端连接件和导通电池系统前，应检查系统的总电压和正、负极极性。在安装末端连接件时速度要快，避免电池电极打火花。

(7)油机装机前应检查核实：预设或自制的安装基础位置正确，基础尺寸与机座底座应配合一致；预埋地脚螺栓位置应准确，穿线、暗管、预留孔洞和沟槽应符合要求；油机房减震措施可靠，排风通畅。

(8)油机机组安装平稳、牢固和端正，并与基础面接触紧密，稳机后灌入的地脚螺栓孔的水泥浆，应经过 7 昼夜养生方可拧紧地脚螺栓。

(9)安装时，机组底盘和机轴水平应对正，并保持在同一水平上，在底盘中部位置和联轴上测量。对硬性的联轴器，其水平差及偏斜差不大于 0.05 mm；对具有弹性的软联轴，其水平差及偏斜差不大于 0.12 mm。底盘顺轴方向的水平差，每米不应大于 0.15 mm；顺轴方向的水平差，每米不应大于 0.3 mm。

(10)油机发电机组应按试运转、空载试验和负荷试验 3 个程序试机，机组的空载、加负荷试验的方法、时间应符合产品规定。

(11)馈电母线和电源线的走线方式应符合设计规定；配线在电缆走线架上的布放应符合《铁路通信施工规范》(TB 10205—99)第 2.4.1 条的规定；配线管路的安装符合《铁路通信施工规范》(TB 10205—99)第 9.6.2 条的规定；地槽布放配线符合《铁路通信施工规范》(TB 10205—99)第 9.6.3 条的规定。

(12)汇流条应按设计规定位置安装，安装应牢固、端正并保持水平与垂直，不得扭转或起伏不平，位置偏差不得大于 5 mm。使用绝缘子支撑时，各绝缘子应垂直安装于支撑物的表面上，并且排列整齐。

(13)电源配线的布放应平直整齐、稳固，不得有急剧转弯和起伏不平，严禁扭绞和交叉。铅包电缆的最小弯曲半径不得小于其外径的 10 倍，铅包配线和胶皮电缆的最小弯曲半径不得小于其外径的 6 倍。交直流电源配线应分开布放，不应绑扎在同一线束内。

(14)在走道内上布放电源配线的绑扎在横铁下不得有交叉。在地槽内布放电源配线应平直并拢，地槽应清洁、盖板严密。不宜将电源配线直接敷设在水泥地板上。

(15)电源配线与设备端子的连接应符合下列要求：

① 断面 10 mm^2 及以下的单芯电源线打圈连接时，在导线与螺母间应加装垫圈，每处最多允许连接两根导线，并在两根导线间加装垫圈，拧紧接线螺母；

② 断面 10 mm^2 以上的多芯电源线连接时，应加铜、铝鼻子或线卡，焊接或压接牢固后再与电源端子连接；

③ 电池室内接线应使用铅质线鼻子或镀锡的铜鼻子；

④ 电源配线与设备端子连接时，不得使设备端子受到机械应力；

⑤ 电源配线的绝缘或护套剖头，应使配线悬空裸露长度保持 1～2 mm。

(16)电源端子配线应正确，配线两端的标志齐全，电源配线间及对地的绝缘电阻，用 500 V 兆欧表测量应大于 1 MΩ。

10　安全控制要点

(1)在既有机械室进行施工时，先登记再进入机械室，并有维修单位人员在场配合施工。做好室内防火工作，收工前将所有用电工具断电，进行全面检查和卫生清理并销记后离开。

(2)机械室用电设备加装漏电保护器。现场临时用电线路的安装和使用严格按照临时用电有关规定执行，不准擅自拉线接电。

(3)安装电源屏等设备及配线修改时，对已安装设备采取可靠的防护措施，确保既有设施的绝对安全。

(4)新安装设备与已安装设备的结合部位，认真进行图纸与实物核对，在设备管理单位人员的配合下进行施工，不提前在使用中的继电器接点上焊线，不提前环接机械室电源和利用既有电源进行设备调试。

(5)进行通信电源配线时，上一级负荷开关必须打到关闭位置，防止配线中的触电事故。

(6)施工配线中、绞割电线时注意接头处下方垫置塑料布将设备进行隔离，防止绞割过程中产生的铜屑落入设备造成短烧设备和伤及人身。

(7)蓄电池安装时应用绝缘胶带对安装工具进行缠绕，防止安装过程中工具打滑触及蓄电池的电极造成短路烧毁蓄电池和伤及人身。

11 环境保护要点

根据施工中可能对环境产生影响的因素，采取以“预防为主，防治结合，综合治理”的原则，确保做好环境保护工作。在施工过程中采取以下措施：

(1)坚持按《中华人民共和国环境保护法》及相关法规进行施工。制订环境保护管理办法和实施细则，并建立奖惩制度，将环保的具体措施落实到人头。

(2)施工现场工具材料摆放整齐，保证现场施工场地整洁、干净。

(3)各种包装物应统一收集处理、严禁四处乱扔、乱放污染周围环境。

(4)工程完工后，将工地及周围环境清理整洁，做到工完料清，场地整洁。

12 常见问题及处理方法

(1)安装地面凹凸不平。采取措施：垫垫片直到设备与地面垂直为止。

(2)电源屏加电无显示。采取措施：核对设备安装使用说明书检查电源配线，如配线无错误，联系设备供应商处理。

(3)UPS 加电后面板无显示。采取措施：检查输入电源接线是否正确，输入外电是否符合 UPS 输入要求，如无误，联系设备供应商处理。

(4)设备配线打火。采取措施：

① 断面 10 mm^2 及以下的单芯电源线打圈连接时，在导线与螺母间应加装垫圈，每处最多允许连接两根导线，并在两根导线间加装垫圈，拧紧接线螺母；

② 断面 10 mm^2 以上的多芯电源线连接时，应加铜、铝鼻子或线卡，焊接或压接牢固后再与电源端子连接。并加装垫圈，拧紧接线螺母。

(5)蓄电池连接线安装时扳手打滑。采取措施：

① 用绝缘胶带对安装工具进行缠绕；

② 安装时用一只手罩住安装处。

(6)蓄电池组安装后两端无电压。采取措施：检查蓄电池间的连线，安装时应按蓄电池说明书规定方式连接，注意正、负极极性标志。连接电缆应尽可能短。

(7)蓄电池极性接反烧毁充电器。采取措施：

① 在安装末端连接件和导通电池系统前，应检查系统的总电压和正、负极极性；

② 蓄电池和负载、充电器连接时，电源开关应放在“断开”的位置，同时，蓄电池正极和负载、充电器的正极相连，蓄电池负极和负载、充电器的负极相连，严禁接反极性和短路。

(8)柴油机安装后不能启动。

1)柴油机不能转动或旋转无力；蓄电池电力不足，接线柱与导线接触不良；启动电动机电刷与整流子接触不良，电刷磨损，弹簧压力不足；。启动电动机轴承磨损过大；电枢与激磁线圈短路；启动按钮损坏、接触不良，继电器短路(断路)、接触不良。

采取措施：

① 更换电力充足的蓄电池或增加蓄电池并联使用，清理接线柱并涂凡士林，紧固接头；

② 擦净整流子表面，修理或更换电刷，调节弹簧压力或更换弹簧；

③ 更换轴承；

④ 排除短路；

⑤ 修理或更换。

2)启动电动机上的齿轮与飞轮齿圈咬合不上，启动电动机离合片扭矩不够。启动电动机齿轮钢套松脱、传动齿杆折断、与柴油机齿圈中心线不平行。

采取措施：

① 增加离合器垫片并调整好；

② 检修钢套，更换齿杆，重新安装调整。

3)排气管无烟或有时冒小股烟；无燃油；燃油管路有水分，油内有水；喷油嘴阻塞，喷油压力太低，滤清器阻塞；喷油时间过迟或过早；燃烧室内积油太多。

采取措施：

① 添加燃油或打开关闭的油箱阀门；

② 检修漏气处并排除水分，排出油箱底部杂质和水检修、清洗喷油嘴，清洗滤清器；

③ 调好喷油提前角度；

④ 排尽积油。

4)排白色浓烟，但不能启动；气温太低，预热不充分；供给系统管路中有空气；喷油嘴质量不好；进气量不足。

采取措施：

① 按低压环境下的电机启动要求操作，使用低温蓄电池，充分预热整机、预热进气等；

② 检修漏气部位，排除系统内空气；

③ 清理或更换；

④ 排除空气滤清器的堵塞。

13　附　　录

13.1　工程实例

本施工标准已在宝成二线、襄渝二线、黔桂复线等多条铁路干线和广州地铁三号线通信系统的通信电源施工中使用，保证了这些工程的通信电源的顺利施工，施工质量达到优良受到用户好评。

13.2　电源设备配置

13.2.1　直流电源设备配置

(1)电池配置

① 电池保证时间 T(即放电小时率)

当交流电源停电后，通信设备依靠蓄电池供电，电池保证时间指再次来电时间间隔或油机发动时间间隔。蓄电池保证时间一般按 1 h 计算，小于 1 h 的可按 1 h 计算。

② 负荷电流 I(即电池放电电流)

考虑到蓄电池无法扩容问题，所以尽量按远期负荷配置蓄电池。

由于交换、传输等直流供电设备具有恒功率负载的特性，计算时，电池放电电流以电池电压低至 45 V 来计算。

③ 使用的环境温度

电池正常工作的温度是 25 ℃，铅酸电池的使用寿命一般为 10～20 年，且环境温度在此基础上每上升或降低 8 ℃，电池使用寿命减半。

④ 当地电网停电频度

决定蓄电池使用寿命的另一重要因素是充放电循环次数，如当地停电频繁，蓄电池在大的放电深度下将很快失效，建议蓄电池放电容量保持在 80％以内。

⑤ 配置方法

蓄电池容量计算公式：

$$C=\frac{W\times T}{V_f\times K}\times 1.25 \quad 或 \quad C=\frac{I\times T}{K}\times 1.25$$

式中 C——蓄电池额定容量(10 小时率容量)(Ah)；

W——设备功率(W)；

T——备用时间(h)；

V_f——电池组放电终止保护电压(V)；

I——负载工作电流(A)；

K——蓄电池放电效率；

当备用时间 $T=1\sim3$ h 时，$K=0.5\sim0.6$；

$T=3\sim5$ h 时，$K=0.75\sim0.8$；

$T>5$ h 时，$K=0.85$。

(2)电源整流器配置

① 最大充电电流值计算

电池最大充电电流值为电池充电的允许值，即限流值 $I_{充电}\leqslant KQ$(Q 为电池的容量 C10)。K 为充电系数，一般不超过 0.25C10，考虑到沿线两路交流电同时停电概率极小，蓄电池不需要在放电后短时间充满电，充电系数 K 按 0.10 选取。

② 整流模块数配置计算

$$M=[(I_{负荷}+2\times I_{充电})/I_R+1]+1(取整)$$

式中 $I_{负荷}$——负荷为负载电流；

I_R——整流模块的额定电流。

以上计算，对电源整流模块采用 $N+1$ 方式备份，即 N 个模块作为满足符合与充电要求的整流器，另一个备用。实际使用中形成热备份，通过模块负荷均分，形成负荷余量备份。

组合开关电源大容量的采用 100 A 的整流模块、中型容量的采用 50 A 的整流模块、中小型容量的采用 30 A/25 A 的整流模块，采用 $N+1$ 方式备份。

13.2.2 交流 UPS 配置

在交流外供电源中断的情况下，由蓄电池为部分需要交流电源的通信设备提供电源。蓄电池容量一般按满足1小时需求进行配置。

(1)UPS容量配置

UPS负载容量应为UPS额定容量的80%以下,可选择80%负载主要是考虑到负载启动的冲击电流以及用户今后扩容的需要。UPS额定容量一般可以按以下公式进行计算:

UPS额定容量≥UPS负载容量÷0.8

UPS系统容量多为1 kVA、2 kVA、3 kVA、6 kVA、10 kVA、15 kVA、20 kVA、30 kVA等系列,根据UPS额定容量计算结果向上取值(如计算结果是5 kVA,则采用6 kVA)。

(2)蓄电池容量配置

停电后UPS是依靠蓄电池储能供电给负载的,电池组按照满足1 h停电时计算。蓄电池的容量一般可以按以下公式进行计算:

$$C=P_L\times T/(V_f\times \eta\times K)$$

式中 C——蓄电池容量(Ah);

P_L——负载功率(W);

V_f——蓄电池额定电压(V);

T——备用时间(h);

η——UPS电池逆变效率(阻性满载);

K——蓄电池放电系数;

备电时间 $T=1$ h～3h,$K=0.6$;

备电时间 $T=3$ h～5 h,$K=0.8$;

备电时间 $T=5$ h～10 h,$K=0.85$;

备电时间 $T>10$ h,$K=1$。

不同的额定功率UPS采用蓄电池组电压不同,蓄电池的逆变效率也不相同。

13.3 系统RAMS计算

13.3.1 系统可靠性措施

(1)电源产品的可靠性和可用性设计方面,主要通过以下方面的工作保证可靠性:产品的需求分析、系统冗余备份设计、电路仿真、热设计、器件应力与降额设计、容差设计、全面的产品测试、异常和极限测试、可靠性预计分析、高加速寿命试验、环境试验和可靠性试验等措施。

(2)柜体采用静电喷塑工艺涂层,抗冲击、抗锈蚀能力强。

(3)机柜采用焊接结构,整体性好,有足够的机械强度和刚度。

(4)大量采用优质名牌器件:采用国际最新器件及国际先进水平的系统结构设计而成,关键器件选用军品级产品。把先进性与可靠性有机地溶为一体。

(5)采用IEC950安全规范设计标准,对机箱、PCB、变压器、电感等部件进行严格的安规认证。

(6)系统中关键器件(如空开,熔断器,防雷器,塑胶材料等)都有TUV认证,其材料都有严格的阻燃要求。整流模块本身具有TUV和UL认证,其材料也有严格的阻燃的要求。

(7)严格遵循ISO9000流程,设备出厂前均需经过单板测试,整机测试及老化测试。

13.3.2 系统可用性、可维护性

(1)平均维修时间(MTTR)

组合开关电源设备的平均维修时间(MTTR),是根据设备在现场故障出现后,工程人员

赶赴现场维修并恢复，在综合备件的位置、故障的复杂程度及技术人员的维修水平等条件加以统计而给出。铁路一般要求小于 2 h(高速客专线小于 0.5 h)。

(2)平均无故障时间(*MTBF*)

MTBF 为故障率的倒数：$MTBF=1/\lambda s$

根据元件或部件平均故障率计算如下：

$$R_s(t) = R_1(t)R_2(t)\cdots R_n(t) = \prod_{i=1}^{n} R_i(t)$$

式中 $R_s(t)$——系统的可靠度；

$R_i(t)$——第 i 模块的可靠度。

$$R(t) = e^{-\lambda_1 t}e^{-\lambda_2 t}\cdots e^{-\lambda_n t} = e^{-\lambda_s t}, \lambda_s = \sum_{i=1}^{n}\lambda_i$$

式中 λ_s——系统的故障率；

λ_i——第 i 模块的故障率。

$$MTBF = \int_0^{\infty} R_s(t)\mathrm{d}t = \int_0^{\infty} e^{-\lambda_s t}\mathrm{d}t = 1/\lambda_s$$

一般平均无故障时间(*MTBF*)至少应大于 100 000 小时。

(3)设备可用性：$A=MTBF/(MTBF+MTTR)$

一般电源设备可用性(*A*)应大于 99.998%。

低频对称电缆施工测试工艺

1　工艺概况及技术特点

低频对称电缆主要用于铁路区段及区间电话通信和数据采集的需要，由于铜导线传输信号衰耗大，为提高电缆通信传输距离，在严格控制单盘电缆质量的情况下，电缆接续后还要对电缆四线组进行加感及交流电特性平衡等措施，以提高其传输特性，延长通信距离。这就要求我们在施工过程中，每一道施工工序都必须以设计和施工规范来严格控制其电特性，而要控制这些电特性指标就得用测试仪表进行检测，因此电缆的测试在电缆施工的全过程中是关键控制工序。

2　适用范围

本施工工艺适用于直埋铁路低频对称电缆及直埋综合光电缆的施工测试，也适用于运营商日常维护测试及障碍处理测试。

3　引用标准

(1)《铁路运输通信工程施工质量验收标准》(TB 10418—2003)。

(2)《施工现场临时用电安全技术规范》(JGJ 46—2005)。

(3)《铁路运输通信设计规范》(TB 10006—2005)。

(4)《铁路通信施工规范》(TB 10205—99)。

4　基本术语及定义

(1)电缆直流测试：是对低频对称电缆的直流电特性项目进行测试，测试内容含：电缆芯线对号、芯线直流电阻测试、芯线间及芯线对地绝缘电阻测试、芯线间及芯线对地耐压测试。

(2)电缆交流测试：是对长途低频对称电缆的交流电特性的测试，测试项目含：电容耦合系数和对地电容不平衡测试、交流对地不平衡衰耗测试、近端串音衰耗测试和远端串音防卫度测试、线对的固有衰耗测试。在电缆的单盘测试阶段，进行以上测试是为了检查电缆是否达到使用要求，同时也是为了电缆配盘的需要；在电缆的平衡测试阶段，进行以上测试是为了控制电缆线路的交流电特性指标，使之达到设计技术标准，满足通信的需要。

(3)三阶段平衡测试：在对称电缆中，引起电缆串音的主要原因是对称电缆回路间的电磁耦合不平衡，减小不平衡电磁耦合和提高电磁耦合的平衡度都可以减小电缆串音，达到平衡目的；低频对称电缆的平衡测试工作分为三个阶段进行：节距内平衡、区段平衡、全程平衡，简称“三阶段平衡”测试；低频电缆加感组的常用平衡方法有交叉平衡法和补偿电容器法两种。低频电缆的交叉平衡法是以低频加感四线组为单位，在两段电缆对应的四线组内两回线间选用各种交叉，使连接后的电缆耦合总的降低，控制在规定的范围内；补偿电容器法则是在交叉法平衡后，如测试值还不能达到规定的要求，根据平衡后剩余的 k、e 值情况，人为地在芯线地之间加入与原电缆串音耦合相反的电容元件，使之产生的串音电流能够抵消原来的串音电流，达到平衡目的。低频电缆的平衡顺序以先交叉平衡后用补偿电容器法平衡。

5 工艺原理

控制每一单盘电缆的产品质量,杜绝不合品的使用;由于电缆在敷设过程中改变了其绞距和扭距,从而改变了电缆的交直流电特性,电缆接续测试不但要控制每一个电缆接头接续质量,而且还要对每一段电缆的交流特性进行平衡测试,纠正其电特性偏差,从而使中继段电传输特性满足设计和施工规范要求。

6 工艺流程及操作要点

6.1 工艺流程

电缆测试工艺流程如图1所示。

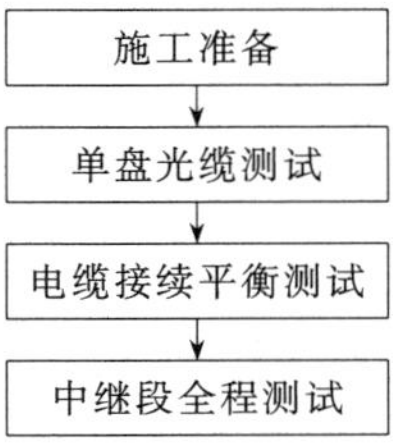

图1 电缆测试工艺流程图

6.2 操作要点

(1)施工准备

1)对施工人员进行施工技术及施工安全技术交底及培训,编制电缆施工测试作业指导书。

2)校对测试仪器是否良好、准确,按设计要求对单盘电缆进行测试。

3)领取各项测试表格,根据复测资料和单盘测试资料编制电缆配盘资料。

(2)单盘电缆测试

1)单盘电缆外观物理特性检测:电缆开盘前,先检查单盘电缆包装是否完好,缆盘有无损坏、变形,电缆型号是否正确等,确认无误后,再开盘并取出缆盘中的随厂资料,核对缆的出厂编号、盘号、端别、长度等,确认无误后,进行电缆头的开剥。

2)单盘电缆直流电特性测试。

① 对称电缆的对号是为了检验电缆本身或施工接续时是否有断线、混线、错对、错组等现象,用万用表进行对号。

② 对称电缆的直流电阻测试用QJ-23型直流电桥和QJ-45型携带式电缆故障测试器进行测试,主要是为了检验电缆制造质量是否符合设计电气标准,含环线电阻测试、单线电阻和回线不平衡电阻测试。

③ 对称电缆的绝缘电阻测试用ZC-7兆欧表及高阻计进行绝缘电阻的测试,是为了检验电缆的绝缘性能是否符合设计标准。

④ 耐压测试是用仪表JC-4型及JN-5008型耐压测试器检查电缆耐压电特性。

3)单盘电缆交流测试。

① 电容耦合系数和对地电容不平衡测试用CCT-4型电容耦合测试仪,测试前应对测试引线、机内各种连接线进行检查,仪表接好测试线后,测试线的另一端应电气腾空,进行本机调零,确认良好后方可进行测试;在测试过程中按仪表操作规程进行线位连接和操作,电缆的金属护套应通过仪表引线的屏蔽层接到仪器的地端子上,在测试点除被测四线组外,其他回线应混接后连到仪器变压器中心抽头F端子上,电缆芯线不得有混、碰现象,当发现测试数值变化较大或不稳定,及时检查测试连接线等是否接触不良。

② 交流对地不平衡衰减测试主要是为了提高实回线对地传输衰减的平衡度,减小因实回线对地传输衰减的不平衡所产生的杂音干扰,常用测试仪表有803型串音衰耗测试器及TDC-2型低频智能测试仪,测试频率为800 Hz(TDC-2型低频智能测试仪的测试频率为

1 000 Hz)，阻抗选择为 600 Ω，测试应注意仪表测试线 a、b 线两夹子应有明显标志，测试时 a、b 线应固定，以免造成测试误差。

③ 低频电缆近端串音衰耗和远端串音防卫度测试是为了检验电缆制造及施工中，电缆回路间的串音是否符合设计和施规标准，常用测试仪表是 TDC-2，阻抗选择为 1 650 Ω。

④ 低频电缆的回路工作衰耗测试方法一般采用电平差法来测试，即用电平表直接量出发送端的电平 P_1 和接收端的接收电平 P_2，二电平之差即为被测回路的回路工作衰耗($b=P_1-P_2$)，每千米的衰耗 $B=b/L$(L 是被测回路的长度)，测试用的震荡器、电平表阻抗必须匹配。

(3)低频对称电缆接续平衡测试

低频对称电缆加感组的常用平衡方法有：交叉平衡法和补偿电容器法两种。低频电缆的交叉平衡法是以低频加感四线组为单位，在两段电缆对应的四线组内两回线间选用各种交叉，使连接后电缆的电容耦合系数 K_1 和对地电容不平衡 e_1 和 e_2 值控制在规定的范围内；补偿电容器法则是在交叉法平衡后，如测试值还不能达到规定的要求，根据平衡后剩余的 k、e 值情况，人为地在芯线地之间加入与原电缆串音耦合相反的电容元件，使之产生的串音电流能够抵消原来的串音电流，达到平衡目的，低频对称电缆的平衡顺序是先交叉平衡后用补偿电容器法平衡。

(4)低频对称电缆节距内接续平衡测试

低频对称电缆的节距内平衡测试含直流和交流项目的测试，先进行直流项目测试，以确保电缆绝缘良好，然后再进行交流项目的测试，其户直流测试与单盘电缆直流测试项目一致，交流测试则是以一个加感节距为单位，主要是平衡电缆的 k、e 值，使节距内 k、e 值的绝对值最小，具体平衡方法为：先分别测得节距内各段电缆的 k、e 值(一般为两盘标称长电缆)，根据电缆的 k、e 值在接头处选择合适的交叉方式，使各段电缆接续后的总 k、e 值绝对值最小，由于 k、e 值可以是正值，也可以是负值，在测试时，根据测得的两段电缆的 k、e 值的不同，而选择不同的交叉类型，使接续后的 k、e 值的绝对值减小，平衡后的效果才越好。节距内接续前后一个四线组内的 k、e 值有六个，在选择交叉时必须通盘考虑这六个参数的变化情况，在八种交叉方式中选择使 k_1 值、e_1 值、e_2 值中的合成耦合最大值达到最小，同时 k_1 值、e_1 值、e_2 值的合成耦合绝对值之和分别最小，在每个接续点都选出同时满足上述两个条件的交叉即可选出各接续点的最佳交叉方式，使平衡效果最好。在对称电缆的低频平衡中，最好只用小交叉进行平衡，尽量不选用大交叉。根据电缆的使用区段，低频电缆在平衡时，对六个耦合参数考虑的重点不同：在强电干扰区段，一般尽可能降低 e 值，兼顾减小 k 值来选择交叉方式。在一般区段，则以降低 k 值，兼顾减小 e 值来选择交叉方式。交叉平衡法仅适用于四线组内平衡。对四线组间来说，一般不经平衡即可合格。用交叉平衡法平衡后，仍达不到平衡目的，就必须再采用补偿电容器法进行平衡：如是 k_1 值不符合要求，则在接头处的芯线线位间对称加入两个 1/2 剩余 k_1 值的电容元件，加入线位视 k_1 值的符号而定，如是正值，则在 2～3 线和 1～4 线间加电容来平衡；如是负值，则在 1～3 和 2～4 线间加电容来平衡。若是 e_1 值达不到要求，则在四线组的第一实回路加对地电容：e_1 值是正值就在 2 线对地加电容值为剩余 e_1 值的电容元件来平衡，反之则在 1 线加对地电容值为剩余 e_1 值的电容元件来平衡；若是 e_2 值达不到要求则在第二实回路加电容：e_2 值是正值就在 4 线对地加电容值为剩余 e_2 值的电容元件元件来平衡，反之则在 3 线加对地电容值为剩余 e_2 值的电容元件来平衡。加入的电容元件在使用前必须经过耐压测试(试验电压为 1 800 V，2 min)；若某节距内的一单条电缆的 k、e 值较大，无法平衡抵消，可采用单条电缆开天窗的方法来处理 k、e 值，使单条电缆的 k、e 值抵消到较小，保证节距内平衡效果。

(5)低频对称电缆节距间平衡测试

低频电缆节距内平衡结束，车站分歧成端、分线盒安装完毕，气压稳定后即可进行低频电缆的区段平衡工序施工，也就是接续加感头的平衡测试工序。区段平衡测试以相邻的两个车站机械室为测试端，两端相互配合同时进行测试，区段中的加感单元加入处作为预留的平衡点，分别从两端站向中间逐个加感点进行交叉平衡(推加感)，以提高回线的交流对地不平衡衰耗为准来选择交叉类型进行平衡，区段接续完成后两端对测交流对地值，一个区段的交流对地不平衡衰耗值应控制在 70 dB(标准为 65 dB)以上，以满足全程平衡测试时的需要，该工序施工方法为：

1)在对某一四线组进行测试时，选择接续点交叉时，可根据测得的交流对地不平衡衰耗值来进行选择若在 A 端测试点测得该四线组第一回路的交流对地不平衡衰耗值达到要求第二回路达不到要求，则可在靠近 A 端测试点的区域范围内对第二回路进行交叉平衡，第一回路各接续点均不做作交叉，只对第二回路逐点进行交叉选择，找出该回路的耦合重心后，即可确定在耦合重心所在接头处的交叉方式。

2)若 8 种交叉组合都选完，仍不合格，就根据交叉平衡后的情况加平衡元件来达到平衡目的。

3)耦合重心的找寻：测试点进行监测，通知接续点一一用手(相当于加入电容元件)触碰四线组的一、二回路，在哪一个接续点时测试点监测到的值最大，就说明耦合重心就在哪一个接续点，即可在该接续点进行交叉平衡或加入平衡元件；在哪一端测试，就在靠近本侧的区域内进行平衡，不能在远端区域范围内进行本端的平衡。

4)A、B 两端测试点进行同样的平衡步骤，使两端的交流对地不平衡衰耗值都达到要求。交流对地不平衡衰耗的平衡需对每对回线的 a/b(或 c/d)换位复测。

5)在选择接续平衡点的交叉时，要考虑到区段内各区间电话和养路电话的接入线位，确定该接续平衡点只能采用大交叉或小交叉，以确保它们中的环引线对、桥引线对在全程接入的线位一致(符合回线运用图)；区段平衡后全程等效交叉应尽量避免出现大交叉。

6)交流对地不平衡衰耗测试完毕并经两端同时复核后，再进行 A、B 端组内的近端串音衰减和远端串音防卫度的测试(近端串音衰减在 A、B 另端均应测试，远端串音防卫度的只在 B 端测试)。若近端串音衰减和远端串音防卫度的测试平衡所选的交叉与交流对地不平衡所选的交叉相矛盾时，以交流对地不平衡所选的交叉为准，近端串音衰减和远端串音防卫度的平衡可经过集总平衡加电容平衡元件来解决。加电容平衡元件使远端串音防卫度合格后要复测 A、B 两个近端。

7)交流对地及近、远端串音测完后，进行区段直流项目测试，对于绝缘电阻值、环线电阻值、不平衡电阻值不合要求时要及时查找原因，并处理。

(6)低频对称电缆全程平衡测试

1)全程平衡在以半节距引入的两个通信站之间的音频段上进行，各小站终端分线盒装好跳线后即可进行全程平衡，全程平衡时首先要确保通信联络良好，确认线路无直流故障后，两端对测交流对地不平衡衰耗，如不合格，通过分析找出不平衡区段，选 1 到 3 个平衡点进行交叉平衡直至合格为止；全程平衡尽量不改变已平衡好的各站间线路状况，避免选择大交叉，确实要进行交叉平衡或加平衡元件时，必须在小站分线盒内进行，平衡元件加在分线盒后盖的跳线侧，不能改变线路原来状况。

2)对地不平衡衰耗平衡测试合格后，对测组内的近、远端的串音，分别在距端站 30 km 以内和全程中间选取平衡点进行集总平衡，组间的近、远端的串音不作平衡均能合格。

3)复测所有的全程测试中交流测试项：A、B端交流对地不平衡衰耗、A、B端组内近端串音衰减、组内远端串音防卫度、线路固衰。

4)中继段直流项目测试：对号、环线电阻和不平衡电阻、绝缘电阻、绝缘电气强度(耐压)值的测试，芯线间及芯线对铝套(接地)间接入气压传感器后，该线位不得进行绝缘和耐压测试)。

5)测试记录应完整、数据准确。

6.3　技术标准及工艺要求

(1)电缆接头盒的安装工艺要符合设计要求，按技术交底的《电缆接续作业指导书》进行操作，电特性测试指标以施规、验标及设计为准。

(2)接续测试和中继段测试时，测试点与接续点及两测试点间应保持通信畅通，统一指挥、各作业点按主测试点指令进行操作。

(3)电缆测试所需各项仪表在测试前和测试过程中要校验，经常检查测试线是否良好，接续点要注意芯线的清洁，不要污染铜芯线，避免电特性不稳定。

(4)进行绝缘测试时，通知沿线各接续点在测试过程中不得触及电缆芯线，测完一根，再抽出一根进行测试，直到测完为止。在测试过程中，所用仪表要水平放置。兆欧表测试时，摇动手柄的速度要均匀，转速为每分钟120转。使用高阻计测试时要保证它的充电时间，待指针平稳后才能读数，测完后要及时放电。

(5)低频对称电缆等效绝缘长度的计算：在测完某段低频对称电缆的芯线绝缘后，要判断该对称电缆的芯线绝缘是否合格，首先要将该对称电缆的芯线的等效绝缘长度计算出来。

① 低频四线组的等效绝缘长度：

$$L_1=L_{fd}+L_t\times N+L_{ng}\times N_1+L_{nf}\times N_2+L_j\times j+L_b\times b$$

式中　L_{fd}——增音段(或回线两端间)含有所测试的回线的分歧电缆的累计长度；

L_t——L_t为一个接头的绝缘电阻等效电缆长度，$L_t=0.1$ km；

N——增音段内接头的个数；

L_{ng}——干缆电缆分线盒的绝缘电阻等效电缆长度，$L_{ng}=2$ km；

N_1——干缆电缆分线盒的个数；

L_{nf}——分歧电缆分线盒的绝缘电阻等效电缆长度，$L_{nf}=2$ km；

N_2——增音段(或回线两端间)含有所测试的回线的分歧分线盒的个数；

L_j——加感单元的绝缘电阻等效电缆长度，$L_j=1$ km；

j——增音段内(或回线两端间)的加感单元个数；

L_b——一个气闭头的绝缘电阻等效电缆长度，$L_b=2$ km；

b——增音段内(或回线两端间)气闭头个数。

② 区间电话回线的等效绝缘长度的计算：

$$L_{11}=L_t\times d+L_t\times n+2L_{hf}+L_g\times n_3+L_b\times b$$

式中　L_g——区间电话端子板的绝缘电阻等效电缆长度，$L_g=10$ km；

n_3——两车站间区间电话端子板的个数。

③ 信号线的等效绝缘长度的计算：

$$L_{111}=L_t\times n+L_{ng}\times N_1+L_{nf}\times N_2+L_b\times b+L_{sh}\times P$$

式中 L_{sh}——告警器绝缘电阻等效电缆长度，$L_{sh}=10$ km；

P——增音段内告警器的个数。

(6)绝缘电阻测试值的换算。

由于电缆芯线间绝缘电阻的大小与芯线的长度成反比例关系，即所测线路越长，接入的分歧越多，测得的绝缘电阻值越小，测试后可根据芯线的绝缘电阻等效电缆长度的大小，将线路的绝缘电阻值换算为 1 km 长的绝缘电阻，把它同 1 km 长的电缆的绝缘电阻标准值进行比较，可判断该段线路的绝缘是否符合要求。其换算公式为：$Q_1=Q_x\times X$，式中 Q_1 为 1 km 长的绝缘电阻换算值，Q_x 为所测的绝缘电阻值，X 为该段线路的绝缘电阻等效电缆长度，换算后的 Q_1 值应大于或等于 10 000 MΩ。四线组组绝缘电阻每千米值换算公式：$M_1=10\ 000/L$（M_1 为某段电缆的绝缘电阻换算值，L 为线路的绝缘电阻等效电缆长度），将 M_1 与该段线路的实测绝缘电阻值 M 进行比较，即可判断该段线路的绝缘是否符合要求：如 $M>M_1$，该段线路的绝缘符合要求；如 $M<M_1$ 则该段线路的绝缘不符合要求，要对该段线路的绝缘进行处理；当进行信号线对的绝缘电阻测试值的换算时，$M_1=5\ 000/L$。

(7)每个电缆接头盒人应存放一份接续测试记录单。

7 劳动力组织

施工管理采用施工负责人责任制、岗位负责制、定点定岗，各人员现场操作严格遵守技术要求、安全规程和机械操作规程。单盘测试、电缆接续测试、全程测试人员劳动组织见表 1、表 2、表 3。

表 1 电缆单盘测试人员组织表

序号	施工人员	单位	数量	备注
1	测试员	人	3	现场施工组织、测试、协调
2	技术工	人	4	开盘、封盘、移动电缆、盘编号等
3	司机	人	1	

表 2 电缆接续测试人员组织表

序号	施工人员	单位	数量	备注
1	测试员	人	4	现场施工组织、测试、协调
2	技术工	人	8	接头盒安装、接续、防护材料运送等
3	司机	人	1	

表 3 电缆全程测试人员组织表

序号	施工人员	单位	数量	备注
1	测试员	人	4	现场施工组织、测试、协调
2	技术工	人	10	各站站联络、协助测试及施工作业
3	司机	人	2	

8 主要机械设备及工器具配置

电缆测试由单盘测试、电缆接续测试和全程测试三部分组成，各阶段施工所需机器具见表 4。

表4　电缆测试施工机具设备组织表

序　号	名　称	规　格	单　位	数　量	备　注
1	中巴车		台	1	
2	高阻计		台	2	
3	兆欧计	ZC-7	台	3	
4	耐压测试仪	JN-5008	个	1	含测试光纤
5	电桥	QT-23	台	2	1台备用
6	电容耦合测试仪	CCT-4	台	1	断线
7	低频智能测试仪	TDC-2	台	1	
8	串音衰耗测试仪	803	套	1	
9	联络电话		台		每作业点1台
10	遮阳伞		把		每作业点1把
11	电工组合工具		套		每人1套
12	断线钳		把	1	每作业点1把
13	管刀		把		每作业点1把
14	喷枪		把		每作业点1把
15	喷灯		个		每作业点1个
16	烟斗烙铁		把		每作业点1把

9　质量控制要点

(1)严格执行相应的施工及验收规范及施工设计图纸的技术要求,在施工过程中采取相应的管理和技术措施避免出现测试误差,确保施工质量。

(2)严格按照《铁路运输通信工程施工质量验收标准》(TB 10418—2003)和设计要求进行施工,按照工程技术交底、施工作业细则进行操作。

(3)电缆接测人员应熟练掌握常用对称电缆的各种电气特性指标及对称电缆接续的技术操作规程;电缆接测人员应进行严格的操作技能培训,并取得铁道部颁发的电缆接续证后方能上岗。

(4)电缆接续测试所用仪器仪表必须经过指定的检验机构鉴定合格后方能使用;线路附属设施如:加感单元、平衡元器件、气压传感器等必须经过检验测试合格后才能在工程中使用。

(5)电缆接续及测试应相互配合进行,接续点要服从测试点的指挥,接续后交、直流电特性经测试如不合格接续点要立即重新接续,保证电缆的各种电特性如绝缘等合格。电缆芯线接续完毕后,需再对电缆的电特性复测一次,电特性指标全部合格后方可进行接头盒的安装或进行铅套管的封焊。接头盒的安装或铅封焊接续完毕后,要做好充气试验工作,确保电缆的气闭性能。

10 安全控制要点

(1)测试步骤应严格按仪表使用说明进行,仪表必须可靠接地。如是对已敷电缆或正在接续的电缆进行耐压测试时,应在测试前通知沿线的施工人员或接续人员注意安全,在规定的时间内不得触碰电缆芯线。测试人员应戴防护手套,踏在绝缘板上,注意安全。

(2)测试完毕后,必须先放电,然后才能拿下测试线对,并通知沿线工作人员或接续人员。测试仪表使用发电机供电时,应选用性能稳定的发电机,保证发电机输出电压的稳定。仪表电源的接入,应先通过电源稳压装置后再连接到仪表上,防止电压过高或过低,影响仪表正常使用或致使仪表损坏。发电机在夏季时应注意通风及降温,并尽量放在阴凉处或太阳伞下,听到机器运转过快或过慢时,应立即切继电源并关闭仪表。

(3)工作场地作业人员不得穿拖鞋作业。

(4)单盘电缆开盘时,应用砖块或木块垫好电缆盘,防止缆盘滚动发生意外。撬下的包装物,集中堆放,小心包装物上铁钉刺伤手脚。电缆开剥丢弃的护套及沾有汽油、油膏的填充物要集中回收处理,不得在电缆堆放场所及野外施工场所随意焚烧,以免引起火灾。

(5)雨雪天不得从事电缆单盘及接头测试工作,工作中突遇雨雪时应立即停止作业并处理好机械、仪表及电缆头。

(6)全程测试时,仪表在通电前应认真确认外接电压是否正常,外接电源是否通过了稳压装置。禁止在机械室乱拉、乱接电源,所接电源必须由现场负责人联系落实后方可实施。严禁借用既有设备上电源,防止因短路或过载而影响既有设备使用,造成事故。

(7)确保通信畅通,坚持复诵制度。

(8)已经使用的机房内,进入前须经主管部门同意并遵守其规章制度,进入时必须有主管部门配合人员到场,机房内任何设备未经许可不得随意乱动并对既有设备进行适当的防护或隔离。注意搬运、行走时所持工具、材料的影响范围,防止误撞及污染既有设备或造成短路。

(9)施工现场配备足够的消防器材,所有施工人员应熟悉消防器材的性能,并掌握使用方法。禁止在室内吸烟、存放易燃、易爆、易腐蚀物品防止引起火灾。

11 环境保护要点

根据电缆测试施工中可能对环境产生影响的因素,采取以“预防为主,防治结合,综合治理”的原则,确保做好环境保护工作。在施工过程中采取以下措施:

(1)坚持按中华人民共和国《环境保护法》及相关法规条款进行施工。制订环境保护管理办法和实施细则,并建立奖惩制度,将环保的具体措施落实到人头。

(2)施工现场内道路平整畅通,易燃物品妥善保管,施工现场工具材料摆放整齐,保证现场施工场地整洁、干净、工完料清。

(3)工程完工后,应按要求拆除安全防护设施和临时设施,并将工地及周围环境清理整洁,做到工完料清,场地整洁,废弃物统一回收。

(4)按规定对电缆测试仪器进行定期检查,确保仪器符合安全运行要求。废旧干电池采用集中回收统一处理。

12 附　　录

(1)对称电缆施工测试记录,见表5。

表5　对称电缆施工测试记录

增音段　　至　　仪表　　日期

测试点　　终端　　测试人　　记录人

项目线组		对　号	绝　缘(MΩ)			交流不平衡衰耗(dB)			近端串音(dB)	
		实际交叉	红	白	兰	绿	Ⅰ对	Ⅱ对	Ⅰ Ⅱ	Ⅱ Ⅰ
Ⅰ组	1									
	2									
Ⅱ组	1									
	2									
Ⅲ组	1									
	2									
Ⅳ组	1									
	2									

对绞线	芯线号	1	2	3	4	5	6	7	8	9	10	备　注
	绝缘											
	对号											

(2)交流对地不平衡衰耗测试记录,见表6。

表6　交流对地不平衡衰耗测试记录

中继区段　　测试地点

测试频率　800 Hz　　测 试 人

记 录 人　　日　　期

四线组别	线　对	交流对地不平衡衰耗(单位 dB)	备　注
Ⅰ	1		
	2		
Ⅱ	1		
	2		
Ⅲ	1		
	2		
Ⅳ	1		

(3)近端串音测试记录,见表7。

表 7 近端串音测试记录

中继区段　　　　　　　　　　　　测试地点

测试频率　800 Hz　　　　　　　测 试 人

记录人　　　　　　　　　　　　测试日期

dB值 主串线对 / 被串线对		Ⅰ 1	Ⅰ 2	Ⅱ 1	Ⅱ 2	Ⅲ 1	Ⅲ 2	Ⅳ 1	Ⅳ 2
Ⅰ	1								
	2								
Ⅱ	1								
	2								
Ⅲ	1								
	2								
Ⅳ	1								
	2								

(4)绝缘电阻测试记录，见表 8。

表 8 绝缘电阻测试记录

增音段　　　　　测试点　　　　　电缆长度　　　　　测试端

测试人　　　　　记录人　　　　　日　期

线对类型			绝缘电阻(MΩ) R1	R2	R3	R4	备注
四线组	Ⅰ	1					
		2					
	Ⅱ	1					
		2					
	Ⅲ	1					
		2					
	Ⅳ	1					
		2					

7对绞组	1		2		3		4		5	
	a	b	a	b	a	b	a	b	a	b

程控交换设备安装工艺

1　工艺概况及技术特点

程控交换机设备一般安装在通信站内。机房内的设备，均为与干线、专用通信直接有关的设备。安装程控交换机设备，还涉及到电源、原有机架、槽道、光电缆引入、配线走向等。

2　适用范围

适用于电信、网通、铁路、公路、地铁、楼宇等的程控交换机安装、调试施工。

3　引用标准

(1)《邮电部电话交换设备总技术规范书及附录》(YDN 065—1997)。

(2)原邮电部技术规定《自动交换电话(数字)网技术体制》(YDN 088—1998)。

(3)《关于程控交换机的补充规范》。

(4)《中国 No.1 信令》、《ISDN 用户——网络接口规范》(YDN 034—1997)。

(5)《电话交换设备总体技术规范(补充件 1)》(YD/T 1128—2001)。

(6)《程控交换电话设备安装工程验收规范》(YD 5077—98)。

4　基本术语及定义

HW：hardway 是设备内部各网路功能单元到核心处理器的通道总线。

5　工艺原理

先根据设计图纸进行设备机架安装，然后进行设备间的线缆敷设配线，最后根据技术资料，检查设备安装、配线，做好设备加电的准备工作。

6　工艺流程及操作要点

6.1　工艺流程

程控交换设备施工工艺流程如图 1 所示。

6.2　操作要点

6.2.1　机柜安装

6.2.1.1　机柜的摆放原则

机柜采用单排或多排的布放方式由机房的大小和机柜数量决定。在机柜布放中要满足以下要求：

(1)一排机柜正面与另一排机柜正面间的距离≥1 600 mm。

(2)机柜侧面与墙的距离≥800 mm。

(3)有调测的面与墙距离≥1 200 mm。

(4)机房应留有不小于 1 m 宽的通道。

6.2.1.2　机柜的安装流程

机柜安装流程如图 2 所示。

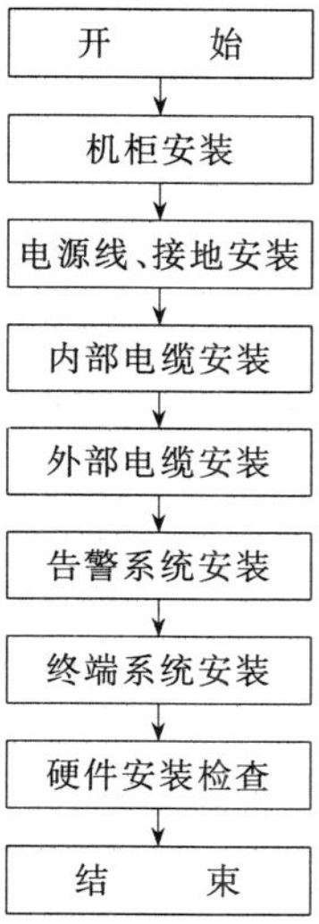

图 1　程控交换设备安装工艺流程图

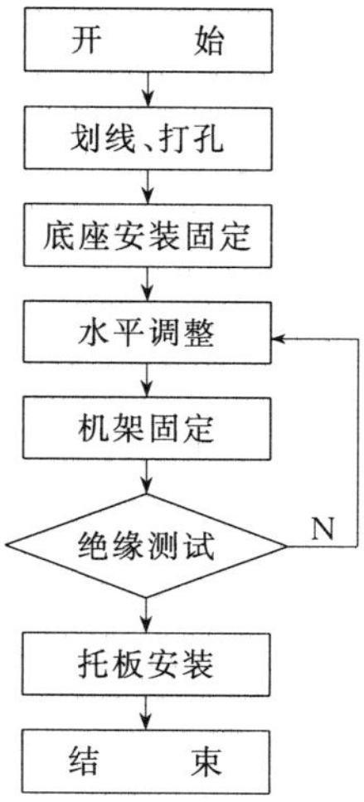

图 2　机柜安装流程图

6.2.1.3　底座定位

(1)划线

根据施工平面设计图给定的基准尺寸和机架尺寸确定底座安装位置，用卷尺测量出几个划线点，用墨斗划出一条中心基准线及两条平行于基准线的直线，根据要求在三条直线上确定第一个机架的安装孔位置，作好标记。并以此为基准，逐个确定其他底座的安装孔。

(2)钻孔

① 在地面膨胀螺栓孔标记处，钻 $\phi16$ 的孔，深度 70 mm。

② 使用冲击钻(或电锤)打孔时要保证钻头与地面保持垂直，双手紧握钻柄，垂直向下用力，不要摆晃，以免破坏地面、扩大孔径或者使孔倾斜。打孔时，同时使用吸尘器吸净所产生的灰尘。如地面特别光滑，钻头不易定位，可先用样冲在孔位上凿一个凹坑，以帮助钻头定位。

6.2.1.4　底座安装及固定

(1)安装膨胀螺栓

① 安装前使用吸尘器吸净所有孔内和外围灰尘，对孔距进行测量以确认其准确性。对于误差大的孔需要重新定位、打孔。

② 取下膨胀螺栓上的垫圈、螺母，将膨胀螺栓杆和膨胀管垂直放入孔中，用锤子直接敲打膨胀螺栓，直到将膨胀螺栓的膨胀管全部敲入地面。

(2)调节底座高度及底座固定

① 根据测量的地板高度值以及机架底部支脚可调整的高度值，调节所有底座到预定高度，并用力矩扳手紧固高度锁定螺栓。每台机架安装的两个底座高度差调整后不大于 1 mm。

② 清洁地面和底座表面，将底座安放在对应的膨胀螺栓位置，在膨胀螺栓上依次安放平垫片、弹簧垫片，用螺母将底座固定在地面，紧固力矩应达到 45 N · m。

6.2.1.5　机柜固定

(1)人工或用吊装设备将机架摆放在安装好的最边上一个可调底座上面，保证机架的左右前后四个面与机房墙平行，通过调高螺母将第一个机架调节好水平度与垂直度，将锁紧螺母拧紧，紧固力矩应达到 45 N · m，将机架锁定。

(2)单机架与底座的连接固定，先放好绝缘板，用压板压住机架底脚，再套入绝缘垫圈，然后用垫圈、弹垫、螺栓将机架固定好，紧固力矩应达到 45 N · m。

6.2.1.6　绝缘测试

调万用表至电阻档，用万用表的两个测量头分别与机架底脚的金属部分和膨胀螺栓接触，测量其电阻。若电路呈断路状态，继续下步安装，否则说明底脚与地没有绝缘，此时应检查是否漏装绝缘套，或绝缘套已损坏。重复上一个流程，并重新进行绝缘测试。

6.2.1.7　防静电地板托板的安装

托板是用来支撑机柜周边的防静电地板，在机架安装及线缆布放完毕后进行安装。

6.2.1.8　总配线架的安装

(1)配线架的垂直倾斜误差不大于 3 mm，水平误差不大于 2 mm，跳线环位置横竖均应平直整齐。依据设计文件中电缆走向和路由的要求接插用户电缆到配线架上。

(2)配线架接线排、架间电缆的两端都必须有明显的标识，注明电缆的序号范围，便于查线以及测量等维护工作。电缆芯线与配线架端子应该一一对应，不得错接、漏接。

(3)配线架插接部位应该紧密牢靠，接触良好，插接端子不能够弯曲或者折断。

(4)机柜间电缆布放插接完毕后应进行整理，保证外观横平竖直。

(5)电缆的剥头平齐，芯线的绝缘层不能够有损伤，电缆芯线按线色和点数顺序分线，不能将每对芯线的互绞打开。

(6)内外线间的跳线应该经最靠近内外线接线的跳线环后，再上接线端，相邻跳线最好采用不同颜色的芯线，以便于查找。

6.2.2　机柜固定

(1)机柜上下框的短梁上各有两件连接板，连接板之间用 M8×25 六角螺栓、平垫、弹垫、螺母各 4 个，将机柜紧固。

(2)机柜上下框的短梁侧面各有两个安装孔，用 M10×100 六角螺栓、平垫、弹垫、螺母各 4 个，将机柜紧固。

6.2.3　机柜附件安装

6.2.3.1　走线槽的安装

(1)电缆走道及槽道的安装位置应符合施工图的规定。

(2)水平走道应与列架保持平行或直角相交。

(3)垂直走道应与地面保持垂直并无倾斜现象。

(4)电缆走道吊架的安装应整齐牢固，保持垂直，无歪斜现象。

(5)电缆走道穿过楼板孔或墙洞的地方，应加装子口保护。电缆放绑完毕后，应有盖板封住洞口，子口和盖板应采用阻燃材料，其漆色宜与地板或墙壁的颜色一致。

(6)安装沿墙单边或双边电缆走道时，在墙上埋设的支持物应牢固可靠，沿水平方向的间隔距离均匀。安装后的走道应整齐一致，不得有起伏不平或歪斜现象。

(7)电缆安装槽道应符合下列规定：端正牢固，并与大列保持垂直，列间槽道应成一直线，走线槽内无灰尘，强电线槽和弱电线槽要完全分开，如果在弱电槽内走强电线缆，应采取屏蔽措施。

6.2.3.2　电源走线槽部件的安装

电源走线槽部分的零件分为竖走线架、横走线槽、支架和安装板。竖走线架一般只安装一件,对于每单台使用的机柜或单排并架的机柜,根据实际使用情况选择机柜的一侧安装竖走线架,也可根据实际需要在机柜的两侧安装两件竖走线架。支架安装在机柜顶部的两侧,再在安装支架上安装横走线槽。安装支架和横走线槽每个机柜都必须安装。安装板安装在横走线槽侧面靠机柜的后面一侧,作为可选件,用于安装烟雾告警器,可视实际需要安装。

6.2.3.3 机柜进出线孔的处理

机架顶部和底部都有出线口。机架后方有三个出线口,其中两侧的出线口分别装有一个可前后推拉的防鼠盖和一个可以左右移动的防鼠盖,中间的出线口只有一个可以前后推拉的防鼠盖。安装线缆时可以松开防鼠盖上的蝶形锁紧螺母,调节出线口的大小。线缆布放完毕后调节防鼠盖的位置,使之前后左右都紧压在线缆上,然后再锁紧蝶形螺母。线缆布放可以视不同的出线方式使用出线口,机柜顶部中间的小出线口为电源线缆及地线的专用入口,上出线时信号线缆从两侧的大出线口出线,下出线时机柜最下方插箱的信号线缆从中间的小出线口出线,其他插箱的信号线缆从两侧的大出线口出线。注意出线口的线缆数量分配合理。机架前方两侧有两个安装左右推拉防鼠盖的小出线口,主要用作前走线光纤的出线。

6.2.3.4 光纤绕盘的安装

(1)光纤绕盘用于将机架间连接的光纤多余部分绕在其上面,保持机柜内部的整洁,同时保护光纤免受折伤。

(2)连接机架间的光纤绕盘必须成对安装,两个光纤绕盘的距离根据机架间光纤连接长度来确定。

(3)安装光纤绕盘时,先确定一对光纤绕盘的位置和距离,将所处位置的插箱安装螺钉卸下来,再在该位置安装光纤绕盘。

6.2.3.5 机柜标签

(1)机柜标签用于标明设备位置信息,其标号与交换机配置数据中的位置描述一一对应,有利于维护方便。

(2)行号标签粘贴在一排机柜两侧门板的凹坑处。

(3)列号标签粘贴在机柜前后左门板的凹坑处。

6.2.4 电源线、地线安装

(1)电源线、地线的规格型号,见表1。

表1 电源线、地线的规格型号

线缆种类	两端标志	颜色	截面积
−48电源线(直流配电柜-交换机)	−48 V	蓝色	16 mm^2
−48电源地线(直流配电柜-交换机)	−48 V GND	黑色	16 mm^2
保护地线(直流配电柜-交换机)	PE	黄绿色	25 mm^2
同一模块机架的互连线	GND	黑色	50 mm^2
一次电源输出到电源分配柜的−48 V电源线	−48 V	蓝色	95 mm^2
一次电源输出到电源分配柜的−48 V电源线	−48 V GND	黑色	95 mm^2

(2)安装步骤

① 机柜内部的电源线和接地线连接;

② 机柜与机柜之间电源线和接地线的互连;

③ 交换机与直流配电柜的电源以及地线的连接;

④ 直流电源分配柜与配电屏的连接；

⑤ 总配线架的接地和电源线连接；

⑥ 交流配电系统(为终端设备提供必要的电源)的接地；

⑦ 交换机与互联设备的接地。

6.2.5　电缆安装

6.2.5.1　HW 电缆的安装

(1)HW 电缆分为中继 HW 和用户 HW 两种,分别用于承载中继话路和用户话路。每根电缆都是由一条 8 对双绞线(16 芯单股圆电缆)和两只 3×8 插头组成。

(2)安装 HW 电缆时,应该将插头紧贴锁片插入插座,直到插头被锁片锁紧。需要将插头拔出时,应将锁片拨到插头的相反方向至锁片不再锁住插头时,然后将插头拔出。

6.2.5.2　HW 电缆的绑扎

(1)绑扎前先整理各层的 HW 电缆,注意电缆排列的顺序。

(2)先绑扎远端的靠近中继和用户侧的 HW 电缆,然后逐步沿横走线槽和竖走线架绑扎。

(3)在进行扎线时,按照电缆插头标签内容要求,由远及近将电缆插头安装在背板的指定位置,留有合适余量和均匀的出线角度。

(4)绑扎电缆的线扣尺寸一致,在横走线架上每两个线扣之间保持 60 mm 的均匀间距,在竖走线架上保持 70 mm 的均匀间距。电缆在拐弯处的弯曲半径不小于 40 mm。

6.2.5.3　485 电缆的安装

485 监控电缆是由一根或者多根 2 芯单股圆电缆组成的。每一条 2 芯圆电缆(1 对双绞线)的 B 端(标签上的“Port B”)压接在 1 个 3×8 的插头中。A 端按照电缆的不同作用用一条电缆压入一个 3×8 插头中,也可以是多条电缆共同压入一个 3×8 插头中。

6.2.5.4　控制通信电缆的安装

控制通信电缆是用于从数字交换接口板 DSNI 到通讯板 COMM 上行消息的传输。

按照电缆两端标签的内容,将电缆 B 端的插头依次插入背板的接插位。沿横走线槽和竖走线架布放绑扎电缆,直至 A 端。在 A 端捆扎前需要为电缆留有合适的余量和弯曲度。

6.2.5.5　时钟电缆的安装

时钟电缆是用于向时钟板传送中继提取的时钟源信号。每根电缆都是由一条 4 对双绞线(8 芯单股圆电缆)和两只 3×8 插头组成。插座和插头的组成和 HW 电缆相同。

按照电缆两端标签的内容,将电缆 B 端的插头依次插入背板的接插位。沿横走线槽和竖走线架布放绑扎电缆,直至 A 端。在 A 端绑扎前需要为电缆留有合适的余量和弯曲度。

6.2.5.6　用户电缆的绑扎

电缆应绑扎成线束的形式,电缆绑扎必须紧密靠拢,外观平直整齐,层次分明,走线平滑无交叉。绑扎成束的用户电缆在转弯时的扎带应该规范地绑扎,避免电缆在转弯时应力过大造成内芯出现断芯故障,如图 3 所示。

6.2.5.7　数字中继电缆的安装

布放中继电缆时,应按照设计图纸和电缆的去向、路由在机柜中布放。

6.2.5.8　电缆标签的粘贴

用户电缆工程标签上的一侧填写的内容为用户层所在机柜的行、列位置,另外一侧填写的

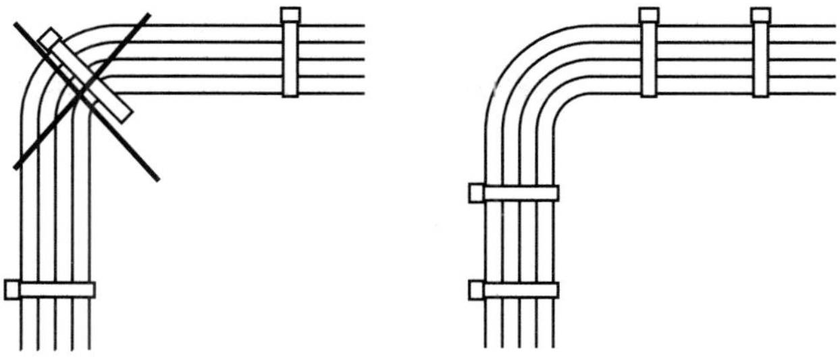

图 3　用户电缆布放转弯处绑扎示意图

是配线架(MDF)对应的行、列位置。标签粘贴在用户电缆插头根部 2 cm 处,具体的标签内容以及标签粘贴方式如图 4 所示。

图 4　用户电缆标签示意图

6.2.5.9　电缆布放注意事项

(1)机柜内部电缆的布放、走向及路由应该清晰、易识别。

(2)电缆的布放应该整齐美观。

(3)电缆的两端需要有明显标志。

(4)电缆不能错插或者漏插。

(5)可以进行固定的电缆插头部位都需要用锁片等装置锁紧。

(6)信号线和强电流的电缆必须分开绑扎以防止对信号的传递产生干扰。

(7)电缆布线时的弯脚处均应圆滑过渡,电缆弯曲半径不应该小于电缆线材直径 8 倍。

(8)布线时机柜内的多余电缆应该整理整齐后绑扎在机柜的侧面走线横梁上。

(9)所有捆扎电缆的线扣排列方向一致,线扣的捆扎为 60 mm 的均匀间距。

(10)当电缆在横走线槽布放时,应该保证每一个走线槽的穿线孔捆扎一只线扣。

(11)电缆在竖走线架布放时,应该保证每间距 80 mm 就捆扎一只线扣。

(12)线扣多余部分需要剪平,不能有毛刺。所有线扣的头都应放在线缆的背部。

6.2.6　光纤的安装

将光纤一端插接到交换机的光纤总线接口板 FBI 上,保持大于 45°的出线角度,然后竖直进入交换机前部横梁上安装的光纤走线槽。此时光纤只需要在单板的光口到走线槽之间的中间部位用长度小于 100 mm 的线扣捆扎,注意不要扎得太紧以防止破坏光纤本身的性能。沿走线槽布放的光纤到线槽尽头后,通过交换机侧面光纤绕线盘,可以到达另一机柜的光纤绕线盘,从而进入到另一机柜光纤走线槽,最终到另一端单板上的光口。多余的尾纤需要盘绕在两端的光纤绕线盘上,以免光纤受到损伤。

6.2.7　告警系统、后台系统安装

6.2.7.1　告警箱

根据告警箱的安装位置及出线情况安装 PVC 走线槽,将电源线及网线装入 PVC 走线槽,然后盖上 PVC 走线槽上盖。告警箱安装时应注意以下几点：

告警箱安装在墙面时，其电源线及信号电缆应加护套，然后将护套固定于墙面，不得直接将电缆电线钉于墙面。

告警箱边框应与地面或墙面平行，不得歪扭。

告警箱电缆走线应平直，绑扎整齐，电缆拐弯处应呈圆弧状平滑过度，不得将尾部电缆拉紧，以防损坏电缆。

6.2.7.2　后台系统

(1)系统组成

① 后台服务器：包括操作维护服务器，计费服务器，鉴权服务器。可共用一台服务器设备，也可分别单独使用。

② 操作维护终端。

③ 集线器(HUB)。

④ 逆变器或 UPS。

(2)服务器及终端安装

整体安装如图 5 所示。

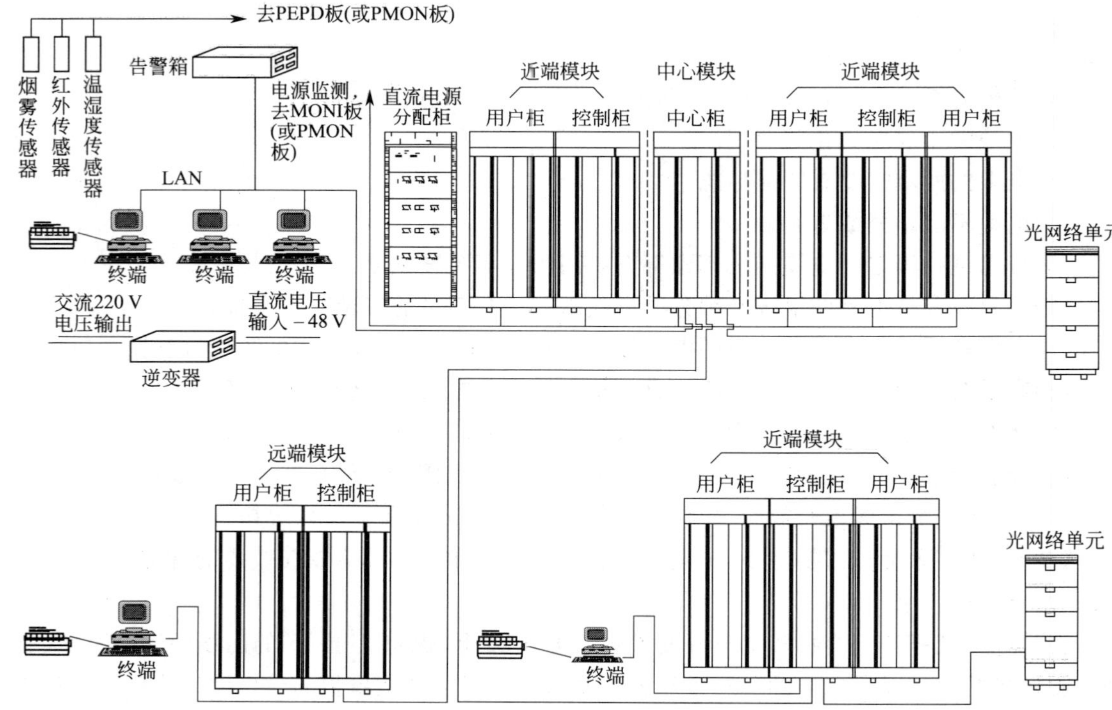

图 5　终端设备与前台交换系统连接示意图

(3)网线敷设

由于在交换机内部使用的网线数量较少，可以将网线和中继电缆在交换机内部一同进行布线，绑扎。在出线时由于网线一般会连接到外置设备上，可以按照实际的长度放线，剩余的网线盘成直径为 120 mm～150 mm 的圆形后放入交换机底部。

(4)配套设备安装

常见的包括:HUB、MODEM、UPS或逆变器、音箱、路由器等。安装人员在安装过程中,详细阅读相关产品安装指南,在保障正确安装的基础上,充分征询建设单位意见,保证现场效果的整齐美观。

6.2.8 硬件安装检查

所有硬件安装工作完毕后,对安装工作进行检查,为下面的软件安装及系统调试工作作好准备。检查项目主要有:现场环境检查、机架检查、配线检查、插座、插头及插片检查、标签检查、告警箱、后台系统检查。

6.2.8.1 现场环境检查

(1)机架内外部应无多余扎带头、线头、其他杂物;机柜前后门、侧门应干净。

(2)走线槽及机架底部、机架周围的活动地板下等不应留有扎带、线头、干燥剂带等施工杂物,所有部分应整齐。

(3)机房内多余不用的物品应清理干净,需要放在机房内的物品应摆放整齐;活动地板应平整、干净。

6.2.8.2 机架检查

(1)机架安装后,要求机架稳定不动,整齐美观;一排机架要成一直线;整列机柜面应在同一平面,误差小于5 mm;

(2)机架的垂直度小于3 mm;

(3)所有紧固件全部拧紧;

(4)机架上各种零部件不得脱落或损坏,连线不得脱落或碰断。各种标志牌应正确、齐全、清晰;

(5)机柜安装完毕后,要清除机柜内外表面安装过程中遗留手迹,机柜内外不得存有灰尘;

(6)机柜上下部出线口的推拉盖板在布放所有电缆后向前推到位,防止动物钻入。

6.2.8.3 配线检查

(1)电源线检查

包括从一次电源出来到机柜背面的P电源插箱,再从P电源插箱到汇流排,然后从汇流排到各个插箱背板的电源插座,所有电源线连接牢靠,极性正确。

(2)地线

检查-48 VGND,GND,PE连接正确及牢靠

(3)机柜内及机柜间线缆

HW电缆、时钟电缆、电源告警及测试线等连接正确及牢靠,布放路由、捆扎间距正确,扎线扣不应有拉尖重叠现象。

(4)外出线缆:用户线、中继线、光纤

① 各种电缆在转弯处应放松,不得拉紧;

② 布放路由按规定位置布放,捆扎间距一致;

③ 走线应平滑,架内电缆不应交叉,架外电缆应按机柜绑扎成束;

④ 槽道及走线梯上的电缆应排列整齐,所有电缆绑扎成束,不得损伤外皮;

⑤ 各处电缆应按要求留有余量,扎带接头应剪齐,没有尖刺外露。

6.2.8.4 插座、插头及插片的检查

所有电缆的插头及插片应扣紧,不得有松动现象,插座、插头不得有缺针或插针弯曲现象。

6.2.8.5　标签检查

所有标签应整齐、干净、标注正确，位置正确。

6.2.8.6　告警箱、后台系统检查

告警箱安装位置合理，固定牢靠，面板清洁。

后台系统各终端、服务器安放整齐合理；电缆及电源线直观整齐，不得有松动现象。

7　劳动力组织

交换机施工人员根据交换机容量、工期要求灵活调配人员，机架安装和机架人工运输不得少于6人，人员组织见表2。

表2　程控交换机施工人员组织表

序　号	施工人员	单　位	数　量	备　注
1	施工负责人	人	1	现场施工组织及协调
2	技术员	人	1	技术负责、质量负责
3	通信工	人	4	设备安装配线

8　施工机具

主要施工机具及仪表见表3。

表3　机具设备仪器仪表

序　号	机具名称	单　位	数　量	备　注
1	电锤	把	2	
2	撬杠	根	1	
3	组合工具	套	2	
4	水平仪	台	2	
5	现场照明设备	套	4	
6	同轴电缆安装工具	套	4	
7	地阻测量仪	台	2	
8	万用表	台	2	
9	500 V兆欧表	台	1	
10	防静电手环	付	2	
11	卡线钳	把	2	
12	绕线枪	把	2	
13	剥线钳	把	2	
14	压线钳	把	2	

9　质量控制要点

9.1　光纤布放绑扎

(1)光纤需要成对布放，布放时不能把光纤折成直角。需要弯曲时，要弯成圆形或者弧形，半径不小于 40 mm。

(2)光纤布线应尽量做到顺其自然,不可强拉硬拽,绑扎力度适宜。

(3)光纤两端的标志要求字迹清晰,并能够正确反映出架与架,行与行的对应序号以及对应关系。

(4)光纤布放时,应该尽量减少转弯,使用线扣捆扎时不能太过用力。

9.2 电源线连接

(1)电源线和地线布放时,应同其他电缆分开布放、分别绑扎。

(2)电源线及地线从机架侧面的竖走线槽引到顶部的横走线架再引入机架内部。线缆绑扎平直、整齐,每段绑扎间隔距离为 200 mm。

(3)扎扣根据电缆多少选择不同型号(150 mm/300 mm),扎后应剪平。

(4)电源线和地线连接至架内电源上的接线端子时,应从架顶防鼠网的电源走线孔内进入机架内部。

(5)电源线和地线的布放中,应事先精确测量电源分配柜至机柜接线端子的距离,预留足够长的电缆,避免实际布线时长度不够。在布线工程中发现预留长度不够,应更换长的电缆重新布线,不得在电缆中做接头或焊接。

10 安全控制要点

(1)在设备安装过程中,必须遵守安全规范和相关操作规程,否则可能会导致人身伤害或设备损坏。

(2)交换设备主要采用直流 48 V 供电,个别远端一体化用户单元会采用 220 V 交流电供内部电源模块。因此在施工中,需严格按操作规程工作,且注意设备上的警示标志,注意人身安全。

(3)设备本身的安全性是每一个安装人员必须时刻注意的问题,任何的疏忽大意,都有可能造成设备整体或部件损坏,造成严重的经济损失和恶劣的社会影响。为了安全需注意以下几点:

① 进入通信站前,要办理通行证。

② 施工人员进入原有机房施工前,应与原有设备机房的负责人联系,了解原有机房的设备情况,包括电源、机架、槽道、新设备安装位置、光缆引入、配线走向等。

③ 施工负责人与原有机房负责人签订安全责任书,明确安全施工条例,以确保施工安全。

④ 安装设备前,必须在原机房值班人员的指导下,确定新设备的安装位置。在规定的位置施工。

⑤ 安装设备必须变动走线架或槽道时,必须经机房值班人员同意,在值班人员的指导下进行。

⑥ 从列头柜中引出电源时,必须在值班人员的指导下进行。施工时,采取必要的安全措施,保证原有设备的安全。

⑦ 在原有走线架或槽道内配线时,要保持原有状态的统一和协调,不得任意变动原有的配线。若必须变动原有配线时,须经机房负责人同意。

⑧ 机架安装完毕后,要检查接地装置是否完整。

11　环境保护要点

(1)施工现场工具材料摆放整齐,保证现场施工场地整洁、干净。

(2)各种包装物应统一收集处理、严禁四处乱扔、乱放污染周围环境。

(3)工程完工后,将工地及周围环境清理整洁,做到工完料清,场地整洁。

12　常见问题及处理方法

安装机架时,地面不平整,造成机架垂直要求达不到要求,选择厂家提供的垫片在底座与地面之间进行局部垫高。垫片有 1 mm 和 2 mm 厚两种高度。

铁 路 信 号

信号电缆施工工艺

1 工艺概况及技术特点

1.1 铁路信号电缆概况

铁路信号数字电缆按照护套类型分为塑料护套、综合护套、铝护套数字信号电缆，按照屏蔽类型分为普通数字信号电缆和内屏蔽数字信号电缆。随着我国铁路的提速，ZPW-2000 系列无绝缘轨道电路制式作为铁路实现主体化机车信号的统一制式已被越来越广泛地采用，作为室外传输通道而采用的铁路内屏蔽数字信号电缆的施工就显得尤为重要。

1.2 工艺概况及技术特点

铁路内屏蔽数字信号电缆施工包括：单盘测试、电缆敷设、电缆接续。与以往的信号电缆施工相比较，铁路内屏蔽数字信号电缆施工具备以下技术特点：

(1)保证电缆在投入使用后，保持其固有的电气特性稳定；

(2)通过对内屏蔽层合理的接地，使屏蔽四线组之间的故障串音防护性能接近两电缆间的故障串音防护能力，提高了电缆近端串音衰减，有效解决了同频同缆传输组间干扰防卫的问题，电气性能指标更加完善。能实现 1 MHz(模拟信号)、2 Mbt/s(数字信号)及额定电压交流 750 V 或直流 1 100 V 及以下系统控制信息及电能的传输，具有屏蔽性能和高抗干扰能力；

(3)电缆屏蔽接地采用与贯通地缆相接的方式，保证了接地良好(达到 1 Ω)。

2 适用范围

本施工工艺重点介绍铁路内屏蔽数字信号电缆施工技术，适用于采用铁路内屏蔽数字信号电缆的施工。

3 引用标准

(1)《铁路信号设计规范》(TB 10007—2006)。

(2)《铁路信号工程施工质量验收标准》(TB 10419—2003)。

(3)《铁路信号施工规范》(TB 10206—99)。

(4)《铁路内屏蔽数字信号电缆施工工艺》。

4 基本术语及定义

(1)代号含义

SP T YW P L 23

23——双钢带铠装聚乙烯外护套
L——铝护套
P——内屏蔽
YW——皮-泡-皮物理发泡聚乙烯绝缘
T——铁路
SP——数字信号电缆

(2)使用特性

① 使用环境温度为－40 ℃～60 ℃，敷设的环境温度不低于－10 ℃；

② 电缆导体的长期工作温度应不超过 70 ℃；

③ 电缆的弯曲半径不小于电缆外径的 15 倍。

(3)电缆规格

铁路内屏蔽数字信号电缆规格见表 1。

表 1　铁路内屏蔽数字信号电缆的主要规格表

序　号	芯　数	实 际 规 格	组 绞 型 式	备 用 芯 线
1	8B	2×4P	屏蔽星绞	1 对
2	12A	2×4P＋1×4	屏蔽星绞＋星绞	2 对
3	12B	3×4P	屏蔽星绞	2 对
4	14A	2×4P＋1×4＋2	屏蔽星绞＋星绞＋普通	2 对
5	14B	3×4P＋2	屏蔽星绞＋普通	2 对
6	16A	2×4P＋2×4	屏蔽星绞＋星绞	2 对
7	16B	4×4P	屏蔽星绞	2 对
8	19A	3×4P＋1×4＋3	屏蔽星绞＋星绞＋普通	2 对
9	19B	4×4P＋3	屏蔽星绞＋普通	2 对
10	21A	3×4P＋2×4＋1	屏蔽星绞＋星绞＋普通	2 对
11	21B	5×4P＋1	屏蔽星绞＋普通	2 对
12	24A	4×4P＋2×4	屏蔽星绞＋星绞	2 对
13	24B	6×4P	屏蔽星绞	2 对
14	28A	4×4P＋3×4	屏蔽星绞＋星绞	2 对
15	28B	7×4P	屏蔽星绞	2 对
16	30A	4×4P＋3×4＋2	屏蔽星绞＋星绞＋普通	2 对
17	30B	7×4P＋2	屏蔽星绞＋普通	2 对
18	33A	4×4P＋4×4＋1	屏蔽星绞＋星绞＋普通	2 对
19	37A	4×4P＋5×4＋1	屏蔽星绞＋星绞＋普通	2 对
20	42A	5×4P＋5×4＋2	屏蔽星绞＋星绞＋普通	2 对
21	44A	6×4P＋5×4	屏蔽星绞＋星绞	2 对
22	48A	6×4P＋6×4	屏蔽星绞＋星绞	3 对

注：P——表示带屏蔽星绞组；

5×4P＋5×4＋2——5×4P 表示 5 个内屏蔽星绞四线组；

5×4 表示 5 个星绞四线组；

2 表示 2 个普通单线芯。

5　工艺原理

5.1　铁路内屏蔽数字信号电缆结构

(1)铁路内屏蔽数字信号电缆分为 A、B 两种类型。

① 在电缆的内部结构中，缆芯由屏蔽四芯组和普通四芯组及对绞组、单芯线组成的铁路内屏蔽数字信号电缆称为 A 型缆。其结构如图 1 所示。

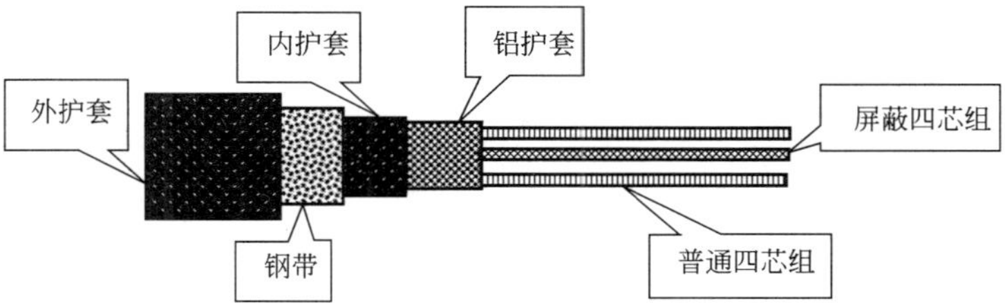

图 1　A 型电缆示意图

② 缆芯全部由屏蔽四芯组及普通芯线组成的铁路内屏蔽数字信号电缆称为 B 型缆。其结构如图 2 所示。

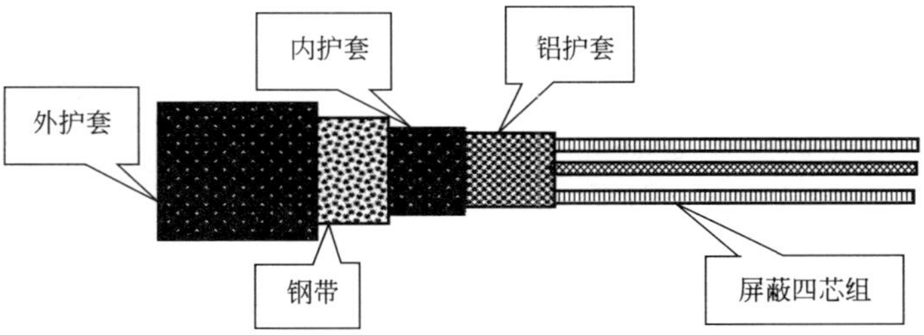

图 2　B 型电缆示意图

(2)电缆芯线的直径：在铁路内屏蔽数字信号电缆中，芯线导体为 TR 型软圆铜线，导体直径为 1.0 mm，与普通信号电缆相同。

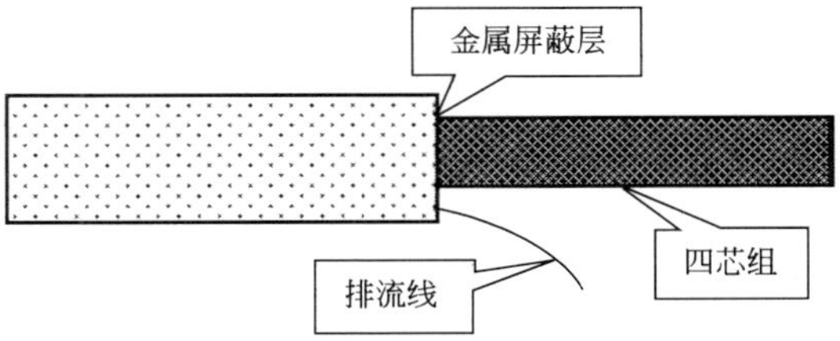

图 3　屏蔽四芯组示意图

(3)电缆芯线绝缘层：铁路内屏蔽数字信号电缆中的内屏蔽四芯组的绝缘层采用“皮-泡-皮”三层物理发泡聚乙烯材料。

(4)四芯组：四芯组采用星型结构，由四根不同颜色的绝缘芯线绞合而成。

(5)屏蔽层：在四芯组外面包裹一层厚度为 0.1～0.15 mm 的铜塑复合带或软铜带作为屏蔽层。

(6)排流线：屏蔽层与四芯组间或在屏蔽层外有一根铜导线称为排流线。屏蔽四芯组见图 3。

5.2　工艺原理

(1)铁路内屏蔽数字信号电缆作为 ZPW-2000 系列系统的传输通道不仅是系统的重要组成部分，也是保证整个系统可靠、正常工作的基础。因此，电缆工程施工质量是实现 ZPW-2000 系列系统功能的基本保障。

(2)电缆线路工程施工时某些工序往往受到自然气候条件、复杂地理环境的影响。因此，电缆在投入使用后能否保持其固有的电气特性稳定，除了需要依靠电缆设计、结构和先进的工艺以外，还需要有一整套科学、系统、严谨的施工工艺作保障。

(3)对铁路内屏蔽数字信号电缆进行电气特性测试，保证了导线直流电阻、工作线对导体电阻平衡、导线对地及线间绝缘电阻、线间工作电容达到标准，确保了电缆的整体电气性能良好。

6　工艺流程及操作要点

6.1　工艺流程

工艺流程如图 4 所示。

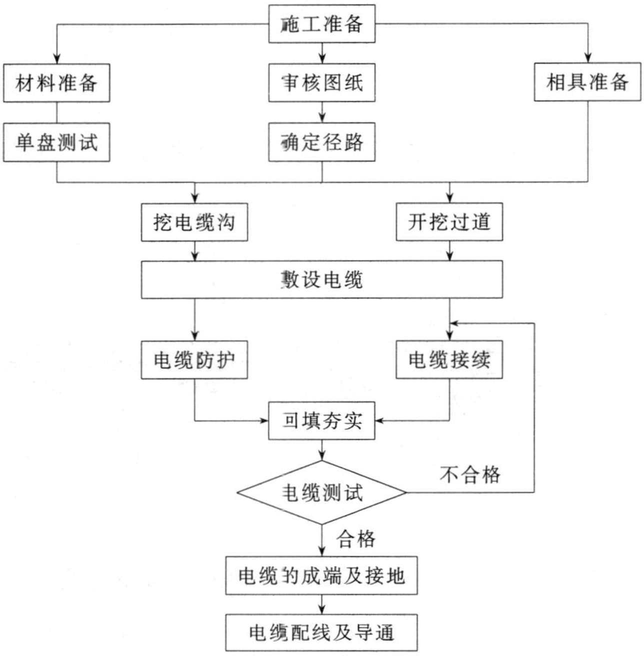

图 4　铁路内屏蔽数字信号电缆施工工艺流程图

6.2　操作要点

6.2.1　施工准备

(1)参加由建设单位组织,设计、监理、运营等单位参加的设计交底和施工定测工作(确定径路)。

(2)审核设计图纸,进行施工测量,核对设计图纸与施工现场是否完全相符。

(3)准备好施工用的各类机器具。

(4)电缆工程开工前与相关部门签订好有关协议。

(5)组织施工人员进行安全学习和考试,同时进行施工技术交底。

(6)组织设备、材料进场,并检查规格、型号是否与设计一致,质量是否合格。

6.2.2　电缆单盘测试

6.2.2.1　电缆单盘测试项目及指标

对单盘的电缆进行测试,是电缆线路施工中的一个重要环节。

(1)铁路内屏蔽数字信号电缆的测试项目主要有:

① A 型电缆测试项目

屏蔽四芯组:导线直流电阻、工作线对导体电阻不平衡、绝缘电阻、工作电容。

普通四芯组及对绞组、单芯线:导线直流电阻、绝缘电阻。

② B 型电缆测试项目

四芯组全部为屏蔽四芯组，与A型电缆的屏蔽四线组测试项目相同。单芯线的测试项目与A型电缆中单芯线的测试项目相同；

(2)电气特性测试指标，见表2。

表2　铁路内屏蔽数字信号电缆单盘测试标准

序号	项　　目	单　位	标　准	换算公式
1	20℃时导体直流电阻	Ω/km	≤23.5	L/1 000
2	20℃时工作线对导体电阻不平衡	%	≤1	L/1 000
3	绝缘电阻(芯线间，芯线对屏蔽层及金属护套间)	MΩ·km	≥10 000	1 000/L
4	工作电容(0.8 kHz～1.0 kHz)	nF/km	27±2	L/1 000

6.2.2.2　电缆单盘测试方法

(1)电缆单盘测试流程

电缆单盘测试流程如图5所示。

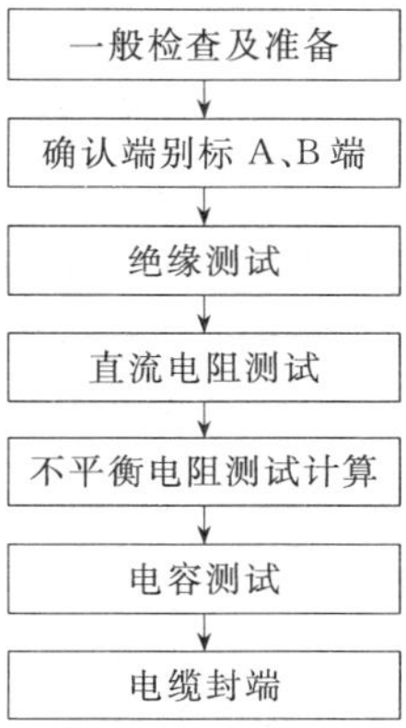

图5　电缆单盘测试流程图

(2)一般检查及准备

① 检查电缆盘外包装是否完整，电缆外观是否有破损现象，并填写“电缆检查记录表”，如表3所示；

② 对每一单盘电缆进行统一编号，并用红油漆在电缆盘两侧标注清晰；

③ 检查电缆铝护套密封性能，用气压表测量电缆内气压值并与电缆出厂的气压值比较，判断电缆护套是否密封。一般情况下电缆内气压变化较小的可认为电缆密封良好。当电缆内无气压时，应及时在铝护套内充入压力为0.4 MPa的干燥空气或氮气，气压稳定后保持6小时内气压不降低为合格；

表3　电缆检查记录表

序号	电缆自编号	出厂编号	电缆型号	外层端别	制造长度(km)	电缆尺标长度	电缆是否有气	外观

检验日期　　　　　　　　　　　　检验人　　　　　　　　　　　　技术负责人

④ 将测试仪表准备齐全；

⑤ 剥开电缆护套：电缆盘外端电缆剥开长度为150～200 mm，电缆盘内端电缆剥开长度为50～100 mm；

⑥ 确认电缆A、B端，及时在电缆盘两侧明显位置标注“外A”或“外B”字样。

(3)电缆电气特性测试

1)绝缘电阻测试

① 测试方法如图6所示。

② 测试步骤。

a. 首先将电缆盘外端电缆的所有芯线、钢带、铝护套、内屏蔽层及排流线用一端带有鳄鱼

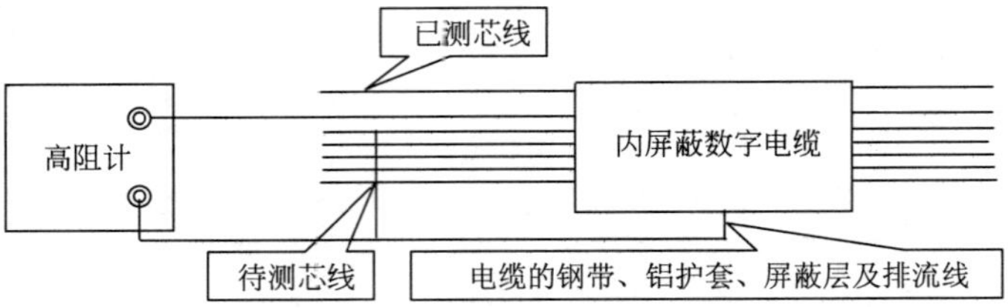

图 6　电缆绝缘电阻测试方法示意图

夹的导线连接，连接后接到高阻计测试端。然后从连接后的电缆芯线中任意取出一根与高阻计的另一个测试端连接。

b. 将电缆盘内端电缆的芯线全部开路。

c. 进行单根芯线对其他芯线及金属护套的绝缘电阻测试。

d. 将测试完的单根芯线与未测试芯线分开，依次测量。

e. 全部芯线测试完后，填写测试记录，如表 3 所示。

f. 所有芯线全部测试完成后，用粉笔在电缆盘上标写“绝缘电阻”的字样，以表示该单盘电缆的绝缘电阻测试完毕。

2)导线直流电阻测试

① 测试方法如图 7 所示。

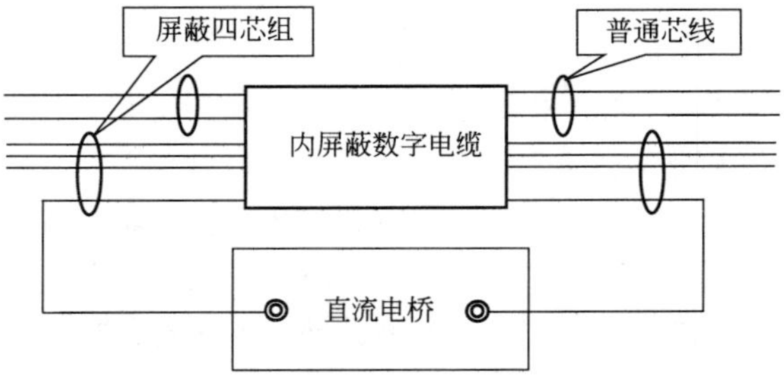

图 7　电缆直流电阻测试方法示意图

② 测试步骤

a. 将屏蔽四芯组待测芯线的两端分别连接到直流电桥的测试端子上。

b. 测量电阻值，填写测试记录，如表 4 所示。

c. 全部内屏蔽组的芯线测试完成后，用粉笔在电缆盘上标写“直流电阻”字样，以表示该单盘电缆的直流电阻测试完毕。

d. 温度 200 C 时每千米长度芯线直流电阻值(R_{20})换算公式：

$$R_{20}=R_x/[1+a_{20}(T-20)]\times 1\ 000/L$$

式中　R_{20}——20 ℃时每千米长度电阻值(Ω/km)；

L——电缆长度(m)；

T——测量时的环境温度，0 ℃；

a_{20}——电阻温度系数，1/0 ℃(0.003 93)；

R_x——实测电阻值。

3)工作线对导体电阻不平衡计算

在一个屏蔽四芯组内，红、白芯线为 1 个工作线对，蓝、绿芯线为 1 个工作线对。

工作线对导体不平衡电阻 R 的定义为：工作线对两根导体的电阻之差与其电阻之和的比值。

$$R=\frac{R_{20}(H)-R_{20}(B)}{R_{20}(H)+R_{20}(B)}$$

式中　$R_{20}(H)$——200 C 时红线直流电阻值；

$R_{20}(B)$——200 C 时白线直流电阻值。

将工作线对导体电阻不平衡计算结果填入测试记录，如表 4 所示。

4)工作电容测试

工作电容是指工作线对回线两导体之间的电容。工作电容的大小，主要由电缆的结构如：导线间的距离、导线直径及导线之间的介质决定。

① 测试方法如图 8 所示。

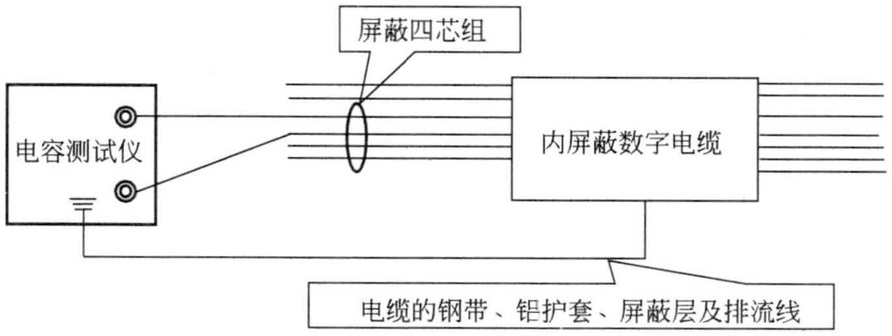

图 8 电缆工作电容测试方法示意图

表 4 绝缘电阻、直流电阻、电阻不平衡、工作电容测试记录表

电缆自编号：					规格：			
测试项目				测试结果				备注
组别		色别	颜色	绝缘电阻(MΩ)	直流电阻(Ω)	电阻不平衡	工作电容(nF)	
屏蔽四芯组	I	红	红					
			白					
			蓝					
			绿					
	..	..	红					
			白					
			蓝					
			绿					
普通四芯组	I	红	红					
			白					
			蓝					
			绿					
	..	..	红					
			白					
			蓝					
			绿					
单芯线								

测试日期　　测试人　　测试环境　　技术负责人　　测试仪表

② 测试步骤

a. 将电缆盘内端电缆的芯线全部开路。

b. 将电缆盘外端电缆的所有芯线、钢带、铝护套、内屏蔽层及排流线用一端带有鳄鱼夹的导线连接,连接后接到电容测试仪的接地端。

c. 将电缆外端头任意一组内屏蔽四芯组的红、白线对或蓝、绿线对连接到电容测试仪的测试端子上。

d. 测试电容值、填写测试记录,见表4。

e. 所有芯线全部测试完成后,用粉笔在电缆盘上标写“工作电容已测试”的字样,以表示该单盘电缆的工作电容已测试完毕。

(4)电缆封端

① 用钢锯将电缆测试端整齐锯断,去掉已开剥部分;

② 用清洁布将电缆端头擦净,然后用砂布条对电缆端头外护套100 mm部分进行打磨。选择与电缆外径相适合的热缩端帽套在电缆头上;

③ 用喷灯对热缩端帽均匀加热,当热缩端帽均匀的包裹在电缆上且热溶胶流出后停止加热;

④ 待热缩端帽冷却后,将电缆端头绑扎固定在电缆盘上。

6.2.3 电缆敷设

6.2.3.1 电缆沟开挖

(1)电缆径路

① 准备地下管线探测仪,试验仪器性能良好;

② 联系有关设备维护部门,确认电缆径路中地下管线埋设位置;

③ 在有关人员的带领下,对选择的电缆径路进行现场探测;

④ 电缆径路距铁路、公路、建筑物及地下管线的距离必须满足《铁路信号施工规范》的要求;

⑤ 确定最佳的电缆径路,并用白灰水画出所选定电缆沟的边线。

(2)电缆沟开挖

1)施工人员在开挖电缆沟时不得超出画线范围,更不得随意改变电缆径路。

2)开挖的电缆沟要求沟直底平,同时深度要符合以下要求:

① 区间电缆埋深一般不小于1 200 mm;

② 石质地段电缆埋深不小于500 mm;

③ 箱盒设备处的储备电缆埋深受条件限制不能与引入沟同深时,可适当减少电缆的埋设深度,但不能小于200 mm,同时在箱盒设备处围桩进行防护。

(3)电缆过道(顶管)

① 测量后用白灰画出过道位置线;

② 沿画线位置,将过道处轨枕两端的石砟清理干净;

③ 按照顶管机的操作工艺挖出辅助槽和顶管机作业坑,深度挖至地面200 mm以下;

④ 将顶管机放入机坑,把防护管水平放置在顶管机和线路之间的辅助槽内,防护管一端与顶管机连接,线路一端安装顶撞头;

⑤ 开动顶管机将防护管从另一端顶出;

⑥ 取下顶撞头,用麻袋等材料将管口堵塞,回填;

⑦ 收拾工具,清理现场。

6.2.3.2 电缆敷设

(1)电缆敷设时,要严格按设计要求确定A端的朝向,同时保证电缆要A、B端对接。贯通地缆或分支地线敷设在电缆沟或电缆槽的底层大地侧。

(2)准备敷设电缆的工具、材料,电缆径路图和平衡表,支好电缆盘。

(3)负责电缆始端的人员将电缆从电缆盘下方拉出,负责看守电缆盘的人员按照盘上所标的箭头方向转动电缆盘。

(4)负责电缆始端的人员通过电台和中间的人员以及守盘人员联系,了解电缆敷设情况。

(5)电缆敷设过程中要均匀分布劳动力,不得强拉硬拽,不得形成背扣。

(6)电缆到达位置并留好电缆储备量后,负责电缆始端的人员通过电台通知中间和守盘的人员,电缆盘停止转动,同时栓挂始端电缆铭牌。

(7)负责电缆始端的人员从电缆始端开始,把电缆顺序放入电缆沟,电缆之间不能互相交叉;电缆理顺后,留好电缆末端储备量,守盘人员用钢锯将电缆整齐锯断,并挂好电缆末端铭牌。

(8)电缆截取后及时封端,并在电缆径路图上做好标识。

(9)所有地点电缆储备量不能盘成环状("O"型),可成"Ω"状或"S、∽"状布置。

6.2.3.3 电缆防护

(1)电缆防护材料:电缆的防护材料主要有防护管(钢管、铸铁管、硬塑料管等)和电缆防护槽(水泥槽、复合槽、钢槽等)。防护管内径应大于电缆外径的1.5倍以上。

(2)电缆防护方法

1)当电缆的埋设深度符合《铁路信号工程施工质量验收标准》((TB 10419—2003)时,采取分层夯实的直埋防护方式。其施工步骤如下:

① 电缆上先覆盖200 mm软土;当电缆为多层时,两层电缆之间覆盖100 mm软土或砂。

② 回填深度达到500 mm后,用木夯夯实。

③ 把剩余的土回填入电缆沟,再用木夯夯实。

④ 电缆沟和地面填平后,再在电缆沟上隆起高出地面100 mm的土堆。

2)电缆穿越轨道时应采用防护管防护。防护管一般采用镀锌钢管或设计要求的防护管。防护管两端各伸出轨枕端不得小于500 mm,埋于地面200 mm以下。防护管管口用沥青漆或麻袋片封堵。如图9所示。

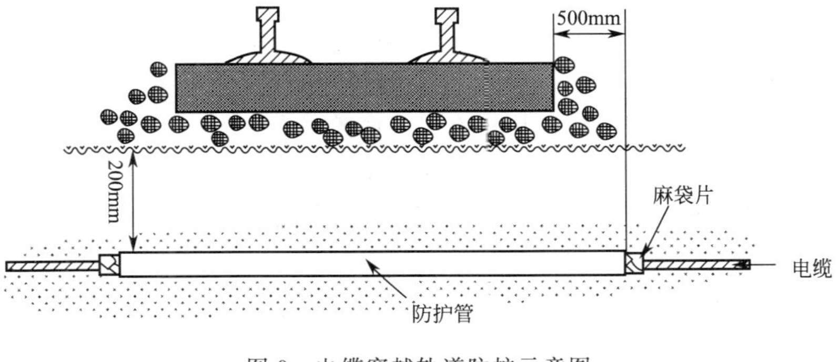

图9 电缆穿越轨道防护示意图

3)电缆在站台上应采用电缆沟槽防护,无专用电缆沟槽时应采用混凝土电缆槽或复合电缆槽进行防护,混凝土电缆槽或复合电缆槽的埋设深度为盖顶面距地面200 mm~300 mm。

4)电缆穿越公路时,一般采用钢管进行防护,钢管埋深不低于500 mm,两端露出公路边缘不小于 500 mm。防护管管口用麻袋片封堵。

5)电缆过桥一般采用复合电缆槽或钢制电缆槽防护。

6)电缆过隧道可采用预留的槽道防护,若无预留的电缆槽可采用混凝土电缆槽或复合电缆槽防护。特殊情况下也可采用电缆壁挂防护。电缆壁挂可采用电缆挂钩或托臂两种方式,挂钩或托臂的安装间距以 1 m 为宜。

7)电缆过水沟、水渠采用钢管防护。将防护钢管敷设在地下,钢管顶面距水沟底面应大于 200 mm;防护钢管的内径应大于电缆外径的 1.5 倍,防护钢管两端伸出水沟边沿 500 mm。如图 10 所示。

8)电缆在通过坚石等地段或埋深不足时,应采用电缆槽或钢槽防护。

9)电缆应尽量避免在居民点、地下排水沟、取土坑等附近通过,必须要通过时,应在电缆上、下各敷设软土(或砂)100 mm,并在上面敷砖(管、槽)防护。

10)电缆地下接续时,地下接续处应用电缆槽进行防护,防护长度不小于 1 m。

11)室外电缆应尽量远离其他管线、建筑物,当不得已与其他管线、建筑物交叉或平行敷设时,应符合《铁路信号施工规范》的规定。

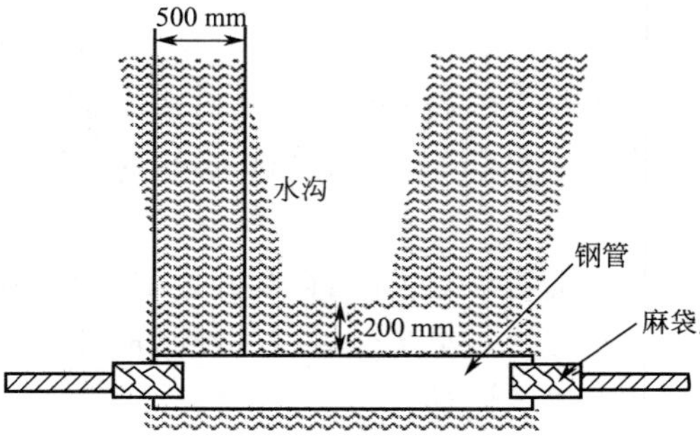

图 10　电缆过水沟防护示意图

12)特殊地区(点)的电缆防护:

① 在有白蚁危害地区的电缆敷设过程中,及时通知、配合当地的白蚁防治部门进行白蚁的预防治理,加强电缆的防护。

② 在室内的电缆(线)引入孔处,按引入孔尺寸用防火、防鼠材料封堵严密。

6.2.3.4　电缆接续及成端

见《信号电缆地下接续及成端施工技术》。

6.2.3.5　电缆埋设标的埋设

(1)准备好施工工具和材料并运到施工现场。

(2)电缆埋设标埋设位置应符号下列要求:

① 电缆转向或分支处;

② 长度大于 200 m 的电缆径路,中间无转向或分支电缆时,应每隔 100 m 设置;

③ 电缆穿越障碍物而需标明电缆实际路径的适当地点。

(3)用铁锹在电缆径路上挖好坑,用木夯将坑底整平夯实。

(4)将埋设标放入坑内,埋设标高出地面 400 mm,把坑填平并夯实。

(5)使用字模喷字,测量埋设标的千米标和到最近线路中心距离,记录在电缆径路埋设标示意图上。

6.2.3.6　电缆全程测试

(1)测试人员携带电台及测试工具、材料分别到达电缆的始终端。

(2)通过电台联系并根据电缆铭牌确定测试电缆。

(3)核对电缆 A、B 端,测试电缆(同单盘测试内容)。

(4)清理现场并填写《电缆绝缘测试记录表》,见表 5。

(5)填写《电缆隐蔽工程检查证》,见表 6。

表 5　电缆绝缘测试记录表

施工单位：　　　　　　　　　　　天气

序号	电缆规格	起止地点	过道防护	过桥、涵防护	敷设防护	线间绝缘（MΩ）	对地绝缘（MΩ）	其　他

测试日期：　年　月　日　　　　　　　　　　　测试者：

表 6　工程检查证

铁程检-18

检查地下电缆埋设情况	
铁路线别：	预　算　号：
工程名称：	施工单位：
工程地点：	检查日期：
电缆用途　　　自　信号楼　　　共长　　　米	
1. 埋设深度：	
2. 土层情况：	有无浸蚀性：
3. 防护情况：	
4. 穿越轨道下防护方法：	
5. 接头弯曲处的处理：	
6. 始端备用量　　　米	
7. 终端备用量　　　米	
决定	
主管工程师： 检查工程师：	施工负责人： 监理工程师： 年　月　日

6.2.4　电缆配线及导通

(1)电缆芯线接线采用防震压接线环方式

① 用剥线钳在电缆芯线端头开剥出 5～6 mm 的裸铜芯线；

② 将裸铜芯线穿入压接线环的引线管内，压接钳一次压接成功；

③ 压接钳钳口向压接芯线侧，然后将压接钳压到底。此时松手后压接钳钳口应自动打开，表示压接成功。钳口、端子及压接芯线正确放置位置如图 11 所示。

(2)电缆芯线接线采用 WAGO 端子接线方式

① 端子上的圆孔为配线孔、方孔为工具孔；

② 将 2.5 mm 宽的扁平螺丝刀刀头的平面朝向配线孔；

③ 将螺丝刀垂直插入与配线孔对应的方孔中；

④ 将已剥好线头的导线顺靠近测试孔一侧的配线孔壁，插入配线孔中。必须将导线插到配线孔底；

⑤ 抽出螺丝刀，上线工作完成。如图 12 所示。

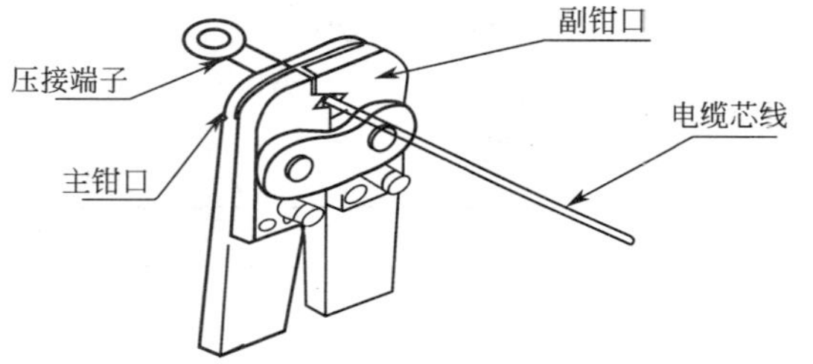

图 11　芯线与压接端子压接示意图

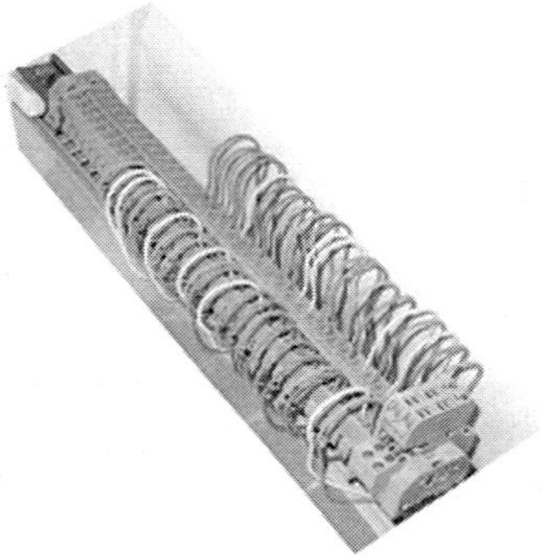
图 12　WAGO 端子接线示意图

(3)配线

① 打开箱盒盒盖，清扫箱盒内部，并用线路清洗剂对配线端子进行喷扫清洁；

② 核对电缆径路图和复核电缆配线图，确认电缆铭牌正确无误；

③ 用清洁布将电缆芯线捋直，把使用芯线和备用芯线分开，将芯线组的编号纱线在芯线的端头缠好，避免分线时造成电缆芯线混乱；

④ 按最远端端子的距离将备用芯线留够长度，把备用芯线盘成 ϕ20 mm 的圆圈；

⑤ 根据不同箱盒的配线方式顺把，将最远端芯线放在外层，最近端的芯线放在内层依次相叠，用尼龙扎带绑扎整齐；

⑥ 根据端子距离和芯线预留量统一留够长度，依据配线工艺要求进行配线，注意剥线时不得损伤芯线；

⑦ 除备用芯线外，单根电缆芯线配线后不能构成“O”型；

⑧ 将做好线环的电缆芯线连接到端子上，用专用套筒将固定螺母紧固；

⑨ 将线路绝缘保护喷剂均匀喷洒在配线端子和裸露芯线部位，形成绝缘保护膜；

⑩ 将线把整理好、箱盒清理干净，盖好箱盖；

⑪ 收拾工具，清洁现场。

(4)配线后的测试、导通

① 配线结束后，在分线柜处用高阻计对每芯电缆配线进行对地绝缘的测试。绝缘值达不

到标准的记录下来，查明故障原因并处理；

② 按照配线图进行导通，检查配线正确无误；

③ 室外设备安装配线完成后，应对所有电缆进行综合对地绝缘的测试，绝缘电阻值不得小于 1 MΩ。

7 劳动力组织

在信号工程施工中，电缆工程是一项比较复杂的工程，涉及部门广、所需人员多、施工范围大、耗费时间长。因此，电缆工程施工管理应采用施工负责人及岗位负责制，定人、定点、定岗，各负其责。现场操作人员要严格遵守安全规程和所在区域运营部门的规定，严格执行施工规范、技术要求和操作规程，服从统一的指挥和调度。

下面以一个三股道，四组联锁道岔的小站说明劳动组织情况，见表 7。

表 7 信号电缆施工人员组织表

序号	施工人员	单位	数量	备　　注
1	施工负责人	人	1	现场施工组织及协调
2	技术员	人	1	技术负责、质量负责
3	信号工	人	6	测试、带工、接续、成端及接地
4	协作队伍人员	人	50	挖沟、敷缆、回填、配合电缆成端等
5	安全监督员	人	1	安全监督
6	防护人员	人	2	安全防护
7	驻站联络员	人	1	请、消点

8 主要机械设备及工器具配置

电缆施工主要机械设备及工器具配置见表 8。

表 8 施工仪器仪表机具表

序号	名　　称	规格或型号	单位	数量	备　　注
1	电容测试仪		台	1	电缆测试用
2	高阻计		台	1	电缆测试用
3	直流电桥		台	1	电缆测试用
4	喷灯		把	1	电缆测试用
5	镐锹		套	50	开挖电缆沟
6	凿岩机		台	4	开挖电缆沟
7	压线钳	VS. JJ1	把	3	电缆接续用
8	内屏蔽专用压接钳		把	3	电缆接续用
9	接续专用扳手		把	3	电缆接续用
10	内屏蔽层专用压接钳		把	3	电缆成端用
11	剥线钳		把	6	电缆测试、接续、成端用
12	斜口钳		把	6	电缆测试、接续、成端用
13	电工刀		把	6	电缆测试、接续、成端用

续上表

序号	名　　称	规格或型号	单位	数量	备　　注
14	钢锯		把	3	电缆测试、接续、成端用
15	钢条		根	30	电缆测试、接续、成端用
16	喷灯	把	1	电缆测试用	
17	温度计		把	1	电缆测试用
18	计算器		台	1	电缆测试用
19	克丝钳		把	3	电缆测试用
20	切胶刀		把	3	电缆接续用
21	克丝钳		个	6	电缆测试、接续、成端用
22	剪刀		把	3	电缆接续、成端用
23	螺丝刀		把	6	电缆测试、接续、成端用
24	通讯工具		套	1	室内、外联系用
25	防护旗	红、黄	套	各 2	
26	防护牌		套	2	

9 质量控制要点

(1)在信号电缆工程施工之前必须与相关部门取得联系，共同确认电缆径路，特殊地段需认真落实防护措施。

(2)熟悉设计文件，制定施工作业标准，组织人员认真进行技术交底。

(3)严格执行国家、铁道部颁布的相关规程和标准，严格按设计文件进行施工。

(4)各种材料的规格、数量应符合设计要求。

(5)严格进行电缆电气特性测试，保证电缆的各项电气指标正常。

(6)所有的电缆储备不能盘成环状(“O”型)，可成“Ω”状或“S、∽”状布置。

10 安全控制要点

遵守《铁路信号施工技术安全规则》(TBJ 406—87)，并采用以下措施：

(1)所有作业人员应进行岗前安全教育，经考试合格后方可上岗，牢固树立安全第一的思想。

(2)每天施工前应进行班前安全讲话。

(3)现场作业人员配齐戴好安全防护用品，施工人员穿防护服，戴安全帽。

(4)严格执行请、销点制度，驻站联络员及时请、销点，时刻监视列车运行情况和控制台显示，并及时将情况报告给室外的专职安全防护人员；施工现场设专职安全监护人，作业范围两端设专职安全防护人员。

(5)开挖电缆沟需要使用火工产品时，要严格执行火工品的管理、发放制度，及时办理相关手续。所有过程中要切实做好安全防护工作。

(6)确保通信畅通，坚持复诵制度。

11 环境保护要点

(1)坚持按《中华人民共和国环境保护法》及相关法规进行施工。制订环境保护管理办法和实施细则，并建立奖惩制度，将环保的具体措施落实到人头。

(2)对施工油污和废弃物(如油漆桶等)做到有效回收，确保不污染环境。

(3)施工现场工具材料摆放整齐，保证现场施工场地整洁、干净、工完料清。

(4)机械运行时噪声分贝值、废气排放符合相关标准规定。

(5)做到文明施工。

12 常见问题及处理方法

电缆芯线接地、混线、断线，原因和处理的方法：

(1)用电缆故障探测仪找出故障位置，根据故障原因进行重新配线、重新成端、重新接续或更换电缆处理；

(2)电缆被损坏，致使芯线与钢带、铝管、排流线、大地接触或断线，用电缆故障探测仪找出故障位置，采用地下冷封接续方式接通电缆或更换电缆。

信号电缆地下接续及成端施工工艺

1 工艺概况及技术特点

1.1 工艺概况

长期以来，铁路信号电缆均采用HF7、HF4型地面接续盒，施工劳动强度大，密封不严，防潮、防水性能差，接线端子、电缆芯线易氧化，以致电缆电气特性下降，易造成信号设备故障。此外地面接续盒易损坏丢失，安全性差，维修工作量大，维修费用高。

采用HDM-T-P型免维护地中接续盒保证了电缆在投入使用后其固有的电气特性的稳定性，明显地提高了工程质量。该施工方法采用压接技术及多级密封措施，选用性能好、寿命长的材料制作，盒内芯线接续不需要喷灯及焊具，因而不会造成电缆的热损伤，操作简单，易于掌握，能够有效地提高接续速度并保证接续质量，使接续后的电缆接头达到了与电缆同寿命和免维护。电务部门节省大量的人力、物力，最大限度地避免了因电缆接续质量不过关造成的质量事故。

ZPW-2000系列自动闭塞采用的铁路内屏蔽数字信号电缆在电缆结构及芯线绝缘材料等方面与普通信号电缆有较大区别，为保证电缆的电气、传输性能，减少传输衰耗和传输干扰，提高系统的安全性和可靠性，确保电缆的绝缘性能就显得尤为重要。因此，在铁路内屏蔽数字信号电缆施工时必须对电缆的始、终端进行密封处理，即电缆成端。

1.2 技术特点

1.2.1 信号电缆地下接续

工艺简单、实用、易于掌握且免维护。所用材料及工具简单、通用性强。核心工艺是芯线压接、膨胀密封工艺。

1.2.2 电缆成端

传统的电缆始、终端施工方法为在电缆箱盒的灌胶室内将电缆引入孔周围部分与电缆护套用绝缘胶灌注。由于电缆芯线与电缆护套间未达到密封，受环境因素的影响，长期在空气中的暴露致使潮气、水份渗入电缆深处，造成电缆绝缘性能下降。而采用电缆成端工艺使电缆芯线与电缆护套间的间隙被冷封胶密封，潮气、水份不能渗入电缆深处，有效地保证了电缆的电气特性，提高了信号设备的可靠性。

2 适用范围

适用于各种地质条件下的铁路信号电缆接续及始终端密封处理。

3 引用标准

(1)《铁路信号施工规范》(TB 10206—99)。

(2)《铁路信号工程质量检验评定标准》(TB 10419—2003)。

(3)《ZPW-2000A型无绝缘轨道电路施工技术标准》(暂行)。

4 基本术语及定义

电缆成端：在电缆线路中，我们把电缆使用端的两端，称为电缆的始（终）端。而在始（终）端处对电缆进行做头、接地、密封处理，称为电缆成端。

5 工艺原理

5.1 信号电缆地下接续

（1）接续装置采用变径技术，可满足各种规格的铁路内屏蔽数字信号电缆接续。

（2）电缆芯线接续采用压接技术；屏蔽连接采用压接和机械固定的方式，保证电缆的屏蔽层可靠连接及盒体机械强度增强。

（3）采用径向膨胀原理和技术对盒体进行密封，并灌注密封胶，以实现电缆接续免维护。

5.2 电缆成端

电缆的成端密封采用冷封胶，在保证电缆电气性能的前提下起到了防水、防潮、密封的作用，且冷封胶在常温下固化，不会因加热或固化温度过高对电缆造成伤害，有效地提高了电缆的绝缘性能。

6 工艺流程及操作要点

6.1 信号电缆地下接续

6.1.1 工艺流程

工艺流程如图1所示。

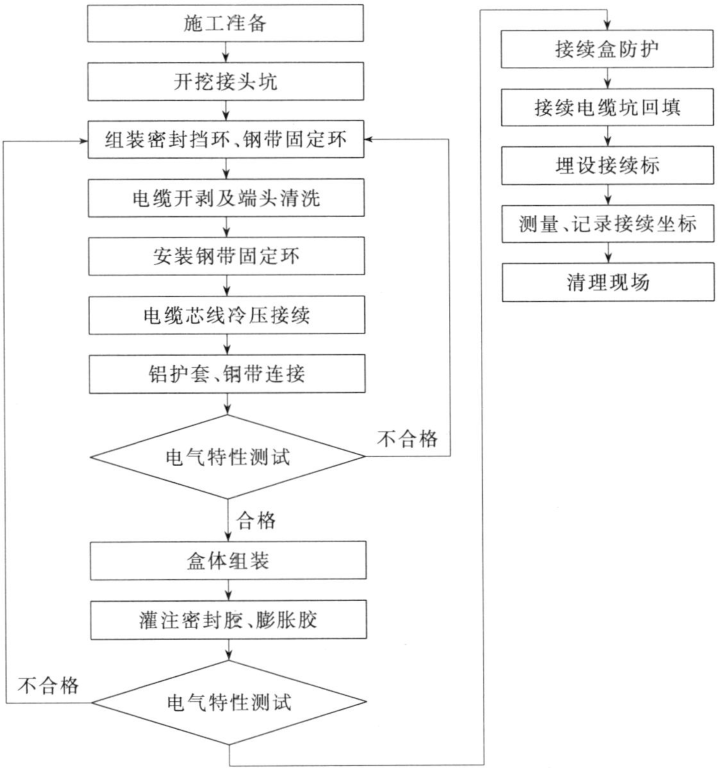

图1 电缆接续工艺流程图

6.1.2 操作要点

6.1.2.1 准备工作

（1）根据电缆的外径尺寸大小，切割辅助套管（辅助套管上的标线为辅助套管的内径尺寸），使辅助套管的孔径与电缆外径相同。

（2）组装接续套管。

① 根据电缆外径的尺寸大小，选择适合于电缆外径的变径环。将变径环间的密封胶圈，用专用切割刀沿变径环内壁切割成孔状，切割后的密封胶圈的直径要略小于电缆外径；

② 用钢锯锯断电缆端头，确认电缆A、B端正确；

③ 按顺序依次将辅助套管→密封挡环组（紧固螺母面向辅助套管侧）→钢带固定环套在电缆护套上（两侧电缆相同）；

④ 密封挡环和钢带固定环在电缆中的位置，要严格按图2所示组装顺序和零件位置的方

向安装；

⑤ 将主套管套在一侧的电缆上，如图 3 所示。

6.1.2.2 开剥电缆

(1)距电缆端头 300 mm 处用电工刀环切电缆外护套一周，并向端头纵向切割将外护套除去。

(2)距外护套切口 15 mm 处用克丝钳将钢带(双层)折弯 90°。

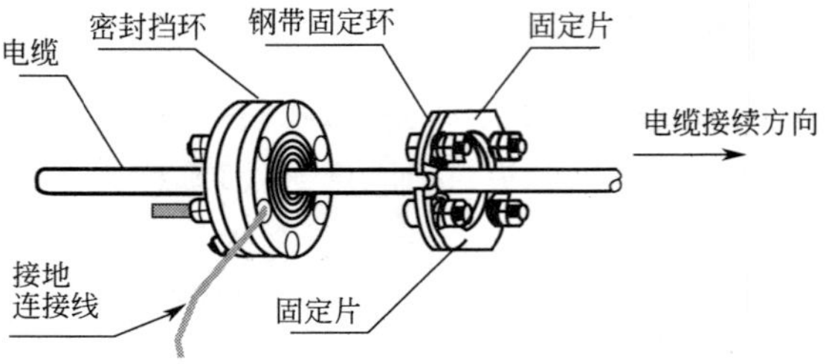

图 2 密封挡环组、钢带固定环套安装示意图

(3)剥除钢带折弯处距电缆端头 80 mm 的电缆铝护套表面垫层，用棉纱蘸汽油将铝护套上的沥青洗净，然后用干净棉纱及砂布擦至呈亮程度。

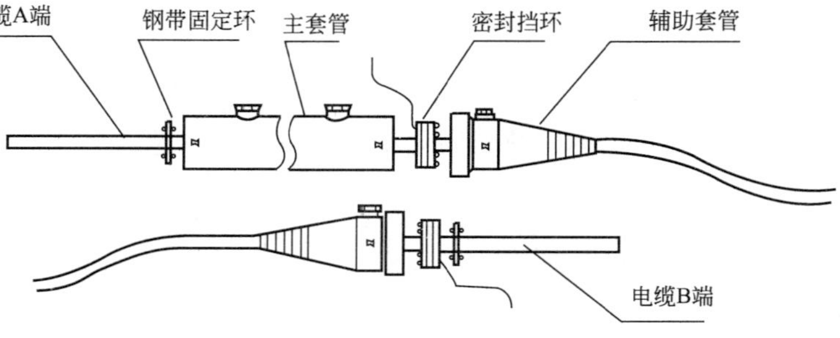

图 3 免维护地中电缆盒组装示意图

(4)距电缆外护套 50 mm 处，用管刀环切铝护套一周，当切口深度位于护套厚度的三分之二时，轻轻折断铝护套并将其抽出。

电缆开剥尺寸示意如图 4 所示(单位：mm)。

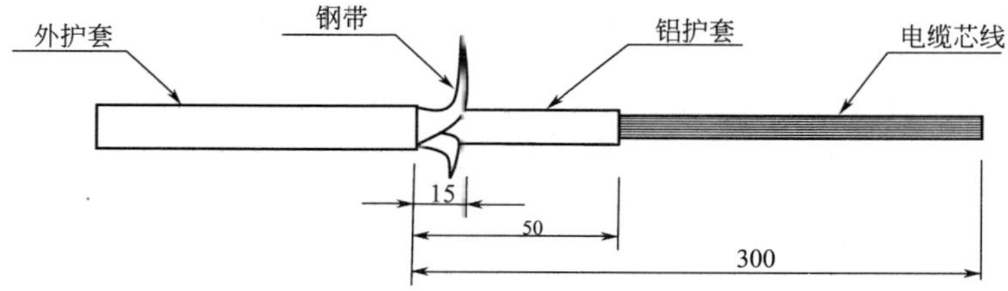

图 4 电缆开剥示意图

6.1.2.3 安装钢带固定环

(1)将双层钢带的正反面打磨处理。

(2)松开钢带固定环上的螺栓，将钢带夹在固定环中间，用螺栓紧固牢固；保留钢带固定环外侧的钢带 5 mm，将多余部分剪去，再将固定环外的钢带折弯后整平。

(3)将铝护套屏蔽网一端套在距电缆外护套切口 30 mm 的铝护套上，用喉箍将其与铝护套紧固牢靠，然后将屏蔽网全部推向固定侧，露出电缆芯线。

6.1.2.4 芯线接续

(1)非屏蔽线组的芯线接续除不进行屏蔽连接外其他部分与内屏蔽线组芯线接续相同。

(2)开剥芯线屏蔽层。

① 距铝护套切口 50～70 mm 处将屏蔽线组的屏蔽层剪断，保留芯线长度 185 mm，如图 5

所示(单位:mm)。

② 除去屏蔽层端口 30 mm 范围的绝缘层,剥开屏蔽层纵缝,将内衬管套入芯线,将其放置在芯线与屏蔽层间。如图 6 所示。

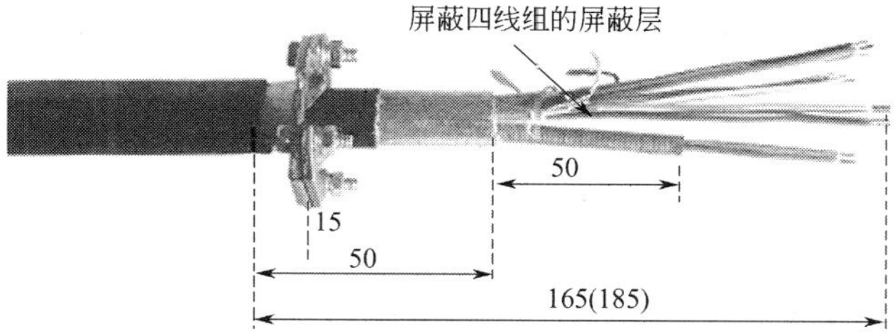

图 5　内屏蔽四线组开剥尺寸示意图

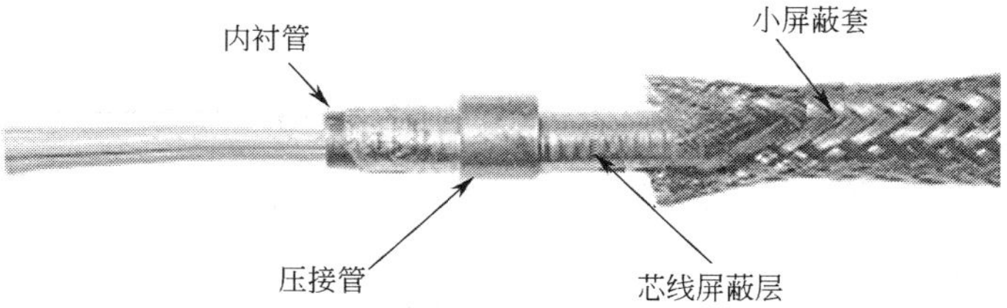

图 6　内屏蔽四线组屏蔽层制作示意图

③ 将屏蔽压接管放置在屏蔽层外端。

④ 将小屏蔽网穿入屏蔽线组的一端。

(3)将两侧电缆芯线进行分组、编号。

(4)芯线压接。

① 将芯线绝缘层剥除 6～8 mm 露出裸铜线。

② 先将一个方向的全部电缆芯线用接线端子压接:将裸铜线穿入压接端子筒,通过检查孔观察裸铜线端头筒的根部,然后用"芯线压线钳"压接,压接后用手将电缆芯线轻轻带一下确认芯线压接牢固,如图 7 所示。

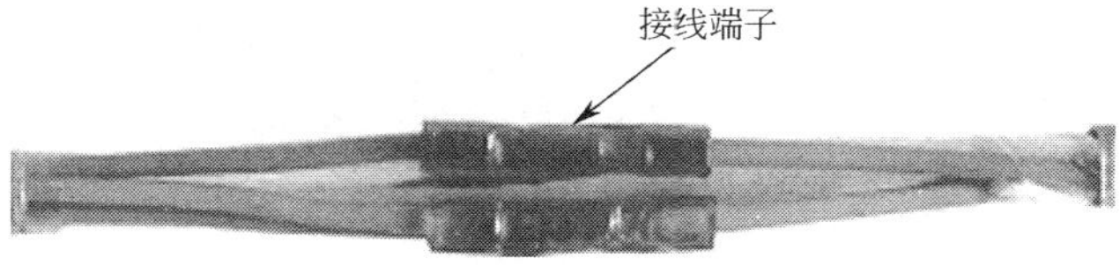

图 7　芯线压接示意图

③ 芯线一端压接完成后,再用同样方法将对应的另一侧电缆芯线压接。穿线压接前核对线组线对保证电缆芯线一一对应,全部芯线压接完成后,再次检查核对压接的线组线对,确保芯线接续正确。

④ 压线钳与压线筒及芯线的位置如图 8 所示。

(5)芯线屏蔽层连接

① 将小屏蔽套沿接续完的芯线恢复成直线状,小屏蔽套的两端分别与屏蔽层搭接;

② 将内衬管移到屏蔽层切断口处,使屏

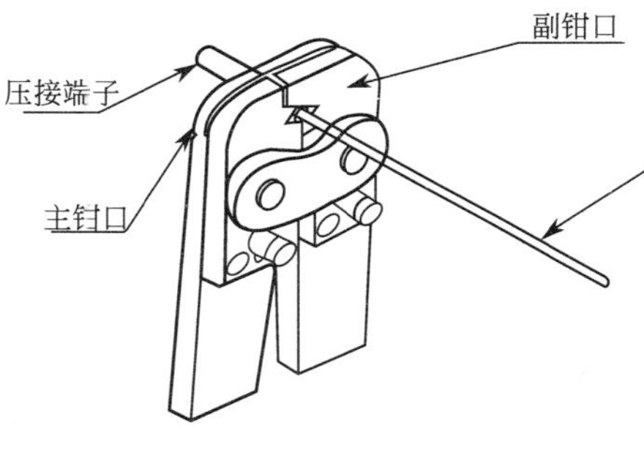

图 8　芯线与压接钳位置图

蔽层覆盖内衬管。内衬管的端口探出屏蔽层切断口 1 mm，以防止压接时屏蔽层切断口与芯线接触；

③ 先将屏蔽压接管套入小屏蔽套，再将屏蔽压接管移到与内衬管规定的位置，用“屏蔽层专用压接钳”在屏蔽压接管处压接，使电缆两侧屏蔽四线组的屏蔽层连接，如图 9 所示；

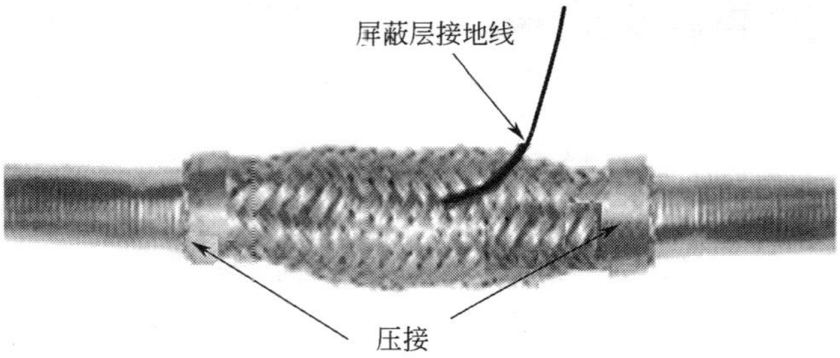

图 9　内屏蔽层压接示意图

④ 屏蔽连接时应特别注意屏蔽层切口的处理，确保屏蔽层与芯线间的电气特性良好。

6.1.2.5　铝护套、钢带连接

(1)全部芯线接续完毕后，将接续后的电缆芯线恢复直线状态。

(2)用干燥的棉纱，将铝护套与电缆缆芯之间的缝隙填塞，防止灌胶时胶液沿铝护套与电缆芯之间的缝隙渗漏。

(3)将铝护套屏蔽网沿电缆芯线拉至另一侧电缆的铝护套处，用喉箍将屏蔽网与铝护套固定连接。

(4)将固定拉杆安装在固定环凹槽内(固定拉杆探出两侧钢带固定环凹槽的长度应相等)，如图 10 所示。

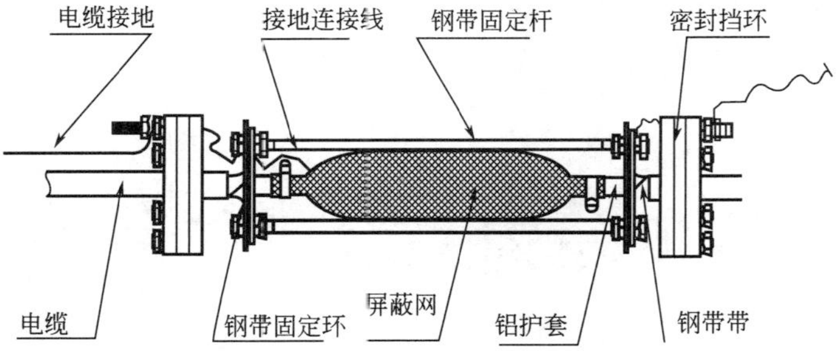

图 10　连接示意图

6.1.2.6　接地

按现行有关标准，一般在电缆接续处不做接地。特殊情况下，电缆接续处需要接地时，应将屏蔽四线组的屏蔽接地线复联后与铝护套屏蔽网连接在一起，再与密封挡环上的接地端子连接，最后接到地线体，如图 9 所示。

6.1.2.7　电气特性测试

用高阻计测试电缆的对地、线间绝缘，确认无接地、混线且绝缘良好；用直流电桥测试电缆芯线的直流电阻，确认无断线、芯线压接不良且接触良好；用电容测试仪测试线对的工作电容。以上测试均符合规定要求后将测试记录填入电缆接续卡内(一式两份：一份存档，一份放入接头盒内)；测试不合格则重新接续(不用废掉接头盒)。

6.1.2.8 盒体组装

(1)将两侧外护套切口 150 mm 范围的电缆外护套用砂布打毛。

(2)将主套管移至电缆接续的中间部位。

(3)将两端的密封挡环推入主套管,外挡环与主套管端面在同一平面上,调整主套管注胶孔的位置,使接头盒落地后注胶孔与地面垂直向上。

(4)用扳手按对角、轮换的顺序,紧固密封挡环的螺丝,要求均匀拧紧,不可盲目用力,避免用力过大损坏密封部件。

(5)将辅助管与主套管对接,用专用扳手拧紧,辅助套管注胶孔应与主套管上的注胶孔在同一条直线上,其角度差不大于±15°。

(6)在辅助套管小口径端与电缆之间用密封胶带缠包做临时封堵,防止灌膨胀胶时胶液渗漏。

6.1.2.9 灌注密封胶和膨胀胶

将接头盒水平放入电缆接头坑底部,保持主套管注胶孔与地面垂直;两端电缆储备量呈"Ω"状(或"S、∽"状)盘放整齐。

(1)灌注密封胶

① 调胶。密封胶为双组,密封胶 A 组(大桶)开盖后,先将盒底沉淀物与胶液充分搅拌均匀,再将 B 组(小桶)全部倒入 A 组中充分搅拌均匀。

密封胶操作温度应大于 0 ℃,当环境温度较低时可对混合后的密封胶适当加温。

② 灌胶。打开主套管上的两个注胶孔盖,将密封胶用漏斗从主套管上的一个注胶孔向盒体内灌注,待胶液溢出注胶孔后,等待 10 min,补齐胶面;再用专用扳手将两个注胶孔盖(有"O"型密封圈)拧紧。

(2)灌注膨胀胶

① 调胶。将胶袋的中间卡条取出后,使 A、B 胶液混合,然后用手反复揉搓胶袋使 A、B 胶液充分混合均匀。

② 灌胶。将两侧辅助套管注胶孔盖打开,将膨胀胶平均分成两份,分别灌注到两侧辅助套管内,待胶面溢出注胶孔后,立即用专用六角扳手将注胶孔盖(有"O"型密封圈)拧紧至密封圈压平即可。

6.1.2.10 电气特性测试

用高阻计测试电缆的对地、线间绝缘,确认无接地、混线且绝缘良好;用直流电桥测试电缆芯线的直流电阻,确认无断线、芯线压接不良且接触良好;用电容测试仪测试线对的工作电容。以上测试均符合规定要求后进行下道工序,此时若电气特性测试不合格则只有废弃接头盒重新接续。

6.1.2.11 防护、回填

电缆接头必须采用电缆槽防护。回填时先填 200 mm 细土,然后将接头坑全部回填满,埋设接续标,同时测量接续处的纵向坐标及距所属线路中心的距离并做好记录。

6.2 电缆成端

6.2.1 电缆在室外箱盒的成端及接地

6.2.1.1 工艺流程

工艺流程如图 11 所示。

6.2.1.2　操作要点

(1)施工准备

① 准备电缆成端及接地材料和工具；

② 根据电缆的实际使用情况对 HF-4、HF-7 方向盒的主、副电缆引入孔进行扩孔(也可在订货时向厂家要求)。

(2)电缆头的制作

① 用清洁布将电缆做头部分外护套清洁干净；

② 按顺序将电缆从保护管、防水胶圈、辅助保护管或变压器箱底部胶室中穿出；终端电缆盒、匹配变压器及空芯线圈将电缆按顺序从保护管、防水胶圈、箱盒中穿出；

③ 区间箱、HF-7 方向盒辅助保护管如图 12 所示，HF-4 方向盒辅助保护管如图 13 所示；

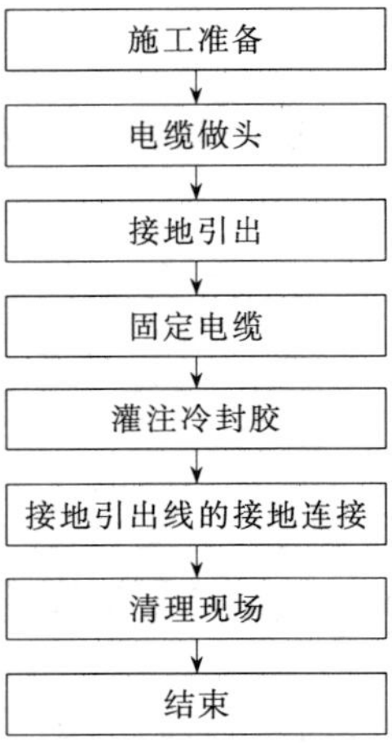

图 11　电缆在室外箱盒的成端及接地工艺流程图

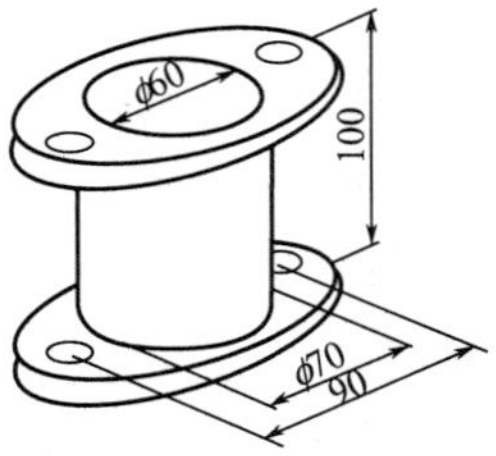

图 12　HF-7 方向盒辅助保护管示意图

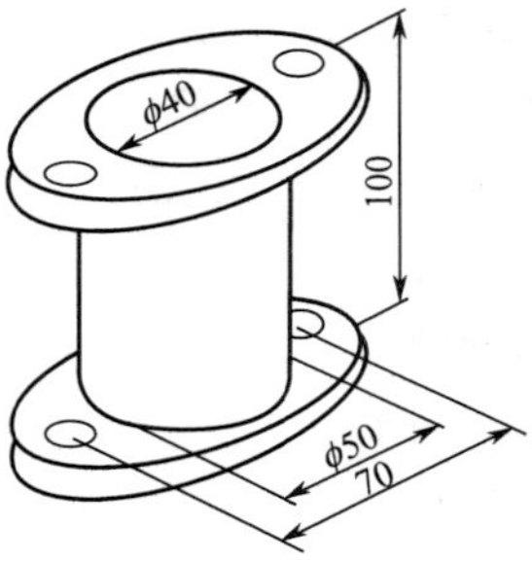

图 13　HF-4 方向盒辅助保护管示意图

④ 从电缆端头开始，量出电缆做头的长度，做好标记；

⑤ 把电缆从固定电缆卡箍中穿出，卡箍上沿与标记对齐后将卡箍卡紧。电缆固定卡箍如图 14 所示；

图 14　电缆固定卡箍示意图

⑥ 用电工刀在标记处环切外护套一周，将电缆外护套切断后去掉，露出钢带部分；保留 10 mm 钢带，剩余部分锯断后去掉(不可锯伤铝护套)，露出铝护套；保留 10 mm 铝护套，剩余部分锯断后去掉(不可锯伤内屏蔽层及电缆芯线)，露出内屏蔽层；

⑦ 用电工刀将保留的 10 mm 铝护套护层剔除，并用砂纸将铝护套和钢带打毛。保留 40 mm 内屏蔽层，剩余部分去掉，露出电缆芯线。如图 15 所示；

⑧ 将保留的内屏蔽层端头 10 mm 内的护层剔除干净，并用砂纸打毛，注意不要划破屏蔽层及损伤电缆芯线；

⑨ 注意保持电缆芯组的自然排序，并用电缆的编号扎纱将芯线组缠紧，避免芯线混乱；

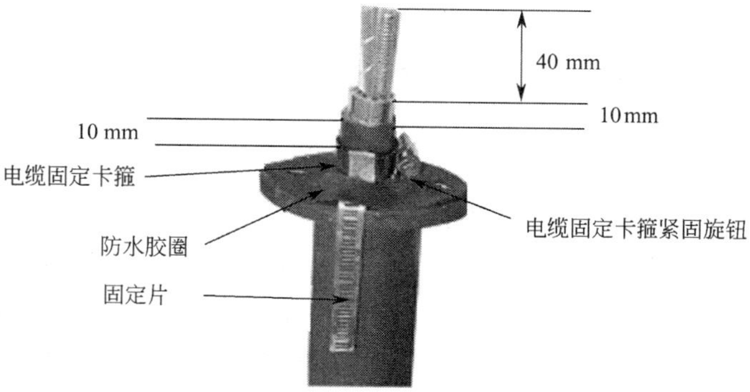

图 15　箱盒电缆做头示意图

⑩ 分支地线在箱外不进行外护套开剥。

(3)接地引出

1)屏蔽四线组的屏蔽地线连接

① 剥除屏蔽四线组的屏蔽层后，将屏蔽连接用的内衬管放置在芯线与金属内屏蔽层间。将屏蔽连接压接管放置在金属内屏蔽层外端，如图 16 所示。

② 将长 1 000 mm 截面为 1.5 mm^2 的扁平铜网和排流线放在屏蔽连接压接管和金属内屏蔽层之间，用专用压接钳压接后引出。

③ 用 1.5 mm^2 的扁平铜网将全部屏蔽四线组环连压接后，引出两根屏蔽连接线。

2)钢带及铝护套地线连接

用 U 型屏蔽连接夹将屏蔽四线组的屏蔽连接线(如图 17 所示)分别与钢带和铝护套环连牢固，并且从钢带和铝护套上各引出一根长 500 mm 的 7×0.52 mm 多股铜芯塑料软线，使每根电缆冗余连接。

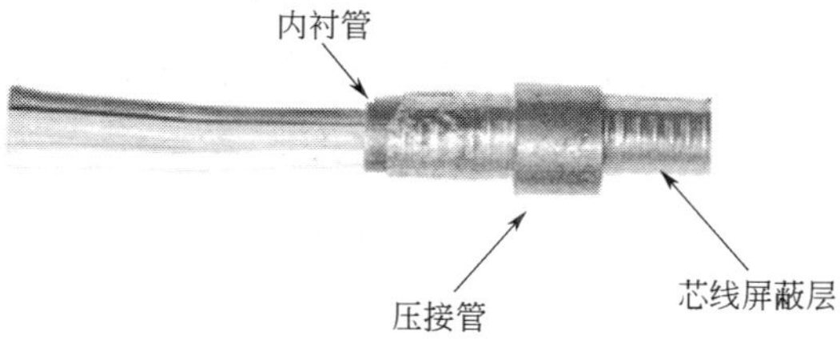

图 16　电缆成端内屏蔽层内衬管及压接管放置示意图

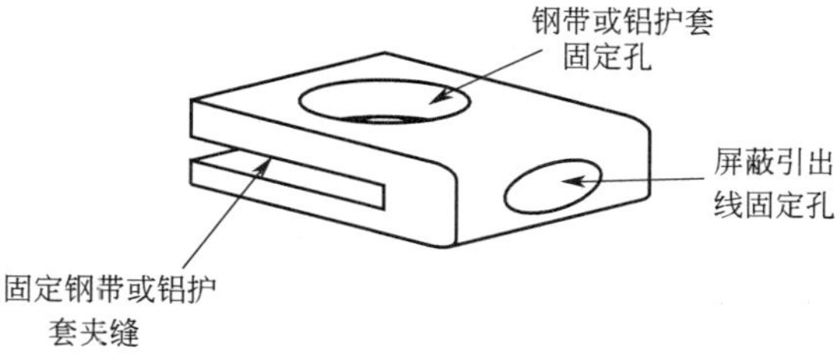

图 17　U 型屏蔽连接夹示意图

3)用白布带或脱脂棉将电缆芯线与电缆内护套之间的缝隙填塞堵牢，防止胶液沿电缆芯线向电缆内护套渗漏。

(4)固定电缆

① 屏蔽连接及屏蔽地线引出工作结束后，用麻袋条在电缆及分支地线上的适当位置紧密缠绕，并退入保护管内使缠绕部位与保护管口平，利用麻袋条(或棉纱、脱脂棉)将电缆与保护管之间的空隙填塞严密；

② 用镊子将灌胶部位的电缆芯线相互分开；

③ 将固定电缆卡箍的两个固定片分别折成 90°，放在辅助保护管、变压器箱底部胶室或终

端电缆盒、匹配变压器及空芯线圈箱盒底部与保护管之间；

④ 用 M10×40 mm 螺栓将辅助保护管、变压器箱底部胶室或终端电缆盒、匹配变压器及空芯线圈箱盒底部与防水胶圈、保护管连接牢固，不得有缝隙。

(5)灌注冷封胶

① 撕开冷封胶，取出内袋；

② 两手分别捏住内袋卡条两侧边缘，向两侧用力拉，至胶条由槽中滑出；

③ 两手分别抓住胶袋两端，反复上下倒折胶袋，使 A、B 两种胶液粗混合；

④ 两种胶液粗混合后将其置于手心，双手揉搓(勿留死角)，至胶液充分混合；

⑤ 将胶袋的一角撕开，将胶液沿芯线侧方灌注到辅助保护管或箱盒底部胶室里，随即将芯线松动几下使冷封胶更充分进入线间，胶面应高于金属内屏蔽层 20 mm。冷封胶灌注完成后，灌封头在 8 小时内严禁挤压、震动等外力。如图 18 所示。

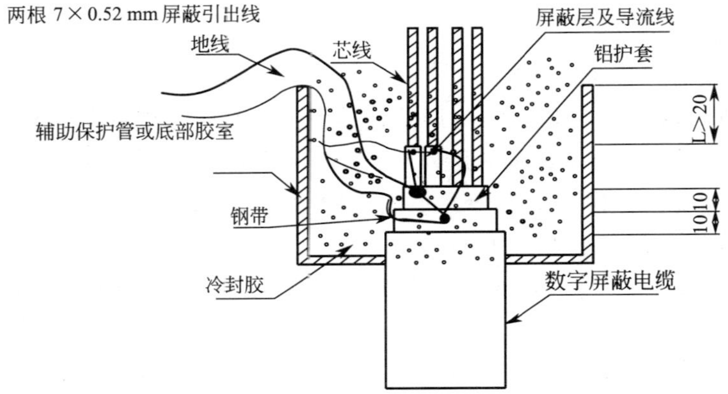

图 18　箱盒成端、接地示意图

(6)接地引出线的接地连接

① 将分支地线和电缆屏蔽引出线的端头分别开剥出 10 mm 铜芯；

② 用专用压接钳分别将 25 mm² ϕ10 mm 舌型接线片压接在分支地线铜芯端头和将 2.5 mm² ϕ6 mm 舌型接线片压接在电缆屏蔽引出线铜芯端头上；

③ 分别用 M10 和 M6 铜制螺栓将分支地线接线片和电缆屏蔽引出线接线片与铜制接地端子排或空芯线圈接地端牢固连接；

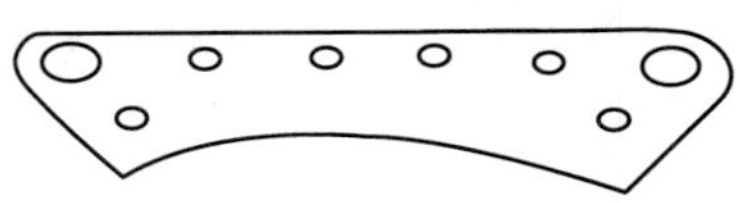

图 19　方向电缆盒接地端子排示意图

④ HF-7、HF-4 方向盒采用 3 mm 厚铜板制作一块弯六柱形状的连接板作为接地端子排，将弯六柱端子连成一个整体(见图 19)。

6.2.2　电缆在室内分线柜处成端、接地及电缆引入口接地

6.2.2.1　工艺流程

工艺流程如图 20 所示。

6.2.2.2　操作要点

(1)施工准备

准备电缆在室内电缆引入口及分线柜处成端及接地的材料和工具。

(2)电缆头制作

按室外电缆成端及接地工艺中的电缆头制作方法施工。

(3)接地引出

按室外电缆成端及接地工艺中屏蔽连接及屏蔽地线引出方法施工。

(4)灌注封灌胶

① 用自粘带将灌胶模胎与电缆根部的接口处以及灌胶模胎的合封处缠包严密(若电缆直径较小,可用胶带在接口处缠绕使电缆外径增大),如图 21 所示。

② 将电缆端头直立并安放稳固。

③ 按室外电缆成端及接地工艺中的方法灌注封灌胶。

④ 灌注完成后,灌封头在 12 小时内严禁挤压等外力作用。

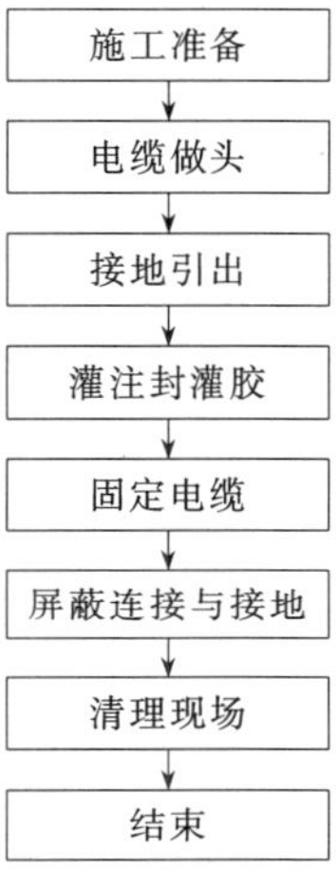

图 20　电缆在室内电缆引入口及分线柜处成端及接地工艺流程图

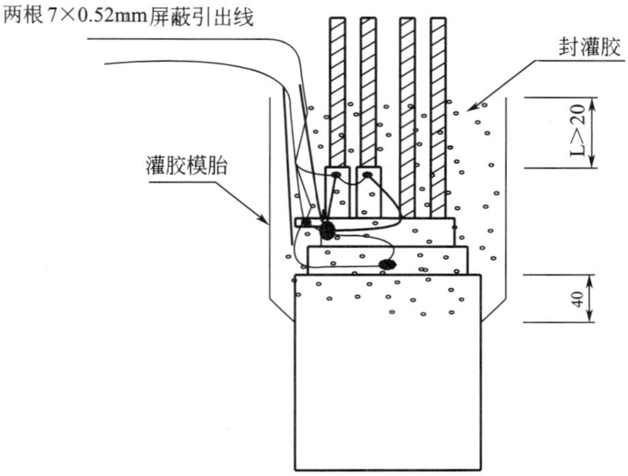

图 21　电缆灌胶模胎安装示意图

(5)固定电缆

① 确认封灌胶已经凝固;

② 用塑料胶带在电缆的固定点缠绕防护后,用“Ω”型卡子将电缆在分线柜的电缆固定层上排列整齐,固定牢固。

(6)屏蔽连接与接地

① 依据 ZPW-2000 无绝缘轨道电路施工技术标准,分线柜应尽量靠近电缆引入口。当分线柜与电缆引入口的距离小于 5 m 时,只在分线柜做钢带、铝护套及内屏蔽层的屏蔽连接与接地;当分线柜与引入口的距离大于 5 m 时,需对每一根进入室内的电缆钢带增加一次接地。

② 分线柜处接地工艺

在分线柜处,将每一根成端后的屏蔽引出线用 2.5 mm^2、ϕ6 mm 舌型接线片压接,用 M6×35 mm 铜制螺栓与分线柜的铜制接地端子排固定。如图 22 所示。

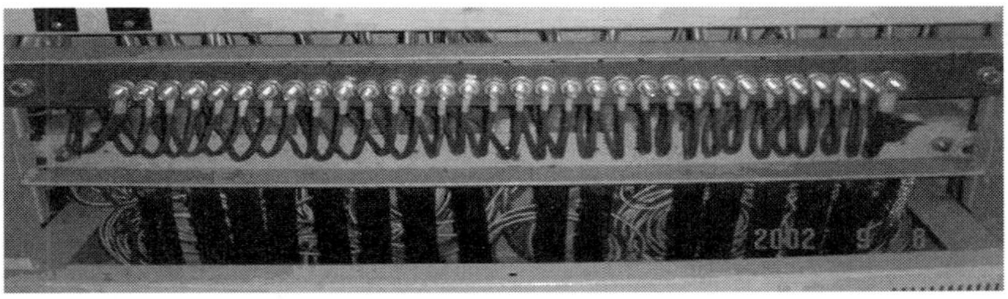

图 22　分线柜处接地工艺示意图

③ 电缆引入口钢带接地制作工艺

在电缆引入口处，将每一根电缆的外护套开剥出 10 mm×10 mm 的口，将 2 根 7×0.52 mm 多股铜芯塑料软线的一端焊接在钢带上，用热缩带包裹密封。用专用压接钳将接地线另一端与 6 mm^2、ϕ8 mm 舌型接线片压接牢固，并用 M8×35 mm 铜制螺栓与室内铜质接地汇集端子排固定。将接地线用尼龙扎带绑扎整齐。钢带接地工艺，如图 23 所示。

图 23　钢带接地工艺示意图

7　劳动力组织

(1)信号电缆地下接续

施工一个接头配备：经培训合格的信号工 3 名操作，劳务工 2 名协助。

(2)电缆成端

经培训合格的信号工 1 名操作，劳务工 1 名协助。

8　主要机械设备及工器具配备

(1)电缆地下接续工具及材料，见表 1。

表 1　电缆接续主要工具及材料表

序号	名　称	单　位	数　量	备　注
1	裁纸刀	把	1	
2	克丝钳	把	1	
3	压线钳	把	1	VS. JJ1
4	剥线钳	把	1	可控剥线尺寸
5	斜口钳	把	1	
6	内屏蔽专用压接钳	把	1	
7	呆扳手	把	2	10 mm
8	专用扳手	把	2	接续材料配备
9	活口扳手	把	1	150 mm
10	钢锯	把	1	
11	管刀	把	1	
12	锯条	根	2	
13	剪刀	把	1	
14	螺丝刀	把	1	
15	切胶刀	把	1	接续材料配备
16	钢丝刷	把	1	
17	棉纱	kg	0.1	
18	砂布	张	1	
19	高阻计	台	1	
20	直流电桥	台	1	
21	电容测试仪	台	1	
22	接头盒	HDM-T-P 型	1	含密封胶、膨胀胶

(2)电缆在室外箱盒的成端、接地工具及材料，见表2。

表2　电缆在室外箱盒的成端及接地主要工具及材料表

序号	名　称	单　位	数　量	备　注
1	钢锯	把	1	
2	电工刀	把	1	
3	偏口钳	把	1	
4	克丝钳	把	1	
5	螺丝刀	把	1	
6	钢卷尺	把	1	
7	钢丝刷	把	1	
8	剪刀	把	1	
9	镊子	把	1	
10	内屏蔽层专用压接钳	把	1	
11	扳手	把	2	
12	冷封胶	包	1	
13	内衬套管	只	若干	根据电缆屏蔽组数
14	压接管	只	若干	根据电缆屏蔽组数
15	电缆固定卡箍	只	1	
16	屏蔽连接夹	只		
17	扁平铜网	米	1	
18	HF-7和区间箱用辅助保护管	只		根据需要
19	HF-4用辅助保护管	只		根据需要
20	脱脂棉或白布带		若干	
21	清洁布		若干	

(3)电缆在室内分线柜处成端、接地及电缆引入口接地工具及材料，见表3。

表3　电缆在室内分线柜处成端、接地及电缆引入口接地主要工具及材料表

序号	名　称	规　格	数　量	备　注
1	钢锯	把		
2	电工刀	把		
3	偏口钳	把		
4	克丝钳	把		
5	螺丝刀	把		
6	钢卷尺	把		
7	钢丝刷	把		
8	剪刀	把		
9	镊子	把		
10	内屏蔽层专用压接钳	把		
11	扳手	把		

续上表

序号	名　称	规　格	数　量	备　注
12	模胎			
13	封灌胶			
14	自粘带			
15	脱脂棉或白布带			
16	清洁布			
17	螺栓			M8×35 mm
18	螺栓			M6×35 mm
19	舌型接线片			2.5 $mm^2\phi$6 mm
20	舌型接线片			6 $mm^2\phi$8 mm

9　质量控制要点

(1)接续人员要经过严格的技术培训,考试合格后持证上岗。

(2)选择变径环必须根据接续电缆的直径,严禁随意组合,密封挡环和钢带固定环要严格按图二组装顺序和零件位置的方向、安装。

(3)电缆开剥特别是切割铝护套时必须细心,切割深度适中,严禁伤及电缆芯线的塑料外皮。

(4)在芯线压接过程中始终保证电缆芯线在压接端子筒内的位置正确。

(5)压线钳与压接端子筒及芯线呈垂直状,压接时压接钳不得晃动。

(6)压线应一次压紧,压线钳压紧后,能自动松开,严禁对压接后的端子进行再次压接。

(7)电缆储备量不能盘成环状(“O”型),可成“Ω”状或“S、∽”状布置。

(8)铝护套屏蔽的喉箍须压接牢固以保证其屏蔽作用。

(9)密封胶、膨胀胶混合时,要保证A、B胶配比正确。膨胀胶混合时要注意操作环境温度变化的影响,调胶后要及时灌注,防止胶液在胶袋内膨胀。

10　安全控制要点

(1)施工人员应严格遵守《铁路工程施工安全技术规程》(下册)(TB 10401.2—2003)的有关规定。

(2)材料、工具、施工人员不得侵入限界,若侵入限界时必须设安全防护。

(3)挖作业坑时,先探明有无地下设施,保证既有地下设施安全。

11　环境保护要点

(1)接续坑应选择适当的位置,不得损坏树木、排水沟及其他设施。

(2)成端及接续后要及时清理作业场地,将施工垃圾回收,不得将杂物就地掩埋于接续坑内。

12　常见问题及处理方法

(1)铝护套与电缆缆芯之间的缝隙一定要用干燥的棉纱填塞,防止灌胶时胶液沿铝护套与电缆芯之间的缝隙渗漏。

(2)芯线压接前要试验所用压接钳的质量,并在压接好每一根芯线时用手验证芯线是否压接牢固。

(3)接续卡一定要认真填写,并将一份封入接头内,一份交给安质人员保存。

(4)接续完成后一定要及时埋好接续标,并作好详细记录交给有关技术人员保存。

13 附　　录

电缆接续提示卡

建设工程名称	
施工单位	
接续时间	
接续电缆规格型号	
电缆用途	
接续点里程	
接续点距线路中心	
当天天气情况	
配合人员(签字)	

色灯信号机安装施工工艺

1　工艺概况及技术特点

1.1　工艺概况

色灯信号机是固定信号机的一种,用其灯光的颜色、数目和亮灯状态来表示信号。我国的铁路现在采用色灯信号机有高柱和矮型两种类型。

高柱色灯信号机由机柱、机构、托架、梯子等部分组成。机柱用于安装机构和梯子。机构的每个灯位配备有相应的透镜组和灯泡,给出信号显示。托架用于将机构固定在机柱上,每个机构需上下托架各一个。梯子用于维修人员攀登及作业。

矮型色灯信号机只须用螺栓固定在信号机基础上,没有托架和梯子。

高柱和矮型色灯信号机又各有单机构和双机构之分。单机构只有一个机构,色灯信号机可构成二显示、三显示和单显示信号机。双机构可构成四显示、五显示。各种信号机根据需要还可以分别带引导信号机构、容许信号机构或进路表示器等。

信号机构配线采用 7×0.52 mm 的多股铜芯塑料绝缘线,线把扎把采用软型塑料扎带,间距为 15～20 mm。

信号机点灯,调车机构采用 XZD 型多功能信号点灯装置,列车机构采用 DZD 多功能智能点灯单元。

1.2　技术特点

(1)信号机设置地点,不得侵入建筑接近限界。

(2)信号机应设在列车运行方向的左侧或其所属线路中心线上空。不得已必须设于右侧时,应由施工定、复测的主持部门报铁路局批准。

(3)信号机的设置位置和显示方向,应使接近的列车或车列容易辨认信号显示,并不致被误认为是邻线的信号机。

(4)信号机的显示应满足设计及规范要求。

2　适用范围

适用于旅客列车速度等 于或小于 160 km/h 的客货列车共线运行的新建、改建标准轨距铁路信号色灯信号机的安装。

3　引用标准

(1)《铁路信号施工规范》(TB 10206—99)。

(2)《铁路信号工程施工质量验收标准》(TB 10419—2003)。

4　基本术语及定义

4.1　信号机建筑接近限界

4.1.1　非电力牵引区段高柱色灯信号机接近限界

非电力牵引区段高柱色灯信号机在直线线路上的机柱类型,埋深及机构安装尺寸应符合表 1 的规定。

表 1　非电力牵引区段高柱色灯信号机建筑接近限界(mm)

序号	使用名称	型式	机柱长度	埋深	信号机构最下方灯位中心距轨面	机柱中心至所属线路中心	
						限界:2 440	限界:2 150
1	进站	四显示带引导	11 000	2 000	5 000	2 630	2 340
2	进站或进路	四显示带引导及进路表示器	11 000	2 000	5 000	2 630	2 340
3	进站或进路	五显示带引导	11 000	2 000	5 000	2 630	2 340
4	出站或发车进路	四显示带进路表示器	11 000	2 000	5 400	2 630	2 340
5	出站或发车进路	四显示带二排进路表示器	11 000	2 000	5 400	2 630	2 340
6	出站或发车进路	五显示	11 000	2 000	5 300	2 630	2 340
7	出站或发车进路	四显示	10 000	2 000	5 300	2 630	2 340
8	出站或发车进路	三显示带进路表示器	10 000	2 000	5 400	2 630	2 340
9	出站或发车进路	三显示	8 500	1 700	5 300	2 630	2 340
10	出站、调车、预告	二显示	8 500	1 700	5 300	2 630	2 340
11	复示	方板一显示	8 500	1 700	5 500	2 630	2 340
12	通过	三显示	8 500	1 700	4 500	2 630	
13	通过	三显示带容许	8 500	1 700	3 500	2 630	
14	遮断	方板一显示	8 500	1 700	5 500	2 630	

注：表中为安装在直线线路上信号机机柱中心至线路中心的最小距离，信号机构最下方灯位中心距轨面的距离。

4.1.2　交流电力牵引区段高柱信号机安装限界

(1)在交流电力牵引区段直线线路上，进站、预告、通过高柱色灯信号机。机柱类型，埋深及机构安装尺寸应符合表 2 的规定。

表 2　交流电力牵引区段高柱信号机安装限界(mm)

序号	使用名称	型式	水泥信号机柱		信号机构最下方灯位中心至轨面	所属线路中心至		说　明
			长度	埋深		信号机柱中心	信号机构中心	
1	进站	四显示带引导	8 500	1 700	3 500	2 900	2 670	第一位、第二位机构中心间距为 1 200；第二位机构最下方灯位中心至引导机构中心为 720
2	预告	二显示	8 500	1 700	4 500	2 900	2 600	机构改装在所属线路侧
3	预告	三显示	8 500	1 700	4 500	2 900	2 600	机构改装在所属线路侧
4	通过	三显示带容许	8 500	1 700	3 700	2 900	2 700	机构改装在所属线路侧

(2)在交流电力牵引区段站内高柱出站色灯信号机机柱类型、埋深及机构安装尺寸应符合表 3 的规定。

表 3　交流电力牵引区段高柱信号机安装限界(mm)

序号	使用名称	型式	水泥信号机柱		信号机构最下方灯位口心至轨面	所属线路中心至		邻线线路		说　明
			长度	埋深		信号机柱中心	信号机构中心	限界 2 440	限界 2 150	
1	出站	二显示	8 500	1 700	5 300	2 900	2 700		2 400	线间距 5 300
2	出站	三显示	8 500	1 700	5 200	2 900	2 700		2 400	线间距 5 300
3	出站	四显示	10 000	2 000	4 700	2 900	2 700		2 400	线间距 5 300
4	出站	二显示	8 500	1 700	5 300	2 900	2 700	2 630		线间距 5 530
5	出站	三显示	8 500	1 700	5 200	2 900	2 700	2 630		线间距 5 530
6	出站	四显示	10 000	2 000	4 700	2 900	2 700	2 630		线间距 5 530

4.1.3　矮型色灯信号机建筑接近限界

矮型色灯信号机混凝土基础埋深及机构安装尺寸应符合表 4 的规定。

表 4　矮型色灯信号机建筑接近限界(mm)

序号	使用名称	型　　式	机构间距	基础埋深	基础顶面距轨面	基础中心距所属线路中心	机构中心至所属线路中心
1	出站或进路	五显示	340	400	200～300	2 199	2 029
2	出站或进路	四显示	340	400	200～300	2 199	2 029
3	出站或进路	四显示带进路显示器	340	400	100～200	2 199	2 029
4	出站或进路	三显示		500	200～300		2 029
5	出站或进路	三显示带进路表示器		500	80～120		2 163
6	出站或调车	二显示		500	200～300		2 029
7	复示	方板一显示		500	200～300		2 095

4.1.4　曲线上建筑接近限界

在曲线线路上，列车运行速度在 120 km/h 以下时，信号设备建筑接近限界应按有关规定加宽。曲线上建筑接近限界加宽数值，应符合表 5 的规定。

表 5　曲线上建筑接近限界加宽(mm)

序号	曲线半径(m)	无外轨超高的曲线内侧加宽	外轨超高	曲线内侧加宽		单线区段外轨超高	单线区段曲线内侧加宽		曲线外侧加宽
				H-1100	H-3000		H-1100	H-3000	
1	4 000	11	25	28	60				11
2	3 000	14	35	39	84				15
3	2 500	16	45	49	106				18
4	2 000	20	55	61	130				22
5	1 800	23	60	67	143				24
6	1 500	27	75	82	177				29
7	1 200	34	90	100	214				37
8	1 000	41	110	121	261				44
9	800	51	135	150	321	125	143	301	55
10	700	58	150	168	358	125	150	308	63
11	600	68	150	178	368	125	160	318	73
12	550	74	150	184	374	125	166	324	80
13	500	81	150	191	381	125	173	331	88

注：H 采用 3 000 mm，适用于高柱信号机；H 采用 1 100 mm，适用于矮型信号机。

4.2 色灯信号机的设置及显示距离

4.2.1 机构选用和灯光配列

色灯信号机的机构有单显示、二显示和三显示三种。单显示机构使用于遮断信号、复式信号、引导信号、容许信号。二显示和三显示可以单独使用,也可以组合构成各种信号显示。

4.2.1.1 色灯信号机灯光配列应用规定

(1)根据实际情况需要减少灯位时,应该以空位停用方式处理。

(2)以两个基本灯光组成一种信号显示时,应该在一条垂直线上(灯列式显示除外,如进站复式信号机),应有一定的间隔距离。

(3)在以两个机构组成的矮型信号机上,应将最大限制信号设在靠近线路的机构上。

(4)一般情况下高柱信号机站内信号机的机构设在靠近所属线路侧,区间信号机设在靠所属线路外侧。

4.2.1.2 色灯信号机灯光配列

色灯信号机灯光配列由《铁路信号设计规范》、《铁路信号站内联锁设计规范》统一规定,色灯信号机的机构灯光配列和用途见图1所列。

4.2.2 色灯信号机设置

信号机应与所属线路的钢轨绝缘节对齐设置(在同一坐标上),当受限界或设备影响时,进站、调车信号机和单线自动闭塞的并置通过信号机可以设在所属线路钢轨绝缘前后各1 m的范围内,出站、出站兼调车信号机、自动闭塞的单置通过信号机可以安装在所属钢轨绝缘节的前方1 m或后方6.5 m的范围内(按列车运行方向而言),并应考虑在满足限界的条件下,保证线路有效长度。

(1)进站信号机应设在距站内道岔尖轨尖端(顺向为警冲标)不少于50 m的地点,如因调车作业或需要,一般不超过400 m。

(2)出站信号机应设在每一发车线的警冲标内方(对向道岔为尖轨尖端外方)适当地点。

(3)通过信号机应设在闭塞分区或所在区间的分界处。在进站信号机前方的第一架通过信号机机柱上,应涂三条黑斜线,以与其他通过信号机相区别。

(4)遮断信号机设在繁忙的道口两边,和其他可能危及行车安全的地带,距其所防护的地点。不得少于50 m。

(5)防护信号机应设于区间内铁路线路平面交叉处,距安全线道岔尖轨尖端不得少于150 m;未设安全线的,距警冲标不得少于150 m。

(6)非自动闭塞区段未设机车信号,进站信号机为色灯信号机时,应装设预告信号机。

(7)进站、出站、进路信号机,因受地形、地物影响,达不到规定的显示距离时,应装设复示信号机;设在车站岔线入口处的调车色灯信号机,达不到规定的显示距离时,根据需要可装设调车复示信号机。

(8)引导信号安装在进站或接车进路色灯信号机柱上。

(9)容许信号装设于自动闭塞区段当货物列车在长大坡道停车后,不能起动的通过信号机柱上。

(10)调车信号机装设在车站调车线的适当地点。

(11)驼峰信号机设在驼峰调车场上的适当地点。

机构和灯光配列（高柱、矮柱）：

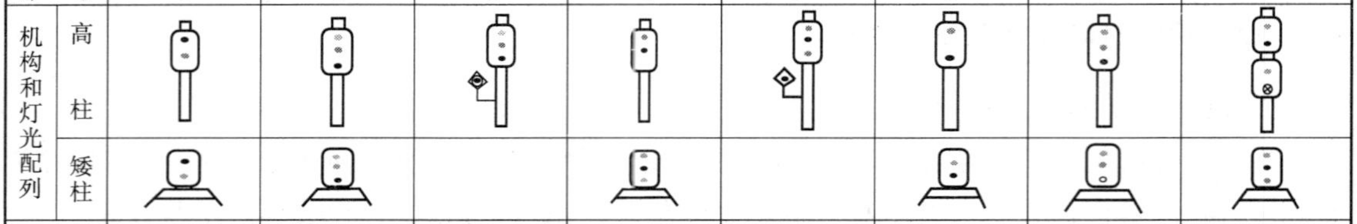

序号	1	2	3	4	5	6	7	8
名称及用途	预告信号机(矮柱用于桥隧)	三显示自动闭塞区段通过信号机(矮柱用于桥隧)	三显示自动闭塞区段带容许信号通过信号机	四显示自动闭塞区段通过信号机(矮柱用于桥隧)	四显示自动闭塞区段带容许信号通过信号机	非自动闭塞区段的出站或通过信号机	非自动闭塞区段带调车信号的出站信号机	非自动闭塞区段的两方向出站信号机

机构和灯光配列（高柱、矮柱）：

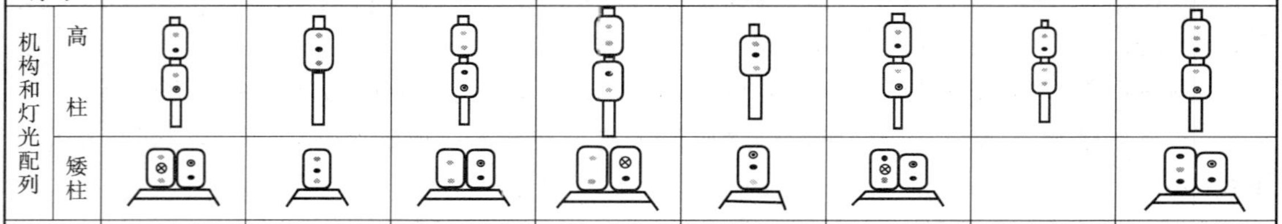

序号	9	10	11	12	13	14	15	16
名称及用途	非自动闭塞区段带调车信号两方向出站信号机	三显示自动闭塞区段的出站信号机	三显示自动闭塞区段带调车的出站或发车进路信号机 驼峰及驼峰辅助信号机(高柱) 驼峰辅助兼出站信号机(高柱)	三显示自动闭塞区段两方向出站信号机	四显示自动闭塞区段的出发信号机 发车进路信号机	四显示自动闭塞区段带调车的出站或发车进路信号机 驼峰及驼峰辅助信号机(高柱) 驼峰辅助兼出站信号机(高柱)	四显示自动闭塞区段两方向的出站信号机 两方出站信号机兼发车进路信号机	三显示闭塞区段的带调车信号的两方向出站信号机

机构和灯光配列（高柱、矮柱）：

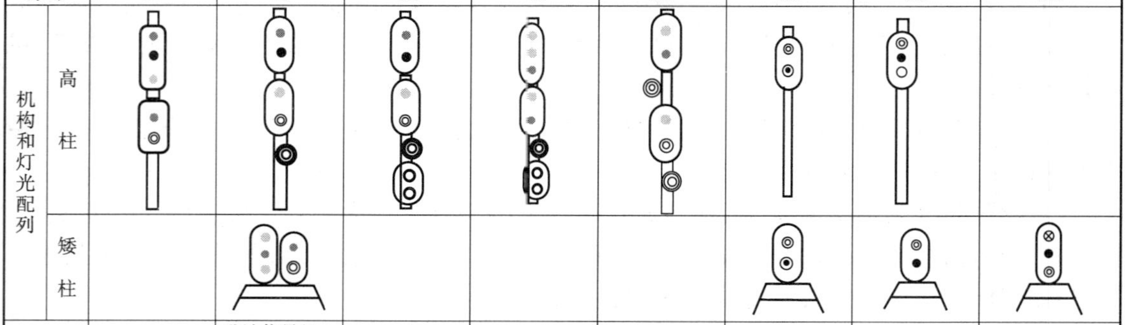

序号	17	18	19	20	21	22	23	24
名称及用途	四显示闭塞区段的带调车信号的两方向出站信号机	进站信号机 接车进路信号机 区间防护分歧线路的通过信号机(封月白灯)	带调车信号的接车进路信号机(可兼出站信号机)	带调车信号的两方向出站信号机兼接车进路信号机	反面兼调车信号的进站信号机(用于调度信中区段的车站)	调车信号机	调车信号机(设置在岔线入口处)	尽头列车信号机

机构和灯光配列（高柱、矮柱）：

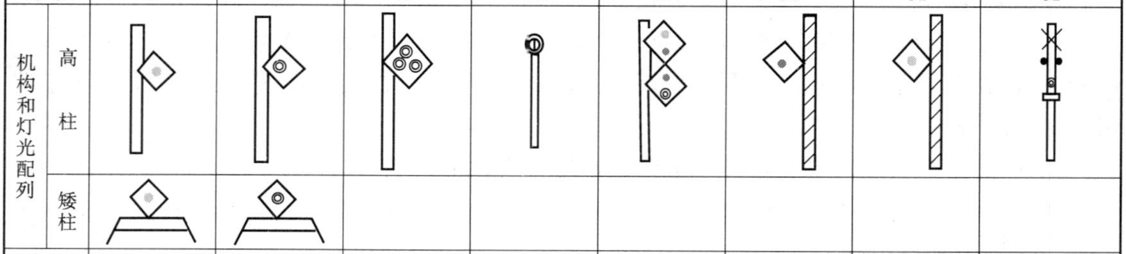

序号	25	26	27	28	29	30	31	32
名称及用途	出站或发车进路复式信号机	调车复式信号机	进站复式信号机	发车线路表示器(透明白灯)	驼峰复式信号机	遮断信号机	遮断信号机	道口信号机

图 1　色灯信号机的机构灯光配列和用途

4.2.3 色灯信号机的显示距离

(1)出站、进路、预告、驼峰、驼峰辅助信号机,不得少于 400 m。

(2)调车、矮型出站、矮型进路、复示信号机、容许、引导信号及各种表示器,不得少于 200 m。

(3)在地形、地物影响视线的地方,进站、通过、预告、遮断、防护信号机的显示距离,在最坏条件下,不得少于 200 m。

4.3 混凝土信号机柱的使用质量要求

4.3.1 裂缝未超过下列规定者准许使用

(1)裂缝宽度小于 0.2 mm,长度小于周长的 2/3。

(2)裂缝条数在 5 条以内,间距在 200 mm 以上,或者条数超过 5 条,但裂缝均匀分布,间距在 300 mm 以上的。

(3)裂缝在机柱顶部 1 500 mm 以上的。

(4)纵向裂缝不超过 1 条,宽度在 0.2 mm 以内的,长度小于 1 000 mm,混凝土面无剥落现象。

4.3.2 裂缝宽度与损坏程度大于以下规定者不得使用

(1)裂缝宽度大于 1 mm 者。

(2)混凝土面损坏脱落,并纵向主筋外露者。

(3)裂缝虽在 0.21~1 mm 内,但整圈裂通,并超过 2 处,且裂纹之间距离又小于 500 mm 者。

(4)机柱碰伤至弯曲的最大矢度大于 $L/200$ 者(L 为机柱长度)。

4.3.3 裂缝下列范围内经修补后可以使用

(1)裂缝宽度在 0.21~0.5 mm 以内者,应涂环氧树脂胶浆。

(2)裂缝宽度在 0.5~1 mm 以内者,应用环氧树脂砂浆。

5 工艺要求

(1)在标记位置开挖信号机坑,根据地形情况和立杆方便确定所开马槽方向,但一定要与线路平行,坑底应平整无石砟,开挖时至少有一名技术人员随工检查,保证机坑深度、宽度符合要求。

(2)上、下卡盘按规范安装,机坑回填应分层夯实,回填饱满。

(3)信号机梯子安装牢固,方向应与机柱平行一致,不扭曲。

(4)安装机构人员上机柱时应绑安全带,机构托架应安装牢固以防止下滑,信号机显示方向应调整平直、准确,保证显示距离。

(5)信号机内部配线时注意电线不被划伤,电线穿孔处做包扎防护,线把应平行无交叉,不打背扣。

(6)信号机安装完成后,根据地形情况及时培土或砌围桩,培土或围桩应方正、表面平整。

6 工艺流程及操作要点

6.1 工艺流程

色灯信号机安装施工流程如图 2 所示(以高柱信号机为例)。

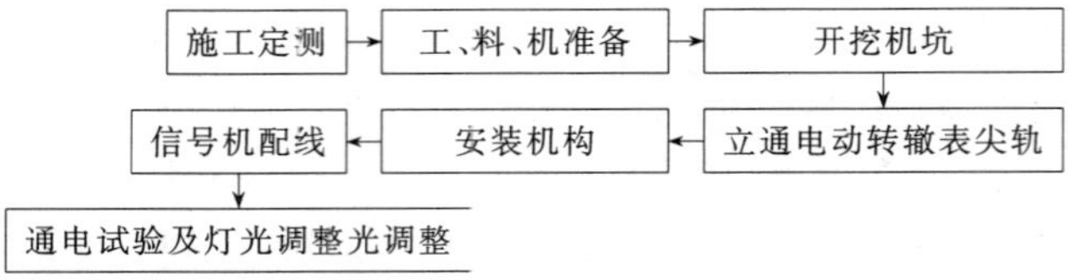

图 2　信号机安装施工流程图

6.2　操作要点

6.2.1　施工定测

(1)根据施工设计文件初步确定信号机位置，并进行现场踏勘。

(2)由建设单位组织运营、设计、监理、施工等单位和部门，根据设计文件和现场状况进行信号机确切位置的确定，作出明显标记。信号机设置位置必须满足显示距离和安装限界的要求，并做好定测记录。

(3)根据设计文件、定点纪要进行信号机位置坐标、距离的复核、测量、确认。

6.2.2　开挖基础坑

(1)机坑全部采用人工开挖。

(2)高柱信号机机坑宽以 0.5 m 见方为宜(有底盘的须略加宽)，坑深须满足机柱埋深要求。坑挖好后，为方便立杆，按确定的立杆方向将“马槽”挖出来。

(3)矮型信号机根据机构使用基础的尺寸进行开挖，坑深须满足基础埋深要求。

6.2.3　立　　杆

在目前施工中，8.5 m 的机柱一般都采用人工直接立杆。将机柱顺向“马槽”，杆底距“马槽”对面挡板 1 m。在距杆顶 1 m 左右处分别系上 1 根拖绳、2 根边绳和 1 根溜绳。人员分配到位，准备工作就绪后，一起用力起杆。机柱立起后，找正机柱方向，使机柱垂直于水平面，其倾斜限度不大于 36 mm(距地面 4.5 m 处用吊线测量)，同时测量机柱限界符合标准，及时将回填土分层捣固，回填 850 mm(10 m 以上的杆为 1 000 mm)时，安装上卡盘(卡盘应埋设于地下 500±100 mm 处)，再继续回填捣固、夯实至土略平于自然地面为达到标准。

当土质不好时，机柱坑底应增设混凝土底盘，防止机柱沉陷。

矮型信号机基础分为单机构和双机构两种，根据信号机的显示方向，将基础放入坑内，检查基础面与轨面的距离满足要求后，回填并捣固。基础埋深不得小于 400 mm。

6.2.4　安装梯子和机构

当机柱立好，回填夯实后，把预先组装好的梯子装上。梯子第一支架安装在离机柱顶约 400 mm 处，梯子方向正面看应与机柱中心线平行；支架从侧面看应与机柱中心线成直角。螺帽拧紧。连接梯子与梯子基础，并培土捣固。梯子安装好，就把弯管滑轮(又称顶杆)安在机柱顶部，采用顶杆吊装法安装信号机构。

矮型信号机机构安装：机构座套入基础螺栓前，应用 ϕ1.0 小铁线穿入弯头引线管，从电缆盒内引出，然后将机构座套入基础螺栓，加弹簧垫圈拧紧螺母，完成机构安装。

6.2.5　信号机配线

(1)机构配线

① 信号机机构采用 7×0.52 mm 的多股铜芯塑料绝缘线配线，线条两端用 0.52 mm 的铜

线制成线环(机构内部为 ϕ5 mm 的线环,XB 箱内部为 ϕ6 mm 的线环)。目前有的工程施工箱盒采用复合材料,内部接线端子板采用万科端子,箱盒侧软线就不需铜线绕环。

② 多股铜芯塑料绝缘线放线的根数:机构实际使用灯位的数目乘以 3,3 代表一个灯的 1 根主丝线、1 根副丝线和 1 根回线。

③ 从机柱上部眼孔穿入,从下部引线孔穿出的机构内部到箱子内部的软线在上下引入孔处穿入塑料管子予以防护,内部线都用小扎带间隔 130 mm 扎把分线。

(2)设备配线

设备配线采用 7×0.52 mm 的多股铜芯塑料绝缘线。以三显示出发信号机为例,介绍配线方法。如图 3 所示。

① 按照设计图纸,出发信号机点灯需要三个点灯单元,把点灯单元底座均匀的固定在 XB 箱底板上。

② ϕ3.0 mm 的铁线穿上兰色套管做个“已”字型骨架。骨架用来框定软线布线径路。骨架上、下方距底座上、下外边缘 25 mm;左、右方距底座外边缘 5 mm。根据配线图,结合点灯单元底座端子使用情况放线,出线长度不超过 150 mm,先下后上,由左至右绑把。

③ 线把扎好后,用 ϕ0.52 mm 的铜线做环。

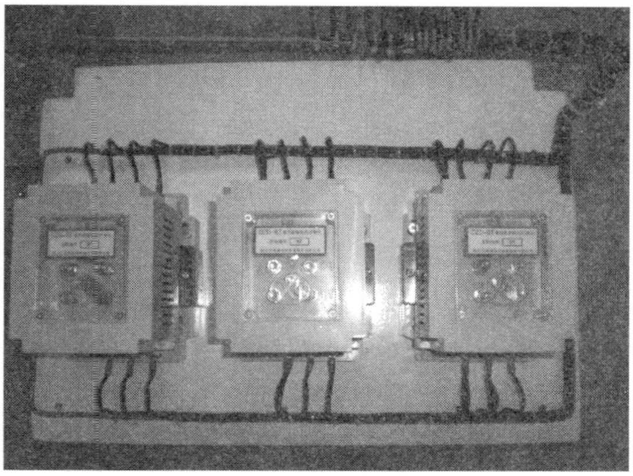

图 3　三显示出发信号机配线图

6.2.6　通电实验及灯光调整

当室外电缆配线完毕,分线盘测试电缆绝缘良好,室外信号机机构等设备安装完成后就可以进行通电试验。一般先采用单独送电点灯的形式:根据室外信号机电缆芯线配线图,将室内准备好的 220 V 交流电源经过 1 A 的保险,在分线盘送电点灯,室外做主、副灯丝转换和断丝报警试验,并对信号机的显示方向、显示距离检验调整。室内达到联锁点灯条件后,开始调整各架信号机灯泡点灯电压,点灯变压器初级线圈电压应为 180～220 V,次级点灯电压为 10.5～11 V。并填写好信号机测试记录表格。

7　劳动力组织

合理的劳动力组织,科学的管理手段,不仅能提高施工效率、节约工程成本,而且能确保工程在施工工期内顺利完成。根据施工作过程中的实际需要,我们对施工过程中的重要环节的劳动力组织安排如下:(若是既有线施工,必须至少增设驻站联络员一名,现场专职防护员一名)

(1)施工定测

劳动力组织(站为单位):技术主管 1 名,熟练技工 2 人,普工 2 人。

技术主管需熟悉设计文件、施工地形、信号机位置设置要求和安装标准。根据施工设计文件和定点纪要,结合站场坐标指挥测量人员进行复核、测量定点;普工 2 人拉尺子;技工 2 人分别负责监督测量过程、记录测量数据,保证测量的准确性以及负责现场防护,保证测量安全的工作。

(2)开挖基础坑

劳动力组织(一架信号机为单位):熟练技工 1 人,普工 2 人。

技工 1 人,在信号点处,根据现场具体情况,确定基础坑开挖地点,指导开挖作业,防护开挖过程,负责开挖基坑质量;普工 2 人按要求进行现场开挖。

当开挖的基础坑比较集中时,1 名技工可以负责多于 1 处的基础坑开挖。

(3)立杆

劳动力组织(一架信号机为单位):作业队施工负责人或技术负责人 1 名,熟练技工 5 人,普工 16 人。

负责人现场指挥协调全面工作;熟练技工 5 人,1 人现场防护,另外 4 人立杆过程中各自负责一根大绳;普工 16 人,合理调配人工起杆、主绳拉杆、边绳护杆人员,保证整个立杆过程顺利完成。

(4)安装梯子和机构

劳动力组织(一架信号机为单位):熟练技工 2 人,普工 6 人。

(5)信号机配线

劳动力组织(一架信号机为单位):熟练技工 1 人,普工 1 人。

(6)通电试验及灯光调整

劳动力组织(一架信号机为单位):熟练技工 3 人。1 人在机械室内送电,另外 2 人在室外点灯并进行灯光调整。

8 主要机械设备及工器具配置

施工中,色灯信号机安装需要汽车参与运送,工器具的使用(以高柱色灯信号机安装为例)主要有:

立杆工具:大绳 4 根、顶杆 1 套、三脚架 1 副、安全带 1 根、铁锹 4 把、十字镐 4 把、钢钎 4 根、捣固锤 1 个、抬杠、抬绳、錾子、榔头等等。

基本配件(以一架进站信号机为例):混凝土机柱 1 根;信号机梯子和梯子支架四档;梯子基础 1 个;信号机卡盘 1 个(包括 U 形螺栓);信号机底盘 1 个(根据需要);色灯信号机构(包括遮檐、遮光板固定螺栓等)3 个;信号机构上下托架 5 个;U 形螺栓(包括螺母)5 个;蛇管头及卡箍引线管 3 副。

9 质量控制要点

(1)信号机安装的质量控制要点及措施:安装要满足限界要求。参与该项目施工人员应掌握信号机建筑接近限界标准,安装过程中责任心强,测定准确。

(2)机构配线的质量控制要点及措施:配线要准确,电气性能绝缘良好,工艺美观。用线要采用多股铜芯绝缘软线,其截面积不得小于 1.5 mm^2;软线不得有破损、老化,中间不得有接头;软线在引线管进出口处加以防护。

(3)通电试实验的质量控制要点及措施:信号灯光显示正确、位置无误,主、副灯负丝转换良好,灯口电压正常。每一架信号机在采用一次联锁方式点灯时,室内、外试实验人员要确保通信畅通,一一核对灯光显示,测量并调整灯口电压,进行断丝报警试验,并作好表格填写。

10 安全控制要点

(1)施工人员要经过严格的安全培训,考试合格后持证上岗。

(2)室外施工设置现场防护人员。

(3)信号机坑开挖时,尽量做到及时开挖、及时立杆、及时回填并夯实,不污染道床。

(4)立机柱的施工中,立杆前应该检查立杆工具,特别是大绳及各种钩环必须结实无损伤;必须对参加立杆人员进行作业程序及方法的培训;精神集中,听从指挥,步调统一。

(5)高柱信号机机构组装使用的绳索要结实,无断股,不变形;上杆作业须系安全带;起吊机构时,机构下面不许站人;禁止上、下抛递配件工具,禁止上、下同时作业。

11 环境保护要点

(1)认真学习环保知识,加强职工环保意识。

(2)很好地保护已完工程,在站场间开挖施工时,用草袋或彩条布遮盖道床,不污染道床和道砟。

(3)安装过程中产生的废弃物及时回收,不随意丢弃。

12 常见问题及处理方法

(1)色灯信号机混凝土基础或机柱在目前施工中不是现场预制,经过车辆运输,小部分不可避免会出现裂缝。当裂缝宽度在 0.21～0.5 mm 以内者,涂环氧树脂胶浆,修补后使用;裂缝宽度在 0.51～1 mm 以内者,用环氧树脂砂浆修补,然后使用。

(2)信号机点灯、报警不正常。处理方法:先在分线盘端子测试电压,若电压正常,说明原因在室外。然后在点灯单元一、二次侧分别进行电压测量,若均二次侧测量,都正常,但灯口电压不对证明是箱盒到机构配线有问题,主、副负、回线有错误交叉;若灯口电压正常而灯不亮则是灯和灯座接触不良,可进一步检查灯座;若点灯正常,出现错误报警,则是报警电路有问题。

13 附 录

(1)信号机测试记录表,见表 6。

表 6 信号机测试记录表

序号	信号机名称	室内送电点灯							室外电压显示							
		L	LU	U	UU	H	B	A	1次侧电玉V	2次侧电压V	L	U	2U	H	B	A
1																
2																
3																
4																
5																

(2)色灯信号机建筑接近限界检查记录表,见表 7。

表 7　色灯信号机建筑接近限界检查记录表

序号	信号机名称	规定最小限界（mm）	实际限界（mm）	检查结果	序号	信号机名称	规定最小限界（mm）	测试限界（mm）	检查结果
1					19				
2					20				
3					21				
4					22				
5					23				
6					24				
7					25				
8					26				
9					27				
10					28				
11					29				
12					30				
13					31				
14					32				
15					33				
16					34				
17					35				
18					36				

铁路信号内锁闭转辙装置施工工艺

1 工艺概况及技术特点

1.1 内锁闭转辙装置

我国铁路道岔转辙装置按照道岔的锁闭位置可分为内锁闭和外锁闭，按照转辙机采用的动力可分为电动转辙机和电液转辙机。1993年以前，道岔的锁闭设备普遍采用内锁闭，即普遍采用ZD系列的电动转辙机和ZY系列的电液转辙机；随着我国铁路的提速，为了保证提速安全，根据《铁路信号设计规范》(TB 10007—2006)规定，当列车运行速度超过120 km/ h时，必须采用外锁闭装置和三相交流转辙机，目前普遍采用了较先进的S-700K型电动转辙机和ZYJ7电液转辙机分动外锁提速道岔，解决了道岔牵引和锁闭分开的问题，提高了道岔转换的可靠性。我国大部分铁路还未纳入提速范围，使用的还是以采用内锁闭的ZD6型电动转辙机为主。本施工工艺只介绍ZD6型电动转辙机施工技术。

1.2 工艺技术特点

内锁闭转辙装置是通过转辙机内的锁闭齿轮的弧面进入到齿条块的削尖齿上，对齿条块进行锁闭，从而达到锁闭道岔的目的；安装装置的长基础角钢与单开道岔直股基本轨或对称道岔中心线垂直，其偏移不大于20 mm，密贴调整杆、表示杆或锁闭杆、尖端杆、第一连接杆与长基础角钢之间应平行，其前后偏差各不大于20 mm，这就要求安装尺寸特别准确，即基础角钢的眼孔中心位置应计算精确，确保打眼准确无误。本施工工艺中采用了特制的打眼工具，能有效提高打眼的准确性，提高效率，减小劳动强度，节约成本，确保道岔安装合格，保证行车安全。

2 适用范围

本施工工艺适用于采用内锁闭的ZD6型系列电动转辙机的转辙装置安装施工。

3 引用标准

(1)《铁路信号设计规范》(TB 10007—2006)。

(2)《铁路信号工程施工质量验收标准》(TB 10419—2003)。

(3)《铁路信号施工规范》(TB 10206—99)。

4 基本术语及定义

(1)内锁闭：依靠转辙机内部的锁闭装置锁闭道岔的尖轨，是间接锁闭方式。

(2)正装和反装：立于电动转辙机电机处看动作杆和表示杆，从转辙机右侧伸出的称为右伸产品或正装；从转辙机左侧伸出的称为左伸产品或反装。

5 工艺原理

ZD6系列内锁闭转辙装置由电动转辙机和安装装置组成。电动转辙机由电动机、减速器、自动开闭器接点组、主轴、动作杆、表示杆、移位接触器、底壳及机盖九部分组成，如图 1 所示。安装装置由密贴调整杆、连接杆、尖端杆、长短基础角钢及各种绝缘管、绝缘垫板、垫铁、连接螺栓等组成，基础角钢是固定电动转辙机用的，密贴调整杆一端上至道岔的第一连接杆上，另一端与电动转辙机的动作杆相连接，用来转换道岔、锁闭道岔，尖端杆直接上至道岔尖轨上，其口部与连接杆一端相连，连接杆另一端接到电动转辙机的表示杆上，把道岔的位置状态反映给电动装辙机，通过自动开闭器接点组把现场道岔位置反映到信号楼内。如图 2 所示，电动转辙机内各部件是动作杆由右向左移动后的停止状态。此时自动开闭器的第 1、3 排接点闭合。为了使动作杆向右移动，其动作过程如下(以主轴旋转 324°完成一次完整的道岔转换过程为例)：

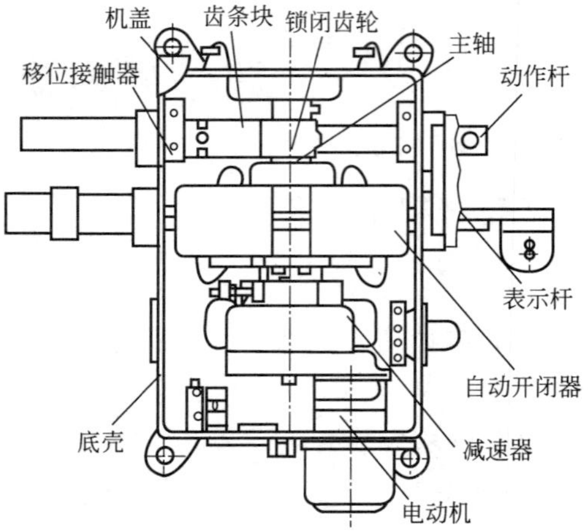

图 1　ZD6 型电动转辙机结构

(1)继电器室送来的道岔启动电源，经由自动开闭器第一排接点，送至电动机，使电动机轴按图中所示方向转动。

(2)电动机通过齿轮 1 带动齿轮 2 及输入轴转动。输入轴带动减速器转动使输出轴按逆时针方向转动。

(3)输出轴和主轴俩者之间利用一个十字接头作用的启动片连接在一起。于是主轴也随输出轴同时旋转。

(4)当主轴转角旋转至 8.5°时，启动片对图中左侧速动爪上的滚轮作空转，启动片同时带动主轴旋转，并使锁闭齿轮的弧面从齿条块的削尖齿上退转 8.5°，即此时已解锁 8.5°。

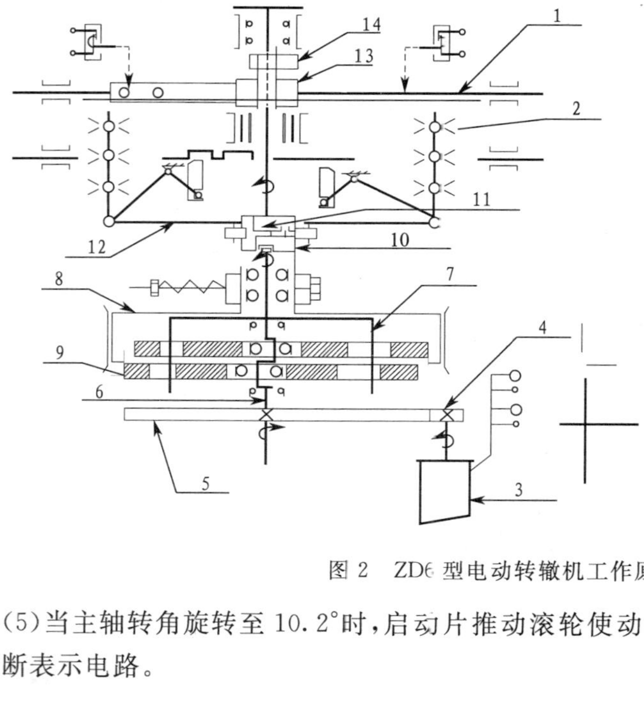

1—动作杆；
2—自动开闭器接点组；
3—电动机；
4—齿轮 1；
5—齿轮 2；
6—输入轴；
7—输出轴；
8—内齿轮；
9—外齿轮；
10—起动片；
11—速动片；
12—速动爪；
13—锁闭齿轮；
14—止挡栓。

图 2　ZD6 型电动转辙机工作原理

(5)当主轴转角旋转至 10.2°时，启动片推动滚轮使动接点组向左退并断开第三排接点，即切断表示电路。

(6)当主轴转角旋转至17.8°时，启动片继续推动滚轮使动接点组开始接通第四排接点，即接通下次返回动作的电源电路。

(7)当主轴转角旋转至25°时，启动片推动滚轮的过程结束，并使动接点在第四排接点中插入完毕，同时，左侧的检查柱完全退离表示杆上的左缺口。

(8)当主轴转角旋转至27.2°时，启动片上的拨片钉开始拨动速动片也随之按反时针方向旋转。

(9)当主轴转角旋转至32.9°时，启动片继续带动主轴旋转。锁闭齿轮的弧面已从齿条块的削尖齿上退转32.9°，完全脱开弧面锁闭关系，即道岔已经解锁完毕。此后，将开始由锁闭齿轮的轮齿拨动齿条块向右移动，即开始动作杆的转换过程，动作杆带动安装装置的密贴调整杆，密贴调整杆带动道岔尖轨向右移动。

(10)当主轴转角旋转至291.1°时，齿条块及动作杆向右移动156+2毫米，牵引尖轨改变位置，完成转换过程。此后，锁闭齿轮的弧面进入齿条块的另一个削尖齿上，开始对齿条块进行转换后的锁闭。

(11)当主轴转角旋转至320.6°时，图中右侧速动爪迅速落入速动片缺口中，使其动接点组快速断开第1排的电机电路，接通代表尖轨到达并被锁闭在新位置的第2排表示电路接点。此时，锁闭齿轮对齿条块的锁闭过程已经达到29.5°锁闭角，图中右侧的检查柱落入表示杆处于新位置后的右缺口。

(12)当主轴转角旋转至324°时，电动机被切断电源后，旋转惯性力使主轴继续转至324°。此时，锁闭齿轮的弧面与齿条块的削尖齿之间已经完成同心弧面重合32.9°锁闭角的锁闭过程，并最后使动作杆和尖轨不得反向移动。同时，其主轴上的止档栓受底壳上的止档柱阻止而停止动作。此后来自电动机的旋转惯性力将在摩擦板中消耗。

6 工艺流程及操作要点

6.1 工艺流程

见图3。

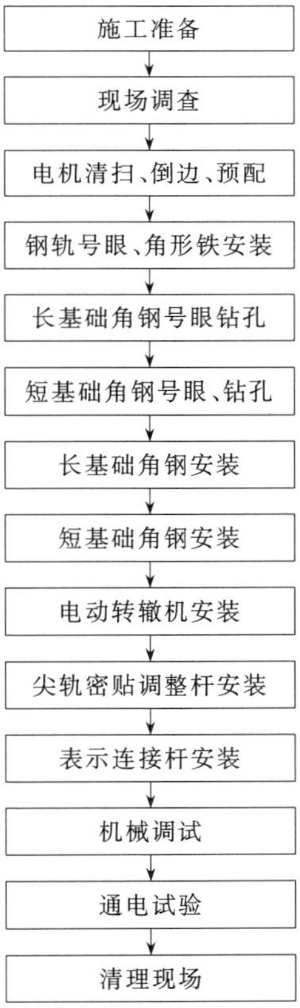

图3 ZD6型内锁闭转辙装置施工工艺流程图

6.2 操作要点

6.2.1 施工准备

(1)编制实施性施工组织，在既有线施工编制封锁要点计划，签订配合协议。

(2)协调好与工务部门、电务部门、车务部门的外部关系。

(3)图纸审核，编制施工技术标准和材料、工器具备料计划，对施工人员进行施工技术交底和技术培训。

(4)了解并熟悉施工设计图纸和转辙装置的结构、性能，对全站道岔进行一次全面的调查。

(5)组织施工人员进行安全学习和考试。

(6)组织设备、材料进场，并检查规格、型号是否与设计一致，质量是否合格；电动转辙机送至所属电务段或建设单位指定检测单位进行检测并出具检测报告(记录)；准备施工的工器具。

(7)制作钢轨钻孔用的特制电钻架。

6.2.2　现场调查

安装道岔前，要对整个站场进行调查，并填写道岔调查记录表(见附录1)。

(1)首先调查现场道岔铺设与设计图纸是否一致，里程是否正确，统计电动转辙机、道岔编号及总数量。应特别注意调查道岔尖轨的型号是普通尖轨还是AT型尖轨(这在设计图上一般都未予注明)，因二者使用的尖端杆和密贴调整杆不同，须防止备料采购和安装错误。

(2)调查电动转辙机安装位置：根据设计图纸电动转辙机位置(面对岔尖有四种情况：左侧弯股、左侧直股、右侧弯股、右侧直股)，调查现场是否有空位置安装，如果没有空的位置，可把电动转辙机安装在另一边，需要做好详细的记录，以便修改内部配线。

(3)道岔型号及轨距：道岔型号不同，尖轨得长度和尖轨理论尖端处的轨距也就不同，见表1。尖轨长度为6 250 mm及以上者，尖轨理论尖端在实际尖端前50 mm处，尖轨尖端处的轨距一般都要加宽，在测量转辙机基础角钢尺寸时需注意。

表1　道岔型号及轨距表

道岔号数	尖轨长度(mm)	尖轨理论尖端处轨距(mm)
双开道岔、大号码道岔、交分道岔等		应符合标准图规定，无标准图时，由铁路局规定
	6 250 以下	1 453
9		1 450
12		1 455

(4)道岔的钢轨类型：根据钢轨类型选用角形铁。

(5)转辙机动作杆动程与尖轨开程和密贴调整杆空动距离三者有如下关系：转辙机动作杆动程＝尖轨开程＋密贴调整杆空动距离＋(销孔旷量＋杆类压力变形量)。ZD型转辙机安装动程为156 mm时，道岔尖轨开程应调整在142～151 mm范围内。

(6)整组道岔调整方正：在安装电动转辙机之前，必须使整组道岔调整方正。调整的内容有：

① 尖轨第一连接杆的改造：如果是旧有的圆形第一连接杆，须由工务部门加工、更换为方钢型第一连接杆，以保证尖轨与基本轨的密贴程度及密贴调整杆安装；

② 尖轨与基本轨密贴调整；

③ 尖轨方正：尖轨是否方正，是以尖轨第一连接杆(四开位置)与基本轨直股或直股延长线是否垂直来衡量的，可采用方尺来检查，方尺见如图4所示；

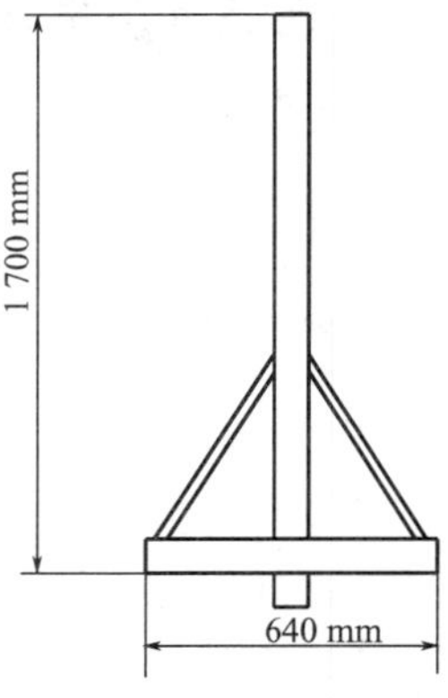

图4　方尺图

④ 消除尖轨弹性：尖轨带有弹性是影响电动转辙机正常锁闭及尖轨密贴的重要原因，正常的尖轨是不带弹性的，如果尖轨带有弹性，说明道岔部位道床不平整(俗称吊板)，应请工务部门整治。

(7)新设道岔按照设计铺设到位，部件完整，并符合上述诸点规定。

(8)原有转辙设备安装情况：原有转辙装置占据电动转辙机的安装位置，根据现场具体情况拟定移设方案或封锁施工倒替方案，以腾出转辙机安装位置。

6.2.3　电机清扫、倒边、预配

(1)清扫：对经过检测的电动转辙机内部进行清扫，紧固各部件螺丝。应特别注意勿将油

污弄到摩擦带上，造成摩擦连接器失效。

(2)倒边：转辙机出厂均按正装出厂。根据施工调查的情况，确定需要反装的转辙机数量。把需要反装的转辙机齿条块上两只挤切削拔除，动作杆便会从转辙机右侧抽出。摇动转辙机使其呈解锁状态，抽出表示杆，恢复挤切销安装，将表示杆从左侧插入机内，改变表示杆接头铁连接位置即完成倒边。

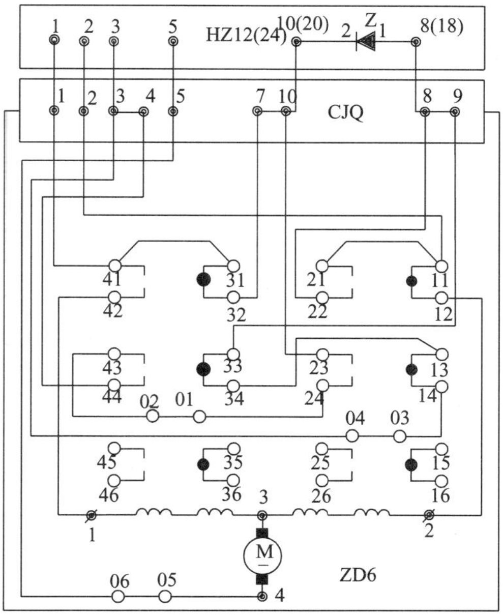

图 5　ZD6 型电动转辙机内部配线电路图

(3)预配：用配线板布放电机线把，线条两端套入写有各自编号的套管，线把绑扎线条顺直，从分支处，用白色拉带或绑线间隔 15 mm 均匀绑扎。在线条端头用 0.52 mm 的铜线绕制线环，并用万用表对每条导线测试导通。电动转辙机的预配要根据电动转辙机的安装位置和自动开闭器接通接点来确定，分为定位闭合接点 1、3 闭合和 2、4 闭合两类。现场配线均按照定位闭合接点 1、3 闭合的电路来配线。定位闭合接点 2、4 闭合的转辙机只需要把定位闭合接点 1、3 闭合的转辙机线把的接插接器 1 号和 2 号线相互交换(即四线制的 X1 和 X2 互换)，把道岔二极管极性颠倒即可。内部配线采用 7×0.52 mm(1.5 mm^2)多股铜芯塑料软线。单动道岔四线制 ZD6 型定位闭令接点 1、3 闭合电动转辙机配线电路如图 5 所示。

箱盒与转辙设备间的配线：采用插接化，见图 5 中的插接器 CJQ，它包括配线插销和配线插座，配线插销和配线插座是以一一对应的关系，配线插销与转辙机内部接点配线、配线插座与箱盒配线均用 7×0.52 mm(1.5 mm^2)多股铜芯塑料软线。具体配线见表 2。

表 2　ZD6 型电动转辙机箱盒只电机内部配线表

电机内部端子	插接器配线插座、插销端子	1、3 闭合箱盒端子	2、4 闭合箱盒端子
41、31	1	1 X1	2 X2
11、21	2	2 X2	1 X1
移位接触器 04	3	3 X3	3 X3
44	4		
移位接触器 06	5	5 X4	5 X4
23	7		
22、13	8		
33	9		
23、Z-2(Z-1)	10		

(4)设备涂漆：安装装置和电动转辙机安装之前必须涂灰色调和漆(镀锌的除外)，涂漆前应先除锈并清除灰尘、油污。对密贴调整杆和尖端杆上所有螺母在安装前检查并注入润滑油，使之灵活。

(5)名称书写：在电动转辙机盖中间醒目位置书写该组转辙机名称，采用 60 mm×40 mm

大号字，如 18DZ。

6.2.4　实地测量、钢轨号眼、角形铁安装(以通号 9138 ZD6-D 型电动转辙机安装图为例)

再一次检查道岔方正。

用方尺卡在道岔基本轨直股上(不能卡在弯股上)，横臂与直股基本轨贴紧，直臂边线与第一连接杆中心重合，用划针或特种笔在两基本轨面作标记，画出第一连接杆的中心线，以第一连接杆的中心线向岔尖方向量 1 035 mm 作记号，同样从第一连接杆的中心线向岔心方向量出 460 mm 作记号，岔前后标记间的距离即为 1 495 mm。

预先将四只角形铁的直面画出中线，每一支角形铁对准各自位置的轨面记号，用划针伸进角形铁孔内，在基础轨腰部画出圆圈，取下角形铁，用冲子冲出钻孔中心，也可以采用特殊冲子，见图 6 所示。直接插入角形铁孔内，在基本轨腰上冲出钻孔中心。

图 6　特殊号眼冲子图

用特制电钻架从底部卡住钢轨，使之稳固，采用 ϕ21 mm 钻头，对准用冲子冲出的钻孔中心钻孔。

钢轨钻孔之后，用 M20 mm×70 mm 的螺栓从钢轨内侧穿出，装上原来画标记的角形铁，加直径为 20 mm 的弹簧垫圈，拧紧螺帽，用卷尺复核同侧俩角形铁间距，若有出入，可松开螺母加以调整，然后用 450 mm 大扳手重新紧固。注意尖轨处须用头部为厚 10 mm 的螺栓(用 M20 mm×70 mm 螺栓加工)紧固角形铁，否则会影响尖轨密贴。不论电动转辙机安装在那一侧，角形铁安装方法是相同的。角形铁安装图见图 7 所示。

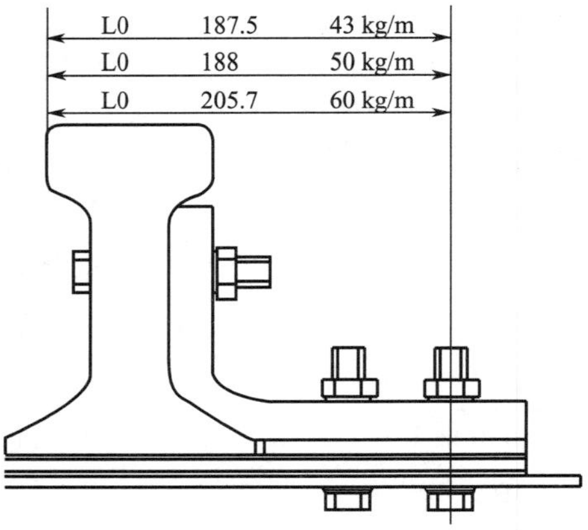

图 7　角形铁安装图

6.2.5　长基础角钢号眼及钻孔

基础角钢采用角钢 A3，规格为 80 mm×125 mm×10 mm×3 150 mm(60 kg/m 及以上的道岔采用 80 mm×125 mm×12 mm 的角钢)。根据对全站场的转辙机具体安装位置的调查情况，即四种情况：面对岔尖，转辙机设在左侧直股和弯股两种类型，转辙机设在右侧直股和弯股两种类型。下面以左侧弯股道岔为例，介绍转辙机设在左、右侧时长基础角钢的号眼方法。

将岔前角钢称作角钢Ⅰ，岔后角钢称作为角钢Ⅱ。角钢固定孔的编号从不设转辙机的一端开始。见图 8 所示。

将两根基础角钢的 125 mm 边相靠(俗称“背靠背”)，两头各用一块带槽木垫，使两根角钢竖边入槽，角钢离开地面。带槽木垫如图 9 所示。

现在介绍一种广为使用的确定钢轨眼孔位置的方法。43 kg/m、50 kg/m 和 60 kg/m 钢

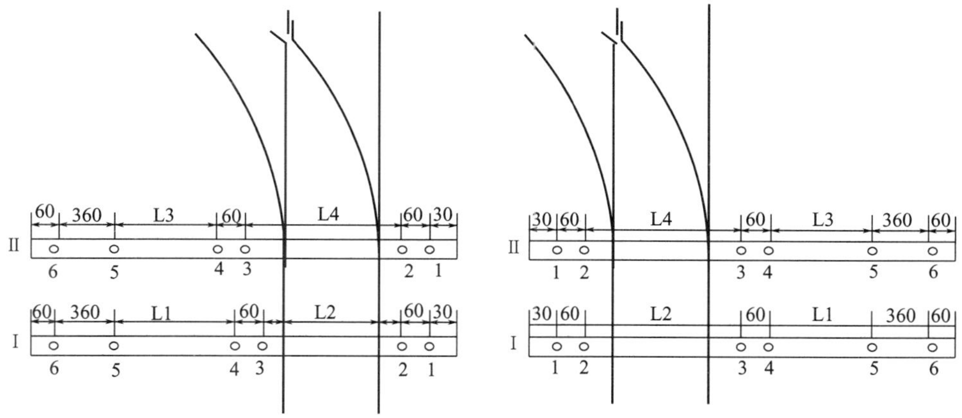

图 8　角钢号眼图

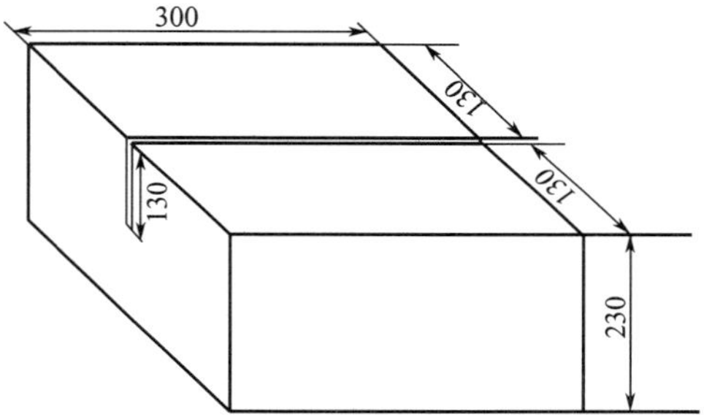

图 9　带槽木垫图

轨内侧距角形铁外孔的尺寸 L0 也不同(如图 7 所示)。岔前角钢上安装转辙装置短角钢的眼孔 5 与其基本轨内侧保持 1 000 mm,这样 L1(L3)=1 000－L0。

转辙机装在直股基本轨侧时:L1=L3,从而保证了转辙设备与单开道岔直股基本轨平行。从设转辙机端头开始量 60 mm 号第六孔,从第六孔量 360 mm 号第五孔,从第五孔量 L1(L3)=1 000－L0 确定第四孔,从第四孔量 60 mm 得第三孔;L2、L4 是现场角形铁内孔之间的距离,从第三孔量 L2 或 L4 号第二孔,从第二孔量 60 mm 号第一孔,至此基础角钢的眼孔都号完,岔前、岔后角钢可以同时从一端开始。

转辙机装在弯股侧时:L1+L2=L3+L4,先划角钢Ⅱ。从设转辙机端头量 60 mm 号第六孔,从第六孔量 360 mm 号第五孔,从第五孔量 L3=1 000－L0 确定第四孔,从第四孔量 60 mm 得第三孔,第三孔量取实测 L4 得第二孔,从第二孔量 60 mm 号第一孔;再划角钢Ⅰ,仍从设转辙机端头开始,与角钢Ⅱ对齐,量 60 mm 号第六孔,从第六孔量 360 mm 号第五孔,将角钢Ⅰ和角钢Ⅱ的五、六孔对齐,把角钢Ⅱ的第一孔平移取到角钢Ⅰ上号第一孔,从第一孔回量 60 mm 号第二孔,第二空回量实测 L2 得第三孔,第三孔往回量 60 mm 得第四孔。这种划线方法能保证角钢Ⅱ的 L3=1 000－L0,角钢Ⅰ的 L1>1 000－L0。因为本划线方法利用 L1+L2=L3+L4 的关系,所以保证了转辙设备与单开道岔直股基本轨平行。

号眼完毕后,用冲子在各孔中心冲眼,然后用台钻取 ϕ28 mm 钻头钻孔。钻孔完毕后,除锈,涂防锈漆(红胆漆),再在外层涂深灰调和漆(镀锌角钢除外)。成批预制时须用油漆标明道岔号及岔前、岔后角钢,以免弄错。

6.2.6　*短基础角钢号眼钻孔(以通号 9138 ZD6-D 型电动转辙机安装图为例)*

短基础角钢号眼简单,按图 9 所示尺寸,两根角钢"背靠背"同时号眼即可,如图 10 所示。

也可在试装电动转辙机完全合适后,再在短基础角钢上号眼钻孔,可避免因道岔不方正或安装尺寸偏差引起电动转辙机安装走位。

号眼完毕后,用冲子在各孔中心冲眼,然后用台钻取 ϕ21 mm 钻头钻孔。钻孔完毕后,除锈,涂防锈漆(红胆漆),再在外层涂深灰调和漆(镀锌角钢除外)。

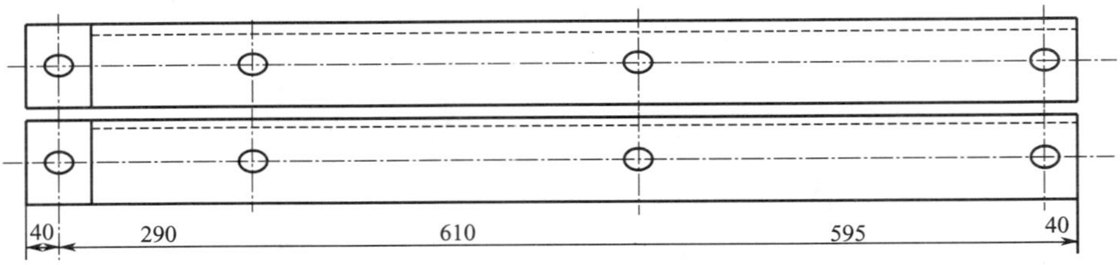

图 10　短基础角钢号眼图

注：目前 ZD6 型电动安装装置长、短基础角钢眼钻孔加工基本工厂化了，备料计划前须根据设计图纸详细调查各车站每组道岔型号、轨型及电动转辙机安装位置（面对岔尖有四种情况：左侧弯股、左侧直股、右侧弯股、右侧直股）并列表告诉生产厂家，厂家根据提供资料进行钻孔加工。

6.2.7　长、短基础角钢安装

长基础角钢按照各自的道岔号码及前后位置对号穿过轨底，与左右角形铁连接，注意所有附件（绝缘板、绝缘管、绝缘垫圈、铁垫板、弹簧垫圈等）不能漏装、错装。基础角钢与角形铁进行组装时，先将螺栓套入近轨的眼孔，略拧紧螺帽，看看尺寸是否合适，再将断短角钢横架在长基础角钢上，竖边朝里，用 M20×60 螺栓由下往上穿加弹簧垫圈略拧紧螺栓，检查基础角钢方正，可利用眼孔余量适当调整基础角钢位置，若尺寸完全合适，则将螺帽拧紧。

6.2.8　电动转辙机安装

短基础角钢固定后，将电动转辙机放在短基础角钢上放在短基础角钢上，如此时短基础角钢还未钻孔，则在中心线前后移动电动转辙机，使转辙机动作杆的中心线与杆架中心线成一条直线，或与第一连接杆中心线保持 80 mm 的间距。转辙机固定位置后，在短基础角钢上号眼，钻孔后，用 M20×70 螺栓由下向上穿，加弹簧垫圈拧紧螺母。如果短基础角钢已经钻孔，则用 M20×70 螺栓由下向上穿，加弹簧垫圈先不拧紧螺母，待转辙机调整满足要求后，在拧紧螺母。

6.2.9　尖轨密贴调整杆、尖端杆和表示连接杆的安装

尖轨密贴调整杆穿入杆架前，先拧入一只 36 mm 紧固螺母，顺丝扣凹槽套入一只挡环，挡铁背向紧固螺母，再拧入一只轴套，轴套止挡缺口面向挡铁，预先将杆架安装在第一连接杆上，密贴调整杆从转辙机一侧穿过轨底，穿入杆架，将另一只轴套止挡缺口朝外拧入密贴调整杆，顺丝扣凹槽套入另一只挡环，挡铁背向紧固轴套，最后再拧入一只紧固螺母，拨去密贴调整杆的连接销，套入转辙机动作杆，三孔一致后插入连接销，加开口销并劈开。

在尖轨尖端安装尖端杆，电动转辙机表示杆的一端，装在尖端杆的舌铁上，用专用螺栓紧固。

6.2.10　机械调试（以新铺设道岔为例）

在转辙设备安装过程中，将逐步进行机械调试，以新道岔安装转辙机为例说明机械调试的方法，如果是在既有道岔上安装转辙机，则需要制定详细的施工方案和施工组织计划，报请相关部门审核批准后，根据铁路局安排，在各配合单位（车务、电务、工务等）到场的情况下要点进行。

配合工务部门调整道岔开程：工务部门对道岔的开程是在尖轨尖部与基本轨之间计量的；转辙设备对道岔的开程是在尖轨第一连接杆处与基本轨之间计量的，ZD6 转辙机道岔的开程应保持在 150 mm 左右。如果开程过大，可请工务部门在第一连接杆与尖轨连接的“T”型铁之间加铁垫板。

尖轨密贴调整：a. 暂不连表示杆。摇动手摇把，先调动作杆伸出位置，密贴程度以动作杆停止移动，尖轨密贴基本轨，手摇把再空摇 3 至 4 圈转辙机方才锁闭为好。转辙机锁闭后，继续摇动手摇把，检查一下摩擦联接器松紧程度，在调整故障电流之前，一般应以一只手稍微用力便可磨擦摇动为好。如尖轨已经密贴，转辙机无法锁闭，摩擦联接器空转，说明密贴调整太紧；如尖轨尚未密贴，转辙机即已锁闭，说明调整太松。调整轴套，可使尖轨密贴过紧、过松消失，达到要求。调整轴套时以稍松一点为宜，因紧固螺母时，轴套还会被挤紧，密贴就显得正好，如调整时就正好，那么紧固螺母后，密贴就会显得过紧。b. 密贴调整良好后，摇动电机使转辙机解锁，让密贴调整杆轴套在不受力的情况下紧固定螺母，这样才能真正紧。然后再试密贴有无变化。c. 动作杆伸出位置密贴调整完成后，调整尖端杆上的舌铁位置，使检查柱落入检查缺口，自动开闭器第二次变位，间隙调整到 1～2 mm，充分拧紧舌铁固定螺母。摇动道岔复查两次，然后在尖轨第一连接杆处与基本轨之间夹入 4 mm 厚铁板，检查柱不能落入检查块缺口内，转辙机无法构成内锁闭。d. 将尖轨摇至动作杆拉入位置。进行拉入位置的密贴调整，松开转辙机表示杆上的横穿螺栓，卸去尾端外罩，拧动调整螺杆，使拉入位置的检查柱落入检查缺口，自动开闭器第二次变位位，间隙调整到 1～2 mm，充分拧紧表示杆上的横穿螺栓。摇动道岔复查两次，并试验 4 mm 不锁闭。

6.2.11 通电试验

机械调试完毕后，把预先配的道岔内部线和转辙机至箱盒的配线按照配线图进行正式配线，配线完毕、室内电路导通完毕、室外电缆通道正确后，则与室内进行配合，对道岔进行通电试验。并填写道岔试验记录表(见附录 2)

单独来回操纵道岔，室外检查道岔尖轨密贴程度、测量电动转辙机动作电压(启动时能测到 200～220 V 直流电压)；室内在控制台观察动作电流(电流表安装在控制台上)、道岔表示。

根据设计图纸核对道岔位置：由控制台人员指挥，操纵道岔至定位，根据设计定位道岔开向位置，询问室外道岔实际开向，室外人员在报告道岔开向时应简单明了，如试验 1# 道岔时，可报告为："1# 道岔开通 3# 道岔方向"，而不能报告为："1# 道岔开通反位"。同时室内还必须核对 1QDJ、2QDJ、DBJ、FBJ 的状态与控制台表示是否一致。

4 mm 不锁闭试验和磨擦电流调试：在尖轨第一连接杆处与基本轨之间插入厚为 4 mm，宽为 20 mm 的铁板，转换道岔，电机空转，转辙机不锁闭，同时，在控制台上观察直流表指示，其电流值为磨擦电流。通过调整磨擦联接器的调整螺母可将磨擦力调大或调小再测试磨擦电流，如此反复几次，使摩擦电流达到所需要求。

道岔内部配线检查试验：

(1)道岔在定位(1、3 闭合)，室外用绝缘片分别插入 13～14、31～32、33～34 动静接点使其断开，每插入断开一次，室内定位表示灯灭灯一次。

(2)室外断开 11～12 接点，室内向反位扳动道岔，室外道岔应不动，控制台电流表无指示。

(3)室内将道岔扳回定位，室外打开 01～02 移位接触器，定位表示应不受影响。

(4)室内将道岔扳到反位，道岔转换到位应无表示。恢复 01～02 移位接触器，反位表示恢复。室外断开 43～44、21～22、23～24 动静接点，每插入断开一次，室内反位表示灯灭灯一次。

(5)室外断开 41～42 接点，室内向定位扳动道岔，室外道岔应不动，控制台电流表无指示。

(6)室内将道岔扳回反位，室外打开 03～04 移位接触器，反位表示应不受影响。

(7)室内将道岔扳到定位，道岔转换到位应无表示。恢复 03～04 移位接触器，定位表示恢复。

(8)室外打开 05～06 移位接触器，室内向反位扳动道岔，应不转动，电流表无指示，定位表示灯灭灯。再扳到定位时，应不转动，电流表无指示，定位表示灯恢复。

联锁试验：以上各项试验完毕后，还要对道岔进行联锁试验。即根据联锁表内容，排列经由该组道岔的各条进路，看是否能正常开放信号，是否道岔无表示能关闭信号，进路锁闭后能否扳动道岔、道岔轨道区段占用道岔能否被扳动、并再次核对道岔位置等。

6.2.12　清理现场

对施工现场进行清理，尤其是对包装物、油污进行处理，保证整洁及环境不受污染。

7　劳动力组织

施工管理采用施工负责人责任制、岗位负责制、定点定岗。各人员现场操作严格遵守技术要求、安全规程和机械操作规程，下面以一组 ZD6 型单开道岔说明劳动组织情况。

表 3　ZD6 型单开道岔施工人员组织表

序号	施工人员	单位	数量	备　注
1	施工负责人	人	1	现场施工组织及协调
2	技术员	人	1	技术负责、质量负责
3	信号工	人	2	转辙装置安装
4	普工	人	2	道岔角钢钻孔
5	现场防护人员	人	1	安全防护
6	驻站联络员	人	1	请、销点兼安全防护联络

8　主要机械设备及工器具配置

表 4　施二仪器仪表机具表

序号	名　称	规格或型号	单位	数量	备　注
1	钢卷尺	5 m	把	1	
2	方尺	见图 4	把	1	方正道岔用
3	钢轨钻孔工具	自制	把	1	钢轨钻孔用
4	发电机	1.5 kVA	台	1	
5	配电箱		个	1	
6	电源接线盘	20 m	个	1	
7	电钻	JIS-27 A	台	1	
8	钻头	21 mm	支	2	
9	钻头	28 mm	支	2	
10	台钻		台	1	角钢钻孔用
11	L 形角尺		把	1	
12	号眼冲子	见图 6	套	2	钢轨号眼用
13	十字螺丝刀		把	1	
14	活口扳手	300 mm	把	2	
15	活口扳手	450 mm	把	2	
16	红色特种铅笔		支	1	

续上表

序号	名　称	规格或型号	单位	数量	备　注
17	划针		个	1	
18	手锤	1磅	把	2	
19	管钳	350 mm	把	1	
20	油壶		个	1	
21	水壶		个	1	
22	圆锉		把	1	
23	扁锉		把	1	
24	大撬棍		根	1	
25	小撬棍		根	1	
26	电压表	500 V	台	1	
27	电流表	5 A	台	1	
28	通讯工具		套	1	室内、外联系用
29	防护旗	红、黄	套	各2	
30	防护牌		套	2	

9　质量控制要点

(1)在安装道岔之前进行技术交底,如果有新的安装图,则需要编制作业指导书。

(2)各种类型的道岔安装设备应符合相应的定型安装图。

(3)转辙装置安装前,应检查道岔尖轨方正、吊板、活动轨与基本轨密贴、枕木的方正等情况,如果不符合标准,请工务部门整治,符合安装标准的规定后才能进行安装。

(4)道岔转换设备应与单开道岔直股基本轨或直股延长线、双开对称道岔股道中心线相平行。各类转辙机及转换锁闭器外壳所属线路侧面的两端与基本轨或中心线垂直距离的偏差:内锁闭道岔不大于10 mm。各类型的道岔杆件均应与单开道岔直股基本轨或直股延长线、双开对称道岔中心线相垂直。各杆件的两端与基本轨或中心线的垂直偏差:内锁闭道岔的密贴调整杆、表示杆、尖端杆应不大于20 mm。控制长角钢和角形铁号眼的准确性,按照施工作业技术标准施工,减小因施工带来的误差。

(5)内锁闭道岔的密贴调整杆、表示杆、尖端杆,其水平方向的两端高低偏差应不大于5 mm(以两基本轨工作面为准)。严格按照标准施工,减小误差。

(6)道岔转换设备的安装装置必须有足够的强度和钢度,安置装置应采用防松螺栓、螺母;60 kg/m及以上道岔采用角钢安装时,应采用80 mm×125 mm×12 mm的角钢。严格控制材料的质量,不合格产品绝不进场。

(7)密贴调整杆、动作杆及表示连接杆的螺纹牙形符合标准,具有足够的强度。密贴调整杆的螺母应有防松措施密贴调整杆动作时,空动距离应在5 mm以上;各种连接杆的调整丝扣露出螺帽外的余量应小于10 mm。严格控制料源。

(8)所有经过轨底的器件,距钢轨底面净距离不小于20 mm。在安装时按标准施工。

(9)各部绝缘安装正确不遗漏,不破损,各部螺栓紧固,并达到规定的紧固力矩。

(10)道岔尖轨和基本轨应密贴。列车运行速度小于120 km/h线路上的道岔(列车运行速度大于 120 km/h 线路上的道岔采用外锁闭装置和三相交流转辙机),第一牵引点处有 4 mm 及其以上间隙时,道岔不能锁闭和接通表示。施工完毕进行 4 mm 不锁闭试验。

(11)正反向磨擦电流相差应小于 0.3 A,ZD6-A、D、F、G、H、K 型转辙机单独使用时,摩擦电流为 2.3～2.9A;ZD6-E、J 型转辙机双机配套使用时,单机磨擦电流为 2.0～2.5A。通电试验必须进行摩擦电流试验和调试。

10　安全控制要点

(1)遵守《铁路信号施工技术安全规则》(TBJ 406—87)。

(2)所有作业人员应进行岗前安全教育,经考试合格后方可上岗,牢固树立安全第一的思想。

(3)每天施工前应进行班前安全讲话。

(4)现场作业人员配齐戴好安全防护用品,施工人员穿防护服,戴安全帽。

(5)及时请销点,在施工现场设专职安全监护人,作业范围两端设专职安全防护人员。

(6)供电电源与施工用电机具间必须按用电有关规定设置漏电保护装置。

(7)在进行道岔通电调试时严禁施工人员站立于尖轨与基本轨之间。

(8)确保通信畅通,坚持复诵制度。

11　环境保护要点

(1)坚持按《中华人民共和国环境保护法》及相关法规进行施工。制订环境保护管理办法和实施细则,并建立奖惩制度,将环保的具体措施落实到人头。

(2)对施工油污和废弃物(如油漆桶等)做到有效回收,确保不污染环境。

(3)施工现场工具材料摆放整齐,保证现场施工场地整洁、干净、工完料清。

(4)机械运行时噪声分贝值、废气排放符合相关标准规定。

(5)做到文明施工。

12　常见问题及处理方法

(1)电动转辙机启动后无法实现内锁闭,原因和处理的方法是:

室内发送的动作电压不足:查明原因(直流屏输出的直流电压是否正常、启动回路有无接地、漏电、回路阻值变大),从电源屏或电缆芯线着手处理。

(2)摩擦电流调整过小:按照规定调整磨擦电流。

(3)尖轨密贴调整过紧,基本轨高于尖轨过多,或滑床板面局部磨损使尖轨密贴基本轨时爬坡不上,或尖轨与基本轨内有异物,或动作齿条面上落入异物,或密贴调整杆架与枕木摩擦,尖轨转换到另一位置后无法实现内锁闭:应合理调整尖轨密贴,工务部门配合整治道岔。

(4)检查柱与表示杆缺口间隙过小,无法实现内锁闭:重新调整表示杆缺口。

(5)电动转辙机前后表示杆联接螺栓松动:紧固联接螺栓。

(6)电动转辙机动作杆伸出后有“低头”现象,或内锁闭过紧,尖轨有反弹,或动作齿上的锁闭圆弧与动作杆上的削尖齿之间缺油,或检查柱与柱孔间缺油:工务部门配合整治道岔,并注意保持转辙机各部机械动作灵活。

(7)道岔无表示,原因和处理的方法是:

① 室内表示电源故障:从电源屏和道岔表示继电器入手,查明原因。

② 表示回路故障:找出回路不通或短路等原因,保证回路正确。

(8)道岔转到位后无法实现内锁闭:按照(1)处理方法处理。

(9)道岔处于"四开"位置:来回操纵道岔,如还不能转到位,启动电路故障。

(10)二极管坏掉或极性颠倒:更换二极管或把极性颠倒回来。

13 工程实例

该标准化工艺在兰新线武嘉线张掖至梧桐泉共计六站车站信号工程中得以应用,保证了安装质量,圆满地完成了任务。

14 附 录

(1)附录1:道岔调查记录表,见表5。

表5 道岔调查记录表

序号	道岔编号	电动机安装位置	道岔型号	轨距(mm)	钢轨类型	尖轨类型	道岔是否方正	备 注

调查人: 日期:

(2)附录2:道岔试验记录表。

在道岔试验过程中,要填写试验记录表,见表6。

表6 道岔试验记录表

序号	道岔号	道岔实际位置	道岔表示	继电器状态是否正确	道岔动作电压	动作电流	磨擦电流	4 mm不锁闭试验	内部配线检查试验	联锁试验	备 注

负责人: 技术负责人: 参加试验人员: 日期:

铁路信号外锁闭转辙装置施工工艺

1 工艺概况及技术特点

1.1 外锁闭转辙装置

随着我国铁路第六次大提速，为了保证提速后行车安全，采用了较先进的 S—700K 型电动转辙机和 ZYJ7 电液转辙机分动外锁提速道岔，道岔的牵引和锁闭分开，提高了道岔转换的可靠性。

目前，当列车运行速度超过 120 km/ h 时，必须采用外锁闭装置。外锁闭装置分为燕尾式外锁闭装置和钩锁式外锁闭装置。燕尾式外锁闭装置属于平面锁闭，渐被淘汰。钩锁式外锁闭装置属于垂直锁闭方式。

本工艺只涉及钩锁式外锁闭装置。

1.2 技术特点

(1)外锁闭尖轨与基本轨密贴处实行锁闭，力量大，安全系数高。

(2)两尖轨之间没有连接杆连接，在转换时，一根先动，另一根后动。降低了转换时的启动力矩。

(3)采用 380 V 三相交流启动电源。

(4)摩擦联结器不需要调整。

(5)滚珠丝杠作为驱动传动装置延长其使用寿命。

2 适用范围

本施工工艺适用于采用外锁闭的 S700K 型电动转辙机的转辙装置施工。

3 引用标准

(1)《铁路信号设计规范》(TB 10007—2006)。

(2)《铁路信号工程施工质量验收标准》(TB 10419—2003)。

(3)《铁路信号施工规范》(TB 10206—99)。

4 基本术语及定义

外锁闭：当道岔由转辙机带动转换至某个特定位置后，通过本身所依附的锁闭装置，直接把尖轨与基本轨或心轨与翼轨密贴夹紧并固定，称为外锁闭。

5 工艺原理

S700K 电动转辙机采用三相交流电源，由外壳、动力传动机构、检测锁闭机构、安全装置、配线接口组成。其内部结构如图 1 所示。

当三相交流电动机通电转动后，小齿轮带动中介齿轮，中介齿轮带动齿轮将转速降低并增大转矩而后将动力传递到摩擦联结器，摩擦联结器带动滚珠丝杆驱动装置转动，滚珠丝杆的转动驱使保持联结器转动，保持联结器的转动使动作杆前进或后退。动作杆连接着尖轨，若动作

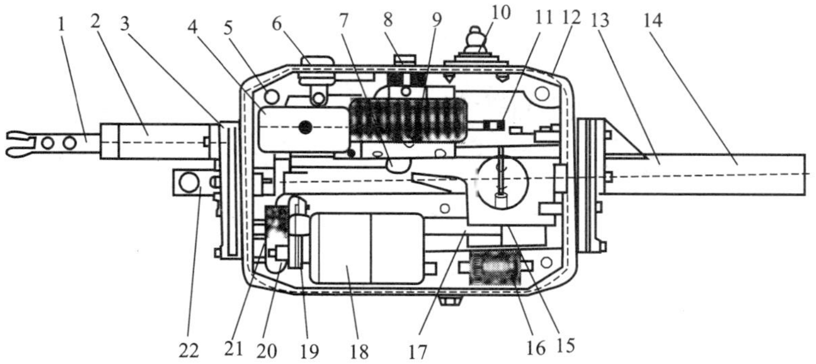

图 1　S700K 型电动转辙机结构

1—检测杆；2—导向套筒；3—导向法兰；4—遮断开关；5—地脚孔；6—开关锁；7—锁闭块；8—拉地螺栓；9—速动开关组；10—电缆密封装置；11—指示标；12—底壳；13—动作杆罩筒；14—止档片；15—保持器；16—插座；17—滚珠丝杠；18—电机；19—摩擦联结器；20—摇把齿轮；21—连杆；22—动作杆。

杆已移动到极点(即道岔尖轨密贴)，此时操纵板会扣进保持联结器中，锁闭块将其扣押住，锁闭道岔。

外锁闭装置解锁、转换、锁闭过程：初始状态如图 2 所示，左侧密贴尖轨处于锁闭状态，右侧斥离尖轨与基本轨保持要求的开口，密贴尖轨锁钩同时被锁闭铁和锁闭杆卡住不能落下，斥离尖轨锁钩的缺口卡在锁闭杆的凸起处不能移动，从而保持斥离尖轨与基本轨的开口基本不变；解锁状态如图 3 所示，锁闭杆向右移动，斥离尖轨向密贴位移动，同时密贴尖轨处锁闭杆相对锁钩移动，当锁闭杆凸起与密贴尖轨锁钩缺口对齐时，锁钩落下卡在锁闭杆凸起内，尖轨与基本轨解锁；锁闭杆继续向右移动，通过锁钩带动斥离尖轨和密贴尖轨同步向右移动，当锁闭杆带动道岔转换至右侧尖轨与基本轨密贴时(见图 4)，开始进入锁闭过程；锁闭杆继续向右移动，右侧锁钩沿锁闭杆斜面向上爬起，当锁钩升至锁闭杆凸起顶面时，进入锁闭状态(见图 5)，同时左侧尖轨继续向右移动至要求开口，完成转换过程。

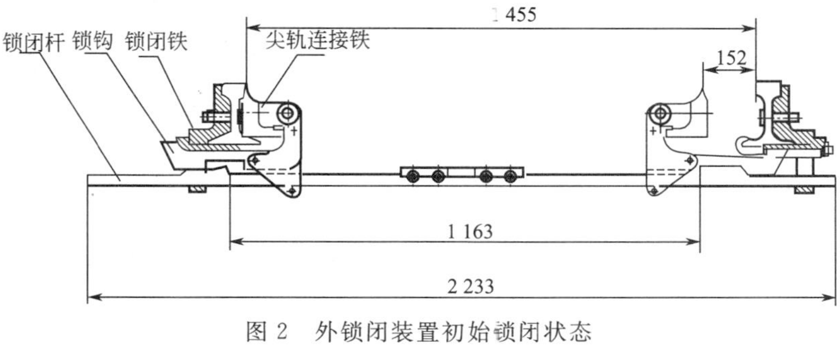

图 2　外锁闭装置初始锁闭状态

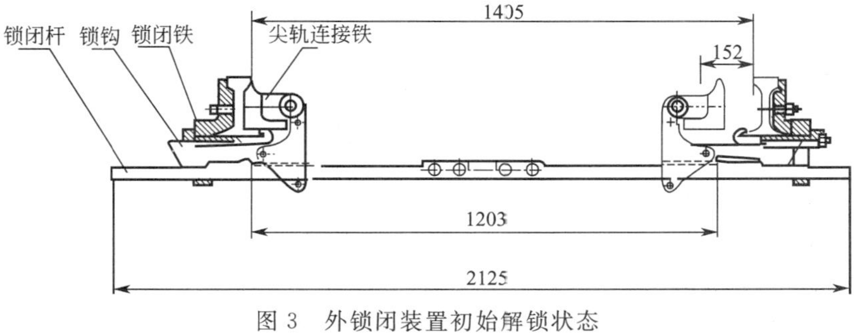

图 3　外锁闭装置初始解锁状态

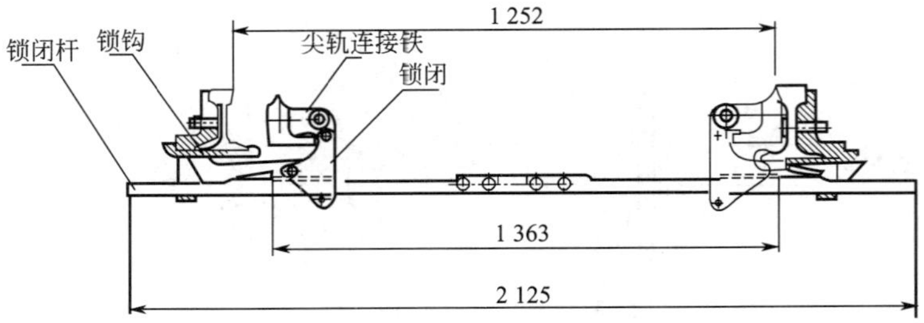

图 4 外锁闭装置转换过程

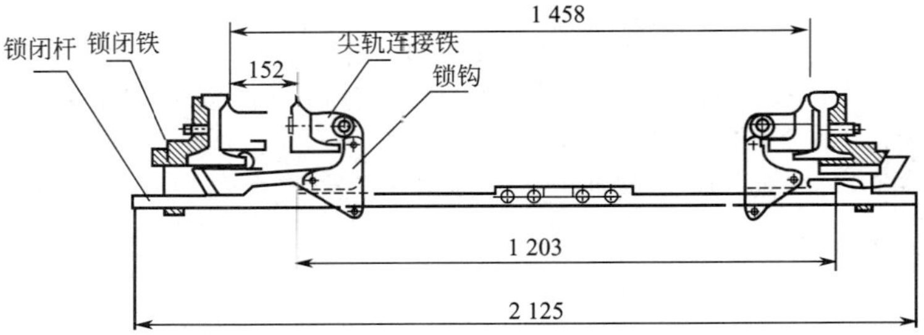

图 5 外锁闭装置转换完成锁闭状态

6 工艺流程及操作要点

6.1 工艺流程

工艺流程如图 6 所示。

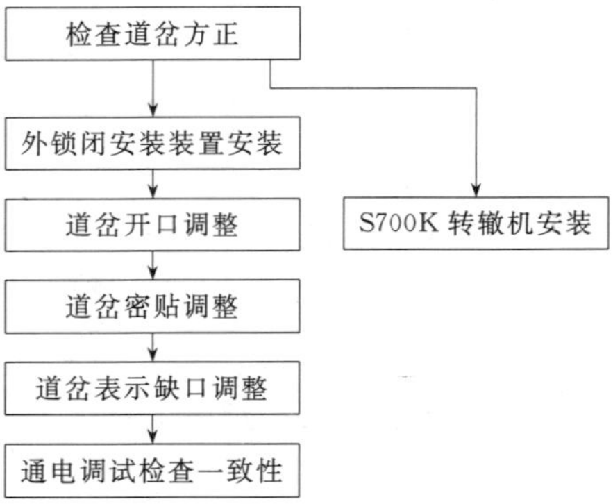

图 6 外锁闭道岔安装工图艺流程

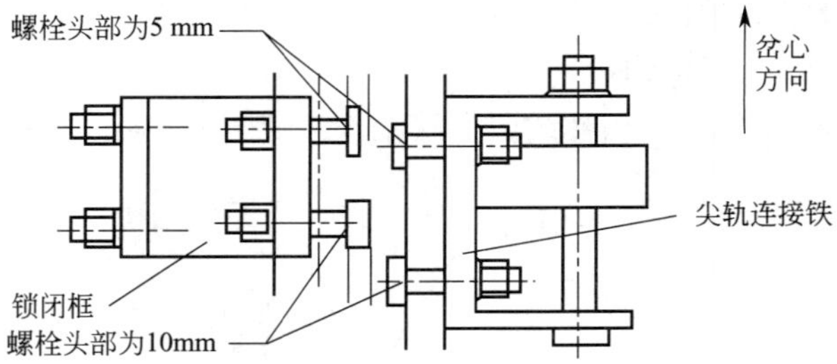

图 7 锁闭框与尖轨连接铁安装螺栓

6.2 操作要点

6.2.1 检查道岔方正

(1)检查预铺道岔是否安装平整,道岔轨距是否符合标准。

(2)检查道岔安装位置轨枕间距是否运到安装要求,尖轨底部与滑床板是否接触良好、有无跳板现象。

6.2.2 外锁闭安装装置安装

(1)锁闭框安装

安装前需将安装侧的尖轨拨离基本轨,锁闭框是通过基本轨上预留的两个安装孔进行连接,如图 7 所示。锁闭框安装螺栓暂不拧紧,便于随后调整。

(2)锁闭铁安装

将锁闭铁插入锁闭框方孔内,同时将固定螺栓一头钩住基本轨,另一头穿入锁闭框和锁闭铁安装孔内,带上平垫、弹垫和 M20 螺母使固定螺栓和锁闭铁不松动,暂不拧紧,便于随后进行密贴调整,如图 7。

(3)尖端连接铁安装

尖端连接铁是通过尖轨上预留的两个安装孔进行安装,如图 8 所示。

(4)锁闭杆安装

锁闭杆为两段式,中间为绝缘连接,先将两段进行中间连接,注意安装时一定要平直,绝缘管垫不得有破损,各部螺栓连接牢靠。锁闭杆连接好后穿入锁闭框内,锁闭杆在锁闭框内摆放平顺,不别卡,安装如图 9 所示。

(5)锁钩安装

将尖轨连接铁上销轴事先取出,注意保持销轴表面清洁。将锁钩放在尖轨连接铁中间将销轴穿入,紧固销轴螺栓,将锁钩另一端放在锁闭杆的凸起处,锁钩安装如图 10 所示。

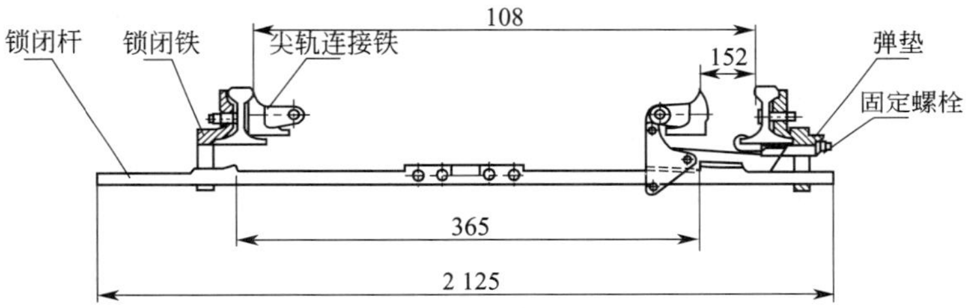

图 8　锁闭铁安装

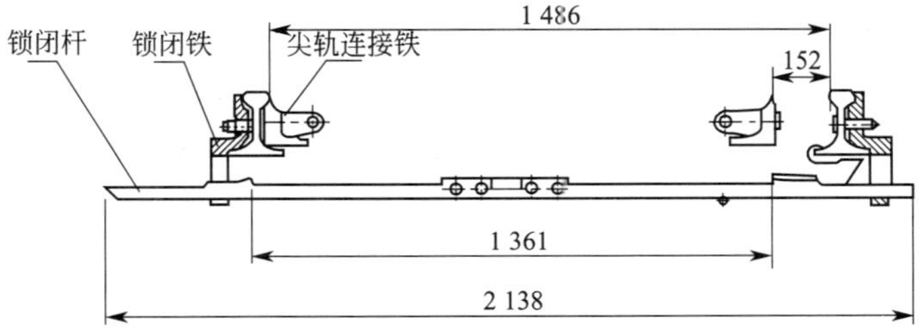

图 9　锁闭杆安装

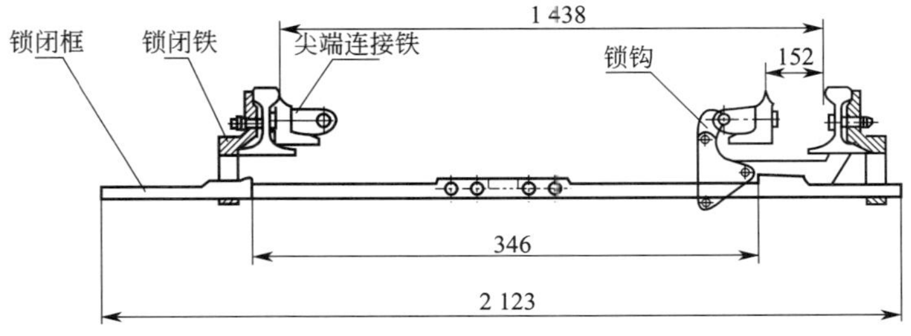

图 10　锁钩安装

(6)尖端铁安装

主要用于连接道岔的长短表示杆。安装时只须对应尖轨上预制的尖端铁安装孔安装即可，将长、短表示杆连接到尖端铁上，表示杆另一端暂不连接到转辙机检测杆，可在调试过程中完成连接。动作连接杆在分动外锁闭装置完成安装后将一端连接在锁闭杆上，另一端与转辙机动作杆在调试过程中完成连接。

根据同样安装方式进行钢轨另一侧的锁闭框、锁闭铁、尖端连接铁、锁钩、尖端铁的安装。

6.2.3　S700K 转辙机安装

(1)托盘安装

在进行 S700K 转辙机安装前首先要把托盘安装好，每一个转辙机安装点须安装两块托盘，每一块托盘均由轨枕上预制好的三个安装孔用螺栓紧固即可。

(2)短角钢安装

托盘安装好后就可以进行短角钢的安装了。短角钢的安装只需将短角钢两边的眼孔对应托盘上的安装孔用螺栓紧固即可，短角钢如图 11 所示。

(3)S700K 转辙机安装

短角钢安装固定好后即可进行转辙机安装。转辙机安装是通过电机里面的四个安装孔对应短角钢上的四个眼孔用螺栓紧固即可，安装时要注意转辙机是否在一个水平位置，可以通过厂家提供的橡胶垫板来进行调整。

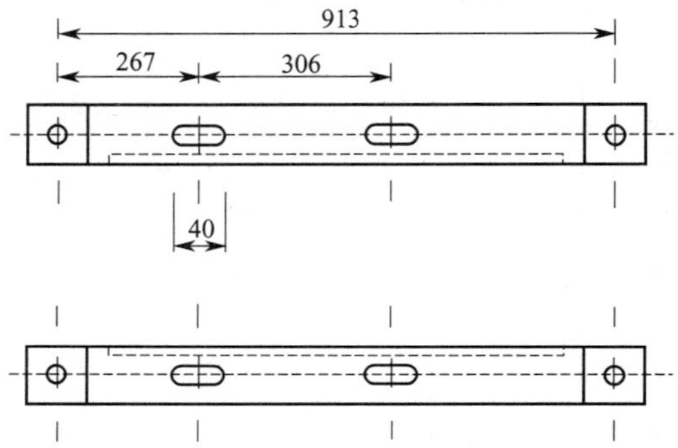

图 11　短角钢图

注：目前的 S700K 转辙装置只安装转辙机托盘(转辙机直接安装在托盘上)，取消了短角钢。

(4)道岔开口调整

分动外锁闭使用最多的有双机牵引和五机牵引两种方式，这两种方式调整道岔开口的方法是一样的，区别只是牵引点的动程不同使其道岔开口不同，下面我们以双机牵引第一牵引点道岔开口的调整进行说明。

双机牵引第一牵引点分动外锁闭装置要求尖轨在牵引点(锁闭杆中心轴线)处的动程(道岔锁闭状态时斥离尖轨与基本轨在锁闭杆中心轴线处的开口距离)为 152 mm。首先通过调整动作连接杆与转辙机动作杆连接的活动接头使两侧尖轨在道岔锁闭状态时的开口接近 152 mm，并且相差不超过 3 mm，然后检查道岔开口是否符合规定要求：若一侧开口大于要求值，可通过增加尖轨连接铁与尖轨间的调整片进行调整，反之则通过减少尖轨连接铁与尖轨间的调整片进行调整，如图 12 所示。开口的调整量一般与调整片的增减量相当，目前厂家提供的调整片有 1 mm 和 2 mm 两种，根据实际情况进行选择，当一侧开口调整达到要求后，转换道岔，以同样方式进行另一侧开口的调整。两侧开口值在规定范围内应尽量一致。

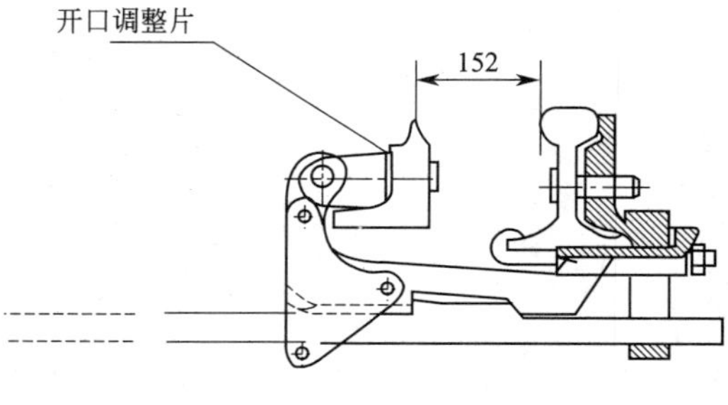

图 12　尖轨开口调整

(5)道岔密贴调整

通过逐步增减锁闭铁和锁闭框之间的密贴调整片保证尖轨和基本轨密贴，如图 13。若道岔锁闭状态时尖轨与基本轨有明显缝隙，可增加密贴调整片进行调整；若转换过程中尖轨与基本轨已经密贴但道岔无法锁闭或明显感到锁闭非常吃力，说明密贴过紧，可减少密贴调整片。

厂家提供的密贴调整片有 1 mm 和 2 mm 两种，根据实际情况进行选择。道岔密贴须达到的最佳效果我们是通过“2 mm”和“4 mm”检测来进行判断的，所谓“2 mm”检测就是事先在尖轨和基本轨间插入一块“2 mm”检测片，摇动道岔，此时道岔应该锁闭；所谓“4 mm”检测就是事先在尖轨和基本轨间插入一块“4 mm”检测片，摇动道岔，此时道岔不能够锁闭。如果道岔能够满足“2 mm”和“4 mm”检测，那道岔密贴就调整好了。

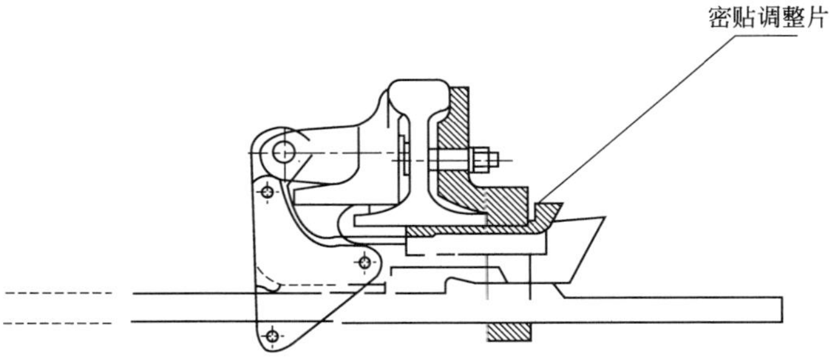

图 13 尖轨密贴调整

道岔其他牵引点的开口和密贴调整通过同样的方法进行。

(6)道岔表示缺口调整

将长、短表示杆连接到转辙机检测杆上。将道岔转换为转辙机在伸出状态并且道岔锁闭时，通过调整长表示杆的伸缩量使转辙机内的指示标对准伸出检测杆的缺口中心(指示标距缺口两边有 1 mm 左右间隙)；将道岔转换为转辙机在缩入状态并且道岔锁闭时，通过调整短表示杆的伸缩量使转辙机内的指示标对准缩入检测杆的缺口中心。调整完成后观察道岔在解锁和锁闭过程中速动开关组是否动作正常。

(7)通电调试检查其一致性

道岔安装完成后须进行通电试验，以检查道岔动作及道岔表示是否正确。

① 室内、室外检查配线正确无误；

② 室内、室外之间保证通信畅通；

③ 室外将遮断开关合上并通知室内；

④ 室内操动道岔，室外观察各牵引点转辙机是否转动并且动作是否一致，若转动并且动作一致则说明相位正确，道岔动作正常；若转辙机不转动，则说明室内相位不正确，室内换相后(注意换相时保证 A 相不动，只换 B、C 相)再操动道岔(一般情况下室内换相后道岔都能正常动作)；室外观察转辙机是否转动及动作情况；

⑤ 室外确认道岔动作正常，转换顺利，锁闭到位，并确认道岔表示与道岔开通方向的一致性；

⑥ 单独来回操纵道岔，室外检查道岔尖轨密贴程度、测量电动转辙机动作电压(启动时能测到 200～220 V 直流电压)；室内在控制台观察动作电流(电流表安装在控制台上)、道岔表示；

⑦ 4 mm 不锁闭试验和磨擦电流调试：在尖轨第一连接杆处与基本轨之间插入厚为 4 mm，宽为 20 mm 的铁板，转换道岔，电机空转，转辙机不锁闭，同时，在控制台上观察直流表指示，其电流值为磨擦电流；

⑧ 根据设计图纸核对道岔位置：由控制台人员指挥，操纵道岔至定位，根据设计定位道岔开向位置，询问室外道岔实际开向，室外人员在报告道岔开向时应简单明了，如试验 1# 道岔时，可报告为：“1# 道岔开通 3# 道岔方向”，而不能报告为：“1# 道岔开通反位”。同时室内还必须核对 DBJ、FBJ 的状态与控制台表示是否一致；

⑨ 转辙机接点断表示试验。

7　劳动力组织

施工管理采用施工现场技术人员负责制。各施工人员现场操作严格遵守技术要求、工艺流程。安装一组 S700K 双机牵引外锁闭提速道岔劳动力组织见表 1。

表 1　道岔安装人员组织表

序号	施工人员	单位	数量	备　注
1	技术员	人	1	技术负责、质量负责
2	信号工	人	3	安装装置、转辙机安装、调试

8　主要机械设备及工器具配置

外锁闭道岔安装使用的主要机械设备及工器具见表 2，各施工工具的操作由熟练的信号工负责。

表 2　道岔安装施工机具设备配置表

序号	名　称	规　格	单位	数量	备　注
1	活动扳手	450	把	2	
2	活动扳手	375	把	2	
3	呆扳手	ϕ24 mm	把	4	
4	呆扳手	ϕ22 mm	把	4	
5	大头撬棍		根	2	撬动尖轨使用
6	小撬棍		根	2	转辙机安装定位使用
7	弯火钳		把	1	转辙机安装使用
8	加力套筒		把	1	转辙机螺栓紧固使用
9	摇把		把	2	道岔调试使用
10	钢丝钳	200 mm	把	2	
11	铁线	ϕ1.6 mm	kg	若干	螺栓丝口固定使用
12	万用表		台	1	
13	对讲机		台	2	

9　质量控制要点

(1)调试前应确认道岔轨距是否符合标准，尖轨底部与滑床板是否接触良好、有无跳板、吊板现象，尖轨在锁闭位置处的上拱高度不得大于 5 mm，若影响调试须请相关单位协助整治。

(2)道岔的开口与密贴调整应综合考虑两侧状态的一致性，并且密贴调整完成后应复检开口有无变化，必要时应重复调整。

(3)道岔解锁及锁闭过程中确认速动开关组是否动作正常，道岔表示回路接通是否正常。

(4)道岔安装调整完成后必须经过“2 mm”和“4 mm”检测。

(5)调整好的道岔各部螺栓必须紧固牢靠，鉴别销齐全。

(6)各类转辙机及转换锁闭器外壳所属线路侧面的两端与基本轨或中心线垂直距离的偏

差:外锁闭道岔不大于 5 mm;各杆件的两端与基本轨或中心线的垂直偏差:分动外锁闭道岔的密贴调整杆、表示杆、尖端杆应不大于 10 mm。

(7)外锁闭装置的锁闭杆、表示杆,其水平方向的两端高低偏差应不大于 5 mm(以两基本轨工作面为准)。

(8)钩型外锁闭装置两侧基本轨上锁闭框的安装孔前后偏差不得大于 5 mm。

(9)锁闭杆连接应平直,与绝缘垫板、夹板配合良好。各牵引点两侧锁闭框中心与转辙机的动作杆与锁闭杆成一条直线,并与岔枕保持平行。在道岔的转换过程中锁钩应动作平稳、灵活并与锁闭铁吻合良好,无别劲、卡阻现象。

(10)基础托板应与道岔直股基本轨垂直,转辙机垫板与托板垂直,托板与岔枕联接牢固。

(11)锁闭框下部两侧的限位螺钉应有效地插入锁闭杆两侧导向槽内,不得松脱,不得接触锁闭杆。

(12)锁闭铁、锁钩与锁闭杆接触的摩擦面及运动范围内应保持清洁、油润、无锈蚀、无沙尘、无异物,运动灵活,无卡阻。

(13)锁钩头部孔内应注润滑油,保证道岔转换时,连接锁钩的销轴轴向串动效果良好,能灵活调节锁钩转角。

(14)各处绝缘的安装应正确、无遗漏、破损,并保持绝缘良好。

(15)表示拉杆的接头与尖端铁的连接应牢固、不松动。

(16)表示杆、动作杆连接要平顺,无别卡,各连接销应置入或退出顺畅,不得强行敲击。

(17)道岔尖轨与基本轨的密贴应保持良好状态。

(18)道岔在转换过程中,锁钩两侧以及锁钩与锁闭铁的滑动面不能有异常磨痕。

10 安全控制要点

(1)所有作业人员应进行岗前安全教育,经考试合格后方可上岗。

(2)遵守《铁路信号施工技术安全规则》(TBJ406—87),到达施工现场前应进行班前安全讲话,牢固树立安全第一的思想。

(3)现场作业人员配齐戴好安全防护用品,施工人员穿防护服,戴安全帽。

(4)做好现场施工调查,详细了解既有设备使用情况,严格遵守请、销点制度,施工现场设专职安全监护人,作业范围两端设专职安全防护人员。

(5)供电电源与施工用电机具间必须按用电有关规定设置漏电保护装置。

(6)在进行道岔通电调试时严禁施工人员站立于尖轨与基本轨之间。

(7)确保通信畅通,坚持复诵制度。

11 环境保护要点

施工环境保护采取“预防为主,防治结合,综合治理”的原则,确保做好环境保护工作。

(1)坚持按《中华人民共和国环境保护法》及相关法规进行施工。制订环境保护管理办法和实施细则,并建立奖惩制度,将环保的具体措施落实到人头。

(2)对施工油污和废弃物(如油漆桶等)做到及时回收、清理,确保环境不被污染。

(3)施工现场工具材料摆放整齐,现场施工场地整洁、干净,并做到工完料清。

(4)机械运行时噪声分贝值、废气排放符合相关标准规定。

(5)做到文明施工。

12　常见问题及处理方法

(1)道岔开口及密贴调整变化大,采取措施。

1)必须严格按照操作流程施工;

2)调两端开口平衡时,如果开口量相差大,应先调节动作连接杆;

3)调整时根据实际测量数据选择调整片;

4)调整后的道岔各部位螺栓必须紧固牢靠,并进行确认。

(2)通电调试过程中转辙机不动作或各牵引点转辙机动作方向不一致,采取措施。

1)通电调试前必须确认道岔盒电缆配线及转辙机到盒子间配线准确无误;

2)转辙机使用的三相电源必须相位正确;

3)通电调试前转辙机遮断器必须合上。

13　附　　录

(1)道岔调查记录表,见表3。

表3　道岔调查记录表

序号	道岔编号	电动机安装位置	道岔型号	轨距(mm)	钢轨类型	道岔是否方正	备注

调查人:　　　　　　　　　　　　　　　　日期:

(2)道岔试验记录表,见表4。

表4　道岔试验记录表

序号	道岔编号	动作电流	动作电压	道岔表示	实际位置	2 mm、4 mm试验	磨擦电流	内部配线检查试验	联锁试验	备注

试验负责人:　　　　　技术负责人:　　　　　参加试验人员:　　　　　日期:

ZPW-2000A 型区间移频轨道电路设备安装工艺

1　工艺概况及技术特点

1.1　工艺概况

ZPW-2000A 型无绝缘移频自动闭塞是在法国 UM71 无绝缘轨道电路技术引进、国产化基础上，结合我国国情进行的技术再开发。较之 UM71，ZPW-2000A 型无绝缘移频自动闭塞在轨道电路传输安全性、传输长度、系统可靠性、可维修性以及结合我国国情提高技术性能价格比、降低工程造价上都有了显著提高。

该系统适应于电气化、非电气化自动闭塞区段。满足电气化区段 1 000 A 牵引电流、10% 不平衡条件下正常工作的要求，做到了电气——电气绝缘节和机械——电气绝缘节等长度传输。

该系统满足 25 Hz 相敏轨道电路及交流连续式轨道电路预叠加电码化需求。其良好的轨道电路电源和机车信号信息的隔离传输特性，保证了轨道电路预叠加电码化制式的可靠应用。

1.2　技术特点

(1)充分肯定、保持 UM71 无绝缘轨道电路整体结构上的优势。

(2)解决了调谐区断轨检查，实现轨道电路全程断轨检查。

(3)减少调谐区分路死区。

(4)实现对调谐单元断线故障的检查。

(5)实现对拍频干扰的防护。

(6)通过系统参数优化，提高了轨道电路传输长度。

(7)提高电气绝缘节轨道电路传输长度，实现与机械绝缘节轨道电路等长传输。

(8)轨道电路调整按固定轨道电路长度与允许最小道砟电阻方式进行。既满足了 1 Ω · km标准道砟电阻、低道砟电阻传输长度要求，又提高了一般长度轨道电路工作稳定性。

(9)用 SPT 国产铁路信号数字电缆取代法国 ZCO3 电缆，减小铜芯线径，减少备用芯组，加大传输距离，提高系统技术性能价格比，降低工程造价。

(10)采用钢包铜引接线取代 75 mm^2 铜引接线，利于维修和设备安全。

(11)系统中发送器采用“N＋1”冗余，接收器采用成对双机并联运用，以提高可靠性。

2　适用范围

适用于所有区间设计为 ZPW-2000A 无绝缘轨道电路制式的工程项目。

3　引用标准

(1)《铁路信号施工规范》(TB 10206—99)。

(2)《铁路信号工程质量检验评定标准》(TB 10419—2003)。

(3)《ZPW-2000A 型无绝缘轨道电路施工技术标准》(暂行)。

4　基本术语及定义

ZPW-2000A 型无绝缘移频轨道电路是在法国 UM71 无绝缘轨道电路技术的基础上，结合我国铁路现状及技术研究而开发出的一种新型的轨道电路制式。该轨道电路设备是组成实现区间自动闭塞的信号系统，同时也是实现机车信号成为主体信号和列车超速防护系统的安全基础设备。

5　工艺原理

系统由室内、室外及系统防雷三部分组成，如图 1 所示。

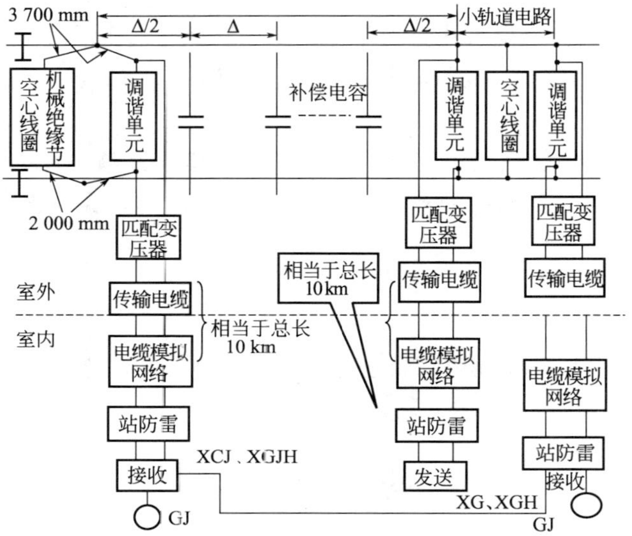

图 1　ZPW-2000A 无绝缘轨道电路系统示意图

5.1　室外部分

从图 1 可看出，ZPW-2000A 无绝缘轨道电路室外设备主要由电气绝缘节(调谐区)、机械绝缘节、匹配变压器、补偿电容、信号电缆、设备引接线等构成。

(1)电气绝缘节(调谐区)

电气绝缘节长 29 m，分别由调谐单元(ZW. T1)、空心线圈(ZW. XK1)、设备引接线、29 m 钢轨组成。其作用是用于实现相邻轨道电路区段的电气隔离。

(2)机械绝缘节

机械绝缘节由机械绝缘节空心线圈(ZW. XKJ)、调谐单元、设备引接线组成。

(3)匹配变压器

实现轨道电路与传输电缆的匹配连接(道砟电阻一般在 0.25～1.0 Ω 的情况)。

(4)补偿电容

降低钢轨电感对移频信号传输的影响，改善轨道电路的传输性能。

(5)传输电缆

ZPW-2000A 无绝缘轨道电路采用铁路内屏蔽数字信号电缆，电缆芯径为 $\phi 1.0$ mm。

(6)设备引接线

采用 2 000 mm、3 700 mm 钢包铜注油线，用于调谐单元、空心线圈、匹配变压器等设备与钢轨间的连接。

(7)区间通过信号机

区间通过信号机现在一般采用铝合金三灯位信号机构。

5.2 室内部分

(1)发送器

用于产生高精度、高稳定的移频信号源。系统采用 N+1 冗余设计，故障时通过 FBJ 接点转至“+1FS”，保证系统正常运行。

(2)接收器

ZPW-2000A 无绝缘轨道电路分为主轨道电路和调谐区小轨道电路两部分，并将小轨道电路视为列车运行前方主轨道电路的所属“延续段”。接收器除接收本主轨道区段的频率信号外，还同时接收相邻区段小轨道电路的频率信号。系统接收器采用双机并联冗余方式，保证接收系统的高可靠运行。

(3)衰耗盘

用于实现主轨道电路、小轨道电路各种参数的调整。给出发送器和接收器故障、轨道占用表示及发送、接收用+24 V 电源电压、发送功出电压、接收 GJ、XGJ 测试条件等。

(4)电缆模拟网络

ZPW-2000A 无绝缘轨道电路设电缆模拟网络，用于对室外传输电缆的补偿(一般按 10 km电缆长度，特殊情况也可以按 12.5 km、15 km 长度)。

5.3 系统防雷

(1)“室内”防雷

指发送端、接收端的防雷。该防雷与电缆模拟网络盒设计为一体化，即防雷电缆模拟网络盒(ZPW. PML1)，安装在区间综合柜(QZH)内，实现对从电缆引入雷电冲击的横向、纵向防护。

(2)“室外”防雷

对从钢轨引入的雷电冲击进行横向、纵向防护。横向防护防雷单元设在匹配变压器轨道输入端。纵向防护防雷单元设在空心线圈中心与地之间；完全横向连接处直接通过空心线圈或扼流变压器中心接地。

以上系统防雷与地线的连接关系为：设于室内的防雷电缆模拟网络盒的防雷单元的接地端子通过 25 mm^2 电力电缆与汇集接地端子排相连；室外的轨道电路设备防雷则通过防雷单元的接地端子与贯通地线连接，完全横向连接处则通过空心线圈或扼流变压器中心直接与贯通地线连接，它们之间的连接均采用 25 mm^2 铜缆。

6 工艺流程及操作要点

6.1 ZPW-2000A 型无绝缘轨道电路室内设备安装

6.1.1 室内设备安装条件

(1)信号机械室满足 ZPW-2000A 型自闭设备安装要求；

(2)核对信号机械室内的沟、槽位置；

(3)按设计要求已铺设防静电地板。

6.1.2　准备工作

(1)拆设备包装。

(2)取出相关文件(合格证、检验报告、说明书等)及备件，并妥善保管待竣工后移交。

(3)设备运入室内后，检查有无损坏部件及变形。

(4)确认设备名称、规格、型号与图纸相符。

(5)运至安装位置。

(6)准备施工工具。

6.1.3　机柜安装

(1)应根据设计图纸标定的设备位置进行安装，不得随意调换机柜的位置。

(2)按设计图纸标定的尺寸确定机柜与墙壁、排与排之间的距离。

(3)按设计图纸在地板上测量出机柜位置，并画出框线。

(4)每个机柜下的防静电地板上钻两个 ϕ30 mm 孔，用于机柜和网格地线连接。

(5)将机柜移至方框内，机柜正面朝向图纸标定的方向。

(6)机柜与机柜侧面对齐，使上方的两个连接孔吻合，用 M8×30 mm 镀锌螺栓紧固。

(7)机柜安装应牢固，横平竖直，高低一致，底座着地不悬空，柜与柜连接密贴。

6.1.4　电源屏安装

(1)应根据设计图纸标定的设备位置进行安装。

(2)当与使用中的电源屏相连接时，应有电务人员配合并采取安全防护措施。

(3)电源屏排列整齐，屏间无缝隙。在两侧上下各钻 ϕ10 mm 的孔，用 M8×30 mm 的镀锌螺栓紧固。

(4)屏与屏之间用两端带冷压铜端头、截面不少于 6 mm^2 铜芯塑料线做安全连接。

(5)清理钻孔铁屑和杂物。

6.1.5　走线槽道安装

走线槽道用于放置机柜、电源屏、电气集中组合柜(架)之间各种电线、电缆，并对机柜起稳定作用。

(1)应根据设计图纸进行安装。对照图纸核对每一段槽道，确定使用的部位。

(2)清点配件数量是否满足，确定使用部位。

(3)走线槽宽 300 mm，高 150 mm，配备有槽盖起防尘、防鼠作用，每段走线槽道两端的内方应焊接 M6×20 mm 的螺栓，用于地线连接。

(4)先安装机柜顶部的走线槽道。其次安装排与排之间走线槽道。

(5)槽道与槽道之间用 10 mm^2 扁平铜网编织线连接。槽道与机柜之间用 10 mm^2 扁平铜网编织线连接。

(6)为保证机柜稳定安全，在槽道连接完成之后，应用角钢或槽道延伸至墙相连接。槽道及槽道延伸至墙安装示意图，如图 2 所示。

6.1.6　设备配线

6.1.6.1　技术要求

(1)信号机械室内部的各种配线全部采用阻燃型。与数据通信线共槽的线缆均应采用阻燃屏蔽线。

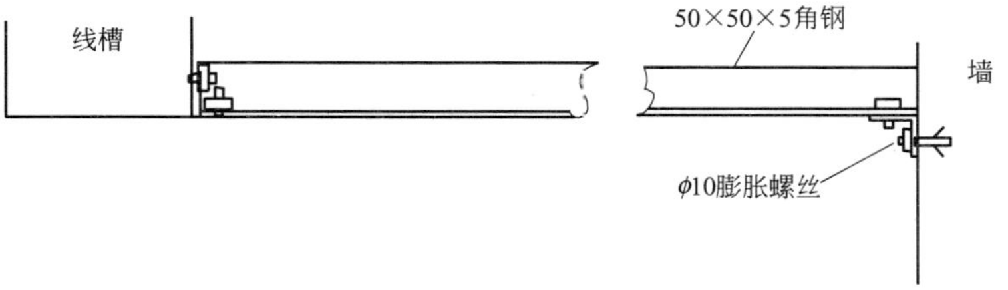

图 2　线槽及槽道延伸之墙安装示意图

(2)室内线缆布线禁止出现环状。

(3)设备机柜的配线端子、组合侧面、零层以及分线柜端子宜采用插接或压接方式。

(4)设备机柜上方走线槽中的电源线、柜间通信线和信号联络线应分别放置。

(5)机柜内的接收及发送电缆应与其他配线分开放置。

(6)各种配线不得有中间接头和绝缘破损现象。

6.1.6.2　移频柜配线

(1)移频柜走线槽布置

移频柜的上部及两侧垂直安装的塑料线槽,与 3×18 端子零层下方水平安装的塑料线槽连接。从槽道下来的配线可通过塑料线槽连接到相应的端子。

(2)配线

① 对应每块 3×18 端子制作一块穿线板,板上穿线孔用于对应端子的配线。配线时可将配线临时穿在对应端子的穿线孔内;

② 发送线布放在左侧塑料线槽内,接收线布放在右侧塑料线槽内。发送线、接收线在塑料线槽内靠外侧布放,其他配线靠内侧布放。

6.1.6.3　分线柜配线

(1)电缆从地沟或防静电地板下槽道引入分线柜。

(2)电缆的成端制作、电缆接地连接(内屏蔽、铝护套、钢带)完成后,将电缆固定在分线柜下横梁方木上。

(3)根据电缆配线图进行电缆分线。接收和发送线分别从两侧线槽走线,在槽内单独绑扎,不与其他配线绑扎在一起。扭绞电缆芯线组在线槽内不开绞。

(4)电缆芯线与室外导通、测试,确认正确后与端子连接。

(5)分线柜与其他机柜间的各种配线从两侧顶部下线。发送线布放在左侧塑料线槽内。接收线布放在右侧塑料线槽内。

(6)发送线、接收线在塑料线槽内靠外侧布放,其他配线靠内侧布放。

(7)室内软线布线宜使用线车,保持线条的顺直。

6.1.6.4　移频组合柜配线

(1)柜内组合之间配线可单独预制。

(2)每一组合两侧各配置一块 3×18 侧面端子,固定对应的穿线板,去端子的配线暂时穿在对应的穿线孔中,待放齐核对正确后再连接到端子上。

(3)移频组合柜设置电缆网络模拟盘时,发送、接收线应分别走左右两侧线槽,并与其他配线分别绑扎。

6.1.6.5　综合柜配线

(1)综合柜可用于放置隔离器和方向组合。

(2)柜内部组合之间配线可单独预制。

(3)方向组合两侧各一块 3×18 侧面端子,固定对应穿线板,去端子的配线暂时穿在对应的穿线孔中,待放齐核对正确后连接到端子上。

(4)去隔离器的扭绞线或屏蔽线与其他配线分别绑扎。

6.1.6.6　站内移频柜配线

站内移频柜用于站内电码化,配线方法同移频柜。

6.1.6.7　防雷柜配线

站内轨道区段发码防雷单元及匹配变压器,安装在整块树脂板上。内部配线工厂在生产时已配好,集中配线到零层 18 柱端子。

6.1.6.8　电源配线

(1)电源配线根据《电源配线图》和《柜间电源配线图》进行。

(2)电源线放置在走线槽内靠机柜正面一侧。

(3)电源屏与机柜电源线采用最捷径路。

6.1.6.9　机柜布线工艺

(1)走线槽布线及防护

走线槽布线及防护如图 3 所示。

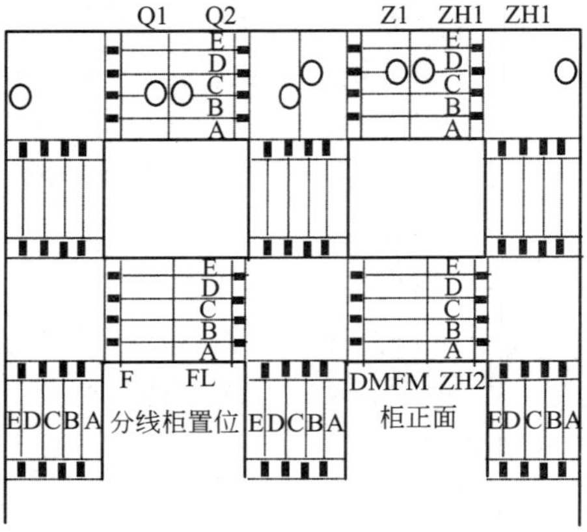

图 3　走线槽布线示意图

① 走线槽道内设栅格,槽道被分成 5 条小槽道。其中 A 槽道布放电缆;B 槽道布放电源线;C 槽道布放发送线;D 槽道布放通用线(23×0.15 铜芯塑料软线);E 槽道布放接收线。走线槽栅格如图 4 所示。

② 栅格设置于槽道的转弯处和机柜下线口两侧,走线槽道直线距离超过 1 m 时,每隔 1 m 放置一个栅格,用以约束线在槽道内的走线位置。使不同性质的配线各行其道,将接收、发送之间相互干扰和来自其他配线的干扰降低到最小程度。

③ 机柜下线口用大小一致的塑料护圈或橡胶套,固定于下线口处。

④ 将制作好的聚乙烯护角固定在线槽的拐角处,防止配线在线槽的拐弯处被刮破而引起配线的接地、短路。

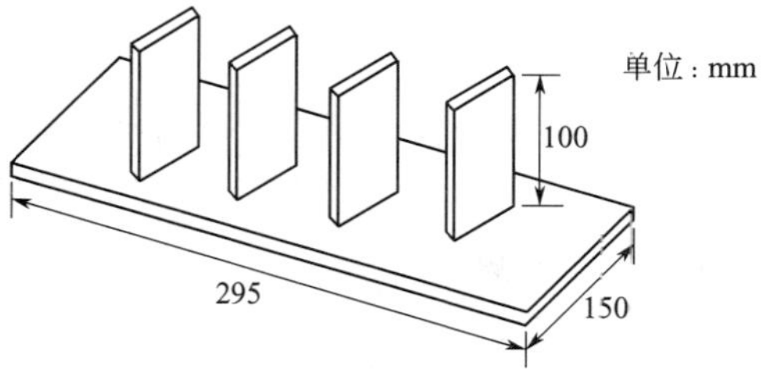

图 4　走槽栅格示意图

(2)机柜之间布线

① 放线作业人员应熟悉机柜编号及端子的位置及各种配线图,了解每个部分用线规格及型号;

② 不同类型的配线要分批布放,其顺序依次为:电缆、电源线、扭绞线、通用线(23×0.15 mm)、屏蔽线;

③ 布线作业应配备足够人员,专人看图指挥,分工明确,线的始端、终端有专人负责定位;

④ 槽道转弯处要有人转接,当使用铝合金梯、高凳时要注意安全;

⑤ 遇有多根配线到同一个位置时,在线的端头做标记,将多根线一同布放;

⑥ 布线时,负责始端和终端的人要诵读和复诵线的起止位置,核对所布放的线是否正确。线布放到位后,始端作业人员负责留足做头量,指示其他作业人员将线的各处余量向后轻拉,待线自然顺直,松紧适宜时,负责终端的人留足做头量后断线;

⑦ 机柜内组合与组合之间用兰色线，机柜与机柜之间用绿色线，机柜与分线柜之间用红色线，机柜与电气集中组合柜之间用黄色线。也可根据实际情况采用其他颜色线；

⑧ 放线工作完成后，检查是否有遗漏错放。可采用对照图纸查根数或对号牌的方法进行确认；

⑨ 当确认机柜之间线全部放完之后，要进行整理绑扎，如果该机柜有预配的内部线把，也应纳入一并整理绑扎。绑扎时要注意配线图中的说明，接收、发送的屏蔽线或扭绞线单独绑扎，在线槽内应分开放置。

(3)机柜内部线把预制

① 机柜中组合与组合之间的配线宜进行线把预配；

② 模板采用胶合板、硬质塑料板等材料制做，先在胶合板上按组合层数和端子位数画好位置，每个端子钻一 ϕ4 mm 孔，如有双线端子时补钻一个孔，写上端子号；

③ 模板制作好后按图进行布线；

④ 布放完线后进行绑扎，每一块端子的线应用塑料线绳从小到大进行编号；

⑤ 每个线把做标识，以便识别该线把的使用位置、作业人员及日期等，以备后查。

6.1.6.10　接线工艺

(1)WAGO 端子接线工艺

WAGO 端子接线示意图如图 5 所示。

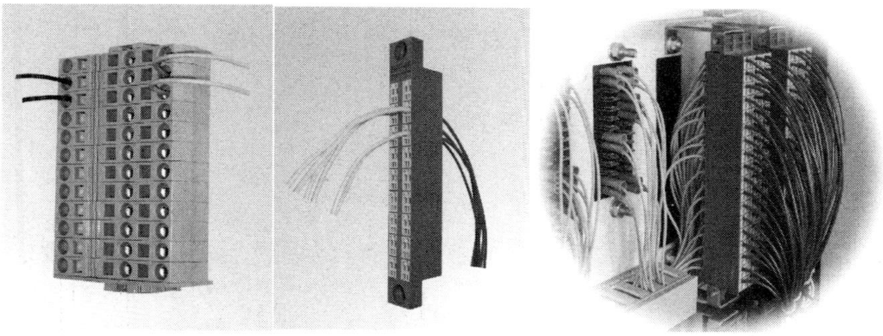

16 mm² 零层电源端子　　1.5 mm² 18 柱端子　　1.5 mm² 3×18 侧面端子

图 5　WAGO 端子接线示意图

① 16 mm² 电源端子接线方法

16 mm² 电源端子上的方孔为工具孔，圆孔为配线孔。剥去导线 16～17 mm 长的绝缘外皮，导线截面积为 0.5 mm² 以下的细多股导线应加装压接线帽。将 5.0 mm 宽的扁平螺丝刀垂直插入与配线孔对应的方孔中，再将已剥好线头的导线插入圆孔(导线必须插到配线孔底)。抽出螺丝刀，上线工作完成。

② 1.5 mm² 18 位端子接线方法

1.5 mm² 端子块上的小圆孔为测试孔、大圆孔为配线孔、方孔为工具孔。剥去导线 8～10 mm 长的绝缘外皮(多股线应将铜丝扭绞在一起)，将 2.5 mm 宽的扁平螺丝刀刀头的平面朝向配线孔，然后将螺丝刀垂直插入与配线孔对应的方孔中。将已剥好线头的导线顺靠近测试孔一侧的配线孔壁，插入配线大圆孔中(导线必须插到配线孔底)，抽出螺丝刀，上线工作完成。

(2)压接工艺

① 压接时选择与导线截面积相适应的端子和压接钳；

② 压接线环的直径与所使用的端子直径相匹配；

③ 使用正确的图纸，核对配线正确后，进行截头、开剥，开剥时不能使裸线有刀伤；

④ 正确使用压接钳，端子应与压接钳钳口侧面垂直；

⑤ 压接时应一次压接到位。严禁对压接后的端子进行再次压接。

(3)焊接工艺

① 焊线人员应有一定的工作经验，并使用正确的图纸；

② 焊线作业工具主要有：剥线钳、尖嘴钳、偏口钳、螺丝刀、电烙铁、毛刷等；

③ 焊接时严禁使用带有腐蚀性的焊剂；

④ 作业之前清洁场地，检查电烙铁安全地线及有无漏电现象，电源插座板有漏电保护装置；

⑤ 线头长度要适宜，预留 3～5 个端子间距的备用长度，最上端子线的备用长度适当减少；

⑥ 正确使用剥线钳，将铜芯塑料线开剥 6～7mm。套上该端子对应的胶管，插入相应端子的焊线孔，防止叉股或没有全部插入；

⑦ 在焊线部位加隔热支撑，然后加烙铁和焊丝，视锡液流动侵入端子和铜线之中，时间不宜过长；

⑧ 焊点占端子面 2/3 长度，焊点光亮无缺口，大小饱满适宜，无假焊、毛刺现象；

⑨ 端子板的焊线要从下到上，从左到右顺序焊接，焊线时用厚纸遮挡下层，防止锡液滴入下层设备；

⑩ 焊线作业完成后及时切断电源并清理现场。

6.1.6.11　导通

① 确认全部接、配线图的正确性；

② 将万用表调至低阻档，并放置在合适观察位置，将表线加长至所有配线都能触及的长度；

③ 设专人看图、看表、指挥及记录，防止遗漏及错导通；

④ 导通从排列序号靠前的机柜开始依次导通。

6.2　ZPW-2000A 型无绝缘轨道电路室外设备安装

由于 ZPW-2000A 无绝缘轨道电路由主轨道电路和调谐区小轨道电路组成，与传统信号轨道电路相比，其室外设备就相应增加了电气绝缘节和机械绝缘节处的设备，以构成对相邻轨道区段的“电气绝缘”。为降低钢轨电感对移频信号传输的影响，还安装了对移频信号进行补偿的补偿电容。由于它们是新增加的设备，所以在安装工艺方面和以前使用的信号设备不一样。

6.2.1　电气绝缘节设备安装

6.2.1.1　技术要求

(1)电气绝缘节调谐区长度为 $29^{+0.3}_{-0}$ m，空芯线圈距两端调谐单元为 $14.5^{+0.15}_{-0}$ m。

(2)当电气绝缘节调谐区内有轨缝时，宜采用一塞一焊连接线连接。

(3)调谐单元与匹配变压器应背对背安装在同一基础上，调谐单元靠近钢轨侧，设备应加装防护盒防护。

(4)当防雷单元与空芯线圈安装在一起时，应与空芯线圈安装在同一基础上，空芯线圈靠近钢轨侧，设备应加装防护盒防护。

(5)设备基础安装时，应使设备防护盒顶面距钢轨顶面不大于 200 mm。防护盒最外边缘(靠近钢轨侧)距钢轨内侧不小于 1 500 mm。

(6)调谐单元与匹配变压器应采用 7.4 mm^2 带绝缘护套的多股铜芯电缆线连接(将匹配变压器的 V1、V2 端与调谐单元连接)。

(7)设备与钢轨的连接线应采用长度分别为 3 700 mm、2 000 mm 的专用钢包铜线连接，连接线两端应采用压接端子。

(8)连接线与钢轨采用专用冷挤压塞钉进行连接，冷挤压塞钉安装时采用专用工具。

(9)连接线从设备防护盒引出后应用尼龙绑扣平行绑扎，与钢轨连接时应采用专用卡具防护，连接线在轨枕间应用卡具或小枕木固定防护。

(10)通过信号机应设置于运行正方向发送端调谐单元前方 $1^{+0.2}_{-0}$ m 处。

6.2.1.2　设备组成及布置

电气绝缘节处设备由调谐单元、空心线圈、匹配变压器、防雷单元、钢轨引接线、设备连接线、双体防护盒、基础桩、小枕木、钢轨等组成，设备布置图如图 6 所示。

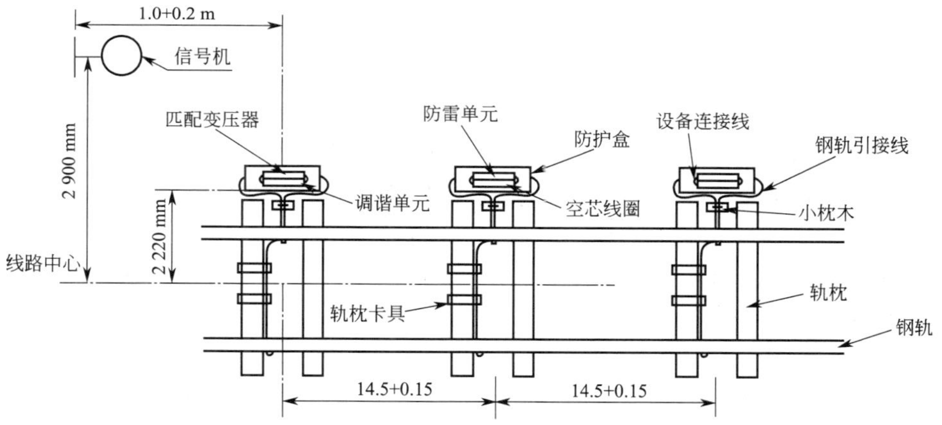

图 6　电气绝缘节处设备布置示意图

6.2.1.3　电气绝缘节处设备安装工艺流程

电气绝缘节处设备安装工序流程图，如图 7 所示。

(1)施工准备：准备施工用的材料、工具，制作 7.4 mm^2 铜芯设备连接线。

(2)设备定位测量：根据施工图对设备的安装位置(包括钢轨钻孔)进行测量，准确定位，并作好标识。根据在钢轨上作的标识位置，开始钢轨钻孔工作。

(3)在确定设备安装位置后，就可以开挖基础坑了。

(4)安装基础桩后，在其上面安装固定好调谐单元、匹配变压器、空心线圈、防雷单元等设备，并安装双体防护盒对这些设备进行防护。

(5)测量设备安装的限界，确定合格后即可回填基础坑，同时埋设小枕木，安装钢轨引接线。

6.2.1.4　电气绝缘节处设备安装工艺

(1)设备定位

① 信号点处设备定位

根据设计文件，依照施工图对所安装信号机的地点位置进行测量，确定出信号机的安装地点。然后以信号机柱中心为基准，对所属线路用钢尺进行测量，从而确定出其他设备的位置，并做好标记。设备定位具体尺寸如下：

a. 发送调谐单元防护盒中心距信号机机柱中心(列车运行方向)1 000 mm，误差为不超过+0.2 m，防护盒边缘距所属线路中心不得小于 2 220 mm。

b. 接收调谐单元防护盒中心距信号机机柱中心(列车运行方向)30 m，误差为不超过+0.5 m(其中 29 m 调谐区误差为+0.3 m)，防护盒边缘距所属线路中心不得小于 2 220 mm。

c. 空芯线圈防护盒中心距信号机机柱中心(列车运行方向)15.5 m，误差为不超过+0.35m，防护盒边缘距所属线路中心不得小于 2 220 mm。如图 6 所示。

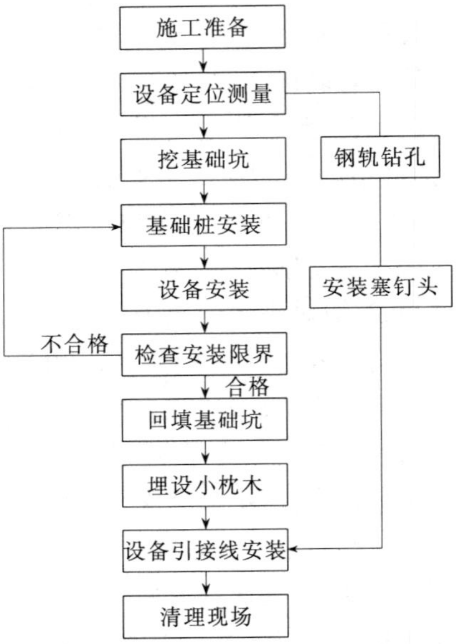

图 7　电气绝缘节处设备安装工序流程示意图

② 分割点处设备定位

根据设计文件和施工图先对空心线圈的安装位置进行确定，然后以空心线圈防护盒中心为基准，在所属线路进行测量，确定出其他设备的位置，并做好标记。

a. 发送调谐单元防护盒中心距空芯线圈防护盒中心(列车运行方向)14.5 m，误差为+0.15 m，防护盒边缘距所属线路中心不得小于 2 220 mm。

b. 接收调谐单元防护盒中心距空芯线圈防护盒中心(列车运行反方向)14.5 m，误差为+0.15 m，设备防护盒边缘距所属线路中心不得小于 2 220 mm。如图 6 所示。

(2)基础桩安装

基础桩有两种：一种为混凝土结构；另一种为金属结构。一般的 ZPW-2000A 无绝缘移频自动闭塞设备基础桩采用金属结构型，由工厂统一制造。如图 8 所示。

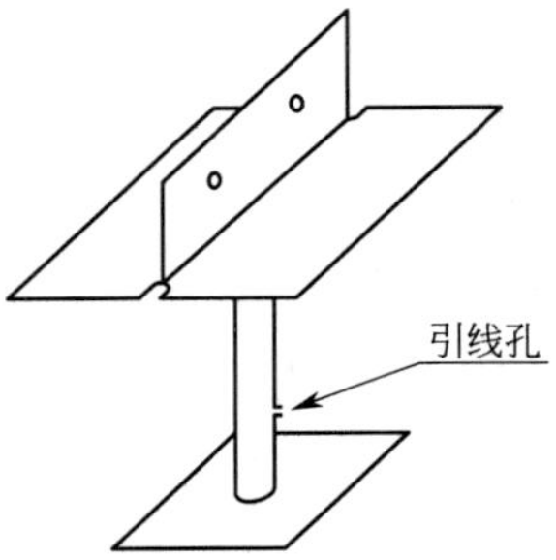

图 8　金属基础桩示意图

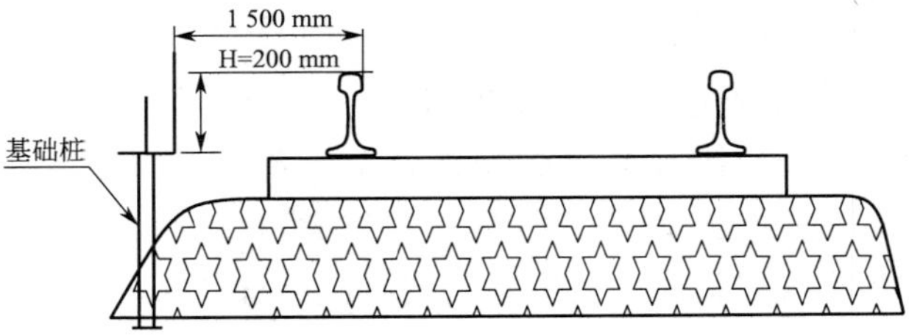

图 9　基础桩安装示意图

首先根据设备基础桩体积的大小，在距所属线路轨内侧 1 700 mm 处开挖长 500 mm、宽 500 mm、深 900 mm(坑底距轨面)的方坑；基础坑挖好后，用钢卷尺测量，核查基础坑是否符合安装标准。合格后，将基础桩放置到坑内，埋设深度(距地面以下)不小于 500 mm。注意基础桩上的引线孔要面向大地侧。基础桩上平面边缘(靠所属线路侧)距所属线路中心不得小于 2 220 mm。安装时可装上双体防护盒,确保防护盒内侧边缘距所属线路钢轨内侧不得小于 1 500 mm,基础桩及埋设示意图如图 9 所示。

(3)调谐单元、匹配变压器安装

调谐单元应面向所属线路侧立式安装。匹配变压器应面向大地侧立式安装。调谐单元与匹配变压器应是背靠背,用配套螺栓(M10)将它们固定在同一基础桩的固定板上,如图 10 所示。

(4)空心线圈安装

安装空心线圈时,首先要注意区分电气绝缘节和机械绝缘节处所用空心线圈的型号,电气绝缘节用空心线圈型号为 ZW. XK1,机械绝缘节用空心线圈型号为 ZW. XKJ,相互间不能装错。空心线圈应面向所属线路侧立式安装。用配套螺栓(M10)将空芯线圈固定在基础桩的固定板上,如图 11 所示。

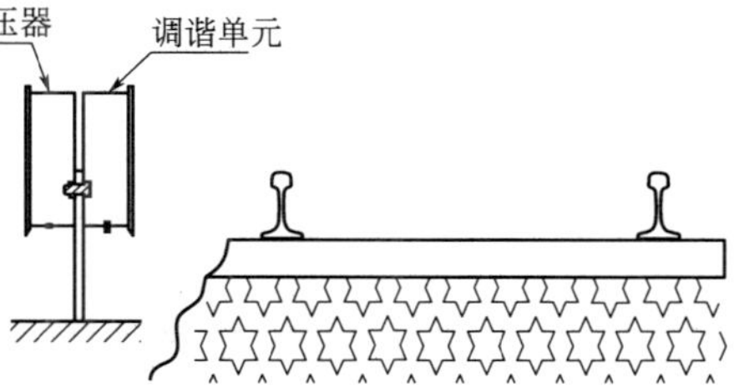

图 10 调谐单元、匹配变压器安装示意图

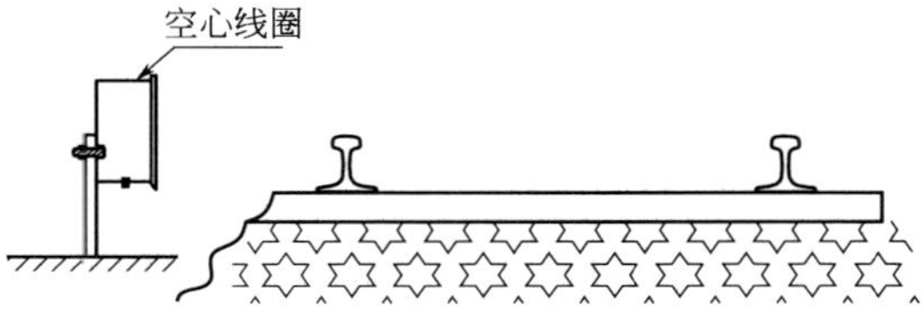

图 11 空芯线圈布置示意图

(5)设备双体防护盒安装

设备双体防护盒是用来对安装在室外的调谐单元(及匹配变压器)和空心线圈进行防护的。它是用复合材料制作而成,具有重量轻、强度高、防潮防水、隔热等作用。防护盒安装在调谐单元(及匹配变压器)或空心线圈外,与基础面固定在一起。在调谐单元等设备安装完后,应及时安装防护盒;如果某处电气绝缘节的设备是一次性安装完毕的话,则防护盒应在钢轨引接线安装完后再安装。防护盒的安装尺寸与基础桩大致相同,其内侧边缘两端距最近钢轨内侧为 1 500 mm,顶面距轨面为 ≤200 mm。

(6)设备引接线安装

1)7.4 mm^2 铜芯连接线的安装

① 把 7.4 mm^2 铜缆按 250 mm 和 500 mm 的长度各截取两根,在其两端分别压接 10 mm^2 ϕ6 mm 的冷压铜端头制作成连接线。压接工具可采用机械压接钳或液压钳。

② 将 250 mm 长的连接线一端与匹配变压器 V2 端子相连接,另一端经匹配变压器预留孔与调谐单元端子板近端端子相连接,分别用扳手紧固。

③ 将 500 mm 长的连接线一端与匹配变压器 V1 端子相连接,另一端经匹配变压器预留孔与调谐单元端子板远端端子相连接,分别用扳手紧固。如图 12 所示。

2)钢轨引接线与设备的连接安装

① 为避免钢轨引接线从基础桩引下来后散乱,在它们上钢轨塞钉孔和轨枕之前,需在基础桩正对的两根枕木头之间埋设小枕木,用来固定钢轨引接线。如图 13 所示。

② 钢轨引接线为钢包铜注油线,有 2 000 mm 和 3 700 mm 两种规格;其中与钢轨连

接的一端压接 $\phi 10$ mm 冷压铜端头，与设备连接的一端压接 $\phi 12$ mm 冷压铜端头。

3)调谐单元与钢轨引接线安装。

① 用 M12 铜螺栓将两根引接线(2 000 mm、3 700 mm)的 $\phi 12$ mm 铜端头与调谐单元两侧端子板连接，并紧固在一起。

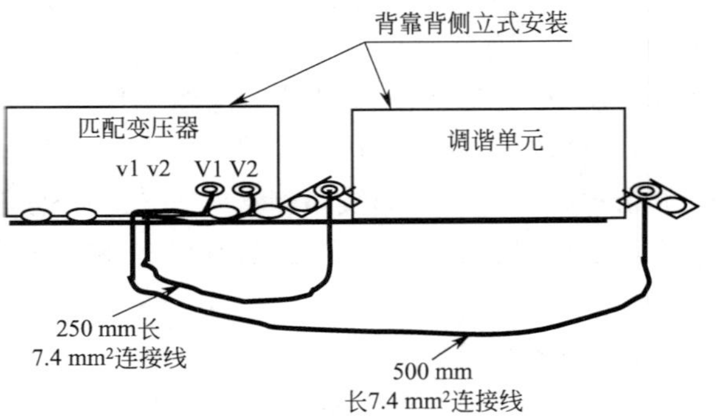

图 12　同一基础桩上设备连接示意图

② 将 2 000 mm 引接线从调谐单元端子板一侧呈小圆弧状引出，用小枕木卡具及轨枕卡具固定后，将引接线引至塞钉孔处，使引接线朝下并与水平面成 45°～60°夹角，用塞钉将引接线与钢轨连接，并用转矩扳手紧固。

③ 将 3 700 mm 引接线从调谐单元端子板一侧呈小圆弧状引出，经小枕木卡具、轨枕卡具与轨枕固定后从钢轨底部穿出到外轨，再用轨枕卡具与轨枕固定后，将引接线引至塞钉孔处，使引接线朝下并与水平面成 45°～60°角，用塞钉将引接线与钢轨连接，并用转矩扳手紧固。

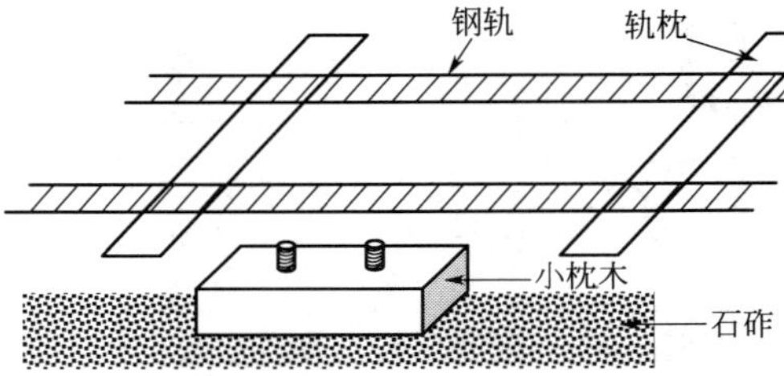

图 13　小枕木埋设示意图

④ 引接线从调谐单元端子板两侧引出，用尼龙拉扣平行绑扎。

4)空心线圈与钢轨引接线安装方法与上面调谐单元设备引接线安装相同。

6.2.2　机械绝缘节设备安装

6.2.2.1　技术要求

(1)机械空心线圈频率必须与本轨道电路载频频率一致。

(2)调谐单元与机械空芯线圈应背对背安装在同一基础上(调谐单元安装在靠线路侧)，匹配变压器单独安装，且设备都应加装双体防护盒防护。

(3)调谐单元及空心线圈防护盒中心距匹配变压器防护盒中心、距扼流变压器中心或机械绝缘节(非电化)之间距离均为 700 mm。且防护盒最外边缘与扼流变压器内侧成一直线。

(4)空芯线圈与调谐单元的钢轨连接线必须安装在同一专用塞钉上。

6.2.2.2　设备组成及布置

机械绝缘节处设备由调谐单元、机械空心线圈、匹配变压器、钢轨引接线、设备连接线、双体防护盒、基础桩、小枕木等组成，设备布置图如图 14 所示。

6.2.2.3　机械绝缘节处设备安装工序流程图

机械绝缘节处设备安装工序流程图与电气绝缘节设备安装工序图相同，如图 7 所示。

6.2.2.4　机械绝缘节处设备安装工艺

(1)设备定位

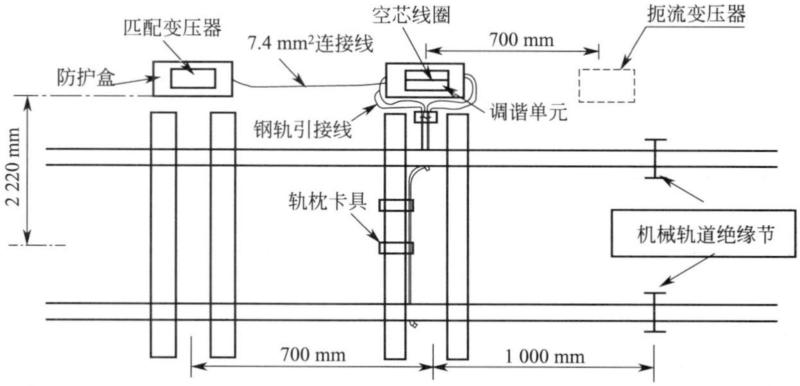

图 14　机械绝缘节处设备布置示意图

机械绝缘节处设备定位分电化区段和非电化区段两种情况，在电化区段以扼流变压器箱中心为基准，在非电化区段以机械绝缘节中心为基准。设备定位尺寸如图 14 所示。

1)电化区段机械绝缘节设备定位

① 以站外侧扼流变压器箱中心为基准，调谐单元(及机械空心线圈)防护盒中心距扼流箱中心为 700 mm，防护盒内侧边缘距所属线路中心不得小于 2 220 mm。

② 匹配变压器防护盒中心距调谐单元(及机械空心线圈)防护盒中心为 700 mm，防护盒内侧边缘距所属线路中心不得小于 2 220 mm。

2)非电化区段机械绝缘节设备定位

① 调谐单元(及机械空心线圈)防护盒中心距机械绝缘节中心为 1 000 mm，防护盒内侧边缘距所属线路中心不得小于 2 220 mm。

② 匹配变压器防护盒中心距调谐单元(及机械空心线圈)防护盒中心为 700 mm，防护盒内侧边缘距所属线路中心不得小于 2 220 mm。

(2)设备安装

与电气绝缘节设备安装方法大部分相同，所不同的是调谐单元与机械空心线圈背靠背安装，匹配变压器单独安装；而在电气绝缘节处调谐单元是与匹配变压器背靠背安装在一起，空心线圈则单独安装。

(3)设备引接线安装

在按电气绝缘节设备安装方法埋设小枕木后，就可以安装设备与钢轨连接的钢包铜引接线了。与电气绝缘节设备引接线不同的是，机械绝缘节调谐单元和空心线圈的引接线均是从各自的端子板上单独引出，在塞钉孔处共用加长塞钉头与钢轨固定在一起。具体连接方法如下：

① 从调谐单元、空心线圈两端的端子板上各连接一根钢包铜引接线(2 000 mm、3 700 mm)，即长短各两根，用转距扳手紧固；

② 引接线从调谐单元、空心线圈两端呈小圆弧状引出，用尼龙扣带绑扎，上轨枕前应先在小枕木上固定；

③ 将两根 2 000 mm 长的钢轨引接线用轨枕卡具固定在枕木上，经内轨外侧引至塞钉孔

处，用加长塞钉将它们的冷压铜端头连接固定在一起；两个铜端头之间要求接触紧密，不得有松动现象；

④ 用同样方法将两根 3 700 mm 的钢轨引接线安装在外轨的外侧的加长塞钉上。

6.2.3　补偿电容的安装

6.2.3.1　补偿电容的种类及规格

补偿电容的种类及规格，见表 1、表 2。

表 1　区间自动闭塞轨道电路补偿电容种类及规格表

序号	电容容量(μF)	适应载率(Hz)	序号	电容容量(μF)	适应载率(Hz)
1	55	1 700	3	46	2 300
2	50	2 000	4	40	2 600

表 2　站内电码化轨道电路补偿电容种类及规格表

序号	电容容量(μF)	适应载频(Hz)	序号	电容容量(μF)	适应载频(Hz)
1	80	1 700、2 000	2	60	2 300、2 600

6.2.3.2　施工方法

(1)补偿电容的定位

① 轨道电路长度的计算

轨道电路长度为电气绝缘节空芯线圈中心到另一电气绝缘节中空芯线圈中心的距离；或者从机械绝缘节(站口)到电气绝缘节中空芯线圈的距离；本区段轨道电路补偿长度为：

L 调＝轨道电路长度(L)－29 m(电气绝缘节到电气绝缘节)

或 L 调＝轨道电路长度(L)－14.5 m(电气绝缘节到机械绝缘节)。

② 补偿电容等间距长度的计算

无绝缘轨道电路闭塞分区内电容的容量、数量和轨道电路长短及道砟电阻大小等因素有关；根据道砟电阻和轨道电路的实际长度从“补偿电容配置表”查出本区段使用电容的数量 NC 和容量；补偿电容等间距长度 Δ＝L 调/NC ；半间距时调谐单元与第一个电容之间的距离，即半间距＝$\Delta/2$。补偿电容布置图如图 15 所示。

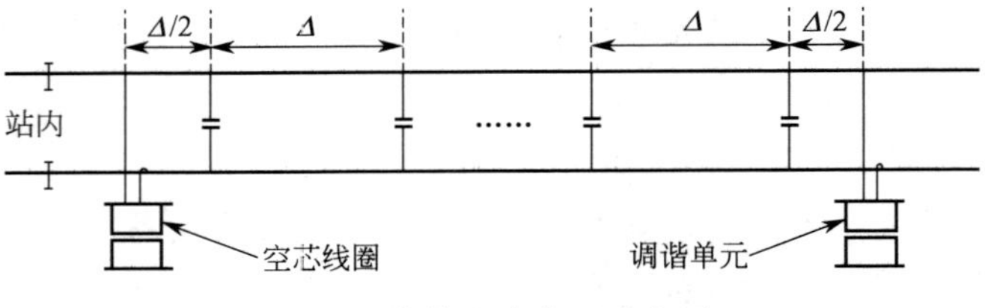

图 15　补偿电容布置示意图

(2)塞钉孔的定位测量

根据补偿电容等间距及半间距，用钢尺(50 m)从进站(或出站)口开始测量(以调谐单元钢轨连接线安装位置为起点)；为便于钻孔和电容的安装，塞钉孔钻孔位置应在两轨枕中间，若测量出塞钉孔不在两轨枕中间，可在误差范围内进行调整(误差范围：半间距($\Delta/2$)为±0.25 m；等间距(Δ)为±0.5 m)；在确定的钻孔位置用红油漆做标记，并造表标明每一分区各补偿电容的里程坐标。

(3)钢轨钻孔打眼施工方法与传统信号轨道电路施工相同。

(4)补偿电容的安装。

补偿电容的安装分为普通轨枕和特制轨枕两种。

① 补偿电容在普通轨枕中安装

将补偿电容两端的引线塞钉头沿轨枕边缘经钢轨底部安装于塞钉孔上，与上面的钢轨引接线安装方法一样；

安装补偿电容防护盒(混凝土型)：为防止列车震动及工务施工影响，防护盒要求与轨枕固定在一起，且与轨枕面平(或略低于轨枕面)；在防护盒两旁的轨枕侧面上用电锤分别钻孔(ϕ8 mm)，用"⌉⌊⌈"型卡具并通过膨胀螺栓将防护盒固定在轨枕的侧面上；用 U 型卡子(孔径为 ϕ6 mm)在轨枕侧面上(相隔一定距离)固定电容的引接线，确保电容引接线不随意散开。补偿电容防护盒还有一种是采用塑料材料制作而成，它把电容以及电容引接线一起安装在与防护盒一体的防护槽内，通过防护槽两头的"U"型卡口与两根钢轨内侧直接固定，如图 16 所示。

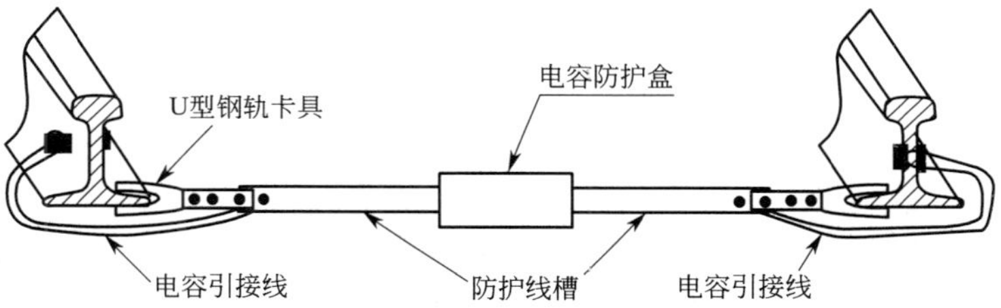

图 16 补偿电容塑料防护盒安装示意图

② 补偿电容在特制轨枕中安装

补偿电容引接线从特制轨枕两端引线孔引出；将电容两端引接线用钢轨卡具固定，并用手锤将引接线塞钉打入塞钉孔中；塞钉引接线要求朝下并与地面成 45°～60°夹角。

7 劳动力组织

根据工程实际数量和进度要求，合理配置人员，劳动组织见表 3。

表 3 劳动力组织表

序号	工作项目	人数	备 注
1	室内设备安装	7	其中技术人员 1 名，搬运设备的劳务工视施工情况而定。
2	电气绝缘节设备安装	6	其中信号工 2 名、劳务工 4 名(1 个信号点)
3	机械绝缘节设备安装	6	其中信号工 2 名、劳务工 4 名(1 个点)
4	补偿电容的安装	4	其中信号工 2 名、劳务工 2 名(1 组)，既有线安装增加 2 名防护人员。

8 主要机械设备及工器具配置

施工中对各种施工设备、机具、仪器仪表必须定期检查和保养，建立台账；电动工具使用前应检查电气、机械性能良好；计量器具，使用前应按照国家计量法的有关规定进行检查，建立检定周期台账，在检定周期内使用。主要机具见表 4。

表 4　主要机具表

序号	名　称	单　位	数　量	备　注
1	钻具	套	2	专用
2	发电机	台	2	1.5 kVA
3	手枪电钻	把	1	6 mm
4	电钻	把	2	13 mm
5	电钻	把	1	23 mm
6	冷压铜端头压接钳	把	1	ZYQ-120
7	机械万用表	块	2	
8	数字万用表	块	2	
9	移频测试仪	台	2	CD96-3 A
10	活口扳手	把	10	300 mm
11	小工具	套	10	信号专业常用

9　质量控制要点

(1)进行室外设备安装(尤其是钢轨钻孔和安装补偿电容)时，要求防护到位，确保安全。

(2)施工人员要经过严格的技术培训，考试合格后持证上岗。

(3)设备定位测量要求准确，误差在允许范围内。

(4)设备引接线与设备、钢轨端的连接要求紧固，不得有松动现象。

(5)7.4 mm^2 铜缆连接线两端的冷压铜端头要求压接紧密，不得有松动现象。

(6)安装机械绝缘节处设备时要注意空心线圈的型号及规格，不要与电气绝缘节处的空心线圈相混。

(7)补偿电容的等间距、半间距要求测量准确，钻孔标准，误差在允许范围内。

(8)补偿电容安装前必须进行电气特性测试，严禁安装不合格的补偿电容。

(9)室内设备施工时要求有周全的安全防护措施，设备搬运时对既有设备要设专人防护。

10　安全控制要点

施工人员应严格遵守《铁路工程施工安全技术规程》(下册)(TB 10401.2—2003)，并遵守以下事项：

(1)既有线室内施工，必须有电务配合人员进行施工配合，严格配合签到制度，并作好签到记录，作好每天施工内容记录。

(2)既有线室内施工，施工负责人每天上班前要对参加作业人员进行班前安全讲话，严格既有线施工“三不动”“三不离”“六不准”制度；下班时要对当天的施工质量和安全情况进行全面检查并作好记录，以确保既有室内设备安全。

(3)施工用电必须办理好用电手续，必须安装合适容量的保险丝(或熔断器)，并不得私自使用电炉等大功率电器，禁止私自乱接电源，用电要符合相关安全规定，做好安全用电防护。

(4)搬运工具、设备、材料进室内或在室内搬运时,需对既有信号设备进行防护或采取其他保证安全的有效措施。

(5)室内放线时,需对既有信号设备进行防护或采取其他保证安全的有效措施。任何到既有设备的配线,线头必须绝缘包封良好。

(6)对与既有接口的拆配线,必须严格按照技术要求施工,要做到明确拆配线的去处、用途、所使用端子对既有设备有无影响有无技术安全隐患。

(7)对根据技术要求可以利用电务维修天窗进行与既有接口的配焊线等施工,要严格登消记制度,严禁私自进行施工。

(8)ZPW-2000A 设备多为精密设备,运输时确保包装完好,搬运时轻搬轻放。

11 环境保护要点

(1)室内作业要保持室内清洁卫生,及时清理施工垃圾,并运送至规定位置。

(2)室外作业要及时清理作业场地,将施工垃圾回收,不得将就地杂物掩埋或抛弃。

12 常见问题及处理方法

(1)机械绝缘节设备引接线安装必须注意:无论在设备端还是在钢轨端,钢轨引接线的安装必须保证连接紧固,不得有松动现象,以保证移频信号的正常传输。

(2)钢轨端的两根设备引接线必须安装紧固在同轨侧同一加长塞钉上,不得分开安装在两个塞钉头上,有利于轨道电路的稳定。

(3)机械绝缘节处空心线圈和电气绝缘节处空心线圈不得混用。

(4)各种频率区段不同补偿电容的型号也不相同,安装时注意区分补偿电容的型号。

13 工程实例

经过郑徐线、京九线光山至西张店段、武嘉线张掖至嘉峪关段、黎湛线黎塘至稔竹段等 ZPW-2000A 自动闭塞改造施工,按本工艺进行安装施工,满足了各项技术指标、保证了工程质量和进度要求。

ZPW-2000A 型无绝缘轨道电路调试工艺

1　工艺概况及技术特点

1.1　工艺概况

为满足主体化机车信号和列车超速防护技术(ATP)发展的要求,ZPW-2000 系列无绝缘轨道电路制式将作为今后铁路实现主体化机车信号的统一制式。ZPW-2000A 型无绝缘移频自动闭塞是在法国 UM71 无绝缘轨道电路技术引进、国产化基础上,结合我国国情进行的技术再开发。较之 UM71,ZPW-2000A 型无绝缘移频自动闭塞在轨道电路传输安全性、传输长度、系统可靠性、可维修性以及结合国情提高技术性能价格比、降低工程造价上都有了显著提高。该电路系统具有较好的传输性和较高的分路灵敏度,具备全程断轨(电气折断)检查功能和较强的抗干扰能力,符合无绝缘、双方向、速差式自动闭塞的发展方向。

作为一种全新的轨道电路制式,无论是室内、室外工程的安装,还是工程后期的各种技术参数的调试、工程的开通,ZPW-2000A 型无绝缘轨道电路系统都和传统的信号轨道电路技术有着根本的区别:室外区间干线电缆采用 SPTYWPL23 型铁路内屏蔽数字信号电缆,电缆接续采用地下冷封接续工艺,在室外箱盒和室内电缆引入口(即区间综合柜)处需要做电缆屏蔽接地和成端处理;系统防雷接地要求设置室内地线网和贯通地线,贯通地线采用 25 mm^2 铅包铜缆,与电缆同沟直埋于地下;区间通过信号机采用色灯高柱铝合金信号机构(或 LED 信号机构),信号机点灯采用一体化多功能信号点灯单元,灯丝断丝报警可显示具体灯位;室外轨道电路由匹配变压器、调谐单元、空心线圈(包括电气绝缘节空心线圈和机械绝缘节空心线圈)、防雷单元、补偿电容等设备组成,设备采用金属基础桩固定,并用复合材料型双体防护盒对设备进行防护;为降低呈感抗的钢轨对移频信号传输的影响,在轨道电路中每隔一段距离需加装一个与本轨道区段移频信息相对应容量的补偿电容;设备与钢轨采用 2 000 mm、3 700 mm 专用钢包铜引接线连接;采用 ZPW-2000A 型发码设备的站内电码化需要增加电容电感盒和匹配盒;在电气化牵引区段为了平衡牵引电流增设了横向连接,区间两轨道间的横向连接分为简单横向连接和完全横向连接两种,简单横向连接需通过 0B0 双模块防雷单元接地,完全横向连接则通过空心线圈中点直接接地;室内所有的设备柜全部采用工厂化的组合柜,各种机柜之间要求用走线槽道连接固定,且各机柜间、各机柜门与柜体、各机柜与网格地线间均要求用截面积 10 mm^2 扁平铜网编织线连接;信号机械室内要求设置与环形地线网相连接并由 1 500 mm×50 mm×5 mm 铜板制作而成的汇流接地端子排,室内所有设备的防雷、安全接地均统一连接到汇流接地端子排上;室内设备的各种配线全部采用阻燃型。由于该电路系统大量采用了新技术、新设备、新材料,所以技术标准要求高,施工技术和工艺已经提高到一个全新的水平。

1.2　技术特点

(1)可实现轨道电路全程断轨检查,调谐区分路死区不大于 5 m。

(2)提高了轨道电路传输长度,轨道电路调整按固定轨道电路长度与允许最小道砟电阻方式进行;既满足了 1 Ω·km 标准道砟电阻,低道砟电阻传输长度要求,又提高了一般长度轨道电路工作稳定性。

(3)采用 SPT 内屏蔽数字信号电缆,减小信号衰减,加大了信号传输距离;电缆接续采用 HDM-T-P 型免维护地中接头盒,接续盒内灌注冷封胶,使电缆接续处完全密封;缆芯线采用压接方式接续。

(4)系统发送,接收设备四种载频频率通用,发送器实现"N+1"冗余,接收器实现双机互为冗余。

(5)该系统的调试工作全部在信号机械室内完成,室外设备基本上属于免调试免维修,这样对设备使用单位的日常维修工作大大提供了方便。

(6)ZPW-2000 系列无绝缘轨道电路满足双线双方向运行要求。轨道电路能适应改变运行方向时的需要,实行发送端和接收端的位置交换。

(7)ZPW-2000 系列无绝缘轨道电路工作可靠,符合故障—安全原则。出现故障后,不会造成地面信号和机车信号显示升级。

(8)由室外的贯通地线、环形地网和室内网格地线组成可靠的系统接地网,接地阻值≤1 Ω。

(9)为改善由轨道组成的传输通道的传输性能,在钢轨上按相应载频的轨道电路设置相对应容量的补偿电容。

(10)室内轨道电路发送、接收传输通道成对使用对绞屏蔽阻燃塑料软线,且屏蔽线的屏蔽铜网全部采用单端接地方法与系统接地网连接,有效降低了对周围环境设备的电磁干扰。

2 适用范围

适用于所有区间设计为 ZPW-2000A 无绝缘轨道电路制式的工程项目。

3 引用标准

(1)《铁路信号施工规范》(TB 10206—99)。

(2)《铁路信号工程施工质量验收标准》(TB 10419—2003)。

(3)《ZPW-2000 系列无绝缘轨道电路施工技术标准》(暂行)。

4 基本术语及定义

(1)一次调整:在最不利条件下,每段轨道电路内,可变环节的电气参数经首次调整后,能满足调整、分路、机车信号、断轨检查四种状态的要求,无需随设定范围之内的外界参数的变化再次进行调整。

(2)电气绝缘节:采用电气设备进行轨道电路的划分与隔离。

(3)小轨道电路:即 29 m 调谐区小轨道电路,是列车运行前方主轨道电路的"延续区段"。

(4)分路死区:采用标准分路电阻分路轨面,轨道电路不能可靠分路的区域,为分路死区。

(5)断轨检查:当钢轨出现电气断离时,得到设备检查。

5 工艺原理

ZPW-2000A 型自动闭塞系统采用电气绝缘节实现相邻轨道电路区段的隔离。电气绝缘节长度为 29 m,由空心线圈、29 m 长钢轨和调谐单元构成。调谐区对于本区段频率呈现"极阻抗",利于本区段信号的传输和接收,对于相邻区段信号呈现"零阻抗",可靠地短路相邻区段信号,防止了越区传输,这样便实现了相邻区段信号的电气绝缘。同时为了解决全程断轨检查,在调谐区增加了小轨道电路。其系统原理图见图1。

ZPW-2000A 型系统无绝缘轨道电路分为主轨道电路和调谐区小轨道两部分。主轨道电路的发送器由编码条件控制产生表示不同含义的低频信号,该信号经电缆通道(实际电缆和模拟电缆)传送到轨道发送端(由调谐单元和匹配变压器组成),因钢轨是无绝缘的,该信号既向主轨道传送,也向调谐区小轨道传送,主轨道信号经钢轨传送到受电端(由调谐单元和匹配变压器组成),在经电缆通道(实际电缆和模拟电缆)回到本区段接收器,小轨道信号经邻区段接收器处理后形成小轨道继电器执行条件送至本区段接收器,本区段接收器同时接收到主轨道移频信号和小轨道继电器执行条件,判决无误后驱动轨道继电器吸起。其轨道电路结构原理见图1。

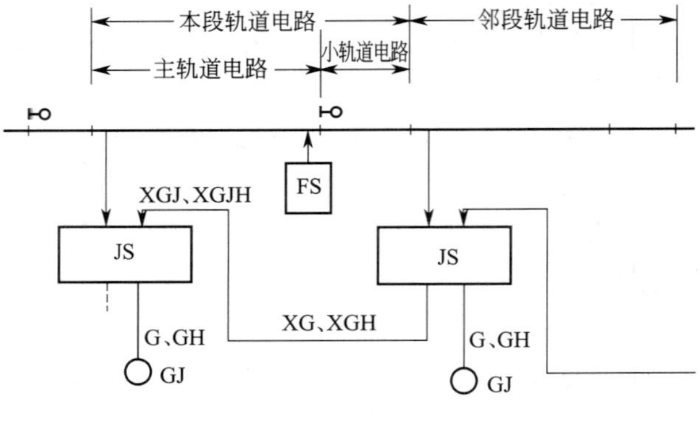

图1　轨道电路结构原理图

6　工艺流程及操作要点

6.1　工艺流程

ZPW-2000A 无绝缘移频自动闭塞室内设备安装、配线完成后,应对设备进行模拟试验,模拟试验应按照先局部、后系统的程序进行。模拟试验应准确无误、完整地模拟电路的状态。模拟电路的连线应少而有规律,便于制作和拆除,并做详细试验记录。

模拟联锁试验和调试分四步。第一步:单体设备和局部电路的调试和试验。第二步:在区间综合柜(或分线柜)处断开相关室外设备,接入模拟盘对相关设备和列车行驶进行模拟试验;按照闭塞分区(主要是与车站两咽喉端结合的闭塞分区,如第三接近区段和第一离去区段)电路图,对与既有设备的所有结合条件一一进行模拟试验。第三步:模拟试验完成后,连接室外设备,对设备的各种工作参数按正式调整(此种方法对既有线站间为半自动闭塞有效,亦即区间无轨道电路),如发送功出电平、正反小轨道电路的轨出电平、区间信号机的灯口电压和灯丝电流等;如果区间有轨道电路(如18信息移频轨道电路),则室外设备只能连接区间信号机,只能对信号机的灯口电压和电流以及灯丝断丝报警进行调试,ZPW-2000A 的设备要在给点倒装开通时才能调试。第四步,核对检查室内外设备和电路动作的一致性。

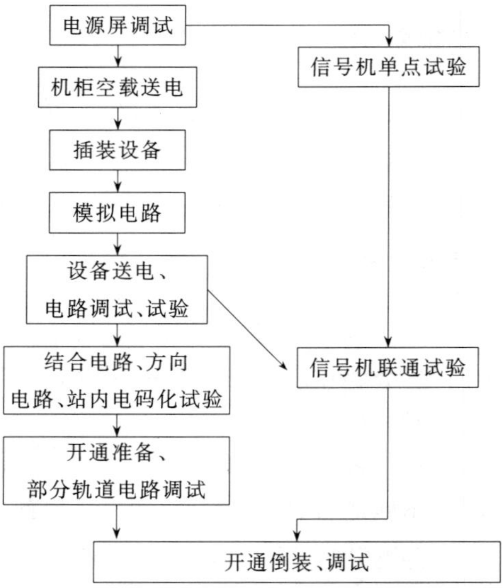

图2　试验与调试流程图

其调试流程图如图2所示。

6.2 操作要点

6.2.1 电源屏调试

(1)调试前对室内其他工作人员做出安全提示。在电源屏、配电盘、机架电源端子处等做出安全标识。

(2)严禁使用运用中的信号主电源,没有条件的地方(如 380 V 电源)可考虑使用(5～10 kVA)三相柴油发电机供电。

(3)检查电源屏、防雷配电盘的安全地线连接良好。

(4)电源屏输出开关置于“断开”位置,防止电源误送入机柜。

(5)依据电源屏的使用说明书及原理图对电源屏进行通电前的检查和调试。

(6)电源屏输入电源为单相 220 V 或三相 380 V 交流电源,电源波动范围为额定电压 ±10%～−20%。如果只有一路电源,可临时用 6 mm^2 铜芯塑料线将两路输入端子并联(一一对应)。测量电源符合要求后,进行电源屏的调试。

(7)手动或自动进行电源屏两路电源转换试验,其转换时间不大于 0.1 s,并核对电源屏表示及测量各路电源输出指标符合要求。

(8)依据原理图对电源屏进行报警试验。

(9)试验结束要切断电源屏的输入电源。

6.2.2 机柜空载送电

(1)静态检查机柜内电源配线有无短路混电现象:在机柜不带电的情况下,每个断路器置于“断开”位置(或保险管不插),使用万用表的低阻档分别在每个机柜内部电源分线端子上,测量每一种电源两个极性之间的电阻值,判断有无短路及混电现象。

(2)按电源种类分别给机柜送电,逐柜插上保险管(或合上断路器),核对机柜电源的电压和极性是否符合要求。

(3)测试不同电源之间是否有混电及接地现象。

(4)机柜空载送电完成后关闭全部电源,进行机柜内的设备、器材插装。

6.2.3 发送器、接收器等设备安装

6.2.3.1 发送器、接收器、衰耗盘安装

(1)按照设备布置图进行安装。

(2)开箱后检查外观有无损坏,记录编号及安装位置,发送器、接收器、衰耗盘外形如图 3、图 4 和图 5 所示。

图 3 无绝缘发送器

图 4 无绝缘接收器

图 5 衰耗盘

(3)发送器、接收器插入对应的U型槽，并用专用工具锁闭，衰耗盘经滑槽直接插入。

6.2.3.2　电缆网络模拟盘安装

(1)按设计图指定的设计位置安装。

(2)每组合插装8块电缆网络模拟盘单元，单元为盒体结构。

(3)网络模拟盘正面有3对测试插孔，分别为设备、防雷、电缆端的移频信号电压。如图6所示。

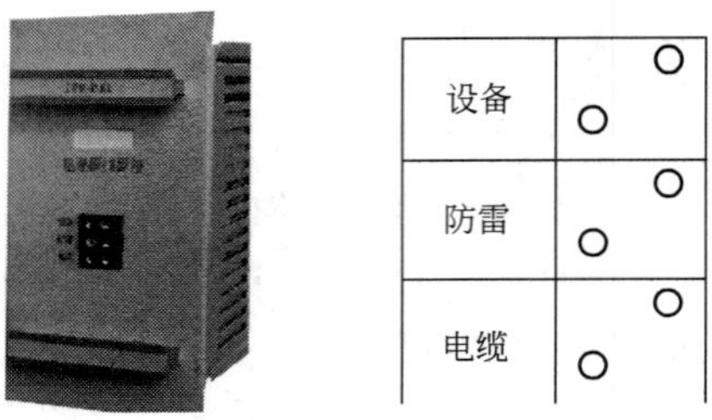

图6　网络模拟盘外形示意图

6.2.4　模拟盘制做

模拟盘示意图，如图7所示。

(1)模拟盘材料选择

根据区间信号设备布置平面图上的通过信号机和轨道区段的数量，选用尺寸合适的五层胶合板制做模拟盘。有条件的可用25 mm×25 mm×3 mm的角钢焊接成一固定脚架，脚架离地面有一定距离，且脚架上方(即固定胶合板的地方)呈斜面形状，把胶合板固定在脚架上。这样制作的模拟盘不但外观好看、稳定性好、操作方便，而且可以重复使用。

(2)盘面布置

模拟盘上应能直观看出本站管辖的所有区间通过信号机和轨道区段的名称、位置以及简易站场(主要是体现两咽喉区的正线出站信号机)，如图7所示。

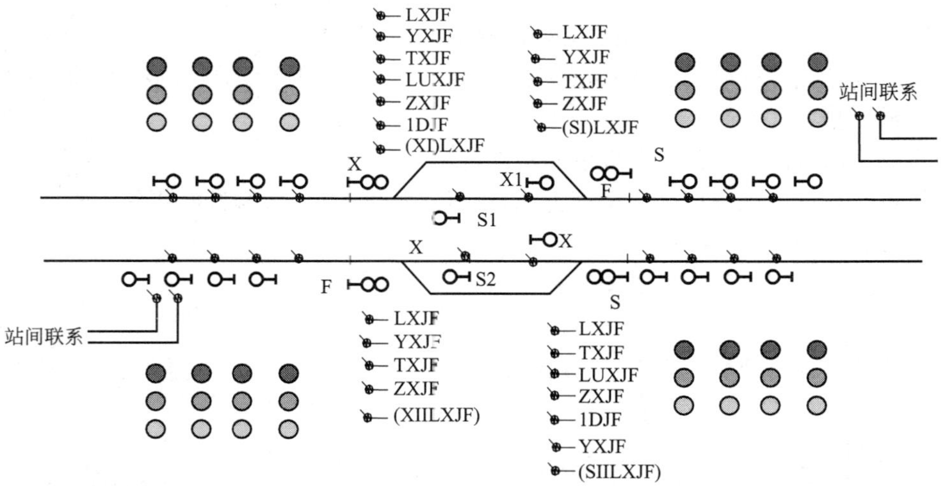

图7　模拟盘示意图

先用记号笔在盘面上画出由简易站场和咽喉两端的上下行线组成的线路图，然后按设备布置图上信号机和轨道区段的位置及数量，在线路图上对应的位置用铅笔或记号笔做上标志，画出每架信号机的示意图，并标注该信号机的名称(如T1135)；在该架信号机内方的适当位置，用手枪电钻进行钻孔，安装双刀双掷钮子开关，每个轨道区段安装一个钮子开关。在钮子开关的上方标注轨道区段的名称(如1135G)。按以上方法，把剩下的信号机和轨道区段分别在盘面上画出示意图及安装钮子开关。最后，按照闭塞分区电路原理图，把区间与车站结合的电路联锁条件(即编码条件，一般都是用新增设的复示继电器)也用钮子开关在车站四个方向的进站信号机的上方或下方分别安装。一般情况，进站信号机(如X、S)处有以下几个结合条件：LXJF、YXJF、LUXJF、TXJF、ZXJF、1DJF、(XI\SII)LXJF；反方向进站信号机（如 SF、XF）处有以下几个结合条件：LXJF、YXJF、TXJF、ZXJF、(XII\SI)LXJF，这里需注意，有些车站反方向运行没有正线通过功能，亦即没有 TXJF。

本站区间与邻站交接处的轨道电路和信号机是通过站联电路来联系的。从站联电路图上我们可看出这虽然是由几个继电器组成的电路，但继电器的励磁条件不一样。因此站联电路的模拟方法有两种：第一种是直接在区间上、下行线的远端轨道区段处设置模拟开关，这种方法简单，但不容易模拟全部的站联条件，要达到能模拟全部的站联条件，则使用的钮子开关较多，所以这种方法一般不采用；第二种是把本站（如下行线）的离去最远端（与邻站交接处）与接近最远端（与邻站交接处）在区间综合柜处按站联电路图跨接，这种方法实际上就是把一个站的上行口和下行口看成两个站，这种试验能达到站联电路的实际使用效果，所以现场实际大多采用此方法。

信号机的点灯模拟有多种方法，所以信号机的盘面布置下面有专门介绍。

(3)模拟盘的配线

这是模拟盘制作的关键的一步，配线正确与否关系到整个模拟试验能否完全、正确的反映电路系统的全部联锁功能。因此，在编制模拟盘配线表前，必须要熟悉电路图，按照电路原理图一一进行配线。

根据 ZPW-2000A 无绝缘轨道电路的原理得出如图 8 所示的模拟电路示意图。因为 ZPW-2000A 无绝缘轨道电路是由主轨道电路和调谐区小轨道电路组成的，如图 8 中的 BG，它是由 BG(主)和 BG(小)组成。列车在运行中总是先占用 BG(主)，后占用 BG(小)，这样就可以用钮子开关 K 来代替运行中的列车，通过它可模拟轨道区段的空闲和占用的两种状态（一般小轨没有做模拟，即没设开关 K，本文中的模拟试验只设置了主轨的开关 K）。图中电阻 R1 为 1 kΩ，电阻 R2 为 12 kΩ（因发热量较大，R1、R2 均要求大于 2 W），其中电阻 R1 模拟主轨道电路中的室外传输通道（即信号电缆和轨道的阻抗），R2 模拟小轨道电路（即 29 m 调谐区）。

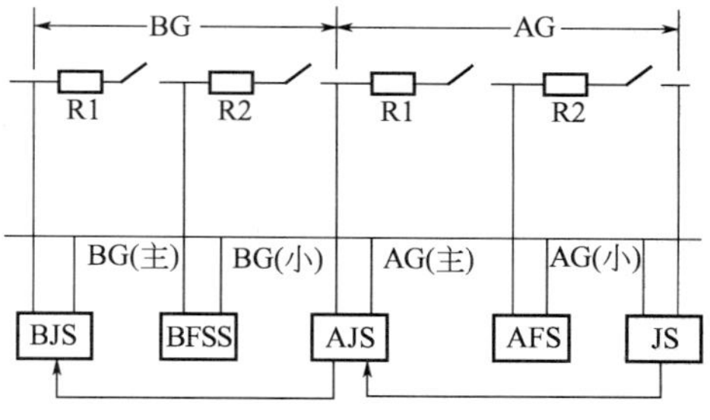

图 8　模拟轨道电路有理图

这里先说明一下增设电阻 R1 的作用：如果没有电阻 R1，主轨是通过钮子开关 K 直接连通的。这样的缺点就是电缆模拟网络盒必须全部按 10 km 来进行调整，待试验完毕后再按照实际电缆长度对应的轨道电路调整表来对其进行调整，因电缆模拟网络盒的调整跨线比较多，焊线工作量大，而且重复焊线也比较容易错。加入电阻 R1 后，就可以把电缆模拟网络盒按正式的轨道电路调整表一次调整到位。电阻 R1 的取值是经过计算以及现场多次试验得来的，一般其取值范围可在 1 k～1.3 k 左右。根据以上原则，就可以进行模拟盘轨道电路的配线工作了，具体方法如下：

① 主轨道电路接线。根据模拟轨道电路原理图，在区间综合柜处将送端模拟网络盒（室外电缆侧）的输出与受端模拟网络盒（室外电缆侧）的输入通过模拟盘进行连接，即送端的其中一根去线和受端的其中一根回线通过电阻 R1 在综合柜的零层端子板上进行连接，电阻 R1 的两端分别用短电缆芯线进行焊接，然后把两端的电缆芯线插入相应的配线端子（万可端子）上，如图 9 中的 BG 和 AG。

② 小轨道电路接线。因为列车的运行方向为由 BG 到 AG，BG 的小轨应该由 AG 接收，所以应在区间综合柜处把 BG 的发送端(室外侧)通过 12 k 的 R2 电阻与 AG 的接收端(室外侧)相连，如果要模拟小轨的空闲与占用，则在上面的连线中加入一个钮子开关即可，如图 9 所示。

按以上方法把全部区段的模拟跨线和电阻一一连接好，此时整个轨道电路模拟配线完毕，可进入通电试验阶段。需要注意的是：因为试验过程是一直用电阻模拟室外的传输通道的，流过电阻的电流较大，电阻发热量大，温度较高，所以各电阻间要隔开一定的距离，不能靠得太近，而且也要注意不能靠近工程配线。

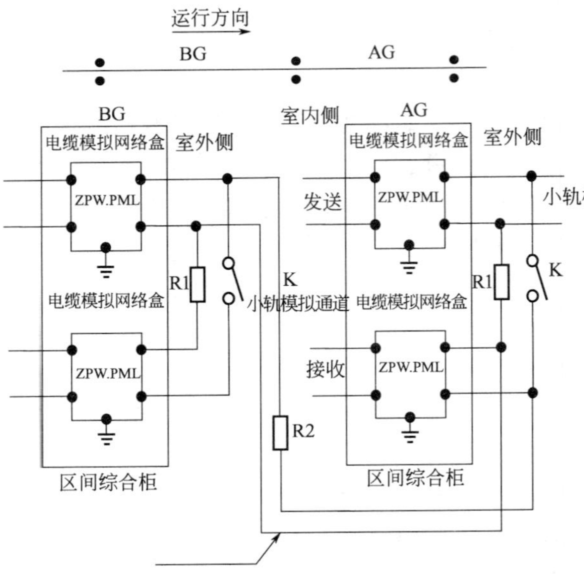

图 9　主轨和小轨模拟接线示意图

③ 复示继电器配线。从上面的模拟盘面图我们可以看出在车站两端的进站信号机处要用到不少复示继电器的接点条件。由于复示继电器的励磁条件都是在既有设备上取的，工程开通前是不允许搭接这些条件的，因此我们必须要模拟这些条件。有关复示继电器的模拟配线如图 10 所示。

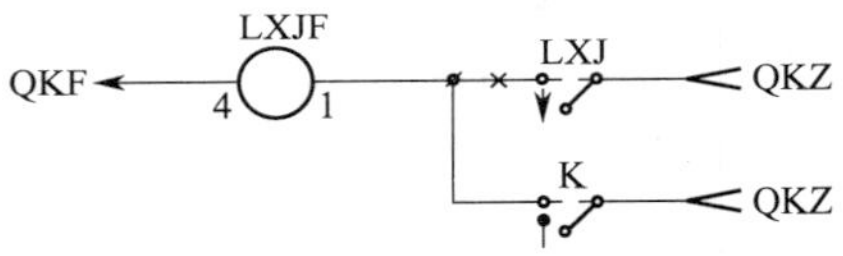

图 10　复示继电器励磁原理图

6.2.5　点灯模拟电路制做

区间通过信号机的点灯电路模拟有以下几种方法。

第一种：

(1)断开电源屏信号点灯电源～220 V 的输出，接入临时设置的硅整流器，输出的直流 12V 电源作为信号点灯电源送至信号组合，如图 11 所示。

(2)在分线盘断开信号机的电缆配线，接入由发光二极管组成的信号机复示器。这种由红、绿、黄三种发光二极管组成的信号机复示器优点是直观明了，模拟盘尺寸小；缺点是发光二极管的工作电流较小，不容易使灯丝继电器 DJ 励磁吸起。

第二种：分线柜处将信号机点灯的去线和回线短接，如图 12 所示。此方法适用于设计无新增区间电源屏，而既有点灯电源在开通前我们无法使用的情况下对点灯电路的模拟。

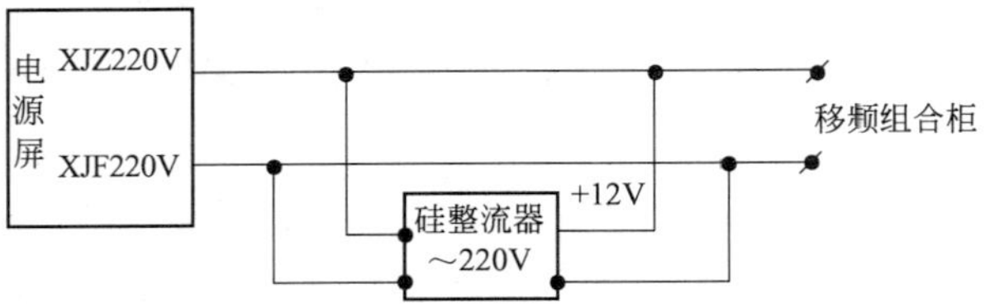

图 11　点灯模拟电路制作原理图 1

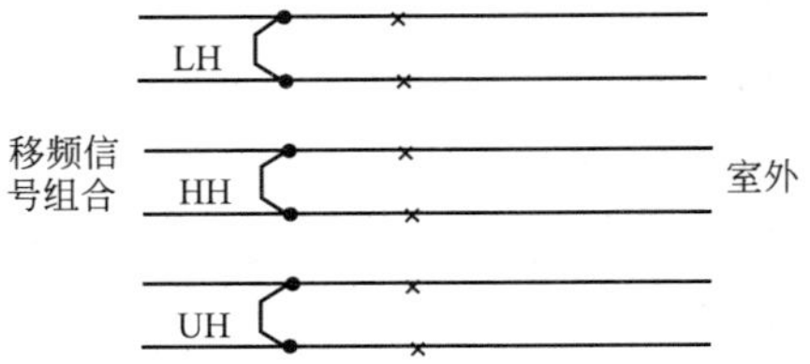

图 12　点灯模拟电路制作原理图 2

第三种：现在不管是既有线改造还是新建铁路，设计大部分都新增了区间电源屏，这样我们就可以在开通前提前使用正式的点灯电源了。

(1)每架信号机用普通白炽灯泡替代室外信号机灯泡,安装在该架信号机模拟盘面的上方或下方,按绿、红、黄从上而下排列,如图7所示。

(2)按照设计图,与区间综合柜(或分线柜)相应的信号机端子连接配线。这里需要注意模拟宜采用型号为220 V40 W的普通白炽灯泡,小于40 W的灯泡有可能造成DJ(JZXC-H18)不能可靠吸起,影响试验。

(3)这种方法简单易做,而且可以形象化模拟信号机,方便观察信号机状态,也便于电路分析,是现场通常采用的方法。这里需要注意的是,由于白炽灯泡的点灯电源是直接用交流220 V,故要注意安全。

6.2.6 模拟试验电路特性调整

(1)由于现在不管是既有线改造还是新建铁路,设计大部分都新增了区间电源屏,所以轨道电路使用的(+24,024)电源和站间联系电源都已经能够正式接入使用。即使有部分车站按ZPW-2000A制式已提前进行了站内电码化改造(区间闭塞制式未按ZPW-2000A改造),也就是说已经新增了区间电源屏并也投入使用。因在进行模拟试验时严禁使用既有信号设备的电源,但是现在的智能化电源屏中站内电码化使用的(+24,024)电源是单独一束电源,与进行区间改造要使用的轨道电路(+24,024)电源以及站间联系电源是没有关联的,所以仍然能够提前将此部分电源接入进行试验。各移频组合继电器用的KZ、KF电源全部采用QKZ、QKF。

(2)电缆模拟网络盒调整:按闭塞分区汇总表实际电缆长度调整电缆模拟网络盒使各个区段都在10 km长度(有些区段的电缆长度可能超过10 km,编制轨道电路调整表时要根据实际情况采用12.5 km或15 km电缆模拟网络调整表),闭塞分区汇总表见附录表2。

(3)发送器的输出电平调整为最低一级10电平。

(4)主轨道接收电平按编制好的轨道电路调整表在衰耗盒后面用跨线跨好,轨道电路调整表见附录表3。

(5)小轨道调整:因为发送器的功出电平是采用10级,电压较低(30~38 V左右),所以各接收器的正、反向小轨道电路可全部按轨入电压为80 mV进行调整;试验中如遇到个别区段不能正常工作时再根据实测的轨入电压调整(调整方法见后面的介绍)。

6.2.7 设备送电

此项工作在各种试验或设备调试前必须做,对设备单独送电(不带联锁电路)主要是检查提供电源是否正确、设备本身有无故障,避免因电源不正确而损坏设备,这点特别要注意。对+24 V、024 V电源接反的例子,在现场施工曾经发生过,这种现象的直接后果就是把衰耗盘的印刷电路板烧坏。

6.2.7.1 机柜送电

(1)检查机柜内电源配线静态有无短路混电现象:在机柜不带电的情况下,每个断路器置于“断开”位置(或保险管不插),使用万用表的低阻档分别在每个机柜内部电源分线端子上,测量每一种电源两个极性之间的电阻值,判断有无短路及混电现象。如测试的电阻值接近零欧姆,则说明有短路,需查找处理。再用每个端子去和其他电源端子交叉测量,发现电阻接近零时,则说明有混电。用这样的方法可以检查出静态的混电及短路。

(2)区间电源屏给机柜逐一送上每一种电源。这里需要指出的是在要使用的电源中KZ、KF是无法在试验时接入的,因为KZ、KF电源是既有车站正在使用中的电源,只有在开通时才能接入。在实际施工中是将 QKZ,QKF 电源代替 KZ、KF 电源来进行联锁试验。因为这两种电源是由不同的电源屏提供的,所以这两种电源之间的绝缘性能应该是很好的;但有时也会通过各种逻辑电路构成混电故障(动态混电),设备开通前必须要对它们之间的绝缘电阻进行测试。测试时可用一台(或两台并联)功率交大的硅整流器为设备送出 KZ、KF 电源,同时把区间电源屏的 QKZ、QKF 电源也送上,让各种逻辑电路正常工作,这时就可以对这它们进行混电测试了。

(3)在机柜的零层电源端子测试每一种电源极性、电压要与其他电源端子交叉测量有无混电现象。

6.2.7.2　发送器送电

(1)按轨道区段逐一送电,插上对应区段的保险管(或接通断路器)。

(2)启动电源经过约 5 s 延迟,发送“工作”表示灯亮,FBJ 励磁,表示发送盒工作正常。

(3)测量发送功出的电平、载频、低频。

6.2.7.3　接收器送电

(1)按轨道区段逐一送电,插上相应的保险管(或接通断路器)。

(2)开启电源经过约 5 s 延迟,接收“工作”表示灯亮,表示接收盒工作正常。

6.2.7.4　信号机送电

(1)每架信号机逐一送电,插上相应的保险管(或接通断路器)。

(2)灯丝继电器 DJ 励磁(若此时轨道区段都没正常,则模拟盘上各信号机都应点亮红灯)。

(3)检查信号继电器状态与综合柜模拟信号机点灯是否一致。

6.2.8　电路试验及调整方法

6.2.8.1　移频电路试验

(1)模拟盘的轨道区段钮子开关全部置于“断开”位置。

(2)逐一“接通”纽子开关并确认各区段的 GJ 是否相对应。

(3)如果 GJ 没有吸起的则按以下步骤查找:

① 发送器载频调整端子连接是否正确。

② 发送器输出电平采用移频测试仪检测是否符合要求。

③ 模拟盘钮子开关是否接通,用电压表交流档或移频测试仪逐级测试电路通道交流电压或移频信号有没有通过。

④ 接收器载频调整是否正确。

⑤ 接收器电平调整主轨道连接跨线是否正确,在衰耗器盘面“轨入”测试插孔测主轨道输出是否在 240 mV 以上。

⑥ 检查区段模拟小轨道检查执行条件(空载是约为直流 50 V 左右)是否送出。

(4)操纵模拟盘 S 进站或 X 进站为正线接车、侧线接车,观察进站口发送器编码状态和测量相应移频信号的载频、低频。同时观察相关通过信号机的显示及测量各轨道区段低频编码信息是否正确。

(5)通过操纵模拟盘轨道区段钮子开关,观察相关通过信号机的显示及测量各轨道区段低频编码信息是否正确。

(6)操纵模拟盘钮子开关,模拟列车运行,观察各通过信号机显示状态是否正确,并做好测试记录。在实际施工中,我们通常是将四个咽喉口在综合柜进行两两互跨,如将 S 行口与 SF

口、X 行口与 XF 口跨接，这样做的目的是为了将站司联系电路接入进行试验，保证了试验的完整行。

(7)逐一切断通过信号机点灯电源，使 DJ 失磁，观察灯光转移及信号降级显示。

(8)改变运行方向，观察各通过信号机是否全部处于灭灯状态，测量除接近区段外各轨道区段低频编码信息是否正确，接近区段的低频编码信息通过操纵模拟盘钮子开关一一进行测量。关于如何改变运行方向，我们将在方向电路试验中详细进行说明。

6.2.8.2　移频报警电路试验

(1)当所有轨道区段设备都正常时，移频报警继电器 YBJ 应在吸起状态。

(2)如果移频报警继电器不正常，查找原因。在实际施工中移频报警电路是比较简单的，如果移频报警继电器未吸起，只需依照电路用电压表直流档逐级测量电压，都可以很快判断出故障点的位置进行处理。

(3)分别断开轨道区段发送器电源，使发送报警继电器 FBJ 失磁落下，观察移频报警继电器 YBJ 是否失磁落下报警。

(4)分别断开轨道区段接收器电源，使接收报警继电器 JBJ 失磁落下，观察移频报警继电器 YBJ 是否失磁落下报警。

(5)移频报警时，控制台上应有声光显示。

6.2.8.3　发送器 N+1 冗余系统试验

(1)逐一断开各轨道区段发送器电源，检查发送器能否自动转换到+1 发送器。再次核对信号机显示及低频信息的频率；建议 N+1 冗余试验应与联锁试验同步进行，这样可以减少试验的时间。

(2)正方向与反方向都应该进行 N+1 冗余试验。

(3)在 N+1 设计电路中各轨道区段的发送电平是依照轨道电路调整表实际进行调整的，当任何一个主发送器转换到+1 发送器时，+1 发送器将按实际电平输出；而在做模拟试验时为了保证设备的安全，各发送器的发送电平并未按实际调整，而是按最小一级 10 电平进行调整，所以在进行 N+1 冗余试验时，必须将+1 发送器的电平也调整到最小一级，以保证设备的安全。

(4)按照设计图对发送盒进行 N+1 冗余优先试验。一般情况下都是把第一离去区段设为第一优先，然后分别是第二离去区段、第三接近区段、第二接近区段、第一接近区段等。

6.2.8.4　接收器主并机倒换试验

ZPW-2000A 轨道电路接收器是按主并机双机并联运用的，它与另一台接收器构成相互热机并联工作。在移频柜内一般是把上面一层的接收器(通常为下行线区段)和下面一层的接收器(通常为上行线区段)构成主并机系统，用锁闭杆钥匙拧开其中任一个接收盒(或关闭此接收盒的断路器)，则不会影响该轨道区段的正常工作，即该轨道区段的 QGJ 不会失磁落下；反之亦然。需要注意的是，由于第三接近区段没有小轨道，其接收器的小轨道执行条件 XGJ 是通过本接收器工作电源+24 V、024 V 直接提供的，所以在试验第三接近区段接收器的主并机时，只能用锁闭杆钥匙拧开该接收器，不能用断开其零层断路器的方法；如果断开断路器，则会把本区段主机和并机的小轨道执行条件关闭，从而造成本区段在接收器倒换主并机时不能正常工作。

6.2.8.5　车站结合试验

利用模拟盘模拟列车一接近、二接近、三接近运行，观察 1JGJ、2JGJ、3JGJ 相应状态，同时检查控制台表示及接近电铃条件。模拟列车一离去、二离去、三离去运行，观察 1LQJ、2LQJ、3LQJ 相应状态，同时检查控制台表示条件。

在既有自闭改造中，既有区间已存在接近、离去区段，在开通前无法在控制台观察列车一接近、二接近、三接近以及一离去、二离去、三离去的占用和出清情况，应采取措施把这部分电路验证正确。这里又分为两种情况：如果既有改造站设计为微机联锁站，那么还应该把微机采集部分的电路检查并验证正确；如果既有改造站设计为 6502 电气集中联锁，那么还应该把需要利用接近或离去继电器的接点对应接通相应接近或离去区段在控制台上的光带表示及电铃响铃这部分电路检查并验证正确。这样就能确保在开通时与车站结合部分电路能够正确接入使用。

与车站结合部分的电路中还包括站内电码化的修改，因为既有区间接近区段只有一接近和二接近，离去区段只有一离去和二离去，而在 ZPW-2000A 区间改造中增加了三接近和三离去区段，电码化电路中甚至还增加了 4LQJF，同样这部分电路也只能在开通时才能接入试验，但在开通前必须把这部分电路的通道检查正确并把要接入的既有车站电码化部分电路核实清楚。

6.2.8.6 方向电路试验

当移频电路模拟试验完成之后，每个闭塞分区的轨道区段都能正常工作，四线制方向电路的区间监督回路可以沟通，给方向电路试验创造了条件。

将上、下行两条线路两端方向电路四线分别对接，模拟站与站之间操作。

调整硅整流器输出电压，并确定极性，使其形成闭合回路后，FJ1～4 端电压为 12～18 V，监督区间空闲继电器 JQJ1～4 端电压为 21～24 V。

在四线制方向电路中，使用模拟盘加入电气集中条件。

检查方向电路的各种条件都已满足，并且两站之间监督区间空闲继电器 JQJ 已吸起，使用模拟盘操作改变方向试验。

辅助改变方向：人为使方向电路转为双接或双发状态(按压接车辅助按钮)，然后用辅助办理的方法改变到需要的运行方向。办理方法：发车站先按下发车辅助按钮，但不能松开，直到发车方向指示灯亮后为止，接车站后按下接车辅助按钮，当看到辅助办理表示灯亮时就放开，过 2～3 s 之后，接车表示灯亮，表示完成辅助办理改变方向。

区间改变运行方向，反向按大区间运行，检查接近区段移频信息正确。

反向运行时，除接近区段外，其余区段应能测量到特定低频信息。

在既有线改造工程中，不管既有车站设计是微机联锁车站还是 6502 电气集中联锁车站，方向电路都无法在开通前通过按压按钮的操作方式来进行方向的改变，但是可以通过电路用模拟按钮操作的方式来进行运行方向的改变。改变运行方向有两种办理方式：一是正常办理，即在确认区间无车的状况下往正常接车口办理一条发车进路，通过方向电路来实现运行方向的改变；二是辅助办理，即在确认区间无车但由于区间轨道设备故障而无法通过正常办理而只有采取辅助办理来实现运行方向改变的一种方式。在开通前是无法通过正常办理方式来实现运行方向的改变，所以只能采取辅助办理方式来试验方向电路，从电路原理上正常办理和辅助办理的电路是基本相同的，只不过辅助办理是使 FDGJ 先吸起，然后电路的动作情况与正常办理时就一模一样了。也就是说，如果辅助办理能够改变运行方向，那正常办理肯定也能改变运行方向。辅助办理方式的操作程序是先由接车站按压总辅助按钮和发车辅助按钮，然后通知发车站按压总辅助按钮和接车辅助按钮，通过方向电路即可实现方向的改变。在模拟试验时，可用纽子开关制作模拟盘模拟按钮操作来试验方向电路。

(1)接车站按压总辅助按钮和发车辅助按钮的作用实际是为了将 KZ 电源接入,所以可以用纽子开关来模拟这两个按钮的操作,如图 13 所示。

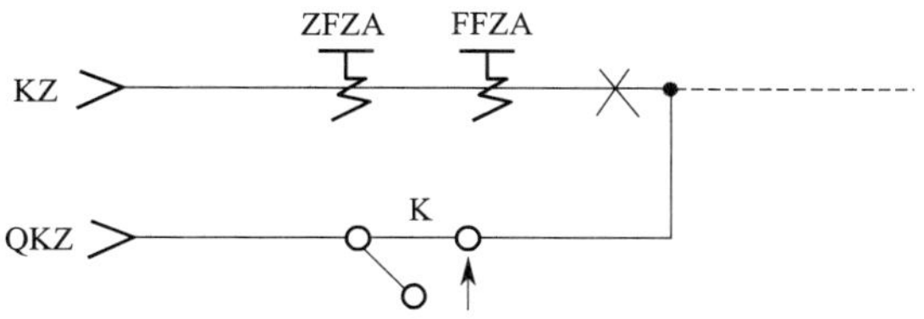

图 13 模拟按钮操作原理图 1

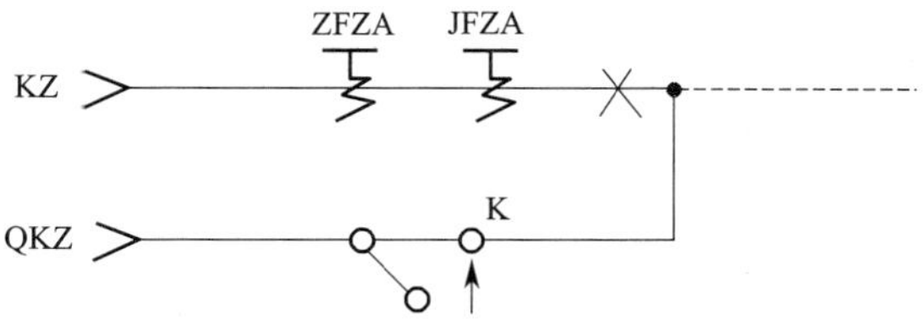

图 14 模拟按钮操作原理图 2

(2)发车站按压总辅助按钮和接车辅助按钮,与接车站同理,模拟如图 14 所示。

在正式使用时方向电路是通过两站间电缆通道来传递转极电源的,硅整流输出电压的高低与相临两站区间的长短有直接关系,为了保证方向继电器的可靠转极,在两站间区间电缆通道接通后,我们必须将相临两站的方向电路同时接入试验,将硅整流的输出电压调整到最佳挡位(模拟试验时要调低电压,只要继电器能正常吸起即可),从而保证在开通时方向电路能够正常试验并使用。

6.2.8.7 信号机联通试验

(1)拆除信号机的模拟电路,将信号机电缆芯线连接到综合柜相应端子上。

(2)室内外核对信号机灯光显示,信号机所有的灯光显示都必须进行确认。

(3)信号机灯压调整:室内点灯远程隔离变压器的输出电压按照区间信号机的远近依据生产厂家提供的调整表已事先进行了调整,室外测量灯端电压是否在 10.2～11.4 V 范围内,如果没有在此范围,则可以调整点灯单元上面的跨接片使其达到该范围,室内测量点灯电流大于 140 mA 即可。由于 ZPW-2000A 四显示系统中室外点灯增加了 LU 显示,所以每架信号机不仅要调整每一个单灯位的电压和电流,还要测试同时点 L 灯和 U 灯时的电压和电流。根据我们施工中的经验,在调试 L 灯和 U 灯的灯端电压时,先调试同时点 L 灯和 U 灯时的灯端电压,当灯端电压和点灯电流都能满足要求后,那么在单独点 L 灯和 U 灯时这两项指标大致也能满足。但如果先调试单独点 L 灯和 U 灯时的灯端电压和点灯电流在满足要求后,当信号机同时点 L 灯和 U 灯时这两项指标就会出现变化而需重新调整,影响试验时间。将测试数据进行记录,记录表格见附录表 4。

(4)进行灯丝断丝报警试验,核对报警信号机灯位及灯丝继电器的动作是否正确。

(5)目前有些铁路线在 ZPW-2000A 无绝缘移频自动闭塞改造中区间通过信号机采用 LED(发光二极管)信号机构。LED 信号机具有发光性能好、透光性强、聚焦集中及故障率低等优点;由于其配套的点灯单元输出点灯电压是固定的 DC12 V,也就是说其灯端电压是不能调整的,这样调整点灯电流就只有通过调整点灯隔离变压器的输出电压来实现。如果 DJ 采用 JWXC-H18 型继电器,则点灯电流可满足要求(即大于 140 mA);如果 DJ 采用 JWXC-H18 F防雷型继电器,则点灯电流有可能低于 140 mA,在 120～140 mA 范围内。

6.2.8.8 轨道电路试验

小轨道信号要设备上道以后才能实际测量,在既由自闭改造区段可以采取模拟的方法来进行调试试验，以检查分线柜至室外设备的电缆连接是否正确，室外设备是否工作正常。

(1)将需试验的轨道区段发送器电平按轨道电路调整表调整到实际电平。

(2)室内在综合柜将需试验的轨道区段电缆芯线接入。

(3)室外将需试验轨道区段的调谐单元、空心线圈不与钢轨连接，用两根 4 mm^2 长 18 m 的对绞线或电力电缆(模拟钢轨)按图 15 所示将线接好，需注意的是若接线规格小于 4 mm^2，那么室内测量到的小轨道信号有可能小于 42 mV 而无法进行调整(根据接收器小轨道电平调整表，小轨道调整的最低输入电压为 42 mV)。

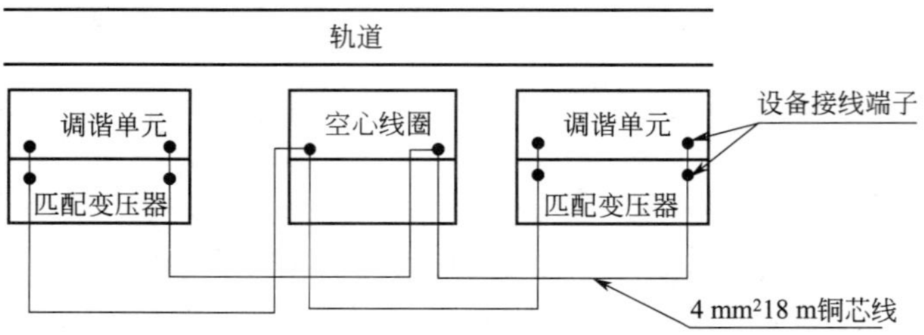

图 15 轨道区段模拟试验接线示意图

(4)室内测量小轨道电压，根据接收器小轨道电平调整表进行调整，在衰耗盘“XG”塞孔出用电压表直流档测量有无直流 24 V 电压输出。

(5)室外先核对试验轨道区段使用的调谐单元、空心线圈型号是否与设计相符，然后将送端匹配变压器 V1，V2 断开，在匹配变压器的 E1，E2 端测出的空载电压与室内电缆模拟网络盘上“电缆”塞孔出测量的电压基本相同，若大致符合，则说明电缆使用正确；将匹配变压器 V1，V2 接通，在 V1，V2 处测量的电压约为 E1，E2 处电压的 1/9，若正确，则说明送端匹配变压器工作正常；室内改变运行方向，将受端变为送端，用同样的方法可以检测受端匹配变压器的工作情况。

(6)牵涉到相临两站间区间结合部的轨道区段，则需要两站互相配合用同样方法进行试验。

通过对室外设备以及对小轨道执行条件的检查，可以确保区间开通的顺利进行。

6.2.9 开通试验

当室内联锁、室外设备经过接管单位电务段验收通过后，在建设单位的统一安排下就可以进行区间倒装开通了。我们知道区间倒装开通最重要的一项内容就是要争取在最短的时间内将所有轨道区段调试正常，尽可能给电务段提供比较充裕的时间做联锁试验，从而保证区间倒装开通能够在建设单位规定的时间内正点甚至提前开通。

6.2.9.1 开通前准备

(1)确认各轨道区段的发送电平、主轨道接收电平、模拟电缆长度均按实际情况调整无误。

(2)确认 N+1 发送器的发送电平已按实际情况调整无误。

(3)确认两站间方向电路的硅整流器输出电压已按实际调整正确。

(4)确认站间联系电路的线路电压已按实际调整完毕。

(5)确认与既有车站结合部分需在开通时接入或拆除的配线准确无误。

6.2.9.2 开通倒装

(1)开通给点后，室外施工人员迅速将调谐区设备及各轨道区段补偿电容上道。

(2)室外设备安装完毕后，室内立刻进行小轨道电路的调整及测试，各项测试数据必须满足技术指标，在衰耗盘测量的技术指标如下：

① 轨入—接收器输入电压(主轨道与相邻小轨道叠加)，主轨道输入与调整表范围一致，小轨道信号应大于 42 mV，在测得小轨道信号后，根据调整表应在衰耗盒后面 96 芯插座上跨线调整；

② 轨出 1—主轨道信号经过调整后的输出电压，与调整表范围一致，必须大于或等于 240 mV；

③ 轨出 2—小轨道信号经过衰耗电阻调整后的输出电压，应在 110 mV 左右；

④ GJ(Z)—主机轨道继电器电压，大于 20 V；

⑤ GJ(B)—并机轨道继电器电压，大于 20 V；

⑥ GJ—轨道继电器电压，大于 20 V；

⑦ XG—小轨道继电器(或执行条件)电压，大于 30 V，空载大于 50 V；

⑧ XGJ—小轨道继电器电压(或执行条件)，大于 30 V，空载大于 50 V。

(3)轨道区段调整正常后，各轨道区段进行分路状态测试：用 0.15 Ω 标准分路线在轨道电路各点分路，在衰耗器“轨出 1”塞孔测出的分路残压应小于或等于 140 mV，电气绝缘节区域内分路死区长度不大于 5 m。

(4)改变运行方向，将反方向轨道电路的小轨信号进行测试并调整，使反方向轨道区段正常。

(5)当正、反方向的轨道电路都调试正常后交电务段联锁试验。

开通验收试验内容应包括：

①区间通过信号机和轨道区段联调试验及测试；

② 主灯丝断丝报警试验；

③ 站间联系电路试验及测试；

④室内移频设备联调试验及测试；

⑤ 灯光转移试验；

⑥ 发送器 N+1 试验及测试；

⑦ 接收故障、移频报警试验；

⑧ 站内电码化试验及测试；

⑨ 出发信号机开放显示试验；

⑩ 进站信号机各种开放显示试验及站口发码试验及测试；

⑪ 两站间方向电路试验及测试；

⑫ 区间电源屏试验及测试；

⑬ 多台机车压道及机车信号接收试验；

⑭ 反向运行试验。

(6)小轨道电路的调试方法举例。

室外设备安装完毕后即可进行小轨道电路的调试。首先将方向电路倒为正方向，此时衰耗盘上的“正向”运行灯点亮。用 CD96-3 系列综合移频测试仪在 EG 衰耗盘的“轨入”塞孔测量出小轨道的输入信号(由 DG 发送、载频为 2 300—1 Hz)，如图 16 所示。假如显示的中心值为 178 mV，则按小轨道电路调整表的第 137 项调整，在该衰耗盘后面的端子板上将端子连接如下：

a16-a17，a18-a19，a20-a23，调整完毕后，在衰耗盘的“轨出 2”塞孔上测量出的电压应在

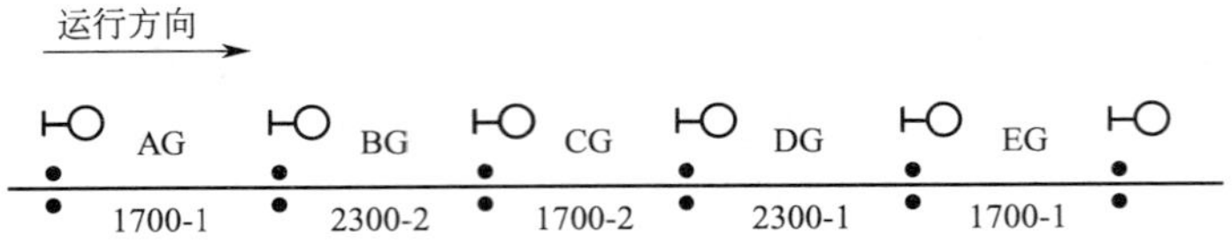

图 16　区间设备平面图

110 mV 左右。这时塞孔的“XGJ”可测出有 30 V 左右的电压；同样方法可测 DG 小轨道输入信号(载频为 1 700－2 Hz)，假如测出为轨入 95 mV，则按小轨道电路调整表的第 54 项调整，在该衰耗盘后面的端子板上将端子连接如下：a11-a12，a13-a14，a15-a18，a19-a23 即可；用同样方法依次对所有的小轨道区段进行调整。待正向小轨道电路调整完毕后即可进行反方向调整，方法同上；不过要注意的是反向调整查调整表时均为 c 端子排上相应端子相连，如轨入为 178 mV 的反向调整应为：c16-c17，c18-c19，c20-c23。

7　劳动力组织

ZPW-2000A 施工的劳动力组织根据工作量的不同、新线施工、既有半自动闭塞区段改造、既有自动闭塞区段改造、业主的要求、施工天窗等不同情况有很大的区别，此仅就既有线改造的一般情况做一介绍。

7.1　室内外单点联调劳动力组织

室内外联调的施工内容主要包括区间轨道电路的模拟调试以及信号机的调试，以一个区间信号点为例对劳动力组织及人员具体分工进行说明。

7.1.1　室内人员组织

驻站联络员 1 人：负责在车站值班室登记联络、报告列车运行情况、安全防护；

技术人员 1 人：负责调试指挥；

信号工 4 人：轨道组 2 人，负责配合室外轨道电路调试和记录；信号组 2 人负责配合室外信号机调试和记录。

7.1.2　室外人员组织

室外人员按信号点分组，每一信号点一组人员，根据人员情况可分多组同时进行，一般不应少于两组。

每组 4 人：现场防护员 1 人，负责安全防护；信号工 2 人，负责轨道电路设备和信号机的调试、记录；普工 1 人，做辅助工作。

7.2　倒装开通调试试验的劳动力组织

此仅就开通时一个车站范围的调试试验人员组织做一介绍，不包括开通倒装施工的人员组织。

7.2.1　室内人员组织

(1)试验指挥(俗称“坐台人员”，位置在控制台)1 名：负责开通施工、试验的统一指挥；

(2)驻站联络员 1 名：负责在值班室了解行车信息并及时通知室内外防护和施工人员；

(3)技术人员 1 名：负责轨道电路小轨道信号的测试调整、记录；故障处理；配合电务段试验；

(4)信号工 4 名:配合调试试验,操作模拟盘。试验完后拆除模拟盘、核对检查设备状态等。

7.2.2 室外人员组织

(1)现场防护人员:车站每一咽喉区至少 1 人,若车站大、作业区散还应根据现场具体情况增设。负责与驻站联络员联系,传递行车信息,确保行车和施工安全。区间信号点每一组施工人员不得少于 2 人,当一人施工时,另一人负责防护。

(2)车站电码化和轨道电路调试组:每组信号工 2 人(或信号工 1 人、普工 1 人),负责电码化和相关轨道电路的调试、试验。具体组数根据施工给点时间和工作量确定。

(3)区间信号点调试组:每一信号点一个组,每组 2 人,其中信号工 1 人,普工 1 人。负责轨道设备和信号机的调试、试验。

8 主要机械设备及工器具配置

本方法采用的主要机械设备及工器具配置见表 1 所示(以一个区间单位工程为例配置)。

表 1 调试主要机械设备仪器仪表

序号	设备名称	规格型号	单位	数 量	备 注
1	送工车辆		辆	1	
2	对讲机		台	每组 1	
3	移频测试仪	CD96-3 系列	块	2	
4	万用表	各型	块	10	
5	接地电阻测试仪	ZC-8	台	1	
6	电缆绝缘测试仪		台	1	

9 质量控制要点

(1)室内联锁试验必须彻底,所有能够试验的电路必须试验清楚。

(2)与既有车站结合部分的拆配线必须要整理并现场核实清楚,不得出现遗漏。

(3)轨道设备引接线与设备、钢轨端的连接要求紧固,不得有松动现象。

(4)每个信号点处设备的型号及规格必须符合设计要求,接线正确无误。

(5)补偿电容安装前必须进行电气特性测试,严禁安装不合格的补偿电容。

(6)每个轨道区段内的补偿电容型号及规格必须符合设计要求,不得误装。

10 安全控制要点

(1)施工人员要经过严格的安全培训,考试合格后持证上岗。

(2)现场做好施工调查,详细了解既有设备使用情况。

(3)室内施工需对既有设备进行防护,严禁乱动室内任何既有设备。

(4)室内施工严禁乱接使用中的任何既有电源。

(5)室外所有在轨旁施工的工序必须设置专门的防护人员。

(6)在既有半自动闭塞区段,当区间有列车时,禁止室内向轨道送出信号进行调试,以免造成机车收到错误信息而启动自动停车装置。

11 环境保护要点

(1)施工环境保护采取“预防为主,防治结合,综合治理”的原则,确保做好环境保护工作。

(2)坚持按《中华人民共和国环境保护法》及相关法规进行施工。制订环境保护管理办法和实施细则,并建立奖惩制度,将环保的具体措施落实到人头。

(3)施工现场工具材料摆放整齐,保证现场施工场地整洁、干净、工完料清。

(4)工程完工后,应按要求拆除安全防护设施和临时设施,并将工地及周围环境清理整洁,做到工完料清,场地整洁。

12 常见问题及处理方法

下面的问题是在调试和设备使用过程中容易出现的,不同故障现象的处理方法应该有多种,本文提及的仅供参考。

(1)故障现象:发送器不工作,衰耗盘的发送工作指示灯不亮。

处理方法:首先我们要知道发送器正常工作应具备的条件:

① 具备 24 V 电源且极性保持正确;

② 有且只有一路低频编码条件;

③ 有且只有一路载频条件;

④ 有且只有一个“－1”、“－2”选择条件;

⑤ 功出负载不能短路。

以上为发送器的 5 个工作条件,当 5 个条件都具备时发送器即可正常工作。当某个发送器故障时,首先用调换法把另一位置上正常工作的发送器换过来试验,如果还是不行,再用万用表(最好用数字型)测量零层电源极性是否正确,端子 02－17 和 02－18 是否有 24 V 电源且极性正确与否。判断有电后,将万用表的负表笔放在 024 V 上,正表笔在 18 个低频(零层端子为 01－1～01－18)、4 个载频及“－1”、“－2”上测量,应该都有且只有一个＋24 V 电源。如果有则说明条件具备,如果没有或者某一条件有多个＋24 V,则发送器就不能正常工作,这时就要看电路图哪个条件现时不该有,哪个该有,然后顺着电路用电压法一一把故障点找出来。对判断功出是否短路故障时可把发送通道断开,让其空载。

处理此类故障时要注意:若是新设备首次开始通电模拟试验,则一定要先仔细检查所有发送器(包括 N＋1)的功出电平是否都调整为 9 级或 10 级,绝对不允许按实际电平进行调整,这样做的后果是有可能烧坏发送器和模拟电阻。

(2)故障现象:接收器不工作,衰耗盘的接收工作指示灯不亮。

处理方法:接收器正常工作时应具备以下条件:

1)24 V 电源且极性保持正确;

2)有且只有一路载频选择并具备“－1”、“－2”及 X(1)、X(2)选择条件(主并机都应具备)。

查找接收器不工作故障时应相对于发送器来说要简单些。首先判断接收器本身没故障,而不工作是由外接条件错误造成的;排除了 24 V 电源没问题后,用处理发送器故障的办法依次测量主并机载频(有且只有一路)、“－1”(或“－2”)及 X(1)[或 X(2)]上有无＋24 V,如有则接收器应该能正常工作,如无则需根据电路图的相关配线来进行查找(采用电压法)。对于 X(1)和 X(2)哪个该有电,哪个该没电,这就是接收器小轨道的选型问题了。下面对接收器小轨道的选型办法进行介绍：

把方向电路倒为正向运行，查看线路图，若与本接收器相临的发送器频率为 XXXX－1，则在接收器主机的 X1(Z)、并机的 X1(B)上对应有一个＋24 V 电源；若与本接收器相临的发送器频率为 XXXX－2，则在接收器主机的 X2(Z)、并机的 X2(B)上对 024 V 应有一个＋24 V 电源。如图 16 所示 EG 接收器的小轨道选型应为 X1，DG 应为 X2，同样 CG 为 X2、BG 为 X1。

(3)故障现象：接收器工作正常，工作指示灯亮，但轨道继电器 QGJ 不吸起。

处理办法：

① 用综合移频测试仪 CD96-3 测量轨出 1 输出的电平值是否≥240 mV，如低于此值则继续测量轨入电平，在电缆模拟网络盒分别测量“设备”和“电缆”测试孔的电平值，以此来判断是室内还是室外故障。一般轨入电平值如下降较大，则大多为室外设备故障所致：如 ZPW-2 000 A 室外设备故障(这类故障发生率较低)、电缆线路故障、补偿电容故障等。现在室外电缆箱盒配线大量使用万可端子，施工电缆配线时，一定要注意铜芯线开剥部分的长短，使铜芯线与万可端子的导体部分完全接触；若电缆芯线上的塑料绝缘层有部分插入端子，就有可能造成因列车通过而抖动使芯线与端子时通时断，从而使通过电缆通道回机械室的电平值下降；所以遇到电缆通道故障时先逐个排除室外电缆箱盒内的芯线与万可端子的接触是否良好。根据现场施工经验，轨道补偿电容故障是造成轨入电平下降的主要原因之一；电容故障表现为击穿短路、开路、被盗等，一般来说，在靠近轨道区段两端的两个电容对轨道电路影响较大，尤其是靠近接收端的第一、第二个电容。判断补偿电容故障最好的办法就是用移频仪表沿着轨道区段的接收端到发送端逐段测量轨面电压，遇到电压值相差较大的一段，则就是这段的电容有问题，找到可疑的电容拆下来，用电容表测量其好坏。

② 检查前方相临接收器送来的小轨道执行条件＋24 V，如果没有则检查前方相临区段接收器的轨出 2 是否有 110 mV 左右的电平输出，没有就继续测量其轨入，根据接收到的小轨道轨入电平进行重新调整，调整后在轨出 2 应该有 110 mV 左右的电平输出；若前方相临区段接收器的轨出 2 有 110 mV 电平，则有可能是接收器或电路有故障，需逐步查找。

13　工程实例与附表

(1)经过郑徐线、京九线光山至西张店段、武嘉线张掖至嘉峪关段、黎湛线黎塘至稔竹段等 ZPW-2 000 A 自动闭塞改造施工，按本工艺进行调试实验，满足了各项技术指标、保证了工程质量和进度要求。

(2)相关记录表

① 闭塞分区汇总表，见表 2。

表 2　闭塞分区汇总表

序号	区段名称	电缆实际长度(m)		电缆补偿长度(m)		连 接 端 子
		送 端	受 端	送 端	受端	

② 轨道电路调整表，见表3。

表3　轨道电路调整表

<table>
<tr><th rowspan="2">序号</th><th rowspan="2">区段名称</th><th rowspan="2">轨道电路长度(米)</th><th rowspan="2">载频频率(Hz)</th><th colspan="2">补偿电容</th><th colspan="4">接收电平</th><th colspan="2">发送电平</th></tr>
<tr><th>容量(Mf)</th><th>个数(个)</th><th>级数</th><th>C3至</th><th>C4至</th><th>连接端子</th><th>级数</th><th>底座端子连接</th></tr>
<tr><td></td><td></td><td></td><td></td><td></td><td></td><td></td><td></td><td></td><td></td><td></td><td></td></tr>
<tr><td></td><td></td><td></td><td></td><td></td><td></td><td></td><td></td><td></td><td></td><td></td><td></td></tr>
<tr><td></td><td></td><td></td><td></td><td></td><td></td><td></td><td></td><td></td><td></td><td></td><td></td></tr>
<tr><td></td><td></td><td></td><td></td><td></td><td></td><td></td><td></td><td></td><td></td><td></td><td></td></tr>
<tr><td></td><td></td><td></td><td></td><td></td><td></td><td></td><td></td><td></td><td></td><td></td><td></td></tr>
<tr><td></td><td></td><td></td><td></td><td></td><td></td><td></td><td></td><td></td><td></td><td></td><td></td></tr>
</table>

③ 区间信号机测试记录表，见表4。

表4　区间信号机测试记录表

<table>
<tr><th rowspan="3">序号</th><th rowspan="3">信号机名称</th><th colspan="5">室　内</th><th colspan="5">室　外</th></tr>
<tr><th rowspan="2">点灯输出(V)</th><th colspan="3">DJ 电流(mA)</th><th>2DJ 电流(mA)</th><th colspan="2">点灯单元</th><th colspan="3">灯端电压(V)</th></tr>
<tr><th>L</th><th>H</th><th>U</th><th>LU</th><th>一次侧电压(V)</th><th>二次侧电压(V)</th><th>L</th><th>H</th><th>U</th></tr>
<tr><td></td><td></td><td></td><td></td><td></td><td></td><td></td><td></td><td></td><td></td><td></td><td></td></tr>
<tr><td></td><td></td><td></td><td></td><td></td><td></td><td></td><td></td><td></td><td></td><td></td><td></td></tr>
<tr><td></td><td></td><td></td><td></td><td></td><td></td><td></td><td></td><td></td><td></td><td></td><td></td></tr>
<tr><td></td><td></td><td></td><td></td><td></td><td></td><td></td><td></td><td></td><td></td><td></td><td></td></tr>
<tr><td></td><td></td><td></td><td></td><td></td><td></td><td></td><td></td><td></td><td></td><td></td><td></td></tr>
</table>

25 Hz 相敏轨道电路施工工艺

1 工艺概况及技术特点

1.1 97 型 25 Hz 相敏轨道电路的主要特点

(1)取消不设扼流变压器的送、受电端

在运营中发现,不设扼流变压器时,轨道继电器所受的干扰远大于设扼流变压器的区段,同时不易于轨道电路调整。为此全部增设扼流变压器。

(2)扼流变压器经等阻线与钢轨连接

将连向钢轨的一长一短引接线设计成等阻线,降低牵引电流回归系统的不平衡系数。

(3)电源屏的配置

每一区段的平均传输功率为 20 W,每个继电器局部线圈加并电容补偿后的功率为 6.5 W,考虑单受和多受区段的比例。一个车站的轨道区段数和轨道继电器数按 1:2 计算,这样就相当于轨道分频器和局部分频器供电给每一个轨道电路分别耗电 20 W 和 13 W,从而能计算出一个车站电源屏的型号配置。

(4)二元二位继电器

97 型 25 Hz 相敏轨道电路优化了磁路设计和提高了工艺设计水平,返还系数由原来的 0.5 增至 0.55,消除了因翼片碰撞外罩而造成卡阻的可能故障。具有可靠的相位选择性和频率选择性,抗干扰性能强,便于实现电码化。

(5)增加扼流变压器的类型

由原来的仅 400 A 一种类型增加了 600 A 和 800 A 两种。他们分别供侧线、正线和靠近牵引变电所的区段。

(6)极限长度延长

把二元二位继电器的返还系数由 0.5 增加到 0.55。将送电端极限电阻由 2.2 Ω 增加到 4.4 Ω,将受电端匹配变压器的变比由原来的 16.67 降为 13.89。将 25 Hz 分频器的输出电压允许波动范围由原来的 ±5% 减少到 ±3%。通过以上几次改进措施,最终能将极限长度由 1 200 m提高到 1 500 m。

(7)系统抗干扰能力大大提高

大大提高了系统抗冲击干扰的能力,即抗不平衡牵引电流的量值由原来的 10 A 提高到 60 A,从而可大大改善现场应用中出现的"闪红"现象。

1.2 97 型 25 Hz 相敏轨道电路的技术指标

(1)使用于钢轨连续牵引总电流不大于 800 A,不平衡电流不大于 60 A 的交流电气化区段的站内和预告区段的轨道电路。

(2)在电源频率为 50 Hz、电压在 160 V～260 V 范围内,钢轨阻抗不大于 $0.62\angle 42^\circ$ Ω/km、道砟电阻最小值不小于 0.6 Ω·km 时,能可靠的满足调整和分路的要求,且能实现一次调整。

(3)一送一受的轨道电路,以标准的 0.06 Ω 分路电阻在区段内任意点分路时,保证至少有一个轨道继电器可靠落下。

(4)每段轨道电路最多可设四个扼流变压器(包括空扼流变压器)。

(5)能实现叠加或预叠加电码化,满足移频等机车信号信息传输的要求。

(6)在无迂回回路的条件下,任何故障均可靠的分路检查。

(7)凡允许包括的无受电分支,自叉心到分支末端绝缘节的距离不超过 65 m。

(8)不带无受电分支和空扼流的一送一受轨道电路(双/无扼流变压器)极限长度为 1.5 km;当道床电阻为 1.0 Ω·km 时为 2.0 km;当道床电阻为 1.5Ω·km 时为 2.2 km。

(9)受电端轨道变压器至继电器室的电缆电阻不得大于 150 Ω。

2　适用范围

适用于交流电力牵引区段。

1997 年经铁道部鉴定,决定用“97 型 25 Hz 相敏轨道电路”替代原“25 Hz 相敏轨道电路”在全路推广使用。97 型 25 Hz 相敏轨道电路具有工作稳定可靠,维修简单和故障率低的优点,具有很高的抗干扰能力,并延长了轨道电路的极限长度(可达 1 500 m)。目前在电气化铁路上有 90%的车站采用 97 型 25 Hz 相敏轨道电路,是电气化铁路站内轨道电路的首选。

3　引用标准

(1)《铁路信号施工规范》(TB 10206—99)。

(2)《铁路信号工程质量检验评定标准》(TB 10419—2003)。

(3)97 型相敏轨道电路图册(0047)。

4　基本术语及定义

(1)轨道电路:利用铁路线路的钢轨作为导体传递信息的电路系统。

(2)调整状态:轨道电路范围内,无轮对占用时的状态。

(3)分路状态:轨道电路范围内,有轮对占用时的状态。

(4)极限长度:当轨道电路能实现一次调整时,其所能达到的最大长度。

5　25 Hz 相敏轨道电路工作原理

5.1　25 Hz 相敏轨道电路工作原理

25 Hz 轨道电路的信号电源是由铁磁分频器供给 25 Hz 交流电,以区分 50 Hz 牵引电流,接受器采用二元二位轨道继电器,该继电器的轨道线圈由送电端 25 Hz 轨道电源经轨道传输后供电,局部线圈则由 25 Hz 局部分频器电源供电。轨道继电器工作时,从室外轨道电路取得较少的功率而大部分功率是通过局部线圈从室内局部电源取得,因而轨道电路的控制距离可以延长,且只有轨道继电器上的轨道线圈电压 UG 和局部线圈电压 UJ 之间的相位角接近或等于 90°时,转矩最大,是翼片绕轴旋转,带动接点动作,否则,翼片不能旋转,不能带动接点动作。所以,25 Hz 轨道电路既有对频率的选择性(区别开电力牵引电流)又有相位的选择性。当轨道线圈和局部线圈电源电压满足规定的相位要求时,GJ 吸起,轨道电路处于调整状态,即表示轨道电路空闲。当列车占用时,轨道电路被分路,GJ 落下。若频率、相位不对时,GJ 也落下。因而,其抗干扰性能较强,广泛应用于交流电力牵引区段。

5.2 97型25 Hz相敏轨道电路专用器材

5.2.1 二元二位继电器(JRJC1－72/240)

25 Hz相敏轨道电路的接收器采用二元二位继电器，属于交流感应式继电器，是据电磁所建立的交变磁场与金属转子中感应电流之间相互作用的原理而动作的。JRJC1－72/240型继电器由带轴翼板、局部线圈、轨道线圈和接点组四大部分组成，安装在铸铝合金支架内，活动部分来用滚珠轴承双重防护，可靠性更高，便翼板转动灵活、耐用。当通以规定频率的电流，且局部线圈电压超前轨道线圈电压的角度 $0°<\theta<180°$时，翼板抬起，使继电器的前接点闭合。当相角差为理想角时，处于最佳吸起状态。当局部线圈或轨道线圈断电时，依靠翼板和附件的重量使接点处于落下状态。由其动作原理可知，该继电器具有可靠的频率选择性和相位选择性，因而能对轨道绝缘破损和外界牵引电流或其他频率的电流干扰可靠地进行防护，满足了轨道电路抗电气化干扰的要求。

5.2.2 防护盒(HF3-25)

HF3-25型防护盒用于97型25 Hz相敏轨道电路，是由电感线圈和电容组成的L、C串联谐振电路，线圈电感为0.845 H，电容为12 μF。谐振频率为50 Hz，对50 Hz呈串联谐振相当于15 Ω电阻，对于干扰电流起着减小轨道线圈上的干扰电压作用。对25 Hz信号电流相当于16 μf电容，起着减小轨道电路传输衰耗和相移的作用。

5.2.3 扼流变压器

97型25 Hz相敏轨道电路的送电端和受电端使用同一类型的扼流变压器。型号分别为：

(1)BE1-400/25、BE1-600/25、BE1-800/25采用400 Hz铁芯，主要用于轨道电路实施移频电码化的区段。

(2)BE2-400/25、BE2-600/25、BE2-800/25采用50 Hz铁芯，用于一般轨道电路区段。

施工中应注意BE1和BE2两种型号的区别，防止采购和安装错误。

5.2.4 轨道变压器

97型25 Hz相敏轨道电路的送受电端使用同一类型的变压器，新型号为BG2-130/25、BG3-130/25。BG2-130/25采用CD型400 Hz铁芯，主要用于移频电码化区段。BG3-130/25采用CD型50 Hz铁芯，用于送电端时作为供电变压器，用作中继变压器时，为使二元二位轨道继电器的高阻抗与轨道的低阻抗相匹配，其变比是固定的，与扼流变压器连按时，变比采用1/13.89，无扼流变压器时，变比采用1/50。

施工中应注意BG2和BG3两种型号的区别，防止采购和安装错误。

5.2.5 固定抽头式变阻器

(1)R1－4.4/440：阻值及抽头0.2 Ω＋0.4 Ω＋0.5 Ω＋1.1 Ω＋2.2 Ω，允许通过电流10 A。

(2)R1－2.2/220：阻值及抽头0.2 Ω＋0.4 Ω＋0.5 Ω＋1.1 Ω，允许通过电流10 A。

5.2.6 防雷补偿器

97型25 Hz相敏轨道电路室内使用防雷补偿器。设于25 Hz轨道组合内，一台轨道组合用1个FB-1和1个FB-2。FB-1型防雷补偿器内含两套防雷补偿单元，FB-2型防雷补偿器内含1套防雷补偿单元。站内采用ZPW-2000电码化时，发码区需增加1个1 μF/400 V的电容，订购防雷补偿器时可要求厂家将电容增设于防雷补偿器内。

5.2.7　室外隔离盒、隔离防护盒

25 Hz 相敏轨道电路叠加 ZPW-2000 电码化时，室外轨道电路增加隔离盒、隔离防护盒。

(1)25 Hz 四线制室外隔离盒(SGLH)：送电端、受电端通用，发码区段采用。

(2)25 Hz 室外隔离防护盒(WGFH)：送电端、受电端通用，不发码端防护时使用。二线制、四线制通用。

(3)25 Hz 二线制室外隔离盒(WGL-T)：送电端、受电端通用，发码区段采用。

5.2.8　电　源　屏

(1)25 Hz 小站电源屏，容量为 800 VA，型号为 PXT-800/25。25 Hz 田字型电源屏，供 20 个区段以内车站使用。每套电源设容量为 400 VA 分频器两台，每屏内设两套电源，主、备手动转换。

(2)25 Hz 中站(Ⅰ)电源屏，容量为 1 600 VA，型号为 PZT-1600/25。25 Hz 田字型电源屏，供 20～40 个区段车站使用。每套电源设容量为 800 VA 分频器两台，每屏内为一套电源，需设主、备两个电源屏，主、备手动转换。

(3)25 Hz 中站(Ⅱ)电源屏，容量为 2 000 VA，型号为 PZT-2000/25。25 Hz 田字型电源屏，供 40～60 个区段车站使用。每套电源设容量为 800 VA 和 1 200 VA 分频器各一台，每屏内为一套电源，需设主、备两个电源屏，主、备手动转换。

(4)25 Hz 大站电源屏，容量为 4 000 VA，型号为 PDT-4000/25。25 Hz 田字型电源屏，供 60～120 个区段车站使用。每套电源设容量为 800 VA 和 1 200 VA 分频器各两台，每两屏内为一套电源，主备两套电源，主、备手动转换。

6　工艺流程及操作要点

6.1　97 型 25 Hz 相敏轨道电路室内设备安装

6.1.1　工艺流程

工艺流程如图 1 所示。

6.1.2　操作要点

6.1.2.1　施工准备

(1)拆设备包装。

(2)取出相关文件(合格证、检验报告、说明书等)及备件，并妥善保管待竣工后移交。

(3)设备运入室内后，检查有无损坏部件及变形。

(4)确认设备名称、规格、型号与图纸相符。

(5)运至安装位置。

(6)准备施工工具。

6.1.2.2　机柜安装

应根据设计图纸标定的设备位置进行安装，不得随意调换机柜的位置。

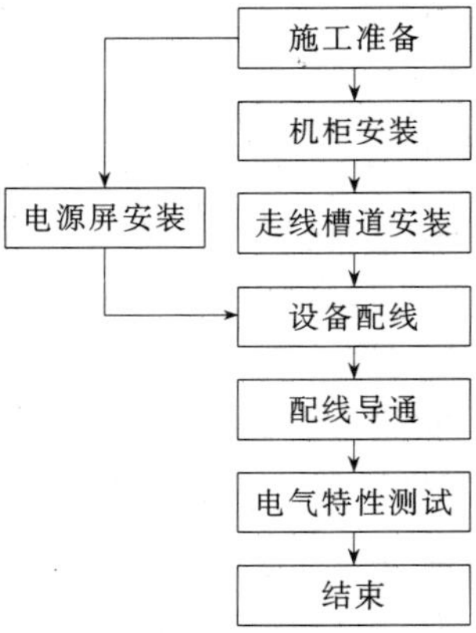

图 1　97 型 25 Hz 相敏轨道电路室内设备安装工艺流程图

6.1.2.3　电源屏安装

(1)应根据设计图纸标定的设备位置进行安装。

(2)当与使用中的电源屏相连接时，应有电务人员配合并采取安全措施。

(3)电源屏排列整齐，屏间无缝隙。在两侧上下各钻 ϕ10 mm 的孔，用 M8×30 mm 的镀锌螺栓紧固。

(4)屏与屏之间用两端带冷压铜端头、截面不少于 6 mm^2 多股铜芯塑料线做安全连接。

(5)清理钻孔铁屑和杂物。

6.1.2.4 走线槽道安装

(1)应根据设计图纸进行安装。

(2)对照图纸核对每一段槽道,确定使用的部位。

(3)确定使用部位,清点配件数量是否满足。

(4)走线槽道用于放置机柜、电源屏、电气集中组合柜(架)之间各种电线、电缆,并对机柜起稳定作用。

(5)走线槽宽 300 mm,高 150 mm,配备有槽盖起防尘作用,每段走线槽道两端的内方应焊接 M6×20 mm 的螺栓,用于地线连接。

(6)先安装机柜顶部的走线槽道,然后再安装排与排之间走线槽道。

6.1.2.5 设备配线

(1)技术要求

① 信号机械室内部的各种配线全部采用阻燃型;

② 设备机柜零层电源端子宜采用压接方式配线;

③ 设备机柜上方走线槽中的电源线、柜间通信线和信号联络线应分别放置;

④ 各种配线不得有中间接头和绝缘破损现象。

(2)机柜配线

① 走线槽布置

机柜的右侧(背面)垂直安装的塑料线槽,与 3×18 端子零层下方水平安装的塑料线槽连接。从槽道下来的配线可通过塑料线槽连接到相应的端子。

② 配线

套管铭牌法(推荐):对应每块 3×18 端子用 ϕ1.6 mm 铁线制作 3 个约 ϕ40 mm 放线孔,用套管打码机按配线图打印套管,将配线穿套管后分别临时穿于对应 01、02、03 的铁线放线孔等待焊线。

穿线板法:对应每块 3×18 端子制作一块穿线板,板上穿线孔用于对应端子的配线。配线时可将配线临时穿在对应端子的穿线孔内。

(3)电源配线

① 电源配线根据《电源配线图》和《柜间电源配线图》进行;

② 电源线放置在走线槽内靠机柜正面一侧;

③ 电源屏与机柜电源线采用最捷径路。

(4)分线盘配线

① 电缆的成端制作、电缆接地连接(内屏蔽、铝护套、钢带)完成后。将电缆固定在分线盘下横梁上;

② 根据电缆配线图进行电缆分线。扭绞电缆芯线组在线槽内不开绞;

③ 电缆芯线与室外导通、测试,确认正确后与端子连接;

④ 分线柜与其他机柜间的各种配线从两侧顶部下线;

⑤ 屏蔽线的屏蔽接地做在分线盘端。

(5)焊线

① 焊线人员应有一定的工作经验，并使用正确的图纸；

② 焊线作业工具主要有：剥线钳、尖嘴钳、偏口钳、螺丝刀、电烙铁、毛刷等；

③ 焊接时严禁使用带有腐蚀性的焊剂；

④ 作业之前清洁场地，检查电烙铁安全地线及有无漏电现象，电源插座板有漏电保护装置；

⑤ 线头长度要适宜，预留 3～5 个端子间距的备用长度，最上端子配线的备用长度适当减少；

⑥ 正确使用剥线钳，将铜芯塑料线开剥 6～7 mm，套上该端子对应的胶管，插入相应端子的焊线孔，防止叉股或没有全部插入；

⑦ 在焊线部位加隔热支撑，然后加烙铁和焊丝，视锡液流动侵入端子和铜线之中，时间不宜过长；

⑧ 焊点占端子面 2/3 长度，焊点光亮无缺口，大小饱满适宜，无假焊、毛刺现象；

⑨ 端子板的焊线要从下到上，从左到右顺序焊接。焊线时用厚纸遮挡下层，防止锡液滴入下层设备；

⑩ 焊线作业完成后及时切断电源并清理现场。

(6)导通

① 确认全部接、配线图的正确性；

② 将万用表调至低阻档，并放置在合适观察位置，将表线加长至所有配线都能触及的长度；

③ 设专人看图、看表、指挥及记录，防止遗漏及错导通；

④ 导通从排列序号靠前的机柜开始依次导通。

(7)电气特性测试

① 用兆欧表测试室内各种电源的绝缘值，并作好记录；

② 用兆欧表测试在分线盘处测试电缆的全程绝缘，并作记录。

6.2　97 型 25 Hz 相敏轨道电路室外设备安装

6.2.1　工艺流程

工艺流程如图 2 所示。

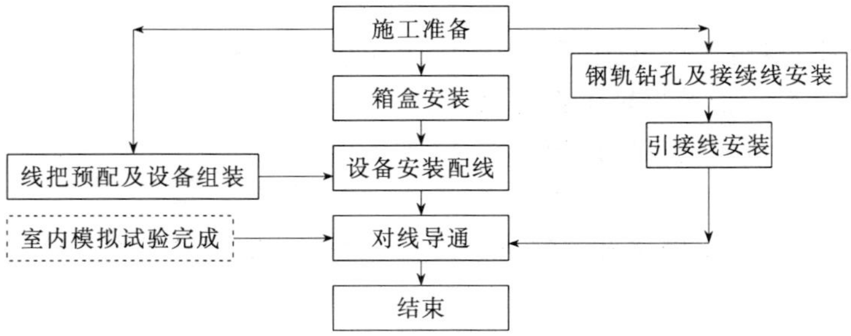

图 2　97 型 25 Hz 相敏轨道电路室外设备安装工艺流程图

6.2.2　操作要点

绝缘节处设备由变压器箱、轨道变压器、变阻器、扼流变压器箱、等阻引接线、小枕木等组成，设备布置如图 3 所示。

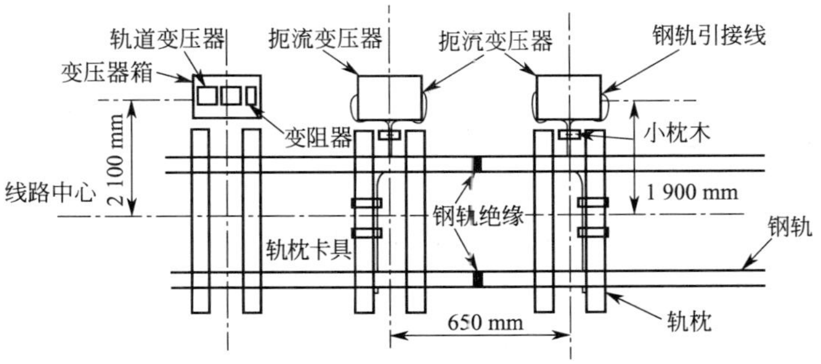

图 3　绝缘节处设备布置示意图

6.2.2.1　箱盒安装

(1)设备定位

根据设计文件,依照施工图对所安装的地点位置进行测量,确定出设备的安装地点。对所属线路用钢尺进行测量,从而确定出设备的位置,并做好标记,挖好基础坑。

(2)电缆头制作

按电缆头制作工艺制作好电缆头,固定在变压器箱或扼流变压器箱的灌胶室底部。

(3)安装基础、固定箱盒(如图 3 所示)

① 变压器箱中心距所属线路中心距离不得小于 2 100 mm;

② 扼流变压器箱中心距所属线路中心距离不得小于 1 900 mm,两扼流变压器箱中心间距为 650 mm;

③ 变压器箱和扼流变压器箱一般成“一”字型排列,两种基础面水平或两种箱盖面水平。

(4)培土

6.2.2.2　线把预配及设备组装

(1)根据设计文件,依照施工图对线把预配及设备组装。

(2)在组装好设备的 XB 箱木垫板上标注好设备的区段名称及用途。

6.2.2.3　设备安装配线

(1)依照施工图进行配线施工。

(2)电缆芯线及软线均需留够三次做头备用量,备用量成鹅头弯上端子(电缆芯线头加装托环)。

(3)配线保证“一线一垫”,副螺帽拧紧。

6.2.2.4　钢轨钻孔及接续线、引接线安装

(1)钢轨钻孔必须使用符合规定的钻头(ϕ9.8 mm)。

(2)塞钉孔形成后要及时安装,塞钉不得打弯、打堆、打入钢轨后,头部露出钢轨腰部立面不得大于 4 mm。

(3)接续线安装完成后,在塞钉孔处涂上防锈漆。将两根接续线用 ϕ1.0 mm 的铁线绑扎二次。

(4)钢轨引接线塞钉孔距夹板边缘应为 100 mm 左右。

(5)采用长钢轨引接线,对其沿轨枕敷设部分,应平直固定良好;当穿越钢轨时,距轨底不

应小于 30 mm。

6.2.2.5　设备调试

(1)确认全部接、配线图的正确性。

(2)将万用表调至低阻档,并放置在合适观察位置,将表线加长至所有配线都能触及的长度。

(3)设专人看图、看表、指挥及记录,防止遗漏及错导通。

6.3　97 型 25 Hz 相敏轨道电路调试

6.3.1　调试方法

6.3.1.1　调试流程

调试流程如图 4 所示。

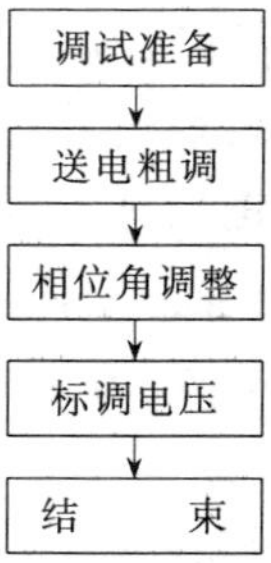

图 4　97 型 25 Hz 相敏轨道电路调试工艺流程图

6.3.1.2　调试准备

(1)人员配备

室内组人员:技术人员 1 人,信号工 4 人(轨测盘电压、相位测试、观察二元二位继电器状态 1 人,相位角调整 1 人,机械室核对复示继电器 1 人,控制台核对光带 1 人)。

室外组人员:每组信号工 2 人(送、受电端各 1 人)。

(2)机具配备

室内组:对讲机 3 台,万用表 1 块,信号工小工具 1 套。

室外组:每组对讲机 2 台,万用表 2 块,信号工小工具 2 套。

(3)工作准备

室外组根据电务接管单位出具的书面调整标准,将受电端变比固定。根据不同区段的具体情况将送端变比放置在相应挡位(不固定)。

6.3.1.3　送电粗调

(1)室内、外准备工作完成后,室内调试人员将轨道电源送上,在分线盘处测量电源是否送出,并通知室外送端调试人员。

(2)室外送端调试人员在送端轨道箱相应端子测量,并确认电源已到送端轨道箱。

(3)室外送端调试人员在送端钢轨测量电压并确认 25 Hz 电已送上钢轨,通知受端调试人员在受端钢轨测量电压。

(4)受端调试人员在受端钢轨测量电压正常后,在受端轨道箱相应端子测量并确认电源已回到受端轨道箱(一送多受区段,受电端要先调整平衡)。

(5)受端调试人员通知室内调试人员在轨测盘处测量电压。

(6)室内调试人员在轨测盘处测量电压正常后,观察二元二位继电器状态。若不吸起则通知室外调试人员调换电源极性;若吸起则通知室外调试人员进行分路试验,复示继电器核对人员核对继电器状态,控制台核对光带人员核对光带。

6.3.1.4　相位角调整

(1)轨测盘电压测量人员测量相位角,理想相位角为 90°,一般为 87°±8°。

(2)调整 HF3-25(HF4-25)防护盒的跨接端子将相位角调整标准。

6.3.1.5　标调电压

(1)相位角调整标准后,轨测盘电压测量人员测量电压,并将结果通知室外调试人员,室内外配合将电压调整达标(各接管单位对电压的要求不同)。

(2)电压调整达标后,轨测盘电压测量人员通知室内外再次进行分路试验,并记录残压。

(3)调试完毕,轨测盘电压测量人员通知室外锁好轨道箱,进行下一区段调试。

6.3.2 调整注意事项

(1)送电端限流电阻的数值以及受电端中继变压器的变比,应按原理图的规定加以固定,若调小限流电阻,将恶化轨道电路的发路;若改变中继变压器的变比,会使受电端连接器材的阻抗和轨道电路的阻抗匹配条件遇到破坏。

(2)25 Hz 相敏轨道电路具有相位选择性,调整供电变压器电压时应注意不要将同名端接错。

(3)一送多受的轨道区段,各分支电压应调整至相同或相近电压值。然后,根据其类型按调整表的相应类型来调整轨道电路的供电电压,此时,各轨道继电器上的端电压应在调整表给定的允许电压范围内。

(4)应检查机车信号的入口电流是否满足机车信号的要求。在电气化区段钢轨内除信号电流外,还可能会有不平衡牵引电流,这会影响测试的准确性。因此,最好选在天窗时间内进行该项测试以确保测试的准确性。

(5)设有空扼流变压器的轨道电路应对其轨道电路进行补偿。当设有空扼流变压器的轨道电路实施电码化时除对轨道电路进行补偿外,还应对机车信号的电码化信息进行补偿。机车信号信息的不同所需要的类型也不同,应根据机车信号信息来选择相应类型的补偿器,在规定了补偿器的基础上再按需要调整轨道电路供电电压。

(6)不设空扼流变压器和无受电分割的一送一受的轨道电路在道砟电阻最高的情况下,用标准分路线在送电端及受电端分路时应有分路检查,对一送多受的轨道电路随道岔布置的不同,分路最不利的地点也不同,故检查分路除应在送电端和所有受电端进行外,尚需在岔尖及其他地点检查分路。如带有无送电分支还应在无受电分支的末端检查。一送多受时轨道电路是将所有送电端轨道继电器的前接点串连,再控制轨道继电器以其接点用于信号的各电路中,因而只需保证有一个受电端符合有分路检查的要求。

6.3.3 极性交叉的检查

25 Hz 相敏轨道电路特点之一是具有极性选择性,因而实行极性交叉后对钢轨绝缘破损有可靠的防护,所以必须对极性交叉进行严格的测试检查,使用万用表测得 V_1、V_2、V_3、V_4、V_5、V_6(如图 5 所示)。

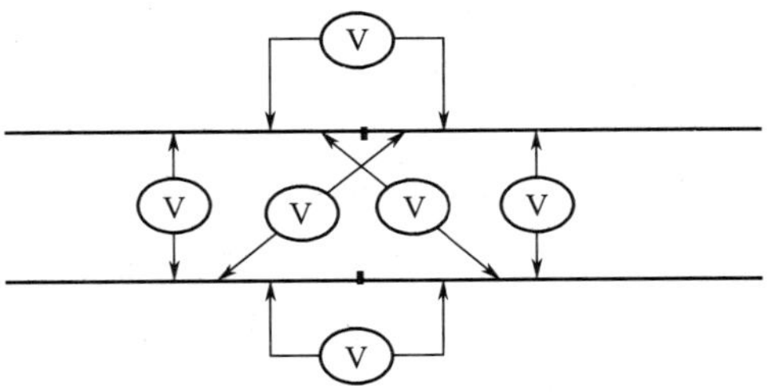

图 5 有扼流变压器处的各点电压表示图

方法一:若 $V_1>V_3$ 或 $V_1>V_4$ 或 $V_2>V_3$ 或 $V_2>V_4$ 成立时,有极性交叉。

方法二:若 $2V_1>V_2$ 或 $2V_1>V_3$ 或 $2V_4>V_2$ 或 $2V_4>V_3$ 成立时,有极性交叉。

对于无扼流变压器的钢轨绝缘处极性交叉的检查测试方法与完全有扼流时相同。

7 劳动力组织

根据工程实际数量和进度要求,合理配置人员,劳动力组织见表 1。

表 1　劳动组织表

序号	工作项目	人数	备　　注
1	驻站联络	1	负责与车站值班员联络、登记要点，报告行车情况，确保行车和施工安全。
2	现场安全防护	若干	每一咽喉至少 1 人，站场大或作业面宽时视情况增加，确保行车和施工安全。
3	室内设备安装	7	其中技术人员 1 人，信号工 6 人。搬运设备的劳务工视施工情况而定。
4	室外设备安装	6 人/组	其中信号工 2 人，劳务工 4 人。根据工期和劳动力情况可安排多组施工。
5	钢轨钻孔及接续线引接线安装	5 人/组	其中信号工 1 人，劳务工 4 人。根据工期和劳动力情况可安排多组施工。
6	室内设备调试	5	其中室内技术人员 1 人，信号工 4 名
7	室外设备调试	2 人/组	信号工 2 人。根据工期和劳动力情况可安排多组调试。

8　主要机械设备及工器具配置

施工中对各种施工设备、机具、仪器仪表必须定期检查和保养，建立台账；电动工具使用前应检查电气、机械性能良好；计量器具，使用前应按照国家计量法的有关规定进行检查，建立检定周期台账，在检定周期内使用，主要机具见表 2。

表 2　主要机具表

序号	名 称	单 位	数 量	备 注
1	钻具	套	2	专用
2	发电机	台	2	1.5 kVA
3	手枪电钻	把	1	6 mm
4	电钻	把	2	13 mm
5	机械万用表	块	2	
6	数字万用表	块	室内 1，室外调试每组 1	
7	相位测试仪	台	1	
8	活口搬手	把	10	300 mm
9	小工具	套	10	信号专业常用

9　质量控制要点

（1）进行室外设备安装（尤其是钢轨钻孔）时，要求防护到位，确保安全。

（2）施工人员要经过严格的技术培训，考试合格后持证上岗。

（3）设备引接线与设备、钢轨端的连接要求紧固，不得有松动现象。

（4）极性交叉试验完成后不得随意更改轨道电路两钢轨极性，必须保证极性交叉的准确性。

（5）室内设备施工时要求有周全的安全防护措施，设备搬运时对既有设备要设专人防护。

10　安全控制要点

（1）施工人员应严格遵守《铁路工程施工安全技术规程》（下册）（TB 10401.2—2003）的有关规定和铁道部、铁路局关于营业线施工的各项规定，根据工程的具体情况制定切实可行的具体安全措施。

(2)既有线改造施工,必须按规定设置驻站联络员和现场安全防护员。

(3)在既有电力牵引区段,必须确保扼流变压器的钢轨引接线和中点连接线的端子螺栓紧固,防止虚接造成牵引电流烧毁信号设备。

(4)挖坑、挖沟作业时,应先探明有无地下设施,保证既有地下设施安全。

11 环境保护要点

作业完成后要及时清理作业场地,将施工垃圾回收,不得将杂物随地乱扔。

12 常见的问题及处理方法

(1)轨道电路调整一定要按有关要求进行,按要求固定了的电阻不得随意调整。

(2)一送多受区段调整时,须先调平衡再调电压。

(3)区段调整必须要做分路试验,并且和室内继电器状态一致。

(4)每一个轨道区段的轨道电源和局部电源应由同一组线束供电。调试时若不能使二元二位继电器吸起,应检查其轨道电源和局部电源是否由电源屏的同一组线束供电。

13 工程实例

(1)2004 年郑徐线电化改造工程。

(2)2005 年黎堪线自闭工程站内轨道电路改造(480 轨道电路改 25 Hz 相敏轨道电路)。

(3)2007 年湘桂线自闭工程站内轨道电路改造(480 轨道电路改 25 Hz 相敏轨道电路)。

信号接地系统施工工艺

1 工艺概况及技术特点

1.1 工艺概况

随着铁路运输向“重载、高速”方向发展，对铁路信号设备可靠性要求越来越高。大量铁路信号新设备不断采用，传统分散的信号设备接地已不能满足新设备的要求。在新建成和有条件的既有线改造过程中，将信号设备地线形成一个较完整的接地系统是减少雷电对信号设备损坏和干扰的有力措施，是提高信号设备工作可靠性的一个重要方面。

1.2 技术特点

(1)信号地线网接地电阻不大于 1 Ω。

(2)信号机械室内所有设备金属外壳、防静电地板各个支撑相互焊接后，与地线网相连。当信号机械室有基础接地体时，与信号室内接地网连接。

(3)电缆屏蔽层及排流线、钢带、铝护套接汇集接地端子排。

(4)各种地线不能盘绕和迂回。

(5)25 mm^2 的铅包铜缆要求：

① 截面积 25 mm^2 裸铜；

② 最多的股数：6 股；

③ 20℃时线性电阻：0.727 Ω/km；

④ 最大直径 6.6 mm；

⑤ 中间断头后最小的延长量 15%；

⑥ 护套平均厚度不小于 1 mm；

⑦ 导线外径 7.6 mm 至 9.2 mm；

⑧ 护套不得与导线粘连。

(6)35 mm^2 的裸铜缆要求：

① 截面积 35 mm^2 裸铜；

② 最少的股数：7 股；

③ 最大直径 7.1 mm；

④ 20℃时线性电阻：0.524 Ω/km；

⑤ 中间断头后最小的延长量 15%。

2 适用范围

适用于各种铁路信号设备接地。

3 引用标准

(1)《铁路信号施工规范》(TB 10206—99)。

(2)《铁路信号工程质量检验评定标准》(TB 10419—2003)。

(3)《ZPW-2000A型无绝缘轨道电路施工技术标准》(暂行)。

4 基本术语及定义

信号接地系统:为了信号设备的使用安全及减少雷电对设备的损坏和干扰,在信号机械室设置网络地线,在室外沿线路埋设贯通地线,将各种信号地线连接在一起,使各接地点等电位,形成一个系统,称为信号接地系统。

5 工艺原理

信号接地系统由网格地线、环形地网、汇集接地端子排、室外设备地线组成,分为信号楼部分、车站设备部分、区间设备部分三部分。如图1所示。

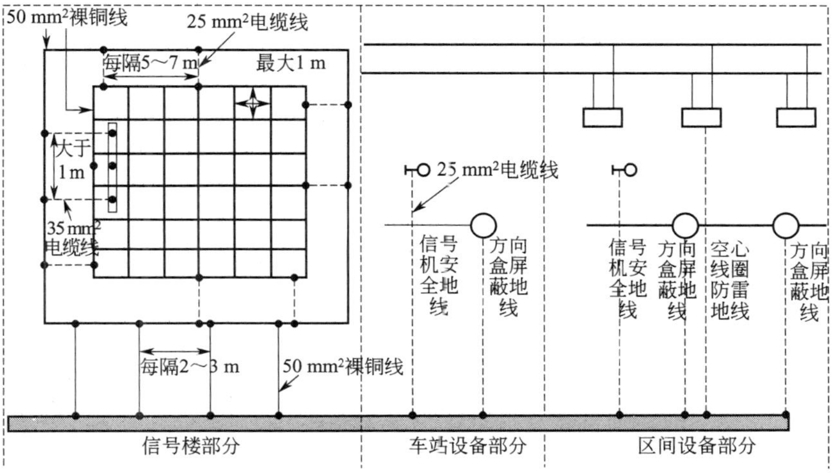

图1 信号接地系统总图

6 工艺流程及操作要点

6.1 工艺流程

工艺流程如图2所示。

(1)施工准备:测量环形地网的长度,计算出50 mm^2的裸铜线、25 mm^2电缆线及贯通地缆用量,准备好施工工具。

(2)安装网格地线。

(3)挖环形地网沟敷设环形地线。

(4)用25 mm^2电缆线连接好网格地线和环形地网。

(5)挖贯通地缆沟敷设贯通地缆。

(6)用50 mm^2裸铜像线连接好环形地网和贯通地缆。

(7)测试整个地网接地电阻值,不得大于1 Ω。

6.2 操作要点

6.2.1 网格地线施工方法

(1)网格地线用50 mm^2裸铜线,在施工调查时应测量机械室长度和宽度,计算出裸铜线

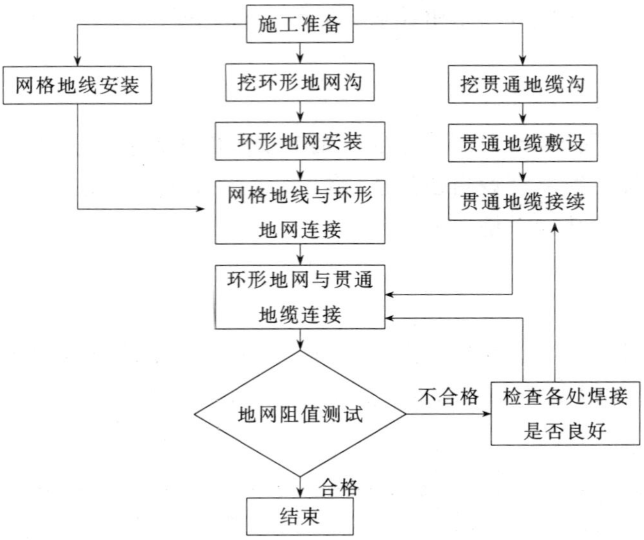

图 2 网格地线及贯通地缆工序流程图

用量。

(2)网格地线设置于防静电地板下,在设备安装之前进行敷设。进行裸铜线敷设时,裸铜线应支盘放线以免铜线弓起弯曲。敷设后先进行临时绑扎固定。

(3)网格地线每隔一米纵横交叉一次,节点焊接。

(4)每个机柜两端各用一根长 600 mm,截面 10 mm^2 扁平铜网编织线与网格地线连接。由于机柜还未就位,可以根据机柜位置先进行铜网编制线焊接,另一端待机柜就位后引出连接。

(5)防静电地板的金属支架焊接后与网格地线相连接。在防静电地板的每个金属支架底盘上焊接(电焊)两根直径 4 mm 镀锌铁线与网格地线连接,也可用 4 mm^2 铜线(锡焊)与网格地线连接。

(6)机械室内水管、暖气片与网格地线。在机械室内水管、暖气片的适当位置焊接两根直径 4 mm 镀锌铁线与网格地线连接。也可在水管、暖气片的钢管上焊接钻孔的 40 mm×40 mm×5 mm的扁钢,用带压接铜端头的 6 mm^2 铜芯塑料软线与网格地线连接。水管、暖气片的钢管上焊接后要进行防护处理。焊接时要采取安全防护措施。

6.2.2 环形地网施工方法

(1)环形地网采用 50 mm^2 裸铜线。先测量环形地网的长度,计算出裸铜线用量。环形地网用 50 mm^2 裸铜线不得接头。

(2)沿信号楼基础周围挖 1 300 mm 深的环形地网沟,使得环形地网的埋深不小于 1 200 mm。有条件时可在房建建工程施工基础时进行。

(3)信号机械室网格地线每隔 5～7 m 与环形地网用 25 mm^2 电缆线连接一次。

(4)靠近贯通地缆一侧的环形地网每隔 2～3 m 用 50 mm^2 裸铜线与贯通地缆焊接一次,一般不超过 4 次。

(5)由于条件限制,不具备环形地网设置条件的,必须设置综合接地体。综合接地体接地电阻不得大于 1 Ω,网格地线与综合接地体、综合接地体与贯通地缆的连接参照环形地网的连接标准。综合接地体采用石墨接地极或铜板等金属接地极。

6.2.3 贯通地缆施工方法

(1)贯通地缆原则与其他电缆同沟敷设。

(2)站台部分敷设于站台电缆沟内,与其他电缆间用沙隔开。

(3)其他电缆设线槽防护部分,敷设于线槽下靠大地侧。

(4)其他电缆直埋部分,先敷设贯通地缆,在贯通地缆上面铺设一层软土后再敷设其他电缆。

(5)贯通地缆过桥及路堑地段时同电缆一起防护。

(6)贯通地缆与信号设备的安全地线、防雷地线、屏蔽地线可靠连接,以达到各处的电位相等。

(7)区间贯通地缆原则上埋深不小于 1 200 mm。

6.2.4 汇集接地端子排安装

(1)汇集接地端子排安装在电缆引入口处防静电地板下的墙上。

(2)汇集接地端子排用长 1 500 mm×宽 50 mm×5 mm 的铜板,钻 40 个 ϕ8 mm 的孔。

(3)分线柜处电缆成端引出的屏蔽接地直接连接到分线柜接地端子排,然后接至汇集接地端子排。

(4)汇集接地端子排用 35 mm^2 电缆两根连接环形地网,焊接点间距大于 1 m。

(5)靠近信号楼完全横向连接的扼流变压器中点或者空心线圈中点,采用两根 10 mm^2 的电缆与汇集接地端子排连接,电缆长度小于 100 m;如相邻空心线圈或扼流变压器中点大于 100 m,则在靠近信号楼侧增设扼流变压器和纵向避雷器,经纵向避雷器与汇集接地端子排连接。

(6)汇集接地端子排与其他设备的连接:

① 与室内电源引入防雷开关箱接地端子,采用两根 25 mm^2 的电缆连接;

② 与室内网格地线,采用两根 25 mm^2 的电缆连接;

③ 与组合柜,采用一根 25 mm^2 的电缆连接;

④ 与防雷单元接地端子,采用一根 25 mm^2 的电缆连接;

⑤ 接地端子排连接的电缆采用压接端头,用螺栓紧固。

⑥ 当信号机械室内设有基础接地体时,采用一根 25 mm^2 的电缆与室内地线网连接。

6.2.5 各种地线连接

(1)"T"型连接:用 ϕ1 mm 铜线绕 50 mm 后加焊。(见图 3)

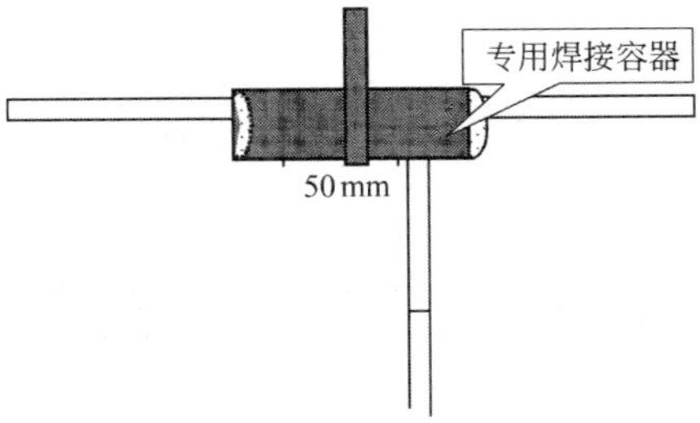

图 3 地线网"T"形焊接图

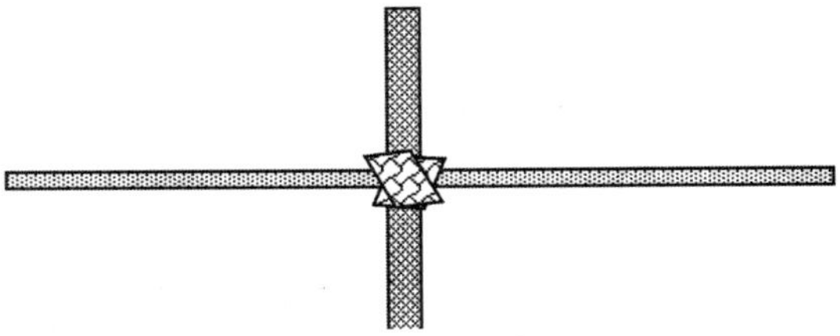

图 4 地线网"十字"形焊接图

① 先用清洁布将连接处 70 mm 范围清洁干净;

② 用细砂纸将连接处 70 mm 范围打磨干净;

③ 在连接处 70 mm 范围内加上无腐蚀性助焊剂,并用火烙铁镀上锡;

④ 用 ϕ1 mm 铜线将连接处绕 50 mm,在 ϕ1 mm 铜线上加上无腐蚀性助焊剂;

⑤ 将连接处置于盛满锡的专用焊接容器内加焊；

⑥ 冷却清理现场。

(2)“十字”型连接：交叉处压实后用 ϕ1 mm 铜线交叉绕 2～3 道加焊。具体做法见“T”型焊接法。(见图 4)

(3)扁平铜网编织线端端头采用 10 mm^2 铜端头压接或焊接。

6.2.6　机柜的接地连接

6.2.6.1　组合柜接地连接

(1)每个机柜底部两侧分别用不长于 600 mm 扁平铜网编织线与网格地线连接。

(2)每个机柜顶部两侧分别用不长于 600 mm 扁平铜网编织线与走线槽道连接。

(3)每个机柜门分别用 6 mm^2 铜芯塑料线和柜体相连接。

(4)机柜与机柜之间分别用 10 mm^2 扁平铜网编织线连接。

(5)屏蔽线的屏蔽网用 10 mm^2 铜芯塑料线与汇集接地端子排相连。

6.2.6.2　分线柜接地连接

(1)分线柜下部设一块长 700 mm×宽 50 mm×厚 5 mm 接地端子排，在铜板上钻 30 个 ϕ6 mm 的孔，孔间距 20 mm。

(2)分线柜接地端子排与汇集接地端子排用 25 mm^2 电缆连接。

(3)分线柜接地端子排与网格地线用 25 mm^2 电缆连接。

(4)分线柜接地端子排与每根电缆的钢带和铝护套及屏蔽层用 6 mm^2 铜芯塑料线连接。

(5)引入分线柜的屏蔽线屏蔽网与接地端子排连接。(注意每根屏蔽线只能一端接地)

6.2.6.3　机柜及走线槽的地线端子柱

当机柜和走线槽道在厂生产时，应在以下几个部位焊接螺丝柱，用于相互之间接地连接。

(1)每个机门在距上门边和侧门边的右上角处(左右各一)焊接一个 M6×20 mm 的螺丝柱，用于机柜门与接地端子排的连接(见图 5)。

(2)每一机柜的走线槽在槽内侧适当位置焊接一个 M6×20 mm 的螺丝柱，用于槽与槽、槽与柜的连接(见图 6)。

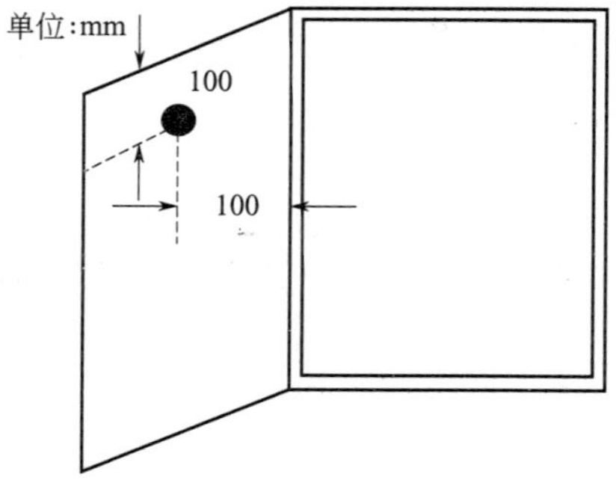

图 5　机柜门地线柱焊接示意图

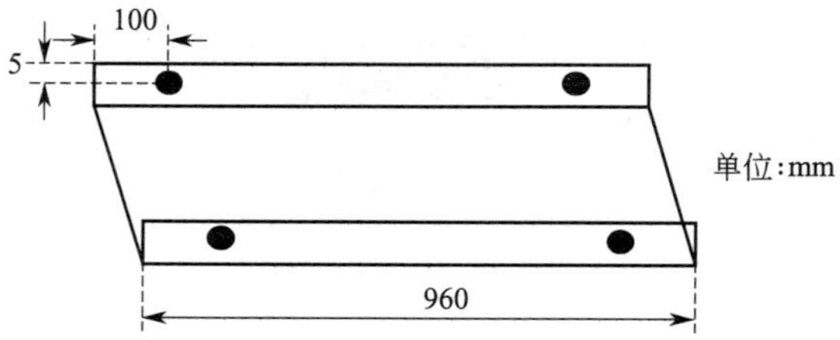

图 6　走线槽地线柱焊接示意图

(3)每一机柜的内侧面靠顶部适当位置(左右各一)焊接一个 M6×20 mm 的螺丝柱，用于槽机柜门与机柜、槽与柜的连接。

6.2.6.4　其他设备的接地连接

(1)电源屏使用 10 mm^2 扁平铜网编织线与网格地线连接。

(2)控制台使用 25 mm^2 的电缆与网格地线连接。

6.2.7 屏蔽地线连接

6.2.7.1 室内屏蔽接地

(1)电气化区段干线电缆两端进行屏蔽接地,即将钢带、铝护套、内屏蔽层进行接地。

(2)室内屏蔽线的屏蔽网应单端接地。

6.2.7.2 屏蔽线的屏蔽连接

(1)防雷柜零层的屏蔽线在走线槽内开剥,屏蔽线的屏蔽网在走线槽内汇集后,与 10 mm^2 引接线压接(或焊接)在一起,引接线的另一端和防雷柜的连接板连接在一起。

(2)到移频柜、综合柜等机柜的屏蔽线,在走线槽内开剥。在走线槽内将屏蔽网环接后用 10 mm^2 引接线与接地端子排连接。

(3)电源线的屏蔽网在走线槽内开剥,每一机柜的电源线屏蔽网汇集后 10 mm^2 引接线压接(或焊接)在一起后接至接地端子排上。

6.2.7.3 屏蔽线的端头制作

(1)按使用长度开剥,剥去外防护层,如图 7 所示。

(2)将芯线从屏蔽网根部抽出,如图 8 所示。

图 7 屏蔽线开剥示意图

图 8 铜网与芯线分离示意图

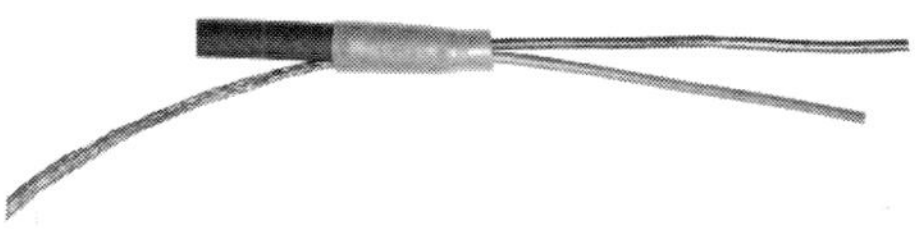

图 9 芯线根部防护示意图

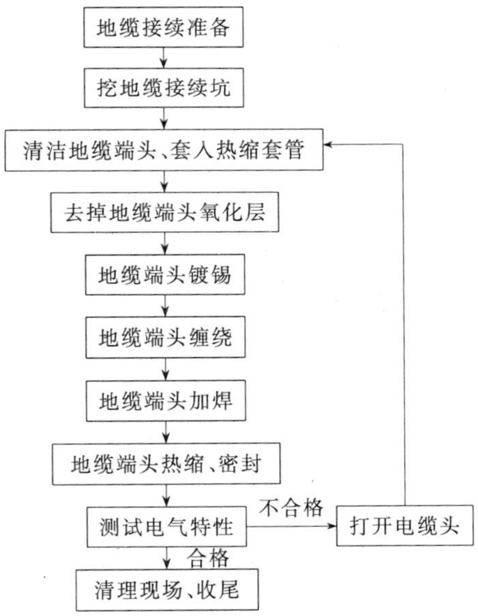

图 10 贯通地缆接续流程图

(3)将屏蔽网倒折,在屏蔽线头上套一长 20 mm 套管(或热缩管),如图 9 所示。

6.2.7.4 屏蔽电源线端头制作

屏蔽电源线端头制作方法与屏蔽线端头制作方法相同。

6.2.8 贯通地缆接续

贯通地缆接续工序流程如图 10 所示。

(1)准备贯通地缆接续所需的工具、材料。

(2)挖地缆接续作业坑,备用量储备坑,坑深与地缆沟底平,地缆环状储备时,弯曲半径不得小于地缆外径的 15 倍,其中备用量集中在一端地缆上,长度不小于 1 m。

(3)用清洁布将地缆端头 1 m 范围内擦拭干净,把长 300 mm、内径 ϕ20 mm 的热缩套管套入接续地缆一端。

(4)用卷尺在接续地缆端头各量出 50 mm 范围,并作好标记。

(5)用平锉将两个地缆端头头部 50 mm 范围内的外包铅锉掉,露出铜芯并用砂布打磨去掉氧化层。

(6)点燃喷灯,待喷灯充分燃烧后将地缆端头露出铜芯部分加热镀锡,镀锡结束后关闭喷灯,注意不要烫伤。

(7)待地缆端头降温后,将两个地缆端头重叠 50 mm 并用 ϕ1 mm 的铜丝在接头处紧密缠绕(见图 11)。

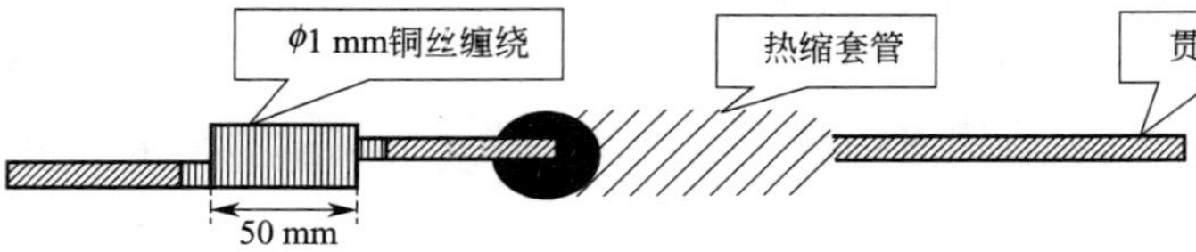

图 11 贯通地缆接续焊接示意图

(8)重新点燃喷灯,用喷灯和焊锡丝将接头加热焊接牢固,确认不假焊。

(9)将热缩套管移至接头处,并在接头两端分布均匀。

(10)用喷灯在热缩套管四周均匀加热,观察热缩套管与铜缆密贴且流出热溶胶后,移开喷灯,确认密封后将喷灯关闭。

(11)待热缩套管降温后,将接头平放入坑中。

(12)收尾。

① 接头处用槽道防护;

② 埋设接续标桩,标桩埋设应与地缆接续处同座标;

③ 施工图上地缆接续标识、座标正确。

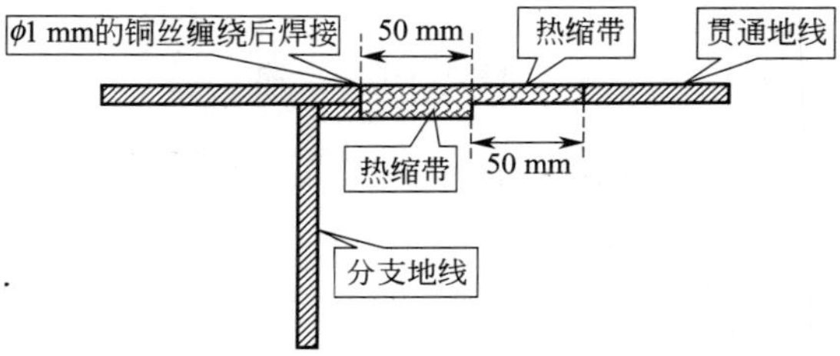

图 12 分支地线与贯通地缆的接续示意图

6.2.9 分支地线与贯通地缆的连接

分支地线与贯通地缆的连接如图 12 所示。

(1)分支地线采用聚乙烯外护套面积 25 mm^2 多股铜缆,是室外设备与贯通地缆之间的连接电缆。

(2)铜缆和贯通地缆接续采用焊接方式,接续部分采用热溶热缩带防护 150 mm。

(3)部分工作程序可参照贯通地缆的接续工艺部分操作。

6.2.10 铝护套电缆屏蔽连接和接地

铝护套电缆屏蔽连接和接地如图 13 所示。

6.2.11 信号楼无法设置环形地网时的地线设置

(1)信号楼外应设置综合接地体,综合接地体距其他地线不得小于 20 m。

(2)综合接地体宜采用石墨接地极或角钢接地极。

(3)分别用 35 mm^2 铜缆将综合接地体与贯通地线和网格地线连接。

7 劳动力组织

(1)施工网格地线。

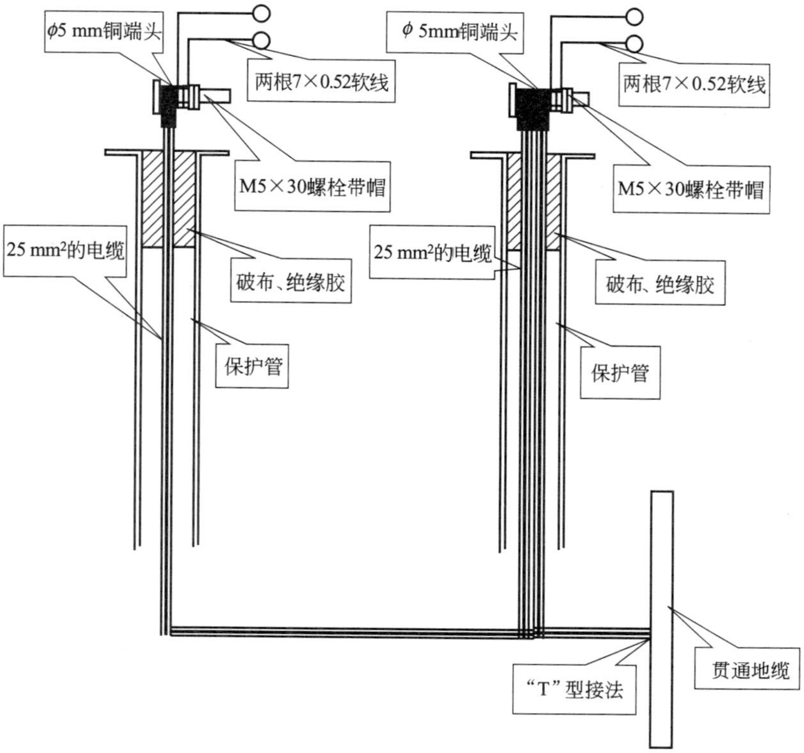

图 13　铝护套电缆屏蔽示意图

经培训合格的信号工 2 名操作，劳务工 2 名协助。

(2)环形地网。

经培训合格的信号工 1 名操作各处连接，劳务工 20 名敷设地网。

(3)贯通地缆。

随信号电缆一同敷设。

(4)各种连接。

经培训合格的信号工 1 名操作，劳务工 1 名协助。

8　机具设备

(1)焊接使用工具及材料，见表 1。

表 1　工具及材料表(以一个连接处为例)

序号	名称	规格	单位	数量	备　注
1	喷灯	1 kg	个	1	
2	火烙铁	300～500 W	把	1	
3	平锉	长 250 mm	把	1	
4	松香		克	20	
5	酒精		克	30	
6	焊锡		克	50	
7	铜扎线	ϕ1 mm	米	1.2	
8	砂布	细	张	0.5	

(2)贯通地缆接续主要工具材料，见表2。

表2　贯通地缆接续主要工具材料表(一个接续点)

序号	名称	规格	单位	数量	备　注
1	喷灯	1 kg	个	1	
2	直型热缩套管	300 mm、ϕ20 mm	根	1	
3	平锉	长 250 mm	把	1	
4	电缆接续支架		副	1	
5	焊锡		克	50	
6	松香		克	20	
7	酒精		克	20	
8	钢卷尺	2 m	把	1	
9	裸铜线	ϕ1 mm	米	2	
10	砂布	细	张	0.5	
11	清洁布		张	1	

9　质量控制要点

(1)地缆端头打磨彻底，清洁干净，焊接牢固。

(2)热缩套管加温时先加温热缩套管中间部位，环状加温，待全收缩后向两端推移。热缩要均匀，中间无气鼓现象，端口溢胶密封。

(3)检查包括检测连接至设备的控制和测量这些连接点的接地值，接地值不得小于1 Ω。

(4)地缆敷设时注意保护护套，地缆必须上肩，不得在地上拖行。

10　安全控制要点

(1)施工人员应严格遵守《铁路工程施工安全技术规程》(下册)(TB 10401.2—2003)的有关规定。

(2)材料、工具、施工人员不得侵入限界，若侵入限界时必须设安全防护。

(3)挖沟作业时，先探明有无地下设施，保证既有地下设施安全。

11　环境保护要点

(1)环形地网沟应选择适当的径路，不得损坏信号楼周边的花草、树木、排水沟及其他设施。

(2)作业完成后要及时清理作业场地，将施工垃圾回收，不得将杂物随地乱扔。

12　常见问题及处理方法

(1)汇流端子排设置位置要合理，隐蔽且便于维修。

(2)室内各种用途的地线在汇流端子排上一定要注明用途。

(3)各种用途的地线在汇流端子排处走线要整齐。

(4)室外各处地线连接所用线径要符合规范要求。

地铁信号系统感应环线施工工艺

1 工艺概况及技术特点

感应环线由两条线缆构成，一条主路缆沿线路中心线位置固定在安装于线路中心的环线支架上，另一条回路缆在一般区段(即：相邻两个远端环线盒之间不含道岔的区段)沿弱电系统用隧道壁上安装的电缆支架侧钢轨内侧轨腰底固定(道岔区段回路缆有在另一侧钢轨内侧轨底敷设的)，主路和回路电缆按每 25 米左右一次交叉换位敷设。由于主路环线的固定支撑支架一般要求间隔 1.5 米安装一个，数量极大，而且环线要求布放在线路中心线上，左右偏差不能大于 5 mm，安装精度要求较高，这就要求安装主路环线支架位置必须很准确。施工时针对主路环线支架的安装，采用特制的安装眼孔测量定位工具及支架高度调试工具，能有效提高施工效率、降低劳动强度、缩短施工周期、节约施工成本、保证环线安装精度、确保系统成功调试和施工安全。

2 适用范围

适用于通过感应环线来实现车—地通信的地下隧道或者高架城市轨道交通信号系统中的环线施工。

3 引用标准

(1)《地下铁道工程施工及验收规范》(GB 50299—1999)。

(2)系统承包商提供的《感应环线安装手册》。

(3)系统承包商提供的《VCC 控制区环线交叉点坐标文件》。

(4)系统承包商提供的《道岔区感应环线布置图》。

4 基本术语及定义

(1)感应环线：是移动闭塞系统的车—地通信子系统，也是整个列车控制系统的一个重要组成部分，直接影响 ATC 模式下的系统性能。其电缆结构为绞合铜质芯线加外层绝缘护套，没有屏蔽。这些电缆按一定间隔交叉并沿轨道铺设(一般是 25 m 交叉一次；车辆段进入正线的入口环线没有交叉点，就是一个 25 m 的环)，尤如许多个"∞"字连在一起的环，称为感应环，在环线系统中起发送和接收天线的作用；我们把每相邻的两个交叉点之间叫做一个环路。

(2)ATC：列车自动控制系统；VCC：车辆控制中心；SMC：系统管理中心；VOBC：车载计算机。

RLB(R 或 T)：远端环线盒(R 代表送端馈电，T 代表受端馈电)。一个 RLB 内可以设两个环线送端(R/R)，或者两个环线受端(T/T)，或者一个送端和一个受端(R/T)，或者单送端(R)、单受端(T)；受端没有电缆进入设备室，只与轨道上的环线连接；送端不但与轨道上的环线连接，而且有电缆进入设备室通过分线柜与车站馈电设备连接。

(3)FID：馈电设备，负责向 VCC 传送 VOBC 数据报文，并在轨旁监测感应环线的完整性，它是轨旁感应环线与 VCC 之间的接口设备。

(4)EFID:入口馈电设备,安装在车辆段进入正线的入口转换区起始位置,其功能是协助VOBC初始化列车位置。

(5)CTF:电缆分线柜;CFD:中央馈电装置。

5　工艺原理

VCC发来的命令报文以36 kHz±0.6 kHz移频键控(FSK)信号的形式通过CFD和FID及RLB送入环线电缆,该信号通过环线被列车上安装在车底距离主路环线很近的车载接收天线接收后将由VOBC进行翻译。VOBC的响应报文以56 kHz±0.2 kHz移频键控信号的形式,通过车辆上和接收天线在同一位置的发送天线发送到同一环线电缆上,并通过RLB、FID和CFD送回VCC处理,列车位置以粗略位置单位在VCC中处理,一个粗略位置单位有6.25 m长,从而可实现对车辆的监控(见图2、图3)。

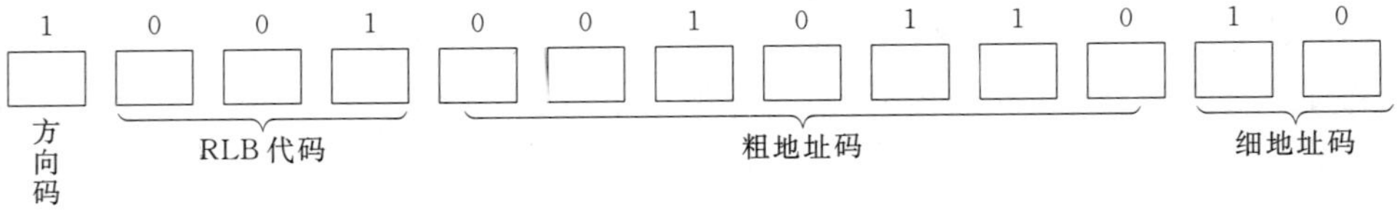

图1　列车定位地址码分配图

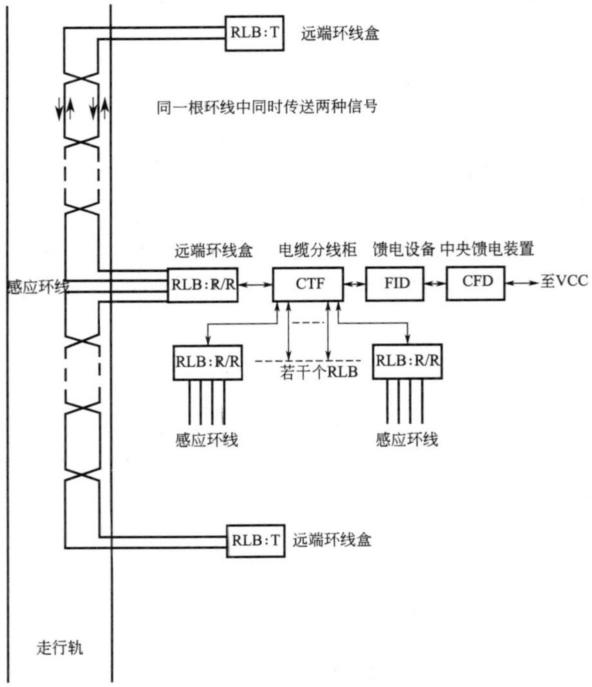

图2　正线直线区域感应环线系统图

一个RLB最多可以控制128个电缆环路,也就是说一个RLB的最大控制距离为128×25 m=3 200 m。环线系统利用环线的交叉配置来实现对列车的定位,通过事先约定的13位电码结构来表示列车的地址信息,将列车定位地址码解码后即可确定列车的确切位置(如图1)。13位电码的最高比特位为列车运行方向码;第10～12 bit为相应的RLB的代码;第3～9 bit

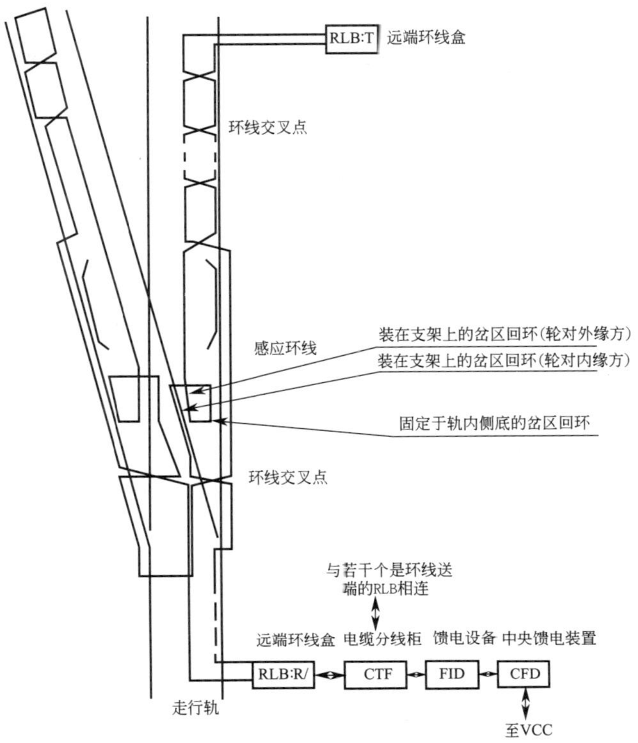

图 3　正线道岔区域感应环线系统图

为粗地址码，表明列车处于哪一个 25 m 电缆环路，每当列车驶过一个电缆交叉点，利用信号极性的变化引发粗地址码的末位码加 1；第 1～2 bit 表示细地址码，列车每驶过 6.25 m(25 m×1/4)，细地址码的末位码加 1。如：控制中心收到列车的地址码为 1001001011010，译码后可知：方向码 1 代表列车为上行方向，RLB 代码为 001 代表 1#，粗地址码为 0010110 代表列车位于第 22 环路，细地址码 10 代表列车位于第 22 环路中央(距环路始端 12.5 m 处)，最后定位结论为：该列车位于 1# 馈电盒的控制区内，离控制区始端(即馈电盒)的距离为：22×25 m+12.5 m=562.5 m。若采用 14 位电码结构来表示列车的地址信息，则细地址码用 3 位表示，识别精度可以达到 3.13 m(25 m×1/8)。

车—地通讯通过感应环线数据通讯系统来实现，能够做到一个感应环线的数据通讯故障只造成受影响地区内的车—地通讯中断，而对其他环线的运营没有影响。感应环随时受到 VCC 的监控，即使环线上没有列车。任何环线故障都可以在 3 s 内报告给中央调度员。一旦同 VCC 的联系中断超过 3 s，故障区域内的所有自动列车将采取常用制动，并等待同 VCC 恢复通信。还没有允许进入该环线的列车也要采取常用制动在故障环线外停车。一旦环线电缆的完整性遭到破坏，SMC 和 VCC 都可检测到，因此故障定位也相当容易。维护人员只要到故障现场去按照维护手册的说明接入一段新电缆即可。

环线施工时采用模具来定位和调试支撑主路环线电缆的环线支架，确保主路环线距离轨面和轨道中心线的尺寸达标，更能有效地保障列车上的车载控制器和轨旁设备之间通过感应环线来实现连续、高速的数据通讯，这是列车超速防护系统的重要基础组成，是实现 ATC 系统成功调试的重要环节。

6　工艺流程及操作要点

6.1　工艺流程

将机具设备运输至作业面，做好相应的施工准备工作。当长轨焊接完成后进行现场设备安装位置、环线交叉点等的测量和标记，待区间轨旁水沟施工完成及线路上垃圾基本清理干净后，即可进行关键工序的施工——主路环线支架的安装和调整（支架安装采用加工的测量工具定位、人工钻孔安装，支架高度调整采用加工的定位工具）；同时可进行远端环线盒的安装。感应环线电缆敷设也是一个关键工序，敷设时因现场穿越人防门等条件限制，厂家到货的 3 000 米整盘电缆先按平衡表分割后绕成“8”字形，通过载重汽车运输到每站地面，然后通过每站的人行通道人工搬运至作业面人工敷设，接着进行环线敷设、绑扎、调整达标和环线盒配线，最后配合进行相关调试，工艺流程如图 4 所示。

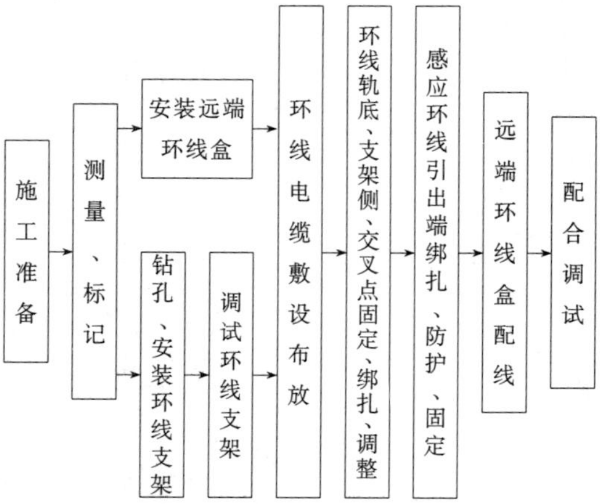

图 4　环线施工工艺流程图

6.2　操作要点

6.2.1　施工准备

工程负责人：负责施工组织工作，协调好环线施工的外部关系。

技术主管工程师：图纸审核，编制施工技术标准和材料、工器具备料计划，对施工人员进行施工技术交底和技术培训，绘制专用工具加工图，编制施工方案，绘制现场适用的施工图，进行电缆分割平衡。

现场技术人员：了解并熟悉施工设计图纸和系统设备的结构、性能，调查轨道工程实施进展情况及预埋管件的预埋情况，参与车站的站台中心桩移交。

安质部门：组织施工人员进行安全学习和考试。

物资部门：组织设备、材料进场和开箱检查，准备施工的工器具和自制工具。

作业队：进行环线电缆进场的测试、记录和主路环线支架零散件的组装。

6.2.2　施工测量

根据系统承包商提供的施工图纸文件（道岔区域感应环线布置图、VCC 控制区环线交叉点坐标文件）要求，环线施工前必须测量标记的有：环线交叉点、远端环线盒安装位置点、远端环线盒安装处环线从钢轨内侧出线至外侧的出线点、道岔区的环线交叉及回绕、过轨点。

交叉点测量是从一个车站的站台中心桩开始按文件的数据（每间隔 25 m 左右）向另外一个车站方向顺序测量，并在每一测量出来的环线交叉点相应位置的钢轨内侧腰部做上醒目标记，在每一测量出来的远端环线盒相应位置的隧道壁做上醒目标记；标记远端环线盒位置的同时，应在该测量位置处标记出环线从钢轨内侧出线到外侧的轨枕空挡位置点；道岔区测量标记按道岔区感应环线布置图进行。由于主路环线要求装在线路中心的支架上，而支架要求每间隔 1.5 m 安装一个，数量极大，为提高功效和安装精度，需加工环线支架安装眼孔定位工具（见图 5）。因主路环线中心距离支架地面固定膨胀螺栓中心水平距为 40 mm，所以支架安装眼孔定位工具的划针尖至弱电电缆支架侧的钢轨面内侧水平距离应调整为 757 mm（标准轨

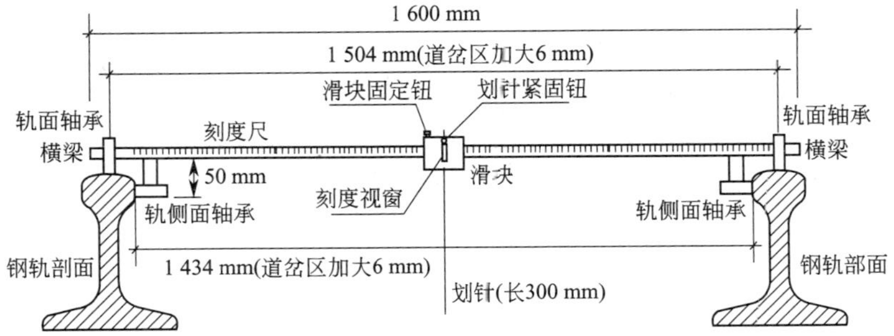

注:轴承用滚珠轴承(面宽20 mm、内径20 mm、外径40 mm);横梁用轻质高强材料

图 5　环线支架安装眼孔定位工具

距 1 435 mm 的 1/2 加上 40 mm,见图 5),用调整固定好划针尺寸的支架测量定位工具在钢轨上推行,划针在整体道床面上划出的线即为主路环线支架安装眼孔所在位置线;然后从第一个交叉点开始,用环线支架 1.5 m 间隔距离定位工具(见图 6)沿上面所述的线,从交叉点开始首尾重叠划垂线段,每个垂线段与划针所划的线交叉点即为环线支架安装眼孔位置。环线支架安装标准为每间距约 1.5 m 一个,安装位置应避免设置在道床上的伸缩缝处;环线交叉点不在 1.5 m 的间隔位置上的,该处应增设一个支架顶部两面带环线扣的支架。

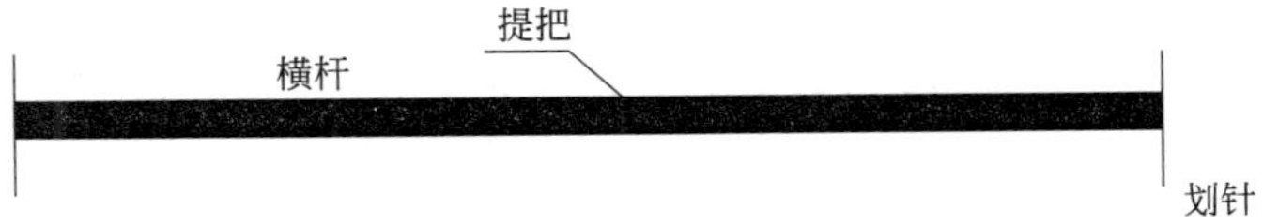

图 6　环线支架 1.5 m 间隔距离定位工具

6.2.3　钻孔、安装环线支架

用电锤在上述测量标记出的主路环线支架安装位置处垂直钻孔,钻孔前根据安装支架所配的地面固定膨胀螺栓长度,在电锤上固定好深度标尺,保证钻孔深度一致。在钻好的安装眼孔中植入膨胀螺栓,套上环线支架并调好方向后紧固良好,环线支架的方向统一为支架下部 L 型的固定部分装于远离隧道壁上五托臂(车站站台区为十五托臂)弱电电缆方向侧(如图 7)。

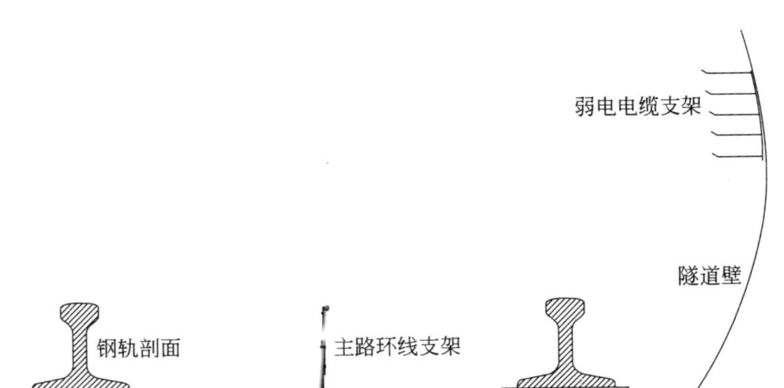

图 7　环线支架安装示意图

6.2.4　调试环线支架

当每一个环线区段(两个相邻的远端环线盒之间的区段)内支架安装完成后,即可进行环

线支架的调试。支架调试时将自制的支架高度调试工具(如图 8)横放在安装有支架处的两条钢轨上,看调试工具中间检验卡口是否卡入环线支架顶部半圆卡,若没有则通过旋松支架中部的两颗螺栓来调整支架上部的可调支架滑块,以调整整个环线支架高度,通过轻微调整下部的 L 型支架来调整支架的左右偏差度,直至支架顶部的环线卡扣完全卡入调试工具检验卡口内,才表明该支架的高度、与线路中心的偏差度已符合安装要求。

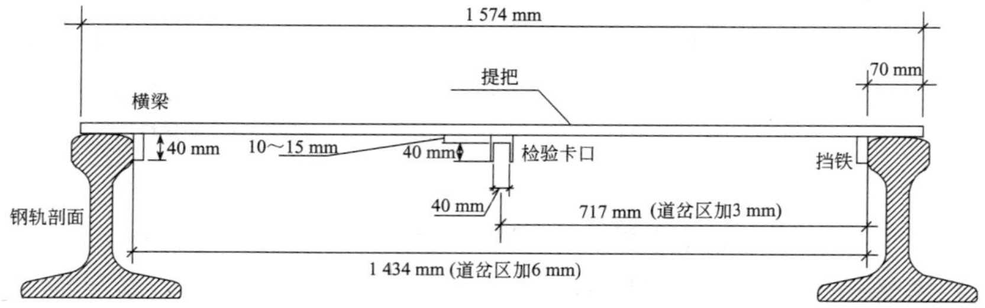

图 8　环线支架调整工具

6.2.5　安装远端环线盒

远端环线盒安装在环线支架调试期间同时进行。

在已经标记好坐标位置的隧道壁上,根据安装图纸测量出远端环线盒支架的安装高度(圆形隧道为 800 mm,矩形和马蹄形隧道为 1 000 mm),在支架安装眼孔处作上标记后用电锤钻安装眼孔,安装支架并调试水平;然后将远端环线盒调整好方向(地线端子在隧道壁侧)固定在支架上(如图 9)。

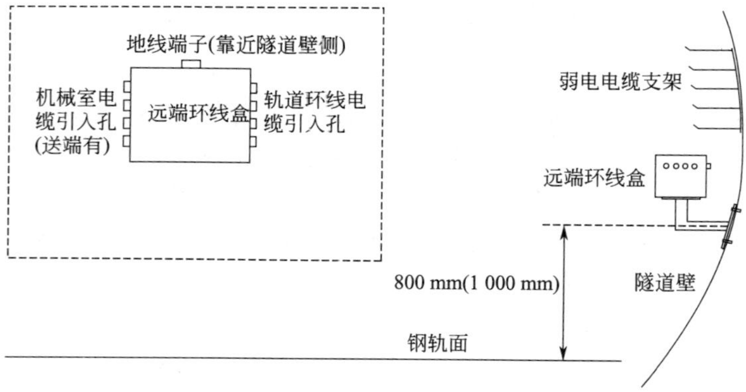

图 9　远端环线盒安装示意图

6.2.6　环线电缆敷设布放

环线电缆敷设布放宜安排在支架调整结束后、现场其他专业施工干扰最小、环线系统调试前一个月左右进行。

每一个环线区段由一个远端环线盒(送端类型)驱动,至另外一端的远端环线盒(终端类型)终止。每个环线区段称为一个“环路”,一个环路内铺设两条独立的电缆,电缆安装在环线区段的两条钢轨之间,一根电缆(称作主路)沿着两根钢轨的中心线安装,另一根环线电缆(称作回路)沿着钢轨底部边缘;主路电缆位于轨面以下 40 mm(在道岔区域为 15 mm),电缆用半圆型夹扣固定在主路环线支架上(交叉点处支架上两根环线电缆各用一个半圆型夹扣固定),回路电缆用轨底夹每间隔约 2 m 固定在靠近或位于运行轨的低部边缘上。回路和主路电缆大约每 25 m 交叉一次，两条电缆的交叉点称为“环线交叉点”；环线交叉点跨度标准为 25 m，允许的误差为±1.5 m，即在任何情况下，任意两个相临交叉点不能小于 23.5 m 或大于 26.5 m，站台区域，按照交叉点坐标文件交叉点跨度必须为 25 m ± 50 mm。

每个环路的每根环线电缆长度应经过测量计算后进行配盘平衡，一般区段环路的两根环线电缆长度等长；含有道岔区段的环路的两根环线电缆长度不等长，在道岔区域内环绕的那根电缆长度要比不环绕的长，敷设时必须分清，在图纸上可以用不同颜色的线条来区分。

一般区段环路敷缆时，常规施工是从一端远端环线盒开始，同时将两条缆线向另一端远端环线盒方向敷设。一般区段环路较长时，每一条电缆在分割时以全长的中间位置为区分点分两圈盘放运至现场，从事先计算好的环路中间点坐标位置开始敷设，两圈电缆分别向两个方向同时敷设。如遇人防门或防淹门，为了防止环线经过多次的交叉互换而相互扭绞，必须待环线固定到此处时，将主、回路电缆理顺后才能穿越人防门或防淹门下预埋塑料管，然后方可继续向前敷缆并做交叉。

含道岔区段的环路敷缆时，一般是从距离道岔尖部最近的交叉点开始，同时将两条缆线向两端敷设，由于两根环线电缆长度不等长，在开始敷设时必须严格按照图纸分清主、回路电缆，并计算好每根电缆在该点向两端敷设的长度。遇人防门或防淹门，敷设处理方式同一般区段环路敷缆。在道岔区域内，环线的回绕、交叉和穿越轨底的位置，必须严格按照依据《道岔区感应环线布置图》测量标记的位置进行。

不论是一般区段环路还是含道岔区段的环路，环路的两条线缆均是一条沿线路中心线位置敷设、一条沿弱电系统隧道壁电缆支架侧的钢轨内侧轨底敷设，两条电缆敷设时均应保证每 25 m 不少于 1 m 的弯曲量，确保做交叉点时的用量。

环线电缆内部是单芯铜线，其接续较为简单，一般是将两端的电缆头各剥出约 40 mm 的铜芯线，一端电缆头穿过 150～200 mm 长的专用热缩套管后，将其铜芯线从系统承包商提供的长约 50 mm 接续管一端穿入，在接续管中间位置与另外一边穿入的另外一个电缆头的铜芯线对接好，用专用接续钳压接良好，然后将热缩套管置于接续头位置，使热缩管中心与接续头中心基本在同一位置，用喷灯热缩良好。

6.2.7 环线轨底、支架侧、交叉点固定、绑扎、调整

从环路电缆起始敷设位置开始，向另外一端固定主路和回路电缆（含道岔的环路，人员分两组分别向两端固定），每间隔 2 m 在轨底内侧用轨底卡将回路电缆固定，到交叉点时应做好主、回路电缆交叉，在交叉点交叉后两根环线应平行布放，理直后用塑料扎带每间隔 200 mm 绑扎在一起，每间隔 400 mm 在角钢（地面碎石道床）或轨道混凝土面上（需钻孔加固定卡）固定一次，交叉点的电缆绑扎、固定良好后才能继续向前分别固定主路、回路电缆，到下一个交叉点时又做电缆交叉、绑扎、固定，循环这三个步骤至远端环线盒位置，如图 10。

6.2.8 感应环线引出端绑扎、防护、固定

在远端环线盒位置处，将环线电缆从已确定标记的轨底两枕木间空档穿出轨道，用半圆卡将缆线平行固定于道床上，电缆过水沟处用固定良好的铁垫板支撑下部防护，然后上远端环线盒右侧隧道壁固定，备用量在隧道壁上大致呈“⊃ ”形状，用半圆卡每间隔 300 mm 固定，弯曲部分可适当加密，然后从远端环线盒右侧穿过盒壁上的电缆密封圈，穿入盒内，留好 600 mm 长的做头配线量后将盒壁上的电缆密封圈旋紧。

6.2.9 远端环线盒配线

环线电缆在盒内用专配的卡子固定在指定位置，室内敷设来的 2 芯电缆缆线尽量靠近配

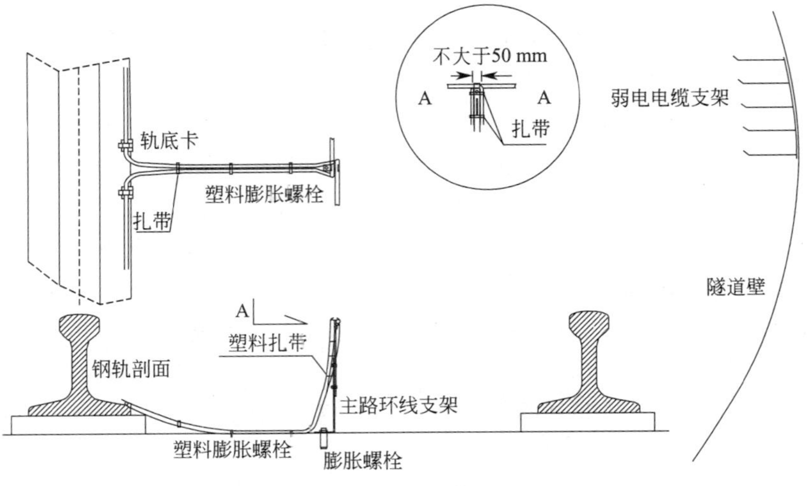

图 10　环线交叉点安装示意图

线端子时再剥去屏蔽网层，根据图纸将缆线配于接线端子上并紧固良好，电缆上端子时应留一定的余量，可做呈鹅头状。

6.2.10　配合调试

在以上工作完成后，需配合系统承包商进行以下调试：

(1)通路及绝缘测试：测试中央馈电设备至车站电缆分线盘间，以及各站电缆分线盘与分线盘之间、分线盘与线路放大器间、分线盘与馈电设备间、分线盘与工作站间、馈电设备与远端环线盒间电缆通道畅通，电缆绝缘满足要求。

(2)部分带电信息测试

① VCC、FID 等相关设备上电后，应在线路放大器内测量 HFLVT 模块上＋12VDC 稳压电源的输出，电压应介于＋11.8VDC 和＋12.2VDC 之间；

② 测量相应的 HFLVT 模块上端子 4(地线)和端子 5 之间的 36 kHz、56 kHz 和 9 kHz 信号的输入电平，检查相应的 HFLVT 模块上端子 4 和端子 7 之间的输出电平；

③ 在 EFID 机柜内测量 S 模块上端子 1 和端子 13 间的＋12VDC 稳压电源的输出，电压应介于＋11.8VDC 和＋12.2VDC 之间；

④ 在电缆接口板的端子 20 和 22(STEPL 板上的端子 7 和 8)之间测量 36 kHz 发送信号的电压，额定电压约为 7VAC；

⑤ 用系统承包商提供的示波器测量环线电流应在 160～250 mA 之间。

7　劳动力组织

环线施工人员可分为测量组、安装组、敷缆配线组和调试组，各组人员应相对稳定。根据工序及实际工期要求，首先进行测量，每一段测量完成后，测量组人员可扩容为安装组，进行环线支架和远端环线盒的安装工作。环线电缆敷设必须在支架安装调试完成后进行，敷缆组主要负责人员必须抽调安装组人员担任；调试组人员由测量、安装和敷缆配线组现场主要技术人员组成。

敷设环线电缆原则上是先敷一般区段环路，并按照先敷短区段后敷长区段的原则进行。敷完一般区段环路，使作业人员熟悉敷缆、固定、交叉制作等程序后，再敷设含道岔的区段回路。敷设含道岔区段回路时，应先进行含单组道岔区段的感应环路敷设，最后进行复杂的含多组道岔或交叉渡线的感应环敷设安装。施工安排可先考虑一个作业组施工，熟练后根据作业时间和作业面要求，可以分多组同时作业。劳动力组织见表1。

表1 劳动力组织表

序号	工作项目	单位	人员数量	职责
1	测量组	个	4	负责区间环线支架、交叉点、馈电盒测量定位标注
2	安装组	个	6	负责环线支架和远端环线盒安装及环线支架调试
3	敷缆配线组	个	14	负责环线电缆敷设及引入轨旁盒及配线
4	调试组	个	4	负责配合进行功能测试

8 主要机械设备及工器具配置

主要机械设备及工器具配置见表2。

表2 施工仪器仪表机具表

序号	名称	规格或型号	单位	数量	备注
1	钢卷尺	50 m	把	2	测量组用
2	钢卷尺	5 m	把	1	测量组用
3	支架测量定位工具	自制	套	2	测量组用
4	发电机	3.5 kVA	台	1	安装组用
5	配电箱		个	1	安装组用
6	电源接线盘	50 m	个	2	安装组用
7	电锤	650 W	把	2	安装组用
8	电锤钻头	6 mm	支	若干	安装组用
9	电锤钻头	10 mm	支	若干	安装组用
10	电锤钻头	12 mm	支	若干	安装组用
11	水平尺	L—500 mm	把	1	安装组用
12	支架高度调试工具	自制	套	2	安装组用
13	十字螺丝刀		把	6	安装组用
14	开口扳手	英制13	把	6	安装组用
15	开口扳手	8～10	把	6	安装组用
16	活口扳手	250 mm	把	4	安装组用
17	螺栓紧固电动工具	M10/M6	套	2	安装组用
18	大货车	5 t	辆	1	安装组、敷缆配线组用
19	移动升降装卸车		台	1	安装组、敷缆配线组用
20	四轮平板小车	自制	台	1	安装组、敷缆配线组用
21	榔头	8磅	个	8	安装组、敷缆配线组用
22	电缆放线架		套	1	敷缆配线组用
23	剥线钳		把	1	敷缆配线组用
24	斜口钳		把	2	敷缆配线组用
25	压线钳	手动棘齿型	把	1	敷缆配线组用

续上表

序号	名称	规格或型号	单位	数量	备　注
26	钢锯弓(含锯片若干)	L—300 mm	把	1	敷缆配线组用
27	美工刀		把	1	敷缆配线组用
28	笔记本电脑	(带系统软件)	台	2	系统承包商提供,调试组用
29	示波器		台	1	系统承包商提供,调试组用
30	数字万用表	FULK 型	块	2	调试组用
31	工作灯	100 W	个	4	各组用
32	强光电筒	可充电	只	10	各组用

9　质量控制要点

(1)一般区段的线路中心主路环线电缆安装高度确保位于轨面以下 40 mm+0 mm/－10 mm 的范围内(道岔区段为 15 mm+0 mm/-10 mm),与线路中心线偏差不得大于 5 mm,宜每间隔两个支架进行测量并填检查记录,见表 3。

(2)远端环线盒的安装应确保支架横臂中心距离轨面高度:盾构隧道区为 800 mm,矩形、马蹄形隧道区为 1 000 mm,每个远端环线盒均要检查安装质量并填检查记录,见表 4。

(3)交叉点处,两根交叉电缆在支架上必须并行在支架两侧绑扎紧固,轨底至地面平行走行部分的两根电缆除了按图纸用卡子在地面固定外,在距轨底 150 mm 位置应增加扎带绑扎,两轨底卡间距不宜大于 100 mm。

(4)环线过水沟必须在下方增加垫护板并固定。

(5)感应环线电缆接续应采用系统承包商提供的专用接续材料和工具,并在轨旁进行,并使得接续点越少越好。接续点应调整在回路电缆上,且不要在容易进水或其他非常潮湿的地方进行电缆接续,必要时根据接头制造商的指导来进行接续。

(6)为了减小信号干扰,从室内敷设至远端环线盒内的 2 芯电缆,应尽量靠近配线端子时再剥去屏蔽网层。

(7)馈电盒内接线必须应用符合芯线导体尺寸的压接接线片;装配接线片而剥芯线时,必须注意不要损坏导体。

(8)做好施工前和现场的技术交底,交底不明确不施工。

(9)道岔区段的回环一般包含 4 个枕木间距,回环一侧走支架,一侧卡在轨腰处;装于支架上的回环,应保证轮对内缘方环线距离钢轨面内侧距离为 75^{+5}_{-0} mm,轮对外缘方环线距离钢轨面外侧距离为 50^{+5}_{-0} mm,安装完后作业队技术人员及时检查并填表 5。

(10)道岔区段的环线交叉点,若电缆从轨外侧穿入轨内侧,必须从同一个枕木孔洞穿入。

(11)感应环线交叉处,需使用扎带将两条电缆与支架捆绑,两条电缆中心的距离不宜大于 50 mm。

(12)地面碎石道床上的环线敷设,应注意在经过轨端夹板处时增加防护胶管进行防护,两边加轨底卡具固定;交叉点在两枕木间的碎石道床上时,须加工固定于两相邻枕木上的特殊钢支撑件来用于固定主路环线支架(见图 14)。

(13)浮置板等特殊地段的轨底回路环线,如因钢轨固定件影响,不能在轨底安装回路环线电缆的,须系统承包商同意后安装在旁边紧靠的道床上,保证与主路环线电缆的间距,确保信号传输。

(14)对所有测试记录的不合格、不达标点,进行整改达标后还应重新填写记录表。

10 安全控制要点

遵守《铁路信号施工技术安全规则》(TBJ 406—87),并采取以下措施:

(1)所有作业人员应进行岗前安全教育,经考试合格后方可上岗,牢固树立安全第一的思想。

(2)每天施工前应进行班前安全讲话。

(3)现场作业人员配齐戴好安全防护用品和照明设备。

(4)施工前应到业主联合调度办公室申请轨行区作业令,批准后才能施工,严禁超区域施工。

(5)现场施工时按业主相关规定设置好防护。

(6)供电电源与施工用电机具间必须按用电有关规定设置漏电保护装置。

11 环境保护要点

(1)每天施工做到工完场净;施工垃圾装袋处理带回驻地投在指定回收点,施工余料带回驻地库房存放。

(2)做好施工现场作业人员的防尘、防噪、防蚊、防暑等防护措施。

(3)在施工区域内文明施工。

12 常见问题及处理方法

(1)部分交叉点环线在轨底用卡具固定时,两个卡具间隔距离过大,呈现喇叭口形状,导致两根环线间隔距离太大,调试时影响信号收发,出现掉码、漏码。必须通过调整部分线段的环线,将喇叭口收拢达标。因此应要求职工严格按照技术要求进行施工,并多进行现场的检查和巡视、监督。

(2)当工期非常紧,感应环线施工如果是在现场条件不是很成熟的情况下进行的,将导致环线支架安装后被交叉施工的其他单位损坏许多,环线敷设后也出现了被损伤的情况。应注意尽量安排在现场条件成熟后增加人力、机具进行集中施工,避免支架及环线被损伤、损坏。

(3)系统承包商提供的感应环线施工图纸多为坐标资料文件,现场施工不方便使用,需重新绘制适合现场施工使用的直观的、形象的、便于理解的施工双线图纸,并单独成册提供给作业队使用。

(4)含道岔区段的环线敷设时,宜从岔尖前的交叉点向两端分别进行环线布放,同时进行道岔区段的穿缆敷设固定和一般区段的缆线敷设固定。由于道岔区域中的两根环线电缆长度不一样,须严格按照图纸分清主路、回路电缆后再开始固定。

(5)对于部分特殊地段(如:采用特殊钢轨扣件的浮置板地段),其内侧轨底的回路电缆由于特殊钢轨扣件已经占用其固定位置,应和系统承包商共同现场调查并确定安装方式后,报监理认可和业主同意后实施。

(6)远端环线盒根据系统承包商图纸要求,安装位置偏高,不便于运营部门日常维护,建议变更设计降低安装高度或增加维修平台。

13　工程实例

广州地铁三号线信号系统采用“移动闭塞”列车自动控制(ATC)系统，它是以通信为基础的 SelTrac 移动闭塞系统，通过感应环线通信系统来提供列车与地面的通信。三号线呈南北“Y”型走向，北部分别起自广州火车东站和天河汽车客运站，于体育西路汇合，南到番禺广场站，共计 18 座车站(其中有岔车站 8 座)。线路全长约 36.33 km，全部为地下线路。其中主线广州东站至番禺广场长约 28.77 km，支线从天河客运站至体育西路站长约 7.56 km。三号线平均站间距为 2.06 km；最大站间距为 6.18 km；最小站间距为 0.82 km。按本工艺进行施工，满足了感应环线的各项技术要求，保证了工程质量和工期进度。

14　附　　录

附录 1 检查记录表，见表 3、表 4、表 5。

表 3　感应环线主路线缆检查记录表

序号	检查点坐标里程	缆线中心距该处轨面距离(一般区段 40^{+0}_{-10} mm)	缆线中心距该处轨面距离(道岔区 15^{+0}_{-10} mm)	缆线中心距该处线路中心距离(不大于 5 mm)	是否达标	备注

检查人：　　　　　　　　　　检查日期：

表 4　远端环线盒安装检查记录表

序号	远端环线盒名称	安装高度(mm)	是否水平	是否达标	备注

检查人：　　　　　　　　　　检查日期：

表 5　道岔区回环检查记录表

序号	道岔编号	钢轨内侧回环距离(75^{+0}_{-6} mm)	钢轨外侧回环距离(50^{+5}_{-0} mm)	是否达标	备注

续上表

序号	道岔编号	钢轨内侧回环距离（75^{+0}_{-6} mm）	钢轨外侧回环距离（50^{+5}_{-0} mm）	是否达标	备注

检查人：　　　　　　　　　　　　　　检查日期：

附录 2 相关图片见图 11～图 16。

图 11　环线支架安装

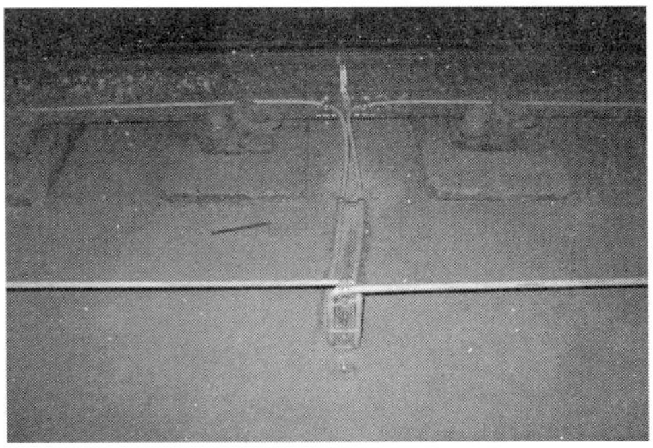

图 12　环线交叉点

图 13　地面碎石道床环线交叉点

图 14　试车线环线

图 15　隧道内道岔区域环线

图 16　环线过人防门